아마노이와토(天岩戸) 신화 장면　아마노이와토 안에 숨어 있던 아마테라스가 모습을 드러내자 세상에 빛이 돌아왔다.

이자나기
노카미
(伊邪那岐神)
아내를 쫓아 황천국까지 가다

이자나미
노카미
(伊邪那美神)
많은 신을 낳고 죽다

아마테라스
오미카미
(天照大御神)
태양을 관리하는 황조신

스사노오
노미코토
(須佐之男命)
발김쟁이가 영웅이 되다

범람하는 강의 상징 야마타노오로치를 스사노오가 퇴치하는 그림

아메노우즈메노미코토(天宇受賣命)
일본 최초의 무희

야고코로오모이카네노카미(八意思兼神)
가장 뛰어난 지혜를 가진 신

〈이자나기와 이자나미 두 신의 입천부교〉 오가타 겟코 그림

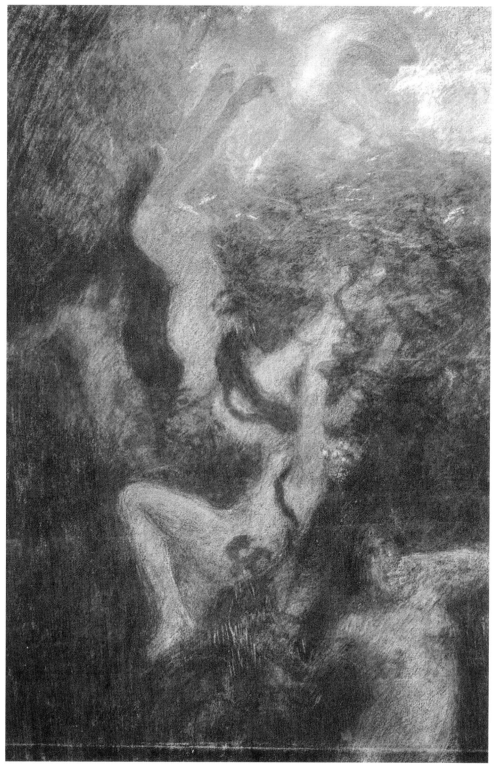

〈요모쓰히라사카(黃泉比良坂 : 황천과 현세의 길목)〉 아오키 시게루 그림

〈대일본국 명장감 아마테라스오미카미〉 아마노이와토에서 나오는 신. 쓰키오카 요시토시 그림

〈스사노오와 이나타히메(稲田姫)〉 야마타노오로치 퇴치 신화는 스사노오 성장담으로도 읽을 수 있다. 쓰키오카 요시토시 그림

▲여러 번 죽을 고비를 넘기는 오쿠니누시
야소가미(八十神)의 모략으로 심한 화상을 입고 사경을 헤메는 오쿠니누시를 두 여신(기사가이히메, 우무기히메)이 살려낸다.

◀이바나의 흰토끼와 오쿠니누시
야소가미에게 속은 토끼에게 부드럽게 말을 건네는 오쿠니누시. 형들의 짐을 넣은 큰 보따리를 메고 있다. 오시다 노부오 그림

천손강림 예전에 스사노오가 헌상한 신검을 들고 신들과 함께 다카마가하라에서 지상으로 내려오는 니니기

▲오니노센타쿠(鬼の洗濯)바위
아오시마(青島) 해안에 파도 모양 바위가 8km에 걸쳐 펼쳐
져 있는 기암 절경. 와타쓰미 어전을 나온 야마사치가 여
기에 왔다고 한다.

◀야마사치와 시오쓰치노오지(塩椎翁)
어떻게 해야 좋을지 고민하던 야마사치에게 와타쓰미의
궁으로 가서 도움을 청하라고 조언하는 시오쓰치노오지.

▼아오시마(青島) 신사
야마사치와 그의 부인 도요타마히메를 모신다. 에도시대까
지 아오시마 전체가 신역으로 출입금지 지역이었다.

▲고노하나노사쿠
야비메(木華開耶
媛)
니니기가 한눈에
반했다는 고노하
나노사쿠야비메.
후지산 등 전국
센켄(浅間) 신사
에서 기린다.

▶지상으로 찾아와
야마사치의 아이를
낳은 도요타마히
메 그녀의 본모
습은 바다의 괴물
이다.

천손 니니기 《고사기》에서는 아메니키시쿠니니키시아마쓰히코히코호 노니니기노미코토(天邇岐志国邇岐志天津日高日子番能邇邇芸命)라 부른다.

고노하나노사쿠야비메　고노하나노사쿠야비메는 후지산(富士山) 본궁 센켄대사(浅間大社)를 시작으로 전국 센켄 신사에서 모시는 신이다.

야마사치와 도요타마히메　나쓰메 소세키(夏目漱石)와 함께 일한 것으로 유명한 나카무라 후세쓰(中村不折)가 만나는 장면을 그린 〈용궁의 결혼〉

초대천황 진무(神武)의 탄생 《일본서기》에서는 나가스네히코와 싸울 때 금빛 솔개가 나타나 이와레비코(진무)의 활에 앉아 밝은 빛을 내뿜으며 적의 눈을 보이지 않게 만들었다고 한다. 쓰키오카 요시토시 그림

진무천황 동쪽 정벌 밝게 빛나는 금빛 솔개와 진무천황. 규슈에서 출발해 가시하라궁 즉위까지를 기록한 동쪽 정벌. 노다 규호 그림

진무천황 상

▲〈진무천황 동정〉
다카미무스히는 구마노산(熊野山)에 있는 이와레비코(가운데)에게 안내자로 야타가라스(八咫烏)를 보냈다.

◀제사장 역할도 수행한 진무천황
천황은 국정을 다스릴 뿐만 아니라 신들에게 제사를 지내는 책임자이기도 했다. 동정을 마치고 즉위한 진무천황도 도리미산에서 황조신 아마테라스에게 제를 올렸다. 고이즈미 가쓰지 그림

진무(神武) 천황
최초의 천황은 규슈에서 동쪽으로 진군했다

야마토타케루
노미코토(日本武尊)
전국을 여행하고 무용담을 남긴 영웅

진구(神功) 황후
임신한 몸으로 신라원정을 떠난 여걸

닌토쿠(仁德) 천황
성군이라 불린 천황

비극의 황후 사호비메 스이닌(垂仁) 천황이 사호비코를 토벌하자 황후인 사호비메는 타오르는 불꽃 속으로 뛰어들어 스스로 목숨을 끊었다고 한다. 쓰키오카 요시토시 그림

구사나기검(草薙劍)　야마토타케루가 스루가에서 불 공격을 받았을 때 이 검으로 위기를 피했다고 한다. 오가타 겟코 그림

백성의 아궁이 전설　어진 정치를 펼친 닌토쿠천황의 일화. 어느 날 천황은 궁전 높은 곳에서 내려다보다가 불을 때는 집이 얼마 없는 모습을 보고 백성들의 궁핍함을 깨닫고는 즉시 세금을 면제하여 백성들을 구제했다고 한다.

게이타이천황 상   아스와(足羽) 신사는 게이타이천황이 즉위를 위해 이 땅을 떠날 때 살아 있는 부모님에게 공양을 올리고 여행을 떠난 일이 기원이라 한다. 신사가 있는 아스와산 정상에 천황의 석상이 있다.

비극의 황자 야마토타케루　다카하시 유이치 그림

▲미와산(三輪山)
미와산 기슭에는 야마토 왕권 초기 대왕의 본거지가 있었다고 한다. 고대부터 미와산 자체가 신앙의 대상이었으며 지금도 기슭에 자리한 오미와(大神) 신사에는 본전이 없다.

▶시키노미즈카키(磯城瑞籬) 궁터
스진(崇神) 천황의 궁전 시키노미즈카키궁 전승지[나라현 사쿠라이시(桜井市) 가나야(金屋)]. 미와산 남서쪽 기슭에 위치하며 초기 야마토 왕권의 수도인 마키무쿠(纒向) 유적과도 가깝지만 발굴조사를 하지 않아 실제 장소는 불분명하다.

모즈(百舌鳥) 고분군, 닌토쿠(仁德) 천황릉   궁내청이 닌토쿠천황릉으로 비정(比定)한 모즈 고분군의 다이센 고분. 출토된 스에키(須惠器) 등의 특징으로 볼 때 5세기 초반에 만들어졌다고 추정된다.

스에키 큰항아리   닌토쿠천황릉 동쪽 쓰쿠리다시(造出)에서 발견한 스에키. 쓰쿠리다시에서 열린 제사에서 사용했으리라 추측된다.

고대 갑주   닌토쿠천황릉에서 나온 갑주(복원). 1872년에 앞쪽에서 수혈식 석실에 들어있던 상태가 좋은 석관에서 발견했다.

▲이마시로즈카
(今城塚) 고분
미시마(三島) 고분
군에 속하는 이마
시로즈카 고분[오
사카부 다카쓰키
시(高槻市)]은 6세
기 초반의 가장
큰 전방후원분이
다. 길이는 181m나
되며 후원부는 3
단, 전방부는 2단
축성, 이음돌과 이
중 해자를 갖췄다.
그리고 허리 부분
에는 양쪽으로 쓰
쿠리다시가 있다.

▶집 토용
일본에서 가장 큰
집 토용 말고도 세
밀하게 만든 무인
토용 등이 출토된
토용 제사장을 발
견했다.

▲복원한 요시노가리(吉野ヶ里) 유적
요시노가리 유적[사가현 간자키군(神埼郡)]은 일본에서 가장 큰 야요이시대 환호집락 유적이다. 야요이시대 전기부터 후기까지 700년 동안 계속 거주한 장소로 마을에서 나라로 집락이 발전하는 과정을 알 수 있다. 집락터 주변에서는 토광묘와 목관묘, 독무덤 등의 무덤도 출토됐다.

◀무덤 제사 모습(복원)
요시노가리 유적 북쪽 봉분 앞쪽과 사당에서 아침저녁으로 불을 피운 흔적을 발견했으며 축제 때 불을 이용한 의식을 했을 거로 추정된다. 이런 무덤의 등장은 신분계급이 나타났다는 사실을 가리킨다.

사이토바루 고분군 오사호즈카(男狭穗塚)·메사호즈카(女狭穗塚) 사이토바루 고분군(미야자키현 사이토시)은 3세기 중반~7세기, 고분시대 전체에 걸친 수장의 묘역이다. 이 고분군이 있는 휴가(日向)는 야마토 왕권과 관계 있는 천손강림이나 진무천황 원정으로 유명한 휴가 신화 전승지이다.

사이토바루 고분군의 메사호즈카 능묘에서 출토된 원통 토용

오사카 후루이치 고분군에서 출토된 원통 토용. 후루이치에서 출토된 원통 토용은 메사호즈카에서 출토된 원통 토용과 비슷한 것이 많다.

▲야메(八女) 고분군·이와토(岩戸)산 고분
이와토산 고분(후쿠오카현 야메시)은 전체 길이가 170m 이상이고 봉분 길이가 135m로 북부 규슈에서 가장 큰 전방후원분이다. 야메 고분군의 중심에 위치한 고분으로 한 변이 43m인 거대한 벳쿠(別区)가 현존하는 전국 유일한 고분이다.

◀하야토즈카(隼人塚)
하야토즈카는 야마토 왕권이 평정한 하야토족의 영혼을 공양하고 재앙과 액운을 막기 위해 세운 공양탑이라 전해진다.

▲미야코즈카(都塚) 고분 사진 왼쪽 아래에 보이는 것이 발굴조사 중인 미야코즈카 고분(나라현 아스카무라)이다. 6세기 끝 무렵 계단식 피라미드 형태의 거대 방분으로 소가노이나메(蘇我稻目)의 무덤일 것이라 추측된다. 근처에는 아들 우마코(馬子)의 저택으로 보이는 시마노쇼(島庄) 유적, 우마코의 무덤으로 추측되는 이시부타이(石舞台) 고분이 있다.

▶발굴조사 중인 미야코즈카 고분 주변 확대사진

아름다운 황녀를 기리며
이노우에 야스시(井上靖)

　　고사기와 일본서기*의 장대한 건국설화도 만요슈[만엽집(萬葉集)]에서 노래하는 우아하고 애절한 낭만도 일본인의 마음의 고향이라고 할 수 있다. 아름답고 슬프고 대범한 데다 인간적이다. 여기서 출발하여 오늘에 이른 일본인은 시대가 어지러워질 때마다 이곳으로 돌아온다. 고향은 마음이 나약해질 때면 돌아가고 싶어지는 곳이 아닌가. 진정한 의미에서의 고전이란 바로 이런 것이다. 모든 문화가 폭발적으로 일어나 혼란 속에 소용돌이치는 모습이 얼핏 번영한 것처럼 보이는 현대도 그런 시기일는지 모른다.

　　키키[기기(記紀)]와 만요[만엽(萬葉)]의 세계를 그림으로 표현하는 것은 쉬운 일이 아니다. 이제까지 자주 시도되었고 명작과 우수한 작품도 태어났지만, 고지마 고(小島功) 선생 완전히 다른 각도에서 독특한 자질을 가지고 도전하여 '고지마 키키' '고지마 만요'라고 하는 경묘하고도 소탈한 고전세계를 우아하게 그려냈다.

　　고지마 고 선생의 《아름다운 황녀》는 한 장 한 장 읽어나가는 즐거움이 있다. 일본을 일본답게 그려내는 일본 고대의 순진무구한 로맨티시즘과 에로티시즘이 작자 고지마 고 선생을 통해 현대에 이식되어 훌륭하게 정착한 느낌이다. 현대의 여성이 키키와 만요의 세계에 살고 있다고 할 수도 있으리라. 키키와 만요의 다정다감한 여인들이 현대에 환생했다고 할 수 있지 않을까.

　　키키의 황녀들도 만요슈의 여인들도 고지마 선생의 붓을 통해 이제야 편안하게 진정한 자신의 모습을 찾았을지도 모른다. 여심이 숨을 쉬고 불타오르다 슬퍼하며 애절하게 몸짓하는 즐거운 책이다.

　　　　　　　　　　　　　　　다음에 고지마 고 선생의 《아름다운 황녀》 작품 중
　　　　　　　　　　　　　　　'키키의 황녀' 9편, '만요의 여인' 12편을 가려 싣는다.

---

*고사기(古事記 : 고지키)와 일본서기(日本書紀 : 니혼쇼키)를 아울러 '키키'(記紀)라고 일컬음.

아메노미하시라를 도는 이자나미

오노고로섬의 이자나기와 이자나미

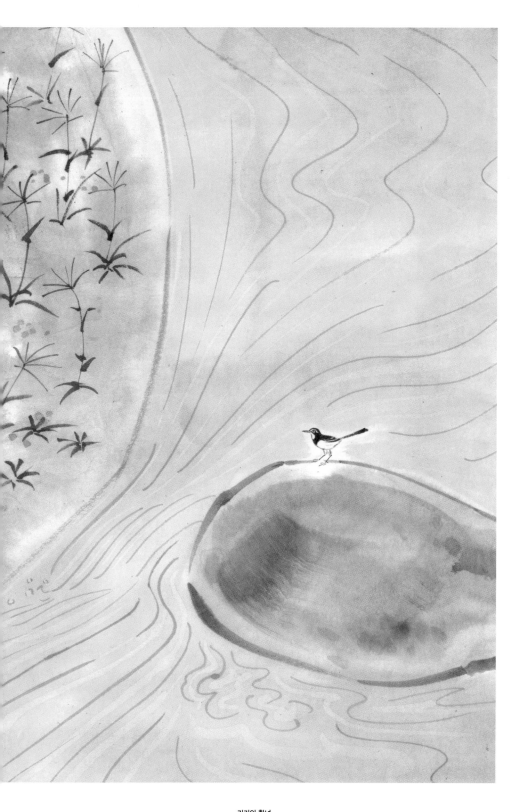

아지나미 불의 신을 낳다

요미노쿠니(黄泉国)의 이자나미

추녀들에게 쫓기는 이자나기

요모쓰히라사카(黃泉比良坂)에서의 작별

아메노이와야토(天石屋戶)의 아메노우즈메

가랑눈처럼 희고 풋풋한 가슴의 스세리비메

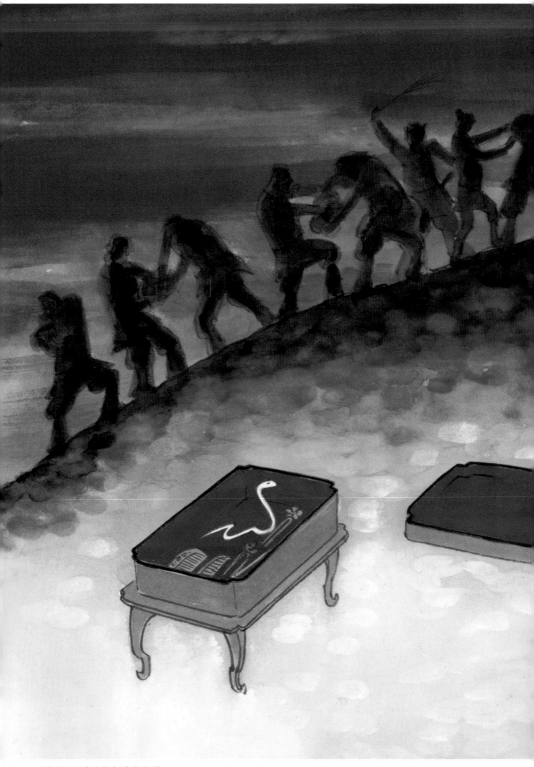

야마토토비히메와 미와의 신

키키의 황녀

그대가 가고 오랜 날이 지났어요.
저 산길로 마중 갈까요, 아니 기다리고 있을까요.
(이와노히메磐之姬)

날 기다리다 당신은 젖으셨군요.
나도 산속의 이슬방울이나 될 걸.
(이시카와노이라쓰메石川郎女)

사랑하는 님 어디 가랴 안심하고,
갈라진 대쪽처럼 등 돌리고 잔 것이 이제와 후회됩니다. (만가挽歌)

만나는 그날까지 정표로 여기시라.
애잔한 이 몸 사무친 그리움에 지은 옷입니다.
(사노노오토가미노오토메狹野弟上娘子)

쓰쿠바 봉우리에 눈이라도 내렸을까.
아니면 사랑스런 그 처녀가 천을 말리는 것일까.
(아즈마우타東歌)

만요의 연인

민요의 연인

마쓰라강에서
새끼 은어를 낚는
그대의 팔,
내가
베고 자고 싶어라.
(오토모노 다비토大伴旅人)

민요의 연인

변방으로 가는 이가 누구의 남편이냐고
묻는 사람이 부럽구나,
이 내 심정 모를 테니까.
(사키모리防人의 노래)

◀
나라(奈良)의 도읍은
꽃이 흐드러지게
향기를 내뿜는 것처럼
지금이 한창입니다.
(오노노오유小野老)

▶
어두운 밤이라
못 오신다는데,
매화꽃 아름답게 핀
이 달밤에도
못 오신다는 건지요.
(기노이라쓰메紀女郞)

만요의 연인

◀
강물 위 청아한 바위에는
풀이 나지 않아
윤이 나듯이,
언제까지나 젊고 청순한
소녀이고 싶어요.
(후키노 도지吹刀自)

▶
붉은 옷자락 끌리는 길을
사이에 두고
제가 건너갈까요,
당신이 오실래요?
(작자 미상)

만요의 연인

님을 그리며 기다리려니
가을바람이 내 집 발을 흔들며 지나갑니다.
(누카타노오키미額田王)

日本書紀/古事記
일본서기/고사기
최박광 옮김

천손강림

동서문화사

일러두기

1. 이 책은 井上光貞《日本書紀》, 日本中央公論社, 日本古典文學大系《日本書紀》, 宇治谷 孟《日本書紀》, 講談社를 저본으로 삼았다.
2. 《일본서기》 원문에 포함된 상세한 주석은 [ ] 안에 넣었다.
3. 인명과 지명은 일본어 발음으로 표기하고 ( ) 안에 한자를 표기하였다.
   예) 구니노토코타치(國常立尊)
4. 예로 나오는 지문은 일본식 한자로, 상단에 일본어 발음을 표시하였다.
5. 홑낫표「 」안의 지문은 큰따옴표 " "안의 지문으로 바꾸었다.
6. 각주 외에 ( ) 안에 한자와 일본음을 표기한 옆에 보충 설명을 적었다.
   예) 오쿠라(大藏 ; 조정의 창고)
7. 노미코토나 노카미는 처음 등장할 때만 표기하고 그 이후에는 생략하였다.

일본서기/고사기
차례

《일본서기》와 《고사기》를 읽기에 앞서

《일본서기》와 《고사기》를 읽기에 앞서

최박광(성균관대학교 명예교수·도쿄대학 초빙교수)

문명을 갖춘 민족이라면 그들만의 신화를 가지고 있다. 북미의 아메리카 원주민과 일본의 아이누족, 뉴질랜드의 마오리족이 가진 신화, 그리스 신화와 구약성서, 이슬람교, 인도의 신화 등 세계에는 참으로 다양한 신화가 있다. 그 민족의 뿌리를 보여주는 신화는 민족마다 역사가 시작되기 이전의 상황을 이야기한다. 아마도 인류의 기원은 아무리 연구가 진행되어도 밝혀지지 않을 것이다. 또한 민족의 기원도 대부분 베일에 싸여 있다. 그러나 과거가 있기에 현재가 있고 미래도 있다. 유사 이래 지금까지의 역사와 그 이전의 역사를 이어주는 것이 신화의 역할이다. 따라서 신화는 현재의 자신이 딛고 서 있는 초석이라고 할 수 있다. 그렇다면 일본의 신화는 어떨까. 일본신화라고 하면 곧잘 《고사기》와 《일본서기》가 떠오르지만, 그 신화들은 반드시 일본민족의 신화라고는 할 수 없다. 그것은 천황의 만세일계를 뒷받침하기 위해 편찬된 천황가의 신화이기 때문이다.

이 책의 편찬 목적

후루코토부미–《고사기》라는 제목을 훈독하면 이렇게 된다. 이것은 '옛일을 기록한 책'이라는 뜻이다. 이름 그대로 《고사기》에는 일본의 과거를 알 수 있는 단서들이 가득 들어있다. 《고사기》와 자주 비교되는 것으로 《일본서기》가 있다. 《일본서기》는 천황의 명에 따라서 편찬된 일본의 정사(正史)이다. 한편 《고사기》는 천황에 의해 일본이 통일되기 이전의 이야기가 많이 실려 있고, 권력에서 밀려난 자와 싸움에서 패배한 자 등, 정사에서 탈락한 이야기도 많이 실려 있다. 그러한 것들과 각지에 남아있는 신화와 전승을 융합해, 신들과 거기서 이어지는 사람들의 풍부한 이야기를 집대성한 것이 《고사기》이다.

이지나기(伊奘諾)와 이사나미(伊奘冉)가 요미노쿠니(黃泉國)에서 싸워 헤어지게 된 '요미노쿠니 편력', 아마테라스오미카미(天照大神)가 동굴 속에 숨어버려 온 세상이 암흑으로 뒤덮인 '아마노이와야토(天石屋戶) 은신', 스사노오(須佐之男)가 큰 뱀을 퇴치하는 '야마타노오로치(八岐大蛇)', 천상계의 신들이 지상에 내려오는 '천손강림(天孫降臨)', 오쿠니누시(大國主神)가 나라를 세운 '오쿠니누시의 건국', 야마토타케루(倭建命)가 각지를 차례차례 평정하는 '야마토타케루의 원정' 등, 일본 역사에 관심이 있는 이들이라면 한 번쯤 들은 적이 있는 유명한 이야기도 있다.

《고사기》는 그 '머리말'에서 덴무(天武)천황이 편찬을 기획한 취지가 다음과 같이 설명했다.

"전 천황인 덴지(天智)천황은 고대부터 내려온 다양한 사상을 탐구하고 그것을 참고하여 널리 선정을 베푸시었다. 과거의 역사는 각 가문에 전해져 내려오는 '가전(家傳)'이나 '구사(舊辭)' 등에 자세히 기록되어 있으나, 그런 책들은 자기 집안에 유리하도록 거짓으로 꾸며낸 것이 매우 많고 오류도 많다. 그래서 그러한 허위와 오류를 바로잡고 천황 중심 정치의 기본이 되는 올바른 역사를 기록하여 후세에 전하고자 한다."

645년 잇시(乙巳)의 변이 일어나, 나카노오에노미코(中大兄皇子)와 나카토미노 가타마리(中臣鎌足)가 천황을 업신여기고 전횡을 일삼은 소가(蘇我) 씨를 멸한다. 그 이듬해부터 시행된 일련의 개혁을 다이카 개신(大和改新)이라 부르며 이에 따라 율령제를 바탕으로 강력한 천황이 등장했고 천황가는 여러 호족을 누르고 절대 권력을 장악하게 되었다. '가전'이나 '구사'는 후지와라(藤原) 씨와 모노노베(物部) 씨, 인베(忌部) 씨 등 유력 씨족의 역사와 국가의 역사를 기록한 책인데 당연히 각 씨족에 유리하게 각색했다. 이를 바로잡아 올바른 역사서를 만들고자 하는 것이 덴무천황의 의지였다.

이 시대에 갑자기 권력을 장악한 천황가의 역사를 정리하고, 그에 따라 정치를 펼치려고 했다. 그러한 취지에서 편찬된 《고사기》에는 문학적이면서 정서를 자극하는 이야기가 많다. 한편 《일본서기》에서는 그러한 기술(記述)을 최대한 배제하려고 노력한 자세를 곳곳에서 엿볼 수 있다. 이를테면 유명한 이나바(因幡)의 흰토끼 이야기는 《고사기》에만 있고 《일본서기》에서는 볼 수 없다. 야마토타케루가 마지막에 노래한 '야마토(大和)야말로 진정 아름다운 나라……'라는 노래도 《일본서기》에는 야마토타케루의 노래로 수록하지 않았다.

이나바의 흰토끼 이야기는 오쿠니누시의 친절하고 인간미 넘치는 성격을 실감 나게 표현했다. 또 야마토타케루의 노래는 동쪽을 정벌할 때 해신의 분노를 달래기 위해 자신을 희생한 아내 오토타치바나히메를 그리워하며 부른 노래이다. 그 밖에 이즈모(出雲) 신화도 《일본서기》에는 거의 실리지 않았다. 천황가가 강력한 권력을 가지기 전에는 이즈모족이 절대 권력을 갖고 각지를 다스렸다. 그래서 이즈모족의 우두머리인 오쿠니누시와 이즈모족의 힘을 칭송하는 신화를 배제한 것이다.

이처럼 인간적이고 서정적인 이야기, 다른 씨족을 찬양하는 신화, 연심을 표현한 것 등은 천황가의 역사를 기록해 천황의 힘을 다른 씨족에게 부각하기에는 부적절하다고 생각했다. 그런 까닭에 《고사기》 편찬을 시작한 지 얼마 안 되어 《고사기》와는 다른 새로운 역사서를 기획한 것으로 보인다. 그리하여 《일본서기》를 정사(正史)로 정하고 그것을 천황 정치의 바탕으로 삼았다. 《일본서기》, 《속일본기》, 《일본후기》, 《속일본후기》, 《일본 몬토쿠(文德)천황실록》, 《일본 3대실록》, 《육국사(六國史)》를 일본의 정사라고 하며 헤이안 시대 끝 무렵까지의 천황의 사적과 사건을 기록했다. 그러나 《고사기》는 거기에 포함되지 않는다.

비판적 정신으로 신화 읽기

신화에는 기상천외한 이야기가 많아서 자칫하면 지어낸 황당무계한 이야기로만 받아들이게 된다. 그러나 그 속에도 이야기의 핵심을 이루는 역사적 사실이 숨어있음을 잊어서는 안 된다. 이를테면 진구(神功) 황후의 신라 원정 이야기를 들 수 있다. 7세기 무렵, 한반도에서는 신라, 백제, 고구려 삼국이 서로 견제하며 패권을 다투고 있었다. 일본 또한 그 다툼에 휘말렸다. 그 무렵 신라는 세력을 키워 규슈의 구마소(熊襲)와 손을 잡고 야마토 조정을 침공할 기회를 노렸다. 그래서 일본은 신라에 종종 군사를 보냈으나 모조리 패배로 끝났고, 663년 백깅 진두글 바시막으로 신라 원정을 단념하기에 이른다.

일본은 이러한 치욕스러운 역사를 씻기 위해 진구황후라는 영웅을 등장시켰다. 야마토타케루의 구마소 평정과 도고쿠(東國) 원정도 같은 의도로 만들어졌다. 그 무렵 규슈의 구마소와 도고쿠의 에미시(蝦夷)가 야마토 조정에 완강하게 저항했는데 조정은 이를 좀처럼 제압하지 못했다. 그래서 야마토타케루라는 또 다른 영웅을 만들어내어 참으로 간단하게 평정한 것이다. 진구황후는 물론 야마토타케루도 신화에서 조작된 가공의 인물이다. 그러나 이러한 인물들이 신화에서 활약한 배경에는 앞서 말한 역사적 사실이 숨어 있다.

찬수 연혁 및 저자와 편자

정사(正史) 즉, 《일본서기》와 《속일본기》 등 이른바 육국사에는 《고사기》의 찬술에 대해서는 어떤 이야기도 없다. 그러나 고사기 자체의 머리글에 그에 관한 이야기를 언급했으므로 이를 바탕으로 살펴보기로 한다.

머리글은 오노 야스마로(太安万侶)가 썼는데, 이에 따르면 와도(和銅) 4년(711) 9월 18일에 그가 겐메이(元明)천황의 명을 받아, 3대 위인 덴무천황의 치세(그 연월은 기록되어 있지 않다)에 그 조칙에 따라 자료를 모아 조사하고 기록하여, 그때의 도네리(舍人)였던 히에다노 아레(稗田阿礼)에게 명하여 그것을 송습(誦習 ; 한자로만 표기된 《고사기》 본문을 일문日文으로 암송하는 작업)하게 하여 '황제의 일계(日繼)'와 '선대의 구사(舊辭)'(단독으로 '칙어의 구사'라고도 한다)를 다시금 '찬록'하고, 이듬해 5년 정월 28일에 상표문(《일본서기》 머리글)을 첨부해 헌상한 것이 《고사기》라고 한다.

이 머리글의 문장은 나라(奈良) 왕조 초기의 한문으로서는 빼어나지만, 육조(六朝)풍의 사륙변려체(四六駢儷体 ; 넉 자 여섯 자의 대구對句로 쓴 한문체)라 불리는, 미사여구를 사자구(四字句), 육자구(六字句)로 배열하는 문체이기 때문에, 논리적이어야 하는 문장으로서는 무리한 대구(對句)와 대용어의 사용, 말의 생략이 많아서—이를테면 이 길지도 않은 글 속에 제기, 제황일계(帝皇日繼), 선기(先紀), 본사(本辭), 구사(舊辭), 선대구사(先代舊辭), 이에 대응하는 명사가 일본서기의 덴무 10년(681) 3월조(條)에 '제기(帝紀)' 상고제사(上古諸事)'로서 보인다——등등, 다양한 사용법을 보인다. 이것이 저마다 같은 것을 가리키는지 다른 것인지, 또 위의 '칙어의 구사(舊辭)'란 하나를 들어 다른 것(제기 등)을 생략한 문체상의 배려에 따른 것인지 어떤지 하는 의문이 생기고, 그 때문에 고사기 성립에 관한 의견에 옛날부터 혼란이 생겨 여전히 결말이 나지 않았다. 《고사기》의 지은이에 대해서도 마찬가지이다.

에도 시대에 가모노 마부치(賀茂真淵)는 《고사기》 본문은 야스마로의 저술이 아닐 것이다, 문체를 보면 더욱 오래된 것으로 보인다고 말했지만, 모토오리 노리나가(本居宣長)는 야스마로의 작품으로 보았다. 이 의문과 학자들의 대립은 근대까지 이어져 제기, 구사 양쪽을 단순히 합본한 것, 여기는 제기, 저기는 구사, 심지어 머리글은 말할 것도 없고 본문까지 후세의 가탁(仮託)이라고 보는 위서설까지 등장했다. 또 송습한 히에다노 아레는 실재하지 않았다는 부정설과 여성이라는 이야기도 있다. 또 칙찬(勅撰)의 정사(正史)로 보지 않고 덴무천황이 일본서기를 찬수하는 한편으로 측근에게 명한 이른바 사찬(私撰)이라는 설도 등장했다. 이렇게 되면 머리글만 믿고 그 성립과 지은이를 논할 수는 없다. 직접 본문을 해석하고 그 목소리에 귀를 기울여야 한다.

《일본서기》에 대해서는 속기(續紀) 요로(養老) 4년(720) 5월 21일에, '이전에 잇폰 도네리친왕(一品舍人親王)이 천황의 칙명을 받들어 《일본기》를 찬수하였는데, 지금에 이르러 완성하여 《서기》 30권과 《계도》 1권을 바쳤다'(《일본기》는 《일본서기》를 가리키고 《계도》는 지금 사라지고 없다)고 기술되어 있어, 그 편찬 사업의 최고책임자와 완성 시기가 뚜렷하다. 그러나 그 밖의 편찬자와 역할 분담, 편찬이 처음 시작된 시기는 확실하지 않다.

앞에 소개한 덴무 10년 3월의 기사는 '천황이 대극전에서 가와시마노미코(川島皇子), 오사카베노미코(川島皇子)(외 열 명)에게 명하시어, 제기(帝紀) 및 상고 시대의 일을 기록하게 하시고, 오시마(大嶋 ; 나카토미노 무라지), 오비토(子首 ; 헤구리노오미)가 직접 붓을 들어 기록했다'고 하는 대규모 의식이다. 지금까지는 이 기사를 《일본서기》 찬수사업의 개시로 보는 학자가 많았고, 이어서 지토(持統) 5년(691) 8월기(紀)의 '18가문……에 가문 조칙을 내려 그 조상들의 묘기(墓記)를 헌상하게 하였다'는 기사, 속기 와도 7년 2월에 기노 키요히토(紀淸人), 미야케노 후지마로(三宅藤麿)에게 명하여 '국사를 기록하게 했다'고 하는 기사를 덴무천황 시절에 시작된 《일본서기》 찬수사업이 추진되는 도중의 사료수집, 편찬위원 추가로 설명하는 학자가 있다.

그러나 《고사기》는, 머리글에 실린 덴무천황의 조칙 내용으로 보아, 천황의 공식적인 명령을 따른 찬수로 보이고, 또 《고사기》 본문 내용 가운데 8, 4, 2라는 수사(數詞)의 명수화(名數化)나 백, 청, 적, 흑 4색의 취급이 덴무 13, 14년, 슈초(朱鳥) 원년(686, 천황이 사망한 해)의 시정 및 제도와 평행관계에 있다는 뚜렷한 일치로 보아 그 완성은 13년 무렵으로 볼 수 있다. 이러한 것들을 아울러 생각하면, 한 사람의 천황, 그것도 강한 개성을 지닌 사람이 동시에 두 가지 칙찬사서를 찬수하라고 명령했을 리는 없으므로, 덴무 10년의 기사는 《고사기》 찬수와 관련된 것으로 생각해야 하며, 무려 40년 뒤에 완성되는 《서기》 편수의 개시로 볼 수는 없다. 그 선입견을 배제하면, 앞의 지토 5년의 묘기(墓記)도 《일본서기》 편수와는 무관하다고 할 수 있다.

기노 키요히토와 미야케노 후지마로의 찬국사(撰國史)는 그것이 야스마로가 주도한 《고사기》의 제2차 찬진(撰進) 2년 뒤의 일이므로, 겐메이천황 조정의 의향으로 《고사기》와는 별도로 새롭게 국사 찬수의 기운이 일어나, 시험 작업으로 시작, 이윽고 도네리 친왕 대사업의 선구가 되었으리라 짐작할 수 있다.

원사료(原史料)

위의 기서(記序)와 덴무 10년기(紀)에 《제기》, 《구사》 등으로 보이는 것이 '기기'에 앞선 사서이다. 그러나 이것은 유감스럽게도 매우 미미한 흔적이 후세의 책에 일부분 남아 있을 뿐, 전해지지 않았다. 따라서 '기기'의 본문에서 이것을 찾아내거나, 《상궁 쇼토쿠법왕 제설(上宮聖德法王帝說)》이나 각 씨족의 계보, 사이타마(埼玉)현 이나리야마(稻荷山) 고분의 철검명(鐵劍銘) 등의 금석문(金石文), 전방후원분 외의 유적, 유물과 '기기'의 기술을 비교해 역사적 사실을 찾아내야 한다. 《일본서기》에는 진구기(神功紀), 오진기(應神紀) 부근부터 권을 거듭할수록 증가하는 대외협상 관계 기사, 귀화인의 도래 관계 기사에, 그즈음 문자 사료를 바탕으로 썼다고 짐작되는 기술이 있다. 이에 따라 4세기 후반부터 어떻게 발전했는지 역사적 사실을 조금 알 수 있다. 금석문에는 위에 든 것 외에, 이소노카미 신궁(石上神宮, 나라현 덴리시)의 칠지도(《일본서기》에 이에 대응하는 기사가 보인다), 스다하치만신사(隅田八幡神社) 화상경(画像鏡)의 명문(銘文), 에다후나야마(江田船山) 고분에서 출토된 대도명(大刀銘)이 있고, 여기에 《위지(魏志)》, 《남제서(南齊書)》, 《송서(宋書)》 등, 여러 문헌사료와, 호태왕비(好太王碑, 광개토왕비), 백제 무령왕(《일본서기》에도 보인다)의 묘지(墓誌) 등이 추가되어, 6세기 전반까지의 역사를 이해하는 데 도움을 준다. 또 《고사기》가 그 이야기적인 기술을 마친 뒤, 게이타이(繼体), 안칸(安閑), 긴메이(欽明) 시대 이후, 《일본서기》는 《사기》, 《한서(漢書)》, 《후한서》, 《삼국지》 외의 정사와 《예문유취(藝文類聚)》 등의 유서(類書), 불교경전 등에서 어구를 차용해 윤색한 것도 많지만, 이 6, 7세기에 해당하는 부분에 비교적 정확한 문자 사료를 바탕으로 한 기술이 늘어난다. 근거로 삼은 사료에는 그때그때의 정부의 기록, 사원의 연기(緣起), 개인의 수기 외에 《백제기》, 《백제신찬(百濟新撰)》, 《백제본기(百濟本紀)》 등, 7세기 후반, 백제가 멸망한 뒤 일본에 망명하거나 귀화한 백제인이 사국(史局)에 제출한 것으로 추정되는 사서(史書)도 있다.

이로써 6세기의 게이타이, 안칸, 긴메이 시절에 일본이 어떻게 발전했는지 스이코(推古)천황의 외교와 쇼토쿠태자의 정치와 불교정책, 다이카 개신에 이르는 사회 변동, 개신에서 백강 전투 패전에 이르는 정치 과정, 진신(壬申)의 난과 덴무, 지토 천황의 민족주의 시정, 법전(율령)이나 그에 의한 국가제도의 점진적인 정비 상황 등을 알 수 있다. 7세기 후반 특히 끝 무렵의 사료에는 아스카(飛鳥) 지방과 그 밖에서 묵서(墨書)한 목찰(木札)과 도읍의 유적과 유구(遺構)가 발굴되어 새롭게 추가되고 있지만, 《일본서기》는 여전히 그 무렵 사료의 기간으로 자리한다. 《일본서기》의 가치는 바로 여기에 있다.

기기(記紀)의 공통점과 차이점

'기기'는 모두 신의 시대부터 이야기가 시작해 인간의 시대(역대 천황의 권)에 이르는데, 《고사기》는 그 이야기적 기술이 23겐조(顯宗 ; 숫자는 천황의 대수代數)

에서 대부분 끝났고, 그 뒤 다시 기사, 즉 천황의 즉위, 궁호(宮号), 황비와 자녀, 능 등의 기새가 33스이코권(推古卷)에서 끝낸 데 비해, 《일본서기》는 기사(記事), 기문(記文) 모두 41지토기(持統紀)까지 계속된다. 그러나 신대기(神代紀), 즉 《고사기》의 상권(가미요권神世卷)에 해당하는 신화 부분은 고사기에 비해 훨씬 적다. 그것도 이전(異傳 ; 이른바 '일서一書'라고 불리는 본문과는 별도로 병행하여 기재된 부분)이 문단마다(많은 것은 11서에 이른다) 실려 있어서―단 일서의 내용은 큰 차이가 없다―얼핏 보기에 풍부해 보일 뿐이다. 또 그 신화의 성격은, 다카아마노하라(高天原) 부분을 예외로 하고, 《고사기》가 그토록 길게 쓴 요미노쿠니(黄泉國)와 네노카타스쿠니(根之堅州國 ; 지하 세계)의 기술이 빠져 있다. 이런 현상은 《일본서기》의 주문(主文)에서 두드러지게 나타나는데, 이는 신화를 채택하는 방침이 유가적(儒家的)인 합리주의였기 때문이다.

이에 비해 역대 천황의 이야기로 들어서면, 처음 진무기(神武紀)부터 진구기(《고사기》는 진구황후의 이야기를 주아이(仲哀)권에 배치하여 별도로 독립적인 권으로 만들지 않았다)까지는 《고사기》를 되풀이한 부분이 많으며, 그것은 《일본서기》와 중복되는 그 뒤의 권들―유랴쿠기(雄略紀)도―도 마찬가지다. 그러나 진구기, 오진기 이후부터 사료를 바탕으로 한 이야기가 많아지는 것은 앞에서 말한 바와 같다.

《고사기》는 기사에서 천황의 항 끝에 천황의 나이와 능의 소재지만 기록하고 천황의 붕어는 직접적으로 언급하지는 않았다. 이에 비해 《일본서기》는 천황마다 붕년간지(崩年干支)를 명확하게(역사적 사실로 여겨지지 않는 것도) 기록하고, 나아가 능의 소재지뿐만 아니라 '葬于○○陵'이라며 굳이 '장(葬)'이라는 글자를 넣었다. 이는 《고사기》가, 그것이 일본의 전통적인 것이었는지 아닌지 속단할 수는 없지만 '사(死)' 또는 '사예(死穢 ; 죽음의 불결함)'를 꺼리는 관념에 사로잡혀 기사 속에 '붕', '장' 글자를 극단적으로 피한(전혀 등장하지 않는 것은 아니다. 어떤 사건의 결과 천황이 시해되거나, 신의 분노를 사서 천황이 사망하는 이야기는 기술함) 데 비해, 《일본서기》에는 그러한 금기가 없음을 보여준다(《고사기》 스진권 이하에 종종 13대―진구황후를 추가하면 14대―권들에 보이는, 이른바 붕년 간지 주기는 역사적 사실일 가능성도 있지만, 그렇다고 해도 그것은 문장 형식으로 볼 때 후세 사람이 가필한 것으로 보인다).

사예에 반대되는 개념은 삶의 신비, 생기, 축복, 즉 신령함과 상서로움이다. 《일본서기》가 네노카타스쿠니, 요미노쿠니에 대한 기술을 피한 것은 그 유가적인 합리주의 때문이었지만, 한편으로 '붕', '장(葬)' 등의 관념을 기피하지는 않았다. 이에 비해 《고사기》는 반대였다. 그 가운데 네노카타스쿠니는 삶의 세계이며 나무와 그 뿌리의 착상 등을 보면 오히려 그리스 신화의 데메테르와 페르세포네 이야기처럼 삶의 근원 의식까지 존재한다. 한편, 요미노쿠니는 사자(死者)의 나라인데, 여기에는 이자나미, 단 한 주만(《고사기》에는 2백 수십 주의 신이 등장한다) 보낸다. 이는 고사기의 우주상(宇宙像)이 다카아마노하라, 아시하라노나카쓰쿠니(葦原中國), 바다(와다쓰미綿津見) 외에 하늘, 땅속, 해변(나기사波限)과 사자의 요모쓰쿠니를 더한 구조이기 때문에, 여기에 신을 배치하지 않으면 그 상이 완성되지 않기 때문이다. 그래서 특히 요미노쿠니에 한 신을 파견하고 재주(在住)하는 이야기가 담겨있다.

역대 천황권에 대하여

'기기'에 등장하는 개개의 인물과 설화가 역사적 사실인지 아닌지를 따지기보다는, 《고사기》는 역대권(歷代卷)을 그 전체상으로서 분석, 파악하는 것이 이해하기 쉽다. 《일본서기》에서 《고사기》와 유사한 설화는 앞서 말했듯이 고사기를 되풀이한, 이른바 '관료주의적'인 모방작이며, 그것을 중국풍으로 각색한 것에 지나지 않는다. 이에 비해 《일본서기》의 기술은 《고사기》에서 시대가 멀어질수록 더욱 정채를 띠기 시작한다.

1. 고사기 역대권의 구성과 그 이념

역대권은 '계보'를 포함한 천황의 즉위 이후의 기사 부분과 정치, 경제, 문화의 '기록'을 포함한 이야기 부분으로 나뉜다. 그 가운데 각 천황의 계보는, 총체적으로 은연중에 황위의 만세일계를 보여주려는 것으로, '치천하(治天下)' 궁(宮)호(号), 천황의 나이(뒷부분에서 재위 연수로 대신함), 능의 기사와 함께, 저술의 주목적이 천황의 국토, 인민통치와 황위계승이 중심임을 말해준다.

주된 이야기는 1진무권(神武卷)의 야마토 평정, 7고레이권(孝靈卷)의 황자들의 기비노구니(吉備國) 평정(이 권은 이른바 '결사 시대(欠史時代)'에 속하지만, 이것으로 볼 때 결코 '결사'가 아님을 알 수 있다), 10스진권(崇仁券)의 고시도(高志道 ; 훗날의 호쿠리쿠도北陸道), 단바(丹波), 히가시노카타토아마리후타쓰미치(東方十二道 ; 훗날의 도카이도東海道, 도산도東山道, 오쿠도奧道) 평정. 거기에 파견된 고시—오비코(大毗古命), 히가시노카타(東方)—다케누나카와와케(建沼河別), 단바—히코이마스(日子坐王). 이 가운데 오비코는 이나리야마(稻荷山) 고분 철검명에 나오는 오와케노오미(乎獲居臣 ; 오미臣가 아니라 아타이直라고도 함)의 초대(初代) 조상인 오히코(意富比坨)를 가리킨다.

참고로 이나리야마 고분의 그 축조는 고고학의 통설에 따라 6세기 전반으로 보며, 따라서 철검명에 나오는 신해년을 531년으로 보기도 한다. 그러나 이 고분이 있는 사이타마현은 《고사기》의 히가시노카타토아마리후타쓰미치에 속하며 고시도가 아니다. 그것은 6세기 무렵 조정의 설화에서는 '위대한 황자'=오비코는 동방에 파견된 황족 장군(물론 실재하지 않는다)으로, 이나리야마 고분의 주인 황자들은 이 전설상의 영웅 황자를 그 조상으로 삼았을 것이다. 그 뒤 7세기 말에 《고사기》를 저술할 때, 새롭게 야마토타케루(倭建命 ; 일본 최고의 영웅 황자)를 창작하여 그 주된 지위와 도고쿠 정벌을 이에 양보하고, 한 단계 아래인 고시도 파견으로 바꾸는 동시에 시기도 야마토타케루보다 앞서게 하여, 그 선구로서 가이카(開化)천황의 시대로 앞당긴 것으로 추정된다.

이어서 12게이코권(景行券), 야마토타케루의 동서 정벌, 14주아이권(仲哀券), 천황이 붕어한 뒤 진구황후의 신라 원정 등, 천황의 통치범위가 동심원의 물결이 퍼지듯이 전개되는 일련의 외연적(外延的) 발전 이야기를 다뤘다.

다음에 천황의 통치는 안으로 충실을 기하기 시작한다. 그 내포적 발전에 관해 이야기한 것을 살펴보면 먼저 10스진권(崇神券)이 있다. 천황의 정치를 위해 백성을 역병으로 사멸하려고 한 오모노누시(大物主神 ; 오쿠니누시大國主神의 분신)를 미모로야마(御諸山 ; 오늘날 미와야마三輪山)에 모신 뒤 그 지벌이 풀려 역병이 끝나고 천하가 태평해진다. 그때 처음으로 남자는 사냥으로, 여자는 베를 짜서 공물을 바치게 했다는 이야기를 시작으로, 못을 파고, 미야케와 다베(田

部 ; 경작민)를 두고 수로(운하)와 나루, 항구, 제방 건설 등의 일련의 경제 발전에 대한 기록이 이어진다. 오모노누시는 경제를 주관하는 신을 뜻한다. 이런 종류의 이야기는 16닌토쿠권(券)의 성제담(聖帝譚), 그러니까 백성들의 굴뚝에서 연기가 피어오르는 것을 보고서야 과역을 부활시켰다는 이야기까지 이어진다. 즉 이 이야기가 이런 기술의 결말을 장식한다.

다음으로, 국가 정치조직의 발전에 대해서는 11스이닌권(垂仁券)에 나오는 이야기, 그러니까 이즈모오카미(出雲大神 ; 오쿠니누시)가 천황의 황자 호무치와케노미코(品遲和気御子)에게 지벌(말을 못하게 태어난다)을 내렸고, 신궁을 조영하고 제사를 지냄으로써 그 지벌이 풀린 뒤 호무치베(品遲部 ; 황자를 공양하기 위한 부민)를 비롯한 부(部)를 설치한 이야기를 최초로 정치조직 신설하는 설화로 본다. 이후 고대국가의 중앙 및 지방의 관제인 오오미(大臣), 구라노쓰카사(藏官), 후히토(史官), 도네리(舍人), 가시와데(膳部), 도모노미야쓰코(伴造), 구니노미야쓰코(國造), 아가타누시(縣主)의 기원을 하나씩 이야기하고, 세습국가의 주요 사회조직인 씨족제도에 관한 씨성 검정(氏姓檢定), 귀화씨족의 내조(來朝)에 관한 일(정치조직=구조적인 것)을 기록 전반에 총망라했다.

이러한 내포적 발전에 대한 두 종류의 기록과 이야기의 서두에, 각각 오쿠니누시와 그 분신이 권위를 가지고 등장하는 것은, 그것이 모두 그 신에 의해 신령화되었음을 나타낸다. 앞의 외연적 발전 이야기에 대해서는 1대 천황 진무의 야마토 평정담에서 다카쿠라지(高倉下)라는 인물의 꿈속에, 14주아이의 신라 원정담에서는 진구황후의 접신에, 저마다 아마테라스오미카미(天照大神)가 나타나 그 원정을 가호하고, 12게이코의 야마토타케루의 도고쿠 정벌에서는 구사나기검(草那藝劍)을 하사하는데 그 칼에 아마테라스오미카미의 신령이 깃들어 있음이 암시되어 있다. 이 아마테라스오미카미와 오쿠니누시가 가미요(神世)를 세로로 양분하는 2대 주신(主神)인 것은 말할 것도 없다.

그밖에 역대권에는 문화와 문물의 발전에 대한 기록과 '이름'—19인교권(允恭券)의 씨성을 밝히는 이야기를 비롯하여, 천황 이름의 유래와 나시로(名代), 고시로(子代) 설치, 사성명(賜姓名) 등—에 관한 일련의 기록이 있다. 문화와 문물 발전에 대한 최초 기록은 11스이닌권에 이니시키노이리비코(印色入日子命)가

도토리(鳥取 ; 이즈미 히네군 돗토리)의 가와카미궁(河上宮)에서 큰 칼 천(壹仟) 자루를 만들게 하여, 그것을 이소노카미 신궁에 봉납했다고 하며, 이것을 (1)로 치면, 이후 (2)말(馬 ; 15오진권, 백제 소고왕(昭古王, 근초고왕)의 공진貢進), (3)유학(儒學) 및 문자(왕인이 들여온 논어, 천자문), (4)의(醫 ; 19인교권, 신라에서 도래), (5)공인(工人). 즉 단조공(鍛造工), 복직공(服織工), 양조공(釀造工 ; 모두 15오진권, 백제에서 도래), (6)속국의 조공(19인교권) 등을 1회씩 총망라했다. 맨 처음인 (1)의 기록에서 다케후쓰(建布都神)를 제신으로 모신 이소노카미 신궁에 칼 천 자루를 봉납했다는 것에서 이런 종류의 기록에 부여된 신령성을 읽을 수 있다(이 황자가 '궁'에 있는 것, 천 명이라는 큰 숫자, '一千'이 아니라 '壹仟'이라는 갖은자를 사용한 것은 이 기록의 중요성과 신령성을 나타낸다).

또 이 이소노카미 신궁의 영성(靈性)에 대해서는, 자세한 설명은 생략하지만 17리추권(履中卷)에서 천황을 살해하려고 음모를 꾸민 왕자를 주살하는 방법이 불길해, 천황을 도덕적으로 면책할 목적으로 이 불가침의 신궁에 머무르게 하는 설정에서 암시했다. 다케후쓰는 진무천황의 야마토 평정을 도운 영검(靈劍)으로, 그 뿌리는 이자나기의 패도(佩刀)까지 거슬러 올라간다.

'이름(名)' 기록에 부여된 영성은 가미요권(神世卷)의 나라 양도 이야기에 등장하는 오쿠니누시의 아들 다케미나카타(建御名方神)가 맡았다. 이 신의 신격은 '건(建)' '어(御)' '방(方)'의 미칭과 존칭을 제외한 '명(名)'이라는 글자에 담겨 있다.

2.《고사기》에 그려진 진무천황

위와 같이 《고사기》 역대권의 구성을 살펴보았다. 이러한 구성을 바탕으로 한두 가지 설화를 해석해 보고자 한다.

진무천황이 히무카(日向)를 출발해 야마토로 진격하는 동정(東征) 설화에는 몇 가지 해석이 있다. (ㄱ)무언가 역사적 사실을 반영했다고 보는 설. 즉 황실의 조상은 옛날(3세기 무렵) 규슈에 있었고, 그 뒤 동쪽으로 천도하여 야마토에 들어갔기 때문에, 그 기억이 동정 이야기가 되었다. ①야마타이노쿠니(邪馬台國) 규슈설(說). 그 나라가 동쪽으로 천도한 것이다. ②구누노쿠니(狗奴國)가 규슈를 통일한 뒤 이윽고 동천하여—오진 왕조설, 닌토쿠 왕조설—야마토(大和)에 건국했다. ②의 설에는 북방 아시아의 기마민족이 규슈에 상륙한 뒤 정복해 왕조를 세우고 이윽고 동정했다는 설도 포함된다. 이 설은 고분시대 전성기 이후의 마구와 무기 같은 부장품이 기마민족문화 계통에 속하는 것을 주된 근거로 하는데, 진무천황의 동정설화도 그 논거의 하나다. 또 (ㄴ)5~7세기 무렵 역사적 사실에서 암시를 받아 창작했고, 그 역사적 사실이 설화에 투영되었다는 설도 있다. 또한 최근에는 일본의 건국에 대한 (ㄱ)의 설들 외에 '모노노베 왕조(物部王朝)'→'가쓰라기 왕조(葛城王朝)'설, '미와 왕조(三輪王朝)'→'가와치 왕조(河內王朝)'설, '사라진 규슈 왕조(九州王朝)'설 등, 고대사는 왕조의 만화경 같은 장관을 보여준다.

　이에 비해 일본의 역사학자 쓰다 소키치(津田左右吉)는 70여 년 전에 다음과 같은 주장을 하기도 했다. 6세기 무렵 야마토 조정은 황실의 국토지배를 정당화하기 위해 자연계의 현상과, 황실이 나라를 통치한다는 정치 형태상의 사실 사이에 평행관계를 인정하고, 황조(皇祖)인 아마테라스오미카미(天照大御神), 즉 태양신을 창출하여 그 자손이 국토를 통치한다는 구상을 탄생시켰다. 태양신의 자손이 히무카의 다카치호노미네(高千穗峰)에 내려왔다는 이야기는 히무카(日向), 그러니까 해를 마주 본다는 지역 이름이, 태양신의 자손인 황실이 처음으로 도읍을 두는 곳으로 최적이었다. 즉 상서로운 이름 아래 진무천황이 히무카에서 야마토로 천도하는 것은, 실제로 존재하는 야마토 조정과 그 설화적인 구상을 결합하기 위한 시나리오에 지나지 않는다고 보았다.

　히무카 땅에 5~7세기에는 다카쓰카 고분(高塚古墳)이 성행한 것으로 보아 어떤 세력이 존재했다고 여겨진다. 그러나 그 이전, 즉 야마타이노쿠니라는 이름이 역사에서 사라지고, 이어서 일본서기에 야마토 조정이 백제와 협상을 시작했다는 기사가 나타나는 4세기 중반까지 일본열도는 이 조정이 주도하여 거의 통일을 이루었다고 볼 수 있는데, 그 무렵, 즉 3~4세기의 히무카 지방에, 고고학상의 지견으로 볼 때 그 통일국가의 전신에 걸맞은 세력이 존재했으리라고는 도저히 보기 어렵다. 따라서 천황을 태양신의 자손으로 보는 최초의 구상을 기점으로 하여 이윽고 동정설화가 탄생했다고 보는 쓰다의 설이 정확하다고 할 수 있다. 따라서 이 설을 심화하고 발전시켜보기로 하자.

진무천황이 히무카(태양을 마주하다)를 출발하여 야마토로 가서 맨 처음 내려선 곳은 구사카(日下 : 태양의 바로 아래)의 다테쓰(楯津)라고 한다. 이 '태양을 마주하는' 땅에서 '태양의 바로 아래'를 뜻하는 땅에 도착했다는 설정에 주목할 필요가 있다. 《고사기》에서 사용하는 일(日)자를 하나하나 검토해보면, 그것을 '히'로 발음하는 경우는 물론이고, '히'로 발음하지 않는 '구사카(日下)', '가스가(春日)' 같은 경우에도, 모두 그 상서로움과 관련해 사용했음을 알 수 있으므로, 그에 따라 그 구상을 확인할 수 있다.

다음에는 황군(皇軍)이 구마노(熊野)로 우회해, 그곳에서 곰으로 화신한 사나운 신을 위해 전군이 일제히 엎드렸다고 한다. 이 히무카에서 세토 내해(瀬戸內海)를 통해 나니와(難波)로 향한 것, 그곳에서 다시 해로(海路)를 통해 구마노로 돌아간 것을, 기슈(紀州)의 호족, 중세의 구마노 수군의 조상과 관련지어 설명하는 학자도 있지만, 다음과 같이 설명할 수도 있다. 《고사기》에서 사납게 날뛰는 신이 짐승으로 화신하는 이야기는, 이 구마노에서 산신이 큰곰으로, 야마토타케루의 동정 때 아시가라(足柄)의 사카모토(坂本)에서 만난 고갯길의 신(神) 흰사슴, 마찬가지로 이부키노야마(伊服岐能山)에서 야마토타케루에게 죽음을 가져다주는 산신인 흰 멧돼지, 이 셋뿐이다. 이는,

구마노 마을(熊野村)—구마누 마을—곰(熊)

아시가라 고개—아시카라 고개—사슴(鹿)

이부키노야마—이부키노야마—멧돼지(猪)

이 세 가지의 지명 속에 있는 소리와 연관지어 등장한다. 이것을 한 걸음 더 나아가 생각한다면, 먼저 곰, 사슴, 멧돼지라는 들짐승은 비현실적인 외국의 공상 속 동물인 사자, 호랑이, 표범, 코끼리 같은 외국산이 아니라, 일본 국내의 모든 사냥터에서 일상적이고 친숙한 산야의 동물인데, 그것을 사나운 신의 화신으로 등장시키고자, 그와 소리가 합치하는 지명을 찾아내 이야기의 무대로 삼은 것이다.

그리하여 진무천황이 구마노로 우회해 상륙한 이야기는, 그 지역의 호족과는 무관(아시가라 고개도, 이부키노야마도 마찬가지로 저마다의 토호와 무관)하게 작자가 완전히 가공으로 구상한 것으로 생각된다. 그렇다면 왜 사나운 신을 위해

천황의 군사가 순순히 엎드렸을까. 그것은 《고사기》 역대권에 대한 구상의 하나가, 황조신인 태양신의 가호가 없이는 천황도 황자도 '신'에게 패한다는 설정이 있기 때문이다. 따라서 이 진무천황도 다케후쓰노카미(建布都神)라는 신검(神劍)을 얻어 나중에는 연전연승하게 된다.

무릇 나라가 있으면 반드시 건국했다는 사실이 있다. 건국과 그 건국의 영웅—초대 수장, 왕—에 대한 전승이 존재하는 것은 조금도 이상하지 않다. 그러나 고대 동아시아 여러 민족국가의 시조에 대한 전승을 두루 살펴보면 모두 허구라는 것을 알 수 있다. 그리고 이 전승이 점차 변용되어 역사의 어느 단계—7세기 말에 이르러 어떤 구상의 논리와 절차에 따라,《고사기》 머리글의 덴무천황의 조칙에 이른바 '거짓을 삭제하고 진실을 확정하여 후대에 전할'만한 정형으로서《고사기》의 진무천황상이 완성된 것이다.

《고사기》는 흥미로운 이야기 때문에 문학이라고 부를 수 있을지도 모른다. 소박한 묘사 속에 보편적인 인간의 심리를 조명하고 그 행적을 적나라하게 고백하며, 대자연에 대한 외경과 상상력을 불러일으키는 풍요한 묘미가 있다. 또한 일본인의 정체성을 찾을 수 있는 가장 오래된 역사서일 뿐만 아니라 단순히 이야기로서도 매우 흥미로운 책이다.

그러나《고사기》는 고전이라는 점 때문에 왠지 모르게 '난해하다', '이해하기 어렵고 재미없는 것'이라는 편견도 존재한다. 그래서 선뜻 다가가지 못한 독자도 있을 것이다. 이 책에서는 다양한 시각에서《고사기》를 즐길 수 있도록 성립 배경과 명장면을 살펴보는 동시에, 중요한 신들의 성격과 그 연고지를 살펴보고 지금도 다른 형태로 남아있는《고사기》의 모습에 다가가 보도록 하겠다.

3. 《일본서기》에 그려진 진무천황

《일본서기》의 진무천황 설화도 《고사기》와 대체로 비슷하다. 다른 것은, 기재 전체에 연대를 기록했다는 점과 설화 두세 가지이다. 그중에는 《일본서기》 편찬 무렵의 제의(祭儀)에 대해 시사한 진귀한 기술도 있지만 여기서는 생략하겠다. 그밖에는 금빛 소리개가 천황의 활고자에 앉아 적병을 현혹해 승리로 이끌었다는 이야기 정도이다.

앞에 든 《고사기》와의 차이점, 즉 기년체 형태의 표기를 바탕으로 그 즉위연도를 역산하면 기원전 660년에 해당하며, 간지는 신유년이 된다. 그래서 이를 이른바 신유혁명설로 설명하기도 한다. 고대사 세계에서 일본 학계가 일치를 보는 것은 이 설명 정도이고 최근의 예를 들면 이나리야마 고분 철검명의 신해년, 이즈모에서 출토된 청동 갈고리창과 칼, 방울의 의미도, 오쓰노미코의 이름이 기록된 목간과 기요미하라궁(淨御原宮)과의 관계도 좀처럼 결론을 내리지 못했다.

4. 결사 8대부터 유랴쿠천황까지

가설과 정설을 더 살펴보면, 앞에 든 《고사기》 10스진권의 오비코(大毗古命)와 다케누나카와와케(健沼河別命)가 '지나갔다'고 하는 '아이즈(相津)'를 에도 시대 이후의 아이즈(會津 ; 후쿠시마현)로 믿어 의심치 않는 사람도 많지만, 이것은 고시도와 히가시노카타토아마리후타쓰미치 양쪽에서 오는 귀로에 해당하는 (《고사기》 저술 당시, 고시도에는 오와리, 미카와, 시나노를 거치는 경로가 있었다) 오와리의 아이즈(相津 ; 11스닌권에 나오는 지명)일 것이다. 또 앞에 나온 철검명의 와카타케루 대왕(獲加多支鹵大王)을 유랴쿠천황으로 보는 것이 정설이 되었지만, 이 또한 의심스럽다. 고고학 쪽에서는 앞서 말한 대로 이 고분이 6세기 전반에 만들어졌다고 추측하며 이 왕이 다스린 곳은 '시키궁(斯鬼宮)'이지 유랴쿠천황의 '하세궁(長谷宮)'이 아니다. 이것은 《고사기》의 시키노시마궁(志貴嶋宮)에 있었다는 긴메이천황 쪽이 고고학상의 시대에도 합치하고, 신해년에 즉위했다고 기록된 문헌(《상궁 쇼토쿠법왕 제설(上宮聖德法王帝說)》)도 있으므로 더욱 타당하다고 볼 수 있다. 긴메이천황의 시호는 아메쿠니오시하라키히로니와(天國押開広庭)천황이지만 휘(諱 ; 본명)는 알 수 없다. 와카타케였을 가능성도 있다.

유랴쿠천황을 와카타케대왕이라고 보는 근거는 《고사기》의 시호뿐이지만, 그 《고사기》보다 성립연대가 훨씬 오래된 《송서(宋書)》의 왜왕 무(武)에 맞춰, 《고사기》가 그것과 시대를 맞춰서 천황명을 창작했거나, 긴메이천황의 휘(어쩌면 와카타케)를 마침 《일본서기》가 진구황후를 히미코(卑弥呼)에 견주어 그 연대까지 소급한 것처럼 '무(武)'의 시대까지 소급해 창작했다고 볼 수도 있다. 한편,

《고사기》 21유랴쿠권의 이야기는 완전한 창작에 가깝다. 이 점에서는 12게이코권(景行卷) 야마토타케루 설화와 14주아이권 진구황후의 원정담도 마찬가지이다. 물론, 《일본서기》의 12게이코권은 몰라도, 14진구권, 21유랴쿠권의 각 시대에 배치된 설화와 기록 중에는 역사적 사실 또는 그에 가까운 것도 있을 것이다. 여기서는 21유랴쿠권의 중요한 이야기를 한 가지 살펴보고자 한다.

유랴쿠천황이 가쓰라기산(葛城山)에서 사냥을 하다가 히토코토누시(一言主神)라는 신을 만나는 이야기가 나오는데, 이 이야기를, 옛날 가쓰라기 지방에 있었던 호족과 조정이 대립하며 항쟁한 일을 운운하며, 히토코토누시를 그 호족이 모시는 신으로 보는 신화의 '고전적' 해석설이 있다. 그러나 이는 그런 것이 아니다. 이 신의 이름은 '천황(天皇)'이라는 글자를 '一' '大' '白' '王'으로 분해한 뒤 그것을 '一' '言' '主'의 석 자로 전성(轉成)한 '이합(離合)' 작업의 산물이며, 천황은 현신한 신과 같은 현인신(現人神)임을 신화로 설명하려고 한 창작이다. 그렇기에 이 신의 생김새와 언어, 태도, 노부(鹵簿)가 모두 천황과 비슷하다. 이러한 말과 글자의 수수께끼를 알지 못하면 《고사기》와 그 변형인 《일본서기》의 설화를 해독하는 데 큰 어려움을 겪는다.

가미요권(神世卷)에 대하여

《일본신화》는 '기기'에 등장하는 것이 전부라 할 수 있으며, 《풍토기》 등에 나오는 신화는 거의 그 아류이며 원본은 극히 적다. 또 이미 말한 대로 《일본서기》의 신화는 양적으로도 많지 않을 뿐만 아니라 그 내용도 《고사기》의 아류로 볼 수 있다. 그래서 여기서는 《고사기》 신화의 특징을 살펴보자.

그 첫머리에 "천지가 시작되었을 때, 다카아마노하라에 최초로 모습을 드러낸 신의 이름은 아메노미나카누시(天之御中主神), 다음에 다카미무스히(高御産巣日神), 다음에 가무무스히(神産巣日神)"라는 내용을 볼 수 있다. 이것으로 보아 일본의 신은 천지우주를 창조하지는 않았고 천지와 동시에 나타난 것으로 풀이할 수 있다. 여기에 두 신을 더하여 '고토아마쓰카미(別天神)'라고 한다―본디 '천신'은 아마테라스오미카미(天照大御神)이고, '별'은 '별격(別格)'이라는 의미―. 이들은 모두 '독신(獨神)'이다. 다음에 가미요 7대(神世七代)라고 하는 독신 두 신

(2대)과, 결혼하지 않았지만 남녀 한 쌍의 신이 4대, 마지막에 이자나기, 이자나미 누 신이 태어난다. 이 두 신은 아마쓰카미(天神)의 명으로 오노고로시마(淤能碁呂嶋)에 강림해 결혼한 뒤 나라와 신들을 낳는다. 천상의 신들은 결혼하지 않는다. 따라서 일부러 지상에 내려와서야 비로소 결혼이 성립되는 것이다. 또 두 신이 낳은 것은 일본 국토와 그곳에 사는 자연신들로, 한국, 중국, 인도 그 밖의 모든 곳과는 무관하다. 해신조차 고작 200해리밖에 안 되는 근해의 주재신이었을 것이다(이는 앞에 등장한 짐승들이 모두 '일본 국내산'인 것도 포함하여, 《고사기》가 국수주의, 민족주의의 산물임을 보여준다).

여신은 화신(火神)을 낳다가 화상을 입고 죽어서 요미노쿠니(黃泉國)로 간다. 남신이 이를 따라 황천에 가서 지상으로 돌아오라고 요청한다. "우리는 아직 나라를 다 건설하지 못했소. 부디 함께 돌아갑시다." 이렇듯 매우 산문적이고 정치적인 말을 한다. 결국 함께 돌아가는 데 실패하는데, 이것으로 보면 일본은 태어나기만 했을 뿐 아직 완성되지는 않은 상태였다.

구나도노카미(岐神)가 지상에서 더러움을 씻기 위해 '목욕재계'할 때 아마테라스오미카미, 쓰쿠요미(月讀命), 스사노오(須佐之男命)가 태어난다. 스사노오는 구나도노카미의 명을 어긴 죄로 쫓겨나, 누나인 아마테라스오미카미에게 작별을 고하러 천상에 올라가 서약을 했지만, 그 뒤 고약한 횡포를 부리고('아마노이와야토天石屋戶 은신'에서 아마테라스오미카미가 동굴에 숨어버린다) 이즈모로 내려가(야마타노오로치 퇴치, 구시나다히메와의 결혼, 이 둘의 자손으로 오쿠니누시大國主神가 태어난다) 이윽고 네노카타스쿠니(根之堅洲國)로 간다.

《고사기》의 신화를 읽어보면 아마테라스오미카미와, 스사노오의 자손인 오쿠니누시가 두 기둥임을 알 수 있다. 후자는 처음에 오나무치(大穴牟遲神)가 되어 네노카타스쿠니로 가서 스사노오의 시련을 받고 이윽고 지상으로 내려간다. 가장 먼저 스쿠나비코나(少名毘古那神)와 국토를 '다지고' 난 뒤 '나라를 세우는' 작업을 시작한다. 이에 미모로야마(御諸山)의 신이 협력을 제안하면서 자기를 위해 제사를 지내달라고 요구한다. 오쿠니누시는 이 요구에 응하지 않고 제사를 지내지 않았다(따라서 나라 건설은 미완성).

나라 양도. 다케미카즈치(建御雷神)가 사자로 나선다. 오쿠니누시를 대신하여 고토시로누시(事代主), 다케미나카타(建御名方) 두 신이 응답했고, 나라는 아마쓰카미노미코(天神御子 ; 나중에 역대천황으로 이어진다)에게 바친다. 오쿠니누시는 국토를 헌상한 뒤 자기가 살 집을 지어 달라고 했다. 그러나 이때도 그 소망은 이루어지지 않았다.

이 두 가지를 특별히 언급하는 까닭은, 실은 이것이 앞의 역대 천황권에 속하는 10스진권 오모노누시(미모로야마의 신)의 지벌과, 11스이닌권 이즈모노오카미(出雲大神, 오쿠니누시)의 지벌의 복선을 이루기 때문이다. 또 고토시로누시와 다케미나카타의 등장은, 전자는 오쿠니누시를 대신하여 '사(事)' 즉 정치, 정치조직의 발전을 주관하고, 후자는 이미 말한 대로 '명(名)'의 신령을 관장하기 때문이다. 이에 따라서 《고사기》의 신화는, 역대 천황의 국토 및 국민통치와 그 정치, 경제 발전을, 다카아마노하라의 신들이 주재하고 가호하고 있음을 알리기 위해 역대권과 구조적으로 불가분한 관계에 있음을 알 수 있다.

히무카(日向) 3대는 니니기(邇邇芸命), 호오리(火遠理命), 우가야후키아에즈(鵜葺草不合葺命)에 관한 이야기인데, 이것은 처음 2대인 아마쓰카미노미코(天神御子)가 저마다 산신(오야마쓰미大山津見)의 딸, 해신(오와타쓰미大綿津見)의 딸과 결혼하고, 그로 말미암아 해신의 자손(아마쓰카미노미코)이 산과 바다를 지배하는 정당성을 획득한다는 것을 보여주고자 만들어진 이야기이며, 해양민의 신화가 '다카아마노하라계(系)' 신화에 도입되었거나 혼입된 것이 아니다. 우미사치(海幸), 야마사치(山幸) 같은 이야기는 불전(佛典) 등의 용궁전설로서 그 무렵의 조정 사람들에게 널리 알려져 있었으므로 그것이 이 신화의 소재가 되었다.

이 아마쓰카미노미코가 위의 권리를 취득하는 예비단계를 거쳐 아시하라노나카쓰쿠니(葦原中國 ; 오야시마노쿠니大八洲國)를 통치하게 되면서 역대권으로 이행하여 진무천황에 이르는데, 그 전에 3대째에 우가야후키아에즈가 있는 것은, 2대째 호오리의 아내 도요타마히메(豊玉毘売)의 본모습이 악어(괴물)였다는 이야기가 있기 때문에, 제1대 천황의 생모를 괴물로 만드는 것을 피하고자 그 완충지대로서 끼워 넣은 것이다.

그리하여 《고사기》 신화는 이즈모와 히무카를 무대로 하는 것까지 포함해 모두 하나의 구상에서 나온 야마토 조정의 창조임을 알 수 있다.

왜곡된 역사를 바로잡기 위하여

《일본서기》에는 고대 한반도와 관련한 내용이 수없이 나온다. 신대기의 건국신화에 나오는 천손강림 설화는 금관국의 수로왕 탄생 설화를 떠올리게 하고, 진무동정 설화에는 고구려 건국 설화 흔적도 엿보인다. 때문에 《일본서기》는 일본 고대사뿐만 아니라 우리나라 고대사를 연구하는 데도 매우 유용하며 특히 고대 한반도 제국과 일본의 관계를 규명하는 데 반드시 필요하다.

그러나 《고사기》 신화를 바탕으로 탄생한 《일본서기》는 고대에 만들어진 역사서로 그 시대 일본 지배층의 정치 이념을 이해하는 데는 유용하지만 객관적 사실을 반영한 것으로 보기 어렵다. 일본을 통일한 천황가의 역사로서 천황의 절대 존엄을 강조하고 다른 씨족과 타민족에 대해 우월한 극도의 일본 중심적 이념으로 서술했다. 진실과 허구의 세계가 공존하고 과장과 윤색, 선과 악이 뒤섞여 있다. 더욱이 만세일계의 천황이 다스리는 일본 제국주의의 침략주의적인 역사관도 여기에 근거한다.

오늘날 일본 정치인의 극우사상도 《일본서기》에 내재된 '천황'이라는 절대적인 존재에서 비롯한다. 그러한 까닭에 한일 두 나라 사이에서 《일본서기》 해석을 둘러싼 논쟁은 끊이지 않고 일본 내에서도 많은 의견 차이를 보이는 실정이다. 그럼에도 《일본서기》와 《고사기》 연구해야 하는 까닭은 왜곡된 한국사관을 바로잡아 대한민국의 역사를 올바로 인식하기 위해 꼭 필요하기 때문이다.

日本書紀
일본서기

제1권

신화시대 상(上)

천지개벽과 신들

머나먼 옛날, 아직 하늘과 땅이 나누어지지 않고 음양도 구별되지 않았을 때, 이 혼돈의 세상은 달걀 속처럼 형체도 이루어지지 않았다. 그저 희미하고 어슴푸레한 무언가가 그 싹을 틔웠을 뿐이었다. 이윽고 그 맑고 밝음은 위로 올라가 넓게 퍼져 하늘이 되었고, 무겁고 탁함은 아래를 뒤덮으며 가라앉아 땅이 되었다. 맑고 밝음은 한데 모이기 쉬웠으나 무겁고 탁함은 굳는 데 오랜 시간이 걸렸다. 따라서 하늘이 먼저 이루어지고 땅은 그 뒤에 생겨났다. 그리고 곧이어 그 가운데에서 신이 태어났다.

그리하여 아래와 같이 전해진다.

하늘과 땅이 처음 열렸을 때, 국토가 둥둥 떠다닌 모습은 마치 물고기가 물 위에 떠 있는 것과 같았다. 그때 하늘과 땅 사이에 하나의 물질이 생겨났다. 갈대(葦)의 싹(芽)과 같은 그 형상은 곧 신이 되었는데, 그 신을 구니노토코타치노미코토(國常立尊)라고 한다―매우 귀한 신을 '존(尊)'이라 하고 그 밖의 신은 '명(命)'이라 하는데, 어느 것이나 '미코토'라고 읽는다. 그 이외에는 모두 이에 따른다―다음에는 구니사쓰치노미코토(國狹槌尊), 그다음에는 도요쿠무누노미코토(豐斟渟尊) 등 전부 세 명의 신이 태어났다. 이 세 명의 신은 양(陽)의 기운만을 받아 저절로 태어났다. 그러므로 순수한 남성 신이다.

일서(一書)(제1)에서는 이렇게 전한다.

하늘과 땅이 처음으로 나뉘었을 때 하나의 물질이 허공에 존재했다. 그 형상은 말로 표현할 수가 없었다. 그 속에서 저절로 태어난 신이 있었다. 그를 구니노토코타치라 한다. 또 다른 이름은 구니노소코타치노미코토(國底立尊)라고도 한다. 다음에는 구니사쓰치, 또는 구니노사다치노미코토(國狹立尊)라고 하는 신이 태어났다. 그다음은 도요쿠니누시노미코토(豐國主尊) 또는 도요쿠무노노미코토(豐組野尊)라고 한다. 또 도요카부노노미코토(豐香節野尊), 우카부노노토요카우노미코토(浮經野豐買尊), 도요쿠니노노미코토(豐國野尊), 도요카부노노미코토(豐齧野尊), 하코쿠니노노미코토(葉木國野尊), 미노노미코토(見野尊)라고도 한다.

또 일서(제2)에서는 이렇게 전한다.

옛날, 나라가 아직 젊고 땅도 젊었을 때는 마치 기름처럼 물 위에 둥둥 떠 있었다. 그때 나라 안에서 어떤 물질이 생겨났다. 그 형상은 마치 갈대 싹이 고개를 내민 것과 같았다. 그것에서 생겨난 신이 있었다. 이 신을 우마시아시카비히코지노미코토(可美葦牙彥舅尊)라고 한다. 다음은 구니노토코타치, 다음은 구니사쓰치라는 신이 나타났다. 엽목국(葉木國)은 하코쿠니라 하고, 가미(可美)는 우마시라고 한다.

또 일서(제3)에서는 이렇게 전한다.

하늘과 땅이 빙글빙글 돌며 뒤섞여서 아직 형태가 정해지지 않았을 때, 처음으로 신이 나타났다. 이를 우마시아시카비히코지라고 한다. 다음은 구니노소코타치가 나타났다. 이를 언구(彥舅 : 히코지)라고 한다.

또 일서(제4)에서는 이렇게 전한다.

하늘과 땅이 처음으로 나뉘었을 때 처음으로 함께 태어난 두 신이 있었다. 이를 구니노토코타치라고 한다. 다음은 구니사쓰치라고 한다. 또 다카아마노하라(高天原)에 나타난 신의 이름을 아메노미나카누시노미코토(天御中主尊)라고 한다. 다음은 다카미무스히노미코토(高皇産靈尊), 다음은 가무미무스히노미코토(神皇産靈尊)라고 한다. 황산령(皇産靈)은 미무스히라고 읽는다.

또 일서(제5)에서는 이렇게 전한다.

하늘과 땅이 아직 생겨나지 않았을 때, 바다 위에 떠 있는 구름에 뿌리가 없듯이 둥둥 떠다니는데 그 안에서 하나의 물질이 생겨났다. 그것은 마치 갈대 싹이 처음으로 진흙에서 싹튼 것과 같았다. 그것은 신이 되었는데, 구니노토코타치라고 한다.

또 일서(제6)에서는 이렇게 전한다.

하늘과 땅이 처음으로 나뉘었을 때, 하나의 물질이 있었는데 갈대 싹처럼 생긴 것이 허공에 생겨났다. 여기서 태어난 신을 아마노토코타치노미코토(天常立尊)라고 한다. 다음은 우마시아시카비히코지라고 한다. 또 어떤 물질이 떠 있는 기름처럼 허공에 생겨났다. 여기서 태어난 신을 구니노토코타치라고 한다.

다음에 신이 태어났으니 우이지니노미코토(泥土煑尊)와 스이지니노미코토(沙土煮尊)이다. 다음은 오토노지노미코토(大戶之道尊)가 태어났다. 오토마베노미코토(大苫邊尊)라 한다. 다음에 태어난 신은 오모다루노미코토(面足尊)와 가시코네노미코토(惶根尊), 다음에 태어난 신은 이자나기노미코토(伊奘諾尊)와 이자나미노미코토(伊奘冉尊)가 태어났다고 한다.

일서(제1)에서는 이렇게 전한다.

이 두 신은 아오카시키네노미코토(青橿城根尊)의 아들이다.

일서(제2)에서는 이렇게 전한다.

구니노토코타치는 아마노카가미노미코토(天鏡尊)를 낳았고, 아마노카가미는 아마노요로즈노미코토(天萬尊)를 낳았고, 아마노요로즈는 아와나기노미코토(沫蕩尊)를 낳았고, 아와나기는 이자나기를 낳았다. 말탕(沫蕩)은 아와나기라고 읽는다.

그리하여 모두 여덟 명의 신이 태어났다. 이 신들은 음양의 기(氣)가 서로 어울려 태어났기 때문에 남신, 여신의 양성을 이루고 있었다. 구니노토코타치부터 이자나기, 이자나미까지를 가미요(神世) 7대(代)라 이른다.

일서(제1)에서는 이렇게 전한다.
남녀가 함께 태어난 신은 먼저 우이지니와 스이지니가 있다. 다음에 쓰노쿠이노미코토(角杙尊)와 이쿠쿠이노미코토(活杙尊)가 있다. 다음에 오모다루와 가시코네가 있다. 그다음에 이자나기와 이자나미가 있다. 익(杙)은 쿠이라고 읽는다.

나라의 탄생

이자나기와 이자나미가 하늘의 부교(浮橋) 위에 서서 의논하기를 "이 하계의 가장 낮은 곳에 나라가 없을 리가 있겠는가?" 하면서, 옥으로 장식한 미늘창을 가지고 아래쪽을 휘저어 찾으니 아오우나바라(靑海原)를 발견했다. 그 창끝에서 떨어진 바닷물이 굳어 섬이 되었다. 그 섬을 오노고로시마(磤馭慮島)라고 한다. 두 신은 그 섬에 내려가 부부가 되어 국토를 낳고자 했다. 그리하여 오노고로시마를 나라의 기둥으로 삼아 남신은 왼쪽으로 돌고, 여신은 오른쪽으로 돌았다. 그렇게 나라의 기둥을 돌아 두 사람의 드디어 얼굴을 마주쳤다. 그때 여신이 먼저 "아아! 기쁘도다! 이렇게 훌륭한 젊은이를 만나다니." 하고 말을 걸었다. 그런데 남신은 기뻐하지도 않고 말하기를 "나는 남자다. 남자가 먼저 말을 거는 게 순서일 텐데, 어찌하여 여자인 그대가 먼저 말을 거는가. 이는 불길한 일이니 다시 한번 이 기둥을 돌기로 하자." 두 신은 다시 기둥을 돌아 다시 마주쳤다.

이번에는 남신이 먼저 소리쳤다. "아아! 기쁘도다! 이토록 아름다운 처녀를 만나다니!" 그리고 여신에게 물었다. "그대의 몸은 어떻게 되어 있소?" 그러자 여신이 대답했다. "나의 몸에는 암컷의 씨앗이 들어 있다." 남신이 "나의 몸에도 수컷의 씨앗이 들어 있소. 그래서 내 몸의 씨앗을 그대 몸의 씨앗에 맞추고자 한다."라고 말했다. 그렇게 음양이 처음으로 교합하여 부부가 되었다.

드디어 해산할 때가 되자, 맨 먼저 아와지노시마(淡路洲)가 태어났으나 두 신의 마음에 들지 않았다. 그래서 이름을 아와지노시마(吾恥 ; 아와지)라고 했다. 그런 다음에 오야마토토요아키쓰시마(大日本豊秋津洲)를 낳았다. 다음은 이요노후타나노시마(伊予二名洲)를 낳았다. 다음은 쓰쿠시노시마(筑紫洲 ; 규슈)를 낳았다. 다음은 오키노시마(億岐洲)와 사도노시마(佐度洲) 쌍둥이를 낳았다. 세상 사람들이 때때로 쌍둥이를 낳는 것은 이것을 본받은 것이다. 다음은 고시노시마(越洲)를 낳았다. 다음은 오시마(大洲)를 낳았다. 다음은 기비노코시마(吉備子洲 ; 비젠의 고지마 반도)를 낳았다.

그리하여 비로소 오야시마노쿠니(大八洲國)라는 이름이 생겼다. 쓰시마(對馬島), 이키노시마(壹岐島) 및 곳곳의 작은 섬은 모두 바닷물의 거품이 굳어서 생겨났다. 또는 물거품이 굳어져 생겼다고도 한다.

일서(제1)에서는 이렇게 전한다.

천신(天神)은 이자나기와 이자나미에게 "도요아시하라(豊葦原 ; 갈대가 무성한 들판)라고 하는, 벼 이삭이 풍성하게 열리는 땅이 있다. 너희들이 가서 그곳을 다스려라." 하고 아메노누보코(天瓊矛)를 주었다. 두 신은 하늘의 부교 위에 서서 창을 아래로 내려 토지를 찾았다. 아오우나바라를 두루 휘저은 뒤 끌어올렸을 때 창끝에서 뚝뚝 떨어진 바닷물이 굳어 섬이 되었다. 그것을 오노고로시마라고 이름을 지었다. 두 신은 그 섬으로 내려가 커다란 궁전을 짓고 하늘에 닿는 기둥을 세웠다.

남신이 여신에게 물었다. "그대의 몸은 어떻게 되어 있는가?" 여신이 대답하기를 "나의 몸에는 음(陰)의 근본이 들어 있다." 그러자 남신도 "내 몸에도 양(陽)의 근본이 들어 있소. 내 몸의 양의 근본을 가지고 그대 몸의 음의 근본에 합치고자 하는데 어떠한가." 그리하여 두 신은 하늘의 기둥을 돌자는 약속을 하고 말했다. "그대는 왼쪽에서 도시오, 나는 오른쪽에서 돌겠소." 두 신은 서로 기둥을 돌다가 딱 마주쳤다. 여신이 먼저 말했다. "아아! 어쩌면 이렇게도 잘생긴 남자가 있을까!" 남신이 이에 화답했다. "아아! 참으로 훌륭한 처녀로다!" 그리하여 부부의 교합이 이루어져 먼저 히루코(蛭兒 ; 몸이 성치 않은 아이)가 태어났다. 그들은 곧바로 히루코를 갈대 배에 실어 바다에 띄워 보냈다. 다음에 아와노시마(淡洲)를 낳았다. 이 또한 아이로 여기지 않았다. 두 신은 하늘로 돌아가 천신 앞에 이르러 상황을 자세히 설명했다. 그러자 천신은 태점(太占 ; 사슴의 어깨뼈를 구웠을 때 생기는 균열을 판단하여 보는 점)을 치더니 "여자가 먼저 말을 걸었기 때문에 그런 것이니, 돌아가서 다시 한번 해보라."고 말했다.

그리고 어느 때가 좋은지 점을 쳐서 두 신을 땅에 내려보냈다. 두 신은 다시 한번 기둥을 돌았다. 남신은 왼쪽에서, 여신은 오른쪽에서 돌아 서로 만났을 때, 이번에는 남신이 먼저 "아아! 참으로 아리따운 처녀로다!" 하고 말을 걸자 여신이 대답했다. "아아! 참으로 늠름한 남자로다!" 두 신은 함께 살면서 아들을 낳았다. 그를 오야마토토요아키쓰시마라고 이름지었다. 다음은 아와지노시마, 다음은 이요노후타나노시마, 다음은 쓰쿠시노시마, 다음은 오키노미쓰고노시마(億岐三子洲), 다음은 사도노시마, 다음은 고시노시마, 다음은 기비노코시마가 태어났다. 그리하여 이들을 오야시마노쿠니라 이른다.

일서(제2)에서는 이렇게 전한다.
이자나기와 이자나미 두 신이 안개 속에 서서 말했다. "우리가 나라를 세우리라." 그리고 아메노누보코를 가지고 아래쪽의 바다를 휘저어 오노고로시마를 얻었다. 그들은 창을 거두면서 환성을 질렀다. "잘 되었다. 나라가 만들어졌다."

일서(제3)에서는 이렇게 전한다.
이자나기와 이자나미 두 신이 다카아마노하라로 내려와 말했다. "나라를 세우자." 그리고 옥으로 장식한 창으로 바다를 휘저어 오노고로시마를 만들었다.

일서(제4)에서는 이렇게 전한다.
이자나기와 이자나미 두 신이 상의하여, "무엇인가 기름 같은 것이 떠 있다. 그 속에 나라가 있으리라." 하고는, 옥으로 장식한 창으로 바닷속을 휘저어 섬을 하나 만들었다. 그것을 오노고로시마라고 한다.

일서(제5)에서는 이렇게 전한다.
여신이 먼저 외치며 말하기를 "아! 참으로 잘생긴 젊은이를 만났도다!" 그러자 여신이 먼저 말을 걸었기 때문에 상서롭지 못하다고 하여 다시 한번 기둥을 돌았다. 이번에는 남신이 먼저 말했다. "아, 기쁘도다! 참으로 아름다운 처녀를 만났으니!" 그리하여 교합하려 했으나 방법을 몰랐다. 그때 할미새가 날아와서 머리와 꼬리를 흔들었다. 두 신은 그 새가 움직이는 모습을 보고 교합 방법을 깨달았다.

일서(제6)에서는 이렇게 전한다.

두 신은 부부의 교합을 이룬 뒤, 먼저 아와지노시마와 아와노시마를 맏아들로 낳았다. 다음은 오야마토토요아키쓰시마를 낳았다. 그다음은 이요노시마(伊予洲), 다음은 쓰쿠시노시마, 다음은 오키노시마와 사도노시마 쌍둥이를 낳았다. 다음은 고시노시마, 다음은 오시마, 다음은 고시마(子洲)를 낳았다.

일서(제7)에서는 이렇게 전한다.

먼저 아와지노시마를 낳았다. 다음은 오야마토토요아키쓰시마, 다음은 이요노후타나노시마, 다음은 오키노시마와 사도노시마, 다음은 쓰쿠시노시마, 다음은 이키노시마(壹岐洲), 다음은 쓰시마(對馬洲)를 낳았다.

일서(제8)에서는 이렇게 전한다.

맨 처음에는 오노고로시마를 낳았고, 아와지노시마를 낳았다. 다음은 오야마토토요아키쓰시마, 다음은 이요노후타나노시마, 다음은 쓰쿠시노시마, 다음은 기비노코시마, 다음은 오키노시마와 사도노시마 쌍둥이를 낳았다. 다음에는 고시노시마를 낳았다.

일서(제9)에서는 이렇게 전한다.

아와지노시마를 첫 번째로 낳고, 오야마토토요아키쓰시마를 낳았다. 다음은 아와노시마, 다음은 이요노후타나노시마, 다음은 오키노미쓰고노시마, 다음은 사도노시마, 다음은 쓰쿠시노시마, 다음은 기비노코시마, 다음은 오시마를 낳았다.

일서(제10)에서는 이렇게 전한다.

여신이 먼저 말했다. "아아! 참으로 잘생긴 젊은이여." 그리하여 남신이 손을 잡고 마침내 부부의 교합을 이루어 아와지노시마를 낳았다. 다음은 히루코를 낳았다.

다음은 바다를 낳고, 강을 낳았다. 다음은 산을 낳았고, 다음은 나무의 정령(精靈)인 구쿠노치를 낳았고, 다음은 풀의 정령인 가야히메(草野姬)를 낳았는데, 이를 '들의 정령'이라고도 한다. 이자나기와 이자나미가 함께 상의하여 말하기를 "나는 이미 오야시마노쿠니와 산천초목을 낳았다. 그러니 이제 천하의 주인이 될 자를 낳아야겠다." 그리하여 일신(日神)을 낳았다. 이를 오히루메노무치(大日孁貴)라 부른다.—일서에서는 아마테라스오미카미(天照大神)라고 한다—이 아들은 찬란하고 밝은 빛으로 온 나라를 비추었다. 두 신은 기뻐하며 말했다. "많은 아들이 있으나 아직 이처럼 신비로운 능력을 가진 아들은 없었다. 이 아이를 이 나라에 오래도록 머물게 하는 것은 바람직하지 않다. 속히 하늘로 보내 다카아마노하라를 다스리게 하는 것이 좋으리라."

이때 하늘과 땅은 아직 그리 멀리 떨어져 있지 않았으므로, 두 신은 하늘의 기둥을 타고 오히루메노무치를 하늘로 올려보냈다.

다음은 달의 신을 낳았다. 그 아름다운 빛은 해에 버금가는 광채였다. 그래서 해와 함께 하늘을 다스리는 것이 좋겠다고 하여 달의 신도 하늘로 보냈다. 다음은 히루코를 낳았다. 이 아이는 세 살이 되어도 일어서지를 못했으므로 아메노이와쿠스후네(天磐櫲樟船 ; 튼튼한 녹나무 배)에 태워 바람 부는 대로 실려가게 바닷물에 띄워 보내 버렸다. 다음은 스사노오노미코토(素戔嗚尊)를 낳았다. 이 신은 용감하고 난폭하여 잔인한 일도 서슴지 않고 저질렀다. 또 언제나 울부짖으며 소란을 피우곤 했다. 그래서 나라 안의 사람들을 젊은 나이에 죽게 하고 푸른 산을 민둥산으로 바꾸어 버렸다. 부모인 두 신이 스사노오에게 말하기를 "너는 매우 무도하고 포악하여 이 세상을 다스릴 수 없다. 그러니 머나먼 네노쿠니(根國 ; 황천)로 가라." 그리고는 추방해 버렸다.

일서(제1)에서는 이렇게 전한다.

이자나기가 "나는 천하를 다스릴 뛰어난 아이를 낳을 것이다." 하고 말한 뒤, 왼손으로 아주 맑은 거울을 들었을 때 태어난 신이 오히루메노무치(大日孁貴)이다. 또 오른손으로 아주 맑은 거울을 들었을 때 태어난 신이 쓰쿠유미노미코토(月弓尊)이다.

또 머리를 돌려 뒤를 돌아본 순간 태어난 신이 스사노오이다. 이 가운데 오히루메노무치와 쓰쿠유미는 둘 다 성질이 밝고 따뜻하여 천지를 비추며 다스리게 했다.

스사노오는 뭐든지 파괴하고 망가뜨리는 것을 즐기는 성질이 있었다. 그리하여 지하로 내려보내 네노쿠니를 다스리게 했다.

일서(제2)에서는 이렇게 전한다.

해와 달이 태어난 뒤 히루코가 태어났다. 이 아이는 세 살이 되어도 일어서지 못했다. 처음에 이자나기와 이자나미가 서로 기둥을 돌고 마주쳤을 때 여신이 먼저 기뻐서 말을 한 것이 음양의 이치에 맞지 않았다. 그 때문에 히루코가 태어난 것이다. 다음은 스사노오가 태어났다. 이 신은 성질이 악하여 늘 울거나 화를 냈다. 이 신 때문에 많은 백성이 죽고 청산은 메말라 버렸다. 그래서 부모가 말했다. "네가 이 나라를 다스리면 분명 백성에게 큰 해를 입힐 것이다. 그러니 너는 멀고 먼 네노쿠니를 다스리는 것이 좋겠다." 그리하여 도리노이와쿠스후네(鳥磐櫲樟船 ; 튼튼한 녹나무 배)를 낳아 그 배에 히루코를 실어서 물에 떠내려 보냈다. 다음은 불의 신 가구쓰치(軻遇突智)를 낳았다. 그때 이자나미는 가구쓰치 때문에 불에 데어 죽고 말았다. 그녀는 죽는 순간에 누운 채로 흙의 신 하니야마히메(埴山姬)와 물의 신 미쓰하노메(罔象女)를 낳았다. 가구쓰치는 하니야마히메를 아내로 맞아 와쿠무스히(稚産靈)를 낳았다. 이 신의 머리 위에 누에와 삼나무가 자라났으며 배꼽에서 오곡(五穀)이 태어났다.

일서(제3)에서는 이렇게 전한다.

이자나미가 호무스히(火産靈)를 낳다가 아이의 열기에 데어 죽고 말았다. 이자나미가 죽으면서 물의 신 미쓰하노메와 흙의 신 하니야히메를 낳았고, 또 아마노요사쓰라(天吉葛)를 낳았다.

일서(제4)에서는 이렇게 전한다

이자나미가 불의 신 가구쓰치를 낳으려 할 때 열에 시달리다 먹은 것을 토해 냈다. 그것이 신이 되었는데 이름을 가나야마히코(金山彦)라고 한다. 다음에는 오줌을 누었는데 그것도 신이 되었다. 이름을 미쓰하노메라고 한다. 다음에는 똥을 누었고 이것도 신이 되었다. 그 이름을 하니야마히메라고 한다.

일서(제5)에서는 이렇게 전한다.

이자나미는 불의 신을 낳다가 몸에 화상을 입어 죽고 말았다. 그래서 기이노쿠니(紀伊國) 구마노(熊野)의 아리마(有馬)에 묻었다. 이 나라 사람들이 이 신을 기릴 때는 꽃이 피는 계절에 꽃을 바쳐 제사를 지냈다. 또 북을 치며 피리를 불고, 깃발을 달고, 노래하고 춤추며 제사를 지냈다.

일서(제6)에서는 이렇게 전한다.

이자나기와 이자나미는 함께 힘을 합쳐 오야시마노쿠니를 낳았다. 그 뒤 이자나기가 "우리가 낳은 나라는 아침 안개가 자욱하지만 좋은 향기로 가득하다."라고 말하면서 안개를 불어 버리자 그 숨결이 신이 되었다. 그 신의 이름을 시나토베노미코토(級長戸邊命)라고 하고, 시나쓰히코노미코토(級長津彦命)라고도 한다. 이것은 바람의 신이다. 또 두 신이 굶주려 기력이 없었을 때 낳은 아이를 우카노미타마노미코토(倉稻魂命)라고 한다. 또 바다의 신들을 낳았는데, 그 이름을 와타쓰미노미코토(少童命)라고 한다. 산의 신들은 야마쓰미(山祇)라고 한다. 해협(海峽)의 신들은 하야아키쓰히노미코토(速秋津日命)라고 한다.

나무의 신들은 구쿠노치라고 한다. 흙의 신을 하니야스노카미(埴安神)라고 한다. 그런 다음에 만물이 태어났다. 불의 신 가구쓰치가 태어났을 때 그 어머니 이자나미는 몸이 불에 타서 죽고 말았다.

그때 이자나기가 원망하기를 "이 아들 하나 때문에 사랑하는 아내를 희생시키고 말았구나." 하고 이자나미의 머리맡과 발이 있는 쪽에서 엉금엉금 기어다니면서 눈물을 흘렸다. 그 눈물이 떨어져 신이 되었다. 이것이 언덕 위 나무 밑에 있는 신으로, 나키사와메노미코토(啼澤女命)라고 한다.

결국 이자나기는 허리에 찬 장검을 뽑아 가구쓰치를 세 동강으로 베어 버렸다. 이 토막 하나하나가 신이 되었다. 또 칼날에서 떨어진 피가 아마노야스카와(天安河) 주변의 무수한 바위가 되었다. 이것이 후쓰누시노카미(經津主神)의 조상이다. 또 날밑에서 떨어진 피가 흘러 신이 되었다. 이를 미카하야히노카미(甕速日神)라고 한다. 다음은 히노하야히노카미(熯速日神)가 태어났다. 그 히노하야히는 다케미카즈치노카미(武甕槌神)의 조상이다. 또한 미카하야히노미코토(甕速日命), 다음은 히노하야히노미코토(熯速日命), 다음은 다케미카즈치가 태어났다고도 한다. 또 칼끝에서 떨어진 피가 흘러 신이 되었는데, 이를 이와사쿠노카미(磐裂神)라고 한다. 다음은 네사쿠노카미(根裂神), 다음은 이와쓰쓰오노미코토(磐筒男命)가 태어났다. 어떤 설에서는 이와쓰쓰오와 이와쓰쓰메노미코토(磐筒女命)라고도 한다. 또 칼자루 끝에서 떨어진 피가 신이 되었다. 이를 구라오카미(闇靇)라고 한다. 다음은 구라야마쓰미(闇山祇), 또 다음은 구라미쓰하(闇罔象)가 태어났다.

저승

그 뒤 이자나기는 이자나미를 저승까지 쫓아가서 이야기를 나누었다. 그때 이자나미가 말하기를 "나의 남편이여, 어찌하여 이렇게 늦게 왔는가? 나는 이미 저승의 음식을 먹어 버렸소. 그리고 이제부터 잘 테니까 제발 내가 자는 모습을 보지 마시오." 그러나 이자나기가 그 말을 듣지 않고 몰래 참빗 가장자리의 굵은 살을 뽑아 거기에 불을 붙여 비춰보니, 고름이 흐르고 구더기가 우글거렸다. 오늘날 세상 사람들이 밤에 불을 켜는 것을 싫어하고, 또 밤에 빗을 던지는 것을 금하는 이유는 여기서 왔다. 이자나기가 크게 놀라 말하기를 "나는 나도 모르게 끔찍하고 더러운 나라에 와버렸구나!" 하고는 급히 도망쳐 돌아갔다. 그때 이자나미가 원망하여 말하기를 "왜 들여다보지 말라는 말을 어기고 나에게 수치를 주는 것이오." 하고는 명부(冥府)의 추녀(醜女) 여덟 명—

또는 요모쓰히사메(泉津日狹女)라는 여자 ― 을 보내 쫓아왔다. 이자나기는 칼을 빼어 뒤를 후려치면서 달아났다. 달아나면서 머리에 감고 있던 덩굴풀 장식을 던졌다. 그것은 포도가 되었다. 추녀가 그것을 보더니 주워서 먹었다. 다 먹고 나자 다시 쫓아왔다. 이자나기는 다시 참빗을 던졌다. 이것은 죽순이 되었다. 추녀는 또 그것을 뽑아서 먹었다. 다 먹고 나자 또 쫓아왔다. 그 뒤로 이자나미도 쫓아왔다. 그때 이자나기는 벌써 저승의 경계인 히라사카(平坂)에 이르렀다.

일설에서는 이렇게 전한다. 이자나기가 커다란 나무를 향해 오줌을 누자, 그것이 큰 강이 되었다. 요모쓰히사메가 그 강을 건너는 사이에 이자나기는 요모쓰히라사카(泉津平坂)에 도착했다고 한다. 거기서 천근만근이나 되는 무거운 바위로 그 길을 막고 이자나미를 바라보며 분명하게 이혼을 선언하는 저주의 말을 내뱉었다.

그러자 이자나미가 말했다. "사랑하는 나의 남편이여! 당신이 그렇게 말하면 나는 당신이 다스리는 나라의 백성을 하루에 1000명씩 교살(絞殺)할 것이오." 그러자 이자나기가 "사랑하는 내 아내가 그렇게 말한다면 나는 하루에 1500명씩 태어게 할 것이오." 그리고 "더는 앞으로 가면 안 된다."고 말하며 지팡이를 던졌다. 이것을 후나토노카미(岐神 ; 악령을 막는 신)라고 한다. 또 허리띠를 끌러 내던졌다. 이를 나가치와노카미(長道磐神)라고 한다. 또 옷을 벗어던졌다. 이를 와즈라이노카미(煩神)라고 한다. 또 잠방이를 벗어던졌다. 이를 아키쿠이노카미(開囓神)라 한다. 또 신을 벗어던졌다. 이를 지시키노카미(道敷神)라 한다. 그리고 요모쓰히라사카는 다른 세상이 아니라, 그저 사람이 임종할 때 마지막 숨이 끊어지려는 순간을 말한다. 길을 가로막은 바위는 명부의 입구를 막고 있는 오카미(大神)를 가리킨다. 다른 이름으로 지카에시노오카미(道返大神)라고도 한다.

가까스로 돌아온 이자나기가 깊이 후회하며 말하기를 "나는 어리석게도 아주 불길하고 더러운 곳에 갔다 왔다. 그래서 내 몸의 더러움을 깨끗하게 씻어야겠다." 그러면서 길을 떠났다. 쓰쿠시(筑紫 ; 규슈)의 히무카(日向) 강물이 떨어지는 곳에 있는 다치바나노아와키하라(橘之檍原)에 가서 목욕재계를 하고 부정을 씻어 냈다. 더러운 몸을 씻으며 소리 내 말하기를 "강의 상류는 물살이 매우 세고 하류는 또 너무 약하구나." 그래서 물살의 흐름이 가장 적당한 중간에서 봄을 씻었다. 이로 인해 태어난 신을 야소마가쓰히노카미(八十枉津日神)라고 한다. 다음에 그 더러움을 깨끗이 씻으려고 할 때 태어난 신을 간나오히노카미(神直日神)라고 한다. 다음은 오나오히노카미(大直日神)다. 그리고 물속으로 들어가서 몸을 씻었다. 그때 태어난 신을 이름하여 소코쓰와타쓰미노미코토(底津少童命)라고 한다. 다음은 소코쓰쓰노오노미코토(底筒男命)가 태어났다. 또 바닷물에 들어가서 몸을 씻었다. 그때 태어난 신을 나카쓰와타쓰미노미코토(中津少童命)라고 한다. 다음은 나카쓰쓰노오노미코토(中筒男命)가 태어났다. 또 바다 위에 떠서 몸을 씻었다. 그때 태어난 신을 우와쓰와타쓰미노미코토(表津少童命)라고 한다. 다음은 우와쓰쓰노오노미코토(表筒男命)가 태어났다. 모두 아홉 신이 태어났다. 그 가운데 소코쓰쓰노오, 나카쓰쓰노오, 우와쓰쓰노오는 스미노에노오카미(住吉大神)다. 소코쓰와타쓰미, 나카쓰와타쓰미, 우와쓰와타쓰미는 아즈미노무라지(阿曇連)가 기리는 신이다.

그런 다음 왼쪽 눈을 씻었을 때 태어난 신을 아마테라스오미카미라고 한다. 또 오른쪽 눈을 씻었을 때 태어난 신을 쓰쿠요미노미코토(月讀尊)라고 한다. 또 코를 씻자 태어난 신을 스사노오라고 한다. 모두 세 명의 신이 태어났다. 이자나기는 세 아들에게, "아마테라스오미카미는 다카아마노하라를 다스려라. 쓰쿠요미는 아오우나바라의 조류(潮流)를 다스려라. 스사노오는 천하를 다스려라." 하고 명했다. 이때 스사노오는 이미 나이가 들어 수염이 덥수룩했다. 그런데도 천하를 다스리지 못해서 언제나 울면서 한탄만 했다. 그래서 이자나기가 물었다. "너는 왜 그렇게 늘 울고만 있느냐?" 이 말에 스사노오는 "어머니를 따라 네노쿠니에 가고 싶어서 우는 겁니다." 하고 대답했다. 이자나기는 이 아들을 괘씸하게 여겨 "마음대로 가거라." 하고는 추방해 버렸다.

일서(제7)에서는 이렇게 전한다.

이자나기는 칼을 빼어 가구쓰치를 세 동강으로 베어 버렸다. 그 하나는 이카즈치노카미가 되고, 하나는 오야마쓰미노카미(大山祇神)가 되었으며, 또 하나는 다카오카미(高龗)가 되었다. 또 가구쓰치를 베었을 때, 그 피가 흘러 하늘의 수많은 강가에 있는 수많은 바위를 붉게 물들였다. 그로 인해 태어난 신을 이와사쿠라고 한다. 다음은 네사쿠, 그의 아들인 이와쓰쓰오, 다음은 이와쓰쓰메노카미(磐筒女神), 아들인 후쓰누시가 태어났다.

일서(제8)에서는 이렇게 전한다.
이자나기는 가구쓰치를 베어 다섯 동강을 내었다. 이는 각각 다섯 야마쓰미가 되었다. 첫째인 머리는 오야마쓰미가 되었다. 둘째인 몸통은 나카야마쓰미(中山祇)가 되었다. 셋째인 손은 하야마쓰미(麓山祇)가 되었다. 넷째인 허리는 마사카야마쓰미(正勝山祇)가 되었다. 다섯째인 발은 시기야마쓰미(離山祇)가 되었다. 이때 흘린 피로 돌과 모래와 초목이 붉게 물들었다. 초목과 돌과 모래 자체가 불에 타는 까닭은 그 때문이다.

일서(제9)에서는 이렇게 전한다.
이자나기는 사랑하는 아내가 보고 싶어서 빈렴(殯斂 ; 사람이 죽어서 장사지내기 전에 유해를 관에 넣어 임시로 안치하는 것)하는 곳으로 갔다. 이자나미는 아직 살아 있을 때의 모습으로 남편을 맞이해 함께 이야기를 나누었다. 이자나미가 말하기를 "나의 남편이여, 부디 나를 보지 말아 주소서." 하고 부탁했다. 그 말이 끝나자 곧 그 모습이 보이지 않았다. 주위가 칠흑같이 어두웠기 때문에 이자나기가 불을 켜서 살펴보았다. 그러자 이자나미의 사체는 부어올랐고 그 위에 여덟 개의 천둥이 생겨났다. 이자나기는 놀라서 달아났다. 그것을 본 여덟 천둥이 전부 일어나 추격해 왔다. 그때 길가에 커다란 복숭아나무가 있었다. 이자나기가 그 복숭아나무 밑에 숨어 나무에 열린 복숭아를 따서 천둥을 향해 던지니 천둥이 모두 달아났다. 이것이 귀신들이 복숭아를 두려워하는 까닭이다.
이때 이자나기가 지팡이를 던지면서, "여기서부터 천둥은 이쪽으로 올 수 없다."고 말했다. 이것을 후나토노카미라고 한다. 이 신의 본명은 구나토노사에노카미(來名戶之祖神)이다. 여덟 개의 천둥은 머리에 있는 오이카즈치(大雷), 가슴에 있는 호노이카즈치(火雷), 배에 있는 쓰치노이카즈치(土雷), 등에 있는 와카이카즈치(稚雷), 꼬리에 있는 구로이카즈치(黑雷), 손에 있는 야마쓰치(山雷),

발 위에 있는 노쓰치(野雷), 음부 위에 있는 사쿠이카즈치(裂雷)를 일컫는다.

일서(제10)에서는 이렇게 전한다.

이자나기는 이자나미가 있는 곳으로 가서 "그대가 그리워서 찾아왔다."고 말했다. 그러자 이자나미가 대답하기를 "제발 나를 보지 마시오." 했다. 그러나 이자나기는 그 말을 듣지 않고 계속해서 바라보았다. 이자나미는 부끄럽고 원망스러워서 "당신은 나의 참모습을 보고 말았다. 그러니 나도 당신의 참모습을 보아야겠다." 하고 말했다. 이자나기는 부끄러운 생각이 들어서 나가려고 했다. 그때 그냥 말없이 돌아가지 않고 "그만 이혼하는 것이 어떻겠는가?" 하며 떠보더니 또 "그대에게 질 수야 없지." 하고 말했다. 그때 뱉어낸 침에서 태어난 신을 하야타마노오(速玉之男)라고 한다. 그리고 먼지를 털었을 때 태어난 신을 요모쓰코토사카노오(泉津事解之男)라고 불렀다. 이렇게 하여 두 신이 태어났다.

아내와 요모쓰히라사카에서 싸웠을 때 이자나기는 "처음에 그대를 그리워하며 슬퍼한 것은 내가 겁쟁이였기 때문이다." 하고 말했다. 그때 요모쓰치모리비토(泉守道者 ; 저승길을 지키는 자)가 말하기를 "이자나미께서 '나는 당신과 이미 나라를 다 낳았는데, 어찌 더 많이 낳기를 바라는가? 나는 이곳에 머무르고 싶다. 당신과 함께 지상으로 돌아갈 수 없다' 라고 말씀하셨습니다."

그때 구쿠리히메노카미(菊理媛神)도 할 말이 있었다. 이자나기가 그 말을 듣고 칭찬했다. 다만 자기 눈으로 저승을 본 것이 상서롭지 않은 일이어서 그 부정을 씻기 위해 밖으로 나가서 아와(阿波)의 수문과 하야스이노미나토(速吸名門)를 둘러보았다. 그런데 이 두 해협은 물살이 매우 빨랐다. 그래서 다치바나노오도(橘小門 ; 히무카)로 돌아가서 부정을 깨끗이 씻었다. 그때 물에 들어가서 입김을 불자 이와쓰치노미코토(磐土命)가 태어났다. 다음에 물에서 나와 입김을 불자 오나오히노카미(大直日神)가 태어났다. 다시 물에 들어가서 입김을 불자 소코쓰쓰노미코토(底土命)가 태어났다. 또 물에서 나와 입김을 불자 오아야쓰히노카미(大綾津日神)가 태어났다. 다시 물에 들어가서 입김을 불자 아카쓰치노미코토(赤土命)가 태어났다. 또 물에서 나와 입김을 불자 대지와 바다의 온갖 신들이 태어났다.

일서(제11)에서는 이렇게 전한다.

이자나기는 세 아들에게, "아마테라스오미카미는 다카아마노하라를 다스려라. 쓰쿠요미노미코토(月夜見尊)는 해와 함께 하늘을 다스려라. 스사노오는 아오우나바라를 다스려라." 하고 명령했다. 이미 아마테라스오미카미가 천상으로 올라가 말하기를 "아시하라노나카쓰쿠니(葦原中國 ; 일본국토)에 우케모치노카미(保食神)가 있다고 들었다. 쓰쿠요미여, 네가 가서 보고 오너라." 하고 말했다. 쓰쿠요미는 명을 받고 지상에 내려가 우케모치가 있는 곳에 도착했다. 우케모치가 머리를 돌려 육지를 바라보자 입에서 쌀밥이 나왔다. 또 바다를 바라보니 입에서 크고 작은 물고기가 나왔다. 또 산을 바라보자 입에서 온몸에 털이 난 동물들이 나왔다. 이것들은 전부 모아 수많은 탁자 위에 쌓아놓고 대접했다. 이때 쓰쿠요미가 노하여 얼굴을 붉히며 말하기를 "참으로 더럽고도 천하구나. 입에서 토해낸 것을 나에게 먹으라는 것이냐?" 하고 꾸짖고는 칼을 빼어 우케모치를 찔러 죽였다. 그리고 그 상황을 아마테라스오미카미에게 자세히 보고했다. 이에 아마테라스오미카미는 크게 노하여, "너는 악한 신이다. 다시는 너를 보지 않으리라." 하고는 쓰쿠요미와 낮과 밤으로 갈라져서 교대로 살기로 했다. 그 뒤 아마테라스오미카미는 아마노쿠마히토(天熊人 ; 신에게 바칠 벼를 키우는 사람)를 보내 우케모치를 간호하게 했다. 그러나 우케모치는 이미 죽어 있었다. 그런데 그 신의 머리에서 소와 말이 태어나고, 이마 위에서 좁쌀이 나고, 눈썹 위에서 누에가 나고, 눈에서 피(稗)가 나고, 배속에서 벼가 나고, 음부에서 보리와 콩과 팥이 났다. 아마노쿠마히토는 그것을 모두 가지고 돌아가서 아마테라스오미카미에게 바쳤다. 아마테라스오미카미가 기뻐하며 말했다. "이는 백성들이 살아가는 데 필요한 것들이다." 그리하여 좁쌀, 피, 보리, 콩을 밭에 심을 종자로 삼고, 벼를 논에 심을 종자로 삼았다. 그것으로 하늘의 무라키미(邑君 ; 촌장)를 정했다. 그 볍씨를 아마노사나다(天狹田)와 나가타(長田)에 심었더니, 그해 가을 벼이삭이 여덟 줌이나 될 만큼 성장하여 매우 기뻐했다. 오카미가 입 속에 누에고치를 머금고 실을 뽑아내니 이것이 누에치기의 시작이다.

스사노오의 서약

스사노오가 말했다. "나는 지금 명령을 받들어 네노쿠니에 가고자 하노라. 그래서 잠시 다카아마노하라에 가서 누님을 뵙고 하직인사를 하려고 한다." 이자나기가 "그렇게 하라."고 허락하여 스사노오는 하늘로 올라갔다. 그 뒤 이자나기는 신으로서 할 일을 다 마쳤으니 저세상으로 가려고 했다. 그래서 아와지 땅에 가쿠레미야(幽宮)를 세우고 오래도록 조용히 숨어 지냈다. 또 다른 구전에서는, 이자나기는 자신이 할 일을 모두 마쳤고 그 덕(德)이 참으로 위대했다. 그래서 하늘로 돌아가 보고했고 히노와카미야(日少宮)에 머물러 살게 되었다고 한다.

처음 스사노오가 하늘로 올라갔을 때, 바다에서는 풍랑이 거칠게 일고 산들도 큰 소리로 울부짖었다. 그것은 그 신의 성질이 용맹스러웠기 때문이다. 스사노오의 성질이 난폭한 것을 잘 알고 있던 아마테라스오미카미는 스사노오가 하늘로 올라오는 모습을 보고 매우 놀라 낯빛이 변하여 말했다. "아우가 하늘에 올라오는 것은 분명히 선한 마음에서 나온 것이 아닐 것이다. 틀림없이 나라를 빼앗으려는 속셈이리라. 우리의 부모는 자식들에게 명하여 저마다 영토를 정해 주었다. 그런데 어찌하여 자기가 가야 할 나라는 버려두고 여기를 탐내는 것인가." 그러고는 먼저 머리를 올려 상투를 틀고, 옷자락을 걷어 올려 바지를 고쳐 입고, 커다란 구슬을 잔뜩 꿴 끈을 머리와 팔뚝에 감아 매고, 등에는 화살통, 팔뚝에는 훌륭한 활팔찌(활을 쏠 때 왼쪽 팔목에 대는, 가죽으로 만든 둥근 물건)를 차고, 활고자를 흔들어 세우고, 칼자루를 꽉 움켜잡고, 지면을 힘차게 굴러 흙을 눈발처럼 흩날리면서, 용맹한 몸짓과 엄격한 목소리로 스사노오를 호되게 힐문했다.

이에 스사노오가 대답하기를 "나에게는 처음부터 사심은 없었습니다. 그저 부모님의 엄명을 받들어 곧장 네노쿠니로 갈 생각입니다. 다만 그전에 누님을 뵙고 싶었을 뿐입니다. 그래서 구름과 안개를 헤치고 먼 길을 일부러 찾아온 것인데, 누님이 반겨주시기는커녕 이렇게 화를 내실 줄은 꿈에도 몰랐습니다." 하고 말했다.

그러자 아마테라스오미카미가 다시 물었다. "만약 그게 사실이라면, 너의 진심을 무엇으로 증명하겠느냐?" 스사노오가 대답했다. "그러면 누님과 제가 함께 서약합시다. 서약에 반드시 자식을 낳겠다는 조건을 넣는 것이 어떻습니까? 만약 제가 낳은 자식이 딸이면 저에게 사심이 있다고 생각해도 좋습니다. 반대로 아들을 낳으면 저의 마음이 결백하다는 것을 믿어 주십시오."

이에 아마테라스오미카미는 스사노오가 차고 있던 도쓰카검(十握劍; 긴 칼)을 달라고 하여 그것을 세 개로 잘라 아마노마나이(天眞名井) 물에 씻어 질근질근 씹더니 입으로 불어 버렸다. 그 안개 같은 숨결에서 태어난 신을 다코리히메(田心姬)라고 한다. 다음은 다기쓰히메(湍津姬), 그다음은 이쓰키시마노히메(市杵嶋姬) 등 모두 세 여신이 태어났다.

스사노오는 아마테라스오미카미가 머리와 팔뚝에 감아 매고 있던 야사카니(八坂瓊)의 곡옥이 수없이 많이 달린 장신구를 달라고 하여 똑같이 아마노마나이 물에 씻어서 우적우적 씹더니 훅 불어 버렸다. 그 안개 같은 숨결에서 태어난 신을 마사카아카쓰카치하야히아마노오시호미미노미코토(正哉吾勝勝速日天忍穗耳尊)라고 한다. 다음은 아메노호히노미코토(天穗日命)―이는 이즈모하지노무라지(出雲土師連)의 조상이다―다음은 아마쓰히코네노미코토(天津彦根命)는 오시코치노아타이(凡川內直)와 야마시로노아타이(山代直)의 조상이다―다음은 이쿠쓰히코네노미코토(活津彦根命), 다음은 구마노쿠스비노미코토(熊野橡樟日命) 등 모두 다섯 남신이 태어났다. 이때 아마테라스오미카미가 말하기를 "이 아이들의 근본을 따진다면 커다란 옥이 수없이 많이 달린 장식품은 나의 것이니, 이 다섯 남신은 전부 나의 자식이다." 그리하여 그들을 전부 데려다 길렀다. 또 명령하여 말하기를 "그 도쓰카검은 원래 스사노오의 것이다. 그러므로 이 세 여신은 모두 너의 자식이다." 하고는 그 세 여신을 스사노오에게 주었다. 이것이 쓰쿠시의 무나카타노키미(胸肩君)가 기리는 신이다.

일서(제1)에서는 이렇게 전한다.

"해의 신은 예전부터 스사노오가 성질이 사납고 행동에 품위가 없음을 알고 있었다. 그런 그가 하늘에 올라온다는 얘기를 듣고, '아우가 오는 이유는 결코 선의가 아닐 것이다. 틀림없이 내가 다스리는 다카아마노하라를 빼앗으려는 것이리라' 생각하고 단단히 무장했다. 몸에는 도쓰카검, 고코노쓰카검(九握劍), 야쓰카검(八握劍)을 차고, 등에는 화살통을 지고, 팔뚝에는 활팔찌를 차고, 손에는 활을 잡고 직접 맞이하여 방어했다. 그때 스사노오는 '나는 원래 사심은 전혀 없었습니다. 단지 누님을 뵙고 작별인사를 드리러 왔을 뿐입니다'라고 말했다. 그러자 해의 신이 스사노오를 마주보고 서서 서약하기를, '만약 너의 마음이 결백하여 나의 나라를 빼앗으려는 생각이 없다면 네가 낳는 자식은 반드시 아들일 것이다'라고 말했다. 말을 마치고 자기가 차고 있던 도쓰카검을 씹어 먹었다. 그때 태어난 자식을 오키쓰시마히메(瀛津嶋姬)라고 한다. 또 고코노쓰카검을 먹고 낳은 자식을 다기쓰히메(湍津姬)라고 한다. 또 야쓰카검을 먹고 낳은 자식을 다코리히메라고 한다. 모두 세 명의 여신이었다.

스사노오는 자기 목에 걸고 있던 수없이 많은 옥이 달린 장식의 구슬을 아메노누나이(天淳名井), 또 다른 이름 이자노마나이(去來之眞名井)에 흔들어 씻어서 먹었다. 그리하여 태어난 자식을 마사카아카쓰카치하야히노아마노오시호네노미코토(正哉吾勝勝速日天忍骨尊)라고 한다. 다음은 아마쓰히코네, 다음은 이쿠쓰히코네, 다음은 아메노호히, 다음은 구마노오시호미노미코토(熊野忍踏命) 등 모두 다섯 남신이 태어났다. 그리하여 스사노오가 이겼다는 증거를 얻었다. 이에 해의 신은 스사노오가 정말로 사심을 품지 않은 것을 알았고, 해의 신이 낳은 세 여신을 쓰쿠시노시마에 내려보냈다. 그리고 "너희 셋은 바닷길 도중에 내려가서 자리를 잡고 천손(天孫)을 돕고 천손을 위해 제사를 지내도록 하라."고 명했다.

일서(제2)에서는 이렇게 전한다.

스사노오가 하늘에 오르려 할 때 하나의 신이 있었는데, 이름이 하카루타마(羽明玉)라고 한다. 이 신이 스사노오를 맞이하여 미쓰노야사카니(瑞八坂瓊)의 곡옥(曲玉)을 바쳤다. 스사노오는 그 구슬을 지니고 하늘에 도착했다. 아마테라스오미카미는 아우가 사심을 품었다고 의심하여 군사를 모아놓고 힐문했다. 이에 스사노오가 대답했다. "내가 올라온 이유는 다른 뜻이 있어서가 아니라, 진심으로 누님을 뵙고 싶어서입니다. 또 보물인 미쓰노야사카니의 곡옥을 바치려고 했을 뿐 다른 뜻은 없습니다." 아마테라스오미카미가 다시 물었다. "네가 하는 말이 참인지 거짓인지 무엇으로 증명하겠느냐?" 스사노오가 대답했다. "그렇다면 누님과 함께 서약을 하는 것이 어떨까요? 서약으로 딸을 낳으면 흑심이 있다고 생각하셔도 좋습니다. 그러나 아들을 낳으면 결백하다는 걸 믿어 주십시오." 그리고 아마노마나이(천계의 성스러운 우물)를 세 군데 파고 서로 마주보고 섰다. 아마테라스오미카미가 스사노오에게 말했다. "내가 지금 차고 있는 칼을 너에게 줄 테니, 네가 지니고 있는 야사카니의 곡옥을 나에게 다오."

이와 같이 약속하고 둘은 서로 가진 것을 교환했다. 아마테라스오미카미는 야사카니의 곡옥을 아마노마나이에 띄우고, 구슬 끝을 깨물어 입에 머금었다가 훅 불어냈다. 그 숨결에서 태어난 신을 이쓰키시마히메노미코토(市杵島姫命)라고 했다. 이것이 오키쓰노미야(遠瀛 ; 무나카타宗像)에 있는 신이다. 또 구슬의 중간쯤을 깨물어 불어낸 숨결에서 태어난 신을 다코리히메노미코토(田心姫命)라고 했다. 이것은 나카쓰미야(中瀛)에 있는 신이다. 또 구슬의 꼬리를 깨물어 불어낸 숨결에서 태어난 신을 다기쓰히메노미코토(湍津姫命)라고 했다. 이것은 해변(海邊 ; 헤쓰미야辺津宮)에 있는 신이다. 모두 세 여신이다. 이에 스사노오는 가지고 있던 칼을 아마노마나이에 띄우고 칼끝을 깨물어 입에 머금었다가 불어냈다. 그때 내뿜은 숨결에서 태어난 신을 아메노호히라고 했다. 다음은 마사카아카쓰카치하야히노아마노오시호네, 다음은 아마쓰히코메, 다음은 이쿠쓰히코네, 다음은 구마노쿠스비 등 모두 다섯 남신(男神)이 태어났다고 한다.

일서(제3)에서는 이렇게 전한다.

해의 신이 스사노오와 아마노야스카와를 사이에 두고 마주보고 서서 서약하기를 "네가 만약 흑심을 품지 않았다면 네가 낳는 아이는 반드시 아들일 것이다. 네가 아들을 낳으면 나의 아들로서 다카아마노하라를 다스리게 하리라."고 했다. 그리하여 해의 신은 먼저 도쓰카검을 먹었고 이때 태어난 자식을 오키쓰시마히메노미코토(瀛津島姫命), 다른 이름은 이쓰키시마히메라고 한다. 고코노쓰카검을 먹고 태어난 자식은 다기쓰히메이다. 야쓰카검을 먹고 태어난 자식은 다기리히메노미코토(田霧姫命)라고 한다. 그런데 스사노오는 왼쪽 상투에 묶어 놓은 수없이 많은 옥이 달린 장식의 구슬을 입에 머금었다가 왼쪽 손바닥에 뱉자 아메노호히가 태어났다. 그리고 큰 소리로 말했다. "이제야 말로 내가 이겼다." 이 말에 따라 가치하야히아마노오시호미미노미코토(勝速日 天忍穗耳尊)라고 이름 붙였다. 또 오른쪽 상투의 구슬을 입에 머금었다가 오른쪽 손바닥에 뱉자 아메노호히가 태어났다. 또 목에 건 구슬을 입에 머금었다가 왼쪽 팔에 뱉자 아마쓰히코네가 태어났고, 오른쪽 팔에서 이쿠쓰히코네가 태어났다. 또 왼발에서 히노하야히가 태어났고, 오른발에서 구마노오시호미가 태어났다. 다른 이름은 구마노오시쿠마노미코토(熊野忍隅命)라고 한다. 이와 같이 스사노오가 낳은 아이는 모두 남신이었다. 그리하여 해의 신은 스사노오가 처음부터 결백했음을 알았고 그 여섯 남신을 맞이하여 해의 신의 아들로서 다카아마노하라를 다스리게 했다. 또 해의 신이 낳은 세 여신은 아시하라노나카쓰쿠니의 우사시마(宇佐嶋)에 내려가 살게 했다. 지금의 북쪽 바닷길(한반도로 가는 바닷길)에 있다. 이름하여 지누시노무치라고 한다. 이것이 쓰쿠시의 미누마노키미(水沼君)가 제사를 지내는 신이다.

하늘의 암굴

그 뒤에 스사노오가 저지른 소행은 난폭하기가 이를 데 없었다. 이를테면 다음과 같은 일이 있었다. 아마테라스오미카미는 아마노사나다와 오사다(長田)를 신의 밭으로 삼았는데, 스사노오는 봄이 되자 씨를 뿌린 곳에 또 씨를 뿌리고 밭두렁을 무너뜨리기도 했다. 가을에는 얼룩말을 풀어놓아 밭을 망치게 했다. 또 아마테라스오미카미가 니나메(新嘗) 제사(햇곡식을 신께 바치는 제사)를 올릴 때 몰래 그 방에다 똥을 누기도 하고, 또 아마테라스오미카미가 신복을 짜려고 신성한 베틀이 있는 방으로 가는 것을 보자 얼룩말의 가죽을 벗겨 궁전 지붕에 구멍을 뚫어서 그리로 던져 넣었다.

그때 아마테라스오미카미가 매우 놀라 베틀의 북에 부딪혀 다쳤다. 이에 아마테라스오미카미는 매우 노하여 하늘의 암굴에 들어가서 동굴 문을 닫고 틀어박혀 버렸다. 그 때문에 온 나라가 암흑천지가 되어 밤낮의 구별마저 사라지고 말았다. 수많은 신들은 아마노야스카와(다카아마노하라에 있는 강) 근처에 모여서 어떻게 기원을 드릴지 의논했다. 오모이카네노카미(思兼神)가 거듭 면밀하게 생각한 끝에, 마침내 도코요(常世 ; 불로불사의 나라)의 장명조(長鳴鳥 ; 닭)를 모두 모아 한꺼번에 목청을 길게 뽑아 울게 했다. 또 동굴문 옆에 다치카라오노카미(手力雄神) 나카토미노무라지(中臣連)의 먼 조상인 아마노코야네노미코토(天兒屋命)와 인베의 먼 조상인 후토다마노미코토(太玉命)는 아마노카구야마(天香山 ; 다카아마노하라에 있었다고 하는 산)의 수많은 비쭈기나무를 뿌리째 뽑아다가 위쪽 가지에는 야사카니의 곡옥을 수없이 단 장식을 걸고, 가운데 가지에는 야타노카가미(八咫鏡 ; 큰 거울이라는 뜻)를 걸고, 아래쪽 가지에는 파랗고 하얀 삼베 오리를 걸고 모두 기도를 올렸다. 또 사루메노키미(猿女君 ; 예부터 조정의 제사에 종사한 씨족의 하나)의 먼 조상인 아메노우즈메노미코토(天鈿女命)는 띠(茅)를 감은 창을 손에 들고 하늘의 암굴 앞에 서서 능숙하게 춤을 추었다. 또 가구야마(香具山 ; 아마노카구야마의 다른 이름)의 비쭈기나무로 머리를 장식하고, 석송(石松)을 어깨띠로 두르고, 화톳불을 피우고, 통을 뒤집어 그 위에 올라가 접신한 듯이 노래를 부르고 춤을 추었다.

그때 그 소리를 들은 아마테라스오미카미는 "내가 요즘 암굴에서 나가지 않으니 도요아시하라노나카쓰쿠니(豊葦原中國 ; 일본)는 분명 긴긴 밤을 보내고 있을 터인데, 어찌하여 아메노우즈메가 이처럼 기뻐하고 즐거워하며 웃는 것일까?" 하며 손으로 살며시 동굴 문을 열고 바깥을 내다보았다. 바로 그 순간, 숨어 있던 다치카라오가 아마테라스오미카미의 손을 잡아 끌어냈다. 그러자 나카토미노카미(中臣神)와 인베노카미(忌部神)가 금줄을 치고는 "다시는 이 안으로 돌아가지 마소서." 하고 말했다. 그 뒤 신들은 스사노오를 재판하여 많은 공물을 바치게 하는 벌을 주었다. 또 머리카락을 뽑아서 속죄하게 하고 손톱 발톱도 뽑아서 속죄하게 했다. 그리고 마침내 다카아마노하라에서 추방하였다.

일서(제1)에서는 이렇게 전한다.

그 뒤, 와카히루메노미코토(稚日女尊)는 베틀 방에서 신의 옷을 짜고 있었다. 스사노오가 그것을 보고 얼룩말의 가죽을 벗겨 그 방에 던져 넣었다. 와카히루메는 깜짝 놀라 베틀에서 떨어졌고, 들고 있던 북에 다쳐 죽고 말았다. 그래서 아마테라스오미카미는 스사노오에게 '너는 아무래도 흑심을 품고 있는 것 같다. 더 이상 너를 보고 싶지 않다'고 말하고는 하늘의 암굴에 들어가 동굴 문을 닫아버렸다. 그러자 천하는 암흑천지가 되어 밤낮을 구별할 수 없게 되었다. 신들은 아마노타케치(天高市 ; 사람들이 모이는 높은 장소)에 모여 대책을 의논했다. 그때 다카미무스히노미코토(高皇産靈尊)의 아들로 오모이카네라고 하는 지모가 뛰어난 신이 있었는데, 그 신이 생각 끝에 말하기를, '오카미의 모습을 비추는 물건을 만들어서 나오게 하는 것이 좋겠다'고 했다. 그리하여 이시코리도메(石凝姥)에게 명하여 아마노카구야마의 금을 캐어다가 히호코(日矛)를 만들고, 사슴 가죽을 통째로 벗겨서 풀무를 만들게 했다. 그것을 사용하여 만든 신이 기이노쿠니에 있는 히노쿠마노카미(日前神)다.

일서(제2)에서는 이렇게 전한다.

히토카미노미코토(日神尊)는 아마노카키타(天垣田)를 신의 밭으로 가지고 있었다. 그런데 스사노오는 봄이 되면 밭도랑을 메워버리거나 밭두렁을 무너뜨렸다. 또 가을에 곡식이 익어갈 때는 멋대로 새끼를 둘러치고 그 밭을 침범했다. 또 해의 신이 베틀 방에 들어가자 얼룩말을 산 채로 가죽을 벗겨 그 방에 던져 넣기도 했다. 이렇게 그가 저지른 소행은 이루 말할 수 없는 야만스러운 행위였다. 그러나 해의 신은 혈육이니 나무라거나 원망하지 않았고 언제나 너그러운 마음으로 그를 용서했다.

해의 신이 햇곡식으로 제사를 지내자 스사노오는 신궁의 의자 밑에 몰래 똥을 누었다. 그런 줄도 모르고 해의 신은 그 자리에 앉는 바람에 온몸이 더러워지고 말았다.

마침내 해의 신은 노하여 하늘의 암굴에 들어가 동굴 문을 닫아 버렸다. 신들은 앞일을 걱정하여 거울 만드는 장인의 먼 조상인 아마노아라토노카미(天糟戶神)에게 거울을 만들게 했다. 인베의 먼 조상인 후토다마노카미(太玉神)에게는 폐(幣 ; 신전에 바치는 종이, 헝겊 따위의 오리)를 만들게 했다. 또 옥을 갈고 다듬는 장인의 먼 조상인 도요타마노카미(豐玉神)에게는 옥을 만들게 했다. 또 야마쓰미에게는 많은 옥으로 장식한 비쭈기나무를 준비하게 하고, 노즈치(野神)에게는 많은 옥으로 장식한 조릿대를 준비하게 했다. 이 모든 물건이 다 준비되자, 나카토미노무라지의 조상인 아마노코야네가 축원을 드렸다. 그러자 해의 신이 암굴을 열었다. 그때 그 암굴에 거울을 밀어넣다가 문에 부딪쳐 작은 상처가 났다. 그 흉터는 지금도 남아 있다. 이것이 이세(伊勢)에 모셔둔 오카미이다.

신들은 스사노오를 처벌하고 속죄의 의미로 제물을 거두었다. 손톱 발톱을 뽑고 침으로 하얀 폐, 눈물로 푸른 폐를 만들어 그것으로 부정을 씻고 추방했다.

일서(제3)에서는 이렇게 전한다.

그 뒤, 해의 신은 세 개의 밭을 경작했다. 아마노야스다(天安田), 아마노히라타(天平田), 아마노무라아와세다(天邑幷田)라고 한다. 이 밭은 다 비옥한 땅이어서 장마나 가뭄이 와도 끄떡도 하지 않았다. 스사노오에게도 밭이 세 개 있었다. 아마노쿠이다(天樴田), 아마노카와요리다(天川依田), 아마노쿠치토다(天口銳田)라고 한다. 이 밭은 모두 척박한 땅이어서 비가 오면 떠내려가고 가뭄이 들면 곡식이 타들어 갔다. 스사노오는 질투가 나서 누님의 농사를 방해했다.

봄에는 용수로를 망가뜨리고, 도랑을 메우고, 밭두렁을 허물고, 씨를 뿌린 밭에 또 씨를 뿌려 농사를 망쳤다. 가을에는 밭에 말뚝을 박고(자기 소유라고 주장), 말을 풀어 밭을 짓밟게 했다. 이렇게 쉴 새 없이 못된 짓을 저질렀으나 해의 신은 아우를 나무라지 않고 언제나 관대한 마음으로 용서했다. 운운(云云).

해의 신이 동굴로 들어가 숨어 버리자, 신들은 나카토미노무라지의 먼 조상인 고고토무스비(興台産靈)의 자식 아마노코야네를 보내 기원을 드리게 했다.

아마노코야네는 아마노카구야마의 비쭈기나무를 뿌리째 뽑아다가 세우고, 위쪽 가지에는 거울을 만드는 장인의 먼 조상인 아마노누카도(天拔戸)의 자식 이시코리토베노미코토(石凝戸邊命)가 만든 야타노카가미를 걸고, 가운데 가지에는 옥을 다루는 장인의 먼 조상인 이자나기의 아들 아마노아카루타마노미코토(天明玉命)가 만든 야사카니의 곡옥을 걸고, 아래쪽 가지에는 아와노쿠니

(阿波國 ; 지금의 도쿠시마현德島縣)의 인베의 먼 조상인 아마노히와시(天日鷲)가 만든 무명베를 걸어, 인베노오비토의 먼 조상인 후토다마에게 들게 하여 널리 덕을 칭송하는 기도를 올리게 했다. 해의 신이 그 소리를 듣고 말하기를 "요즘 사람들이 여러 기도를 올렸지만, 이토록 고운 말은 처음 들어보는구나." 하고는 동굴 문을 열고 밖을 살짝 내다보았다. 바로 그때 아마노타치카라오노카미(天手力男神)가 동굴 문 옆에 숨어 있다가 문을 열어젖혔다. 해의 신의 빛이 온 나라에 가득 퍼졌다. 신들은 매우 기뻐하며 스사노오에게 많은 공물을 바치라는 벌을 내렸다. 그리고 손톱 발톱을 뽑아 속죄하게 했다. 아마노코야네는 그 부정을 씻는 축문을 올렸다. 지금 세상 사람들이 깎은 손톱과 발톱을 소중하게 다루는 것은 이 때문이다. 신들은 스사노오를 질책하기를 "네가 한 짓이 매우 도리에 어긋나니, 이제부터 천상에서 사는 것을 금지한다. 또 아시하라노나카쓰쿠니에도 머물 수 없다. 조속히 저 아래의 네노쿠니로 가거라." 하며 모두가 힘을 합쳐 추방해 버렸다. 그때가 마침 장마 때여서 스사노오는 풀을 엮어 삿갓과 도롱이를 만들어 쓰고 신들에게 잠잘 곳을 구걸했으나 신들은 "자기 못된 행실 때문에 추방되었는데 무슨 염치로 우리에게 잠자리를 구걸하는 것이냐?"라고 하면서 모두 거절했다. 그래서 비바람이 무섭게 몰아치는데도 쉴 곳을 구하지 못해 고생하면서 내려갔다. 그때부터 세상 사람들은 삿갓과 도롱이를 두르고 남의 집에 들어가는 일을 꺼리게 됐다. 또 다발로 묶은 풀을 지고 남의 집에 들어가는 것도 꺼렸다. 만약 이를 어기는 자가 있으면 반드시 그 대가를 치러야 한다. 이것은 태곳적부터 내려온 유법(遺法)이다.

그 뒤 스사노오는 "신들이 나를 추방했다. 나는 영원히 이곳을 떠나겠다. 그러나 누님에게 작별 인사도 하지 않고 어찌 마음대로 떠날 수 있겠는가?" 하면서 다시 천지를 뒤흔들면서 하늘로 올라갔다. 아메노우즈메가 그것을 보고 해의 신에게 보고했다. 해의 신이 말하기를 "아우가 다시 올라온 것은 역시 선한 마음이 있어서가 아니라 틀림없이 나의 나라를 빼앗으려는 것이리라. 내가 여인이라도 피할 수 없다. 맞서 싸워 주리라." 했다. 그리고 무장을 하고, 운운(云云).

그래서 스사노오는 맹세하며 말했다. "만약 내가 다른 흑심이 있어서 다시 올라왔다면 내가 여기서 구슬을 깨물어 낳는 자식은 반드시 딸일 것이오. 만약 딸을 낳는다면 그 아이를 아시하라노나카쓰쿠니로 내려 보내주시오. 그러나 만약 반대로 내가 결백하다면 반드시 아들이 태어날 것이니 그때는 그 아이에게 천상을 다스리게 해 주시오. 또 누님이 낳는 자식에 대해서도 같은 서약을 따르기로 합시다." 그리하여 해의 신이 먼저 도쓰카검을 씹고, 운운(云云).

　스사노오는 왼쪽 상투에 둘둘 감고 있던 수없이 많은 옥이 달린 장식을 풀어 달그락달그락 소리를 내면서 아메노누나이에서 씻더니 구슬 끝을 씹어서 왼쪽 손바닥에 놓았다. 그때 태어난 아이가 마사카아카쓰카치노하야히아마노오시호네노미코토(正哉吾勝勝速日天忍穗根尊)다. 또 오른쪽 구슬을 씹어서 오른쪽 손바닥에 놓았을 때 태어난 아이가 아메노호히다. 이것이 이즈모노오미(出雲臣)의 무사시노쿠니노미야쓰코(武藏國造), 하지노무라지(土師連)의 먼 조상이다. 다음은 아마쓰히코네, 이는 우바라키노쿠니노미야쓰코(茨城國造), 누카타베노무라지(額田部連)의 먼 조상이다. 다음은 이쿠쓰히코네, 다음은 히노하야히, 다음은 구마노오쿠마노미코토(熊野大角命) 등 모두 여섯 남신이다. 그리하여 스사노오가 해의 신에게 말하기를 "내가 이렇게 다시 올라온 이유는 신들이 나를 네노쿠니로 추방했기에 이제부터 떠나야만 하기 때문입니다. 그러니 어찌 누님을 뵙고 작별 인사도 올리지 않은 채 떠날 수가 있겠습니까? 참으로 깨끗한 마음에서 다시 올라온 것입니다. 이제 뵈었으니 신들의 뜻대로 영원히 네노쿠니로 가겠습니다. 바라건대, 누님은 이 천상계를 다스리시며 평안하게 지내시기를. 또한 내가 결백한 마음으로 낳은 자식들은 누님께 바치겠습니다." 그러고는 다시 돌아갔다.

야마타노오로치(八岐大蛇)

　스사노오는 하늘에서 이즈모노쿠니(出雲國)의 히노카와(簸川) 근처로 내려왔다. 그때 강가에서 슬프게 우는 소리가 들려왔다. 울음소리가 나는 쪽으로 찾아가니 노부부가 가운데 한 소녀를 두고 그 아이를 쓰다듬으면서 울고 있었다. 스사노오가 물었다. "너희는 누구며, 또 왜 그렇게 울고 있느냐?" 노부부가 대답했다. "저는 이 나라의 백성으로 아시나즈치(脚摩乳)라 하고 제 아내는 데나즈치(手摩乳)라고 합니다. 이 아이는 저희 여식인 구시이나다히메(奇稻田姬)라고 합니다." 그리고 우는 까닭을 설명했다. "실은 저희에게 딸이 여덟 명 있었습니다. 그런데 해마다 하나씩 야마타노오로치에게 잡아먹혔습니다. 올해도 또 야마타노오로치가 찾아올 때가 되어 마지막 남은 딸마저 잡아먹히게 되었으니, 이 운명을 피할 방법이 없어 슬퍼서 울던 중입니다." 그러자 스사노오가 "그렇다면 너의 딸을 나에게 주지 않겠느냐?" 하고 말하자, "말씀하신 대로 딸을 바치겠습니다."고 대답했다. 스사노오는 즉시 구시이나다히메를 신성한 참빗으로 변신시켜 상투에 찔러 넣었다. 그리고 이나즈치와 데나즈치에게 잘 익은 술을 준비하게 하고, 임시로 상을 여덟 개 만들어 각각 술을 가득 담은 통을 놓고 기다렸다. 때가 되니 정말로 야마타노오로치가 찾아왔다. 머리와 꼬리가 여덟 개씩 달렸고 눈은 새빨간 꽈리 같았다. 등에서 소나무와 동백 같은 커다란 나무가 뻗어 나와 여덟 개의 산과 여덟 개의 골짜기 사이에 가득 퍼져 있었다. 술을 발견한 야마타노오로치는 머리를 하나씩 술통에 넣고 마시기 시작했다. 이윽고 야마타노오로치가 술에 취해 잠이 들자, 스사노오는 허리에 차고 있던 도쓰카검을 빼어 뱀을 토막토막 잘라 버렸다. 그런데 꼬리를 자르다가 칼날의 이가 조금 빠졌다. 그 꼬리를 갈라보니 속에 칼이 하나 들어 있었다. 그것이 이른바 구사나기검이다―일서에서는 이 칼의 원래 이름은 아메노무라쿠모검(天叢雲劍)이라고 전한다. 이는 야마타노오로치가 있는 곳 위에 항상 구름이 덮여 있었기 때문에 그런 이름이 붙은 것인데, 야마토타케루노미코토(日本武尊 ; 일본 고대사에 등장하는 전설적인 영웅) 시대에 이르러 구사나기검으로 바꿨다고 한다―스사노오가 말하기를 "이것은 참으로 신비로운 칼이다. 내가 어찌 이 칼을 지닐 수 있으리오?" 하고는 천신(天神)에게 바쳤다.

그 뒤 스사노오는 결혼하기 좋은 곳을 찾아 여행을 하다가 이즈모의 스가(須賀)에 도착했다. 거기서 말하기를 "아, 속이 시원하구나(淸々しい ; 스가스가시이)!"―그래서 오늘날 그곳을 '스가'라고 한다―그리고 그곳에 궁전을 지었다.―또 이렇게 전하기도 한다. 그때 스사노오가 "구름이 뭉게뭉게 피어오르는 이즈모의 야에가키(八重垣 ; 여덟 겹의 울타리)여, 아내를 숨기기 위해서 야에가키를 만들리라, 그런 야에가키를." 하고 노래하였다.

그리하여 부부의 교합을 이룬 뒤 오아나무치노카미(大己貴神)를 낳았다. 스사노오는 조칙을 내려, "내 아들의 궁(宮)의 수장(首長)은 이나즈치와 데나즈치다."라고 선언했다. 그래서 이 두 신에게 이름을 내려 이나다노미야노누시노카미(稻田宮主神)라고 불렀다. 그런 다음 마침내 네노쿠니(根國)로 갔다.

일서(제1)에서는 이렇게 전한다.

스사노오는 하늘에서 이즈모의 히노카와 근처에 내려갔다. 거기서 이나다궁(稻田宮)을 지키는 스사노야쓰미미(簀狹之八箇)의 딸 이나다히메(稻田姬)를 보고 부부의 침실을 지어 낳은 자식을 스가(淸)의 유야마(湯山) 수호신으로 삼고 이름은 사루히코야시마시노(狹漏彦八嶋篠)라고 지었다. 또는 스가의 유이나사카카루히코야시마데노미코토(繫名坂輕彦八嶋手命)라고 한다. 또 스가의 유야마(湯山) 수호신, 이름은 사루히코야시마노((狹漏彦八嶋野)라고도 한다. 이 신의 5대 자손이 오쿠니누시다.

일서(제2)에서는 이렇게 전한다.

스사노오는 하늘에서 아키(安藝) 강가로 내려갔다. 그곳에 아시나즈테나즈(脚摩手摩)라는 신이 있었다. 그 아내의 이름은 이나다미야누시스사노야쓰미미(稻田宮主簀狹之八箇耳)라고 한다. 이 신은 마침 잉태하고 있었는데, 부부가 함께 탄식하면서 스사노오에게 호소했다. "나는 많은 자식을 낳았으나 낳는 대로 야마타노오로치가 와서 잡아먹어서 하나도 남아 있지 않습니다. 앞으로 낳을 아이도 잡아먹히고 말 겁니다. 그래서 이렇게 슬퍼하고 있습니다." 스사노오가 말하기를 "많은 과일로 술을 빚어 여덟 개의 항아리에 담아라. 그리하면 내가 너희를 위하여 야마타노오로치를 퇴치하여 주마"라고 했다.

두 신은 그가 일러준 대로 술을 준비했다. 아기가 태어나자 정말로 그 야마타노오로치가 방문 앞까지 와서 아기를 삼키려는 것이 아닌가. 스사노오가 야마타노오로치에게 말했다. "당신은 무시무시한 힘을 지닌 신입니다. 그렇지 않아도 꼭 대접하고 싶었습니다." 그리고 여덟 개의 독에 든 술을 여덟 개의 입에 대어 주었다. 그러자 뱀은 술을 잔뜩 마시고 취하여 잠이 들어 버렸다. 스사노오는 칼을 뽑아 뱀을 베어 버렸다. 꼬리를 벨 때 칼날의 이가 살짝 빠졌다. 그 꼬리를 갈라보니 그 속에 칼이 들어 있었다. 이를 구사나기검이라고 한다. 이 칼은 지금 오와리노쿠니(尾張國)의 아유치(吾湯市) 마을에 있다. 즉 아쓰타(熱田)의 신관이 제사를 올리는 신이다. 그 야마타노오로치를 벤 칼을 오로치노아라마사(蛇麁正)라고 한다. 그것은 지금 이소노카미(石上 ; 이소노카미신궁)에 있다.

그 뒤에 이나다미야누시스사노야쓰미미가 낳은 마가미후루쿠시이나다히메(眞髮觸奇稻田媛)를 이즈모노쿠니의 히노카와로 옮겨서 키웠다. 나중에 스사노오가 이 여자를 비(妃)로 맞이하여 낳은 6대손을 오아나무치노미코토(大己貴命)라고 한다.

일서(제3)에서는 이렇게 전한다.

스사노오가 구시이나다히메를 아내로 달라고 했더니 이나즈치와 데나즈치가 대답했다. "원컨대, 먼저 저 야마타노오로치부터 죽여주소서. 그런 뒤에 데려가시는 것이 좋겠습니다. 저 야마타노오로치는 머리마다 각각 석송(石松)이 자라며 양 옆구리에는 산(山)이 있는 아주 무서운 놈입니다. 저 놈을 어떻게 퇴치하시겠습니까?" 스사노오는 계획을 세운 뒤, 야마타노오로치에게 독이 든 술을 먹였다. 야마타노오로치가 그 술을 마시고 취해 잠이 들자, 스사노오는 한서(韓鋤)[1]의 칼로 야마타노오로치의 머리와 배를 갈랐다. 그리고 꼬리를 베다가 칼날이 상했다. 꼬리를 갈라보니 속에서 칼이 한 자루 나왔다. 그것을 구사나기검이라고 한다. 이 칼은 원래 스사노오가 지니고 있었던 것으로 지금은 오와리노쿠니에 있다. 또 그 스사노오가 야마타노오로치를 벤 칼은 지금 기비(吉備)의 가무토모노오(神部 ; 신주神主)가 있는 곳에 안치되어 있다. 스사노오가 야마타노오로치를 벤 땅은 이즈모의 히노카와 상류에 있는 산이다.

일서(제4)에서는 이렇게 전한다.

스사노오의 난폭한 행실이 극에 달하자, 신들은 수많은 공물을 바치게 하

---

1) 한반도에서 건너 온 작은 칼. 서(鋤)는 본디 가래라는 뜻으로 사용된다.

는 벌을 내리고 추방해 버렸다. 그때 스사노오는 아들 이소타케루노카미(五十猛神)를 데리고 시라기노쿠니(新羅國)²⁾에 내려가 소시모리(曾尸茂梨 ; 서울, 즉 도읍)라는 곳에 있었다.

그리고 불복하여 말하기를 "나는 이 땅에서 살고 싶지 않다." 하고는 흙으로 배를 만들어 타고 동쪽으로 건너간 뒤, 이즈모노쿠니의 히노카와 상류에 있는 도리카미(鳥上) 산에 도착했다.

그 무렵 그곳에는 사람을 잡아먹는 야마타노오로치가 있었다. 스사노오는 아마노하하키리검(天蠅斫劍)으로 그 야마타노오로치를 베어 없앴다. 그런데 야마타노오로치의 꼬리를 베다가 칼날이 상했다. 그래서 꼬리를 갈라보니 그 속에 신령한 칼이 하나 들어 있었다. 스사노오는 "내가 이것을 가질 수는 없다." 고 말하고 5대손(孫)인 아마노후키네노카미(天之葺根神)를 보내 하늘에 바쳤다. 그것이 지금의 구사나기검이다.

이소타케루가 하늘에서 내려올 때 나무 씨앗을 많이 가지고 내려왔다. 그러나 가라쿠니(韓地 ; 한반도)에는 심지 않고 전부 가지고 돌아와서 쓰쿠시에서 시작하여 오야시마노쿠니 전체에 씨를 뿌려 나라 전체를 푸른 산으로 만들었다. 그런 까닭에 이소타케루를 이사오시노카미(有功神)라고 부른다. 그것이 기이노쿠니에 있는 오카미이다.

일서(제5)에서는 이렇게 전한다.

스사노오가 말하기를 "가라쿠니(韓鄕 ; 한반도)의 섬에는 금은(金銀)이 많다. 그러니 나의 자식이 다스리는 나라에 배가 없으면 곤란하지 않겠는가?" 하고 얼굴에 있는 수염을 뽑아서 뿌리자 그것이 삼나무가 되었다. 또 가슴의 털을 뽑아서 뿌리자 전나무가 되었다. 꼬리털은 소나무, 눈썹은 녹나무가 되었다. 스사노오는 저마다 쓰임새를 정하여 다음과 같이 말했다. "삼나무와 녹나무, 이 둘은 배를 만드는 데 좋다. 전나무는 궁전을 지을 재목으로 써라. 또 소나무는

---

2) 여기서 신라에 대한 기록이 처음으로 등장한다. 이 신라국(新羅國)은 외국명(外國名)으로는 처음 나온 것이다. 실제로는 《일본서기》를 편찬할 당시의 새로운 지식일 것이다. 한국의 지명에 대해서는 가라쿠니(韓地 또는 韓鄕)의 가라(韓)보다 더 오래된 이름은 없는 것 같다.

이승에 사는 백성들의 관을 짜는 데 쓰면 좋을 것이다. 그것을 위해 나무 씨앗을 많이 뿌리도록 하라." 이 스사노오의 아들이 이소타케루이다. 다음은 딸인 오야쓰히메노미코토(大屋津姬命), 다음은 쓰마쓰히메노미코노(枛津姬命), 이 세 신이 나무 씨앗을 뿌렸다. 그리고 기이노쿠니에 건너간 뒤, 스사노오는 구마나리노타케(熊成峯)에 갔다가 마침내 네노쿠니로 들어갔다.

일서(제6)에서는 이렇게 전한다.

오쿠니누시는 오모노누시, 또는 구니쓰쿠리오아나무치노미코토(國作大己貴命), 또는 아시와라노시코오(葦原醜男), 또는 야치호코노카미(八千戈神), 또는 오쿠니타마노카미(大國玉神), 또는 우쓰시쿠니타마노카미(顯國玉神)라고 한다. 그 신의 자식은 모두 181명이다.

오아나무치노미코토(大己貴命)와 스쿠나히코나노미코토(少彦名命)

오아나무치와 스쿠나히코나는 서로 힘을 모아 마음을 하나로 합쳐 천하를 만들어 냈다. 또 이승의 백성과 가축을 위하여 병을 치료하는 방법을 정하고 새와 짐승과 곤충으로 비롯된 재해를 없애기 위하여 주술법을 정했다.

그리하여 백성들은 오늘에 이르기까지 그 은혜를 입었다. 일찍이 오아나무치가 스쿠나히코나에게, "우리가 만든 나라는 과연 잘 만들어진 것일까?" 하고 묻자, 스쿠나히코나가 대답하기를 "잘된 곳도 있고 잘되지 않은 곳도 있다." 고 말했다. 생각건대 이 두 신의 대화에는 깊은 뜻이 있는 듯하다. 그 뒤 스쿠나히코나는 이즈모 구마노의 곶에 갔다가 나중에 도코요(불로장생의 나라, 저승)로 가버렸다. 또 아와시마(粟島)에 가서 좁쌀대를 타고 올라갔으나 떨어져서 도코요로 갔다고도 한다. 그 뒤 온 나라에서 아직 완성되지 않은 곳을 오아나무치가 혼자 돌아다니면서 만들었다. 마침내 이즈모노쿠니에 이르러 말하기를 "이 아시하라노나카쓰쿠니는 본디 황폐하고 넓은 나라였다. 바위와 초목에 이르기까지 모든 것이 강했으나, 내가 그 모든 것을 정복했고 지금은 모두가 나에게 복종했다."고 했다. 그리고 "지금 이 나라를 다스리는 자는 오직 나 하다. 나와 같이 이 천하를 다스릴 사람이 어디 없느냐?"라고 말했다. 그때 신령한 빛이 바다를 비추자 무언가가 홀연히 떠올랐다. 그 신이 "만약 내가 없었다면 너 혼자 어떻게 이 나라를 평정할 수 있었겠느냐? 바로 내가 있었기 때문에 너도 큰 나라를 만드는 공을 세울 수 있었다."라고 말했다.

그래서 오아나무치가 물었다. "그렇게 말하는 너는 누구냐?" 그 신이 "나는 너에게 행운을 가져다주는 신령한 혼―사키미타마(幸魂 ; 사람을 행복하게 해주는 신령), 구시미타마(奇魂 ; 신비로운 힘으로 일을 성취시키는 신령)이다."라고 대답했다.

이에 오아나무치가 말했다. "그렇습니까. 알겠습니다. 당신은 나의 사키미타마, 구시미타마입니다. 지금 어디에 살고 싶습니까?" 그 신이 대답했다. "나는 야마토노쿠니(日本國)의 미모로야마(三諸山)에서 살고 싶노라."

그리하여 그곳에 궁전을 지어 살게 했다. 이것이 오미와노카미(大三輪神)다. 이 신의 자식은 가모키미(賀茂君), 오미와노키미(大三輪君), 히메타타라이스즈히메노미코토(姬踏韛五十鈴姬命)다. 다른 설에서는 고토시로누시가 큰 악어가 되어 미시마(三島)의 미조쿠이히메(溝橛姬), 또는 다마구시히메(玉櫛姬)라는 사람을 만나다가 히메타타라이스즈히메를 낳았다. 이것이 가무야마토이와레히코호호데노미스메카라미코토(神日本磐余彦火火出見天皇 ; 진무천황神武天皇)의 황후이다.

처음에 오아나무치가 나라를 평정했을 때, 이즈모노쿠니 이사사(五十狹狹)의 오하마(小濱)에 도착하여 밥을 먹으려 했는데 바다 위에서 갑자기 사람 목소리가 들려왔다. 놀라서 목소리의 주인을 찾았으나 아무도 보이지 않았다. 잠시 뒤 난쟁이 하나가 굴뚝새의 깃털로 지은 옷을 입고 나무 껍질로 만든 배를 타고 호수를 건너 다가왔다. 오아나무치가 그 난쟁이를 손바닥 위에 올려 괴롭히니 난쟁이는 폴짝 뛰어서 오아나무치의 뺨을 찔렀다. 그 난쟁이의 행동이 괴이하게 생각되어 사자를 보내 천신에게 물었다. 그 이야기를 들은 다카미무스히는 "내가 낳은 자식은 1500명쯤 된다. 그 가운데 제멋대로 굴며 반항하는 아들이 하나 있었는데 손가락 사이로 빠져나가 떨어진 것이 틀림없이 그 녀석이리라. 그러니 어여삐 여기고 키워다오."라고 말했다. 그것이 스쿠나히코나이다.

제2권

신화시대 하(下)

아시하라노나카쓰쿠니(葦原中國) 평정(平定)

아마테라스오미카미(天照大神)의 아들 마사카아카쓰카치하야히아마노오시호미미는 다카미무스히의 딸 다쿠하타치지히메(栲幡千千姬)를 아내로 맞이하여 아마쓰히코히코호노니니기노미코토(天津彦彦火瓊瓊杵尊)를 낳았다. 천황의 시조인 다카미무스히는 그를 매우 사랑하여 애지중지 키웠다. 그는 손자인 니니기노미코토(瓊瓊杵尊)를 아시하라노나카쓰쿠니의 왕으로 내세우고자 했다.

그러나 그 나라에는 반딧불처럼 빛나는 신이 있는가 하면, 반대로 파리떼처럼 시끄럽고 사악한 신도 있었다. 또 초목도 모두 말을 했다. 그래서 다카미무스히는 모든 신을 소집하여 의논했다. "아시하라노나카쓰쿠니에 있는 못된 자를 모두 평정할 생각인데 누구를 보내는 것이 좋겠는가. 제신(諸神)들은 아는 바를 숨김없이 말해 보라."

그러자 모두가 "아메노호히는 매우 뛰어난 신입니다. 그를 보내시는 것이 어떨까요?" 하고 말했다. 그들의 말에 따라 다카미무스히는 아메노호히를 보냈다. 그러나 이 신은 오나무치노카미(大己貴神)의 비위를 맞추면서 3년이 지나도록 그 결과를 보고하지 않았다. 그래서 그의 아들인 오소비노미쿠마노우시(大背飯三熊之大人), 다른 이름으로는 다케미쿠마노우시(武三熊之大人)라고 하는 신을 보냈다. 그러나 이 신도 아버지를 따라서 아무런 보고도 하지 않았다. 다카미무스히는 다시 신들을 소집하여 다음에는 누구를 보내는 것이 좋을지 물어보았다. 그랬더니 모든 신이, "아마쓰쿠니타마노카미(天國玉神火)의 아들 아메와카히코(天稚彦)가 요즘 보기 드문 훌륭한 청년입니다. 이번 기회에 한번 시험해 보는 것이 어떨까요?"라고 말했다. 이에 따라 다카미무스히는 아메와카히코에게 아마노카고유미(天鹿兒弓 ; 활)와 아마노하하야(天羽羽矢 ; 화살)를 하사하고 지상으로 보냈다. 그러나 이 신도 충성심이 부족하여 지상에 도착하자 오나무치의 딸 시타테루히메(下照姬)를 아내로 맞아 지상에 눌러 앉더니, "나도 아시하라노나카쓰쿠니를 다스리려고 한다."며 끝내 아무 보고도 하지 않았다.

다카미무스히는 사자들이 오랫동안 아무런 소식도 보내지 않는 것을 수상하게 여겨 나나시키기시(無名雉 ; 꿩)를 보내 상황을 알아보게 했다. 나나시키기시는 하늘에서 날아 내려가 아메와카히코의 집 앞에 서 있는 신성한 침나무 꼭대기에 내려앉았다. 그때 아마노사구메(天探女)가 이를 발견하고 아메와카히코에게 알렸다. "진기한 새가 날아와서 침나무 가지에 앉았습니다." 아메와카히코는 다카미무스히가 하사한 아마노카고유미와 아마노하하야로 꿩을 쏘았다. 그 화살은 꿩의 가슴을 관통하고 다카미무스히 앞에 도달했다. 다카미무스히는 그 화살을 보고, "이 화살은 지난날 내가 아메와카히코에게 내려준 화살이다. 화살에 피가 묻어 있구나. 분명 구니쓰카미(國神)와 싸운 것이리라."고 말하고 화살을 집어 되돌려 보냈다.

그 화살은 지상으로 날아가 아메와카히코의 가슴에 명중했다. 때마침 아메와카히코는 니나메(천황이 그해의 햇곡식을 신께 바치며 제사지내는 행사)를 마치고 자리에 누워 있다가 이 화살에 맞아 즉사하고 말았다. 이것이 세상 사람들이 말하는 적에게 쏜 화살을 상대가 주워서 다시 쏘면 이쪽이 당한다고 하며 꺼리는 일의 유래다.

아메와카히코의 아내 시타테루히메가 비통하게 우는 소리가 하늘까지 닿았다. 아마쓰쿠니타마는 그 울음소리를 듣자 아메와카히코가 죽었다는 것을 알고 질풍을 내려보내 시체를 하늘로 올려보내게 했다. 그리고 빈소를 차리고 유해를 안치했다. 물새를 기사리모치(持傾頭者 ; 죽은 사람에게 바치는 음식을 들고 수행하는 자로 추측됨)와 하하키모치(持帚者 ; 장례가 끝난 뒤 부정을 씻는 자로 추측됨)로 삼고, 참새를 쓰키메(舂女 ; 공물로 바치는 쌀을 찧는 역할)로 삼아 여드레 밤낮을 슬피 울며 애도했다. 예전에 아메와카히코가 아시하라노나카쓰쿠니에 있었을 때, 아지스키타카히코네노카미(味耜高彦根神)와 친했는데 그 아지스키타카히코네가 조문을 하러 하늘로 올라왔다. 그런데 이 신의 얼굴이 아메와카히코의 생전 모습과 아수 비슷했다. 아메와카히코의 친족과 가족들은 "우리 아메와카히코가 아직 죽지 않았구나." 하며 옷자락을 붙잡고 눈물을 흘리며 반가워했다.

아지스키타카히코네는 화가 나서 얼굴이 홍당무처럼 빨개지더니 "벗으로서 조문하는 것은 당연한 도리이어서 부정 타는 것도 무릅쓰고 애도하러 먼 길을 달려왔거늘, 어찌하여 나를 죽은 사람으로 혼동하는 것인가?" 하며 허리에 차고 있던 큰 칼을 빼어 빈소를 베어 엎어 버렸다. 이것이 하계로 떨어져 산이 되었다. 지금 미노노쿠니의 아이미강(藍見川) 위에 있는 모야마(喪山)가 바로 그 산이다. 세상 사람들이 살아 있는 사람을 망자와 혼동하는 것을 싫어하는 것은 여기에서 비롯됐다.

그 뒤 다카미무스히는 다시 신들을 소집하여 아시하라노나카쓰쿠니로 보낼 신을 선발했다. 신들은 "이와사쿠네사쿠노카미(磐裂根裂神)의 자식인 이와쓰쓰노오(磐筒男)와 이와쓰쓰노메(磐筒女)가 낳은 후쓰누시(經津主神)가 좋을 것입니다." 하고 말했다. 그때 아마노이와야(天石屋)에 사는 이쓰노오하시리노카미(稜威雄走神)의 아들인 미카하야히의 아들 히노하야히의 아들인 다케미카즈치가 앞으로 나오더니 "어찌하여 후쓰누시만 대장부이고 소자는 안 된다고 하십니까?" 그러면서 매우 분개한 목소리로 말했다. 그리하여 후쓰누시와 함께 아시하라노나카쓰쿠니로 가게 되었다.

두 신은 이즈모노쿠니 이타사(五十田狹)의 오하마(小汀; 물가)에 내려가 도쓰카검을 빼어 거꾸로 땅에 꽂고 그 앞에 한쪽 무릎을 세우고 앉아 오나무치에게 물었다. "지금 다카미무스히가 황손(皇孫)을 지상에 내려보내 이 땅에 군림하려고 하신다. 그래서 이곳을 평정하기 위해 먼저 우리 둘을 내려보냈다. 너는 이를 어떻게 생각하느냐. 나라를 바칠 텐가 어쩔 텐가, 그 대답을 들어보자." 그러자 오나무치는 "나의 자식들에게 물어보고 대답하겠노라."고 말했다. 그때 그의 아들인 고토시로누시는 이즈모의 미호(美保)곶에서 낚시를 즐기고 있었다. 또는 새를 잡으러 갔다고도 한다. 그래서 구마노(熊野)의 모로타후네(諸手船; 많은 사람이 젓는 빠른 배를 말하는 것으로 추측됨)에 이나세하기(稻背脛) 태워

사자(使者)로 보냈다. 사자가 고토시로누시에게 다카미무스히의 명령을 전하고 그 대답을 묻자, 고토시로누시는 이렇게 대답했다. "아버님은 이번 천신(天神)의 명령에 반항하지 않는 것이 좋습니다. 저도 물론 그에 따르겠습니다." 그러고는 파도 위에 여러 겹의 아오후시가키(靑柴垣 ; 푸른 잎이 달린 섶나무로 짠 울타리)를 치고 배의 옆판을 밟더니 바닷속으로 물러갔다. 사자는 급히 돌아가서 보고했다.

오나무치는 아들의 말을 두 신에게 전하고 이렇게 말했다. "내가 믿었던 아들은 이제 없습니다. 그러니 나도 똑같이 물러가겠습니다. 만약 내가 반항하여 싸운다면 국내의 모든 신도 분명 나와 함께 싸울 것이지만, 내가 물러가면 아무도 감히 싸우려고 하지 않을 것입니다." 그러면서 예전에 나라를 평정할 때 사용했던 창을 두 신에게 바치며 말했다. "나는 이 창으로 이 나라를 평정하는 위업을 달성했습니다. 만약 천손(天孫)께서 이 창으로 나라를 다스린다면 반드시 평안한 나라가 될 것입니다. 이제 나는 저승으로 물러가겠습니다." 오나무치는 말을 마치자 숨어 버렸다. 이에 두 신은 복종하지 않는 자는 모두 죽이고—일설에서는 이렇게 전한다. 두 신은 사신(邪神)과 초목, 돌에 이르기까지 모두 평정해 버렸다. 복종하지 않는 것은 별의 신인 가카세오(香香背男)만 남았고 다케하쓰치노미코토(建葉槌命)를 보내 그도 복종시켰다. 그리하여 두 신은 하늘로 올라가 보고했다고 한다.

한편, 다카미무스히는 진상추금(眞床追衾 ; 왕좌를 덮는 신성한 이부자리)으로 니니기를 감싸서 지상에 내려보냈다. 황손은 하늘의 이와쿠라(磐座 ; 신의 발판)를 떠나 몇 겹으로 둘러싸인 하늘의 구름을 밀어내고 기세 등등하게 길을 헤치며 나아가 마침내 히무카노소(日向襲)의 다카치호(高千穗) 봉우리로 내려갔다. 황손은 구시히노후타카미(槵日二上)의 하늘 사다리를 타고 우키시마(浮島)의 평평한 곳에 내려서서 좋은 땅을 찾아서 구릉을 따라 척박한 불모지를 걸어 오타쿠니(吾田國) 나가야(長屋)의 가사사곶(笠狹崎)에 이르렀다. 그 땅에 있던 한 사람이 자신은 고토카쓰쿠니카쓰나가사(事勝國勝長狹)라고 이름을 밝혔다. 황손이 "여기에 나라가 있느냐, 없느냐?"라고 물으니 "나라가 있습니다. 편히 쉬어 가십시오." 하고 대답했다. 그리하여 황손은 그곳에서 머무르게 되었는데, 그 나라에 한 아름다운 여인이 있었다. 이름을 가시쓰히메(鹿葦津姫)라고 한다. 다른 이름은 가무아타쓰히메(神吾田津姫), 또 다른 이름은 고노하나사쿠야히메(木花開耶姫)라고도 한다. 황손이 그 여인에게 "그대는 누구의 딸인가?" 묻자 "나는 천신께서 오야마쓰미(大山祇神)와 결혼하여 낳은 딸입니다." 하고 대답했다. 그리하여 황손이 하룻밤 데리고 잤는데, 그 하룻밤 사이에 잉태를 하고 말았다. 황손은 이를 믿지 않고 "아무리 천신이라 해도 어떻게 하룻밤 사이에 잉태할 수가 있단 말인가. 네가 잉태한 아이는 필시 내 핏줄이 아닐 것이다."라고 말했다. 그 말에 가시쓰히메는 한을 품고 원망하며 무호실(無戶室 ; 출입구가 없는 방)을 만들어 그 속에 들어가 앉아 맹세하기를 "만약 내가 잉태한 아이가 천손의 씨가 아니라면 그 아이는 반드시 불에 타 죽을 것입니다. 그러나 틀림없는 천손의 씨라면 불도 해치지 못할 것입니다." 그러면서 그 방에 불을 질렀다. 이 타오르는 불에서 처음으로 솟아오른 연기에서 태어난 아들을 호노스소리노미코토(火闌降命)라고 명명했다. 이것이 하야토(隼人)의 시조이다. 이들은 오스미(大隅), 사쓰마(薩摩) 지방에 살았던 사람들로 궁문(宮門) 경호나 가무(歌舞)에 많이 종사했다.

다음에 열기를 피해 나올 때 태어난 아들을 히코호호데미노미코토(彦火火出見尊)라고 불렀다. 또 다음에 태어난 아들을 호노아카리노미코토(火明命)라고 명명했는데, 이들이 오와리노무라지(尾張連)의 시조이다. 세 명 모두 다 아들이었다. 한참 뒤 니니기가 죽었다. 그래서 쓰쿠시 히무카의 에노야마노미사사기(可愛山陵)에 장사지냈다.

일서(제1)에서는 이렇게 전한다.

아마테라스오미카미가 아메와카히코에게 명령하기를 "도요아시하라노나카쓰쿠니의 왕은 당연히 나의 아들이 되어야 한다. 그런데 그곳에 포학하고 악한 신들이 있는 모양이니 네가 먼저 가서 평정하라."고 했다. 그리고 아마노카고유미와 아마노카고야(天眞鹿兒矢 ; 화살)를 하사하여 내려보냈다. 아메와카히코는 하늘에서 내려가 구니쓰카미의 딸들을 아내로 맞이하여 살면서 8년이 지나도록 아무런 보고를 하지 않았다. 아마테라스오미카미는 오모이카네를 불러 아메와카히코가 돌아오지 않는 이유를 물었다. 오모이카네는 깊이 생각한 뒤, "기기시(雉子:꿩)를 파견하여 힐문하는 것이 좋다고 생각합니다." 하고 대답했다. 그래서 그 신의 계책에 따라 기기시를 보내 상황을 알아보았다. 기기시가 날아 내려가 아메와카히코의 집 앞 침나무 가지 끝에 앉아 울며, "아메와카히코여, 어찌하여 8년이나 지났는데 아무런 소식도 없는 것이냐?" 하고 물었다. 그때 아마노사구메라는 구니쓰카미가 그 기기시를 보고, "기분 나쁘게 우는 새가 이 나무 위에 앉아 있습니다. 쏘아 죽이는 것이 좋겠습니다." 하고 말했다. 아메와카히코는 천신이 하사한 아마노카고유미와 아마노카고야로 새를 쏘아 죽이고 말았다. 화살은 꿩의 가슴을 뚫고 천상의 천신이 있는 곳까지 도달했다. 천신은 그 화살을 보고, "이것은 내가 이전에 아메와카히코에게 내려준 화살인데, 어찌하여 지금 이것이 날아왔을까?" 하고는 그 화살을 뽑아 저주를 내렸다. "만약 이 화살을 나쁜 마음으로 쏘았다면 아메와카히코는 반드시 이에 맞아 죽을 것이다. 그러나 반대로 결백한 마음으로 쏜 것이면 무사하리라." 그러고는 화살을 지상을 다시 던져버렸다. 그 화살은 지상 세계로 떨어져 자고 있던 아메와카히코의 가슴에 명중했고 그로 인해 아메와카히코는 그자리에서 죽고 말았다. 세상 사람들이 흔히 '되돌아온 화살은 무서운 법'이라고 말하는 것은 이 일에서 비롯되었다.

아메와카히코의 처자가 하늘에서 내려와 관을 가지고 다시 올라가서 천상에 빈소를 차려놓고 유해를 안치한 뒤 곡을 했다. 그런데 아메와카히코는 전에 아지스키타카히코네와 친하게 지낸 적이 있었다. 그 아지스키타카히코네도 하늘로 올라가 조문하며 큰 소리로 곡을 했는데, 그의 생김새가 죽은 아메와카히코와 매우 비슷했다. 아메와카히코의 처자들은 그를 보자 기뻐하며 "우리의 아메와카히코는 아직 죽지 않았다." 그러면서 아지스키타카히코네의 옷자락을 붙들고 놓지 않았다. 그러자 아지스키타카히코네는 크게 노하여 "친구가 죽어서 조문하러 온 사람을 어찌하여 죽은 사람과 혼동하는 것이오!" 하고는 도쓰카검을 빼어 빈소를 베고 엎어 버렸다. 그 빈소가 하계로 떨어져 산이 되었다. 그것이 미노노쿠니의 모야마이다. 세상 사람들이 자기를 죽은 사람과 혼동하는 것을 꺼리는 것은 여기에서 비롯되었다.

그런데 이 아지스키타카히코네가 어찌나 찬란하게 생겼는지 언덕 두 개와 골짜기 두개를 환히 비출 만큼 눈부셨다. 그래서 조문하러 모인 자들이 다음과 같은 노래를 불렀다. 일설에는 아지스키타카히코네의 누이 시타테루히메가 그 자리에 모인 사람들에게 언덕과 골짜기를 비추는 자가 아지스키타카히코네라는 것을 알리기 위해 아래와 같이 노래했다고도 한다.

　　　　아메나루야　오토타나바타노　　우나가세루　　다마노미스마루노
　　　天なるや 弟織女の 頸がせる 玉の御統の
　　　아나타마하야　미타니　후타와타라스　아지스키타카히코네
　　　穴玉はや み谷 二渡らす 味耜高彦根

　하늘에 있는 오토타나바타(弟織女)가 목에 건 구슬로 만든 목걸이—그 목걸이에 달린 눈부시게 아름다운 혈옥(穴玉)이 마치 두 골짜기를 환히 비추는 아지스키타카히코네 같구나.

또 사람들은 이렇게 노래했다.

　　　　아마사카루　　히나쓰메노　　이와타라스세토　이시카하카타후치　카타후치니　아미하리와타시　　메로요시니
　　　天離る 夷つ女の い渡らす 瀬戸 石川片淵 片淵に 網張り渡し 目ろ寄しに
　　　요시요리코네　이시카하카타후치
　　　寄し寄り來ね 石川片淵

　시골 여인이 세토(瀬戸)를 건너 물고기를 잡았다. 이시카와(石川)의 깊은 웅덩이여. 그 깊은 물에 그물을 치고 그물코를 끌어당기면서 이쪽으로 따라오너라. 이시카와의 깊은 웅덩이여.

　이 두 노래는 오늘날 히나부리(夷曲)라는 이름으로 불린다. 이미 아마테라스오미카미는 오모이카네의 누이인 요로즈하타토요아키쓰히메노미코토(萬幡豐秋津姬命)를 마사카아카쓰카치하야히아마노오시호미미와 결혼시켜 그의 비(妃)로 아시하라노나카쓰쿠니에 내려보냈다. 그러자 가치하야히아마노오시호미미는 하늘의 부교에 서서 아래를 내려다보며 말했다. "저 곳은 아직 평정하지 못해 나라가 어수선하다. 몹시 마음에 들지 않는구나." 그리고는 다시 천상으로 올라가 내려갈 수 없는 까닭을 이야기했다. 그리하여 아마테라스오미카미는 다시 다케미카즈치와 후쓰누시를 보내 먼저 토벌하게 했다. 그 두 신은

이즈모로 내려가서 오나무치에게 물었다. "너는 이 나라를 천신에게 바칠 마음이 없느냐?" 그러자 오오나무치가 대답했다. "나의 아들 고토시로누시가 지금 새를 잡으러 미쓰(三津)의 곶에 갔으니, 지금 바로 이 아들에게 물어보고 대답하겠습니다." 그리하여 사자를 파견하여 의논했더니 고토시로누시는 이렇게 대답했다. "천신의 요구를 어찌 거절하겠습니까?" 오나무치는 아들의 말을 그대로 두 신에게 보고했다. 두 신은 하늘에 올라가서 아뢰었다. "아시하라노나카쓰쿠니는 이미 평정했습니다." 이에 아마테라스오미카미가 말했다. "그렇다면 이제부터 나의 아들을 내려보내리라."

그런데 그 아들을 막 내려보내려고 할 때 황손이 태어났다. 그 이름을 아마쓰히코히코호노니니기라고 한다. 그때 "이 황손을 대신 내려 보내시옵소서." 하고 진언한 자가 있어, 아마테라스오미카미는 니니기에게 야사카니의 곡옥, 야타노카가미, 구사나기검 등 3종의 신기(神器)를 하사했다. 또 나카토미우지(中臣氏)의 먼 조상인 아마노코야네, 인베의 먼 조상인 후토다마, 사루메(猿女 ; 예부터 조정의 제사를 맡아온 씨족의 하나)의 먼 조상인 아메노우즈메, 거울 만드는 장인의 먼 조상인 이시코리도메, 옥을 만드는 장인의 먼 조상인 다마노야노미코토(玉屋命) 등 전부 다섯 신을 딸려 보냈다. 그리고 황손에게는 이렇게 칙명을 내렸다. "아시하라의 지이호아키(千五百秋)의 미즈호노쿠니(瑞穗國)는 나의 자손이 왕이 되어야 하는 나라이다. 황손인 네가 가서 이 나라를 다스리도록 하라. 자, 가거라. 보위는 천지와 더불어 영원히 번영하리라."

그리하여 막 내려가려 하는데 앞서 내려갔던 신이 돌아와서 보고했다. "한 신이 아마노야치마타(天八街 ; 갈림길)에 서 있는데, 코의 길이가 손가락 일곱 개만 하고 키는 일곱 자가 넘어 일곱 길이라 할 만합니다. 또 입언저리가 환하게 빛나고 눈도 야타노카가미(큰 거울)처럼 영롱하게 빛나는 것이 마치 붉은 꽈리를 닮았습니다." 그리하여 수행하는 신을 보내 그 신이 온 까닭을 물어보게 했다.

그때 수많은 신이 있었는데, 다들 상대의 눈을 감히 마주하기가 두려워서 물어볼 수가 없었다. 그래서 특별히 아메노우즈메에게 "너는 누구보다 안력이 뛰어나니 네가 가서 물어 보아라."고 명했다. 아메노우즈메는 가슴을 드러내고 허리끈을 배꼽 아래로 내리더니 가소롭다는 듯이 웃으며 그 신 앞에 마주 섰다. 그러자 갈림길에 선 신이 물었다. "아메노우즈메여, 어찌하여 그런 모습으로 온 것이오?" 그 말에 대답하여, "아마테라스오미카미의 아드님이 지나가실 길을 이렇게 가로막고 선 너는 대체 누구인지 그것부터 답하라."라고 했다. 그러자 상대가 대답했다. "아마테라스오미카미의 아드님이 내려온다는 소식을 듣고 영접하려고 이렇게 기다리는 것이오. 나의 이름은 사루타히코노오카미(猿田彦大神)라고 하오." 아메노우즈메가 다시 물었다. "네가 나보다 먼저 가겠느냐, 아니면 내가 먼저 갈까?", "내가 앞장서서 길을 안내하겠소." 아메노우즈메가 또 묻기를 "너는 지금 어디로 가려는 것이냐. 너를 따라가면 황손은 어디에 도착하게 되는가?" 그러자 "천신의 아드님은 쓰쿠시 히무카 다카치호의 구시후루타케(槵觸峯)에 도착할 것이고, 나는 이세(伊勢) 사나다(狹長田)의 이스즈강(五十鈴川) 상류로 갈 것이오." 이렇게 대답하고 덧붙이기를 "나를 이 세상에 나타나게 한 것은 당신이니, 당신은 나를 보내주어야 할 것이오." 하고 말했다. 아메노우즈메는 하늘로 돌아가서 이러한 상황을 보고했다. 황손은 하늘의 이와쿠라(신의 발판)를 떠나 겹겹이 낀 구름을 뚫고 내려간 뒤, 힘차게 길을 헤치고 나아가 하계로 내려갔다. 그리고 먼저 약속한 대로 쓰쿠시 히무카 다카치호의 구시후루타케에 도착했고 사루타히코는 이세 사나다의 이스즈강 상류에 도착했다. 아메노우즈메는 사루타히코가 요청한 대로 그를 무사히 보내주었다. 황손은 아메노우즈메에게 명했다. "너는 네가 나타나게 한 신의 이름을 너의 성(姓)으로 삼아라." 그리고 사루메노키미라는 이름을 내렸다. 현재 사루메노키미의 남녀를 모두 기미(君)라고 부르는 것은 이 때문이다.

일서(제2)에서는 이렇게 전한다.

천신은 후쓰누시와 다케미카즈치를 보내 아시하라노나카쓰쿠니를 평정하라고 했다. 그때 이 두 신이 이렇게 말했다. "하늘에 악한 신이 있습니다. 그 이름은 아마쓰미카호시(天津甕星), 다른 이름은 아마노카카세오(天香香背男)라고 합니다. 먼저 이 신을 없애고, 그런 다음 지상에 내려가서 아시하라노나카쓰쿠니를 평정하고자 합니다." 이 가호시(甕星)를 정벌하는 제사를 지내는 신관이 있었는데, 이와이노우시(齋大人)라고 불렀다. 이 신은 지금 아즈마(東國)의 가토리(織取 ; 가토리香取)에 있다.

이 두 신은 이즈모 이타사의 오하마에 내려가 오나무치에게 물었다. "너는 이 나라를 천신에게 바치겠느냐, 어찌 하겠느냐?" 이에 오나무치가 대답하기를 "두 신이 하는 말은 아무래도 수상하다. 내가 처음부터 있던 곳에 찾아와서 무슨 소리를 하는 것인가? 받아들일 수 없다."고 했다. 후쓰누시는 그대로 하늘에 돌아가서 보고했다. 다카미무스히는 다시 두 신을 보내 오나무치에게 분부를 내렸다.

"지금 네 말을 들어보니 매우 그럴듯하다. 그러므로 상세하고 조리 있게 다시 설명하겠다. 먼저, 지금 네가 다스리는 이승은 황손이 맡을 것이다. 그러니 너는 저승에서 제사를 관장하라. 네가 앞으로 살아갈 집은 지금부터 내가 지어줄 것이다. 아주 긴 닥나무 밧줄을 엮어서 튼튼하게 이어 만들어 주리라. 그 궁을 지을 때 기둥은 높고 굵게, 그리고 바닥은 넓고 두껍게 깔겠다. 또 밭도 만들어 주고 네가 바다를 오가며 놀 수 있도록 높은 다리와 물 위에 뜨는 다리, 그리고 새처럼 빠르게 달리는 배도 만들어 주마. 그리고 아마노야스카와에 걸쳤다 떼었다 할 수 있는 다리도 놓아 주고 가죽을 여러 겹으로 박은 하얀 방패도 만들어 주리라. 너의 제사는 아메노호히가 관장할 것이다."

이에 오나무치가 대답하기를 "천신의 말씀이 이토록 지극한데 어찌 그 분부를 따르지 않을 수 있겠습니까? 제가 다스리는 이 세상은 마땅히 황손이 다스려야 할 것이니, 저는 이제 물러나 저승에서 제사를 관장하겠습니다." 하고 말했다. 그리고 후나토노카미(사루타히코)를 두 신에게 추천하며 "이 신이 저를 대신하여 황손을 섬길 것이오니 저는 이만 물러가겠습니다." 하고는 몸에 야사카니의 커다란 옥을 지니고 영원히 죽어 버렸다. 그리하여 후쓰누시는 후나토노카미를 앞장 세워 국내를 두루두루 돌며 평정했다. 명령을 거부하는 자는 모조리 참살하고 반대로 복종하는 자에게는 상을 내렸다. 이때 복종하게 된 우두머리가 오모노누시와 고토시로누시이다. 이 두 신은 수많은 신을 아마노타케치에 소집하여, 그들을 이끌고 하늘로 올라가 그 성심(誠心)을 피력했다.

그때 다카미무스히는 오모노누시에게 "만약 네가 구니쓰카미를 아내로 맞는다면 나는 네가 아직도 나에게 반역심이 있다고 생각할 것이다. 그래서 지금 나의 딸 미호쓰히메(三穗津姬)를 너에게 아내로 주고자 하니, 너는 수많은 신을 거느리고 영원히 황손을 지켜주기를 바란다."하고는 지상으로 돌려보냈다. 그리고 기노쿠니(紀國) 인베의 먼 조상인 다오키호오이노카미(手置帆負神)에게 삿갓을 만드는 역할을 주고, 히코사치노카미(彦狹知神)에게 방패를 만드는 역할을 주었다. 또 아마메히토쓰카노카미(天目一箇神)에게 대장장이 역할을 주고, 아마노히와시노카미(天日鷲神)에게 천을 짜는 역할을 주었으며, 구시아카루타마노카미(櫛明玉神)에게 옥을 빚는 역할을 주었다. 후토다마에게 그 연약한 어깨에 굵은 어깨띠를 두르고 천손(天孫)을 대신하여 오나무치의 제사를 지내게 한 것은 이때부터 시작되었다. 또 아마노코야네는 신사(神事)를 주관했다. 그래서 태점(太占)을 치는 역할을 맡았다.

다카미무스히는 명을 내려 "나는 아마쓰히모로기(天津神籬 : 신이 강림하는 특별한 장소)와 아마쓰이와사카(天津磐境 : 높은 바위로 이루어진 대)를 설치하고 황손을 위하여 삼가 축원을 드리리라. 너희 아마노코야네와 후토다마는 천진신리를 통해 아시하라노나카쓰쿠니에 내려가서 황손을 위하여 삼가 축원을 드리도록 하라."고 했다. 그리고 두 신을 보내 아마노오시호미미노미코토(天忍穗耳尊)와 함께 아래 세상으로 내려보냈다. 이때 아마테라스오미카미는 손에 들고 있던 보경(寶鏡)을 아마노오시호미미에게 주면서 "나의 아들아, 이 거울을 마치 나를 보는 듯이 하여라. 같이 자고 같은 방에서 지내며 이 거울을 신으로 섬겨라." 하고 축원했다.

또 아마노코야네와 후토다마에게는, "너희 두 신은 같은 건물 안에서 함께 수호하며 섬겨라." 하고 다음과 같이 명했다. "우리 다카아마노하라에 있는 유니와(齋庭)의 벼이삭(신을 섬기는 신성한 벼이삭)을 나의 아들에게 주어라." 그리고 다카미무스히의 딸 요로즈하타히메(萬幡姬)를 아마노오시호미미와 결혼시켜 아내로 함께 지상에 내려보냈다. 그때 하늘에서 내려가는 길에 태어난 아들을 아마쓰히코호노니니기노미코토(天津彦火瓊瓊杵尊)라고 한다. 이에 따라 아마테라스오미카미는 이 황손을 부모를 대신하여 지상에 내려보내려고 했다. 그래서 아마노코야네와 후토다마를 비롯한 신들을 수행원으로 내려보냈다. 또 신변 물품도 전례와 똑같이 내렸고 그 뒤 아마노오시호미미는 다시 하늘로 돌아 갔다. 아마쓰히코호노니니기는 히무카 구시히(櫛日)의 다카치호산으로 내려간 뒤, 소시시(膂宍) 무나소쿠니(胸副國 ; 등뼈 주위에 살이 없는 여윈 나라)의 언덕을 따 라 걸어가 우키지마타이라(浮渚在平地)에 서서 그 나라의 주인 고토카쓰쿠니카 쓰나가사를 불러 물었다.

그가 대답하기를 "이곳에 나라가 있습니다. 분부대로 따르겠으니 좋으실 대 로 하소서." 황손은 그곳에 궁전을 짓고 머물렀다. 어느 날 바닷가에 나갔는데 한 아름다운 여인이 있는 것을 보고 황손이 물었다. "너는 누구의 딸이냐?" 상 대가 대답하기를 "저는 오야마쓰미의 딸이며 이름은 가무아타카시쓰히메(神吾 田鹿葦津姬)이고 다른 이름은 고노하나사쿠야히메라고 합니다. 그리고 저에게 는 이와나가히메(磐長姬)라는 언니가 있습니다." 황손이 물었다. "내가 너를 아 내로 맞고자 하는데 네 생각은 어떠하냐?", "저의 아버지 오야마쓰미에게 물 어보시기를 바랍니다." 그래서 황손은 오야마쓰미에게 물어보았다. "너의 딸을 만났다. 아내로 맞이하고 싶은데, 어떤가?" 그러자 오야마쓰미는 두 딸에게 성 대한 음식을 차려서 황손을 대접하게 했다. 그런데 황손은 언니는 못생겼다고 여겨 돌려보내 버렸다. 그러나 동생은 아름다웠기에 불러서 함께 밤을 보냈는 데, 그 하룻밤 사이에 아이를 잉태했다. 한편 이와나가히메는 이 일을 매우 수 치스럽게 여기고 황손을 저주하며 말했다. "만약 천손이 나를 물리치지 않고 불렀다면 태어난 아이는 명이 길어 영원히 죽지 않고 살 수 있었을 텐데, 나를 물리치고 동생만 부르셨으니 동생이 낳는 아이는 분명 나무의 꽃처럼 지고 말 것이다." 일설에서는 이와나가히메는 수치심을 느끼고 원망하며 침을 뱉고 울 며 저주하기를 "이 세상의 청인초(靑人草 ; 백성)는 모두 나무의 꽃처럼 금세 시 들어 생명이 끝날 것이다."라고 말했다. 이것이 세상 사람들의 목숨이 짧아진 까닭이다.

그 뒤 가무아타카시쓰히메는 황손을 만나 이렇게 말했다. "저는 지금 천손 의 자식을 잉태했습니다. 말없이 낳아서는 안 될 것 같아 아뢰는 것입니다." 이 에 황손은 이렇게 말했다. "아무리 천신의 자식이라고 해도 어찌 하룻밤 사이 에 잉태한 것을 믿으라는 말인가. 나의 자식이 아닌 것이 아니냐." 그러자 고노하나사쿠야히메는 너무나도 부끄럽고 원망스러워서 문이 없는 산실을 짓고 맹세했다. "내가 잉태한 자식이 만약 다른 신의 자식이라면 반드시 죽어서 태어날 것이고 만약 정말로 천손의 아이라면 건강한 아들로 태어날 것입니다." 그러고는 그 산실 속에 들어가 불을 질러 산실을 태워 버렸다. 그 불길이 처음 치솟았을 때 낳은 아들을 호노스세리노미코토(火酢芹命)라고 한다. 그리고 다음에 불이 활활 타오를 때 낳은 아들을 호노아카리라고 불렀다. 다음에 낳은 아들은 히코호호데미, 또 다른 이름은 호오리노미코토(火折尊)라고 했다.

일서(제3)에서는 이렇게 전한다.

처음 불꽃이 일었을 때 낳은 아들은 호노아카리, 다음에 불꽃이 한창 타오를 때 낳은 아들은 호노스스미노미코토(火進命), 일설에는 호노스세리라고 하고, 다음에 불길이 꺼졌을 때 낳은 아들은 호오리히코호호데미노미코토(火折彦火火出見尊)라고 한다. 뜨거운 불길도 이 세 아들을 해치지 못했고 어머니 또한 조금도 다치지 않았다. 대나무 칼로 아들의 탯줄을 끊었는데 그때 버린 대나무 칼이 나중에 대나무숲이 되었다. 그래서 그 땅을 다케야(竹屋)라고 한다. 그때 가무아타카시쓰히메는 우라헤타(卜定田 ; 점을 쳐서 정한 신을 위한 밭)를 사나다(狹名田)라고 이름 붙였다. 여기서 거둔 벼로 아메노타무사케(天甜酒)를 빚고, 누마타(沼田)에서 거둔 벼로 밥을 지어 바쳤다.

일서(제4)에서는 이렇게 전한다.

다카미무스히는 진상복금(眞床覆衾 ; 신성한 이부자리)로 아마쓰히코쿠니테루히코호노니니기노미코토(天津彦國光彦火瓊瓊杵尊)를 감싸고 아마노이와토(天磐戶)를 떠나 수많은 구름을 헤치고 지상에 내려갔다. 그때 오토모노무라지(大伴連)의 먼 조상 아마노오시히노미코토(天忍日命)가 구메베(來目部)의 먼 조상인 아메쿠시쓰오쿠메(天槵津大來目)를 이끌고 등에는 아마노이와유키(天磐靫 ; 화살통)를 지고 팔뚝에는 고병(궁구弓具의 일종)을 끼고 손에는 아마노하지유미(天梔弓 ; 활)와 아마노하하야, 우는살 여덟 개를 들고, 또 칼자루 끝이 망치 모양으로 된 칼을 차고 천손(天孫)의 앞에 서서 내려갔다. 드디어 천손 일행이 히무카노소의 다카치호에 있는 구시히 후타카미산(二上峰)의 천부교(天浮橋)에 이르자, 물결치는 바다 근처 평지에 내려선 뒤, 소시시 무나쿠니(空國 ; 황폐한 땅)의 언덕과 언덕이 연이어진 곳을 걸어가서 아타(吾田) 나가야 가사사곳에 도착했다.

그때 그 땅에 한 신이 있었다. 이름을 고토카쓰쿠니카쓰나가사라 했다. 천손이 그 신에게 물었다. "여기에 나라가 있느냐?" 그 신이 대답했다. "예, 있습니다. 분부대로 바치겠나이다." 그리하여 천손은 그 땅에 머물렀다. 그 고토카쓰쿠니카쓰나가사는 이자나기의 아들이다. 다른 이름은 시오쓰치노오지(鹽土老翁)라고 한다.

일서(제5)에서는 이렇게 전한다.

천손(天孫)이 오야마쓰미의 딸 아타카시쓰히메(吾田鹿葦津姫)를 부인으로 삼았다. 그리고 그 여인은 하룻밤 만에 잉태했다. 그리고 네 아들이 태어났다. 아타카시쓰히메는 아이를 보듬고 찾아와서 말했다. "천신의 아들인데 어찌 몰래 키울 수 있겠습니까? 그래서 알려드리고자 왔습니다." 그러자 천손은 그 아이들을 보고 코웃음을 치면서 말했다. "참으로 놀라운 일이로다. 정말로 나의 자식이 태어났다면 얼마나 기쁜 일이겠느냐?" 이 말에 아타카시쓰히메는 화를 내며 말했다. "어찌하여 저를 조롱하시는 것입니까?" 천신이 말했다. "의심스러워서 웃었다. 아무리 천신의 자식이라 할지라도 어찌 겨우 하룻밤 만에 잉태할 수가 있겠느냐. 틀림없이 나의 자식이 아닐 것이다." 그러자 아타카시쓰히메는 더욱더 천신을 원망하며 출입구가 없는 방을 만들고 그 속에 들어가서 맹세했다. "만약 내가 낳은 자식이 천신의 아들이 아니라면 반드시 불에 타죽을 것이고 천신의 아들이 틀림없다면 무사할 것입니다." 그러고는 방에 불을 질러 버렸다.

처음 불길이 치솟았을 때 발을 구르며 뛰쳐나온 아이가 부르짖기를 "나는 천신의 아들 호노아카리이다. 나의 아버지는 어디 계시오!" 하고 물었다. 다음에 불길이 맹렬하게 타오를 때 발을 구르며 뛰쳐나온 아이도 똑같이 외쳤다. "나는 천신의 아들 호노스스미이다. 나의 아버지와 형제는 어디 계시오!" 다음에 불길이 스러질 때 발을 구르며 뛰쳐나온 아이도 "나는 천신의 아들 호오리이다. 나의 아버지와 형제는 어디 계시오!" 하고 소리쳤다. 다음에 불이 꺼지고 열기가 식어갈 때 발을 구르며 뛰쳐나온 아이도 소리쳐 물었다. "나는 천신의 아들 히코호호데미이다. 나의 아버지와 형들은 어디 계시오!"

그런 다음 어머니인 아타카시쓰히메가 재에서 나와 천신에게 가서 말했다. "내가 낳은 자식들도, 또 내 자신도 불에 탔지만 조금도 다치지 않았습니다. 천손은 이것을 보셨습니까?" 천손이 대답했다. "나는 처음부터 내 자식이라는 것을 알고 있었다. 다만, 하룻밤 만에 잉태한 것을 의심하는 자가 있을지도 몰라서 모두에게 이 자식들은 나의 아들이며 또 천신은 하룻밤으로도 잉태하게 할 수 있다는 것을 알리고자 그리 했다. 또 그대에게도 영묘하고 뛰어난 능력이 있고 내 자식들 또한 다른 사람들보다 훌륭한 자질이 있음을 보여주고자 했다. 그래서 지난번에는 일부러 조롱한 것이다."

일서(제6)에서는 이렇게 전한다.

아메노오시호네노미코토(天忍穗根尊)는 다카미무스히의 딸 다쿠하타치지히메요로즈하타히메노미코토(栲幡千千姬萬幡姬命), 또는 다카미무스히의 딸 호노토하타히메(火之戸幡姬)의 딸 지지히메노미코토(千千姬命)를 아내로 맞이하여 아마노호노아카리노미코토(天火明命)를 낳고 다음에 아마쓰히코네호노니니기네노미코토(天津彦根火瓊瓊杵根尊)를 낳았다. 그 아마노호노아카리의 아들 아마노카구야마는 오와리노무라지의 먼 조상이다. 황손 호노니니기노미코토(火瓊瓊杵尊)를 아시하라노나카쓰쿠니에 내려보낼 때, 다카미무스히는 80명이나 되는 신에게 이렇게 말했다. "아시하라노나카쓰쿠니에서는 바위와 나무, 풀잎까지 모두 말을 한다. 밤에는 불똥처럼 요란하게 떠들고 낮에는 성가신 파리떼처럼 들끓는다", 운운.

그때 다카미무스히가 명하기를 "옛적에 아메와카히코를 아시하라노나카쓰쿠니에 파견했는데, 지금까지 오래도록 돌아오지 않는 이유는, 생각건대 구니쓰카미 가운데 완강하게 저항하는 자가 있기 때문인 것 같다."고 했다. 그래서 이름 없는 수꿩을 보내 이유를 알아보라고 했다. 이 꿩이 내려가 조와 콩이 자라는 것을 보고 그곳에 눌러앉아 돌아갈 생각을 하지 않았다. 이것이 세상에서 말하는 치돈사(雉頓使 : 심부름을 가서 돌아오지 않는다는 뜻)라는 말이 생긴 유래이다. 그래서 다음에는 이름 없는 암꿩을 파견했다. 이 꿩은 지상에 내려갔다가 아메와카히코의 화살을 맞고 하늘에 올라가 보고했다, 운운.

이때 다카미무스히는 황손인 아마쓰히코네호노니니기네를 진상복금(眞床覆衾 ; 왕좌를 덮는 신성한 이불)으로 감싸서 겹겹이 싸인 구름을 헤치고 아래 세상으로 내려갔다. 그래서 이 신을 아메쿠니니기시히코호노니니기노미코토(天國饒石彦火瓊瓊杵尊)라고 부르며 그때 강림한 곳을 히무카노소의 다카치호에 있는 소호리노타마노타케(添山峯)라고 한다. 이 니니기가 거기서 걸어 나가서, 운운.

니니기는 아타의 가사사곶에 도착하여, 마침내 나가시마의 다케시마에 올랐다. 그 땅을 둘러보다가 한 사람을 만났는데, 이름을 고토카쓰쿠니카쓰나가사라고 했다. 천손이 물었다. "이곳은 누구의 나라냐?" 상대는 "여기는 나가사(長狹 ; 씨족 또는 민족의 이름)가 사는 나라입니다. 그러나 이제 천손에게 헌상하겠습니다." 하고 대답했다. 천손이 다시 물었다. "저 파도 위에 커다란 궁전을 세우고 손목에 찬 구슬을 딸랑거리며 베를 짜는 처녀는 누구의 딸이냐?" "오야마쓰미의 딸들인데 언니는 이와나가히메라 하고 동생은 고노하나사쿠야히메라고 합니다. 다른 이름은 도요아타쓰히메(豐吾田津姬)입니다." 운운.

황손은 그 가운데 도요아타쓰히메를 불러들였고 그녀는 하룻밤 만에 잉태했다. 황손은 이를 수상하게 생각했다. 운운.

드디어 호노스세리를 낳고, 다음에 호오리를 낳았다. 다른 이름은 히코호호데미라고 한다. 어머니가 서약한 대로 황손의 씨가 틀림없음이 증명됐다. 그러나 도요아타쓰히메는 황손을 원망하며 말을 하지 않았다. 황손은 걱정하며 다음과 같은 노래를 불렀다.

<small>오키쓰모와</small> <small>헤니와요레도모</small> <small>사네토코모</small> <small>아타하누카모요</small> <small>하마쓰치토리요</small>
沖つ藻は 邊には寄れども さ寝床も あたはぬかもよ 浜つ千鳥よ.

바닷물은 해변에 부딪히는 파도를 따라오건만, 그리운 임은 내 곁에 오려 하지 않고, 함께 몸을 누일 자리도 내주지 않네. 물떼새여, 짝을 지어 노니는 너희들이 부럽구나.

일서(제7)에서는 이렇게 전한다.

다카미무스히의 딸은 아마요로즈타쿠하타치하타히메(天萬栲幡千幡姬)이다. 일설에서는 다카미무스히의 딸 요로즈하타히메의 딸인 다마요리히메노미코토(玉依姬命)라고 한다. 이 신이 아마노오시호네노미코토(天忍骨命)의 아내가 되어 아들 아마노기호호오키세노미코토(天之杵火火置瀨尊)를 낳았다. 다른 설에 의하면 가치하야히노미코토(勝速日命)의 아들 아마노오시미미노미코토(天大耳尊)가 니쿠쓰히메(丹舄姬)를 아내로 맞이하여 아들 호노니니기를 낳았다고 한다. 또 다카미무스히의 딸 다쿠하타치하타히메(栲幡千幡姬)가 아들 호노니니기를 낳았다고도 한다. 또 일설에는 아마노키세노미코토(天杵瀨尊)가 아타쓰히메(吾田津姬)를 맞이하여 아들 호노아카리를 낳았고, 다음은 호노요오리노미코토(火夜織命), 그다음은 히코호호데미를 낳았다고 한다.

일서(제8)에서는 이렇게 전한다.

마사카아카쓰카치하야히아마노오시호미미는 다카미무스히의 딸 아마요로즈타쿠하타치하타히메를 아내로 맞이하여 아들을 낳았는데 이름을 아마테루쿠니테루히코호노아카리노미코토(天照國照彦火明命)라고 한다. 그것이 오와리노무라지의 먼 조상이다. 다음은 아메니기시쿠니니기시아마쓰히코호노니니기노미코토(天饒石國饒石天津彦火瓊瓊杵尊) 낳았고 이 신은 오야마쓰미의 딸 고노하나사쿠야히메를 맞이하여 아들을 낳았다. 호노스세리와 히코호호데미 등이다.

히코호호데미노미코토(彦火火出見尊)와 호노스소리노미코토(火闌降命)

형인 호노스소리는 본디 해산물을 잡는 능력이 뛰어났고 동생인 히코호호데미는 본디 뛰어난 사냥 실력을 갖췄다. 처음에 두 형제가 서로 의논하기를 "시험 삼아 서로의 일을 바꿔보자."라고 했다. 그리하여 바꿔서 해보았으나 양쪽 다 아무런 소득이 없었다. 형은 후회하며 동생의 활과 화살을 돌려주고 자기 낚싯바늘을 돌려달라고 했다. 그런데 동생은 그때 이미 형의 낚싯바늘을 잃어버린 뒤여서 아무리 찾아도 보이지 않았다. 하는 수 없이 낚싯바늘을 새로 만들어 형에게 주려고 했으나 형은 그것을 거부하고 원래의 바늘을 돌려달라고 요구했다. 난처해진 동생은 자기 칼을 부수어 새 바늘을 많이 만들어서 키에 넘칠 만큼 가득 담아 주었다. 그러나 형은 화를 내며 "원래 내 바늘이 아니면 아무리 많이 주어도 싫다." 하면서 더욱 재촉했다.

동생인 히코호호데미는 심히 걱정되어 바닷가에 나가 괴로워하며 탄식하다가 시오쓰치노오지를 만났다. 노인이 "왜 이런 곳에서 근심에 빠져 있는 것이오?" 하고 물었다. 히코호호데미가 사정을 이야기하자 노인은 "걱정하지 마시오. 나에게 좋은 생각이 있으니." 하고는, 틈이 보이지 않을 만큼 촘촘하게 짠 광주리를 엮어 거기에 히코호호데미를 넣고 바다에 빠트렸다. 그러자 광주리는 저절로 아담하고 아름다운 해변에 도착했다. 그가 광주리에서 나오니 어느새 해신(海神)의 궁전 앞이었다. 그 궁전은 어마어마한 담장으로 둘러싸였고 높은 전각이 찬란하게 빛났다. 문 앞에 우물이 하나 있고 그 우물 위에 신성한 침나무 한 그루가 서 있었는데 가지와 잎이 참으로 무성했다. 히코호호데미가 그 나무 아래를 거닐었다. 잠시 뒤 한 아름다운 여인이 문을 열고 나왔다. 그 여인은 근사한 그릇으로 물을 뜨려고 하다가 사람이 있는 것을 발견하고 놀라서 궁 안으로 들어가 부모에게 아뢰었다. "낯선 손님이 문 앞 나무 아래에 서 있습니다."

해신은 자리를 여러 겹 깔고 손님을 청해 들였다. 히코호호데미가 자리에 앉자, 이곳에 온 까닭을 물었다. 히코호호데미는 자기 사정을 사실대로 자세하게 말했다. 그러자 해신은 크고 작은 물고기들을 불러들여 엄중하게 물었다. 그러자 모두 "그런 일은 모릅니다. 다만 아카메(赤目 ; 도미)가 요즘 입병이 나서 밖에 나오지 않습니다." 하고 대답했다. 당장 아카메를 불러서 입속을 살펴보니 과연 그 안에서 잃어버린 바늘이 나왔다.

히코호호데미는 해신의 딸 도요타마히메(豐玉姬)를 아내로 맞이했다. 그리하여 해신의 궁전에 3년 동안 머물렀다. 그곳은 안락하고 즐거웠지만, 히코호호데미의 마음은 역시 고향에 대한 그리움으로 간절했다. 그래서 때때로 크게 한숨을 내쉬며 슬퍼했다. 도요타마히메가 그것을 듣고 아버지에게 말했다. "천손(天孫)이 요즘 가끔 한숨을 내쉬며 슬퍼하는데 아무래도 고향이 그리워서 그러는 것 같습니다." 해신은 히코호호데미를 불러 조용히 물었다. "천신께서 만약 고향으로 돌아가고 싶다고 하시면 보내드리겠습니다." 그리고 바늘을 돌려주면서 일러주었다. "이 바늘을 형님에게 돌려줄 때 몰래 이 바늘을 향해 '마지치(貧釣 ; 가난해지는 낚싯바늘)'라고 말한 뒤 드리십시오." 또 조만옥(潮滿玉)과 조학옥(潮涸玉)을 주면서 다음과 같이 말했다. "조만옥을 물에 넣으면 바로 밀물이 밀려들 것입니다. 그러면 당신 형님은 물에 빠지게 되지요. 만약 형님이 뉘우치고 용서를 구한다면 반대로 조학옥을 물에 넣으십시오. 그러면 조수가 자연히 빠질 테니 그때 꺼내주시면 됩니다. 그렇게 하시면 천손의 형님은 스스로 항복할 것입니다."

히코호호데미가 돌아갈 때가 되자 도요타마히메가 천손에게 말했다. "저는 지금 아이를 가졌습니다. 곧 있으면 태어날 텐데 그때 바람과 물살이 빠른 날을 골라 반드시 바닷가로 나갈 것이니 저를 위하여 산실을 짓고 기다려 주시기를 바랍니다."

히코호호데미는 지상의 궁전으로 돌아가서 해신이 가르쳐준 대로 했다. 그러자 형인 호노스소리는 재앙에 시달리다 지쳐서 스스로 항복하며 말했다. "앞으로 너의 와자오기(俳優 ; 복종하겠다는 의미)가 되어 봉사할 테니 이만 용서해다오." 그리하여 그가 바란대로 용서해 주었다. 이 호노스소리는 아타노키미오바시(吾田君小橋)의 먼 조상이다.

훗날 도요타마히메는 과연 약속한 대로 동생 다마요리히메(玉依姬)를 데리고 풍파를 뚫고 바닷가에 당도했다. 해산할 때가 되자 도요타마히메는 "제가 해산할 때는 부디 안을 들여다보지 마십시오." 하고 부탁했다. 그런데 천손은 끝까지 참지 못하고 몰래 가서 들여다보고 말았다. 그랬더니 도요타마히메의 몸이 해산할 때 용으로 변하는 것이 아닌가. 도요타마히메는 그것을 매우 부끄럽게 여겨 "저에게 이토록 수치스러운 일을 겪게 하지 않았더라면 바다와 육지가 서로 통하여 영원히 헤어지지 않았을 텐데 이미 수모를 겪었으니 앞으로 어떻게 화목하게 지낼 수 있으리오." 하고는 풀잎으로 아기를 싸서 바닷가에 버리고 바닷길을 막더니 곧바로 돌아가 버렸다. 그래서 그 아들을 히코나기사타케우가야후키아에즈노미코토(彦波瀲武鸕鷀草葺不合尊)라고 한다. 그 후 한

참 뒤 히코호호데미가 죽자 히무카의 다카야노야마(高屋山) 위의 능에서 장사 지냈다.

일서(제1)에서는 이렇게 전한다.

형인 호노스세리는 해산물을 잘 잡았고 동생 히코호호데미는 산짐승을 잘 잡았다.

어느 날 이 형제는 서로 사냥감을 바꿔보기로 했다. 형은 동생의 활을 가지고 산에 들어가서 짐승을 사냥하려 했으나 끝내 짐승 발자국도 찾지 못하고 돌아왔다. 동생은 형의 낚싯바늘을 가지고 바다에 가서 물고기를 낚으려 했지만, 그 또한 아무것도 낚지 못했다. 게다가 동생은 형의 낚싯바늘마저 잃어버리고 말았다.

형은 동생에게 활을 돌려주며 자기 낚싯바늘을 돌려달라고 했다. 동생은 곤란해하다가 차고 있던 칼을 녹여서 낚싯바늘을 만들어 광주리에 한가득 담아 형에게 주었다. 그러나 형은 그것을 받지 않고 "내 바늘을 내놓아라." 하고 재촉했다. 히코호호데미는 바늘을 어디서 찾아야 할지 몰라 걱정하며 바닷가로 가서 탄식했다.

그때 한 노인이 나타나 자기는 시오쓰치노오지라고 이름을 밝히며 물었다. "그대는 누구인데 이런 곳에서 탄식하는 것이오?" 히코호호데미는 노인에게 사정을 자세히 이야기했다. 이야기를 들은 노인이 가지고 있던 자루에서 빗을 꺼내 땅에 던지자 무성한 대나무 숲이 생겼다. 그 대나무로 눈이 성긴 광주리를 짜서 히코호호데미를 그 속에 넣고 바다에 던져 넣었다. 일설에는 눈이 촘촘한 광주리를 짜서 물에 뜨는 배를 만들어 가는 밧줄로 히코호호데미를 묶어서 바다에 가라앉혔다고도 한다.

바닷속에는 아름다운 해변이 있었다. 그 해변을 따라 나아가다 보니 어느덧 도요타마히코(豐玉彦)의 궁전에 도착했다. 그 궁전은 성문이 높고 화려하게 장식했으며 누각은 아주 으리으리했다. 궁전 문밖에는 우물이 하나 있었는데 그 옆에 침나무가 있었다. 그 나무 밑에서 잠시 쉬는데 절세의 미녀가 많은 시녀를 거느리고 궁에서 나왔다. 미녀는 옥항아리로 우물물을 뜨려다가 문득 나무 아래에 있는 히코호호데미를 발견하고는 놀라서 얼른 아버지에게 가서 아뢰었다. "문 앞 우물 옆에 있는 나무 아래에 한 귀인이 와 계십니다. 보통 분이 아닌 것 같습니다. 만약 하늘에서 내려오셨다면 하늘의 기운이 있을 것이고 지하에서 오셨다면 땅의 기운이 있을 것입니다. 정말 아름다운 분이던데 혹시 소라쓰히코(虛空彦)가 아닐까요?"

일설에는 도요타마히메의 시녀가 옥 두레박으로 물을 뜨려고 했으나 아무리 해도 물이 가득 차지 않아 괴이하게 생각하고 우물 속을 들여다보니 물에 비친 뒤집힌 사람의 웃는 얼굴이 보였다. 그래서 위를 쳐다보니 한 아름다운 신이 침나무에 기대어 서 있는 게 아닌가. 그래서 안으로 들어가 왕에게 아뢰었다고 한다.

도요타마히코가 사람을 보내 "손님은 누구신지요? 어찌하여 이곳에 오셨습니까?" 하고 묻자, 히코호호데미가 대답했다. "저는 천신의 손자입니다." 그리고 이곳에 오게 된 연유를 이야기했다. 해신은 몸소 맞이하며 인사한 뒤 궁전 안으로 안내하여 융숭하게 대접했다. 그리고 딸 도요타마히메를 그의 아내로 주었다.

히코호호데미는 해신의 궁전에 3년 동안 머물렀다. 그런데 히코호호데미는 이따금 탄식하며 슬퍼했다. 어느 날 도요타마히메가 물었다. "천손께서는 혹시 고향이 그리우십니까?" 히코호호데미는 "사실은 그렇소." 하고 대답했다. 도요타마히메는 아버지에게 가서 말했다. "이곳에 머무는 귀인께서 지상으로 돌아가고 싶다고 하십니다." 그래서 해신은 바닷물고기를 모두 불러들여 낚싯바늘을 수소문했다. 그러자 한 물고기가 대답하기를 "아카메가 오래전부터 입 안이 아프다고 했는데 혹시 바늘을 삼킨 것이 아닐까요?" 그리하여 아카메를 불러 입 속을 들여다보니 정말 바늘이 들어 있었다. 해신은 그것을 꺼내 히코호호데미에게 주면서 이렇게 말했다. "바늘을 형님에게 돌려줄 때 이렇게 저주하십시오. '이것은 가난의 씨앗, 굶주림의 시작, 고통의 뿌리'라고 말하고 건네주시는 겁니다. 그러면 나는 당신의 형님이 바다를 건너려고 할 때 반드시 질풍과 파도를 일으켜 형님을 바다에 빠뜨리겠습니다."

해신은 히코호호데미를 커다란 악어 등에 태워서 고향으로 돌려보냈다. 이보다 앞서 헤어질 때 도요타마히메가 조용히 말을 꺼냈다. "사실은 제가 아이를 가졌습니다. 사나운 풍파가 이는 날에 바닷가로 나갈 것이니, 저를 위해 산실을 짓고 기다려 주시기를 바랍니다." 도요타마히메는 그 말대로 나중에 육지로 찾아와 히코호호데미에게 이렇게 부탁했다. "오늘 밤 아기를 낳을 것이니, 절대로 안을 들여다보아서는 안 됩니다." 그러나 히코호호데미는 그 말을 듣지 않고 빗살 끝에 불을 붙여 그 빛으로 안을 들여다보았다. 그랬더니 도요타마히메가 거대한 악어로 변하여 기어 다니는 게 아닌가. 도요타마히메는 그 모습을 들킨 것을 부끄러워하며 천신을 원망하면서 바로 바다로 돌아가 버렸다. 하지만 그의 동생 다마요리히메를 육지에 남겨두어 아들을 키우게 했다. 그 아들의 이름을 히코나기사타케우가야후키아에즈라고 지은 것은, 그 바닷가 산실 지붕을 가마우지의 깃털로 덮으려고 했는데 그 지붕을 다 덮기도 전에 아기가 태어났기 때문이다.

　일서(제2)에서는 이렇게 전한다.

　해신의 궁전 문 앞에 우물이 하나 있었고 그 우물 옆에 가지가 무성한 침나무가 있었다. 히코호호데미는 그 나무에 올라가 가지 위에 서 있었다. 그때, 해신의 딸 도요타마히메가 옥그릇을 들고 와서 우물물을 뜨려고 했다. 그러다가 우물에 비친 사람을 보고 위를 올려다본 그녀는 깜짝 놀라 그릇을 떨어뜨리고 말았다. 그릇이 깨진 것도 아랑곳하지 않고 바로 궁전으로 뛰어 들어가 부모에게 아뢰었다. "방금 우물 옆 나무 위에 사람이 있는 것을 보았습니다. 얼굴이 무척 아름답고 용모가 수려한 것으로 보아 평범한 사람이 아닌 것 같습니다." 이 말을 들은 아버지는 이상하게 여기면서도 궁전에 여덟 겹으로 자리를 깔고 그를 맞아들였다.

　히코호호데미가 그 자리에 앉자 해신은 어찌하여 이런 곳에 오셨느냐고 정중하게 물었다. 히코호호데미는 사정을 상세히 털어놓았다. 해신은 이를 딱하게 여기고 크고 작은 물고기를 모두 불러들여 물어보았다. 모두가 말하기를 "그 일에 대해선 잘 모르오나, 다만 아카메가 입병이 나서 오지 않았습니다."라고 말했다.

또 일설에는 "숭어가 입병이 났다고 합니다."라고 말하는 자가 있어, 급히 불러 그 입 안을 살펴보니 거기에 잃어버린 낚싯바늘이 있었다. 이에 해신은 금령을 내려 "앞으로 숭어는 미끼를 물어서는 안 된다. 또 천손을 대접하는 상 위에 올라서도 안 된다."라고 했다. 임금의 수라상에 숭어를 올리지 않는 것은 이 때문이다. 히코호호데미가 지상으로 돌아가려고 하자 해신이 말했다. "천신의 손자께서 나의 궁전에 오신 것은 이 몸에게는 분에 넘치는 영광입니다. 이 기쁨은 영원히 잊지 못할 것입니다." 그리고 원하는 대로 밀물을 불러올 수 있는 옥과 바닷물을 빠지게 하는 옥을 그 낚싯바늘과 함께 바치면서 말했다. "비록 멀리 떨어져 있어도 부디 때때로 떠올리시며 잊지 말아주시기를." 그리고 다음과 같이 일러 주었다. "이 바늘을 형님에게 돌려줄 때 '빈곤의 바늘, 멸망의 바늘, 쇠퇴하게 되는 바늘'이라고 말하고 말이 끝나면 뒤로 던져서 건네 주십시오. 마주보고 서서 주어서는 안 됩니다. 만약 형님이 노하여 위해를 가할 것 같으면 조만옥을 넣어 물에 넣으시고 괴로워하며 구해 달라고 간청하면 조간옥을 꺼내 구해 주십시오. 그렇게 벌을 받다 보면 스스로 복종하게 될 것입니다."

히코호호데미는 그 옥과 바늘을 받아 지상에 있는 궁전으로 돌아갔다. 그리고 해신이 가르쳐준 대로 먼저 낚싯바늘을 형에게 돌려주었다. 형은 화를 내며 받으려 하지 않았다. 그래서 동생이 조만옥을 꺼내자 바닷물이 밀려와 형은 물에 빠지고 말았다. 형은 동생에게 구원을 청하며 말했다. "이제부터는 노예가 되어 아우를 잘 섬기겠으니 제발 나를 구해다오." 그래서 동생이 조간옥을 꺼내니 곧 물이 빠져서 형은 목숨을 건졌다.

그러자 형은 방금 한 말을 뒤집고 "나는 너의 형인데 어찌 형이 아우의 노예가 될 수 있겠느냐?"고 했다. 동생이 다시 조만옥을 꺼내자 형은 높은 산으로 달아났다. 바닷물은 산도 삼켜 버렸다. 형은 높은 나무 위로 올라갔으나 바닷물은 나무도 삼켜 버리고 말았다. 형은 더 이상 달아날 곳이 없어서 하는 수 없이 동생에게 항복했다. "내가 잘못했다. 이제부터는 너의 자손의 자손에 이르기까지 와자히토(俳人)가 되어 모시겠다."

일설에는 "이누비토(狗人 ; 개 짖는 소리를 내며 궁정을 경비한 하야토隼人)가 되어 섬길 테니 부디 불쌍히 여겨다오." 하고 애원했다고 한다. 그래서 동생이 조간옥을 꺼내자 바닷물은 저절로 물러갔다. 형은 동생이 해신의 덕을 입은 것을 알고 마침내 동생에게 복종하게 되었다. 그래서 호노스세리의 후예인 하야토(隼人)는 오늘날에도 황궁의 담장 옆을 떠나지 않고 개처럼 짖으며 충성을 바치는 것이다. 세상 사람들이 잃어버린 낚싯바늘을 되돌려 달라고 하지 않는 이유가 이것이다.

일서(제3)에서는 이렇게 전한다.

형인 호노스세리는 해산물(우미노사치海の幸)을 잘 잡았기 때문에 우미사치히코(海幸彦)라고 불렸고, 동생 히코호호데미는 산짐승(야마노사치山の幸)을 잘 잡아서 야마사치히코(山幸彦)라고 불렸다. 형은 바람이 불거나 비가 오면 아무 것도 잡지 못했지만, 동생은 바람이 불고 비가 오는 날에도 사냥감을 잡을 수 있었다. 어느 날 형이 동생에게 말했다. "시험 삼아 너와 사냥감을 바꿔 보았으면 하는데 네 생각은 어떠하냐?" 동생도 승낙하여, 형은 동생의 활과 화살을 가지고 산에 들어가 짐승을 사냥하고 동생은 형의 낚싯바늘을 가지고 바다에 나가 물고기를 낚았다. 그러나 어느 쪽도 수확 없이 빈손으로 돌아왔다.

형은 동생의 활을 돌려주면서 자기 낚싯바늘을 돌려달라고 요구했다. 그런데 동생은 이미 낚싯바늘을 바다에서 잃어버려 도무지 찾을 방도가 없었다. 그래서 새로 바늘을 많이 만들어 형에게 주었다. 그러나 형은 화를 내며 받지 않았고 원래의 낚싯바늘을 돌려달라고 재촉했다. 운운.

곤경에 빠진 동생은 바닷가에 나가 고개를 늘어뜨리고 슬퍼하며 탄식했다. 그때 기러기 한 마리가 덫에 걸려 괴로워하는 것이 보였다. 동생 히코호호데미는 기러기를 불쌍히 여기고 풀어 주었다.

잠시 뒤 시오쓰치노오지가 나타나서 눈이 촘촘한 광주리로 작은 배를 만들어 히코호호데미를 태운 뒤 바다에 띄웠다. 배는 자연히 물속에 가라앉았다. 그러자 홀연히 아름다운 길이 나타났다. 그 길을 따라가니 어느새 해신의 궁전에 도착했다. 해신이 직접 마중을 나와 히코호호데미를 궁전으로 안내하여, 여덟 겹으로 깐 강치 가죽 위에 앉으라고 했다. 그리고 상에 온갖 음식을 가득 차려내어 주인으로서의 예를 다하여 대접했다.

해신이 정중하게 물었다. "천손께서 황공하옵게 이런 곳에 오신 것은 어인 까닭입니까?" 일서에는 "딸아이가 와서 말하기를, 요즈음 천손께서 바닷가에서 슬퍼하고 계시다고 하던데, 그게 사실인지요?" 하고 물었다. 히코호호데미는 그제야 자세히 사정을 이야기했다. 그 뒤 천손은 해신의 궁전에서 계속 머물렀다. 해신은 자신의 딸 도요타마히메를 천손과 혼인시켰다. 두 사람이 서로 사랑하며 화목하게 지내는 동안 어느새 3년이 흘렀다. 히코호호데미는 돌아갈 때가 되어 해신이 다이메(鯛女 ; 도미)를 불러 입 속을 찾아봤더니 그 안에서 낚싯바늘이 나왔다. 해신은 히코호호데미에게 낚싯바늘을 돌려주면서 다음과 같이 일러 주었다.

"이 바늘을 형님에게 돌려줄 때는 '하잘것없는 바늘, 운이 나쁜 바늘, 가난한 바늘, 쓸데없는 바늘'이라고 말한 뒤, 뒤로 던져 주십시오." 그리고 악어들을 불러 모아서 물었다. "천손께서 지금 지상으로 돌아가시려 한다. 너희가 천손을 보내는 데 며칠이 걸리겠는지 각자 말해 보라." 악어들은 저마다 길게, 또는 짧게 그 일수를 정하여 보고했다. 그 가운데 히토히로와니(一尋鰐 ; 길이가 1.8m쯤 되는 악어)가 "하루 만에 보내드릴 수 있습니다." 하고 말했다. 그리하여 히토히로와니에게 명하게 천신을 보내주기로 했다. 또 조만옥과 조간옥 등 두 개의 보물을 바치며 그 구슬의 사용법을 설명했다.

"형님이 높은 곳에 밭을 만들거든 당신은 움푹 꺼진 낮은 땅에 밭을 만드십시오. 반대로 형님이 낮은 곳에 밭을 만들거든 당신은 높은 곳에 밭을 만드십시오." 해신은 이렇게 정성을 다해 천신을 도와주었다. 히코호호데미는 돌아가서 해신이 가르쳐준 대로 했다. 호노스세리는 날이 갈수록 여위어 가더니 어느 날 괴로운 듯이 탄식하며 이렇게 말했다. "나는 이제 완전히 빈털터리가 되고 말았다." 그리고 동생에게 항복하겠다고 말했다. 그것은 동생이 어느 때는 조만옥을 꺼내어 형을 물에 빠뜨리고 또 어느 때는 조간옥을 꺼내어 원래대로 되돌리는 일을 되풀이했기 때문이다.

그 전에 도요타마히메가 천손에게 말하기를 "저는 지금 아이를 가졌습니다. 이 천손의 자식을 바다에서 낳을 수는 없으니, 아기를 낳을 때가 되면 반드시 당신이 계신 곳으로 가겠습니다. 저를 위해 바닷가에 산실을 짓고 기다려 주십시오." 고향으로 돌아간 히코호호데미는 가마우지의 깃털로 지붕을 덮어 산실을 지었다. 그 지붕을 채 다 덮기도 전에 도요타마히메가 커다란 거북이 등에 올라타고 동생인 다마요리히메와 함께 바다에 빛을 비추며 찾아왔다. 이미 산달이 되어 해산이 임박했기 때문에 지붕이 완성될 때까지 기다리지 못하고 곧장 산실로 들어갔다. 그리고 조용히 천손에게 말했다. "제가 해산할 때 절대로 안을 들여다보지 마십시오." 그러나 속으로 괴이하게 여긴 천손은 몰래 안을 들여다보고 말았다. 그랬더니 도요타마히메는 야히로와니(八尋鰐 ; 매우 큰 악어)으로 변해 있었다. 그리고 천손이 들여다본 것을 아주 수치스럽게 여기며 천손을 원망했다.

아들이 태어난 뒤 천손이 가서 물었다. "아들의 이름을 뭐라고 짓는 것이 좋겠소?" 도요타마히메가 대답하기를 "히코나기사타케우가야후키아에즈라고 짓는 것이 좋겠습니다." 하고는 그대로 바다를 건너가 버렸다. 그때 히코호호데미는 다음과 같이 노래했다.

_{오키쓰토리} _{가모쓰쿠시마니} _{와가이네시} _{이모하와스라지} _{요노코토고토모}
沖つ鳥 鴨著く嶋に 我が率寝し 妹は忘らじ 世の事每も.
먼바다에, 오리가 모여드는 저 섬에서 함께 누웠던 여인이여, 내가 살아 있는 한 영영 잊지 못하리라.

일설에는 히코호호데미는 여자들을 불러 젖을 먹이는 유모(乳母), 따뜻한 물을 먹이는 탕모(湯母), 밥을 씹어 부드럽게 해서 먹이는 반작(飯嚼), 아기 목욕을 담당하는 탕인(湯人) 등, 온갖 역할을 할 사람을 뽑아서 아들을 먹이고 길렀다고 한다. 이렇게 어머니를 대신하여 다른 여성의 젖으로 아들을 먹이고 기른 것이 지금 세상에 유모를 고용해 아이를 먹이고 기르는 것의 유래가 되었다. 그 뒤 도요타마히메는 아들이 매우 단정하고 아름답게 자랐다는 말을 전해 듣자 측은한 마음이 들어 다시 지상으로 돌아가 키우고 싶었으나 체면상 그럴 수가 없었다. 그래서 동생인 다마요리히메를 보내 키우게 했다. 그때 도요타마히메는 다마요리히메 편으로 다음과 같은 답가(答歌)를 보냈다.

<ruby>明珠<rt>아카타마노</rt></ruby>の <ruby>光<rt>히카리하아리토</rt></ruby>はありと <ruby>人<rt>히토하이헤토</rt></ruby>は言へと <ruby>君<rt>기미가요소히시</rt></ruby>が <ruby>粧<rt>다후토쿠아리케리</rt></ruby>ひし <ruby>貴<rt></rt></ruby>くありけり.

　사람들은 붉은 구슬이 황홀하고 아름답게 빛난다고 말하지만, 당신의 자태
는 그런 것보다 훨씬 더 귀하고 훌륭합니다.

　이렇게 주고받은 두 수의 노래를 거가(擧歌)라고 한다.

　일서(제4)에서는 이렇게 전한다.

　형인 호노스세리는 산에서 식량을 구하고 동생인 호오리는 바다에서 식량
을 구해서 살았다.

　동생은 근심에 잠겨 바닷가를 거닐다가 시오쓰치노오지를 만났다. 노인이
물었다. "어찌하여 그렇게 슬퍼하는 것이오?" 호오리가 이러저러해서 슬프다고
대답하자 노인이 말했다. "아무 걱정하지 마시오. 나에게 좋은 방법이 있으니."
그리고 "해신이 타고 다니는 준마는 야히로와니입니다. 이 악어가 등지느러미
를 세우고 다치바나(橘)의 좁은 바다에 머물고 있으니 내가 그 악어와 함께 계
책을 세워 보지요." 하고는 호오리를 데리고 가서 악어를 만났다. 악어가 말했
다. "나는 여드레면 천손을 해신의 궁전까지 모시고 갈 수 있습니다. 그러나 우
리 왕의 준마는 히토히로와니입니다. 이 악어라면 하루 만에 해신의 궁전까지
모실 수 있습니다. 그러니 지금 내가 돌아가서 그를 보낼 테니 그를 타고 바다
로 들어가십시오. 바다에 들어가시면 자연히 아담한 바닷가가 나올 겁니다. 그
바닷가를 따라가시면 우리 왕의 궁전이 보일 겁니다. 궁전 문 옆에 있는 우물
위에 신성한 침나무가 있는데 그 나무 위에 올라가서 기다리십시오."

　말을 마치자 악어는 곧 바다로 들어갔다. 천손이 악어가 말한 대로 여드레
쯤 기다리니 이윽고 히토히로와니가 나타났다. 호오리는 그 악어를 타고 바다
로 들어갔다. 나머지는 악어가 가르쳐준 대로 했다. 그때 도요타마히메의 시녀
가 와서 옥그릇으로 우물물을 뜨려다가 우물 속에 사람의 모습이 비친 것을
보고 물을 뜨지 못했다. 위를 올려다보니 천손의 모습이 보였다.

　시녀는 들어가 왕에게 보고했다. "지금까지 우리 임금님이 세상에서 가장 훌
륭하고 아름다운 분인 줄 알았는데, 방금 본 손님은 임금님보다 더 아름다우

셨습니다."

그 말을 들은 해신이 말했다. "그렇게 아름다운 분이더란 말이냐. 그렇다면 어디 한 번 모셔보자." 해신은 자리를 세 개 준비해 놓고 손님을 청해 들였다. 천손은 입구 쪽 자리에서는 두 발을 닦고, 다음 자리에서는 두 손을 짚었다. 그런 다음 안쪽 자리에 덮어놓은 비단 위에 편하게 앉았다. 해신은 그것을 보고 그가 천손임을 알아보고 더욱더 존경했다, 운운. 해신이 아카메와 구치메(口女)를 불러 물었다. 그러자 구치메가 입에서 낚싯바늘을 꺼내 바쳤다. 아카메는 붉은 도미, 구치메는 숭어이다.

해신은 바늘을 히코호호데미에게 건네주면서 다음과 같이 일러주었다. "형님에게 낚싯바늘을 돌려줄 때 '그대가 낳는 자식의 말대에 이르기까지 가난해질 낚싯바늘, 점점 더 작아지고 가난해지는 낚싯바늘'이라고 말씀하십시오. 그러고 나서 침을 세 번 뱉고 낚싯바늘을 주시면 됩니다. 또 형님이 바다에 나가 낚시를 하면 천손은 바닷가로 가서 가자오키(風招)를 하십시오. 가자오키는 입을 오므리고 숨을 불어내는 것입니다. 그렇게 하면 내가 먼바다와 바닷가에서 바람을 일으켜 빠른 물살에 빠뜨려 괴롭혀 주겠습니다." 호오리는 지상으로 돌아와 해신이 가르쳐 준대로 했다. 형이 낚시하는 날, 동생은 바닷가에 서서 가자오키를 했다. 그러자 홀연히 질풍이 불어오더니 형이 바다에 빠져 허우적거렸다. 형은 이러다 죽을 것만 같아서 저 멀리 보이는 동생에게 구원을 청했다. "너는 오랫동안 바다에서 살았으니 틀림없이 뭔가 좋은 방법을 알고 있을 것이다. 제발 나를 좀 구해다오. 나를 구해 준다면, 나의 자자손손 대대로 네가 사는 집 담장을 떠나지 않고 와자오키가 되리라."

동생이 가자오키를 그만두자 바람도 멎었다. 형은 동생에게 신비한 힘이 있음을 알고 스스로 항복하려고 했다. 그러나 동생은 여전히 노하여 상대해 주지 않았다. 그래서 형은 속옷만 입고 손바닥과 이마에 붉은 흙을 칠한 뒤 동생에게 말했다. "나는 이렇게 지저분한 몸으로 영원히 너를 위한 와자오키가 되겠다." 그러고는 발을 들어 동동 구르며 물에 빠져 괴로워 허우적거리는 시늉을 했다. 처음에 바닷물이 밀려와 발을 적셨을 때는 발끝으로 섰다. 무릎까지 찼을 때는 발을 들었다. 허벅지까지 찼을 때는 이리저리 뛰어다녔다. 허리까지 찼을 때는 허리를 문질렀다. 겨드랑이까지 찼을 때는 손을 가슴에 올려놓고, 목까지 찼을 때는 손을 들어 흔들어댔다. 그때부터 지금까지 형의 자손인 하야토는 이런 춤을 쉬지 않고 반복해 추게 됐다.

이에 앞서 도요타마히메가 바다에서 나와 해산하려고 할 때, 황손에게 이렇게 부탁했다, "제가 해산할 때 절대로 안을 들여다보지 마십시오." 그러나 황손은 그 말을 듣지 않았다. 그 일로 도요타마히메는 황손을 아주 원망하며 말했다. "당신은 나의 말을 무시하고 나에게 모욕을 주었습니다. 그러므로 나중에 나의 노비가 당신에게 오더라도 돌려보낼 필요가 없습니다. 당신의 노비가 나에게 와도 돌려보내지 않겠습니다." 그리고 잠자리의 이불과 풀로 아기를 싸서 물가에 두고 바다로 들어가 버렸다. 이것이 바다와 육지가 서로 통하지 않게 된 원인이다. 일설에는, 아기를 물가에 두는 것은 좋지 않다고 하여 도요타마히메가 직접 안고 바다로 들어갔다고 한다.

그러나 머지않아 "천손의 아들을 이 바닷속에 두어서는 안 된다"라며 다마요리히메에게 아들을 안겨서 돌려보냈다. 애초에 도요타마히메가 천손과 헤어질 때 끊임없이 원망했기 때문에 호오리는 다시는 만날 일이 없다는 것을 알고 앞에 나온 노래를 지어 보냈다.

히코나기사타케우가야후키아에즈노미코토(彦波瀲武鸕鷀草葺不合尊)와 다마요리히메노미코토(玉依姫命)의 자식

히코나기사타케우가야후키아에즈는 자기 이모인 다마요리히메와 결혼하여 히코이쓰세노미코토(彦五瀬命)를 낳았다. 다음은 이나히노미코토(稲飯命), 다음은 미케이리노노미코토(三毛入野命), 다음은 가무야마토이와레비코노미코토(神日本磐余彦尊) 등 모두 네 명의 남신을 낳았다.

오랜 세월이 흐른 뒤, 히코나기사타케우가야후키아에즈는 니시노쿠니(西洲) 궁전에서 죽었다. 그리하여 히무카의 아히라노야마(吾平山) 위에서 장사지냈다.

일서(제1)에서는 이렇게 전한다.

먼저 히코이쓰세가 태어났고, 다음은 이나히, 다음은 미케이리노, 다음은 사노노미코토(狹野尊), 별명은 가무야마토이와레비코가 태어났다. 사노는 어렸을 때의 이름이다. 뒤에 천하를 평정하고 팔주(八洲 ; 일본)를 다스렸다. 그래서 또 이름을 추가하여 가무야마토이와레비코라고 한 것이다.

일서(제2)에서는 이렇게 전한다.
먼저 이쓰세노미코토(五瀨命)가 태어났고, 다음은 미케노미코토(三毛野命), 다음은 이나히, 다음은 이와레비코노미코토(磐余彦尊), 별명은 가무야마토이와레비코호호데미노미코토(神日本磐余彦火火出見尊) 태어났다.

일서(제3)에서는 이렇게 전한다.
먼저 히코이쓰세가 태어났다. 다음은 이나히, 다음은 가무야마토이와레비코호호데미노미코토(神日本磐余彦火火出見尊), 다음은 와케미케누노미코토(稚三毛野命)가 태어났다.

일서(제4)에서는 이렇게 전한다.
먼저 히코이쓰세가 태어났다. 다음은 이와레비코호호데노미코토(磐余彦火火出見尊), 다음은 히코이나히노미코토(彦稻飯命), 다음은 미케이리노가 태어났다.

제3권

진무천황(神武天皇): 가무야마토이와레비코노스메라미코토(神日本磐余彦天皇)

동정 출발(東征出發)

가무야마토이와레비코노스메라의 실명(實名)은 히코호호데미이고 우가야후키아에즈노미코토(鸕鶿草葺不合尊)의 넷째 아들이다. 어머니는 다마요리히메라 하며 와타쓰미토요타마히코(海神豐玉彦)의 둘째딸이다. 천황은 나면서부터 지혜롭고 의지가 강했다. 열다섯 살에 황태자로 책봉되었다. 성장한 뒤 히무카노쿠니(日向國) 아타노무라(吾田邑)에 사는 아히라쓰히메(吾平津媛)를 비(妃)로 맞이하여 다기시미미노미코토(手研耳命)를 낳았다. 마흔다섯 살이 되자 형제와 자식들에게 말했다.

"옛날에 다카미무스히와 아마테라스오미카미께서 우리의 조상인 니니기에게 이 도요아시하라미즈호노쿠니(豐葦原瑞穗國)를 내리셨다. 그래서 니니기는 하늘의 문을 활짝 열고 길을 열어 먼저 선발대를 지상으로 내려보냈다. 그때 세상은 아직 태고의 시대여서 어둠이 충분히 걷히지 않았는데, 그 어둠 속에서 바른길을 열어 이 서쪽 지방을 다스렸느니라. 대대로 내려온 조상신들이 선정을 베풀어 그 은덕이 온 세상에 골고루 퍼졌다. 그 뒤로 천손이 강림한 지 179만 2470여 년이 지났으나 멀리 떨어진 나라에는 아직 왕의 은혜가 미치지 않아서 고을에는 저마다 우두머리가 있었고 경계를 나누어 서로 다퉜다. 그런데 시오쓰치노오지가 말하길 '동쪽에 푸른 산으로 둘러싸인 아름다운 나라가 있는데 그곳에 하늘의 반선(磐船)을 타고 내려온 자가 있다'고 한다.

생각건대 그 나라는 대업을 펼치고 천하를 다스리기에 알맞은 곳이 틀림없는 이 나라의 중심지이다. 그곳에 내려온 자는 니기하야히(饒速日)라는 자가 아니었을까. 그곳에 가서 도읍을 만들까 하는데 어떻게 생각하느냐?" 이에 황자들이 말했다. "지당하신 말씀입니다. 저희도 그렇게 생각하던 참이었습니다. 빨리 실행에 옮기는 것이 좋겠습니다." 갑인년(甲寅年)의 일이었다.

그해 겨울 10월 5일에, 천황은 친히 황자들과 군선을 이끌고 동정(東征)에 나섰다. 하야스이나토(速吸之門 ; 호요해협豊予海峽)에 이르자, 한 어부가 작은 배를 타고 찾아왔다. 천황은 어부를 가까이 불러서 물었다. "너는 누구냐?" 어부가 대답하기를 "저는 이곳의 토착신으로 우즈히코(珍彦)라고 합니다. 와다노우라 (曲浦)에 물고기를 잡으러 왔다가 천신의 아드님이 오셨다는 말을 듣고 영접하러 나왔습니다." 천황이 다시 물었다. "나를 위해 길라잡이를 해주겠느냐?", "분부대로 하겠습니다."

천황은 어부에게 모밀잣밤나무로 만든 노를 내밀었고 어부는 그 노를 잡고 배에 올라타 물길을 안내했다. 그래서 특별히 시네쓰히코(椎根津彦)라는 이름을 내렸다. 이것이 야마토노아타이(倭直)의 조상이다. 일행은 쓰쿠시노쿠니(筑紫國)의 우사(宇佐)에 도착했다. 그때 우사의 구니노미야쓰코(国造 ; 고대 일본에서 지방을 다스린 관직)의 조상으로 우사쓰히코(宇佐津彦), 우사쓰히메(宇佐津姫)라는 자가 있었다. 우사 강가에 아시히토쓰아가리노미야(一柱騰宮 ; 강 속에 한쪽을 넣고, 다른 한쪽은 강가에 걸쳐서 지은 궁전)을 지어서 대접했다. 이때 우사쓰히메를 천황의 근시(近侍)인 아마노타네노미코토(天種子命)의 아내로 삼게 했다. 아마노타네는 나카오미노우지(中臣氏)의 조상이다.

11월 9일, 천황은 쓰쿠시노쿠니의 오카노미나토(岡水門)에 도착했다. 12월 27일에는 아키노쿠니(安藝國)에 도착하여 에노미야(埃宮)에 머물렀다. 이듬해 을묘년(乙卯年) 봄 3월 6일에 기비노쿠니(吉備國)로 옮겨 임시 궁전을 짓고 머물렀는데, 이를 다카시마궁(高島宮)이라고 한다. 그곳에서 3년 동안 배를 준비하고 무기와 식량을 비축하여 단숨에 천하를 평정할 생각이었다.

무오년(戊午年) 봄 2월 11일에 황군(皇軍)은 드디어 동쪽을 향해 출발했다. 수많은 배가 꼬리에 꼬리를 물고 진군하여 나니와(難波) 곶에 이르자 물살이 매우 빠른 곳을 만났다. 그곳을 나미하야노쿠니(浪速國) 또는 나미하나(浪花)라고 한다. 지금 나니와(難波)라는 말은 여기서 유래됐다. 3월 10일, 강을 거슬러 올라가 가와치노쿠니(河內國) 구사카무라(草香村 : 히노시타무라日下村) 아오쿠모(靑雲)의 시라카타(白肩) 나루터에 도착했다.

이쓰세노미코토(五瀬命)의 죽음

여름 4월 9일에 황군은 군사를 정비하여 걸어서 다쓰타(龍田)로 향했다. 그 길은 좁고 험준하여 사람이 열을 지어 지나갈 수가 없었다. 그래서 되돌아 나와 다시 동쪽의 이코마산(生駒山)을 넘어서 우쓰노쿠니(內國)로 진입할 생각이었다. 그때 나가스네히코(長髓彦)가 그 소식을 듣고 "천신의 아들이 찾아오는 이유는 틀림없이 나의 나라를 빼앗기 위해서일 것이다." 하고는 전군을 이끌고 구사에(孔舍衛) 언덕에서 기다렸다가 맞서 싸웠다. 그런데 이쓰세가 팔뚝에 화살을 맞아 황군은 더 이상 진격할 수가 없었다. 천황은 이를 안타깝게 여기고 비책을 마련했다.

"태양신의 자손인 내가 해를 마주 보며 적을 치는 것은 하늘의 도리에 어긋난다. 일단 물러나서 적을 방심하게 하고 새로이 하늘과 땅의 신령에게 제사를 올린 뒤, 등에 태양의 위광을 지고 그 위력을 빌려 적을 무찌르는 것이 좋다. 그렇게 하면 칼날에 피를 묻히지 않아도 적은 분명 스스로 패할 것이다."

그 말을 듣고 모두가 "옳습니다." 하고 찬성했다. 천황은 병사들에게 명령을 내렸다. "일단정지하고 더 이상 진군하지 말라." 그리고 병사들을 이끌고 물러났다. 적군도 굳이 추격해 오지는 않았다. 그리하여 구사카(草香) 나루터에 이르자 방패를 세우고 우렁찬 함성을 질러 사기를 북돋웠다. 그래서 이곳을 새로이 다테쓰(盾津)라고 불렀다. 지금의 다데쓰(蓼津)는 여기서 유래됐다.

처음 구사에 전투 때, 어떤 사람이 큰 나무 뒤에 숨어 난을 모면했다. 그래서 그 나무를 가리켜 "이 나무의 은혜는 어머니와 같다."고 말했다. 사람들은 그 이야기를 듣고 그곳을 오모노키(母木) 마을이라고 불렀다. 오늘날 오모노키(飫悶廼奇)는 여기서 유래된 말이다.

5월 8일, 황군은 지누(茅渟 ; 이즈미 지역의 바다)의 야마키노미나토(山城水門)에 이르렀다. 그 무렵, 이쓰세의 상처가 몹시 악화했다. 그는 칼을 잡고 통렬하게 울부짖었다. "원통하구나! 대장부가 적의 손에 다쳤는데도 복수하지 못하고 죽게 된다니!" 사람들은 그곳을 오노미나토(雄水門)라고 불렀다. 다시 진군하여 기노(紀國)의 가마야마(竈山)에 도착했을 때 이쓰세는 군영에서 숨을 거두었다. 그의 유해는 가마야마에 묻었다.

6월 23일, 황군은 나쿠사(名草) 마을에 도착했다. 그곳에서 나쿠사토베(名草戸畔)라는 여자 도적을 주살하고 사노(佐野)를 넘어 구마노(熊野)의 미와노무라(神邑)에 이르러 아마노이와타테(天磐盾)로 올라갔다. 그리고 군을 이끌고 더욱 진군하여 바다를 건너려다가 갑작스러운 폭풍을 만나 선단이 파도에 밀려 떠내려갔다. 그때 이나히노미코토(稻飯命 ; 천황의 형)가 탄식하며 말했다. "아아, 이게 웬일이냐. 우리의 조상은 하늘의 신, 어머니는 바다의 신인데 어찌하여 나를 육지에서 괴롭히더니 또 바다에서도 괴롭히는 것인가?" 말을 끝내자 그대로 칼을 빼어 들고 바다에 뛰어들어 사비모치노카미(鋤持神)가 되었다.

미케이리노노미코토(三毛入野命 ; 천황의 형)도 원망하며 말하기를 "어머니와 이모, 둘 다 바다의 신인데 어찌하여 풍파를 일으켜 나를 물에 빠뜨리는가!"하고는, 파도 머리를 밟고 도코요노쿠니(常世國 ; 바다 저편에 있다고 하는 영원불멸의 나라)로 가버렸다.

야타가라스(八咫烏)

천황은 혼자서 아들 다기시미미와 군사를 이끌고 나아가 구마노의 아라사카 나루터(荒坂津)에 도착했다. 그곳에서 다키시토베(丹敷戸畔)라는 여자 도적을 주살했다. 그때 신이 독기를 뿜어내어 사람들이 병들어 쓰러지고 말았다. 그래서 황군은 또다시 전진할 수가 없었다.

그때 구마노의 다카쿠라지(高倉下)라는 사람이 그날 밤 꿈을 꾸었는데, 아마테라스오미카미가 나타나 다케미카즈치노카미(武甕雷神)에게 이렇게 말했다. "아시하라노나카쓰쿠니는 아직도 질서가 잡히지 않았고 나라가 어지럽다. 네가 가서 정벌하고 오너라." 그러자 다케미카즈치가 대답하기를 "제가 직접 가지 않아도 제가 나라를 평정할 때 쓴 칼을 보내면 나라는 자연히 평정될 것입니다."라고 말했다. 아마테라스오미카미가 "그렇게 해라."라고 말하자 다케미카즈치는 다카쿠라지에게 분부했다. "내 칼의 이름은 후쓰노미타마(赴屠能瀰哆磨)

라고 한다. 이것을 너의 창고에 넣어둘 테니 천손에게 갖다 바쳐라." 다카쿠라지는 "예, 알겠습니다." 하고 대답하고는 잠에서 깨어났다. 이튿날 아침, 꿈에서 신이 일러준 대로 창고 문을 열어 보니 정말 칼 한 자루가 창고 바닥에 거꾸로 꽂혀 있었다. 다카쿠라지는 그것을 뽑아서 천황에게 바쳤다. 그때 천황은 깊이 잠들어 있었는데 홀연히 잠에서 깨어나 이렇게 말했다. "내가 왜 이렇게 오랫동안 잠을 자고 있었을까?" 그러자 독기를 쐬고 정신을 잃었던 병졸들도 모두 깨어났다.

황군은 우치쓰노쿠니(內國; 야마토大和)로 진입하려 했으나 산속이 하도 험준하여 길을 찾을 수가 없었다. 그래서 오도 가도 못하게 되어 산속을 헤매다가 그날 밤에 또 꿈을 꾸었다. 아마테라스오미카미가 천황에게 이렇게 말했다. "내가 지금 야타가라스(까마귀)를 보내줄 것이니 길라잡이로 삼도록 하라." 과연 야타가라스가 공중에서 날아내려 왔다. 천황이 이를 보고 말하기를 "이 새가 찾아온 것은 꿈에서 본 그대로다. 아마테라스오미카미의 크고도 융성한 덕이로다. 이처럼 하늘이 우리를 도와주시는구나."라고 했다.

이때 오토모노우지(大伴氏)의 조상인 히노오미노미코토(日臣命)는 대군(大軍)의 감독자로서 오쿠메(大來目)를 이끌고 산을 넘고 길을 헤치며 까마귀가 인도하는 대로 위를 쳐다보면서 따라가 마침내 우다(宇陀)의 시모쓰코리(下縣)에 도착했다. 그래서 그곳을 우다의 우카치노무라(穿邑)라고 한다. 그때 천황은 히노오미를 칭찬하며 "너는 충성심과 무용을 겸비했을 뿐만 아니라 길 안내를 잘한 공을 세웠으니, 너에게 미치노오미(道臣)라는 이름을 내리노라." 했다.

에우카시(兄猾)와 오토카시(弟猾)

가을인 8월 2일, 천황은 에우카시와 오토카시를 불렀다. 이 두 사람은 우다 마을의 우두머리였다. 그런데 에우카시는 오지 않고 오토카시만 찾아왔다. 그는 황실에 절을 하고 이렇게 말했다.

"저의 형 에우카시가 반역을 꾀했습니다. 천손이 오신다는 말을 듣고 병사를 이끌고 습격하려 했습니다. 그러나 황군의 병력을 보고 도저히 정면으로 상대할 수 없음을 알고 몰래 복병을 숨겨 두고는 임시로 새로운 궁을 지어 그 속에 함정을 만들어 놓고 잔치를 베푸는 척하면서 반역을 일으킬 생각입니다. 부디 이런 계략이 있음을 잊지 마시고 이를 대비하고 오십시오."

천황은 미치노오미노미코토(道臣命)를 보내 그 모반 상황을 조사하게 했다. 이에 상세히 조사한 미치노오미는 그에게 정말로 역심이 있음을 알고 크게 노하여 큰 소리로 질책했다. "비겁한 자여! 네가 꾸민 방에 너 자신이 들어가는 것이 어떠하냐!" 그러고는 칼을 잡고 활시위에 화살을 메워 안으로 몰아넣었다. 에우카시는 하늘을 능멸했기 때문에 빠져나갈 틈도 없이 결국 자기가 만든 덫에 깔려 죽고 말았다. 미치노오미가 시체를 끌어내어 목을 베니, 복사뼈가 잠길 정도로 피가 흘러나왔다. 그래서 그곳을 우다의 지하라(血原)라고 부른다. 오토카시는 고기와 술로 성대한 잔치를 베풀어 황군을 위로했다. 천황은 고기와 술을 군졸들에게 골고루 나누어 주고 다음과 같이 노래했다.

우타노타카키니　시기와나하루　와가마쓰야　시기와사야라즈　이스쿠하시　구데라사아리
宇陀の高城に　鴫わな張る　我が待つや　鴫は障らず　磯勇妙し　鷹ら障り
고나미가　나코하사바　다치소바노미노　나케쿠오　고키시히에네　우하나리가　나코하사바
前妻が　魚乞はさば　立ち枛ばの実の　無けくを　幾きし稗ゑね　後妻が　魚乞はさば
이치사카키미노　오호케쿠오　고키타히에네
いちさか木實の　多けくを　幾許た稗ゑね。

우다의 다카키(高城)에 도요새를 잡는 덫을 놓고 기다렸는데 도요새는 잡히지 않고 매가 잡혔다. 큰 놈이 낚였구나! 오래 함께 살아온 마누라가 사냥감을 달라고 하거든, 참나무 열매 같은 적고 살이 없는 곳을 듬뿍 주어라. 젊은 마누라가 사냥감을 달라 하거든 비쭈기나무처럼 열매가 많은 곳을 듬뿍 주어라.

이것을 구메우타(來目歌 : 구메베來目部가 불렀다는 노래)라고 한다. 오늘날 궁중의 악부(樂府)에서 이 노래를 연주할 때 손뼉을 크게 치거나 작게 쳐서 박자를 맞추고 목소리를 굵게 또는 가늘게 하여 노래하는데 이것은 옛날부터 전해져 온 방식이다.

그 뒤 천황은 요시노(吉野) 지방을 살펴보기 위해 우다의 가치노무라(穿邑)에서 몸소 경무장한 병사를 이끌고 순행(巡幸)했다. 요시노에 도착했을 때, 우물 속에서 한사람이 나왔다. 몸에서는 빛이 나고 꼬리가 있었다. 천황이 "너는 누구냐?" 하고 묻자 "저는 구니쓰카미로 이름은 이히카(井光)라고 합니다." 하고

대답했다. 이것이 요시노 오비토라(首部)의 시조이다. 거기서 조금 더 나아가니 또 꼬리가 달린 사람이 바위를 밀어젖히고 나타났다. 천황이 또 물었다. "너는 누구냐?" "저는 이와오시와쿠(石押分)의 아들입니다." 이것은 요시노 구즈(國栖)의 시조이다. 강을 따라 서쪽으로 가자 어량(魚梁)을 설치해 물고기를 잡는 사람이 있었다. 천황이 물으니 "저는 니에모쓰(苞苴擔)의 아들입니다." 하고 대답했다. 이것이 아다(阿太) 우카이라(養鸕部)의 시조이다.

9월 5일, 천황은 우다의 다카쿠라산(高倉山) 꼭대기에 올라가 나라 안을 두루 살펴보았다. 그 무렵, 구니미 언덕(國見丘) 위에 야소타케루(八十梟帥 ; 수많은 용사라는 뜻)가 있었다. 메사카(女坂)에는 여군을, 오사카(男坂)에는 남군을 배치하고 스미사카(墨坂)에 숯불을 피우고 기다렸다. 이것이 메사카, 오사카, 스미사카라는 이름의 유래이다. 또 이와레 마을(磐余邑)에는 에시키(兄磯城)의 군사가 가득했고 적의 거점은 모두 군사적으로 아주 중요한 곳이었다. 그래서 길이 끊겨 나아갈 수가 없었다. 천황은 맹렬한 적개심으로 불타올라, 그날 밤 신께 기도를 올리고 잠을 잤다. 꿈에 천신이 나타나 다음과 같이 일러주었다.

"아마노카구야마(天香具山)의 사당 안에 있는 흙으로 술잔 80개를 만들고 신주(神酒)를 담을 병도 만들어, 천신지기(天神地祇 ; 하늘과 땅의 신)를 공경하며 제사를 올려라. 그리고 몸을 깨끗이 하고 저주의 주문을 외어라. 그러면 적은 자연히 항복할 것이다." 천황은 꿈의 계시를 삼가 받들어 그대로 실행하기로 했다. 그때 오토카시가 이렇게 아뢰었다. "와노쿠니(倭國) 시키 마을(磯城邑)에 시키(磯城)의 야소타케루가 있습니다. 또 가즈라키 마을(葛城邑)에는 아카가네(赤銅)의 야소타케루가 있습니다. 이들은 모두 천황에게 등을 돌리고 싸우려 하고 있으므로 저는 내심 걱정이 됩니다. 그래서 아마노카구야마의 붉은 흙으로 술잔을 만들어 천신지기에게 제사를 올리는 것이 가장 좋을 줄로 압니다. 그런 뒤에 적을 치면 쉽게 평정할 수 있을 것입니다." 마찬가지로 꿈의 계시를 길조로 생각했던 천황은 오토카시의 말에 더욱더 기뻐했다. 그리고 시네쓰히코(椎根津彦)에게 허름한 옷을 입히고 도롱이와 삿갓을 씌워 노인으로 변장시키고 또 오토카시에게도 키를 씌워 노파로 변장시킨 뒤 두 사람에게 명을 내렸다. "너희 둘은 지금부터 가구야마(香具山 ; 아마노카구야마의 다른 이름)로 가서 몰래 꼭대기의 흙을 캐서 가지고 오너라. 국가 대업의 성패가 너희에게 달려 있으니 잘해야 한다."

그런데 적군이 길을 가득 메우고 있어 통과할 수가 없었다. 시네쓰히코가 하늘의 뜻을 점치더니 "천황이 참으로 이 나라를 다스릴만한 사람이라면 가는 길이 자연히 열릴 것이고 그런 사람이 아니라면 반드시 적이 길을 가로막을 것이다." 하고 말했다. 그리고 곧바로 출발하자, 적병은 두 사람을 보고 크게 웃으면서 "지저분한 늙은이들이로군." 하고는 길을 열어 두 사람을 보내주었다.

두 사람은 무사히 산에 도착해 흙을 가지고 돌아왔다. 천황은 매우 기뻐하며 그 흙으로 술잔과 다쿠지리(手抉 ; 뭉친 흙의 한가운데를 손가락으로 눌러 만든 토기), 이쓰혜(嚴瓮 ; 신주神酒를 담는 신성한 토기) 등을 만들어 니후(丹生) 강 상류로 올라가 천신지기에게 제사를 올렸다. 우다강(宇陀川) 아시타노하라(朝原)에 물거품이 이는 듯한 저주를 걸기에 알맞은 곳이 있었다. 천황은 그곳에서 다시 신의 뜻을 점친 뒤 이렇게 서약했다.

"나는 지금 많은 술잔으로 물 없이 엿을 만들겠다. 만약 엿이 만들어진다면 무기를 사용하지 않아도 앉아서 천하를 평정할 수 있으리라." 그런 다음 엿을 만드니 엿은 쉽게 만들어졌다. 천황은 다시 기도를 올린 뒤 말했다. "나는 지금 신주를 담는 항아리를 니후강에 빠뜨릴 것이다. 만약 물고기가 크고 작은 것할 것 없이 모두 술에 취해 떠내려가는 모습이 마치 향나무 잎이 떠내려가는 모습 같다면 나는 반드시 이 나라를 평정할 것이고 그렇지 않으면 실패하리라."

그리고 술항아리를 강물에 던지니 그 아가리가 아래를 향했다. 잠시 뒤에 물고기들이 떠올라 입을 뻐끔거렸다. 시네쓰히코가 그것을 보고 천황에게 보고했다. 천황은 매우 기뻐하며 니후강 상류의 비쭈기나무를 뿌리째 뽑아서 신들에게 제사를 올렸다. 이때부터 제사 의식 때 술항아리를 놓는 관습이 생겨났다.

천황은 미치노오미에게 말했다. "지금 다카미무스히의 우쓰시이와이(顯齋 ; 신을 보이게 하는 기도)를 하겠다. 그래서 너를 재주(齋主)로 삼아 여자답게 이쓰히메(嚴媛)라는 이름을 내리마. 거기에 둔 토기는 이와헤로 삼고 또 불은 이쓰노카구쓰치(嚴香來雷)라고 부르며 물은 이쓰노미쓰하노메(嚴罔象女), 음식은 이쓰노우카노메(嚴稻魂女), 장작은 이쓰노야마쓰치(嚴山雷), 풀은 이쓰노노즈치(嚴野椎)라고 부르겠다.”

겨울 10월 1일, 천황은 그 이쓰헤의 공물을 먹고 군사를 정비하여 출격했다. 먼저 구니미 언덕에서 야소타케루를 격파했다. 이 싸움에서 반드시 이긴다고 생각한 천황은 다음과 같이 노래했다.

神風の 伊勢の海の 大石にや い延ひ廻る 細螺の 細螺の 吾子よ 吾子よ 細螺の い延ひ廻り 擊而し止まむ 擊而し止まむ.

이세 바다의 큰 바위 위를 기어 다니는 시타다미(細螺 ; 비단고둥)처럼, 우리 군사여, 우리 군사여. 저 시타다미처럼 기어 다니며 반드시 적을 토벌하자, 토벌하자.

이 노래에서는 구니미 언덕을 커다란 바위에 비유했다. 적의 잔당은 여전히 많아서 그 귀추를 짐작할 수가 없었다. 이에 천황은 미치노오미에게 몰래 명령을 내렸다. “너는 오쿠라메베(大來目部)를 이끌고 가서 오사카 마을(忍坂邑)에 큰 집을 짓고 성대한 주연을 베풀어 적을 끌어들인 뒤 이를 쳐라.”

미치노오미는 명령에 따라 오사카에 암실(岩室)을 파고 아군 가운데 강한 자를 골라 그 속에 적병과 함께 뒤섞여 머물게 했다. 그리고 미리 비밀 계획을 세워 “술자리가 한창 무르익었을 때 내가 일어나서 노래를 부를 테니, 너희는 그 노래를 들으면 일제히 일어나 적을 쳐라.” 하고 명령했다. 다 같이 자리에 앉아 술을 마셨다. 적은 음모인 줄도 모르고 완전히 방심하여 술에 취했다. 그때 미치노오미가 불쑥 일어나 노래를 부르기 시작했다.

忍坂の 大室屋に 人多に 入り居り雖も 人多に 來入り居り雖も みつみつし 來目の子等が 頭椎い 石椎い持ち 擊ち而し止まむ.

오사카의 큰 집에 사람이 많지만 그래도 상관없다. 천황의 위세를 업은 구메라베 군사들의 구부쓰쓰(頭椎 ; 칼자루 끝이 망치 모양인 칼)와 이시쓰스(石椎 ;

칼자루 끝을 돌로 만든 칼)로 적을 무찌르자.

이 노래를 신호로 아군 병사는 일제히 그 구부쓰쓰를 빼어 들고 적을 모조리 참살했다. 황군은 매우 기뻐하며 하늘을 우러러보고 웃었다. 그리고 다음과 같은 노래를 불렀다.

今はよ 今はよ 咲聲也を いまだにも吾子よ いまだにも吾子よ.
지금은 이미, 지금은 이미, 적을 전멸시켜 버렸다. 지금만이라도, 지금만이라도, 우리 군이여, 우리 군이여.

오늘날 구라메베가 노래를 부른 뒤에 크게 웃는 것은 이 때문이다.
또 이런 노래를 불렀다.

夷を 一人百人 人は雖言 手對も不爲.
에미시(夷 ; 관동關東 이북에 살았던 일본의 선주민)는 일당백의 용사라고 들었는데, 저항도 하지 못하고 무너지고 마는구나.

이것은 모두 비밀 지령을 받아서 노래한 것으로 제멋대로 부른 노래가 아니었다. 그때 천황은 "훌륭한 장수는 싸움에 이겨도 우쭐하지 않는다. 큰 적은 이미 멸망했으나 아직도 황군을 두려워하는 적이 많이 남아 있을 텐데, 그 실상을 알 수가 없구나. 한곳에 오래 머무르면 불길한 일이 생긴다." 하고는 그곳을 버리고 다른 곳으로 진영을 옮겼다.

에시키(兄磯城)와 오토시키(弟磯城)

11월 7일, 황군은 대대적으로 시키히코(磯城彥)를 공격하기로 했다. 먼저 사자를 파견하여 에시키를 불렀으나 에시키는 그 명령에 따르지 않았다. 그래서 다시 야타가라스를 파견했다. 에시키의 군영에 도착한 까마귀는 울면서 말했다.

"천신의 아드님이 너를 부르신다. 어서 가자." 에시키는 그 소리를 듣고 노하여 "천신이 왔다는 말을 듣고 화가 났는데, 또 새까지 와서 듣기 싫은 소리를 하는 것인가?" 하고는, 활시위를 잔뜩 당겨 까마귀를 향해 쏘았다. 까마귀는 달아났다. 이어서 이번에는 오토시키의 집으로 날아가 울면서 "천신의 아드님이 너를 부르신다. 어서 가자." 하니 오토시키는 황송해하며 "천신께서 오셨다는 소식을 듣고 아침부터 밤까지 삼가 기다리고 있었는데, 새가 날아와서 이렇게 울어주니 좋은 징조로다." 하고는 접시 여덟 장에 먹을 것을 담아 후하게 대접했다. 그리고 새를 따라와서 이렇게 말했다.

"저의 형, 에시키는 천신의 아드님이 오셨다는 말을 듣고 야소타케루를 소집하여 무기를 갖추고 결전을 벌이려 하고 있습니다. 속히 대비하시기를." 천황은 장수들을 불러서 물었다. "에시키가 정말로 싸울 작정인 모양이다. 불러도 오지 않는데 어찌하면 좋겠는가?" 이에 장수들이 대답했다. "에시키는 뱃속이 검은 우리의 적입니다. 먼저 오토시키를 파견하여 깨우쳐 주고 아울러 에쿠라지(兄倉下)와 오토쿠라지(弟倉下)를 보내 설득하게 하되, 그래도 따르지 않는다면 그 후에 무력을 행사해도 늦지 않을 것입니다."

그리하여 천황은 오토시키를 파견하여 이해득실을 깨우쳐 주려 했다. 그러나 에시키 일행은 여전히 어리석은 생각을 고수하며 승복하지 않았다. 이번에는 시네쓰히코가 계획을 세우고 이렇게 아뢰었다. "지금은 먼저 여군(女軍)을 보내 오사카로 출진하는 것이 좋겠습니다. 이를 보면 적은 틀림없이 정예병을 보내 공격해 올 것입니다. 그러면 이쪽은 스미사카 방면에 강한 병사들을 급파하여, 적군이 피워둔 숯불에 우다강 물을 쏟아부어 적이 당황한 틈에 기습하면 반드시 격파할 수 있을 것입니다."

천황은 그 계획을 칭찬하고 여군을 먼저 내보냈다. 적군은 이를 대군이 진격해 온 줄 알고 모든 병력을 동원하여 대항했다. 이제까지 황군은 공격하면 반드시 빼앗았고 싸우면 반드시 승리했다. 그러나 무거운 갑주를 입은 병사들은 이내 지쳐 피곤해했다. 천황은 노래를 지어 장병들을 위로했다.

다테나메테 이나사노야마노 고노마유모 이유키마모라히 다다카헤바 와레하야에누
楯並めて 伊那佐の山の 自木間ゆも い行き目守らひ 戰へば 我早飢ヌ

島津鳥 鵜養が輩 今助けに來ね.

방패를 세우고 이나사(伊那佐) 산속 나무 사이로 적을 가만히 지켜보며 싸웠더니 배가 고파졌다. 우카이(鵜飼 ; 가마우지를 이용하여 물고기를 잡는 어부)들이여, 어서 와서 도와다오.

그러자 남군(男軍)이 스미사카를 넘어와 후방에서 협공을 가하여 적을 격파하고 우두머리인 에시키를 참살했다.

나가스네히코(長髓彦)와 금빛 솔개

12월 4일, 황군은 마침내 나가스네히코를 공격했다. 싸움을 거듭했으나 좀처럼 이길 수가 없었다. 그때 갑자기 하늘이 어두워지더니 우박이 쏟아졌다. 게다가 신비한 금빛 솔개가 날아와서 천황의 활 끝에 내려앉았다. 그 솔개는 마치 번개처럼 눈부시게 빛났다. 나가스네히코의 군사들은 모두 눈이 부셔서 제대로 싸울 수가 없었다. 나가스네(長髓)는 본디 마을 이름이었는데, 그것을 사람 이름으로 삼았다. 황군이 솔개(鵄)의 길조를 얻었다고 하여, 그 시절 사람들은 도비노무라(鵄邑)라고 불렀다. 오늘날 도리미(鳥見)는 그것이 변한 말이다. 옛날 구사에 전투에서 이쓰세가 화살에 맞아 죽었다. 천황은 그 일을 잊지 않고 항상 애통한 마음을 가지고 있었다. 그래서 이 싸움에서 그 원수를 갚고 싶었던 천황은 다음과 같은 노래를 불렀다.

みつみつし 久米之子等が 'かきもとに'粟田には 韮一本 其根莖
其根芽繋ぎて 撃而止まむ.

천황의 위세를 업은 구메베 군사들의 집 담장 아래에 조(粟)가 자라는데, 그 속에 부추가 한 줄기 섞여 있구나. 그 부추를 뿌리부터 싹까지 한꺼번에 뽑아내듯이 적군을 모조리 전멸시키자.

또 이렇게도 노래했다.

<ruby>みつみつし<rt>미쓰미쓰시</rt></ruby> <ruby>くめのこらが<rt>구메노코라가</rt></ruby> <ruby>垣下に<rt>가키모토니</rt></ruby> <ruby>植えし韮じかみ<rt>우에시하지카미</rt></ruby> <ruby>口疼ひく<rt>구치비히쿠</rt></ruby> <ruby>我不忘<rt>와레와와스레즈</rt></ruby>
<ruby>うちてしや止まむ.<rt>우치테시야마무</rt></ruby>

천황의 위세를 업은 구메베 군사들의 집 담장 아래에 심은 산초나무, 한입 먹으니 입 안이 얼얼하구나. 마찬가지로 적에게 받은 뼈아픈 공격은 지금도 잊을 수가 없다. 이번에는 기필코 격파하리라.

천황은 다시 군사들에게 돌격을 명하여 적을 급습했다. 이 노래들을 모두 구메우타(來目歌)라고 한다. 이는 노래한 사람을 가리켜 붙인 이름이다.

나가스네히코는 사자를 보내 천황에게 아뢰었다.

"옛날에 천신의 아들이 아마노이와후네(天磐船)를 타고 하늘에서 내려왔습니다. 그가 바로 구시타마니기하야히노미코토(櫛玉饒速日命)입니다. 이 사람이 제 여동생인 미카시키야히메(三炊屋媛)를 아내로 맞이하여 아들을 낳았습니다. 그 아들의 이름은 우마시마데노미코토(可美眞手命)라고 합니다. 그래서 저는 니기하야히노미코토(饒速日命)를 왕으로 모시고 있습니다. 그런데 어떻게 천신의 아들이 둘일 수 있습니까? 어찌하여 다시 천신의 아들이라 칭하며 남의 땅을 빼앗으려 하는지요? 제 생각에 당신은 가짜가 틀림없습니다." 이에 천황이 대답했다. "천신에게는 많은 자식이 있다. 네가 왕으로 모시는 자가 진정한 천신의 아들이라면 반드시 그 증표가 있을 테니 그것을 보여다오."

나가스네히코는 니기하야히의 아마노하하야(天羽羽矢 ; 뱀의 주술이 담긴 화살)와 가치유키(步靫 ; 도보로 활을 쏠 때 등에 지는 화살통)를 천황에게 보여주었다. 천황은 그것을 보고 "거짓이 아니구나." 하고는, 이번에는 자기가 가지고 있던 아마노하하야와 가치유키를 나가스네히코에게 보여주었다.

나가스네히코는 그 천신의 증표를 보자 점점 두려워하며 송구해 했다. 그러나 이미 전쟁 준비를 끝냈기 때문에 도중에 그만둘 수는 없었다. 게다가 여전히 나쁜 마음을 버리지 않고 생각을 고쳐먹을 뜻이 없었다. 니기하야히는 천신은 천손만 걱정한다는 사실을 알고 있었다. 또 나가스네히코가 성격이 삐뚤어졌고 천신과 사람은 완전히 다르다고 아무리 가르쳐도 소용없다는 것을 알자 그를 죽이고 말았다. 그런 다음 그 부하들을 이끌고 귀순했다. 천황은 니기하야히가 하늘에서 내려왔다는 이야기를 이미 들었고 지금 그의 충성심을 보았으므로 이를 칭찬하고 총애했다. 이것이 모노노베노우지(物部氏)의 조상이다.

이듬해 기미년(己未年) 봄 2월 20일, 장수들에게 명하여 병졸을 뽑아 훈련했다. 그때 소호현(添縣) 하타노오카자키(波哆丘岬)에 니키토베(新城戶畔)라는 여자 도적이 있었다. 또 와니(和珥;덴리시天理市)의 사카모토(坂下)에 고세노하후리(居勢祝)라는 자가 있었고, 호소미(臍見) 나가라노오카사키(長柄丘岬)에 이노하후리(猪祝)라는 자가 있었다. 이 세 곳의 도적 떼는 자신들의 힘을 믿고 귀순하지 않았다. 천황은 군대를 일부 파견하여 이들을 모두 주살해 버렸다. 또 다카오와리 마을(高尾張邑)에도 쓰치구모(土蜘蛛;땅거미라는 뜻. 옛날 일본에서 동굴에서 살았던 선주민)가 있었는데, 그들은 키가 작고 팔다리가 길어 난쟁이와 비슷하게 생겼다. 황군은 덩굴풀(葛)로 그물을 엮어 잡은 다음에 그들을 죽였다. 그래서 그 마을의 이름이 가즈라키(葛城)로 바뀌었다. 이와레(磐余)는 원래 가타이(片居)라고 불렀는데 황군이 적을 격파하자 대군이 집결하여 병사들이 넘쳐났기 때문에 이와레로 바뀌었다.

또 어떤 사람이 말하기를 "천황이 옛날에 이쓰헤의 공물을 먹고 출진하여 서쪽을 정벌했다. 그때 시키의 야소타케루가 그곳에 집결해서 황군과 크게 싸웠으나 결국 전멸하고 말았다. 그래서 그곳을 이와레 마을이라고 한다."고 했다. 또 황군이 함성을 지른 곳을 다케다(猛田)라고 부르고, 성을 지은 곳을 기타(城田)라고 불렀다. 또한 싸우다 죽은 도적의 시체가 팔뚝을 베개처럼 베고 있었다고 하여 쓰라마키타(頰枕田)라고 불렀다. 천황은 지난가을 9월에 남몰래 아마노카구야마에서 파온 직토(埴土;점토질 흙)로 술잔을 많이 만들어, 몸소 재계하고 신들에게 제사를 올렸다. 그리하여 마침내 천하를 평정했다. 그 흙을 판 곳을 하니야스(埴安)라고 한다.

궁전 조영(造營)

3월 7일, 천황은 다음과 같이 영을 내렸다.

"동정(東征)을 시작한 지 6년이 지났다. 그동안 천신의 위세 덕에 흉도(凶徒)를 토벌할 수 있었으나 변경 지방은 여전히 평정하지 못했다. 또한 적의 잔당은 강한 세력을 유지하고 있지만, 나라의 중앙부는 안정되었다. 그래서 이제부터 황도(皇都)를 열고 궁선을 지을 생각이다. 그러나 아직 세상은 미개하고 민심은 소박하다. 사람들은 굴이나 움막에 살며 미개한 관습을 아직도 버리지 못했다. 처음에 성인이 제도를 마련해야 도리를 바로 세울 수 있다. 백성에게 이로운 일이라면 어떤 것이든 성인이 하는 일은 옳다. 그러니 산림을 개척하고 궁전을 지어 삼가 황위에 올라 백성을 다스리고자 한다. 그리하여 위로는 천신께서 나라를 내려주신 은덕에 보답하고 아래로는 황손의 올바른 도리를 널리 퍼뜨려라. 그리고 난 뒤에는 나라를 하나로 통일하여 도읍을 열어 하늘 아래 구석구석 모든 땅이 하나의 집이 되면 얼마나 좋겠는가. 둘러보니 저 우네비산(畝傍山) 남동쪽에 있는 가시하라(橿原) 땅이 생각건대 나라의 한가운데인 것 같으니, 그곳을 도읍으로 정하리라.”

그달에 관리들에게 명을 내려 도읍을 건설하기 시작했다.

경신년(庚申年) 가을 8월 16일, 천황은 정비(正妃)를 맞이하고자 널리 귀족 여성 가운데 마땅한 자를 찾았다. 그때 다음과 같이 주상한 자가 있었다.

“고토시로누시가 미시마조쿠이미미노카미(三島溝橛耳神)의 딸 다마쿠시히메(玉櫛媛)와 결혼하여 낳은 딸 히메타타라이스즈히메노미코토(媛蹈鞴五十鈴媛命)라는 여인이 있는데 엄청난 미인이라고 합니다.” 이 말을 듣고 천황은 매우 기뻐했다.

9월 24일, 히메타타라이스즈히메를 정비로 맞이했다.

가시하라(橿原) 즉위

신유년(辛酉年) 봄 정월 초하루, 천황은 가시하라궁(橿原宮)에서 즉위했다.[1]

---

1) 이 부분은 일본어판에는 없고 한글판에만 있는 주석 또는 해제이다. 《일본서기》의 기년(紀年) 및 연월일(年月日) 《일본서기》(상) 보주(補注) 3의 18에 의함—“진무기(神武紀)는 진무천황의 즉위를 기원전 660년에 해당하는 신유년(辛酉年)으로 하고 이를 기점으로 기년(紀年)을 설정했다—이 기원을 진무천황 기원 또는 황기(皇紀)라고 부르며 메이지(明治) 시대부터 제2차 세계대전 전까지 널리 사용했다. 이 기원에 대해 에도(江戶) 시대 이후의 학자들 사이에서 많은 연구와 비판이 있었다. 그 가운데 학계에서 가장 널리 받아들여진 나카 미치요(那河通世)의 학설을 대표적인 것으로 소개하면 서기(書紀)에서 진무천황의 즉위를 위에서 설명한 바와 같

이 해가 천황의 원년이다. 정비는 황후가 되었다. 이 황후에게서 아들 가무야이노미코토(神八井命)와 가무누나카와미미노미코토(神渟名川耳尊)가 태어났다. 그래서 옛글에도 이를 찬양하여, '우네비(畝傍)의 가시하라(橿原)에 궁전 기둥을 대지 속 바위에 견고하게 세우고 다카아마노하라에 닿을 만큼 천목(千木 ; 궁전 지붕에서 목재가 교차하는 부분)을 높이 세워 처음으로 천하를 다스린 천황'이라 하고 가무야마토이와레비코호호데미노스메라미코토(神日本磐余彦火火出見天皇)라고 불렀다.

천황이 처음 국정을 시작한 날, 오토모노우지(大伴氏)의 조상인 미치노오미

이 정한 것은 중국에서 전해져 온 참위설(讖緯說)을 따랐기 때문이다. 즉, 미요시노 기요유키(三善淸行)가 혁명감문(革命勘文)에서 인용한 위서(緯書)로 알려지게 된 신유혁명(辛酉革命) 사상에도 1원(一元) 60년, 20원(二十元) 1260년을 1부로 하고 그 수(首)의 신유년 혁명으로 상정했는데, 이 사상의 영향으로 스이코천황(推古天皇) 9년 신유년부터 21원의 전(前)에 해당하는 신유년을 제1부의 수(首)로 하고 고금 제1의 대혁명인 인황(人皇 ; 진무천황 이후의 천황) 대(代)의 시작 연도에 해당하는 진무천황의 즉위를 여기에 두었다. 그 결과, 서기의 기년은 실제 연대보다 많이 길어졌고 기록에 장수한 인물이 부자연스럽게 많이 출현하게 되었다. 진구(神功)황후와 오진(應神)천황 2대의 기원(紀元)을 예로 들어 한국 역사와 비교하면 양쪽의 간지가 부합하나, 서기는 그것보다 간지 2순(二巡) 120년이 빠르다. 이런 예를 곳곳에서 볼 수 있다. 백제의 근초고왕 이후로는 그 연기(年紀)가 확실하기 때문에 이를 고사기(古事記)에 기록된 스진(崇神)천황 이하 각 천황의 붕년간지(崩年干支)와의 관계를 아울러 생각하면 이 2대의 서기기년(書紀紀年)은 120년이 길어졌다고 볼 수밖에 없다. 유랴쿠(雄略) 이후는 대체로 한국의 역사와 부합하므로 기원을 늘린 것은 인교(允恭)천황 이전이다. 간지기년법(干支紀年法)은 백제의 학자가 도래한 이후에 배운 것이니 한국과 관계없던 스진천황 이전의 연대는 추산할 방법이 없다. 가령, 1세(一世)를 30년이라 추산하여 진무는 스진의 9세조(九世祖)에 해당하므로 스닌(垂仁)까지의 10세의 연수는 300년이 된다. 그러면 진무의 창업은 한원제(漢元帝) 무렵, 서력 1세기 전반쯤에 해당한다.—나카 미치요의 학설에서는 진무천황의 실제 연대를 1세를 30년의 비율로는 추산할 수 없고, 신유혁명의 소급 기점을 스이코 9년에 둔 점도 오늘날 학자들 사이에 이론(異論)이 있으며, 그래서 진무기(神武紀)의 기년은 참위설을 바탕으로 하여 관념적으로 상정한 숫자에 불과하다. 백제와 교류를 하기 전후의 기년에 간지 2순을 연장했다는 것이 현재 학계의 정설이 되었다. 연월일 기재도, 《고사기(古事記)》에서는 천황의 붕년(崩年)을 간지로 기입한 곳이 있을 뿐 연월일은 전혀 기재하지 않았는데 서기에서는 진무기 이후 연월일이나 세월을 간지가 아닌 숫자로 일일이 기재했다. 그러나 역법을 수입하여 사용했다고 볼 수 없는 이전 시기에 해당하는 부분에 대해서는 서기의 편자(編者)가 중국 사서(史書)의 체례(體例)를 본떠서 조작한 가공의 숫자라는 것이 오늘날 학계의 통설이다. 쓰다 소키치(津田左右吉)의 긴메이조(欽明朝)에 나오는 것처럼 백제에서 역박사(曆博士)가 일본으로 온 것이 사실이라면 그 이전의 기록에서 나오는 연대기는 믿을 수 없다.

가 오쿠라메베를 이끌고 밀명을 받들어 소에우타(諷歌 ; 비유를 통해 깨우치는 노래)와 사카시마고토(倒語 ; 상대가 모르게 아군에게만 통하도록 정한 암호 같은 것)로 재앙을 물리쳤다. 사카시마고토를 사용한 것은 이때가 처음이다.

2년 봄 2월 초이틀, 천황은 논공행상을 시행했다. 먼저 미치노오미에게는 택지를 주어 쓰키사카 마을(築坂邑)에 살게 하고 특별히 총애했다. 또 오쿠메에게는 우네비산 서쪽 강가에 살게 했다. 오늘날 구메 마을(來目邑)이라는 이름은 여기서 비롯되었다. 다음으로 시네쓰히코(椎根津彦)를 야마토노쿠니노미야쓰코(倭國造)로 임명했다. 또 오토카시에게는 다케다 마을(猛田邑)을 주었다. 따라서 다케다의 아가타누시(縣主 ; 야마타 왕권의 직종職種이자 성姓의 하나, 야마토大和 이전의 현의 지배자)라고 불렀다. 이것은 우다의 모이토리베(主水部)의 조상이다. 또 오토시키―이름은 구로하야(黑速)―를 시키의 아가타누시로 임명했다. 또 쓰루기네(劍根)라는 자를 가즈라키노쿠니노미야쓰코(葛城國造)로 임명했다. 또한 야타가라스에게도 상을 내렸다. 그 자손이 가즈라노토노모리아가타누시(葛野主殿縣主)다.

4년 봄 2월 23일, 천황이 말했다.

"나의 조상의 혼령이 하늘에서 내려와 내 몸을 비추어 도와주셨다. 지금 적을 대부분 다 평정하여 천하가 평화를 되찾았다. 그래서 천신에게 정성을 다해 제사를 올려 예를 다하고자 한다." 도리미산(鳥見山)에 제단을 마련하고 그곳을 가미쓰오노(上小野)의 하리하라(榛原), 시모쓰오노(下小野)의 하리하라라고 불렀다. 그리하여 다카미무스히(高皇産靈尊)에게 제사를 올렸다.

31년 여름 4월 1일, 천황의 순행이 있었다. 천황은 와키카미(腋上)의 호호마 언덕(嗛間丘)에 올라가서 국토를 둘러보며 말했다. "참으로 아름다운 나라를 얻었도다. 비록 땅이 좁기는 하지만 아키쓰(蜻蛉 ; 잠자리)가 교미하듯이 산이 굽이굽이 에워싼 나라로구나."

그리하여 처음으로 아키쓰시마(秋津洲)라는 이름이 생겼다. 옛날 이자나기가 이 나라를 일컬어, 야마토(日本)는 평화로운 나라, 좋은 무기가 많이 있는 나라, 잘 정비된 훌륭한 나라'라고 했다. 또 오아나무치는 이 나라를 '다마카키노나카쓰쿠니(玉牆內國 ; 아름다운 산들이 담장처럼 에워싼 나라)'라고 했다. 니기하야히는 아마노이와후네를 타고 하늘을 날아다니다가 이 나라를 보고 내려왔다고 하여 '하늘에서 내려다보고 좋은 나라로 선택한 야마토'라고 했다.

42년 봄 정월 3일, 천황은 가무누나카와미미를 황태자로 책봉했다.

76년 봄 3월 11일, 천황은 가시하라궁에서 붕어했다. 그때 나이 127세였다. 이듬해 가을 9월 12일, 우네비산 북동쪽 능에 장사지냈다.

제4권

스이제이천황(綏靖天皇): 가무누나카와미미노스메라미코토(神淳名川耳天皇)

안네이천황(安寧天皇): 시키쓰히코타마테미노스메라미코토(磯城津彦玉手看天皇)

이토쿠천황(懿德天皇): 오야마토히코스키토모노스메라미코토(大日本彦耜友天皇)

고쇼천황(孝昭天皇): 미마쓰히코카에시네노스메라미코토(觀松彦香殖稻天皇)

고안천황(孝安天皇): 야마토타라시히코쿠니오시히토노스메라미코토(日本足彦國押人天皇)

고레이천황(孝靈天皇): 오야마토네코히코후토니노스메라미코토(大日本根子彦太瓊天皇)

고겐천황(孝元天皇): 오야마토네코히코쿠니쿠루노스메라미코토(大日本根子彦國牽天皇)

가이카천황(開化天皇): 와카야마토네코히코오히히노스메라미코토(稚日本根子彦大日日天皇)

스이제이천황(綏靖天皇) : 가무누나카와미미노스메라미코토(神淳名川耳天皇)

가무누나카와미미는 진무천황의 셋째 아들이다. 어머니는 히메타타라이스즈히메이며, 고토시로누시의 장녀이다. 천황은 풍채가 단아하고 늠름했다. 어릴 때부터 용감한 성격이었는데 장년이 되자 용모가 더욱 훌륭하고 당당해졌다. 무예가 뛰어나고 높은 뜻을 품은 근엄한 천황이었다. 48세 때, 진무천황이 붕어했다. 효성이 지극했던 가무누나카와미미는 슬프고 애통한 마음을 금할 길이 없었다. 그래서 특별히 장례식에 온 정성을 기울였다. 배다른 형 다기시미미는 나이가 많아 이미 조정(朝廷)에서의 경험이 풍부했다. 그래서 자유롭게 맡겨두었으나 그 인품은 본디 인의(仁義)를 거스르는 사람이었다. 아니나다를까 결국 천황의 상중(喪中)에 권력을 마음대로 휘두르기 시작하더니 사악한 마음을 숨기고 두 동생을 죽이려는 음모를 꾸몄다. 태세(太歲) 기묘년(己卯年)의 일이었다.

겨울 11월, 가무누나카와미미는 형 가무야이와 함께 그 계획을 눈치채고 그것을 잘 막아냈다. 선황의 능(陵)을 조성하는 일이 끝나자, 유기노와카히코(弓部雅彦)에게 활을 만들게 하고 야마토노카누치아마쓰마라(倭鍛部天津眞浦)에게는 사슴사냥에 쓸 화살촉을 만들게 야하기베(矢部)에게는 화살대를 만들게 했다. 활과 화살이 준비되자 가무누나카와미미는 다기시미미를 죽이기로 했다. 다기시미미는 마침 가타오카(片丘)의 큰 방 안에 혼자 드러누워 있었다. 가무누나카와미미가 가무야이에게 말하기를 "지금이 기회요. 본디 이런 일은 입을 조심하고 행동은 조용히 해야 하므로 이 계획은 아무에게도 말하지 않았소. 오늘 이 일은 형님과 나 둘만 아는 일이오. 내가 먼저 문을 열 테니, 형님이 쏘시오."

그리하여 두 사람은 함께 방으로 진입했다. 가무누나카와미미가 문을 열었다. 그러나 가무야이는 사지가 떨려서 활을 쏠 수가 없었다. 그러자 가무누나카와미미가 형이 가지고 있던 활과 화살을 빼앗아 다기시미미에게 쏘았다. 한 발은 가슴에 명중했고 두 번째는 등에 맞아 죽고 말았다. 가무야이는 자기 행동을 부끄러워하며 스스로 동생에게 복종하고 황위를 양보했다.

"나는 너의 형이지만 마음이 약해서 도저히 감당하지 못할 거 같다. 그런데 너는 무용이 뛰어나고 직접 적을 쓰러뜨렸으니, 네가 황위에 올라 황조(皇朝)의 대업을 잇는 것이 마땅하다. 나는 너를 도와 신들의 제사를 맡도록 하마." 이것이 오노오미(多臣)의 시조이다.

원년 봄 정월 8일, 가무누나카와미미는 황위에 올랐다. 태세 경진년(庚辰年)의 일이다.

2년 봄 정월, 이스즈요리히메(五十鈴依姬)를 황후로 맞이했다. 천황의 이모이다. 황후는 시키쓰히코타마테미(안네이천황)를 낳았다.

4년 여름 4월, 가무야이가 숨을 거두어 우네비산 북쪽에 장사지냈다.

25년 봄 정월 7일, 아들 시키쓰히코타마테미를 황태자로 책봉했다.

33년 여름 5월, 천황은 병에 걸려 계유일(癸酉日)에 붕어했다. 향년 84세.

안네이천황(安寧天皇) : **시키쓰히코타마테미노스메라미코토**(磯城津彦玉手看天皇)

시키쓰히코타마테미는 스이제이천황의 적자(嫡子)이다. 어머니는 이스즈요리히메이며, 고토시로누시의 둘째딸이다. 안네이천황은 스이제이천황 25년에 황태자가 되었다. 나이 21세였다.

33년 여름 5월, 스이제이천황이 붕어했다. 그해 7월 3일, 태자가 황위에 올랐다.

원년 겨울 10월 11일, 스이제이천황을 야마토(倭)의 쓰키다노오카노우에노미사사기(桃花鳥田丘上陵)에 장사지냈다. 선(先)황후를 높여서 황태후라고 불렀다. 태세 계축년(癸丑年)의 일이다.

2년, 도읍을 가타시오(片鹽)로 옮겼다. 이것을 우키아나궁(浮孔宮)이라고 한다.

3년 봄 정월 5일, 누나소코나카쓰히메(渟名底仲媛)를 황후로 맞이했다. 황후는 이보다 먼저 두 황자를 낳았다. 첫째는 오키소미미노미코토(息石耳命)라 하고 둘째는 오야마토히코스키토모(이토쿠천황)라고 한다.

11년 봄 정월 1일, 오야마토히코스키토모를 황태자로 책봉했다. 동생인 시키쓰히코노미코토(磯城津彦命)는 이쓰카이노무라지(猪使連)의 시조이다.

38년 겨울 12월 6일, 천황이 붕어했다. 향년 57세.

이토쿠천황(懿德天皇) : **오야마토히코스키토모노스메라미코토**(大日本彦耜天皇)

오야마토히코스키토모는 안네이천황의 둘째 아들이다. 어머니는 누나소코나카쓰히메이며, 고토시로누시의 손녀, 즉 가모노키미(鴨王)의 딸이다. 안네이천황 11년 봄 정월 초하루에 황태자가 되었다. 그때 나이 16세.

38년 겨울 12월, 안네이천황이 붕어했다.

원년 봄 2월 4일, 황태자가 황위에 올랐다.

가을 8월 1일, 안네이천황을 우네비산 남쪽의 미호토노이노에노미사사기(御陰井上陵)에 장사지냈다. 9월, 선황후를 높여서 황태후라고 불렀다. 태세 신묘년(辛卯年)의 일이다.

2년 봄 정월 5일, 도읍을 가루(輕) 땅으로 옮겼다. 이것을 마가리오궁(曲峽宮)이라고 한다.

2월 11일, 아마토요쓰히메(天豊津媛)를 황후로 맞이했다. 황후는 미마쓰히코카에시네(고쇼천황)를 낳았다.

22년 봄 2월 12일, 미마쓰히코카에시네를 황태자로 책봉했다. 그때 나이 18세.

34년 가을 9월 8일, 천황이 붕어했다.

고쇼천황(孝昭天皇) : 미마쓰히코카에시네노스메라미코토(觀松彦香殖稻天皇)

미마쓰히코카에시네는 이토쿠천황의 태자이다. 어머니인 아마토요쓰히메 황후는 오키소미미의 딸이다. 천황은 이토쿠천황 22년 봄 2월 12일에 황태자가 되었다.

34년 가을 9월, 이토쿠천황이 붕어했다. 이듬해 겨울 10월 13일, 이토쿠천황을 우네비산 남쪽 마나고노타니노카미노미사사기(南纖沙谿上陵)에 장사지냈다.

원년 봄 정월 9일, 황태자는 천황에 즉위했다. 여름 4월 5일, 선황후를 높여서 황태후라고 불렀다.

가을 7월, 도읍을 와키노카미(掖上)로 옮겼다. 이것을 이케고코로궁(池心宮)이라고 한다. 태세 병인년(丙寅年)의 일이다.

29년 봄 정월 초사흘, 요소타라시히메(世襲足媛)를 황후로 맞이했다. 황후는 아메타라시히코쿠니오시히토노미코토(天足彦國押人命)와 야마토타라시히코쿠니오시히토(고안천황)를 낳았다.

68년 봄 정월 14일, 야마토타라시히코쿠니오시히토를 황태자로 책봉했다. 그때 나이 20세. 아메타라시히코쿠니오시히토는 와니노오미(和珥臣)의 시조이다.

83년 가을 8월 5일, 천황이 붕어했다.

고안천황(孝安天皇) **: 야마토타라시히코쿠니오시히토노스메라미코토**(日本足
彦國押人天皇)

야마토타라시히코쿠니오시히토는 고쇼천황의 둘째 아들이다. 어머니는 요
소타라시히메이며, 오와리노무라지의 선조인 오키쓰요소(瀛津世襲)의 여동생이
다. 고쇼천황 68년 봄 정월에 황태자가 되었다.

83년 가을 8월에 고쇼천황이 붕어했다.

원년 봄 정월 27일, 황태자가 천황에 즉위했다.

가을 8월 1일, 선황후를 높여서 황태후라고 불렀다. 태세 기축년(己丑年)의 일
이다.

2년 겨울 10월, 도읍을 무로(室) 땅으로 옮겼다. 이것을 아키쓰시마궁(秋津嶋
宮)이라고 한다.

26년 봄 2월 14일, 조카인 오시히메(押媛)를 황후로 맞이했다. 황후는 오야마
토네코히코후토니(고레이천황)를 낳았다.

38년 가을 8월 14일, 고쇼천황을 와키노카미 하카타야마노카미노미사사기
(博多山上陵)에 장사지냈다.

76년 봄 정월 5일, 오야마토네코히코후토니를 황태자로 책봉했다. 그때 나이
26세.

102년 봄 정월 9일, 천황이 붕어했다.

고레이천황(孝靈天皇) **: 오야마토네코히코후토니노스메라미코토**(大日本根子彦
太瓊天皇)

오야마토네코히코후토니는 고안천황의 태자이다. 어머니는 오시히메이며, 아
메타라시히코쿠니오시히토의 딸인 듯하다. 천황은 고안천황 76년 봄 정월, 황
태자가 되었다.

102년 봄 정월, 고안천황이 붕어했다. 가을 9월 13일, 고안천황을 다마테노
오카노우에노미사사기(玉手丘上陵)에 장사지냈다.

겨울 12월 4일, 황태자는 도읍을 구로다(黑田)로 옮겼다. 이것을 이오토궁(廬
戸宮)이라고 한다.

원년 봄 정월 12일, 태자는 천황에 즉위했다. 선황후를 높여서 황태후라고 불렀다. 태세 신미년(辛未年)의 일이다.

2년 봄 2월 11일, 호소히메(細媛)를 황후로 맞이했다. 황후는 오야마토네코히코쿠니쿠루(고겐천황)를 낳았다. 비(妃)인 야마토노쿠니카히메(倭國香媛)는 야마토토토비모모소히메(倭迹迹日百襲姬)와 히코이사세리히코노미코토(彦五十狹芹彦命), 야마토토토와카야히메(倭迹迹稚屋姬)를 낳았다. 또 다른 비인 하에이로도(綏某弟)는 히코사시마노미코토(彦狹島命), 와카타케히코노미코토(稚武彦命)를 낳았다. 와카타케히코는 기비노오미(吉備臣)의 시조이다.

36년 봄 정월 1일, 오야마토네코히코쿠니쿠루를 황태자로 책봉했다.

76년 봄 2월 8일, 천황이 붕어했다.

고겐천황(孝元天皇) : 오야마토네코히코쿠니쿠루노스메라미코토(大日本根子彦國牽天皇)

오야마토네코히코쿠니쿠루는 고레이천황의 태자이다. 어머니는 호소히메이며, 시키노아가타누시오메(磯城縣主大目)의 딸이다. 고레이천황 36년 봄 정월에 황태자로 책봉되었다. 그때 나이 19세.

76년 봄 2월, 고레이천황 붕어.

원년 봄 정월 14일, 태자가 황위에 올랐다. 선황후를 높여서 황태후라고 불렀다. 태세 정해년(丁亥年)의 일이다.

4년 봄 3월 11일, 도읍을 가루(輕)로 옮겼다. 이를 사카이하라궁(境原宮)이라고 한다.

6년 가을 9월 6일, 고레이천황을 가타오카 우마사카노미사사기(馬坂陵)에 장사지냈다.

7년 봄 2월 2일, 우쓰시코메노미코토(欝色謎命)를 황후로 맞이했다. 황후는 2남 1녀를 낳았다. 첫째는 오히코노미코토(大彦命), 둘째는 와카야마토네코히코오히히(가이카천황), 셋째는 야마토토토히메(倭迹迹姬)라고 한다. 비인 이카가시코메노미코토(伊香色謎命)는 히코후쓰오시노마코토노미코토(彦太忍信命)를 낳았다. 다음 비, 가와치노아오타마카케(河內靑玉繫)의 딸 하니야스히메(埴安媛)는 다케하니야스히코노미코토(武埴安彦命)를 낳았다. 형인 오히코는 아베노오미(阿倍臣), 가시와데노오미(膳臣), 아헤노오미(阿閉臣), 사사키노야마노키미(狹狹城山君), 쓰쿠시노쿠니노미야쓰코(筑紫國造), 고시노쿠니노미야쓰코(越國造), 이가노오미(伊賀臣) 등 모두 일곱 씨족의 시조이다. 히코후쓰오시노마코토는 다케노우치노스쿠네(武內宿禰)의 조부이다.

22년 봄 정월 14일, 와카야마토네코히코오히히를 황태자로 책봉했다. 그때 나이 16세.

57년 가을 9월 2일, 천황이 붕어했다.

가이카천황(開化天皇) : 와카야마토네코히코오히히노스메라미코토(稚日本根子彦大日日天皇)

와카야마토네코히코오히히는 고겐천황의 둘째 아들이다. 어머니는 우쓰시코메이며, 호쓰미노오미(穗積臣)의 조상 우쓰시코오노미코토(鬱色雄命)의 여동생이다. 고겐천황 22년 봄 정월에 황태자로 책봉되었다. 그때 나이 16세.

57년 가을 9월, 고겐천황 붕어.

겨울 11월 12일, 태자가 천황에 즉위했다.

원년 봄 정월 4일, 선황후를 높여서 황태후라 불렀다.

겨울 10월 13일, 도읍을 가스가(春日)로 옮겼다. 이를 이자카와궁(率川宮)이라고 한다. 태세 갑신년(甲申年)의 일이다.

5년 봄 2월 6일, 고겐천황을 쓰루기노이케노시마노우에노미사사기(劍池嶋上陵)에 장사지냈다.

6년 봄 정월 14일, 이카가시코메를 황후로 맞이했다. 황후는 미마키이리비코이니에(스진천황)를 낳았다

그 후에 천황은 다니와노타카노히메(丹波竹野媛)를 비로 맞이하여 히코코무스미노미코토(彦湯産隅命)를 낳았다. 다음 비, 와니노오미의 먼 조상 하하쓰노미코토(姥津命)의 여동생 하하쓰히메(姥津媛)는 히코이마스노미코토(彦坐王)를 낳았다.

28년 봄 정월 5일, 미마키이리비코이니에를 황태자로 책봉했다. 그때 나이

19세.

60년 여름 4월 9일, 천황이 붕어했다.

겨울 10월 3일, 가스가 이자카와노사카모토노미사사기(率川坂本陵)에 장사지냈다.

제5권

스진천황(崇神天皇) : 미마키이리비코이니에노스메라미코토(御間城入彦五十瓊
殖天皇)

천황즉위

미마키이리비코이니에는 가아카천황의 둘째 아들이다. 어머니는 이카가시코
메라고 하며, 모노노베노우지(物部氏)의 조상 오헤소키(大綜麻杵)의 딸이다. 천
황은 19세에 황태자로 책봉되었다. 선악을 구별하는 능력이 뛰어났고, 일찍부
터 큰일을 꾀하는 것을 즐겼다. 장년이 되어서는 관대하고 신중한 성격으로 천
신지기(天神地祇)를 우러러보며 공경했다. 제왕으로서 늘 세상을 바르게 다스리
려고 했다. 60년 여름 4월 가아카천황이 붕어했다.

원년 봄 정월 13일, 황태자는 황위에 올랐다. 선황후를 높여서 황태후라
했다.

2월 16일, 미마키히메(御間城姬)를 황후로 맞이했다. 이보다 앞서 황후는 이쿠
메이리비코이사치노스메라미코토(活目入彦五十狹茅天皇 : 스이닌천황), 히코이사치
노미코토(彦五十狹茅命), 구니카타히메(國方姬), 지치쓰쿠야마토히메(千千衝倭姬),
야마토히코노미코토(倭彦命), 이카쓰루히코노미코토(五十日鶴彦命)를 낳았다. 다
른 비인, 기이노쿠니(紀伊國)의 아라카와토베(荒河戶畔)의 딸 도쓰아유메마쿠와
시히메(遠津年魚眼眼妙媛)는 도요키이리비코노미코토(豐城入彦命), 도요스키이리
히메(豐鍬入姬)를 낳았다. 다음 비인 오와리오시아마히메(尾張大海媛)는 야사카
이리비코노미코토(八坂入彦命)와 누나키이리히메(渟名城入姬命), 도치니이리히메
(十市瓊入姬)를 낳았다. 태세 갑신년(甲申年)의 일이다.

3년 가을 9월, 도읍을 시키(磯城)로 옮겼다. 이를 미즈카키궁(瑞籬宮)이라고

한다.

4년 겨울 10월 23일, 천황이 말했다. "생각건대, 우리 조상인 천황들이 천자의 자리에 오른 것은 단지 일신을 위한 것이 아니라, 신과 사람을 번성하게 하고 천하를 다스리기 위함이었다. 그러므로 대대로 어진 정치를 펼치며 덕을 베풀었다. 이제 내가 그 대업을 물려받아 백성을 사랑으로 다스리게 되었다. 과연 어떻게 해야 조상님의 뒤를 이어 이 천자의 자리를 무궁하게 보전할 수 있을까. 뭇 신하들이여, 그대들도 충성을 다해 나와 함께 천하를 어떻게 다스릴지 생각해보지 않겠는가."

오모노누시노오카미(大物主大神)에게 기도를 올리다

5년, 나라에 역병이 돌아 목숨을 잃을 백성이 인구의 반을 넘었다.

6년, 난민으로 전락하고 반역을 꾀하는 자가 나타나 그 세력이 덕으로 다스릴 수 있는 한계를 넘어섰다. 천황은 아침저녁으로 천신지기에게 기도를 올렸다. 이에 앞서 천황은 아마테라스오미카미(天照大神)와 야마토노오쿠니타마(倭大國魂), 이 두 신을 천황의 어전 안에 모셨다. 그런데 그 신의 기운이 두렵고 무서워 함께 지내니 마음이 불안해졌다. 그래서 아마테라스오미카미를 도요스키이리히메에게 맡겨 야마토의 가사누이마을(笠縫邑)에 모시기로 했다. 그리하여 그곳에 돌로 견고한 히모로기(神籬 ; 신이 강림하는 장소)를 조성했다. 또 야마토노오쿠니타마는 누나키이리히메에게 맡겨 모시게 했다. 그러나 누나키이리히메는 머리가 빠지고 몸이 약해져서 신을 모실 수가 없었다.

7년 봄 2월 15일, 천황이 말했다. "옛날, 우리 조상이 천하를 다스리기 시작한 이래 대대로 큰 덕을 쌓아 왕조가 번성했다. 그런데 뜻하지 않게 지금 나의 대에 이르러 종종 재해를 당했다. 조정에 선정을 펼치지 않아 천신지기께서 그 죄를 묻는 것이 아닌지 두렵구나. 점을 쳐서 재앙이 일어나는 이유를 알아보라."

천황은 가무아사지가하라(神淺茅原)로 나가 수많은 신을 초대해 점을 쳤다. 그때 신이 야마토토토비모모소히메에게 접신하여 말하기를 "천황이여, 어찌하여 나라를 잘 다스리지 못한다고 걱정하는가. 나를 공경하며 제사를 열심히 지낸다면 저절로 평화가 찾아올 것이다." 했다. 천황이 물었다. "그렇게 말하는 신은 누구신가?" 신이 대답했다. "나는 야마토노쿠니(倭國)의 영역 안에 사는 신으로 이름은 오모노누시이다."

이 신의 계시를 얻어 가르쳐준 대로 제사를 지냈으나 조금도 효과가 없었다. 천황은 목욕재계하고 궁 안을 깨끗이 한 다음 기도를 올렸다. "내가 들인 정성이 아직 부족합니까. 어찌하여 나의 마음을 이렇게도 받아주지 않는 것인지요? 부디 다시 꿈속에서 가르쳐 주시어 신의 은혜를 베풀어 주소서." 그날 밤 꿈에 한 귀인이 나타나 궁전을 바라보며 자신이 오모노누시라고 밝히면서 이렇게 계시했다. "천황이여, 이제는 걱정할 것 없다. 나라가 어지러운 이유는 내 마음 때문이다. 만약 나의 자식 오타타네코(大田田根子)가 나를 위해 제사를 올린다면 그 자리에서 평온해질 것이다. 또 외국도 스스로 항복할 것이다."

8월 7일, 야마토토하야카무아사지하라마쿠와시히메(倭迹速神淺茅原目妙姬), 호즈미노오미(穗積臣)의 조상 오미쿠치노스쿠네(大水口宿禰)와 이세노오미노키미(伊勢麻績君), 이 세 사람이 함께 같은 꿈을 꾸고 이렇게 아뢰었다.

"간밤에 꿈을 꾸었는데 한 귀인이 나타나 오타타네코를, 오모노누시에게 제사를 올리는 제주(祭主)로 삼고, 이치시노나가오치(市磯長尾市)를 야마토노오쿠니타마에게 제사를 올리는 제주로 삼으면 반드시 천하가 평정된다고 말했습니다."

천황은 그 꿈의 계시를 듣고 매우 기뻐하며 널리 천하에 포고하여 오타타네코를 찾았다. 지누현(茅渟縣)의 스에무라(陶邑)에서 오타타네코를 찾아서 데리고 왔다. 천황은 친히 간아사지하라(神淺茅原)로 가서 많은 왕과 공경, 각종 수장(首長)들을 소집하여 오타타네코에게 물었다. "너는 누구의 딸이냐?" 오타타네코가 대답했다.

"아버지는 오모노누시, 어머니는 이쿠타마요리히메(活玉依姬)라고 합니다. 스에미미(陶津耳)의 손녀입니다."—다른 설에서는 구시히카타아마쓰히카타타케치누쓰미(奇日方天日方武茅渟祇)의 딸'이라고도 한다.

이에 천황이 말했다. "오, 나는 틀림없이 발전하리라." 그리고 모노노베노무라지(物部連)의 조상인 이카가시코(伊香色雄)를 신에게 바치는 공물을 나누는 사람으로 삼으려고 점을 치자 '길(吉)'하다는 점괘가 나왔다. 이어서 다른 신에게 제사를 올리려고 점을 치니 '길'하지 않다는 점괘가 나왔다.

11월 13일, 이카가시코에게 명하여, 많은 술잔을 만들어 제신(祭神)에게 공물로 바쳤다. 오타타네코를 오모노누시에게 제사를 올리는 제주로 정하고 나가오치(長尾市)를 야마토노오쿠니타마에게 제사를 올리는 제주로 정했다. 그런 다음 다른 신을 모시고자 점을 쳤더니 길하다는 점괘가 나왔다. 그리하여 따로 수많은 신들을 모시고 아마쓰야시로(天社 ; 고대에 천신을 모시던 신사), 구니쓰야시로(國社 ; 지신을 모시는 신사), 가무토코로(神地 ; 신을 모시고 있는 토지), 간베(神戶 ; 신사에 속하여 일을 돌봐주는 민가)를 정했다. 그러고 나자 비로소 돌림병이 수그러들고 나라 안이 겨우 평온을 되찾았다. 오곡도 풍성하게 익어 백성들도 부유해지고 풍요로워졌다.

8년 여름 4월 16일, 다카하시 마을(高橋邑)의 이쿠히(活日)에게 오모노누시에게 올리는 술을 관장토록 했다.

겨울 12월 20일, 천황은 오타타네코에게 오모노누시에게 제사를 올리게 했다. 이날 이쿠히는 천황에게 신주(神酒)를 올리고 다음과 같은 노래를 불렀다.

고노미키와　와가미키나라즈　야마토나스　오호모노누시노　가미시미키　이쿠히사 이쿠히사
此酒は 我が酒非らず 倭作す 大物主の 醸みし酒 幾久 幾久.

이 신주는 내가 빚은 신주가 아니라, 야마토노쿠니를 만드신 오모노누시가 빚은 신주입니다. 후세에까지 오래도록 번영하라, 번영하라.

이처럼 노래하고 신궁(神宮)에서 잔치를 열었다. 잔치가 끝나자 쇼다이부(諸大夫 ; 고대의 관리)가 노래를 불렀다.

우마자케　미와노토노노　아사토니모　이데테유카나　미와노토노도오
味酒 三輪の殿の 朝戶にも 出でて行かな 三輪の殿門を.

맛있는 술이 있는 미와(三輪) 신사에서 밤이 새도록 술을 마시고 아침이 오면 돌아가자.

천황도 이에 화답하여 노래를 불렀다.

うまざけ みわのとのの あさとにも 押し開かね みわのとのどを.

맛있는 술이 있는 미와 신사에서 밤이 새도록 술을 마시고 돌아가시오, 미와 신사의 문을 열고.

그리고 신궁의 문을 열고 돌아갔다. 이 오타타네코는 오늘날 미와노키미(三輪君)의 시조이다.

9년 봄 3월 15일, 천황의 꿈에 신이 나타나 일러주었다. "붉은 방패 여덟 장, 붉은 창 여덟 자루로 스미사카노카미(墨坂神)에게 제사를 올리고 검은 방패 여덟 장, 검은 창 여덟 자루로 오사카노카미(大坂神)에게 제사를 올려라."

4월 16일, 꿈에서 가르쳐준 대로 스미사카노카미와 오사카노카미에게 제사를 지냈다.

10년 가을 7월 24일, 천황은 많은 군신을 불러 모아 이렇게 말하였다. "백성을 이끄는 근본은 교화(敎化)에 있다. 신들을 공경하며 모신 덕분에 이제 재해는 모두 사라졌다. 그러나 먼 나라에 있는 사람들은 아직도 신민으로서 복종하지 않았다. 그러니 군신들을 뽑아서 사방에 파견하여 나의 가르침을 널리 알리도록 하라."

시도장군(四道將軍)

9월 9일, 천황은 오히코토미코토(大彦命)를 호쿠리쿠(北陸)에, 다케누나카와와케(武渟川別)를 도카이도(東海道)에, 기비쓰히코(吉備津彦)를 사이카이도(西海道)에, 다니와노미치누시노미코토(丹波道主命)를 단바(丹波)에 파견하고 이렇게 명령을 내렸다. "만약 가르침을 따르지 않는 자가 있거든 즉시 군사를 보내 토벌하라." 그리하여 각자 인수(印綬；옛날에 관리가 몸에 지니고 있던 인장과 그 끈)를 받고 장군이 되었다.

27일, 오히코가 와니노사카(和珥坂)에 도착했다. 그때 한 소녀가 노래를 불렀다.

御間城入彦はや 己夫を 弑殺と 将窃不知に 姫遊びすも.

<ruby>御間城入彦<rt>미마키이리비코하야</rt></ruby> <ruby>己夫<rt>오노가오오</rt></ruby> <ruby>弑殺<rt>시세무토</rt></ruby> <ruby>将窃不知<rt>누스마쿠시라니</rt></ruby> <ruby>姫遊<rt>히메나소비스모</rt></ruby>

미마키이리비코(스진천황)여, 당신의 목숨을 노리고 때를 엿보는 것도 모르고 젊은 계집과 놀고 있구나.

오히코는 이를 괴이하게 여기고 소녀에게 물었다. "그 말이 무슨 뜻이냐?" 소녀가 대답했다. "별다른 의미는 없습니다. 그냥 노래를 불렀을 뿐입니다." 그리고 다시 한번 그 노래를 부르더니 홀연히 사라져 버렸다. 오히코는 되돌아가서 그 일을 상세히 아뢰었다.

그때 천황의 고모로, 총명하고 예지력이 있어 미래에 일어날 일을 잘 아는 야마토토토비모모소히메가 그 노래에서 불길한 징조를 느끼고 천황에게 말했다. "이것은 다케하니야스히코(고겐천황의 아들)가 모반을 일으킬 징조입니다. 듣자 하니, 다케하니야스히코의 아내 아타히메(吾田媛)가 비밀리에 와서, 야마토 가쿠야마의 흙을 파서 히레(頒巾; 여성이 어깨에 걸치는 천)로 싸서 저주를 퍼붓더니 '이것은 야마토노쿠니를 대신하는 흙'이라 말하고 돌아갔다고 합니다. 이제야 알겠습니다. 빨리 대책을 마련하지 않으면 분명 후회하게 될 것입니다."

그리하여 다시 장군들을 불러 의논했다. 얼마 지나지 않아 다케하니야스히코와 그 아내 아타히메가 군사를 이끌고 쳐들어왔다. 각자 다른 길을 지나 남편은 야마시로(山背)에서 아내는 오사카에서 동시에 도성을 공격하려 했다. 천황은 이사세리히코노미코토(五十狹芹彦命; 기비쓰히코)를 파견하여 아타히메의 군사를 토벌하게 했다. 이사세리히코는 오사카에서 그들을 맞이하여 싸워 크게 이겼다. 그리하여 아타히메를 참하고 그 군졸을 모조리 베어 버렸다.

또 오히코(大彦)와 와니노우지(和珥氏)의 조상인 히코쿠니부쿠(彦國葺)를 야마시로로 파견하여 하니야스히코(埴安彦)를 토벌하게 했다. 그리고 의식을 올릴 때 쓰는 단지를 와니(和珥)의 다케스키노사카(武鐰坂) 위에 놓고 정예병을 이끌고 나라야마(奈良山)로 올라가 싸웠다. 그때 수많은 관군이 모여 초목을 짓밟았다. 그래서 그 산을 나라야마라고 부르게 됐다. 그리고 나라야마를 떠나 와카라카와(輪韓河)에 이르자, 강을 사이에 두고 하니야스히코와 대치하면서 서로 노려봤다. 그래서 그때 사람들은 그 강 이름을 이도미가와(挑河)라고 바꿔 부르게 됐다. 지금의 이즈미카와(泉河)는 그것이 바뀐 말이다. 하니야스히코가 히코구니부구에게 물었다.

"너는 무슨 이유로 군사를 끌고 쳐들어왔느냐?"

이에 히코쿠니부쿠는 이렇게 대답했다.

"너는 하늘을 거역하고 제멋대로 행동하면서 왕실을 뒤집어엎으려고 했다. 그래서 의병을 이끌고 너를 막으러 왔다. 이것은 천황의 명령이다." 그리하여 두 사람은 서로 먼저 쏘려고 다투었다. 하니야스히코가 먼저 히코쿠니부쿠를 쏘았으나 맞지 않았다. 다음에는 히코쿠니부쿠가 하니야스히코를 쏘자 가슴에 명중하여 죽고 말았다. 이에 그의 군사들은 겁을 먹고 달아났다. 즉시 추격하여 강의 북쪽에서 격파했는데, 적의 머리를 반 이상 베어 버렸다. 시체가 넘쳐났다. 그래서 그곳을 하후리소노(羽振苑 ; 시체를 버린 장소. 지금의 호소노祝園)라고 했다.

또 그 병사들이 겁이 나서 달아나다가 똥을 쌌는데, 그 똥이 잠방이 사이로 새어 나왔다. 그래서 갑옷을 벗고 달아났으나 더 이상 달아날 수 없음을 알고 땅에 머리를 조아리며 "아기(我君 ; 주군)여, 용서하소서."라고 말했다. 당시 사람들은 그 갑옷을 벗은 곳을 가와라(伽和羅)라고 하고 잠방이에서 똥이 떨어진 곳을 구소바카마(屎褌)라고 했다. 지금의 구스하(樟葉)는 그것이 변한 말이다. 또 땅에 머리를 조아리고 '아기'라고 말한 곳을 와기(我君 ; 와키和伎의 땅)이라고 한다.

그 뒤 야마토토토비모모소히메는 오모노누시의 아내가 되었다. 그러나 그 신은 낮에는 오지 않고 밤에만 찾아왔다. 그래서 어느 날 야마토토토비모모소히메는 오모노누시에게 이렇게 말했다. "당신은 낮에 오지 않아서 얼굴을 자세히 보지 못했습니다. 원컨대, 잠시 더 머물러 주세요. 내일 아침에 그 모습을 볼 수 있도록."

오모노누시가 대답했다. "그렇겠구나. 그럼 내일 아침 그대의 빗통에 들어가 있을 테니 부디 내 모습에 놀라지 말기를." 야마토토토비모모소히메는 그 말이 이상했다. 아침이 되기를 기다려 드디어 빗통을 열어보니 참으로 아름다운 작은 뱀이 들어 있었다. 그 길이와 굵기가 속옷 끈과 비슷했다. 야마토토토비모모소히메는 깜짝 놀라 소리를 질렀다. 이에 오모노누시는 수치스러워하며 홀연히 사람의 모습으로 돌아왔다. 그리고 아내에게 말했다. "그대는 참지 못하고 나를 부끄럽게 했다. 이번에는 내가 그대에게 치욕을 주리라." 그러더니 하늘을 날아 미모로야마로 올라갔다.

야마토토토비모모소히메는 미모로야마를 우러러보고 후회하면서 그 자리에 털썩 주저앉았다. 그때 젓가락이 음부에 찔려 죽고 말았다. 그리하여 오치(大市)에 묻혔다. 그때 사람들은 그 무덤을 하시하카(箸墓)라고 불렀다. 그 무덤은 낮에는 사람이 만들고 밤에는 신이 만들었다. 오사카야마(大坂山)의 돌을 가져와 만들었는데, 산에서 무덤까지 사람들이 줄지어 서서 손에서 손으로 돌을 옮겨 운반했다. 그때 사람들은 이렇게 노래했다.

오호사카니 쓰기노보레루 이시무라오 다고시니코사바 고시가테무카모
大坂に 踵ぎ登れる 石群を 手遞傳に越さば 越難呼かも.

오사카야마에 사람들이 줄줄이 올라가, 그 많은 돌을 손에서 손으로 옮기면 다 옮길 수 있을까나?

겨울 10월 1일, 천황은 군신들을 불러 분부를 내렸다. "이제 저항하던 자들을 모조리 토벌하였으니, 조정의 직할지에는 아무 문제가 없다. 다만 변방에서 난폭하게 날뛰는 자들이 아직도 소란을 피우고 있으니, 시도의 장군들은 지금 당장 출발하라."

22일, 장군들은 함께 출발했다.

11년 여름 4월 28일, 시도장군은 지방의 적을 평정한 상황을 보고했다. 이 해에 이민족이 많이 귀순하여 나라 안이 안정되었다.

하쓰쿠니시라스스메라미코토(御肇國天皇)의 칭호

12년 봄 3월 11일, 천황은 다음과 같이 분부를 내렸다. "나는 처음 천자의 자리에 올라 종묘를 보전할 수 있었으나, 아직 빛이 닿지 않는 곳이 있고 덕도 미치지 못한 곳이 있다. 그래서 음양이 혼란에 빠졌고 추위와 더위도 순서를 잃어버렸으며, 질병이 만연하여 백성들이 재난에 시달렸다. 그러나 이제는 죄를

씻고 잘못을 고쳐 진심으로 천신지기(天神地祇)를 숭경하고, 또 가르침을 펼쳐 서칠새 날뛰는 사람들을 평안하게 다스리는 한편, 군사를 일으켜 복종하지 않는 자들을 토벌했다. 그래서 조정에는 무능한 자가 없고 백성은 세상에서 달아나 숨는 자가 사라졌다. 교화가 잘 이루어져 백성들은 생활을 즐기고 이민족도 찾아오니 주위 사람들까지 귀화했다. 이러한 때에 호구조사를 통해 장유(長幼)를 조사하고 과역(課役 : 조세와 부역)에 대해 알리도록 하라."

가을 9월 16일, 처음으로 백성의 호구를 조사하고 과역을 부과했다. 이것이 남자의 유하즈노미쓰기(弭調 ; 동물의 고기나 가죽 등의 수렵 생산물), 여자의 다나스에노미쓰기(手末調 ; 비단, 삼베 등의 수공업 생산품)이다. 그러자 천신지기는 온화해졌고 비바람이 때에 맞춰 내리고 오곡도 풍성하게 결실을 보았다. 집마다 사람과 재물이 가득하고 천하는 평온해졌다. 그래서 이 천황을 찬양하여 하쓰쿠니시라스라고 불렀다.

17년 가을 7월 1일, 천황이 분부를 내렸다. "배는 천하를 다스리는 데 매우 중요한 기본이다. 지금 해변의 백성들은 배가 없어서 헌상물을 운반하는 데 어려움을 겪고 있다. 그러니 각국에 명하여 배를 만들도록 하라."

겨울 10월에 처음으로 배를 만들었다.

48년 봄 정월 10일, 천황은 도요키노미코토(豊城命)와 이쿠메노미코토(活目尊)에게 분부를 내렸다. "너희 둘을 똑같이 사랑하니 누구를 후계자로 세워야 할지 알 수가 없구나. 각자 꿈을 꾸도록 하라. 그 꿈으로 점을 치겠다."

두 황자는 분부를 받들어 강에 가서 머리를 감고 몸을 깨끗이 한 뒤, 기도를 하고 잠자리에 들었다. 각자 꿈을 꾸었다. 날이 새자 형 도요키가 천황에게 꿈 이야기를 했다. "미모로야마에 올라가서 동쪽을 향해 창을 여덟 번 찌르고 칼을 여덟 번 휘두르는 꿈을 꾸었습니다." 동생 이쿠메도 꿈 이야기를 했다. "미모로야마 꼭대기에 올라가 사방에 밧줄을 쳐서 좁쌀을 쪼아 먹는 참새를 쫓아냈습니다." 천황은 두 사람의 꿈을 점쳐 보고 두 황자에게 말했다.

"형은 동쪽을 향해서만 무기를 사용했으니 동쪽 나라를 다스리는 것이 좋겠다. 동생은 사방을 두루두루 살피며 소득을 생각했으니, 나의 뒤를 이어 황위에 오르는 것이 좋으리라."

4월 19일, 이쿠메를 황태자로 책봉하고 도요키에게는 동쪽을 다스리게 했다. 도요키는 가미쓰케노노키미(上毛野君)와 시모쓰케노노키미(下毛野君)의 시조가 되었다.

신보(神寶)

60년 가을 7월 14일, 천황이 군신에게 말했다.

다케히나테루노미코토(武日照命)가 하늘에서 가지고 온 신보(신사의 보물)를 이즈모노오카미궁에 안치해 두었는데, 그것을 보고 싶다."

곧 야타베노미야쓰코(矢田部造)의 조상인 다케모로스미(武諸隅)를 파견하여 신보를 헌상하라고 했다. 그때 이즈모노오미(出雲臣)의 조상인 이즈모후루네(出雲振根)가 신보를 관리하고 있었다. 그러나 그는 쓰쿠시노쿠니에 가 있었기 때문에 만날 수가 없었다.

그래서 그 동생인 이이리네(飯入根)가 황명을 받들어, 동생 우마시카라히사(甘美韓日狹)와 아들 우카즈쿠누(鸕濡渟)에게 신보를 들려 보내 헌상하게 했다.

쓰쿠시노쿠니에서 돌아온 이즈모후루네는 신보를 조정에 헌상했다는 말을 듣고 동생 이이리네를 나무라며 말했다. "왜 며칠을 기다리지 못하고 무엇이 두려워 신보를 그리 쉽게 갖다 바쳤느냐?"

그로부터 몇 년이 지났지만 여전히 원한과 분노가 가라앉지 않자, 이즈모후루네는 동생을 죽이기로 했다. 그래서 동생에게 "요즈음 야무야(止屋)의 연못에 수초가 무성하니 같이 가서 보지 않겠느냐?"고 권하자 동생은 형을 따라갔다. 이에 앞서 형은 미리 몰래 나무칼을 만들어 두었는데 그 모양이 진짜 칼과 똑같았다. 그때 형은 그 나무칼을 허리에 차고 있었고 동생은 진짜 칼을 차고 있었다.

연못가에 이르자 형이 동생에게 말했다. "연못물이 깨끗하구나. 함께 수영하지 않겠느냐?" 동생은 형의 말에 따라, 허리에 차고 있던 칼을 풀어서 연못가에 두고 물속으로 들어갔다. 잠시 후 형이 먼저 물에서 나가 동생의 진짜 칼을 허리에 찼다. 뒤에 올라온 동생이 놀라 형의 나무칼을 들고 서로 싸우게 되었는데, 나무로 만든 칼이어서 칼을 뽑을 수가 없었다. 형은 동생 이이리네를 단번에 베어 버렸다. 그러자 사람들은 이렇게 노래를 지어 불렀다.

八雲立つ 出雲梟帥が 所佩太刀 黑葛巻き 鋤身無しに あはれ.
(야쿠모타쓰) (이즈모타케루가) (하케루타치) (쓰즈라사하마키) (사미나시니) (아와레)

이즈모타케루(出雲建)가 차고 있던 칼은 칡이 잔뜩 감겨 있었으나 속이 비었
으니, 애통하여라.

이에 우마시카라히사와 우가즈쿠누가 조정에 나아가 그 일을 자세히 보고
하자, 천황은 곧 기비쓰히코와 다케누나카와와케를 보내 이즈모후루네를 참
살했다. 이즈모노오미는 이 일을 두려워하여 한동안 이즈모후루네에게 제사
를 올리지 않았다. 단바 히카미(氷上) 출신으로, 이름이 히카토베(氷香戶邊)라고
하는 자가 황태자 이쿠노메에게 이렇게 아뢰었다.

"저에게 어린 아이가 있는데, 그 아이가 혼자 이런 노래를 불렀습니다.

'수초 속에 가라앉은 옥과 같은 돌. 이즈모 사람이 공경하며 제사를 지내는
훌륭한 진짜 거울. 강한 힘에 활력이 넘치는 훌륭한 신의 거울. 물속의 보물.
보물의 신령. 산과 강의 물이 씻어주는 영혼. 물속에 걸어 둔 귀한 신의 거울.
물속의 보물. 보물의 신령.'

도무지 어린아이의 말 같지 않습니다. 어쩌면 신이 내려서 말한 건지도 모르
겠습니다."

황태자는 천황에게 그 사실을 보고했다. 천황은 명을 내려 거울을 기리는
제사를 올리라고 했다.

62년 가을 7월 2일, 천황은 다음과 같이 명령을 내렸다.

"농업은 나라의 근본이요 백성들의 삶의 근거이다. 지금 가와치 사야마(狹山)
논에 물이 부족하다. 그래서 그곳 농민들이 농사를 게을리한다. 그러니 못과
수로를 많이 파서 백성에게 농업을 장려해라."

겨울 10월에 요사미연못(依網池)을 팠다.

11월에는 가리사카연못(苅坂池)과 사카오리연못(反折池)을 조성했다.

65년 가을 7월, 임나국에서 소나카시치(蘇那曷叱智)를 보내 조공을 바쳤다.
미마나는 쓰쿠시에서 2만여 리나 떨어진 북쪽 바다 건너 게이린(鷄林 ; 신라) 남

서쪽에 있다.

　천황은 즉위한 지 68년 되던 해 겨울 12월 5일에 붕어했다. 그때 나이 120세. 이듬해 8월 11일, 야마노헤(山邊) 미치노우에노미사사기(山邊道上陵)에 묻혔다.

제6권

스이닌천황(垂仁天皇): 이쿠메이리비코이사치노스메라미코토(活目入彦五十狹茅天皇)

즉위

이쿠메이리비코이사치는 스진천황의 셋째 아들이다. 어머니는 어간성희(御間城姬 ; 미마키히메)이며 오히코의 딸이다. 천황은 스진천황 29년 정월 초하루, 미즈카키궁에서 태어났다. 어려서부터 늠름한 외모였고 성인이 되어서는 남달리 도량이 컸다. 사람됨이 솔직하고 겉으로 꾸미거나 비뚤어진 데가 없었다. 아버지인 천황이 사랑하여 늘 곁에 두었다고 한다. 24세 때, 꿈의 계시로 황태자가 되었다.

68년 겨울 12월, 스진천황이 붕어했다.

원년 봄 정월 2일, 황태자가 황위에 올랐다.

겨울 10월 11일, 스진천황을 야마노헤 미치노우에노미사사기에 장사지냈다.

11월 2일, 선황후를 높여 황태후라고 불렀다. 태세 임진년(壬辰年)의 일이다.

2년 봄 2월 9일, 사호히메(狹穗姬)를 황후로 맞이했다. 황후는 호무쓰와케노미코토(譽津別命)를 낳았다. 천황은 이 아이를 매우 사랑하여 늘 곁에 두었으나 커서도 말을 하지 못했다.

겨울 10월 또 마키무쿠(纏向)에 도읍을 세우고 이를 다마키궁(珠城宮)이라고 했다.

임나와 신라 항쟁의 시작

이 해에 임나인 소나카시치가 "고향으로 돌아가고 싶습니다." 선황 시대에 건너와서 그때까지 돌아가지 않았던 것이리라. 천황은 소나카시치를 후하게 대접하고 붉은 비단 100필을 내려 임나[1] 왕에게 보냈다. 그런데 도중에 신라인이 이를 빼앗았다. 두 나라의 싸움은 이때부터 시작되었다.

—일설에 의하면, 스진천황 시대에 이마에 뿔이 난 사람이 배를 타고 고시노쿠니(越國)의 게히노우라(筍飯浦)에 도착했다. 그래서 그곳을 쓰누가(角鹿)라고 한다. 그 사람에게 "어느 나라 사람이냐?"고 물으니 "대가라국(大加羅國)의 왕자, 이름은 쓰누가아라시토(都怒我阿羅斯等), 다른 이름은 우시기아리시치칸키(于斯岐阿利叱智干岐)라고 하오. 듣자 하니 야마토노쿠니에 성황(聖皇 ; 스진천황)이 계시다기에 이렇게 찾아왔소.

---

1) 임나(任那 ; 이와나미 서점 간행 《일본서기》[상]의 보주에서)라는 한자 이름은 고구려의 광개토대왕비(414년 건립)에 '임나가라(任那加羅)'가 보이는 것이 가장 오래된 예이다. 다음에는 중국의 정사(正史)인 《송서(宋書)》(448년 선술(選述)의 왜국전(倭國傳)에 원가(元嘉) 2~20년(425~443) 사이에 왜국왕 진(倭國王珍 ; 反正)이 송나라에 조공을 바치고 '使持節 都督倭·百濟·新羅·任那·秦韓·慕韓 六國諸軍事安東大將軍倭國王'을 자칭한 것으로 보이며, 또 원가 28년(451)에 송나라가 왜국왕 제(濟)에게 '使持節都督倭·新羅·任那·加羅·秦韓·慕韓 六國諸軍事'를 가수(加授)했다 했고 다시 대명(大明) 6년~승명(昇明) 2년(462~478) 사이에, 왜국왕 무(武)가 '使持節都督倭·百濟·新羅·任那·加羅·秦韓·慕韓 七國諸軍事安東大將軍倭國王'을 자칭했고 승명(昇明) 2년(478)에 왜국왕 무(武)가 송나라에 사절을 보내고 상서를 올리자, 송나라는 무(武)를 '使持節都督倭·新羅·任那·加羅·秦韓·慕韓 六國諸國事安東大將軍倭王'에 임명한 것 등이 보인다. 또 중국의 유서(類書)인 한원(翰苑 ; 660년경 찬撰) 잔권(殘卷), 번이부(蕃夷部), 신라 조(條)에 '지총임나(地總任那)'라는 것이 있고 그 분주(分注)에 '齊書云, 加羅國三韓種也, 今訊新羅耆老云, 加羅·任那·昔新羅所滅, 其故今並在國南七八百里, 此新羅有辰韓·卞辰廿四國及任那·加羅·慕韓之地也'라고 되어 있다.—한편, 한국사료로서는 《삼국사기》의 열전(列傳)에, 강수(强首 ; 650년 경의 사람)가 한 말로서, '臣本任那加良人' 한 구절이 있고 또 진경대사탑비(眞鏡大師塔碑 ; 924년 건립)에는 '大師諱審希, 俗姓新金氏, 其先任那王族'이라고 되어 있다.— 중국 사적(史籍)에는 임나와 가라를 별개로 쳤으나, 5세기 초반 임나의 정확한 호칭은 '임나가라'였다고 보아야 한다.—이 임나가라의 전신으로서는 《위지(魏志)》의 한전(韓傳)에 변진12국(弁辰十二國) 가운데 하나로 기록되어 있는 '변진구야국(弁辰拘邪國)'이 비정(比定)되어 있다. 이 변진구야국은 위인전에는 '구야한국(拘邪韓國)'으로 기록되어 있다. 이 구야는 가라·가량(加良)에 해당되며, 후세에는 加耶·伽耶·伽落·駕洛 등으로 씌었다. 임나의 이름은 그렇게 변천해 왔다.—우리나라에서는 '임나가라'가 세세하게 그대로 전해지면서, 가라가 분화하여 4가야, 6가야로 갈라졌다(《삼국유사》). 일본과의 관계는, 광개토대왕비를 생각하면 신묘년(辛卯年 ; 391) 왜(倭)의 도해사건 전후가 가장 밀접했던 시대였다. 신라·고구려·백제와 대립한 나라의 이름으로서 임나가 성립된 것은 광개토대왕비의 신묘년(辛卯年)부터 20년 정도의 사이(391~414)가 된다고 생각된다.

아나토(穴門 ; 나가토노쿠니의 옛 이름)에 도착했을 때, 그 나라에 사는 이쓰쓰히 고(伊都都比古)라는 사람이 나에게 말하기를, '나는 이 나라의 왕이다. 나 말고 다른 왕은 없다. 그러니 다른 곳으로 멋대로 가면 안 된다'고 했소. 그러나 그 자의 생김새를 잘 살펴보니 결코 왕일 리가 없다는 생각이 들었소. 그래서 그 곳에서 나왔으나 길을 몰라 곳곳을 헤매고 다니다가 북해(北海)를 돌아 이즈 모노쿠니를 거쳐 이곳에 오게 되었소." 하고 대답했다.

그즈음 스진천황이 붕어했다. 그대로 머물러 스이닌천황을 3년 동안 섬겼 다. 천황이 쓰누가아라시토에게 "고향으로 돌아가고 싶지 않으냐?"고 물었더 니 "무척 가고 싶다."고 대답했다. 천황은 "그대가 길을 헤매지 않고 더 빨리 왔 더라면 선황을 만날 수 있었을 것이다. 그러니 너희 나라의 이름을 미마키천황 (御間城天皇)의 이름을 따서 바꾸도록 하라."고 말했다. 그리고 쓰누가아라시토 에게 붉은 비단을 주어 본국으로 돌려보냈다. 그 나라를 미마나국(彌摩那國)이 라고 부르는 것은 이러한 인연이 있었기 때문이다. 쓰누가아라시토는 붉은 비 단을 가지고 돌아가 자기 마을에 보관했다. 신라인이 그 얘기를 듣고 군사를 이끌고 쳐들어와서 그 비단을 모조리 빼앗아 가버렸다. 여기서 두 나라의 싸움 이 시작되었다고 한다.

또 다른 설에 의하면, 처음에 쓰누가아라시토가 자기 나라에 살았을 때, 황 소에 농기구를 싣고 시골에 갔는데 소가 홀연히 사라졌다. 그래서 발자국을 따라 갔더니 발자국이 어느 마을 안에서 끊어졌다. 그때 한 노인이 말했다. "그 대가 찾는 소는 이 마을로 들어갔다. 마을 관리가 말하기를 '소에게 실린 물건 으로 추측건대 틀림없이 잡아먹으려던 소일 것이다. 만약 주인이 찾으러 오면 물건으로 보상해 주면 되겠지' 하고는 소를 잡아먹어 버렸다. 그러니 '소의 대 가로 무엇을 원하느냐'고 묻거든 재물을 바라지 말고 '마을에서 섬기는 신(神) 을 달라'고 말하라."

잠시 뒤 관리들이 와서 물었다. "소 대신 무엇을 주면 되겠느냐?" 그래서 노 인이 일러준 대로 대답했다. 그곳에서 섬기는 신은 하얀 돌이었다. 그 하얀 돌 을 소 대신 받아 집으로 와서 방 안에 두었더니, 돌은 아름다운 처녀로 변했다. 쓰누가아라시토는 매우 기뻐하며 합환(合歡)하고자 했다. 그런데 쓰누가아라시토가 잠시 자리를 비운 사이에 처녀가 홀연히 사라지고 없었다. 쓰누가아라시토가 놀라서 아내에게 처녀가 어디로 갔느냐고 물었다. 동쪽으로 갔다고 아내가 대답하여 바로 뒤쫓아 가다 보니 멀리 바다 건너 야마토노쿠니까지 가게 되었다.

쓰누가아라시토가 찾던 처녀는 나니와(難波)에서 히메고소노야시로(比賣語曾社 ; 히메고소 신을 모신 신사)의 신(神)이 되었다. 또 도요쿠니(豊國)의 미치노쿠치노쿠니(國前郡)로 가서 다시 히메고소노야시로의 신이 되었다. 그리하여 두 곳에서 제사를 지낸다고 한다.

3년 봄 3월, 신라의 왕자 아메노히호코(天日槍)가 왔다. 하후토노타마(羽太玉) 한 개와 아시타카노타마(足高玉) 한 개, 우카카노아카이시노타마(鵜鹿鹿赤石玉 ; 붉게 빛나는 돌구슬이라는 뜻) 한 개, 이즈시(出石 ; 다지마노쿠니) 칼 한 자루, 이즈시 창 한 자루, 히카가미(日鏡 ; 거울) 하나, 구마노히모로기(熊神籬 ; 신의 몸이 드러나지 않게 덮는 물건) 하나, 모두 일곱 점을 가지고 왔다. 그것을 다지마노쿠니(但馬國)에 보관하고 신보(神寶)로 삼았다.

―일설에는 처음에 아메노히호코는 배를 타고 하리마노쿠니(播磨國)에 와서 시사와 마을(宍粟邑)에 있었다. 천황이 미와노키미(三輪君)의 조상인 오토모누시(大友主)와 야마토노아타이(倭直)의 조상인 나가오치(長尾市)를 보내 아메노히호코에게 이렇게 물었다. "너는 누구냐? 또 어디서 왔느냐?" 아메노히호코가 대답했다. "나는 신라의 왕자다. 야마토에 성왕(聖王)이 있다는 얘기를 듣고 나의 나라를 아우인 지코(知古)에게 주고 이렇게 찾아왔다."

그러면서 하호소노타마(葉細珠), 아시타카노타마, 우카카노아카이시노타마, 이즈시 칼, 이즈시 창, 히카가미, 구마노히모로기, 이사사(膽狹淺) 큰칼 등 모두 여덟 가지를 헌상했다. 천황은 아메노히호코에게 말했다. "하리마노쿠니 시사와 마을과 아와지시마의 이데사 마을(出淺邑), 둘 중에 마음에 드는 곳에서 거주해도 좋다."

그때 아메노히호코는 "내가 살고 싶은 곳은 만일 나의 소원을 들어주신다면 직접 여러 나라를 두루 다녀보고 마음에 드는 곳을 선택하고 싶다."고 대답했다. 천황은 즉석에서 허락했다. 아메노히호코는 우지강(宇治河)을 거슬러 올라가 오미노쿠니(近江國)의 아나 마을(吾名邑)에 들어가 잠시 살았다. 다시 오미에서 와카사노쿠니(若狹國)를 거쳐 다지마노쿠니에 거처를 정했다. 오미노쿠니의 가가미 마을(鏡村) 골짜기의 도공들은 아메노히호코를 따라다닌 종자(從者)들이다.

아메노히호코는 다지마노쿠니 이즈시에 사는 후토미미(太耳)의 딸 마타오(麻多烏)를 아내로 맞이하여 다지마모로스쿠(但馬諸助)를 낳았다. 그 다지마모로스쿠는 다지마히나라키(但馬日楢杵)를 낳았고, 다지마히나라키는 기요히코(淸彦)를 낳았고, 기요히코는 다지마모리(田道間守)를 낳았다고 한다.

사호히코노미코(狹穗彦王)의 모반

4년 가을 9월 23일, 황후의 오빠 사호히코노미코는 모반을 일으켜 나라를 전복하려고 마음먹었다. 그래서 황후가 집에서 쉴 때를 노려 황후에게 말했다. "너는 오빠와 남편, 누가 더 소중하냐?" 황후는 그 질문의 속뜻을 알지 못하고 경솔하게 '오빠가 소중하'고 대답했다.

그러자 사호히코노미코는 황후에게 "무릇 미색으로 사람을 섬기게 되면, 그 미색이 사라지는 것과 동시에 총애도 끝나고 만다. 지금 세상에는 미인이 많다. 그들은 서로 앞다투어 총애받으려고 애쓴다. 그러니 언제까지나 미색만 믿고 있을 수가 있겠느냐? 만약 내가 황위에 오른다면 반드시 너와 함께 천하에 군림할 수 있다. 두 발 뻗고 누워 백 년을 사는 게 더 좋지 않겠느냐. 그러니 나를 위해 천황을 죽여다오."

그리고 황후에게 비수를 주면서 말했다. "이 비수를 옷 속에 숨기고 있다가 천황이 잠들었을 때 목을 찔러라." 황후는 무서워서 어떻게 해야 좋을지 알 수가 없었다. 그러나 오빠의 마음을 생각하면 쉽게 충고할 수도 없었다. 그래서 그 비수를 혼자 어디 숨기지도 못하고 옷 속에 넣어 두었다.

5년 겨울 10월 1일, 천황은 구메(來目)에 행차하여 다카미야(高宮)에 머물렀다. 천황은 황후의 무릎을 베고 낮잠을 잤다. 그러나 황후는 도저히 일을 실행할 수가 없었다. '오빠의 모반이 성공하려면 지금이 기회인데' 하고 생각하자 자기도 모르게 눈물이 흘러 천황의 얼굴 위에 떨어졌다. 깜짝 놀라 눈을 뜬 천황이 황후에게 말했다. "방금 꿈을 꾸었는데, 비단처럼 아름다운 작은 뱀이 나의 목을 휘감았소. 또 사호(狹穗)에서 큰비가 내려 얼굴을 적시는 꿈도 꾸었는데, 이게 대체 무슨 징조일까?"

황후는 모반 계획을 숨길 수가 없음을 깨닫고 황공하여 땅에 엎드린 채 오빠의 모반을 상세히 아뢰었다. "저는 오빠의 뜻을 배반할 수도 없고, 그렇다고 천황의 은혜에 등을 돌릴 수도 없습니다. 죄를 고백하면 오빠를 죽이게 되고 고백하지 않으면 나라가 무너지게 됩니다. 그래서 두려움과 슬픔에 하늘을 우러러 흐느끼면서 피눈물을 흘렸나이다. 밤이나 낮이나 괴로움에 가슴이 메어 감히 말로 여쭐 수가 없었습니다. 오늘 천황께서 저의 무릎을 베고 주무시기에, 만약 미친 여인이 오빠를 위해 일을 꾀한다면 바로 지금이 힘들이지 않고 성공할 기회라고 생각했으나, 그 생각이 미처 끝나기도 전에 저절로 눈물이 넘쳐흘러 옷소매를 타고 떨어져 천황의 얼굴을 적셨습니다. 꿈에서 보신 것은 이 일이 나타난 것입니다. 비단처럼 아름다운 뱀은 오빠가 저에게 준 단검입니다. 내린 비는 저의 눈물입니다."

천황은 황후에게 말했다. "이것은 그대의 죄가 아니오."

천황은 가까이 있던 병사를 보내 미쓰케노키미(上毛野君)의 조상인 야쓰나타(八綱田)에게 명하여 사호히코노미코를 공격하게 했다. 사호히코노미코는 군사를 모아 방어했다. 그리고 서둘러 벼를 쌓아 성채를 지었다. 그것을 이나키(稲城)라고 하는데 상당히 견고한 성채였다. 사호히코노미코는 한 달이 넘어도 항복하지 않았다. 황후는 슬퍼하며 말했다. "내가 아무리 황후라도 오빠가 이렇게 멸망해 버리면 무슨 면목으로 세상에 나설 수 있겠는가?" 그러고는 왕자 호무쓰와케를 안고 오빠가 있는 이나키로 들어갔다.

천황은 병사를 늘려 그 성을 물샐틈없이 포위하고 명을 내렸다. "즉시 황후와 황자를 내보내라." 그래도 나오지 않자 야쓰나타는 불을 질러 성을 태워버렸다. 황후는 황자를 안고 성 위를 넘어서 나왔다. 그리고 천황에게 주청했다. "제가 오빠의 성으로 달아난 것은 어쩌면 저와 황자를 봐서 오빠의 죄를 용서할지도 모른다고 생각해서입니다. 이제 오빠의 죄를 면할 수 없다는 것을 알았고 또 저에게도 죄가 있다는 것을 알았습니다. 포박을 당할 바에는 차라리 자결하겠습니다. 죽어서도 천황의 은혜는 잊지 않겠습니다. 바라건대, 제가 관장하던 후궁의 일은 다른 훌륭한 여인에게 맡겨 주십시오. 단바노쿠니(丹波國)에 다섯 여인이 있는데, 모두 정조가 곧고 행실이 깨끗합니다. 그리고 다니하노치누시노오오키미(丹波道主王)의 딸들입니다.[2] 이들을 후궁에 불러들여 인원을 보충해 주십시오."

천황은 이를 허락했다. 불길이 맹렬히 타올라 성은 무너지고 군졸들은 모두 달아났다.

사호히코노미코와 그의 누이는 성 안에서 함께 죽었다. 천황은 야쓰나타의 공을 치하하여, 야마토히무카타케비무카히코야쓰나타(倭日向武火向彥八綱田)라는 이름을 내렸다.

스모(角力)의 시작

7년 가을 7월 7일, 근신이 이렇게 말했다. "다기마 마을(當麻邑)에 다기마노쿠에하야(當麻蹶速)라고 하는 용감한 사람이 하나 있는데, 힘이 어찌나 센지 짐승의 뿔을 부러뜨리고 구부러진 갈고리도 편다고 합니다. 사람들에게 '사방팔방을 아무리 찾아봐도 내 힘을 따라올 자는 없을 것이다. 꼭 한번 힘센 사람을 만나서 목숨을 생각하지 않고 힘을 겨뤄보는 것이 소원이다'라고 말하고 다닌다 합니다."

천황은 그 얘기를 듣고 군신들에게 말했다. "다기마노쿠에하야가 천하장사라는 말을 들었다만, 혹시 이에 필적할 만한 자가 없을까?" 그러자 한 신하가 나서서 대답했다. "이즈모노쿠니에 노미노스쿠네(野見宿禰)라고 하는 용사가 있다고 들었습니다. 시험 삼아 이 자를 불러서 다기마노쿠에하야와 겨뤄보게 하는 것이 어떨지요?"

그날 야마토아타이의 조상인 나가오치를 파견하여 노미노스쿠네를 불렀다. 노미노스쿠네가 이즈모에서 올라왔다. 그리하여 다기마노쿠에하야와 노미노스쿠네는 스모로 한판 붙게 됐다. 두 사람은 마주 보고 서서 각각 다리를 들

---

2) 지누시노오오키미(道主王)는 가이카천황의 자손인 히코이마스노키미(彥坐王子)이다. 다른 설에서는 히코유무즈미노미코(彥湯産隅王)의 자식이라고도 한다.

어 상대를 찼다. 잠시 뒤 노미노스쿠네는 다기마노쿠에하야의 갈비뼈를 밟아 분질러 버렸다. 또 그의 허리를 밟아 끊어서 죽이고 말았다. 천황은 다기마노쿠에하야의 토지를 몰수하여 모두 노미노스쿠네에게 주었다. 이것이 그 마을에 고시오리다(腰折田 ; 산기슭에 있는 구부러진 밭)가 있는 연유라고 한다. 노미노스쿠네는 그대로 조정에 머물렀다.

15년 봄 2월 10일, 단바의 다섯 여인을 불러 후궁에 들여보냈다. 첫째는 히바스히메(日葉酢媛)라 하고, 둘째는 누하타니이리비메(淳葉田瓊入媛), 셋째는 마토노비메(眞砥野媛), 넷째는 아자미니이리비메(薊瓊入媛), 다섯째는 다케노히메(竹野媛)라고 한다.

가을 8월 1일, 히바스히메를 황후로 맞이했고 황후의 여동생 셋을 비로 삼았는데, 다케노히메는 얼굴이 못생겼다고 하여 고향으로 돌려보냈다. 다케노히메는 그 일을 부끄럽게 여겨 가즈노(葛野)에서 스스로 가마에서 떨어져 죽었다. 그래서 그 땅을 오치쿠니(墮國)라고 부른다. 지금의 오토쿠니(弟國 ; 乙訓)는 그것이 바뀐 말이다.

황후 히바스히메는 3남 2녀를 낳았다. 첫째는 이니시키이리비코노미코토(五十瓊敷入彥命)라 하고 둘째는 오타라시히코노미코토(大足彥命 ; 게이코천황), 셋째는 오나카쓰히메(大中姬), 넷째는 야마토히메(倭姬), 다섯째는 와카키니이리비코노미코토(稚城瓊入彥命)라고 한다. 비인 누하타니이리비메는 누테시와케노미코토(鐸石別命)와 이카타라시히메(膽香足姬)를 낳았다. 다음 비인 아자미니이리비메는 이케하야와케노미코토(池速別命)와 와카아사쓰히메(稚麻津姬)를 낳았다.

도리토리(鳥取)라는 성(姓)

23년 가을 9월 2일, 천황은 군신들에게 말했다. "호무쓰와케는 지금 서른 살이 되어 턱수염이 가슴까지 자랐는데도 어린아이처럼 울기만 하는구나. 도무지 말을 하지 않는데 어찌하여 그런 것인가?"

겨울 10월 8일, 천황은 대전(大殿) 앞에 서 있었고 그 옆에 황자 호무쓰와케도 서 있었다. 그때 고니가 하늘을 날았다. 하늘을 올려다본 황자는 고니를 보더니 "저건 무엇인가?" 하고 말했다. 천황은 황자가 고니를 보고 말을 한 것을 알고 기뻐하며 옆에 있는 신하에게 분부를 내렸다. "누가 가서 저 새를 잡아 오너라." 그러자 도리토리노미야쓰코(鳥取造)의 조상인 아메노유카와타나(天湯河 板擧)가 말했다.

"제가 반드시 잡아 오겠습니다." 천황은 아메노유카와타나에게 말했다. "네가 저 새를 잡아 오면 상을 듬뿍 내리리라." 아메노유카와타나는 고니가 날아간 방향을 따라 이즈모까지 쫓아가서 마침내 붙잡았다. 어떤 사람은 다지마노쿠니에서 잡았다고도 한다.

11월 2일, 아메노유카와타나가 고니를 헌상했다. 호무쓰와케는 그 고니를 데리고 놀다가 마침내 말을 할 수 있게 되었다. 천황은 아메노유카와타나에게 상을 내리고 성(姓)을 하사하여 도리토리노미야쓰코라 했다. 또 도리토리베(鳥取部), 도리카이베(鳥養部),[3] 호무쓰베(譽津部)[4]를 정했다.

이세(伊勢)의 제사(祭祀)

25년 봄 2월 8일, 천황은 아베노오미의 조상 다케누나카와와케, 와니노오미의 조상 히코쿠니부쿠, 나카토미노무라지의 조상 오카시마(大鹿島), 모노노베노무라지의 조상 도치네(十千根), 오토모노무라지의 조상 다케히(武日) 등 다섯 대부(大夫)를 불러 분부했다.

"선황인 스진천황은 지혜로운 성군이셨다. 총명하고 활달하여 선정을 펼쳤고 천신지기(天神地祇)를 공경하고 스스로 몸을 삼가셨다. 그래서 백성들은 부유해졌고 천하는 태평했다. 나의 대에도 천신지기에게 올리는 제사를 게을리해서는 안 된다."

3월 10일, 도요스키이리비메(豐鉏入姬)에게서 아마테라스오미카미(天照大神)를 떼어내어 야마토히메에게 맡겼다. 야마토히메는 아마테라스오미카미를 안치할 장소를 찾아서 우다의 사사하타(篠幡)로 갔다. 다시 돌아와 오미노쿠니에 들어간 뒤, 동쪽의 미노를 돌아 이세노쿠니(伊勢國)에 이르렀다.

그때 아마테라스오미카미가 야마토히메에게 이렇게 계시를 내렸다. "이세

---

3) 도리토리베, 도리카이베 둘 다 새를 키우거나 조정에 헌상하는 부서.
4) 호무쓰와케를 돌보는 부서.

노쿠니는 끝없이 파도가 밀려드는 가타쿠니(傍國 ; 중심이 아닌 나라)의 아름다운 나라이다. 이 나라에 머물고 싶다." 아마테라스오미카미가 일러준 대로 이세노쿠니에 신사를 세웠다. 그리고 이스즈(五十鈴) 강가에 이쓰키노미야(齋宮)[5]를 세웠다. 이를 이소노미야(礒宮)라고 한다. 아마테라스오미카미가 하늘에서 처음 내려온 곳이다.

　—일설에 의하면, 천황은 야마토히메를 '요리시로(依代 ; 신령이 나타날 때 매체가 되는 것)'로서 아마테라스오미카미에게 바쳤다. 그래서 야마토히메는 아마테라스오미카미를 시키(礒城)의 신목(神木) 밑에 모시고 제사를 지냈다. 그 뒤 신의 계시에 따라 26년 10월 갑자일(甲子日), 이세노쿠니의 와타라이궁(渡遇宮)으로 옮겼다. 그때 야마토오쿠니타마노카미(倭大國魂神)가 호즈미노오미(穗積臣)의 조상 오미쿠치노스쿠네(大水口宿禰)에게 강림하여 이렇게 말했다.

　"태초에 약속하기를 '아마테라스오미카미는 모든 아마노하라를 다스리고, 천황은 대대로 아시하라노나카쓰쿠니의 신들을 다스리며, 나에게는 스스로 오치쓰(地主)의 신을 다스리라'고 하셨다. 여기서 말씀은 끝났다. 선황인 스진천황은 천신지기에게 제사를 올렸으나, 그 근원을 깊이 탐구하지 않고 지엽에만 매달렸다. 그래서 천황은 명이 짧았다. 지금 네가 선황이 하지 않은 일을 반성하고 삼가 제사를 잘 받들면 너의 명도 길어지고 천하도 태평하리라."

　천황은 이 말을 듣고 나카토미노무라지의 조상 구카누시(探湯主)에게 분부하여 점을 치게 했다. 누구에게 야마토노오카미(大倭大神)의 제사를 맡길 것인가? 그러자 점괘에 누나카와카히메(淳名城稚姬)가 나왔다. 따라서 이 누나카와카히메에게 명하여, 아나시 마을(穴礒邑)에 신을 모시기로에 정하고, 오치의 나가오카노사키(長岡岬)에서 제사 지냈다. 그러나 누나카와카히메는 이미 몸이 쇠약해져서 더 이상 제사를 지낼 수가 없었다. 그래서 야마토노아타이의 조상인 나가오치노스쿠네(長尾市宿禰)에게 명하여 제사를 지내게 했다고 한다.

　26년 가을 8월 3일, 천황은 모노노베노토오치네오무라지(物部十千大連)에게 명을 내렸다. "이즈모노쿠니에 종종 사자를 보내 그 나라의 신보를 검사하

5) 이쓰키노미야는 재왕(齋王)이 머무는 궁. 재왕은 이세신궁에 봉사하는 미혼의 여자 왕족.

게 했으나, 분명하게 보고하는 자가 없다. 너희가 이즈모에 가서 조사해 보라."
이에 모노노베노토오치네노오무라지는 신보를 자세히 조사하여 정확하게 보고했다. 그리하여 신보를 관장하게 되었다.

27년 가을 8월 7일, 신관에게 명하여 신들에게 무기를 공물로 바쳐도 되는지 점을 쳤더니 '길(吉)'하다는 점괘가 나왔다. 그래서 활과 화살, 칼을 모든 신사에 봉납했다. 그리고 신을 모실 곳과 간베(神戸 ; 신의 공전公田과 신사의 민가民家)를 정하고 때를 정하여 제사를 올리게 했다. 무기를 가지고 천신지기에게 제사를 올리는 것은 이때부터 시작됐다.

그해, 구메 마을에 미야케(屯倉 ; 야마토 조정 직할의 농업 경영지 또는 직할령)를 두었다.

노미노스쿠네(野見宿禰)와 하니와(埴輪)

28년 겨울 10월 5일, 천황의 삼촌인 야마토히코가 죽었다.

11월 2일, 야마토히코를 무사(身狹)의 쓰키사카(桃花鳥坂)에 장사지냈다. 그때 근시를 불러모아 그들을 능 주위에 산 채로 묻었다. 며칠이 지나도 죽지 않고 밤낮으로 울며 신음하다가 마침내 죽어서 몸이 썩어가자, 개와 새들이 몰려와서 파먹었다. 천황은 그들이 울부짖는 소리를 듣고 매우 슬퍼했다. 그래서 군신들에게 명을 내렸다.

"살아 있을 때 충성으로 모신 이들을 망자와 순장하는 것은 참으로 못할 짓이다. 아무리 옛날부터 내려온 관습이라 해도 좋지 않은 것은 따를 필요가 없다. 앞으로는 잘 협의하여 순장을 금하도록 하라."

30년 봄 정월 6일, 천황은 이니시키이리비코와 오타라시히코에게 말했다. "각자 원하는 것을 말해 보아라." 형은 "활과 화살을 가지고 싶습니다." 동생은 "천황의 자리를 가지고 싶습니다." 하고 대답했다. 천황이 말했다. "각자가 원하는 대로 해 주마." 그리하여 이니시키이리비코에게는 활과 화살을 주고, 오타라시히코에게는 "너는 반드시 황위를 잇도록 하라."고 분부했다.

32년 가을 7월 6일, 황후 히바스히메가 죽었다. 장례를 치르기까지 날짜가 좀 남아 있었다. 천황이 군신들에게 말했다. "순장이 좋지 않다는 것을 지난번에 깨달았다. 이번 장례는 어떻게 하는 것이 좋겠는가?" 노미노스쿠네가 앞으로 나아가 말했다. "군왕의 능묘에 산 사람을 묻는 것은 좋지 않습니다. 그것을 어떻게 후세에 전하겠습니까? 바라건대 지금 좋은 방법을 생각하여 주상하게 해주소서." 그리고 사자를 보내 이즈모노쿠니의 하지베(土部) 100명을 불러모아, 그들에게 점토로 사람과 말, 등 여러 가지모형을 만들게 하여 천황께 헌상하며 말했다. "이제부터는 이 토물(土物)을 산 사람을 대신하여 능묘에 세우고 이를 후세에 법으로 정하심이 어떨지요."

천황은 크게 기뻐하며 노미노스쿠네에게 말했다. "너의 편법이 참으로 내 뜻에 맞도다." 그 토물을 처음으로 히바스히메의 무덤에 세웠다. 그 토물을 하니와라고 했다. 또는 다테모노(立物)라고도 한다. 천황은 명을 내렸다. "앞으로 능묘에는 반드시 이 하니와를 세우고 산 사람을 해쳐서는 안 된다." 천황은 노미노스쿠네의 공을 매우 칭찬하며 가타시도코로(鍛地 ; 도기를 숙성시키는 땅)를 상으로 내리고, 그를 하지(土師 ; 옛날에 능묘 관리와 토기·토용 제작에 종사한 사람)로 임명했다. 그래서 성(姓)이 하지노오미(土部臣)로 바뀌었다. 이 일에서 말미암아 하지노무라지가 천황의 장례를 관장하게 되었다. 이 노미노스쿠네가 하지노무라지의 조상이다.

34년 봄 3월 초이틀, 천황은 야마시로(山城)에 행차했다. 그때 옆에서 모시던 자가 말했다. "이 나라에 가니하타토베(綺戸邊)라고 하는 여인이 있는데 용모가 참으로 아름답다고 합니다. 야마시로오쿠니(山城大國)에 사는 후치(不遲)의 딸입니다."

천황은 창을 잡더니 거기에 대고 맹세했다. "그 미인을 만나면 반드시 길에 상서로운 징후가 나타나리라!" 행궁(行宮)에 도착할 무렵 커다란 거북이 강에서 나왔다. 천황은 창으로 거북을 찔렀다. 거북은 즉시 바위로 변했다. 천황이 근시에게 말했다. "이는 필시 영험한 일이 일어날 징조로다."

그리하여 가니하타토베를 불러 후궁에 들였다. 가니하타토베는 이와쓰쿠와케노미코토(磐衝別命)를 낳았다. 미오노키미(三尾君)의 시조이다. 천황은 이보다 앞서 야마시로의 가리하타토베(苅幡戸邊)를 비로 맞이하여 세 아들을 낳았다. 첫째는 오지와케노미코토(祖別命), 둘째는 이카타라시히코노미코토(五十日足彦

命), 셋째는 이타케루와케노미코토(胆武別命)라고 한다. 이카타라시히코의 자식은 이시다노키미(石田君)의 시조이다.

35년 가을 9월, 이니시키이리비코를 가와치노쿠니에 파견하여 다카시 연못(高石池)과 지누 연못(茅渟池)을 만들게 했다.

겨울 10월에 야마토의 사키 연못(狹城池)과 도미 연못(迹見池)을 만들었다. 그해 각국에 명을 내려 못과 수로를 많이 파게 했다. 그 수는 800개가 넘었다. 농업을 중시하여 그 덕분에 백성은 부유해졌고 천하가 태평해졌다.

37년 봄 정월 초하루, 오타라시히코를 황태자로 책봉했다.

이소노카미 신궁(石上神宮)

39년 겨울 10월, 이니시키이리비코는 지누(茅渟 ; 이즈미和泉 지역의 바다)의 우토(菟砥) 가와카미궁(川上宮)에 행차하여 칼 1,000자루를 만들게 했다. 따라서 그 칼을 가와카미노토모(川上部)라고 한다. 다른 이름은 아카하다카토모(裸伴)라고 하며, 이소노카미 신궁에 안치하였다. 그 뒤, 이니시키이리비코의 명으로 이소노카미 신궁의 신보로 삼았다.

―일설에 의하면, 이니시키이리비코는 지누의 우토강 상류로 가서 가와카미(河上)라는 이름의 대장장이를 불러 칼 1,000자루를 만들게 했다. 그때 다테베(楯部), 시토리베(倭文部), 가무유게베(神弓削部), 가무야하기베(神矢作部), 오아나시베(大穴磯部), 하쓰카시베(泊橿部), 다마스리베(玉作部), 가무오사카베(神刑部), 히오키베(日置部) 다치하키베(太刀佩部) 등 모두 10종의 기술자를 이니시키이리비코에게 주었다. 그리고 1,000자루의 칼을 오사카 마을에 안치했다.

그 뒤 오사카에서 옮겨 이소노카미 신궁에 안치했다. 그때 신(神)이 말했다. "가스가노오미(春日臣)의 일족으로 이름이 이치카와(市河)라고 하는 자에게 다스리게 하라." 그래서 이치카와에게 명하여 다스리게 했다. 그가 지금의 모노노베노오비토(物部首)의 시조이다.

87년 봄 2월 5일, 이니시키이리비코가 동생 오나카쓰히메에게 말했다. "나는 이제 늙어서 신보를 관리할 수가 없다. 이제부터는 그대가 관리하도록 하여라." 그러자 오나카쓰히메는 이를 거절했다. "연약한 아녀자의 몸으로 어찌 신보를 보관하는 높은 보고(寶庫)에 올라갈 수 있으리오."

이니시키이리비코는 "창고가 아무리 높다 해도, 내가 사다리를 만들어 줄 텐데 거기에 올라가는 데 어려울 게 뭐 있겠느냐." 여기서 '하늘의 창고도 사다리만 있으면'이라는 속담이 생겨났다. 오나카쓰히메는 모노노베노토오치네노오무라지(物部十千根大連)에게 주어서 다스리게 했다. 모노노베노무라지가 오늘날에도 이소노카미의 신보를 관장하는 것은 이 일에서 비롯되었다.

옛날, 단바노쿠니의 구와타 마을(桑田村)에 미카소(甕襲)라는 사람이 있었다. 미카소의 집에는 아유키(足往)라는 이름의 개가 있었는데, 이 개가 무지나(너구리 또는 오소리)라는 이름의 산짐승을 잡아먹었다. 짐승의 배 속에서 야사카니의 곡옥이 나와서 그것을 헌상했다. 이 보물은 지금 이소노카미 신궁에 있다.

아메노히호코(天日槍)와 신보

88년 가을 7월 10일, 천황이 군신들에게 말했다. "신라의 왕자인 아메노히호코가 처음 찾아왔을 때 가져온 보물은 지금 다지마에 있다. 토착민들이 숭배하며 신보가 되었다. 그 보물을 보고 싶구나." 그날 사자를 보내, 아메노히호코의 증손자인 기요히코(清彦)에게 명하자, 기요히코는 명을 받들어 직접 신보를 헌상했다.

하후토노타마 하나, 아시타카노타마 하나, 우카카노아카시노타마 하나, 히카가미 하나, 구마노히모로기(熊神籬) 하나였다. 그런데 이즈시라는 이름의 칼이 하나 있었다. 기요히코는 갑자기 그 칼은 헌상하지 않기로 마음먹고 옷 속에 감춰 몸에 지니고 있었다. 천황은 칼을 숨긴 것을 모르고, 기요히코의 수고를 위로하기 위해 가까이 불러 술을 내렸다. 그런데 그만 옷 사이로 칼이 보였다. 그러자 천황이 기요히코에게 물었다. "네 옷 속에 있는 칼은 무슨 칼이냐?" 기요히코는 숨길 길이 없음을 알고 자백했다. "헌상할 신보 중 하나입니다." 천황은 기요히코에게 말했다. "그 신보는 다른 것과 함께 헌상하지 않아도 되는 것이냐?" 그래서 그것을 바로 꺼내어 헌상했다. 신보는 모두 미쿠라(神府)에 안치되었다. 그런데 그 뒤 미쿠라를 열어보니 칼이 없었다. 천황은 기요히코에게 물어보았다. "네가 헌상한 그 칼이 홀연히 사라졌다. 너에게로 돌아간 것이 아니냐?"

기요히코가 대답했다. "간밤에 칼이 저절로 제 집에 찾아왔으나, 오늘 아침에 보니 다시 사라지고 없었습니다." 천황은 그 칼에 영묘한 힘이 있음을 느끼고 다시는 그 칼을 찾지 않았다. 그 뒤 이즈시의 칼은 혼자 아와지시마에 갔다. 그것을 신으로 여긴 섬사람들은 칼을 위해 사당을 짓고 지금도 제사를 지낸다.

옛날에 어떤 사람이 배를 타고 다지마노쿠니로 찾아왔다. "어느 나라 사람이냐?"고 물었더니 그기 대답했다. "신라의 왕자, 이름은 아메노히호코라고 한다." 그는 다지마에 머물면서, 그곳에 사는 마에쓰미미(前津耳)의 딸 마타노오(麻拕能烏)와 혼인하여 다지마모로스쿠(但馬諸助)를 낳았다. 그가 기요히코의 할아버지이다.

다지마모리(田道間守)

90년 봄 2월 1일, 천황은 다지마모리에게 명을 내려, 도코요노쿠니에 가서 '비시향과(非時香果)'를 찾아 오라고 했다. 지금의 귤이 바로 그것이다.

99년 가을 7월 초하루, 천황이 마키무쿠궁(纒向宮)에서 붕어했다. 향년 140세. 겨울 12월 10일, 스가와라의 후시미노미사사기(伏見陵)에 묻혔다.

이듬해 봄 3월 12일, 다지마모리는 도코요노쿠니에서 돌아왔다. 그때 비시향과가 줄줄이 달린 가지를 가지고 왔다. 다지마모리는 슬피 울면서 말했다.

"명을 받들어 아득히 먼 나라에 갔다가 만리 파도를 넘어 돌아왔습니다. 도코요노쿠니는 신선이 사는 비밀의 나라로 평범한 사람이 갈 수 있는 곳이 아닙니다. 그래서 다녀오는 데 10년이나 걸렸습니다. 다시는 고향으로 돌아갈 수 없을줄 알았습니다. 그러나 성제(聖帝)의 신령께서 가호해 주신 덕분에 이렇게 구사일생으로 돌아올 수 있었습니다. 이미 천황이 안 계시니 보고할 수도 없고 내가 살아 있다고 한들 무슨 이득이 있겠습니까?"

그는 천황의 능에 참배한 뒤 울부짖다가 죽고 말았다. 군신들이 이 이야기를 듣고 모두 눈물을 흘렸다. 다지마모리는 미야케노무라지(三宅連)의 시조이다.

제7권

게이코천황(景行天皇) : 오타라시히코오시로와케노스메라미코토(大足彦忍
代別天皇)
세이무천황(成務天皇) : 와카타라시히코노스메라미코토(稚足彦天皇)

게이코천황(景行天皇) : 오타라시히코오시로와케노스메라미코토(大足彦忍代
別天皇)

천황 즉위

오타라시히코오시로와케는 스이닌천황의 셋째 아들이다. 어머니는 히바스
히메라고 하며, 다니와노미치누시의 딸이다. 스이닌천황 37년에 황태자가 되었
다. 그때 나이 21세.

99년 봄 2월, 스이닌천황이 붕어했다.

원년 가을 7월 11일, 황태자가 황위에 올랐다. 따라서 연호를 개정했다. 태세
신미년(辛未年)의 일이다.

2년 봄 3월 초사흘, 하리마노이나비노오이라쓰메(播磨稲日大郎姫)를 황후로 맞
이했다. 황후는 아들을 둘 낳았다. 첫째는 오오우스노미코토(大碓皇子), 둘째는
오우스노미코토(小碓尊)이다. 오오우스와 오우스는 같은 날 한 배에서 쌍둥이
로 태어났다. 천황은 이를 이상히 여기고 우스(碓 ; 절구)를 향해 소리를 질렀다.[1]

---

1) 난산이면 남편이 절구를 등에 지고 집을 도는 풍습이 있는 지방이 있었다. 그래서 게이코천황
   도 절구를 지고 집을 돌았는데 하나가 태어났는데도 아직 해산이 끝나지 않아 둘째가 태어날
   때까지 무거운 절구를 지고 있어야 했기 때문에 자기도 모르게 절구를 향해 '이런 제기랄' 하
   고 소리를 질렀다는 설이 있다.

그래서 이 두 아들에게 오오우스와 오우스라는 이름을 지어준 것이다. 오우스의 나른 이름은 야마토오구나(日本童男), 또는 야마토타케루라고 한다. 어릴 때부터 용감한 성격이었고 장년에 접어들자 용모도 특출나게 늠름해졌다. 키는 1장(一丈, 3m 남짓)이고, 힘이 장사여서 세발솥을 번쩍 들어 올렸다.

3년 봄 2월 초하루, 게이코천황은 기이노쿠니(紀伊國)에 행차하여 천신지기에게 제사지내려 했으나, 점을 쳐보니 좋지 않은 점괘가 나왔다. 그래서 행차를 중지하고 야누시오시오타케오고코로노미코토(屋主忍男武雄心命)를 파견하여 제사를 지냈다. 야누시오시오타케오고코로는 아비노카시와라(阿備柏原)에서 살며 천신지기에게 제사를 지냈다. 그곳에 7년 정도 기노아타이(紀直)의 먼 조상인 우지히코(菟道彦)의 딸 가게히메(影媛)를 아내로 맞이하여 다케노우치노스쿠네(武内宿禰)를 낳았다.

4년 봄 2월 11일, 천황은 미노에 갔다. 근시가 말했다. "이 나라에 아름다운 여인이 있습니다. 야사카이리비코의 딸로 오토히메(弟媛)라고 하는데 용모가 단아하다고 합니다." 천황은 비로 삼고 싶어서 오토히메의 집으로 갔다. 그러나 오토히메는 천황이 왔다는 얘기를 듣고 대나무숲에 숨어 버렸다. 천황은 오토히메를 나오게 하기 위해 구쿠리노미야(泳宮)에 머물며 연못에 잉어를 풀어놓고는 아침저녁으로 들여다보았다. 어느 날 오토히메는 그 잉어가 노는 모습을 보고 싶어서 몰래 나와 연못을 들여다보았다. 천황은 그대로 오토히메를 붙잡아 버렸다. 그래서 오토히메는 생각했다.

'부부의 도리는 옛날이나 지금이나 마찬가지, 그러나 꼬치꼬치 따질 수 없으니 난처하다.' 그래서 천황에게 아뢰었다. "저는 동침을 싫어하는 성격입니다. 지엄한 분부를 받고 대전(大殿)에 오기는 했으나 저의 마음이 그다지 기쁘지 않습니다. 게다가 저는 얼굴도 못생겨서 오래 후궁에서 섬길 수가 없습니다. 다만 저에게 야사카이리비메(八坂入媛)라는 언니가 있는데 용모가 아름답고 마음씨도 곱고 깨끗합니다. 그 언니를 부디 후궁으로 맞아 주십시오."

천황은 이를 받아들여 야사카이리비메를 불러 비로 삼았다. 야사카이리비메는 7남 6녀를 낳았다. 첫째는 와카타라시히코(稚足彦天皇 : 세이무천황)라 하고, 둘째는 이오키이리히코(五百城入彦皇子), 셋째는 오시노와케(忍之別皇子), 넷째는 와카야마토네코(稚倭根子皇子), 다섯째는 오스와케(大酢別皇子), 여섯째는 누노시노히메(淳熨斗皇女), 일곱째는 누나키(淳名城皇女), 여덟째는 이오키이리비메(五百城入姬皇女), 아홉째는 가고요리히메(麛依姬皇女), 열째는 이사키이리비코(五十狹城入彦皇子), 열한째는 기비노에히코(吉備兄彦皇子), 열둘째는 다카키이리비메(高城入姬皇女), 열셋째는 오토히메(弟姬皇女)라고 한다.

다른 비인, 미오시(三尾氏) 이와키와케(磐城別)의 여동생 미즈하노이라쓰메(水齒郎媛)는 이오노(五百野皇女)를 낳았다.

다음 비인 이카와히메(五十河媛)는 가미쿠시(神櫛皇子)와 이나세노이리히코(稻背入彦皇子)를 낳았다. 형인 가미쿠시는 사누키노쿠니노미야쓰코(讚岐國造)의 시조이다.

동생 이나세노이리히코는 하리마와케(播磨別)의 시조이다. 다음 비인 아베노우지노코고토(阿倍氏木事)의 딸 다카타히메(高田媛)는 다케쿠니코리와케(武國凝別皇子)를 낳았다. 그가 이요노쿠니(伊予國) 미무라와케(御村別)의 시조이다. 다음 비 히무카노카미나가오타네(日向髮長大田根)는 히무카노소쓰비코(日向襲津彦皇子)를 낳았다. 그는 아무노키미(阿牟君)의 시조이다. 다음 비 소노타케히메(襲武媛)는 구니치와케(國乳別皇子)와 구니소와케(國背別皇子), 그리고 도요토와케(豊戶別皇子)를 낳았다. 형 구니치와케는 미누마노와케(水沼別)의 시조이고, 동생인 도요토와케는 히노쿠니노와케(火國別)의 시조이다.

천황의 아들딸은 모두 80명이었다. 야마토타케루와 와카타라시히코, 이오키이리히코를 제외한 70여 명의 자식들은 모두 국(國)과 군(郡)에 봉하여 각국으로 내보냈다. 그래서 지금 각국의 와케(別)라고 부르는 것은 와케노오(別王)의 자손들이다.

그달에 천황은, 미노의 구니노미야쓰코인 가무바네(神骨)라고 하는 자의 딸로, 언니는 에토코(兄遠子), 동생은 오토토코(弟遠子)라는 자매가 둘 다 미인이라는 얘기를 듣고 오오우스를 보내 그 여자를 보고 오라고 했다. 그런데 오오우스는 그 여자와 몰래 정을 통하고는 천황에게 보고하지 않았다. 천황은 오오우스를 괘씸하게 여겼다.

겨울 11월 1일, 천황은 미노에서 돌아왔다. 그리고 다시 마키무쿠에 도읍을 건설했다. 그것이 히시로궁(日代宮)이다.

역적과 쓰치구모(土蜘蛛)

12년 가을 7월, 구마소(熊襲 ; 규슈 남부에 본거지를 두고 야마토 왕권에 저항한 것으로 전해지는 사람들)가 저항하며 조공을 바치지 않았다.

8월 15일, 천황은 쓰쿠시를 향해 출발했다.

9월 5일, 스와노쿠니(周芳)의 사바(娑麼 ; 야마구치현山口縣 사바佐波)에 도착했다. 천황은 남쪽을 바라보면서 군신들에게 말했다. "남쪽에 연기가 많이 피어오르고 있다. 틀림없이 적이 있을 것이다." 일단 오노오미(多臣)의 조상 다케모로키(武諸木)와 구니사키노오미(國前臣)의 조상 우나테(菟名手), 모노노베노키미(物部君)의 조상인 나쓰하나(夏花)를 파견하여 그곳 상황을 정찰하게 했다.

그곳에는 가무나쓰소히메(神夏磯媛)라는 여자가 있었다. 부하를 매우 많이 거느린 한 나라의 수령이었다. 천황의 사자가 찾아온 것을 안 가무나쓰소히메는 시쓰산(磯津山)의 비쭈기나무를 뽑아 윗가지에는 야쓰카 검을, 중간 가지에는 야타노카가미를, 그리고 아래쪽 가지에는 야사카니 옥을 매달고, 뱃머리에는 백기를 내건 채 찾아와서 이렇게 말했다.

"바라건대 군사를 보내지 말아 주십시오. 저희는 결코 배신할 뜻이 없으며 당장에라도 귀순할 생각입니다. 다만 저희 말고 나쁜 도당들이 있습니다.

그 첫 번째는 하나타리(鼻垂)라고 합니다. 함부로 왕이라고 주장하며 산속에 사람을 불러 모아 우사강 상류에 모여 있습니다. 두 번째는 미미타리(耳垂)라고 하는데 사람을 해치며 식량을 약탈하고 종종 백성들을 잡아갑니다. 이들은 미케강(御木川) 상류에 있습니다. 세 번째는 아사하기(麻剝)라고 하며, 은밀하게 패거리를 지어 다카하강(高羽川) 상류에 모여 있습니다. 네 번째는 쓰치오리이오리(土折猪折 ; 흙 위에 바로 앉는 사람들)라고 하며, 미도리노강(緑野川) 상류에 숨어서 험준한 산천을 이용하여 백성들을 잡아갑니다. 이 네 사람이 사는 곳은 모두 군사적으로 아주 중요한 곳으로 저마다 부하를 거느리고 그 지역의 수령 행세를 하면서 '천황의 명령에는 따르지 않겠다'고 말합니다. 하루빨리 토벌하는 것이 좋을 줄 압니다. 절대로 놓쳐서는 안 됩니다."

그리하여 다케모로키가 먼저 아사하기를 유인했다. 붉은 상의와 하카마와 온갖 진기한 물건을 보내어 따르지 않겠다는 세 사람도 유인해냈다. 그들이 각자 부하들을 데리고 찾아오자 모두 붙잡아 죽여버렸다. 천황은 마침내 쓰쿠시로 가서 부젠노쿠니(豐前國)의 나가오노아가타(長峽縣 ; 후쿠오카현福岡縣 나가오長尾인가)에 도착하여 행궁을 짓고 그곳에 머물렀다. 그곳을 미야코(京 ; 후쿠오카현 교토군京都郡)라고 한다.

겨울 10월, 오키타노쿠니(碩田國 ; 지금의 오이타현大分縣)[2]에 도착하였다. 그곳은 지형이 넓고 크고 또 아름다웠다. 그래서 오키타라는 이름을 붙였다. 그다음에는 하야쓰 마을(速見村)에 도착했다. 그곳에는 하야쓰히메(速津媛)라는 이름의 여자가 있었는데, 그곳의 수령이었다. 하야쓰히메는 천황이 왔다는 얘기를 듣고 직접 맞이하러 나와 이렇게 말했다.

"이 산에는 쥐의 석굴이라고 하는 커다란 석굴이 있습니다. 그곳에 쓰치구모가 둘 살고 있는데 한 사람은 아오(靑)라고 하고 또 한 사람은 시로(白)라고 합니다. 또 나오이리노아가타(直入縣 ; 오이타현大分縣 나오이리군直入郡)의 네기노(禰疑野)에 쓰치구모가 셋 있습니다. 한 사람은 우치사루(打猿)라 하고, 또 한 사람은 야타(八田)라고 합니다. 또 구니마로(國麻侶)라고 하는 자도 있습니다. 이 다섯 사람은 저마다 보통 사람보다 힘이 세고 패거리가 많아서 모두 '천황의 명에는 따르지 않겠다'고 했습니다. 만약 억지로 부른다면 군사를 일으켜 싸우려 할 것입니다."

천황은 상황이 좋지 않다고 여겨 더 이상 나아가지 않고 구타미 마을(來田見邑)에 행궁을 지어 머물렀다. 군신(群臣)과 협의하여 "이제 많은 병사를 보내 쓰치구모를 쳐야겠다. 만약 우리 군사를 두려워하여 산속에 숨어 버리면 나중에 틀림없이 후환이 있으리라." 하고 말했다.

동백나무를 잘라 망치를 만들어 그것을 무기로 사용하기로 했다. 용감한 병사를 뽑아 그 망치를 주어 산을 뚫고 풀을 베어낸 뒤, 석굴의 쓰치구모를 습격하여 이나바강(稻葉川) 상류에서 토벌했다. 그 패거리를 몰살했는데 그 피가 복

___

2) 큰 밭.

사뼈까지 잠겼다고 한다. 당시 사람들은 동백나무 망치를 만든 곳을 쓰바키시(椿市)라고 하고, 피가 흐른 곳을 지타(血田)라고 했다. 또 우치사루를 치기 위해 네기산(禰疑山)을 넘었다. 그때 이웃 산에서 적이 쏜 화살이 빗발처럼 날아들었다. 천황은 기하라(城原)로 돌아가 점을 친 뒤 강가에 진을 쳤다. 병사를 다시 정비하여 먼저 네기산에서 야타를 격파했다.

우치사루는 도저히 버틸 수 없음을 알고 항복했다. 그러나 천황이 항복을 받아들이지 않자 모두 골짜기 아래로 몸을 던져 목숨을 끊었다. 천황은 처음에 적을 치기 위해 가시와오(柏峽)의 너른 들판에 진을 쳤는데 그 들판에 바위가 있었다. 길이 여섯 자, 너비 석 자, 두께 한 자 다섯 치. 천황은 신의 뜻을 묻는 점을 치면서 이렇게 맹세했다.

"내가 쓰치구모를 없앨 수 있다면 이 바위를 찼을 때 잣나무 잎처럼 가볍게 날아오를 것이다." 그러고 나서 바위를 차니 정말 잣나무 잎처럼 하늘을 향해 가볍게 날아올랐다. 그래서 그 바위를 '호미시(踏石)'라고 부른다. 그때 제사를 지낸 신은 시가노카미(志我神), 나오리노모노노베노카미(直入物部神), 나오리노나카토미노카미(直入中臣神) 등 셋이다.

11월, 히무카노쿠니에 도착하여 행궁을 짓고 머물렀다. 그곳을 다카야궁(高屋宮)이라고 한다.

구마소(熊襲) 토벌

12월 5일, 천황은 구마소를 어떻게 칠지 의논하면서 군신들에게 말했다. "듣자 하니, 소노쿠니(襲國)에 아쓰카야(厚鹿文)와 사카야(迮鹿文)라는 자가 있는데, 이 두 사람은 구마소에서 용감하기로 유명해 부하가 많다고 한다. 이들을 구마소의 야소타케루(八十梟帥 ; 수많은 용사)라고 한다. 세력이 막강하여 당해낼 자가 없다고 하니, 군사가 적으면 적을 멸할 수 없으리라. 그렇다고 다수의 병사를 움직이면 백성들이 피해를 입게 된다. 병사의 힘을 빌리지 않고 혼자서 그 나라를 평정할 방법이 없을까?"

그러자 한 신하가 나서서 말했다. "구마소타케루(熊襲梟帥)에게 두 딸이 있습니다. 언니는 이치후카야(市乾鹿文)라고 하고 동생은 이치카야(市鹿文)라고 합니다. 용모가 수려하고 기질도 용감하다고 하니 선물을 듬뿍 보내어 포섭하시는 것이 좋을 줄 압니다. 그런 다음 구마소타케루의 동태를 정탐하여 불시에 습격하면 칼에 피를 묻히지 않고도 토벌할 수 있습니다."

그러자 천황이 말했다. "좋은 생각이로다." 그리하여 선물을 보여주고 두 여인을 속여서 군영으로 불러들였다. 천황이 이치후카야를 불러들여 속이기 위해 총애하자, 이치후카야가 천황에게 이렇게 말했다. "구마소가 복종하지 않을 않는다고 염려하지 마십시오. 저에게 좋은 생각이 있으니 저에게 병사 한 둘을 붙여 주십시오." 그녀는 집으로 돌아가서 독한 술을 잔뜩 준비하여 아버지에게 먹였다. 구마소타케루가 술에 취해 깊이 잠들자, 이치후카야는 몰래 아버지의 활줄을 끊어 두었다. 그러자 데리고 온 병사 하나가 구마소타케루를 죽였다.

천황은 그 불효막심한 행동을 불쾌히 여기고 이치후카야를 주살해 버렸다. 동생인 이치카야는 히노쿠니노미야쓰코(火國造)에게 주었다.

13년 여름 5월, 소노쿠니를 완전히 평정했다. 다카야궁에 머문 지 벌써 6년째, 그 나라에 미하카시히메(御刀媛)라고 하는 미인이 있었다. 이를 취하여 비로 삼았다. 도요쿠니와케노미코토(豊國別皇子)가 태어났다. 이 사람이 히무카노쿠니노미야쓰코(日向國造)의 시조이다.

17년 봄 3월 12일, 천황은 고유노아가타(子湯縣 ; 현재의 미야자키현宮崎縣 고유군兒湯郡)의 니모노오노(丹裳小野)에 갔다. 그때 동쪽을 바라보면서 근시에게 이렇게 말했다. "이 나라는 정면으로 해가 뜨는 방향을 바라보고 있구나." 그래서 그곳을 히무카라고 불렀다. 그날, 천황은 들판의 큰 바위에 올라가서 도읍을 그리워하며 다음과 같이 노래했다.

<ruby>하시키요시</ruby> <ruby>와기헤노카타유</ruby> <ruby>구모이타치쿠모</ruby> <ruby>야마토와</ruby> <ruby>구니노마호라바</ruby> <ruby>다타나즈쿠</ruby>
愛しきよし 我家の方ゆ 雲居立ち來も 倭は 國の眞區ば 疊づく
<ruby>아오가키야마</ruby> <ruby>고모레루</ruby> <ruby>야마토시</ruby> <ruby>우루하시</ruby> <ruby>이노치노</ruby> <ruby>마타케무히토와</ruby> <ruby>다타미코모</ruby> <ruby>헤구리노야마노</ruby> <ruby>시라가시가에오</ruby>
青垣山 籠れる 倭し 麗し 命の 全けむ人は 疊薦も 平群の山の 白橿が枝を
<ruby>우즈니사세</ruby> <ruby>고노코</ruby>
髻華に挿せ 此の子.

그리운 우리 집이 있는 곳에서 구름이 피어오르네.

야마토는 세상에서 가장 살기 좋은 나라. 푸르른 산들이 울타리처럼 감싸고 있는 곳. 아름다운 야마토여.

　생명력이 넘치는 자여, 헤구리산(平群山)의 가시나무 가지 장식을 머리에 꽂아라, 아들아.

이 노래를 구니시노비우타(国偲び歌 ; 고향을 그리는 노래)라고 한다.

18년 봄 3월, 천황은 도읍으로 돌아가기 위해 쓰쿠시노쿠니를 순행했다. 맨먼저 히나모리(夷守 ; 미야자키현宮崎縣 고바야시小林 부근인가)에 도착했다. 그때 이와세(岩瀬) 강변에 사람이 많이 모여 있었다. 천황은 멀리서 그것을 바라보다 근시에게 물었다. "저기 모여 있는 사람들은 뭐하는 것이냐. 혹시 적이 아닐까?" 그래서 에히나모리(兄夷守)와 오토히나모리(弟夷守) 두 사람을 보내 알아보게 했다. 오토히나모리가 곧 돌아와서 말했다. "천황께 음식을 바치려고 모로카타노키미이즈미히메(諸縣君泉媛)와 그 일족이 모여 있는 것입니다."

여름 4월 3일, 구마노아가타(熊縣 ; 구마모토현熊本縣 구마군球磨郡)에 도착하니, 그곳에 구마쓰히코(熊津彦)라는 형제가 있었다. 천황은 먼저 에쿠마(兄熊)를 불렀다. 에쿠마는 곧 사자(使者)를 따라 왔다. 그리고 오토쿠마(弟熊)도 불렀다. 그러나 그는 오지 않았다. 그래서 군사를 보내 토벌했다.

11일, 바닷길로 아시키타(葦北)의 작은 섬에 도착해 그곳에 머물며 식사했다. 그때 야마베노아비코(山部阿弭古)의 조상인 오히다리(小左)를 불러 차가운 물을 가져오게 했는데 안타깝게도 섬 안에 물이 없어서 어찌할 바를 몰라 하늘을 우러러 천신지기에게 기도했다. 그러자 금세 절벽 옆에서 차가운 물이 솟아올랐다. 그 물을 떠서 천황에게 바쳤다. 그래서 그 섬을 미즈시마(水島)라고 한다. 지금도 미즈시마의 절벽에는 그 샘이 남아 있다.

5월 1일, 아시키타에서 배를 타고 히노쿠니(火國)에 도착했다. 이미 날이 저물었다. 사방이 어두워서 배를 댈 곳을 찾을 수가 없었다. 저 멀리 불빛이 보이자 천황이 사공에게 명했다. "저 불빛을 향해 똑바로 나아가자." 그렇게 불빛을 향해 나아가 가까스로 바닷가에 닿았다. 천황은 그 불빛이 나오는 곳에 대해 물었다. "저기는 무슨 마을인가?" 그곳에 사는 사람이 대답했다. "저것은 야시로노아가타(八代縣)의 도요노무라(豊村)입니다." 또 그 불에 대해서도 물었다. "저

것은 누구의 불인가?" 그러나 불의 주인은 없었다. 사람이 켠 불이 아니라는 점에서 그 나라를 히노쿠니라고 불렀다.

6월 3일, 다카쿠노아가타(高來縣)에서 다마키나 마을(玉杵名邑)로 건너갔다. 그때 그곳의 쓰치구모인 쓰쓰라(津頬)라는 자를 죽였다. 16일에 아소노쿠니(阿蘇國)에 도착했다. 그곳은 넓은 들이 끝없이 펼쳐져 있을 뿐 인가는 보이지 않았다.

천황이 물었다. "이 나라에는 사람이 없느냐?" 그때 두 명의 신, 아소쓰히코(蘇津彦)와 아소쓰히메(阿蘇津媛)가 즉각 사람의 모습을 하고 나타나서 말했다. "저희 둘이 있는데 어찌하여 사람이 없는 곳이라 하십니까?" 그래서 그 나라를 아소라고 한다.

가을 7월 4일, 쓰쿠시노쿠니노미치노시리노쿠니(筑紫後國)의 미케(三毛 ; 후쿠오카현福岡縣 미이케三池)에 도착하여 다카타행궁(高田行宮)에 들어갔다. 그때 쓰러진 나무가 있었는데 길이가 970장(丈)이나 되었다. 관리들은 모두 그 나무를 밟고 다녔다. 당시 사람들은 이렇게 노래를 불렀다.

　　　　아사시모노　　　미케노사오하시　　　마헤쓰키미　　이와타라스모　　미케노사오하시
　　朝霜の 御木の眞小橋 群臣 い渡らすも 御木の眞小橋.
　　금세 사라지는 아침 서리 군신들이 성스러운 나무다리를 건너 궁으로 가네.

천황이 "저것은 무슨 나무인고?" 하고 묻자 한 노인이 대답했다. "이것은 구누기(歷木 ; 상수리나무)라고 합니다. 이렇게 쓰러지기 전에는 아침햇살을 받으면 기시마산(杵島山)을 가리고, 저녁햇살에 비치면 아소산(阿蘇山)을 가릴 정도였지요." 천황은 다음과 같이 분부를 내렸다. "이 나무는 신목(神木)이니, 이 나라를 미케노쿠니(御木國)라고 부르도록 하라."

7일, 천황은 야메노아가타(八女縣 ; 후쿠오카현福岡縣 야메군八女郡)에 도착했다. 후지야마(藤山)를 넘어 남쪽의 아와노사키(粟崎)를 바라보았다. 천황이 말했다. "이 산은 봉우리가 굽이굽이 이어져서 매우 아름답구나. 틀림없이 이 산에 신이 있을 것이다." 미누마노아가타누시사루오미(水沼縣主猿大海)가 대답했다. "이 곳에는 야메쓰히메(八女津媛)라고 하는 여신이 있습니다. 늘 산속에 있습니다."

야메노쿠니(八女國)라는 이름이 여기서 비롯되었다.

8월, 이쿠하노무라(的邑 ; 후쿠오카현福岡縣 우키하군浮羽郡)에 도착하여 식사를 했다. 그날 요리사가 술잔(우키盞)을 깜빡했다. 당시 사람들은 그곳을 우키하(浮羽)라고 불렀다. 지금 '이키하(的)'라고 하는 것은 그것이 바뀐 말이다. 옛날 쓰쿠시 사람들은 술잔을 우키하라고 불렀다.

19년 가을 9월 20일, 천황은 히무카에서 야마토로 돌아갔다.

20년 봄 2월 4일, 이오노노히메(五百野皇女)를 파견하여 아마테라스오미카미(天照大神)에게 제사를 지냈다.

25년 봄 2월 12일, 다케노우치노스쿠네를 파견하여 구누가노미치(北陸)와 아즈마(東方) 각국의 지형과 백성들이 어떻게 사는지 시찰했다.

27년 봄 2월 12일, 다케노우치노스쿠네가 아즈마에서 돌아와 보고했다. "아즈마 시골에 히타카미노쿠니(日高見國 ; 기타카미강北上川 유역인가)라는 곳이 있습니다. 그곳의 사람들은 남자, 여자 모두 머리를 망치 모양으로 묶고 몸에 문신을 새겼으며 성격이 용감합니다. 이들을 에미시(蝦夷)라고 합니다. 토지가 비옥하고 매우 넓어서 공략하는 것이 좋을 듯합니다."

가을 8월, 구마소가 다시 저항하며 변두리 지역을 끊임없이 침입했다.

야마토타케루(日本武尊) 출진

겨울 10월 13일, 야마토타케루를 파견하여 구마소를 토벌하게 했다. 그때 나이 16세. 야마토타케루가 "활을 잘 쏘는 자를 데리고 가고 싶은데, 어디 명인이 없을까?" 하고 말하자, 어떤 사람이 대답했다. "미노노쿠니에 활의 명수가 있습니다. 오토히코노키미(弟彦公)라고 합니다."

야마토타케루는 가즈라키(葛城)의 미야토히코(宮戸彦)를 사자로 보내 오토히코노키미를 불렀다. 오토히코노키미는 이시우라노요코타치(石占橫立)와 오와리의 다고노이나키(田子稲置), 지지카노이나키(乳近稲置)를 데리고 찾아왔다. 그리고 야마토타케루를 수행하여 함께 갔다.

12월, 구마소노쿠니(熊襲國)에 도착했다. 그곳에서 지형과 사람들이 어떻게 생활하는지 관찰했다. 그때 구마소에 다케루(梟帥)라고 불리는 자가 있었는데,

이름은 도로시카야(取石鹿文), 또는 가와가미노타케루(川上梟帥)라고 했다. 그 일족이 모두 모여 신축(新築)을 축하하는 잔치를 열었다. 야마토타케루는 머리를 풀어헤치고 소녀의 모습으로 몰래 다케루의 연회에 참석했다. 옷 속에 칼을 숨기고 다케루의 연회실에 들어가 여자들 사이에 섞여 있었다. 다케루는 그 소녀의 자태에 끌려 손을 잡아 옆에 앉힌 뒤, 잔을 들어 술을 먹이는 등 장난치며 놀았다. 밤이 깊어 손님이 하나 둘 돌아갔다. 다케루는 여전히 술에 취해 있었다. 야마토타케루는 품속에서 칼을 꺼내 다케루의 가슴을 찔렀다. 다케루는 죽기 전에 엎드려 머리를 조아리며 말했다. "잠시만 기다려 주시오. 말씀드릴 것이 있소."

야마토타케루는 칼을 멈추고 기다렸다. 다케루가 말했다. "당신은 누구십니까?" 야마토타케루가 대답했다. "나는 게이코천황의 아들, 이름은 야마토노오구나(日本童男)라고 한다." 다케루가 말했다. "나는 이 나라에서 가장 강한 사람입니다. 그래서 세상 사람들은 나의 힘을 두려워하여 따르지 않는 자가 없었습니다. 지금까지 수많은 무인을 만났으나 당신 같은 분은 처음입니다. 그래서 비천한 자의 비천한 입이기는 하나 존호(尊號)를 바치고 싶습니다. 허락해 주시겠습니까?"

야마토타케루가 대답했다. "허락하지.", "그럼 앞으로는 황자를 야마토타케루 황자라고 부르고 싶습니다." 그 말이 끝나자 미코토(尊)는 다케루의 가슴을 찔러 죽였다. 그를 오늘날에도 야마토타케루노미코토라고 부르며 칭송하는 것은 이 때문이다. 나중에 오토히코 일행을 파견하여 무리를 모두 베어 버리니, 한 사람도 남지 않았다. 그런 다음 해로를 통해 야마토를 향했고 기비(吉備)로 가서 아나노우미(穴海)를 건넜다. 그곳에도 나쁜 신이 있어서 참살한 뒤, 나니와에 이르렀을 때 가시와노와타리(柏渡)의 나쁜 신도 죽여 없앴다.

28년 봄 2월 1일, 야마토타케루는 구마소를 평정한 상황에 대해 이렇게 보고했다. "저는 천황의 영력(靈力)으로 군사를 일으켜 싸운 결과, 구마소의 수령을 죽이고 그 나라를 평정했습니다. 따라서 서쪽 나라도 진압하여 백성들은 아무 걱정 없이 살 수 있게 되었습니다. 다만 기비의 아나와타리(穴渡) 신과 나니와의 가시와나와타리 신이 사람들을 해치려고 독기를 내뿜으며 통행인을 괴롭혀 악의 소굴이 되었습니다. 그래서 그 악신도 모두 죽여 없애고 물과 육지의 길을 열었습니다." 천황은 야마토타케루의 공훈을 칭찬하고 특별히 총애했다.

40년 여름 6월, 아즈마노쿠니(東國)의 에미시가 모반을 일으켜 변두리 지역이 어지러워졌다.

야마토타케루의 2차 정벌

가을 7월 16일, 천황은 군신(群臣)에게 분부했다. "지금 아즈마노쿠니에 제멋대로 날뛰는 신이 많고, 또 에미시가 모두 모반을 일으켜 백성을 괴롭히고 있다. 그 반란을 진압해야 할 텐데 누구를 보내는 것이 좋겠는가?"

군신들은 과연 누구를 보내야 할지 알 수가 없었다. 그때 야마토타케루가 말했다. "저는 앞서 서쪽을 정벌했으니, 이번 일은 오오우스가 맡는 것이 좋겠습니다." 그러자 오오우스는 놀라서 풀숲으로 달아나 숨어 버렸다. 바로 사자를 보내 다시 불러왔다. 천황은 오오우스를 질책하며 말했다.

"네가 원하지 않는다면 억지로 보내지는 않을 것이다. 그렇지만 이 꼴이 뭐냐, 아직 적을 만나지도 않았는데 이토록 겁을 먹다니!" 그리하여 결국 오오우스에게는 미노노쿠니에 영지를 주어 다스리게 했다. 그는 무게쓰노키미(身毛津君)와 모리노키미(守君), 두 씨족의 시조이다.

그렇게 되자 야마토타케루가 용감하게 나서서 말했다. "구마소를 평정한 지 아직 얼마 되지도 않았는데, 지금 또다시 아즈마의 에비스(夷 ; 오랑캐)가 반란을 일으켰습니다. 대체 언제가 되어야 완전히 평정될까요. 저에게 벅찬 일이기는 하지만, 서둘러 난을 평정하는 데 전력을 기울이겠습니다."

이에 천황은 야마토타케루를 세이이쇼군(征夷將軍)에 임명했다. "그 아즈마의 에비스는 성격이 포악하고 능욕을 부끄러워하지 않으며 마을에는 우두머리도 없이 서로 영역을 침범하고 산에는 나쁜 신들이, 들에는 사악한 귀신들이 길을 가로막고 백성들을 괴롭힌다. 그 아즈마의 에비스 중에서도 에미시는 특히 까다롭다. 남녀와 부모자식의 구별도 없이 겨울에는 굴에서 자고 여름에는 나무 위에서 지낸다. 털가죽을 걸치고 피를 마시며 형제끼리도 서로 의심한다. 날아다니는 새처럼 산을 오르고 들짐승처럼 초원을 달린다. 은혜는 쉬이 잊어버리고 원한은 반드시 갚으며, 머리채에 화살을 숨기고, 옷 속에 칼을 차고 있다. 또 도당을 모아 변경을 침범하고 수확철을 노려 곡식을 약탈해 간다. 공격하면 풀숲에 숨고 쫓아가면 산속으로 달아난다.

그렇게 옛날부터 한 번도 왕화(王化 ; 임금의 덕행으로 감화하게 함)에 복종한 적이 없다. 지금 너를 보니 키가 크고 얼굴은 단정하며 힘도 장사로구나. 용맹하기가 천둥번개와 같아서 감히 맞설 자가 없고 공격하면 반드시 이기니, 겉모습은 내 아들이지만 실상은 신이나 마찬가지다. 이는 내가 참으로 어리석어 나라가 어지러워 진 것을 하늘이 가엾게 여기시고 천하를 올바르게 다스리며 종묘가 끊어지지 않도록 도와주시려는 것이리라. 이 천하도, 황위도 다 네 것이나 다름없다. 바라건대 심모원려(深謀遠慮)하여 악한 자는 응징하고, 덕으로써 복종케 하며, 군사를 동원하지 않아도 저절로 따르게 하여라. 날카로운 언변으로 날뛰는 신들을 다스리되, 때로는 무력을 휘둘러 간교한 귀신을 물리쳐라.”

야마토타케루는 쇼군의 지위를 받들어 두 번 절하고 “지난 번 서쪽을 정벌할 때는 황위(皇威)를 빌려 길이가 석 자밖에 안 되는 짧은 칼을 지니고 구마소노쿠니를 쳤습니다. 그리하여 단숨에 적장을 응징했습니다. 지금 다시 천신지기의 영혼에 의지하고 황위를 빌려 동쪽으로 가서, 덕을 가르치겠습니다. 그래도 여전히 따르지 않는 자가 있다면 토벌하고자 합니다.”

천황은 기비노타케히코(吉備武彦)와 오토모노타케히노무라지(大伴武日連)에게 명하여 야마토타케루를 따르게 했다. 또 나나쓰카하기(七掬脛)를 요리사로 삼았다.

겨울 10월 2일에 출발한 야마토타케루는 7일에 이세신궁에 들러 참배한 뒤, 야마토히메에게 작별인사했다. “천황의 명을 받들어 아즈마로 가서, 저항하는 자들을 모조리 토벌하려고 합니다. 그래서 인사를 드리러 왔습니다.” 야마토히메는 야마토타케루에게 구사나기검을 주면서 말했다. “항상 자중하고, 결코 방심하지 마십시오.”

그해에 야마토타케루는 처음으로 스루가(駿河)에 갔다. 그곳의 역적들은 복종하는 척하며 거짓을 말했다. “이 들에는 큰사슴이 매우 많습니다. 그것이 내뿜는 숨결은 마치 아침 안개와 같고 다리는 어린나무 같습니다. 한번 오셔서 사냥을 하시는 건 어떨까요?" 야마토타케루는 그 말을 믿고 들로 나가 사냥했다. 역적은 황자를 죽이려는 속셈으로 들판에 불을 질렀다. 황자는 속았다는 것을 알고, 부싯돌로 맞불을 놓아 간신히 난을 면할 수 있었다.

—일설에는 황자가 차고 있던 아메노무라쿠모검이 스스로 빠져나와 황자 옆의 풀을 베어준 덕분에 난을 피할 수 있었다고 한다. 그래서 그 칼을 구사나기라고 한다.

황자는 "하마터면 감쪽같이 속을 뻔했다." 하고는 적들을 모두 불에 태워 죽였다. 그래서 그곳을 야키즈(燒津 ; 시즈오카현靜岡縣 야키즈시燒津市)라고 한다.

오토타치바나히메(弟橘媛)

황자는 사가미(相模)로 가서 가미쓰후사(上總)를 건너기 전에 바다를 바라보며 이렇게 호언장담했다. "이렇게 조그마한 바다는 훌쩍 뛰어도 건널 수 있겠다." 그런데 바다로 나아가자 폭풍이 불어닥치더니 배가 정처없이 떠다니며 나아가질 못했다. 그때 황자를 따라온 오토타치바나히메라는 측실이 있었다. 호즈미노우지노오시야마노스쿠네(穗積氏忍山宿禰)의 딸이다.

그녀가 황자에게 말하기를 "바람이 불어 파도가 거칠어져서 배가 가라앉을 것만 같습니다. 이건 분명 해신의 짓입니다. 비천한 제가 황자를 대신하여 바다로 뛰어들겠습니다." 오토타치바나히메는 말을 마치자마자 파도를 헤치고 바다로 들어갔다. 곧 폭풍이 멎었다. 배는 무사히 바닷가에 닿았다. 당시 사람들은 그 바다를 하시루미즈(馳水)라고 했다. 야마토타케루는 가미쓰후사에서 미치노쿠노쿠니(陸奧國)로 들어갔다. 그때 커다란 거울을 배에 내걸고 해로로 아시우라(葦浦)에 갔다. 그런 다음 다마노우라(玉浦)를 가로질러 에미시가 다스리는 땅으로 들어갔다.

에미시의 수령인 시마쓰카미(島津神)와 구니쓰카미(國津神)가 다케노미나토(竹水門)에서 이들을 저지하려 했다. 그러나 멀리서 왕의 배를 보고는 그 위세에 놀라 속으로 이기지 못할 것을 알고 활과 화살을 모두 버리고 우러러 절하며 말했다. "우러러 왕의 얼굴을 뵈오니 진정 누구보다 뛰어납니다. 혹시 신이 아니신가요? 이름을 가르쳐 주실 수 있겠습니까." 황자가 대답했다. "나는 천황의 아들이다."

에미시는 두려움에 떨며 옷자락을 걷어올리더니, 물결을 헤치고 왕의 배를 도와 바닷가로 이끌었다. 그리고 스스로 두 손을 뒤로 돌리고 얼굴을 내밀어 항복했다.[3] 황자는 그 죄를 용서해 주고 수령을 사로잡아 부하로 삼았다. 에미시를 평정한 뒤 히타카미노쿠니(日高見國)를 떠나 히타치(常陸)를 지나 가이노쿠니(甲斐國)에 이르러, 사카오리궁(酒折宮)에 머물렀다. 불을 켜고 식사를 한 뒤, 그날 밤 노래를 지어 근시에게 이렇게 물었다.

니이바리야　쓰쿠바오스기테　　이쿠요카네타다로카
新治や 筑波を過ぎて, 幾夜寝ただろうか.
니이바리(新治)와 쓰쿠바(筑波)를 지나 몇 밤이나 잤을까?

근시들은 대답을 하지 못하였다. 그때 미히타키(御火焚 ; 불을 켜는 신하)가 황자의 노래를 이어받아 이렇게 노래하였다.

가가나헤테　요니와고코노요　　히니와도오카오
計ナへて 夜には九夜 日には十日を.
일수를 거듭하여 밤은 아흐레, 낮은 열흘이옵니다.

미히타키의 재치를 칭찬하며 후하게 상을 내렸다. 황자는 이 궁에 머물며 오토모노무라지의 조상인 다케히에게 화살 넣는 통을 하사했다.

야마토타케루가 말했다. "흉악한 에미시는 모조리 그 벌을 받았다. 다만 시나노쿠니(信濃國)와 고시노쿠니(越國)가 아직도 왕화(王化)를 따르지 않는다."

가이(甲斐)에서 북쪽으로 무사시(武藏)와 고즈케(上野)를 돌아 서쪽의 우스히노사카(碓日坂)에 이르렀다. 야마토타케루는 매일 오토타치바나히메를 그리며 우스히 봉우리에 올랐다. 그리고 남동쪽을 바라보며 세 번 탄식한 뒤 이렇게 말했다. "아! 아즈마(吾嬬 ; 나의 아내)여." 그래서 우스히 봉우리에서 동쪽 지방을

---

3) 사죄하는 동작.

아즈마노쿠니(吾嬬國)라고 한다.

여기서 부대를 나누어 기비노타케히코를 고시노쿠니로 보내 그 지형과 백성의 성향을 살펴보게 했다. 야마토타케루는 시나노에 진입했다. 시나노는 산이 높고 계곡이 깊었다. 푸른 봉우리가 첩첩이 이어져 있어 지팡이를 짚고도 오르기가 쉽지 않았다. 바위는 험준하고 비탈길은 끝없이 올라가며, 높은 봉우리가 수없이 연이어져 있어, 말도 걸음을 멈추고 나아가려 하지 않았다.

그러나 야마토타케루는 연기와 안개를 헤치고 아득히 높은 산을 넘어갔다. 야마토타케루는 고개에 이르자 배가 고파서 산속에서 식사를 했다. 산신이 황자를 괴롭히려고 흰 사슴으로 모습을 바꾸고 황자 앞에 나타났다. 황자는 이를 수상히 여기고 산마늘 한 개를 사슴에게 던졌다. 그것이 눈에 명중하여 사슴은 죽고 말았다. 그런데 황자는 갑자기 길을 잃어 어디로 나아가야 할지 알 수가 없었다. 그때 하얀 개가 다가와서 황자를 인도해 주었다. 그리하여 미노로 나갈 수 있었다. 기비노타케히코가 고시노쿠니에서 돌아와 만났다. 그 전에는 시나노 언덕을 넘는 자는 신기(神氣)를 받아 앓아눕는 자가 많았다. 그러나 야마토타케루가 흰 사슴을 죽인 뒤부터, 이 산을 넘는 자는 산마늘을 씹어 사람과 우마(牛馬)의 몸에 바르면 신기를 받지 않았다.

야마토타케루의 병사(病死)

야마토타케루는 다시 오와리로 돌아가, 오와리노우지(尾張氏)의 딸 미야스히메(宮簀媛)를 아내로 맞이하여 오래 머물렀다. 그곳에서 오미의 이부키야마(五十葺山 ; 이부키산伊吹山)에 못된 신이 있다는 말을 듣고 칼을 풀어 미야스히메의 집에 두고 걸어서 찾아갔다. 이부키야마에 도착하자 이무기로 변신한 산신이 길을 가로막았다. 야마토타케루는 신이 이무기로 변신한 것을 모르고 "이 뱀은 틀림없이 신의 사자일 것이다. 신을 죽이면 사자는 문제될 것이 없다." 하고는 뱀을 밟고 지나갔다. 그러자 산신이 구름을 불러 우박을 내렸다. 봉우리에는 안개가 끼고 골짜기는 어두워서 나아갈 길이 보이지 않았다. 방향을 잃어버려 어디로 가야 할지 알 수가 없었다. 그러다가 안개를 뚫고 강행한 끝에 간신히 빠져나왔지만, 무언가에 홀린 것처럼 정신이 없었다. 산기슭 샘가에서 물을 마시고 쉬자 겨우 정신이 돌아왔다. 그래서 그 샘을 이사메가이(居醒井 ; 정신이 돌아오는 우물이라는 뜻)라고 한다.

야마토타케루는 그곳에서 처음으로 병에 걸렸다. 겨우 추스르고 일어나 오와리로 돌아갔다. 그러나 미야스히메의 집에는 들어가지 않고 이세로 발길을 돌려 오즈(尾津)에 도착했다. 전에 야마토타케루가 아즈마노쿠니에 가서 오즈 항에 머무르며 식사를 했을 때, 칼을 하나 풀어서 소나무 밑에 둔 적이 있었다. 그것을 잊어버리고 와 버렸는데, 지금 그곳에 돌아와 보니 그 칼이 그대로 있는 것이 아닌가. 그리하여 다음과 같이 노래를 지어 불렀다.

오하리니 　다다니무카헤루　히토쓰마쓰아와레　히토쓰마쓰　히토니아리세바　기누기세마시오
尾張に 直に向へる 一つ松あはれ 一つ松 人に有りせば 衣着せましを
다치하케마시오
太刀佩けましを.

오와리노쿠니 바로 맞은 편에 있는 오즈곳의 외로운 소나무여. 만약 그 소나무가 남자라면 옷을 입혀 줄 것을, 칼을 채워 줄 것을.

노보노(能褒野 ; 스즈카군鈴鹿郡의 지명)에 도착하자 병이 더욱 심해졌다. 붙잡아 온 에미시를 이세신궁에 헌상하고 기비노타케히코를 파견하여 천황에게 보고했다. "저는 칙명을 받들어 멀리 아즈마의 에비스를 토벌했습니다. 신의 은혜와 황위를 입어 거역하는 자는 벌을 받고 날뛰는 신도 저절로 복종했습니다. 그리하여 갑옷을 벗고 창을 거두어 안심하고 돌아왔습니다. 언젠가 조정에 보고할 생각이었으나, 갑자기 천명이 다하여 남은 생이 얼마 남지 않았습니다. 황야에 외롭게 누워 말 걸어줄 사람도 없습니다. 하지만 어찌 이 몸이 죽는 것을 아쉬워하겠습니까? 다만 어전에서 모실 수 없게 된 것이 한스러울 뿐입니다."

그리하여 노보노에서 숨을 거두었다. 향년 30세.

천황은 이 소식을 듣고 잠을 이룰 수가 없었다. 먹어도 맛이 느껴지지 않고 밤낮으로 눈물을 흘리고 가슴을 치며 슬퍼했다. "나의 아들 오우스는 옛날 구마소가 반란을 일으켰을 때, 아직 아게마키(總角 ; 머리를 좌우로 갈라 귀 위에서 둥글게 말아서 동여맨 것. 미성년자의 머리형이다)도 하기 전부터 오랫동안 싸움터에 나가 나를 도와주었다. 다시 아즈마의 에비스가 날뛰자, 달리 적당한 사람이 없어서 하는 수 없이 적지에 들여보냈으나 하루도 잊은 적이 없었다. 매일 아침 저녁으로 돌아올 날만 기다리고 있었는데, 이 무슨 재앙인지, 이 무슨 벌인지, 뜻하지 않게 아들을 잃어버리고 말았구나. 앞으로 누구와 큰 일을 도모한단 말인가!"

천황은 군신에게 명을 내리고 백관에게 분부하여, 이세노쿠니의 노보노노미사사기(能襄野陵)에 장사지내 주었다. 그때 야마토타케루는 백조가 되어 능에서 나와 야마토노쿠니를 향해 날아갔다. 부하들이 관을 열어보니 옷만 남아 있고 유해는 온데간데없었다. 그래서 사자를 보내 백조를 뒤쫓게 했다. 백조는 야마토의 고토히키노하라(琴彈原 ; 나라현奈良縣 고세시御所市 도미타富田)에서 머물렀다. 그래서 그곳에 능을 지었다. 백조는 다시 날아 가와치로 가서 후루이치 마을(古市邑)에서 머물렀다. 또 그곳에 능을 지었다. 사람들은 이 세 개의 능을 시라토리노미사사기(白鳥陵)라고 불렀다. 백조는 마침내 높이 날아 하늘로 올라갔다. 그래서 의관으로만 장사를 지냈다. 그 공적을 후세에 전하기 위해 다케루베(武部 ; 황자를 위해 만든 사유지. 실체는 밝혀지지 않았다)를 정했다. 천황이 황위에 오른 지 43년의 일이었다.

51년 봄 정월 7일, 군신들을 불러 여러 날에 걸쳐 큰 잔치를 열었다. 황자 와카타라시히코(세이무천황)와 다케노우치노스쿠네는 잔치에 참석하지 않았다. 천황이 두 사람을 불러 그 까닭을 물었더니 이렇게 대답했다. "잔치를 여는 날에는 군신과 백관이 긴장을 풀고 편안하게 노는 데만 정신이 팔려 나라를 생각하지 않습니다. 혹시 정신나간 자가 경계가 허술한 틈을 노려 공격해올까봐 걱정됩니다. 그래서 담장 밖에 서서 비상사태를 대비하고 있었습니다."

이에 천황이 말했다. "훌륭하구나." 그때부터 특별히 총애하게 되었다.

가을 8월 4일, 와카타라시히코를 황태자로 책봉했다. 그날 다케노우치노스쿠네에게 명하여 무네하리노마에쓰키미(棟梁之臣 ; 기둥과 들보처럼 중임을 맡은 사람, 즉 대신을 가리킨다)로 삼았다. 이전에 야마토타케루가 가지고 다닌 구사나기 검은 지금 오와리노쿠니 아유치군(年魚市郡) 아쓰타 신궁(熱田神宮)에 있다. 야마토타케루가 신궁에 헌상한 에미시는 밤낮으로 시끄럽게 소란을 피우고 출입할 때도 전혀 예의가 없었다. 이에 야마토히메가 말했다.

"이 에미시를 신궁 가까이에 두어서는 안 되겠다." 그리하여 조정에 주상을 올리자, 조정에서는 에미시를 미와산 근처에 두기로 했다. 얼마 지나지 않아 에미시는 미와산의 나무를 몽땅 베어 버리고 마을을 향해 소리를 지르며 사람들에게 겁을 주었다. 그 이야기를 들은 천황은 군신에게 명을 내렸다.

"미와산 근처에 두었던 에미시는 본디 짐승의 마음을 지닌 자들이라 중앙에 살게 해서는 안 되겠다. 원하는 대로 저마다 직할지 밖에 두도록 하라." 이들이 하리마(播磨), 사누키(讚岐), 이요(伊予), 아키(安藝), 아와(阿波) 등 다섯 지방의 사에키베(佐伯部)의 조상이다.

이보다 앞서 야마토타케루는 후타지노이리비메(兩道入姬)를 비로 맞이하여 이나요리와케노미코토(稻依別王)를 낳았다. 다음은 다라시나카쓰히코노스메라미코노(足仲彦天皇 ; 주아이천황), 다음은 누노시이리비메(布忍入姬), 다음은 와카타케노미코(稚武王)를 낳았다. 형인 이나요리와케는 이누카미노키미(犬上君)와 다케루베노키미(武部君), 두 씨족의 시조이다. 또 기비노타케히코의 딸 기비아나토노타케히메(吉備穴戸武媛)를 비로 맞이하여 다케카이고노미코(武卵王)와 도키와케노미코(十城別王)를 낳았다. 다케카이고노미코는 사누키아야노키미(讚岐綾君)의 시조이고 도키와케노미코는 이요노와케노키미(伊予別君)의 시조이다. 다음 비인, 호즈미노우지노오시야마노스쿠네의 딸 오토타치바나히메는 와케타케히코를 낳았다.

52년 여름 5월 4일, 황후 하리마노이나비노오이라쓰메가 죽었다.

가을 7월 7일, 야사카이리비메를 황후로 맞이했다.

53년 가을 8월 1일, 천황은 군신들에게 다음과 같이 말했다. "사랑하는 자식을 그리워하는 마음은 언제가 되어야 사라질까. 오우스(小碓王 ; 야마토타케루)가 평정한 나라들을 돌아보고 싶구나." 그달에 천황의 가마는 이세를 거쳐 도카이도에 들었다.

겨울 10월 가즈사노쿠니(上總國)로 가서, 바닷길을 통해 아와노미나토(安房水門)를 건넜다. 그때 가쿠카노토리(覺賀鳥 ; '가쿠카쿠' 하고 울며 좀처럼 모습을 보이지 않는다)의 울음소리가 들려왔다. 그 새를 보려고 먼 바다로 나갔다가 그곳에서 커다란 대합을 손에 넣었다. 가시와데노오미(膳臣)의 조상인 이와카무쓰카리(磐鹿六雁)라는 자가 부들 잎을 따서 어깨띠처럼 매고 대합을 잘게 썰어 올렸다. 이 이와카무쓰카리의 공을 칭찬하여 가시와데노오토모베(膳大伴部 ; 대대로 천황의 식사를 담당하는 역)로 임명했다.

12월, 아즈마노쿠니에서 돌아와 이세에 머물렀다. 이를 가니하타노미야(綺宮)라고 한다.

54년 가을 9월 19일, 이세에서 야마토로 돌아와 마키무쿠궁에 머물렀다.

55년 봄 2월 5일, 히코사시마를 아즈마야마미치(東山道) 15국(國)의 총대장으로 임명했다. 도요키노미코토의 손자다. 그는 가스가의 아나쿠이 마을(穴咋邑)에 이르렀을 때 병에 걸려 죽었다. 그때 아즈마노쿠니의 백성들은 그 왕이 오지 못한 것을 슬퍼하며, 몰래 왕의 유해를 훔쳐내어 고즈케노쿠니(上野國)에서 장사지냈다.

56년 가을 8월, 천황은 미모로와케노미코토(御諸別王)에게 명을 내렸다. "너의 아버지인 히코사시마는 임지에 도착하지도 못하고 일찍 죽었다. 그러니 너는 한결같이 아즈마노쿠니를 다스리도록 하여라." 그리하여 미모로와케는 천황의 명을 받들고 아버지의 유업(遺業)을 성취하기 위해, 그곳으로 가서 속히 선정을 펼치고자 했다. 그때 에미시가 소요를 일으켜서 군사를 내어 토벌했다. 에미시의 수령인 아시후리베(足振邊), 오하후리베(大羽振邊), 도쓰쿠라오베(遠津闇男邊)가 고개를 숙이고 찾아와서 순순히 죄를 인정하고 영지를 모두 헌상했다. 이에 따라 항복하는 자는 용서하고 항복하지 않는 자는 참살했다. 그리하여 아즈마노쿠니는 오랫동안 평화를 유지했다. 그 자손들이 지금도 아즈마노쿠니에 있다.

57년 가을 9월, 사카테 연못(坂手池)을 조성하고 그 둑 위에 대나무를 심었다.

겨울 10월, 각국에 명을 내려 다베(田部 ; 조정의 밭)와 미야케(屯倉 ; 조정의 직할지)를 설치했다.

58년 봄 2월 11일, 오미노쿠니로 가서 시가(志賀 ; 시가현滋賀縣 오쓰시大津市)에서 3년 동안 지냈다. 이를 다카아나호궁(高穴穗宮)이라고 한다.

60년 겨울 11월 7일, 천황이 다카아나호궁에서 붕어했다. 향년 106세였다.

세이무천황(成務天皇) : 와카타라시히코노스메라미코토(稚足彦天皇)

천황즉위와 국(國)·현(縣) 제도

와카타라시히코는 게이코천황의 넷째 아들이다. 어머니는 야사카이리비메이며, 야사카이리비코의 딸이다. 게이코천황 46년에 황태자가 되었다. 그때 나이 24세였다.

60년 겨울 11월, 게이코천황이 붕어했다.

세이무천황 원년 봄 정월 5일, 황태자가 황위에 올랐다. 태세 신미년(辛未年)의 일이다.

2년 겨울 11월 10일, 게이코천황을 야마토노쿠니의 야마헤노미치노우에노미사사기(山邊道上陵)에 장사지냈다. 황후를 높여 황태후라 했다.

3년 봄 정월 7일, 다케노우치노스쿠네를 오오미(大臣 ; 상고시대에 신하 가운데 최고 유력자)로 임명했다. 천황과 한날에 태어난 다케노우치노스쿠네는 그 때문에 세이무천황에게 특별히 총애를 받았다.

4년 봄 2월 1일, 천황이 분부를 내렸다. "선황은 총명하고 무용이 뛰어나 천명을 받아 황위에 올랐다. 하늘의 뜻을 따르고 인심에 순응하며 오랑캐를 토벌하여 천하를 평정했다. 덕은 백성을 뒤덮었고 도리는 천지자연의 이치에 맞았다. 그래서 천하에 따르지 않는 자가 없었고 모든 것이 평화로웠다. 이제 내가 황위를 잇게 되어 밤낮을 가리지 않고 나 자신을 채찍질해 왔다. 그러나 백성들 가운데에는 벌레가 꿈틀거리듯이 불온한 마음을 버리지 않은 자가 있다. 이는 국군(國郡)에 우두머리가 없고 현읍에 수장이 없기 때문이다. 이제부터는 국군에 우두머리를 두고 현읍(縣邑)에 수장을 세울 것이다. 각각의 구니(國)에 우두머리가 될 만한 자를 세워 국군의 수장으로 임명하라. 그것이 왕성을 보호하는 울타리가 되어줄 것이다."

5년 가을 9월, 각국에 명을 내려 국군에는 미야쓰코오키(造長), 현읍에는 이나키(稻置)를 두고 각각 창과 방패를 내려 그 상징으로 삼았다. 산과 강을 경계로 국현(國縣)을 나누고 종횡으로 나 있는 길을 따라 읍리(邑里)를 정했다. 그리하여 동서를 히노타테(日縱)라 하고 남북을 히노요코(日橫)라 했다. 산의 남쪽을 가게토모(影面), 산의 북쪽을 소토모(背面)라고 한다. 이에 따라 백성은 평안하게 살 수 있게 되었고 천하는 무사태평해졌다.

48년 봄 3월 1일, 조카인 다라시나카쓰히코를 황태자로 책봉했다.

60년 여름 6월 11일, 천황이 붕어했다. 향년 107세.

제8권

주아이천황(仲哀天皇): 다라시나카쓰히코노스메라미코노(足仲彦天皇)

천황즉위

다라시나카쓰히코는 야마토타케루의 둘째 아들이다. 어머니는 후타지노이리비메 황후이며, 스이닌천황의 딸이다. 천황은 용모가 단정하고 키가 10척이나되었다. 세이무천황 48년에 황태자로 책봉되었다. 그때 나이 31세. 세이무천황은 아들이 없어서 조카를 후계자로 삼았다.

60년, 천황이 붕어했다. 이듬해 가을 9월 6일, 야마토의 사키노타타나미노미사사기(狹城盾列陵)에 장사지냈다.

원년 봄 정월 11일, 태자가 황위에 올랐다.

가을 9월 초하루, 어머니인 황후를 높여서 황태후라 했다.

겨울 11월 초하루, 군신에게 이렇게 분부했다. "내 아버님은 내가 스무 살도되기 전에 돌아가셨다. 그 영혼은 백조가 되어 하늘로 올라갔다. 하루도 그립지 않은 날이 없었다. 그래서 능 주위의 못에 백조를 키우며 그 새를 보면서아버지를 그리는 마음을 달래고 싶구나." 그리하여 각국에 명을 내려 백조를헌상하게 했다.

윤년 11월 4일, 고시노쿠니에서 백조 네 마리를 헌상했다. 새를 헌상할 사자가 우지강(宇治川) 근처에 묵었는데 아시카미노카마미와케노미코(蘆髮蒲見別王)가 그 백조를 보고 물었다. "어디로 가져가는 것인가?" 고시노쿠니 사람이 대답했다. "천황께서 아버지를 그리워하며 키우고 싶다고 하셔서 헌상하려는 것입니다." 아시카미노카마미와케노미코는 고시노쿠니 사람에게 "백조라고 해도 태워버리면 흑조가 될 것이다." 하고는 백조를 억지로 빼앗아 가 버렸다. 고시노쿠니 사람이 그 일을 보고하자 천황은 아시카미노카마미와케노미코가 선왕에게 무례를 범한 것을 괘씸하게 여기고 병사를 보내 주살해 버렸다. 아시카미노카마미와케노미코는 천황의 배다른 동생이었다.

당시 사람들은 이렇게 말했다. "아버지는 하늘이고, 형(주아이천황)은 임금이다. 하늘을 업신여기고 임금을 거역했으니 어찌 죄를 면할 수 있으리." 태세 임신년(壬申年)의 일이었다.

2년 봄 정월 11일, 오키나가타라시히메(氣長足姬)를 황후로 맞이했다. 그전에 숙부인 히코히토노오에(彦人大兄)의 딸 오나카쓰히메를 비로 맞이하여 가고사카노미코(麛坂皇子)와 오시쿠마노미코(忍熊皇子)를 낳았다. 다음에 구쿠마타노미야쓰코(來熊田造)의 조상인 오사카누시(大酒主)의 딸 오토히메(弟媛)를 비로 맞이하여 호무야와케노미코(譽屋別皇子)를 낳았다.

2월 6일, 쓰루가(敦賀)에 행차하여 행궁을 짓고 머물렀다. 그곳을 게히궁(笥飯宮)이라고 한다. 그달에 아와지에 미야케를 정했다.

구마소 정벌에 진구황후(神功皇后) 동행

3월 15일, 천황은 난카이도(南海道)를 순행했다. 황후와 백관은 거느리지 않고 두세 명의 가신과 관리 수백 명만 데리고 기이노쿠니(紀伊國)에 가서 도코로쓰궁(德勒津宮)에 머물렀다. 그때 구마소가 저항하며 조공을 바치지 않았다. 천황은 구마소를 치려고 도코로쓰를 떠나, 배를 타고 아나토(穴門 ; 야마구치현山口縣)로 갔다. 그날 쓰루가에 사자를 보내 황후에게 전언을 보냈다. "곧 그곳의 항구에서 출발하여 아나토에서 만납시다."

여름 6월 10일, 천황은 도요라쓰(豊浦津 ; 야마구치현山口縣 도요라豊浦)에 머물렀다. 황후는 쓰루가에서 출발하여, 쓰타노미나토(淳田門 ; 후쿠이현福井縣)에 이르러, 배 위에서 식사를 했다. 그때 도미가 배 옆에 많이 모여들었다. 황후가 도미를 향해 술을 뿌리자 도미가 술에 취해 물 위로 떠올랐다. 물고기를 많이 잡은 어부가 기뻐하며 말했다. "성왕(聖王 ; 진구황후)께서 주신 물고기다."

도미는 6월만 되면 물 위로 떠올라 취한 것처럼 입을 뻐끔거리는데 이는 여기에서 비롯되었다.

가을 7월 5일, 황후는 도요라쓰에 머물렀다. 그날 황후는 바다에서 여의주(如意珠 ; 모든 소원이 이루어진다는 구슬)를 주웠다.

9월, 아나토에 궁전을 짓고 머물렀다. 그곳을 아나토 도유라궁이라고 한다.

8년 봄 정월 4일, 쓰쿠시로 갔다. 오카노아가타누시(岡縣主)의 조상인 와니(熊鰐)가 천황이 왔다는 소식을 듣고 커다란 비쭈기나무를 뿌리째 뽑아 큰 배의 뱃머리에 세운 뒤, 윗가지에는 마스미노카가미(白銅鏡)를, 중간 가지에는 도쓰카검을, 아래가지에는 야사카니 곡옥을 걸고 스와(周芳)의 사바(沙麼 ; 야마구치현山口縣 사바佐波) 포구에서 영접했다. 그리고 물고기와 소금을 채취하는 땅을 헌상하고 이렇게 말했다.

"아나토에서 무카쓰노노오와타리(向津野大濟)까지를 히가시노미토(東門)로 하고, 나고야노오와타리(名籠屋大濟 ; 후쿠오카현福岡縣 도바타戸畑 나고야자키名籠屋崎)를 니시노미나토(西門)로 하며, 모토리시마(沒利島 ; 무쓰레지마六連島), 아헤노시마(阿閇島 ; 아이노시마藍島)까지를 미하코(御筥)로 하고, 시바시마(柴島)를 나누어 미나헤(御瓺 ; 냄비, 그릇 따위를 말하며, 천황이 먹을 물고기를 잡는 땅이라는 뜻도 된다)로 하며, 사카미노우미(逆見海)를 염지(鹽地 ; 소금을 채취하는 곳)로 삼고 싶습니다." 그리고 바닷길을 안내하여 야마카노사키(山鹿岬)를 돌아 오카노우라(岡浦)로 들어갔다. 그런데 입구에 이르니 배가 움직이지 않았다. 와니에게 묻기를 "내가 듣기로, 와니는 깨끗한 마음으로 찾아왔다고 하던데 왜 배가 나아가지 않는 것이냐?"

와니가 대답했다. "배가 나아가지 않는 것은 제 탓이 아닙니다. 이 포구 근처에 남녀 두 신이 있는데, 남신은 오쿠라누시(大倉主)라 하고, 여신은 쓰부라히메(菟夫羅媛)라고 합니다. 아마 이 두 신의 뜻일 겁니다."

천황은 기도를 올리고 사공인 야마토노쿠니의 우다(菟田) 사람 이가히코(伊賀彦)를 하후리(祝 ; 신을 섬기는 일을 직업으로 하는 사람)로 삼아 제사를 지냈다. 그러자 배가 움직였다. 황후는 다른 배를 타고 구키노우미(洞海)에서 들어갔으나 바닷물이 빠져서 움직일 수가 없었다. 와니가 다시 돌아와 구키노우미에서 황후를 맞이하려고 했으나, 배가 움직이지 않는 것을 보고 황송해 하며 부랴부랴 우오이케(魚池)와 도리이케(鳥池)를 만들어 물고기와 새를 모았다. 황후는 그 물고기와 새를 보고 분노가 겨우 가라앉았다. 바닷물이 다시 차오르자 오카쓰(岡津)에 머물렀다.

또 쓰쿠시의 이토노아가타누시(伊都縣主)의 조상 이토테(五十迹手)가 천황이 온다는 이야기를 듣고 커다란 비쭈기나무를 뿌리째 뽑아 배의 이물과 고물에 세우고 윗가지에는 야사카니 곡옥, 중간가지에는 마스미노카가미, 아랫가지에는 도쓰카검을 걸고, 아나토의 히코시마(引島)에서 맞이했다. 그리고 이렇게 아뢰었다.

"제가 이 물건을 바치는 이유는, 천황께서 야사카니 곡옥이 굽은 것과 같이 천하를 훌륭하게 다스리시면서, 마스미노카가미처럼 맑게 산천과 바다를 굽어보시고, 도쓰카검을 차고 천하를 평정해 주시기를 바라기 때문입니다."

천황은 이토테를 칭찬하며 '이소시(伊蘇志 ; 부지런하다는 뜻)'라고 말했다. 그리하여 그때 사람들은 이토테의 고향을 이소노쿠니(伊蘇國)라고 불렀다. 지금 이토(伊都)라고 하는 것은 그것이 바뀐 말이다.

21일, 나가아가타(儺縣)에 도착하여 가시히궁(橿日宮 ; 가시이궁香椎宮)에 머물렀다.

신의 계시

가을 9월 5일, 군신들과 함께 구마소를 어떻게 칠지 의논했다. 그때 신이 황후에게 신탁을 내렸다. "천황은 어째서 구마소가 복종하지 않는다고 걱정하는가. 그곳은 척박하고 헐벗은 땅이다. 싸워서 얻을 만한 땅이 못 된다. 이 나라보다 더 좋은 보물이 많은 나라, 바다 위에 마치 소녀의 눈썹같이 생긴 나라가 있다. 그 나라에는 눈부신 금은과 채색(彩色)이 풍부하다. 그곳을 다쿠부스마시라기노쿠니(栲衾新羅國)라고 한다.[1]

만약 나에게 성실하게 제사지내면 칼에 피를 묻히지 않고도 그 나라는 틀림없이 복종할 것이고 구마소도 항복할 것이다. 제사를 올릴 때는 천황의 배(船)와 아나토의 아타이호무타치(直踐立)가 헌상한 논―오타(大田)라고 한다―을

---

1) 다쿠부스마(栲衾)는 하얀 천이라는 뜻으로 시라기(新羅)를 꾸미는 말.

공물로 바쳐라."

천황은 신의 말을 듣긴 했으니 의심스러웠다. 그래서 높은 언덕에 올라가 아득히 먼 바다를 바라보았는데 광막하기만 할 뿐 나라 같은 것은 보이지 않았다. 천황은 신에게 이렇게 대답했다. "내가 주위를 살펴보았으나 바다만 있고 나라로 보이는 것은 없었다. 어떻게 하늘에 나라가 있겠는가? 무슨 신이 실없이 나를 속이려 하는가? 또 우리 황조의 천황들은 모든 천신지기를 섬겼는데 어찌하여 아직도 남아 있는 신이 있단 말인가?"

신은 다시 황후에게 신탁을 내렸다. "내가 이 위에서, 물에 비치는 그림자처럼 선명하게 내려다보는 나라를 어찌하여 없다고 하며 내 말을 의심하는가. 끝까지 그렇게 말하며 내 말을 따르지 않겠다면 너는 나라를 얻지 못할 것이다. 다만 황후가 지금 아이를 가졌으니 그 아이는 나라를 얻을 수 있으리라." 천황은 그래도 믿지 않고 구마소를 쳤으나 이기지 못하고 돌아갔다.

9년 봄, 2월 5일, 천황은 갑자기 병에 걸려 이튿날 숨을 거두었다. 향년 52세. 이로써 신의 계시를 듣지 않았기 때문에 급사한 것임을 엿볼 수 있다. 황후와 오오미인 다케노우치노스쿠네는 천황의 죽음을 숨기고 천하에 알리지 않았다. 황후는 오오미와 나카오미(中臣)의 이카쓰노무라지(烏賊津連), 오미와(大三輪)의 오토모누시노키미(大友主君), 모노노베이쿠이노무라지(物部膽咋連) 오토모타케모쓰노무라지(大伴武以連) 등에게 명을 내렸다.

"지금 세상 사람들은 천황이 붕어하신 것을 모른다. 만약 백성들이 안다면 마음이 해이해지리라." 그리고 네 명의 대부(大夫)에게 명하여 백관을 이끌고 궁중을 지키게 했다. 비밀리에 천황의 유해를 안치하고, 다케노우치노스쿠네에게 맡겨 바닷길을 통해 아나토로 옮겼다. 그리고 도유라궁에서 불도 켜지 않고 가매장했다.

22일, 오오미 다케노우치노스쿠네가 아나토에서 돌아와 황후에게 보고했다. 그해에는 신라와의 전쟁 때문에 천황의 장례식을 올릴 수가 없었다.

제9권

진구황후(神功皇后): 오키나가타라시히메노미코토(氣長足姬尊)

진구황후의 구마소 정벌

오키나가타라시히메는 가이카천황의 증손인 오키나가노스쿠네노오키미(氣長宿禰王)의 딸이다. 어머니는 가즈라키타카누카히메(葛城高顙媛)이며, 주아이천황 2년에 황후가 되었다. 어릴 때부터 총명하고 지혜로운 데다 용모도 뛰어나게 아름다워서 아버지도 기이하게 여겼을 정도였다.

9년 봄 2월, 주아이천황이 쓰쿠시의 가시이궁(香椎宮)에서 붕어했다. 황후는 천황이 신의 계시를 따르지 않아서 일찍 죽은 것을 가슴 아프게 여기고 신의 무시무시한 위력을 느꼈기에 재보(財寶)가 있다는 나라를 손에 넣기로 마음먹었다. 그래서 군신과 백관에게 명을 내려 죄를 갚고 잘못을 뉘우친 다음, 오야마다 마을(小山田邑)에 이와노미야(齋宮)를 세웠다.

3월 1일, 황후는 길일을 골라 이와노미야에 들어가 스스로 간누시(神主: 신관의 우두머리)가 되었다. 다케노우치노스쿠네에게 명하여 칠현금을 타게 하고 나카오미인 이카쓰노오미(烏賊津使主)를 불러 사니와(審神者: 신탁을 듣고 의미를 해석하는 사람)로 삼았다. 칠현금의 머리와 꼬리 쪽에 예물을 잔뜩 쌓아두고 신에게 기도했다. "지난번에 천황에게 계시를 내린 것은 어느 신이신지요? 부디 그 이름을 알려 주소서."

이레 낮 이레 밤이 지나자 대답이 들려왔다. "이세노쿠니 와타라이노아가타(度會縣)의 이스즈궁(五十鈴宮)에 있는 신, 이름은 쓰키사카키이쓰노미타마아마사카루무카쓰히메(撞賢木嚴之御魂天疎向津媛)다." 황후가 또 물었다. "그 밖에도 다른 신이 계십니까?" "지금 나타난 나는 오다(尾田) 아카타후시(吾田節)의 아와노코리(淡郡)에 있는 신이다." "또 다른 신이 계십니까?" "아메니코토시로소라니코토시로타마쿠시이리비코이쓰노오코토시로노카미(天事代虛事代玉籤入彦嚴之事代神)가 있다." "또 있습니까?" "있는지 없는지 모른다." 사니와가 말했다.

"지금 대답하지 않고 나중에 말할 수도 있습니까?" "히무카노쿠니의 다치바나의 물속에 있는 바닷말처럼 젊고 생명력이 넘치는 우와쓰쓰노오(表筒男), 나카쓰쓰노오(中筒男), 소코쓰쓰노오(底筒男)—스미요시 3신—가 있다." "더 있습니까?" "있는지 없는지 알 수 없다." 더 이상 신이 있다고는 말하지 않았다. 신의 계시를 듣고 그 가르침대로 제사를 지냈다.

그 뒤 기비노오미의 조상 가모노와케(鴨別)를 파견하여 구마소노쿠니를 정벌했다. 얼마 지나지 않아 구마소는 스스로 복종했다. 노토리타노후레(荷持田村)에 하시로쿠마와시(羽白熊鷲)라고 하는 자가 있었는데, 매우 강건할 뿐 아니라 날개가 있어 하늘을 날 수 있었다. 그는 황명을 거스르고 백성을 약탈하기 일쑤였다.

17일에 황후는 하시로쿠마와시를 치려고 마음먹고 가시이궁에서 마쓰오궁(松峽宮)으로 옮겼다. 그런데 갑자기 회오리바람이 일어나 갓이 날아가 버렸다. 그래서 사람들은 그곳을 미카사(御笠)라고 불렀다.

20일, 소소키노(層增岐野)로 가서 군사를 일으켜 하시로쿠마와시를 주살한 뒤 근시에게 말했다. "하시로쿠마와시를 잡았으니 이제 안심할 수 있겠구나."

그리하여 그곳을 야스(安)라고 한다. 25일 이동하여 야마토노아가타(山門縣)로 가서 쓰치구모—다부라쓰히메(田油津媛) 주살했다. 다부라쓰히메의 오빠—나쓰바(夏羽)가 군사를 이끌고 맞서려다가 여동생이 죽은 것을 알자 달아나 버렸다.

여름 4월 3일, 북쪽의 비젠노쿠니(備前國) 마쓰라노아가타(松浦縣)로 가서 다마시마노사토(玉島里) 강가에서 식사를 했다. 황후는 바늘을 구부려 낚싯바늘을 만든 뒤 밥알을 미끼로 끼우고 옷에서 실을 뽑아 낚싯줄을 만들었다. 그리고 강 속의 바위에 올라가 낚싯바늘을 던져 넣고 신의 뜻을 묻는 점을 쳤다.

"나는 서쪽에 재보가 있다는 나라를 찾고 있다. 만약 이번 일을 성취할 수 있다면 강의 물고기여, 바늘을 물어라." 낚싯대를 올리자 은어가 낚였다. 황후는 '진귀한 물고기'라고 말했다. 그래서 당시 사람들은 그곳을 메즈라노쿠니(梅豆羅國)라고 불렀다. 지금의 마쓰라(松浦)는 그것이 변한 말이다. 그곳 여인들은 지금도 4월 상순이 되면 낚싯바늘을 던져 은어를 낚는다고 한다. 그러나 남자는 낚시를 해도 물고기가 낚이지 않는다.

황후는 신의 계시가 영험하다는 것을 알고 다시 천신지기에게 제사를 올린 뒤 몸소 서쪽을 정벌하기로 했다. 그래서 신전(神田)을 정하고 나가강(那珂川)의 물을 끌어와 신전에 공급하기 위해 물길을 팠다. 도도로키노오카(迹驚岡)에 이르자 커다란 바위가 가로막고 있어서 물길을 낼 수가 없었다. 황후는 다케노우치노스쿠네를 불러 칼과 거울을 바쳐 신에게 물길을 내달라고 기원하게 했다. 그러자 별안간 천둥이 치더니 바위가 갈라지고 물길이 뚫렸다. 사람들은 그것을 사쿠타노우나데(裂田溝)라고 불렀다.

황후는 가시이궁으로 돌아가 머리를 풀고 바다를 향해 말했다. "저는 천신지기의 계시를 받고 천황의 신령에 의지하여 푸른 바다를 건너 직접 서쪽을 정벌하고자 합니다. 그래서 머리를 바닷물로 씻을 것이니 만약 소원이 이루어진다면 머리카락이 저절로 갈라져 두 갈래가 되게 하소서." 바다에 들어가서 물속에 머리를 담그자 머리카락이 저절로 두 갈래로 갈라졌다. 황후는 갈라진 머리를 각각 묶어서 미즈라(髻 ; 머리를 중앙에서 좌우로 묶는, 남자의 머리형)로 만들었다. 그런 다음 군신들에게 말했다.

"군사를 일으켜 수많은 사람을 움직이는 것은 나라의 중대한 일이다. 나라의 안위와 성패가 거기에 달려 있다. 지금 정벌할 토지가 있는데 군신들에게 그것을 맡길 것이니, 만약 실패하면 잘못은 군신들에게 있다. 이것은 매우 어렵고 힘든 일이다. 나는 여자인데다 아직 미숙하지만 잠시 남자의 모습을 빌려 어떻게든 사나이다운 계획을 세우고자 한다. 위로는 천신지기의 영위(靈威)를 입고 아래로는 군신의 힘을 빌려 군사를 일으킨 다음, 선단을 정렬하여 높은 파도를 건너 보물이 있다는 나라로 향하리라. 만약 성취한다면 군신의 공이지만, 실패한다면 나 한 사람의 죄가 되리라. 나는 이미 그렇게 결의했으니 함께 잘 협의하기를 바란다." 이에 군신들은 입을 모아 말했다.

"황후께서는 천하를 위해 종묘사직의 평안과 무사를 도모하고 계십니다. 실패하여 신하에게 벌이 미치는 일은 없을 것이니, 삼가 뜻을 받들겠나이다."

신라 출병

가을 9월 10일, 각국에 명을 내려 선박을 동원하고 병사를 훈련했다. 특히 군졸을 모으는 것이 어려웠다. 황후가 말했다. "이것은 틀림없는 신의 뜻이다." 그리고 오미와(大三輪) 신사를 세워 칼과 창을 바쳤다. 그러자 군병이 저절로 모여들었다. 아헤노아마오마로(吾瓮海人烏摩呂)라는 인물을 서쪽 바다로 내보내 다른 나라가 있는지 살펴보게 했다. 돌아와서 다른 나라를 보지 못했다고 보고하므로 다시 시카(磯鹿 ; 시가노시마志賀島)의 어부인 구사(草)라는 사람을 파견하여 알아보게 했다.

며칠이 지나 돌아와서 보고하기를 "북서쪽에 산이 있는데 구름이 걸려 있는 걸 보니 틀림없이 나라가 있는 것 같습니다"고 했다. 그래서 길일을 점쳐 출발 날짜를 정했다. 황후는 직접 부월(斧鉞 ; 처형할 때 쓰는 도끼, 중국에서 천자가 정벌하러 가는 대장에게 권위의 상징으로 하사했다)을 들고 삼군(三軍)에 명령을 내렸다.

"사기를 북돋는 종과 북에 절도가 없고 군기가 어지러우면 군졸들이 혼란에 빠지고 재물을 탐하거나 사사로운 일에 미련을 가지면 어김없이 적에게 빼앗기게 된다. 적의 수가 적다고 해서 가벼이 보아서는 안 되고 적의 수가 많다고 겁을 먹어서도 안 된다. 폭력으로 부녀자를 범하는 것은 용납하지 않는다. 스스로 항복하는 자를 죽여서도 안 된다. 싸움에서 이기면 반드시 상을 내릴 것이고 등을 돌려 달아나는 자에게는 반드시 벌을 내리리라."

그리고 신의 계시를 받은 뒤 이렇게 말했다. "니키미타마(和魂 ; 아라미타마荒魂의 반대되는 말. 부드러우면서 열정적인 덕을 갖춘 신령神靈)는 왕의 생명을 보호하고 아리미타마(荒魂 ; 거친 힘을 발휘하는 신령)는 선봉으로서 군선을 이끌 것이다." 신의 계시에 따라 황후는 배례했다. 요사미노아비코오타루미(依網吾彦男垂見)를 제사의 간누시로 삼았다. 그때는 마침 황후의 산달이었다. 황후는 돌을 주워 허리에 끼우고 기도했다. "이번 과업을 끝내고 돌아오는 날, 이곳에서 태어나라!"

그 돌은 지금도 지쿠젠 이토군(怡土郡)의 길가에 있다. 그리하여 아라미타마를 불러 군의 선봉으로 삼고 니키미타마에게 부탁하여 배의 수호신으로 삼았다.

겨울 10월 3일, 와니우라(鰐浦)에서 출발했다. 그때 바람의 신은 바람을 일으키고 파도의 신은 파도를 일으켰으며, 바닷속 큰 물고기도 모두 떠올라 배를 도왔다. 순풍이 불어 범선은 물결을 따라 나아갔다. 키와 노를 사용하지 않고도 금방 신라(新羅)에 도착했다. 그때 배를 실은 파도가 나라 안까지 들어갔다. 마치 천신지기가 도와주는 것만 같았다. 신라왕은 두려움에 떨며 어찌할 바를 몰랐다. 모든 사람을 불러모아 말했다. "신라 건국 이래 이렇게 바닷물이 나라 안까지 올라왔다는 얘기는 일찍이 들은 적이 없다. 천운이 다하여 나라가 바닷속에 잠기려는 것인가."

그 말이 채 끝나기도 전에 군선이 바다를 가득 메우더니, 깃발이 햇빛을 받아 눈부시게 빛나고 북과 피리 소리가 천지를 뒤흔들었다. 아득히 먼 곳을 바라보던 신라왕은 뜻밖의 강병이 나라를 침범하려 하는 것을 알고 두려운 나머지 정신을 잃고 말았다. 간신히 정신이 돌아오자 신라왕이 말했다. "동쪽에 야마토라고 하는 신의 나라가 있다는 얘기를 들은 적이 있다. 성왕(聖王)이 다스리고 있으며 그를 천황이라 부른다고 한다. 틀림없이 그 나라의 신병(神兵)이리라. 설사 군사를 일으킨다 한들 어떻게 막을 수가 있으리오."

신라왕은 백기를 들고 하얀 끈을 목에 걸어 항복함으로써 스스로 포로가 되었다.[1] 그리고 지도와 호적을 봉인하여 내밀면서 말했다. "앞으로는 말치기가 되어 영원토록 복종하겠습니다. 끊임없이 배를 보내 봄과 가을에 말을 손질할 솔과 채찍을 진상하겠습니다. 또 요청이 없어도 남녀의 손으로 만든 생산품을 헌상하겠습니다." 그리고 거듭 맹세하며 말했다.

"동쪽에서 뜨는 해가 서쪽에서 뜨지 않는 한, 또 아리나레강(阿利那禮河 ; 알천 閼川의 한국 발음인가)의 물이 거꾸로 흐르고 강돌이 하늘로 올라가 별이 되지 않는 한, 봄가을의 조공을 빠뜨리거나 말빗과 채찍 헌상을 소홀히 한다면 천지신명의 벌을 달게 받겠습니다."

---

1) 이 구절은 《한서(漢書)》 고제기(高帝紀)의 '秦王子嬰素車白馬, 係頸以組, 封皇帝璽蟹符節, …… 遂西入咸陽 ……封秦重寶財物府庫 ……收秦丞相府圖籍文書'에 의거한 것 같다.

어떤 사람은 신라왕을 죽이자고 했으나 황후는 이렇게 말했다. "신의 계시에 따라 금은(金銀)의 나라를 손에 넣게 되었다. 스스로 항복하는 자를 죽여서는 안 된다." 그리고 포박을 풀어주고 말치기로 삼았다. 신라로 들어가 보물 창고를 봉하고 지도와 호적을 몰수한 다음, 황후가 지니고 있던 창을 신라왕의 문에 세워 후세에 대한 표시로 삼았다. 그 창은 지금도 신라왕의 문에 서 있다. 신라왕 파사침금(波沙寢錦 ; 寢錦은 왕이라는 뜻)은 미질기지파진간기(微叱己知波珍干岐 ; 신라 왕자)를 볼모로 주고 금, 은, 여러 가지 고운 물감과 각종 비단을 수많은 배에 실어 군선을 따르게 했다. 그리하여 신라왕은 항상 많은 배에 공물을 실어 일본에 보냈다. 고려, 백제, 두 나라의 왕은 신라가 지도와 호적까지 바치고 야마토에 항복했다는 소식을 듣자 얼마나 강한 세력인지 알아채고는 도저히 이길 수 없음을 알고 진영 밖에 나가 머리를 숙이며 말했다.

"앞으로는 영원히 서번(西蕃 ; 서쪽의 미개한 나라)이라 칭하며 조공을 바치겠습니다." 그리하여 우치쓰미야케(內官家屯倉 ; 천황의 직할령)[2]를 정했다.

그것이 이른바 삼한(三韓)이다. 황후는 신라에서 돌아온 뒤 12월 14일, 쓰쿠시에서 훗날의 오진천황을 낳았다. 그때 사람들은 그 장소를 우미(宇瀰 ; 후쿠오카현福岡縣 가스야군糟屋郡 우미초宇美町)라고 불렀다.

─일설에는 주아이천황이 쓰쿠시의 가시이궁에 있을 때, 신이 사바노아가타누시(沙麼縣主 ; 사바)의 조상 우쓰히코쿠니히코마쓰야타네(內避高國避高松屋種)에게 접신하여 천황에게 이르기를 "천황이 보물이 있는 나라를 얻고자 한다면, 실제로 내려주마."라고 했다. 그리고 이렇게 덧붙였다. "칠현금을 가져와서 황후에게 주어라." 신의 말에 따라 황후가 칠현금을 켰다. 그러자 신은 황후에게 접신하여 말했다.

"천황이 지금 원하는 나라는 마치 사슴뿔 같아서 알맹이가 없는 나라다. 천황이 타는 배와 아나토노아타이호무타치(穴戶直踐立)가 헌상한 논, 오타를 공물로 바치고 나를 잘 섬기면 천황에게 아름다운 여인의 눈썹처럼 생긴, 금은이 많고 눈이 빛나는 나라를 내려 주리라."

---

2) 일본 조정에 대한 공납지(貢納地)라는 뜻인 듯.

천황이 신에게 대답했다.

"신이라고 하면서 왜 속이려 하십니까? 어디에 그런 나라가 있다고 그렇게 말씀하시는 것입니까? 또 내가 탈 배를 신에게 바치면 나는 무슨 배를 타란 말입니까? 게다가 아직 당신이 어떤 신인지도 모릅니다. 이름을 가르쳐주시기를 바랍니다."

신이 이름을 말했다. '우와쓰쓰노오, 나카쓰쓰노오, 소코쓰쓰노오', 세 신의 이름을 대고 나서 거듭 말했다. "내 이름은 무카히쓰오모오소호후이쓰노미타마하야사노보리노미코토(向匱男聞襲大歷五御魂速狹騰尊)다."

천황은 황후에게 말했다. "듣기 안 좋은 말을 하는 부인이로군. 어째서 하야사노보리(速狹騰)라고 하는 것인가." 신이 천황에게 말했다. "천황이 내 말을 믿지 않는다면 그 나라를 얻을 수 없으리라. 그러나 지금 황후가 잉태한 황자는 틀림없이 그것을 얻을 것이다."

그날 밤, 천황은 갑자기 병에 걸려 죽고 말았다. 황후는 신의 계시대로 제사를 지낸 뒤 남장을 하고 신라를 공격했고 신이 그것을 인도했다. 배를 실은 파도가 멀리 신라 나라 안까지 들어갔다. 신라왕 우류조부리지간(宇流助富利智干)은 마중을 나와 머리를 땅에 조아리며 말했다. "저는 이제부터 야마토노쿠니에 있는 신의 아들에게 우치쓰미야케로서 조공을 게을리하지 않겠습니다."

또 다른 설에 의하면, 신라왕을 사로잡아 해변에 가서 왕의 무릎뼈를 뽑고 돌 위에 엎드리게 한 뒤 베어 죽이고 모래 속에 묻었다. 야마토의 사자 중에 한 사람을 남겨두고 귀환했다. 신라왕의 아내가 남편의 유해를 묻은 곳을 몰라서 사자를 유혹할 생각으로 말했다. "당신이 왕의 유해를 묻은 곳을 알려준다면, 후하게 사례할 뿐만 아니라 당신의 아내가 되겠다." 사자는 그 거짓말을 믿고 유해를 묻은 곳을 알려주었다. 왕의 아내와 신라 사람들은 공모하여 그 사자를 죽였다. 그리고 왕의 유해를 꺼내어 다른 곳에 장사지냈다. 그때 사자의 시체를 왕의 무덤 바닥에 묻고 그 위에 왕의 관을 올린 다음 이렇게 말했다. "고귀한 것과 비천한 것의 순서는 이러해야 하는 법."

천황은 그 이야기를 듣고 다시 분노하여 대군을 보내 신라를 멸망시키려고 했다. 바다를 가득 메운 군선이 신라에 이르자, 깜짝 놀란 신라 사람들은 다

같이 공모하여 왕의 아내를 죽임으로써 사죄했다.[3]

3) 왜국(倭國)과 한반도의 관계를 보면 《삼국사기》에는 신라 제16대 실성왕(實聖王) 원년(402)에 미사흔(未斯欣)을 볼모로 보냈다고 했다. 그리고 《삼국유사》에는, 신라 내물왕(奈勿王) 36년 (390) 미해(美海 ; 미토희未吐喜)를 보냈다는 기록이 있다. 광개토왕비에는 '而侯以辛卯年來渡 海破百殘'(奈勿王 391)이라 기록되어 있다. 《서기》에 처음으로 고구려의 이름이 나타난 것은 이 진구황후 섭정 전기(前紀) 주아이 9년의 마지막 부분이지만, 그것은 날조된 것이다. 오진기(應 神紀) 7년 고려인 내방, 28년 고려왕 견사상표(遣使上表)에 대한 일화 또한 날조된 것이다. 사 실의 기재로는 유랴쿠기(雄略紀) 20년(476)(신라 자비왕 19년, 고구려 장수왕 64년, 백제 문주왕 2 년)의 고려의 백제 공격 기사가 처음이다. 백제가 서기에 처음으로 등장한 것은 고려와 동시, 즉 진구황후 섭정 전기(前紀) 주아이 9년의 신라정벌 기사 마지막 부분이다. 그것에 대해서는 진구황후 섭정 46년, 시마노스쿠네의 가신이 백제에 이르렀다는 기사가 있다. 이 46년도 기사 에 대해서 서기의 기원을 120년 내려서 병인년(366)의 일이라고 하면, 일본과 백제의 연도는 처음으로 일치하여 결부한 사실의 기재로 인정할 수 있다. 이로부터 3년이 지난 기사년(369) 아라타와케의 신라정벌이 있고 백제왕 근초고, 그 아들 귀수(貴須)의 내회서맹(來會誓盟)이 이루어졌다. 이 일은 《삼국사기》가 전하는 백제의 북진(371), 고구려 정벌(371), 한산천도(漢山遷 都 ; 371)의 사실과 연결이 될 뿐 아니라, 그 이듬해(372) 백제 근초고왕의 첫 동진견사(東晉遣 使)의 사실과도 부합된다.

광개토대왕릉 비문 변조와 왜학자(倭學者)들의 왜곡된 견해를 낳게 한 원문의 한 구절은 다 음과 같다. '百殘新羅舊是屬民 由來朝貢 而倭以辛卯年來渡海破百殘○○新羅以爲臣民.' 백잔 (百殘)의 잔(殘)은 잔적(殘賊)이라는 뜻이니 백제를 천대하여 부르는 명칭이다. 고구려 관점에서 본 정당한 견해로는 '백제와 신라는 옛날 고구려에 부속했던 백성이고 원래 조공을 바치던 나 라이다. 왜가 신묘년(영락 원년 서기 391년)에 바다를 건너 들어왔다. 고구려는 백제, 신라, 가라 제국(加羅諸國)을 정벌하여 속국으로 삼고자 하였다.'가 될 것이다. 그러기에 임진년(영락 2년, 서기 392년) 7월에 광개토대왕은 친히 군사 4만을 이끌고 백제 북부를 침입하여 석현성(石峴 城 ; 지금의 개풍군開豐郡 북면北面 청석동靑石洞 부근) 등 10여 성을 함락했다. 왜학자들이 '임나일본부설'을 입증하기 위해 이 구절을 교묘하게 조작한 흔적을 구명해 보면(사학자 이진희 씨의 《한국사의 재조명》에 의하여) 다음과 같다.

고구려 도읍이었던 집안(輯安 ; 중국 길림성 집안集安)에 현존하는 이 비는 장수왕이 부왕 (父王) 광개토대왕의 공적을 기리기 위해 서기 414년에 세운 것으로, 높이 6.3m에 1800여 글자 를 새긴 큰 비석이며, 그 당시 한반도 및 일본열도의 정치적 상황을 정확하게 기록한 유일무이 한 사료이다. 이 비문이 일본에 알려진 것은 1883년 가을(고종 20년) 남만주 지방을 정탐했던 참 모본부원 사코 가게노부(酒匂景信) 중위가 쌍구본(雙鉤本 ; 비석 표면에 종이를 대고 글자 둘 레에 선을 두른 다음 먹을 칠해 탁본처럼 만든 것)을 갖고 돌아간 뒤부터였다. 참모본부는 6년 에 걸쳐 비문을 해독, 해석하여 회여록(會餘錄) 제5집에 발표하자 학자들은 서로 다투어 비문과 《일본서기》에 보이는 '신라침공' 기사에 결부하는 논문을 발표했다. 그들이 주목한 비문 내용은, '百殘新羅舊是展民 由來朝貢 而倭以辛卯年來渡海破百殘○○○羅 以爲臣民 以六年丙申 王躬 率水軍 討伐殘國.' 백제를 죄책처벌(罪責處罰)하기 위한 토벌의 대목이다. 이것은 광개토왕이 '六年丙申'(영락永樂 6년 서기 396년)에 수군을 거느리고 백제를 정벌하여 58성을 함락하고 도성을 핍박했다. 백제는 항복하고 왕의 아우를 볼모로 보냈다. 그때를 말하는 것으로서 '百殘新羅…以爲臣民'은 광개토왕이 백제에 출병할 수밖에 없었던 대의명분을 밝힌 구절이다. 그런데 일본에서는 메이지(明治) 이래, "백잔(百殘 ; 百濟)과 신라는 원래부터 왜의 속민으로서 조공을 바쳤다. 왜가 신묘년(영락원년 서기 391년)에 바다를 건너와 백제와 ○○○(新羅加羅)를 깨뜨리고 신민으로 삼았다."라고 해석하여 '六年丙申' 이하를 떼어 버렸다. 그렇게 하지 않으면, 왜가 361년에 백제와 신라를 정복해 '신민'으로 삼았는데도 그 5년 뒤인 396년에 광개토대왕이 정복자인 왜를 치지 않고 정복당해 버린 백제를 쳤기 때문에 자기들의 해석에 모순이 생기기 때문이다. 또한 비석 표면에는 1900년이나 그 전해에 전면에 석회를 칠해 원래의 비문과 다른 '비문'으로 조작했으며, 원래의 비석 표면을 뜬 탁본은 현존하지 않는다는 것을 밝힐 수 있었다. 그 뒤 10년이 지나는 사이에 한국 및 중국, 대만, 일본에서 10여 종의 탁본이 알려졌지만, 석회를 칠하기 전에 뜬 것은 나타나지 않았다.

광개토대왕릉비 비문과 관련된 근본적인 문제는 석회를 칠한 직후에 비문의 일부를 수정하고 새로운 '비문'을 첨가했다는 것이다. 그곳은 일본학계가 가장 주목하는 '倭以辛卯年來'의 대목인데, 석회를 칠할 때 '辛'자를 '來'자로 잘못 새긴 것을 '辛'자로 다시 수정했다. 무슨 이유로 일본참모본부가 석회를 칠했을까. 그것은 사코가게노부가 비문의 일부를 변조한 것을 은폐하기 위한 목적이었다고 추정한다. '倭以辛卯年來渡海破百殘○○○羅以爲臣民'으로 되어 있는데, 석회가 떨어지는 1900년대가 되자, '海'자가 다른 자획(판단불능)이 되고, '渡'자와 '破'자도 원래의 비문이었다는 증거가 없었기 때문이다. 이상으로 '임나일본부설'은 변조한 '비문'으로 날조한 허황된 주장이었음이 판명되었다. 일본 야마토 정권이 4세기 후반에 한반도에 침략하여 가야(伽倻) 지방에 '임나일본부'라는 통치기관을 두고 2세기에 걸쳐 이 지방을 지배했다는 설은 근대일본의 한국침략을 역사적으로 합리화하려는 의도에서 꾸며진 것이다. 그러나 일본은 패전 뒤에도 일제강점시대에 형성한 식민지 사관을 청산하지 못했기 때문에 그것을 정설로 믿고 교과서에까지 등장시킴으로써 대한 한국에 편견을 심하게 조장했다. 8·15광복 전, 일본의 수많은 학자들은 '임나일본부의 유적'을 찾기 위해 경남 김해 주변을 집요하게 탐사했다. 김해에서 그것을 찾지 못하자, 1917년부터 몇 년 동안 일본의 대표적인 역사가와 고고학자를 동원하여 가야 전역을 철저하게 조사했으나 결과는 김해의 경우와 다름없었다. 근년의 일본고대사 연구의 동향을 보면 임나일본부설을 정면으로 주장하는 학자는 사라지고 일본의 고대국가 성립시기를 6세기 후반으로 내려잡는 설이 유력해진 것이 특징이다. 지금까지는 광개토대왕릉 비문을 근거로 국가 성립 시기를 4세기 후반으로 보는 것이 정설이었는데, 현지 조사 결과로 한꺼번에 200년 이상 떨어진 셈이다. 비문을 근거로 삼기 어렵게 되어 일본열도 내의 여러 분야의 요소로 판단한다면 6세기 후반까지 내려잡지 않을 수 없게 되었다. 일본의 국가성립 시기가 6세기 후반으로 내려간다면 임나일본부설은 공중분해된다. 4세기 후반에는 생기지도 않았던 야마토 정권이 한반도 남부를 식민지로 지배했다고 하는 것은 삼척동자에게도 통하지 않을 소리이기 때문이다. 생각건대 그 당시 일본 규슈 북부지방의 해적 비슷한 집단이 자주 남한 연안을 침범한 사실은 있었을 거라고 상상할 뿐이다. 광개토대왕릉비를 둘러싼 한일 사학계의 쟁점은, 일제강점기에 일본 육군참모본부가 이 비문을 교묘히 변조하여, 이른바 임나일본부설이라는 허구를 날조한 데 있다. 이 비문에 대해 위당(爲堂) 정인보 선생의 〈변상(變相)된 곳이 있다〉라는 글이 1955년에 나왔으며, 60년대 북한 학계의 박시형, 김석형이 위당의 설을 이어받아 전개했다. 일본에서도 70년대

군대를 따라갔던 우와쓰쓰노오, 와카쓰쓰노오, 소코쓰쓰노오 등 주길 3신(住吉三神)이 황후에게 이르기를 "우리 아라미타마를 아나토의 야마다 마을(山田邑)에 모셔라."고 했다. 아나토노아타이(穴門直)의 조상 호무타치(踐立), 쓰모리노무라지(津守連)의 조상 다모미노스쿠네(田裳見宿禰)가 황후에게 아뢰었다. "신이 마음에 들어하는 곳을 정하여 모셔야 합니다." 그래서 호무타치를 아라미타마를 모시는 간누시로 삼고 아나토의 야마다 마을에 신사를 세웠다.

초에 나카쓰카 아키라(中塚明), 사에키 아리키요(佐伯有淸) 등의 조사과정에서 일제참모본부 개입 얘기가 나와 '비문을 다시 검토하자'는 반응을 보였으며, 72년 재일한국인 사학자 이진희 씨가 비문 변조를 밝혀냈고, 이때부터 이 비문은 한일관계사 연구의 큰 쟁점으로 부각되었다. 광개토대왕릉비는 진단인(震檀人)의 손으로 건립한 가장 오래된 석문(石文)이다. 이 비는 당시 고구려 수도 국내성(國內城) 부근인 만주 통화성(通化省) 집안현(輯安縣) 동강비석가(東岡碑石街)(강계만포진江界滿浦鎭의 대안對岸)에 높이 서 있다. 광개토대왕 사후 2년, 즉 장수왕 즉위 2년 갑인년(414)에 건립된 것으로 1600년이나 거슬러 올라간다. 비문의 글자체가 새긴 지 오래되었고, 오랫동안 비바람과 이슬에 시달려 판독이 안 되는 글자가 많아서 완전하게 이해하기는 어렵다. 비석은 직사각형의 자연석(각력응회암角礫凝灰巖)에 다소 인공을 가한 것으로, 지상에 나타난 부분의 높이는 6.3m, 너비는 1.5~1.8m이다. 현재는 한국식 비각 속에 보존되어 있다. 4면에 모두 문자를 음각하여(글자 크기 약 13cm), 1행 41자, 44행, 총자수 1800여 자에 이른다. 비의 거대함과 글의 웅혼함이 대국(大國)의 성시(盛時)를 표상하기에 충분하다. 그러나 비문을 지은 사람과 글씨를 새긴 사람은 명시되어 있지 않다. 비문은 먼저 시조 추모왕(鄒牟王 ; 동명성왕) 이후의 세계(世系)를 서술하고, 다음은 광개토왕의 전공(戰功)을 기술한 뒤, 이어서 수묘인(守墓人)과 연호(烟戶)에 대한 규정을 정하여 오래도록 길이 전할 전(典)으로 삼으려 한 것이니, 광개토대왕 당대의 사실(事實)에는 국사(國史) 및 그 당시 국제사(國際史)에 빠진 것을 보충한 것이 많으며, 글씨는 한예(漢隸)의 한 전형으로도 유명하다. 이 비의 존재가 우리나라 학자들에게 처음 알려진 것은, 지금으로부터 약 500년 전 조선 제4대 세종대왕 때에 완성된 용비어천가(태조의 공적을 찬양한 시사詩詞)의 주기(註記)에, '평안도 강계부의 서강(西江)을 건너(이 다음에 고자(古字)가 있으나 읽을 수 없음) 140리 가서 ○○(大野)가 있다. 그 가운데 고성(古城)이 있는데 흔히 대금황제성(大金皇帝城)이라 부른다. 성북(城北) 7리(里)에 비가 있다. 또 그 북쪽에 석릉(石陵)이 두 개 있다'고 한 것이 처음이다. 그밖에 조선 중기의 학자 이수봉의 《지봉유설》에도 만포진(滿浦鎭) 건너편에 큰 무덤이 있음을 기록하고 있으며, 조선 중기 문장가인 심언광이 지은 '完顏故國荒城在//皇帝遺墳巨碣存'(읽기 ; 완안/고국/황성/재//황제/유분/거갈/존 ; 완안씨의 옛 나라의 황폐한 성에 황제의 무덤과 큰 비석이 있구나)라는 시를 인용해서 큰 비석이 있다는 사실을 이야기했다. 이렇듯 조선 시대까지도 그 비석이 금(金)나라(=완안씨의 옛 나라) 시조의 비로 생각했을 정도로 아는 것이 없었다. 뒷날 일본이 교묘하게 변조한 비문을 근거로 '임나일본부설'이라는 허황되고 날조된 주장을 하게 된다는 점에서 영국 정치가인 윈스턴 처칠의 '역사를 잊은 민족에게 미래는 없다(A nation that forgets its past has no future.).'라는 말이 새삼스럽게 다가온다.

가고사카노미코(麛坂王)와 오시쿠마노미코(忍熊王)의 책모

신라를 친 이듬해 2월, 황후는 군신과 백관을 이끌고 아나토의 도유라궁(豐浦宮)으로 옮겨 간 뒤, 천황의 유해를 거두어 해로를 통해 야마토로 향했다. 그때 가고사카노미코와 오시쿠마노미코(주아이천황의 아들)는 천황이 죽었고 황후는 신라를 정벌했으며 황자가 새롭게 태어났다는 이야기를 듣고 은밀하게 음모를 꾸몄다.

"지금 황후는 아들을 낳았고 군신들이 모두 따르고 있다. 틀림없이 함께 모의하여 어린 왕을 내세울 것이다. 형인 우리가 어떻게 동생에게 복종한단 말인가." 그래서 거짓으로 천황을 위해 능을 조성하는 척하고 하리마로 가서 아카시(赤石)에 미사사기(山陵)를 짓기로 했다. 선단(船團)을 짜서 아와지시마까지 연결하여 그 섬의 돌을 옮겼다. 그리고 사람들에게 무기를 나눠주고 황후를 기다렸다. 이누카미노키미(犬上君)의 조상 구라미와케(倉見別)와 기시(吉師)의 조상 이사치노스쿠네(五十狹茅宿禰)는 함께 가고사카노미코에게 가담했다. 그리하여 쇼군으로서 아즈마노쿠니의 군사를 동원했다. 가고사카노미코와 오시쿠마노미코는 함께 도가노(苑餓野)로 나가 신의 뜻을 묻는 점을 치고 맹세했다.

"만약 이 일이 성공하면 틀림없이 좋은 사냥감을 얻으리라." 두 왕은 임시로 만든 자리에서 기다렸다. 그러자 갑자기 붉은 멧돼지가 튀어나와 자리로 올라오더니 가고사카노미코를 물어 죽이고 말았다. 병사들은 모두 겁에 질렸다. 오시쿠마노미코는 구라미와케에게 말했다. "이것은 예삿일이 아니다. 여기서 적을 기다려서는 안 된다." 그리고 군사를 이끌고 퇴각하여 스미요시(住吉)에 주둔했다.

오시쿠마노미코가 군사를 동원해 기다리고 있다는 이야기를 들은 황후는 다케노우치노스쿠네에게 명하여 황자를 안고 길을 돌아서 난카이(南海)로 나가 기이미나토(紀伊水門)에 묵으라고 했다. 한편 황후의 배는 곧장 나니와로 향했다. 그런데 배가 바다 위에서 빙글빙글 돌기만 하고 나아가지 않았다. 하는 수 없이 무코(武庫) 항으로 돌아가 점을 쳤다. 아마테라스오미카미(天照大神)가 일러주기를 "나의 아라미타마를 황후 가까이 두는 것은 좋지 않다. 히로타노쿠니(廣田國 ; 셋쓰노쿠니攝津國 다케다신사武田神社의 땅)에 두는 것이 좋으리라."고

하여, 야마시로노네코(山背根子)의 딸 하야마히메(葉山媛)에게 모시게 했다. 또 와카히루메노미코토(稚日女尊)가 일러주기를 "나는 이쿠타노나가오노쿠니(活田長峽國 ; 셋쓰노쿠니攝津國 이쿠타신사生田神社)에 머물고 싶다." 하여, 우나카미노이사치(海上五十狹茅)에게 모시게 했다.

그리고 고토시로누시노미코토(事代主命)가 이르기를 "나를 나가타노쿠니(長田國 ; 셋쓰노쿠니攝津國 나가타신사長田神社의 땅)에 두어라." 하여, 하야마히메의 여동생 나가히메(長媛)에게 모시게 했다. 우와쓰쓰노오, 나카쓰쓰노오, 소코쓰쓰노오 등 세 신이 가르쳐 주기를 "우리 니키미타마를 오쓰 누나쿠라(淳名倉)의 나가오(長峽)에 두어야 한다. 그러면 오가는 배를 보호해 주리라." 하여, 신의 가르침대로 원하는 곳에 모시고 나자 순조롭게 바다를 건널 수 있게 되었다.

오시쿠마노미코는 군사를 이끌고 물러가 우지(宇治)에 진을 쳤다. 황후는 기이노쿠니(紀伊國)에 가서, 히다카(日高)에서 태자(뒷날의 오진천황應神天皇)를 만났다. 군신과 의논하여 오시쿠마노미코를 공격하기 위해 다시 시노궁(小竹宮 ; 와카야마현和歌山縣 고보시御坊市 시노小竹)으로 옮겼다. 그런데 낮에도 밤처럼 깜깜한 날이 며칠이나 계속되었다. 당시 사람들은 "도코야미(常夜)를 간다."고 말했다고 한다. 황후는 기노아타이의 조상 도요미미(豐耳)에게 물었다. "이 변고는 무엇 때문인가?" 한 노인이 대답했다. "제가 듣기로는 이런 변고를 아즈나히(阿豆那比)의 벌이라 한다고 들었습니다." "무슨 뜻인가?" 황후가 묻자 노인이 대답했다. "두 신사의 신관을 함께 묻었기 때문이 아닐까 합니다." 그래서 마을사람들에게 물으니 어떤 사람이 이야기해 주었다.

"시노의 신관과 아마노의 신관은 매우 친한 친구 사이였다. 시노의 신관이 병에 걸려 죽자 아마노의 신관이 몹시 슬퍼하며 말했다. '나는 그가 살아 있었을 때 좋은 친구였다. 어찌 죽어서도 무덤을 함께 하지 않으리오!' 하고는 주검 옆에 엎드려 스스로 죽고 말았다. 그래서 합장해 주었는데 어쩌면 그 때문인지도 모른다." 무덤을 파보니 과연 사실이었다. 그래서 관을 새로 짜서 각각 다른 장소에 묻어 주었다. 그러자 햇빛이 비쳐 낮과 밤의 구별이 다시 뚜렷해졌다.

3월 5일, 다케노우치노스쿠네와 와니노오미의 조상인 다케후루쿠마(武振熊)

에게 명하여 수만 명의 군사를 이끌고 오시쿠마노미코를 정벌했다. 다케노우치노스쿠네 일행은 정예병을 골라 야마시로 방면으로 진출했다. 우지에 이르러 강 북쪽에 주둔하자, 오시쿠마노미코는 진영에서 나와 싸우려고 했다. 그때 구마노코리(熊之凝)라는 자가 오시쿠마노미코군의 선봉이 되어, 아군을 격려하기 위해 소리 높이 노래를 불렀다.

오치카타노　아라라마쓰바라　마쓰바라니　와타리유키테　쓰쿠유미니　나리야오타구헤　우마히토와
彼方の あらら松原 松原に 渡り行きて 槻弓に 鳴り矢を 令副へ 貴人は
우마히토도치야　이토코와모　이토코도치　이자아와나　와레와　다마키하루　우치노아소가
貴人共や 從兄弟はも 從兄弟共 率遇はな 我は たまきはる 宇治の朝臣が
하라누치와　이사고아레야　이자아와나　와레와
腹内は 砂有れや いざ遇はな 我は.

저 멀리 소나무 숲까지 전진하여 활에 우는 살[4]을 매기고, 귀인은 귀인끼리, 친구는 친구끼리, 자, 다함께 싸우자. 우리 다케노우치노아손(武內朝臣)의 배 속에 돌멩이가 들어 있을 리 없으니, 자, 다함께 싸우자.

다케노우치노스쿠네는 삼군(三軍；대군이라는 뜻)에 명을 내려 모두 머리를 땋아 올리게 하고 이렇게 호령했다.

"각자 예비 활줄을 머리카락 속에 숨기고 목도(木刀)를 차라." 그리고 오시쿠마노미코를 속이기 위해 황후의 명령을 전했다. "나는 천하를 욕심내는 것이 아니오. 다만 어린 왕을 안고 주군을 따랐을 뿐인데, 어찌하여 싸워야 한단 말이오? 바라건대, 함께 활줄을 끊고 무기를 버려 화해하는 것이 어떻겠소? 왕은 황위에 올라 안심하고 나라의 정사를 돌보시기를 바라오." 그리고 군사들에게 명령하여, 모든 활시위를 끊고 칼을 끌러 강물에 던져 넣었다. 오시쿠마노미코는 그 말을 믿고 전군에 명령을 내려 무기를 풀어 강에 던져 넣고 활줄을 끊었다. 그러자 다케노우치노스쿠네는 삼군에 명령하여 예비 활줄을 꺼내 활에 매기고, 진검을 휘두르며 강을 건너왔다. 오시쿠마노미코는 비로소 속았다는 것을 알고 구라미와케와 이사치노스쿠네에게 말했다.

"나는 속았다. 우리에게는 숨겨둔 무기가 없으니 어떻게 싸울 수 있으리오."

---

4) 화살 끝에 깍지를 붙인 것으로 공중을 날 때 소리가 나서 싸움의 시작을 알리는 신호로 사용했다.

그리고 병사를 이끌고 달아났다. 다케노우치노스쿠네는 정예병을 보내 추격하여 오미의 오사카(逢坂)에서 격파했다. 그래서 그곳을 오사카라고 이른다. 또한 달아난 병사들은 사사나미(狹狹浪 ; 오미近江의 지명)의 구루스(栗林)에서 수없이 베어 죽였다. 그들이 흘린 피가 구루스에 넘쳐났다. 그것을 꺼림칙하게 여겨 지금도 그곳 구루스에서 수확한 밤은 천황에게 진상하지 않는다. 오시쿠마노미코는 달아나 숨을 곳도 없어 이사치노스쿠네를 불러 다음과 같은 노래를 불렀다.

<ruby>이자아기</ruby> <ruby>이사치스쿠네</ruby> <ruby>다마키하루</ruby> <ruby>우치노아소가</ruby> <ruby>구부쓰치노</ruby> <ruby>이타데오하즈와</ruby> <ruby>니호도리노</ruby>
率吾君 五十狹茅宿禰 たまきはる 内の朝臣が 頭槌の 痛手不負は 鳰鳥の
<ruby>가쓰키세나</ruby>
潛爲な.

우리의 이사치노스쿠네여, 다케노우치노스쿠네의 호된 공격을 받기 전에, 논병아리처럼 물속에 숨어 버리자.

그리하여 함께 세타(瀨田)의 나루터에서 물에 빠져 죽었다. 그때 다케노우치노스쿠네는 이렇게 노래했다.

<ruby>아후미노미노세타노와타리고</ruby> <ruby>가즈쿠토리가메니시미에네바</ruby> <ruby>이키도호로시모</ruby>
近江の海の瀨田の渡りご 潛鳥が目にし不見ば 憒しも.

오미(淡海)의 바다 세타 나루터에서 물에 들어간 새가 보이지 않으니 걱정이로다.

그 시체를 찾아보았으나 발견되지 않다가 며칠이 지난 뒤 우지강(宇治河)에서 발견되었다. 다케노우치노스쿠네는 다시 노래를 불렀다.

<ruby>아후미노미노세타노와타리고</ruby> <ruby>가즈쿠토리와</ruby> <ruby>다나카미스기테</ruby> <ruby>우지니도라헤쓰</ruby>
近江の海の瀨田の渡りで 潛鳥は 田上過ぎて 近江に捕へつ.

오미의 바다 세타 나루터에서 물에 들어간 새는 다가미(田上)를 지나 하류의 우지에서 잡혔도다.

겨울 10월 2일, 군신은 황후를 높여서 황태후라 하였다. 태세 신사년(辛巳年)

의 일이다.

이 해를 섭정 원년으로 하였다.

2년 겨울 11월 8일, 주아이천황을 가와치노쿠니(河內國)의 나가노노미사사기(長野陵)에서 장사지냈다.

호무타와케노미코(譽田別皇子)의 태자 책봉

3년 봄 정월 3일, 호무타와케노미코를 황태자로 책봉하고 야마토노쿠니의 이와레를 도읍으로 정했다. 그곳을 와카자쿠라궁(若櫻宮)이라고 한다.

5년 봄 3월 7일, 신라왕이 한례사벌(汗禮斯伐), 모마리질지(毛麻利叱智), 부라모지(富羅母智)를 사자로 파견하여 조공을 바쳤다. 왕은 그 전에 보낸 볼모 미질허지벌한(微叱許智伐旱)을 되찾으려는 속셈이 있었다. 그래서 허지벌한(許智伐旱)에게 거짓말을 하게 했다. "사자인 한례사벌과 모마리질지가 말하기를, 우리 왕이 제가 오랫동안 돌아오지 않아서 처자를 몰수하여 관노로 삼았다고 합니다. 원컨대 저를 본국으로 돌려보내 주시어 그게 사실인지 아닌지 알아보게 해주셨으면 합니다."

진구황후는 그 청을 들어주고, 가즈라키노소쓰비코(葛城襲津彦 ; 그의 딸 이와노히메磐之媛는 닌토쿠천황仁德天皇의 황후이다)를 그들과 함께 보냈다. 일행은 쓰시마(對馬)에 도착하여 와니우라에 묵었다. 그때 신라의 사자들이 몰래 뱃사공을 수배하여 미질한기(微叱旱岐)를 태우고 신라로 도주했다. 풀로 인형을 만들어 미질허지(微叱許智)의 침상에 눕혀놓고 병에 걸려 누운 것처럼 위장하고는 가즈라키노소쓰비코에게 말했다. "미질허지가 병에 걸려 다 죽어가고 있습니다."

가즈라키노소쓰비코는 사람을 보내 병자를 돌보게 했다. 그러나 곧 속았다는 사실을 알고, 신라의 사자 세 사람을 붙잡아 옥에 가둔 뒤 불을 질러 태워 죽이고 말았다. 가즈라키노소쓰비코는 신라에 가서 다대포(多大浦)에 진을 치고 초라성(草羅城 ; 지금의 경상남도 양산)을 공격하여 함락하고 돌아왔다. 그때의 포로들은 지금의 구와하라(桑原), 사비(佐麋), 다카미야(高宮), 오시누미(忍海) 등 네 마을의 아야비토(漢人)의 조상이다.

13년 봄 2월 8일, 다케노우치노스쿠네에게 명하여 황태자를 데리고 쓰루가의 게히노오카미(笥飯大神) 참배하게 했다. 17일, 태자가 쓰루가에서 돌아왔다. 그날 황태후는 태자를 위해 대전에서 크게 잔치를 열었다. 황태후는 잔을 들고 축하의 말을 한 뒤 다음과 같은 노래를 불렀다.

고노미키와　　　와가미키나라즈　구시노카미　　도코요니이마스　　이와타타스　　　스쿠나미카미노　　도요호키
此酒は 我が酒ならず 藥の神 常世に在す 石立たす 少御神の 豊壽き

호키모토헤시　　가무호키　호키쿠루호시　마쓰리코시미키소　아사즈오세사사
壽き廻へし 神壽き 壽き來ほし 獻り來し酒そ 不餘飮せささ.

이 신주(神酒)는 나만의 술이 아니다. 신주를 관장하는, 도코요노쿠니에 있는 스쿠나미키미(少名彦)가 곁에서 미친 듯이 춤추고 노래하며 빚어서 천황에게 헌상한 술이니 자, 자, 남김없이 마셔라.

다케노우치노스쿠네가 태자를 위해 답가를 지어 불렀다.

고노미키오　　가미케무히토와　소노쓰쓰미　우스니타테테　　우타히쓰쓰　　가미케메카모
此の酒を 釀みけむ人は その鼓 臼に立てて 歌ひつつ 釀みけめかも

고노미키노　　아야니우타타노시사사
此の酒の 奇に轉樂しささ.

이 신주를 빚은 사람이, 그 북을 절구처럼 세우고 노래하면서 빚었기 때문인가. 뭐라 표현할 길 없는 이 신주의 감미로운 맛이여.

39년, 이 해는 태세 을미년(乙未年)이다. 〈위지왜인전(魏志倭人傳)〉에 따르면, 명제(明帝) 경초(景初) 3년 6월에, 왜의 여왕은 대부(大夫) 나시메(難斗米)를 파견하여 대방군(帶方郡)[5]에 이르자, 낙양(洛陽)의 천자(天子)를 만나고 싶다고 청하며 조공을 바쳤다. 태수인 등하(鄧夏)는 관리를 딸려 낙양으로 보냈다.

40년, 〈위지왜인전〉에는 정시(正始) 원년, 건충(建忠), 교위(校尉), 제휴(梯携) 등에게 조서(詔書 ; 제왕의 말을 국민에게 알리고자 적은 문서)와 인수(印綬 ; 옛날에 관리가 몸에 지니고 있던 인장과 그 끈)를 주어서 왜국(倭國)에 파견했다고 한다.

43년, 〈위지왜인전〉에는 정시 4년, 왜왕은 다시 대부(大夫) 이세이키(伊声耆)와

---

5) 중국 후한(後漢) 헌제(獻帝) 때, 공손강이 옛 진번 땅에 설치한 군. 고구려 미천왕 14년(313)에 낙랑이 멸망한 뒤 고구려에 병합되었다.

야야코(掖邪狗) 등 여덟 명의 사자를 보내 헌상품을 바쳤다.

46년 봄 3월 초하루, 시마노스쿠네(斯摩宿禰)를 탁순국(卓淳國 : 대구에 있었다)에 파견했다. 탁순국의 왕 말금한기(末錦旱岐)가 시마노스쿠네에게 말했다. "갑자년(甲子年) 7월 중순, 백제 사람 구저(久氐), 미주류(彌州流), 막고(莫古) 등 세 사람이 우리나라에 와서 말하기를 '백제왕이, 동쪽에 야마토라는 귀한 나라가 있다는 얘기를 듣고 우리를 그 나라에 파견했다. 만약 우리에게 길을 잘 가르쳐주고 지나갈 수 있게 해준다면, 우리 왕은 반드시 귀국의 왕에게 후하게 사례할 것이다.' 하여, 그들에게 대답하기를 '전부터 동쪽에 귀한 나라가 있다는 얘기는 들었다. 그러나 아직 교통이 열려 있지 않아서 길을 알 수가 없다. 바닷길은 너무 멀고 파도가 높지만, 큰 배를 타면 어떻게 건너갈 수 있을지도 모르겠다. 중간에 나루터가 있다고 해도 여간 어려운 일이 아니다.' 구저 일행이 '일단 돌아가서 배를 준비하여 다시 옵시다.' 하고는 거듭 말했다. '혹시 그 귀한 나라의 사자가 오면 우리에게도 알려주기를 바란다.' 이렇게 얘기하고 돌아갔다."

그리하여 시마노스쿠네는 종자인 니하야(爾波移)와 탁순 사람 과고(過古)를 백제국에 보내 그 왕의 노고를 위로했다. 백제의 초고왕(肖古王)은 매우 기뻐하며 후하게 대접한 뒤, 오색 비단 각 한 필, 쓰노유미야(角弓箭 : 뿔로 만든 활)와 철재(鉄材) 40개를 니하야에게 주었다. 그리고 보고를 열어 온갖 진귀한 물건들을 보여주고 "우리나라에는 이렇게 많은 보물이 있는데 귀국에 바치고 싶어도 길을 모른다. 뜻이 있어도 이룰 수가 없었는데, 이제 사자에게 부탁하여 헌상하노라."

니하야는 승낙하고 돌아가서 시마노스쿠네에게 보고했다. 시마노스쿠네는 탁순국에서 돌아왔다.[6]

---

6) 《백제기》, 《백제신찬》, 《백제본기》, 《삼국사기》 권24의 근초고왕기 말미에 '古記云, 百濟開國已來, 未有以文字記事, 至是(近肖古王代), 得博士高興, 始有書記, 然高興未嘗顯於他書, 不知其何許人也'라는 대목이 있을 뿐 그밖에는 문헌에 밝혀진 것이 아무것도 없다. 《서기》에 3종의 일사(逸史)에만 그 흔적이 남아 있다. (1) 《백제기》는 진구 47년기, 63년기, 오진 8년기, 25년기, 유랴쿠 20년기, 모두 다섯 군데에 인용되어 있다(근초고왕부터 개로왕까지 9대, 346~475). (2) 《백제신찬》은 유랴쿠 2년기, 5년기, 부레쓰 4년기, 모두 세 군데에 보인다(개로왕부터 무령왕까

백제와 신라의 조공

47년 여름 4월, 백제왕은 구저, 미주류, 막고를 파견하여 조공을 바쳤다. 그 때 신라국의 조공 사신이 구저와 함께 왔다. 황태후와 태자 호무타와케는 매우 기뻐하며 말했다. "선왕이 소망했던 나라의 사람들이 찾아온 것인가. 천황이 살아 계셨을 때 만나지 못한 것이 유감이로다." 군신들은 눈물을 흘리지 않는 자가 없었다.

두 나라의 공물을 점검했더니 신라의 공물은 진귀한 물건들이 많은데, 백제의 공물은 양이 적고 물건이 좋지 않았다. 구저에게 물었다. "백제의 공물이 신라보다 못한 것은 무엇 때문인가?" 대답하기를 "우리는 길을 잃어 신라로 잘못 들어가고 말았습니다. 신라인은 우리를 사로잡아 옥에 가두고는 석 달이 지나자 죽이려고 했습니다. 구저 일행이 하늘을 우러러 저주하자, 신라 사람은 그 저주가 두려워 죽이지는 않았습니다. 그리고 우리의 공물을 빼앗아 자기 나라의 공물을 대신했습니다. 신라의 천한 공물을 우리나라의 공물과 바꾸고는 우리에게 '만약 이를 누설하면 돌아오는 날 너희를 죽일 것'이라고 했습니다. 구저 일행은 두려움 때문에 그 말에 따랐습니다. 그리하여 겨우 야마토에 도착했습니다."

황태후와 호무타와케노미코는 신라의 사자를 질책하고, 천신의 뜻을 묻는 점을 쳤다. "누구를 백제에 파견하여 사실 여부를 조사하게 할까요? 누구를 신

지 5대, 455~523). (3) 《백제본기》는 게이타이 3년기, 7년기, 9년기, 25년기, 긴메이 2년기, 5년기, 6년기, 7년기, 11년기, 17년기에, 개별적으로 세면 모두 열여덟 군데에 인용했다(무령왕부터 위덕왕까지 3대 501~557). (4) 백제를 일본인들이 '구다라'라고 읽는 데는 여러 가지 설이 있다. 그 가운데 가장 합리적인 아유카이 후사노신(鮎貝房之進)의 설에 의하면, 《위지(魏志)》 한전(韓傳)에 나오는 변진(弁辰) 12국 가운데 고순시국(古淳是國)의 이름에서 왔다고 했으나 그 이유는 자세히 설명하지 않았다. 그러나 아유카이가 《삼국사기》의 지리지에서 채택한 거타군(居陀郡)의 '거타(居陀)'(kota)가 '구다라'라는 이름의 유래로서 유력하다. 거타군은 지금의 경남에 세 군데 있다. ①강주(康州 ; 거타주居陀州 또는 거열성居列城), 진주(晉州) ②고창군(古昌郡 ; 거열군居烈郡) 거창(居昌), ③고창군(古昌郡 ; 고타야군古陀耶郡 또는 고타군古陀郡) 안동(安東). 아유카이는 ①을 채택했고, ③의 고타야(古陀耶)의 耶는 羅의 전용(轉用)으로 '고마'[村]를 고구려(高句麗)로 읽듯이 백제를 '구다라'로 일컬었다고 한다. 《서기》의 고훈(古訓)은 백제국을 '구다라'라고 읽었을 뿐 아니라, 《게이타이기》에서는 23년조(條)에 '부여(扶余)'를 '구다라'라 읽었다. 《일본서기》 보주).

라에 보내 그 죄를 물어야 할까요?" 그러자 천신이 이르기를 "다케노우치노스쿠네에게 일을 도모하게 하라. 지쿠마나가히코(千熊長彦)를 사자로 보내면 소망이 이루어질 것이다." 그리하여 지쿠마나가히코를 신라에 파견하여 백제의 헌상물을 함부로 가로챈 것을 따져 물었다.

신라 재정벌(再征伐)

49년 3월, 아라타와케(荒田別)와 시카와케(鹿我別)를 쇼군으로 임명했다. 구저 일행과 함께 군사를 이끌고 바다를 건너가 탁순국에 이르자 신라를 공격하려 했다. 그때 어떤 사람이 말하기를 "군사가 적으면 신라를 칠 수 없습니다. 사백(沙白)과 개로(蓋盧)를 보내 병력 증원을 청하십시오."

목라근자(木羅斤資)와 사사노궤(沙沙奴跪)[7]에게 명하여 정예병을 딸려보내 사백, 개로와 함께 파견했다. 그리하여 탁순국에 집결하여 신라를 토벌하고, 비자발(比自炑), 남가라(南加羅), 훼국(喙國), 안라(安羅), 다라(多羅), 탁순(卓淳), 가라(加羅)의 7개국을 평정했다. 군사를 옮겨 서방 고계진(古奚津)에 도착하자, 남만(南蛮)의 탐라(耽羅 ; 제주도)를 멸망시켜 백제에게 주었다. 백제왕 초고와 왕자 귀수(貴須)가 다시 군사를 이끌고 찾아왔다. 비리(比利), 벽중(辟中), 포미지(布彌支), 반고(半古) 등 네 읍도 투항했다. 백제왕 아라타와케, 목라근자 등은 의류촌(意流村)에서 만나 서로 기쁨을 나누고 두텁게 예를 다한 뒤 헤어졌다. 지쿠마나가히코와 백제왕은 백제국에 도착하여 벽지산(辟支山)에 올라가 맹약을 맺었다. 또 함께 고사산(古沙山)에 올라가 반석(磐石) 위에서 백제왕이 맹세하며 말했다.

"풀을 깔고 앉으면 풀은 언젠가 불에 탈 수 있고 나무 위에 앉으면 언젠가 물에 휩쓸려 떠내려갈 수가 있다. 그러나 반석 위에서 맹세하면 영원히 썩지 않는 법이니, 이제부터는 천추만세(千秋萬歲)에 끊어지는 일이 없이 항상 서번(西蕃)이라 칭하며 춘추로 조공을 바치리라."

지쿠마나가히코를 데리고 도읍에 도착하자 정중하게 예우한 뒤, 구저 일행

---

7)두 사람 다 백제의 장군

을 딸려서 보냈다.

50년 봄 2월, 아라타와케 일행이 돌아왔다.

여름 5월, 지쿠마나가히코, 구저 일행이 백제에서 돌아왔다. 황태후는 기뻐하며 구저에게 물었다. "이미 바다 서쪽의 많은 나라를 너희에게 주었다. 무슨 일로 다시 왔는가?" 구저 일행이 대답했다. "천황의 은혜는 머나먼 나라에까지 미쳤습니다. 우리 왕도 기쁜 마음을 숨기지 못하고 있습니다. 그래서 귀환하는 사자를 통해 성의를 표했습니다. 만세에 이르기까지 조공을 게을리하는 일은 없을 것입니다."

이에 황태후가 말했다. "좋은 얘기로다. 그것은 나의 바람이기도 하다."

그리고 다사성(多沙城)을 주어 오가는 길의 '역참'으로 삼았다.

51년 봄 3월, 백제왕은 다시 구저를 보내 조공했다. 황태후는 태자와 다케노우치노스쿠네에게 말했다.

"우리가 친교를 맺은 백제국은 하늘이 내려준 선물이다. 이것은 사람이 하는 일이 아니다. 본 적도 없는 진기한 물건들을 때를 거르지 않고 헌상하니, 그 성의를 늘 기쁘게 여기고 있노라. 나와 마찬가지로 후대에도 오래도록 후하게 은혜를 베풀도록 하라."

그해에 지쿠마나가히코를 구저 일행과 함께 백제국에 파견하여 이렇게 말했다.

"나는 신의 계시에 따라 오가는 길을 열고 바다 서쪽을 평정하여 백제에 주었다. 이제 또 깊은 친교를 맺어 영원토록 총애하고 베풀어주리라."

백제왕 부자는 함께 이마를 땅에 조아리고 절을 하며 말했다. "귀국의 대은은 천지보다 무거우니, 어느 날 어느 때라도 잊을 일이 있으리오. 성왕이 위에 계시니 그 밝은 빛이 일월과도 같습니다. 지금 저는 그 아래에서 견고한 산악 같은 서번이 될 것이니, 영원토록 다른 마음을 품는 일은 없을 것입니다."

52년 가을 9월 10일, 구저 일행은 지쿠마나가히코를 따라와, 칠지도(七枝刀)[8]

---

[8] 칠지도고(七枝刀考 ; 이병수가 쓴 《한국고대사연구》 참고) 1. 백제의 칠지도에 관한 기사는 우리 문헌에는 나타나 있지 않으나 일본 쪽 사서인 《일본서기》에서 그 이름을 볼 수 있다. 금(金)으로 상감(象嵌)한, 그러니까 금을 박아 넣어서 새긴 명문(銘文)이 들어 있는 실물이 오늘날까지

한 자루, 칠자경(七子鏡 ; 둘레에 일곱 개의 작은 거울에 달린 거울―칠령경七鈴鏡이라고도 한다) 하나, 그리고 각종 보물을 헌상하면서 말했다. "우리나라 서쪽에 강이 있는데, 그 수원은 곡나(谷那)의 철산(鉄山)이라는 곳입니다. 얼마나 먼지 이레를 가도 닿을 수가 없습니다. 바로 그 강의 물을 마시고 그 산의 철을 채취하여 오로지 성조(聖朝)에 바칠 뿐입니다."

그리고 손자인 침류왕(枕流王)에게 말했다. "지금 내가 왕래하는 바다 동쪽의 귀한 나라는 하늘이 열어준 나라이다. 그래서 천은을 내려 바다 서쪽의 땅을 할애하여 우리나라에 주었으니, 그로써 나라의 기초가 튼튼해졌다. 너 또한 우호를 돈독히 하여 산물을 모아 헌상하는 것을 게을리하지 않는다면 죽

일본 이소노카미 신궁에서 일종의 신물(神物)로서 보관되어 온 저명한 물건이다. 고대 한일관계, 특히 백제·왜 관계연구에 크나큰 의의와 가치를 지닌 귀중한 자료이다. 2. 일본 고전에 나타난 칠지도 관계기사 (1) 《일본서기》의 재료, 특히 우리 삼국과의 관계 사료는 주로 백제측 사서에 의존한 모양인데, 그 속에는 지은이의 과장된 윤색이 많이 가해진 것을 간과할 수 없다. 예를 들면, 왜국을 귀국(貴國) 또는 성신(聖神)이라 하고 우리 측의 예물을 조공, 공물, 공헌 등으로 표현했으며, 그 외 토벌, 할지(割地), 사여(賜與) 등등의 필법이 그것이다. 이는 모두 중국이 주변 이민족을 대하던 태도와 필법을 그대로 모방한 것이다. (2) 《일본서기》의 기년(紀年) 문제. 삼국의 기년과 비교해 볼 때, 유랴쿠 20년 이전의 것은 대략 120년이나 늘어난 차이를 보인다(즉, 그만큼 조작해서 연장했다). 《일본서기》에 의하면, 백제와 왜국이 교통하기 시작한 것은 진구 46,7년경부터인데, 《일본서기》에는 그때의 백제왕은 초고왕, 왕자 귀수로 되어 있으나(166~213), 《삼국사기》(백제기)에는 근초고왕, 귀수는 근구수(近仇首)로 되어 있다(346~374). 진구황후 46, 7년은 근초고왕 21,2년(366~377)에 해당한다. 근초고왕 24년(己巳)에 해당하는 《일본서기》 진구기 49년조를 보면(249 己巳), 신라에 출병했다고 기록되어 있다. 칠지도를 보낸 52년《일본서기》 쪽은 252년 임신壬申, 《삼국사기》는 372년 임신壬申)의 기년도 120년이 차이난다. (3) 일본 이소노카미 신궁의 칠지도 ①이소노카미 신궁의 소재지 : 일본 나라현(奈良縣) 덴리시(天理市). ②명문 : 자체(字體)는 모두 60여 자. 자체는 해서(楷書)도 아니고 팔분(八分)도 아닌 특이한 서체. 자획(字劃)은 많이 갈려 닳아서 없어지거나 긁히고 깎여서 떨어져 나간 상태이다. 전체 길이 75cm, 양날의 칼몸 양쪽에 좌우 교대로 3개의 양날로 된 작은 가지가 있고 금으로 장식된, 새겨진 글월[명문(銘文)]이 있다. 일본이 광개토대왕비 비문을 변조하여 임나일본부설이라는 허황되고 날조된 주장을 폈던 것처럼, 칼 몸집에 새겨진 글월 내용을 두고서 '신하국(백제)이 상국(일본)에 헌상한 물품'이라고 주장했다. 그러나 ① 칠지도에 관한 언급이 나오는 《일본서기》라는 책이 사실(史實)에 근거한 역사서가 아니라 신화(神話)에 근거한 설화집이라는 점에서, ②《일본서기》에 나오는 '칠지도(七枝刀)'는 백제의 '칠지도(七支刀)'와는 한자가 다르다[가지 지(枝)/가르다 지(支)]는 점에서 일본의 주장은 터무니없는 억지 주장이라고 단정할 수 있다.

어서도 아무런 후회가 없으리라." 그 이후 해마다 계속해서 조공을 바쳤다.

55년, 백제의 초고왕이 죽었다. 56년 백제의 황자 귀수가 왕이 되었다.

62년, 신라가 조공을 하지 않았다. 그해에 가즈라키노소쓰비코를 파견하여 신라를 쳤다.

―백제기에 따르면 임오년(壬午年)에 신라는 일본에 조공을 바치지 않았다. 일본은 사치히코(沙至比跪)를 보내 신라를 쳤다. 신라인은 아름다운 여인 둘을 단장하여 포구로 마중을 보내 유혹했다. 사치히코는 그 여인들을 받아들이고 방향을 돌려 가라국(加羅國)을 공격했다. 가라국의 국왕 기본한기(己本旱岐)와 아백구지(兒百久至), 아수지(阿首至), 국사리(國沙利), 이라마주(伊羅麻酒), 이문지(爾汶至)는 백성들을 이끌고 백제로 달아났다. 백제는 그들을 후하게 대결했다. 가라국 왕의 여동생 기전지(旣殿至)가 야마토노쿠니로 와서 말했다.

"천황은 사치히코를 파견하여 신라를 치게 했으나, 그는 신라의 여인을 얻고는 토벌하지 않고 오히려 가라국을 멸망시켰습니다. 그 형제와 백성들은 지금 모두 떠돌이가 되었습니다. 원통하고 비통한 마음 누를 길이 없어 이렇게 달려와서 말씀드립니다."

천황은 매우 노하여 목라근자(木羅斤資)를 군사들과 함께 가라국에 파견하여 그 나라를 회복시켰다고 한다. 일설에 따르면, 사치히코는 천황이 분노한 것을 알고, 떳떳하게 돌아가지 못하고 몰래 돌아와서 몸을 숨겼다. 그의 여동생이 천황을 모시고 있어, 사치히코는 은밀하게 사자를 보내 천황의 분노가 풀렸는지 어떤지 알아보게 했다. 여동생은 꿈에 빗대어 이야기했다. "오늘 꿈에 사치히코를 보았습니다." 천황은 크게 노하여 말했다. "사치히코가 어찌 감히 돌아왔다는 말인가." 여동생은 천황의 말을 전했다. 사치히코는 용서받지 못한다는 것을 알고 암굴에 들어가 죽었다고 한다.

64년에 백제국의 귀수왕(貴須王)이 사망했다. 뒤를 이어 왕자 침류왕이 왕위에 올랐다.

65년, 백제의 침류왕이 죽었다. 왕자 아화(阿花)가 아직 어려서 숙부 진사(辰斯)가 왕위를 빼앗아 왕이 되었다.

66년, 이 해는 진무제(晉武帝) 태초(泰初) 2년이다. 진나라 천자의 언행을 기록한 기거주(起居注)에, 무제 태초 2년 10월, 왜의 여왕이 몇 번이나 통역을 거듭하며 공헌했다는 기록이 있다.

69년 여름 4월 17일, 황태후가 와카사쿠라궁(稚櫻宮)에서 붕어했다. 향년 100세였다.

겨울 10월 15일, 사키노타타나미노미사사기(狹城盾列陵)에 장사지냈다. 그날 황태후에게 시호를 바쳤는데 오키나가타라시히메노미코토라고 한다. 태세 기축년(己丑年)의 일이다.

제10권

오진천황(應神天皇) : 호무타노스메라미코토(譽田天皇)

천황의 탄생과 즉위

호무타는 주아이천황의 넷째 아들로, 어머니는 오키나가타라시히메(진구황후)이다. 천황은 오키나가타라시히메가 신라를 토벌한 해인 주아이 9년 12월, 쓰쿠시의 가다(蚊田)에서 태어났다. 어릴 때부터 총명하여 사물을 깊고 멀리 내다볼 줄 알았다. 신통하게도 행동거지에서 성군(聖君)의 싹이 엿보였다. 황태후의 섭정 3년에 황태자에 책봉되었다.

그때 나이 3세, 천황을 잉태했을 때 천신지기가 삼한(三韓)을 주었다. 태어났을 때 팔뚝 위에 살이 볼록 부풀어 올라 있었다. 그 모양이 마치 호무타(鞆 ; 활을 쏘았을 때 반동으로 활줄이 왼팔에 닿기 때문에, 그것을 막기 위해 끼우는 가죽 활팔찌) 같았다. 그것이 황태후(오키나가타라시히메)가 남장하고 활팔찌를 찬 모습과 닮았다. 그래서 그 이름을 호무타라고 지었다.

―상고시대(上古時代) 사람들은 활팔찌를 '호무타'라고 불렀다. 일설에는 천황이 처음 황태자가 되었을 때, 고시노쿠니에 가서 쓰루가의 게히노오카미를 참배했다. 그때 게히노오카미와 태자가 서로 이름을 바꿨다. 그래서 게히노오카미를 이자사와케노카미(去來紗別神)라고 부르고 태자는 호무타와케노미코토(譽田別尊)라고 불렀다고 한다. 그렇다면 게히노오카미의 원래 이름은 호무타와케노미코토, 태자의 원래 이름은 이자사와케노카미가 된다. 그러나 그러한 기록이 없어서 확실한 것은 알 수가 없다.

황후의 섭정 69년 여름 4월, 황태후가 붕어했다. 향년 100세.

원년 봄 정월 초하루, 황태자가 황위에 올랐다. 태세 경인년(庚寅年)이었다.

2년 봄 3월 3일, 나카쓰히메(仲姬)를 황후로 맞이했다. 황후는 아라타노히메(荒田皇女), 오사자키노스메라미코토(大鷦鷯天皇 ; 닌토쿠천황), 네토리노미코(根鳥皇子)를 낳았다. 그 후에 천황은 황후의 언니인 다카키이리비메(高城入姬)를 비로 맞이하여 누카타노오나카쓰히코노미코(額田大中彥皇子), 오야마모리노미코(大山守皇子), 이자노마와카노미코(去來眞稚皇子), 오하라노히메(大原皇女), 고무쿠타노히메(澇來田皇女)를 낳았다. 다른 비인, 황후의 여동생 오토히메(弟姬)는 아베노히메(阿倍皇女), 아와지노미하라히메(淡路御原皇女), 기노우노노히메(紀之菟野皇女)를 낳았다. 다음 비인, 와니노오미의 조상 히후레노오미(日觸使主)의 딸 미야누시야카히메(宮主宅媛)는 우지노와키이라쓰코노미코(菟道稚郎子皇子), 야다노히메(矢田皇女), 메토리노히메(雌鳥皇女)를 낳았다.

다른 비인, 야카히메(宅姬)의 여동생 오나베히메(小甁媛)는 우지노와키이라쓰메노히메(菟道稚郎姬皇女)를 낳았다. 다음 비인, 가와마타나카쓰히코(河派仲彥)의 딸 오토히메는 와카누케후타마타노미코(稚野毛二派皇子)를 낳았다. 다른 비인, 사쿠라이타베노무라지오사이(櫻井田部連男鉏)의 여동생 이토히메(糸媛)는 하야부사와케노미코(隼總別皇子)를 낳았다. 다음 비인 히무카이노이즈미노나가히메(日向泉長媛)는 오오바에노미코(大葉枝皇子), 오바에노미코(小葉枝皇子)를 낳았다. 이 천황의 자식은 이렇게 모두 스무 명이다. 네토리노미코는 오타노키미(大田君)의 시조이고, 오야마모리노미코는 히지카타노키미(土形君), 하리하라노키미(榛原君)의 시조이다. 이자노마와카노미코는 후카카와와케(深河別)의 시조이다.

3년 겨울 10월 3일, 아즈마의 에미시가 모두 조공을 해왔다. 그 에미시를 보내 우마야사카노미치(廏坂道)를 건설했다.

11월에, 각지의 어민들이 소요를 일으켜 명을 따르지 않고 아즈미노무라지(阿曇連)의 조상인 오하마노스쿠네(大濱宿禰)를 파견하여 소요를 평정했다. 그리하여 그는 어민의 통솔자가 되었다. 그때 사람들이 하던 말인 '사바아마(佐麼阿摩)'는 이 일에서 비롯되었다.

그해에 왕위에 오른 백제의 진사왕(辰斯王)이 귀국(貴國 ; 일본)의 천황에게 예를 갖추지 않았다. 천황은 기노쓰누노스쿠네(紀角宿禰), 하타노야시로노스쿠네(羽田矢代宿禰), 이시카와노스쿠네(石川宿禰), 쓰쿠노스쿠네(木菟宿禰)를 파견하여 어째서 예를 지키지 않았는지 따져 물었다. 백제국은 진사왕을 죽이고 사죄했다. 시노쓰노스쿠네 일행은 아화(阿花)를 왕위에 앉히고 돌아왔다.

5년 가을 8월 13일, 각국에 명을 내려 아마베(海人部)와 야마모리베(山守部)를 정했다.

겨울 10월, 이즈노쿠니(伊豆國)에 명하여 배를 만들었다. 길이 10장(丈 ; 약 30m)의 배가 완성되어 바다에 띄워 시험해 보니, 가볍게 떠서 빨리 나아가는 것이 마치 달리는 듯했다. 그래서 그 배를 가라노(枯野)라 불렀다.

─가볍고 빨리 달리는 배에 붙인 이름으로 가라노는 어울리지 않는다. 어쩌면 가루노(輕野)라고 했는데 후세 사람들이 잘못 바꾼 것은 아닐까.

6년 봄 2월, 오미노쿠니에 간 천황은 도중에 우지노(菟道野 ; 우지宇治) 근처에 도착했을 때 다음과 같은 노래를 불렀다.

지하노　　가즈누오미레바　　모모치타루　　야니하모미유　　구니노호모미유
千葉の 葛野國をみれば 百千足る 家庭も見ゆ 國の秀も見ゆ.

가즈노(葛野)를 둘러보니 많은 집이 보이고, 나라가 얼마나 빼어난지도 보이는도다.

7년 가을 9월, 고려인, 백제인, 임나인, 신라인 등이 야마토 조정을 찾아왔다. 다케노우치노스쿠네에게 명하여 가라비토(韓人)들을 이끌고 연못을 만들게 했다. 그 연못을 가라비토 연못(韓人池)이라고 한다.

8년 봄 3월, 백제인이 야마토 조정을 찾아왔다. ─백제기에 따르면, 아화왕(阿花王)이 왕위에 오른 뒤 귀국에 예를 다하지 않았다. 그래서 우리의 (땅인) 침미다례(枕彌多禮), 현남(峴南), 지침(支侵), 곡나(谷那), 동한(東韓)을 빼앗았다. 그 때문에 왕자 직지(直支)를 천조(天朝)에 보내어 선왕(先王)의 호의를 표했다.

다케노우치스쿠네(武內宿禰)에 대한 동생의 참언

9년 여름 4월, 다케노우치노스쿠네를 쓰쿠시로 파견하여 백성을 살피게 했다. 그때 다케노우치노스쿠네의 동생인 우마시우치노스쿠네(甘美內宿禰)가 형을 제거하려고 천황에게 거짓으로 꾸며 말했다. "다케노우치노스쿠네는 늘 천

하를 노리며 야심을 품고 있습니다. 지금 쓰쿠시에서 은밀하게 '쓰쿠시를 분할하고 삼한(三韓)이 나에게 복종하면 천하를 빼앗을 수 있다', 이렇게 말했다고 합니다." 천황은 사자를 보내 다케노우치노스쿠네를 죽이라고 명했다. 다케노우치노스쿠네는 탄식하며 말했다. "나는 지금까지 결코 다른 마음을 먹은 적이 없다. 오직 충심으로 천황을 섬겨왔는데, 아무런 잘못도 죄도 없이 이렇게 죽어야 한단 말인가?" 이키노아타이(壹岐直)의 조상인 마네코(眞根子)라는 사람이 있는데, 그 용모가 다케노우치노스쿠네와 아주 비슷했다. 다케노우치노스쿠네가 죄도 짓지 않았는데 억울하게 죽는 것을 안타깝게 여기고 다케노우치노스쿠네에게 말했다.

"오오미(大臣)가 천황을 충심으로 섬기며 흑심을 품지 않았다는 것은 천하가 다 아는 사실입니다. 비밀리에 조정에 가서 스스로 죄가 없음을 밝힌 뒤에 죽어도 늦지 않습니다. 사람들이 말하기를 제 얼굴이 다케노우치노스쿠네를 닮았다고 합니다. 지금 제가 오오미를 대신하여 죽어 오오미의 결백을 증명하겠습니다." 그러고는 그 자리에서 자신을 베고 숨을 거두었다.

다케노우치노스쿠네는 매우 슬퍼하며 몰래 쓰쿠시를 떠나 배를 타고 난카이를 돌아서 기이(紀伊) 나루에서 배를 내렸다. 이윽고 조정에 도착하여 자신에게는 죄가 없음을 해명했다. 천황은 다케노우치노스쿠네와 우마시우치노스쿠네를 대질해 힐문했다. 두 사람이 서로 자기의 주장을 굽히지 않아 시비를 가리기가 어려웠다.

천황은 천신지기에게 기도를 올려 구가타치(探湯 ; 신에게 맹세한 뒤 뜨거운 물에 손을 넣어 화상을 입으면 유죄로 판단하는 주술재판)을 하게 했다. 다케노우치노스쿠네와 우마시우치노스쿠네는 시키강(磯城川) 옆에서 구가타치를 했다. 다케노우치노스쿠네가 이겼다. 그가 칼을 뽑아 우마시우치노스쿠네를 베려고 했다. 그러나 천황은 명을 내려 용서해 주고 우마시우치노스쿠네를 기노아타이(紀直)의 조상에게 노비로 주었다.

가미나가히메(髪長媛)와 오사자키노미코토(大鷦鷯尊)

11년 겨울 10월에 쓰루기노이케(劍池), 가루노이케(輕池), 시시카키 연못(鹿垣

池), 우마야사카 연못(厩坂池)을 만들었다. 그해에 어떤 사람이 말했다. "히무카노쿠니에 가미나가히메라고 하는 여인이 있는데, 모로가타(諸縣)의 우시모로이(君牛諸井)의 딸입니다. 온 나라에서 으뜸가는 미인이라고 합니다." 천황은 마음속으로 기뻐하며 그 여인을 아내로 맞이하고 싶었다.

13년 봄 3월, 천황은 전사(專使 ; 하나의 일만 처리하는 사자)를 파견하여 가미나가히메를 불렀다.

가을 9월 중순, 가미나가히메가 히무카에서 찾아오자 셋쓰노쿠니(攝津國)의 구와쓰 마을(桑津邑)에 두었다. 황자인 오사자키(닌토쿠천황)가 가미나가히메를 보고 그 아름다운 모습에 반하여 연심을 품게 되었다. 천황은 오사자키가 가미나가히메를 마음에 두었다는 것을 알아채고 두 사람을 맺어주고 싶었다. 후궁에서 잔치를 열고 처음으로 가미나가히메를 불러 자리에 앉혔다. 그리고 오사자키를 불러 가미나가히메를 가리키며 노래를 불렀다.

이자아기　누니히루쓰미니　히루쓰미니　와가유쿠미치니　가구와시　하나타치바나　시쓰에라와
率吾君 野に 蒜摘みに 蒜摘みに 我が行く道に 香ぐはし 花橘 下枝等は

히토미나토리　호쓰에와　도리이카라시　미쓰쿠리노　나카쓰에노　후호코모리　아가레루오토메　이자사카바에나
人皆採り 末枝は 鳥居枯らし 三栗の 中枝の 含ほ隱り 紅顔處女 率令榮な.

자, 나의 임이여, 들에 산달래를 뜯으러 가자. 내가 산달래 뜯으러 가는 길에는 향기로운 귤꽃이 피어 있는데 아래쪽 가지의 꽃은 사람들이 다 따버렸고 윗가지는 새가 와서 흔들어 떨어뜨려버렸으나, 중간 가지에는 발그레하게 붉은 물이 들어, 이제 막 터지려는 꽃처럼 고운 낭자가 있구나. 어서 꽃을 피워 빛나려무나!

오사자키는 그 노래를 듣고 가미나가히메를 주려는 것임을 알고 아주 기뻐하며 답가를 불렀다.

미즈타마루　요사미노이케니　누나하쿠리　하헤케쿠시라니　이쿠히쓰쿠　가와마타에노　히시가라노
水溜まる 依網池に 蓴凝り 延へけく知らに 堰杙著く 川派江の 菱穀の

사시케쿠시라니　와가코코로시　이야치니시테
刺しけく知らに 吾が心し 彌痴にして.

물이 찰랑거리는 요사미 연못(依網池)에서 순나물을 뜯으려고 손을 내밀고 있는 것을 모르고 또 기슭에 말뚝을 박은 가와마타강(川俣江)의 순나물이 먼

곳까지 뻗어 있는 것을(천황이 가미나가히메를 주려고 배려한 것을) 몰랐으니 내가 참으로 어리석었구나!

오사자키는 가미나가히메와 동침하며 정애를 나누었다. 그때 가미나가히메를 향해 이렇게 노래를 불렀다.

　미치노시리　고하타오토메오　가미노고토　기코에시카도　아이마쿠라마쿠
　道の後 こはた處女を 雷の如 聞えしかど 逢枕まく.
　먼 나라의 고하타(古波陀) 처녀가 굉장한 미인이라고 소문이 자자하더니, 지금은 나와 동침하는 사이가 되었구나.

또 이런 노래도 불렀다.

　미치노시리　고하타오토메　아라소와즈　네시쿠오시조　우루하시미모후
　道の後 こはた處女 不争はず 寝しくをしぞ 愛しみ思ふ.
　고하타의 처녀가 싫다고 하지 않고 함께 자 준 것을 참으로 멋지다고 생각하노라.

—일설에 따르면 히무카 모로가타의 우시모로이는 조정에 출사했으나 노령이 되자 물러나 본국으로 돌아갔다. 그리고 딸 가미나가히메를 바쳤다. 가미나가히메가 하리마에 이르렀을 때 천황은 아와지시마에서 사냥하고 있었는데, 서쪽을 보니 큰 사슴 수십 마리가 바다를 헤엄쳐 와서 하리마의 가코(加古) 포구에 들어왔다. 천황은 근시에게 물었다.
"저것은 웬 사슴이냐? 바다를 헤엄쳐 오고 있구나." 근시도 이상하게 여기고 사람을 보내 알아보게 했다. 그런데 알고 보니 모두 사람이었다. 그저 뿔이 난 사슴 가죽을 옷처럼 입고 있었다. "너희는 누구냐?" 하고 물으니 "모로가타의 우시모로이입니다. 늙어서 조정에 출사할 수 없게 되었으나 조정을 잊지 못해 제 딸 가미나가히메를 바치고자 합니다."
천황은 기뻐하며 가미나가히메를 불러 배에 태웠다. 그래서 그때 사람들은 그 기슭을 가고노미나토(鹿子水門)라고 불렀라고 했다. 뱃사공을 가코(鹿子)라

고 부른 것은 이때가 처음이라고 한다.

궁월군(弓月君), 아직기(阿直岐), 왕인(王仁)

14년 봄 2월, 백제왕이 봉의공녀(縫衣工女 ; 옷 짓는 여공)를 바쳤다. 진모진(眞毛津)이라고 하는데, 지금의 구메노키누누이(來目衣縫)의 시조이다. 그해에 궁월군(弓月君)이 백제에서 돌아와 천황에게 주상했다. "신(臣)이 우리나라 120현(縣)의 백성을 데려오려고 했으나, 신라인의 방해로 모두 가라국(加羅國)에 발이 묶여 있습니다." 천황은 가즈라키노소쓰비코를 보내 궁월(弓月)의 백성을 가라국에서 데려오게 했다. 그러나 가즈라키노소쓰비코는 3년이 지나도 돌아오지 않았다.

15년 가을 8월 6일, 백제왕은 아직기(阿直岐)를 보내 좋은 말 두 필을 바쳤다. 그것을 야마토의 가루 언덕 위에 있는 마구간에서 키우기로 하고 아직기에게 사육을 맡겼다. 그 말을 키우던 곳을 우마야사카(厩坂)라고 한다. 아직기는 경전을 잘 읽었다. 그래서 그를 태자 우지노와키이라쓰코의 학문 스승으로 삼았다. 천황이 아직기에게 물었다. "그대보다 뛰어난 학자도 있는가?" 아직기가 대답했다. "왕인(王仁)이라고 하는 매우 훌륭한 사람이 있습니다." 가미쓰케노노키미의 조상인 아라타와케와 가무나기와케(巫別)를 백제에 파견하여 왕인을 초대했다. 아직기는 아치키노후비토(阿直岐史)의 시조이다.

16년 봄 2월, 왕인이 왔다. 태자 우지노와키이라쓰코는 왕인을 스승으로 모시고 많은 책을 공부하여 모든 것에 통달했다. 왕인은 후미노오비토(書首)의 시조이다. 그해에 백제의 아화왕(阿花王)이 죽었다. 천황은 직지왕(直支王 ; 아화왕의 맏아들)을 불러서 말했다. "그대의 나라로 돌아가 왕위를 이으라." 그리고 동한(東韓) 땅을 주어서 파견했다. 동한이란 감라성(甘羅城), 고난성(高難城), 이림성(爾林城)을 말한다.

8월, 헤구리노쓰쿠노스쿠네(平群木菟宿禰)와 이쿠하노토다노스쿠네(的戸田宿禰)를 가라(加羅)에 파견했다. 그들에게 정예병을 딸려주면서 명을 내렸다. "가즈라키노소쓰비코가 오랫동안 돌아오지 않았다. 틀림없이 신라가 방해해서 돌아오지 못하는 것이리라. 너희가 어서 가서 신라를 치고 길을 열어주어라."

헤구리노쓰쿠노스쿠네 일행은 군사를 이끌고 신라의 국경에서 대치했다. 신라 왕은 두려운 나머지 그 죄를 인정했다. 그리하여 헤구리노쓰쿠노스쿠네는 가즈라키노소쓰비코와 함께 궁월의 백성을 이끌고 돌아왔다.

19년 겨울 10월 1일, 천황은 요시노궁(吉野宮)에 갔다. 그때 구즈히토(國樔人)가 천황에게 예주(醴酒)[1]를 헌상하고 노래를 불렀다.

가시노후니　요쿠스오쓰쿠리　요쿠스니　가메루오호미키　우마라니　기코시모치오세　마로가치
橿之生に 横臼を造り 横臼に 醸める大御酒 美味に 聞こし以ち飲せ 豫尊.

떡갈나무 숲에서 넓고 평평한 절구를 만들어 그 절구로 빚은 술, 달게 드소서, 나의 아버지시여.

노래가 끝나자, 반쯤 연 입을 손바닥으로 때리고 우러러보면서 웃었다. 지금 구즈 사람들이 지역 특산물을 바치는 날에, 노래를 부른 뒤 입을 때리며 웃는 것은 상고시대부터 내려온 풍습이다. 구즈 사람들은 성격이 순박하고 평소에는 산의 나무열매를 따먹고 산다. 또 삶은 개구리를 진미라면서 먹었는데 그것을 모미(毛瀰)라고 한다. 그곳은 야마토에서 동남쪽, 산을 사이에 두고 요시노강(吉野河) 근처에 자리잡았다. 산이 높고 계곡이 깊으며 길이 험준하다. 그래서 야마토와 멀지 않은데도 조정에 찾아오는 일이 드물었다. 그러나 그 이후로는 종종 찾아와서 토산물을 바치곤 했다. 그 산물은 밤, 버섯, 은어 같은 것이었다.

20년 가을 9월, 야마토노아야노아타이(倭漢直)의 조상인 아지사주(阿知使主)가 아들 도가사주(都加使主)와 함께 17현(縣)의 백성을 이끌고 찾아왔다.

에히메(兄媛)의 탄식

22년 봄 3월 5일, 천황은 나니와로 가서 오스미궁(大隅宮)에 머물렀다. 14일, 높은 전망대에 올라가 먼 곳을 바라보았다. 그때 옆에서 비인 에히메가 서쪽을 바라보며 크게 한숨을 내쉬었다. 에히메는 기비노오미(吉備臣)의 조상 미토모와케(御友別)의 여동생이다. 천황이 에히메에게 물었다. "무슨 일로 그렇게 슬

---

1) 예주는 '쌀 넉 되, 누룩 두 되, 술 석 되로 빚는 화합양조(和合釀造)'라고 조주사식(造酒司式)이라는 문서에 기록되어 있으며, 그 맛이 달다고 했다.

퍼하오?" 에히메가 대답했다. "요즈음 부모님이 부쩍 그리워서 멀리 서쪽을 바라보니 저도 모르게 슬퍼졌습니다. 원컨대 잠시 고향에 돌아가서 부모님을 뵙고 싶습니다." 천황은 부모를 그리워하는 에히메의 효심에 감동했다. "그대가 부모를 만나지 못한 지 벌써 여러 해가 지났구려. 돌아가 부모를 뵙고 싶은 것도 당연한 일이지." 천황은 그렇게 말하고 당장 허락해 주었다. 그리고 아와지미하라의 어부 80명을 불러 뱃사공으로 삼아 기비로 보냈다.

여름 4월, 에히메는 나니와의 오쓰에서 배를 타고 출발했다. 천황은 높은 전각에서 에히메가 탄 배를 전송하면서 노래를 불렀다.

<ruby>淡路島<rt>아와지시마</rt></ruby> <ruby>彌雙並び<rt>이야후타나라비</rt></ruby> <ruby>小豆島<rt>아즈키시마</rt></ruby> <ruby>彌雙並び<rt>이야후타나라비</rt></ruby> <ruby>宜ろしき島々<rt>요로시키시마시마</rt></ruby> <ruby>誰片去れ疎ちし<rt>다카타사레아라치시</rt></ruby>
<ruby>吉備なる妹を<rt>기비나루이모오</rt></ruby> <ruby>相見つる者.<rt>아이미쓰루모노</rt></ruby>

아와지시마는 아즈키시마(小豆島)와 둘이 나란히 있다. 내가 들르고 싶은 섬은 모두 두 개가 나란히 있는데, 나만 홀로 남고 말았구나. 누가 먼 곳으로 보내버렸나? 기비의 에히메에게 모처럼 정이 들었는데.

가을 9월 6일, 천황은 아와지시마에서 사냥을 했다. 나니와 서쪽에 있는 이 섬은 바위와 낭떨어지가 복잡하게 얽혀 있고 언덕과 골짜기가 연이어 있다. 풀이 무성하고 물은 힘차게 흘러간다. 큰 사슴, 오리, 기러기가 많다. 그래서 천황은 종종 그곳에 놀러 가곤 했다. 천황은 아와지를 돌아 기비로 가서, 아즈키시마에 들렀다. 10일, 다시 하타(葉田)의 아시모리궁(葦守宮)으로 돌아갔다. 그때 미토모와케가 와서 형제의 자손을 요리사로 봉사하게 했다. 천황은 미토모와케가 삼가 공손하게 받들어 모시는 모습을 보고 기뻐했다. 그래서 기비노쿠니를 떼어서 그의 아이들에게 주어 다스리게 했다. 가와시마노아가타(川島縣)를 나누어 맏아들인 이나하야와케(稻速別)에게 주었다. 그가 시모노미치노오미(下道臣)의 시조이다. 다음은 가미쓰미치노아가타(上道縣)를 둘째 아들인 나카히코(仲彦)에게 주었다. 그가 가미쓰미치노오미(上道臣)와 가야노오미(香屋臣)의 시조이다. 다음은 미노노아가타(三野縣)를 오토히코(弟彦)에게 주었다. 그가 미노노오미(三野臣)의 시조이다. 또 하쿠기노아가타(波區藝縣)를 미토모와케의 동생

가모와케(鴨別)에게 주었다. 그가 가사노오미(笠臣)의 시조이다. 소노노아가타 (苑縣)를 형인 우라코리와케(浦凝別)에게 주었다. 그가 소노노오미(苑臣)의 시조 이다. 하토리베(織部)를 에히메에게 주었다. 그리하여 그 자손들이 지금 기비노 쿠니에 사는 것은 이 일에서 비롯되었다.

25년 백제의 직지왕(直支王)이 죽자, 그 아들 구이신(久爾辛)이 왕이 되었다. 왕이 아직 어려 목만치(木滿致)가 대신 국정을 돌봤다. 목만치는 왕의 어머니 와 정을 통하는 등 매우 무례한 언동이 많이 했다. 천황이 그것을 알고 불러들 였다.

─〈백제기〉에 따르면, 목만치는 목라근자(木羅斤資)가 신라를 쳤을 때 그 나 라의 여자를 취하여 태어난 아들이다. 아버지의 공적으로 임나를 마음대로 다 뤘다. 우리나라(백제)에 와서 일본과 왕래했다. 천조(天朝)에게서 직제를 받아와 서 우리나라의 정권을 잡았다. 권세를 떨쳤으나 천황이 그 폭정을 알고 불러들 였다.

28년 가을 9월, 고려왕이 사자를 보내 조공했다. 그 상표문(上表文)에 '고려왕 은 일본국에게 가르치노라'라고 되어 있었다. 태자 우지노와키이라쓰코가 그 표문을 읽고 분노하여, 표문이 무례하다는 이유로 고려의 사자를 꾸짖고는 그 표문을 찢어버렸다.

무코(武庫)의 선박 화재

31년 가을 8월, 천황은 군신들에게 명을 내렸다.

"관선(官船)인 가라노(枯野)는 이즈노쿠니에서 헌상한 것으로, 지금은 낡아서 사용할 수 없게 되었다. 그러나 오랫동안 관용(官用)으로 일한 그 공을 잊어서 는 안 될 것이다. 그 배의 이름을 후세에도 길이 전할 무슨 좋은 방법이 없겠 는가?"

군신들은 유시(有司 : 관료)에게 명하여 그 배의 재목을 뜯어 땔감으로 삼아 소금을 구웠다. 거기서 500바구니의 소금을 얻어 각국에 골고루 나눠주었다. 그런 다음 배를 건조하게 되었는데, 각국에서 500척의 배를 헌상했다. 모든 배 가 무코항에 집결했다. 그때 마침 신라의 조공 사자가 무코에 머물고 있었다.

그곳에서 불이 나서 모여 있던 배로 번졌다. 그리하여 많은 배가 불타자 신라인을 힐문했다. 신라왕이 그 얘기를 듣고 크게 놀라 뛰어난 기술자를 보내왔다. 그가 이나베(猪名部)의 시조이다.

그런데 가라노 배를 소금 굽는 땔감으로 태운 날, 타지 않고 남은 것이 있었다. 나무가 타지 않은 것을 이상하게 여기고 헌상했더니, 천황도 괴이하게 여기고 그것으로 칠현금을 만들게 했다. 그 소리가 어찌나 맑은지 먼 곳까지 낭랑하게 울려 퍼졌다. 그때 천황이 다음과 같은 노래를 불렀다.

　　가라누오　　시호니야키　　시가아마리　　고토니쓰쿠리　　가키히쿠야　　　유라노토노　　　도나카노이쿠리니
　枯野を 鹽に燒き 其が余 琴に作り 搔き彈くや 由良之門の 門中の海巖に
　후레타쓰　　나즈노키노　　사야사야
觸れ立つ なづの木の 亮亮.

'가라노를 소금 굽는 땔감으로 태우고 그 나머지로 칠현금을 만들어 탔더니, 유라(由良) 포구의 바다 속 바위에 부딪쳐, 물속의 나무가 물결에 흔들려 울리는 듯 큰 소리가 나는구나.

37년 봄 2월 1일, 아지사주와 도가사주를 오(吳)나라에 파견하여 봉공녀를 구해 오게 했다. 아지사주 일행은 고려국을 거쳐 오나라로 갈 생각이었다. 고려에 도착은 했으나 길을 몰라서, 고려에서 길을 아는 자를 찾았다. 고려왕은 구례파(久禮波)와 구례지(久禮志) 두 사람을 딸려 길을 안내하게 했다. 그리하여 오나라에 갈 수 있었다. 오왕(吳王)은 봉녀(縫女)인 형원(兄媛), 제원(弟媛), 오직(吳織), 혈직(穴織) 등 네 사람을 주었다.

39년 봄 2월, 백제의 직지왕(直支王)이 여동생 신제도원(新齊都媛)을 보내왔다. 신제도원은 일곱 명의 여자를 데리고 찾아왔다.

40년 봄 정월 8일, 천황은 오야마모리와 오사자키를 불러 물었다. "너희는 자식이 사랑스러우냐?" "매우 사랑스럽습니다." 다시 물었다. "다 자란 아이와 아직 어린 아이, 어느 쪽이 더 사랑스러우냐?"

오야마모리가 대답하기를 "다 자란 쪽이 낫습니다"고 했다. 그러자 천황은 탐탁지 않은 기색을 보였다. 오사자키는 천황의 마음을 헤아리고 이렇게 대답했다. "다 큰 쪽은 나이를 먹고 어엿한 성인이 되어 아무 걱정이 없습니다만, 어

린 쪽은 앞으로 제대로 성장할지 어떨지 모르기 때문에 안쓰러울 뿐입니다."
천황은 그 말을 매우 기쁘게 듣고 이렇게 말했다. "너의 말이 참으로 내 마음
과 똑같구나." 천황은 늘 우지노와키이라쓰코를 태자로 삼고 싶어서 두 황자
의 마음을 떠보려고 그런 질문을 한 것이었다. 그래서 오야마모리의 대답에 기
뻐하지 않은 것이다.

24일에 우지노와키이라쓰코를 후계자로 세웠다. 그날 오야마모리에게 명하
여 산천임야(山川林野)를 관장하게 했다. 오사자키에게는 태자를 보좌하여 나
랏일을 돌보게 했다.

41년 봄 2월 15일, 천황은 아키라노미야(明宮)에서 붕어했다. 향년 110세. 일
설에는 오스미궁(大隅宮)에서 붕어했다고도 한다. 그달에 아지사주 일행이 오
나라에서 쓰쿠시로 돌아왔다. 그때 무나카타노오카미(宗像大神)가 공녀(工女)
를 원한다고 하여 에히메를 오카미에게 바쳤다. 그가 지금 쓰쿠시노쿠니에 있
는 미쓰카이노키미(御使君)의 조상이다. 나머지 세 여자를 데리고 쓰노쿠니(津
國)에 이르러 무코에 도착했을 때 천황이 붕어했다. 결국 천황은 만나지 못하
고 오사자키에게 여자들을 바쳤다. 이 여자들의 자손이 지금의 구레노키누누
이(吳衣縫), 가야노키누누이(蚊屋衣縫)이다.

제11권

닌토쿠천황(仁德天皇): 오사자키노스메라미코토(大鷦鷯天皇)

우지노와키이라쓰코(菟道稚郎子)의 겸양과 죽음

오사자키는 오진천황의 넷째 아들로, 어머니는 나카쓰히메다. 이오키이리히코의 손자이기도 하다. 천황은 어릴 때부터 총명하고 예지를 가졌다. 용모가 수려하고 장년이 되자 관대해졌으며 자비심이 깊어졌다.

41년 봄 2월, 오진천황이 붕어했다. 태자 우지노와키이라쓰코는 황위를 오사자키에게 양보하려고 아직 즉위하지 않았다. 그가 오사자키에게 말했다. "천하에 임금으로서 만민을 다스리는 자는 백성을 하늘같은 마음으로 덮어주고, 땅과 같은 마음으로 품어야 합니다. 위에서 기쁜 마음으로 백성을 쓰면, 백성도 즐겁게 봉사하여 천하가 편안해집니다. 저는 동생입니다. 또 아는 것도 부족하니, 어떻게 형을 뛰어넘고 황위에 올라 나라를 다스릴 수 있겠습니까? 대왕(닌토쿠천황)께서는 용모도 훌륭하고 인효의 덕도 갖추신 데다 나이도 저보다 많으시니, 천하의 임금이 되는 데 부족함이 없습니다. 선황께서 저를 태자로 세운 것은 특별난 재주가 있어서가 아니라, 그저 어여삐 여기셨기 때문입니다. 종묘사직을 돌보는 것은 참으로 중대한 일입니다. 저는 못나고 어리석어 도저히 미치지 못합니다. 형은 위에 아우는 아래에, 성자(聖者)가 임금이 되고 어리석은 사람이 신하가 되는 것은 고금의 법칙입니다. 부디 왕께서는 주저하지 마시고 제위에 오르시기 바랍니다. 저는 신하로서 도와드리고 싶습니다."

오사자키가 대답했다. "선황께서는 '황위는 단 하루도 비워서는 안 된다'고 말씀하셨소. 그래서 미리 훌륭한 덕을 지닌 인물을 골라 너를 황태자로서 세우셨소. 그대에게 천황의 지위를 주어 후계자로 만민을 맡긴 것이오. 그 수많은 총애의 징표는 온 나라에 알려져 있소. 그러니 못나고 어리석은 내가 어떻게 선왕의 영을 어기고 아우의 정을 쉽사리 따를 수 있으리오." 이렇게 서로 즉위를 사양하며 받아들이지 않고 양보했다.

그때 누카타노오나카쓰히코가 야마토의 미타(屯田 ; 조정에 속한 밭)와 미야케(조정의 직할지)를 지배하려고 미타노쓰카사(屯田司)인 이즈모노오미(出雲臣)의 조상 오우노스쿠네(淤宇宿禰)에게 이렇게 말했다. "이 미타는 본디 야마모리(山守)가 다스리던 땅이다. 그래서 이제 내가 다스리려 하니 너는 상관하지 마라."

오우노스쿠네가 태자에게 이 사실을 아뢰자, 태자가 말했다. "오사자키에게 말하여라." 오우노스쿠네는 오사자키에게 가서 말했다. "제가 맡은 땅을 누카타노오나카쓰히코가 방해하여 다스릴 수가 없습니다." 오사자키는 야마토아타이의 조상인 마로(麻呂)에게 물었다. "야마토의 미타가 본디 야마모리의 땅이라고 하는데, 이것이 어인 까닭인가?"

"저는 아는 바가 없습니다. 아우인 아고코(吾子籠)가 알고 있을 겁니다." 아고코는 한국(지금의 한국, 즉 한반도를 가리킴)에 파견한 뒤 아직 돌아오지 않았다. 오사자키가 오우노스쿠네에게 말했다. "네가 직접 한국에 가서 아고코를 데리고 오너라. 밤낮을 쉬지 않고 가도록 하여라." 그리고 아와지의 어부 80명을 사공으로 딸려보냈다.

오우노스쿠네는 한국에 가서 아고코를 데리고 돌아왔다. 미타에 대해 물었더니 그가 대답했다. "들은 바에 따르면, 스이닌천황 시대에 아드님이신 게이코천황의 분부로, 야마토의 미타를 정하셨다 합니다. 그때 칙명으로 '야마토의 미타는 통치하는 천황의 것이다. 천황의 아들이라 해도 천황의 자리에 있지 않으면 다스릴 수가 없다'고 하셨습니다. 이를 야마모리의 땅이라고 하는 것은 잘못되었습니다."

오사자키는 아고코를 누카타노오나카쓰히코에게 보내어 이 사실을 알렸다. 누카타노오나카쓰히코는 할 말이 없었다. 오사자키는 잘못된 것을 알았으나 용서하고 죄를 묻지 않았다. 선황이 태자로 책봉해 주지 않은 것을 원망하던 오야마모리노미코는 이 미타 때문에 더욱 원한을 품게 되었다. 그리하여 음모를 꾸미고 "태자를 죽여 제위를 빼앗으리라."고 말했다. 그 음모에 대해 알게 된 오사자키는 비밀리에 태자에게 알려 병력을 갖추고 지키게 했다. 오야마모리노미코는 미리 대비한 줄도 모르고 수백 명의 병사를 이끌고 한밤중에 출발했다. 새벽녘에 우지(菟道)에 도착하여 강을 건너려고 했다. 그때 태자는 낡은 삼베옷을 입고 몰래 사공들 사이에 섞여들어, 오야마모리노미코를 배에 태우고 저어나가기 시작했다. 강 중간쯤에 이르렀을 때 사공에게 배를 뒤집게 했다. 강에 빠진 오야마모리노미코는 물에 떠내려가면서 노래를 불렀다.

<ruby>千早人<rt>지하야히토</rt></ruby> <ruby>宇治の濟りに<rt>우지노와타리니</rt></ruby> <ruby>棹取りに<rt>사오토리니</rt></ruby> <ruby>早けむ人し<rt>하야케무히토시</rt></ruby> <ruby>我が許に來む.<rt>와가모코니고무</rt></ruby>

우지 나루에서 능숙하게 배를 젓는 사람이여, 어서 와서 나를 좀 구해 주오.

그러나 복병이 많아서 기슭에 배를 댈 수가 없었다. 결국 그는 물에 빠져 죽었다. 시체를 찾으니 가와라노와타리(考羅濟 ; 교토후京都府 다나베초田邊町 가와라河原)에 떠있었다. 태자는 시체를 보고 이렇게 노래했다.

<ruby>千早人<rt>지하야히토</rt></ruby> <ruby>宇治の渡りに<rt>우지노와타리니</rt></ruby> <ruby>渡り出に<rt>와타리데니</rt></ruby> <ruby>立てる<rt>와타리데니</rt></ruby> <ruby>梓弓<rt>아즈사유미</rt></ruby> <ruby>檀弓<rt>아즈사유미</rt></ruby> <ruby>射切らむと<rt>이키라무토</rt></ruby>
<ruby>心は思へ共<rt>고코로와모헤토</rt></ruby> <ruby>射取らむと<rt>이토라무토</rt></ruby> <ruby>心は思へ共<rt>고코로와모헤토</rt></ruby> <ruby>本方は<rt>모토에와</rt></ruby> <ruby>君を思ひ出<rt>기미오오모히데</rt></ruby> <ruby>末方は<rt>스에헤와</rt></ruby> <ruby>妹を思ひ出<rt>이모오오모히데</rt></ruby>
<ruby>苛なけく<rt>이라나케쿠</rt></ruby> <ruby>其に思ひ<rt>소코니오모히</rt></ruby> <ruby>悲しけく<rt>가나시케쿠</rt></ruby> <ruby>此に思ひ<rt>고코니오모히</rt></ruby> <ruby>不射切ぞ來る<rt>이카라즈조쿠루</rt></ruby> <ruby>梓弓<rt>아즈사유미</rt></ruby> <ruby>檀弓.<rt>마유미</rt></ruby>

우지 나루터에 서 있는 가래나무여. 너를 베려고 속으로 생각했지만, 너를 가지려고 속으로 생각했지만, 너의 밑동을 보니 임이 생각나고, 너의 가지 끝을 보니 누이가 생각난다, 곳곳에 슬픈 추억이 얽혀 있는 가래나무를 끝내 베지 못하고 돌아왔노라.

오야마모리노미코를 나라산(奈良山)에 장사지냈다. 태자는 우지에 궁을 짓고 살면서, 오사자키에게 황위를 양보하려고 오랫동안 즉위하지 않았다. 황위가 비어 있는 채 3년이 흘렀다. 한 어부가 싱싱한 물고기를 우지궁에 헌상했다. 태자는 어부에게 "나는 천황이 아니다."라고 말하고 나니와로 보내게 했다. 이렇게 어부의 헌상품이 양쪽 사이를 오가는 동안 오래되어 썩고 말았다. 어부는 다시 싱싱한 물고기를 잡아 바쳤으나 서로 양보하기는 전과 마찬가지였다. 어부는 그렇게 몇 번씩 오가다가 지쳐서 물고기를 버리고 울어버렸다. 속담에 '어부도 아니면서, 자기 것 때문에 운다'는 말이 있는데, 바로 여기서 나온 말이다.

　어느 날 태자는 "형님의 뜻을 바꿀 수 없다는 걸 알았으니, 어찌 오래 살아 세상을 어지럽힐 수 있으리오?" 하고는 끝내 자결해 버렸다. 오사자키는 태자가 죽은 것을 알고, 놀라서 나니와에서 급히 우지궁으로 달려왔다. 태자가 죽은 지 사흘째였다. 오사자키는 가슴을 치고 울부짖으며 어찌할 바를 몰랐다. 머리를 풀어헤치고 유해에 걸터앉아 "내 아우, 황자여." 하고 세 번 불렀다. 그러자 죽은 사람이 홀연히 되살아났다. 오사자키가 태자에게 말했다. "슬프고 애석한 일이로다. 도대체 무엇 때문에 스스로 목숨을 끊는단 말인가? 만약 이 사실을 안다면 선황께서 나를 어떻게 생각하시겠느냐?" 태자가 오사자키에게 말했다. "이것은 천명이니 아무도 막지 못합니다. 만약 내가 선황 곁에 가게 된다면 형님께서 몇 번이고 사양하셨다고 잘 말씀드리겠습니다. 형님은 내가 죽었다는 소식을 듣고 먼 길을 마다 않고 달려와 주셨습니다. 어찌 감사하지 않을 수 있겠습니까?" 그리고 동생인 야타노히메(八田皇女)를 헌상하겠다는 뜻을 밝혔다. "오히려 폐가 될지는 모르지만 부디 후궁의 대열에 넣어주십시오." 하고는 다시 관에 엎어지더니 끝내 죽고 말았다. 오사자키는 하얀 베옷을 입고 슬피 통곡했다. 유해는 우지산(菟道山)에 장사지냈다.

닌토쿠천황(仁德天皇) 즉위

　원년 봄 정월 3일, 오사자키는 황위에 올랐다. 황후(오진천황의 황후)를 높여서 황태후라고 일렀다. 나니와에 궁을 지어 다카쓰궁(高津宮)이라고 했다. 궁전은 회칠도 하지 않고 서까래와 기둥에 장식도 하지 않았으며 지붕의 이엉도 끝을 가지런히 다듬지 않았다. 자신의 사사로운 일 때문에 백성이 경작하고 베 짜는 시간을 빼앗아서는 안 된다는 것이 그 이유였다. 이 천황이 태어난 날 산실에 부엉이가 뛰어들었다. 이튿날 아침 아버지 오진천황이 다케노우치노스쿠네를 불러서 물었다. "이것이 무슨 징조일꼬?" 다케노우치노스쿠네가 대답하기를 "길조인 줄 압니다. 어제 제 안사람이 해산했을 때도 굴뚝새가 날아들었는데 이 또한 신기한 일입니다." 천황이 말했다. "내 아들과 그대의 아들은 같은 날 태어났고 둘 다 어떤 징조가 있었으니, 이것은 하늘의 징표이다. 그 새의 이름을 따서, 서로 이름을 바꿔지어 훗날의 징표로 삼기로 하자." 그래서 굴뚝새의 이름을 태자에게 붙여주어 오사자키가 되고, 다케노우치노스쿠네의 아들은 부엉이의 이름을 따서 쓰쿠노스쿠네(木菟宿禰)라고 불렀다. 그가 헤구리노오미(平群臣)의 시조이다. 태세 계유년(癸酉年)의 일이었다.

2년 봄 3월 8일, 이와노히메(磐之姬)를 황후로 맞았다. 황후는 오에노이자호와케노스미라미코토(大兄去來穗別天皇 ; 리추천황), 스미노에노나카쓰미코(住吉中皇子), 미쓰하와케노스미라미코토(瑞齒別天皇 ; 한제이천황), 오아사즈마와쿠고노스쿠네노스메라미코토(雄朝津間稚子宿禰天皇 ; 인교천황) 등을 낳았다. 다른 비 히무카노카미나가히메(日向髮長媛)는 오쿠사카노미코(大草香皇子)와 하타히노히메(幡梭皇女)를 낳았다.

민가의 저녁 연기

4년 봄 2월 6일, 천황이 신하들에게 말했다. "높은 곳에 올라가 먼 곳을 바라보니, 근처 민가에서 연기가 피어오르지 않는구나. 이것은 백성들이 가난하여 밥을 지을 수 없기 때문이 아닌가 한다. 옛날 성왕(聖王) 시대에 백성들은 임금의 덕을 높이 칭송하고 집집마다 평화를 기뻐하는 노랫소리가 들려왔다고 한다. 이제 내가 나라를 다스린 지 3년이 지났건만, 칭송하는 소리도 들리지 않고 밥 짓는 연기 또한 점점 줄어들었다. 이것은 오곡이 영글지 않아서 백성이 궁핍하기 때문이다. 도읍조차 이런 형편이니 멀리 떨어진 시골은 더 말해 무엇하랴."

3월 21일, 천황이 명을 내렸다. "앞으로 3년 동안 모든 과세를 면제하여 백성의 고통을 덜어 주어라." 이날부터 의복과 신발은 떨어져서 못 쓰게 될 때까지 쓰고, 음식은 썩지 않으면 버리지 않고, 마음을 삼가 호기를 부리지 않으며 백성의 부담을 덜어주었다. 궁전의 담장이 부서져도 고치지 않았고, 지붕의 이엉이 무너져도 새로 이지 않았다. 그러니 비바람이 새어들어 옷이 젖거나 방 안에서 별 그림자가 보이기도 했다. 그 뒤 날씨가 좋아지니 오곡이 풍성하게 결실을 맺었다. 3년이 지나 백성의 살림이 윤택해지자 임금의 덕을 칭송하는 목소리도 들려오고 집집마다 밥 짓는 연기도 자욱하게 피어올랐다.

7년 여름 4월 1일, 천황이 높은 곳에 올라가 멀리 내다보니 집집마다 연기가 피어올랐다. 천황이 황후에게 말했다. "나는 이미 부유해졌소. 이제 걱정이 없소." 그러자 황후가 물었다. "어찌하여 부유해졌다고 하시는지요?" "인가에서 피어오르는 연기가 온 나라에 가득하니 백성이 부유해진 것이 아니고 무엇이겠소?" 황후가 다시 물었다. "궁전 담장이 무너져도 수리하지 못하고, 지붕이 새어 옷이 젖는데도 어째서 부유하다고 하시는 건지요?" 천황이 말했다. "하늘이 천황을 내세운 것은 백성을 위해서라오. 그러니 백성이 근본이지요. 그래서 옛 성왕은 백성 가운데 하나라도 굶주리거나 추위에 시달리는 자가 있으면 자신을 책망하셨소. 백성이 가난한 것은 나 자신이 가난한 것과 같고 백성이 부유하면 나 자신이 부유한 것이라오. 백성이 부유한데 임금이 가난할 리가 있겠소?"

가을 8월 9일, 오에노이자호와케(리추천황)를 위해 미부베(壬生部 ; 황자의 양육을 담당하는 부서)를 정했다. 황후를 위해서는 가즈라키베(葛城部)를 설치했다.

9월, 각국에서 천황에게 주청했다. "과역(課役)이 면제된 지 벌써 3년이 지났습니다. 그 때문에 궁전은 무너지고 창고는 텅 비고 말았습니다. 지금 백성들은 풍요로워져서 길에 떨어진 것은 줍지도 않습니다. 과부나 홀아비도 없고 집집마다 저축할 여유가 생겼으니, 이러한 때 세금을 내어 궁전을 수리하지 않으면 분명 천벌이 내릴 것입니다." 그러나 천황은 여전히 허락하지 않았다.

10년 겨울 10월, 비로소 과역을 부과하여 궁전을 건축했다. 백성들은 자진하여 늙은이는 부축하고 어린 것을 이끌어 재목을 나르고 삼태기를 져 날랐다. 밤낮없이 애쓴 덕분에 얼마 안 되어 궁전이 완성되었다. 그리하여 지금에 이르기까지 성제(聖帝)로 추앙받고 있다.

못과 둑의 건설

11년 여름 4월 17일, 천황은 신하들에게 명을 내렸다. "이 나라를 두루 살펴보니 땅은 넓지만 논이 적다. 또 강물이 넘치고 장마 때가 되면 바닷물이 육지로 넘쳐나니, 길은 온통 진흙탕에 잠겨 사람들은 배를 타고 다녀야 한다. 군신은 이를 잘 살펴보아 넘친 물은 바다로 보내고 역류를 막아서 밭과 집이 물에 잠기지 않게 하라."

겨울 10월, 궁전 북부의 들판을 파서 남쪽의 물을 끌어다 서쪽의 바다(오사카만大阪灣)로 흐르게 했다. 그 물길을 호리에(堀江)라고 했다. 또 북쪽의 강이 넘치는 것을 막기 위해 만다(茨田) 제방을 쌓았다. 이때 아무리 쌓아도 자꾸 무너져서 막기 어려운 곳이 두 군데 있었다. 천황이 꿈을 꾸었는데, 신이 나타나 이르기를 '무사시(武藏) 사람 고와쿠비(强頸)와 가와치 사람 만다노무라지코로모노코(茨田連衫子) 두 사람을 하백(河伯;중국 황하의 신)에게 바치면 틀림없이 막을 수 있을 것'이라 했다.

그리하여 두 사람을 찾아내어 인신공양을 했다. 고와쿠비는 슬피 울며 물속으로 들어갔다. 그러자 둑이 완성되었다. 만다노무라지코로모노코는 둥근 박 두 개를 가지고 막지 못한 둑이 있는 강가에 가서 물속에 그것을 던져 넣어 신의 뜻을 묻는 점을 쳤다. "강의 신을 달래기 위해 내가 산 제물이 되어야 하니, 나를 반드시 얻어야겠다면 이 박을 가라앉혀 떠오르지 않게 하라. 그러면 나도 진짜 신의 뜻으로 알고 물속에 들어가리라. 만약 박이 안 가라앉는다면 거짓 신으로 생각할 테니 헛되이 나를 제물로 삼을 수는 없으리라." 그러자 갑자기 회오리바람이 일어나 박을 물속에 끌어넣으려고 했으나, 박은 물결 위로 굴러다니기만 하고 가라앉지 않았다. 빠른 물살 위에 뜬 채 춤을 추면서 멀리 흘러가 버렸다. 만다노무라지코로모노코는 죽지 않았지만 그 둑은 완성되었다. 만다노무라지코로모노코가 재치로 자신을 구했다. 사람들은 그 두 곳을 각각 고와쿠비의 다에마(斷間), 만다노무라지코로모노코의 다에마라고 불렀다.

그해에 신라 사람이 조공을 바쳐 이 공사에 사용했다.

12년 가을 7월 3일, 고려국(高麗國)이 철 방패와 철 과녁을 헌상했다.

8월 10일, 조정에서 고려의 손님을 접대했다. 이날, 군신백관을 모아 고려가 바친 방패와 과녁을 시험했다. 거의 다 과녁을 꿰뚫지 못했는데, 오직 이쿠하노오미(的臣)의 조상인 다테히토노스쿠네(盾人宿禰)만이 철 과녁을 꿰뚫었다. 고려의 손님들은 그 뛰어난 활솜씨를 보고 모두 자리에서 일어나 배례했다. 이 튿날 다테히토노스쿠네를 칭찬하여 이쿠하노토다노스쿠네(的戶田宿禰)라는 이름을 하사했다. 같은 날 오하쓰세노미야쓰코(小迫瀨造)의 조상인 스쿠네노오미(宿禰臣)에게 이름을 하사하여 사카노코리노오미(賢遺臣)라고 했다.

겨울 10월, 야마시로의 구루쿠마노아가타(栗隈縣 ; 지금의 우지시宇治市 오쿠보大久保 근처)에 큰 물길을 파서 논에 물을 댔다. 그 덕분에 그곳 사람들은 해마다 풍년을 맞이했다.

13년 가을 9월, 처음으로 만다노미야케(茨田屯倉)를 세우고 쓰키시네베(舂米部 ; 쌀을 빻아 탈곡하는 부서)를 설치했다.

겨울 10월, 와니 연못(和珥池)을 만들었다. 같은 달에 요코노 제방(橫野提)을 쌓았다.

14년 겨울 11월, 이카이노쓰(猪飼津)에 다리를 놓았다. 그곳을 오바시(小橋)라고 했다. 그해에 도읍 안에 큰 거리를 만들었다. 남문에서 똑바로 다지히 마을(丹比邑 ; 하비키노시羽曳野市 단비丹比)까지 이른다. 그리고 고무쿠(感玖 ; 가와치노쿠니河內國 이시카와군石川郡 고무쿠紺口인가?)에 큰 물길을 팠다. 또한 이시카와(石河)의 물을 끌어와 가미스즈카(上鈴鹿), 시모스즈카(下鈴鹿), 가미도요우라(上豐浦), 시모도요우라(下豐浦) 등 네 군데의 들에 물을 공급하여 4만여 이랑의 밭을 얻었다. 그곳 백성들은 풍요로운 결실 덕분에 흉작의 걱정이 사라졌다.

16년 가을 7월 1일, 천황은 궁녀인 구와타노쿠가히메(桑田玖賀媛 ; 단바노쿠니丹波國 구와타군桑田郡 출신)을 근시들에게 선보이며 말했다. "나는 이 여인이 마음에 드는데 황후의 투기가 심해서 어쩌지 못한 채 여러 해가 흘렀다. 꽃다운 나이를 헛되이 보내게 하는 것이 안타깝구나." 그리고 다음과 같은 노래를 불렀다.

미나소코후　오미노오토메오　다레야시나하무
水底經 網の處女を 誰養はむ.
나의 신하인 이 처녀를 누가 보살펴줄 자 없을꼬?

하리마노쿠니노미야쓰코(播磨國造)의 조상인 하야마치(速待)가 홀로 나아가 역시 노래로 답했다.

미카시호 하리마하야마치 이와쿠다스 가시코쿠모 아레야시나하무
瞋潮 播磨速待 岩下す 畏く共 吾養はむ.

황공하게도 하리마의 하야마치가 보살펴드리겠노라.

그날 구와타노쿠가히메를 하야마치에게 보냈다. 이튿날 저녁, 하야마치가 구와타노쿠가히메의 집으로 갔다. 그러나 구와타노쿠가히메는 마음을 허락하지 않았다. 억지로 침소에 다가가려 하자 구와타노쿠가히메가 말했다. "나는 과부로 생애를 마치고자 하는데 어찌 당신의 아내가 될 수 있으리오." 천황은 하야마치의 뜻을 이루어 주고자 구와타노쿠가히메를 하야마치와 함께 구와타(桑田)로 보냈으나, 도중에 구와타노쿠가히메가 병이 나서 죽고 말았다. 지금도 그 구와타노쿠가히메의 무덤이 남아 있다.

17년, 신라가 조공을 하지 않았다. 가을 9월, 이쿠하노오미(的臣)의 조상인 도다노스쿠네(砥田宿禰)와 오하쓰세노미야쓰코(小泊瀬造)의 조상인 사카노코리노오미(賢遺臣)를 보내 왜 조공하지 않았는지 힐문했다. 두려워한 신라 사람들이 조공을 보내왔다. 조포(調布)로 비단 1460필, 그밖에 각종 물품을 실은 배가 80척이었다.

천황과 황후의 불화

22년 봄 정월, 천황이 황후에게 말했다. "야타노히메(八田皇女)를 비로 맞이하고 싶소." 그러나 황후는 승낙하지 않았다. 천황은 노래를 불러 황후에게 간청했다.

우마히토노 다쓰루코토타테 우사유즈루 다에바쓰가무니 나라베테모가모
貴人の 建つる事立 儲弓弦 斷繼がむに 並べてもがも.

내가 분명히 표명하고 싶은 것은 이런 것이오. 예비로 활시위를 갖고자 하는 것일 뿐, 진짜가 끊어졌을 때만 사용할 것이니(당신이 사정이 있을 때만 만나겠으니), 야타노히메를 맞게 해주시오.

황후도 노래로 대답했다.

衣こそ 二重も善き 小夜床を 並べむ君は 畏きろかも.

<small>고모로코소　후타헤모요키　사요코토오　나라베무키미와　가시코키로카모</small>

옷은 두 벌 겹쳐 입어도 상관없지만, 잠자리를 나란히 하고자 하는 당신은 무서운 사람.

천황은 다시 노래를 불렀다.

押照る 難波の崎の 並び濱 並べむとこそ 其の子は有りけめ.

<small>오시테루　나니와노사키노　나라비하마　나라베무토코소　소노코와아리케메</small>

곶이 나란히 있는 나니와의 해변처럼, 나와 둘이서 나란히 있을 것이라고 그 아이는 생각하고 있을 텐데.

황후도 노래로 대답했다.

夏虫の 火虫の衣 二重着て 圍み八人は 豈に善くも不有.

<small>나쓰무시노　히무시노코로모　후타헤키테　가쿠미야타리와　아니요쿠모아라즈</small>

여름 누에가 고치를 두 겹으로 만들고 그 속에서 자듯이, 두 여자를 거느리시는 것은 좋지 않아요.

천황은 다시 노래를 불렀다.

朝妻の ひかの小坂を 片泣きに 道行く者も 偶ひてぞ善き.

<small>아사즈마노　히카노오사카오　가타나키니　미치유쿠모노모　다구히테조요키</small>

아사즈마(朝妻)의 히가(避介) 언덕을 반쯤 울면서 걸어가는 사람도, 둘이 함께 갈 길동무가 있는 편이 좋은 것을.

황후는 도저히 용납할 수가 없어서 입을 다문 채 일절 대답하지 않았다.

30년 가을 9월 11일, 황후는 기노쿠니(紀國)에 가서 구마노노미사키(熊野岬)에서 세 장짜리 떡갈나무잎을 따가지고 돌아왔다. 천황은 황후가 없는 틈을 타서 야타노히메를 궁중에 들였다. 나니와의 나루터에 도착한 황후는 천황이 야타노히메를 불러들였다는 얘기를 듣고 크게 원망했다. 따가지고 온 떡갈나무잎을 바다에 던져 넣고는 뭍에 내려오지도 않았다. 그래서 사람들은 떡갈나무

이파리를 뿌린 바다를 가시와노와타리(葉濟)라고 했다. 천황은 황후가 화가 나서 상륙하지 않은지도 모르고 친히 나니와의 오쓰로 가서 황후의 배를 기다리며 이런 노래를 불렀다.

나니와히토 스즈후네토라세 고시나쓰미 소노후네토라세 오호미후네토레
難波人 鈴船執らせ 腰惱み 其の船執らせ 大御船引れ.

나니와 사람이여, 방울을 단 배를 끌어라. 허리까지 물에 잠겨 그 배를 끌어라. 큰 배를 끌어라.

황후는 오쓰에 정박하지 않고 그곳을 떠나 강을 거슬러 올라간 뒤, 야마시로를 돌아서 야마토로 나갔다. 이튿날 천황은 근시인 도리야마(鳥山)를 보내 황후를 데려오려고 했다. 그때 천황은 이렇게 노래했다.

야마시로니 이시케토리야마 이시케시케 아가모후쓰마니 이시키아하무카모
山背に 急け鳥山 急け及け 我が悪う妻に 急き遇はむかも.

야마시로로 어서 쫓아가라, 도리야마여. 어서 쫓아가라, 쫓아가. 나의 사랑하는 아내를 따라잡아서 만날 수 있을까?

황후는 돌아오지 않고 여전히 길을 나아갔다. 그리고 야마시로강에 가서 노래하였다.

쓰기네후 야마시로가와오 가와노호리 와가노보레바 가와쿠마니 다치사카유루 모모타라즈
つぎねふ 山背川を 川泝り 我がのぼれば 川隈に 立ち榮ゆる 百不足
야소하노키와 오호키미로카모
八十葉の木は 大君ろかも.

야마시로강을 거슬러 올라가 강물이 돌아드는 곳에 서니, 잎이 무성한 나무, 하도 늠름하여 전하를 방불케 하노라.

나라야마(奈良山)를 넘어 고향의 가즈라키를 바라보며 노래하였다.

쓰기네후 야마시로가와오 미야노호리 와가노보레바 아오니요시 나라오스기 오타테
つぎねふ 山背川を 宮泝り 我がのぼれば あをによし 奈良を過ぎ おたて
야마토오스기 와가미가호시쿠니와 가쓰라기타카미야 와기헤노아타리
倭を過ぎ 我が見が欲しく國は 葛城高宮 吾家の邊り.

야마시로강을 거슬러 올라가 나라를 지나, 야마토를 지나, 내가 보고 싶은 곳은 가즈라키 다카미야의 우리 집 근처로다.

다시 야마시로로 돌아가, 쓰쓰키노오카(筒城岡 : 쓰즈키군綴喜郷) 남쪽에 궁을 짓고 머물렀다.

겨울 10월 1일, 이쿠하노오미의 조상 구치모치노오미(口持臣)를 보내 황후를 부르고자 했다. 구치모치노오미는 쓰쓰키궁(筒城宮)에 도착하여 황후를 만났으나, 황후는 아무 대답도 없었다. 구치모치노오미는 비를 맞고 밤낮을 거듭하면서 황후의 처소 앞에 엎드려 일어나지 않았다. 구치모치노오미의 여동생 구니요리히메(國依媛)가 황후를 모시고 있었는데, 그때 황후 옆에서 오빠가 비를 맞고 있는 것을 보고 구슬프게 노래를 불렀다.

<ruby>山背<rt>야마시로노</rt></ruby>の <ruby>筒城宮<rt>쓰쓰키노미야니</rt></ruby>に <ruby>物申す<rt>모노마오스</rt></ruby> <ruby>吾が兄を見れば<rt>와가세오미레바</rt></ruby> <ruby>涙ぐましも<rt>나미다구마시모</rt></ruby>.

야마시로의 쓰쓰키궁에서 황후에게 뭔가 아뢰려 하는 오라비를 보고 가여 워서 눈물짓노라.

황후는 구니요리히메에게 물었다. "너는 왜 그렇게 울고 있느냐?" 구니요리 히메가 대답했다. "지금 뜰에 엎드려 아뢰고 있는 자가 제 오라비입니다. 비가 와도 피하지 않고 아직도 엎드려 말씀을 아뢰려 하는 것이 너무 슬퍼서 울었 습니다."

황후가 말했다. "네 오라비에게 어서 돌아가라 이르라. 나는 무슨 일이 있어 도 돌아가지 않을 테니까." 구치모치노오미는 궁중으로 돌아가서 천황에게 보 고했다.

11월 7일, 천황은 강배를 타고 야마시로에 갔다. 그때 뽕나무가 강물을 타고 흘러왔다. 뽕나무 가지를 본 천황은 다음과 같이 노래를 불렀다.

<ruby>絡石多延ふ<rt>쓰누사하후</rt></ruby> <ruby>磐乃媛が<rt>이와노히메가</rt></ruby> <ruby>朦朧に<rt>오호로카니</rt></ruby> <ruby>不聞<rt>기코사누</rt></ruby> <ruby>末桑の木<rt>우라구하노키</rt></ruby> <ruby>寄る不可き<rt>요루마시키</rt></ruby> <ruby>川の隈々<rt>가와노쿠마쿠마</rt></ruby> <ruby>徒ほひ行く哉も<rt>요로히니유쿠카모</rt></ruby> うらぐわのき.

이와노히메 황후가 쉽게 승낙하지 않을 것이다. 뽕나무(떳떳치 않은 사랑을 하는 사람을 나타냄)가 다가가기도 힘든 구불구불한 강 모서리에 이리저리 부딪치며 다가왔다가 다시 흘러가는구나, 뽕나무여.

이튿날 천황의 가마는 쓰쓰키궁에 도착했다. 황후를 불렀으나 만나지 못했다. 천황은 이렇게 노래했다.

쓰기네후　야마시로메노　고쿠와모치　우치시오호네　사와사와니　나가이헤세코소　우치와타스
つぎねふ 山背女の 木鍬持ち 打ちし大根 清清に 汝が言へ爲こそ 打ち渡す
야가하에나스　기이리마이쿠레
如彌えなす 來入り參來れ.

야마시로메(山背女)가 나무 괭이로 파낸 무. 그 무 잎사귀가 사각거리듯이 그대가 사각사각 이야기를 하므로, 주변에 있는 나뭇가지가 모두 무성하듯이 많은 사람을 이끌고 만나러 온 것을.

그리고 또 노래를 불렀다.

쓰기네후　야마시로메노　고쿠와모치　우치시오호네　네시로노　시로타다무키　마카즈케바코소
つぎねふ 山背女の 木鍬持ち 打ちし大根 根白の 白腕 纏かずけばこそ
시라즈토모이하메
知らずとも言はめ.

야마시로메가 나무 괭이로 파낸 무처럼 새하얀 팔을 잡아본 적이 없었다면, 나를 모른다고 말할 수 있겠지만.

황후는 사람을 보내 "폐하께서는 야타노히메를 불러들여 비로 삼으셨습니다. 신첩은 황후로서, 야타노히메와 함께 폐하를 모시고 싶지는 않습니다." 하고는 끝까지 만나주지 않았다. 천황의 가마는 궁으로 돌아갔다. 천황은 황후가 몹시 노한 것을 원망하면서도 여전히 황후를 그리워했다.

31년 봄 정월 15일, 오에노이자호와케를 황태자로 책봉했다.

35년 여름 6월, 황후 이와노히메는 쓰쓰키궁에서 죽었다.

37년 겨울 11월 12일, 황후를 나라야마에 장사지냈다.

야타노히메(八田皇女)의 황후 즉위

38년 봄 정월 6일, 야나노히메를 황후로 맞이했다.

가을 7월, 천황과 황후가 높은 대에 올라가 더위를 식혔다. 밤마다 도가노(菟餓野) 쪽에서 사슴 우는 소리가 들려왔다. 그 목소리가 너무 외롭고 슬퍼서 두 사람 다 불쌍하게 생각했다. 월말이 되자 사슴 울음소리가 들려오지 않았다. 천황이 황후에게 말했다. "오늘 밤에는 사슴이 울지 않는데 어찌된 일일까?" 이튿날 이나노아가타(猪名縣)의 사에키베(佐伯部)가 선물을 헌상했다. 천황은 요리사에게 물었다. "선물이 무엇이더냐?" "수사슴입니다." "어디 사슴인고?" "도가노에서 잡았습니다." 천황은 분명 그 구슬피 울던 사슴이라고 생각했다.

천황은 황후에게 말했다. "나는 요즈음 생각에 잠기는 일이 많았는데, 사슴 소리를 들으며 마음에 위안을 얻었소. 사에키베가 사슴을 잡은 시간과 장소를 생각해 보니, 분명 그 구슬피 울던 사슴 같소. 그 사람은 내가 사랑하는 줄도 모르고 우연히 잡은 것이니 어쩔 수 없는 일이지만, 그래도 원망스럽구려. 사에키베를 황거(皇居 ; 천황이 거처하는 곳) 가까이 두고 싶지 않소." 그리하여 관리에게 명하여 아키의 누타(淳田)로 옮겼다. 이것이 지금의 누타노사키베의 조상이다.

그 지방에는 이런 이야기가 있다.

"옛날, 어떤 사람이 도가노에서 잠을 잤다. 그때 사슴 두 마리가 옆에서 자고 있었는데, 새벽에 수사슴이 암사슴에게 말했다. '간밤에 꿈을 꾸었는데 하얀 서리가 잔뜩 내려 내 몸을 뒤덮었다. 이게 무슨 징조일까?' 암사슴이 대답했다. '당신이 그렇게 돌아다니면 분명 사람이 쏜 화살에 맞아 죽을 거다. 곧 하얀 소금을 그 몸에 발라 꼭 하얀 서리가 내린 것처럼 된다는 징조다.' 들에서 자던 사람은 괴이한 생각이 들었다. 새벽에 사냥꾼이 와서 수사슴을 쏘아 죽였다. 그때 사람들의 속담에 '우는 사슴도 아닌데 꿈이 그대로 실현되었다'는 말이 있다."

40년 봄 2월, 메토리노히메(雌鳥皇女)를 비로 맞이하고자 이복동생인 하야부사와케노미코(隼別皇子)를 중매인으로 세웠다. 그때 하야부사와케는 남몰래 자기 것으로 만들어 버리고는 오랫동안 보고도 하지 않았다. 천황은 이미 남편이 있는 것도 모르고 친히 메토리노히메의 침실로 갔다. 그때 황녀를 위해 베를 짜는 여자들이 노래를 불렀다.

久方の 天金機 雌鳥が 織る金機 隼別の 御襲衣料に.
ᴴᴵˢᴬᴷᴬᵀᴬᴺᴼ ᴬᴹᴱᴷᴬᴺᴬᴴᴬᵀᴬ ᴹᴱᵀᴼᴿᴵᴳᴬ ᴼᴿᵁᴷᴬᴺᴬᴴᴬᵀᴬ ᴴᴬᵞᴬᴮᵁˢᴬᵂᴬᴷᴱᴺᴼ ᴹᴵᴼˢᵁᴴᴵᴳᴬᴺᴱ
하늘을 나는 암새가 금속 베틀로 옷을 짜네, 하야부사와케가 입을 옷을 짜네.

천황은 하야부사와케가 몰래 정을 통한 것을 알고 원망했다. 그러나 황후의 말을 중히 여기고 또 형제의 의를 중시하여 참고 벌을 내리지는 않았다. 얼마 뒤 하야부사와케는 메토리노히메의 무릎을 베고 누워 말했다. "닌토쿠천황과 하야부사와케, 어느 쪽이 더 빠를까?" "하야부사와케가 빠르지요." 하야부사와케가 말했다. "그러니 내가 먼저 차지했지." 천황은 이 말을 듣고 더욱 더 원한을 품었다. 하야부사와케의 시종들이 노래를 불렀다.

隼は 天に上り 飛び翔り 五十機が上の 鷦鷯捕らさね.
ᴴᴬᵞᴬᴮᵁˢᴬᵂᴬ ᴬᴹᴱᴺᴵᴺᴼᴮᴼᴿᴵ ᴰᴼᴮᴵᴷᴬᴷᴱᴿᴵ ᴵᶻᵁᴷᴵᴳᴬᵁᴱᴺᴼ ˢᴬᴶᴬᴷᴵᵀᴼᴿᴬˢᴬᴺᴱ
매(隼)는 하늘로 날아올라 장례식장 근처에 있는 굴뚝새를 잡아버려라.

천황은 이 노래를 듣고 크게 노했다. "나는 사사로운 원한으로 형제를 잃고 싶지 않아서 참아왔다. 그런데 어찌하여 방심했다고 하여 사사로운 일이 세상에 영향을 미친단 말인가." 그리고 하야부사와케를 죽이려고 했다. 하야부사와케는 메토리노히메를 데리고 이세신궁에 가려고 길을 서둘렀다. 천황은 하야부사와케가 달아났다고 여기고, 기비노호무치베노오후나(吉備品遲部雄鮒)와 하리마의 사에키노아타이아가노코(佐伯直阿餓能胡) 등을 보내며 말했다. "뒤를 쫓아가서 잡아 죽여라." 황후가 천황에게 말했다. "메토리노히메는 중죄를 지었으나, 죽일 때 메토리노히메가 몸에 지닌 것을 박탈하거나 몸이 드러나는 것은 원치 않습니다." 그리하여 천황은 기비노호무치베노오후나에게 명령했다. "메토리노히메가 몸에 지닌 구슬을 빼앗아서는 안 된다." 기비노호무치베노오후나 일행은 뒤를 추격하여, 우다(菟田;야마토노쿠니大和國 우타宇陀)에 이르러 소니노야마(素珥山)에 접근했다. 그때 하야부사와케 일행은 풀 속에 숨어서 겨우 화를 면할 수 있었다. 서둘러 달아나 산을 넘으면서 하야부사와케는 이렇게 노래했다.

하시타테노　사가시키야마모　와기모코토　후타리코유레바　야스무시로카모
梯立の 嶮しき山も 我妹こと 二人越ゆれば 安蓆かも.
사다리를 곧추세운 것처럼 험준한 산도, 그대와 함께 넘으면 편안한 자리에 앉은 것처럼 안락하리라.

달아났다는 것을 안 기비노호무치베노오후나는 급히 추격하여 이세의 고모시로노노(蔣代野)에서 잡아 죽였다. 그때 기비노호무치베노오후나 일행은 메토리노히메의 치마 속에서 구슬을 찾아냈다. 두 사람의 시체를 이오키(廬杵) 강가에 묻고 보고했다. 황후는 기비노호무치베노오후나 일행에게 물었다. "혹시 메토리노히메의 구슬을 보지 못했느냐?" "보지 못했습니다."

그해에 신죠사이(新嘗祭 ; 11월 23일에 천황이 천지의 신에게 햇곡식을 바치고 그것을 친히 먹기도 하는 궁중 제례)의 달에 연회가 열렸을 때, 내외의 명부(命婦 ; 5품 이상의 여관女官)에게 술을 내렸다. 오미의 야마노키미와카모리야마(山君稚守山)의 아내와, 우네노이와사카히메(采女磐坂媛), 이 두 여자의 손목에 훌륭한 구슬이 감겨 있었다. 황후가 그 구슬을 보니 메토리노히메의 구슬과 비슷했다. 수상하게 여겨 관리에게 조사하게 하니, "사에키아타이아가노코의 아내의 구슬입니다." 하고 대답했다. 사에키아타이아가노코를 추궁하자 이렇게 대답했다. "메토리노히메를 죽이던 날에 찾아서 가졌습니다." 사에키아타이아가노코를 죽이려 했으나, 대신 자신의 토지를 헌상하여 죄를 갚고 싶다고 청하여, 그 토지를 거둬들이고 죄를 용서했다. 그리하여 그 땅을 다마테(玉代)라고 했다.

다카카이베(鷹甘部) 설치

41년 봄 3월, 기노쓰누노스쿠네(紀角宿禰)를 백제에 파견하여, 처음으로 각 지방의 경계와 그 토산물을 기록했다. 그때 백제왕의 왕족인 주군(酒君)이 무례한 행동을 했다. 기노쓰누노스쿠네는 그 일로 백제왕을 힐책했다. 백제왕은

황송해하며 쇠사슬로 주군을 묶어 소쓰히코(襲津彦)에게 딸려 보내 진상했다. 주군은 이시카와의 니시코리노오비토코로시(錦織首許呂斯)의 집에 달아나 숨었다. 그리고 거짓으로 이렇게 말했다. "천황은 이미 나의 죄를 용서해 주셨다. 그리고 그대의 집에서 살게 해주셨다." 그 뒤 세월이 흘러 천황도 그 죄를 용서했다.

43년 가을 9월 1일, 요사미(依網) 미야케의 아비코(阿弭古)가 특이한 새를 잡아 천황에게 바치며 말했다. "저는 늘 그물을 쳐서 새를 잡는데, 아직 이런 새는 한 번도 잡아본 적이 없습니다. 하도 신기해서 헌상합니다." 천황이 주군을 불러 이것이 무슨 새냐고 물었다. 주군이 대답하기를 "백제에는 이런 새가 많이 있습니다. 길들이면 사람을 잘 따르며, 빨리 날아서 새를 잡기도 합니다. 백제 사람들은 이 새를 가리켜 구지(俱知)라고 합니다." 그것은 지금의 매를 가리킨다.

그 새를 주군에게 맡겨 키우게 했더니 얼마 지나지 않아 잘 따르게 됐다. 주군은 무두질한 가죽 끈을 그 발에 묶고 작은 방울을 꼬리에 달아 팔 위에 앉혀 천황에게 헌상했다. 그날 모즈노(百舌鳥野)에서 사냥을 했는데 까투리가 많이 날아다녔다. 매를 풀어놓아 잡게 하니 잠깐 사이에 꿩을 수십 마리나 잡아왔다. 그달에 처음으로 다카카이베(鷹甘部)를 설치했다. 그때 사람들은 그 매를 키우는 곳을 이름하여 다카카이 마을(鷹飼邑)이라고 불렀다.

50년 봄 3월 5일, 가와치 사람이 "기러기가 마무타(茨田)의 둑에 새끼를 낳았습니다"라고 아뢰었다. 사람을 보내 살펴보게 했더니 '사실'이라고 보고했다. 천황은 다케노우치노스쿠네에게 노래로 물었다.

^{다마키하루} ^{우치노아소} ^{나코소와} ^{요노토호히토} ^{나코소와} ^{구니노나가히토} ^{아키쓰시마}
たまきはる うちのあそ 汝こそは 世の遠人 なこそは 國の長人 秋津嶋
^{야마토노쿠니니} ^{가리코무토} ^{나와키카스야}
日本國に 雁子産むと 汝は聞かすや.

조정을 섬기는 다케노우치노스쿠네여. 그대야말로 이 세상에 장수한 사람이로다. 그대야말로 나라에서 가장 오래 산 사람이다, 그래서 묻노니, 이 야마토노쿠니에서 기러기가 새끼를 낳았다는 얘기를 그대는 들은 적이 있는가.

다케노우치노스쿠네가 답가를 불렀다.

八隅知し 吾が大君は 宜な宜な 吾を問はすな あきつしま やまとのくにに
かりこむと われはきかず.

야스미시시 와가오호키미와 우베나우베나 오레오도와스나 아키쓰시마 야마토노쿠니니
카리코무토 와레와키카즈

우리 전하께서 저에게 물으시는 것은 당연한 일이나, 야마토노쿠니에서 기러기가 알을 낳았다는 얘기는 저도 들어본 적이 없습니다.

신라, 에미시(蝦夷)와의 분쟁[1]

53년 신라가 조공을 하지 않았다.

여름 5월, 어째서 공물을 바치지 않았는지 힐문하기 위해 가미쓰케노노키미의 조상인 다카하세(竹葉瀨)를 파견했다. 그 도중에 하얀 사슴을 잡았기에 돌아와서 천황에게 바쳤다. 다시 날을 잡아 출발했다. 얼마 뒤 다카하세의 동생 다지(田道)를 파견하며 명을 내렸다. "만약 신라가 저항하면 군사를 일으켜 쳐라." 그리고 정예병을 내주었다. 신라는 군사를 일으켜 저항하며 매일같이 도전해 왔다. 다지는 수비를 굳히고 싸우러 나가지 않았다. 그때 신라의 병졸 하나가 진 밖으로 나왔다. 붙잡아서 상황을 물으니 대답하기를 "모모쓰키(百衝)라고 하는 강자가 있습니다. 몸이 가볍고 빠르고 용맹합니다. 언제나 군의 오른쪽에서 선봉을 서니 왼쪽을 공격하면 이길 수 있을 것입니다." 신라군은 왼쪽을 비워놓고 오른쪽을 대비했다. 다지는 정예 기병을 이끌고 신라군의 왼쪽을 공격했다. 신라군은 무너졌다. 승세를 타고 공격하여 수백 명을 죽였다. 네 마을의 백성들을 붙잡아 데리고 돌아왔다.

55년 에미시가 모반을 일으켜 다지에게 토벌하라고 했다. 다지는 에미시에 패하여 이지노미토(伊峙水門)에서 죽고 말았다. 종자가 다지의 손에 감겨 있던

---

1) 53년조(條)부터 55년조에 걸쳐서 다카하세와 다지의 신라, 에미시 정벌 이야기는 《고사기》에서는 볼 수 없다. 스이닌 5년조, 오진 15년 8월조, 안칸 원년 12월조, 조메이 9년조 등의 설화와 함께 가미쓰케노노키미의 전승에서 소재를 얻은 듯하다. 쓰다소키치는 이 기사는 지리와 관련된 내용이 빠졌고, 모모쓰키라는 일본 이름의 신라 사람이 등장하는 것을 볼 때 날조된 이야기임을 알 수 있다고 했다.

구슬을 빼어 그의 아내에게 갖다 주었다. 아내는 그것을 품고 목을 매어 죽었다. 사람들은 이를 듣고 슬퍼했다. 그 뒤 다시 에미시가 습격해 와서 백성들을 약탈하고 다지의 무덤을 파헤쳤다. 그랬더니 무덤에서 커다란 뱀이 눈을 번뜩이며 튀어나와 물어뜯었다. 많은 에미시가 뱀의 독기를 쐬고 죽어 겨우 한두 사람이 살아남았을 뿐이었다. 그때 사람들이 말하기를 "다지는 죽어서도 끝내 원수를 갚았다. 죽은 사람에게도 지각(知覺)이 있다."

58년 여름 5월, 아라하카(荒陵)의 소나무 숲 남쪽 길에 난데없이 상수리나무가 두 그루 생겨났다. 길을 사이에 두고 두 나무의 위쪽이 맞붙어 한 그루가 되었다.

겨울 10월, 오(吳)나라와 고구려가 조공을 바쳤다.

60년 겨울 10월, 야마토타케루의 시라토리노미사사기 능지기를 부역에 동원했다. 천황이 몸소 노역 장소에 갔는데, 능지기인 메키(目杵)가 갑자기 흰 사슴으로 변해 달아났다. 이에 천황이 말했다. "이 능은 처음부터 비어 있었다. 그래서 그 능지기를 그만두게 하려고 처음으로 부역을 할당한 것인데, 방금 일어난 기이한 일을 보니 참으로 황공하구나. 능지기를 움직여서는 안 되겠다." 능지기를 다시 하지노무라지(土師連)에게 돌려보냈다.

62년 여름 5월 도토미노쿠니(遠江國)의 지방관이 아뢰었다. "오이강(大井河)에서 커다란 나무가 떠내려와 강이 굽어드는 모퉁이에서 멈췄습니다. 크기가 10위(圍 ; 1위는 3척)나 되고 밑동은 하나이나 그 끝은 둘로 갈라져 있습니다." 천황은 야마토아타이아고코를 파견하여 그 나무로 배를 만들게 했다. 난카이를 돌아 나니와즈(難波津)로 가져와서 어선(御船)으로 썼다. 그해에 누카타노오나카쓰히코가 쓰게(鬪鷄 ; 나라현奈良縣 쓰게무라都祁村)로 사냥을 나갔다. 산 위에 올라가 들판을 바라보니 뭔가 초막 같은 것이 보였다. 사자에게 알아보게 하니 돌아와서 "굴입니다." 하고 보고했다. 황자는 쓰게의 이나키오야마누시(稻置大山主)를 불러서 물었다.

"저 들판에 있는 것은 무슨 굴이냐?" "얼음굴입니다." 황자가 말했다. "얼음을 어떻게 저장하는가? 그리고 어디에 쓰는가?" "흙을 한 길 남짓 파고 위에 풀을 덮고 새를 두껍게 깐 뒤, 그 위에 얼음을 놓으면 여름에도 녹지 않습니다.

더울 때 물이나 술에 넣어 시원하게 마십니다." 황자가 그 얼음을 가져가서 천황에게 바치니 천황이 매우 기뻐했다. 그 이후 해마다 겨울이면 반드시 얼음을 저장했다가 춘분이 되면 나눠 주었다.

65년, 히다노쿠니(飛驒國)에 스쿠나(宿儺)라는 사람이 있었는데, 몸은 하나요 얼굴은 두 개였다. 얼굴이 서로 반대 방향을 바라보고 정수리는 하나, 목덜미는 없었다. 각각 손발이 있고 무릎은 있으나 오금은 없었다. 힘이 세고 매우 민첩했다. 양쪽에 칼을 차고 네 손으로 활을 사용했다. 스쿠나는 황명을 따르지 않고 백성들을 즐겨 약탈했다. 그래서 와니노오미의 조상인 나니와의 네코타케후루쿠마(根子武振熊)를 파견하여 죽였다.

67년 겨울 10월 5일, 가와치의 이시즈하라(石津原)로 가서 능지(陵地)를 정했다. 18일에 능을 지었다. 그날, 들판에서 갑자기 사슴이 튀어나와 일꾼들에게 뛰어들더니 그 자리에 쓰러져서 죽었다. 사슴이 급사한 것을 괴이하게 여겨 상처를 찾아보았다. 그러자 귀에서 때까치가 나와 날아갔다. 귀 안을 보니 때까치가 모조리 파먹었다. 그곳을 모즈노미미하라(百舌鳥耳原)라고 부르는 것은 여기에서 비롯되었다.

그해에 기비 나카쓰쿠니(中國)의 가와시마강(川島河)이 갈라지는 어귀에 용이 살았는데 사람들을 매우 괴롭혔다. 그곳을 지나가다가 독기에 쐬어 죽는 사람들이 많았다. 가사노오미의 조상인 아가타모리(縣守)는 용감하고 힘이 셌다. 강의 깊은 곳을 향해 표주박을 세 개 던져 넣고 말하기를 "너는 매번 독을 뿜어 길가는 사람들을 괴롭혔으니 이제 내가 너를 죽여야겠다. 네가 이 표주박을 물에 가라앉힌다면 내가 물러나겠다. 그러나 만약 가라앉히지 못하면 너를 베어버리리라."

그러자 용은 사슴으로 변하여 표주박을 물속에 끌어넣으려고 했다. 그러나 표주박은 가라앉지 않았다. 아가타모리는 칼을 뽑아 물속에 들어가 용을 베었다. 그런 다음 다른 용을 찾았다. 용들이 강바닥 구멍 속에서 우글거렸다. 그것을 모조리 베어버리니 강물이 핏빛으로 변했다. 그곳을 이름하여 아가타모리노후치(縣守淵)라고 한다. 그때 거역한 자가 한두 명 있었다. 천황은 일찍 일어나 늦게 자고 세금을 덜어주고 덕을 펼치며 은혜를 베풀어 백성을 곤궁에서 구제했다. 사자(死者)를 애도하고 병자를 위로하며 가족이 없는 자를 보살폈다. 그리하여 정령(政令)이 잘 시행되고 천하가 태평해져서 20여 년 동안 아무 일도 없었다.

87년 봄 정월 16일, 천황이 붕어했다.

겨울 10월 7일, 모즈노노미사사기(百舌鳥野陵)에 장사지냈다.

제12권

리추천황(履中天皇): 이자호와케노스미라미코토(去來穗別天皇)
한제이천황(反正天皇): 미쓰하와케노스미라미코토(瑞齒別天皇)

리추천황(履中天皇) : 이자호와케노스미라미코토(去來穗別天皇)

스미노에노나카쓰미코(住吉中皇子)가 구로히메(黑媛)를 범하다

이자호와케는 닌토쿠천황의 첫째 아들이다. 어머니는 이와노히메로, 가즈라키노소쓰비코의 딸이다. 닌토쿠천황 31년 봄 정월에 황태자로 책봉되었다. 그때 나이 15세.

87년 봄 정월, 닌토쿠천황이 붕어했다. 태자는 상중이어서 아직 제위에 오르지 않았고 그동안, 하타노야시로노스쿠네(羽田矢代宿禰)의 딸 구로히메(黑媛)를 비로 맞이하기로 했다. 혼약을 하고 동복 동생인 스미노에노나카쓰미코를 보내어 혼례일을 알렸다. 그런데 스미노에노나카쓰미코가 자신을 태자라고 속이며 구로히메를 범하고 말았다. 그날 밤, 스미노에노나카쓰미코는 손목에 감고 있던 방울을 구로히메의 집에 떨어뜨리고 돌아왔다.

이튿날 밤, 태자는 스미노에노나카쓰미코가 저지른 일은 모르고 구로히메를 찾아갔다. 태자는 침실에 들어가 휘장을 젖히고 침대에 걸터앉았다. 그때 침대 위쪽에서 방울 소리가 났다. 태자는 이상하게 여기고 구로히메에게 물었다. "무슨 방울이오?", "간밤에 태자께서 가져오신 방울 아닙니까? 어찌하여 새삼스럽게 물으시는지요?" 구로히메가 대답하자, 태자는 스미노에노나카쓰미코가 구로히메를 속여서 범한 것을 알고 잠시 아무 말도 하지 않다가 그곳을 떠났다. 스미노에노나카쓰미코는 죄가 밝혀지는 것이 두려워 태자를 죽이기로 하고 비밀리에 군사를 일으켜 태자궁을 포위했다. 헤구리의 쓰쿠노스쿠네, 모노노베노오마에노스쿠네(物部大前宿禰), 아야노아타이(漢直)의 조상 아치노오미(阿知使主) 등의 세 사람이 태자에게 사정을 아뢰었으나 태자는 듣지 않았다. 일설에는 태자가 술에 취해 일어나지 못했다고 한다. 그래서 세 사람은 태자를 말에 태우고 달아났다. 일설에는 모노노베노오마에노스쿠네가 태자를 안아 말에 태웠다고 한다.

스미노에노나카쓰미코는 태자의 소재를 모르는 채 태자궁을 불태웠다. 불은 밤새도록 꺼지지 않았다. 태자는 가와치노쿠니의 하뉴노사카(埴生坂)에 이르렀을 때 간신히 깨어났다. 나니와 쪽을 보더니 타오르는 불길에 크게 놀라 서둘러 오사카에서 야마토로 향했다. 아스카산(飛鳥山 ; 하비키노시羽曳野市에 있는 산)에 이르러 산길 어귀에서 소녀를 만났다. "이 산에 사람이 있느냐?"하고 물으니 소녀가 대답하기를 "무기를 가진 자들이 산속에 우글거립니다. 돌아가서 다기마노미치(當麻道)로 넘어가십시오." 태자는 소녀 덕분에 난을 면할 수 있었다고 생각하며 노래를 불렀다.

<ruby>大坂<rt>오호사카니</rt></ruby>に <ruby>遇ふや嬢子<rt>아후야오토메오</rt></ruby>を <ruby>道問へば<rt>미치토헤바</rt></ruby> <ruby>直には告らず<rt>타다니와노라즈</rt></ruby> <ruby>当麻路を告る<rt>다기마지오노루</rt></ruby>

오사카에서 만난 소녀에게 길을 물으니 지름길이 아니라 우회하는 다기마노미치를 가르쳐 주었다

조금 돌아가서 그 현(縣)의 병사를 징집하여 이끌고 다쓰타산(龍田山)을 넘어갔다. 그때 무기를 들고 쫓아오는 자가 수십 명이 넘었다. 태자는 그들을 보고 말했다. "저기 오는 사람은 누구일까? 무척 빠르지 않느냐. 도적인가?" 그러고는 산속에 숨어서 기다리다 가까이 다가왔을 때 한 사람을 보내 물었다. "누구냐? 어디로 가는 것인가?" 대답하기를 "아와지 노시마(野島)의 어부입니다. 아즈미노무라지하마코(阿曇連濱子)의 명으로 스미노에노나카쓰미코를 위해 태자를 뒤쫓는 중입니다."

그래서 복병을 보내 그들을 포위하고 모조리 사로잡았다. 그때 야마토아타이아고코는 스미노에노나카쓰미코와 각별한 사이여서, 미리 계략을 알고 정예

병 수백 명을 가키하미(攬食)의 밤나무 숲에 모아놓고 스미노에노나카쓰미코를 위해 태자를 막으려고 했다. 병사들이 있는 줄 모르는 태자는 산에서 나가 몇 리쯤 갔으나 길에 병사들이 넘쳐서 나아갈 수가 없었다. 사자를 보내 "어떤 자들이냐?"고 물으니 "야마토아타이아고코다." 하고 대답하고는 거꾸로 사자에게 물었다. "누가 보낸 자인가?" "황태자가 보낸 사자다." 야마토아타이아고코는 병사가 많아서 겁먹고 사자에게 말했다.

"듣자하니 황태자께서 큰일을 당하셨다고 해서 도와드리려고 병사를 이끌고 기다리고 있었습니다." 그러나 태자는 그 마음을 의심하여 죽이려 했다. 야마토아타이아고코는 겁을 먹고 자기 누이인 히노히메(日野媛)를 바치며 용서를 구했다. 태자는 그를 용서해 주었다. 이때부터 야마토아타이가 궁중에 궁녀를 바치는 관습이 시작된 듯하다.

태자는 이미 이소노카미의 후루노카미궁(振神宮)으로 갔다. 그때 미쓰하와케(뒷날의 한제이천황)가 태자가 없는 것을 알고 뒤쫓아왔다. 그러나 태자는 미쓰하와케의 마음을 의심하여 부르지 않았다. 미쓰하와케가 말했다. "저에게는 아무런 흑심도 없습니다. 다만 태자께서 안 계신 것이 걱정되어 찾아왔을 뿐입니다." 태자는 동생에게 전했다. "나는 스미노에노나카쓰미코의 반역이 두려워 혼자 이곳에 왔다. 너 또한 의심하지 않을 수가 없구나. 스미노에노나카쓰미코가 살아 있는 것은 나에게는 돌림병과도 같다. 그러니 없애야 한다. 네가 진정 다른 마음이 없다면 나니와로 돌아가서 스미노에노나카쓰미코를 죽여라. 그런 뒤에 다시 만나자."

미쓰하와케가 말했다. "태자께서는 어찌하여 그토록 걱정하시는지요. 지금 스미노에노나카쓰미코는 무도하기 짝이 없어 신하들도 백성들도 모두 원망합니다. 또 그 부하도 모두 등을 돌리고 적이 되었습니다. 혼자 고립되어 의논할 상대도 없습니다. 저는 그 동안 잘못된 것을 알면서도 아직 태자의 명을 받지 못해 혼자 분개하고 탄식만 했습니다. 그러나 이제 명을 받았으니, 어찌 스미노에노나카쓰미코를 죽이는 걸 꺼리겠습니까? 오직 두려운 것은 스미노에노나카쓰미코를 죽여도 저를 여전히 의심하지나 않을까 하는 것입니다. 부디 태자께서 마음이 바른 사람을 보내주시면 그 사람을 통해 태자에 대한 저의 변함

없는 충성심을 증명해 보여드리겠습니다."

태자는 쓰쿠노스쿠네를 딸려 보냈다. 미쓰하와케는 탄식하며 말했다. "태자와 스미노에노나카쓰미코는 둘 다 나의 형이다. 누구를 따르고 누구를 배척해야 할지 모르겠구나. 하지만 무도(無道)를 없애고 도리가 선 사람을 따르면 누가 나를 의심하리오." 나니와에 이르러 스미노에노나카쓰미코의 상황을 알아보았다. 스미노에노나카쓰미코는 태자가 달아났다고 생각하고 아무런 방비도 하지 않았다.

그때 황자를 측근에서 모시는 사시히레(刺領巾)라고 하는 하야토가 있었다. 미쓰하와케는 남몰래 사시히레를 불러서 이렇게 사주했다. "나를 위해 황자를 죽여주면 반드시 후하게 보답하리라." 그러고는 비단옷과 바지를 벗어 사시히레에게 주었다. 사시히레는 그 말대로 혼자 창을 들고 가서, 스미노에노나카쓰미코가 뒷간에 들어가는 것을 노려 칼로 찔러 죽였다. 그리고 미쓰하와케에게 붙었다. 쓰쿠노스쿠네는 미쓰하와케에게 말했다.

"사시히레는 타인을 위해 자기 주인을 죽였습니다. 그것은 우리에게 커다란 공이지만, 자기 주인에게 자비심이 없는 자를 어찌 살려둘 수 있겠습니까." 그러고는 사시히레를 죽여 버렸다. 그날 야마토를 향해 출발하여 한밤중에 이소노카미에 이르자 이자호와케에게 보고했다. 황자는 미쓰하와케를 후하게 대접하고 무라아와세노미야케(村合屯倉)를 내렸다. 그날 아즈미노무라지하마코를 붙잡았다.

이와레(磐余)의 와카사쿠라궁(稚櫻宮)

원년 봄 2월 초하루, 황태자는 이와레의 와카사쿠라궁에서 황위에 올랐다.

여름 4월 17일, 아즈미노무라지하마코를 불러서 말했다. "너는 스미노에노나카쓰미코와 함께 반역을 꾀하여 나라를 뒤엎으려 했다. 이는 죽어 마땅한 죄이나, 큰 은혜를 내려 죽음은 면하게 해주는 대신 이마에 자자형(刺字刑)을 내리노라." 그리고 바로 그날 눈가에 자자(刺字)를 했다. 그때 사람들은 그것을 아즈미메(阿曇目)라고 불렀다. 아즈미노무라지하마코를 따른 노시마의 어부들을 용서하고, 야마토의 고모시로노미야케(蔣代屯倉)에서 노역을 하게 했다.

가을 7월 4일, 태자는 아시타노스쿠네(葦田宿禰)의 딸 구로히메를 비로 맞이했다. 비는 이외시가노이지노에노오시와노미코(磐坂市邊押羽皇子), 미마노미코(御馬皇子), 아오미노히메(青海皇女)—일설에는 이이토요노히메(飯豐皇女)라고도 한다—를 낳았다. 다음 비인 하타비노히메(幡梭皇女)는 나카시노히메(中磯皇女)를 낳았다. 태세 경자년(庚子年)의 일이다.

2년 봄 정월 4일, 미쓰하와케를 황태자로 책봉했다. 겨울 10월, 도읍을 이와레로 정했다. 그리고 헤구리 쓰쿠노스쿠네, 소가노마치노스쿠네(蘇賀滿智宿禰), 모노노베노이코후노오무라지(物部伊莒弗大連), 쓰부라노오미(圓大使主) 등이 함께 나랏일을 관장했다.

11월, 이와레 연못을 만들었다.

3년 겨울 11월 6일, 천황은 이와레의 이치시 연못(市磯池)에 후타마타부네(兩股船)를 띄웠다. 그리고 비(妃)와 각각의 배에 나눠 탔다. 가시와데노오미노아레시(膳臣餘磯)가 술을 헌상했는데, 그 술잔에 벚꽃잎이 떨어졌다. 이를 이상하게 여긴 천황이 모노노베노나가마이노무라지(物部長眞膽連)를 불러 명을 내렸다. "이 꽃이 필 철이 아닌데 어디선가 떨어졌다. 어디에 있는 꽃인지 가서 찾아보라." 모노노베노나가마이노무라지는 혼자 꽃을 찾아나서서 와키노카미(腋上)의 무로야마(室山)에서 꽃을 구해 천황에게 바쳤다. 천황은 그 진귀한 꽃을 기뻐하며 궁의 이름으로 삼았다. 이 일에서 이와레 와카사쿠라궁(若櫻宮)이라는 이름이 비롯되었다. 이날, 모노노베노나가마이노무라지의 본성(本姓)을 고쳐 와카사쿠라베노미야쓰코(稚櫻部造)라 하고 가시와데노오미노아레시를 고쳐 와카사쿠라베노오미(稚櫻部臣)라고 불렀다.

4년 가을 8월 8일, 처음으로 각국에 후미히토(國史 : 사관史官)를 두었다. 이는 있었던 일을 기록하고 각국의 정보를 보고하는 자이다.

겨울 10월, 이소노카미 용수로를 팠다.

5년 봄 3월 초하루, 쓰쿠시에 있는 세 신(神 : 무나카타 신사宗像神社의 다코리히메, 다기쓰히메, 이치키시마히메)이 궁중에 나타나 "왜 우리 백성을 빼앗아 가느냐? 너에게 망신을 주겠다."고 했다. 그러나 기도만 하고 제사는 올리지 않았다.

가을 9월 18일, 천황은 아와지시마에 사냥을 하러 갔다. 그날 가와치의 마구간지기가 말고삐를 잡고 따라갔다. 예전에 자자형을 받은 마구간지기의 눈가 상처가 완전히 낫지 않아 섬에 있던 이자나기가 신관에게 빙의하여 "피 냄새를 견딜 수가 없다."고 말했다. 그래서 점을 치니 마구간지기의 눈가 상처에서 나는 냄새를 싫어한다고 나왔다. 그래서 그때부터 마구간지기에게 자자를 하지 않았다.

19일, 바람 소리처럼 하늘에서 부르는 소리가 들려왔다. "쓰루기타치히쓰기노미코(劍刀太子王)."이라고 말하더니, 다시 이렇게 말했다. "새가 지나 다니는 하타(羽田)의 그대(리추천황의 황비인 구로히메)는 하사(羽狹)에 묻혔도다!" 그리고 "사나쿠타코모쓰노미코토(狹名來田蔣津之) 하키에 묻혔도다!"라고 말했다. 사자가 급하게 찾아와서 아뢰기를 "황비께서 돌아가셨습니다."라고 아뢰었다. 천황은 크게 놀라 22일, 아와지에서 말을 타고 돌아왔다.

겨울 10월 11일, 황비를 장사지냈다. 천황은 신의 노여움을 풀지 않은 바람에 왕비를 잃었다고 후회하며 그 원인을 찾았다. 어떤 사람이 말하기를 "구루마모치노키미(車持君)가 쓰쿠시로에 가서 모든 구루마모치베(車持部 ; 천황이 타는 가마를 관리하는 조직)를 조사하고 세금을 거둔 데다, 가무베라노타미(充神民)까지 빼앗았습니다. 틀림없이 이 일 때문입니다."

천황이 구루마모치노키미를 불러 추궁하자 곧 사실임이 드러났다. 천황이 꾸짖었다. "너는 아무리 구루마모치노키미라고 하지만, 멋대로 만백성을 조사하고 공물을 징발했다. 그것이 너의 첫 번째 죄이다. 또 신에게 바친 구루마모치베를 빼앗은 것이 두 번째 잘못이다." 그래서 아시하라에(惡解除), 요시하라에(善解除)[1]를 부과하여, 나가스노사키(長渚崎)로 가서 재를 올리라고 했다. 그리고 다음과 같은 조칙도 내렸다. "앞으로 쓰쿠시의 구루마모치베를 지배해서는 안 된다." 그래서 모두 거두어들이고 다시 세 신(무나카타 신사의 세 여신)에게 바쳤다.

6년 봄 정월 6일, 구사카노하타비노히메(草香幡梭皇女)를 황후로 맞이했다.

---

1) 지은 죄를 갚기 위해 공물을 바치고 죄를 씻는 것.

29일, 처음으로 구라노쓰카사(藏職)를 두고 구라히토베(藏部 ; 회계를 담당하는 부서)를 징했나.

2월 1일, 후나시와케노오키미(鮒魚磯別王)의 딸 후토히메노이라쓰메(太姬郎姬)와 다카쓰루노이라쓰메(高鶴郎姬)를 후궁에 들여 빈(嬪)으로 삼았다. 이 두 사람은 늘 탄식하며 말했다. "슬프구나, 우리의 오라버니는 어디로 가신 것일까?" 천황이 그 탄식을 듣고 물었다. "무엇을 그리 슬퍼하는가?" 대답하기를 "우리 오라버니 와시스미노오키미(鷲住王)는 힘이 세고 민첩했는데, 어느 날 혼자 야히로야(八尋屋)를 뛰어넘어 나가 버렸습니다. 벌써 여러 날이 지났는데도 만날 수가 없어서 슬퍼하고 있습니다."

천황은 그가 힘이 세다는 말을 듣고 기꺼이 불렀는데 오지 않았다. 한 번 더 사자를 보냈으나 그래도 오지 않았다. 와시스미노오키미는 언제나 스미노에 마을에 머물렀다. 그 이후 부르는 것을 그만두고 찾지 않았다. 그가 사누키노쿠니노미야쓰코(讚岐國造)와 아와노쿠니(阿波國)의 아시쿠이와케(脚咋別), 두 씨족의 시조이다.

3월 15일, 천황이 병에 걸려 몸이 나빠져 악취가 났다. 와카사쿠라궁에서 붕어했다. 향년 70세.

겨울 10월 4일, 모즈(百舌)의 미미하라노미사사기(鳥耳原陵)에 장사지냈다.

한제이천황(反正天皇) : 미쓰하와케노스미라미코토(瑞齒別天皇)

미쓰하와케는 리추천황의 동복동생이다. 리추천황 2년에 황태자로 책봉되었다. 천황은 아와지시마에서 태어났다. 나면서부터 치아가 하나의 뼈인 것처럼 고르고 용모가 수려했다. 미즈노이(瑞井)라고 하는 우물이 있었는데, 그 물을 길어 태자를 씻겼다. 그때 우물 속에 다지(多遲)꽃이 피어 있어서 그것을 태자의 이름으로 했다. 다지꽃은 지금의 감제풀꽃이다. 그래서 다지히미쓰하와케노스메라미코토(多遲比瑞齒別天皇)라고 불렀다.

6년 봄 3월, 리추천황이 붕어했다.

원년 봄 정월 2일, 미쓰하와케가 천황에 즉위했다.

가을 8월 6일, 오야케노오미(大宅臣)의 조상인 고고토(木事)의 딸 쓰노히메(津

野媛)를 황후로 맞이했다. 가히노히메(香火姬皇女), 쓰부라노히메(圓皇女)를 낳았다. 또 부인의 동생인 오토히메(弟媛)를 맞이하여 다카라노히메(財皇女)와 다카베노미코(高部皇子)를 낳았다.

겨울 10월, 가와치의 다지히(丹比)를 도읍으로 정했다. 그것을 시바카키궁(柴籬宮)이라고 한다. 이 시기에는 비와 바람이 때에 맞춰 적당히 내려서 오곡이 풍성하게 익어 백성은 윤택하여 천하가 태평했다. 태세 병오년(丙午年)의 일이다.

5년 봄 정월 23일, 천황이 정전(正殿)에서 붕어했다.

제13권

인교천황(允恭天皇) : 오아사즈마와쿠고노스쿠네노스메라미코토(雄朝津間
稚子宿禰天皇)
안코천황(安康天皇) : 아나호노스메라미코토(穴穗天皇)

인교천황(允恭天皇) : 오아사즈마와쿠고노스쿠네노스메라미코토(雄朝津間稚
子宿禰天皇)

즉위를 주저하다

오아사즈마와쿠고노스쿠네는 한제이천황의 동복동생이다. 천황은 어릴 때
부터 성장할 때까지 마음이 어질고 겸손했다. 장년이 된 뒤 중병에 걸려 거동
이 불편해졌다.

5년 봄 정월, 한제이천황이 붕어했다. 신하들이 의논하기를 "지금 닌토쿠천
황의 아들은 오아사즈마와쿠고노스쿠네와 오쿠사카노미코 두 분이 계시지만,
오아사즈마와쿠고노스쿠네가 형님이고 인효(仁孝)의 정이 깊다." 그래서 길일을
택하여 황자 앞에 무릎을 꿇고 천황의 옥새를 바쳤다. 오아사즈마와쿠고노스
쿠네는 "나는 불민하게도 오랜 지병으로 걸음도 제대로 걷지 못한다. 직접 병을
고치려고 누구에게도 말하지 않고 남몰래 거친 치료도 해 보았으나 조금도 효
과가 없었다. 그래서 선황께서 나를 꾸짖으시며 '너는 안 그래도 병에 걸린 몸
을 치료한다고 함부로 다루어 더욱 망쳤으니 이보다 더 큰 불효가 없다. 아무
리 오래 산다고 해도 황위에는 오르지 못할 것이다' 하고 말씀하셨다. 또 나의
형님이신 두 천황도 나를 어리석게 여기고 경시했으니, 이는 경들도 다 아는 일
이다. 천하란 큰 그릇이고 제위(帝位)는 대업(大業)이다. 또 백성의 어버이가 되는

것은 성현(聖賢)의 천직이니, 어찌 어리석은 자가 능히 감당할 수 있겠는가. 보다 현명한 왕을 택하여 황위에 오르게 해야 한다. 나는 그만한 그릇이 못 된다."

신하들은 다시 절을 올리고 아뢰었다. "제위를 오래 비워둘 수는 없습니다. 또한 천명은 거역할 수가 없습니다. 지금 황자께서 때를 거슬러 제위에 오르지 않는다면 신들은 백성의 희망이 끊어질 것이 두렵습니다. 바라옵건대 아무리 어려우시더라도 제위에 오르도록 하소서." 오아사즈마와쿠고노스쿠네는 "나라를 다스리는 것은 중대한 일이다. 병든 몸으로는 도저히 감당할 수 없노라." 하고 승낙하지 않았다. 신하들은 다시 간곡하게 청했다. "저희가 생각하기에 대왕께서 황조의 종묘를 받드는 것이 가장 타당합니다. 천하 만민도 모두 그렇게 생각할 것입니다. 부디 윤허하여 주소서."

원년 겨울 12월, 비(妃)인 오시사카노오나카쓰히메(忍坂大中姬)가 신하들이 걱정하며 탄식하는 것을 안타깝게 여기고, 몸소 세숫물을 받쳐 들고 황자 앞에 나아가 아뢰었다. "대왕께서 사양하시고 즉위하지 않으시면 제위가 빈 채로 세월이 흘러가게 됩니다. 군신백관이 심히 걱정하며 어찌할 바를 모릅니다. 바라옵건대 사람들의 요청을 따라 무리를 해서라도 제위에 오르시는 것이 어떨지요." 그러나 황자는 받아들이지 않고 등을 돌려 입을 다물어 버렸다. 오시사카오나카쓰히메는 황공하여 물러나지 않고 한 시간이 지나도록 그대로 있었다. 때는 세밑이라 바람이 세고 몹시 추웠다. 오시사카오나카쓰히메가 받쳐 들고 있던 그릇의 물이 넘쳐서 팔뚝에 얼어붙으니, 추위를 견디지 못해 거의 죽을 지경이 되었다. 이윽고 황자가 돌아보고 놀라서 부축하여 일으키며 말했다. "황위는 중대한 자리요. 쉽사리 오를 수 없는 자리라 지금까지 동의하지 않은 것인데, 그러나 지금 군신들이 요청하는 것도 도리가 분명한 일이니, 언제까지나 사양할 수도 없는 노릇이구려."

오시사카오나카쓰히메는 기뻐하며 뭇 신하들에게 알렸다. "황자께서 뭇 신하들의 소망을 들어주시려 하시오. 어서 천황의 옥새를 가져다 바치시오." 뭇 신하들은 크게 기뻐하며, 그날로 천황의 옥새를 가져와 두 번 절하고 올렸다. 황자가 말했다. "뭇 신하들이 천하를 위해 나를 청했소. 나도 끝까지 사양만 할 수는 없었소." 그리하여 마침내 제위에 올랐다. 태세 임자년(壬子年)의 일이었다.

쓰게노쿠니노미야쓰코(鬪鷄國造)

2년 봄 2월 14일, 전황은 오시사카노오나카쓰히메를 황후로 맞이했다. 이날 황후를 위해 오시사카베(刑部)를 정했다. 황후는 기나시노카루노미코(木梨輕皇子), 나가타노오이라쓰메노히메(名形大娘皇子), 사카이노쿠로히코노미코(境黑彦皇子), 아나호(안코천황), 가루노오이라쓰메노히메(輕大娘皇女), 야쓰리노시로히코노미코(八釣白彦皇子), 오하쓰세노와카타케노스메라미코토(大泊瀬稚武天皇 ; 유랴쿠천황), 다지마노타치바나노오이라쓰메노미코(但馬橘大娘皇女), 사카미노히메(酒見皇女)를 낳았다.

황후가 되기 전 오시사카오나카쓰히메가 아직 어머니와 함께 친가에 있을 때 혼자 뜰에서 놀았는데, 쓰게노쿠니노미야쓰코(쓰게의 지방관)가 지나갔다. 그는 말을 탄 채 담장 너머로 희롱하듯이 말을 걸었다. "그대가 그 뜰을 제대로 가꿀 수 있을까?" 그러고는 "아낙네, 그 달래를 한 뿌리 주게" 하기에, 산달래를 한 뿌리 뽑아서 말을 탄 사람에게 주면서 물었다. "어디에 쓰려고 달래를 가져가십니까?" "산에 갈 때 등에모기(사람의 눈 주위를 날아다니는 작은 벌레)를 쫓으려고 그러네." 오시사카오나카쓰히메는 마음속으로 말을 탄 자가 하는 말이 무례한 것이 불쾌하여 "내 그대를 잊지 않을 것이오" 하고 말했다.

그 뒤 황후에 오른 해에 말을 타고 달래를 달라고 했던 자를 찾아 옛날의 죄를 물어 죽여 버릴까 생각했다. 그러자 그 사내는 이마를 땅에 닿도록 조아리고 빌면서 "신의 죄는 참으로 죽어 마땅합니다. 그러나 그때는 이렇게 귀한 분이 되리라고는 생각도 하지 못했습니다." 황후는 죽이지 않고 성(姓)을 낮춰서 이나키(稲置)로 바꿨다.

3년 봄 정월 초하루, 신라에 사자를 보내 좋은 의원을 찾았다. 가을 8월, 신라에서 의원이 와서 천황의 병을 치료했다. 얼마 지나지 않아서 천황의 병이 나았다. 천황은 매우 기뻐하며 의원에게 후한 상을 내리고 고향으로 돌려보냈다.

씨(氏)와 성(姓)을 조사하다

4년 가을 9월 9일, 천황이 명을 내리기를 "옛날에 나라를 잘 다스렸을 때는 백성들도 자리를 잘 잡아 씨성(氏姓)이 어지럽지 않았다. 내가 황위를 이은 지 벌써 4年이 지났지만, 상하가 서로 다투니 백성들도 편안하지 않다. 또는 잘못을 저질러 자기 성을 잃는 자도 있다. 그런가 하면 고의로 고귀한 성을 사칭하는 자도 있다. 나라를 잘 다스리지 못하는 것은 여기에 그 원인이 있다. 내가 비록 미력하지만 어찌 이 잘못을 바로잡지 않을 수 있으리오. 군신들은 잘 의논하여 보고하라." 뭇 신하들이 모두 말했다. "폐하께서 잘못을 지적하시고 부정을 바로잡아 씨성을 고치고자 하시니, 신들은 온 힘을 다해 받들겠습니다."

28일에 천황은 명을 내렸다. "군경백관(群卿百官) 및 모든 지방관이 저마다 '황제의 후손'이라느니, '천손이 강림하실 때 함께 하늘에서 내려온 자'라고 자처한다. 그러나 천지가 개벽한 이래 만세를 거듭하면서 하나의 씨족이 번성하여 많은 씨성이 나왔으니 그 진실을 알기가 어렵다. 그래서 모든 씨성의 사람들은 목욕재계하고 구가타치(探湯 ; 신에게 맹세한 뒤 뜨거운 물에 손을 넣어 화상을 입으면 유죄로 판단하는 주술재판)를 하여 그 진위를 증명해야 한다."

그리하여 아마카시 언덕(甘樫丘)의 고토노마가에노사키(辭禍戸崎 ; 말의 진실을 밝히고 바로잡는 장소)에 구가타치할 때 쓰는 솥을 걸고 모든 사람에게 "진실한 사람은 아무 일도 없을 것이고 거짓말한 자는 반드시 손을 델 것이다." 라고 말했다. 사람들은 각자 신성한 무명 어깨띠를 두르고 물이 끓는 솥으로 다가가 구가타치를 했다. 그러자 진실한 자는 아무 일도 없었지만 거짓을 말한 자는 모두 손을 데었다. 그러므로 일부러 속이던 자는 두려워서 감히 나설 수가 없었다. 그때 이후 씨성은 저절로 바로잡혀 거짓말하는 자가 사라졌다.

모가리(殯)의 다마타노스쿠네(玉田宿禰)

5년 가을 7월 14일, 지진이 일어났다.그 후 가즈라키노소쓰비코의 손자 다마타노스쿠네에게 명령을 내려, 한제이천황의 모가리(매장하기 전에 유해를 안치하는 일)를 맡겼다. 지진이 일어난 날 밤, 오와리노무라지아소(尾張連吾)를 보내 모가리노미야(殯宮)의 상황을 보고 오라고 했다 사람들이 빠짐없이 모인 가운데 다마타노스쿠네만 그 자리에 없었다. 오와리노무라지아소가 그 사실을 보고했다. 오와리노무라지아소를 다시 가즈라키로 보내 다마타노스쿠네를 찾아보게 했다. 다마타노스쿠네는 거기서 남녀를 불러 모아 술잔치를 벌이고 있었다. 오와리노누라지아소는 다마타노스쿠네에게 사정을 이야기했다. 다마타노스쿠네는 문제가 될 것이 두려워 말 한 필을 오와리노무라지아소에게 뇌물로 주고 길에서 기다리고 있다가 오와리노무라지아소를 죽이고 말았다. 그러고는 달아나 다케노우치노스쿠네의 묘지 안에 숨었다.

천황은 이 이야기를 듣고 다마타노스쿠네를 불렀다. 다마타노스쿠네는 의심하여 옷 속에 갑옷을 입고 왔다. 옷 속에서 갑옷 자락이 보였다. 천황은 그것을 오하리다노우네메(小墾田采女)에게 분부하여 다마타노스쿠네에게 술을 내렸다. 오하리다노우네메는 옷 속에 갑옷을 입었다는 것을 확인하고 천황에게 아뢰었다. 천황이 병사에게 죽이라고 하자 다마타노스쿠네는 몰래 달아나서 집안에 숨어 버렸다. 천황은 이를 추격하여 다마타노스쿠네의 집을 포위하고 붙잡아 죽였다.

겨울 11월 11일, 한제이천황을 미미하라노미사사기(耳原陵)에 장사지냈다.

소토오시노이라쓰메(衣通郎姫)

7년 겨울 12월 1일, 새로운 거처의 낙성식 연회가 열렸다. 천황은 몸소 칠현금를 탔고 황후는 일어나서 춤을 추었다. 춤이 끝났을 때, 황후는 아무런 축하의 말도 하지 않았다. 당시 풍속에 따르면 연회 때 춤을 추는 사람은 춤이 끝나면 그 자리의 우두머리를 향해 "낭자를 헌상하겠나이다." 하고 말하게 되어 있었다. 그래서 천황은 황후에게 물었다. "어찌하여 늘 하는 말을 하지 않는 것이오?" 황후는 황공하여 다시 일어나서 춤을 춘 뒤 말했다. "낭자를 바치겠나이다." 천황은 황후에게 물었다 "그대가 바칠 낭자가 누구요? 이름을 알고 싶소." 황후는 하는 수 없이 말했다. "제 동생으로 이름은 오토히메라고 합니다."

오토히메는 비할 데 없이 아름다운 절세미인으로 아름다운 몸의 광채가 옷을 뚫고 밖으로 드러났다고 한다. 사람들은 그래서 소토오시노이라쓰메라고 불렀다. 마음이 이미 소토오시노이라쓰메에게 기울어진 천황은 황후에게 오토히메를 바치라고 강요했다. 황후는 마음이 내키지 않았다. 천황은 이튿날 사자를 보내 오토히메를 불렀다. 그때 오토히메는 어머니를 따라 오미의 사카타(阪

田)에 가 있었다. 오토히메는 황후의 마음을 헤아리고 가지 않았다. 거듭하여 일곱 번이나 불렀으나 완강하게 사양하고 응하지 않았다.

천황은 이를 불쾌히 여기고 시종인 나카토미노이카쓰노오미(中臣烏賊津使主)에게 다시 명을 내렸다. "황후가 진상한 오토히메가 아무리 불러도 오지 않는구나. 네가 가서 오토히메를 데려오너라. 반드시 후하게 상을 내리리라." 나카토미노이카쓰노오미는 명을 받들어 출발했다. 찐쌀을 옷 속에 품고 사카타로 갔다. 그는 오토히메의 뜰에서 엎드려 말했다. "천황께서 모시고 오라고 분부하셨습니다." 오토히메가 대답했다. "어찌 천황의 말씀을 황공하게 받들지 않으리오. 다만 황후의 마음을 상하게 하고 싶지 않소. 나는 죽어도 갈 수 없소." 나카토미노이카쓰노오미가 말했다. "저는 천황의 명령을 받들고 왔습니다. 반드시 모시고 와라, 만약 모시고 오지 않으면 극형에 처하겠다고 하셨습니다. 그러니 돌아가서 처형당할 바에는 차라리 이 뜰에 엎드려 죽겠습니다." 그리하여 이레가 지나도록 뜰에 엎드려 있었다. 주는 음식은 먹지 않고 몰래 품속의 찐쌀을 꺼내 먹었다.

오토히메는 생각했다. 자신은 황후의 질투가 두려워 천황의 명령을 거부했지만, 임금의 충신을 죽게 만들면 그것 역시 자신의 죄가 되고 만다. 마침내 오토히메는 나카토미노이카쓰노오미를 따라갔다. 야마토의 가스가(春日)에 도착하여 이치이(櫟井) 옆에서 식사를 했다. 오토히메는 나카토미노이카쓰노오미에게 술을 내리며 위로했다. 나카토미노이카쓰노오미는 그날 수도에 도착하여 오토히메를 야마토아타이아고코의 집에 들이고 천황에게 보고했다. 천황은 크게 기뻐하며 나카토미노이카쓰노오미를 칭찬하고 후하게 상을 내렸다. 그러나 황후는 마음이 썩 좋지 않았다. 그래서 궁중에 들이지 않고 따로 후지와라(藤原)에 저택을 지어 그곳에 머물게 했다.

황후가 오하쓰세노스메라미코토(大泊瀬天皇 ; 유랴쿠천황)을 출산한 날, 천황은 처음으로 후지와라에 갔다. 황후는 그 이야기를 듣고 천황을 원망하며 말했다. "제가 처음으로 머리를 올리고 후궁에 들어온 지 몇 해가 흘렀습니다. 그리하여 지금 출산으로 생사의 갈림길에 섰는데, 어찌하여 오늘 같은 날 전하께서는 후지와라에 가실 수가 있습니까?" 그러고는 일어나 산실에 불을 질러

자결하고자 했다. 크게 놀란 천황은 "내가 잘못했소." 사죄하고 황후의 마음을 위로하며 달래 주었다.

8년 봄 2월, 후지와라에 간 천황은 은밀하게 소토오시노이라쓰메의 근황을 알아보았다. 혼자 지내던 소토오시노이라쓰메는 천황이 온 것도 모르고 천황을 그리워하며 노래를 불렀다.

<ruby>我<rt>와가</rt></ruby><ruby>が兄子が<rt>세코가</rt></ruby> <ruby>可來宵なり<rt>구베키오히나리</rt></ruby> <ruby>笹蟹の<rt>사사가니노</rt></ruby> <ruby>蜘蛛の行ひ<rt>구모노오코나히</rt></ruby> <ruby>今宵驗しも.<rt>고요히시루시모</rt></ruby>

나의 남편이 오실 것만 같은 밤, 보금자리를 짓는 거미가 유난히 바빠 보이는구나.

천황은 이 노래를 듣고 감동하여 노래로 화답했다.

<ruby>細紋形<rt>사사라가타</rt></ruby> <ruby>錦紐を<rt>니시키노히모오</rt></ruby> <ruby>解き開けて<rt>도키사케테</rt></ruby> <ruby>數多は不寢に<rt>아마타와네즈니</rt></ruby> <ruby>唯一夜の耳.<rt>다다히토요노미</rt></ruby>

자, 비단 허리띠 풀어놓고 몇 밤이라고는 말 못하고 그저 하룻밤만이라도.

이튿날 아침 천황은 우물 옆에 핀 벚꽃을 보고 노래를 불렀다.

<ruby>花細し<rt>하나구하시</rt></ruby> <ruby>櫻の愛で<rt>사쿠라노메데</rt></ruby> <ruby>如此愛ば<rt>고토메데바</rt></ruby> <ruby>早くは不愛<rt>하야쿠와메데즈</rt></ruby> <ruby>我が愛づる子等.<rt>와가메즈루코라</rt></ruby>

조그맣고 아름다운 벚꽃을 사랑하듯이 사랑할 것을. 좀 더 빨리 사랑해 주지 못한 것이 아쉬울 뿐이로다, 나의 사랑하는 여인이여.

황후는 이 이야기를 전해 듣고 천황을 심히 원망했다. 소토오시노이라쓰메가 아뢰었다. "왕궁 가까이 가서 밤낮없이 폐하의 모습을 뵙고 싶지만, 황후는 제 언니입니다. 저 때문에 항상 폐하를 원망하며 괴로워하고 있습니다. 그러니 왕궁과 멀리 떨어진 곳에서 살고 싶습니다. 그러면 황후의 마음도 조금은 편안해지겠지요."

천황은 즉시 가와치의 지누(茅渟)에 궁실을 지어 소토오시노이라쓰메를 살게 했다. 그때부터 종종 히네노(日根野 ; 이즈미사노시泉佐野市 히네노日根野)로 사냥하러 가게 되었다.

9년 봄 2월, 지누궁(茅渟宮)에 행차했다.

가을 8월, 지누에 행차했다.

겨울 10월, 지누에 행차했다.

10년 봄 정월, 지누에 행차했다. 황후가 말했다. "저는 오토히메를 투기하는 마음이 조금도 없습니다. 그러나 폐하께서 종종 지누에 가시는 것이 걱정됩니다. 그것이 곧 백성들을 고통스럽게 하지 않을까 해서입니다. 바라옵건대 행차하는 횟수를 줄이시옵소서." 그날 이후로 천황의 행차가 뜸해졌다.

11년 봄 3월 4일, 천황이 지누궁에 행차했을 때, 소토오시노이라쓰메는 다음과 같이 노래를 불렀다

도코시헤니 기미모아헤야모 이사나토리 우미노하마모노 요루토키토키오
常しへに 君も遇へやも 漁取り 海の浜藻の 寄る時時を.

언제까지나 변함없이 임을 만날 수는 없겠지요. 바닷말이 물결 사이로 밀려오듯이 아주 가끔밖에 만날 수가 없군요.

천황은 소토오시노이라쓰메에게 말했다. "이 노래가 다른 사람 귀에는 들어가지 않도록 하라. 황후가 들으면 틀림없이 크게 원망하리라." 그래서 그때 사람들은 바닷말을 '나노리소모'(남에게 말하지 말라)라고 했다.

그 후 소토오시노이라쓰메가 후지와라궁(藤原宮)에 가자, 천황은 오토모노무로야노무라지(大伴室屋連)에게 이렇게 말했다. "내가 최근에 아름다운 여인을 얻었다. 황후의 동생인데 각별히 사랑한다. 그래서 그 이름을 후세에 남기고 싶은데, 어떻게 하는 것이 좋겠느냐?" 천황의 명에 따라 오토모노무로야노무라지다 주상한 것을 허락했다. 즉, 각국의 지방관에게 분부하여 소토오시노이라쓰메를 위해 후지와라베(藤原部 ; 미야케屯倉의 부민部民)를 두게 되었다.

아와(阿波)의 커다란 진주

14년 가을 9월 12일, 천황은 아와지시마에 사냥하러 갔다. 큰 사슴, 원숭이, 멧돼지 등이 산골짜기를 가득 메운 채로 불길처럼 움직이고 파리떼처럼 시끄

러웠다. 그러나 온종일 한 마리도 잡지 못했다. 사냥을 중단하고 점을 치니, 섬의 신(神)이 화를 내며 말했다. "짐승이 잡히지 않는 것은 내 뜻에 의한 것이다. 아카시(赤石) 바다에 진주가 있는데, 그 진주를 나에게 바치고 기도를 올리면 짐승을 모조리 잡게 되리라." 그래서 곳곳의 어부를 불러 모아 아카시 바다에 들어가게 했으나, 물이 깊어서 바닥에 닿을 수가 없었다.

그때 오키시(男狹磯)라는 어부가 있었는데, 아와노쿠니의 나가무라(長邑) 사람이었다. 그는 많은 어부들 가운데 재주가 뛰어났다. 그 자가 허리에 새끼줄을 묶고 바닷속으로 들어갔다. 잠시 뒤 나와서 말했다. "바닷속에 커다란 전복이 있는데, 그 근처가 환하게 빛납니다." 사람들이 말하기를 "틀림없이 그 전복의 배 속에 섬의 신이 원하는 진주가 들어 있을 것이다." 다시 물속에 들어간 오키시가 커다란 전복을 안고 올라왔다. 그러고는 숨이 끊어져 바다 위에서 죽고 말았다. 새끼줄을 내려 깊이를 재어보니 60길(약 110m ; 1길은 양팔을 좌우로 벌린 길이)이나 되었다. 전복을 가르니 정말로 배 속에 진주가 있었다. 크기가 복숭아만 한 진주였다. 섬의 신에게 그 진주를 바치고 제사를 지낸 뒤 사냥을 계속했다. 짐승이 많이 잡혔다. 다만 오키시가 바다에서 죽어 버린 것이 가련하여 무덤을 만들고 후하게 장사지내 주었다. 지금도 그 무덤이 남아 있다.

기나시카루노미코(木梨輕皇子)와 누이동생

23년 봄 3월 7일, 기나시노카루노미코를 태자로 책봉했다. 용모가 아름다워 보는 사람을 절로 감동시켰다. 동복 누이동생인 가루노오이라쓰메노히메 또한 미인이었다. 태자는 늘 가루노오이라쓰메노히메와 함께 살고 싶었다. 그러나 죄가 될까 두려워 말을 하지 못하다가, 사랑하는 마음이 점점 불길처럼 타올라 거의 죽을 지경에 이르렀다. 그래서 생각하기를, 이렇게 허무하게 죽을 바에는 차라리 벌을 받는 한이 있더라도 원이나 풀자 하고 결국 정을 통하고 말았다. 그러자 울적했던 마음이 조금 풀린 태자는 이렇게 노래했다.

아시히키노　야마타오쓰쿠리　야마타카미　시타히오와시세　시타나키니　와가나쿠쓰마　가타나키니
足引きの 山田を作り 山高み 下樋令走せ 下泣きに 我が泣く妻 片泣きに
와가나쿠쓰마　고조코소　야스쿠하다후레
我が泣く妻 昨夜こそ 易く膚触れ.

산에 밭을 만들었는데 산이 높아 땅속에 통을 묻어 수로를 만들었네. 그 수로처럼 보이지 않게 우는 나의 사랑하는 아내여. 나를 그리며 외로이 울고 있는 나의 사랑하는 아내여. 오늘 밤엔 마음놓고 살을 대어 보리라.

24년 여름 6월, 천황의 밥상에 오른 국이 얼어붙었다. 천황은 괴이하게 여기고 그 원인을 점쳐 보았다. 점술사가 아뢰었다. "집안에 문란한 일이 있습니다. 아마도 근친상간이 있지 않았나 합니다만." 그때 어떤 사람이 말했다. "기나시노카루노미코와 동복누이인 가루노오이라쓰메노히메가 정을 통했습니다." 조사해보니 과연 그 말 그대로였다. 그러나 태자는 천황의 후계자가 될 사람이라 처형하기가 어려워, 가루노오이라쓰메노히메를 이요(伊豫)로 옮겼다. 그때 태자는 다음과 같이 노래했다.

오키미호　시마니하후리　후나아마리　이카헤리코무소　와가타타미유메　고토오코소　다타미토이하메
大君を 島に放り 舟余り 歸り來むそ 我が疊ゆめ 辭をこそ 疊と言はめ
와가쓰마오유메
我が妻をゆめ.
왕을 섬으로 추방해도, 틀림없이 배에 사람이 너무 많아 타지 못하고 돌아올 테니, 다타미를 깨끗이 해놓고 기다려라. 아니, 말로는 다타미라 했지만, 실은 내 아내여, 목욕재계하고 기다려다오.

또 이런 노래도 불렀다.

아마타무　가루오토메　이타나케바　히토시리누베미　하사노야마노　하토노　시타나키니나쿠
天飛む 輕乙女 痛泣けば 人知りぬ可み 幡舍の山の 鳩の 下泣きに泣く.
가루의 아가씨여, 심하게 울면 사람들이 눈치챌 것이니, 나는 하사(幡舍)의 산비둘기처럼 낮은 소리로 남몰래 울고 있노라.

42년 봄 정월 14일, 천황이 붕어했다. 그때 나이 약간(若干)이었다. 78세라고 한다. 신라왕은 천황이 붕어했다는 소식을 듣고 크게 놀라 슬퍼하며 많은 조공선(朝貢船)에 다수의 악사를 태워 보냈다. 이 배가 쓰시마(對馬)에 정박하자 크게 슬퍼하며 울었다. 또 쓰쿠시에 도착했을 때도 크게 울었다. 나니와즈(難

波津)에 머물며 모두 하얀 베옷을 입었다. 많은 공물을 바치고 여러 가지 악기를 갖춰 나니와에서 수도까지 울며 춤추며 갔다. 그리고 모가리노미야(殯宮)에 들어갔다.

겨울 11월, 신라의 조문 사절단은 조문을 끝내고 돌아갔다. 신라 사람은 수도 근처의 미미나시산(耳成山)과 우네비산을 무척 좋아했다. 그들은 고토비키노사카(琴引坂)에 도착하자 뒤돌아보며 이렇게 말했다. "우네메하야, 미미하야." 그것은 이 나라의 말이 서툴러 우네비산을 우네메라 하고 미미나시산을 미미라고 한 것이다. 그때 신라 사람들을 따라가던 야마토의 마구간지기가 그 말을 듣고 오해하여, 신라인이 우네메(采女 : 천황의 식사 시중을 들던 하급 궁녀)를 범했다고 생각했다. 그는 돌아와 오하쓰세노미코에게 그 사실을 알렸다. 오하쓰세노미코가 신라의 사자를 잡아서 조사하니 신라의 사자가 말했다. "우네메를 범한 적은 없습니다. 다만 수도 부근의 두 산을 사랑하여 그렇게 말한 것뿐입니다." 이윽고 오해임이 밝혀져 모두 용서를 받았으나, 신라인은 크게 원망하여 공물과 배의 수를 줄여 버렸다.

겨울 10월 10일, 천황을 가와치의 나가노노하라노미사사기(長野原陵)에 장사 지냈다.

안코천황(安康天皇) : 아나호노스메라미코토(穴穗天皇)

기나시노카루노미코(木梨輕皇子)의 죽음

아나호는 인교천황의 둘째 아들이다.—일설에는 셋째 아들이라고도 한다.—어머니는 오시사카노오나카쓰히메이며, 와카누케후타마타노미코(稚淳毛二岐皇子)의 딸이다. 42년 봄 정월에 천황이 붕어했다.

겨울 10월에 장례가 끝났다. 이때 태자인 기나시노카루노미코가 여자를 폭행하고 간음했다고 하여[1]온 나라 사람들이 태자를 비난했다. 신하들이 심복하지 않게 됐고 모든 사람이 아나호를 따랐다. 태자는 아나호를 치려고 몰래

---

1) 태자가 동복누이인 가루노오이라쓰메노히메를 겁탈한 일.

군사를 준비했다.

아나호도 마찬가지로 군사를 모아 맞서 싸우려고 했다. 아나호야(穴穗矢 : 구리로 만든 화살촉)와 가루야(輕矢 : 쇠로 만든 화살촉)가 이때 처음으로 등장했다. 그때 태자는 신하들이 자기를 따르지 않고 백성들도 등을 돌린 것을 알고 궁을 떠나 모노노베노오마에노스쿠네의 집에 몸을 숨겼다. 아나호는 그 소식을 듣고, 군사를 이끌고 가서 모노노베노오마에노스쿠네의 집을 에워쌌다. 모노노베노오마에노스쿠네가 문을 열고 나와 아나호를 맞이했다. 아나호는 다음과 같이 노래를 불렀다.

오오마에 　 오마헤스쿠네가 　 가나토카게 　 가쿠타치요라네 　 　 아메타치야메무
大前 小前宿禰が 金戸蔭 如此立ち不寄 雨立ち止めむ.

오마에(大前), 오마에노스쿠네의 집, 철문 뒤에 이렇게 다들 모여 비를 피하고 가세.

모노노베노오마에노스쿠네가 답가를 불렀다.

미야히토노 　 아유히노코스즈 　 오치니키토 　 미야히토토토요무 　 사토히토모유메
宮人の 足結の小鈴 落ちにきと 宮人動む 里人もゆめ.

궁정에 출사한 사람의 아유이(足結 : 활동하기 좋도록 하카마의 무릎 아래를 묶는 끈)에 다는 작은 방울이 떨어졌다고 사람들이 소리를 지르며 야단이니 불길한 징조입니다. 고향에 내려간 사람들도 주의하기를.

그리고 황자에게 말했다. "제발 가루 태자를 죽이지 말아 주십시오. 제가 어떻게든 잘 해결하겠습니다." 그리하여 태자는 모노노베노오마에노스쿠네의 집에서 자결했다.—일설에는 이요노쿠니에 유배되었다고도 한다.

오쿠사카노미코(大草香皇子)의 재난

12월 4일, 아나호가 천황의 자리에 올랐다. 전 황후를 높여서 황태후라 했다. 그리고 도읍을 야마토 이소노카미로 옮겼다. 그것을 아나호궁(穴穗宮)이라고 한다. 바로 그 무렵 오하쓰세노미코(유랴쿠천황)는 한제이천황의 딸들을 아내로

맞으려 했다. 그때 그 딸이 모두 말하기를 "그 분은 평소부터 난폭하고 무서운 사람입니다. 삽자기 화가 나면 아침에 만났던 사람도 저녁에는 죽여 버리고 저녁에 만난 자도 이튿날 아침이면 저세상 사람이 되어 버립니다. 우리는 용모가 뛰어나지도 않고 그렇다고 재주가 있는 것도 아닙니다. 행동이나 말이 행여 털 끝만큼이라도 왕의 심기를 건드린다면 어떻게 사랑을 받을 수 있겠습니까? 그러하니 그 분부는 받들 수가 없습니다." 하고 끝내 몸을 감추고 사양했다.

원년 봄 2월 1일, 천황은 오하쓰세노미코를 위해 오쿠사카노미코의 누이 하타비히노히메와 짝지어 주기로 마음먹었다. 그리고 사카모토노오미(坂本臣)의 조상인 네노오미(根使主)를 보내 오쿠사카노미코에게 부탁했다. "부디 하타비히노히메를 오하쓰세노미코와 혼인시켜 주지 않겠나?"

그때 오쿠사카노미코가 대답하기를 "나는 요즈음 중병에 걸려 회복하기가 어려울 것 같습니다. 말하자면, 배에 짐을 가득 싣고 물때를 기다리는 것과 같으니, 오직 최후를 기다릴 뿐입니다. 그러나 죽는 것은 수명입니다. 어찌 아까워하겠습니까? 단지 누이인 하타비히노히메가 혼자가 될 것이 걱정되어 편히 죽을 수가 없습니다. 지금 폐하께서 이 여인의 추한 면을 싫어하지 않고 후궁에 넣어주시려 하니, 크나큰 은혜가 아닐 수 없습니다. 어찌 황공한 분부를 사양할 수 있겠습니까? 그래서 진심을 보여드리기 위해, 가보로 여기던 오시키노타마카즈라(押木珠縵)―일명 다치카즈라(立縵)라고도 한다. 또 이와키노카즈라(磐木縵)라고도 한다―를 사자인 네노오미에게 맡겨 바치고자 합니다. 보잘것 없고 비천하지만 부디 거두어 주시어 정표로 삼아주시기를."

그런데 네노오미가 오시키노타마카즈라를 보더니, 그 훌륭함에 감탄하여 거짓말을 하고 그 보물을 가로채려고 했다. 그는 천황에게 거짓으로 아뢰었다. "오쿠사카노미코는 칙명을 따르지 않고 저에게 '아무리 동족이라 해도 어찌 내 누이를 보낼 수 있겠는가' 하고 말했습니다." 그리고 오시키노타마카즈라를 자기 것으로 만들어 버리고 헌상하지 않았다. 천황은 네노오미의 거짓말을 믿고 크게 노하여 군사를 보내, 오쿠사카노미코의 집을 포위, 공격하여 죽이고 말았다.

그때 나니와노키시히카카(難波吉師日香蚊) 부자(父子)가 함께 오쿠사카노미코를 섬겼다. 섬기던 주인이 지은 죄도 없이 살해된 것을 슬퍼하여 아버지는 황자의 목을 안고 두 아들은 각각 황자의 다리를 안고 눈물을 흘리면서 말했다. "주군이 아무런 죄도 없이 죽었으니 슬프기 이를 데 없다. 우리 세 부자는 주인을 생전에 모셔왔으니, 억울하게 가시는 길에 함께 모시지 않는다면 어찌 가신이라 할 수 있으리오." 그러고는 주저 없이 스스로 목을 쳐 주군의 시신 옆에 쓰러졌다. 병사들은 모두 슬퍼하며 눈물을 흘렸다. 그리하여 오쿠사카노미코의 아내 나카시히메(中蒂姬)를 궁중으로 불러 비로 삼았다. 또 하타비히노히메를 불러 오하쓰세노미코에게 시집보냈다. 태세 갑오년(甲午年)의 일이었다.

2년 봄 정월 17일, 나카시히메를 황후로 맞이하여 매우 총애했다. 처음에 나카시히메는 오쿠사카노미코와의 사이에서 마요와노오키미(眉輪王)를 낳았었다. 마요와노오키미는 어머니 덕분에 아버지의 죄를 용서받고 그때부터 늘 궁중에서 지내게 되었다.

3년 가을 8월 9일, 안코천황은 마요와노오키미의 손에 살해되고 만다―이에 대해서는 유랴쿠천황기에 상세히 나와 있다.

3년 뒤, 스가하라노후시미노미사사기(菅原伏見陵)에서 제사를 지냈다.

제14권

유랴쿠천황(雄略天皇):오하쓰세노와카타케노스메라미코토(大泊瀬稚武天皇)

마요와노오키미(眉輪王) 아버지의 원수

오하쓰세노와카타케는 인교천황의 다섯째 아들이다. 천황이 태어났을 때 어전에 신성한 빛이 가득했다고 한다. 성장한 뒤에는 늠름한 용모가 어느 누구보다도 뛰어났다.

3년 8월, 안코천황은 목욕을 하려고 야마노미야(山宮)에 갔다. 높은 누각에 올라가 사방을 둘러본 뒤 명을 내려 주연을 베풀었다. 마음이 점점 편안해지면서 흥이 절정에 이르자 여러 가지 이야기를 들려주다가 황후에게 이렇게 말했다.

"황후여, 그대는 나와 충분히 가까워졌지만 나는 마요와노오키미가 두렵소." 그때 누각 밑에서 놀던 어린 마요와노오키미가 그 이야기를 들어버렸다. 천황은 곧 황후의 무릎을 베고 낮잠을 잤다. 마요와노오키미는 천황이 깊이 잠든 것을 알고 찔러 죽여 버렸다.

그날, 오토네리(大舍人)가 급히 달려가 천황(유랴쿠천황)에게 알렸다. "안코천황이 마요와노오키미에게 살해되었습니다." 크게 놀란 천황은 자기 형제들을 의심하여 갑옷을 입고 칼을 차더니 군사를 일으켰다. 그리고 몸소 선두에 서서 야쓰리노시로히코(천황의 동복형)를 공격하며 힐문했다. 황자는 위험에 처한 것을 알고 아무 말도 하지 못하고 앉아 있었다. 천황은 그 자리에서 칼을 뽑아 베어 버렸다. 또 사카아이노쿠로히코노미코(坂合黑彦皇子 ; 천황의 동복형)도 힐문했다. 그 황자 또한 살해될 것을 알고 앉은 채 아무 말도 하지 않았다. 더욱 노하여 날뛰던 천황은 마요와노오키미도 죽일 생각으로 그 죄를 조사했다. 그러자 마요와노오키미가 말했다. "저는 애초에 황위를 바란 적이 없습니다. 다만 아버지의 원수를 갚았을 뿐입니다."

사카아이노쿠로히코는 의심받는 것이 심히 두려워 마요와노오키미와 은밀히 얘기하고는 틈을 노려 함께 쓰부라노오오미(圓大臣)의 집으로 달아났다. 천황은 사자를 보내 인도해달라고 요구했다. 쓰부라노오오미는 사자에게 이렇게 대답했다.

"신하가 곤란해지면 달아나 왕궁으로 들어간다는 얘기는 들은 적이 있으나, 군주가 신하의 집에 숨는다는 말은 지금까지 들어본 적이 없습니다. 사카아이노쿠로히코와 마요와노오키미는 분명히 지금 저를 깊이 믿고 의지하여 저희 집으로 오셨습니다. 어찌하여 억지로 내보낼 수 있겠습니까?" 그러자 천황은 더 많은 군사를 동원하여 쓰부라노오오미의 집을 에워쌌다. 쓰부라노오오미는 뜰로 나와 아유이(움직이기 쉽도록 무릎 밑의 옷자락을 묶는 끈)를 달라고 했다. 쓰부라노오오미의 아내는 아유이를 가지고 와서 슬퍼하며 노래를 불렀다.

오미노코와　다헤노하카마오　나나헤오시　니와니타타시테　아유히나타스모
臣の子は 帛の袴を 七重著し 庭に立たして 脚帶徒爲も.

나의 남편 쓰부라노오오미는 하얀 베로 지은 바지를 일곱 겹으로 입고 뜰에 서서 아유이를 어루만지고 있네.

쓰부라노오오미는 의관을 갖추고 군사들 앞으로 나아가 배례한 뒤 아뢰었다. "저를 주살하셔도 결코 명을 받들지 않겠습니다. 옛사람도 '아무리 비천한 자라도 그 뜻을 빼앗기는 어렵다'고 했는데, 바로 이런 상황을 두고 하는 말입니다. 엎드려 청하옵건대 제 딸 가라히메(韓媛)와 가즈라키의 영지 7군데를 헌상하여 속죄하는 것을 허락하여 주십시오."

그러나 천황은 허락하지 않고 불을 질러 집을 태워 버렸다. 쓰부라노오오미와 사카아이노쿠로히코 그리고 마요와노오키미까지 함께 불에 타죽었다. 그때 사카아이베노무라지니에노스쿠네(坂合部連贄宿禰)도 황자의 시신을 안고 함께 타죽었다. 시종들이 유해를 수습했으나 뼈를 구별하기가 어려웠다. 그래서 하나의 관에 넣어 이마키노아야(新漢)의 쓰키모토(槻本) 남쪽 언덕에 합장했다.

이치노베노오시와노미코(市邊押磐皇子)를 모살(謀殺)함

겨울 10월 1일, 천황은 안고전황이 옛날, 사촌인 이치노베노오시와노미코에게 황위를 물려주어 후사를 맡기려 하자 원한을 품고 이치노베노오시와노미코에게 사람을 보내 거짓으로 사냥하러 가자고 약속하고 들놀이를 권하며 말했다. "오미 사사키산(佐佐貴山)의 기미카라후쿠로(君韓俗)가 말하기를 '지금 오미 구타와타(來田綿)의 가야노(蚊屋野)에 멧돼지와 사슴이 많이 있다는데, 그 뿔은 고목의 가지를 닮았고 가지런한 다리는 관목 같으며 내뿜는 숨결은 아침 안개와 비슷하다'고 한다. 괜찮다면 초겨울 바람이 너무 차가워지기 전에 나와 함께 들로 가서 가볍게 기분전환도 할 겸 사냥하는 것이 어떻겠나?"

이치노베노오시와노미코는 그 권유에 따라 사냥하러 나갔다. 유랴쿠천황은 활을 준비하고 말을 타고 달리면서 거짓으로 '사슴이 있다!'고 소리치더니 이치노베노오시와노미코를 쏘아 죽여 버렸다. 황자의 시종인 사에키베노우루와(佐伯部賣輪)는 놀라고 황망하여 황자의 시신을 안고 어쩔 줄 몰라 했다. 그저 소리를 지르며 이리저리 뛰면서 황자의 머리와 다리 사이를 우왕좌왕할 뿐이었다. 천황은 이들을 모두 죽여 버렸다.

그달, 미마노미코(오시와노미코의 동복동생)는 전부터 친하게 지내오던 미와노키미무사(三輪君身狹)를 만나려고 즐거운 마음으로 길을 나섰다. 그런데 도중에 갑자기 복병이 나타나 미와(三輪)의 이와이(磐井) 부근에서 교전이 벌어졌다. 미마노미코는 얼마 안 있어 붙잡혀 처형될 때 우물을 가리키며 저주를 걸었다. "이 물은 백성들만 마실 수 있으니, 왕자(王者)는 단 한 사람도 마실 수 없으리라."

즉위와 비(妃)들

11월 13일, 천황은 신하에게 명하여 즉위 장소를 하쓰세(泊瀨)의 아사쿠라(朝倉)로 정하고 황위에 올랐다. 황거(皇居)를 정하고 헤구리노오미마토리(平群臣眞)를 오오미(大臣)로, 오토모노무라지무로야(大伴連室屋)와 모노노베노무라지메(物部連目)를 오무라지(大連 ; 야마토 조정의 최고 관직. 오오미와 함께 국정을 관장했다)로 명했다.

원년 봄 3월 3일, 구사카노하타비노히메를 황후로 세웠다. 그달에 비를 세 명 맞이했다. 첫 번째 비는 가즈라키노쓰부라노오오미의 딸 가라히메다. 시라카노타케히로쿠니오시와카야마토네코노스메라미코토(白髮武廣國押稚日本根子天皇 ; 세이네이천황)과 와카타라시히메(稚足姬皇女)를 낳았다. 와카타라시히메는 이세신궁의 제사를 담당하는 이쓰키노미야(齋宮)가 되어 봉사했다. 다음에 기비노카미쓰미치노오미(吉備上道臣)의 딸 와카히메(稚姬)에게서 두 아들을 낳았다. 형은 이와키노미코(磐城皇子)라 하고 동생은 호시카와노와카미야노미코(星川稚宮皇子)라고 한다. 다음은 가스가의 와니노오미후카메(和珥臣深目)의 딸 오미나기미(童女君)에게서 가스가노오이라쓰메노히메(春日大娘皇女)를 낳았다. 오미나기미는 원래 우네메(采女 ; 하급궁녀)였다. 천황이 하룻밤을 함께했는데 회임을 하여 딸이 태어나자 천황은 의심하여 양육하지 않았다. 그 아이가 걸음을 떼기 시작했을 무렵, 천황은 대전(大殿)에 있었고 그 곁을 모노노베노메노오무라지(物部目大連)가 모셨다. 아이가 뜰을 걸어가자, 모노노베노메노오무라지가 군신들을 돌아보며 말했다. "예쁜 아이로다. 옛사람이 말하기를 '나히토야하하니(너는 어머니를 닮았느냐)'라고 했다던데, 청정한 뜰을 조용히 걸어가는 저 아이는 누구의 딸일까?"

　천황이 말했다. "어찌하여 그런 말을 하는가?" 모노노베노메노오무라지가 대답하기를 "아이가 걷는 모습을 보니 폐하를 꼭 닮았기에 한 말이었습니다." 천황이 말했다. "이 아이를 보는 사람마다 그런 말을 하지만, 나와 하룻밤을 함께했을 뿐인데 임신했다고 한다. 하룻밤만에 아이를 가지는 건 이상한 일이라 의심했다." "그러시다면 하룻밤에 몇 번 부르셨습니까?" "일곱 번 불렀다." "처녀가 깨끗한 몸과 마음으로 하룻밤 잠자리를 함께했습니다. 어찌 함부로 그 사람의 결백한 몸을 의심하시는 것입니까? 들은 바에 의하면 아이가 잘 들어서는 사람은 잠방이만 닿아도 임신한다고 합니다. 그런데 하룻밤 내내 한 이불 속에 있었으면서도 함부로 의심하시다니요."

　그러자 천황은 모노노베노메노오무라지에게 명하여 아이를 황녀로 인정하고 어머니를 비로 정했다. 태세 정유년(丁酉年)의 일이다.

　2년 가을 7월, 백제의 이케쓰히메(池津媛)는 천황이 궁중에 들이려 했음에도 이시카와노타테(石川楯)와 정을 통했다. 크게 노한 천황은 오토모노무로야노오 무라시(大伴室屋大連)에게 명하여, 구메베를 보내 부부의 사지를 나무에 묶어 높은 대 위에 올리고 불을 질러 태워 죽였다.

백제신찬(百濟新撰)에는 기사년(己巳年)에 개로왕이 즉위했다. 천황은 아레나코(阿禮奴跪)를 파견하여 아름다운 여인을 찾았다. 백제는 모니부인(慕尼夫人)의 딸을 예쁘게 꾸며 적계여랑(適稽女郎)이라 부르며 천황에게 바쳤다고 한다.

요시노(吉野) 사냥과 시시히토베(宍人部)의 공납

겨울 10월 3일, 요시노궁에 행차했다. 6일, 미마세(御馬瀨)에 가서 산을 관리하는 자에게 명하여 마음껏 사냥을 했다. 봉우리 여러 개를 오르고 넓은 들판을 달리며, 해가 지기도 전에 열에 여덟, 아홉 마리를 잡아 날짐승과 들짐승의 씨가 마르지 않을지 걱정될 정도였다. 마침내 돌아와 정원 물가에서 쉬었다. 수레를 정비하고 병사들을 쉬게 한 뒤 신하들에게 물었다. "사냥터의 즐거움은 요리사가 만든 신선한 요리인데, 직접 만드는 것과 요리사가 만드는 것, 어느 쪽이 더 즐거울까?" 신하들은 바로 대답하지 못했다. 천황은 매우 화가 나 칼을 뽑아서 마부(馬夫) 오쓰노우마카이(大津馬飼)를 베어 버렸다. 천황은 그날 요시노궁에서 돌아왔다. 나라 안의 백성들은 모두 두려움에 떨었다. 황태자와 황후도 그 이야기를 전해 듣고 크게 걱정했다.

그래서 야마토의 궁녀 히노히메(日媛)에게 천황에게 술을 바치고 영접하게 했다. 천황은 궁녀의 얼굴이 단아하고 용모가 기품이 있는 것을 보자, 얼굴을 펴고 기쁜 빛을 드러내며 말했다. "어째서 지금까지 너의 그 아름다운 얼굴을 보지 못했을꼬?" 그리고 손을 잡고 후궁에 들였다.

천황이 황태후에게 말했다. "오늘의 사냥에서 많은 짐승을 잡았습니다. 군신을 불러 신선한 요리를 만들어 야외에서 잔치를 벌이면 어떻겠냐고 신하들에게 물었으나, 제대로 대답하는 자가 아무도 없었습니다. 그래서 그만 화를 내고 말았습니다." 황태후는 천황의 진심을 알고 천황을 위로하려고 이렇게 말했다. "신하들은 폐하께서 사냥터에 시시히토베(宍人部)를 두는 것에 대한 이야기를 하려고 물으신 줄 몰랐을 것이오. 대답하기가 곤란하여 신하들이 침묵한 것도 무리가 아니지요. 이제라도 늦지 않았으니, 처음으로 시도해 보는 것도 좋을 것이오. 가시와데노오미노나가노(膳臣長野)의 요리 실력이 뛰어나니 그 자에게 맡기시는 게 어떻겠소." 천황은 두 손을 짚고 인사를 올렸다. "좋은 말씀입니다. 비천한 자들이 하는 말에 '귀한 사람은 서로의 마음을 잘 알아본다'는 말이 있다던데, 바로 이를 두고 한 말이 아닌가 합니다."

황태후는 천황이 기뻐하자 자기도 기뻐서 웃었다. 그러고는 다시 사람을 더 넣으려고 "나의 요리사인 우다노미토베(菟田御戸部)와 마사키다노타카메(眞鉾田高天), 이 두 사람도 시시히토베에 넣어 주시오." 하고 말했다.

그 뒤, 오야마토노쿠니노미야쓰코(大倭國造)인 아고코노스쿠네(吾子籠宿禰)와 사호노코토리와케(狹穗子鳥別)를 시시히토베로 정했다. 오미(臣), 무라지(連), 도모노미야쓰코(伴造), 구니노미야쓰코(國造)도 이를 본받아 사람을 바쳤다.

그달에 후미히토베(史戸 ; 조정의 사무관)와 가와카미노토네리베(河上舍人部)를 두었다. 천황은 혼자 생각하고 혼자 결정할 때가 있어서, 실수로 사람을 죽이는 일도 많았다. 세상 사람들은 그것을 비난하며 '매우 악한 천황'이라고 했다. 총애를 받은 것은 후미히토베의 무사노스구리아오(身狹村主靑)와 히노쿠마노타미노쓰카이하카토코(檜隈民使博德)뿐이었다.

3년 여름 4월, 아헤노오미쿠니미(阿閉臣國見)가 다쿠하타노히메(栲幡皇女 ; 이세의 무녀였다)와 유에(湯人 ; 황자, 황녀의 목욕 시중을 드는 사람)인 이오키베노무라지타케히코(廬城部連武彦)에 대해 참언을 했다. "이오키베노무라지타케히코가 황녀를 겁탈하여 임신시켰습니다."

이오키베노무라지타케히코의 아버지 기코유(枳莒喩)는 이 소문을 듣고 화가 자기에게 미칠까봐 두려워했다. 그래서 이오키베노무라지타케히코를 이오키강(廬城河)으로 유인하여, 속여서 물속에 들어가 물고기를 잡는 가마우지를 따라해 보라고 하더니 갑자기 때려서 죽여버렸다.

천황은 사자를 보내 다쿠하타노히메를 조사했다. 다쿠하타노히메가 대답했다. "저는 모르는 일입니다." 다쿠하타노히메는 신성한 거울을 가지고 이스즈(五十鈴) 강가로 가서, 사람이 없는 곳을 골라 거울을 묻은 뒤 목을 매어 목숨을 끊고 말았다. 천황은 다쿠하타노히메가 보이지 않자 걱정되어 한밤중에 여기저기를 찾아다녔다. 그러자 강 위에 무지개가 떴는데 뱀처럼 그 길이가 네댓 길이나 되었다. 무지개가 뜬 곳을 파보니 신성한 거울이 나왔다. 그리고 가까운 곳에 다쿠하타노히메의 시신이 있었다. 배를 갈라보니 그 속에 물 같은 것이 들어 있고 그 물 속에 돌이 있었다. 기코유는 이로써 아들의 누명을 벗길 수 있었다. 오히려 아들을 죽인 것을 후회하고 그 보복으로 아헤노오미쿠니미를 죽이려고 했다. 아헤노오미쿠니미는 이소노카미 신궁으로 달아났다.

가즈라키(葛城)의 히토코토누시(一事主)

4년 봄 2월, 천황은 가즈라키산으로 사냥하러 갔다. 골짜기에서 갑자기 나타난 키가 큰 사람과 마주쳤다. 그런데 얼굴과 자세가 천황을 많이 닮았다. 천황은 이것은 신이 분명하다고 생각했으나 구태여 이렇게 물었다. "뉘시오?" 키 큰 사람이 대답했다. "아라히토가미(現人神;모습을 드러낸 신)다. 먼저 그대의 이름을 말하라, 그러면 나도 말할 테니." 천황이 대답했다.

"나는 와카타케노미코토(幼武尊)라고 하오." 그러자 키 큰 사람도 이름을 말했다. "나는 히토코토누시노카미(一事主神)다." 그리고 함께 사냥을 즐기며, 사슴을 쫓을 때도 서로 활 쏘기를 양보하며 말머리를 나란히 하고 달렸다. 말씨도 공손하니 신선을 만난 것만 같았다. 해가 저물어 사냥이 끝나자, 히토코토누시는 천황을 배웅하러 구메강(來目川)까지 왔다. 이때 세상 사람들은 누구나 '천황은 덕이 높은 분'이라고 평가했다.

가을 8월 18일, 요시노궁에 갔다. 20일에 강가의 오노(小野)에 행차했다. 산 관리인에게 명하여 짐승을 몰아오게 했다. 몸소 활을 쏘려고 기다리고 있는데, 등에가 날아와서 천황의 팔꿈치를 물었다. 그러자 잠자리가 갑자기 날아오더니 등에를 물고 날아갔다. 천황은 잠자리에게도 생각이 있는 것을 칭찬하여 군신에게 명을 내렸다. "나를 위해 잠자리를 칭찬하는 노래를 불러보라." 그러나 군신은 감히 노래를 부르는 자가 없었다. 그러자 천황이 읊조렸다.

야마토노　오무라노타케니　시시후스토　다레카코노코토　오마혜니마오스　　오키미와
倭 の 小村 の 岳 に 獸 臥 すと 誰 か に 此 の 事 大前 に 申 す．　大君 は

소코오키카시테　다마마키노　아구라니타타시　시즈키키노　아구라니타타시　시시마쓰토
其處 を 聞 かして 玉纏 の 胡床 に 立 たし 倭文纏 の 胡床 に 立 たし 獸 待 つと

朕が在ませば 猪待つと 朕が立たせば 手脛に 虻掻き著きつ 其の虻を
蜻蛉はや囓い 昆ふ蟲も 大君に仕奉ふ 汝が形は將置 秋津島倭.

야마토의 여러 산꼭대기에 짐승이 있다고 누가 천황에게 이를 것인가. 천황
은 그 말을 듣고 옥으로 장식한 아름다운 옛 천을 감은 높은 좌석에 앉아 "내
가 사냥감을 기다리고 있는데, 등에가 팔뚝을 물어뜯고 그 등에를 잠자리가
잡아먹으니 곤충까지 천황을 섬기는구나. 너를 기념하여 간직해 두마. 이 아키
쓰시마야마토(秋津島倭)라는 이름을."

그리하여 잠자리를 기념하여 그곳을 아키쓰노(蜻蛉野)라고 했다.

5년 봄 2월, 천황은 가즈라키산으로 사냥하러 갔다. 불현듯 신비한 새가 나
타났는데, 크기는 참새만하고 꼬리가 길어서 땅에 끌렸다. 그 새가 울면서 "유
메, 유메(방심하지 마라)."라고 말했다. 갑자기 쫓기게 되어 화가 난 멧돼지가 풀
숲에서 갑자기 튀어나와 사람에게 달려들었다. 사냥꾼들은 나무로 기어 올라
가 두려움에 떨었다. 천황은 시종에게 분부했다. "사나운 짐승도 사람을 만나
면 멈춘다고 한다. 마주 보고 활을 쏘아 죽여라." 워낙 겁이 많은 시종은 나무
로 올라가 새파랗게 질려 떨고 있었다. 멧돼지는 곧장 돌진하여 천황을 물어
뜯으려 했다. 천황은 활로 찌르고 다리를 들어 밟아 죽였다. 사냥이 끝나 천황
이 시종을 베려고 하자, 죽음을 눈앞에 둔 시종이 노래를 불렀다.

八隅知 我大君の 遊ばしし (猪の怒)聲 畏み 我逃げ昇りし 荒丘の上の
榛が枝吾兄を.

대군이 사냥하신 멧돼지의 성난 울음소리에 겁을 먹고 내가 도망쳐 올라간
봉우리 위의 개암나무 가지여. 아아.

황후는 이 이야기를 듣고 슬퍼하며 죽이지 말라고 애원했다. "황후는 내 편
에 서지 않고 시종만 아끼는구려." 천황이 그렇게 말하자 황후가 대답했다. "백
성은 모두 폐하께서는 사냥을 즐기시고 멧돼지를 좋아하신다고 말할 것입니다.
이것은 좋지 않은 일입니다. 폐하께서 멧돼지 때문에 시종을 베어버리면, 폐하

는 늑대와 다를 것이 없습니다."

천황은 황후와 함께 수레를 타고 돌아왔다. 천황은 "만세!" 소리를 치고 나서 "즐겁구나, 사람은 모두 새와 짐승을 사냥하는데, 나는 사냥도 하고 좋은 말도 듣고 돌아가니까." 하고 말했다.

도왕(嶋王 ; 무령왕武寧王) 탄생

여름 4월, 백제왕 가수리군(加須利君 ; 개로왕)은 이케쓰히메가 불에 타 죽었다는 소식을 전해 듣고 이렇게 말했다. "옛날에는 여자들을 우네메로 바쳤다. 그런데 예를 어기고 우리나라의 이름을 더럽혔으니 앞으로는 여자를 바치지 않겠다." 그리고 동생인 군군(軍君)에게 말했다. "너는 일본으로 가서 천황을 섬겨라." 군군이 대답했다. "왕의 명령을 어길 수는 없습니다. 바라건대 왕의 부인을 내려주시고 그런 다음 저를 보내주십시오." 가수리군은 임신한 부인을 군군에게 주었다. "나의 부인은 산달이 얼마 안 남았다. 만약 도중에 출산을 하거든 아무쪼록 모자를 같은 배에 태워, 그곳이 어디든 속히 고국으로 돌려보내도록 하라." 두 사람을 함께 조정으로 보냈다.

6월 1일, 임신한 부인은 쓰쿠시의 가카라노시마(加羅島)에서 출산했다. 그래서 그 아이를 도군(嶋君)이라고 한다. 군군은 한배에 모자를 태워 고국으로 보냈다. 이 아이가 무령왕(武寧王)이다. 백제 사람은 그 섬을 주도(主島)라고 불렀다.

가을 7월, 군군은 수도에 들어갔다. 이미 다섯 아이가 있었다.―《백제신찬(百濟神撰)》에 의하면, 신축년(辛丑年)에 개로왕(蓋鹵王)이 동생인 곤지군(昆支君)을 대왜(大倭)로 보내어 천왕을 섬기게 했다. 그리하여 형왕(兄王)의 우호를 다졌다고 한다.

6년 봄 2월 4일, 천황은 하쓰세(泊瀬)의 오노에 행차했다. 산야의 지형을 보고 깊은 감개를 느껴 노래를 불렀다.

고모리쿠노　　하쓰세노야마와　　이데타치노　　요로시키야마　　와시리데노　　요로시키야마노　　고모리쿠노
籠國の 泊瀬の山は 出で立ちの 宜しき山 走り出の 宜しき山の 籠國の

하쓰세노야마와　　아야니우라구하시　　아야니우라구하시
泊瀬の山は 文にうら麗し 文にうら麗し.

하쓰세의 산은 참으로 잘생겼다. 산자락 모양도 좋다. 하쓰세의 산은 뭐라 말할 수 없이 아름답다. 뭐라 말할 수 없이 아름답다.

그래서 오노를 이름하여 미치노오노(道小野)라고 했다.

지이사코베(少子部) 스가루(蜾蠃)

3월 7일, 천황은 황후와 비에게 뽕잎을 따서 누에를 치라고 권하기로 했다. 그래서 스가루에게 명하여 국내의 누에를 모으게 했다. 스가루는 잘못 알아듣고 젖먹이 아기를 모아 천황에게 바쳤다. 천황은 크게 웃으며 아기들을 스가루에게 주면서 말했다. "네가 직접 키워라." 스가루는 아기들을 궁의 담장 근처에서 키웠다. 그리고 그에게 성을 내려 지이사코베노무라지(少子部連)라 했다.

여름 4월, 오나라에서 사자를 보내 공물을 바쳤다.

7년 가을 7월 3일, 천황은 지이사코베노무라지스가루에게 명을 내렸다. "미와산에 있는 신을 보고 싶구나. 너는 힘이 남보다 월등하게 세니 직접 가서 잡아오라." 스가루는 "시험삼아 한번 해 보겠습니다." 하고는 미와산에 올라가 큰 뱀을 잡아와서 천황에게 보여주었다. 그런데 천황은 재계를 하지 않았다. 큰뱀은 우레 같은 소리를 내고 눈이 번쩍번쩍 빛났다. 천황은 겁이 나서 눈을 감은 채 보지 않고 어전 안에 숨어 버렸다. 뱀을 산에 놓아 주었다. 그리고 그 산에 이름을 내려 이카즈치(雷)라고 했다.

기비노오미(吉備臣)

8월, 시종인 기비노유게베노오조라(吉備弓削部虛空)는 서둘러 집으로 돌아갔다. 기비노시모쓰미치노오미사키쓰야(吉備下道臣前津屋)는 오조라를 자기 집에 붙들어 두고 일을 시키며 몇 달이 지나도록 수도로 돌려보내지 않았다. 천황은 무게노키미마스라오(身毛君大夫)를 보내어 그를 불렀다. 오조라는 부름을 받고 돌아와서 아뢰었다. "사키쓰야(前津屋)는 오토메를 천황의 사람이라 하고 오메노코(大女)를 자기 사람이라 하여 둘을 서로 싸우게 했습니다. 오토메가 이기자 칼을 뽑아 베어 죽였습니다. 또 작은 수탉을 천황의 닭이라 하더니 털을 뽑고 날개를 꺾고, 큰 수탉을 자기 닭이라 하며 방울과 쇠발톱을 달아 서로 싸우게 했습니다. 털이 다 빠진 닭이 이기자 또 칼을 뽑아 죽였습니다." 천황은 이 말을 듣고 모노노베(物部) 병사 30명을 보내어 사키쓰야는 물론 동족 70명을 주살했다.

그해에 기비노카미쓰미치노오미타사(吉備上道臣田狹)가 궁중에서 시중을 들었다. 그러던 중 어전 근처에 서서 친구에게 자기 아내 와카히메(稚媛)를 자랑하며 말하기를 "천하의 미인도 내 아내에게는 미치지 못한다. 상냥하고 밝게 빛나며, 지극히 사랑스럽다. 화장도 할 필요가 없는, 세상에 보기 드문 천하의 절세미인이다." 천황은 멀리서 귀를 기울여 듣고는 속으로 기뻐했다. 와카히메를 얻어 후궁으로 삼을 생각에 다사를 임나의 지방관으로 임명했다. 그러고 얼마 안 있어 와카히메를 불러들였다. 다사는 와카히메와의 사이에서 에키미(兄君), 오토키미(弟君) 등 두 아들이 있었다. 다사는 임지에 간 뒤에 천황이 와카히메를 취했다는 소식을 듣고 원조를 청하러 신라에 들어가려고 했다. 그러나 그때 신라는 일본과 사이가 틀어져 있었다.

이마키(今來)의 기술자

천황은 다사노오미(田狹臣)의 아들인 오토키미와 기비노아마노아타이아카오(吉備海部直赤尾)에게 명을 내렸다. "너희가 가서 신라를 쳐라."

그때 옆에 있던 서한의 기술자인 환인지리(歡因知利)가 나서서 말했다. "한국(韓國)에 적갑한 자가 더 많습니다. 그들에게 명령을 내려 사용함이 좋을 줄 압니다." 천황은 군신에게 명을 내렸다. "그렇다면 환인지리를 오토키미와 함께 백제로 보내고, 아울러 칙서를 내려 유능한 자를 헌상하게 하라."

오토키미는 명을 받들어 사람들을 이끌고 백제로 갔다. 그곳의 구니쓰카미가 노파로 변하여 홀연히 길에 나타났다. 오토키미는 길이 얼마나 남았는지 물었다. 노파가 대답했다. "하루를 더 걸어야 겨우 도착할 수 있습니다." 오토키미는 길이 멀다고 여기고 신라를 치지 않고 그냥 돌아갔다. 백제가 보낸 이마키의 데히토(才伎 ; 기술자)를 오시마(大島) 안에 모아놓고, 순풍을 기다린다는 핑계로 여러 달을 보냈다.

임나 지방관 다사노오미는 오토키미가 군사를 일으키지 않고 돌아가자 기뻐하며, 몰래 백제에 사람을 보내 오토키미에게 주의를 주었다. "너의 목이 얼마나 튼튼하여 사람을 치려고 하는가. 소문에 들으니 천황은 내 아내를 취하여 아이까지 낳았다고 한다. 곧 화가 몸에 미칠 테니 기다릴 것도 없으리라. 내 아들인 너는 백제에 계속 머물면서 일본으로 돌아가지 말라. 나는 임나에 머물며 일본으로 돌아가지 않겠다." 오토키미의 아내인 구스히메(樟媛)는 애국심이 강하고 군신의 의를 중시했다. 그 충성심이 백일청송(白日靑松)보다 명백했다. 그래서 이 모반에 분개하여 마침내 그 남편을 죽이고 침실에 매장한 뒤, 아마노아타이아카오(海部直赤尾)와 함께 백제가 바친 기술자들을 이끌고 오시마로 갔다. 천황은 오토키미가 없어진 것을 알고 히타카노키시카타시와코안젠(日鷹吉人堅磐固安錢)을 보내 조사하게 했다. 기술자들은 야마토 아토(阿都)의 히로키쓰 마을(廣津邑)에 두었다. 그러나 병이 들어 죽는 자가 많았다. 천황은 오토모노오무라지무로야(大伴大連室屋)와 야마토노아야노아타이쓰카(東漢直掬)에게 명하여, 이마키노아야(新漢 ; 새로운 도래인渡來人)인 도공 고귀(高貴), 안장을 만드는 견귀(堅貴), 화가 인사라아원(因斯羅我原), 베짜는 정안나금(定安那錦), 통역사 묘안나(卯安那) 등을 가미쓰모모하라(上桃原), 시모쓰모모하라(下桃原), 마카미노하라(眞神原) 세 곳에 옮겨 거주하게 했다.

고려군(高麗軍)의 격파

8년 봄 2월, 무사노스구리아오(身狹村主靑), 히노쿠마노타미노쓰카이하카토코(檜隈民使博德)를 오나라에 파견했다. 천황이 즉위한 이래 이해까지 신라가 공물을 바치지 않은 지 8년에 이르렀다. 그러면서 천황의 마음을 두려워하며 고려와 친선을 맺었다. 고려왕은 정예병 100명을 파견하여 신라를 보호했다. 얼마 뒤 고려 병사 하나가 잠시 말미를 얻어 고향으로 돌아가게 되었다. 그때 신라 사람을 말몰이로 데려갔는데, 그 자에게 은밀하게 말하기를 "네 나라는 우리나라 때문에 얼마 못 가 망할 것이다." 했다. 말몰이는 이 말을 듣고 거짓으로 배가 아픈 척하여 뒤처진 뒤, 자기 나라로 달아나 들은 이야기를 고려 병사에게 전했다.

신라왕은 고려가 보호해주겠다는 말이 거짓인 것을 알고 사자를 파견해 온 나라에 이렇게 알렸다. "백성들이여, 집에서 키우는 수탉을 모두 죽여라." 백성들은 그 말뜻을 알아듣고 국내에 머무는 고려인을 모조리 죽여 버렸다. 그때 살아남은 고려인이 한 사람 있었는데, 틈을 타서 자기 나라로 달아나 그 사실을 상세히 보고했다. 고려왕은 축족류성(築足流城)에 군사를 소집했다. 병사들에게 춤과 노래를 시키고 소리를 지르게 했다. 신라왕은 밤에 고려군이 사방에서 노래하는 소리를 듣고 신라 땅 곳곳에 적이 침입한 것을 알았다. 신라왕은 임나왕에게 사람을 보내 구원을 청했다. "고려왕이 우리나라를 공격하려고 한다. 이제 우리나라는 매달린 깃발처럼 적이 휘두르는 대로 휘둘려 누란지위(累卵之危)나 마찬가지니, 목숨을 장담하기조차 어렵다. 부디 야마토의 장군들에게 도움을 청하는 바이다." 임나왕은 가시와데노오미이카루가(膳臣斑鳩), 기비노오미오나시(吉備臣小梨), 나니와노키시아가메코(難波吉士赤目子) 등을 보내어 신라를 돕게 했다. 가시와데노오미 일행이 아직 도중에 야영하며 아무런 접촉도 하지 않았는데 고려 장병은 모두 두려움에 떨었다. 가시와데노오미 일행은 급습할 준비를 갖추고 고려군과 대치한 지 열흘 남짓, 밤에 땅굴을 파서 짐을 숨기고 기습을 노렸다. 새벽이 되자 고려군은 가시와데노오미 일행이 달아난 줄 알고, 병사를 모두 이끌고 나왔다. '이때다'하고 기병을 보내 협공하여 크게 격파했다. 고려와 신라 양국의 원한은 이때부터 시작되었다. 가시와데노오미가 신라에 말하기를 "이 나라는 지극히 약한데도 지극히 강한 나라와 싸웠다. 만약 일본군이 도와주지 않았다면 이 싸움으로 틀림없이 나라를 빼앗겼을 것이다. 그러니 앞으로는 천조(天朝)를 배신하지 마라."고 했다.

9년 봄 2월 초하루, 오시코치노아타이카타부(凡河內直香賜)와 우네메를 보내 무나카타노카미(宗像神)를 모시게 했다. 오시코치노아타이카타부는 신역(神域)으로 가서 이제 막 의식이 시작되려 할 때 우네메를 범했다. 천황은 이를 듣고 "신을 모시고 행복을 기원하려면 몸을 삼가야 하는 것을." 하고는 나니와노히타카노키시(難波日鷹吉士)를 보내 오시코치노아타이카타부를 죽이라고 명령했다. 오시코치노아타이카타부는 달아나서 숨어 버렸다. 천황은 유게노무라지토요호(弓削連豐穗)를 보내어 국(國), 군(郡), 현(縣)을 구석구석 다 뒤진 끝에 마침내 미시마노코리(三島郡)의 아이하라(藍原)에서 붙잡아 참살했다.

신라 토벌

3월, 천황은 몸소 신라를 치려고 했다. 신(神)이 천황을 경계하며 "가면 안 된다."고 했다. 이에 천황은 가지 않고 기노오유미노스쿠네(紀小弓宿禰), 소가노카라코노스쿠네(蘇我韓子宿禰), 오토모노카타리노무라지(大伴談連), 오카히노스쿠네(小鹿火宿禰) 등에게 명을 내렸다. "신라는 오래전부터 조공을 계속해 왔건만, 내가 왕이 된 뒤 쓰시마 앞까지 와서 사와라(草羅)에 몸을 숨기고 고려의 조공을 저지하거나 백제의 성을 빼앗고 자신도 조공을 하지 않았다. 새끼 늑대 같이 나쁜 마음을 먹고 싫증나면 멀어지고 배가 고프면 다가온다. 너희 네 명의 경(卿)을 대장에 임명하니 왕의 군대를 끌고가 정벌하여 천벌을 내려라."

기노오유미노스쿠네는 오토모노무로야노오무라지에게 말하여, 천황에게 주상해달라고 부탁했다. "저는 미력하나마 삼가 칙명을 받들려 합니다. 그러나 제 아내가 최근에 세상을 떠나서 뒤를 보살펴줄 사람이 없습니다. 공께서 부디 이 일을 천황께 잘 말씀드려 주시기를 바랍니다." 오토모노무로야노오무라지가 그렇게 주상하자, 천황은 동정하고 탄식하면서 기노오유미노스쿠네에게 기비노카미쓰미치(備上道)의 우네메인 오시아마(大海)를 주어 곁에서 시중들라고 했다. 그리하여 네 사람을 신라에 파견했다.

신라로 들어간 기노오유미노스쿠네 일행은 눈부신 솜씨로 진격했다. 신라 왕은 밤에 황군이 사방을 에워싸고 북을 치는 것을 듣고 온 나라가 점령됐다고 생각하여 수백 명의 기병을 데리고 도주했다. 기노오유미노스쿠네는 그 뒤를 추격하여 적장을 베었다. 그러나 잔병들은 항복하지 않았다. 기노오유미노스쿠네는 군사를 거두어 오토모노카타리노무라지와 합류한 뒤 잔병들과 싸웠다.

그날 밤 오토모노카타리노무라지와 기노오카자키노쿠메노무라지(紀岡前來目連)는 열심히 싸우다가 전사했다. 오토모노카타리노무라지의 종자 쓰노마로(津麻呂)가 진영으로 들어가 주인을 찾았다. "저의 주인 오토모노카타리노무라지 님은 어디 계십니까?" 하고 물으니, 어떤 자가 "네 주인은 적의 손에 죽었다."

하면서 시신이 있는 곳을 가리켰다. 쓰노마로는 그것을 보고 "주인이 죽었는데 살아 있을 이유가 없다." 하고는 다시 적중에 뛰어들어 함께 전사했다. 잠시 뒤 잔병들은 자연히 퇴각했다. 대장인 기노오유미노스쿠네는 병에 걸려 죽었다.

여름 5월, 기노오이와노스쿠네(紀大磐宿禰)는 아버지가 이미 돌아가셨다는 소식을 듣고 신라로 가서 오카히노스쿠네가 장악한 병마와 선관(船官) 및 모든 하급 관리를 빼앗아 자기 마음대로 휘둘렀다. 그러자 기노오이와노스쿠네를 크게 원망한 오카히노스쿠네는 가라코노스쿠네(韓子宿禰)에게 거짓말을 했다. "기노오이와노스쿠네가 나에게 말하기를 '나는 곧 가라코노스쿠네의 관(官)도 장악할 것'이라고 했으니 조심하는 것이 좋을 것이오."

그리하여 가라코노스쿠네와 기노오이와노스쿠네 사이가 틀어졌다. 백제왕은 일본 장군 두 사람의 불화를 알고 가라코노스쿠네에게 사람을 보내 전했다. "나라의 경계를 보여주고자 하니 와 주시오." 가라코노스쿠네 일행은 말머리를 나란히 하여 길을 떠났다. 강에 도착하자 기노오이와노스쿠네는 말에게 물을 먹였다. 그때 가라코노스쿠네가 뒤에서 기노오이와노스쿠네의 말안장을 향해 활을 쏘았다. 깜짝 놀라 뒤돌아본 기노오이와노스쿠네가 이번에는 가라코노스쿠네를 쏘아 말에서 떨어뜨리자 그대로 강물에 빠져 죽었다. 그렇게 해서 전부터 서로 먼저 가겠다고 다투던 세 사람은 길을 잃고 결국 백제의 왕궁에 이르지도 못하고 돌아가고 말았다.

우네메인 오시아마는 기노오유미노스쿠네가 죽자 그 관을 따라 일본으로 돌아와 오토모노무로야노오무라지에게 탄식하며 호소했다. "저는 유해를 어디에 묻어야 하는지 모릅니다. 부디 좋은 장소를 가르쳐 주십시오." 오토모노무로야노오무라지가 천황에게 이 사실을 아뢰자 천황은 명을 내렸다. "대장인 기노오유미노스쿠네는 용처럼 일어나 범처럼 노려보며 천하를 진압했다. 반역자는 토벌하고 사해(四海)를 평정했다. 그렇게 만 리 먼 곳에서 고생하다가 삼한(三韓)에서 죽었으니 그를 애도하여 장례를 치러 주고자 한다. 또 오토모노무로야노오무라지는 기노오유미노스쿠네와 같은 나라에서 가까운 이웃으로 오래 전부터 친하게 지냈다."

오토모노무로야노오무라지는 명을 받들어, 하지노무라지코토리(土師連小鳥)

를 보내 다와 마을(淡輪邑)에 무덤을 쓰고 장사지내 주었다. 오시아마는 기뻐서 그냥 있을 수가 없어 가라노야쓰코무로(韓奴室), 에마로(兄麻呂), 오토마로(弟麻呂), 미쿠라(御倉), 오쿠라(小倉), 하리(針) 이 여섯 사람을 오토모노무로야노오무라지에게 보냈다. 기비 가미쓰미치 가시마다 마을(蚊島田邑)의 가신들이 이들이다. 오카히노스쿠네는 특별히 기노오유미노스쿠네의 장례식에 참석하려 찾아왔다가 혼자 쓰노쿠니(角國 ; 스오노쿠니周防國 쓰노都濃)에 눌러앉았다. 야마토 고노무라지(倭子連)를 보내 야타노카가미를 오토모노무로야노오무라지에게 바치고 청원했다. "저는 기노오이와노스쿠네와 함께 폐하를 모실 수는 없습니다. 그러니 부디 쓰노쿠니에 머물게 해 주십시오." 오토모노무로야노오무라지가 천황에게 아뢰어 쓰노쿠니에 머물 수 있게 되었다. 이것이 쓰노오미(角臣)가 쓰노쿠니에 거주하면서 쓰노오미라는 이름을 얻게 된 까닭이다.

달밤의 토용마(土俑馬)

가을 7월 1일, 가와치노쿠니에서 보고하기를 "아스카베노코리(飛鳥戶郡) 사람 다나베노후히토하쿠손(田邊史伯孫)의 딸은 후루이치노코리(古市郡) 사람인 후미노오비토카료(書首加龍)의 아내이다. 다나베노후히토하쿠손은 딸이 아들을 낳았다는 소식을 듣고 사위의 집으로 축하하러 가서 달밤에 돌아왔다. 이치비코 언덕의 호무타노미사사기(譽田陵 ; 오진천황릉應神天皇陵) 밑에서 붉은 말을 탄 사람을 만났다. 그 말은 용처럼 구불거리며 나아가기도 하고 갑자기 큰 새처럼 날기도 했다. 보통 말과는 달리 뛰어난 형상이었다. 가까이 가서 그 말을 본 다나베노후히토하쿠손은 그 말이 갖고 싶어졌다. 그래서 자기가 타고 있는 흰 바탕에 갈색이 섞인 말에 채찍질하여 말머리를 나란히 했다. 그러나 붉은 말은 이내 박차고 나아가 저 멀리 먼지처럼 작아졌다. 다나베노후히토하쿠손의 말은 미처 뒤따라가지 못하고 놓치고 말았다. 준마를 탄 사람이 다나베노후히토하쿠손의 소망을 알고 말을 세우자, 두 사람은 말을 바꾼 뒤 인사를 하고 헤어졌다. 다나베노후히토하쿠손은 준마를 얻어 크게 기뻐하며 신나게 달려와서 마구간에 넣고 안장을 내리고 말먹이를 주고는 잠을 잤다. 이튿날 아침에 보니 붉은 말이 토용(土俑)으로 변해 있었다. 괴이하게 여긴 다나베노후히토하쿠손이 호무타노미사사기로 돌아가 찾아보니, 그의 말이 토용마 사이에서 있었다. 다나베노후히토하쿠손은 토용마를 갖다 놓고 자기 말을 데리고 돌아왔다."고 했다.

10년 가을 9월 4일, 무사노스구리아오(身狹村主靑)가 오나라에서 헌상한 거위 두 마리를 가지고 쓰쿠시에 갔다. 이 거위가 미즈마노키미(水間君)의 개에게 물려 죽었다. 미즈마노키미는 두렵고 걱정이 되어 가만히 있지 못하고 큰 기러기 열 마리와 조류 사육사를 바치고 용서를 구했다. 천황은 용서해 주었다.

겨울 10월 7일, 미즈마노키미가 바친 사육사들을 가루노후레(輕村)와 이와레노후레(磐余村) 등 두 곳에 살게 했다.

11년 여름 5월 1일, 오미노쿠니 구리다코리(栗田郡)에서 "하얀 가마우지가 다가미(田上) 해변에 있습니다." 하는 보고가 들어왔다. 천황은 명을 내려 그곳에 가와세노토네리(川瀬舍人)를 두었다.

가을 7월, 백제에서 도망쳐 온 자가 있었다. 스스로를 귀신(貴信)이라고 일컬었다. 또는 오나라 사람이라고도 했다. 이와레 오나라 칠현금 연주자인 사카테노야카타마로(坂手屋形麻呂)가 그 자손이다.

도리카이베(鳥養部)와 이나베(韋那部)

겨울 10월, 도리쓰카사(鳥官)의 새가 우다 사람의 개에게 물려 죽었다. 천황은 노하여 얼굴에 문신을 새기고 도리카이베로 삼았다. 마침 시나노노쿠니(信濃國)의 쓰카에노요보로(仕丁 : 옛날 관청의 잡역부)와 무사시노쿠니(武藏國)의 쓰카에노요보로가 숙직을 했다. 이들이 서로 얘기를 나누면서 "아, 우리 고장에서는 새를 많이 잡아 작은 무덤만큼 쌓아두고 아침저녁으로 먹고도 남아돌았어. 그런데 천황은 겨우 새 한 마리 때문에 사람 얼굴에 문신을 새겼으니 너무 지나친 처사 아닌가? 나쁜 임금이야." 하고 말했다.

천황은 그 말을 듣고 "새를 잡아서 쌓아보라."고 했다. 쓰카에노요보로가 갑자기 새를 잡아 쌓을 수 있을 리가 없었다. 그 벌로 그들은 도리카이베가 되었다.

12년 여름 4월 4일, 무사노스구리아오와 히노쿠마노타미노쓰카이하카토코를 오나라에 파견했다.

　겨울 10월 10일, 천황은 목수인 쓰게노미타(鬪鷄御田)에게 명하여 누각을 짓
게 했다. 쓰게노미타는 높은 누각에 올라가 여기저기 날아다니는 듯이 뛰어다
니며 일했다. 그것을 올려다본 이세의 우네메가 그 빠른 속도에 놀라 넘어지면
서 받쳐 들고 있던 공물을 뒤엎고 말았다. 천황은 쓰게노미타가 우네메를 범
했다고 의심하여 죽일 생각으로 형리에게 넘겼다.

　그때 하타노사케노키미(秦酒公)가 옆에 있었는데 칠현금 소리로 천황에게
깨우쳐 줄 생각으로 칠현금을 가져와 타면서 노래를 불렀다.

　神風の 伊勢の 伊勢の野の 榮えを 五百世經る懸きて 如其盡くる迄に
　大君に 堅く仕へ 奉らむと 我命も 永くもがと 云ひし匠はや 可惜匠はや.
　이세 나라, 이세 들판에 무성한 나뭇가지를 많이 꺾어다가 그것이 없어질 때
까지 대군(大君)을 굳게 섬기고자, 부디 오래 살게 해달라고 빌던 목수, 참으로
애석하도다.

　천황은 칠현금 소리를 듣자 깨닫고는 그 죄를 용서했다.

　13년 봄 3월, 사호히코의 고손자인 하타네노미코토(齒田根命)가 남몰래 우네
메인 야마베노코시마코(山邊小島子)를 범했다. 천황은 이를 듣고 하타네를 모
노노베노메노오무라지에게 맡겨 벌을 주게 했다. 하타네는 말 8필, 칼 8자루
를 바치는 벌을 받았다. 끝난 뒤 이렇게 노래했다.

　山の邊の 小島子故に 人衒ふ 馬の八匹は 惜しけくも無し.
　야마베노코시마코를 위해 사람들이 눈독들인 말 여덟 필을 내놓는 것은 조
금도 아깝지 않노라.

　모노노베노메노오무라지가 노래를 듣고 천황에게 아뢰었다. 천황은 하타네
에게 명하여 소유한 재물을 에카노이치(餌香市)의 귤나무 밑에 잘 보이는 곳에
두게 했다. 그리고 에카의 나가노 마을(長野邑)을 모노노베노메노오무라지에게

주었다.

가을 8월, 하리마노쿠니의 미이쿠마(御井隈) 사람 아야시노오마로(文石小麻呂)는 힘이 세고 사납기로 유명하고 행동이 매우 방약무인했다. 도로 통행을 방해하거나 물건을 빼앗고 상인의 배를 습격하여 물건을 몽땅 약탈하기도 했다. 또 나랏법을 어기고 조세를 납부하지 않았다. 천황은 가스가노오노노오미오키(春日小野臣大樹)를 보내 횃불을 든 죽음도 두려워하지 않는 100명의 병사들로 집을 에워싸고 불태워 버렸다. 그때 불길 속에서 하얀 개가 튀어나와 가스가노오노노오미오키에게 달려들었다. 그 크기가 말만 했다. 가스가노오노노오미오키는 낯빛 하나 변하지 않고 칼을 뽑아 개를 베었다. 그러자 하얀 개는 아야시노오마로로 변했다.

가을 9월, 목수인 이나베노마네(猪名部眞根)가 돌을 받침대 삼아 도끼로 나무를 깎고 있었다. 온종일 깎아도 실수로 칼날을 상하게 하는 일이 없었다. 천황이 그곳에 행차하여 이를 이상하게 여기고 물었다. "실수로 돌을 친 적이 전혀 없느냐?" 이나베노마네가 대답했다. "한 번도 실수한 적이 없습니다." 천황은 우네메를 불러 모아 옷을 벗기고 잠방이만 입혀서 모두가 보는 앞에서 씨름을 하게 했다.

이나베노마네는 잠시 일손을 놓고, 그 광경을 구경하면서 나무를 깎았다. 그러다가 자기도 모르게 정신이 팔려 도끼로 돌 받침대를 치는 바람에 날이 상하고 말았다. 그러자 천황은 노하여 "너는 어디서 온 놈이냐? 임금을 두려워하지 않고 부정한 마음을 지닌 놈이 함부로 입을 가볍게 놀리다니!" 하고는 형리에게 넘겨 들판에서 처형하려 했다. 목수의 동료가 이나베노마네를 아까워하며 노래를 불렀다.

아타라시키　이나베노타쿠미　가케시스미나하　시가나케바　다레카카게무요　아타라스미나하
可惜き 猪名部の匠 懸けし墨繩 其が亡けば 誰か懸けむよ あたらすみなは.

　아, 아까운지고, 이나베의 목수여. 그는 먹줄을 참 잘 그었는데 그가 없다면 누가 그의 기술을 이을까. 이을 수 있는 자가 없을 것이다.

천황은 이 노래를 듣고 후회하고 탄식하며 말했다. "하마터면 사람을 잃을

뻔했구나." 그리고 사면을 알리는 사자를 가이(甲斐)의 검은 말에 태워 형장으로 보내 처형을 중지시켰다. 그리고 포승을 풀어주고 노래를 불렀다.

<small>누바타마노　가히노쿠로코마　구라키세바　이노치시나마시　가히노쿠로코마</small>
烏玉の 甲斐の黑駒 鞍被せば 命將死し かひのくろこま.

가이의 검은 말에 만약 안장을 올렸다면, 아마도 때를 놓쳐 목수를 잃었으리라. 가이의 검은 말이여.

14년 봄 정월 13일, 무사노스구리아오는 오나라의 사신과 함께 오나라가 헌상한 데나스에(手末 ; 여자가 짜서 공물로 바친 천) 기술자인 아야하토리(漢織), 구레하토리(吳織)와 바느질 기술자인 에히메(兄媛), 오토히메(弟媛)를 이끌고 와서 스미노에(住吉) 나루에 정박했다. 이달에 오나라에서 오는 손님을 위해 길을 닦아 시하쓰(磯果)의 길과 연결했다. 이것을 구레사카(吳坂)라고 부른다.

3월, 오미무라지(臣連)에게 명하여 오나라 사신을 영접했다. 그 오나라 사신들을 히노쿠마노노(檜隈野)에 머물게 하고 그곳을 구레하라(吳原)라고 불렀다. 바느질을 잘하는 에히메를 오미와 신사(大三輪神社)에 바쳤다. 오토히메를 아야(漢 ; 아야, 옛날에 일본에 귀화한 중국 사람)의 기누누이베(衣縫部)로 삼았다. 아야하토리와 쿠레하토리는 아스카노키누누이베(飛鳥衣縫部)와 이세노키누누이베(伊勢衣縫)의 조상이다.

네노오미(根使主)의 허물

여름 4월 1일, 천황은 오나라 사람을 대접하려고 군신에게 차례차례 물었다. "누구에게 이 일을 맡기면 좋을까?" 군신이 모두 대답했다. "네노오미가 좋을 줄 압니다." 천황은 네노오미에게 명하여 사신을 접대하게 했다. 이소노카미의 다카누키하라(高拔原)에서 연회를 열었다. 그때 천황은 몰래 신하를 보내 복장을 살펴보고 오라고 했다. 신하가 보고하기를 "네노오미가 머리에 한 구슬장식이 유난히 아름다웠는데, 모두가 말하기를 '전에 사자를 영접했을 때도 하고 있었다'고 합니다." 천황은 자기도 보고 싶어서 오미무라지에게 명하여 연회 때와 같은 복장 그대로 궁전으로 오라고 했다. 황후는 천황을 우러러보고 탄식하며 소리내어 울었다.

천황이 괴이하게 여기고 물었다. "왜 그렇게 우는 거요?" 황후는 의자에서 내려와 대답했다. "이 구슬장식은 옛날 제 오라비인 오쿠사카노미코가 안코천황의 칙령을 받들어 저를 폐하께 바쳤을 때 저를 위해 선물해 준 물건입니다. 그래서 네노오미를 의심해서 저도 모르게 눈물이 나왔습니다."

천황은 그 이야기를 듣고 놀라, 크게 분노하며 네노오미를 추궁하자 그가 대답했다. "맞습니다. 저의 잘못입니다." 천황이 말했다. "네노오미는 앞으로 대대손손 군신이 되지 못할 것이다." 그리고 당장 베어 버리려고 했지만 네노오미는 달아나 히네(日根)로 가서 볏단을 쌓아 성채를 만들고 대항했다. 그러나 끝내는 관군에게 살해되었다. 천황은 관리에게 명하여 그 자손을 둘로 나눠, 하나는 오쿠사카베(大草香部)의 부민(部民)으로 만들어 황후에게 봉사하게 하고 하나는 지누(茅渟)의 아가타누시(縣主)에게 주어 짐을 나르는 인부로 삼았다.

나니와노키시히카카(難波吉士日香香 ; 오쿠사카노미코를 따라 순사했다)의 자손을 찾아 성을 내려 오쿠사카베노키시(大草香部吉士)라고 불렀다. 그 나니와노키시히카카에 대해서는 안코천황기에 실려 있다. 사건이 끝난 뒤, 오네노오미(小根使主 ; 네노오미의 아들)가 밤에 누워서 다른 사람에게 이렇게 말했다. "천황의 성은 견고하지 않지만 나의 아버지가 쌓은 성은 견고하다." 천황은 이 말을 전해 듣고 사람을 보내 네노오미의 집을 살펴봤다. 그랬더니 과연 사실이었으므로 그를 붙잡아 죽였다. 네노오미의 자손이 사카모토노오미가 된 것은 이때부터 시작되었다.

하타(秦)의 우즈마사

15년, 하타우지(秦氏)가 다스리던 백성들을 오미무라지들에게 나눠줘서 저마다 원하는 대로 사용하게 하고 하타우지의 관리자인 도모노미야쓰코(伴造)에게는 맡기지 않았다. 그 때문에 하타노미야스코사케(秦造酒)는 매우 불편한 마음으로 천황을 모셨다. 그러나 천황은 그를 총애하여, 명을 내려 하타의 백성을 모아 하타노미야스코사케에게 내렸다. 그리하여 하타노미야스코사케는 여

러 스구리(村主)¹⁾를 다스리게 되어, 조세로 비단과 명주(고급 비단)를 바쳐 조정에 가득 쌓아올렸다. 그래서 우쓰마사(うつまさ ; 산더미처럼 쌓아올린 모습을 가리키는 말)라는 성을 얻었다.

16년 가을 7월, 천황은 명을 내려 뽕나무 재배에 적합한 국(國)과 현(縣)을 선정하여 뽕나무를 심게 했다. 또 하타의 백성을 그곳에 이주시켜 거기서 요초(庸調)²⁾를 바치게 했다.

겨울 10월 "아야우지(漢氏)의 부민을 모으고 관리자를 정하라."고 명했다. 그들에게 아타이(直)라는 성을 내렸다.

17년 봄 3월 2일, 하지노무라지(土師連)에게 "아침 저녁 음식을 담을 푸른 그릇을 진상하라."고 명했다. 그래서 하지노무라지의 조상인 아케(吾笥)가, 셋쓰노쿠니(攝津國)의 구사사 마을(久佐佐村), 야마시로노쿠니(山背國)의 우치무라(內村)와 후시미 마을(伏見村), 이세노쿠니(伊勢國)의 후지카타 마을(藤方村)과 단바(丹波), 다지마(但馬), 이나바(因幡)가 사유한 가키베(部曲 ; 호족이 사유한 백성)를 바쳤다. 이를 니에(贄)의 하지베(土師部)라고 한다.

아사케노이라쓰코(朝日郎)

18년 가을 8월 10일, 천황은 모노노베노우시로노스쿠네(物部菟代宿禰)와 모노노베노메노무라지(物部目連)를 파견하여 이세의 아사케노이라쓰코를 토벌했다. 관군이 온 것을 안 아사케노이라쓰코는 이가의 아오하카(青墓)에서 맞이하여 싸웠다. 활 실력을 과시하며 관군에게 이렇게 말했다. "이 아사케노이라쓰코를 감히 누가 상대할 수 있겠는가?"

그가 쏘는 화살은 두 겹짜리 갑옷도 뚫었다. 관군이 모두 두려워하고 모노노베노우시로노스쿠네도 감히 나서지 못한 채 대치하기를 이틀 낮 하룻밤이 지났다. 마침내 모노노베노메노무라지가 직접 칼을 들고, 쓰쿠시 기쿠(企救)의 모노노베노오오노테(物部大斧手)에게는 방패를 들게 하여 우렁차게 소리 지르

---

1) 도래계 씨족에게 주어진 성(姓)의 하나였다.
2) 요초(庸調)의 요(庸)는 본디 노역이었으나 나중에 직물로 대체하게 되었다. 요초(庸調)는 모두 현물세이다.

면서 돌진했다. 아사케노이라쓰코가 멀리서 보고 쏜 화살이 모노노베노오오노네의 방패와 누 섭의 갑옷을 꿰뚫은 뒤 몸속에 한 치 정도 박혔다. 그럼에도 모노노베노오오노테는 방패를 들고 모노노베노메노무라지를 비호했다. 모노노베노메노무라지는 곧 아사케노이라쓰코를 붙잡아 참살했다. 모노노베노우시로노스쿠네는 자기가 하지 못한 것을 부끄러이 여겨 이레가 지나도록 보고하지 않았다. 천황이 근시에게 물었다. "모노노베노우시로노스쿠네는 어째서 보고하지 않는가?" 사누키(讚岐)의 다무시와케(田虫別)라는 자가 나서서 말하기를 "모노노베노우시로노스쿠네는 겁을 먹고 나서지 않았고 이틀 낮 하룻밤 동안 아사케노이라쓰코를 붙잡지 못했습니다. 그러자 모노노베노메노무라지가 모노노베노오오노테를 데리고 나가서 아사케노이라쓰코를 붙잡아 죽였습니다."

이 말을 듣고 노한 천황은 모노노베노우시로노스쿠네가 소유한 이쓰카이베(猪使部)를 몰수하여 모노노베노메노무라지에게 하사했다.

19년 봄 3월 13일, 명을 내려 안코천황의 이름을 넣은 아나호베(穴穗部)를 두었다.

고려, 백제를 함락하다

20년 겨울, 고려의 왕이 대군을 이끌고 공격하여 백제를 멸했다. 그때 약간의 생존자가 창하(倉下)에 모여 있었는데, 식량까지 떨어져 그저 근심하며 울기만 했다. 그때 고려의 장수들이 왕에게 아뢰었다. "백제 사람들의 속을 알 수가 없습니다. 저희는 그들을 볼 때마다 어찌해야 할지 모르겠습니다. 혹시 또다시 날뛸지 모르니 부디 쫓아내 주십시오."

왕이 대답했다. "그건 좋지 않은 생각이다. 백제는 오랫동안 일본의 관가(官家)로 존속해 왔다. 또 왕은 천황을 섬기며, 그것은 주변 나라도 다 아는 사실이다."

21년 봄 3월, 천황은 백제가 고려 때문에 멸망했다는 이야기를 듣고 구마나리(久麻那利)를 백제의 문주왕(汶州王)에게 보내어 나라를 다시 일으켜 세웠다. 사람들은 모두 "백제는 이미 일족이 망하여 창하에 겨우 몇 명이 남아 있었을 뿐인데, 천황의 위광으로 나라가 다시 일어났다."고 말했다.

22년 봄 정월 초하루, 시라카노미코(白髮皇子)를 황태자로 책봉했다.

가을 7월, 단바노쿠니 요사노코리(與謝郡)의 쓰쓰카와(筒川) 사람 미즈노에노우라시마노코(水江浦島子)가 배를 타고 낚시를 하다가 커다란 거북을 잡았다. 그 거북은 곧 여자로 변했다. 미즈노에노우라시마노코는 감격하여 아내로 맞이했다. 두 사람은 함께 바다로 들어가 호라이산(蓬萊山)에 이르러 선계(仙界)를 구경했다. 이 이야기는 다른 권(卷)에 등장한다.

23년 여름 4월, 백제의 문근왕(文斤王)이 죽었다. 천황은 곤지왕(昆支王)의 다섯 아들 가운데 둘째인 말다왕(末多王)이 나이가 어린데도 총명하기에 명을 내려 궁에 불러들였다. 친히 머리를 쓰다듬어 주면서 친절하게 훈계하여 그 나라의 왕으로 삼았다. 무기를 주고 쓰쿠시노쿠니의 병사 5백 명을 보내어 그 나라로 돌려보냈다. 그가 동성왕(東城王)이다. 그해에 백제에서 보낸 공물이 예년보다 많았다. 쓰쿠시의 아치노오미(安致臣), 우마카이노오미(馬飼臣) 등이 수군(水軍)을 이끌고 고려를 공격했다.

천황의 유언

가을 7월 초하루, 천황이 병에 걸렸다. 명을 내려 상벌과 규정 등, 일의 크고 작음을 가리지 않고 모두 황태자에게 이양했다.

8월 7일, 병이 더욱 깊어진 천황은 백관들에게 작별 인사를 하면서 손을 잡고 탄식한 뒤, 대전에서 붕어했다. 오토모노무로야노오무라지와 야마토노아야노쓰카노아타이(東漢掬直)에게 유언을 남겼다.

"지금 천하는 하나의 집안처럼 통합되어 아궁이의 연기가 멀리서도 잘 보인다. 만민은 진정됐고 사방의 오랑캐도 잘 따른다. 이것은 나라 안의 평화를 유지하려는 하늘의 뜻이다. 마음을 다잡고 스스로 격려하며 하루하루 행동을 삼가는 것이 만민을 위한 일이다. 오미(臣), 무라지(連), 도모노미야쓰코(伴造)는 매일 출사하고 구니쓰카사(國司), 고리쓰카사(郡司)는 필요한 때만 출사한다. 어찌 성의를 다하여 부지런히 일하지 않을 수 있겠는가. 형식상으로는 군신이지만, 정으로는 부자(父子)나 다름없다. 부디 오미무라지의 지혜로 안팎의 백성을 기쁘게 하고 천하를 오래도록 평화롭게 보전해 주기 바란다. 뜻밖에 병이 위중해져서 이렇게 세상을 하직하게 되었으나, 이것은 어디까지나 인간 세상의 상례이니 새삼 안타까워할 필요없다. 그런데 조야(朝野)의 의관(衣冠)을 아직 정하지 못했고 교화(教化)와 정형(政刑)도 충분히 이루어졌다고 할 수가 없으니, 그것을 생각하면 아쉬움이 남는다. 이제 나이도 먹을 만큼 먹었으니 짧은 인생이라고 할 수는 없다. 근력과 정신이 일시에 다 소멸해 버린 것 같다. 이렇게 말하는 것은 나의 몸을 위해서만이 아니다. 만민을 평안하게 기르고자 하는 마음에서 하는 말이다. 누구든 자식에게 내 염원을 전해 주었으면 한다. 천하를 위해 일을 할 때는 마음을 다해야 한다. 호시카와노미코(星川皇子)는 사악한 마음을 품고 형제의 도리를 저버렸다. 옛 사람의 말에도 있듯이, 주군보다 신하를 잘 아는 사람은 없고 아버지보다 자식을 잘 아는 사람은 없다고 했다. 만약 호시카와노미코가 뜻을 이루어 함께 나라를 다스렸다면, 분명 오미무라지에게 화가 미치고 백성들을 고통스럽게 했을 것이다. 못난 자식은 백성에게 미움을 사고, 훌륭한 자식은 나라를 부흥시킨다. 이것은 나의 집안일이긴 하지만 숨길 수가 없구나. 오토모노오무라지(大伴大連)는 수많은 가키베를 거느리고 나라에 큰 영향력을 행사한다. 황태자는 나의 후계자로서 인자하고 효심이 깊기로 유명하고 행동거지를 봐도 나의 뜻을 계승하는 데 부족함이 없다. 그러니 함께 천하를 다스려 준다면 눈을 감아도 여한이 없겠노라.”

이때 신라를 정벌하는 임무를 맡은 기비노오미노오시로(吉備臣尾代) 장군이 기비노쿠니에 가서 자기 집에 들렀다. 뒤에 따라온 5백 명의 에미시는 천황이 붕어했다는 말을 듣고 “우리 나라를 다스리던 천황이 죽었다. 이때를 놓쳐서는 안 된다.” 하고는 모두 집결하여 인근 마을을 침략했다. 집에서 달려나온 기비노오미노오시로는 사바노미나토(娑婆湊 ; 히로시마현廣島縣?)에서 에미시를 만나 활을 쏘았다. 에미시는 팔짝 뛰어오르거나 땅에 엎드려서 화살을 교묘하게 피하여 좀처럼 맞힐 수가 없었다. 그래서 기비노오미노오시로는 메이겐(鳴弦 ; 활시위를 당겨 소리를 내는 의식)으로 사악한 기운을 쫓은 뒤, 물가에서 뛰고 엎드리며 화살을 피하던 두 부대를 사살했다.

화살통 두 개의 화살이 다 떨어져서 뱃사람을 불러 화살을 달라고 했으나,

뱃사람들은 겁을 먹고 달아나 버렸다. 기비노오미노오시로는 활을 세워 활의 상단을 잡고 노래 불렀다.

^{미치니아후야} ^{오시로노코} ^{아메니코소} ^{기코에즈아라메} ^{구니니와} ^{기코에테나}
道に遇ふや 尾代の子 天にこそ 不聞有らめ 國には 聞えてな.

정벌하러 가는 길에 뜻밖의 싸움을 하게 되었구나. 오시로의 아들의 용맹한 활약은 어머니에게는 들리지 않을지라도 천자(天子)의 귀에는 도달하겠지.

기비노오미노오시로는 노래를 마치고 다시 많은 사람을 베었다. 그리고 더 추격하여 단바노쿠니의 우라케(浦明) 어귀에 이르자 남김없이 죽여버렸다.

제15권

세이네이천황(清寧天皇) : 시라카노타케히로쿠니오시와카야마토네코노스
메라미코토(白髮武廣國押稚日本根子天皇)
겐조천황(顯宗顯宗天皇) : 오케노스메라미코토(弘計天皇)
닌켄천황(仁賢天皇) : 오케노스메라미코토(億計天皇)

세이네이천황(清寧天皇) : 시라카노타케히로쿠니오시와카야마토네코노스메
라미코토(白髮武廣國押稚日本根子天皇)

호시카와노미코(星川皇子)의 모반

시라카노타케히로쿠니오시와카야마토네코노스메라미코토는 유랴쿠천황
의 셋째 아들이다. 어머니는 가즈라키노가라히메이다. 천황은 태어나면서부터
백발이었다. 성장해서는 백성을 어여삐 여겼다. 유랴쿠천황의 많은 황자 가운
데 특별히 신비롭고 기이한 데가 있었다.

22년, 황태자에 책봉되었다.

23년 8월, 유랴쿠천황이 붕어했다. 부인인 기비노와카히메(吉備稚媛)는 남몰
래 어린 호시카와노미코에게 말했다. "천자의 자리에 오르고 싶거든 먼저 조정
의 창고를 차지하여라." 그러자 맏아들인 이와키노미코가 부인이 호시카와노
미코에게 이르는 말을 듣고 "황태자는 나의 동생이지만 어찌 속일 수 있겠습
니까? 그건 안 될 일입니다." 하고 말했다. 호시카와노미코는 그 말을 듣지 않
고 쉽게 어머니의 뜻에 따랐다. 마침내 창고를 차지한 호시카와노미코는 바깥
문을 닫아걸고 공격에 대비했다. 그리고 권세를 휘두르며 관물(官物)을 마음대
로 썼다.

그러자 오토모노무로야노오무라지는 야마토노아야노쓰카노아타이에게 말했다. "유랴쿠천황이 유언한 일이 일어나려고 한다. 유언에 따라 황태자를 받들어 모셔야 한다." 그러고는 군사를 동원하여 창고를 포위한 뒤, 밖에서 방비를 굳히고 불을 질러 (호시카와노미코를)죽였다. 그때 기비노와카히메와 이와키노미코의 의붓형인 에키미(兄君)와 기노오카사키노쿠메(城丘前來目)도 호시카와노미코와 함께 타죽었다. 그런데 가와치노미노노아가타누시오네(河內三野縣主小根)는 겁을 먹고 불을 피해 탈출했다. 그리고 구사카베노키시아야히코(草香部吉士漢彦)의 다리를 붙잡고 오토모노무로야노오무라지에게 구명을 청했다. "제가 호시카와노미코를 섬긴 것은 사실입니다. 그러나 황태자를 배반하진 않았습니다. 부디 은혜를 베풀어 목숨만은 살려 주십시오."

구사카베노키시아야히코가 오토모노무로야노오무라지에게 사정을 상세하게 상신해 주어 처형을 면했다. 가와치노미노노아가타누시오네는 구사카베노키시아야히코를 통해 오토모노무로야노오무라지에게 아뢰었다. "오토모노무로야노오무라지 님의 큰 은혜 덕분에 백척간두에 섰던 저의 목숨이 연장되어 다시 햇빛을 볼 수 있게 되었습니다." 그리고 나니와 구메 마을(來目邑)의 오이헤(大井戶)에 있는 논 10정(町)을 오토모노무로야노오무라지에게 선물했다. 또 구사카베노키시아야히코에게도 논밭을 주어 은혜에 보답했다.

그달에 기비노카미쓰미치노오미가 조정에 난이 일어났다는 소식을 듣고 기비노와카히메의 배에서 난 호시카와노미코를 구하려고 수군 40척을 이끌고 바다를 통해 왔지만 이미 호시카와노미코가 불에 타죽었다는 말을 듣고 해로로 돌아갔다. 천황은 사자를 보내 기비노카미쓰미치노오미를 꾸짖고 그들이 관리하던 야마베(山部)를 몰수했다.

겨울 10월 4일, 오토모노무로야노오무라지는 오미와 무라지를 이끌고 황위의 증표(거울, 칼)를 황태자에게 바쳤다.

천황 즉위와 오케(億計)와 오케(弘計)의 발견

원년 봄 정월 보름, 관리에게 명하여 이와레의 미카쿠리(甕栗)에 옥좌를 놓고 즉위식을 올린 뒤 궁으로 정했다. 가즈라키노가라히메를 높여서 황태부인

(皇太夫人)이라 했다. 오토모노무로야노오무라지를 오무라지에, 헤구리노마토리노오오미(平群眞鳥大臣)를 오오미에 임명한 것은 전과 같았다. 오미, 무라지 도모노미야쓰코[1]도 각각 원래의 위치를 유지했다.

겨울 10월 9일, 유랴쿠천황을 다지히노타카와시노하라노미사사기(丹比高鷲原陵)에 장사지냈다. 이때 근시인 하야토는 밤낮없이 능 옆에서 큰 소리로 슬퍼하며 음식도 먹지 않다가 이레째에 죽고 말았다. 관리는 능 북쪽에 무덤을 만들어 예를 다해 장사지내 주었다. 태세 경신년(庚申年)의 일이다.

2년 봄 2월, 천황은 아들이 없어 애석해하며 오토모노무로야노오무라지를 각국에 파견하여, 백발부사인(白髪部舍人), 백발부선부(白髪部膳夫), 백발부차부(白髪部靫負)를 두었다. 유적(遺跡)을 남겨 후세에 이름을 전하고자 했다.

겨울 11월, 즉위한 뒤 처음으로 여는 니나메(大嘗祭)에 필요한 공물을 마련하려고 하리마노쿠니에 파견한 야마베노무라지(山部連)의 조상 이요노쿠메베노오다테(伊予來目部小楯)가 아카시코리(明石郡) 시지미(縮見)의 미야케노오비토(屯倉首)인 오시누베노미야쓰코호소메(忍海部造細目)의 집 신축을 축하하는 연회에서, 이치노베노오시와노미코의 아들 오케(億計 ; 닌켄천황)와 오케(弘計 ; 겐조천황)를 발견했다. 황공하여 함께 얼싸안고 주군으로 섬기면서 삼가 부양하고자 사재(私財)를 털어 시바미야(柴宮)를 짓고 우선 그곳에서 지내게 한 뒤, 파발마를 보내 천황에게 알렸다. 천황은 매우 놀라 한동안 탄식한 뒤 "경사스러운 일이로다, 기쁜 일이로다. 하늘이 크나큰 은혜를 내리시어 두 아이를 나에게 보내주셨구나." 하고 말했다.

그달에 이요노쿠메베노오다테에게 셋토(節刀 ; 옛날 장군이 출정할 때 천황이 내리는 칼)를 내리고, 측근인 신하를 붙여주어 아카시로 보냈다. 이 일은 오케기(弘計紀)에 나와 있다.

3년 봄 정월 초하루, 이요노쿠메베노오다테 일행은 오케(億計)와 오케(弘計)

---

1) 고대 호족이 정치적, 사회적 지위를 과시하기 위해 세습한 칭호로, 야마토 조정의 권력이 강해지자 조정이 그 여탈권(與奪權)을 가지게 되었다. 오미, 무라지는 가장 높은 성(姓)으로, 오미는 지명을, 무라지는 직무를 이름으로 삼았다. 미야쓰코는 신분이 낮은 지방호족으로 지방관 역할을 했다.

를 모시고 셋쓰노쿠니(攝津國)로 갔다. 오미와 무라지에게 셋토를 주고 왕의 수레를 타고 궁으로 들어갔다.

이도요노히메(飯豊皇女)

여름 4월 7일, 오케노미코(億計王)는 황태자로 책봉되고 오케노미코(弘計王)는 황자가 되었다.

가을 7월, 이도요노히메(이치노베노오시와노미코의 딸이며 닌켄천황과 겐조천황의 누이)가 쓰노사시궁(角刺宮)에서 남자와 교합한 뒤 사람들에게 말하기를 "남들과 같은 여자의 길을 알았으나 별로 특별할 것도 없구나. 앞으로는 남자와 교합하지 않겠다."고 했다.

9월 2일, 오미와 무라지를 보내어 백성의 풍속을 살펴보게 했다.

겨울 10월 4일, 명을 내려 "개, 말 같은 애완동물은 헌상하지 말라."고 했다.

11월 18일, 오미와 무라지를 불러 궁궐 마당에서 연회를 열고 무명과 비단을 하사했다. 자기 힘으로 가져갈 수 있는 만큼 마음껏 가지고 돌아갔다. 그달에 외국의 여러 번(蕃)이 사신을 보내 공물을 바쳤다.

4년 봄 정월 7일, 외국 사신들을 불러 조정에서 연회를 열고 저마다 하사품을 내렸다.

여름 윤5월, 닷새 동안 대연회를 열었다.

가을 8월 7일, 천황이 친히 죄수를 찾아갔다. 그날 에미시와 하야토도 함께 따랐다.

9월 1일, 천황은 유미도노(弓殿)에 행차하여 신하들과 외국 사신들을 불러 활을 쏘게 한 뒤 각자에게 하사품을 내렸다.

5년 봄 정월 16일, 천황이 대궐에서 붕어했다. 나이는 분명하지 않다.

겨울 11월 9일, 가와치 사카토노하라노미사사기(坂戶原陵)에 장사지냈다.

겐조천황(顯宗天皇) : 오케노스메라미코토(弘計天皇)

오케(弘計), 오케(億計) 형제의 고난

오케노스메라미코토(弘計天皇)는 리추천황의 손자이고 이치노베노오시와노미코의 아들이다. 어머니는 하에히메(黄媛)이다.

— 가바네노쓰이데노후미(譜第 ; 계보)를 보면, 이치노베노오시와노미코는 아리노오미(蟻臣)의 딸 하에히메를 아내로 맞이하여 3남 2녀를 낳았다. 첫째는 이나쓰히메(居夏媛), 둘째는 오케노미코(億計王), 다른 이름은 시마노와쿠고(嶋稚子), 또는 오이시노미코토(大石尊)라 하고, 셋째는 오케노미코(弘計王), 다른 이름은 구메노와쿠고(來目稚子), 넷째는 이도요노히메, 다른 이름은 오시누베노히메(忍海部女王), 다섯째는 다치바나노미코(橘王)고 한다. 어떤 책에서는 이도요노히메가 오케노미코(億計王) 보다 먼저 태어났고 아리노오미는 아시다노스쿠네의 아들이라고도 한다.

오케(弘計)는 오랫동안 변방에 있었기에 백성들이 무엇을 걱정하는지 두루 잘 알았다. 괴로워하는 사람을 보면 자기 몸이 도랑에 내던져진 것처럼 느껴졌다고 한다. 오케(弘計)는 덕을 펼치고 은혜를 베풀며 법도와 규칙을 정비했다. 가난한 자를 보살펴주고 과부를 부양하며 백성을 친근하게 대했다. 안코천황 3년 10월, 오케(弘計)의 아버지 이치노베노오시와노미코와 도네리인 사에키베노나카치코(佐伯部仲子)는 오미노쿠니의 가야노(蚊屋野)에서 유랴쿠천황에게 살해되었다. 그리하여 두 사람을 한 무덤에 묻었다. 오케노미코(弘計王)와 오케노미코(億計王)는 아버지가 살해된 사실을 알고 무서워서 함께 달아나 몸을 숨겼다. 도네리인 구사카베노무라지오미(日下部連使主)와 아타히코(吾田彦 ; 구사카베노무라지오미의 아들)는 두 왕을 보호하며, 난을 피해 단바노쿠니의 요사노코리로 달아났다. 구사카베노무라지오미는 구사카베노무라지다토쿠(日下部連田疾来)로 이름을 바꿨다. 그는 살해될까 두려워, 그곳에서 하리마노쿠니 시지미산(縮見山) 석굴로 달아나 스스로 목을 매어 죽었다. 오케(弘計)는 구사카베노무라지오미가 어디로 갔는지 몰랐다. 형 오케노미코(億計王)를 재촉하여 하리마노쿠니의 아카시로 가서, 함께 다니와노와라와(丹波小子)로 이름을 바꿨다. 시지미의 미야케노오비토를 섬겼다. 아타히코는 떠나지 않고 오랫동안 따라다니며 섬겼다.

두 왕자, 신분을 밝히다

세이네이천황 2년 겨울 11월, 하리마의 지방관이자 야마베노무라지의 조상인 이요노쿠메베노오다테가 아카시코리에서 니나메에 쓸 공물을 바쳤다. 마침 시지미 미야케노오비토가 신축(新築) 축하연에 와서 밤새워 주연에 참석했다. 오케(弘計)가 형 오케노미코(億計王)에게 말했다.

"재앙을 피해 이곳으로 온 지 몇 년이나 지났소. 이름을 밝히고 고귀한 신분을 알리기에 오늘 밤이 가장 좋을 것 같소." 오케노미코(億計王)는 탄식하며 말했다. "스스로 밝혀서 죽임을 당하는 것과 신분을 숨기고 재앙을 면하는 것, 어느 쪽이 나을까?"

오케(弘計)가 말했다. "나는 리추천황의 손자요. 그런데도 고통 속에 남을 섬기며 마소를 돌보고 있소. 차라리 이름을 밝히고 죽임을 당하는 편이 낫겠소." 오케노미코(億計王)와 서로 끌어안았지만 터져나오는 울음을 참을 길이 없었다. 그러다가 오케노미코(億計王)가 말하기를 "이 중요한 사실을 밝혀 사람들에게 보여줄 수 있는 사람은 아우 말고는 없다."

오케(弘計)는 이를 부정하며 말했다. "아무 재능도 없는 내가 어찌 나라를 다스릴 수가 있겠소?" 오케노미코(億計王)가 말했다. "아우는 현명한 데다 덕이 있으니, 아우를 넘어설 사람이 없다." 이렇게 서로 양보하기를 두 번 세 번 거듭했다. 마침내 천황이 직접 말하기로 하고 함께 방을 나가 자리 끝에 가서 앉았다. 미야케노오비토는 두 사람을 화로 옆에 앉히고 여기저기 불을 피우게 했다. 밤이 깊어 연회가 무르익자 차례차례 돌아가던 춤도 끝났다. 미야케노오비토가 이요노쿠메베노오다테에게 말했다.

"내가 보기에, 이 불을 피운 자는 남을 공경하고 자기를 낮추며, 남에게 양보하고 자기는 뒤로 물러나는 성품이오. 삼가 공경하고 절조를 지키며, 겸손하게 양보하고 예절이 바르니, 가히 군자라 할 만하지 않소?" 이요노쿠메베노오다테는 칠현금을 뜯으며 두 사람에 명했다. "일어나서 춤을 추어라." 그러나 형제는 시로 양보하며 좀처럼 일어나지 않았다. 이요노쿠메베노오다테가 책망하며 말했다. "뭘 하고 있나, 어서 일어나 춤을 추라니까."

오케노미코(億計王)가 일어나서 춤을 추었다. 춤이 끝나자 오케(弘計)가 다음에 일어나서, 의관을 갖추고 신축을 축하하는 노래를 불렀다.

築き立つる稚室葛根, 築立つる柱は, 此の家長の御心の鎮なり. 取擧ぐる棟梁は, 此の家長の御心の林なり. 取置ける椽橑は, 此の家長の御心の齊なり. 取置ける蘆萑は, 此の家長の御心の平なるなり. 取結べる繩葛は 此の家長の御壽の堅なり. 取葺ける草葉は 此の家長の御富の餘なり. 出雲は新墾, 新墾の十握の稻穗を, 淺甕に釀める酒 美飲喫哉, 吾が子等, 脚日木の此の傍山の 牡鹿の角擧げて, 吾が儛すれば, 旨酒餌香市に直以て買はぬ. 手掌憀亮に, 拍上げ賜へ, 吾が常世等.

새로 지은 집의 밧줄과 기둥은 이 집 주인의 마음을 가라앉혀 준다. 튼튼하게 올린 들보는 이 집 주인의 마음을 즐겁게 한다. 단단히 걸친 서까래는 이 집 주인의 마음을 가다듬게 한다. 빈틈없이 깔아둔 갈대풀은 이 집 주인의 마음을 평온하게 한다. 잘 엮은 칡덩굴 밧줄은 이 집 주인의 수명을 견고하게 해준다. 단단히 묶어 덮은 이엉은 이 집 주인의 넉넉한 재산을 나타낸다. 새로 개간한 이즈모다(出雲田)에서 거둔 열 줌의 벼를 얕은 항아리에 넣어 빚은 술을 맛있게 마시자꾸나. 친구여, 이 산자락에서 내가 수사슴의 뿔처럼 받쳐 들고 춤을 추면, 이 맛있게 빚은 술은 에카노이치(좋은 향기가 나는 맛있는 술을 파는 유명한 시장)에서도 돈 주고 살 수 없다. 손으로 떨어지는 청아한 소리를 들으며 이 술을 받았다. 나의 영원한 친구여.

그리고 칠현금 소리에 맞춰 다시 노래를 불렀다.

稻席 川傍柳 水行けば 靡き起立ち 其の根は不失.

강가에 서 있는 버드나무는 강물 따라 나부끼다 일어서기도 하지만, 그 뿌리는 결코 사라지지 않는다.

이요노쿠메베노오다테가 말했다. "재미있는 노래로군. 한 곡 더 들려주지 않겠나?" 오케(弘計)는 다쓰즈노마이(殊儛 ; 일어서고 앉으면서 추는 춤)를 추었다. 그리고 소리높이 노래했다.

야마토와소소노치하라　아사치하라　오토히야쓰코라마

倭は彼彼茅原 淺茅原 弟日僕らま.

야마토는 온통 억새풀이 술렁이는 소리가 들려오는 나라. 그 억새풀이 무성한 야마토 왕의 둘째 아들이 바로 나다.

이요노쿠메베노오다테는 이 노래가 심히 의심스러워 다시 노래를 청했다. 오케(弘計)는 다시 소리높이 노래했다.

이소노카미후루노가미스기　모토키리스에오시하라히　이치노베노미야니　아메노시타시라시시　아메요로즈쿠니요로즈　오시하노미코토노

石上振の神榲 本伐り末截ひ 市邊宮に 天下治しし 天萬國萬 押磐尊の

미야나스에야쓰코라마

御裔僕らま.

이소노카미 후루(布留)에 있는 가미스기(神杉 ; 신이 강림한다는 삼나무) 밑동을 베어내고 가지를 쳐버릴 듯이 사방으로 뒤흔들며, 이치노베궁에서 천하를 다스린 오시와노미코의 아들이 바로 나다.

이요노쿠메베노오다테는 크게 놀라 자리에서 물러나더니 황송해하며 두 번 절을 올렸다. 일족을 이끌고 삼가 섬기면서 백성들을 동원하여 궁을 짓는 데 가세했다. 얼마 안 되어 완성된 궁에 임시로 모신 뒤, 수도에게 아뢰어 두 왕자를 모시고 가라고 청했다.

세이네이천황은 이를 듣고 매우 기뻐하며 감격했다. "내가 아들이 없어서 고민이었는데, 참으로 좋은 후계자가 생겼구나." 오오미, 오무라지와 의논하여, 하리마 지방관인 이요노쿠메베노오다테에게 증표를 주고, 양쪽에 신하를 거느리고 아카시로 가서 모셔 왔다.

황위 양보

세이네이천황 3년 봄 성월, 오케(弘計)는 형인 오케노미코(億計王)를 따라 셋쓰노쿠니로 갔다. 오미와 무라지가 증표를 바치고 미쿠루마(靑蓋車 ; 왕이 타는 수레)에 올라 궁으로 들어갔다.

여름 4월, 오케노미코(億計王)는 황태자로 책봉되고 오케(弘計)는 황자가 되었다.

5년 봄 정월, 세이네이천황이 붕어했다.

그달에 황태자 오케노미코(億計王)와 오케(弘計)는 서로 황위를 양보했고 그 이후 오랫동안 황위에 오르지 않았다. 그리하여 오케(弘計)의 누이인 이도요노아오노히메(飯豐靑皇女)가 오시누미의 쓰노사시궁에서 임시로 정사를 돌보았다. 자기를 오시누미이도요노아오노미코토(忍海飯豐靑尊)라고 불렀다. 당시에 노래를 잘하는 사람이 이렇게 노래했다.

야마토헤니 미가호시모노와 오시누미노 고노타카키나루 쓰누사시노미야
倭邊に 見欲物は 忍海の この高城なる 角刺の宮.

야마토에서 보고 싶은 것은 오시누미의 이 높은 성(城)에 있는 훌륭한 쓰노사시궁.

겨울 11월, 이도요노아오가 붕어했다. 가즈라키의 하니쿠치노오카노미사사기(埴口丘陵)에 장사지냈다.

12월 백관이 모인 가운데, 오케노미코(億計王)가 오케(弘計) 앞에 천황의 옥새를 갖다놓고 두 번 절을 올린 뒤 신하의 자리에 앉아 말했다. "이 천자의 자리는 공을 세운 자가 앉아야 하오. 귀한 신분임을 밝혀 이곳으로 돌아올 수 있었던 것은 모두 아우 덕분이오." 그러면서 오케(弘計)에게 천하를 양보했다. 오케(弘計)는 자기가 아우라는 이유로 황위에 오르는 것을 극구 사양했다. 또 세이네이천황이 먼저 형에게 황위를 물려주고자 황태자로 세운 것을 말하며 여러 차례 완강하게 거부하며 말했다.

"해와 달이 떠 있는데 등불을 켜면 그 빛은 오히려 방해가 됩니다. 농작물에 단비가 내렸는데도 여전히 물을 주면 무슨 의미가 있겠습니까. 아우의 미덕은

형을 잘 받들어 형이 난관을 타개할 수 있도록 돕고, 형의 덕을 비춰주며, 분쟁을 해결하면서 자신은 앞에 나서지 않는 데 있습니다. 만약 아우가 표면에 나서면다 아우로서 형을 공경해야 한다는 대의를 저버리는 것이 됩니다. 나는 그런 자리에 설 수가 없습니다. 형이 아우를 사랑하고 아우가 형을 공경하는 것은 만고불역(萬古不易；오랜 세월을 두고 바뀌지 않음)의 진리입니다. 나는 지혜로운 노인에게 그렇게 들었습니다. 그러한데 어떻게 내 스스로 가볍게 움직일 수 있겠습니까."

이에 오케노미코(億計王)가 말했다. "세이네이천황은 내가 형이라 하여 천하를 우선 나에게 맡기셨으나, 나는 그것을 부끄럽게 여긴다오. 생각해보니 아우가 처음에 치밀하게 달아날 계획을 세웠을 때, 그것을 들은 사람은 모두 감탄했소. 제왕의 후손임을 밝혔을 때는 이를 본 모두가 매우 황공한 나머지 눈물을 흘렸지요. 근심이 끊임 없었던 백관들은 함께 하늘을 받드는 기쁨을 느꼈소. 슬퍼하던 백성들도 기뻐하며 대지를 밟고 사는 은혜를 느꼈소. 이로써 나라의 사방을 구석구석까지 잘 다스려, 만대에 이르도록 나라를 길이 번영시킬 수 있으리다. 그 공적은 천지만물을 창조하신 신에 가깝고 청명한 계획은 세상을 밝게 비춘다오. 그 위대함은 무엇으로도 표현할 길이 없으니, 형이라 해서 어찌 먼저 황위에 오를 수 있으리오. 공을 세우지도 않았으면서 천황의 자리에 오르면 반드시 책망과 후회가 뒤따를 것이오. 천황의 자리를 오래 비워 두어서는 안 된다고 들었소. 하늘의 명을 피할 수는 없으니 아우는 부디 나라를 경영하고 백성을 헤아려 주시오."

말을 하는 동안 감정이 격해져서 눈물이 흘러나왔다. 오케(弘計)는 그 자리에 올라서는 안 된다고 생각했으나, 형의 뜻을 거스를 수가 없어서 마침내 승낙하고 말았다. 그러나 여전히 옥좌에는 오르지 않았다. 세상 사람들은 이들이 진심으로 서로 양보한 것을 아름답게 여기며 "훌륭하다, 형제가 서로 화합하니 천하가 덕이 넘치는구나. 친족이 화목하면 백성들에게도 어진 마음이 가득해지리라."고 말했다.

오케노미코(弘計王)의 즉위

원년 봄 정월 조하루, 오오미와 오무라지가 오케(弘計)에게 아뢰었다. "오케노미코(億計王)는 뛰어나게 총명하여 천하를 양보했습니다. 폐하는 정통이시니 천황의 자리에 올라 천하의 주인이 되시어, 황조(皇祖)의 무궁한 대업을 계승함으로써 위로는 하늘의 뜻을 따르고 아래로는 백성을 만족하게 해주십시오. 즉위하지 않으시면, 금은을 생산하는 이웃 각국의 군신 등 멀고 가까운 모든 신하가 실망할 것입니다. 황태자께서 일부러 양보하셨으니 성덕은 더욱 높아지고 행복할 것이 자명합니다. 어릴 때부터 겸손하고 자비로웠으며 자애롭고 온화하셨습니다. 마땅히 형님의 명을 받들어 대업을 이으셔야 합니다."

마침내 오케(弘計)가 "알겠다."고 대답했다. 그리하여 공경백관을 지카쓰아스카(近飛鳥)의 야쓰리궁(八釣宮)으로 불러 천황에 즉위했다. 참석한 백관이 모두 기뻐했다. 어떤 책에는 오케노스메라미코토(弘計天皇)의 궁은 두 곳에 있었는데, 하나는 오노(小野)에, 또 하나는 이케노(池野)에 있었다고 한다. 또 어떤 책에는 미카쿠리(甕栗)에 궁을 지었다고 한다.

그달에 나니와노오노노미코(難波小野王)를 황후로 세웠다. 그리고 특별히 죄인들을 사면했다.─나니와노오노노미코는 오아사즈마와쿠고노스쿠네(인교천황允恭天皇)의 증손녀자이 이와키노미코의 손녀이고, 오카노와쿠코노미코(丘稚子王)의 딸이다.

2월 5일, 천황이 말했다. "선왕은 크나큰 고난을 당하여 황야에서 운명하셨다. 나는 아직 나이가 어려서 달아나 몸을 숨겼으나, 이렇게 추대되어 대업을 이었다. 유골을 수습하고 싶지만 어디 있는지 아는 자가 없었다." 말을 마친 천황은 오케노미코(億計王)와 함께 소리내어 곡을 하며 애통함을 금치 못했다.

오키메(置目) 노파의 공적

그달에 천황은 덕이 높은 노인들을 불러 모아 친히 한 사람 한 사람에게 물었다. 한 노파가 나와서 아뢰었다. "오키메가 유골이 묻힌 장소를 알고 있습니다. 알려드리겠습니다."[2]

천황과 오케노미코(億計王)가 노파를 데리고 오미노쿠니 구타와타의 가야노로 가서 땅을 파보니, 과연 노파가 말한 대로였다. 구덩이를 들여다보며 슬피 울부짖으니 참으로 애석하고 비통했다. 예로부터 지금까지 이보다 처참한 일이 또 있었을까? 사에키베노나카치코의 시신과 이치노베노오시와노미코의 시신이 섞여 도저히 구별할 수가 없었다.

그 자리에 있던 이치노베노오시와노미코의 유모가 아뢰었다. "사에키베노나카치코는 윗니가 빠졌습니다. 그것으로 분간할 수 있을 것입니다." 유모의 말에 따라 머리뼈는 구별할 수 있었으나, 팔다리와 몸통은 끝내 판별할 수 없었다. 그래서 가야노에 똑같은 무덤 두 개를 짓고 장례도 똑같이 지냈다. 오키메를 궁전 근처에서 살게 하고 후하게 상을 내려 부족함이 없게 보살폈다.

그달에 천황이 분부를 내렸다. "노파가 몸이 쇠약해져서 잘 걷지 못하는구나. 줄을 쳐서 그것을 붙잡고 출입하도록 하라. 줄 끝에 방울을 매달아 안내하는 자가 번거롭지 않도록 들어오는 대로 곧장 방울을 울려라. 그대가 온 것을 내가 알 수 있도록." 노파는 분부대로 방울을 울리고 들어왔다. 천황은 멀리서 방울 소리를 듣고 노래를 불렀다.

아사지하라 오소네오스기 모모쓰타후 누데유라구모요 오키메쿠라시모
淺茅原 小谷を過ぎ 百傳う 鐸動ぐもよ 置目來らしも.

아사지 들판, 멀리서 메마른 땅을 걸어오는 방울 소리가 들려오는구나. 오키메가 오는 모양이다.

3월 3일, 후원(後苑)에 행차하여 곡수연(曲水宴 ; 삼월 삼짇날, 굽이도는 물에 잔을 띄워 그 잔이 자기 앞에 오기 전에 시를 짓던 놀이)을 열었다.

여름 4월 11일, 천황이 분부를 내렸다. "무릇 임금이 백성을 권면(勸勉)하려면 벼슬을 주면 되고, 나라를 일으키려면 공을 세운 사람에게 상을 주면 된다. 하리마의 지방관이었던 이요노쿠메베노오다테는 나를 찾아내어 받들었다. 그 공이 참으로 크다. 원하는 바가 있으면 사양 말고 말하라." 이요노쿠메베노오다테가 황공해하며 말했다.

---

2) 오키메란 노파의 이름이다. 오미노쿠니 사사키노야마노키미의 조상인 야마토후쿠로노스쿠네(倭袋宿禰)의 동생이다.

"야마노쓰카사(山官 ; 야마모리베를 관리하는 역할로, 큰 권한이 있다) 자리를 주셨으먼 합니나." ㄱ 식색을 내리고 성(姓)을 야마베노무라지(山部連)로 바꿨다. 기비노오미를 부관으로 하고 야마모리베를 부민(部民)으로 삼았다. 공을 치하해 명예를 주고 은혜에 보답하여 후하게 대우하며 총애했으니, 그 부(富)를 겨룰 자가 없을 정도였다.

5월, 이치노베노오시와노미코를 살해하는 음모에 가담했던 사사키노야마노키미(狹狹城山君)인 가라후쿠로노스쿠네(韓袋宿禰)를 주살하려고 하자 그때 머리를 조아리며 아뢰는 말이 매우 가련했다. 천황은 차마 죽이지 못하고 하카모리(陵戶 ; 황실의 능지기)로 낮추어 천민(賤民)으로 만들고 관적(官籍)을 삭제하여 야마베노무라지에 예속했다. 일족인 야마토후쿠로노스쿠네(倭袋宿禰)는 누이 오키메의 공으로 구제되어, 원래의 성(姓)인 사사키노야마노키미라는 성씨를 받았다.

6월, 스즈미도노(避暑殿)에 행차하여 주악(奏樂)을 들었다. 군신을 불러 술과 음식을 내렸다. 태세 을축년(乙丑年)의 일이었다.

복수심

2년 봄 삼월 삼짇날, 후원에 행차하여 곡수연(曲水宴)을 베풀었다. 그때 공경대부(公卿大夫), 오미, 무라지, 구니노미야쓰코, 도모노미야쓰코를 불러모아 대연회를 열었다. 군신들은 자주 만세를 외쳤다.

가을 8월 1일, 천황이 오케노미코(億計王)에게 말했다. "우리 아버지는 아무 죄도 없이 유랴쿠천황에게 살해되어 그 시신이 들에 버린 뒤, 지금까지 구분을 못했으니 원통한 마음 누를 길이 없소. 누워서도 울고 길을 가다가도 눈물이 마르지 않으니, 이 원수를 갚고 싶소. 나는 '아버지의 원수와는 같은 하늘을 받들 수 없고, 형제의 원수와는 언제든 싸울 수 있도록 대비해 두어야 하며, 친구의 원수와는 같은 곳에 살지 않는다'고 들었소. 필부의 자식도 부모의 원수를 갚을 때는 거적 위에 누워 방패를 베개 삼고 주인을 섬기지 않으며 나라를 함께하지 않고 언제 어디서 만나더라도 바로 싸울 수 있도록 준비한다더군요. 하물며 이 몸이 천자가 된 지 벌써 2년, 애오라지 내가 원하는 것은 유랴쿠천황의 무덤을 파서 유골을 갈아 뿌리는 것이오. 지금 그 보복을 하는 것이 효도가 아니고 무엇이겠소?"

오케노미코(億計王)는 한동안 탄식하며 대답을 하지 못했다. 그러다가 이렇게 간했다. "안 됩니다. 유랴쿠천황은 만기(萬機)를 다스려 천하를 비춰 주셨습니다. 수도와 지방의 백성이 모두 기뻐하고 우러러보게 된 것은 천황의 힘 덕분입니다. 우리의 아버지는 천황의 아들이면서도 고난을 겪고 천위(天位)에 오르지 못했습니다. 이것을 보면 귀천이 다르다는 것을 알 수 있습니다. 그런데 능묘를 파헤친다면 누구를 조상으로 섬겨야 좋습니까? 그것이 파헤치면 안 되는 이유 중 하나입니다. 또 천황과 이 오케(億計)가 지금까지 세이네이천황의 두터운 총애와 깊은 은혜를 입지 않았다면 어떻게 천위에 오를 수 있었겠습니까? 유랴쿠천황은 세이네이천황의 아버지입니다. 이 오케(億計)는 많은 노장에게 들었습니다. 노장이 말하길 '말은 반드시 보복을 당하며 덕은 반드시 보답을 받는다. 은혜를 입고도 갚지 않으면 사람을 깊이 해치는 일이다'라고 했습니다. 폐하께서는 나라를 다스리며 천하에 널리 덕행을 펼쳤습니다. 그런데 천하에 능묘를 파헤치는 모습을 보여준다면 나라를 다스리고 백성을 키우지 못하게 되지 않을까 두렵습니다. 이것이 그 두 번째 이유입니다." 천황은 "옳은 말씀이오." 하고는 복수를 그만두었다.

9월, 오키메가 노쇠하여 고향으로 돌아가게 해달라고 청했다. "이제는 늙어서 기력이 다하고 말았습니다. 아무리 줄에 의지한다 해도 걸을 수가 없습니다. 고향에 돌아가 그곳에서 여생을 마칠까 합니다." 천황은 그 말을 듣고 많은 물품을 내렸다. 그리고 이별을 슬퍼하며 다시 만날 수 없는 것을 탄식하며 노래를 불렀다.

置目もよ, 近江の置目, 明日よりは, 御山隱りて, 不見かも在らむ.
오키메여, 오미의 오키메, 내일부터는 고향에 돌아가니, 산에 숨어서 볼 수는 없겠구나.

겨울 10월 6일, 군신(群臣)과 연회를 열었다. 그 무렵 천하는 평안했고 백성들을 요역(徭役 : 공공작업)에 동원하는 일도 없었다. 곡식은 풍성하게 영글고 백성은 부유해졌다. 벼는 높은 값에 팔리고 말은 들판을 가득 뒤덮었다.

임나, 고려와의 통교(通交)

3년 봄 2월 1일, 아헤노오미코토시로(阿閇臣事代)가 명을 받아 임나에 사신으로 갔다. 그때 달의 신이 사람에게 빙의해 "나의 조상인 다카미무스히는 천지를 창조한 공이 있다. 마땅히 백성의 땅을 달의 신에게 바쳐라. 요구하는 대로 헌상하면 큰 복을 얻으리라."고 했다. 아헤노오미코토시로는 수도로 돌아가서 이 사실을 상세하게 아뢰었다. 야마시로쿠니 가즈라노노코리(葛野郡)의 우타아라스다(歌荒樔田) 마을을 바쳤다. 이키(壹岐) 아가타누시의 조상인 오시미노스쿠네(押見宿禰)가 그곳에 사당을 지어 모셨다.

3월 3일, 후원에 행차하여 곡수연(曲水宴)을 열었다.

여름 4월 5일, 일신(日神)이 사람에게 씌워 아헤노오미코토시로에게 일렀다. "야마토 이와레 땅을 나의 조상 다카미무스히에게 바쳐라." 아헤노오미코토시로는 그대로 주상하고, 신이 원하는 대로 논 14정(町)을 바쳤다 쓰시마의 시모쓰아가타노아타이(下縣直)가 이를 사당에 모셨다. 13일, 사키쿠사베(福草部)를 두었다.

25일, 천황이 야쓰리궁에서 붕어했다.

그해에 기노오이와노스쿠네(紀生磐宿禰)가 임나에서 고려를 오가며, 삼한의 왕이 되고자 관부(官府)를 정비하고 자신을 가미(神聖)라고 불렀다. 임나의 좌로(左魯), 나기타갑배(那奇他甲背)가 모략을 꾸미며 백제의 적막이해(適莫爾解)를 이림성(爾林城)에서 죽였다. 대산성(帶山城)을 쌓고 동도(東道)를 지켰다. 식량을 운반하는 나루를 장악하여 군사를 굶주리게 했다. 백제왕은 크게 노하여, 고이해(古爾解)와 내두막고해(內頭莫古解)를 보내 군사를 이끌고 대산(帶山)을 공격하게 했다. 기노오이와노스쿠네가 군사를 이끌고 맞이하여 싸웠다. 기세가 등등하여 맞설 상대가 없었다. 그러나 일당백의 기세도 곧 그 힘이 다하고 말았다. 실패를 깨닫고 임나에서 돌아왔다. 그러자 백제국은 좌로와 나기타갑배 등 3백여 명을 죽였다.

닌켄천황(仁賢天皇) : 오케노스메라미코토(億計天皇)

오케노스메라미코토(億計天皇)의 즉위

오케노스메라미코토(億計天皇)의 휘(諱 ; 실명實名)는 오시(大脚), 자(字)는 시마노이라쓰코(嶋郎)이다. 오케노스메라미코토(弘計天皇)의 동복형이다. 어릴 때부터 총명하고 영민하며 재주가 많고 박식했다. 장년에 이르러서는 자애롭고 겸손하며 온화했다. 안코천황이 붕어하자 난을 피해 단바노쿠니 요사노코리로 갔다. 세이네이천황 원년 겨울 11월, 하리마의 지방관 야마베노무라지오다테(山部連小楯)가 수도로 가서 데리러 와 달라고 청했다. 세이네이천황은 청을 받아들여 야마베노무라지오다테를 보내 증표를 주고 좌우의 신하를 딸려 아카시에서 맞이했다.

3년 여름 4월, 오케노스메라미코토(億計天皇)가 황태자가 되었다.

5년 세이네이천황이 붕어했다. 천황은 천하를 오케(弘計)에게 물려주었다. 오케(億計)는 여전히 황태자였다.

3년 여름 4월, 오케노스메라미코토(弘計天皇)가 붕어했다.

원년 봄 정월 5일, 황태자는 이소노카미의 히로타카궁(廣高宮)에서 황위에 올랐다.

2월 2일, 오래전부터 비었던 가스가노오이라쓰메노히메를 황후로 세웠다. 가스가노오이라쓰메노히메는 유랴쿠천황이 와니노오미후카메의 딸 오미나기미(童女君)를 비로 맞이해 낳은 딸이다. 1남 6녀를 두었다. 첫째는 다카하시노오이라쓰메노히메(高橋大娘皇女), 둘째는 아사즈마노히메(朝嬬皇女), 셋째는 다시라카노히메(手白香皇女), 넷째는 구스히노히메(樟氷皇女), 다섯째는 다치바나노히메(橘皇女), 여섯째는 오하쓰세노와카사자키노스메라미코토(小泊瀬稚鷦鷯天皇 ; 부레쓰천황)다. 천하를 다스리게 되자 하쓰세의 나미키(列城)를 도읍으로 정했다. 일곱째는 마와카노히메(眞稚皇女)다. 이어서 와니노오미히쓰메(和珥臣日爪)의 딸인 아라키미노이라쓰메(糠君娘)가 1녀를 낳았다. 가스가노야마다노히메(春日山田皇女)라고 한다.

겨울 10월 3일, 오케노스메라미코토(弘計天皇)를 가타오카(傍丘)의 이와쓰키노오카노미사사기(磐杯丘陵)에 장사지냈다. 태세 무진년의 일이었다.

4년 가을 9월, 나니와노오노황후(難波小野皇后 ; 겐조천황의 황후)는 이전부터 황태자를 무례하게 대했던 것이 마음에 걸려 자결했다. 오케노스메라미코토(弘計天皇)가 황위에 있었을 때 오케노미코(億計王)가 연회에 참석하여 참외를 먹으려고 했는데 작은 칼이 없었다. 오케노스메라미코토(弘計天皇)는 몸소 칼을 집어 부인인 나니와노오노에게 건넸는데 부인은 오케노미코(億計王) 앞으로 가서 선 채로 칼을 참외 접시에 놓았다. 그날 술을 따를 때도 역시 선 채로 황태자를 불렀다. 이 무례한 행동으로 벌을 받을까봐 두려워 자결했다.

3년 봄 2월 초하루, 이소노카미베노토네리(石上部舍人)를 두었다.

4년 여름 5월, 이쿠하노오미카시마(的臣鹿嶋)와 하에노키미(穗瓮君)가 죄를 지어 옥에 갇혔다가 모두 죽었다.

5년 봄 2월 5일, 멀리 구니와 고리로 흩어져 달아났던 사에키베(佐伯部)를 찾아냈다. 이치노베노오시와노미코를 섬긴 사에키베노나카치코의 자손을 사에키노미야쓰코(佐伯造)로 삼았다.

히타카노키시(日鷹吉士)를 고려에 사신으로 보내다

6년 가을 9월 4일, 히타카노키시를 고려에 파견하여 기술자를 불러왔다.

그해 가을, 히타카노키시를 사자로 파견하자 여인이 나니와의 미쓰(御津)에서 울며 푸념했다. "내 어머니의 오빠이며 나의 남편인 다정한 내 남편, 아, 먼 곳으로 가버렸네." 우는 소리가 하도 구슬퍼서 듣는 사람의 애간장이 끊어지는 듯했다. 히시키 마을(菱城邑) 사람 가카소(鹿父)가 그것을 듣고 물었다.

"어째서 그리 슬피 우는 것이오?" 그러자 여인이 대답했다. "가을에 심은 파는 두 개의 줄기가 함께 하나의 껍질에 싸여 있듯이 이중으로 묶인 우리의 관계를 생각해 보십시오." 가카소는 "알았다."고 대답했다.

그때 함께 있던 친구가 무슨 말인지 이해할 수가 없어서 물었다. "무엇을 알았다는 것인가?" 가카소가 대답하기를 "나니와 다마쓰쿠리베의 후나메(鮒魚女)가 가라마노하타케(韓白水郎暆)에게 시집가서 나쿠메(哭女)를 낳았네. 이 나쿠메는 나중에 스무치(住道) 사람 야마키(山杵)에게 시집가서 아쿠타메(飽田女)

를 낳았지. 가라마노하타케와 그 딸 나쿠메는 몇 년 전에 죽었어. 그런데 야마키는 그 전에 후나메를 겁탈하여 아라키(麁寸)를 낳았지. 그 아라키가 아쿠타메를 아내로 맞이했는데, 이번에 아라키가 히타카노키시를 따라 고려로 떠났다네. 그래서 아내인 아쿠타메가 상심하여 저렇게 배회하면서 슬퍼하는 거라네. 우는 소리가 하도 애절하여 애간장을 끊어놓는 듯하지 않은가."

그해에 고려에서 돌아온 히타카노키시는 기술자인 수류지(須流枳)와 노류지(奴流枳)를 조정에 바쳤다. 야마토노쿠니 야마베노코리(山邊郡) 누카타 마을(額田邑)의 가죽 기술자 시코마(高麗)가 그 후손이다.

7년 봄 정월 3일, 오하쓰세노와카사자키노스메라미코토(부레쓰천황)가 황태자로 책봉되었다.

8년 겨울 10월, 백성들은 "이제 온 나라에 아무 변고도 없고 관리가 모두 맡은 역할을 잘 수행하니, 세상은 인(仁)으로 돌아가 백성들은 평안하게 생업에 힘쓰면 된다."고 말했다.

그해에 오곡이 풍성하여 누에와 보리도 넉넉히 거두어들이고 온 나라 안이 두루 평온하니 인구가 더욱 늘어났다.

11년 가을 8월 8일, 천황이 오도노(正寢)에서 붕어했다.

겨울 동짓달 5일, 하뉴노사카모토노미사사기(埴生坂本陵)에 장사지냈다.

제16권

부레쓰천황(武烈天皇): 오하쓰세노와카사자키노스메라미코토(小泊瀬稚鷦 鷯天皇)

가게히메(影媛)와 시비(鮪)

오하쓰세노와카사자키노스메라미코토는 닌켄천황의 황태자이다. 어머니는 가스가노오이라쓰메황후라고 한다. 닌켄천황 7년에 황태자로 책봉되었다. 성장해서는 재판하고 처벌하는 것을 좋아했고 법령에도 밝았다. 날이 저물 때까지 정사를 돌보며 숨겨진 억울한 죄는 반드시 찾아내어 밝혔다. 고소, 고발을 처리하는 데 아주 능했다. 또 끊임없이 여러 가지 악행을 저질렀다. 선행은 전혀 하지 않고 온갖 극형을 친히 모두 지켜봤다. 따라서 나라 안의 백성이 모두 두려워했다.

11년 8월, 닌켄천황이 붕어했다. 오오미인 헤구리노마토리노오미(平群眞鳥臣)가 국정을 장악해 일본의 왕이 되고자 했다. 겉으로는 태자를 위해 궁을 짓는다 하고는, 궁이 완성되자 자기가 들어가 살았다. 하는 일마다 거만하여 도무지 신하로서의 절도를 지키지 않았다. 이때 태자는 모노노베노아라카이노오무라지(物部麁鹿火大連)의 딸 가게히메를 아내로 맞이하고자, 중매인을 가게히메의 집에 보내 서로 만날 약속을 했다.

가게히메는 예전에 마토리노오오미(眞鳥大臣)의 아들인 시비에게 겁탈당한 적이 있었다. 그래서 태자의 기대에 어긋날까봐 두려워하여 이렇게 대답했다. '쓰바키치(海柘榴市) 거리에서 기다리겠습니다.' 태자는 약속한 장소에 가고자, 헤구리노마토리노오미의 집에 근시를 보내 태자의 명으로 관마(官馬)를 내달라고 청했다. 헤구리노마토리노오미는 방자하게 거짓말로 "관마는 누구의 것도 아닙니다. 마음대로 쓰십시오." 하고는 도무지 내주지를 않았다.

태자는 속으로 이상하게 여겼으나 겉으로 불쾌한 티를 내지 않았다. 약속한 장소에 가서 우타가키(歌垣 ; 고대에 젊은 남녀가 모여서 노래를 주고받으며 춤추던 행사)에 참여한 사람들 틈에 섞여 가게히메의 옷소매를 붙잡고 멈춰서기도 하고 걷기도 하면서 가만히 이끌었다. 얼마 뒤 시비가 찾아와서 태자와 가게히메 사이에 끼어들었다. 태자는 가게히메의 소매를 놓고 방향을 바꿔 앞으로 돌아가서 시비의 정면에 서서 노래를 불렀다.

시호세노　나오리오미레바　아소비쿠루　시비가하타테니　쓰마타테리미유
潮瀬の 波折りを見れば 遊び來る 鮪が鰭手に 妻立てり見ゆ.

물살이 빠른 여울에 파도가 밀려오는 것을 보니, 헤엄쳐오는 큰 다랑어(鮪 ; 시비) 옆에 내 아내가 서 있는 것이 보이는구나.

시비가 답가를 불렀다.

오미노코노　야헤노카라카키　유루세토야미코
臣の子の 八重の韓垣 許せとや皇子.

오미의 아들(시비)이 몇 겹으로 에워싼 훌륭한 담장 안으로 자유롭게 들어가게 해달라고 하는 것인가, 태자여.

태자가 노래하였다.

오호타치오　다레하키타치테　누카즈토모　스에하타시테모　아하무토조오모후
大太刀を 垂れ佩き立て 不拔共 末果しても 遇はむとぞ思ふ.

나는 큰 칼을 허리에 차고 서 있으나, 지금 그것을 뽑지 않더라도 언젠가는 마음먹은 대로 가게히메를 만날 생각이다.

시비가 답가를 불렀다.

오호키미노　야헤노쿠미카키　가카메토모　나오아마시비미　가카누쿠미카키
大君の 八重の組垣 編結め共 なをあましびみ 不結組垣.

대군은 훌륭한 울타리를 짜서 히메를 빼앗기지 않으려 했지만, 그대는 울타

리 짜는 법을 모르니 훌륭한 울타리를 만들지 못하리라.

태자가 노래로 답하였다.

오미노코노　야후노시바가키　시타토요미　나이가요리코바　야레무시바가키
臣の子の 八重の柴垣 下響み 地震が震り來ば 破れむ柴垣.

오미의 아들이 촘촘히 짠 훌륭한 울타리. 겉으로 보기에는 훌륭하지만 땅속이 흔들려서 지진이 일어나면 금방 무너져 버릴 울타리다.

태자는 다시 가게히메를 향해 노래하였다.

고토카미니　기이루카게히메　다마나라바　아가호루타마노　아하비시라타마
琴頭に 來居る影媛 玉ならば 我が欲玉の 鰒眞珠.

칠현금 소리에 이끌려 신(神)이 그림자가 되어 칠현금 옆으로 다가온다고 하는 가게히메는 구슬에 비유한다면 내가 가장 갖고 싶은 전복 속의 진주 같다.

시비가 가게히메를 대신하여 답가를 불렀다.

오호키미노　미오비노시쓰하타　무스비타레　다레야시히토모　아히오모와나쿠니
大君の 御帶の倭文繪 結び垂れ 誰やし人も 相思莫くに.

대군 허리띠의 시즈오리(倭文織 ; 꾸지나무나 삼실 등을 빨간색이나 파란색으로 물들여 복잡한 무늬로 짜낸 일본 고대 직물) 천이 늘어뜨려 있지만 그 늘어뜨린다는 말처럼 누군가 다른 사람에게 마음을 주는 일은 없습니다.[1]

태자는 비로소 시비가 이미 가게히메와 정을 통했다는 것을 알았다. 부자가 이렇게 하나같이 무례하게 행동하니 태자는 얼굴을 붉히며 크게 노했다.

그날 밤 당장 오토모노카나무라노무라지(大伴金村連)의 집으로 가서 군사를 소집하고 계획을 세웠다. 오토모노카나무라노무라지는 수천 명의 군사를 이끌고 퇴로를 막은 뒤, 나라야마에서 시비를 주살했다. 그때 가게히메가 그곳까

---

1) '늘어뜨리다'와 '다른 누구'라는 단어는 발음이 같다. 즉 시비만 생각한다는 뜻.

지 쫓아와서 시비가 살해되는 모습을 보았다. 놀라고 무서워 제정신이 아니었다. 가게히메는 슬픔의 눈물을 흘리면서 노래를 지었다.

이소노카미　후루오스기테　고모마쿠라　다카하시스기　모노사하니　오호야케스기　하루히노　가스가　오스기
石上 布留を過ぎて 薦枕 高橋過ぎ 物多に 大宅過ぎ 春日の 春日を過ぎ
쓰마코모루　오사호오스기　다마케니와　이히사헤모리　다마모히니　미즈사헤모리　나키소호치유쿠모
妻籠る 小佐保を過ぎ 玉笥には 飯さへ盛り 玉盌に 水さへ盛り 泣き沾ち行くも
가게히메아하레
影媛憐れ.

이소노카미의 후루를 지나고, 다카하시를 지나고, 오야케를 지나고, 가스가를 지나고, 오사호(小佐保)를 지나, 죽은 사람에게 바치는 아름다운 그릇에는 밥을 담고 아름다운 주발에는 물을 담아, 울면서 갑니다. 가게히메는 아아.

매장이 끝나서 집으로 돌아가려고 하는데 가게히메는 흐느껴 울면서 말했다. "괴롭구나, 오늘 사랑하는 임을 잃고 말았으니." 그러고는 하염없이 눈물을 흘리며 무거운 마음으로 노래를 불렀다.

아오니요시　　나라노하사마니　시시지모노　미조쿠헤코모리　미나소구　시비노와쿠코오
青丹好し 奈良の谷間に 鹿如物 水就邊隱り 水注ぐ 鮪の稚子を
아사리쓰나이노코
求食勿猪の子.

나라야마 골짜기에 사슴이 물에 잠기듯이 죽어서, 물속에 있는 시비 도련님을 찾아내지 마라, 멧돼지여.[2]

겨울 11월 11일, 오토모노카나무라노무라지가 태자에게 아뢰었다. "헤구리노마토리노오미를 쳐야 합니다. 분부하시면 토벌하겠습니다." 태자가 대답했다. "천하에 난이 일어날지도 모른다. 훌륭한 인물이 아니면 다스릴 수가 없으니, 이를 능히 해낼 수 있는 자는 아마 그대이리라." 그리하여 둘이 함께 의논했다.

오토모노카나무라노무라지가 직접 장군이 되어 군사를 이끌고 헤구리노마토리노오미의 집을 포위하고 불을 질렀다. 그 지휘를 따르는 자가 구름처럼 많았다. 헤구리노마토리노오미는 자기 계획이 실패한 것을 깨닫고 달아나지 못

---

2) 멧돼지는 태자의 군사를 가리키며, 시비의 시신을 찾아내지 말라는 뜻.

한다는 것을 알았다. 계획이 좌절되고 희망이 사라지자, 넓은 바다의 물살을 가리키며 서주를 내렸다. 그리고는 끝내 죽임을 당했다. 그 화가 일족에게도 미쳤다. 저주를 내릴 때 오직 쓰루가 바다의 조수만 잊어버리고 저주를 내리지 않았다. 그래서 쓰루가 바다에서 나는 소금은 천황의 음식에 사용했으나, 다른 바다의 소금은 기피하게 되었다.

12월, 오토모노카나무라노무라지는 적을 평정하고 나라를 다스리는 일을 태자에게 되돌려줬다. 그리고 존호를 올리고 싶다면서 다음과 같이 아뢰었다. "지금 닌켄천황의 아드님은 오로지 폐하뿐입니다. 지금까지 백성들 위에 선 사람이 둘이었던 적은 없었습니다. 또 하늘의 가호(加護)가 있어 악한 무리를 제거했습니다. 영명한 계략과 과감한 판단은 천황의 위광과 천황의 자리를 번성하게 했습니다. 일본에는 항상 왕이 있었습니다. 일본에 왕이 있다고 한다면 폐하가 아니고 누구겠습니까? 엎드려 청하건대, 폐하께서는 천지신명을 받들어 응하시고 세상에 널리 말씀을 전하시어 일본을 비추어 주십시오. 기꺼이 다카라노쿠니(銀郷 ; 일본)를 받으십시오." 태자는 관리에게 명하여, 하쓰세 나미키에 다카미쿠라(高御倉 ; 천황이 즉위하는 장소)를 설치하고 즉위했다. 그리고 도읍을 정하고, 그날 오토모노카나무라노무라지를 오무라지로 삼았다.

부레쓰천황(武烈天皇)의 폭정

원년 봄 3월 2일, 가스가노이라쓰메(春日娘子)를 황후로 세웠다. 태세 기묘년(己卯年)의 일이다.

2년 가을 9월, 임신한 여인의 배를 갈라 그 태아를 보았다.

3년 겨울 10월, 사람의 손톱을 뽑은 뒤 참마를 캐게 했다.

11월, 오토모노무로야노오무라지(大伴室屋大連)에게 "시나노노쿠니에서 장정들을 징발하여 야마토의 미타마 마을(水派村)에 성을 쌓아라." 하고 명했다. 따라서 그곳을 기노에(城上)라고 한다.

그달에 백제의 의다랑왕(意多郎王)이 죽었다. 다카다(高田) 언덕 위에 장사지냈다.

4년 여름 4월, 사람의 머리카락을 뽑고 나무 꼭대기에 올라가게 한 뒤, 나무 밑동을 베어 올라간 자가 떨어져 죽는 것을 보며 즐거워했다.

그해에 백제의 말다왕(末多王)이 간악무도하게 백성을 괴롭혔다. 사람들은 결국 그 왕을 버리고 도왕(嶋王)을 내세웠다. 그가 무령왕(武寧王)이다. 백제신찬에서 말하기를, 말다왕이 간악무도하여 백성에게 폭정을 휘둘렀다. 사람들은 그를 버리고 무령왕을 세웠다. 휘는 도왕이라고 한다. 그는 곤지(琨支) 왕자의 아들, 즉 말다왕의 이복형이다. 곤지가 야마토에 갔을 때, 쓰쿠시에서 도왕을 낳았다. 섬에서 돌려보냈지만 수도에 이르기 전에 섬에서 태어났다고 하여 이름을 그렇게 지었다. 지금의 가카라(各羅) 바다 가운데 있는 니리무(主 ; 국왕) 섬이다. 그래서 백제 사람들은 주도(主島)[3]라고 했다. 지금 생각건대, 도왕은 개로왕의 아들이고 말다왕은 곤지왕의 아들이니, 이들을 이복형제라 하는 것은 아직 정확히 증명되진 않았다.

5년 여름 6월, 사람을 못둑 도랑 속에 밀어넣고 밖으로 나오려하면 삼지창으로 찔러죽이며 즐거워했다.

6년 가을 9월 1일, "국정을 이어가는데 가장 중요한 일은 자기 아들을 후사로 세우는 것인데, 나에게는 후사가 없다. 무엇으로 이름을 후세에 전하겠는가. 이전 천황들이 행했던 옛 관례에 따라 오하쓰세노토네리(小泊瀨舍人)를 설치해 나의 치세의 이름을 전하여, 영원히 기억되도록 하라."고 명을 내렸다.

겨울 10월, 백제국이 마나왕(麻那王)을 보내 조공을 바쳤다. 천황은 백제가 오랫동안 공물을 바치지 않았다 하여 마나왕을 잡아 두고 돌려보내지 않았다.

7년 봄 2월, 사람을 나무에 올라가게 한 뒤 활을 쏘아 떨어뜨리면서 웃었다.

여름 4월, 백제왕이 사아군(斯我君)을 보내 조공을 바쳤다. 따로 편지를 써서 "전에 조공을 바치러 간 사신 마나왕은 백제 국왕의 일족이 아닙니다. 그러므로 삼가 사아군을 보내 조정을 섬기도록 하고자 합니다."고 했다. 그 뒤 아들이 태어나 이름을 법사군(法師君)이라 지었다. 그가 곧 야마토노키미(倭君)의 조상이다.

8년 봄 3월, 여자들을 발가벗겨 판자 위에 앉히고 말을 끌어내어 눈앞에서

---

3) 주(主)는 고대 한국어로 왕이라는 뜻.

말이 교미하는 모습을 보여줬다. 여자의 음부를 조사하여 젖은 자는 죽이고 그렇지 않은 사는 관비로 삼았다. 이를 슬겼다.

그 무렵 못을 파고 정원을 가꾸어 새와 짐승을 많이 키웠다. 사냥도 좋아하여, 개가 쫓아오도록 하고는 말과 경주시켰다. 폭풍이나 큰비도 피하지 않고 제멋대로 시도 때도 없이 출입하고, 자신은 따뜻한 옷을 입고 백성들이 추위에 떨어도 전혀 개의치 않았다. 또한 자신은 미식을 즐기면서 백성들의 굶주림은 개의치 않았다. 난쟁이와 배우들을 불러모아 외설적인 음악을 연주하고 기괴한 놀이를 시키면서 요란하고 난잡한 소동을 벌였다. 밤낮없이 후궁의 여인과 술에 빠져 지내면서 비단 직물을 깔개로 삼았다. 화려한 무늬가 그려진 비단이나 흰 비단을 입는 자도 많았다.

겨울 12월 8일, 천황이 나미키궁에서 붕어했다.

제17권

게이타이천황(繼體天皇): 오오도노스메라미코토(男大迹天皇)

게이타이천황(繼體天皇) 옹립

오오도노스메라미코토—다른 이름으로 히코후토노미코토(彦太尊)—는 오진천황의 5세손으로, 히코시노오키미(彦主人王)의 아들이다. 어머니는 후루히메(振媛)라고 하며 스이닌천황의 7세손이다. 오오도의 아버지는 후루히메의 용모가 단아하고 대단한 미인이라는 이야기를 듣고 오미노쿠니 다카시마노코리(高嶋郡)의 미오(三尾)에 있는 별장에 사자를 보내 에치젠노쿠니(越前國) 사카이(坂井)의 미쿠니(三國)에서 맞이해 비로 삼았다. 그리고 오오도를 낳았다. 오오도가 어렸을 때 부왕(父王)이 죽었다. 왕비인 후루히메가 탄식하며 말하기를 "나는 지금 멀리 고향을 떠나왔다. 그러니 어떻게 부모를 잘 봉양할 수가 있겠는가. 이제 다카무코(高向 ; 에치젠노쿠니 사카이 다카무코高向鄕)로 돌아가 부모님을 보살피면서 오오도를 키우고 싶다."고 했다.

성인이 된 오오도는 사람들을 아끼고 현인을 존경하며, 마음이 넓고 너그러웠다. 부레쓰천황은 18세의 나이로, 8년 겨울 12월 8일에 죽었다. 자식이 없어 후사가 끊어졌다.

12월 21일, 오토모노카나무라노오무라지가 여러 사람과 의논했다. "지금 후계자가 없으니, 백성들이 어디에 마음을 의지해야 하는지 모른다. 예로부터 지금에 이르기까지 천하의 재앙은 이런 일에서 비롯됐다. 주아이천황의 5세손인 야마토히코노오키미(倭彦王)가 단바노쿠니 구와다노코리(桑田郡)에 계시니, 병사를 파견해 가마를 호위해 모셔 와서 왕으로 세우는 것이 어떻겠소?" 오오미와 오무라지는 모두 이 말을 따라 계획대로 맞이하기로 했다. 그런데 정작 야마토히코노오키미는 멀리서 맞이하러 온 병사를 보더니 겁을 집어먹고 낯빛이 변해서는 산속으로 달아나 행방을 감추고 말았다.

원년 봄 1월 4일, 오토모노카나무라노오무라지가 다시 제안했다. "오오도의 성품이 어질고 효심이 지극하니 황위를 잇기에 적합한 분인 것 같소. 정중하게 권유하여 황통을 융성합시다." 모노노베노아라카이노오무라지와 고세노오히 토노오오미(許勢男人大臣)는 "자손을 모두 조사해보니 어진 사람은 분명 오오 도뿐이었습니다."라고 말했다.

6일에 오미와 무라지가 왕의 명을 받았다는 증표로 깃발을 들고 가마를 준 비하여 미쿠니로 맞이하러 갔다. 병사들이 호위하며 위용을 갖추어 벽제(辟除 ; 지위 높은 사람이 지나갈 때 구종별배가 소리치며 잡인의 통행을 통제하던 일)하며 도착 하자, 오오도는 평온하고 태연자약한 모습으로 걸상에 앉아 있었다. 시신(侍臣) 들을 정렬시키는 모습에서 이미 천자의 풍격이 엿보였다. 증표를 든 사자들이 이를 보고 황공해하며, 오오도를 우러러 바라보며 명을 받들고 충성을 다하고 자 했다. 그러나 오오도는 속으로 여전히 미심쩍어하면서 쉽게 승낙하지 않았 다. 마침 고치노우마카이노오비토아라코(河內馬飼首荒籠)와 아는 사이였는데, 그가 사자를 보내 오오미와 오무라지가 데리러 온 이유를 상세히 전했다.

사자가 이틀 낮 사흘 밤을 머문 뒤에야 오오도는 출발했다. 그리고 감탄하 며 말하기를 "다행이로다, 우마카이노오비토아라코여. 만약 그대가 사자를 보 내 알려주지 않았더라면 나는 천하의 웃음거리가 될 뻔했다. 세상에서 '귀천을 논하지 말고 오직 그 마음만을 중시하라'고 한 것은 아마도 자네 같은 자를 두 고 하는 말이리라."고 했다. 오오도는 황위에 오른 뒤 우마카이노오비토아라코 를 매우 총애했다.

12일에 오오도는 가와치노쿠니(河內國) 가타노코리(交野郡)의 구즈하궁(葛葉 宮 ; 오사카부 히라카타시枚方市 구즈하樟葉)으로 갔다.

2월 4일, 오토모노카나무라노오무라지는 무릎을 꿇고 천황의 증표인 거울 과 칼을 바치고 배례했다. 오오도는 이를 사양하며 "백성을 자식처럼 이끌면 서 나라를 다스리는 것은 중대한 일이다. 나는 천자의 자질이 없고 능력이 부 족하니 부디 잘 생각하여 진정한 현자를 뽑아주기 바란다. 나는 도저히 감당할 수 없노라." 하고 말했다.

오토모노카나무라노오무라지는 땅에 엎드려 간절히 청했다. 오오도는 서쪽을 향해 세 번, 남쪽을 향해 두 번 예의를 지켜 거절했다. 오토모노카나무라노오무라지가 땅에 엎드려 간절히 말하기를 "저희 생각에는, 오오도께서는 백성을 자식처럼 생각하고 나라를 다스리는 데 가장 적절한 인물입니다. 저희는 종묘사직을 위해 일을 도모하시면 결코 소홀히 하지 않을 것입니다. 이렇게 여러 사람이 원하니 부디 승낙해 주십시오." 하고 간청했다.

오오도가 말했다. "오오미, 오무라지, 마에쓰키미(將相) 등 여러 신하가 모두 나를 추대하니 나도 더 이상 모르는 척할 수가 없구려." 그리고 마침내 천자의 증표를 받고 천황에 즉위했다. 오토모노카나무라노오무라지를 오무라지로, 고세노오히토노오오미를 오오미로, 모노노베노아라카이노오무라지를 오무라지로 하여, 이전의 직위를 그대로 유지했다.

10일 오토모노카나무라노오무라지는 "예로부터 왕이 나라를 다스릴 때 확실한 황태자가 없으면 천하를 잘 다스릴 수가 없고, 금슬 좋은 왕비가 없으면 훌륭한 자손을 얻을 수 없다고 들었습니다. 그러므로 세이네이천황은 후사가 없어서 저의 조부이신 오토모노무로야노오무라지에게 명하여 나라마다 세 가지 시라카베(白髮部)—세 가지란 시라카베노토네리, 시라카베노카시와데, 시라카베노유게이다—를 두어 자기 이름을 후세에 전하려고 했습니다. 참으로 가슴 아픈 일이 아닙니까? 아무쪼록 다시라카노히메(手白香皇女)를 황후로 맞이하고 가무쓰카사노카미(神祇伯)를 보내어 천신지기에게 제사를 올리고 황자를 내려달라 기원하여 백성의 소원을 이루어주소서." 하고 주청했다. 천황은 "좋다."고 승낙했다.

3월 1일, 명을 내리기를 "천신지기에게 제사를 올릴 때는 신주(神主)가 꼭 있어야 하고 천하를 다스릴 때는 군주(君主)가 꼭 필요하다. 하늘은 백성을 낳고 우두머리를 세워 백성을 돕고 길러서 그 삶을 완수하게 한다. 오토모노카나무라노오무라지는 나에게 자식이 없다고 걱정하며[1] 나라를 위해 대대로 충성을

---

1) 오오도는 황위에 오르기 전에 이미 오와리노무라지쿠사카의 딸 메노코히메(目子媛)와 혼인하여 아들이 둘 있었는데도 자식이 없다고 한 것은 천황가의 부인을 맞이해 낳은 아들이 없다

바쳤다. 이는 결코 나의 치세 기간에만 해당되는 일은 아닐 것이다. 예를 갖춰 다시라카노히메를 맞아들이노록 하라."고 했다.

5일, 다시라카노히메를 황후로 세워 후궁을 다스리게 했다. 이윽고 아들이 태어났다. 그가 아메쿠니오시하라키히로니와노미코토(天國排開廣庭尊 : 긴메이천 황)다. 적자이나 아직 어렸으므로 두 형이 국정을 다스린 뒤에 천하를 다스렸 다. 두 형은 안칸천황과 센카천황이다.

9일 "남자가 농사를 짓지 않으면 세상은 그로 인해 기근이 들고 여자가 길 쌈하지 않으면 사람들이 헐벗게 된다. 그러므로 제왕은 몸소 농사를 지어 농 업을 장려하고 황비는 몸소 누에를 길러 뽕잎을 먹이는 시기를 놓치지 않아야 한다. 하물며 백관에서 만인에 이르기까지 농사와 양잠을 게을리한다면 어찌 번영을 이룰 수 있겠는가. 관리들은 이를 세상에 널리 알려 내가 뜻을 사람들 에게 전하도록 하라."고 명했다.

14일, 8명의 비를 맞이했다. 비를 8명이나 맞이한 것은 역사상 전혀 없었던 일은 아니지만 여기서 14일에 맞아들였다고 한 것은 즉위한 뒤 길일을 택하여 비로소 후궁으로 정했기 때문이다.

원래부터 비였던 오와리노무라지쿠사카(尾張連草香)의 딸 메코노히메(目子媛) 는—다른 이름은 시코부(色部)—아들을 둘 낳았는데 모두 천하를 다스렸다. 한 아들은 마가리노오에노미코(勾大兄皇子)이며, 그가 히로쿠니오시타케카나히 노미코토(廣國排武金日尊 : 안칸천황)이다. 둘째는 히노쿠마노타카타노미코토(檜 隈高田皇子)이며, 그가 다케오히로쿠니오시타테노미코토(武小廣國排盾尊 : 센카천 황)다. 다음 비인, 미오노쓰노오리노키미(三尾角折君)의 여동생 와카코히메(稚子 媛)는 오이라쓰메미코(大郎皇子)와 이즈모노히메(出雲皇女)를 낳았다.

다음 비인 사카타노오마타노오키미(坂田大跨王)의 딸 히로히메(廣媛)는 세 딸 을 낳았는데, 첫째는 가무사키노히메(神前皇女), 둘째는 마무타노히메(茨田皇女), 셋째는 우마쿠타노히메(馬來田皇女)다. 다음 비인 오키나가노마데노오키미(息長 眞手王)의 딸 오미노이라쓰메(麻績娘子)는 사사게노히메(荳角皇女)를 낳았다. 이

는 뜻이다.

황녀는 이세코타이 신궁(伊勢皇大神宮)의 무녀가 되었다.

다음 비인 마무타노무라지코모치(茨田連小望)의 딸 세키히메(關媛)는 딸을 셋 낳았다. 첫째는 마무타노오키라쓰메노미코(茨田大娘皇女), 둘째는 시라사카이 쿠히히메(白坂活日姬皇), 셋째는 오노노와카이라쓰메노히메(小野稚郎皇女)라고 한다. 다음 비인, 미오노키미카타히(三尾君堅)의 딸 야마토히메(倭媛)는 2남2녀를 낳았다. 첫째는 오이라쓰메노히메(大娘子皇女)고, 둘째는 마로코노미코(椀子皇子)다. 이는 미쿠니노키미(三國公)의 조상이다. 셋째는 미미노미코(耳皇子)이며, 넷째는 아카히메노히메(赤姬皇女)이다.

다음 비인, 와니노오미카와치(和珥臣河內)의 딸 하에히메(黃媛)는 1남 2녀를 낳았다. 첫째는 와카야히메노미코(稚綾姬皇女), 둘째는 쓰부라이라쓰메노미코(圓娘皇女), 셋째는 아쓰노미코(厚皇子)이다. 다음 비인, 네노오키미(根王)의 딸 히로히메(廣媛)는 2남을 낳았다. 첫째인 우사기노미코(兎皇子)는 사카히토노키미(酒人公)의 조상이고, 둘째인 나카쓰미코(中皇子)는 사카타노키미(坂田公)의 조상이다. 이해는 태세 정해년(丁亥年)이었다.

2년 겨울 10월 3일, 부레쓰천황을 가타오카의 이와쓰키노아카노미사사기(磐杯丘陵)에 장사지냈다.

12월에, 남해(南海)의 탐라인(耽羅人 ; 제주도 사람)이 처음으로 백제(百濟)에 사신을 보냈다.

3년 봄 2월, 백제(百濟)에 사신을 보냈다.―《백제본기》에서 이르기를, 구라마치키미(久羅麻致支彌)가 일본에서 왔다고 했으나 자세한 내용은 모른다.

임나의 일본인 마을에 사는 백제 사람 가운데 백제에서 도망쳐 온 자, 호적이 없어진 자들을 3대, 4대까지 거슬러 올라가 조사한 뒤 백제로 돌려보내 호적에 올렸다.

5년 겨울 10월, 도읍을 야마시로의 쓰즈키(綴喜)로 옮겼다.

임나 4현을 나눠주다

6년 여름 4월 6일, 호즈미노오미오시야마(穗積臣押山)를 백제에 파견하여 쓰쿠시노쿠니의 말 40필을 하사했다.

겨울 12월, 백제가 사신을 보내 조공을 바쳤다. 따로 상표문(上表文)을 올려, 임나국의 상다리(上哆唎), 하치리(下哆唎), 사타(娑陀), 모루(牟婁) 등 네 현을 달라고 했다. 다리(哆唎)의 지방관인 호즈미노오미오시야마가 주상하기를 "이 네 현은 백제와 맞닿아 있고 일본에서는 멀리 떨어져 있습니다. 백제와 이 지역들은 아침저녁으로 서로 오가기가 쉽고, 가축이 우는 소리도 어느 나라에서 들려오는지 구별하기 어려울 정도이니, 지금 백제에 하사하여 한 나라로 합치면, 굳게 보전하는 데 이보다 더 좋은 방법은 없다고 생각합니다. 이렇게 백제와 합병해도 후세의 안전을 보장하기가 쉽지 않은데, 하물며 백제와 떼어두면 몇 년도 버티지 못할 것입니다."라고 했다.

오토모노카나무라노오무라지도 의견에 동조하여 주상했다. 모노노베노아라카이노오무라지를 조칙을 전하는 사신으로 명했다. 그가 백제의 사자에게 조칙을 전하기 위해 막 나니와노무로쓰미(難波館)로 떠나려 할 때, 그의 아내가 간곡히 말하기를 "스미노에노오카미께서 바다 저편에 있는 금은(金銀)이 많은 나라, 고려(高麗), 백제(百濟), 신라(新羅), 임나(任那)를 아직 태중에 계신 오진천황에게 내리셨습니다. 그래서 진구황후는 오오미인 다케노우치노스쿠네와 함께 나라마다 미야케(官家)를 설치하여 외국에서 우리 나라를 지키는 울타리로 삼고 오래 유지해 왔습니다. 만약 이를 분할하여 다른 나라에 준다면 원래 영토가 달라지게 됩니다. 그렇게 되면 후세에 오래도록 비난을 받게 될 것입니다."고 했다.

그러자 모노노베노아라카이노오무라지가 대답했다. "이치에 맞는 말이기는 하나, 그렇게 되면 칙명을 어기게 되오." 아내는 더욱 강하게 설득했다. "병이 났다고 하고 칙선(勅宣 : 임금의 명령을 선포함)을 그만두시는 게 어떨까요?" 모노노베노아라카이노오무라지는 그 말을 따랐다. 그리하여 다시 다른 사람에게 칙명을 내렸다. 하사품과 함께 칙명을 전하고 상표문에 따라 임나 4현을 주었다.

마가리노오에(안칸천황)는 그전에는 사정이 있어서 영토를 할양하는 일에 관여하지 못했고 나중에 칙선을 알게 되어 놀라서 이를 고치고자 했다. "오진천황 이래 줄곧 미야케를 두었던 나라를, 이웃나라가 달라 했다고 이렇게 가벼이 주어 버려도 되는 것인가?" 그래서 히타카노키시(日鷹吉士)를 보내 다시 백제의 사신에게 전했다. 그러자 사신이 말하기를 "아버지인 천황이 사정을 고려하여 칙명을 내렸으니 이미 끝난 일인데, 아들인 황자가 어찌 천황의 칙명을 어기고 함부로 다른 명을 내린단 말인가. 이것은 거짓이 틀임없다. 설령 이것이 사실이라 하더라도 몽둥이의 굵은 쪽으로 맞는 것과 가는 쪽으로 맞는 것, 어느 쪽이 더 아프겠는가?"(천황의 칙령은 무겁고 황자의 명은 가볍다는 비유) 하고는 돌아가 버렸다.

그때부터 세상에는 "오토모노카나무라노오무라지와 다리(哆唎)의 지방관 호즈미노오미오시야마가 백제로부터 뇌물을 받았다."는 소문이 나돌았다.

기문(己汶)과 대사(帶沙)를 둘러싼 분쟁

7년 여름 6월, 백제는 저미문귀(姐彌文貴) 장군과 주리즉이(洲利卽爾) 장군을 호즈미노오미오시야마에 딸려 보내어 오경박사(五經博士 ; 백제 때 오경에 통달한 사람에게 준 관직) 단양이(段楊爾)를 바쳤다. 그리고 따로 주상하기를 "반파국(伴跛國 ; 경상북도 고령에 있었던 작은 나라)이 우리나라의 기문(己汶) 땅을 빼앗았습니다. 부디 천은(天恩)을 베푸시어 원래대로 돌려주도록 주선해 주시기 바랍니다."라고 했다.

가을 8월 26일, 백제의 태자 순타(淳陀 ; 무령왕의 태자)가 죽었다.

9월, 마가리노오에는 가스가노야마다노히메(春日山田皇女)를 부인으로 맞이했다. 두 사람이 달밤에 청아하게 얘기를 나누다가 어느새 날이 새고 말았다. 풍류가 절로 노래가 되어 흘러나와 읊조렸다.

八島國 妻覓兼ねて 春日の春日の國に 妙女を 有りと聞きて 宣女を
ありときて眞木割け 檜の板戶を 押開き 我入座し 脚取り 衣裔取りして 枕取り
つまとりして 妹が手を 吾に令纏しめ 吾が手をば 妹に令纏しめ 眞避き葛
手抱き 紏交繁釧 熟寢間に 庭鳥 鷄は鳴く也 野鳥 雉は動む 愛くも 未言がずて
明けにけり 吾妹.

야시마노쿠니(八州國 ; 많은 섬으로 이루어진 나라, 일본)에서 아내를 얻지 못하다가, 가스가노쿠니(春日國)에 아름다운 여인이 있다는 말을 듣고 훌륭한 노송나무 문을 밀어열고 들어가, 여인의 다리 쪽 옷자락을 잡고 머리 쪽 옷깃을 잡아 아내의 팔을 내 몸에 감고 내 팔을 아내의 몸에 감아 칡덩굴처럼 엉켜 함께 잠든 사이에 닭이 우는 소리가 들리고 들에서는 꿩이 우짖는다. 아직 사랑스럽다는 말도 하지 못했는데 날이 새어 버렸구나, 나의 여인이여.

비가 이에 화답했다.

籠り口の 泊瀬の川自 流れ來も 竹の伊隱み竹節竹 本方をば 筝に作り 末方をば 笛に作り 吹き鳴す 三諸が上に 昇り立ち 我見せば 覆多さ遍ふ 磐余の池の 水下在魚も 上に出て歎く 八隅知し 我大君の 所帶 細紋の御帶の 結び垂れ 誰やし人も 上に出て歎く.

하쓰세강(初瀬川)에서 떠내려온 마디가 많은 무성한 대나무. 그 밑동의 굵은 쪽으로 칠현금을 만들고 끝의 가는 쪽으로 피리로 만들어 불면서 미모로야마 위에 서서 아래를 내려다보니, 이와레 연못의 물고기도 물 위로 떠올라 슬퍼했습니다. 나의 대군이 매고 있는 정교한 무늬가 세겨진 띠를 늘어뜨리고 누구나 표정을 감추지도 않고 작별을 슬퍼하고 있습니다.

겨울 11월 5일, 백제의 저미문귀 장군이 신라의 문득지(汶得至), 안라(安羅)의 신이해(辛已奚)와 분파위좌(賁巴委佐), 반파(伴跛)의 기전해(既殿奚) 및 죽문지(竹汶至) 등을 조정에 함께 데리고 오니, 칙명을 내려 기문과 대사(帶沙)를 백제에 주었다. 그달에 반파국이 즙지(戢支)를 보내, 귀한 보물을 바치며 기문을 달라고 했으나 끝내 주지 않았다.

12월 8일, 명을 내리기를 "나는 황위를 이어 종묘를 수호하기 위해 늘 노심초사 애를 써 왔다. 요즈음 천하가 안정되고 국내가 평온하며 풍년이 이어져 나라가 풍요로워졌으니 참으로 다행한 일이다. 마로코(麻呂古 ; 여기서는 마가리노오에)가 이러한 내 마음을 온 나라에 전하여, 일본은 평화롭고 나의 명성을 천하에 높이 떨쳤다. 아키쓰시마(秋津洲 ; 고대 일본 혼슈의 명칭)가 이렇게 혁혁한 세력과 명예를 자랑하니, 무엇보다 귀하게 여겨야 하는 것은 현인(賢人)이며, 선업(善

業)은 가장 큰 즐거움이다. 임금의 덕화(德化)는 이로써 멀리까지 미치게 되고 큰 공업(功業)은 이로써 오래도록 전해진다. 이것은 오직 너의 힘이다. 너는 황 태자로서 나를 도와 어진 정치를 펼쳐 나의 부족함을 채워주기 바라노라."라고 했다.

8년 봄 정월, 태자비인 가스가노야마다노히메가 아침에 좀처럼 일어나 나오 지 않는 등 평소와 달랐다. 태자가 이상히 여기고 방에 들어가 보니, 비는 바닥 에 엎드려 눈물을 흘리며 몹시 슬퍼하고 있었다. 괴이하게 여긴 태자가 물었다. "오늘 아침 이렇게 심하게 우는데 무언가 원망이 있는 것이 아니오?" 비가 대답 했다. "다름이 아니오라 오직 첩이 슬퍼하는 이유는 하늘을 나는 새가 새끼를 키우기 위해 나뭇가지에 보금자리를 만드는 것은 그 애정이 깊기 때문입니다. 땅을 기어가는 벌레도 새끼를 지키기 위해 흙 속에 굴을 파는 것은 지키려는 마음이 참으로 강하기 때문입니다. 하물며 인간인 제가 어찌 그런 생각을 안 하겠습니까. 후사가 없는 원망은 태자에게 돌아옵니다. 제 이름도 따라서 끊어 져 버리겠지요."

그러자 태자는 비를 안타깝게 여기고 천황에게 주상했다. 천황이 분부를 내렸다. "내 아들 마로코여. 네 아내의 말이 참으로 이치에 합당하다. 어째서 하찮은 말이라 하여 위로를 하지 않을 수 있겠느냐. 사호(匝布)에 미야케(屯倉) 를 설치하여 비의 이름을 만세에 남기도록 하라."

3월 반파는 자탄(子呑 ; 경상남도 진주로 추정)과 대사(帶沙 ; 백제와 가야의 접경지 역)에 성을 쌓고 만해(滿奚 ; 전라남도 광양으로 추정)와 손을 잡아, 봉수대와 무기 고를 설치하고 일본과의 전쟁에 대비했다. 또 이열비(爾列比 ; 지금의 경남 의령군 부림)와 마수비(麻須比 ; 신라와 가야의 국경지대에 있었던 지명)에 성을 쌓아 마차해 (麻且奚 ; 지금의 경남 밀양시 삼랑진), 추봉(推封 ; 지금의 경남 밀양에 비정)과 이어지게 했다. 군사와 병기를 모아 신라를 공격했다. 사람들을 붙잡아 가고 마을을 약 탈했다. 적의 습격을 받은 곳은 살아남는 자가 드물었다. 갖은 횡포를 휘둘러 백성들을 괴롭히고 많은 사람을 살해한 광경은 차마 상세히 기록할 수가 없을 정도였다.

9년 봄 2월 4일, 백제의 사신 문귀장군(文貴將軍) 등이 귀국을 희망하니, 명을 내려 모노노베노치치노무라지(物部至至連)를 딸려 함께 파견했다. 그달에 거세노(ㅌ濟島)에 이르러 사람들의 소문을 들으니, 반파 사람은 일본에 원한을 품고 나쁜 짓을 꾸미며 힘을 믿고 무도한 짓을 일삼는다고 했다.

그래서 모노노베노치치노무라지는 수군 500명을 이끌고 곧장 대사강(帶沙江 ; 섬진강의 옛이름)으로 나아갔다. 문귀장군은 신라에서 백제로 들어갔다.

여름 4월, 모노노베노치치노무라지가 대사강에 머문 지 6일째 되는 날, 반파가 군사를 일으켜 공격해 왔다. 옷을 벗기고 소지품을 약탈해 가고 모든 막사를 불태웠다. 모노노베노치치노무라지는 겁을 먹고 겨우 목숨만 건져 문모라(汶慕羅) 섬으로 달아났다.

10년 여름 5월, 백제는 전부목리불마갑배(前部木刕不麻甲背)를 보내 모노노베노치치노무라지를 기문에서 맞이하여 위로하고 백제로 데려갔다. 군신들은 각자 옷과 무기와 피륙을 내어 토산물과 함께 조정에 쌓아놓고 정중하게 위로했다. 하사품도 많았다.

가을 9월 백제는 모노노베노치치노무라지와 함께 주리즉차(州利卽次) 장군을 조정에 보내어 기문 땅을 하사한 것에 사의를 표했다. 따로 오경박사 한고안무(漢高安茂)를 바치고 단양이와 바꿔달라고 청하여, 원하는 대로 교체했다.

14일, 백제는 작막고(灼莫古) 장군과 일본인 시나노아히타(科野阿比多)를 고구려[2]의 사신 안정(安定) 일행과 함께 조정에 보내어 우호를 다졌다.

12년 봄 3월 9일, 도읍을 야마시로쿠니의 오토쿠니(乙訓)로 옮겼다.

17년 여름 5월, 백제의 무령왕(武寧王)이 붕어했다.

18년 봄 정월, 백제의 태자 명(明)이 즉위하여 성명왕(聖明王)이 되었다.

20년 가을 9월 13일, 도읍을 야마토 이와레의 다마호(玉穗)로 옮겼다.[3]

이와이(磐井)의 반란

21년 여름 6월 3일, 오미의 게나노오미(毛野臣)가 병사 6만을 이끌고 임나로 가서, 신라가 멸망시킨 남가라(南加羅 ; 김해의 가라)와 탁기탄(啄己呑)을 다시 일

---

2) 원문은 고려(高麗)라고 되어 있으나 고구려(高句麗)가 맞다.

3) 나라현(奈良縣) 사쿠라이시(櫻井市) 이케노우치(池之內) 근처인 듯.

으켜 임나와 합치려고 했다. 이때 쓰쿠시의 지방관 이와이가 남몰래 반란을 도모했으나 우물쭈물하다가 해를 넘기고 너무 어려운 일이라 두려워하며 빈틈만 노리고 있었다. 신라가 이를 알고 몰래 이와이에게 뇌물을 주어 게나노오미의 군사를 방해하여 달라고 부탁했다.

이와이는 히젠(肥前), 히고(肥後), 부젠(豊前), 분고(豊後) 등을 점거하여 직무를 수행하지 못하게 하고 밖으로는 해로를 차단하여 고구려, 백제, 신라, 임나 등이 공물을 운반하는 배를 탈취하고 안으로는 임나에 파견한 게나노오미의 군사를 가로막고 공공연하게 무례한 말을 했다. "지금은 네가 조정의 사신이지만, 예전에는 나의 동료로 서로 몸을 비비며 한솥밥을 먹던 사이였다. 그런데 사신이 되었다고 하여 이렇게 나에게 명령을 내려도 된다고 생각하는가." 하고는 교전(交戰)을 벌이며 따르지 않고 기세가 등등했다.

게나노오미는 전진을 방해받아 도중에 발이 묶이고 말았다. 천황은 오토모노카나무라노오무라지, 모노노베노아라카이노오무라지, 고세노오히토노오오미에게 분부를 내렸다. "쓰쿠시의 이와이가 반란을 일으켜 서쪽 나라를 점거했다. 지금 누구를 장군으로 보내야 좋을까?" 신하들이 하나같이 입을 맞춰 대답했다. "정직하고 용감하며 병법에 통달한 자라면 지금은 모노노베노아라카이노오무라지보다 뛰어난 자는 없습니다." 천황은 "그게 좋겠다."고 말했다.

가을 8월 1일 "모노노베노아라카이노오무라지여, 이와이가 반란을 일으켰다. 그대가 가서 토벌하라."고 명했다.

모노노베노아라카이노오무라지는 두 번 절을 올린 뒤 이렇게 아뢰었다. "이와이는 서융(西戎 : 서방의 이민족을 일컫는 말) 출신의 교활한 자입니다. 험악한 지형을 이용하여 복종하지 않고 난을 일으켰습니다. 또한 도덕을 배반하고 교만한 태도로 우쭐거리고 있습니다. 저의 가문은 조상 때부터 지금까지 천황을 위해 싸워 왔습니다. 그리고 예나 지금이나 변함없이 백성을 고통에서 구하려고 노력하고 있습니다. 다만 저는 늘 하늘의 도움을 받아야 한다는 것을 중요하게 생각해왔습니다. 삼가 명을 받들어 토벌에 나서겠습니다."

이에 천황은 "훌륭한 장수는 출진할 때 병사들에게 자비롭다. 그리고 공격할 때는 그 기세가 질풍노도 같다." 하고, 또 "대장은 병사의 생사(生死)를 좌우

하고 국가의 존망을 지배한다. 삼가 하늘을 대신하여 벌을 내려라." 하고 명했
나. 그런 다음 모노노베노아라카이노오무라지에게 장군의 증표를 내리고 "나
가토(長門)에서 동쪽은 내가 다스릴 것이니, 쓰쿠시에서 서쪽은 그대가 통치하
고 상벌도 알아서 주어라. 일일이 보고할 것 없다."고 했다.

22년 겨울 11월 11일, 대장군 모노노베노아라카이노오무라지는 쓰쿠시의 미
이노코리(三井郡)에서 적의 수령 이와이와 교전했다. 양군의 깃발과 북이 마주
하고 군사들이 일으킨 먼지로 자욱했고, 서로 먼저 승기를 잡으려고 필사적으
로 싸우며 한 치도 양보하지 않았다. 그러나 마침내 모노노베노아라카이노오
무라지가 이와이를 베어 반란을 완전히 진압했다.

12월, 쓰쿠시노키미쿠즈코(筑紫君葛子)는 아버지(이와이)의 죄에 연좌되어 죽
는 것을 두려워한 나머지, 가스야(糟屋)의 미야케를 헌상하고 죄를 면하게 해
달라고 청했다.

23년 봄 3월, 백제왕(百濟王)이 하치리(下哆唎)의 지방관 호즈미노오미오시야
마에게 말했다. "일본에 조공하는 사신들이 해안의 곶을 떠날 때 항상 풍파로
고생한다오. 그것 때문에 뱃짐이 물에 젖어 그 손해가 매우 크니, 가라국(加羅
國)의 다사진(多沙津 ; 가야와 백제의 국경지대에 있었던 지명)을 부디 조공하러 갈
때 이용할 해로(海路)로 주었으면 좋겠소." 호즈미노오미오시야마는 이를 천황
에게 주상했다.

그달에 모노노베노이세노무라지치치네(物部伊勢連父根), 기시노오키나(吉土
老) 등을 보내 다사진을 백제왕에게 주었다. 이때 가라국의 왕이 칙사에게 말
했다. "이 진은 마야케를 설치한 이래 내가 조공할 때 기항지로 사용했던 곳인
데, 그렇게 쉽게 이웃나라에 주면 곤란하오. 이는 처음에 준 경계를 침범하는
것이오."

칙사 모노노베노이세노무라지치치네 일행은 이에 그 자리에서 백제에 가라
(加羅)의 다사진을 주기 힘들겠다고 생각해 오시마로 물러갔다. 그리고 따로 기
록관을 보내어 나중에 부여(扶餘 ; 백제)에게 주었다. 그러자 가라는 일본을 원
망하며 신라와 손을 잡았다.

가라왕은 신라왕의 딸을 맞이하여 아들을 낳았다. 신라는 처음에 공주를

보낼 때 100명의 종자를 딸려 보냈다. 이것을 각 현에 분산하여 받아들이고 신라의 의관을 입도록 했다. 가라의 아리사등(阿利斯等)은 가라의 복장을 무시했다고 노하며 사자를 보내 여자들을 돌려보냈다. 신라는 체면을 잃고 다시 공주를 불러들이려고 "먼저 청혼을 했기에 나도 허락한 것이다. 이렇게 되었으니 공주를 돌려보내 달라."고 했다. 가라의 기부리지가(己富利知伽)는 "짝을 이루어 부부가 되었는데 이제 와서 어떻게 사이를 갈라놓는단 말인가. 자식도 생겼는데 이를 버리고 어디로 가라는 말이냐?" 하고 대답했다. 마침내 신라는 도가(刀伽), 고파(古跛), 포나모라(布那牟羅), 이 세 성을 빼앗고 북쪽 경계에 있는 성 다섯 개도 빼앗았다.

오미의 게나노오미 파견

그달에 오미의 게나노오미를 안라(安羅)에 사신으로 파견했다. 천황이 명을 내려, 신라에 남가라(南加羅)와 탁기탄(啄己呑)을 재건하면 어떻겠냐고 권했다. 백제는 군윤귀(君尹貴) 장군, 마나갑배(麻那甲背), 마로(麻鹵) 등을 파견하여, 안라에 가서 조칙(詔勅 ; 제왕의 명령을 일반에게 알리려고 적은 문서)을 들었다. 신라는 이웃나라의 미야케를 공격했기 때문에 무서워서 상급자를 보내지 않고 부지나마례(夫智那麻禮), 해나마례(奚奈麻禮) 등 하급자를 보내, 안라에 가서 조칙을 듣게 했다. 안라는 새로 높은 건물을 지어 칙사를 그곳에 오르게 하고 왕은 그 뒤를 따라 계단을 올라갔다. 오오미라 할지라도 함께 올라간 것은 한두 사람뿐이라 백제의 사신인 장군들은 건물 아래에 있었다. 여러 달에 걸쳐 수많은 회담을 열었는데 그동안 장군들은 건물 아래에 있어야 해서 원망스럽게 여겼다.

여름 4월 7일, 임나왕 기능말다간기(己能末多干岐 ; 아리사등阿利斯等일 것으로 추정됨)가 조정에 왔다. 그는 오토모노카나무라노오무라지에게 "오진천황이 외국 여러 나라에 미야케를 설치해서 그 나라의 왕에게 토지를 맡겨 통치하게 한 것은 참으로 이치에 합당한 일입니다. 지금 신라는 처음에 정한 경계를 무시하고 걸핏하면 영토를 침범합니다. 아무쪼록 천황에게 주상하여 우리나라를 구해 주십시오." 하고 말했다.

오토모노카나무라노오무라지는 청한 대로 주상했다.

그달에 기능말다간기를 임나에 사신으로 보냈다. 그곳에 있는 오미의 게나노오미에게 넝을 내려 "임나왕이 주상하는 바를 잘 조사하여, 임나와 신라의 오해를 풀어 화해시키도록 하라."고 했다. 그래서 게나노오미는 웅천(熊川 ; 경남 진해 지역)에 머물며 신라와 백제 양국의 왕을 불렀다. 신라왕 좌리지(佐利遲)는 구지포례(久遲布禮)를, 백제는 은솔(恩率 ; 백제 16관등 가운데 세 번째 등급) 미등리(彌騰利)를 게나노오미에게 보내고 두 왕은 직접 오지 않았다. 게나노오미는 크게 노하여 두 나라의 사신을 문책했다.

"작은 나라가 큰 나라를 섬기는 것은 하늘이 정한 이치이다. 어찌하여 두 나라의 왕이 직접 와서 천황의 칙명을 받들지 않고 가벼이 사신을 보내는 것인가? 이제는 너희 왕이 칙명을 들으러 직접 온다고 해도 나는 전하지 않을 것이다. 반드시 돌려보내리라." 구지포례와 은솔 미등리는 겁을 먹고 돌아가 각자의 왕에게 전했다. 이에 따라 신라에서는 상신(上臣 ; 신라의 최고관직 상대등) 이질부례지간기(伊叱夫禮智干岐 ; 6세기 신라의 장군 이사부)—신라에서는 오오미를 상신(上臣)이라고 한다—가 병사 3,000명을 이끌고 와서 칙명을 듣고자 했다.

게나노오미는 멀리서 무장을 갖춘 병사 수천 명이 있는 것을 보고, 웅천에서 임나의 기질기리성(己叱己利城)에 들어갔다. 이질부례지간기는 다다라(多多羅 ; 부산 다대포) 벌판에 머물며 예의를 지켜 찾아오지 않고 석 달이나 기다렸다. 종종 칙명을 들려달라고 말했으나 끝내 전하지 않았다. 이질부례지가 이끌고 온 병졸들은 마을에서 먹을 것을 구걸하면서, 게나노오미의 종자 고치노우마카이노오비토마카리(河內馬飼首御狩)가 있는 곳을 지나갔다. 고치노우마카이노오비토마카리는 남의 집 문 뒤에 숨어서 구걸하는 자가 지나가기를 기다렸다가 멀리서 주먹을 쥐고 때리는 시늉을 했다. 병졸은 그 모습을 보고 "삼가 석 달이나 기다리며 칙명을 듣고자 했지만, 여전히 알려주지 않고 칙명을 들으려 온 사자를 괴롭히는 것은 속임수로 상신을 죽이고자 하기 때문이다."라고 말했다.

그리고 그 상황을 상신에게 상세히 보고했다. 상신은 고을 네 개를 약탈하고는—금관(金官 ; 금관가야를 이른다), 배벌(背伐), 안다(安多), 위타(委陀)의 네 고을이다. 다른 책에서는 다다라(多多羅), 수나라(須那羅), 화다(和多), 비지(費智)라고 한다―사람들을 이끌고 본국으로 돌아갔다. 어떤 사람이 말했다. "다다라의 네 고을이 약탈당한 것은 게나노오미의 실책이었다."

가을 9월, 고세노오히토노오미(巨勢男人大臣)가 죽었다.

24년 봄 2월 1일, 천황이 다음과 같이 말했다. "진무, 스진천황 이래, 나라에서 정치를 하려면 대대로 박식한 신하들의 보좌가 필요했다. 미치노오미노미코토(道臣命)가 의견을 말하면 진무천황은 그것을 받아들여 나라를 융성했다. 오히코(大彦 ; 고겐천황의 황자)가 계획을 세우면 스진천황은 그것을 채택하여 나라를 융성했다. 황위를 이어받은 자로서 중흥에 이바지하려면 아무래도 현명한 사람들의 모책에 의지할 수밖에 없다. 부레쓰천황이 천하를 다스린 후로 오랫동안 태평한 세월이 계속되었기 때문에 백성들은 점점 잠든 것처럼 깨어나지 못해 정치에 좋지 않은 점이 있어도 고치려 하지 않았다. 그저 적절한 인물이 다른 사람들의 힘을 빌려 나타나기를 기다릴 뿐이었다. 유능하고 재능이 뛰어난 자는 사소한 단점을 따지지 않는다. 종묘사직에 능히 안락과 태평을 가져다준다면 잘 보좌했다고 할 수 있다. 내가 제위에 오른 지 24년, 천하는 태평하여 안팎으로 근심이 없고 토지도 비옥하여 오곡이 풍성하게 결실을 거두었다. 그러나 백성들이 여기에 익숙해져서 교만해질까 걱정이다. 청렴하고 절개가 있는 인물을 발탁하여 덕화(德化)를 유포하고 뛰어난 관리를 등용하는 것은 예로부터 어려운 일이라 했다. 그러니 나 자신도 스스로 삼가고 조심하지 않을 수가 없구나."

오미의 게나노오미의 죽음

가을 9월, 임나의 사신이 주상(奏上)하기를 "게나노오미는 구사모라(久斯牟羅)에 집을 짓고 2년 동안 머물면서 정사를 게을리했습니다. 일본인과 임나인(任那人) 사이에 태어난 자녀의 귀속 다툼에도 옳고 그름을 판단하여 결정할 능력이 없습니다. 게나노오미는 자주 구가타치를 실시했는데, '진실을 말하는 자는 데지 않지만 거짓말을 하는 자는 틀림없이 덴다'고 하면서 뜨거운 물에 손을 넣게 하여 살이 짓물러 죽는 자가 많습니다. 또 길비한자나다리(吉備韓子那多利)와 사희리(斯希利)를 죽이거나―일본인과 현지 여자 사이에서 태어난 자식을 한자(韓子)라고 한다─늘 백성을 괴롭히며 조금도 화목하게 지내려 하지 않습니다."라고 했다.

천황은 그 행적을 듣고 사람을 보내어 불렀으나 오지 않고 남몰래 고치노우마카이노오비토미카리를 도읍에 보내어 주상했다. "아직 칙명을 완수하지도 못했는데 수도로 돌아간다면 기대를 받으며 파견되었으나 헛되이 돌아가게 되는 것이니 체면이 서지 않습니다. 부디 임무를 완수하고 입궐하여 사죄드릴 때까지 기다려 주십시오." 그런 다음 직접 일을 도모했다. "쓰키노키시(調吉士 ; 백제에서 일본으로 건너가 정착한 씨족)는 천황의 사신이다. 만약 나보다 먼저 돌아가 사실대로 주상한다면 나의 죄는 분명 무거워지리라." 그리하여 쓰키노키시에게 군사를 이끌고 가서 이사지모라성(伊斯枳牟羅城)을 지키게 했다.

임나의 왕인 아리사등(阿利斯等)은 게나노오미가 사소하고 하찮은 일만 하고 임나를 부흥시키겠다는 약속을 이행하지 않자 끊임없이 귀국하라고 권했으나 여전히 귀환하지 않겠다고 버텼다. 아리사등은 게나노오미의 행적을 모두 알고 등을 돌리려고 마음먹었다. 결국 구례사기모(久禮斯己母)를 신라에 사신으로 보내 군사를 청했다. 또 백제에도 노수구리(奴須久利)를 보내어 군사를 청했다. 게나노오미는 백제 군사가 온다는 소식을 듣고 배군(背郡)에서 맞이해 싸웠다. 절반이 다치고 죽었다. 백제는 노수구리를 포로로 잡아 쇠고랑과 족쇄를 채우고 쇠사슬로 묶은 다음 신라군과 함께 성을 에워쌌다. 아리사등을 꾸짖으며 말했다. "게나노오미를 내놓아라."

게나노오미는 성에 머물며 방비를 튼튼하게 해서 쉽게 잡지 않았다. 두 나라는 발이 묶인 채 한 달을 보낸 뒤 성을 쌓고 돌아갔다. 그것을 구례모라성(久禮牟羅城)이라 한다. 돌아가는 길에 등리지모라(騰利枳牟羅), 포나모라(布那牟羅), 모자지모라(牟雌枳牟羅), 아부라(阿夫羅), 구지파다지(久知波多枳) 등 다섯 성을 빼앗았다.

겨울 10월, 쓰키노키시가 임나에서 돌아와 "게나노오미는 사람 됨됨이가 오만하고 고약한 데가 있으며, 정치가 서툰 면이 있습니다. 또한 화합할 줄을 몰라 가라국을 혼란에 빠뜨렸을 뿐만 아니라, 제멋대로 생각하여 외환을 막지도 못했습니다."라고 보고했다. 그리하여 메즈라코(目頰子)를 파견하여 불러들였다.

그해에 게나노오미가 부름을 받고 쓰시마에 이르렀으나 병에 걸려 죽고 말았다. 장송하는 배가 강줄기를 거슬러 올라가 오미에 이르렀다. 그 아내가 노래했다.

<ruby>枚方<rt>히라카타유</rt></ruby> <ruby>笛吹き上る<rt>후에후키노보루</rt></ruby> <ruby>近江のや<rt>아후미노야</rt></ruby> <ruby>毛野稚子い<rt>게나노와쿠고이</rt></ruby> <ruby>笛吹き上る<rt>후에후키노보루</rt></ruby>.

히라카타(枚方)를 거쳐 피리를 불면서 요도가와(淀川)를 거슬러 올라오네, 오미의 게나노오미라는 젊은 서방님이 피리를 불면서 요도가와를 올라오네.

메즈라코가 처음으로 임나에 도착했을 때, 그곳에 있던 일본 사람들이 노래를 불렀다.

<ruby>韓國を<rt>가라쿠니오</rt></ruby> <ruby>如何に言事ぞ<rt>이카니후코토조</rt></ruby> <ruby>目頬子來たる<rt>메쓰라코키타루</rt></ruby> <ruby>向離る<rt>무카사쿠루</rt></ruby> <ruby>壹岐の渡利を<rt>이키노와타리오</rt></ruby> <ruby>め頬子來たる<rt>메쓰라코키타루</rt></ruby>.

메즈라코는 한국에 무슨 말을 하려고 왔을까. 저 멀리 이키의 바닷길을 메즈라코가 건너왔네.

게이타이천황(繼體天皇) 붕어

25년 봄 2월, 천황의 병이 위중해졌다. 7일, 천황이 이와레의 다마호궁(玉穗宮)에서 붕어했다. 향년 82세였다.

겨울 12월 5일, 아이노노미사사기(藍野陵)에 장사지냈다.

―다른 기록에 따르면 천황은 28년에 붕어했다고 한다. 그런데 여기서 25년에 붕어했다고 한 이유는 《백제본기(百濟本紀)》[4]에 따라 기록한 것이다. 그 글에서 이르기를 "25년 3월, 안라에 진군하여 걸둔성(乞屯城)을 쌓았다. 그달에 고구려는 그 왕인 안(安)을 시해했다. 또 들은 이야기에 의하면 일본의 천황과 황태자 및 황자가 모두 죽었다고 한다."고 했다. 이에 따르면 신해년(辛亥年)은 25년에 해당한다. 후세에 조사하고 연구하는 자들이 분명하게 밝힐 것이다.

---

4) 《백제기(百濟記)》, 《백제신찬(百濟新撰)》과 함께 '백제삼서(百濟三書)'라고 일컫는다. 서기(書紀)의 중요한 사료로 가지런한 편년체로 월차(月次), 일차(日次), 간지(干支)까지 명기되었던 것으로 짐작된다.

제18권

안칸천황(安閑天皇) : 히로쿠니오시타케카나히노미코토(廣國排武金日尊)
센카천황(宣化天皇) : 다케오히로쿠니오시타테노미코토(武小廣國排盾尊)

안칸천황(安閑天皇) : 히로쿠니오시타케카나히노미코토(廣國排武金日尊)

천황 즉위와 미야케(屯倉) 설치

마가리노오에히로쿠니오시타케카나히노스메라미코토(勾大兄廣國押武金日天
皇)는 게이타이천황의 맏아들이다. 어머니는 메노코히메(目子媛)라고 한다. 어릴
때부터 기량이 빼어나고 무위를 떨쳤으며, 관대한 성품으로 임금에 걸맞은 인
품을 갖추었다.

25년 봄 2월 7일, 게이타이천황은 안칸천황을 즉위시키고 그날 붕어했다.

그달에 오토모노카나무라노오무라지와 모노노베노아라카이노오무라지를
오무라지로 정한 것은 모두 전과 같다.

원년 봄 정월, 도읍을 야마토노쿠니의 마가리노카나하시(勾金橋 ; 가시하라시
橿原市 마가리카와曲川)로 옮겼다. 그리고 이를 궁의 이름으로 삼았다.

3월 6일, 관리는 천황을 위해 닌켄천황의 딸 가스가노야마다노히메에게 혼
례의 증표를 보내고 황후로 맞이했다(다른 이름은 야마다노아카미노히메山田赤見
皇女). 따로 세 사람의 비를 세웠다. 고세노오히토노오오미의 딸 사테히메(紗手
媛), 사테히메의 동생 가카리히메(香香有媛), 모노노베노이타비노오무라지(物部
木蓮子大連)의 딸 야카히메(宅媛) 등 세 사람이다.

여름 4월 1일, 가시와데노쓰카사노키미(內膳卿)인 가시와데노오미오마로(膳
臣大麻呂)가 칙명을 받들어 사자를 보내 가즈사의 이스미(夷隅)에서 진주를 구

해 오라고 하였다. 이스미의 지방관들은 상경이 늦어져서 오랫동안 진상하지 못했다. 가시와데노오미오마로는 크게 노하여 지방관들을 붙잡아 포박하고 그 이유를 추궁했다. 지방관 와쿠고노아타이(稚子直)는 두렵고 황공하여 후궁의 침전으로 달아나 숨었다. 가스가노야마다노히메는 모르는 자가 불쑥 들어오자 소스라치게 놀라 넘어지고 말았다. 그리고 이를 몹시 부끄럽게 생각했다. 와쿠고노아타이는 함부로 궁중에 뛰어드는 바람에 죄가 더욱 커졌다. 삼가 황공해하며 오로지 황후를 위해 이스미의 미야케를 헌상하며 난입한 잘못을 용서해 달라고 청했다. 그에 따라 이스미에 미야케를 설치했다. 지금은 그것을 나누어 군(郡)으로 정하고 가즈사노쿠니와 통합했다.

5월, 백제가 하부(下部 ; 백제 5부 가운데 하나) 수덕(脩德) 적덕손(嫡德孫), 상부(上部 ; 백제 5부 가운데 하나) 도덕(都德) 기주기루(己州己婁) 등을 보내어 조공을 바치고 별도로 상표문(上表文)을 올렸다.

가을 7월 1일 "황후는 신분이 천황과 동등하지만 후궁에 머물기 때문에 외부에서는 모르는 자가 많다. 그러니 미야케 땅에 황후의 궁전을 지어 후세에 자취를 남기도록 하라."고 명했다. 그리하여 칙사를 보내어 좋은 땅을 찾게 했다. 명을 받은 칙사는 오시코치노아타이아지하리(大河內直味張)에게 "그대의 기름진 땅을 내놓아라." 하고 요구했다. 갑자기 아까운 생각이 든 오시코치노아타이아지하리는 칙사에게 "이 논은 가뭄이 들면 물을 대기가 어렵고 홍수가 나면 물에 잠기고 맙니다. 들인 노력에 비해 수확이 너무 적습니다." 하고 말했다. 칙사는 그 말을 그대로 보고했다.

겨울 10월 15일, 천황이 오토모노카나무라노오무라지에게 말했다. "나는 아내를 넷이나 맞이했지만 오늘에 이르기까지 후사가 없다. 오랜 세월이 흐른 뒤에는 나의 이름도 끊어지고 말 것이다. 오토모 백부[1]여, 무슨 방법이 없을지 생각해 다오. 이 일만 생각하면 걱정이 끊이지 않는다."

오토모노카나무라노오무라지는 "저 또한 그 점이 걱정입니다. 우리 나라에서 천하를 다스리는 왕은 후사가 있든 없든 상관없이, 뭔가 기념할 만한 것을

---

1) 여기서는 친근한 감정을 담은 경칭.

남겨 그것으로 자기 이름을 후세에 남겼습니다. 부디 황후와 다음 비를 위해 미야케 땅을 정하여 후세에 자취를 남기시는 것이 좋을 듯합니다." 하고 말했다. 이에 천황은 "좋다, 속히 시행하도록 하라."고 명했다.

오토모노카나무라노오무라지가 주상하기를 "오하리다(小墾田)의 미야케와 나라마다 있는 경작민들을 사테히메에게 주십시오. 그리고 사쿠라이(櫻井)의 미야케와 각국의 경작민을 가카리히메에게 주시고, 나니와의 미야케와 군마다 있는 농민을 야카히메에게 내려주십시오. 이를 후세에 보여주어 옛날을 기억하게 하십시오."라고 했다. 이에 천황은 "그대로 시행하라."고 명했다.

오시코치노아타이아지하리(大河內直味張)의 후회

윤12월 4일, 천황이 미시마(三島 ; 오사카부大坂府 미시마군三島郡)에 행차했다. 오토모노카나무라노오무라지가 수행했다. 천황은 오토모노카나무라노오무라지를 보내 아가타누시인 이보(飯粒)에게 좋은 땅이 어디 있는지 물었다. 이보는 더없이 기뻐하며 성심을 다해 응했다. 그리하여 가미노미노(上三野), 시모노미노(下三野), 가미노쿠와하라(上桑原), 시모노쿠와하라(下桑原)를 한데 묶어 다카후(竹生)의 토지 합계 40정(町)을 헌상했다.

오토모노카나무라노오무라지는 명을 받들어 "넓은 하늘 아래에 왕의 땅이 아닌 곳이 없고 모든 땅 위에 왕의 땅이 아닌 곳이 없다. 그래서 선황은 이름을 세상에 드러내니, 그 광대함은 천지를 아우르고 그 밝은 빛은 일월(日月)과 같았다. 멀리까지 행차하여 백성을 어루만지고 도성 밖의 영민(領民)에게도 골고루 은혜를 내렸다. 덕망이 하늘 끝 땅끝까지 닿아 사방팔방을 고루 비췄다. 또 예악(禮樂)을 제정하여 정치가 안정되었음을 알렸다. 그 반응이 뚜렷하게 나타나서 경사스럽고 기쁘니 성왕이 다스리던 옛날과 조금도 다를 것이 없었다. 그대 오시코치노아타이아지하리는 나라에 흔히 있는 신하의 한 사람인데 갑자기 왕의 땅을 주기가 아까워져서 칙사를 경시하고 따르지 않았다. 오시코치노아타이아지하리는 앞으로 고리쓰카사(郡司)가 될 수 없다."고 했다.

아가타누시인 이보는 명을 받든 것이 기쁘기도 하고 황공하기도 하여, 아들 도리키(鳥樹)를 오토모노카나무라노오무라지에게 시동으로 바쳤다. 오시코치노아타이아지하리는 두렵고 황공하여 땅에 엎드려 식은땀을 흘리며 오토모노카나무라노오무라지에게 말했다. "어리석은 백성의 죄, 죽어 마땅합니다. 부디 원컨대, 앞으로 군(郡)마다 농민을 봄에 500명, 가을에 500명씩 천황께 보내어 자자손손에 이르기까지 끊이지 않도록 하겠습니다. 이로써 용서해 주신다면 앞으로 오래도록 후세의 교훈으로 삼겠습니다."

따로 가와치의 사이타무토코로(狹井田六町)를 오토모노카나무라노오무라지에게 주었다. 미시마 다카후의 미야케에서 가와치의 부민(部民)을 경작민으로 삼는 것은 여기서부터 시작된 듯하다.

이달에 이오키베노무라지키코유(廬城部連枳莒喩)의 딸 하타히메(幡媛)가 모노노베노오무라지오코시(物部大連尾興)의 구슬 목걸이를 훔쳐 가스가노야마다노히메에게 바쳤다. 일이 밝혀지자 이오키베노무라지키코유는 딸 하타히메를 궁중의 우네메의 하녀로 바치고, 아울러 아키노쿠니 아마루베(過戸)의 이오키베노미야케(廬城部屯倉)를 헌상하여 딸의 잘못을 대신 빌었다. 모노노베노오무라지오코시는 자신이 사건에 연루된 것이 두렵고 불안하여, 야마토노쿠니의 도치베(十市部), 이세노쿠니의 구사사(來狹狹), 도이(登伊)의 니에노하지베(膽狹山部), 쓰쿠시의 이사야마베(膽狹山部) 등을 헌상했다.

무사시노쿠니미야쓰코(武藏國造)의 싸움과 미야케(屯倉)

무사시노쿠니미야쓰코인 가사하라노아타이오미(笠原直使主)와 같은 혈통인 오키(小杵)는 서로 구니노미야쓰코가 되려고 경쟁했으나 오랫동안 결말이 나지 않았다. 오키는 성격이 과격하여 사람들과 자주 부딪쳤고 오만불손했다. 그는 남몰래 가미쓰케노오쿠마(上毛野小熊)에게 도움을 청하여 가사하라노아타이오미를 죽이고자 했다. 가사하라노아타이오미는 그것을 알고 달아났다. 그리고 상경하여 실상을 아뢰었다.

조정에서는 재판을 열어 가사하라노아타이오미를 구니노미야쓰코로 정하고 오키를 주살했다. 구니노미야쓰코가 된 가사하라노아타이오미는 황공하고 감격스러워 가만히 있을 수 없다고 하며 천황을 위해 요코누(橫渟), 다치바나(橘花), 오히(多氷), 구라스(倉樔) 등 네 곳의 미야케를 바쳤다. 태세 갑인년(甲寅

年)의 일이었다.

2년 봄 정월 5일, 천황은 "요즈음 해마다 곡식이 풍년이 들고 변경에도 걱정거리가 없다. 만민은 평안하게 생업을 영위하고 굶주리는 사람도 없다. 어진 바람이 온 나라에 두루 미쳐 천자를 칭송하는 소리가 천지에 가득하구나. 안팎이 평온하고 나라는 부강하니 나의 기쁨이 참으로 크다. 백성들에게 술을 내리고 닷새 동안 성대한 잔치를 열어 온 천하가 함께 기쁨을 나누도록 하라."고 명했다.

여름 4월 1일, 마가리노토네리베(勾舍人部), 마가리노유키베(勾靫部)를 설치했다.

5월 9일, 쓰쿠시의 호나미노미야케(穗波屯倉), 가마노미야케(鎌屯倉), 도요쿠니(豐國)의 미사키노미야케(三崎屯倉), 구와하라노미야케(桑原屯倉), 가토노미야케(肝等屯倉), 오누쿠노미야케(大拔屯倉), 아카노미야케(我鹿屯倉), 히노쿠니의 가스가베노미야케(春日部屯倉), 하리마노쿠니의 고시베노미야케(越部屯倉), 우시카노미야케(牛鹿屯倉), 빈고노쿠니(備後國)의 시쓰키노미야케(後城屯倉), 다네노미야케(多禰屯倉), 구쿠쓰노미야케(來履屯倉), 하와카노미야케(葉稚屯倉), 가와토노미야케(河音屯倉), 아나노쿠니(婀娜國)의 이니에노미야케(胆殖屯倉), 이토시베노미야케(膽年部屯倉), 아와노쿠니의 가스가베노미야케(春日部屯倉), 기노쿠니의 후세노미야케(經湍屯倉), 가와베노미야케(河邊屯倉), 단바노쿠니의 소시키노미야케(蘇斯岐屯倉), 오미노쿠니의 아시우라노미야케(葦浦屯倉), 오와리노쿠니의 마시키노미야케(間敷屯倉), 이루카노미야케(入鹿屯倉), 가미쓰케누노쿠니(上毛野國)의 미도노미야케(綠野屯倉), 스루가쿠니(駿河國)의 와카니에노미야케(稚贄屯倉)를 두었다.

가을 8월 1일, 명을 내려 각각의 구니에 이누카이베(犬養部)를 두었다.

9월 3일, 사쿠라이노타베노무라지(櫻井田部連), 아가타노이누카이노무라지(縣犬養連), 나니와노키시(難波吉士)에게 명하여 미야케의 세금을 관장하라고 했다. 13일, 별도로 오무라지에게 명하여 "나니와의 오스미시마(大隅島)와 히메시마(姫島)의 마쓰바라(松原)에 소를 방목하여, 이름을 후세에 남기도록 하라."고 명했다.

겨울 12월 17일, 천황이 마가리노카나하시궁(勾金橋宮)에서 붕어했다. 향년

70세.

그달에 천황을 가와치의 후루이치노타카야노오카노미사사기(古市高屋丘陵)에 장사지냈다. 황후 가스가노야마다노히메와 천황의 누이동생인 간사키노히메(神前皇女)도 합장했다.

센카천황(宣化天皇) : 다케오히로쿠니오시타테노미코토(武小廣國排盾尊)

천황 즉위

다케오히로쿠니오시타테는 게이타이천황의 둘째 아들로, 안칸천황의 동복동생이다. 2년 12월, 안칸천황이 붕어했으나 후사가 없었다. 군신이 주상하여 신기(神器)인 칼과 거울을 센카천황에게 바쳐서 황위에 올랐다. 인품이 고결하고 마음이 맑았다. 재능과 지위를 과시하거나 거만하게 굴지 않는 군자다운 인물이었다.

원년 봄 정월, 도읍을 히노쿠마(檜隈)의 이호리(廬入野)로 옮기고 이를 궁의 이름으로 정했다.

2월 1일, 오토모노카나무라노오무라지와 모노노베노아라카이노오무라지를 오무라지로 정한 것은 전과 다름 없었다. 또 소가노이나메노스쿠네(蘇我稻目宿禰)를 오오미로 정하고, 아베노오마로오미(阿倍大麻呂臣)를 마에쓰키미(大夫)로 삼았다.

3월 1일, 관리들이 황후를 세우라고 청했다. 8일, 천황이 명을 내리기를 "전왕비인 닌켄천황의 딸 다치바나노나카쓰히메(橘仲皇女)를 황후로 세우고자 한다."고 했다. 이 여인이 1남 3녀를 낳았다. 장녀는 이시히메노히메(石姬皇女), 둘째는 고이시히메노히메(小石姬皇)라고 했다. 셋째는 구라노와카야히메노히메(倉稚綾姬皇女), 넷째는 가미쓰우에하노미코(上殖葉皇子)라고 하며, 다른 이름은 마로코(椀子)라고 한다. 이 사람이 다지히노키미(丹比公), 이나노키미(偉那公) 두 성(姓)의 시조이다. 두 번째 비인 오시코치노와쿠고히메(大河內稚子媛)는 1남을 낳았다. 호노오노미코(火焰皇子)이다. 이는 와카타노키미(椎田君)의 조상이다.

나노쓰(那津) 미야케 정비

여름 5월 1일, 명을 내리기를 "밥〔食〕은 천하의 근본이다. 황금 1만 관(貫)도 굶주림을 벗어나게 해주지는 않는다. 진주 1,000상자가 어찌 추위를 막을 수 있겠는가. 쓰쿠시노쿠니는 멀고 가까운 나라들이 조공을 보낼 때 왕래하는 관문이다. 그러기에 외국에서는 조류와 날씨를 관측하여 조공을 바치러 온다. 오진천황 때부터 지금까지 곡식을 거두어 비축해 왔다. 흉년에 대비하고 빈객을 대접하며 나라를 평안케 하는 데 이보다 더 나은 것은 없다. 그래서 나 또한 아소노키미(阿蘇君)를 보내어, 가와치노쿠니의 만다노코리노미야케(茨田郡屯倉)의 곡물을 운반하고자 한다. 소가노오오미이나메노스쿠네(蘇我大臣稻目宿禰)는 오와리노무라지를 보내어 오와리노쿠니의 미야케에 있는 곡물을 운반하려 한다. 모노노베노아라카이노오무라지는 니노미노무라지(新家連)를 보내어 니노미노미야케(新家屯倉)의 곡물을 운반하게 하라. 아베노오미는 이가노오미를 보내어 이가노쿠니(伊賀國)의 미야케의 곡물을 운반하게 하라. 나노쓰 어귀(하카타博多 오쓰大津)에 미야케를 세워라. 또 쓰쿠시, 히노쿠니(肥國), 고요쿠니 등 세 곳의 미야케는 각각 멀리 떨어져 있어, 막상 그것이 필요해졌을 때는 바로 대비하기가 쉽지 않다. 각 군에 명하여 옮겨서 나노쓰 어귀에 모아두고 비상시에 대비하여 백성의 목숨을 지켜야 한다. 속히 군현에 하달하여 나의 뜻을 알리도록 하라."고 했다.

가을 7월, 모노노베노아라카이노오무라지가 죽었다. 태세 병진년(丙辰年)의 일이었다.

2년 겨울 10월 1일, 천황은 신라가 임나를 공격하자 오토모노카나무라노오무라지에게 명하여 그의 아들 이와(磐)와 사테히코(狹手彦) 보내어 임나를 돕게 했다. 그때 이와는 쓰쿠시에 머물면서 그곳을 다스리며 삼한(三韓)에 대비했다. 사테히코는 그 땅에 가서 임나를 평정하고 백제를 구원했다.

4년 봄 2월 10일, 천황이 히노쿠마의 이오리노궁(廬入野宮)에서 붕어했다. 향년 73세.

겨울 11월 17일, 천황을 야마토노쿠니의 무사노쓰키사카노우에노미사사기(身狹桃花鳥坂上陵)에 장사지냈다. 황후 다치바나노히메와 그의 어린 아들 와쿠코(孺子)를 이 능에 합장했다. 황후가 붕어한 해를 전하는 기록은 없다. 와쿠코란 성인이 되기 전에 죽은 자식을 가리키는 것일까.

제19권

긴메이천황(欽明天皇):아메쿠니오시하라키히로니와노미코토(天國排開廣庭尊)

하타노오쓰치(秦大津父)

아메쿠니오시하라키히로니와는 게이타이천황의 적자이며, 어머니는 다시라카노히메다. 게이타이천황은 이 황자를 매우 사랑하여 늘 곁에 두었다. 아메쿠니오시하라키히로니와가 어릴 적에 누군가 꿈에 나타나 "당신이 하타노오쓰치라는 자를 총애하면 장년이 되었을 때 반드시 천하를 다스리게 될 것입니다." 하고 예언했다. 아메쿠니오시하라키히로니와가 잠에서 깨어나 사자를 보내 찾아보게 했더니, 야마시로노쿠니 기노코리(紀郡)의 후카쿠사(深草) 마을에서 하타노오쓰치를 찾아냈다. 그 이름이 과연 꿈에서 들은 그대로였다.

아메쿠니오시하라키히로니와는 신기한 꿈이라며 매우 기뻐하면서 하타노오쓰치에게 물었다. "뭔가 짐작 가는 일이 없는가?" 이에 하타노오쓰치가 대답했다. "특별히 짐작 가는 일은 없습니다만, 제가 이세에 장사하러 갔다가 돌아올 때, 산에서 늑대 두 마리가 서로 피투성이가 되어 싸우는 것을 보았습니다. 그래서 말에서 내려 손을 씻고 입을 헹군 뒤, '너희는 본디 고귀한 신인데 이렇게 거친 행동을 즐기는구나. 만약 사냥꾼을 만난다면 보로 붙잡히게 되리라' 하고 말해 주었습니다. 그리고 나서 싸움을 말리고 피투성이가 된 사지를 닦아 준 뒤 놓아주어 목숨을 살려준 일이 있습니다." "틀림없이 그 은혜를 갚으려는 것이다." 천황은 하타노오쓰치를 곁에 두고 극진하게 대접했다. 하타노오쓰치는 엄청난 부자가 되었고 아메쿠니오시하라키히로니와가 황위에 오른 뒤에는 조정의 창고를 맡아 일했다.

4년 겨울 10월, 센카천황이 붕어했다. 황자였던 긴메이천황이 군신에게 말했다. "나는 아직 나이도 어리고 지식도 얕아서 정사에 서툴다. 가스가노야마다노히메(안칸천황의 황후)께서 정무에 밝고 경험이 많으시니 가스가노야마다노히메에게 정무를 맡기도록 하라."

가스가노야마다노히메가 황공해하며 사양하기를 "저는 이미 산보다 높고 바다보다 깊은 은혜를 입었습니다. 국정을 돌보는 일은 너무나 어려워 한낱 아녀자는 감당할 수 없습니다. 지금 황자께서는 노인을 공경하고 연소자를 사랑하며 현자를 존경하고 해가 중천에 떠오를 때까지 식사도 하지 않고 훌륭한 인재를 기다리십니다. 어릴 때부터 재주가 뛰어나 일찍부터 명성이 널리 알려졌고 성품이 관대하고 어질며 자비심이 깊으시니, 신하들은 하루빨리 제위에 오르시게 하여 천하에 그 빛을 비추게 하시오." 하고 말했다.

겨울 12월 5일, 긴메이천황이 즉위했다. 나이는 아직 약간(若干 : 어리다는 뜻, 또는 나이를 모른다는 의미)이었다.

황후를 높여서 황태후(皇太后)라 했다. 오토모노카나무라노오무라지, 모노노베노오무라지오코시를 오무라지로 소가노오오미이나메노스쿠네를 오오미로 정한 것은 전과 같았다.

원년 봄 정월 15일, 관리들이 황후를 세우라고 청하자 "정비인 센카천황의 딸 이시히메(石姬)를 황후로 세우도록 하라"는 명을 내렸다. 2남 1녀를 낳았다. 맏아들은 야타노타마카쓰오에노미코(箭田珠勝大兄皇子)라 했다. 둘째는 오사타노누나쿠라노후토타마시키노미코토(譯語田淳中倉太珠敷尊 ; 비다쓰천황), 셋째는 가사누이노히메(笠縫皇女)라 했다.

2월, 백제 사람 기지부(己知部)가 일본으로 귀화했다. 야마토노쿠니의 소노카미노코리(添上郡)의 야마무라(山村)에 살게 했다. 지금의 야마무라 고치후(己知部)의 조상이다.

3월 에미시와 하야토가 사람들을 이끌고 귀순했다.

가을 7월 14일, 도읍을 야마토노쿠니의 시키노코리(磯城郡) 시키시마(磯城島)로 옮겼다. 그리고 가나사시궁(金刺宮)이라 불렀다.

8월 고구려, 백제, 신라, 임나가 나란히 사신을 보내 공물을 바쳤다. 하타히토(秦人), 아야히토(漢人) 등 근처 나라에서 귀화한 사람들을 모아서 각지의 구니와 고리에 배치하고 호적을 만들었다. 하타히토는 전부 7,053호이고, 오쿠라노후비토(大藏掾 ; 하타노오쓰치를 가리키는 듯)를 하타노토모노미야쓰코(秦伴造)로 정했다.

오토모노카나무라노오무라지(大伴金村大連)의 실각

9월 5일, 나니와의 하후리쓰궁(祝津宮)에 행차했다. 오토모노카나무라노오무라지, 고세노오미이나모치(許勢臣稻持), 모노노베노오무라지오코시 등이 수행했다. 천황이 신하들에게 물었다. "군사가 얼마나 되어야 신라를 칠 수 있겠느냐?" 모노노베노오무라지오코시가 주상하기를 "웬만한 군사로는 쉽게 칠 수 없습니다. 지난날 게이타이천황 6년에, 백제가 사신을 보내 임나의 상치리, 하치리, 사타, 모루 등 네 현을 달라고 했을 때, 오토모노카나무라노오무라지가 선선히 그 청을 들어준 적이 있었는데, 신라가 그 일을 두고두고 원망하고 있습니다. 가벼이 쳐서는 아니될 줄 압니다." 하고 대답했다.

이런 일이 있자, 오토모노카나무라노오무라지는 병을 핑계로 스미노에의 집에서 나오지 않았다. 천황은 아오미노오토지마가리코(靑海夫人勾子)를 보내어 정중하게 위문했다. 오토모노카나무라노오무라지는 황공하여 "신이 걱정하는 것은 다른 일이 아니오며, 신이 임나를 멸망시켰다고 여러 신하들이 말하기에 그것이 두려워 조정에 나가지 않은 것입니다." 하고 말했다. 그리고 사자에게 좋은 말을 선물하여 깊이 경의를 표했다. 아오미노오토지마가리코가 있는 그대로 보고하자 천황이 말하기를 "오랫동안 충심을 다해 일해 왔으니 사람들의 입을 두려워할 것 없다." 하고는 끝까지 죄를 묻지 않고 오히려 더 극진히 대접했다. 태세 경신년(庚申年)의 일이었다.

2년 봄 3월, 다섯 명의 비를 맞이했다. 전부터 비였던 황후의 동생을 와카아야히메(稚綾姬皇女)라 했다. 이 비는 이소노카미노미코(石上皇子)를 낳았다. 다음 비도 황후의 동생으로 히카게노히메(日影皇女)라고 한다—여기에 황후의 동생이라 한 사람은 명백하게 말하면 센카천황의 딸이다. 그러나 천황의 부인이면서도 모비(母妃)의 성과 황녀의 이름은 보이지 않는다. 어떤 책에서 나왔는지 알 수가 없다. 후세의 연구자에게 기대하도록 하자—이 사람이 구라노미코(倉

皇子)를 낳았다.

다음 비는, 소가노오오미이나메노스쿠네의 딸인 가타시히메(堅鹽媛)다. 7남 6녀를 낳았다. 첫째가 오에노미코(大兄皇子 ; 요메이천황)라 하고, 둘째는 이와쿠마노히메(磐隈皇女)라고 한다. 처음에는 이세노오카미를 모셨으나 나중에 우마라키노미코(茨城皇子)에게 겁탈당하여 자격을 잃었다.

셋째는 아토리노미코(臘嘴鳥皇子)라고 한다. 넷째는 도요미케카시키야히메노미코토(豐御食炊屋姬尊 ; 스이코천황), 다섯째는 마로코노미코(椀子皇子), 여섯째는 오야케노히메(大宅皇女), 일곱째는 이소노카미베노미코(石上部皇子), 여덟째는 야마시로노미코(山背皇子), 아홉째는 오토모노히메(大伴皇女), 열째는 사쿠라이노미코(櫻井皇子), 열한째는 가타노노히메(肩野皇女), 열두째는 다치바나노모토노와카미코(橘本稚皇子), 열셋째는 도네리노히메(舍人皇女)라고 한다.

다음 비인, 가타시히메의 동복 여동생은 아오네노키미(小姉君)라고 하며, 4남 1녀를 낳았다. 첫째는 우마라키노미코, 둘째는 가즈라키노미코(葛城皇子), 셋째는 하시히토노아나호베노히메(泥部穴穗部皇女 ; 요메이천황의 황후이자 쇼토쿠태자의 어머니), 넷째는 하시히토노아나호베노미코(泥部穴穗部皇子)라고 한다—다른 이름은 아마쓰카코노미코(天香子皇子). 어떤 책에 따르면 다른 이름은 스미토노미코(住迹皇子)라고도 한다—다섯째는 하쓰세베노미코(泊瀨部皇子 ; 스슌천황)라고 한다.

—어떤 책에 따르면, 첫째는 우마라키노미코, 둘째는 하시히토노아나호베노히메라고 한다. 셋째는 하시히토노아나호베노미코라고 하며, 다른 이름은 스미토노미코, 넷째는 가즈라키노미코, 다섯째는 하쓰세베노미코라고 한다. 또 다른 책에는 첫째는 가즈라키노미코, 둘째는 스미토노미코, 셋째는 하시히토노아나호베노히메, 넷째는 하시히토노아나호베노미코라 하고 다른 이름은 아마쓰카코, 다섯째는 하쓰세베노미코라고 한다. 제왕본기(帝王本紀 ; 현존하지 않음)에 옛 이름이 많고, 글을 뽑아 모은 사람도 종종 바뀌는 일이 있었다.

후세 사람이 읽으면서 고의로 삭제하거나 고치기도 했다. 베껴쓴 일이 많아서 나중에는 혼란스러워져 앞뒤 순서가 바뀌고 형제가 뒤바뀌는 일도 있었다.

그러나 지금은 고금을 조사 연구하여 올바르게 되돌렸다. 쉽게 이해하기 어려운 깃은 일단 하나를 선택하고 다른 것은 주(註)로써 기록했다. 다른 경우도 이와 같다.

다음 비는 가스가노히쓰메노오미(春日日抓臣)의 딸 아라코(糠子)라고 하며, 가스가노야마다노히메(春日山田皇女)와 다치바나노마로노미코(橘麻呂皇子)를 낳았다.

성명왕(聖明王), 임나 부흥 협의

여름 4월, 안라(安羅 : 임나의 한 나라로 경상남도 함안 땅, 일본부가 있었던 곳)의 차한기(次旱岐 : 관직명인 듯) 이탄해(夷吞奚), 대불손(大不孫), 구취유리(久取柔利), 가라(加羅 : 임나의 한 나라로 경상북도 고령 땅)의 상수위(上首位) 고전해(古殿奚), 솔마(率麻)의 한기(旱岐),[1] 한기의 아들인 산반해(散半奚), 다라(多羅)의 하한기이타(下旱岐夷他), 한기의 아들인 사이기(斯二岐), 자타(子他)의 한기들과 임나일본부의 기비노오미(吉備臣)가 백제로 가서 함께 조서(詔書)를 받들었다.

백제의 성명왕이 임나의 한기들에게 말했다. "일본 천황은 오로지 임나를 복원하고 싶어한다. 임나를 재건할 방법이 있겠는가? 모두가 충성을 다해 천황의 뜻이 이루어지도록 도와야 하지 않겠느냐?"

임나의 한기들이 대답했다. "이전에 신라와 몇 차례 의논한 적이 있으나 아직 회답이 없습니다. 우리의 의견을 다시 신라에 알린다 해도 회답은 오지 않을 것입니다. 지금은 다 같이 천황에게 사신을 보내어 사실을 알려야 합니다. 임나를 부흥시키고자 하는 대왕(성명왕)의 생각에 어떻게 이의가 있겠습니까? 다만 임나는 신라와 국경이 맞닿아 있기 때문에 탁순(卓淳) 등과 같은 멸망할까봐 두려울 뿐입니다"—탁순 등이라고 한 것은 탁기탄(啄己吞)과 가라(加羅)를 가리키며, 그 의미는 그들 나라처럼 망국의 화를 입게 될까봐 두렵다는 뜻이다.

성명왕이 말했다. "옛날, 우리 선조인 속고왕(速古王)과 귀수왕(貴首王) 시대에

---

1)가야에서 왕을 이르던 말

안라, 가라, 탁순의 한기들이 처음으로 사신을 파견하여 서로 오가며 친교를 맺었다. 형제처럼 함께 번영하고자 했다. 그런데 신라에 속아서 천황의 분노를 사고 임나에게도 원망을 듣게 된 것은 나의 불찰이었다.

나는 그 일을 깊이 후회하며, 하부(下部)의 중좌평(中佐平) 마로(麻鹵)와 성방(城方) 갑배매노(甲背眛奴)를 가라에 보내 임나일본부에서 만나 맹약을 맺었다. 이후 지금까지 아침 저녁으로 임나를 다시 일으켜야겠다는 생각을 잊은 적이 없었다. 즉 천황이 임나를 속히 재건하라고 분부하시니, 그대들과 함께 도모하여 임나국의 재건을 검토하고자 한다. 또 임나의 국경에 신라를 불러 대화에 응할 마음이 있는지 어떤지 물어보아야 한다. 다 같이 사신을 보내어 천황에게 주상하고 분부를 받도록 하자. 만약 사신이 돌아오기 전에 신라가 틈을 노려 임나를 침략한다면 내가 가서 구할 것이다. 걱정할 필요는 없다. 그러나 방비를 신경써서 경계를 늦춰서는 안 된다. 그대들은 탁순처럼 화를 입을까봐 두렵다고 하지만, 그것은 신라가 강했기 때문이 아니다. 탁기탄은 가라와 신라의 국경선에서 끊임없이 공격을 받아 패배했다. 임나도 이를 해결하지 못해서 멸망했다. 남가라(南加羅)는 땅이 좁아서 빠르게 대비할 수가 없었고 의지할 데도 없었기 때문에 멸망했다. 또 탁순은 상하가 분열되어 국왕 자신이 신라와 내통했다. 그래서 망했다.

그렇게 생각하면, 세 나라가 패망한 데는 그럴 만한 이유가 있었던 셈이다. 옛날 신라는 고구려에 도움을 청하여 임나와 백제를 공격했지만 이기지 못했다. 신라가 어떻게 혼자 힘으로 임나를 멸망시킬 수 있겠는가. 지금 내가 그대들과 힘과 마음을 합치고 천황의 위력에 의지하면 임나는 틀림없이 부흥할 수 있을 것이다." 그리고 각자에게 선물을 주니 모두들 기뻐하며 돌아갔다.

신라의 모략을 응징

가을 7월 백제는 안라의 일본부와 신라가 내통했다는 사실을 알고 전부(前部 : 백제의 5부 가운데 하나) 나솔(奈率 : 관위의 하나) 비리막고(鼻利莫古), 나솔 선문(宣文), 중부(中部) 나솔 목리매순(木刕眜淳), 기신(紀臣) 나솔 미마사(彌麻沙)를 보내어—기신 나솔은, 아마도 기신이 한(韓)의 여자와 결혼하여 낳은 자식으로,

백제에 머물며 나솔이 되었을 것이고 그 아버지에 대해서 자세한 내용은 알수 없다. 다른 사람노 이와 마잔가지이다.

안라에 사자를 보내 신라로 간 임나의 집사(執事)를 소환하여 임나의 재건을 도모하게 했다. 또 별도로, 안라 일본부의 가와치노아타이(河內直)가 신라에게 계획을 알린 것을 깊이 힐책하고 꾸짖었다.―《백제본기》에서는 가부지비직(加不至費直), 아현이나사(阿賢移那斯), 좌로마도(佐魯麻都)라고 되어 있지만 확실하지 않다.

왕은 임나에 대해 "옛날 우리의 선조 속고왕(速古王), 귀수왕(貴首王)과 당시 임나의 각국 국왕들이 처음으로 화친을 맺어 형제가 되었다. 그러므로 나는 그대를 자식이나 아우로 생각하고 그대도 나를 아버지나 형으로 생각하여, 함께 천황을 섬기며 강적을 막고 나라를 지켜 오늘에 이르렀다. 우리 조상과 그때의 국왕이 화친을 맺으며 했던 말을 떠올리면, 마치 밝은 햇볕이 비치는 것 같다. 이후 골육보다 더 친밀한 애정을 주고받으며 언제나 변함없이 이웃나라로서 우호를 이어가기를 나는 늘 염원했노라. 그런데 이상한 것은 왜 가벼이 떠도는 말 때문에 요 몇 해에 유감스럽게도 그 뜻을 잃어버렸는가 하는 것이다. 옛사람들이 말했듯이 참으로 '후회막급'한 일이다. 이제는 천지의 신들에게 맹세하여 지난 과오를 고치고 숨기는 것 없이 신에게 정성을 다하여 스스로 깊이 반성해야 한다.

세상을 물려받은 자는 부조(父祖 : 조상)의 위업을 짊어지고 이를 융성하게 일으키고 공적을 세우는 것을 귀하게 여긴다. 따라서 지금부터라도 조상이 도모한 친교를 존중하여 천황의 조칙에 따라, 신라가 빼앗아간 나라 남가라와 탁기탄을 되찾아서 원래대로 임나에게 돌려주고 일본을 아버지 또는 형으로 영원히 섬기고자 한다. 이것이 바로 내가 무엇을 먹어도 맛있지가 않고 잠을 자도 편안하지 않은 근심의 원인이다. 잘못을 뉘우치고 앞날을 경계하며 늘 주의해야 한다. 신라가 감언으로 책략을 꾸몄다는 것은 천하가 다 아는 사실이다. 그것을 함부로 믿다가 계략에 빠져 버렸다.

임나의 국경이 신라와 맞닿아 있으니 경계를 게을리해서는 안 된다. 계략에 빠지면 나라를 잃을 뿐만 아니라 집안이 망하고 몸은 포로가 되고 만다. 나는 이것이 늘 걱정이 되어 마음이 불편하다. 듣자하니 임나와 신라는 책략을 꾸밀 때도 막판에 가서 벌이나 뱀 같은 본성을 드러낸다고 한다. 무릇 재앙이 일어날 징조는 사람들에게 행동을 경계하라는 경고로 나타나는 것이다. 하늘이 내리는 재앙은 사람들에게 그 잘못을 깨닫게 하기 위함이다. 하늘이 내리는 재앙은 바로 조상들의 영령이 내리시는 계시(啓示)다. 화를 당한 뒤에 후회하고 망하고 난 뒤에 일으키려 해봤자 이미 때가 늦다. 이제는 나와 함께 천황의 칙령을 받들어 임나를 다시 일으켜야 한다. 어찌 그것이 어렵다고 두려워하겠는가. 오래도록 영토를 보존하고 백성을 다스릴 수 있느냐의 성패는 여기에 달려 있다. 신중히 생각해야 하리라."라고 말했다.

성명왕은 또 임나일본부에도 이렇게 말했다. "천황이 조칙을 내려, '임나가 멸망하면 그대가 의지할 곳이 없어지고 임나가 흥하면 그대에게도 도움이 되리라. 지금 임나를 예전처럼 다시 일으켜 그대에게 도움이 되고 백성이 만족하게 하라'고 분부하셨다. 그 조칙을 받드니 가슴이 벅차오른다. 이제 정성을 다하여 임나를 일으켜 세우고자 한다. 옛날처럼 천황을 섬기면서 앞날을 충분히 배려해야 비로소 평안하고 태평한 때가 다가온다. 지금 일본부가 조칙에 따라 임나를 구한다면 천황도 칭찬하고 상록(賞祿 ; 벼슬아치에게 곡식이나 베 따위를 상으로 주던 일)도 내리리라. 일본의 경(卿)들은 오랫동안 임나국에 머물면서 신라와 교류했으니 신라의 실상을 잘 알고 있을 것이다. 임나를 침략하여 일본의 힘을 저지하려 한 것은 이미 오래전부터 자행되어온 일로, 전혀 새삼스럽지 않다. 그러나 감히 신라가 움직이지 못하는 것은 가까이는 백제를 경계하고 멀리는 천황을 두려워하기 때문이다. 신라는 조정을 교묘하게 조종하며 거짓으로 임나와 친해졌다. 신라가 임나일본부의 환심을 산 것은 아직은 임나를 빼앗을 수 없기에 위장한 것이다. 지금 그 빈틈을 노려 군사를 일으켜 치는 것이 좋으리라. 천황이 남가라와 탁기탄을 다시 일으키라고 권한 것은 최근에 시작된 것이 아니다. 신라가 그 명을 따르지 않는다는 사실은 경들도 잘 아는 바이다. 천황의 칙령을 받들어 임나를 다시 세우려면 이대로는 안 된다. 경들이 감언을 믿고 거짓에 넘어가서 임나국을 멸망시키고 천황을 욕되게 하지 않도록 충분히 신중을 기하여 속지 말도록 하라."

가을 7월, 백제가 기신 나솔 미마사(彌麻沙), 중부 나솔 기련(己連)을 보내어, 하한(下韓;남한南韓)과 임나에 대해 보고하고 아울러 표문을 올렸다.

4년 여름 4월, 백제의 기신 나솔 미마사 일행이 귀국했다.

가을 9월, 백제의 성명왕은 전부 나솔 신모귀문(新牟貴文), 호덕(護德) 기주기루(己州己婁), 모노노베노세토쿠마가무(物部施德麻奇牟) 등을 보내어 부남(扶南; 메콩 강 하류에 있었던 크메르족의 나라)의 재물과 노예 둘을 바쳤다.

임나를 복원하라는 독촉

겨울 11월 8일, 쓰모리노무라지(津守連)를 백제에 보내어 "임나의 하한에 있는 백제의 군령과 성주를 일본부에 귀속시키도록 하라." 명하고 "왕이 종종 표문을 올려 당장이라도 임나를 일으켜 세울 것처럼 말한 지 10여 년이 지났다. 말은 그렇게 했으면서 아직까지 이루지 못했다. 임나는 그대 나라의 기둥이다. 기둥이 부러지면 누가 집을 지을 수 있으랴. 그것이 걱정이로다. 빨리 임나를 부흥시키도록 하라. 빨리 부흥시킨다면 가와치노아타이를 철수시키도록 하겠다."고 말했다.

이날 조칙을 다 들은 성명왕은 좌평(佐平) 내두(內頭) 세 명과 신하들에게 차례로 물었다. "조칙이 이러한데 어떻게 하면 좋겠는가?" 세 좌평이 대답했다. "하한에 있는 우리 군령과 성주를 철수하면 안 됩니다. 임나국을 부흥시키는 일은 조속히 천황의 칙령에 따라야 합니다."라고 했다.

12월, 백제의 성명왕은 다시 앞의 조서를 군신들에게 두루 보여준 뒤 "천황이 이런 조칙을 내렸는데 어떻게 하는 것이 좋겠는가?" 하고 물었다. 상좌평(上佐平) 사택기루(沙宅己婁), 중좌평(中佐平) 목리마나(木刕麻那), 하좌평(下佐平) 목윤귀(木尹貴), 덕솔(德率) 비리막고(鼻利莫古), 덕솔 동성도천(東城道天), 덕솔 목리매순(木刕昧淳), 덕솔 국수다(國雖多), 나솔 연비선나(燕比善那) 등이 의논한 뒤 "저희는 천성이 어리석고 하나같이 지략이 모자랍니다. 임나를 세우라는 조칙을 속히 따르기로 하고 임나의 집사(執事)와 각국의 한기(旱岐;왕)들을 불러 함께 의논하여 의견을 올리십시오. 또 가와치노아타이, 이나사(移那斯), 마도(麻都) 등이 이 안라에 있는 한, 임나를 재건하기 어려울 것입니다. 그러므로 이 사실에 대해서도 아울러 말씀드려 본국으로 돌려보내야 합니다." 하고 아뢰었다.

성명왕은 "그대들의 의견이 내 뜻과 같다."고 말했다. 그달에 백제는 시덕(施德) 고분(高分)을 보내어 임나의 집사와 일본부의 집사를 불렀다. 그들이 함께 대답하기를 "정월이 지난 뒤에 가서 듣겠습니다." 했다.

5년 봄 정월, 백제는 사자를 보내 임나의 집사와 일본부의 집사를 불렀다. 그들이 함께 대답하기를 "신께 제사를 올리는 때이니 이 시기가 끝나면 가겠습니다." 하고 말했다.

그달에 백제는 다시 사자를 보내어 임나의 집사와 일본부의 집사를 불렀다. 일본부, 임나 모두 집사를 보내지 않고 신분이 낮은 자를 보냈다. 그리하여 백제는 함께 임나 부흥을 도모할 수가 없었다.

2월에 백제는 시덕 마무(馬武), 시덕 고분옥(高分屋), 시덕 사나노차주(斯那奴次酒) 등을 임나에 사신으로 보내어 일본부와 임나의 왕에게 다음과 같이 말했다. "기신 나솔 미마사(率彌麻沙), 나솔 기련(己連), 물부련 나솔 용기다(用奇多) 등을 천황에게 사신으로 보냈다. 미마사 일행은 일본에서 조서(詔書)를 가지고 돌아와 '너희는 그쪽의 일본부와 함께 조속히 좋은 계획을 세워 나의 바람이 이루어지도록 하되, 속지 않도록 주의하라' 했다고 보고했다. 또 일본에서 쓰모리노무라지가 와서 조칙을 전하고 임나 부흥의 계책을 물었다. 그래서 일본부, 임나의 집사와 함께 임나 부흥책을 협의 결정하여 천황에게 보고하려고 세 번이나 불렀으나 아직도 오지 않아서 보고를 하지 못했다. 쓰모리노무라지에게 체류를 청하고 특별히 급사를 보내 천황에게 실상을 전하고자 한다. 그래서 3월 10일에 일본에 사자를 보내려 한다. 이 사자가 도착하면 천황은 틀림없이 힐문하실 것이다. 일본부의 여러 경(卿)과 임나의 왕들도 각각 사자를 보내어, 나의 사자와 함께 천황이 우리에게 내리는 조칙을 받들기 바란다."

특히 가와치노아타이에게는 "예전부터 지금까지 그대에 대해서는 오로지 나쁜 얘기만 들었다. 그대의 조상들도 모두 나쁜 간계를 부리며 거짓말로 속였다. 이카카노키미(爲哥可君)는 그 말을 믿고 나라에 미칠 재앙은 생각도 하지 않은 채 내 뜻에 반하여 제멋대로 포학을 일삼다가 추방되었다. 이는 오로지 그대의 잘못이다. 그대는 임나에 찾아와서 계속 좋지 않은 짓만 했다. 임나가 나날이 쇠퇴해간 것은 그대 때문이다. 그대가 아무리 하찮다 해도, 이를테면 작은 불이 산야를 불내우고 마을로 번지는 것과 같으니, 그대의 죄업에 따라 임나는 무너지고 말 것이다. 그리고 결국 와타노니시(海西)의 여러 나라(한국의 여러 나라)는 영원히 천황을 섬길 수 없게 된다. 지금 천황에게 아뢰어서, 그대들을 본국으로 돌려보내달라고 요청할 것이다. 그대도 가서 천황의 조칙을 받들도록 하라."

또한 일본부의 경과 임나의 왕들에게 "임나의 부흥을 위해서는 천황의 위광을 빌려야 한다. 그래서 나는 천황에게 가서 군사를 청하여 그 힘으로 임나국을 돕고자 한다. 군량은 내가 운반하겠다. 군사의 수는 아직 정하지 않았고 군량을 운반할 곳도 아직 정하기 어렵다. 원컨대 한 자리에 모여 가부를 논하고 최선을 선택하여 천황에게 주상하고자 한다. 그러나 아무리 불러도 오지 않으니 협의를 할 수도 없다."고 말했다. 일본부가 이에 대답했다.

"임나의 집사가 불러도 오지 않는 것은 우리가 사자를 보내지 않기 때문입니다. 천황에게 주상하기 위해 보낸 사자가 돌아와서 하는 말이, '나는 이가노오미(印奇臣)를 신라에 보내고 쓰모리노무라지를 백제에 보내기로 했다. 너는 칙령을 받을 때까지 기다려라. 신라와 백제에 직접 가서는 안 된다'는 것이었습니다. 그런데 마침 이가노오미가 신라에 사신으로 간다는 소식을 듣고 불러서 천황이 분부하신 바를 물었습니다. 조칙에는 '일본부의 오미와 임나의 집사가 신라에 가서 천황의 조칙을 들으라'고 되어 있었습니다. 백제에 가서 명을 들으라는 분부는 없었습니다. 나중에 쓰모리노무라지가 여기에 들렀을 때 말하기를 '지금 내가 백제에 사자로 가는 것은 하한에 있는 백제의 군령과 성주를 철수시키기 위함이다'라고 했습니다. 오직 그 말뿐이었고 임나와 일본부가 백제에 모여서 천황의 조칙을 받들라는 말씀은 듣지 못했습니다. 그러므로 찾아오지 않은 것은 임나의 의사가 아닙니다." 그러자 임나의 왕들이 말했다.

"사신이 와서 부르기에 가려고 했지만, 일본부의 경이 허락하지 않아서 갈 수가 없었습니다. 성명왕은 임나를 일으켜 세우기 위해 진심을 속속들이 보여주셨습니다. 이를 보고 뭐라 표현할 수 없을 만큼 기쁘게 여겼습니다."

일본부의 관인(官人) 기피

3월, 백제는 나솔 아탁득문(阿乇得文), 허세 나솔 기마(奇麻), 물부 나솔 기비(奇非) 등을 보내어 표문을 올리고 이렇게 말했다. "나솔 미마사, 나솔 기련 등이 조서를 읽고, '너희는 그쪽의 일본부와 함께 의논하여 좋은 계획을 세워 속히 임나를 재건하라. 신중을 기하여 신라에 속지 말라'고 했습니다. 또 쓰모리노무라지가 우리나라에 와서 칙서를 전하고 임나 부흥책을 물었습니다. 삼가 칙서를 받들어 당장 협의할 생각으로 사신을 보내어 일본부—《백제본기》에는 우고하노오미(烏胡跋臣)를 불렀다고 되어 있다. 생각건대 아마도 이쿠하노오미(的臣)를 가리키는 말일 것이다—와 임나를 불렀습니다. 함께 대답하기를 '정월이 다 되었으니, 설을 쉰 뒤에 가겠습니다' 했는데 오지 않았습니다. 다시 사자를 보내자 '신에게 제사를 올리는 시기이니, 그게 끝나면 가겠습니다' 하고는 또 오랫동안 오지 않았습니다. 다시 사자를 보냈으나 신분이 낮은 자를 보내와 함께 협의할 수가 없었습니다. 임나가 불러도 오지 않는 이유는 자신의 뜻이 아니라 아현(阿賢) 이나사(移那斯), 좌로(佐魯) 마도(麻都)의 간계 때문입니다. 임나는 안라를 형(兄)으로 여기고 있습니다. 안라 사람은 일본을 아버지로 우러르며 오직 그 뜻만 따릅니다. 지금 이쿠하노오미, 기비노오미, 가와치노아타이 등은 모두 이나사와 마도의 지휘를 따랐을 뿐입니다.

이나사와 마도는 신분이 낮고 출신이 비천하지만, 일본부의 정무(政務)를 마음대로 주무르고 있습니다. 또 임나를 지배하고 통제하며 집사가 가지 못하게 막고 있습니다. 그래서 함께 의논하여 천황에게 대답을 할 수가 없었습니다. 그리하여 기마노궤(己麻奴跪: 쓰모리노무라지津守連인 듯)를 붙잡아두고 하늘을 나는 새처럼 특별히 빠른 사자를 보내 천황에게 아룁니다. 만약 두 사람(이나사와 마도)이 안라에 머물며 간계를 부린다면 임나를 다시 일으켜세우기는 어렵고 와타노니시(海西)의 여러 나라는 천황을 섬길 수 없습니다. 엎드려 청하건대, 이 두 사람을 본국으로 데려가 주십시오. 그런 다음 조칙을 내려 일본부와 임나를 설득하여 임나 부흥을 도모해 주시기를 바라옵니다. 이에 나솔 미마사, 나솔 기련 등과 함께 기마노궤를 딸려 보내 표문을 올렸습니다.

그러자 조칙이 내려와 '이쿠하노오미 일행이 신라에 간 것은 나의 명이 아니다. 옛날 이키미(印支彌 ; 왜인 관료)와 아로왕(阿鹵王)이 있었을 때, 신라의 압박으로 백성들이 농사를 짓지 못한 적이 있었고 백제는 멀리 떨어져 있어서 이들을 구할 수가 없었다. 이쿠하노오미가 신라를 오가면서 간신히 농사를 지을 수 있게 했다는 일은 일찍이 얘기를 들은 적이 있다. 만약 임나 부흥이 이루어지면 이나사, 마도도 저절로 물러가게 될 것은 말할 것도 없다'고 하셨습니다.

이 조칙을 받들자 마음속에 기쁨과 두려움이 교차했습니다. 그리고 신라와 일본의 모의는 천황의 명에 의한 것이 아님을 알았습니다. 신라는 봄에 탁순을 빼앗고 구례산에 있는 우리 수비병을 몰아내고 점령했습니다. 그 뒤 안라에 가까운 곳은 안라가 경작하고 구례산에 가까운 곳은 신라가 경작하면서 서로 침범하지 않는데, 이나사와 마도가 그 경계를 넘어서 경작하더니 6월에 달아나 버렸습니다. 이키미 다음에 온 고세노오미이나모치 때는, 신라가 타인의 경계를 침범한 적이 없었습니다. 안라도 신라의 공격 때문에 경작할 수 없다고 말한 적이 없습니다. 저는 일찍이 신라가 해마다 많은 병사를 모아서 안라와 하산(荷山)을 공격하려 하거나, 가라(加羅)를 습격하려고 했다는 얘기도 들었습니다. 그때는 미리 정보를 손에 넣었기 때문에 장병을 보내어 부지런히 임나를 지켰습니다. 끊임없이 병사들을 보내어 때에 맞춰 도왔습니다. 그 때문에 임나는 계절에 맞춰 경작하게 되었고 신라도 감히 침략하지 않았습니다. 그것을 백제는 거리가 멀어서 구할 수가 없고 이쿠하노오미가 신라를 오가며 간신히 경작할 수 있었다고 하는 것은 위로는 천황을 속이면서 한층 더 거짓말을 하는 것입니다. 이토록 명백한 일조차 천황을 속였으니, 그밖에도 반드시 거짓이 있을 것입니다. 이쿠하노오미가 여전히 안라에 있다면 임나국은 부흥하지 못할 것입니다. 부디 조속히 물러나게 하십시오.

제가 심히 걱정하는 것은 좌로마도(佐魯麻都)는 한국에서 태어났지만 지위는 오무라지라는 것입니다. 일본부의 집사들과 교류하며 함께 번영을 누렸습니다. 그런데 지금은 신라의 나마례(奈麻禮)라는 지위에 올라 마음이 신라로 기울어진 것은 누가 봐도 명백합니다. 그 행위를 잘 살펴보면 도무지 두려워하는 데가 없습니다. 그 악업은 예전에 상세히 보고했습니다. 지금도 여전히 타국의 옷을 입고 끊임없이 신라 땅을 드나들면서 공사(公私)에 걸쳐 거리끼는 데가 없습니다. 훼국(喙國)이 망한 것은 다름 아니라, 훼국의 함파한기(函跛旱岐)가 임나에 딴 마음을 품고 신라와 내통하여, 임나가 신라와 싸웠기 때문입니다. 만약 함파한기가 내응하지 않았다면, 훼국은 적어도 멸망하지는 않았을 것입니다. 탁순도 마찬가지입니다. 만약 탁순의 왕이 신라와 내통하여 적을 불러들이지 않았더라면 멸망에 이르지 않았겠지요. 각국이 패망한 이유를 통찰해보면 모두 딴마음을 품고 내통한 자가 있었기 때문입니다. 지금 마도는 신라와 내통하며 그 나라의 옷을 입고 조석으로 왕래하면서 남몰래 그릇된 마음을 품었습니다. 걱정스러운 것은 그 때문에 임나가 영원히 멸망하는 일입니다. 임나가 망하면 우리나라도 위태로워집니다. 백제가 조공할 마음이 있어도 어찌 가능하겠습니까? 엎드려 원하는 것은 천황께서 아득히 먼 곳까지 헤아리시어, 조속히 간신을 본국으로 불러들이고 임나를 평안하게 해주시는 것입니다.'

겨울 10월, 백제의 사자 나솔 득문(得文), 나솔 기마(奇麻)가 귀국했다.

─《백제본기》에 겨울 10월 나솔 득문, 나솔 기마가 일본으로 돌아갔지만, 주상한 가와치노아타이, 이나사, 마도 등에 대해서는 대답이 없었다고 한다.

임나 부흥 계획

11월, 백제는 일본부의 오미와 임나의 집사에게 사자를 보내 "천황에게 보낸 나솔 득문(得文), 허세 나솔 기마(奇麻), 물부 나솔 기비(奇非) 등이 일본에서 돌아왔으니, 일본부의 오미와 임나국의 집사는 와서 칙명을 받들고 함께 임나의 일을 협의하라."고 전했다. 일본의 기비노오미, 안라의 하한기(下旱岐) 대불손(大不孫), 구취유리(久取柔利), 가라의 상수위(上首位) 고전해(古殿奚), 솔마군(率麻君), 사이기군(斯二岐君), 산반해군(散半奚君)의 아들, 다라(多羅)의 이수위(二首位) 흘건지(訖乾智), 자타(子他)의 한기(旱岐), 구차(久嵯)의 한기들이 백제로 갔다. 백제의 성명왕이 조서를 보여주면서 말했다. "내가 나솔 미마좌, 나솔 기련, 나솔 용기다(用奇多)를 일본에 보냈을 때, (천황이) '빨리 임나를 다시 일으켜 세우라'는 조칙을 내렸다. 또 쓰모리노무라지가 칙명을 받들어 임나를 부흥시켰는가 하고 물어왔다. 그래서 모두를 불렀으니 어떻게 임나를 다시 일으켜 세울 것인지 각자의 계책을 말해 보라."

기비노오미와 임나의 한기는 "임나의 부흥은 오로지 대왕의 결의에 달려 있습니다. 저희는 왕을 따라 함께 칙령을 받들겠습니다." 하고 말했다.

성명왕이 말했다. "임나와 우리 백제는 예부터 가족 같은 사이였다. 지금 일본부의 이키미가 이미 신라를 치고 이제는 우리까지 치려 한다. 그러면서 기꺼이 신라의 거짓말에 귀를 기울인다. 이키미를 임나에 보낸 것은 그 나라를 침범하기 위해서가 아니었다. 옛날부터 신라는 무도하여 거짓말로 탁순을 멸망시켰다. 서로 돕는 나라가 되자고 우호를 맺었다가는 오히려 후회하게 될 것이다. 그러므로 모두를 불러 다 같이 은조(恩詔 ; 임금의 은혜로운 조칙)를 받들어 임나를 부흥시키고 전처럼 영원토록 형제가 되기를 바라는 바이다. 듣자하니, 신라와 안라의 국경에 큰 강(낙동강을 가리킨다)이 있는데 요충지라고 한다. 적의 성이 다섯 채 있으니 나는 여기에 성을 여섯 채 쌓을 생각이다. 천황에게 3,000명의 군사를 청하여 각 성에 500명씩 배치하고 우리 병사와 함께 신라 사람이 경작하지 못하게 함으로써 곤경에 빠뜨리면, 신라의 구례산에 있는 성 다섯 채는 스스로 군사를 버리고 항복할 것이다. 그러면 탁순도 다시 일어날 것이다. 일본에서 보낸 병사에게는 내가 의식(衣食)을 제공하겠다. 이것이 천황에게 주상하고자 하는 첫 번째 방책이다.

또한 백제가 하한에 군령과 성주를 두는 것이, 어째서 천황의 뜻을 거스르고 조공의 길을 끊는 게 되겠는가? 내가 원하는 것은 많은 난관을 해결하여 강적(고구려)을 물리치는 것이다. 저 흉악한 무리(신라)는 누구하고든 손을 잡으려 할 것이다. 북적(北敵 ; 고구려)은 강대하지만 우리는 미약하다. 만약 남한(南韓 ; 하한)에 군령이나 성주 같은 수비를 두지 않는다면 이 강적을 막을 수가 없다. 또 신라도 누를 수가 없다. 그래서 신라를 공격하여 임나의 존재를 보전하려는 것이다. 그렇지 않으면 아마도 멸망하여 천황에게 조공을 할 수도 없게 될 것이니, 그 뜻을 천황에게 주상할 생각이다. 이것이 두 번째 계책이다.

또 기비노오미, 가와치노아타이, 이나사(移那斯), 마도(麻都)가 계속 임나국에 머문다면, 천황이 임나의 부흥을 분부해도 지킬수가 없다. 이 네 인물을 자리에서 물러나게 하고 본국으로 대려가라고 천황에게 주상할 생각이다. 이것이 세 번째 계책이다. 일본의 오미, 임나의 한기들과 함께 사신을 파견하여 다 같이 천황에게 은조를 받들겠다고 청하라."

한기들이 말했다.

"대왕의 세 가지 계책은 저희의 심정과도 일치합니다. 원컨대 일본의 오오미 안라왕(安羅王), 가라왕에게도 보고하고 합동으로 사신을 파견하여 천황에게 주상하겠습니다. 이는 천재일우의 기회이니 심사숙고하여 계책을 세워야 합니다."

12월, 고시노쿠니(越國)에서 보고하기를 "사도가시마(佐渡島) 북쪽 미나베(御那部) 해안에 미시하세(肅愼 ; 러시아, 퉁구스계 민족) 사람이 배를 타고 와서 정박하여 봄·여름 동안 물고기를 먹으며 살았습니다. 그 섬에 사는 사람들은 '저건 인간이 아닐 것이다, 어쩌면 귀신일지 모른다'면서 가까이하지 않았습니다. 섬 동쪽의 우무노사토(禹武里) 사람이 모밀잣밤나무 열매를 주워서 먹으려고 뜨거운 잿속에 넣어 구웠습니다. 그러자 그 껍질이 두 명의 사람으로 변하더니 불 위로 한 자 가량 날아올라 계속 싸웠습니다. 마을 사람들이 이상하게 여기고 마당에 두었더니, 또 전처럼 날아올라 싸우기를 멈추지 않았습니다. 어떤 사람이 이를 점쳐보니 '이 마을 사람들은 틀림없이 귀신에게 홀리게 될 것'이라고 말했습니다. 곧 그 말대로 사람들이 귀신에게 잡혀갔습니다. 그러자 미시하세 사람은 세나카와(瀬波河) 나루터로 거처를 옮겼습니다. 나루터의 신은 대단한 위력을 지녀서 마을 사람들은 감히 가까이 가지 못하였습니다. 목이 말라 그곳의 물을 마신 미시하세 사람들이 반이나 죽었는데 그 뼈가 동굴에 쌓여있었습니다. 사람들은 그곳을 미시하세노쿠마(肅愼隈)라고 부릅니다." 하고 말했다.

6년 봄 3월, 가시와데노오미하스미(膳臣巴提便)를 백제에 파견했다.

여름 5월, 백제는 나솔 기릉(其悛), 나솔 용기다, 시덕 차주(次酒) 등을 보내어 표문을 올렸다.

가을 9월, 백제는 중부(中部) 호덕(護德) 보제(菩提) 일행을 임나에 보냈다. 또 오나라에서 입수한 재물을 일본부의 오미와 한기들에게 저마다 다르게 선물했다.

이달에 백제는 장육불상(丈六佛像)을 만들었다. 축원문을 지어 "장육불상을 만들면 그 공덕이 널리 퍼진다고 하여 삼가 만들어 올립니다. 이 공덕으로 천황께서 높은 덕을 얻으시고 천황이 다스리는 나라가 모두 복을 누리기를 기원합니다. 또 천하의 모든 중생이 업고(業苦)에서 벗어나기를 기원하며 이를 만들어 올립니다." 하고 말했다.

11월, 가시와데노오미하스미가 백제에서 돌아와 보고했다. "제가 사신으로 파견되었을 때 처자도 함께 갔는데, 백제의 바닷가에서 날이 저물어 그곳에서 머물게 되었습니다. 그때 아이가 갑자기 사라져서 행방을 알 수 없었습니다. 그날 밤에 큰 눈이 내려 날이 밝은 뒤에야 찾기 시작했는데 호랑이 발자국이 이어져 있는 것이 보였습니다. 저는 칼을 차고 갑옷을 입고 동굴을 찾아다녔습니다. 칼을 빼어들고 '칙명을 받들어, 산야를 헤매고 비바람에 시달리며 풀을 베개 삼고 가시덤불을 이불 삼아 고생하는 것은, 사랑하는 자식이 아비의 업을 잇게 하기 위함이다. 신께서 나에게 자식을 하나 주었으나 오늘 밤 그 자식이 사라져서, 그 자취를 더듬어 찾다보니 여기에 이르렀다. 목숨도 돌보지 않고 호랑이에게 원수를 갚으러 왔다'고 말했습니다. 그러자 호랑이가 앞으로 다가오며 입을 벌려 잡아먹으려 했습니다. 저는 얼른 왼손을 내밀어 그 호랑이의 혀를 잡고 오른손에 든 칼로 찔러 죽인 뒤 가죽을 벗겨가지고 돌아왔습니다."

그해에 고구려에 큰 난리가 일어나 많은 사람들이 죽었다. 《백제본기》에 '12월 갑오일에 고구려의 세군(細群)과 추군(麁群)이 궁정에서 싸웠다. 북을 두드리면서 전투를 벌인 끝에 세군이 패했으나 사흘 동안 포위를 풀지 않았다. 세군의 자손을 모조리 붙잡아 죽였다. 무술일에 고구려의 향구상왕(香丘上王 ; 고구려 제23대 안원왕)이 붕어하였다.

7년 봄 정월 초사흘, 백제의 사신인 중부 나솔 기련 일행이 돌아갔다. 좋은 말 70필과 배 10척을 하사했다.

여름 6월 12일, 백제는 중부 나솔 약엽례(掠葉禮) 일행을 파견하여 조공을 바쳤다.

가을 7월, 야마토의 이마키노코리(今來郡 ; 야마토 다카이치군高市郡의 옛 이름)에서 보고가 들어왔다. "5년 봄, 가와라노타미노아타이미야(川原民直宮)가 높은 누각에 올라가 내려다보다가 좋은 말을 발견했다. 기이노쿠니의 어부가 공납품을 싣고 온 암말의 새끼였다. 말은 사람 그림자를 보자 소리높이 울며(잘 달리는 명마의 상징) 어미말의 등을 가볍게 뛰어넘었다. 나가서 그 말을 사들였다. 해를 거듭하여 성장하자, 기러기처럼 날고 용처럼 높이 뛰어오르는 것이 여느 말과는 달리 아주 빼어났다. 타고 있으면 편안하여 마음먹은 대로 달릴 수 있었다. 가까운 곳에 있는 오치노오카(大內丘)의 넓은 골짜기도 가볍게 뛰어넘었다. 가와라노타미노아타이미야는 히노쿠마 사람이다."

이해에 고구려에 대란이 일어나 전사자가 2,000여 명에 이르렀다.

《백제본기》에 의하면, 고구려에서는 정월 병오일, 중부인(中夫人)의 아들을 왕으로 세웠다. 그때 나이 8세였다. 고구려왕에게는 부인이 셋 있었는데, 정실부인은 아들이 없었고 중부인(中夫人)이 태자를 낳았다. 그의 외할아버지는 추군이었다. 소부인(小夫人)도 아들을 낳았는데 그의 외할아버지는 세군이었다. 고구려왕의 병이 깊어지자, 세군과 추군은 각각 딸이 낳은 아들을 세우려고 다투었다. 그 싸움에서 세군 측의 사망자는 2,000여 명에 이르렀다고 한다.

일본에 구원을 요청하다

8년 여름 4월, 백제는 전부(前部) 덕솔 진모선문(眞慕宣文)과 나솔 기마(奇麻)를 일본에 보내어 원군을 청했다. 그때 하부 동성자언(東城子言)을 바쳐 덕솔 문휴마나(汶休麻那)와 교체했다.

9년 봄 정월 초사흘, 백제의 사신인 전부 덕솔 진모선문이 귀국을 청했다. 그래서 "요청한 원군은 반드시 파견할 것이니 빨리 왕에게 보고하라."고 명했다.

여름 4월 3일, 백제는 중부 간솔(杆率) 약엽례(掠葉禮) 등을 보내어 다음과 같이 주상했다. "덕솔 진모선문이 칙명을 받들고 본국에 돌아와 '원군은 필요할 때에 맞춰서 보낼 것'이라는 고마운 은조(恩詔)를 받드니 기쁘기 그지없습니다. 그러나 마진성(馬津城) 싸움—정월 신축일(辛丑日), 고구려가 군사를 이끌고 와서 마진성을 포위했다—에서 포로가 말하기를 '안라와 일본부가 고구려에게 백제를 침공하도록 권했다'고 했습니다. 상황으로 보아 있을 법한 일로 생각됩니다. 그 사실을 확인하려고 세 번이나 불렀으나 오지 않았습니다. 이 일이 마음에 걸려 심히 걱정됩니다. 존엄하신 천황께서 아무쪼록 잘 조사해 주시기 바랍니다. 요청한 원군은 잠시 보류하시고 제가 보고할 때까지 기다려 주십시오."

친횡은 명을 내렸다. "사신이 주상한 내용을 들으니 걱정하는 바를 잘 알겠다. 일본부와 안라가 이웃의 재난을 구하지 않은 것은 나 또한 안타깝게 생각하는 바이다. 고구려에 몰래 사자를 보냈다는 말은 믿을 수가 없다. 내가 명했다면 사신을 보냈겠지만, 내가 명하지 않았는데 어떻게 제멋대로 사신을 보냈단 말인가. 원컨대 왕은 옷깃을 열고 허리띠를 풀어 편안하게 쉬면서 의심하고 두려워하는 마음을 버리도록 하라. 지난번에 명한 대로 임나와 함께 힘을 합쳐서 고구려를 막고 자국의 영토를 지켜야 한다. 군사를 조금 보낼 테니 안라가 달아나 비게 된 곳을 메우도록 하라."

6월 2일, 백제에 사신을 보내어 "덕솔 진모선문이 귀국한 뒤 어떻게 되었는가. 고구려가 공격해 왔다고 들었는데, 임나와 함께 잘 처리하여 예전처럼 한마음으로 막도록 하라."고 명했다.

윤7월 12일, 백제의 사신 약엽례 일행이 귀로에 올랐다.

겨울 10월, 370명을 백제에 보내 득이신(得爾辛)에 성을 쌓는 것을 돕게 했다.

10년 여름 6월 7일, 장덕 구귀(久貴)와 고덕(固德) 마차문(馬次文) 등이 귀국을 청했다. 이에 명을 내려 "연나사(延那斯)와 마도(麻都)가 몰래 고구려에 사자를 보낸 것에 대해서는 진위를 묻는 사자를 보낼 생각이다. 요청한 원군은 원하는 바를 잘 알았다."고 했다.

11년 봄 2월 10일, 백제에 사신을 보내어―《백제본기》에 3월 12일, 일본 사신 아히타(阿比多)가 배 세 척을 이끌고 찾아왔다고 되어 있다―"장덕 구귀와 고덕 마진문의 표문을 따라, 하나하나 손바닥 들여다보듯이 교시하겠다. 이쪽의 심정을 소상히 설명하겠다. 사신 대시두(大市頭)가 귀국한 뒤 달라진 것은 아무것도 없다. 이제 상세히 대답할 생각으로 사신을 보낸다. 나솔 마무(馬武)는 왕이 가장 신뢰하는 신하라고 들었다. 위에 아뢰고 아래로 전하는 것이 왕의 마음에 흡족하여 왕을 옆에서 모시게 되었다고 한다. 만약 나라가 무탈하고 천황의 미야케로서 끝까지 받들 생각이라면, 마무를 대사(大使)로 조정에 보내라." 하고 말했다. 그리고 거듭 명을 내리기를 "고구려가 강하고 포악하다고 하니 화살 30구(具 ; 1500개)를 내린다. 요충지를 단단히 지켜주기 바란다."고 했다.

여름 4월 1일, 백제에 있던 일본 사신 아히타가 돌아가려고 했다. 성명왕이 사신에게 말하기를 "임나 일은 칙명을 받들어 반드시 지키겠다. 연나사와 마도는 문책을 하든 하지 않든 칙명에 따르겠다." 하고 고구려의 노예 6명을 바쳤다. 따로 사신에게도 노예 한 명을 바쳤다. 이림(爾林)을 공격했을 때 생포한 노예이다.

16일, 백제는 중부 나솔 피구근(皮久斤)과 하부 시덕 작간나(灼干那)를 고구려로 보내어 포로 10명을 바쳤다.

12년 봄 3월, 백제왕에게 보리씨앗 1,000섬을 주었다. 그해에 백제의 성명왕은 몸소 자국과 신라, 임나 두 나라의 군사를 이끌고 고구려를 공격하여 한성(漢城 ; 현 서울. 백제 초기의 도읍지)을 되찾았다. 다시 진군하여 평양을 공격했다. 모두 6군의 땅을 되찾았다.

13년 여름 4월, 야타노타마카쓰오에노미코(긴메이천황의 적자)가 죽었다.

5월 8일, 백제, 가라, 안라가 중부 덕솔 목리금돈(木刕今敦), 가와치베노아시히타(河內部阿斯比多) 일행을 보내어 주상했다. "고구려와 신라가 연합하여 우리나라와 임나를 멸하려 합니다. 구원군을 청하여 불시에 허를 찌르고자 합니다. 군병의 수는 분부에 따르겠습니다." 그러자 천황이 명을 내리기를 "우리 백제왕, 안라왕, 가라왕, 일본부의 신하들과 함께 사신을 보내 주상한 내용은 잘 들었다. 다시 임나와 함께 마음을 합쳐 힘을 모으도록 하라. 그러면 틀림없이 하늘의 가호를 얻어 천황의 영위(靈威)를 입게 되리라."고 했다.

불교 공전(公傳)

겨울 10월, 성명왕은 서부 희씨(姬氏) 달솔(達率) 노리사치계(怒唎斯致契)를 보내어 석가불의 금동상(金銅像) 1구(軀)와 번개(幡蓋 ; 불법의 위덕을 나타내는 깃발과 양산) 약간, 경론(經論) 몇 권을 바쳤다. 따로 표문을 올려 부처를 널리 예배하는 공덕을 설명하며 "이것은 모든 법 가운데 가장 뛰어난 법입니다. 이해하기가 어렵고 입문하기도 쉽지 않아서 주공(周公)과 공자(孔子)도 이해하지 못했을 정도였으나, 무량무변한 복덕과 과보를 낳고 가장 높을 깨달음을 얻고 이를테면 사람이 수의보주(隨意寶珠 ; 모든 것이 뜻대로 이루어지는 영험한 구슬)를 품으면 뭐든지 뜻하는 대로 이루어지는 것과 같습니다. 멀리 천축(天竺 ; 인도)에서 삼한(三韓)에 이르기까지, 그 가르침을 따르며 숭경하시 않는 이가 없습니다. 그러므로 백제의 성명왕은 삼가 근신 노리사치계를 보내어 조정에 전하오니, 온 나라에 유포하여 부처님이 '나의 법이 동쪽으로 전해지리라'고 말한 바대로 이행하고자 합니다" 라고 했다.

이날 천황은 이 말을 듣고 매우 기뻐하며 사자에게 이렇게 말했다. "지금까지 이처럼 뛰어난 불법은 들은 적이 없다. 그렇다고 나 혼자서 결정할 수는 없다." 천황은 군신 한 사람 한 사람에게 물었다. "서쪽 나라에서 온 불상의 얼굴은 단아한 미를 지닌 여태까지 한 번도 본 적이 없는 모습이다. 이것을 섬겨도 되는지 생각을 말해 보라."

소가노오오미이나메노스쿠네가 대답했다. "서쪽 나라는 하나같이 모두 이 불상을 섬깁니다. 어찌 도요아키(豐秋 ; 일본의 미칭美稱)만이 홀로 이를 외면할 수 있겠습니까?" 그러자 모노노베노오무라지오코시, 나카토미노무라지카마코(中臣連鎌子)가 입을 모아 말했다. "도요아키의 천하를 다스리는 자는 언제나 천지사직(天地社稷)의 180신(神)을 춘하추동으로 모십니다. 이제 와서 뒤늦게 번신(蕃神 ; 부처)을 섬기면 아마 구니쓰카미(國神)가 노여워하실 겁니다."

천황이 말했다. "그렇다면 모시길 원하는 소가노오오미이나메노스쿠네에게 맡겨 시험삼아 예배를 올려보자." 소가노오오미이나메노스쿠네는 기뻐하며 무릎을 꿇고 받들었다. 그리고 오하리다(小墾田)의 집에 안치해 놓고 부지런히 불도를 닦았다. 무쿠하라(向原)에 있는 집을 바쳐 절로 사용했다. 훗날 나라에 돌림병이 돌아 젊은 나이에 죽는 사람이 많았다. 그 상황이 오래도록 진정되지 않아 치료할 길이 없었다. 모노노베노오무라지오코시와 나카토미노무라지카마코가 함께 주상하기를 "그때 저희의 의견을 받아들이지 않아서 돌림병이 퍼졌습니다. 지금이라도 되돌린다면 틀림없이 좋은 결과가 있을 것입니다. 불상을 하루빨리 내버리고 훗날의 복을 기도해야 합니다."라고 했다. 천황은 "그 말대로 하라."고 명했다. 불상을 나니와의 강물 속에 던져 넣고 절에도 불을 질러 깨끗이 태워 버렸다. 그러자 하늘에 구름도 없고 바람도 불지 않는데, 갑자기 궁궐에서 화재가 일어났다.

그해에 백제는 한성과 평양을 버렸다. 이에 따라 신라가 한성에 들어갔다. 지금의 신라의 우두방(牛頭方), 니미방(尼彌方)이다.

14년 봄 1월 12일, 백제가 상부 덕솔 과야차주(科野次酒), 간솔(杆率) 예색돈(禮塞敦)을 보내 군병을 청했다.

13일, 백제의 사신인 중부 간솔 목리금돈(木刕今敦)과 가와치베노아시히타 등이 돌아갔다.

여름 5월 1일(또는 7일인가), 가와치노쿠니에서 "이즈미코리(泉郡)의 지누노우미(茅淳海 ; 지금의 오사카만 일대)에서 불교 음악 소리가 들려옵니다. 그 소리가 천둥처럼 울리고 해처럼 아름답고 밝게 빛났습니다."라는 보고가 들어왔다. 천황은 괴이하게 여기고 이케베노아타이(溝邊直)를 보내 바다에 들어가서 찾아 보라고 했다. 그때 이케베노아타이는 바다 속에 밝게 빛나는 장목(樟木 ; 녹나무)을 발견했다. 그것을 가져다 천황에게 바치니 화공에게 명하여 불상 2구를 만들도록 했다. 그것이 지금 요시노사에서 빛을 발하는 장목(樟木)불상이다.

6월, 우치쓰오미(內臣 ; 이름은 명확하지 않음)를 백제에 사신으로 보냈다. 좋은 말 두 필과 제목선(諸木船 ; 많은 목재를 조립하여 만든 큰 배) 두 척, 활 50장(張), 화살 50구(2500발)를 내렸다. 칙서에 "원군은 왕이 원하는 대로 사용하라."고 했다. 다른 칙서에는 "의박사(醫博士), 역박사(易博士), 역박사(曆博士)는 당번제에 따라 교체해야 한다. 위에 열거한 직종의 사람들을 교체할 시기가 되었으니 귀환하는 사신에게 딸려 보내어 교체하도록 하라. 또 복서(卜書), 역사책, 각종 약물도 보내도록 하라."고 했다.

7월 4일, 구스노마가리궁(樟勾宮)에 행차했다. 소가노오오미이나메노스쿠네가 칙명을 받들어, 왕진이(王辰爾 ; 왜에서 활약한 백제계 출신 학자)를 보내 배의 세금을 기록하게 했다. 왕진이를 후네노쓰카사(船司)로 임명하고, 성(姓)을 내려 후네노후비토(船史)라고 불렀다. 지금의 후네노무라지(船連)의 조상이다.

8월 7일, 백제는 상부 나솔 과야신라(科野新羅)와 하부 고덕(固德) 문휴대산(汶休帶山) 등을 보내 다음과 같은 표문을 올렸다. "작년에 저희가 회의를 하여, 내신(內臣) 덕솔차주(德率次酒)와 임나의 대부(大夫 ; 오품 관직의 통칭) 등을 보내어 해외의 미야케에 대해 아뢰었습니다. 봄에 돋아난 풀이 단비를 기다리듯

은조(恩詔)를 기다렸습니다. 올해 언뜻 들으니 신라와 고구려가 모의하기를 '백제와 임나가 끊임없이 일본을 찾아간다. 생각건대 군사를 청하여 우리를 치려고 하기 때문이다. 만약 그렇게 되면 순식간에 나라가 멸망한다. 우선 일본의 원군이 오기 전에 안라를 공격해 빼앗아서 일본이 지나갈 길을 끊어버리자'고 했다고 합니다. 계책이 이와 같으니, 신들은 이 얘기를 듣고 깊은 위구심과 두려움을 느꼈습니다. 그래서 빠른 배로 급사를 보내어 아룁니다. 원컨대 자비로운 마음으로 속히 전군(前軍) 후군(後軍)을 잇달아 보내시어 구원해 주시기를 청합니다. 가을까지는 해외의 미야케를 굳게 지키겠습니다. 만약 지체하여 때를 놓친다면 후회해도 소용없습니다. 파견군이 이쪽에 도착하면 옷과 식량에 드는 경비는 저희가 부담하겠습니다. 임나도 마찬가지지만, 만약 임나가 감당할 수 없을 때는 제가 책임을 지고 결코 부족함이 없도록 하겠습니다. 이쿠하노오미는 칙명을 받들고 와서 우리나라를 보호하고 이른 아침부터 늦은 밤까지 정사에 힘써 주었습니다. 그래서 각국은 모두 그를 칭송해마지 않습니다. 만대까지 각국의 쐐기가 되리라 생각하던 차에, 불행히도 죽어 버려 깊이 애도하는 바입니다. 이제 임나를 누가 다스릴 수 있겠습니까. 부디 자애로운 마음으로 속히 대리를 보내시어 임나를 다스려 주십시오. 또 이쪽의 나라들은 궁마(弓馬)가 부족합니다. 예부터 천황에게 도움을 청하여 강적을 막아왔습니다. 자비를 베푸시어 많은 궁마를 내려주시기를 엎드려 바랍니다."

겨울 10월 20일, 백제의 왕자 여창(餘昌 ; 명왕의 아들, 위덕왕)이 전군을 동원하여 고구려로 가서, 백합(百合) 들판에 성채를 쌓고 병사들과 함께 밥을 먹고 잠을 잤다. 저녁에 먼 곳을 내다보니, 너른 들판은 비옥하고 평원은 끝없이 뻗어 있는데, 인적은 드물고 개짖는 소리조차 들려오지 않았다. 그때 갑자기 북과 피리 소리가 들려왔다. 여창은 크게 놀라 북을 치며 응했다. 밤새 굳게 지키다가 새벽 여명 속에 광야를 바라보니, 깃발이 마치 푸른 산처럼 가득 뒤덮었다. 날이 밝자 경개(頸鎧 ; 목을 보호하는 비늘갑옷)를 입은 자 1기(騎), 징(군중에 사용하는 작은 동라)을 가진 자 2기, 표범꼬리를 머리에 꽂은 자 2기, 모두 5기가 말머리를 나란히 하고 찾아와서 "부하들이 말하기를 '우리 들판에 손님이 와 있다'고 했다. 그러니 어찌 맞이하지 않을 수 있겠는가. 그렇다면 지금 예를 갖춰 우리에게 대답할 사람의 이름과 나이를 알고 싶다."고 말했다.

여창이 대답하기를 "성은 고구려와 같은 부여(夫餘), 관위는 간솔(杆率), 나이는 29세."라고 했다. 다음에 백제 쪽이 묻자 같은 방식으로 대답했다. 그리하여 서로 깃발을 세우고 싸우기 시작했다. 백제는 창으로 찔러 고구려 용사를 말에서 떨어뜨린 뒤 목을 베었다. 머리를 창끝에 꿰어 들고 군사들에게 보여주었다. 고구려의 장병들은 격분했고 백제의 환성은 천지를 뒤흔들었다. 다시 부장(副將)이 북을 두드려 치열하게 싸운 끝에 고구려왕을 동성산(東聖山) 위로 쫓아 버렸다.

15년 봄 정월 7일, 황자인 누나쿠라노후토타마시키(훗날의 비다쓰천황)가 황태자로 책봉되었다.

9일, 백제는 중부 목리(木刕) 시덕문차(施德文次), 전부 시덕 일좌분옥(日佐分屋) 등을 쓰쿠시에 보내어 우치쓰오미, 사에키노무라지(佐伯連) 등에게 말하기를 "덕솔 차주(次酒)와 간솔 색돈(塞敦) 등이 작년 11월 4일에 왔을 때, '그대들은 내년 1월에는 가겠습니다' 했는데 어떻게 된 겁니까? 또 군사 수는 어느 정도인지요. 대략이라도 듣고 미리 진영을 설치하려고 합니다." 그리고 별도로 "천황의 조칙을 받들어 쓰쿠시로 가서 보내주는 군사를 환송하라고 하셨다니 더없이 기쁜 일입니다. 이번 싸움은 전보다 더욱 위태로우니 아무쪼록 정월 안에 군사를 파견하여 주시기 바랍니다."라고 말했다. 우치쓰오미가 칙명을 받들어 회답하기를 "곧 원군 1,000명, 말 100필, 배 40척을 보내겠다."고 했다.

2월, 백제는 하부 간솔 장군 삼귀(三貴)와 상부 나솔 물부오(物部烏) 등을 보내어 원군을 청했다. 덕솔 동성자막고(東城子莫古)를 바쳐 이전의 번(番)인 나솔 동성자언(東城子言)과 교체했다. 오경박사 왕류귀(王柳貴)를 고덕 마정안(馬丁安)과 교체했다. 승려 담혜(曇慧) 등 9명을 승려 도심(道深) 등 7명과 교체했다. 또 칙명에 따라 역박사 시덕 왕도량(王道良), 역박사 고덕 왕보손(王保孫), 의박사 나솔 왕유릉타(王有陵陀), 채약사(採藥師) 시덕 반량풍(潘量豐), 고덕 정유타(丁有陀), 악인(樂人) 시덕 삼근(三斤), 계덕(季德) 기마차(己麻次), 계덕 진노(進奴), 대덕(對德) 진타(進陀)를 바쳤다. 모두 요청에 따라 교체했다.

3월 초하루, 백제의 사신인 중부 목리 시덕문차 일행이 돌아갔다.

여름 5월 초사흘, 우치쓰오미가 수군을 이끌고 백제로 갔다.

겨울 12월, 백제는 하부 긴솔 문사간노(汶斯干奴)를 보내어 표문을 올렸다.

"백제왕 성명왕과 안라에 있는 여러 왜신, 임나국의 한기(旱岐)들이 아룁니다. 생각하건대, 신라는 무도하여 천황을 두려워하지 않고 고구려와 손을 잡고 해북(海北)의 미야케를 해하려 합니다. 저희가 함께 의논하여 우치쓰오미를 보내 신라를 치기 위한 군사를 청한 바, 6월에 천황이 보낸 우치쓰오미가 군사를 이끌고 와서 저희는 매우 기뻐했습니다. 그리하여 12월 9일에 신라 공격을 개시했습니다. 저는 우선 동방군(東方軍)의 지휘관인 물부막기무련(物部莫奇武連)을 보내어 그쪽 병사를 이끌고 함산성(函山城 ; 지금의 충북 옥천 관산성管山城)을 공격하게 했습니다. 우치쓰오미가 데리고 온 일본병 쓰쿠시노모노노베노마가와카사(筑紫物部莫奇委沙奇)가 불화살을 잘 쏘아서, 천황의 위령(威靈)으로 9일 저녁에 성을 함락하여 불태웠습니다. 이에 급히 빠른 배로 한 사람만 보내어 보고합니다." 또 따로 "단지 신라뿐이었다면 우치쓰오미가 이끌고 온 군사만으로 충분하지만 지금은 고구려와 신라의 연합군을 상대해야 합니다. 이기기 어려우니 엎드려 청하건대, 쓰쿠시 주변의 군사도 보내주시어 우리나라를 구해 주시기 바랍니다. 또한 임나를 구하면 일은 성공합니다." 또 이렇게도 주상했다. "저는 군사 1만 명을 보내어 임나를 돕겠습니다. 아울러 말씀드립니다. 이번 일은 정말 더할 나위 없이 위급하기에 단선(單船 ; 부사副使가 없는 배)으로 와서 아뢰는 것입니다. 좋은 비단 두 필, 양탄자 하나, 도끼 300개, 포로로 남자 둘, 여자 다섯을 바칩니다. 너무 약소해서 송구합니다."

성명왕의 전사

여창이 신라를 칠 계획을 세우자 중신들이 간언했다. "하늘은 아직 우리 편이 아닙니다. 분명 화가 미칠 겁니다." 여창은 "노인이여, 걱정하지 마시오. 일본(야마토)을 섬기는데 두려울 것이 뭐가 있단 말이오?" 마침내 신라국에 들어가서 구타모라(久陀牟羅)에 성채를 쌓았다. 아버지인 명왕(明王 ; 성명왕)은 걱정하고 여창은 고전을 면치 못해 오랫동안 쉬지도 먹지도 못했다. 아버지가 자식을 아끼지 않으면 아들도 효도를 다할 수 없다고 생각하여 몸소 가서 노고를 위로하고자 했다. 신라는 명왕이 몸소 찾아왔다는 말을 듣고 전군을 동원하여 길을 막고 호된 공격을 퍼부었다. 이때 신라는 좌지촌(佐知村)의 말치기인 고도(苦都)에게 다음과 같이 명을 내렸다. "고도는 비천한 노비이고 명왕은 명망 있는 왕이다. 지금 비천한 노비가 유명한 왕을 죽인다면 후세에 길이 전해져 사람들 입에 오르내리지 않는 날이 없을 것이다." 고도는 곧 명왕을 사로잡아 다시 절하고 말했다. "왕의 목을 저에게 주십시오." 명왕이 대답했다. "왕의 목을 어찌 노비의 손에 넘겨달라는 것이냐?" 고도가 말했다. "우리나라의 법은 맹약을 어기면 국왕이라고 해도 노비 손에 죽습니다." 어떤 책에 의하면, 명왕은 호상(胡床 ; 휴대용 접는 의자)에 깊숙이 앉아 곡지(谷知 ; 고도苦都)에게 칼을 주며 목을 베게 했다고 한다.

명왕은 하늘을 우러러 탄식하며 눈물을 흘렸다. 그리고 "평생을 뼛속까지 사무치는 고통을 견뎌 왔는데 여기서 모든 것이 끝나는구나" 하면서 목을 내밀었다. 고도는 참수한 뒤 구덩이를 파서 묻었다. 어떤 책에는 신라는 명왕의 두개골은 거두어 가고 나머지 뼈는 예를 갖추어 백제에 보냈다고 한다. 신라왕은 명왕의 뼈를 북쪽 뜰 계단 밑에 묻고 그곳을 도당(都堂)이라고 불렀다고 한다.

여창은 결국 포위되어 빠져나오지 못했다. 병사들은 당황하여 어찌할 바를 몰랐다. 활의 명수인 쓰쿠시노쿠니노미야쓰코라는 자가 나아가서 활시위를 당기고 겨냥하여 신라의 기병 가운데 가장 용맹한 자를 쏘아 말에서 떨어뜨렸다. 그 날카로운 화살은 걸터앉은 안장의 뼈대를 앞뒤로 관통하고 갑옷 옷깃까지 꿰뚫었다. 쉬지 않고 화살을 비처럼 퍼붓자 포위군은 드디어 퇴각했다. 이로써 여창과 장수들은 샛길로 달아나 돌아올 수 있었다. 여창은 구니노미야쓰코가 포위군을 쫓아낸 것을 칭찬하고 그를 높여서 안교군(鞍橋君)이라고 불렀다. 신라의 장병은 백제가 지친 것을 알고 마침내 전멸작전을 펼치려 했다. 그때 한 장수가 말했다. "안 되오! 일본 천황은 임나 문제로 종종 우리나라를 질책했습니다. 하물며 백제를 멸망시킨다면 나중에 반드시 후환이 따를 우려가 있소." 그리하여 작전을 중지했다.

16년 봄 2월, 백제의 왕자 여창이 동생인 혜(惠)를 보내어 보고했다. "성명왕이 적에게 살해당했습니다." 천황은 매우 슬퍼했다. 사신을 보내어 나니와즈에서 맞이하고 위로했다. 고세노오미이나모치가 혜에게 물었다. "일본에 머물고 싶은가, 아니면 본국으로 돌아가고 싶은가?" 혜가 대답했다. "천황의 덕을 의지하여 아버지의 원수를 갚고 싶습니다. 만약 자비를 베푸시어 많은 무기를 주신다면 수치를 씻고 원수를 갚고자 합니다. 저의 거취는 오직 천황의 명에 달려있습니다." 얼마 뒤 소가노오오미이나메노스쿠네가 찾아와서 말했다.

"성왕(聖王)은 천도지리(天道地理)를 깨쳐 사방에 널리 그 이름을 알렸소. 오랫동안 평화를 유지하며 와타노니시(海西)의 여러 나라를 다스렸고 천만년이 지나도 천황을 섬기리라 생각했는데 뜻밖의 일이 일어나고 말았소. 갑자기 아득한 곳으로 떠나시어 흐르는 물처럼 다시는 돌아오지 못하시고 현실(玄室 : 분묘 안의 납관실)에서 쉬게 되었으니 이렇게 한스러운 일이 또 어디 있단 말이오. 무릇 마음이 있는 자라면 애도하지 않는 자가 없으리라. 무엇이 잘못되어서 이런 화를 불렀단 말인가. 이제 어떤 방법으로 나라를 안정시킬 생각이오?"

혜가 대답했다. "저는 천성이 어리석어 큰 계획을 알지 못하는데, 하물며 화복의 원인과 국가의 존망을 어찌 알겠습니까?"

그러자 소가노오오미이나메노스쿠네가 말했다.

"옛날 유랴쿠천황 시절에, 백제가 고구려의 공격을 받아 누란지위에 처한 적이 있었소. 그때 천황은 조정의 가미즈카사노카미(神祇伯)에게 명하여 신(神)들에게 계책을 물었소. 하후리(祝者 : 접신하는 사람)가 신의 말을 대신하여 '처음 나라를 세운 신을 불러 기도를 올리고 멸망하려는 나라의 주인을 구하면 반드시 나라가 안정되고 백성들도 다시 평안해질 것'이라 했소. 이에 따라 신을 부르고 백제로 가서 나라를 구했고 평안을 얻었소. 나라를 세운 신이란, 하늘과 땅이 갈라질 무렵, 초목도 말을 하던 때에 하늘에서 내려와 나라를 세운 신을 말하오. 들은 바로는 그대의 나라에서는 조상신에게 제사를 지내지 않는다고 하던데, 지금이라도 그 잘못을 뉘우치고 신의 궁전을 수리한 뒤 신령을 받들고 제사를 지낸다면 나라가 번영할 것이오. 그대는 이를 결코 잊어서는 안 될 것이오."

가을 7월 4일, 소가노오오미이나메노스쿠네, 호즈미노이와레유미노오미(穗

積磐弓臣) 등을 보내, 기비의 5군(五郡)에 시라이노미야케(白猪屯倉)를 두었다.

8월 백제의 여창이 여러 신하에게 말했다. "나는 이제 할 수만 있다면 부왕을 위해 출가하여 불도를 닦고 싶다." 이에 신하들이 대답했다. "지금 군왕이 출가하여 불도를 닦으신다면 그것은 진정한 가르침이 아닙니다. 아, 섣부른 판단으로 커다란 화를 불렀으니, 이는 누구의 잘못입니까? 지금 고구려와 신라가 앞을 다투어 백제를 멸망시키려 하고 있습니다. 출가하신다면 이 나라의 종묘사직은 어느 나라에 맡기실 생각입니까? 마땅한 도리를 분명하게 보여주십시오. 만약 노인의 말을 들으셨다면 일이 이렇게 되지는 않았을 것입니다. 부디 지난 과오를 뉘우치고 출가는 단념하십시오. 만약 소원을 이루고 싶으시다면 백성을 출가시켜 계를 받게 하면 됩니다." 여창이 대답하여 "옳은 말이오." 하고는 곧 신하들과 의논했다. 신하들은 협의하여 백 명을 출가시키고, 많은 번개(幡蓋 : 불법의 위덕을 나타내는 깃발과 양산)를 만들어 다양한 공덕을 쌓았다, 운운.

17년 봄 정월, 백제 왕자 혜가 귀국하고 싶다고 말했다. 많은 무기와 좋은 말 외에도 여러 가지 물품을 하사하여 많은 사람들이 감탄했다. 아베노오미, 사에키노무라지, 하리마노아타이를 파견하여, 쓰쿠시노쿠니의 군선(軍船)을 이끌고 본국에 도착할 때까지 호위하게 했다. 따로 쓰쿠시노히노키미(筑紫火君)를 보내어, 무사 1천 명을 이끌고 미호(彌로 : 항구 이름)로 호송하고 항로의 요충지도 지키게 했다.

가을 7월 6일, 소가노오오미이나메노스쿠네 등을 비젠의 고지마노코리(兒島郡)에 보내어 미야케(야마토 조정의 직할령)를 두었다. 가즈라키노야마다노아타이미쓰코(葛城山田直瑞子)를 다쓰카이(田令 : 미야케를 경영하기 위해 중앙에서 파견하는 관리)로 정했다.

겨울 10월, 소가노오오미이나메노스쿠네를 야마토노쿠니의 다케치노코리(高市郡)에 보내어, 가라히토노오무사노미야케(韓人大身狹屯倉), 고마비토노코무사노미야케(高麗人小身狹屯倉 : 고려는 고구려를 가리킨다)를 두게 했다. 기노쿠니에 아마노미야케(海部屯倉)를 두었다. 어떤 책에 의하면, 각지의 한인을 오무사노미야케(大身狹屯倉)의 농민으로 삼고, 고려인을 고무사노미야케(小身狹屯倉)의 농민으로 삼았다. 이것은 한인, 고려인을 농민으로 삼은 것이며, 그것을 미야케의

이름으로 삼았다고 하다

18년 봄 3월 1일, 백제 왕자 여창이 왕위에 올랐다. 그가 위덕왕(威德王 ; 백제 27대 임금)이다.

임나의 멸망

21년 가을 9월, 신라는 미지기지(彌至己知) 나말(奈末)을 보내어 공물을 바쳤다. 평소보다 후한 대접을 받고 많은 하사품을 받았다. 나말은 기뻐하며 "조공 사신은 나라에서 중요한 직책이지만, 뒤에서 헐뜯는 자가 매우 많습니다. 공납(貢納)에 백성의 목숨이 달려 있는데도 사자로 뽑히면 경멸합니다. 왕정의 폐해는 대부분 여기서 비롯됩니다. 원컨대 좋은 가문 출신의 사람을 사자로 뽑으시고 비천하게 자란 자를 뽑아서는 안 됩니다." 하고 말한 뒤 물러갔다.

22년, 신라는 구례질급벌간(久禮叱及伐干)을 보내어 공물을 바쳤다. 그런데 접대 담당관의 예우가 평소보다 부족했기 때문에 구례질급벌간은 분해하며 돌아갔다. 이해에 다시 노저대사(奴氐大舍)를 보내어 지난번의 공물을 바쳤다(구례질급벌간은 조공을 바치지 않고 돌아간 듯하다).

나니와의 오고리(大郡 ; 외국 사신을 접대하는 기관인 듯)에서 각국의 사신을 안내할 때, 접대 담당관인 누카타베노무라지, 가즈라키노아타이(葛城直) 등이 신라를 백제 뒤에 서게 하자, 대사(大舍)는 화를 내고 돌아갔다. 객사에는 들리지도 않고 배를 타고 아나토로 갔다. 그때 아나토노무로쓰미(穴門館)는 수리 중이었다. 대사가 "어떤 손님을 위해 공사하는 것인가?" 하고 묻자, 기술자인 고치노우마카이노오비토오시카쓰(河內馬飼首押勝)가 거짓으로 "서쪽의 괘씸한 나라를 문책하러 갈 사자가 머물 곳입니다." 하고 말했다. 대사가 귀국하여 들은 대로 보고하자 신라는 안라의 파사산(波斯山)에 성을 쌓고 일본을 대비했다.

23년 봄 정월, 신라가 임나의 미야케를 공격해 없애버렸다. 어떤 책에는 21년에 임나가 멸망했다고 되어 있다. 통틀어 임나라고는 하지만 하나하나 따져보면 가라국(伽羅國), 안라국(安羅國), 사이기국(斯二岐國), 다라국(多羅國), 솔마국(率麻國), 고차국(古嵯國), 자타국(子他國), 산반하국(散半下國), 걸손국(乞湌國), 임례국(稔禮國) 등 모두 열 나라에 이른다.

여름 6월, 명을 내리기를 "신라는 서쪽에 치우친 보잘것없고 비천한 나라다. 하늘을 거스르고 무도할 뿐만 아니라 우리의 은혜를 저버리고 미야케를 무너뜨렸다. 또 우리의 백성을 해치고 우리의 군현(郡縣)을 멸망시켰다. 진구황후는 총명하시어 천하를 두루 돌아다니시며 백성을 사랑으로 보살피셨다. 신라가 곤경에 처하여 도움을 청하자 불쌍히 여겨, 신라왕을 구해주고 요충지도 내주어 신라가 눈부시게 번영하도록 도와주었다. 진구황후가 신라를 야박하게 대하기라라도 했단 말인가? 우리 백성도 신라에 특별한 원한은 없다. 그런데 신라는 긴 창과 강한 활로 임나를 공격하고 커다란 엄니와 구부러진 발톱으로 백성들을 학대했다. 간(肝)을 가르고, 발목을 끊고, 뼈를 파헤치고, 시체를 불태우고도 아무렇지도 않게 여겼다. 임나는 상하를 가리지 않고 모든 것이 완전하게 요리되었다. 왕과 그 나라의 신하로서 사람의 곡식을 먹고, 사람의 물을 마시면서, 이를 전해 듣고 그 누가 슬퍼하지 않을 수 있으랴! 태자와 대신들은 함께 피눈물을 흘리며 복수를 다짐했다. 대신의 지위에 있으면 그 몸을 괴롭히며 고생하는 법이니, 선조의 덕을 입어 후세를 물려받고도, 뼈를 깎는 심정으로 충성을 다해 간악한 역적을 응징하여, 천지의 고통을 씻어주고 군부(君父)의 원수를 갚지 못한다면 죽어서도 신하의 길을 다하지 못한 일이 오래오래 한으로 남을 것이다." 하고 말했다.

　그달에 어떤 사람이 우마카이노오비토우타요리(馬飼首歌依)를 고발했다. "우마카이노오비토우타요리의 아내 아우노오미사누키(逢臣讚岐)의 안장 깔개가 이상해서 상세히 살펴보니 황후의 안장이었습니다." 즉시 붙잡아서 형리에게 넘겨 엄하게 심문했다. 우마카이노오비토우타요리는 큰 소리로 맹세하며 말했다. "그건 거짓입니다. 만약 그게 사실이라면 틀림없이 벌을 받을 것입니다."

　그러나 고문을 견디지 못하고 끝내 땅에 엎어져 죽었다. 죽은 지 얼마 되지 않아 대전에 화재가 일어났다. 형리는 그 아들인 모리시(守石)와 나세히(名瀬氷)를 붙잡아 불 속에 던져 넣으려 하면서 저주를 내뱉았다. "내 손이 던져 넣는 것이 아니라 신관의 손이 던져 넣는 것이다." 모리시의 어머니가 간절하게 빌었다. "아이를 불 속에 던져 넣으면 하늘이 벌을 내릴 것입니다. 제발 하후리베(祝人)에게 주어 가무얏코(神奴 : 신사에서 일하는 천민)로 삼아 주십시오." 어머니의 소원을 들어주어 용서하고 가무얏코로 삼았다.

가을 7월 1일, 신라가 사자를 보내어 조공을 바쳤다. 그 사자는 신라가 임나를 멸한 것을 알고 있었기에 천황의 은혜를 저버린 것을 부끄러이 여겨, 귀국을 청하지 않고 머물며 결국 본국으로 돌아가지 않았다. 일본의 백성과 똑같이 대우했으니, 지금 가와치노쿠니 사라라노코리(更荒郡) 우노노사토(鸕鷀野邑 ; 오사카부大阪府 시조나와테四條畷 부근)에 사는 신라인의 조상이다.

이키나(伊企儺)의 아내 오바코(大葉子)

그달에 대장군 기노오마로노스쿠네(紀男麻呂宿禰)를 파견하여, 군사를 이끌고 다리(哆唎 ; 전라남도 영산강 동쪽 기슭인 듯)에서 출발했다. 중장 가와베노오미니헤(河邊臣瓊缶)는 거증산(居曾山)에서 출발했다. 신라가 임나를 공격해서 문책하려 한 것이다. 임나에 이르자, 고모쓰메베노오비토토미(薦集部首登弭)를 백제에 보내어 군사 계획을 의논했다. 그런데 처가에 머물고 있었던 고모쓰메베노오비토토미가 기밀문서와 화살을 도중에 떨어뜨리는 바람에 신라가 군사작전을 상세히 알게 되었다. 급히 대군을 일으켜 일부러 패배를 거듭한 뒤 항복을 청했다. 기노오마로노스쿠네는 승리하여 군을 이끌고 백제 군영에 들어갔다. 그리고 군사들에게 다음과 같은 명을 내렸다.

"이겼어도 졌을 때를 경계하고, 평안해도 위급한 상황을 대비하는 것은 옛사람의 훌륭한 가르침이다. 지금의 이 장소는 이를테면 승냥이와 늑대가 우글거리는 무서운 곳이라고 할 수 있다. 경솔하게 행동하면 변고가 생긴다는 것을 잊어서는 안 된다. 평안할 때도 무기를 몸에서 떼어놓지 않는 군자의 무비(武備)를 게을리 해서는 안 된다. 삼가 경계하고 늘 주의하도록 하라."

병졸들은 모두 이에 복종했다. 가와베노오미니헤는 홀로 전진하여 훌륭하게 싸웠으니, 그가 가는 곳에는 대적할 자가 없었다.

신라는 다시 백기를 들고 무기를 버리고 항복했다. 전투를 잘 몰랐던 가와베노오미니헤도 마찬가지로 백기를 들고 나아갔다. 그러자 신라의 장군은 "가와베노오미니헤가 지금 항복하려 한다." 하고는 진군하여 날카롭게 역공을 가했다. 선봉이 매우 큰 피해를 입었다. 야마토노쿠니노미야쓰코테히코(倭國造手

彦)는 이제 구할 수 없다는 것을 알자 군을 버리고 달아났다. 신라의 장군은 손에 창을 들고 쫓아가 성의 해자까지 따라가서 창을 던졌다. 야마토노쿠니노미야쓰코테히코는 준마를 채찍질하여 해자를 뛰어넘어 간신히 몸을 피했다. 신라 장군은 해자 가장자리에 서서 건너편을 바라보면서 "구수니자리(久須尼自利 ; 뜻은 모르지만 아마도 '아, 애석하다' 정도가 아니었을까)"라고 탄식했다. 가와베노오미니혜는 군사를 퇴각시켜 들판에 진영을 설치했다. 그러나 병졸들은 경멸하며 따르려 하지 않았다. 신라 장군은 솔선하여 진영을 공격하여 가와베노오미니혜와 동행한 부녀자를 모조리 생포했다. 그렇게 되자 부자도 부부도 서로를 보호해 줄 여유가 없었다.

신라 장군이 가와베노오미니혜에게 물었다. "자기 목숨과 부인 목숨 가운데 어느 쪽이 더 아까운가?" 이에 가와베노오미니혜는 "어찌 여인의 목숨을 아끼고 화를 부르겠는가? 목숨보다 소중한 것은 없다."고 대답하여, 신라 장군이 취해도 된다고 허락했다. 장군은 사람들이 보는데도 아랑곳 하지 않고 여자를 겁탈했다. 나중에 부인이 돌아오자 가와베노오미니혜가 옆에 가서 말을 걸었다. 부인은 부끄럽고 원망스러워 대답하지 않고 "당신은 쉽사리 저를 팔아넘겼습니다. 이제 와서 무슨 낯으로 저를 만나려 하시는 것입니까?" 하고는 끝까지 따르지 않았다. 이 부인은 사카모토노오미(坂本臣)의 딸 우마시히메(甘美姬)였다고 한다.

같은 때에 포로가 되었던 쓰키노키시이키나(調吉士伊企儺)는 용맹한 사람으로 끝까지 항복하지 않았다. 신라 장군이 칼을 뽑아 베려고 했다. 억지로 잠방이를 벗겨 엉덩이를 드러내 일본 쪽을 향해 큰 소리로 "일본의 대장은 내 엉덩이를 핥아라." 하고 외치라고 했다. 그러자 그는 "신라왕은 내 엉덩이를 핥아라." 하고 소리를 질렀다고 한다. 아무리 핍박하고 괴롭혀도 끝까지 같은 말을 하다가 끝내 죽임을 당했다. 그의 아들 오지코(舅子)도 아버지의 시체를 안고 죽었다. 쓰키노키시이키나의 뜻을 꺾지 못한 것이 이와 같았다. 여러 장수가 그를 아까워했다. 함께 포로가 되었던 그의 아내 오바코가 구슬프게 노래하기를,

<ruby>韓國<rt>가라쿠니노</rt></ruby>の <ruby>城<rt>기노헤니닷테</rt></ruby>の 上に立って <ruby>大葉子<rt>오호바코와</rt></ruby>は, <ruby>領巾<rt>히레오오후리니나루</rt></ruby>をお振りになる <ruby>日本の方へ向って<rt>야마토노가타헤무킷테</rt></ruby>.

한국의 성 위에 서서, 오바코는 히레(領巾 ; 어깨에 걸치는 장식용 하얀 천. 이것을 흔드는 것은 석별의 뜻)를 흔듭니다. 야마토를 향하여.

어떤 이가 이에 화답했다.

<ruby>가라쿠니노</ruby> <ruby>기노헤니닷테</ruby> <ruby>오호바코와</ruby> <ruby>히레오오후리니나루</ruby> <ruby>나니와노가타헤무키이테</ruby>
韓國の 城の上に立って 大葉子は, 領巾をお振りになる 難波の方へ向いて
한국의 성 위에 서서, 오바코가 히레를 흔드는 게 보이는구나. 야마토를 향하여.

8월, 천황은 대장군 오토모노무라지사데히코(大伴連狹手彦)를 파견하여 수만 명의 군사로 고구려를 쳤다. 오토모노무라지사데히코는 백제의 작전을 써서 고구려를 격파했다. 고구려왕은 담을 넘어 탈출했다. 오토모노무라지사데히코는 승세를 타고 왕궁에 들어가 진기한 보물과 칠직장(七織帳 ; 일곱 가지 색깔로 짠 비단), 철옥(鐵屋 ; 지붕 위에 얹는 철제 장식물)을 손에 넣고 돌아갔다. 어떤 책에 의하면, 철옥은 고구려 서쪽 높은 누각 위에 있었고 직장(織帳)은 고구려왕의 내전에 장식되어 있었다고 한다.

오토모노무라지사데히코는 칠직장을 천황에게 바쳤다. 갑옷 두 벌과 금으로 장식한 칼 두 자루, 구리종 세 개, 오색 깃발 두 개, 미녀 원(媛)과 시녀 오전자(吾田子)를 소가노오오미이나메노스쿠네에게 보냈다. 소가노오오미이나메노스쿠네는 두 여자를 아내로 맞이하여 가루의 마가리도노(曲殿)에서 살게 했다. 철옥은 조안지(長安寺 ; 후소랴쿠기扶桑略記에서는 오미노쿠니近江國 리타군栗田郡 다타로지多他郞寺라고 적혀 있다)에 있다고 하는데, 그 절이 어디에 있는지는 알 수 없다.

어떤 책에는, 11년에 오토모노무라지사데히코가 백제와 함께 고구려왕 양향(陽香)을 비진류도(比津留都)로 쫓아냈다고 기록되어 있다.

겨울 11월, 신라는 사자를 보내 헌상품과 공물을 바쳤다. 사자는 신라가 임나를 멸해서 천황이 화났다는 것을 알고 귀국을 원치 않았다. 처벌이 두려워 본국으로 돌아가지 않았으므로 자국 백성과 다름없이 대우했다. 지금의 셋쓰노쿠니 미시마노코리의 하니이오(埴廬 ; 다카쓰키시高槻市 하무로土室인 듯)에 있는 신라인의 조상이다.

26년 여름 5월, 고구려 사람 두무리야페(頭霧唎耶陛) 등이 쓰쿠시로에 찾아오자, 야마시로노쿠니(山背國)에 살게 했다. 우네하라(畝原), 나라(奈羅), 야마무라(山村)에 있는 고구려인의 조상이다.

28년, 곳곳에 홍수가 나서 굶주리는 자가 많았고 사람이 사람을 잡아먹는 일도 있었다. 인접한 군(郡)의 곡물을 가져와서 연명하기도 했다.

30년 봄 정월 초하루 "경작민으로 만든 지 오래 되었으나, 나이가 열 살이 되어도 호적에 누락되어 과역에서 면제되는 자가 많다. 담진(膽津 ; 왕진이의 조카)을 보내어 시라이노타베의 정적(丁籍 ; 장정의 호적)을 다시 조사하고 확정하라."고 했다.

여름 4월, 담진이 시라이노타베의 정적을 조사하고 명에 따라 호적을 작성했다. 이에 의해 다헤(田戸 ; 더욱 정확한 호적인 듯)가 생겨났다.

천황은 담진이 호적을 정비한 공을 칭찬하여 시라이노후비토(白猪史)라는 성(姓)을 하사했다. 담진은 즉시 다쓰카이(田令 ; 미야케를 경영하는 감독자)에 임명되어 가즈라키노야마다노아타이미쓰코의 부관(副官)이 되었다.

31년 봄 3월 1일, 소가노오오미이나메노스쿠네가 죽었다.

고구려 사자가 탄 배가 난파되다

여름 4월 초이틀, 천황이 하쓰세의 시바카키궁(柴籬宮)에 행차했다. 고시노쿠니 사람인 에누노오미오모시로(江渟臣裙代)가 수도에 와서 다음과 같이 주상했다. "고구려 사신이 폭풍우를 만나 배를 대지 못하고 표류하다가 해안에 당도했습니다. 고리쓰카사(郡司 ; 군을 다스리는 지방관)가 이를 보고하지 않고 숨겨두었기에 제가 보고 드립니다." 이에 천황이 명을 내리기를 "내가 제위에 오른 지 수년이 지났는데, 이번에 고구려인이 길을 잃고 고시노쿠니 해변에 도착했다고 한다. 표류하느라 고생은 했지만 목숨만은 보전했다. 이것은 나의 정치가 곳곳에 퍼졌고 높은 덕과 자비로운 교화가 널리 통하여, 큰 은혜가 한없이 골고루 미쳤음을 보여주는 것이 아니겠는가. 야마시로쿠니의 사가라카(相樂)에 객관(客

館)을 지어 후하게 도와주고 베풀도록 하라."고 했다.

그달에 전황은 하쓰세의 시바카키궁에서 돌아와 야마토노아야노우지노아타이아라코(東漢氏直糠兒)와 가즈라키노아타이나니와(葛城直難波)를 보내어 고구려 사신을 맞이했다.

5월, 가시와데노오미카타부코(膳臣傾子)를 보내어 고구려 사신을 접대했다. 대사는 가시와데노오미카타부코가 천황의 사신임을 알고 미치노키미(道君 ; 지방 호족인 듯)에게 말했다. "그대가 천황이 아니라고 내가 의심한 것이 맞았구나. 그대가 가시와데노오미카타부코에게 엎드리는 것을 보고 관리가 아니라는 것을 알았다. 그런데 나를 속여 공물을 빼앗아 가로챘으니 당장 돌려 달라. 귀찮은 변명은 하지 말라." 가시와데노오미카타부코는 이 말을 듣고 그 공물을 찾아 돌려주고 미야케에 돌아가서 보고했다.

가을 7월 1일, 고구려 사신이 오미에 왔다.

그달에 고세노오미사루(許勢臣猿)와 기시노아카하토(吉士赤鳩)에게 명을 내려, 나니와즈에서 출발하여 배를 사자나미야마(佐佐波山)로 끌고 가서 배를 장식한 뒤, 오미 북쪽에 있는 산(비파호琵琶湖 북쪽 기슭인 듯)에서 사신을 맞이했다. 마지막에는 야마시로의 고마노무로쓰미(高麗館)에 맞아들여 야마토노아야노사카노우에노아타이코마로(東漢坂上直子麻呂)와 니시코리노오비토오이시(錦部首大石)를 보내어 보호했다. 또 사가라카 객관에서 고구려 사신에게 향응을 베풀었다.

32년 봄 3월 5일, 사카타노미미코이라쓰키미(坂田耳子郎君)를 신라에 사신으로 보내어 임나가 멸망한 연유를 물었다.

그달까지 고구려의 공물과 편지를 전달하지 못한 채, 수십 일 동안 적당한 날이 오기를 기다렸다.[2]

여름 4월 15일, 천황이 병에 걸려 자리에 누웠다. 황태자는 다른 곳에 가고 없었기 때문에 역마를 띄워 대전으로 불러들였다. 천황이 황태자의 손을 잡고 분부하기를 "내 병이 중하니 너에게 후사를 맡긴다. 너는 신라를 치고 임나를

---

2) 천황의 건강 때문이었던 것 같다.

일으켜 세워라. 다시 예전처럼 서로 화목한 사이가 된다면 죽어도 여한이 없겠다."고 했다.

그달 천황은 마침내 대전에서 붕어했다. 그때 나이 약간(불명이라는 뜻)이었다.

5월, 가와치노쿠니 후루이치(古市)에 빈궁(殯宮 : 왕족의 관을 발인할 때까지 안치해 두는 곳)을 세웠다.

가을 8월 1일, 신라는 조문사절 미질자실소(未叱子失消) 일행을 보내어 빈궁에서 애도를 표했다. 그달에 미질자실소 일행은 귀국했다.

9월, 히노쿠마 사카이노미사사기(坂合陵)에 장사지냈다.

제20권

비다쓰천황(敏達天皇): 누나쿠라노후토타마시키노스메라미코토(淳中倉太珠
敷天皇)

가라스바(烏羽)의 표문

누나쿠라노후토타마시키는 긴메이천황의 둘째 아들이다. 어머니는 센카천황의 딸인 이시히메다. 천황은 불법을 믿지 않았고 문장(文章)과 사학(史學)을 애호했다. 29년에 황태자가 되었다. 32년 4월, 긴메이천황이 붕어했다.

원년 여름 4월 3일, 황태자가 천황에 즉위했다. 선황의 황후를 높여서 황태후라 했다.

그달에 구다라(百濟)의 오이(大井)에 궁전을 조영했다.[1] 모노노베노유게노모리야오무라지(物部弓削守屋大連)를 오무라지로 정한 것은 전과 같았다. 소가노우마코노스쿠네(蘇我馬子宿禰)를 오오미로 정했다.

5월 1일, 천황이 황자(히코히토노오에노미코인 듯)와 오오미에게 물었다. "고구려 사신(작년에 고시 해변에 난파되었다)은 지금 어디에 있느냐?" 오오미가 "사가라카의 관에 머물고 있습니다." 하고 대답했다. 이 말을 듣고 천황은 매우 안타까워했다. 슬퍼하고 탄식하기를 "슬픈 일이로다. 이 사신들은 이미 돌아가신 천황(긴메이천황)께 그 이름을 아뢰어 두었는데."라고 했다. 사가라카의 관에 군신을 보내어 가져온 공물을 조사하고 기록하여 미야케로 보내도록 했다.

15일, 천황은 고구려의 국서(國書)를 오오미에게 주고 많은 후비토(문서를 담

---

1) 오사카부(大阪府) 가와치나가노시(河內長野市) 오이(太井)로 보는 설과, 나라현(奈良縣) 고료초(廣陵町) 구다라(百濟)로 보는 설이 있다.

당하는 관리)를 소집하여 내용을 해독하게 했다. 그런데 사흘이 지나도 글을 읽어낸 자가 아무도 없었다. 그때 후네노후비토(船史)의 조상인 왕진이가 그것을 해독하여 바치자, 천황과 오오미는 함께 칭찬하며 "잘 했다, 왕진이여. 훌륭하도다. 그대가 학문을 즐기지 않았더라면 누가 이 문장을 읽을 수 있었겠느냐. 앞으로는 궁궐에서 내 곁에 가까이 있도록 하라."고 명했다. 그리고 동서(東西 ; 야마토大和, 가와치河內)의 후비토에게 말했다. "너희는 아직 배움이 부족하다. 너희가 훨씬 수가 더 많은데도 왕진이 한 사람보다도 못하지 않느냐." 고구려가 바친 문서는 까마귀 깃털 위에 쓰여 있었다. 검은 까마귀 깃털에 글씨를 썼기에 아무도 읽지 못했다. 그런데 왕진이는 그 밥 짓을 때 피어오르는 연기로 깃털을 찌고 보드라운 비단천으로 눌러 글씨를 전부 옮겨 찍었다. 사람들은 한결같이 놀라움을 감추지 못했다.

6월, 고구려의 대사가 부사(副使)들에게 말했다. "긴메이천황 때, 너희는 나와 생각이 달라 남에게 속아서 멋대로 나라의 공물을 나누어 하찮은 자에게 넘겨주고 말았다. 너희의 잘못이 아니라고는 말 못할 것이다. 만약 우리 국왕이 이 이야기를 들으면 틀림없이 너희에게 벌을 내릴 것이다."

부사들은 자기들끼리 의논했다. "우리가 본국으로 돌아갔을 때, 대사가 우리의 잘못을 들춰내면 곤란해진다. 몰래 죽여서 그 입을 막는 것이 어떻겠는가?" 그날 밤, 모의가 새어 나가고 말았다. 눈치를 챈 대사는 의관을 갖추고 혼자 몰래 빠져나갔다. 관의 안마당에 서서 어떻게 할까 생각하는데, 역적 하나가 몽둥이를 들고 나와서 대사의 머리를 내리치고 달아났다. 다음에 또 역적 하나가 대사를 향해 똑바로 달려와 머리와 손을 치고 달아났다. 대사는 여전히 말없이 서서 얼굴에 흐르는 피를 닦았다. 또 역적 하나가 칼을 빼어들고 급습하여 대사의 배를 찌르고 달아났다. 대사는 무서워서 땅에 엎드리고 말았다. 역적 하나가 마지막으로 그를 죽이고 달아났다. 이튿날 아침, 외국 사신의 접대를 맡은 야마토노아야노사카노우에노아타이코마로 등이 이 사건을 추궁했다. 부사들은 "천황께서 대사에게 여자를 하사했으나 대사는 명을 어기고 받지 않았습니다. 심히 무례하기에 저희가 천황을 위해 그를 죽였습니다." 하고 거짓말을 했다. 관리는 예를 갖추어 유해를 거두고 장사를 지내 주었다.

가을 7월, 고구려 사신이 돌아갔다. 태세 임진년(壬辰年)이었다.

기비노아마노아타이나니와(吉備海部直難波) 처벌

2년 여름 5월 초사흘, 고구려 사신이 고시 바닷가에 정박했다. 배가 부서져서 익사한 자가 많았다. 조정에서는 고구려인이 해로에서 헤맬까 걱정하여 향응을 제공하지 않고 돌려보내기로 했다. 그래서 기비노아마노아타이나니와에게 명하여 고구려 사자를 전송하게 했다.

가을 7월 초하루, 고시 해안에서 기비노아마노아타이나니와와 고구려 사신들이 서로 의논하여, 기비노아마노아타이나니와의 선원 오시마노오비토이와레히(大嶋首磐日)와 사오카노오비토마세(狹丘首間狹)를 고구려 사신의 배에 태우고, 고구려의 두 사람은 기비노아마노아타이나니와의 배에 태웠다. 이렇게 서로 바꿔 태워서 간교한 계략에 대비했다. 함께 출발하여 몇십 리쯤 갔을 때, 기비노아마노아타이나니와는 거친 파도에 겁을 먹고 고구려의 두 사람을 바다에 던져 넣었다.

8월 14일, 기비노아마노아타이나니와가 돌아와서 보고했다. "바다 속에서 커다란 고래가 나타나 배와 노를 물었습니다. 저희는 고래가 배를 삼켜버릴까봐 무서워 바다에 들어가 구할 수가 없었습니다." 천황은 그 말을 듣고 거짓임을 알았다. 그래서 조정에서 잡역부로 부리며 고향에 돌려보내지 않았다.

3년 여름 5월 5일, 고구려 사신이 고시 해안에 정박했다.

가을 7월 20일, 고구려 사신이 수도에 와서 다음과 같이 주상했다. "저희는 작년에 기비노아마노아타이나니와를 따라 고국으로 돌아갔습니다. 저희 쪽이 먼저 도착하여, 나라에서 예절에 따라 오시마노오비토이와레히 일행을 예우했습니다. 그런데 기비노아마노아타이나니와의 배가 그때까지 도착하지 않았습니다. 그래서 다시 사신과 오시마노오비토이와레히 일행을 보내어, 저희 사신(바다에 빠진 두 사람)이 돌아오지 않는 이유를 묻고자 합니다." 천황은 이를 듣고 기비노아마노아타이나니와의 잘못을 꾸짖으며 "조정을 속인 것이 그 하나, 이웃나라의 사신을 익사시킨 것이 그 둘, 이런 대죄를 지었으므로 풀어줄 수가 없다." 하고 형벌을 내렸다.

겨울 10월 9일, 소가노우마코오오미(蘇我馬子大臣)를 기비노쿠니에 보내어 시라이노미야케와 경작민을 늘렸다. 시라이노이쓰(白猪膽津)에게 경작민 명부를 주었다. 11일, 후네노후비토 왕진이의 동생 우(牛)에게 성을 하사하여 쓰노후비토(津史)라 했다.

11월, 신라가 사신을 보내 공물을 바쳤다.

4년 봄 정월 9일, 오키나가노마데노오키미(息長眞手王)의 딸 히로히메(廣姬)를 황후로 세웠다. 1남 2녀가 태어났다. 첫째는 오시사카노히코히토노오에노미코(押坂彦人大兄皇子), 다른 이름은 마로코노미코(麻呂古皇子)라고 한다(조메이천황의 아버지). 둘째는 사카노보리노히메(逆登皇女), 셋째는 우지노시쓰카이노히메(菟道磯津貝皇女)라고 한다.

그달에 부인을 한 명 세웠다. 가스가노오미나카쓰키미(春日臣仲君)의 딸로 오미나고노오토지(老女子夫人), 다른 이름은 구스리코노이라쓰메(藥君娘)라고 한다. 3남 1녀를 낳았다. 첫째는 나니와노미코(難波皇子), 둘째는 가스가노미코(春日皇子), 셋째는 구와타노히메(桑田皇女), 넷째는 오마타노미코(大派皇子)라고 한다. 다음에 우네메인, 이세노오카노오비토오구마(伊勢大鹿首小熊)의 딸 우나코노오토지(菟名子夫人)가 후토히메노히메(太姬皇女)—다른 이름은 사쿠라이노히메(櫻井皇女)—와 누카테히메(糠手姬皇女)—다른 이름은 다무라노히메(田村皇女 ; 조메이천황의 어머니)를 낳았다.

2월 1일, 소가노우마코오오미가 수도로 돌아와 미야케에 대해 보고했다. 11월, 백제가 사자를 보내어 공물을 바쳤다. 공물이 예년보다 많았다. 천황은 신라가 아직 임나를 복구하지 않았다는 사실을 알자 황자와 오오미에게 "임나에 대한 일을 게을리 하지 말라."고 분부했다.

여름 4월 6일, 기시카네(吉士金子)를 신라에, 기시노이타비(吉士木蓮子)를 임나에, 그리고 기시노오사히코(吉士譯語彦)를 백제에 각각 사신으로 보냈다.

6월, 신라가 사신을 보내 공물을 바쳤다. 평소보다 많았다. 동시에 다다라(多多羅), 수나라(須奈羅), 화타(和陀), 발귀(發鬼), 이 네 고을(원래 임나였다)의 공물을 바쳤다.

그해에 점술사에게 명하여, 아마노오키미(海部王)의 집터와 이토이노오키미

(絲井王)의 집터를 점쳤더니 점괘가 길한 것으로 나왔다. 그리하여 오사다(譯語田, 나라현奈良縣 사쿠라이시櫻井市 가이수戒軍인 듯)에 궁을 지었다. 그것이 사키타마궁(幸玉宮)이다.

겨울 11월, 황후 히로히메가 죽었다.

5년 봄, 3월 10일 관리들이 황후를 세우라고 청하자, 명을 내려 도요미케카시키야히메(훗날 스이코천황)을 황후로 세웠다. 2남 5녀를 낳았다. 첫째는 우지노카이다코노히메(菟道貝鮹皇女)—다른 이름은 우지노시쓰카이노히메(菟道磯津貝皇女)라고 하며, 훗날 쇼토쿠태자의 비가 된다. 둘째는 다케다노미코(竹田皇子), 셋째는 오하리다노히메(小墾田皇女)라고 하며, 오시사카노히코히토노오에노미코에게 시집갔다. 넷째는 우모리노히메(鸕鶿守皇女)—다른 이름은 가루노모리노히메(輕守皇女), 다섯째는 오와리노미코(尾張皇子), 여섯째는 다메노히메(田眼皇女)라고 하며 조메이천황에게 시집갔다. 일곱째는 사쿠라이노유미하리노히메(櫻井弓張皇女)라고 한다.

6년 봄 2월 1일, 명에 따라 히노마쓰리베(日祀部)와 사사이치베(私部 ; 황비를 위해 설치한 부)를 두었다.

여름 5월 5일, 오와케노오키미(大別王)와 오구로노키시(小黑吉士)를 보내어 백제의 미코토모치(宰)[2]로 삼았다.

—왕의 사신이 명을 받아 삼한(三韓)에 파견되면 자신을 미코토모치라고 칭했다. 한국의 재가 되는 것은 아마도 옛날의 법도였을 것이다. 현재는 미쓰카이(使)라고 한다. 다른 경우도 이와 같다. 오와케노오키미의 출신은 알 수 없다.

겨울 11월 1일, 백제왕은 일본으로 돌아가는 사신 오와케노오키미 일행에게 경론(經論) 몇 권과 율사(律師), 선사(禪師), 비구니(比丘尼), 주금사(呪禁師)[3], 조불공(造佛工), 조사공(造寺工) 등 여섯 명을 바쳤다. 이를 나니와의 오와케노오키미의 절에 배치했다.

7년 봄 3월 5일, 우지노히메를 이세신궁에 무녀로 보냈다. 그러나 이케노베노미코가 겁탈한 일이 드러나 임무에서 물러났다.

---

2) 명을 받고 임지로 내려가서 정무를 담당한 관인. 구니노미코토모치(國司)의 전신(前身).
3) 병을 물리치기 위해 주문을 외는 사람.

8년 겨울 10월, 신라가 지질정나말(枳叱政奈末)을 보내어 공물을 바치고 불상도 보냈다.

9년 여름 6월, 신라는 안도나말(安刀奈末)과 실소나말(失消奈末)을 보내어 공물을 바쳤다. 그러나 받지 않고 돌려보냈다.

10년 봄 윤2월, 에미시 수천 명이 변경을 침범했다. 그 수령인 아야카스(綾粕)를 불러 "내가 알기로, 게이코천황 시대에 너희 에미시를 토벌하여 죽일 자는 죽이고 용서할 자는 용서했다. 나는 전례에 따라 수령을 죽일 생각이다." 하고 말했다. 아야카스는 무섭고 황공하여, 하쓰세강에 들어가 그 물을 입에 머금고 미와야마를 향해 맹세했다. "우리 에미시는 이제부터 자자손손에 이르기까지 깨끗하고 맑은 마음으로 천황을 받들겠습니다. 만약 이 맹세를 어긴다면 천지의 모든 신과 천황의 영혼으로 저희 종족은 절멸할 것입니다."

11년 겨울 10월, 신라는 안도나말, 실소나말을 보내어 공물을 바쳤다. 그러나 받지 않고 돌려보냈다. (중복)

일라(日羅)의 진언

12년 가을 7월 1일에 천황은 "돌아가신 아버님 긴메이천황 시대에, 신라는 임나의 우치쓰미야케(內官家)를 멸망시켰다. 긴메이천황 23년에 임나는 신라 때문에 멸망했다. 그래서 신라는 우리의 우치쓰미야케를 멸망시켰다고 한 것이다. 선황(긴메이천황)은 임나를 다시 세우고자 하셨다. 그러나 미처 그 뜻을 이루지 못하고 돌아가셨다. 그래서 이제 내가 그 고귀한 계획을 받들어 임나를 다시 일으키고자 한다. 지금 백제에 있는 히노아시키타노쿠니노미야쓰코(肥葦北国造) 아리사등(阿利斯登)의 아들 달솔 일라(日羅)는 지혜롭고 용감하다. 그래서 나는 그와 함께 계획을 세우고자 한다."고 말했다. 그리하여 기노쿠니노미야쓰코오시카쓰(紀國造押勝)와 기비노아마노아타이하시마(吉備海部直羽島)를 백제에 보내어 그를 불렀다.

겨울 10월, 기노쿠니노미야쓰코오시카쓰 일행이 백제에서 돌아와 "백제왕은 일라를 총애하여 일본에 가는 것을 허락하지 않았습니다." 하고 보고했다. 그해에 다시 기비노아마노아타이하시마를 백제에 보내어 일라를 불렀다. 기비노아마노아타이하시마는 백제에 가서 우선 은밀하게 일라를 만나려고 혼자서 일라의 집 문 앞으로 갔다. 잠시 뒤 집안에서 일라 부인이 나오더니 한어(韓語)로 "당신의 뿌리를 내 뿌리 안에 넣으라." 하고 말하고는 집 안으로 들어갔다. 기비노아마노아타이하시마는 곧 그 뜻을 헤아리고 뒤따라 들어갔다. 그러자 일라가 맞이하여 손을 잡고 자리에 앉혔다. 그리고 가만히 말하기를 "제가 은밀히 들은 바로는, 백제왕은 천조(天朝 ; 일본)를 의심하는지, 저를 보내면 틀림없이 붙잡아두고 돌려보내지 않을 것으로 생각하고 아까워서 보내려 하지 않습니다. 칙명을 전할 때, 위엄 있고 무서운 표정으로 급하게 재촉하십시오." 라고 했다. 기비노아마노아타이하시마는 그 계책에 따라 일라를 불렀다. 백제왕은 천조가 무서워 감히 칙명을 거역하지 못했다. 일라를 비롯하여 은솔(恩率), 덕이(德爾), 여노(余奴), 기노지(奇奴知), 참관(參官), 타사(柁師) 덕솔 차간덕(次干德), 뱃사공 등 몇몇 사람을 보냈다. 일라 일행이 기비노코지마노미야케(吉備兒島屯倉)에 도착하자, 조정에서 오토모노아라테코노무라지(大伴糠手子連) 등을 보내어 수고를 위로했다. 또 관인들을 나니와의 무로쓰미(館)에 보내 일라에게 안부를 물었다. 이때 일라는 갑옷을 입고 말을 타고 문까지 나와 관청 앞으로 나아갔다. 그리고 공손하게 절을 한 뒤 감개무량한 듯이 말했다. "센카천황 시대에 우리의 주군 오토모노카나무라노오무라지가 나라를 위해 외국으로 보낸 히노아시키타노쿠니노미야쓰코 아리사등의 아들 달솔 일라, 천황의 부름을 받고 황공한 마음으로 돌아왔습니다." 그리고 갑옷을 벗어 천황에게 바쳤다. 아토노쿠와이치(阿斗桑市)에 무로쓰미를 지어 일라를 머물게 하고 원하는 것은 뭐든지 지급했다.

다시 아베노메노오미(阿倍目臣), 모노노베노니에코노무라지(物部贄子連), 오토모노아라테코노무라지를 보내어 일라에게 국정에 대해 물었다. 일라가 대답했다. "천황이 천하를 다스리는 정치는 모름지기 백성을 보실피는 것이 목적인데 갑자기 군사를 일으켜 오히려 백성을 잃어서는 안 된다고 생각합니다. 그러므로 지금 국정을 펼치는 사람은, 조정을 섬기는 오미, 무라지, 도모노미야쓰코, 구니노미야쓰코에서 아래로는 백성에 이르기까지 모두가 유복하여 부족함이 없도록 해야 합니다. 3년을 그렇게 유지하고 식량과 병력이 충분해지면 백성들은 기꺼이 일어나 상하가 하나가 되어 물불을 가리지 않고 나라를 함께 걱정할 것입니다. 그러면 많은 배를 만들어 포구마다 배치해 두고 이웃나라의 사신에게 보여주어 겁을 먹게 한 뒤, 유능한 인물을 백제에 보내어 왕을 부르시면 됩니다. 만약 오지 않으면 태좌평(太佐平 ; 최고위 관리인 듯)이나 왕자들을 부르십시오. 그렇게 하면 저절로 천황의 명에 복종할 마음이 생길 것입니다. 그런 뒤에 임나를 다시 일으키는 일에 협조하지 않은 백제의 죄를 물으시면 됩니다." 그리고 또 주상하기를 "백제인들이 흑심을 품고, 배 3백 척에 태운 사람들을 쓰쿠시에 머무르게 해달라고 청할 것이라고 합니다. 만약 정말로 그렇게 요청한다면 허락하는 시늉만 하십시오. 만일 백제가 나라를 세울 생각이라면 틀림없이 먼저 여자와 아이들을 배에 태우고 올 것입니다. 이를 대비해 이키와 쓰시마에 많은 복병을 두고 도착하기를 기다렸다가 죽이십시오. 오히려 속지 않도록 조심하시고 모든 요충지에 튼튼한 성채를 쌓도록 하십시오."

은솔과 참관이 본국으로 돌아갈 때, 덕이 일행에게 은밀하게 말하기를 "내가 쓰쿠시를 떠난 틈에 너희가 몰래 일라를 죽인다면, 왕에게 상세히 아뢰어 높은 관직에 오르게 해주겠다. 본인은 말할 것도 없고 처자까지 대대로 영화를 누리게 될 것이다."라고 했다. 덕이와 여노가 이를 승낙했다. 참관 일행이 지카(血鹿 ; 히젠노쿠니肥前國 마쓰우라군松浦郡 지카値嘉인 듯)로 떠나자, 일라는 구와치 마을(桑市村)에서 나니와 무로쓰미로 옮겼다. 덕이 일행은 밤낮으로 일라를 죽일 기회를 노렸다. 그때 일라의 몸에서 불꽃 같은 빛이 나왔다. 그 때문에 덕이 일당은 무서워서 죽이지 못했다. 그러다가 12월 그믐에 빛이 사라진 때를 노려 마침내 죽이고 말았다. 그러나 일라는 다시 살아나서 "이는 나의 하인들이 한 짓이다. 신라가 한 짓이 아니다." 하고는 숨을 거두었다. 그때 신라의 사신이 있었기 때문에 그렇게 말한 것이다.

천황은 모노노베노니에코노오무라지와 오토모노아라테코노무라지에게 명을 내려, 오고리(小郡) 서쪽 언덕 앞에 장사지내고, 그 처자와 뱃사공들을 이시카와에서 살게 했으나, 오토모노아라테코노무라지가 "한 곳에 모여 살게 하면 무슨 변란을 일으킬지도 모릅니다." 하고 말했다. 그래서 처자는 이시카와의 구다라 마을(百濟村)에 두고, 뱃사공들은 이시카와의 오토모 마을(大伴村)에 두었다. 덕이 일행을 붙잡아 시모쓰쿠다라(下百濟)의 가와타 마을(阿田村)에 두고 관인들을 보내어 신문했다. 덕이 일당은 죄를 시인하고 "사실입니다. 은솔과 참관이 시켜서 한 일입니다. 저희는 부하된 자로서 명령을 어길 수 없었습니다." 하고 대답했다. 옥사에 가두고 조정에 보고했다. 히고(肥後)의 아시키타(葦北)에 사자를 보내어 일라 일족을 불러 덕이 일당을 마음대로 처벌하게 했다. 일라 일족은 그들을 넘겨받아 모조리 죽인 뒤 미메시마(彌賣島)에 내다버렸다. 일라를 아시키타에 옮겨 장사지냈다.

그 뒤에 바닷가에 사는 사람들은 이렇게 말했다. "은솔의 배는 강풍을 만나 바다에 침몰했으며 참관의 배는 쓰시마에 표류하다가 겨우 돌아갔다."

소가노우마코오오미의 숭불(崇佛)

13년 봄 2월 8일, 나니와노키시이타비(難波吉士木蓮子)를 신라에 사신으로 보냈다. 그리하여 임나까지 갔다.

가을 9월, 백제에서 온 가후카노오미(鹿深臣)가 미륵보살 석상을 하나 가지고 왔다. 사에키노무라지(佐伯連)도 불상 하나를 가지고 왔다.

그해에 소가노우마코오오미는 그 불상 두 개를 받아서 구라쓰쿠리노스구리시메탓토(鞍部村主司馬達等)와 이케베노아타이히타(池邊直氷田)를 사방으로 보내어 수행자를 찾았다. 하리마노쿠니에 고구려 사람으로 환속한 승려인 혜편(惠便)이라는 자가 있었다. 소가노우마코오오미는 그 사람을 불법 스승으로 삼았다. 구라쓰쿠리노스구리시메탓토의 딸인 시마(嶋)가 출가해 젠신노아마(善信尼)라고 불렸다. 그때 나이 열한 살이었다. 젠신노아마의 제자 둘도 출가했다. 한 사람은 아야히토야호(漢人夜菩)의 딸 도요메(豊女)로, 이름은 젠조노아마(禪藏尼)라고 했다. 또 한 사람은 니시코리노쓰부(錦織壺)의 딸로, 이름은 에젠노아마(惠善尼)라고 했다. 소가노우마코오오미는 혼자 불법에 귀의하여 세 명의 비구니를 숭경(崇敬 : 높여 존경하고 사모함)했다. 세 비구니를 이케베노아타이히타와 구라쓰쿠리노스구리시메탓토에게 맡겨 의식(衣食)을 보살펴주었다. 소가노우마코오오미의 집 동쪽에 불전을 짓고 미륵보살 석상을 안치했다. 세 비구니를 불러 법회를 열고 설재(設齋 : 승려에게 음식을 공양하는 것)했다. 이때 구라쓰쿠리노스구리시메탓토는 재식(齋食 : 부처에게 공양하는 음식을 담은 그릇) 위에서 불사리를 발견하여 소가노우마코오오미에게 바쳤다. 소가노우마코오오미가 시험삼아 사리를 모루 위에 놓고 쇠망치로 두드렸더니 망치와 모루만 깨지고 사리는 멀쩡했다. 또 사리를 물에 던져 넣었더니, 사리가 바라는 대로 떠오르기도 하고 가라앉기도 했다. 이에 따라 소가노우마코오오미와 이케베노아타이히타, 구라쓰쿠리노스구리시메탓토는 불법을 깊이 믿으며 수행을 게을리하지 않았다. 또 소가노우마코오오미는 이시카와의 집에도 불전을 지었다. 불법 전파가 여기서 시작되었다.

14년 봄 2월 15일, 소가노우마코오오미는 오노노오카(大野丘) 북쪽에 탑을 세우고, 법회를 열고 설재했다. 전에 구라쓰쿠리노스구리시메탓토가 받아온 사리를 탑의 기둥머리 속에 넣었다. 24일에 소가노우마코오오미가 병에 걸렸다. 점술사에게 점을 치니 "아버지 대에 모셨던 부처님으로부터 지벌(신이나 부처에게 거슬리는 일을 저질러 당하는 벌)을 받았습니다."라고 했다. 소가노우마코오오미가 자식을 보내어 그 점괘를 아뢰자, 천황은 "점술사의 말대로 아버지가 숭배한 부처에게 제사를 올리도록 하라."고 분부했다. 소가노우마코오오미는 분부대로 석상에 제사를 올리고 수명을 늘려달라고 빌었다. 이때 국내에 역병이 돌아 많은 백성들이 죽었다.

모노노베노유게노모리야오무라지(物部弓削守屋大連)가 불교를 배척하다

3월 1일, 모노노베노유게노모리야오무라지와 나카토미노카쓰미노마에쓰키미(中臣勝海大夫)가 다음과 같이 주상했다. "어찌하여 신들이 말한 내용을 채택하지 않으시는 것입니까? 긴메이천황에서 폐하의 대에 이르기까지 돌림병이 창궐하여 백성들이 다 죽어 가는 이유는 오로지 소가노우마코오오미가 불법을 퍼뜨렸기 때문임이 분명합니다." 천황은 "그것이 명백하다. 당장 불법을 금하라."고 명했다.

30일, 모노노베노유게노모리야오무라지는 직접 절로 가서 걸상에 책상다리를 하고 앉아, 그 탑을 무너뜨리고 불태웠다. 동시에 불상과 불전도 태워 버렸다. 타다 남은 불상은 모두 나니와의 호리에(堀江)에 내다버렸다. 이날, 구름도 없는데 바람이 불고 비가 내렸다. 모노노베노유게노모리야오무라지는 비웃을 입었다. 그리고 소가노우마코오오미와 그를 따르던 승려들을 꾸짖어 모욕을 주었다. 사에키미야쓰코노미무로(佐伯造御室)를 보내어 소가노우마코오오미가 공양하는 세 비구니를 불렀다. 소가노우마코오오미는 감히 명을 어기지 못하고 매우 탄식하고 눈물을 흘리면서 비구니들을 불러 사에키미야쓰코노미무로에게 보냈다. 관리들은 바로 비구니들의 승복을 빼앗은 뒤, 포박하여 쓰바키치(海石榴市)의 역참에 묶어놓고 엉덩이와 어깨를 매질했다.

천황은 임나를 재건하려고 사카타노미미코노오키미(坂田耳子王)를 사신으로 보내기로 했다. 이때 천황과 모노노베노유게노모리야오무라지가 갑자기 두창(痘瘡 ; 천연두)에 걸렸다. 그래서 사신 파견은 중지되었다. 다치바나노토요히노미코(橘豊日皇子 ; 요메이천황)에게 명을 내려 "선황의 칙명을 어기지 말고 임나 부흥정책을 게을리 하지 말라."고 했다. 온 나라에 두창으로 죽는 자가 넘쳐났다. 두창을 앓는 자들은 "몸이 불에 타고 두들겨 맞는 것처럼 괴롭다."고 울부짖으면서 죽어갔다. 늙은이도 젊은이도 서로 수군거리기를 "이는 불상을 불태운 죄"라고 했다.

여름 6월, 소가노우마코오오미가 주상하기를 "저의 병이 깊어 아직도 낫지 않았습니다. 부처님의 힘을 빌리지 않으면 오래 살지 못할 것 같습니다." 했다. 그리하여 소가노우마코오오미에게 "너 혼자 불법을 섬기도록 해라. 다른 사람에게 전파해서는 안 된다."고 명했다. 세 비구니를 소가노우마코오오미에게 돌려보내니 소가노우마코오오미는 그들을 맞이하고 기뻐했다. 전에 없던 일이라 감격하여 세 비구니에게 절을 올렸다. 그리고 새롭게 절을 짓고 불상을 맞아들여 공양했다.

어떤 책에는 모노노베노유게노모리야오무라지, 오미와노사카우노키미(大三輪逆君), 나카토미노이와레노무라지(中臣磐余連)가 함께 불교를 멸하려고 공모하여 사탑(寺塔)을 불태우고 불상을 버리려 했으나, 소가노우마코오오미가 반대하여 그것을 막았다고 한다.

가을 8월 15일, 병이 위중해진 천황은 이윽고 대전에서 붕어했다. 히로세(廣瀬)에 빈궁을 세웠다. 소가노우마코오오미는 칼을 차고 조문을 읽었다. 모노노베노유게노모리야오무라지가 비웃으며 "시시야(獵箭 ; 짐승을 쏘는 커다란 화살)를 맞은 참새 같다."고 말하며, 작은 몸에 커다란 칼을 찬 소가노우마코오오미의 우스꽝스러운 모습을 조롱했다. 다음에는 모노노베노유게노모리야오무라지가 사지를 바들바들 떨면서 조문을 읽자, 이번에는 소가노우마코오오미가 웃으면서 "방울을 매달면 재미있겠다."고 말했다. 이때부터 두 신하는 서로를 미워하게 되었다. 오미와노사카우노키미가 하야토에게 빈궁의 마당을 지키게 했다. 황위를 노리던 아나호베노미코(긴메이천황의 황자)는 당당한 목소리로 "어째서 살아 있는 나는 섬기지 않고 죽은 왕의 뜰만 섬기는가?" 하고 노성(怒聲)을 질렀다.

제21권

요메이천황(用明天皇): 다치바나노토요히노스메라미코토(橘豊日天皇)
스슌천황(崇峻天皇): 하쓰세베노스메라미코토(泊瀬部天皇)

요메이천황(用明天皇): 다치바나노토요히노스메라미코토(橘豊日天皇)

요메이천황(用明天皇) 즉위

다치바나노토요히는 긴메이천황의 넷째 아들이다. 어머니는 가타시히메(소가노오오미이나메노스쿠네의 딸)라고 한다. 천황은 불교를 믿고 신도를 숭배했다. 14년 가을 8월에 비다쓰천황이 붕어했다.

9월 5일, 요메이천황이 즉위했다. 이와레 땅에 궁을 지었다. 그리고 이케헤노나미쓰키궁(池邊雙槻宮 ; 사쿠라이시櫻井市 아베이와레노이케阿倍磐余池 근처)이라고 이름 지었다. 소가노우마코오오미를 오오미로 정하고, 모노노베노유게노모리야오무라지를 오무라지로 정한 것은 전과 같았다. 19일에 명을 내려, 스카테히메(須加手姫皇女)를 이세신궁에 보내어 무녀로 아마테라스오미카미의 제사를 지내게 했다.

《스이코천황기》에는, 스카테히메가 요메이천황 시대부터 스이코천황 시대까지 고타이신궁(皇大神宮)[1]에서 무녀로 있다가, 나중에 어머니의 고향인 가즈라키로 물러나 죽었다고 기록되어 있다. 어떤 책에는 이 황녀가 아마테라스오미카미를 37년이나 모신 뒤 스스로 물러나 죽었다고 기록되어 있다.

원년 봄 정월 초하루, 아나호베노하시히토노히메(穴穂部間人皇女)를 황후로

---

1) 이세신궁의 두 개의 정궁(正宮) 가운데 하나.

세웠다. 이 황후는 네 아들을 낳았다. 첫째는 우마야도노미코(廐戶皇子)라고 한다. 다른 이름은 도요토미미쇼토쿠(豊耳聰聖德)라고 한다. 또는 도요토미미노노리노오키미(豊聰耳法大王)라고도 하고 노리노우시노오키미(法主王)라고도 한다.

이 황자는 처음에는 가미쓰미야(上宮 ; 사쿠라이시櫻井市 우에노미야上之宮인가)에서 살다가 나중에 이카루가(斑鳩)로 옮겼다. 스이코천황 시대에 황태자가 되었다. 모든 정무를 통괄하며 천황을 대리했다. 그 일은 스이코천황에 기록되어 있다. 둘째는 구메노미코(來目皇子), 셋째는 에쿠리노미코(殖栗皇子), 넷째는 만다노미코(茨田皇子)라고 한다. 소가노오오미이나메노스쿠네의 딸 이시키나(石寸名)를 빈(嬪)으로 맞이했다. 이 사람은 다메노미코(田目皇子)를 낳았다. 다른 이름은 도유라노미코(豊浦皇子)라고 한다. 가즈라키노아타이이와무라(葛城直磐村)의 딸 히로코(廣子)는 1남 1녀를 낳았다. 아들은 마로코노미코(麻呂子皇子)라고 한다. 이는 다기마노키미(當麻公)의 조상이다. 딸은 스카테히메(酢香手姬皇女)라고 한다. 이 황녀는 3대 천황에 걸쳐 히노카미(日神 ; 덴쇼코타이신궁天照皇大神宮)를 모셨다.

오미와노사카우노키미(大三輪逆君)의 죽음

여름 5월, 아나호베노미코(긴메이천황의 황자)가 가시키야히메(炊屋姬皇后 ; 비다쓰천황의 황후, 훗날 스이코천황)를 겁탈하려고 황후가 천황의 빈궁에 있을 때 침입했다. 천황의 총신이었던 오미와노사카우노키미가 경비병을 불러 궁문을 굳게 잠그고 들어가지 못하게 막았다. 아나호베노미코가 물었다. "여기에 누가 있느냐?" 경비병이 대답했다. "오미와노사카우노키미가 있습니다." 일곱 번이나 "문을 열라."고 했으나 오미와노사카우노키미는 끝내 열지 않았다. 아나호베노미코는 소가노우마코오오미와 모노노베노유게노모리야오무라지를 찾아가서 말했다.

"오미와노사카우노키미는 심히 무례하다. 빈궁의 뜰에서 뇌사(誄詞 ; 죽은 사람의 덕을 칭송하는 말)를 읽고는 '조정이 어지러워지지 않도록, 제가 거울같이 깨끗한 마음으로 잘 지키겠습니다' 하고 말했는데, 이것이 무례하지 않은가. 지금

천황의 자제가 많이 계시고, 두 대신도 있다. 누가 제멋대로 저 혼자서 지키겠다고 밀한단 밀인가. 또 내가 빈궁을 보자고 해도 들어가지 못하게 막는다. '문을 열라'고 일곱 번이나 불렀으나 대답이 없다. 용서할 수 없는 일이다. 베어 버려야겠다."

두 대신은 "분부대로 하겠습니다." 하고 대답했다. 아나호베노미코는 남몰래 천하의 왕위를 노리고 어떤 구실이라도 만들어 오미와노사카우노키미를 죽이려는 흑심이 있었다. 마침내 모노노베노유게노모리야오무라지와 군사를 거느리고 이와레노이케(磐余池) 주변을 에워쌌다. 오미와노사카우노키미는 본거지인 미와야마로 달아났다. 그러다가 그날 한밤중에 몰래 산에서 내려와 후궁(비다쓰천황 황후의 궁)에 숨었다. 이곳은 지바키치궁(海石榴市宮)이라고 한다. 오미와노사카우노키미의 일족인 시라쓰쓰미(白堤)와 요코야마(横山)가 오미와노사카우노키미가 있는 곳을 말했다.

아나호베노미코는 모노노베노유게노모리야오무라지에게 ─ 어떤 책에는 아나호베노미코와 하쓰세베노미코가 서로 짜고 모노노베노유게노모리야오무라지를 보냈다고 한다 ─ "그대가 가서 오미와노사카우노키미와 그 두 아들을 죽여라." 하고 명령했다. 모노노베노유게노모리야오무라지는 결국 군사를 이끌고 오미와노사카우노키미를 찾아갔다. 소가노우마코오오미는 다른 곳에 있다가 이 이야기를 듣고 아나호베노미코를 찾아가다가 문 앞에서 만났다. 아나호베노미코가 모노노베노유게노모리야오무라지에게 가려고 해서 황자를 말렸다. "왕자(王者)는 형을 받을 사람을 가까이하지 않는 법입니다. 직접 가서는 안 됩니다." 아나호베노미코는 말을 듣지 않고 나갔다. 하는 수 없이 소가노우마코오오미도 따라갔다. 이와레에 이르러서도 계속 간했다. 그러자 아나호베노미코도 단념하고, 그곳에서 걸상에 깊숙이 앉아 모노노베노유게노모리야오무라지의 소식을 기다렸다. 얼마 뒤 모노노베노유게노모리야오무라지가 군사를 이끌고 와서 보고했다. "역적들을 베고 왔습니다." 어떤 책에는 아나호베노미코가 직접 가서 사살(射殺)했다고 되어 있다.

마자숙녜는 놀라는 한편 탄식하면서 말했다. "천하가 얼마 못 가서 어지러워질 것 같다." 모노노베노유게노모리야오무라지는 이 말을 듣고 "너희 소인배들은 이해하지 못한다."고 말했다. 이 오미와노사카우노키미는 비다쓰천황이 총애하여 안팎의 모든 일을 맡긴 자였다. 이 일로 가시키야히메와 소가노우마코오오미는 함께 아나호베노미코를 원망했다. 태세 병오년(丙午年)의 일이었다.

천황의 와병

2년 여름 4월 2일, 이와레 강가에서 니나메(新嘗)[2] 대제(大祭)가 열렸다. 이날 천황이 병이 들어 궁으로 돌아왔다. 천황은 곁을 지키고 있던 군신에게 말했다. "나는 불(佛), 법(法), 승(僧) 삼보(三寶)에 귀의하고자 한다. 경들도 잘 상의해 보라." 군신은 입궐하여 의논했다. 모노노베노유게노모리야오무라지와 나카토미노카쓰미노무라지(中臣勝海連)는 칙명 회의에 반대하며 말했다. "어째서 우리 나라의 신을 배신하고 남의 나라 신을 숭배한단 말인가. 이런 말은 지금까지 들어본 적이 없소." 소가노우마코오오미가 말했다. "분부에 따라 협력해야 하오. 누가 다른 의논을 할 수 있겠소." 아나호베노미코는 도요쿠니 법사(豐國法師)를 데리고 궁으로 들어갔다. 모노노베노유게노모리야오무라지는 크게 화를 냈다. 그때 오시사카베노후비토케쿠소(押坂部史毛屎)가 급히 찾아와서 모노노베노유게노모리야오무라지에게 은밀하게 말했다.

"지금 군신들이 경을 함정에 빠뜨리려는 것이오. 곧 당신의 퇴로를 끊어 버릴 것이오." 모노노베노유게노모리야오무라지는 이 말을 듣고 별장이 있는 가와치의 아토(阿都)로 물러가 사람을 모았다. 나카토미노카쓰미노무라지는 자기 집에 병사를 소집하여 모노노베노유게노모리야오무라지를 도우려 했다. 마침내 태자 오시사카노히코히토노오에노미코의 조각과 다케다노미코의 조각을 만들고 주술을 걸어 저주했다. 얼마 지난 뒤 일이 성공하기 힘들다는 것을 알자 돌아가 오시사카노히코히토노오에노미코의 미마타궁(水派宮) 쪽에 붙었다. 도네리토미노이치이(舍人迹見檮)는 나카토미노카쓰미노무라지가 오시사카노히코히토노오에노미코의 집에서 나오는 것을 기다렸다가 칼로 찔러 죽였다. 모노노베노유게노모리야오무라지는 아토의 집에서, 모노노베노야사카(物部八坂),

---

2) 왕이 햇곡식으로 신에게 제사 지내고 친히 먹기도 하는 것.

오치노미야쓰코오사카(大市造小坂), 누리베노미야쓰코아니(漆部造兄)를 사자로 보내 소가노우마코오오미에게 전했다. "군신이 나를 노린다고 들었다. 그래서 이곳으로 물러났다."

소가노우마코오오미는 하지노야시마노무라지(土師八島連)를 오토모노히라부노무라지(大伴毗羅夫連)에게 보내 모노노베노유게노모리야오무라지의 말을 상세히 전했다. 오토모노히라부노무라지는 손에 활과 화살, 가죽방패를 들고 쓰키쿠마(槻曲)의 대신의 집에 가서 밤낮 없이 오오미를 지켰다. 천황의 두창은 갈수록 위중해졌다. 사경에 이르렀을 때, 구라쓰쿠리노타스나(鞍部多須奈)가 앞으로 나아가 주상했다. "신은 천황을 위해 출가하여 도를 닦겠습니다. 또 장륙불상(丈六佛像 ; 키가 1장 6척인 불상)과 절을 짓겠습니다." 천황은 슬퍼하며 큰 소리로 울었다. 지금의 미나미부치(南淵) 사카타데라(坂田寺)에 있는 목조장륙불상, 협시보살(脇侍菩薩 ; 본존불을 좌우에서 보좌하는 보살)이 그것이다.

9일, 천황이 대전에서 붕어했다.

가을 7월 21일, 이와레노이케노에노미사사기(磐余池上陵)에 장사지냈다.

스슌천황(崇峻天皇) : 하쓰세베노스메라미코토(泊瀨部天皇)

하쓰세베는 긴메이천황의 열두 번째 아들이다. 어머니는 오아네노키미(小姉君)라고 한다. 소가노오오미이나메노스쿠네의 딸이다.

2년 여름 4월, 요메이천황이 붕어했다.

5월, 모노노베노유게노모리야오무라지의 군사가 세 번이나 소란을 일으켜 사람들을 놀라게 했다. 모노노베노유게노모리야오무라지 처음에는 다른 황자들을 제치고 아나호베노미코를 천황으로 세우려 했다. 그러나 이제는 사냥을 빙자하여 자기에게 유리하게 바꾸려고 몰래 아나호베노미코에게 사람을 보내어 "황자와 함께 아와지에 가서 사냥을 했으면 합니다." 하고 말했다. 그러나 그 모략이 누설되었다.

6월 7일, 소가노우마코오오미 등은 가시키야히메를 받들어 사에키노무라지니후테(佐伯連丹經手), 하지노무라지이와무라(土師連磐村), 이쿠하노오미마쿠이(的臣眞嚙)에게 명령을 내렸다. "그대들은 군사를 정비해 급히 가서 아나호베노미코와 야카베노미코(宅部皇子)를 주살하라." 그날 한밤중에 사에키노무라지니후테 일행은 아나호베노미코의 궁을 포위했다. 병사들은 먼저 누각 위에 올라가 아나호베노미코의 어깨를 쏘았다. 누각 아래로 떨어진 아나호베노미코는 옆방으로 달아났다. 이때 병사들은 등불을 켜고 아나호베노미코를 찾아내어 주살했다. 8일에는 야카베노미코를 주살했다. 야카베노미코는 센카천황의 황자이자 가미쓰히메노오키미(上女王)의 아버지이다. 그러나 자세한 내용은 알 수 없다. 야카베노미코가 아나호베노미코와 친한 사이여서 죽인 것이다.

21일, 젠신노아마 일행이 소가노우마코오오미에게 말했다. "출가의 길은 수계(受戒)가 근본입니다. 원컨대 백제에 가서 수계법을 공부하고 싶습니다."

그달에 백제의 조공사신이 조정에 오자, 오오미는 사신에게 말했다. "이 비구니들을 그대의 나라에 데려가서 수계법을 가르쳐 주기 바란다. 끝나면 돌려보내도록 하라." 사신은 "먼저 저희가 귀국하여 국왕에게 아뢰겠습니다. 그런 뒤에 출발해도 늦지 않을 것입니다." 하고 대답했다.

모노노베노유게노모리야오무라지(物部弓削守屋大連)의 패배와 도토리베노요로즈(捕鳥部萬)

가을 7월, 소가노우마코오오미는 황자들과 군신들을 부추겨 모노노베노유게노모리야오무라지를 멸하자고 모의했다. 하쓰세베노미코, 다케다노미코, 우마야도노미코, 나니와노미코, 가스가노미코, 소가노우마코오오미, 기노오마로노스쿠네, 고세노오미히라부(巨勢臣比良夫), 가시와데노오미카타부(膳臣賀陀夫), 가즈라키노오미오나라(葛城臣烏那羅)가 함께 군사를 이끌고 모노노베노유게노모리야오무라지를 쳤다. 오토모노무라지쿠이(大伴連囓), 아베노오미히토(阿倍臣人), 헤구리노오미카무테(平群臣神手), 사카모토노오미아라테(坂本臣糠手), 가스가노오미(春日臣)는 군사를 이끌고 시키노코리(志紀郡)에서 모노노베노유게노모리야오무라지가 있는 시부카와(澁河)의 집에 이르렀다.

모노노베노유게노모리야오무라지는 직접 자식들과 노비 병사들을 거느리고 볏단으로 성채를 쌓아서 싸웠다. 모노노베노유게노모리야오무라지는 기누스리(衣摺) 땅의 팽나무 가지 사이로 올라가 위에서 빗발치듯 활을 쏘았다. 군대가 강력하고 세력이 왕성하여 집을 가득 채우고 들판에 넘쳐났다. 황자들과 군신의 병사들은 나약하여 두려워하며 세 번이나 퇴각했다. 그때, 우마야도노미코가 머리털을 가지런히 동여매고 군사를 뒤따라가면서 혼자 생각하더니 "어쩌면 이 싸움은 질지도 모른다. 기원을 드리지 않으면 이기지 못할 것이다." 하고 말했다.

그래서 급히 붉나무[3]를 잘라 사천왕상(四天王像)을 만들어 동여맨 머리 위에 얹고 맹세했다. "만약 저에게 적을 이길 수 있는 힘을 주신다면 사천왕을 위해 반드시 사탑을 세우겠습니다." 소가노우마코오오미도 맹세했다. "모든 천왕과 대신왕(大神王)이 저를 도와 이기게 해주신다면, 모든 천왕과 대신왕을 위해 사탑(寺塔)을 세우고 삼보(三寶)를 널리 펼치겠습니다." 하고 말했다. 그렇게 맹세를 마치고 무비(武備)를 갖춰 진격했다.

도미노오비토이치이(迹見首赤檮)가 나뭇가지 사이로 모노노베노유게노모리야오무라지를 쏘아 떨어뜨려 모노노베노유게노모리야오무라지와 그 아들을 죽였다. 모노노베노유게노모리야오무라지의 군사는 이내 저절로 무너졌다. 병사들은 모두 비천한 자가 입는 검은 옷을 걸치고 히로세의 마가리노하라(勾原)로 사냥 가는 것처럼 가장하고 흩어져 달아났다. 이 싸움으로 말미암아 모노노베노유게노모리야오무라지의 아들과 일족 일부는 아시하라로 달아나 숨어서 성을 갈고 이름을 바꾸는 자도 있었고 일부는 달아나 행방을 알 수 없는 자도 있었다. 그때 사람들이 서로 말하기를 "소가노우마코오오미의 아내는 모노노베노유게노모리야오무라지의 누이이다. 소가노우마코오오미가 경솔하게 아내의 계책을 이용해 모노노베노유게노모리야오무라지를 죽였다."고 했다.

난이 진정된 뒤에 셋쓰노쿠니에 시텐노지(四天王寺)를 지었다. 모노노베노유게노모리야오무라지의 노비를 반으로 나누고 집을 나누어 시텐노지의 노비와 전장(田莊)으로 삼았다. 논 1만 경(頃 ; 1경은 100묘畝)을 도미노오비토이치이에게 주었다. 소가노우마코오오미는 맹세한 대로 아스카 땅에 호코지(法興寺)를 세

---

3) 승군목(勝軍木)이라고도 쓴다. 신령이 깃든 나무로 알려져 있으며 불상을 만드는 재료로도 쓴다. 이 나무로 칼을 만들어 문 앞에 두면 요사스럽고 나쁜 기운을 물리친다는 민간풍속도 있다.

웠다.

모노노베노유게노모리야오무라지의 근시인 도토리베노요로즈는 100명을 데리고 나니와에 있는 모노노베노유게노모리야오무라지의 집을 지켰다. 그러나 모노노베노유게노모리야오무라지가 죽었다는 소식을 듣고 밤에 말을 타고 달아나 지누노아가타(茅渟縣)의 아리마카 마을(有眞香邑 ; 가이즈카시貝塚市 오쿠보 大久保인 듯)로 갔다. 아내의 친가를 지나 마침내 산에 숨어들었다. 조정에서 의논하기를 "도토리베노요로즈는 역심을 품어서 산속에 숨었다. 빨리 일족을 멸해야 한다."고 했다. 도토리베노요로즈는 옷이 찢어지고 때가 덕지덕지한 초췌한 몰골로 활과 칼을 차고 혼자 산에서 나왔다. 관리가 병사 수백 명을 보내 도토리베노요로즈를 에워쌌다. 도토리베노요로즈는 놀라서 대나무 숲에 숨었다. 대나무에 줄을 매고 당겨서 엉뚱한 곳으로 달아난 것처럼 속였다. 병사들은 속임수에 넘어가 흔들리는 대나무를 향해 달려가서 "도토리베노요로즈가 여기 있다!" 하고 소리쳤다.

그때 도토리베노요로즈가 화살을 쏘았다. 백발백중이었다. 병사들은 무서워서 감히 다가가지 못했다. 도토리베노요로즈는 활시위를 벗겨 옆구리에 끼고 산으로 달아났다. 병사들은 강을 끼고 쫓아가면서 활을 쏘았다. 하나도 맞지 않았다. 그때 한 병사가 빠른 속도로 달려 도토리베노요로즈 앞으로 나아가, 강 옆에 숨어서 활에 화살을 먹이고 도토리베노요로즈의 무릎을 겨냥하여 쏘았다. 도토리베노요로즈는 화살을 뽑아 활에 먹여 되쏘았다. 땅에 엎드려 큰 소리로 말하기를 "도토리베노요로즈는 천황의 방패로서 용감하게 싸우려 했으나 들어주지 않았고 오히려 이런 궁지에 내몰리고 말았다. 함께 얘기할 자가 있으면 오라. 나를 죽이려는 것인지 붙잡으려는 것인지 묻고 싶다."고 했다. 병사들은 앞 다투어 도토리베노요로즈를 쏘았다. 도토리베노요로즈는 그 자리에서 날아오는 화살을 막으며 30여 명을 죽였다. 그리고 지니고 있던 칼로 활을 세 토막 내고 그 칼을 구부려 강물에 던져 넣었다. 다른 작은 칼로 목을 찔러 자결했다.

가와치의 지방관은 도토리베노요로즈의 최후를 조정에 보고했다. 조정은 통첩을 내려 "여덟 토막을 내어 여덟 나라에 효수하라."고 했다. 가와치노쿠니의 지방관이 지시에 따라 도토리베노요로즈의 시체를 토막내고 효수하는데 천둥이 치고 큰비가 내렸다. 도도리베노요로즈가 키우던 하얀 개가 시체 주위를 빙글빙글 돌며 하늘을 향해 짖었다. 이윽고 도토리베노요로즈의 머리를 물어 끄집어 내더니 오래된 무덤에 묻었다. 그런 다음 머리 옆에 엎드려 꼼짝하지 않다가 결국 굶어 죽었다. 가와치노쿠니의 지방관은 그 개를 기이하게 여겨 조정에 보고했다. 몹시 가련하게 여긴 조정에서는 포고를 내려 칭송했다. "이는 세상에 보기 드문 훌륭한 개이니 후세에 널리 알릴 만하다. 도토리베노요로즈의 일족에게 명하여 무덤을 만들고 장사지내게 하라." 이에 따라 도토리베노요로즈의 일족이 아리마카 마을에 무덤을 두 개 나란히 만들어 도토리베노요로즈와 개를 장사지내 주었다.

가와치노쿠니의 지방관은 또 "에카(餌香) 강가에 살해당한 사람들이 있어 헤아려 보니 수백 명에 이릅니다. 시체가 썩어서 이름조차 알 수 없습니다. 다만 옷 색깔로 구분해 시신을 거두었습니다. 그런데 사쿠라이노타베노무라지이누(櫻井田部連膽淳)가 키우던 개가 시체를 물고 누워서 계속 굳게 지키고 있었습니다. 주인을 무덤에 거두는 것을 보고서야 비로소 떠나갔습니다." 하고 보고했다.

8월 2일, 가시키야히메와 군신이 천황에게 권하여 즉위의 예를 올렸다. 소가노우마코오오미를 전과 같이 오오미로 정했다. 군경(群卿)의 지위도 전과 마찬가지였다.

그달에 구라하시(倉梯)에 궁을 지었다.[4]

원년 봄 3월, 오토모노아라테노무라지(大伴糠手連)의 딸 고테코(小手子)를 비로 세웠다. 하치노코노미코(蜂子皇子)와 니시키테노히메(錦代皇女)를 낳았다.

호코지(法興寺) 창건

이해에 백제가 사신과 함께 승려 혜총(惠總), 영근(令斤), 혜식(惠寔) 등을 보내어 불사리를 헌상했다. 백제국은 은솔 수신(首信), 덕솔 개문(蓋文), 나솔 복부미

---

4) 사쿠라이시(櫻井市) 구라하시(倉橋)

신(福富味身) 등을 보내어 공물을 바치는 동시에 불사리와 승려 영조율사(聆照律師), 영위(令威), 혜중(惠衆), 혜숙(惠宿), 도엄(道嚴), 영개(令開) 등과, 사원건축공 태량미태(太良未太), 문고고자(文賈古子), 노반박사(鑪盤博士 ; 불탑의 상륜부相輪部를 주조하던 기술자)인 장덕(將德) 백매순(白昧淳), 와박사(瓦博士 ; 백제에서 기와를 만드는 전문기술자에게 수여했던 관직)인 마나문노(麻奈文奴), 양귀문(陽貴文), 능귀문(悛貴文), 석마대미(昔麻帶彌), 화공 백가(白加)를 바쳤다. 소가노우마코오오미는 백제의 승려들에게 수계법을 청하고 비구니들을 학문을 배우게 하기 위해 백제 사신 은솔 수신 등에게 딸려 보냈다. 아스카노키누누이노미야쓰코(飛鳥衣縫造)의 조상인 고노하(樹葉)의 집을 헐고 처음으로 호코지를 지었다. 이 땅을 아스카의 마가미노하라(眞神原)라고 이름지었다. 또는 아스카의 도마타(苫田)라고도 한다. 이해는 태세 무신년(戊申年)이었다.

2년 가을 7월 초하루, 오미노오미미쓰(近江臣滿)를 야마노미치(東山道)에 보내 에미시노쿠니(蝦夷國)의 국경을 시찰하게 했다. 시시히토노오미카리(宍人臣雁)를 우미쓰미치(東海道)에 보내 동쪽의 해변에 있는 나라들을 둘러보게 했다. 아베노오미를 구루가노미치(北陸道)에 보내 고시노쿠니 등 여러 나라의 국경을 시찰하게 했다.

3년 봄 3월, 학문을 배우러 갔던 비구니들이 백제에서 돌아와 사쿠라이노테라(櫻井寺 ; 다른 이름 고겐지向原寺)에 들어갔다.

겨울 10월, 산에 들어가 호코지를 지을 때 쓸 재목을 벌목했다.

이해에 출가한 승려는 오토모노무라지사데히코의 딸 젠토쿠(善德), 오토모노코마(大伴狛)의 부인인 시라기히메젠묘(新羅媛善妙), 구다라히메묘코(百濟媛妙光), 아야히토노젠소(漢人善聰), 젠쓰(善通), 묘토쿠(妙德), 호조쇼(法定照), 젠치소(善智聰), 젠치에(善智惠), 젠코(善光) 등이다. 구라쓰쿠리노스구리시메탓토의 아들 다스나(多須奈)도 동시에 출가했다. 이름하여 도쿠사이법사(德齊法師)라고 한다.

4년 여름 4월 13일, 비다쓰천황을 시나가노미사사기(磯長陵)에 장사지냈다. 이곳은 그의 어머니인 황후가 묻힌 능이다.

가을 8월 1일, 천황이 군신에게 물었다. "신라가 멸망시킨 임나의 미야케를 재건하고 싶은데, 경들은 어떻게 생각하는가?" 군신이 대답했다. "모두 폐하의 뜻과 같습니다. 임나의 미야케를 부흥시켜야 합니다."

겨울 11월 4일, 기노오마로노스쿠네, 고세노오미사루, 오토모노무라지쿠이, 가즈라키노오미오나라를 대장군으로 임명하고 각 씨족의 오미와 무라지를 부장, 대장으로 삼은 뒤, 군사 2만여 명을 이끌고 쓰쿠시로 출병했다. 기시노카네(吉士金)를 신라에 보내고 나니와노키시이타비를 임나에 보내어 임나에 관한 일을 따져 물었다.

천황 암살

5년 겨울 10월 4일, 멧돼지를 바친 자가 있었다. 천황이 멧돼지를 가리키며 말했다. "언젠가 이 멧돼지의 목을 벤 것처럼 내가 미워하는 사람을 베고 싶구나." 조정에서 무기를 모으는 것이 아무래도 심상치 않았다. 10일, 소가노우마코오오미는 천황이 한 말을 전해 듣고 자기를 미워하는 것을 경계하여 일족을 소집해 천황을 시해하자고 모의했다.

그달에 다이호코지(大法興寺 ; 아스카데라飛鳥寺)의 불당과 보랑(步廊)을 짓기 시작했다.

11월 3일, 소가노우마코오오미가 군신에게 거짓으로 "오늘 아즈마노쿠니(東國)에서 공물을 바치러 온다."고 말했다. 그러고는 야마토노아야노아타이코마(東漢直駒)를 보내어 천황을 살해했다. 어떤 책에는 야마토노아야노아타이코마가 야마토노아야노아타이이와레(東漢直磐井)의 아들이라고 되어 있다. 그날 천황을 구라하시노오카노미사사기(倉梯岡陵)에 장사지냈다.

어떤 책에는 오토모노미메코테코(大伴嬪小手子)가 총애가 사라진 것을 원망하여 소가노우마코오오미에게 사람을 보내어 "얼마 전에 멧돼지를 헌상한 자가 있었는데, 천황께서 멧돼지를 가리키며, '멧돼지 목을 벤 것처럼 언젠가 내가 생각하는 어떤 사람을 베고 싶다'고 말했습니다. 또한 내전에 무기를 많이 모으고 있습니다." 하고 말했다. 이를 듣고 소가노우마코오오미는 매우 놀랐다고 기록되어 있다.

5일, 쓰쿠시의 장군들에게 파발마를 보내어 "국내의 난 때문에 외부의 적을 소홀히 해서는 안 된다."고 전했다.

그달에 야마토노아야노아타이코마는 소가노미카메카와카미노이라쓰메(蘇我嬪河上娘 ; 스순천황의 빈인 듯)를 약탈하여 자기 아내로 삼았다. 소가노우마코오오미는 야마토노아야노아타이코마가 소가노미카메카와카미노이라쓰메를 납치해 간 줄 모르고 죽었다고 생각하였다. 야마토노아야노아타이코마는 빈을 욕보인 사실이 발각되어 소가노우마코오오미에게 살해되었다.

제22권

스이코천황(推古天皇) : 도요미케카시키야히메노미코토(豊御食炊屋姬天皇)

누카타베노히메(額田部皇女)

도요미케카시키야히메는 긴메이천황의 둘째 딸이자 요메이천황의 동복누이이다. 어릴 때는 누카타베노히메로 불렸다. 용모가 단아하고 행동거지에 빈틈이 없었다. 18세 때 비다쓰천황의 황후가 되었다. 34세 때 비다쓰천황이 붕어했다. 39세 스슌천황 5년 11월, 스슌천황이 소가노우마코오오미에게 암살당하여 천황의 자리가 비었다. 군신들은 비다쓰천황의 황후인 누카타베노히메에게 황위를 이어달라 청했으나 황후는 사양했다. 백관이 상주문을 올려 거듭 권하자, 세 번째에 이르러 마침내 승낙했다. 그리하여 황위의 징표인 거울과 칼을 바치고 겨울 12월 8일, 도유라궁(豊浦宮)에서 즉위했다.

원년 봄 정월 보름, 호코지 불탑의 심초(心礎 ; 탑의 한가운데 세우는 기둥의 기초) 안에 불사리를 안치했다. 16일, 탑의 찰주(刹柱 ; 큰 절 앞에 세우는 깃대 비슷한 기둥)를 세웠다.

쇼토쿠태자(聖德太子)의 섭정

여름 4월 10일, 우마야토노토요토미미노미코(厩戸豊聰耳皇子)를 황태자로 세우고 정사를 모두 맡겼다. 태자는 요메이천황의 둘째 아들로, 어머니는 아나호베노하시히토노히메(긴메이천황의 황녀)다. 아나호베노하시히토노히메는 출산 예정일에 궁중을 순찰하다가 마구간에 이르렀을 때, 문에 부딪치는 바람에 힘들이지 않고 출산했다. 태자는 태어난 지 얼마 안 되어 말을 했다고 하며, 성인(聖人) 같은 지혜를 지녔다. 성장해서는 한 번에 열 명이 호소해도 정확하게 판별하고 앞일도 잘 내다보았다. 또 고구려 승려 혜자(慧慈)에게서 불법을 배우고 각가박사(覺哿博士 ; 백제 유학자)에게서 유교 경전을 배웠다. 그리하여 그것에 모조리 통달했다. 아버지인 천황이 매우 사랑하여 궁전 남쪽의 가미쓰미야(上宮 ; 사쿠라이시櫻井市 우에노미야上之宮인 듯)에 살게 했다. 그래서 그 이름을 기려 가미쓰미야우마야토노토요토미미노히쓰기노미코(上宮廐戸豐聰耳太子)라고 했다.

9월, 요메이천황을 가와치의 시나가노미사사기(磯長陵)에 이장했다.

이해에 처음으로 나니와의 아라하카(荒陵)에 시텐노지(四天王寺)를 짓기 시작했다. 이해가 태세 계축년(癸丑年)이었다.

2년 봄 2월 초하루, 황태자와 소가노우마코오오미에게 명을 내려 불교를 융성하려고 했다. 이때 많은 오미와 무라지가 천황과 부모의 은혜에 보답하기 위해 앞 다투어 불사(佛舍)를 지었다. 그것을 절이라고 한다.

3년 여름 4월, 아와지시마에 침향(沈香 ; 향나무의 일종)이 떠내려왔다. 굵기가 석 자가 넘었다. 섬사람들은 침향인 줄도 모르고 장작과 함께 아궁이에 넣어 땠다. 그러자 향기로운 연기가 멀리까지 퍼졌다. 이를 신기하게 여겨 조정에 헌상했다.

5월 10일, 고구려 승려 혜자가 귀화했다. 황태자는 그를 스승으로 맞이했다.

그해에 백제 승려 혜총(慧聰)이 왔다. 이 두 승려가 불교를 전파하면서 삼보(三寶)의 동량(棟梁 ; 뼈대와 같은 중심)이 되었다.

가을 7월, 장군들이 쓰쿠시에서 돌아왔다.

4년 겨울 11월, 호코지가 완성되었다. 소가노우마코오오미의 맏아들 젠토코노오미(善德臣)를 데라노쓰카사(寺司)로 임명했다. 이날부터 혜자, 혜총 두 승려가 호코지에 머물렀다.

5년 여름 4월 초하루, 백제왕이 왕자 아좌(阿佐)를 보내 조공을 바쳤다.

겨울 11월 22일, 기시노이와카네(吉士磐金)를 신라에 보냈다.

6년 여름 4월, 기시노이와카네가 신라에서 돌아와 까치 두 마리를 헌상했다. 그것을 나니와노모리(難波社 ; 이쿠타마신사生魂神社인가)에 풀어놓고 길렀다. 까치가 나뭇가지에 둥지를 틀고 새끼를 쳤다.

가을 8월 초하루, 신라가 공작 한 마리를 헌상했다. 겨울 10월 10일, 고시노쿠니에서 하얀 사슴 한 마리를 헌상했다. 7년 여름 4월 27일, 지진이 일어나 건물이 모두 무너졌다. 전국에 명을 내려 지진의 신에게 제사를 올렸다.

가을 9월 초하루, 백제가 낙타 한 마리, 당나귀 한 마리, 양 두 마리, 흰 꿩 한 마리를 헌상했다.

신라 정벌

8년 봄 2월, 신라와 임나 사이에 싸움이 일어났다. 천황은 임나를 도우려고 했다.

그해에 사카이베노오미(境部臣)를 대장군에 임명하고 호즈미노오미(穗積臣)를 부장군에 임명했다. 1만 명 남짓한 병사를 이끌고 임나를 도와 신라를 치려고 신라를 향해 출범(出帆)했다. 신라에 도착하여 성 다섯 개를 공략했다. 신라 왕은 백기를 들고 장군의 깃발 아래로 와서, 다다라(多多羅), 소나라(素奈羅), 불지귀(弗知鬼), 위타(委陀), 남가라(南加羅), 아라라(阿羅羅) 등 여섯 성을 할양하고 항복했다. 장군이 사람들을 소집하여 의논하기를 "신라가 죄를 뉘우치고 항복했으니 굳이 공격할 필요 없다."고 했다. 그리고 그 뜻을 주상했다. 천황은 다시 기시노미와(吉師神)를 신라에 보내고 또 기시노이타비(吉士木蓮子)를 임나에 보내어 정세를 조사하게 했다. 신라와 임나 양국이 사신을 보내어 조공을 바치고 주상하기를 "천상에는 신이 계시고 지상에는 천황이 계십니다. 이 두 신을 두고 달리 두려울 것이 어디 있겠습니까. 앞으로는 서로 공격하지 않았으면 합니다. 또한 배의 키가 마를 새 없이 해마다 조공을 바치겠습니다."고 했다. 그래서 사신을 보내 장군을 소환했다. 장군들이 신라에서 돌아왔다. 그러나 신라는 다시 임나를 침략했다.

9년 봄 2월, 황태자는 처음으로 이카루가에 궁을 지었다.

3월 5일, 오토모노무라지쿠이를 고구려에 보내고 사카모토노오미아라테를 백제에 보내면서 "빨리 임나를 구하라."고 명했다.

여름 5월, 천황은 미미나시행궁(耳梨行宮;나라현奈良縣 가시하라시橿原市)에 행차했다. 이때 폭우가 내려 강물이 넘쳐서 궁이 물에 잠겼다.

가을 9월 8일, 신라의 첩자 가마다(迦摩多)가 쓰시마에 왔다. 이를 붙잡아 조정에 보냈다. 이내 가미쓰케노노쿠니(上野國)에 유배했다.

겨울 11월 5일, 신라 공격을 의논했다.

10년 봄 2월 초하루, 구메노미코(來目皇子)를 신라 공격군 장군으로 임명했다. 많은 신관과 구니노미야쓰코, 도모노미야쓰코, 그리고 군사 2만 5,000명을 주었다.

여름 4월 초하루, 구메노미코는 쓰쿠시로 갔다가 다시 시마노코리(嶋郡)로 나아가 그곳에 주둔하면서 선박을 모아 군량을 운반했다.

6월 3일, 오토모노무라지쿠이와 사카모토노오미아라테가 함께 백제에서 돌아왔다. 이때 구메노미코가 병에 걸려 더 이상 정벌을 수행하지 못하게 되었다.

겨울 10월, 백제의 승려 관륵(觀勒)이 찾아와 역서와 천문지리서, 그리고 둔갑방술(遁甲方術 ; 점성술과 점술)에 관한 책을 바쳤다. 이때 서생을 서너 명 뽑아 관륵 밑에서 배우게 했다. 야고노후비토(陽胡史)의 조상 다마후루(玉陳)는 역법을 배웠고 오토모노스구리코소(大友村主高聰)는 천문둔갑술을 배웠으며 야마시로노오미히타테(山背臣日立)는 방술(方術)을 배웠다. 모두 열심히 공부하여 각자의 학업을 마쳤다.

윤10월 보름, 고구려 승려 승륭(僧隆)과 운총(雲聰)이 조정에 와서 귀화했다.

11년 봄 2월 4일, 구메노미코가 쓰쿠시에서 죽었다. 급사(急使)를 보내어 주상하니 크게 놀란 천황은 황태자와 소가노우마코오오미를 불러서 이렇게 말했다. "신라를 정벌할 대장군인 구메노미코가 죽었으니 큰일을 수행할 수 없게 되었다. 참으로 슬픈 일이로다."

스오노쿠니(周芳國)의 사바(佐波 ; 호후시防府市)에 빈궁을 차렸다. 하지노무라지이테(土師連猪手)를 보내어 빈궁을 관장하게 했다. 하지노무라지이테의 자손을 사바노무라지(佐波連)라고 하는 것은 여기에서 비롯되었다. 뒤에 가와치의 하뉴산(埴生山 ; 하비키노시羽曳野市 하뉴노埴生野)에 장사지냈다.

여름 4월 초하루, 다시 구메노미코의 형인 다기마노미코(當摩皇子)를 신라 정벌 장군으로 임명했다.

가을 7월 3일, 다기마노미코가 나니와에서 배를 타고 출발했다. 6일, 하리마에 도착했다. 그때 따라간 아내 도네리노히메노오키미(舍人姬王)가 아카시에서 죽었다. 아카시의 히카사노오카(檜笠岡)에서 도네리노히메노오키미의 장사를 지냈다. 다기마노미코가 그곳에서 돌아와 결국 정벌은 중단되었다.

겨울 10월 4일, 천황이 오하리다궁(小墾田宮 ; 나라현奈良縣 아스카무라明日香村) 으로 옮겼다.

11월 1일, 황태자가 공경들에게 "나에게 귀한 불상이 있다. 누군가 이 불상을 모실 자가 없는가?" 하고 물었다. 그때 하타노미야쓰코카와카쓰(秦造河勝) 가 나아가서 대답했다. "제가 모시겠습니다." 불상을 받아 하치노오카데라(蜂岡 寺 ; 지금의 고류지廣隆寺)를 지었다.

그달에 황태자는 천황에게 아뢴 뒤, 불공을 드리기 위한 큰 방패와 화살통을 만들고 깃발을 칠했다.

관위(冠位) 12계(階)의 제정과 헌법 17조

12월 5일, 처음으로 관위(冠位 ; 관冠의 색깔로 관위官位를 나타냈던 제도)를 시행했다. 다이도쿠(大德), 쇼토쿠(小德), 다이닌(大仁), 쇼닌(小仁), 다이라이(大禮), 쇼라이(小禮), 다이신(大信), 쇼신(小信), 다이기(大義), 쇼기(小義), 다이치(大智), 쇼치(小智) 등 모두 12계(階)이다. 계마다 각각 정해진 색깔로 천을 달았다. 머리를 정수리에 모아서 묶고 자루처럼 싸서 둘레를 장식했다. 설날에만 머리장식을 꽂았다.

12년 봄 정월 초하루, 처음으로 신하들에게 관위를 내리고 각각의 위계를 정했다.

여름 4월 3일, 황태자는 처음으로 친히 만든 17조 헌법을 발표했다.

하나, 화(和)를 중시하고 서로 다투지 말라. 사람은 모두 당(黨)을 이루지만 깨달은 자는 적다. 그러므로 임금과 아버지를 따르지 않고 이웃과 불화를 일으키기도 한다. 그러나 상하가 화목하게 의견을 나누면, 저절로 서로 도리가 통하여 무슨 일이든 성취할 수 있다.

둘, 삼보(三寶)를 깊이 공경하라. 삼보란 불(佛), 법(法), 승(僧)을 말한다. 불교는 모든 생명이 마지막으로 의지할 곳, 모든 나라가 궁극으로 의지할 곳이다. 어떤 세상, 어떤 사람이 이 법을 받들지 않을 수 있으리오. 근본부터 나쁜 사람은 적다. 잘 가르치면 반드시 따르게 할 수 있다. 삼보에 의지하지 않으면 무엇으로 나쁜 마음을 바로잡을까.

셋, 천황의 명을 받으면 반드시 삼가 따르라. 임금을 하늘로 치면 신하는 땅이다. 하늘은 위를 덮고 땅은 만물을 품는다. 사계절이 정확한 규칙에 따라 변천하면서 만물을 활동하게 한다. 만약 땅이 하늘을 덮으면 질서는 무너진다. 그러므로 군주의 말을 신하가 잘 듣고 위가 움직이면 아래는 그것을 따른다. 그러므로 천황의 명을 받으면 반드시 따르라. 따르지 않으면 결국 자멸한다.

넷, 군경(群卿)과 백료(百寮)는 예(禮)를 근본으로 삼으라. 백성을 다스리는 근본은 반드시 예에 있다. 위에 예가 없으면 아래의 질서는 무너지고, 아래에 예가 없으면 틀림없이 죄를 짓는 자가 나온다. 군신이 예의를 지키면 질서가 무너지지 않는다. 백성이 예의를 지키면 나라도 저절로 다스려지는 법이다.

다섯, 음식을 탐하지 말고 재물 욕심을 버리며, 소송을 공명하게 가려라. 백성의 호소는 하루에 천 건에 이른다. 하루에도 그러한데 해를 거듭하면 말할 것도 없다. 요즈음 소송을 다루는 자는 이득을 취하는 것을 당연하게 여기고, 뇌물을 받은 뒤에 호소를 듣는 실정이다. 즉 재산이 많은 자의 소송은 돌을 물에 던져 넣는 것처럼 반드시 들어주지만, 가난한 자의 소송은 물을 돌에 뿌린 것처럼 반응이 없다. 그래서 가난한 자는 어찌할 바를 모르게 된다. 신하로서 관리가 해야 할 도리도 잃어버리게 된다.

여섯, 악을 응징하고 선을 권장하는 것은 예부터 내려온 좋은 가르침이다. 그러므로 선행은 숨김 없이 알리고 악행을 보면 반드시 고치게 하라. 아첨하고 헐뜯는 자는 나라를 뒤엎는 뾰족한 도구, 흉기, 백성을 멸하는 날카로운 칼이라고 할 수 있다. 또 아첨하는 자는 윗사람에게는 즐겨 아랫사람의 잘못을 일러바치고 아랫사람을 만나면 윗사람의 실수를 비난한다. 이런 사람들은 모두 임금에게 충성심이 없고 백성을 어질고 자비롭게 대하고자 하는 마음이 없다. 이것은 큰 문제가 발생하는 원인이 되기 마련이다.

일곱, 사람에게는 저마다 임무가 있다. 맡은 일에 혼란이 있으면 안 된다. 현명한 사람이 관(官)에 있으면 금방 칭송하는 목소리가 들려오지만, 사악한 자가 관에 있으면 정치는 문란해진다. 이 세상에 나면서부터 사리를 잘 아는 사람은 느불다. 사려를 거늡하며 노력해야만 성인(聖人)이 될 수 있다. 큰 일이든 작은 일이든 반드시 사람을 얻어야만 성취할 수 있다. 시간의 흐름이 빠르든 느리든, 현명한 사람을 만나면 저절로 이루어진다. 그 결과 나라는 영원해지고 세상은 위험을 면할 수 있다. 그러므로 옛 성왕(聖王)은 관을 위해 훌륭한 사람을 찾았지 사람을 위해 관을 만들지는 않았다.

여덟, 군경(群卿)과 백료(百寮)는 일찍 출근하고 늦게 퇴근하도록 하라. 공무를 소홀히 해서는 안 된다. 온종일 달라붙어도 모든 일을 끝마치기 어렵다. 그러니 늦게 출근하면 급한 일을 놓칠 위험이 있고 빨리 퇴근하면 반드시 업무가 남기 마련이다.

아홉, 믿음은 도의의 근본이다. 무슨 일을 하든 진심을 다하라. 일의 결과가 좋고 나쁠지는 이 믿음에 달려 있다. 군신이 모두 진심을 다한다면 무엇이든 이루어진다. 군신에게 믿음이 없으면 모든 일을 실패하게 되리라.

열, 마음의 화를 풀고 얼굴에 분노를 드러내지 않으며, 남이 자신과 다르다고 해서 화내지 말라. 사람은 모두 각자의 마음이 있어 서로 양보하지 않으려고 한다. 상대가 좋다고 여기는 것을 나는 싫어하거나, 나는 좋다고 생각하지만 상대는 싫어하는 때도 있다. 나는 성인이고 상대는 반드시 어리석은 사람이라는 법은 없다. 다 같이 평범한 사람일 뿐이니 시시비비를 누가 가릴 수 있겠는가. 끝이 없는 고리와 같이 서로 현명한 사람이기도 하고 어리석은 사람이기도 하다. 그러므로 상대가 화를 내면 내가 잘못하지 않았는지 반성하라. 자기 혼자 옳다고 생각해도 많은 사람의 의견을 존중하고 그것에 따르는 것이 좋다.

열하나, 관인(官人)의 공적과 과실을 정확하게 보고 반드시 상벌을 정당하게 주어라. 요즈음 공적이 없는데도 상을 주거나 죄가 없는데 벌을 주는 일이 있다. 정무를 맡은 군경은 상벌을 공명하게 주어야 한다.

열둘, 구니노미코토모치(国司)와 구니노미야쓰코(国造)는 백성들에게 세금을 과도하게 거두어서는 안 된다. 나라에 임금은 둘이 아니고 백성에게 주인은 둘이 아니다. 나라 안의 모든 사람은 모두 왕(천황)을 주인으로 모신다. 관인은 모두 왕의 신하이다. 어떻게 백성들에게 공적인 세금이 아닌 것을 함부로 거둘 수 있단 말인가.

열셋, 각각의 관(官)을 맡은 자는 모두 자기가 맡은 직무 내용을 잘 알아야 한다. 만약 병에 걸렸거나 사사로운 일 때문에 직무를 볼 수 없었다고 해도 다시 직무로 돌아오면 예전에 그 일에 종사했을 때와 다름없이 일하며 자기가 그 일을 모른다고 하며 공무를 방해해서는 안 된다.

열넷, 군신과 백료는 부러운 마음에 질투해서는 안 된다. 내가 남을 샘내면 남도 나를 샘한다. 부러운 마음에 시기하면 끝없이 폐해가 반복된다. 다른 사람의 지식이 자기보다 뛰어나면 미워하고 재능이 자기보다 뛰어나면 질투한다. 그러면 500년이 지나도 현인 한 사람 만나기 어렵고 1,000년에 성인 하나가 나타나기도 어렵다. 현인과 성인이 없는데 어떻게 나라를 다스릴 수 있으리오.

열다섯, 사사로운 마음을 버리고 공무에 힘쓰는 것이 신하된 자의 도리이다. 모든 사람에게 사사로운 마음을 가지면 반드시 다른 사람을 원망하게 된다. 원망하면 반드시 불화가 생긴다. 불화가 생기면 사사로운 마음으로 공무를 방해하게 된다. 다른 사람을 원망하면 제도를 위반하고 법을 파괴하게 된다. 제1조에서 '상하가 서로 화목하고 협조하라'고 말한 것도 이런 취지에서이다.

열여섯, 백성에게 일을 시킬 때는 시기를 고려하라는 말은 옛사람의 좋은 가르침이다. 겨울철(10월부터 12월)에 여유가 있으면 백성에게 일을 시켜도 좋다. 그러나 봄부터 가을까지는 농경과 양잠을 해야 하는 시기다. 이때는 백성에게 일을 시켜서는 안 된다. 농사를 짓지 못하면 무엇을 먹고 살겠는가. 누에를 치지 못하면 무엇을 입으란 말인가.

열일곱, 모든 일은 독단으로 진행해서는 안 된다. 반드시 여러 사람과 의논하여 시행하라. 자잘한 일은 반드시 모두와 의논할 필요는 없지만, 중요한 일을 꾀할 때는 실수를 저지르면 안 된다. 많은 사람과 의논하면 도리에 맞는 결론을 얻을 수 있다.

가을 9월, 조정의 예법을 수정했다. '무릇 궁문을 출입할 때는 두 손을 땅에 짚고 무릎을 꿇어 문지방을 넘은 다음 일어나서 걸어가라.'고 했다.

그달에 처음으로 기후미노에카키(黃書畫師), 야마시로노에카키(山背畫師)를 정했다.

뛰어난 기술자 구라쓰쿠리노토리(鞍作鳥)

13년 여름 4월 초하루, 천황은 황태자, 오오미 및 제왕, 제신들에게 명을 내려, 함께 서원을 세우기로 하고 처음으로 구리로 만들고 자수(刺繡)로 꾸민 장륙불상을 하나씩 만들기로 했다. 구라쓰쿠리노토리를 불상 제작자로 임명했다. 이때 고구려의 대흥왕(大興王)은 일본 천황이 불상을 만든다는 소식을 듣고 황금 300냥을 보내왔다.

윤7월 초하루, 황태자는 제왕과 제신에게 명하여 히라오비(褶 ; 여자가 입는 치마와 비슷한 옷)를 입히기로 했다.

겨울 10월, 황태자는 이카루가궁으로 옮겼다.

14년 여름 4월 8일, 구리로 만들고 자수로 꾸민 장륙불상이 각각 완성되었다. 이날 불상이 간고지(元興寺 ; 아스카데라飛鳥寺)의 금당(金堂) 문보다 길어서 안에 넣을 수가 없었다. 많은 기술자가 의논한 끝에 문을 부수고 안에 넣기로 했다. 그런데 구라쓰쿠리노토리가 용하게 문을 부수지 않고 불상을 금당 안에 넣어놓았다. 그날 재회(齋會)를 열었는데, 허락을 받고 참석한 사람이 헤아릴 수 없이 많았다. 이해부터 절마다 4월 8일(관불회灌佛會)과 7월 15일(우란분회盂蘭盆會)에 재회를 열게 되었다.

5월 5일, 구라쓰쿠리노토리에게 "내가 불교를 부흥하고 싶어서 사원을 건립하려는데 우선 불사리를 마련하고자 했다. 그때, 너의 할아비인 구라쓰쿠리노스구리시메탓토가 그 자리에서 불사리를 헌상했다. 또 나라 안에 승려가 없었을 때, 너의 아비 구라쓰쿠리노타스나가 요메이천황을 위해 출가하여 불교를 믿고 공경했다. 또 너의 이모인 시마메(嶋女)는 출가하여 다른 승려들의 지도자가 되어 불도를 수행했다. 지금 내가 장륙불을 만들려고 좋은 불상을 찾고 있는데 네가 바친 부처 그림이 내 마음에 꼭 들었노라. 불상을 완성했으나 법당에 들어가지 않아 많은 기술자가 문을 부수고 넣으려 하는 것을, 네가 나서서 문을 부수지 않고 넣는 방법을 생각해 주었다. 이는 모두 너의 공이다." 하고 말했다. 그리고 다이닌(大仁 ; 12관위의 세 번째) 관위를 내리고 오미노쿠니 사카타노코리(坂田郡)의 무논 20정(町)을 주었다. 구라쓰쿠리노토리는 이 논을 재원(財源)으로 천황을 위해 곤고지(金剛寺)를 세웠다. 이것은 지금 미나미부치(南淵)의 사카타노아마데라(坂田尼寺 ; 오미사카타데라近江坂田寺에서 옮긴 것)라고 불린다.

가을 7월, 천황은 황태자를 불러 승만경(勝鬘經) 강의를 들었다. 사흘 만에 설법이 끝났다. 그해에 황태자는 다시 오카모토궁(岡本宮)에서 법화경(法華經)을 강의했다. 천황은 매우 기뻐하며 황태자에게 하리마노쿠니의 무논 100정(町)을 내렸다. 태자는 이것을 이카루가데라(斑鳩寺 ; 호류지法隆寺)에 헌납했다.

15년 봄 2월 1일, 미부베(壬生部 ; 황자 황녀를 위한 부서)를 설치했다. 9일 천황은 "예부터 우리 조상인 천황들이 세상을 다스릴 때 삼가 신기(神祇 ; 천신지기天神地祇)를 공경하고 산천의 신들을 섬기며, 신들의 마음이 천지에 통하게 했다. 그래서 음양이 서로 조화를 이루고 신들도 순조롭게 일을 행했다. 지금, 나의 시대에도 신기에게 올리는 제사를 게을리해서는 안 된다. 군신은 정성을 다하여 신기를 잘 받들도록 하라."고 명했다.

15일, 황태자와 오오미는 백료를 이끌고 신기에게 제사를 올렸다.

겐즈이시(遣隋使)

가을 7월 3일, 다이라이(大禮)인 오노노오미이모코(小野臣妹子)를 대당(大唐 ; 중국의 미칭. 여기서는 수나라)에 파견했다. 구라쓰쿠리노후쿠리(鞍作福利)가 통역했다.

그해 겨울, 야마토노쿠니에 다케치노이케(高市池), 후지와라노이케(藤原池), 가타오카노이케(肩岡池), 스가와라노이케(菅原池) 등을 만들었다. 야마시로노쿠니 구루쿠마(栗隈 ; 우지시宇治市 오쿠보大久保 근처)에 용수로를 파고 가와치노쿠니에 도카리노이케(戸苅池), 요사미노이케(依網池)를 만들었다. 또 나라마다 미야케를 두었다.

16년 여름 4월, 오노노오미이모코가 대당에서 돌아왔다. 대당에서는 오노노오미이모코를 소인고(蘇因高)라고 불렀다. (妹=因, 子=高)

대당의 사신 배세청(裵世淸)과 부하 20명이 오노노오미이모코를 따라 쓰쿠시에 도착했다. 나니와노키시오나리(難波吉士雄成)를 보내어 대당에서 온 손님

배세청 일행을 불렀다. 대당에서 온 손님을 위해 나니와의 고마노무쓰로미(高麗館) 근처에 새로운 관을 지었다.

6월 15일, 손님들은 나니와즈에 머물렀다. 이날 장식한 배 30척으로 손님을 에구치(江口 : 오사카大阪 나카노시마中之島인가)로 맞이하여 신관(新館)에 들였다. 나카토미노미야도코로노무라지오마로(中臣宮地連烏磨呂), 오시코치노아타이아라테(大河內直糠手), 후네노후비토오헤이(船史王平)가 접대를 맡았다. 그때 오노노오미이모코가 "제가 귀환할 때, 양제(煬帝 : 수나라 2대 황제)가 저에게 책을 주었습니다. 그런데 백제를 지날 때 백제인이 책을 발견하고 약탈해 가는 바람에 바치지 못하게 되었습니다." 하고 말했다. 군신은 이에 대해 의논했다. "사신이 되면 목숨을 걸고서라도 임무를 완수해야 하거늘, 이번 사신은 얼마나 태만했기에, 대국(大國)의 책을 잃어버렸단 말인가." 그리하여 귀양을 보내야 한다는 말까지 나왔다. 그러나 천황은 "오노노오미이모코가 책을 잃어버린 죄는 있으나 함부로 처벌해서는 안 된다. 대당에서 온 손님의 귀에 들어가면 곤란해진다." 하고는 용서하고 죄를 묻지 않았다.

가을 8월 3일, 대당에서 온 손님들이 수도로 들어갔다. 그날 가자리우마(飾馬 : 중국풍 마구로 장식한 말) 75필을 보내어 쓰바키치(海石榴市) 노상에서 영접했다. 누카타베노무라지히라부(額田部連比羅夫)가 인사말을 했다.

12일, 손님을 조정에 불러 사신의 용건을 들었다. 아베노토리노오미(阿倍鳥臣)와 모노노베노요사미노무라지이다키(物部依網連抱) 두 사람을 손님 안내 담당으로 정했다. 가져온 선물을 뜰 위에 두었다. 사신 배세청은 직접 국서를 들고 두 번 재배(두 번 절하는 것을 거듭하는 것)한 뒤, 사신의 용건을 말했다. 그 국서에는 '황제로부터 왜황(倭皇)에게 인사를 보낸다. 사신인 소인고(오노노오미이모코) 일행이 찾아와 그대의 뜻을 잘 전해 주었다. 나는 천명(天命)을 받아 천하를 다스린다. 덕화(德化)를 펼쳐 만물에 두루 미치고자 한다. 백성들을 자애롭게 키우고자 하는 마음에 토지의 거리는 상관이 없다. 천황은 바다 저편에서 백성을 사랑하며 나라를 평화롭게 다스리고 백성들도 서로 화합하여 정성을 다해 멀리서 조공하러 오니, 그 정성스러운 진심을 기쁘게 생각하노라. 계절은 점점 따뜻해지고 나도 무고하다. 홍려시(鴻臚寺 : 청나라 관청의 하나로 제사와 의전을 담당하던 기관)의 장객(掌客 ; 외국 사신을 접대하는 임시 직책) 배세청을 보내어 사신을 보내는 뜻을 전하고 아울러 별도의 선물을 보내노라.'라고 적혀 있었다.

그때 아베노토리노오미가 국서를 받들고 나아가자, 오토모노무라지쿠이가 맞이하여 그 국서를 받아 천황 앞의 책상 위에 두었다. 그리고 천황에게 주상을 끝내고 물러났다. 이때에 황자와 제왕(諸王 ; 친왕으로 책봉하는 황제의 칙서를 받지 못한 황족 남자), 여러 신하는 모두 관에 금장식을 달았다. 또 옷에는 모두 금(錦), 자(紫), 수(繡), 직(織) 및 5색 능라(綾羅)를 사용했다. 어떤 책에는 옷 색깔은 모두 관위에 따른 색을 사용했다고 한다.

16일, 손님들에게 조정에서 향응을 제공다.

9월 5일, 손님들을 나니와의 오고리(大郡 ; 외국 사신 접대용 시설)에서 접대했다. 11일에 손님인 배세청 일행이 돌아가기로 했다. 또 오노노오미이모코를 오쓰카이(大使)로 기시노오나리(吉士雄成)를 소이쓰카이(小使)로 정했다. 구라쓰쿠리노후쿠리가 통역으로 수행했다. 천황은 중국 황제에게 인사를 전하면서 "동쪽의 천황이 삼가 서쪽의 황제에게 아룁니다. 사신 홍려시의 장객 배세청 일행이 우리 나라에 온 덕분에 오랫동안 국교를 원했던 우리 쪽의 바람이 이루어졌습니다. 최근 날씨가 상당히 선선해졌는데, 귀국은 어떠한지요? 별고 없으리라 믿습니다. 이쪽은 무고합니다. 지금 오노노오미이모코와 기시노오나리를 사신으로 보냅니다. 뜻을 다 전하지는 못하나 삼가 아룁니다."라고 했다.

이때 중국에 파견한 사람은 학생(學生) 야마토노아야노아타이후쿠인(倭漢直福因), 나라노오사에묘(奈羅譯語惠明), 다카무코노아야히토겐리(高向漢人玄理), 이마키노아야히토오쿠니(新漢人大圀), 학승(學僧) 이마키노아야히토니치몬(新漢人日文), 미나미부치노아야히토쇼안(南淵漢人請安), 시카노아야히토에온(志賀漢人慧隱), 이마키노아야히토코사이(新漢人廣濟) 등 모두 8명이었다. 이해에는 신라 사람이 많이 귀화해 왔다.

17년 여름 4월 4일, 쓰쿠시 다자이후(大宰府 ; 지방행정기관) 장관이 "백제 승려 도흔(道欣), 혜미(惠彌)를 우두머리로 승려 10명, 출가하지 않은 사람 75명이 히고노쿠니(肥後國)의 아시키타 나루에 정박했다."고 보고했다. 이때 나니와노기시토코마로(難波吉士德摩呂), 후네노후비토타쓰(船史龍)를 보내어 무엇 때문에 왔는지 물었다. 대답하기를 "백제왕의 명으로 오나라에 파견되었으나, 그곳이 내란으로 어지러워 입국하지 못하고 본국으로 돌아가던 중에 폭풍을 만나 바다 위를 표류했습니다. 그러다가 다행히 성제(聖帝)가 계시는 이곳 변경에 당도하여 안도하던 차입니다."라고 했다.

5월 16일, 나니와노기시토코마로가 조정에 돌아와 보고했다. 그리하여 나니와노기시토코마로, 우네노후비토타쓰, 두 사람을 다시 보내 백제 사람들을 이끌고 본국으로 데려다주라고 했다. 쓰시마에 도착하자 수도자 11명이 모두 이곳에 머물고 싶다고 했다. 그래서 표문을 올려 체류 허가를 받고 아스카데라(飛鳥寺)에 살게 했다.

9월, 오노노오미이모코 일행이 대당에서 돌아왔다. 다만 통역관 구라쓰쿠리노후쿠리는 돌아오지 않았다.

18년 봄 3월, 고구려왕이 승려 담징(曇徵), 법정(法定) 등을 보내왔다. 담징은 오경(五經)에 통달했을 뿐만 아니라 물감, 종이, 먹 등을 만들고 수력(水力)을 이용한 연자매도 만들었다. 물방아를 만든 것은 이번이 최초일 것이다.

가을 7월, 신라의 사신 사훼부(沙喙部 ; 출신지명) 나말 죽세사(竹世士)와 임나의 사신 훼부(喙部) 대사 수지매(首智買)가 쓰쿠시에 찾아왔다.

9월, 사람을 보내 신라와 임나의 사신을 불렀다.

겨울 10월 8일, 신라와 임나의 사신이 미야케에 도착했다. 그날, 누카타베노무라지히라부를 신라에서 온 손님을 맞이할 가자리우마(莊馬 ; 각종 마구를 장식한 말)의 우두머리로 명하고 가시와데노오미오토모(膳臣大伴)를 임나에서 온 손님을 맞이할 가자리우마의 우두머리로 명하여, 손님들을 야마토의 아토 강변에 있는 무로쓰미에 들였다.

9일, 손님들은 천황을 배알했다. 이때 하타노미야쓰코카와카쓰(秦造河勝), 하지노무라지우사기(土部連菟)를 신라인 안내 담당으로 명하고 하시히토노무라지시오후타(間人連鹽蓋), 아헤노오미오코(阿閉臣大籠)를 임나인 안내 담당으로 명했다. 함께 남문으로 들어와 궁궐 마당에 섰다. 오토모노무라지쿠이, 소가노토유라노에미시노오미(蘇我豊浦蝦夷臣), 사카모토노오미아라테, 아베노토리코노오미(阿倍鳥子臣)는 자리에서 일어나 안마당에 엎드렸다. 양국 손님은 각각

두 번 절한 뒤 사신으로 온 목적을 주상했다. 마에쓰키미(大夫) 네 명이 앞으로 나아가 오오미에게 이를 말하니, 오오미는 자리에서 일어나 관청 앞에 서서 들었다. 이야기가 끝나자 손님들에게 준비한 하사품을 내렸다.

17일, 사신들을 조정에서 접대했다. 고치노아야노아타이니에(河內漢直贄)에게 신라에서 온 손님을 맡기고 니시코리노오비토쿠소(錦織首久僧)에게 임나에서 온 손님을 맡겼다.

23일, 손님들을 영접하는 의례가 끝나 손님들은 귀로에 올랐다.

우다노(菟田野) 약재 채취

19년 여름 5월 5일, 야마토 우다노에서 약재를 채취(사슴의 어린 뿔을 채취하여 약용으로 쓴다)했다. 동이 트기 전에 후지와라노이케(藤原池) 근처에 집합하여 새벽에 출발했다. 아와다노호시메노오미(粟田細目臣)를 전방의 지휘자, 누카타베노히라부노무라지(額田部比羅夫連)를 후방의 지휘자로 삼았다. 이날 대신들의 옷 색깔은 모두 관위의 색과 같았다. 그리고 관(冠)에는 각각 장식을 달았다. 다이토쿠와 쇼토쿠는 금을 사용하고 다이닌과 쇼닌은 표범 꼬리를 사용했다. 다이라이 아래로는 새꼬리를 사용했다.

가을 8월, 신라는 사훼부(沙喙部) 나말 북질지(北叱智)를 보내고 임나는 습부(習部) 대사 친지주지(親智周智)를 보내어 함께 조공을 바쳤다.

20년 봄 정월 7일, 술을 준비하여 군경에게 큰 잔치를 베풀었다. 이날 소가노우마코오오미가 잔을 바치며 노래하기를,

야스미시시 와가오호키미노 가쿠리마스 아마노야소카게 이데타타스 미소라오미레바 요로즈요니
八隅知し 我大君の 隠り坐す 天の八十蔭 出で立たす 御空を見れば 万代に
가쿠시모가모 지요니모 가쿠시모가모 가시코미테 쓰카헤마쓰라무 오로가미테 쓰카헤마쓰라무
如くしもがも 千代にも 如くしもがも 畏みて 仕へ奉らむ 拝みて 仕へまつらむ
우타쓰키마쓰루
宴杯奉る.

천하를 다스리시는 우리 대군이 들어가시는 광대한 어전, 세워진 어전을 보노라면, 참으로 훌륭하여 천대 만대까지 이와 같기를 바라오며, 황공한 마음으로 합장하며 받들겠나이다. 이를 경축하는 노래를 바칩니다.

천황이 답가를 불렀다.

<ruby>眞蘇我<rt>마소가요</rt></ruby>よ <ruby>蘇我<rt>소가노코라와</rt></ruby>の子等は <ruby>馬<rt>우마나라바</rt></ruby>ならば <ruby>日向<rt>히무카노코마</rt></ruby>の駒 <ruby>太刀<rt>다치나라바</rt></ruby>ならば <ruby>吳<rt>구레노마사히</rt></ruby>の眞鋤 <ruby>宜し哉<rt>우베시카모</rt></ruby>
<ruby>蘇我<rt>소가노코라오</rt></ruby>の子等を <ruby>大君<rt>오호키미노</rt></ruby>の <ruby>使<rt>쓰카하스라시키</rt></ruby>はすらしき.

소가 사람이여, 소가 사람이여. 그대가 말이라면 그 유명한 히무카의 말, 칼이라면 그 유명한 이국(異國)의 진검이다. 대군이, 그토록 훌륭한 소가 사람을 쓰는 것은 참으로 당연하도다.

2월 20일, 황태부인 가타시히메(소가노이나메의 딸, 긴메이천황의 비, 스이코천황의 어머니)를 히노쿠마노오미사사기(檜隈大陵)에 다시 장사지냈다. 이날 가루(가시하라시橿原市 오가루大輕)의 시가지에서 뇌사(誄詞 ; 죽은 사람을 애도하는 글)를 올렸다. 맨 처음에 아베노우치노오미토리(阿倍內臣鳥)가 천황의 말씀을 읽고 영전에 제물을 바쳤다. 그것은 제기(祭器), 상복(喪服) 같은 종류로 1만 5,000종에 이르렀다. 두 번째로 황자들이 서열에 따라 뇌사를 바치고 세 번째로 나카토미노미야도코로노무라지오마로가 소가노우마코오오미의 말을 바쳤다. 네 번째로 소가노우마코오오미가 많은 분가를 이끌고 사카이베노오미마리세(境部臣摩理勢)에게 씨성(氏姓)의 본(本 : 가타시히메의 가계)에 따른 뇌사를 올리게 했다. 그때 사람들이 말하기를 "사카이베노오미마리세, 나카토미노미야도코로노무라지오마로 두 사람은 뇌사를 잘 마쳤으나 아베노우치노오미토리는 뇌사를 마치지 못했다."고 했다.

여름 5월 5일, 약재를 채취한 뒤 하타에 모여 조정으로 향했다. 그 복장은 우다에서 사냥하던 때와 같았다.

그해에 백제에서 일본을 그리워하여 찾아오는 자가 많았다. 그들 가운데 얼굴과 몸에 반점이 있거나 문둥병(癩病)에 걸린 자가 있었는데, 그 기괴한 모습을 싫어하여 바다 위 섬에 두고 가려고 했다. 그러나 그들이 "만약 나의 반점 있는 피부가 싫다면, 백반증(白斑症)에 걸린 소와 말을 나라 안에 키울 수 없지 않소. 또 나에게는 약간의 재주가 있어 쓰키야마(築山 ; 인공적으로 만든 산)를 잘 만드는데, 이런 나를 써준다면 나라를 위해서도 이익이 될 것이오. 그러니 바다 위 섬에 내버리는 건 아까운 노릇 아니겠소?" 하고 말하자, 그 말에 따라 버리지 않고 수미산(須彌山 ; 세계의 중심을 이룬다는 산)의 모양과 오나라 풍의 다리를 처소의 뜰에 만들어 놓으라고 명했다.

그때 사람들은 그를 미치코노타쿠미(路子工)라고 불렀다. 다른 이름은 시키마로(芝耆摩呂)라고 했다. 또 백제 사람인 미마지(味摩之)가 귀화했다. 그가 "오나라에서 배워 기악(伎樂 ; 고대의 종교적 예능으로 부처를 공양하기 위한 가무)을 출 줄 압니다."라고 하여, 사쿠라이(櫻井)에 살게 하고 소년들을 모아 기악을 배우게 했다. 마노노오비토데시(眞野首弟子)와 이마키노아야히토사이몬(新漢濟文) 두 사람이 기악을 배워 그 춤을 전했다. 지금의 오치노오비토(大市首)와 사키타노오비토(辟田首)의 조상이다.

21년 겨울 11월, 와키카미노이케(掖上池), 우네비노이케(畝傍池), 와니노이케(和珥池)를 만들었다. 또 나니와에서 수도에 이르는 대로를 건설했다(이케다竹田 가도인가).

태자와 굶주린 사람

12월 1일, 황태자가 가타오카(片岡)에 행차했다. 그때 길가에 굶주린 자가 쓰러져 있었다. 이름을 물었으나 대답이 없었다. 황태자는 먹을 것을 준 뒤, 자기 옷을 벗어 굶주린 자에게 걸쳐 주며 '편히 쉬라'고 말했다.

그리고 노래하기를

시나테루 가타오카야마니 이히니에테 고야세루 소노타비토아하레 오야나시니 나레나리케메야
級照る 片岡山に 飯に飢て 臥せる 彼の旅人哀はれ 親無しに 汝生りけめや
사스타케노 이히니에테 고야세루 소노타비토아하레
君はや無き 飯に飢て 臥せる 彼の旅人哀はれ.

가타오카에서 굶주려 쓰러진 가엾은 나그네여. 부모 없이 자란 것도 아니련만, 다정한 연인도 없단 말이냐. 굶주려 쓰러진 가엾은 나그네여.

2일, 황태자는 사자를 보내 굶주린 자를 보고 오게 했다. 사자가 돌아와서 보고했다. "그자는 이미 죽었습니다." 황태자는 몹시 슬퍼하며, 그 장소에 묻어 주고 무덤을 만들어 주었다. 며칠 뒤, 황태자는 근시에게 말했다. "지난번에 길

에 쓰러져 있던 굶주린 자는 보통 사람이 아닐 것이다. 틀림없이 성자이리라.” 그리고 사자를 보내어 보고 오게 했다. 사자가 돌아와서 보고했다. “무덤에 가 보았는데 무덤은 움직이지 않고 그대로였으나 열어보니 시체가 사라지고 없었습니다. 다만 옷은 가지런히 개서 관 위에 놓아 두었습니다.” 황태자는 한 번 더 사자를 보내 그 옷을 가져오게 했다. 그리고 이전처럼 다시 그 옷을 입었다. 사람들은 매우 기이하게 생각하고 “성(聖)은 성(聖)을 알아본다고 하더니 참말인가 보군.” 하며 더욱 황공하게 여겼다.

22년 여름 5월 5일, 약재를 채취했다.

6월 13일, 이누카미노키미미타스키(犬上君御田鍬), 야타베노미야쓰코(矢田部造)를 대당에 파견했다.

8월, 소가노우마코오오미가 병에 걸렸다. 소가노우마코오오미의 쾌유를 기원하기 위해 남녀 1,000명을 출가시켰다.

23년 가을 9월, 이누카미노키미미타스키, 야타베노미야쓰코가 대당에서 돌아왔다. 백제 사신이 이누카미노키미미타스키를 따라 왔다.

11월 2일, 백제 손님에게 향응을 베풀었다. 15일, 고구려 승려 혜자(慧慈)가 본국으로 돌아갔다.

24년 봄 1월에 복숭아와 오얏이 열매를 맺었다.

3월, 야쿠(掖久 : 야쿠시마屋久島) 사람이 세 명 귀화해 왔다. 5월, 야쿠시마 사람이 7명 귀화했다. 가을 7월, 또 야쿠시마 사람이 20명 왔다. 전부 합쳐서 30명, 모두 에노이(朴井 : 기시와다시岸和田市 주변인가)에 살게 했는데, 귀향할 때까지 못 버티고 모두 죽고 말았다.

가을 7월, 신라가 나말 죽세사(竹世士)를 보내어 불상을 바쳤다.

25년 여름 6월, 이즈모노쿠니에서 “가무토노코리(神戸郡 : 시마노현島根縣 이즈모시出雲市)에 커다란 참외가 열렸는데, 크기가 물항아리만 하다.”고 보고했다. 이해에는 오곡이 잘 영글었다.

26년 8월 1일, 고구려가 사자를 보내 토산물을 바쳤다. 그리고 “수양제(隋煬帝)가 군사 30만을 보내어 우리나라를 공격했습니다. 그러나 도리어 우리 군에게 졌습니다. 포로로 잡은 정공(貞公)과 보통(普通) 두 사람, 북과 피리(군용), 쇠뇌, 석궁 등 10종과 토산물, 낙타 한 마리를 바칩니다." 하고 말했다.

그해에 가와베노오미(河邊臣)를 아키노쿠니에 보내어 배를 만들게 했다. 산에 들어가서 배를 만드는 데 쓸 재목을 찾았다. 마침 좋은 나무가 있어서 베려고 하자 어떤 사람이 나타나 "뇌신(雷神)이 깃든 나무이니 베어서는 안 됩니다."라고 말했다. 가와베노오미는 "아무리 뇌신이라 해도 어찌 천황의 명을 거역하겠는가?" 하고는 많은 공물을 바친 뒤 일꾼을 시켜 베어 버렸다. 그러자 큰 비가 내리고 벼락이 쳤다. 가와베노오미는 칼자루를 잡고 "뇌신이여, 천황의 백성을 해쳐서는 안 되오. 차라리 나를 해치시오!"라 외치고 하늘을 우러러보며 잠시 기다렸다. 그때 열 번 남짓 천둥이 쳤으나 가와베노오미를 해치지는 않았다. 뇌신은 작은 물고기로 변해 나뭇가지 사이에 끼어 있었다. 그 물고기를 잡아서 구웠다. 마침내 배를 완성했다.

27년 여름 4월 4일, 오미노쿠니에서 "가모강(蒲生川)에 뭔가 이상한 것이 떠올랐는데 모양이 사람처럼 보이기도 합니다." 하는 보고가 들어왔다.

가을 7월, 셋쓰노쿠니의 한 어부가 호리에에 쳐둔 그물에 뭔가가 걸렸는데, 그 모양이 갓난아기 같으면서도 물고기도 아니고 사람도 아닌 것이 뭐라 표현할 길이 없었다.

28년 가을 8월, 야쿠시마 사람 두 명이 이즈섬에 표착했다.

겨울 10월, 잔돌(고분용 작은 돌)을 히노쿠마노미사사기(檜隈陵 : 긴메이천황의 능, 기타시히메堅鹽媛를 합장) 위에 깔았다. 주위에는 흙을 쌓아올려 산을 만들었다. 각 씨족에게 명하여 흙으로 쌓은 산 위에 커다란 기둥을 세우게 했다. 야마토노아야사카노에노아타이(倭漢坂上直)가 세운 기둥이 유난히 높았다. 사람들은 그것을 오하시라노아타이(大柱直)라고 불렀다.

12월 1일, 하늘에 붉은색 기운이 나타났다. 길이는 한 길 남짓하고 모양은 꿩의 꼬리 같았다. 그해에 황태자와 소가노우마코오오미가 협의하여 천황기(天皇記) 및 국기(國記)를 작성하고, 오미, 무라지, 도모노미야쓰코, 구니노미야쓰코와 그밖의 많은 부민과 공민의 본기(本記)를 기록했다.

쇼토쿠태자(聖德太子)의 죽음

29년 몸 2월 5일 밤, 쇼토쿠태자가 이카루가궁에서 죽었다. 이때 왕족과 신하, 천하의 백성 가운데 나이가 많은 자는 자식을 잃은 것처럼 슬퍼하며 소금과 식초를 먹어도 맛을 느끼지 못했고 젊은이는 자애로운 부모를 잃은 듯이 곡하는 소리가 거리에 넘쳐났다. 농부는 농사를 멈췄고 벼를 찧는 아낙은 절구 소리도 내지 않았다. 모두가 말했다. "해와 달도 빛을 잃고 천지가 무너진 것 같구나. 이제 누구를 의지하여 살아갈꼬."

그달에 태자를 시나가노미사사기(磯長陵)에 장사지냈다. 이때 본국으로 돌아간 고구려 승려 혜자(慧慈)는, 태자의 서거 소식을 듣고 크게 슬퍼하며 태자를 위해 승려들을 불러 모아 재회를 열었다. 그리고 직접 경을 설법하는 날에 서원하며 "일본에 성인이 있었다. 가미쓰미야노토요토미미노미코(上宮豊聰耳皇子)라고 한다. 하늘이 뛰어난 자질을 주어, 커다란 성덕(聖德)을 지니고 일본에서 태어났다. 중국의 3대 성왕도 뛰어넘을 정도로 큰일을 이루었고 삼보(三寶)를 삼가 받들어 백성을 고통에서 구했다. 참으로 진정한 대성(大聖)이 아닐 수 없다. 그 태자가 돌아가셨다. 비록 나라는 다르지만 나와 태자의 마음은 굳게 이어져 있다. 나 혼자 살아남아 무슨 득을 보리오. 내년 2월 5일에는 나도 반드시 죽을 것이다. 정토에서 가미쓰미야노토요토미미노미코를 만나 함께 중생에게 불법을 펼치리라."고 했다. 그리고 예고한 날에 정말로 죽었다. 사람들은 하나같이 "가미쓰미야노토요토미미노미코뿐만 아니라 혜자 또한 성인이다."라고 말했다.

그해에 신라는 나말 이미매(伊彌買)를 보내어 조공하고 표문을 올려 사신의 뜻을 주상했다. 아마도 이때부터 신라가 표문을 올리기 시작한 듯하다.

31년 가을 7월, 신라는 대사 나말 지세이(智洗爾)를 보내고 임나는 달솔 나말지(奈末智)를 보내어 함께 조정에 왔다. 불상 하나와 금탑과 사리를 바쳤다. 또 커다란 관정번(灌頂幡 : 큰 폭의 천을 길게 내려뜨린 깃발, 불구佛具의 하나)과 작은 깃발 12개를 바쳤다. 이 불상을 가도노(葛野)의 하치노오카데라(蜂岡寺)에 안치하고 다른 사리와 금탑, 관정번 등은 모두 시텐노지에 봉납했다. 이때에 중국의 학승인 혜제(惠齊), 혜광(惠光) 및 의사 혜일(惠日), 복인(福因) 등이 지세이 일행을 따라왔다. 혜일 일행이 "당에 간 유학생들은 이미 모두 학업을 마쳤습니다. 이제 소환해도 될 듯합니다. 대당은 법식을 완비한 훌륭한 나라입니다. 상시 왕래하며 국교를 맺는 것이 좋습니다." 하고 말했다.

신라정벌 재개

이해에 신라가 임나를 쳤다. 임나는 신라에 항복했다. 그래서 천황은 신라를 치기로 했다. 대신과 의논하고 군경(群卿)에게도 물었다. 그러자 다나카노오미(田中臣)가 답했다. "당장 치면 안 됩니다. 우선 상황을 조사하고 반역이 확실해진 뒤에 쳐도 늦지 않습니다. 시험삼아 사신을 보내어 저쪽의 상황을 살펴보게 하십시오."

나카토미노무라지쿠니(中臣連國)가 말하기를 "임나는 처음부터 우리의 우치노미야케(內官家 : 공납국)인데도 신라가 그것을 빼앗아 갔습니다. 군사를 잘 정비한 뒤 신라를 쳐서, 임나를 되찾아 백제에 부속시킵시다. 신라에게서 되찾는 것이 우선입니다." 다나카노오미가 말했다. "그렇지 않소. 백제는 종종 표변(豹變)하는 나라요. 도로 구간마저 속이는 자들이니 그들이 하는 말을 모두 믿으면 안 되오. 백제에 임나를 부속시켜서는 안 되오." 그리하여 신라 공격이 중지되었다.

기시노이와카네를 신라에 보내고 기시노쿠라지(吉士倉下)를 임나에 보내어, 임나 일에 대해 물었다. 이때 신라국왕(진평왕眞平王)은 8명의 대부(大夫)를 보내어, 신라의 사정을 기시노이와카네에게 전하고 임나국의 사정은 기시노쿠라지에게 보고했다. 그리고 약속하기를 "임나는 작은 나라이지만 천황에게 복종하며 천황을 섬기는 나라입니다. 어찌 신라가 마음대로 빼앗겠습니까? 지금까지처럼 천황의 우치노미야케로 정하고 더 이상 걱정하지 마시기를." 하고 말했다.

나말 지세지(智洗遲)를 기시노이와카네에게 딸려 보내고 임나 사람 달솔 나말지(奈末遲)를 기시노쿠라지에게 딸려 보내어 양국의 조공을 바쳤다. 그러나 기시노이와카네 일행이 아직 돌아오기 전에 다이토쿠 사카이베노오미오마로(境部臣雄摩侶)와 쇼토쿠 나카토미노무라지쿠니를 대장군으로 임명했다. 쇼토쿠 가와베노오미네즈(河邊臣禰受)와 쇼토쿠 모노노베노요사미노무라지오토(物

部依網連乙等), 쇼토쿠 하타노오미히로니와(波多臣廣庭), 쇼토쿠 오미노아나미노
오미이이후타(近江脚身臣飯蓋), 쇼토쿠 헤구리노오미우시(平群臣宇志), 쇼토쿠 오
토모노무라지(大伴連), 쇼토쿠 오야케노오미이쿠사(大宅臣軍)를 부장군으로 하
여 군사 수만을 이끌고 신라를 공격했다.

그때 기시노이와카네는 항구에 모여 출범하려고 바람을 기다리고 있었는데,
군선이 바다를 가득 메우고 말았다. 양국 사신은 멀리서 그것을 보고 깜짝 놀
라, 본국으로 돌아가서 감지대사(堪遲大舍)를 임나의 조공 사신으로 대신 보냈
다. 기시노이와카네 일행은 서로 의논하여 '군사를 일으키다니 예전에 한 약속
과 다르다. 이렇게 되면 임나 일이 이번에도 실패할 것'이라 하고는 항구를 떠
나 귀국했다. 그러나 장군들은 임나에 이르자 서로 의논한 뒤 신라를 덮치려
고 했다. 신라 국왕은 대군이 쳐들어왔다는 얘기를 듣고 두려워서 재빨리 항
복했다. 장군들이 협의하여 주상하자 천황은 이를 허락했다.

겨울 11월 기시노이와카네, 기시노쿠라지가 신라에서 돌아왔다. 소가노우마
코오오미가 상황을 물었더니 "신라는 천황의 명을 듣고 매우 황송해하며, 그
일을 담당할 사신을 정하여 양국의 공물을 바치려 했습니다. 그런데 군선이
온 것을 보더니 조공 사자가 달아나 돌아가 버렸습니다. 하지만 조공은 바치고
갔습니다." 하고 대답했다. 소가노우마코오오미는 "괜한 짓을 했구나. 군사를
너무 빨리 보냈다."고 말했다. 사람들은 이렇게 말했다. "이번 정벌은 사카이베
노오미와 아즈미노무라지가 일찍이 신라에서 많은 공물(뇌물)을 받았기 때문
에 소가노우마코오오미에게 다시 권한 것이다. 그래서 사자의 대답을 기다리
지도 않고 얼른 치려고 했다."

기시노이와카네가 처음으로 신라로 건너가던 날, 그쪽 항구에 도착했을 무
렵, 장식한 배 한 척이 항구에서 영접했다. 기시노이와카네가 어디 배냐고 물으
니 "신라 배입니다." 하고 대답했다. 기시노이와카네는 또 "어째서 임나의 배는
없는가?" 하고 물었다. 그리하여 임나를 위해 또 한 척을 더했다. 신라가 영접
선을 두 척 보내는 것은 이때부터 시작됐다.

봄부터 가을까지 장마가 이어지고 홍수가 나서 곡식이 잘 여물지 않았다.

사원(寺院)과 승려 통제

32년 여름 4월 초사흘, 한 승려가 도끼로 제 할아버지를 쳤다. 천황은 소가노우마코오오미를 불러 명을 내렸다. "출가한 자는 오로지 삼보(三寶)에 귀의하여 계율을 지켜야 하거늘, 어찌하여 아무 거리낌도 없이 악행을 저지른 것인고? 듣자하니, 승려가 제 할아버지를 도끼로 쳤다고 한다. 모든 절의 승려를 다 불러 모아서 잘 조사하라. 만약 사실이라면 극형으로 다스려야 하리라." 그리하여 모든 절의 승려를 불러 모아 악행을 저지른 승려를 처벌하려고 했다. 그때 백제 승려 관륵(觀勒)이 표문을 올렸다. "불법의 가르침은 인도에서 중국에 전해진 뒤 300년이 지나 백제에 전해졌는데, 그게 아직 100년도 지나지 않았습니다. 백제왕은 일본 천황이 영명하다는 말을 듣고 불상과 불전을 바쳤으니, 이 또한 100년이 지나지 않았습니다. 그러한바 승려라 해도 아직 계율에 익숙지 않아서 쉽사리 나쁜 짓을 저질렀습니다. 승려는 대부분 몹시 두려워하면서 어떻게 해야 할지 모르고 있습니다. 원컨대 나쁜 짓을 저지른 자 외에는 모두 용서하시고 죄를 묻지 마시기를 소청합니다. 이 또한 부처님에게 큰 공덕이 될 것입니다."

천황은 이를 받아들이기로 했다. 13일 명을 내려 "불도를 닦는 사람이 법을 어기면 어떻게 속인에게 가르침을 줄 수 있겠는가. 앞으로 승정(僧正 ; 승단僧團을 이끌어 가면서 승려의 행동을 바로잡는 승직)과 승도(僧都 ; 승정 아래의 승관僧官) 등을 임명하여 승려를 관리하도록 하라."

17일, 관륵을 승정으로 구라쓰쿠리노토쿠샤쿠(鞍部德積)를 승도로 임명했다. 같은 날 아즈미노무라지를 법두(法頭)로 정했다.

가을 9월 초사흘, 절과 승려를 조사하여 절의 유래와 승려의 출가 사유, 출가 연월일 등을 상세히 기록했다. 이때 절은 46개였고, 승려는 비구 816명, 비구니 569명, 모두 1,385명에 이르렀다.

소가노우마코오오미(蘇我馬子大臣)의 가즈라키노아가타(葛城縣) 요구와 그의 죽음

겨울 10월 초하루, 소가노우마코오오미가 아즈미노무라지와 아베노오미마로(阿倍臣摩侶) 두 사람을 보내 천황에게 주상했다. "가즈라키노아가타는 본디 제 본관입니다(대대로 가즈라키 씨가 살아서 소가노우마코오오미는 가즈라키의 동족이라는 생각). 그 현의 이름을 따서 소가노카즈라키(蘇我葛城)라는 이름도 있으니, 부디 그 현을 내려주시면 저의 봉현(封縣)으로 삼고 싶습니다." 그러자 천황이 말했다. "나는 소가 가문에서 태어났고(천황의 어머니는 소가노이나메노스쿠네의 딸 가타시히메), 소가노우마코오오미는 나의 숙부이다. 그래서 소가노우마코오오미가 하는 말은, 밤에 말하면 그날 밤이 새기 전에, 아침에 말하면 그날 해가 지기 전에 무슨 이야기든 들어줬다. 그러나 나의 치세에 와서 별안간 이 현을 잃으면 후세의 천황이 '어리석은 여자가 임금 자리에 있었기 때문에 현을 잃어버렸다'고 말할 것이다. 나 혼자 어리석다는 소리를 듣는 것이 아니라, 소가노우마코오오미도 불충한 자가 되어 후세에 나쁜 평판을 남기게 된다." 하고 허락하지 않았다.

33년 봄 정월 7일, 고구려왕이 승려 혜관(惠灌)을 보내주어서 승정에 임명했다.

34년 봄, 복숭아와 오얏꽃이 피었다.

3월에는 추워져서 서리가 내렸다.

여름 5월 20일, 소가노우마코오오미가 죽었다. 모모하라노하카(桃原墓)에 장사지냈다. 소가노우마코오오미는 소가노이나메노스쿠네의 아들로, 무용과 책략이 뛰어나고 정무도 능숙하게 처리하며, 불법을 받들어 아스카강 근처에 집을 짓고 살았다. 그 집 뜰에 작은 못을 파고 못 속에 작은 섬을 만들었다. 그래서 사람들은 시마노오오미(嶋大臣)라고 불렀다.

6월, 눈이 내렸다. 이해는 3월부터 7월까지 장마가 들어 나라 안에 굶는 사람이 많았다. 노인은 풀뿌리를 먹고 길가에 쓰러져 죽었다. 젖먹이는 젖꼭지에 매달린 채 엄마와 함께 죽었다. 도적이 크게 설쳐댔지만 도저히 막을 길이 없었다.

35년 봄 2월, 미치노쿠노쿠니에서 너구리가 사람으로 둔갑하여 노래를 불렀다.

여름 5월, 파리가 수없이 모여들어, 열 길 정도의 높이로 뭉쳐 하늘에 떠서 시나노사카(信濃坂)를 넘어갔다. 그 날개 소리가 마치 천둥소리 같았다. 동쪽의 가미쓰케노노쿠니에 이르러 겨우 흩어졌다.

천황 붕어

36년 봄 2월 27일, 천황이 병이 들었다. 3월 2일, 일식으로 해가 완전히 가려졌다.

6일, 천황의 병이 악화하여 더 이상 손쓸 방도가 없었다. 다무라노미코(田村皇子 ; 훗날 조메이천황)를 불러 "천자의 자리를 받들어 나라의 기틀을 다지고 정무를 돌보며 백성을 부양하는 것은 결코 쉬운 일이 아니다. 나는 너를 언제나 중하게 여겨왔다. 그러니 행동을 삼가고 모든 것을 잘 통찰하려고 노력해라. 무슨 일에서나 가볍게 말해서는 안 된다."고 말했다.

같은 날 야마시로노오에(山背大兄 ; 쇼토쿠태자의 아들)도 불러 "너는 아직 미숙하니, 혹시 마음속에 원하는 것이 있어도 여러 말을 해서는 안 된다. 반드시 군신(群臣)의 말을 듣고 그것에 따르라."고 깨우쳤다.

7일, 천황이 붕어했다. 향년 75세. 조정의 중정에 빈궁을 세웠다.

여름 4월 10일, 우박이 내렸다. 우박의 크기가 복숭아만 했다. 11일 또 우박이 내렸는데 오얏(자두)만 했다. 봄부터 여름까지 가뭄이 계속되었다.

가을 9월 20일, 비로소 천황의 장례가 거행되었다. 군신은 각각 빈궁에 조문을 올렸다. 이보다 앞서 천황은 군신들에게 "요즈음 곡식이 결실을 맺지 못하고 백성은 굶주림에 허덕인다. 나를 위해 무덤을 만들거나 후장(厚葬)하지 말고 다케다노미코(비다쓰천황과 스이코천황의 황자)의 능에 합장하라."는 말을 남겼다. 그리하여 24일 다케다노미코의 능에 장사지냈다.[1]

---

1) 나중에 가와치노쿠니에 개장.

제23권

조메이천황(舒明天皇) : 오키나가타라시히히로노누카노스메라미코토(息長足日廣額天皇)

황태자 문제로 난항을 겪다

오키나가타라시히히로노누카는 비다쓰천황의 손자이자 히코히토노오에의 아들이다. 어머니는 누카테히메이다. 스이코천황 29년, 쇼토쿠태자가 죽었다. 뒤를 이을 황태자를 세우지 못한 채 36년 3월, 천황마저 붕어했다.

9월에 장례가 끝났으나 황위는 아직 정해지지 않았다. 이때 소가노에미시노오미(蘇我蝦夷臣)가 오오미였는데 혼자 황태자를 정하려고 했으나 군신들이 승복하지 않을까봐 두려워 걱정했다. 아베노오미마로와 의논하여 군신들을 불러 소가노토유라노에미시노오미의 집에서 향응을 베풀었다. 식사가 끝나 해산하려고 할 때, 소가노에미시노오오미는 아베노오미마로에게 명하여, 군신들에게 "지금 천황이 붕어하고 후계자가 없다. 서둘러 정하지 않으면 혼란이 일어날까 두렵다. 그러니 누구를 황위에 추대하는 것이 좋겠는가. 스이코천황께서 병으로 누워 계실 때, 다무라노미코에게 명을 내려 '천하를 다스린다는 것은 중대한 임무이다. 함부로 말해선 안 된다. 다무라노미코여, 신중하게 사리를 잘 헤아려서 판단하라'고 말씀하셨다. 다음에 야마시로노오에에게는 '너는 시끄럽게 소란피우면 안 된다. 반드시 군신의 말을 따르고 삼가 신중하게 처신하도록 하라'고 말씀하셨다. 이것이 천황의 유언이니 과연 누구를 천황으로 세우는 것이 좋겠는가?" 하고 물었다. 군신은 아무도 대답하는 자가 없었다. 다시 한번 물었으나 역시 대답이 없었다. 다시 강하게 묻자, 오토모노쿠지라노무라지(大伴鯨連)가 나서서 말했다. "천황의 유명(遺命 ; 임금이나 부모가 죽을 때 남긴 명령)을 따라야 합니다. 더는 군신의 의견을 기다릴 필요가 없습니다." 아베노오미마로는 "무슨 뜻인지 생각하는 바를 분명하게 말해보라."고 말했다. 이에 대답하기를 "천황께서는 무슨 생각으로 다무라노미코에게 '천하를 다스리는 것은 중대한 임무이니 잘 판단하라'고 말씀하셨겠소? 이 말에서 생각건대 황위는 정해진 것이나 마찬가지입니다. 아무도 이의를 말하는 자는 없을 것입니다."고 했다.

그때 우네메 오미마레시(臣摩禮志), 다카무코노오미우마(高向臣宇摩), 나카토미노무라지미케(中臣連彌氣), 나니와노키시무사시(難波吉士身刺) 등 오미 네 사람이 "오토모노쿠지라노무라지의 말대로 아무런 이의도 없습니다." 하고 말했다. 그러자 고세노오미오마로(許勢臣大麻呂), 사에키노무라지아즈마히토(佐伯連東人), 기노오미시오테(紀臣鹽手) 등 세 사람이 나서서 말했다. "야마시로노오에를 천황으로 세워야 하오." 그때 소가노쿠라마로노오미(蘇我倉麻呂臣)만은 "나는 이 자리에서 당장 대답할 수 없소. 좀 더 생각한 뒤에 말씀드리리다." 하고 말했다. 소가노에미시노오오미는 군신이 타협하지 못하고 의견을 정리할 수 없다는 것을 알고 그 자리를 떠났다.

이보다 앞서, 소가노에미시노오오미는 혼자 사카이베노오미마리세를 만나 이렇게 물었다. "천황께서 붕어하신 뒤 아직 후계자가 없소. 누구를 천황으로 세우는 것이 좋겠소?" 그러자 사카이베노오미마리세가 대답했다. "야마시로노오에를 천황으로 세웁시다."

야마시로노오에노오키미(山背大兄王)의 항의

야마시로노오에는 이카루가궁(斑鳩宮)에서 이와 같은 논의를 전해 들었다. 그는 미쿠니노오키미(三國王)와 사쿠라이노오미와지코(櫻井臣和慈古) 두 사람을 보내 몰래 소가노에미시노오오미에게 말했다. "소문에 들으니 숙부님[소가노에미시노오오미]은 다무라노미코를 천황으로 세우려 하신다던데, 나는 그 말을 듣고 서서 생각하고 앉아서 생각해도 도무지 그 이유를 모르겠소. 부디 숙부님의 생각을 분명히 말해 주시오."

소가노에미시노오오미는 야마시로노오에의 물음에 직접 대답하기 난처했다. 그래서 아베노오미마로, 나카토미노무라지미케, 기노오미시오테, 가와베노오미네즈(河邊臣禰受), 다카무코노오미우마, 오미마레시, 오토모노쿠지라노무라지, 고세노오미오마로 등을 불러 야마시로노오에가 한 말을 상세히 설명했다. 소가노에미시노오오미는 또 마에쓰키미에게 "마에쓰키미는 다 같이 이카루가궁으로 가서 야마시로노오에에게 '비천한 내가 어찌 함부로 후계자를 정하겠습니까? 다만 천황께서 남기신 유명의 내용을 군신에게 알렸을 뿐입니다. 군신들 말에 따르면 천황의 유언대로 한다면 아무래도 다무라노미코가 후계자가 되어야 하며, 그것에 아무도 이의가 없다고 했습니다. 이것은 군신이 한 말이며 저만의 생각이 아닙니다. 저의 생각이 있다고 해도 감히 다른 사람을 통해 말씀드릴 수는 없습니다. 직접 뵈었을 때 친히 말씀드리겠습니다' 라고 말하라고 했다.

마에쓰키미는 소가노에미시노오오미의 명에 따라 이카루가궁으로 갔다. 미쿠니노오키미, 사쿠라이노오미와지코를 통해 야마시로노오에에게 소가노에미시노오오미의 말을 전했다. 야마시로노오에는 미쿠니노오키미 일행을 통해 마에쓰키미에게 물었다. "천황의 유언이란 어떤 것이었나?" 마에쓰키미가 대답했다. "상세한 내용은 모릅니다만 소가노에미시노오오미의 말에 따르면, 천황께서 병으로 누워 계실 때 다무라노미코에게 말씀하시기를 '앞으로 국정에 대해 말을 가벼이 해서는 안 된다. 그러니 다무라노미코는 말은 삼가고 방심하지 말라' 하시고 다음에 야마시로노오에에게는 '너는 아직 미숙하니 이러니저러니 여러 말을 해서는 안 된다. 반드시 군신의 말을 따르도록 하라'고 하셨습니다. 이것은 측근에 있었던 구루모토노히메와 우네메가 전부 아는 일이고 야마시로노오에께서도 분명히 아는 사실입니다."

그러자 야마시로노오에가 물었다. "이 유언을 또 누가 들었는가?" 하고 묻자 "신들은 그러한 기밀은 모릅니다." 하고 대답했다. 그러자 다시 마에쓰키미에게 말했다. "친애하는 숙부님의 배려로 사자 하나가 아니라 여러 중신들을 보내어 깨우쳐 주시니 큰 은혜라고 생각한다. 그러나 지금 그대들이 말한 천황의 유언은 내가 들은 것과는 약간 다르다. 나는 천황께서 몸져 누우셨다는 얘기를 듣고 급히 대전으로 갔다. 그때 나카토미노무라지미케가 안에서 나와 '천황께

서 부르십니다' 하기에 내문(內門)으로 들어갔다. 구루쿠마노우네메쿠로메(栗隈
采女黑女)가 중정에서 맞이하여 대전으로 안내했다. 들어가 보니 가까이 모시
고 있는 구루모토노히메(栗下女王)를 비롯하여 메노와라와시비메(女孺鮪女)[1] 8
명 등, 모두 수십 명이 천황을 곁에서 지키고 있었다. 또 다무라노미코도 계셨
다. 천황은 병이 깊어서 나를 볼 수 없었다. 구루모토노히메가 주상하기를 '찾
으셨던 야마시로노오에가 왔습니다' 하고 말하자, 천황께서 몸을 일으켜 말씀
하시기를 '나는 연약한 몸으로 오랫동안 나라를 맡아 다스려왔다. 그러나 이
제는 수명이 다하여 병을 이길 수 없게 되었구나. 너는 본디 나와 마음이 잘
맞는 사이여서 총애하는 마음이 달리 비할 데가 없다. 황위가 국가에 있어서
중요한 것은 비록 나의 치세에 한한 것만이 아니다. 너는 아직 마음이 미숙하
니 발언을 신중하게 하여라' 하고 말씀하셨다.

그 자리에 있었던 측근들은 모두 알고 있을 것이다. 나는 그 고마운 말씀을
듣고 한편으로는 황공하고 또 한편으로는 슬프기도 했다. 그러나 마음은 뛸
듯이 감격하여 어찌할 바를 몰랐다. 생각건대 천자로서 나라를 다스리는 것은
참으로 중대한 일이 아닐 수 없다. 아직 어리고 현명하지도 않은 내가 어찌 그
런 대임을 맡을 수 있겠는가. 그래서 숙부와 군경에게 얘기할 생각이었으나, 그
럴 기회가 없어 오늘까지 말하지 못했다. 나는 일찍이 숙부의 병문안을 위해
아스카에 가서 도유라데라(豊浦寺)에 머물렀던 적이 있다. 그날 천황께서 야쿠
치노우네메시비메(八口采女鮪女)를 보내어 분부하셨는데, '네 숙부인 소가노에
미시노오오미는 늘 너를 염려하며, 언젠가는 틀림없이 황위가 너에게 갈 것이
라고 말했다. 그러니 행동을 삼가고 몸조심하도록 하라'고 말씀하셨다. 이미 확
실하게 이런 일이 있었는데 무엇을 의심하리요. 그러나 나에게는 천하를 탐하
는 마음이 없다. 다만 내가 들은 바를 분명하게 밝힐 따름이다. 그것은 천신지
기도 증명해 줄 것이다. 그런 까닭에 천황의 유칙(遺勅)을 알고 싶었다. 또 소가
노에미시노오오미가 보낸 군경은 본디 이카시호코(嚴矛 ; 삼엄한 미늘창)를 똑바
로 세우듯이, 신하가 한 말을 공정하게 전할 의무가 있는 사람들이다. 그러니

---

1) 하급궁녀.

숙부에게 잘 전해 주기를 바란다."

이와는 별도로 하쓰세노나카미코(泊瀨仲王 ; 야마시로노오에의 이복동생)는 나카토미노무라지미케와 가와베노오미네즈를 불러 이렇게 말했다. "다들 알고 있겠지만, 우리 부자(쇼토쿠태자와 그 아들들)는 모두 소가 가문에서 나왔다. 그러므로 소가를 높은 산처럼 의지했다. 부디 후계자 문제에 대해서는 지나치게 많은 말을 하지 말아주기를 바란다."

야마시로노오에는 미쿠니노오키미와 사쿠라이노오미와지코를 군신과 함께 소가노에미시노오오미에게 보내 대답을 들려 달라고 했다. 소가노에미시노오오미는 기노오미시오테와 오토모노쿠지라노무라지를 통해 미쿠니노오키미와 사쿠라이노오미와지코에게 말했다. "일전에 말씀드린 대로 변한 것이 없습니다. 그러나 내가 어찌 어느 왕은 경시하고 어느 왕은 중시할 수 있으리오."

며칠이 지난 뒤, 야마시로노오에는 다시 사쿠라이노오미와지코를 보내어 소가노에미시노오오미에게 말했다. "지난번 일은 제가 들은 바를 말한 것일 뿐입니다. 어찌하여 숙부님을 거스를 수 있겠습니까?" 그날 소가노에미시노오오미는 병이 들어 직접 사쿠라이노오미와지코에게 말을 할 수 없었다. 이튿날, 소가노에미시노오오미는 사쿠라이노오미와지코를 불러 아베노오미마로, 나카토미노무라지미케, 가와베노오키미(河邊王), 오하리다노오미(小墾田臣), 오토모노쿠지라노무라지를 야마시로노오에에게 보내어 "긴메이천황의 치세부터 현재에 이르기까지 군경은 모두 현명하게 충성을 다해 왔소. 다만 나는 식견이 부족한데도 마침 사람이 부족하여 군신의 위에 올랐을 뿐이오. 그래서 무슨 일이나 결정하는 데 시간이 걸리지만 이번 일은 특별히 중대하오. 사람을 통해서는 말씀드릴 수 없으니 늙은 몸이기는 하나 직접 뵙고 말씀드리고자 하오. 오로지 유칙에 어긋나지 않도록 내 개인적인 의사는 넣지 않겠습니다."라고 전했다.

사카이베노오미마리세(境部臣摩理勢)의 최후

한편 소가노에미시노오오미는 아베노오미마로, 나카토미노무라지미케를 통해 다시 한번 사카이베노오미마리세에게 누구를 천황으로 세우면 좋겠느냐고 물었다. 그러자 "지난번에 소가노에미시노오오미께서 직접 물었을 때 이미 대답했다. 새삼스럽게 다시 말할 필요가 있을까?" 하고는 크게 분노하고 자리에서 일어나 나가 버렸다. 마침 그때 소가 일족이 모두 모여, 소가노우마코오오미의 무덤을 만들려고 묘지에 머물렀다. 이때 사카이베노오미마리세는 묘소의 숙소를 허물어 버린 뒤 소가의 사유지로 물러갔고 묘소를 관리하지 않았다.

그러자 소가노에미시노오오미는 노하여 무사노키미카쓰시(身狹君勝牛)와 니시코리노오비토아카이(錦織首赤猪)를 보내어 "나는 그대가 하는 말이 옳지 않다는 것을 알지만 친척 사이이니 그대를 질책하지는 않겠다. 다만 다른 사람이 틀렸고 그대가 옳다면 나는 당연히 남을 거스르더라도 그대를 따를 것이다. 만약 남이 옳고 그대가 그르다면 나는 그대에게서 등을 돌리고 다른 사람에게 동의할 것이다. 그러하니 그대가 끝내 따르지 않는다면 나는 그대와 등을 돌릴 것이고 그러면 나라도 어지러워지리라. 또 후세 사람들은 두 사람이 나라를 망쳤다고 말할 것이다. 그것은 후대에 불명예가 될 테니, 삼가 그릇된 마음을 품어서는 안 되리라."고 타일렀음에도 사카이베노오미마리세는 끝내 이카루가로 가서 하쓰세노미코의 궁에서 지냈다. 소가노에미시노오오미는 더욱 노하여 군경을 보내 야마시로노오에에게 전했다. "요즈음 사카이베노오미마리세가 나에게서 등을 돌리고 하쓰세노미코의 궁에 숨었습니다. 부디 사카이베노오미마리세를 넘겨주셔서 사정을 조사하게 해 주십시오."

이에 야마시로노오에는 "사카이베노오미마리세는 예전부터 태자가 총애하신 자로, 한동안 몸을 의탁했을 뿐입니다. 숙부님의 마음을 거스를 생각은 없지만 아무쪼록 탓하지는 말아주십시오." 하고 대답했다. 그리고 사카이베노오미마리세에게는 "그대가 선왕(태자)의 은혜를 잊지 않고 이곳에 온 것은 매우 가상하다. 그러나 그대 한 사람 때문에 세상이 어지러워지겠지. 또 선왕이 임종하실 때 자식들에게 말하기를 '악행은 그 어떤 짓도 저질러서는 안 된다. 선행을 행하도록 하라'고 분부하셨다. 나는 이 말을 받들어 평생의 교훈으로 삼았다. 그래서 사사로운 정으로는 받아들이기 어려운 일이 있어도 참고 원망하지 않겠다. 또 나로서도 숙부에게 등을 돌릴 수는 없다. 부디 지금이라도 좋으니, 거리낄 것 없이 마음을 고쳐먹고 모두를 따르는 것이 좋겠다. 멋대로 물러나선 안 된다."고 말했다.

마에쓰키미도 사카이베노오미마리세에게 "야마시로노오에의 명을 어겨서는 안 된다."고 설득했다. 사카이베노오미마리세는 의지할 곳이 없어 울면서 다시 집으로 돌아가 열흘 동안 나오지 않았다. 그런데 하쓰세노미코가 갑자기 병이 나서 죽었다. 사카이베노오미마리세는 "이제 나는 누구를 의지하고 살아가야 하는가?" 하고 탄식했다. 소가노에미시노오오미는 사카이베노오미마리세를 죽일 생각으로 병사들을 보냈다. 사카이베노오미마리세는 병사들이 오는 것을 알고 둘째 아들 아야(阿椰)를 데리고 문으로 나가 의자에 앉아서 기다렸다. 그곳에 군병이 밀어닥쳤고 구메노모노노베노이쿠히(來目物部伊區比)에게 명하여 사카이베노오미마리세를 교살(絞殺)했다. 부자가 함께 죽어 같은 곳에 매장했다. 다만 맏아들인 게쓰(毛津)만 비구니절인 가와라야(瓦舍)로 달아나 숨었다. 그곳에서 비구니 한두 명을 겁탈했는데, 한 비구니가 이를 사람들에게 알렸다. 절을 포위하고 붙잡으려 하니 우네비산으로 달아났다. 산을 뒤지기 시작하자 게쓰는 더 이상 숨을 곳이 없어 산속에서 스스로 목을 찔러 죽었다. 사람들은 동요로 이렇게 노래했다.

<ruby>畝傍山<rt>우네비야마</rt></ruby> <ruby>木立薄<rt>고다치우스케도</rt></ruby>けど <ruby>憑みかも<rt>다노미카모</rt></ruby> <ruby>毛津の稚子の<rt>게쓰노와쿠코노</rt></ruby> <ruby>籠らせりけむ<rt>고모라세리케무</rt></ruby>.

우네비산은 나무가 적은데도 그것에 의지해 게쓰라는 젊은이가 숨어 있었더냐(야마시로노오에 쪽은 편드는 세력도 적은데, 그것에 의지한 가련함을 동정했다).

조메이천황 즉위

원년 봄 정월 4일, 오오미와 군경이 다무라노미코에게 황위의 증표인 거울과 칼을 바쳤다. 그러자 다무라노미코는 사양하면서 "천황이 되어 나라를 다스리는 것은 중대한 일이다. 나는 미숙하여 그 임무를 감당할 수 없다."고 말했다. 군신은 엎드려 청했다. "선황께서는 황자님을 매우 총애하셨습니다. 신도 인간도 황자님에게 마음이 기울었습니다. 부디 황통을 이어받아 백성들 위에 빛을 내려주소서." 그리하여 다무라노미코는 그날로 황위에 올랐다.

여름 4월 1일, 다나베노무라지(田邊連)를 야쿠에 보냈다. 태세 기축년(己丑年)의 일이었다.

2년 봄 정월 12일, 다카라노히메(寶皇女 ; 훗날 고교쿠천황, 사이메이천황)를 황후로 세웠다. 황후는 2남 1녀를 낳았다. 첫째는 가즈라키노미코(葛城皇子 ; 덴지천황), 둘째는 하시히토노히메(間人皇女 ; 고토쿠천황의 황후), 셋째는 오아마노미코(大海皇子 ; 덴무천황)이다. 후궁인 소가노우마코오오미의 딸 호테노이라쓰메(法提郎媛)는 후루히토노미코(古人皇子 ; 오에노미코라고도 한다)를 낳았다. 또 기비노쿠니의 가야노우네메(蚊屋采女)를 맞이하여 가야노미코(蚊屋皇子)를 낳았다.

3월 1일, 고구려 대사 연자발(宴子拔)과 소사 약덕(若德), 백제 대사 은솔 소자(素子), 소사덕솔 무덕(武德)이 함께 조공을 바쳤다.

견당사(遣唐使)

가을 8월 5일, 다이닌 이누카미노키미미타스키, 다이닌 구스시노에니치(藥師惠日)를 대당에 보냈다. 8월, 조정에서 고구려, 백제의 손님에게 향응을 베풀었다.

9월 4일, 고구려, 백제의 손님이 귀국했다. 이달에 다베노무라지가 야쿠에서 돌아왔다.

겨울 10월 12일, 천황은 아스카노오카(飛鳥岡) 부근으로 천도했다. 이를 오카모토궁(岡本宮)이라고 한다. 이해에 다시 나니와의 오고리(大郡 ; 백제와 신라의 사신을 접대하는 곳)와 삼한관(三韓館)을 수리했다.

3년 봄 2월 10일, 야쿠 사람이 귀화했다.

3월 초하루, 백제왕 의자(義慈)가 왕자 풍장(豐章)을 볼모로 보냈다.

가을 9월 19일, 천황이 셋쓰노쿠니의 아리마(有馬) 온천으로 행차했다.

겨울 12월 13일, 천황이 아리마에서 돌아왔다.

4년 가을 8월, 대당은 고표인(高表仁)을 파견하고 삼전사(三田耜)를 귀국시켰다. 함께 쓰시마에 머물렀다. 이때 학승(學僧)인 영운(靈雲), 승민(僧旻) 및 승조양(勝鳥養), 신라의 송사(送使)들이 따라왔다.

겨울 10월 4일, 당(唐)의 사신 고표인 일행이 나니와즈에 머물렀다. 오토모노무라지우마카이(大伴連馬養)를 보내 에구치에서 맞이했다. 배 32척을 준비하여 북을 치며 피리를 불고 깃발을 내걸어 장식했다. 그리고 고표인 일행에게 "당의 천자가 보낸 사신이 천황의 조정에 왔다는 말을 듣고 영접하러 나왔습니다." 하고 말하자, 고표인은 "바람이 거친 이런 날씨에 배를 장식하고 환영해 주시니 기쁘고 황공합니다." 하고 화답했다.

나니와노키시오쓰키(難波吉士小槻), 오시코치노아타이야후시(大河內直矢伏)에게 선도하라고 명하고 무로쓰미 앞으로 안내한 뒤, 이키노후비토오토(伊岐史乙等), 나니와노키시야쓰시(難波吉士八牛)를 파견하여 손님들을 데리고 무로쓰미로 들어갔다. 그날 신주(神酒)를 내렸다.

5년 봄 정월 26일, 대당에서 온 손님 고표인 일행이 본국으로 돌아갔다. 송사인 기시노오마로(吉士雄摩呂)와 구로마로(黑摩呂)가 쓰시마까지 배웅했다.

천재지변 빈발

6년 가을 8월, 남쪽에 기다란 별이 보였다. 사람들은 혜성(彗星)이라고 했다.

7년 봄 3월, 혜성이 돌아서 동쪽에서 보였다.

여름 6월 10일, 백제가 달솔유(達率柔)를 보내어 조공했다.

가을 7월 7일, 조정에서 백제 손님에게 향응을 베풀었다. 이달에 쓰루기노이케(劍池)에 이상한 연꽃이 핀 것을 발견했다. 줄기 하나에 꽃이 두 송이 피어 있었다.

8년 봄 정월 초하루, 일식이 일어났다.

3월, 우네메(천황의 식사 시중을 들던 하급 관리)를 겁탈한 자를 조사하여 모두 처벌했다. 미와노키미오사자키(三輪君小鷦鷯)가 조사받은 것이 괴로워서 목을 찔러 자결했다.

여름 5월, 장마로 인해 홍수가 발생했다.

6월, 오카모토궁이 화재로 불탔다. 천황은 임시로 다나카궁(田中宮)으로 옮겼다.

가을 7월 초하루, 오마타노오키미(大派王 ; 비다쓰천황의 황자)가 소가노에미시노오오미에게 "군경과 백료가 조정 출사를 게을리했다. 앞으로는 묘시(卯時 ; 오전 6시)가 시작할 때 출사하고 사시(巳時 : 10시)가 지난 후에 퇴출하라. 종을 쳐 시각을 알리도록 하라."고 분부했다. 그러나 소가노에미시노오오미는 찬성하지 않았다.

이해에 심한 가뭄이 계속되어 온 나라에 기근이 들었다.

9년 봄 2월 23일, 커다란 별이 동쪽에서 서쪽으로 떨어지면서 천둥과 비슷한 소리가 났다. 사람들은 '별똥별 소리'라고 하거나 '지뢰(地雷)'라고 했다.

승민(僧旻)은 "별똥별이 아니라 덴구(天狗 : 얼굴이 붉고 코가 높으며 신통력이 있어 하늘을 마음대로 날아다니며 깊은 산에 산다는 상상의 괴물)다. 덴구가 짖는 소리가 천둥과 비슷해서 그렇다." 하고 말했다.

3월 2일, 일식이 일어났다.

이해에, 에미시가 배신하고 조공을 하지 않았다. 다이닌 가미쓰케노노키미 카타나(上毛野君形名)를 불러 장군으로 명하고 토벌하게 했다. 그러나 오히려 에미시에게 당하여 달아나 성채로 들어갔다가 결국 적에게 포위되었다. 군사가 달아나 버려 성채가 비게 되자, 장군은 어찌할 바를 모르다가, 해가 지자 담을 넘어 달아나려고 했다. 그때 가미쓰케노노키미카타나의 아내가 "에미시 손에 죽게 되다니 원통한 일이로다." 하고 탄식한 뒤, 남편에게 "당신의 조상님들은 아오우나바라(青海原)를 건너 만 리 너머 바다 저편의 나라를 평정하여 후세에 무용을 떨쳤습니다. 이제 와서 당신이 조상의 이름을 더럽히면 후세에 웃음거리가 될 것입니다." 하고 말했다. 술을 가져와 억지로 남편에게 먹인 뒤, 직접 남편의 칼을 차고 활 열 개를 가져와 수십 명의 여자에게 시위를 당기게 했다. 그러자 남편도 일어나 무기를 잡고 진격했다.

에미시는 군사가 더 많이 있는 줄 알고 병력을 약간 후퇴시켰다. 그래서 흩어져 달아났던 병졸들이 다시 모여들어 대열이 갖춰지자, 에미시를 공격하여 크게 격파하고 모조리 잡아들였다.

10년 가을 7월 19일, 태풍이 불어 나무가 뿌리째 뽑히고 집이 무너졌다.

9월, 장마가 지고 복숭아와 자두꽃이 폈다.

겨울 10월, 아리마 온천에 행차했다. 이해에 백제, 신라, 임나가 조공을 바쳤다.

11년 봄 정월 8일, 천황이 아리마에서 돌아왔다.

11일, 니나메 제사를 지냈다. 아리마에 행차했기 때문에 (전년에는) 니나메를 열지 않았던 것 같다. 12일, 하늘에 구름도 없는데 천둥이 쳤다.

22일, 세찬 바람이 불고 비가 내렸다. 25일, 북서쪽 하늘에 기다란 별이 보였다. 민사(旻師 ; 승민)가 "혜성이다. 혜성이 보이면 흉년이 든다."고 말했다.

가을 7월 "올해 큰 궁전과 큰 절을 짓겠다."고 청환이 말했다.

구다라강(百濟川) 옆을 궁터로 정했다. 서쪽 백성은 궁전(구다라궁百濟宮)을 짓고 동쪽 백성은 절(구다라오데라百濟大寺)을 지었다. 그 일을 위해 후미노아타이 아가타(書直縣)를 건축기사장으로 정했다.

가을 9월, 대당의 학승 혜은(惠隱)과 혜운(惠雲)이 신라의 송사를 따라서 도성에 들어왔다.

겨울 11월 1일, 조정에서 신라 손님에게 향응을 베풀고 관위 1급을 하사했다. 12월 14일, 이요(伊予)의 유노미야(湯宮 ; 도고온천道後溫泉에 있었다)에 행차했다. 그달에 구다라강 옆(나라현奈良縣 초고료廣陵町 소가가와曾我川 부근)에 9층탑을 세웠다.

12년 2월 7일, 별이 달 속으로 들어갔다(불길한 징조로 여겼다).

여름 4월 16일, 천황이 이요에서 돌아와 우마야사카궁(廐坂宮 ; 가시하라시橿原市 오가루초大輕町)으로 옮겼다.

5월 5일, 성대하게 재회를 열고 승려 혜은을 불러 무량수경(無量壽經)을 들었다.

겨울 10월 11일, 대당의 학승 청안(淸安)과 학생 다카무코노아야히토겐리(高向漢人玄理)가 신라를 거쳐 귀국했다. 백제, 신라의 조공 사절이 함께 따라왔다. 각자에게 관위 1급을 하사했다.

그달에 구다라궁(百濟宮)으로 천도했다.

13년 겨울 10월 9일, 천황이 구다라궁에서 붕어했다. 18일, 궁전 북쪽에 빈궁을 차렸다. 이를 구다라의 오모가리(大殯)라고 한다. 이때 동궁의 히라카스와 케노미코(開別皇子 ; 훗날의 덴지천황)가 16세에 조문을 읽었다.

제24권

고교쿠천황(皇極天皇): 아메토요타카라이카시히타라시히메노스메라미코토(天豐財重日足姬天皇)

황후 즉위

아메토요타카라이카시히타라시히메는 비다쓰천황의 증손녀이자 오시사카노히코히토노오에의 손녀이며, 지누노오키미(茅渟王)의 딸이다. 어머니는 기비쓰히메노오키미(吉備姬王)다. 천황은 옛 법도에 따라 정치를 펼쳤다. 조메이천황 2년에 황후가 되었다. 13년 10월, 조메이천황이 붕어했다.

원년 봄 정월 보름, 황후가 천황에 즉위했다. 소가노에미시노오오미를 전과 같이 오오미로 정했다. 소가노에미시노오오미의 아들 이루카(入鹿)—다른 이름은 구라쓰쿠리(鞍作)—가 국정을 장악하여 아버지보다 세력이 강했다. 그래서 도적도 두려움에 떨며 길에 떨어진 것조차 줍지 않을 정도였다.

백제와 고구려의 정변(政變)

29일, 백제에 파견한 다이닌 아즈미노무라지히라후(阿曇連比羅夫)가 쓰쿠시노쿠니에서 파발마를 타고 달려와 "백제가 천황이 붕어했다는 소식을 듣고 조문사절을 보내왔습니다. 저는 조문사절을 따라 쓰쿠시까지 왔으나, 장례에 참여하기 위해 혼자 앞서 왔습니다. 그 나라에는 지금 대란이 일어났다고 합니다." 하고 아뢰었다.

2월 2일, 아즈미노무라지히라후, 구사카베노키시이와카네(草壁吉士磐金), 야마토노아야노후미노아타이아가타(倭漢書直縣)를 백제 조문사절에게 보내어 그 나라의 상황을 물었다. 조문사절이 대답했다. "백제왕(의자왕)은 나에게 '새상

(塞上 ; 의자왕의 동생으로 당시 일본에 있었다)은 언제나 나쁜 짓만 한다. 귀국하는 사신에게 딸려서 돌려보내 달라고 청해도 천황이 허락하지 않을 것이다'라고 말했습니다."

또 백제 조문사절의 종자들은 이렇게 말했다. "작년 11월, 대좌평(大佐平) 지적(智積)이 죽었습니다. 또 백제 사신이 곤륜(昆倫)의 사자를 바다에 던져 넣었습니다. 올 정월에는 국왕의 어머니가 죽었습니다. 또 제왕자(弟王子 ; 영류왕榮留王의 동생) 교기(翹岐)와 동복누이 4명, 내좌평(內佐平) 기미(岐味), 그리고 신분이 높은 인물 40여 명을 섬에 유배했습니다."

6일, 고구려 사신이 나니와즈에 도착했다. 21일, 마에쓰키미를 나니와노코리(難波郡)에 보내어 고구려가 바친 금은과 다른 헌상물을 점검하게 했다. 사신은 조공이 끝난 뒤 "작년 6월, 제왕자가 죽고 가을 9월에는 이리가수미(伊梨柯須彌) 대신이 대왕(영류왕)을 죽이고 아울러 이리거세사(伊梨渠世斯) 등 180여 명을 살해했습니다. 제왕자의 아들(보장왕寶藏王)을 왕으로 세우고 자신의 동족인 도수류금류(都須流金流)를 대신으로 정했습니다." 하고 말했다.

22일, 나니와노코리에서 고구려와 백제 손님에게 향응을 베풀었다. 소가노에미시노오오미에게 "쓰모리노무라지오아마(津守連大海)를 고구려에, 구니카쓰노키시쿠이나(國勝吉士水鷄)를 백제에, 구사카베노키시마토(草壁吉士眞跡)를 신라에, 사카모토노키시나가에(坂本吉士長兄) 임나에 보내라."고 명했다. 24일, 교기를 불러 아즈미노무라지히라후의 집에 살게 했다. 25일, 고구려와 백제 손님에게 향응을 베풀었다. 27일, 고구려의 사신, 백제의 사신이 함께 귀로에 올랐다.

3월 3일, 하늘에 구름도 없는데 비가 내렸다. 6일, 신라가 천황 즉위를 축하하는 사신과 선황 붕어를 조문하는 사신을 보내왔다. 15일, 신라의 사신이 귀로에 올랐다. 이달에 장마가 계속되었다. 여름 4월 8일, 교기 대사가 종자를 데리고 천황을 알현했다. 10일 소가노에미시노오오미가 백제의 교기 일행을 우네비에 있는 집으로 불러 친근하게 대화를 나눴다. 좋은 말 한 필과, 철(쇠를 얇고 넓게 늘린 판) 20정(鋌)을 선물했다. 다만 새상은 부르지 않았다. 이달에도 장마가 계속되었다.

5월 5일, 교기 일행을 가와치노쿠니 요사미노미야케(依網屯倉) 앞으로 불러 기사(騎射 ; 말을 타고 달리면서 활을 쏘는 무예)를 보여줬다. 16일, 백제 조사(調使)의 배와 기시(吉土)의 배가 함께 나니와즈에 도착했다. 18일, 백제 사신이 조공을 바쳤다. 기시가 귀국을 보고했다. 21일, 교기의 종자가 한 사람 죽었다.

22일, 교기의 자식이 죽었다. 이때 교기와 그의 아내는 자식이 죽은 것이 무섭고 꺼림칙해서 장례식에 참석하지 않았다. 아마도 백제와 신라에서는 죽은 사람이 있으면 부모와 부부, 형제자매 사이라도 직접 보려고 하지 않는 풍습이 있는 것 같다. 이로 미루어 볼 때 자애심이 없는 것이 참으로 금수와 다를 바가 없다.

23일, 벌써 익은 벼가 보였다.

24일, 교기는 처자를 데리고 구다라의 오이에 있는 집(가와치河內 나가노시長野市 오이大井)으로 옮겼다. 사람을 보내 아들을 이시카와에 묻었다.

6월 16일, 가랑비가 내렸다. 이달은 심한 가뭄이 계속되었다.

가을 7월 9일, 객성(客星 ; 일정한 곳에 늘 있지 않고 일시적으로 나타나는 별)이 달에 가려졌다.

22일, 백제 사신 대좌평 지적 일행을 위해 조정에서 향응을 베풀었다. 힘이 센 자에게 명하여 교기 앞에서 씨름을 하게 했다. 지적 일행은 연회가 끝나자 물러나와 교기의 집으로 가서 문 앞에서 배례했다.

23일, 소가노오미이루카(蘇我臣入鹿)의 종복이 하얀 참새 새끼를 잡았다. 이날 같은 시간에 어떤 사람이 흰 참새를 새장에 넣어 소가노에미시노오오미에게 선물했다(상서祥瑞).

25일, 군신이 모여 "마을마다 신관의 가르침에 따라 마소를 잡고 신사의 신들에게 기도하거나 시장을 다른 장소로 옮기며 강(江)의 신에게 기도했지만 효험이 조금도 없었다."고 서로 얘기하자, 소가노에미시노오오미가 말했다. "절에서 대승경전을 전독(轉讀 ; 차례대로 읽지 않고 띄엄띄엄 읽는 것)하고 부처님의 가르침에 따라 참회하고 정성을 다해 기원하겠네."

27일, 구다라오데라(百濟大寺) 남쪽 광장에서, 불보살 상(像)과 사천왕상을 안치하고 많은 승려들을 불러 대운경(大雲經 ; 불설대운륜청우경佛說大雲輪請雨經인

가) 등을 읽게 했다. 소가노에미시노오오미는 손에 향로를 들고 향을 피운 뒤 빌원했다.

28일, 가랑비가 내렸다.

29일에는 기도를 하지 못하고 독경을 중단했다.

8월 1일, 천황이 미나미부치강 상류에 가서 무릎을 꿇고 사방을 향해 절을 한 뒤, 하늘을 우러러 기도하자, 천둥이 치고 폭우가 내렸다. 비는 닷새 동안 계속 내려 천하를 골고루 적셔 주었다. 온 나라의 백성은 모두 만세를 부르며 '더없는 덕을 지닌 천황'이라고 칭송했다. 6일, 백제 사신인 참관(參官) 일행이 귀로에 올랐다. 그래서 큰 배와 모로키후네(諸木船 ; 많은 목재를 붙여서 만든 배) 세 척을 내렸다. 그날 밤, 남서쪽 방향에서 천둥이 치더니 비바람이 몰아쳤다. 참관 일행이 탄 배가 해안에 부딪쳐 부서졌다. 13일, 백제의 볼모인 달솔 장복(長福)에게 쇼토쿠 관위를 내렸다. 중객(中客 ; 사절의 지위)보다 아래인 자에게는 관위 1급을 내리고 관위에 따라 각각 하사품을 내렸다. 15일, 백제의 참관 일행에게 배를 내주어 출항시켰다. 16일, 고구려 사신이 귀로에 올랐다. 26일, 백제와 신라의 사신이 귀로에 올랐다.

9월 3일, 천황은 소가노에미시노오오미에게 "구다라오데라를 지으려 하니, 오미노쿠니와 고시노쿠니의 공용(公用) 인부를 징발하라."고 명했다. 각국에 명령을 내려 선박을 건조하게 했다.

19일, 천황이 소가노에미시노오오미에게 명을 내렸다. "이달부터 12월까지 궁전(이타부키궁板蓋宮)을 지을 생각이다. 각국에서 재목으로 쓸 나무를 벌채하도록 하라. 동쪽은 도토미(遠江)까지, 서쪽은 아키까지 각 나라에서 조영(造營 ; 궁정·사찰 따위를 지음) 인부를 징발하라." 21일, 고시노쿠니 변경에서 에미시 수천 명이 투항했다.

빈발하는 이변

겨울 10월 8일, 지진이 일어나고 비가 내렸다. 9일, 다시 지진. 이날 밤은 지진과 함께 바람도 불었다.

12일, 조정에서 에미시에게 향응을 베풀었다. 15일, 소가노에미시노오오미는 에미시를 집에 불러 친히 위로했다. 이날 신라 조문사절의 배와, 즉위를 축하하는 배(조메이천황 붕어와 고교쿠천황 즉위)가 이키노시마에 도착했다. 24일, 밤중에 지진이 일어났다.

이달에 여름 영(令 ; 계절이 바뀔 때마다 재앙이 없기를 비는 정령政令)을 실시했더니, 구름도 없는데 비가 내렸다.

11월 2일, 폭우가 내리고 천둥이 쳤다. 5일, 한밤중에 북서쪽에서 천둥이 치고, 8일에도 북서쪽에서 다섯 번 천둥이 쳤다. 9일, 날씨가 봄날처럼 따뜻했다. 10일 비가 오고, 11일 다시 봄날처럼 따뜻했다. 13일 북쪽에서 천둥이 한 번 치고 바람이 불어왔다. 16일, 천황은 니나메를 올렸다. 이날 황자와 오오미도 각각 니나메 행사를 열었다.

12월 1일, 날씨가 봄날처럼 따뜻했다. 3일, 낮에 천둥이 다섯 번 치고 밤에 두 번 쳤다. 13일, 처음으로 조메이천황의 장례의식을 치렀다. 이날 쇼토쿠 고세노오미토코다(巨勢臣德太)가 오마타노미코(大派皇子 ; 비다쓰천황의 황자)를 대신하여 뇌사(誄詞 ; 죽은 이의 생전의 공덕을 칭송하며 조상하는 말)를 읽었다. 다음에는 쇼토쿠 아와타노오미호소메(粟田臣細目)가 가루노미코(輕皇子)를 대신하여 뇌사를 읽었다. 다음은 쇼토쿠 오토모노무라지우마카이가 오오미를 대신하여 뇌사를 읽고, 14일 오키나가노야마다노키미(息長山田公)가 역대 천황을 열거한 조문을 읽었다. 20일, 북동쪽에서 천둥이 세 번 쳤다. 9일, 동쪽에서 천둥이 두 번 치더니 바람이 불고 비가 내렸다.

21일, 조메이천황을 나메하자마노오카(滑谷岡 ; 아스카후유노明日香冬野)에 장사지냈다. 이날 천황은 오하리다궁(小墾田宮 ; 아스카明日香 땅, 미상未詳)으로 옮겼다. 23일, 천둥이 한 번 쳤다. 하늘이 무너지는 듯한 소리였다.

30일, 봄날처럼 따뜻했다.

가미쓰미야노이라쓰메(上宮大娘)의 분노

이해에 소가노에미시노오오미는 가즈라키의 다카쿠라에 집안의 조묘(祖廟 ; 선조의 사당)를 짓고 야쓰라노마이(八佾舞 ; 한 줄에 여덟 명씩 여덟 줄로 늘어선 64명이 추는 군무로, 천자가 제사를 지낼 때 추는 춤)를 추었다.

그때 다음과 같이 노래했다.

^{야마토노} ^{오시노히로세오} ^{와타라무토} ^{아요히타쓰쿠리} ^{고시쓰쿠라후모}
大和の 忍の廣瀬を 渡らむと 脚帶手作り 腰作らふも.
소가 가문의 본거지인 야마토 가즈라키, 오시미(忍海)에 있는 소가강(曾我川)
의 큰 여울을 건너려고 신발끈을 묶고 허리띠를 매며 채비했다.[1]

또 온 나라의 180명 남짓한 가키노타미(部曲 ; 호족의 사유민)를 징발하여 생
전에 이마키(今來 ; 고세시御所市 동남쪽)에 쌍묘(雙墓 ; 표주박 모양의 고분古墳—크
고 작은 두 개의 원분圓墳이 붙어 있는 것)를 만들었다. 그 하나를 오미사사기(大陵)
이라 하고 소가노에미시노오오미의 무덤으로 했다. 또 하나는 고미사사기(小
陵)라 하며 소가노오미이루카의 무덤으로 했다. 사후를 남의 손에 맡기지 않
고 게다가 태자의 양육료(養育料)로 정해진 부민을 모두 징발하여 무덤 공사에
사용했다. 이 때문에 가미쓰미야노이라쓰메(쇼토쿠태자의 딸)가 분개하여 탄식
하며 말했다. "소가노에미시노오오미는 국정을 제멋대로 좌지우지하며 무례한
행동을 그치지 않는구나. 하늘에 두 개의 해가 있을 수 없는 것처럼 땅에도 두
왕이 있을 수 없다. 무슨 이유로 황자에게 내린 봉민(封民)을 마음대로 부리는
것이냐?" 이러한 일로 원성을 산 두 사람은 결국 나중에 멸망하게 된다. 태세
임인년(壬寅年)의 일이었다.

2년 봄 정월 초하루 아침, 커다란 오색구름이 하늘에 가득 떴는데 인(寅 ; 동
북동) 방향만이 비어 있었다. 또 푸른 안개가 지면에 가득 피어올랐다(오색구름
은 상서, 푸른 안개는 흉조). 10일 강한 바람이 불었다.

2월 20일, 복숭아꽃이 처음 피었다. 25일, 우박이 내려 초목의 꽃과 잎이 상
했다. 이달에 바람 불고 천둥 치고 진눈깨비가 내렸다. 겨울 영(令)을 실행했다.
나라 안 무녀들은 비쭈기나무 가지를 꺾어 흰 무명천을 걸고, 소가노에미시노
오오미가 조묘(祖廟)에 참배하기 위해 다리를 건널 때를 기다렸다가, 앞다투어
신령의 말을 전했다. 그 목소리가 하도 여럿이라 무슨 말인지 도무지 알아들을

---

1) 천하를 빼앗기 위해 군사를 일으키겠다고 조묘에 고하는 행위인가?

수가 없었다.

3월 13일, 나니와의 백제 손님을 위한 무로쓰미와 민가가 화재로 불탔다. 25일, 서리가 내려 초목의 꽃과 잎이 상했다. 이달에 바람이 불고 천둥이 치고 우박이 내렸다. 겨울철 영(令)을 실시했다.

여름 4월 7일, 바람이 심하게 불고 비가 내렸다. 8일, 바람이 불어 추웠다. 20일, 서풍이 불고 우박이 내렸다. 날씨가 추워서 사람들은 솜옷을 겹쳐 입었다. 21일, 쓰쿠시의 다자이후(쓰쿠시 지방에 설치되었던 관청)에서 급사를 보내 "백제 왕의 아들 교기(翹岐) 제왕자(弟王子)가 조공사절과 함께 도착했습니다." 하고 보고했다. 28일 임시 궁전에서 아스카의 이타부키신궁(板蓋新宮)으로 옮겼다. 25일, 오미노쿠니에서 "우박이 내렸는데 그 지름이 한 치나 되었다."고 보고해 왔다.

5월 16일, 월식이 있었다.

6월 13일, 쓰쿠시의 다자이후에서 급사를 보내 "고구려가 사신을 보내왔습니다." 하고 전했다. 군경은 "고구려는 조메이천황 11년부터 방문하지 않다가 이제야 찾아왔다."고 말했다. 23일, 백제 조공선이 나니와즈에 도착했다. 가을 7월 3일, 마에쓰키미를 나니와노코리에 보내 백제의 조공과 헌상품을 점검하게 했다. 마에쓰키미가 조공사신에게 "조공물이 예년보다 적다. 오오미에게 전달할 진상품도 작년에 되돌려준 물품과 같다. 군경에게 전달할 물건도 없고 모두 전례에 맞지 않으니 도대체 어인 일인가?" 하고 따져 묻자, 대사 달솔 자사(自斯), 부사 은솔 군선(軍善)이 함께 대답했다. "당장 준비하겠습니다." 자사는 볼모인 달솔 무자(武子)의 아들이다.

이달에 만다노이케(茨田池)의 물이 심하게 썩어서 작은 벌레가 수면을 뒤덮었다. 그 벌레는 입이 검고 몸은 하얬다. 8월 15일, 만다노이케의 물이 쪽빛으로 바뀌었다. 죽은 벌레가 물 표면을 뒤덮었다. 수로의 물이 엉겨 붙어 그 두께가 3, 4치(10여 cm)나 되었다. 크고 작은 물고기가 썩은 모습은, 여름철에 부패된 것처럼 도저히 먹을 수가 없었다.

9월 6일, 조메이천황을 오시사카노미사사기(押坂陵)에 이장했다. 어떤 책에는 조메이천황을 다케치노미코(高市天皇)라고 불렀다고 되어 있다.

11일, 기비노시마노스메오야노미코토(吉備島皇祖母命 ; 고교쿠천황의 어머니)가 죽었다. 17일, 하시노사바노누라시이테(土師娑婆連射手)에게 명을 내려 기비노시마노스메오야의 장례식을 올리게 했다. 천황은 기비노시마노스메오야가 병으로 몸져누운 뒤로 상(喪)을 치르게 될 때까지, 침상 곁을 떠나지 않고 간병에 힘썼다. 19일, 기비노시마노스메오야를 마유미노오카(檀弓岡)에 장사지냈다. 이날 폭우가 내리더니 우박으로 변했다. 30일, 기비노시마노스메오야의 무덤을 만드는 노역이 끝났다. 오미, 무라지, 도모노미야쓰코에게 각각 차등을 두어 피륙을 하사했다.

이달에 만다노이케의 물이 간신히 맑아지고 지독한 냄새도 사라졌다.

겨울 10월 3일, 조정 뜰에서 군신과 도모노미야쓰코에게 향응을 베풀었다. 그리고 서위(叙位)를 논의했다. 지방관에게 명을 내려 "예전에 내린 칙명대로 새로 바꿀 것 없이 임명받은 곳에 부임하여 삼가 임무에 충실하라."고 분부를 내렸다.

6일, 소가노에미시노오오미가 병 때문에 출사하지 않았다. 몰래 자관(紫冠)을 아들인 이루카에게 주어 오오미에 오른 것처럼 꾸몄다. 또 그 동생을 불러 모노노베노오오미(物部大臣)라고 불렀다. 소가노에미시노오오미의 조모(소가노우마코오오미의 아내)는 모노노베노유게노모리야오무라지의 누이이다. 어머니 쪽 재력으로 세상에 위세를 떨쳤다.

12일, 소가노오미이루카는 독단으로 가미쓰미야(쇼토쿠태자)의 아들들(야마시로노오에노오키미)을 폐하고 후루히토노오에(古人大兄 ; 조메이천황의 황자. 어머니는 소가노우마코오오미의 딸)를 천황으로 세울 계획을 세웠다. 그 무렵에 동요가 유행했다.

이와노헤니　고사루코메야쿠　고메다니모　다케테토호라세　야마시노오지
岩の上に 小猿米燒く 米だにも 喫けて行去らせ 山羊の老翁.

바위 위에서 어린 원숭이가 쌀을 볶는다. 쌀이라도 먹고 있으려무나, 영양(羚羊) 같은 노옹이여.[2]

---

2) 야마시로노오에노오키미를 영양 같은 노옹에 비유한 듯하다.

소가노오미이루카는 가미쓰미야의 아들들의 위명(威名)이 세상에 퍼지는 것이 싫어서 신하의 분수를 넘어서 멋대로 자기가 군주 대접을 받으려 했다.

이달에 만다노이케의 물이 원래대로 맑은 물로 돌아갔다.

이루카(入鹿), 이카루가(斑鳩) 급습

11월 초하루, 소가노오미이루카는 쇼토쿠 고세노오미토코다, 다이닝 하지노사바노무라지를 이카루가에 파견하여, 야마시로노오에노오키미를 불시에 습격하게 했다. 어떤 책에는 고세노오미토코다와 야마토노우마카이노오비토(倭馬飼首)를 군의 장군으로 삼았다고 되어 있다.

이때, 노비인 미나리(三成)가 수십 명의 측근들과 함께 방어했다. 하지노사바노무라지가 화살에 맞아 죽었다. 군사들은 겁을 먹고 물러갔다. 군사들은 서로 '일당천(一當千)이라는 말은 바로 미나리를 두고 하는 말'이라고 말했다.

야마시로노오에노오키미는 말뼈를 집어 침전에 던져 넣고 비와 자녀들을 데리고 빈틈을 노려 달아나 이코마산에 숨었다. 미와노후미야노키미(三輪文屋君), 도네리노타메노무라지(舍人田目連)와 그 딸, 우다노모로시(菟田諸石), 이세노아베노카타부(伊勢阿部堅經) 등이 따라갔다. 고세노오미토코다 일행은 이카루가궁을 불태운 뒤 잿속에서 뼈를 발견하자, 야마시로노오에노오키미가 죽었다고 생각하고 포위를 풀고 물러갔다. 야마시로노오에노오키미 일행은 밥도 못 먹고 4, 5일 동안 산에 머물렀다. 미와노후미야노키미가 앞으로 나아가서 "부디 후카쿠사(深草)의 미야케로 가서, 거기서 말을 타고 아즈마노쿠니에 가서 가미쓰미야의 미부베(乳部 : 황자의 양육비를 위해 설치한 부민)의 사람을 모아 군사를 일으켜 돌아와서 전쟁을 합시다. 그러면 이기는 것도 어렵지 않을 것입니다." 하고 권했다.

야마시로노오에노오키미는 "그대의 말대로 한다면 이길 수 있겠지. 그러나 나는 10년 동안 백성을 노역에 동원하지 않겠다고 마음속으로 정했다. 그런데 어찌 나의 일신에 일어난 일 때문에 만민을 고생시킬 수 있겠느냐. 또 백성들이 내 편을 드느라 싸움에서 자기 부모를 잃었다고 후세 사람에게 전하게 하고 싶지 않다. 싸워서 이겨야 대장부가 되는 것이 아니라, 자기 몸을 버리고 나라를 견고하게 만들어야 비로소 대장부라고 할 수 있지 않겠는가?" 하고 대답했다.

저 멀리 산속에서 가미쓰미야의 야마시로노오에노오키미 일행을 목격한 사람이 있었다. 돌아와서 소가노오미이루카에게 고했다. 소가노오미이루카는 이 말을 듣고 아주 겁을 먹었다. 당장 군사를 일으켜 다카무쿠노쿠니오시(高向臣國押)에게 야마시로노오에노오키미가 있는 곳을 고하고 "빨리 산에 가서 야마시로노오에노오키미를 찾아 붙잡아오라."고 명했다. 그러나 다카무쿠노쿠니오시는 "나는 천황의 궁을 지켜야 하므로 밖으로 나갈 수 없습니다." 하고 대답했다. 소가노오미이루카는 자신이 직접 나가려고 했다. 그때 후루히토노오에가 숨을 헐떡거리며 달려와서 어디로 가느냐고 물었다. 소가노오미이루카가 사정을 자세히 설명하자 후루히토노오에가 말했다. "구멍에 숨어 사는 쥐는 그 구멍을 잃으면 죽는다."[3] 그러자 소가노오미이루카는 직접 가지 않고 장군들을 보내 이코마산을 뒤지게 했으나 끝내 찾지 못했다.

야마시로노오에노오키미는 산에서 나와 다시 이카루가데라로 들어갔다. 병사들이 절을 포위했다. 야마시로노오에노오키미는 미와노후미야노키미를 통해 장군들에게 고했다. "내가 군사를 일으켜 소가노오미이루카를 친다면 분명 이길 것이다. 그러나 나 하나 때문에 백성이 목숨을 잃는 것은 원치 않는다. 그러니 내 한 몸을 소가노오미이루카에게 내어주마." 그리하여 마침내 자녀와 처첩 모두 함께 자결했다. 그때 하늘에 오색 깃발과 비단 양산이 나타나, 온갖 무악(舞樂)과 함께 공중에서 빛을 내며 절을 뒤덮었다.

수많은 사람이 우러러보며 감탄하더니 소가노오미이루카에게 보라고 가리켰다. 그러자 순식간에 깃발과 비단 양산이 검은 구름으로 변해 소가노오미이루카는 그것을 볼 수가 없었다. 소가노에미시노오오미는 야마시로노오에노오키미 일행이 모두 소가노오미이루카 때문에 죽었다는 말을 듣고 분노하며 질책했다. "아, 어리석은 이루카 놈! 그렇게 악행만 저지르면 제명에 살지 못하리라." 사람들은 앞의 동요를 "바위 위'라는 것은 야마시로노오에노오키미를 가

---

3) 이루카를 쥐에 비유하여, 본거지를 떠나면 어떤 재앙을 만날지 모른다는 뜻인가.

리키고, '어린 원숭이'는 소가노오미이루카를 가리키는 것이다. '쌀을 볶는다'는 것은 가미쓰미야를 불태우는 것을 말하고, '쌀이라도 먹고 있으려무나, 영양 같은 노옹이여'라는 말은 야마시로노오에노오키미의 반백이 된 머리가 흐트러진 것을 산양에 비유했고, 또 궁을 버리고 깊은 산속에 숨은 것을 나타냈다." 라고 해석했다.

이해에 백제의 태자 여풍(餘豊)이 미와산(三輪山)에 벌통을 4개 놓고 키웠으나 잘 번식하지 않았다.

나카노오에노미코(中大兄皇子)와 나카토미노카마코무라지(中臣鎌子)

3년 봄 정월 초하루, 나카토미노카마코무라지를 신기관(神祇官)의 장관으로 임명했으나, 병을 구실로 여러 차례 고사한 뒤 물러가 셋쓰미시마(攝津三島)에서 살았다. 그때 가루노미코(輕皇子)도 다리가 아파 출사하지 못했다. 나카토미노카마코무라지는 오래전부터 가루노미코와 가까이 지낸 터라 가루노미코의 궁에 가서 머물며 지켜주려고 했다. 가루노미코는 나카토미노카마코무라지의 자질과 인품이 고결하고 용모에 범접할 수 없는 기품이 흐르는 것을 알고 총애하는 비인 아베 가문의 딸에게 명하여 별전(別殿)을 청소하게 하고 침구를 새로 들여 지극하고 정중하게 대접했다. 나카토미노카마코무라지는 그러한 대접에 감격하여 부하에게 말하기를 "이렇게 고마운 은혜를 입을 줄은 몰랐다. 황자께서 천하의 왕이 되시는 것을 막을 자 아무도 없으리라."고 했다.

부하가 그 말을 황자에게 아뢰자 황자는 크게 기뻐했다. 나카토미노카마코무라지는 인품이 충직하여 세상을 바로잡고 구제하고 싶었다. 그래서 소가노오미이루카가 군신장유(君臣長幼)를 무시하고 나라를 빼앗으려는 야망을 품은 것에 격분하여, 잇따라 왕가의 사람들과 접촉하여 뜻을 이루어줄 수 있는 현명한 주군을 찾았다. 그리고 나카노오에에게 마음을 두었으나, 가까이 접근할 기회가 없어서 마음을 털어놓지 못했다. 그러다가 마침 나카노오에가 호코지의 둥근 느티나무 아래에서 공차기놀이를 열었다는 소식을 듣고 거기에 참여하여 나카노오에가 공을 차다가 가죽신이 함께 벗겨지자 신발을 주워들어 두 손으로 받들고 나아가 무릎을 꿇고 공손하게 바쳤다. 나카노오에도 같이 무릎을 꿇고 공손하게 받았다. 이때부터 둘은 사이가 가까워졌고 서로 마음을 터놓고 숨기지 않았다.

그 뒤로 두 사람이 자주 접촉하면 사람들이 의심할까 봐 두려워, 함께 책을 들고 미나미부치노쇼안(南淵請安) 선생의 집으로 가서 유교를 배우기로 했다. 오가는 길 위에서 나란히 걸으면서 비밀리에 계획을 세웠다. 두 사람의 생각은 모든 면에서 일치했다. 나카토미노카마코무라지가 "큰 일을 도모하려면 조력자가 있어야 합니다. 소가노쿠라노야마다노마로(蘇我倉山田麻呂)의 맏딸을 비로 맞이하여 사위와 장인이 된 뒤, 나중에 사정을 밝히고 함께 일을 도모하는 것이 좋겠습니다. 그것이 성공에 이르는 가장 가까운 지름길입니다." 하고 자기 생각을 말했다.

나카노오에는 이 말을 듣고 크게 기뻐하며 자세한 설명을 따르기로 했다. 나카토미노카마코무라지는 소가노쿠라노야마다노마로를 직접 찾아가서 중매인이 되었다. 그런데 그 맏딸이 약속한 날 밤에 일족에게 납치되었다. 일족이란 무사노오미(身狹臣)를 말한다. 이 때문에 소가노쿠라노야마다노마로는 황공하고 두려워서 고개 숙인채 어찌할 바를 몰랐다. 그러자 둘째딸이 아버지의 안색을 이상하게 여기고 물었다. "무슨 일로 그렇게 근심하십니까?" 아버지가 사정을 이야기하자, 둘째딸이 말했다. "걱정하실 것 없습니다. 저를 대신 보내면 되지 않겠습니까?" 아버지는 매우 기뻐하며 그 딸을 보냈다. 둘째 딸은 진심을 다해 황자를 섬기며 조금도 그 일을 싫어하지 않았다. 나카토미노카마코무라지는 사에키노무라지코마로(佐伯連子麻呂)와 가즈라키노와카이누카이노무라지아미타(葛城稚犬養連網田)를 나카노오에에게 추천하며 자세하게 이야기했다.

동요가 유행하다

3월, 부엉이가 오쓰(大津 ; 이즈미오쓰泉大津)에 있는 도유라노오오미(豊浦大臣 ; 소가노에미시노오오미)의 집 창고에서 새끼를 깠다.

야마토노쿠니에서 보고가 들어왔다. "우다노코리(菟田郡) 사람 오시사카노아타이(押坂直)가 눈 오는 날 아이를 하나 데리고 놀러 나갔다가 우다산(菟田山)에 올라갔는데, 거기서 눈을 뚫고 자란 자주색 버섯을 발견했다. 높이는 6치(18cm

쯤) 남짓이고 1만 평쯤 되는 땅에 가득 자라고 있었다. 아이에게 따게 하여 돌아와 이웃사람에게 보여주었더니 모두 무슨 버섯인지 모른다고 했다. 그러면서 독버섯일지도 모른다고 의심했다. 오시사카노아타이와 아이가 버섯을 삶아서 먹어보니 매우 향기롭고 맛이 좋았다. 이튿날 가보니 이미 하나도 남아 있지 않았다. 오시사카노아타이와 아이는 그 버섯국을 먹고 병치레도 하지 않고 장수했다." 어떤 사람은 이렇게 말했다. "그곳 사람들은 틀림없이 지초(芝草 ; 오늘날의 영지靈芝)를 몰라서 그냥 버섯인줄 알았던 것이 아닐까?"

여름 6월 1일, 오토모노무라지우마카이가 백합꽃을 바쳤다. 그 줄기의 길이가 8자(240cm 가량), 아래쪽은 여러 갈래인데 위에서 하나로 합쳐져 있었다. 3일, 시키노카미노코리(志紀上郡 ; 지금의 덴리시天理市)에서 "어떤 사람이 미와산에서 원숭이가 낮잠을 자는 것을 보고 원숭이가 다치지 않게 가만히 팔을 잡았더니 원숭이가 자면서 노래를 불렀다.

무카쓰오니　　다테루세라가　　니코데코소　　와가테오토라메
向がつ丘に　立てる夫等が　柔手こそ　我が手を取らめ
다가사키테　　사키테조모야　　와가테토라스모야
誰が拆手　拆手ぞもや　我が手捉らすもや.

건너편 산에 서 있는 남자의 부드러운 손이라면 내 손을 잡아도 좋지만, 누가 이렇게 갈라지고 터진 손으로 내 손을 잡으려 하는가.[4]

그 사람은 원숭이의 노래에 깜짝 놀라 손을 놓고 달아나 버렸다."고 보고해 왔다. 이것은 몇 년 뒤, 야마시로노오에노오키미 일행이 소가노오미이루카 때문에 이코마산에서 포위되는 일을 예견한 것이다.

6일, 쓰루기노이케의 연꽃 가운데 줄기 하나에 두 개의 꽃이 핀 것을 발견했다. 도유라노오오미(소가노에미시노오오미)는 자기 마음대로 추측하여 "이것은 소가 가문이 번영할 조짐이다."라고 말했다. 금물(아교에 개어 만든 금박가루)로 이 연꽃 그림을 그려 아스카 호코지 장륙불에 헌상했다.

이달에 나라 안 무녀들이 나뭇가지를 꺾어 소가노에미시노오오미가 다리를

---

4) 이루카의 거친 손이 야마시로노오에를 잡은 것을 풍자한 노래.

건널 때를 기다렸다가 서로 다투어 신탁을 전했다. 그 무녀의 수가 매우 많았기 때문에 무슨 말인지 알아들을 수가 없었다. 노인들은 '시세(時勢)가 바뀌려는 징조'라고 했다. 그 무렵 동요 세 곡이 유행했다.

첫 번째는,

<ruby>遙遙<rt>하로바로니</rt></ruby>に <ruby>言ぞ聞ゆる<rt>고토조키코유루</rt></ruby> <ruby>島の藪原<rt>시마노야부하라</rt></ruby>.

멀리서 희미하게 얘기하는 소리가 들려온다. 섬 안의 덤불숲에서.

두 번째는,

<ruby>彼方の<rt>오치카타노</rt></ruby> <ruby>淺野の雉<rt>아사누노키기시</rt></ruby> <ruby>不響<rt>도요모사즈</rt></ruby> <ruby>我は寢共<rt>와레하네시카도</rt></ruby> <ruby>人ぞ響動<rt>히토조토요모스</rt></ruby>.

머나먼 아사노(淺野)의 꿩이 소리 내 운다. 나는 말하지 않고 몰래 잤는데, 다른 사람이 그것을 발견하고 시끄럽게 떠드는구나.

세 번째는,

<ruby>小林に<rt>오바야시니</rt></ruby> <ruby>我を引入て<rt>와레오히키이레테</rt></ruby> <ruby>爲人の<rt>세시히토노</rt></ruby> <ruby>面も不知<rt>오모테모시라즈</rt></ruby> <ruby>家も不知も<rt>이에모시라즈모</rt></ruby>.

나를 숲속으로 유인하여 범한 사람의 얼굴도 모른다, 집도 모른다.

하타노미야쓰코카와카쓰(秦造河勝)와 도코요(常世)의 신(神)

가을 7월, 아즈마노쿠니의 후지강(富士川) 근처에 사는 오후베노오(大生部多)라는 사람이 벌레제사(虫祭)를 지내자고 권하며 말하기를 "이것은 도코요(불사의 나라)의 신이다. 이 신을 섬기면 부(富)와 장수를 얻을 수 있다."고 말했다. 무녀들도 거짓으로 신의 계시라고 하면서 "도코요의 신을 모시면 가난한 사람은 부를 얻고 늙은이는 젊어진다."고 말했다. 이것이 점점 퍼져서 사람들은 집안의 재물을 내다버리고 술과 채소와 여섯 종류의 가축(말, 소, 양, 돼지, 개, 닭)을 길가에 늘어놓고 "새로운 부가 들어왔다."고 소리쳤다. 수도에서도 시골에서도 도코요의 벌레를 잡아 안치하고 노래를 부르고 춤을 추며 복을 구하고 재물을 내던졌지만 아무런 이득도 없이 손해만 극에 달했다. 가즈노의 하타노미야쓰코카와카쓰는 사람들이 미혹된 것에 분노하여 오후베노오를 주살했다. 무녀들은 무서워서 더 이상 제사를 권하지 않았다. 사람들은 이런 노래를 지어 불렀다.

<ruby>太秦<rt>우즈마사와</rt></ruby>は <ruby>神<rt>가미토모카미토</rt></ruby>とも神と <ruby>聞え來る<rt>기코에쿠루</rt></ruby> <ruby>常世の神<rt>도코요노카미오</rt></ruby>を <ruby>打ち罰ますも<rt>우치키타마스모</rt></ruby>.

우즈마사(太秦 ; 가와카쓰河勝)는 신(神) 중의 신이라는 소문이 자자하네. 도코요의 신이라고 선전한 자를 주살했으니.

이 벌레는 언제나 귤나무에 살며, 때로는 산초나무에도 산다. 길이는 4치(약 12cm) 남짓, 크기는 엄지손가락만 하며 초록색에 검은 반점이 있다. 모양이 누에와 매우 흡사하다.

겨울 11월, 소가노에미시노오오미와 아들 소가노오미이루카가 우마카시노오카(甘檮岡)에 집을 나란히 지었다. 소가노에미시노오오미의 집을 우에노미카도(上宮門)라 부르고 소가노오미이루카의 집을 하사마노미카도(谷宮門)라고 했다. 남녀 아이들을 미코(王子)라고 불렀다. 집 밖에 성채 같은 울타리로 에워싸고 문 옆에 무기고를 두었다. 건물마다 물통을 배치하고 끝에 갈고리를 매단 나무를 수십 개 두어 화재에 대비했다. 힘이 센 자에게 무기를 주어 항상 집을 지키게 했다. 소가노에미시노오오미 나가노아타이(長直)에게 명하여, 오니호산(大丹穂山)에 호코누키데라(桙削寺)를 짓게 했다. 또 우네비산 동쪽에도 집을 지어 못을 파서 성채로 삼고 무기고를 지어 화살을 비축했다. 언제나 병사 50명의 호위를 받으며 집을 출입했다. 이들을 정예병으로 삼아 아즈마의 종자라고 불렀다. 많은 사람이 문을 지켰는데 이들을 오야노코와라와(祖子孺者)라고 불렀다. 아야노아타이(漢直)는 오로지 두 집의 궁문을 경호했다.

4년 봄 정월, 언덕이나 강변 또는 궁궐문에서 저 멀리 무언가가 보였는데 그것은 원숭이가 울부짖는 듯한 소리를 냈다. 어떤 때는 10마리, 어떤 때는 20마리가량, 가까이 가서 보면 모습은 보이지 않지만 여전히 울어대는 소리가 들렸다. 그러나 그 모습은 보이지 않았다.

오래된 책에, 이해에 도읍을 나니와로 옮겼으므로 이타부키궁(板蓋宮)이 폐허가 될 징조라고 했다. 사람들은 이를 '이세노오카미(伊勢大神)의 사자'라고 했다.

여름 4월 초하루, 고구려에 보낸 학승들이 다음과 같이 보고했다. "동문인 구라쓰쿠리노토쿠시(鞍作得志)는 호랑이를 친구로 사귀며 그 화신술(化身術)을 배웠습니다. 때로는 민둥산을 푸른 산으로 바꾸고 때로는 황토를 깨끗한 물로 바꾸는 등, 못하는 기술(奇術 ; 이상한 요술)이 없었습니다. 호랑이는 또 구라쓰쿠리노토쿠시에게 침(鍼)을 주면서, '절대로 다른 사람에게 말해서는 안 된다. 이것을 사용하면 고치지 못하는 병이 없다'고 말했습니다. 과연 그 말대로 고치지 못하는 병이 없었습니다. 구라쓰쿠리노토쿠시는 그 침을 항상 기둥 속에 숨겨두고 있었습니다. 나중에 호랑이가 그 기둥을 부수고 침을 가지고 달아났습니다. 고구려에서는 구라쓰쿠리노토쿠시가 귀국하고 싶어 하는 것을 알고 독을 써서 죽여버렸습니다."

소가노에미시노오오미(蘇我蝦夷大臣)와 소가노오미이루카 멸망

6월 8일, 나카노오에는 남몰래 구라노야마다노마로노오미(倉山田麻呂臣)에게 "삼한(三韓)이 조공을 바치는 날에 그대가 그 상표문을 읽는 역할을 해주기를 바란다."고 말하고, 마침내 소가노오미이루카를 베려는 계략을 이야기했다. 구라노야마다노마로노오미는 이를 승낙했다.

12일, 천황은 대극전(大極殿)으로 행차했다. 후루히토노오에(古人大兄)가 곁에서 모셨다. 나카토미노카마코무라지는 소가노오미이루카가 의심이 많은 성격이라 밤낮으로 칼을 찬다는 것을 알고 있었기에, 와자히토(俳優 ; 우스꽝스러운 몸짓으로 춤추고 노래하는 사람)를 보내 칼을 풀어놓게 했다. 소가노오미이루카는 웃으며 칼을 풀어놓고 안으로 들어가 자리에 앉았다. 구라노야마다노마로노오미는 어좌 앞으로 나아가 삼한의 상표문을 읽었다(다분히 조작된 글일 것으로 추측된다). 나카노오에는 위문부(衛門府 ; 수위)에 명하여 일제히 12통문(通門)을 폐쇄하고 통행을 금지했다. 위문부 병사들을 한 곳에 소집하여 녹물(祿物 ; 그 자리에서 주는 상)을 지급하려고 했다. 나카노오에는 친히 긴 창(槍)을 들고 대극전 옆에 숨고 나카토미노카마코무라지 일행은 궁시를 지니고 호위했다. 그리고 아마노이누카이노무라지카쓰마로(海犬養連勝麻呂)에게 상자 속에서 칼 두 자루를 꺼내 사에키노무라지코마로와 가즈라키노와카이누카이노무라지아미타에게 주고 "실수 없이 단칼에 베라."고 했다.

사에키노무라지코마로 일행이 밥을 물에 말아서 삼키려 했으나 공포 때문에 목으로 넘기지 못하고 뱉어내고 말았다. 나카토미노카마코무라지는 이를 질책하고 격려했다. 구라노야마다노마로노오미가 상표문을 다 읽어 가는데, 사에키노무라지코마로가 나오지 않아서 걱정이 되어 온몸에 땀이 나고 목소리도 흐트러지고 손도 떨렸다. 구라쓰쿠리오미(鞍作臣 ; 소가노오미이루카)가 이상하게 여기고 왜 그렇게 떠느냐고 물었다. 구라노야마다노마로노오미는 "천황 가까이에 있으니 두렵고 황공하여 절로 땀이 난다."고 말했다. 나카노오에는 사에키노무라지코마로 일행이 소가노오미이루카의 위세에 겁을 먹고 주저하는 것을 보자 "야앗!" 하는 기합 소리와 함께 사에키노무라지코마로와 함께 뛰쳐나가 소가노오미이루카의 머리부터 어깨까지를 칼을 내리쳤다. 소가노오미이루카가 깜짝 놀라 자리에서 일어나려고 했으나 사에키노무라지코마로가 칼을 휘둘러 한쪽 다리를 베었다. 소가노오미이루카는 자리 아래로 굴러떨어져 머리를 내저으면서 소리쳤다. "황위에 오른 사람은 천자다. 나에게 도대체 무슨 잘못이 있느냐, 그 이유를 대라."

천황이 크게 놀라 나카노오에에게 "이게 대체 무슨 일인가?" 하고 물었다. 나카노오에가 엎드려 주상하기를 "구라쓰쿠리는 왕자들을 모두 죽이고 제위를 뒤흔들려 했습니다. 구라쓰쿠리가 천자가 되도록 내버려둘 수 있겠습니까?" 하고 말했다.

천황은 곧 일어나서 궁 안으로 들어갔다. 사에키노무라지코마로와 가즈라키노와카이누카이노무라지아미타는 소가노오미이루카를 참살했다. 이날 비가 내려 흘러넘친 물이 뜰을 가득 채웠다. 구라쓰쿠리의 시체를 거적으로 덮었다. 후루히토노오에는 자기 집으로 달려가 사람들에게 "한인이 구라쓰쿠리를 죽였다. 마음이 비통하다."고 말하고는 침실에 들어가 문을 잠그고 나오지 않았다.

나카노오에는 호코지에 들어가 그곳을 성채로 삼고 대치했다. 모든 황자와 왕, 군경대부, 오미, 무라지, 도모노미야쓰코, 구니노미야쓰코 등 모두가 그를 따랐다. 사람을 보내 구라쓰쿠리의 시체를 소가노에미시노오오미에게 보냈다. 아야노아타이는 족당(族黨)을 모두 모아 갑옷을 입고 무기를 들고 소가노에미 시노오오미를 도와 싸우려 했다. 나카노오에는 장군 고세노오미토코다를 보내어, 천지개벽 이래 처음부터 군신의 구별이 있었다고 설명하며 나아가야 할 길을 알려주었다.

다카무쿠노쿠니오시가 아야노아타이에게 말하기를 "우리는 소가노오미이루카가 저지른 죄로 살해될 것이다. 소가노에미시노오오미도 이틀내에 살해될 것이 틀림이 없다. 그러니 누구를 위해 헛되이 싸워 모두가 처형당하게 할 수는 없지 않은가." 하고는 칼을 내려놓고 활을 부러뜨린 뒤 사라졌다. 다른 적도(賊徒)들도 그를 따라 흩어져 달아났다.

13일, 소가노에미시노오오미는 살해되기 전에 모든 천황기와 국기(国記), 보물을 불태웠다. 후네노후비토에사카(船史惠尺)는 그때 재빨리 불타는 국기를 꺼내 나카노오에에게 바쳤다. 이날 소가노에미시노오오미와 소가노오미이루카의 시체를 무덤에 묻는 것을 허락하고 곡해도 된다고 인정했다.

여기서 어떤 사람이 첫째 와지우타(謠歌 ; 먼 옛날 정치 등을 비꼬아 비평한 작자 불명의 가요)를 설명하며 말하기를 "그 노래에서 '멀리서 말소리가 들려오는 섬의 수풀'이라고 한 것은, 소가노우마코오오미 집 근처에 궁전을 짓고 나카노오에가 나카토미노카마코무라지와 남몰래 대의(大義)를 세워 소가노오미이루카를 죽이려고 모의한 것의 전조이다."라고 말했다.

두 번째 와자우타를 설명하여 말하기를 "그 노래에서 '건너편의 아사노에서 꿩이 소란을 피웠으나 나는 조용히 잤다 그런데 다른 사람이 떠들었다'라고 한 것은, 야마시로노오에노오키미 일행이 인품이 온화한 탓에 죄도 없이 소가노오미이루카에게 살해되었고 스스로 보복하지 않아도 하늘이 사람들에게 응징하게 한다는 전조였다."고 했다.

세 번째 와자우타를 설명하며 "그 노래에 '수풀 속에 나를 끌어넣고 겁탈한 사람의 얼굴도 모르고 집도 모른다'라고 한 것은 소가노오미이루카가 갑자기 궁중에서 사에키노무라지코마로와 가즈라키노와카이누카이노무라지아미타에게 살해당한다는 전조였다."고 했다.

14일, 고교쿠천황은 가루노미코에게 황위를 물려주고 나카노오에를 황태자로 세웠다.

제25권

고토쿠천황(孝德天皇):아메노요로즈토요히메노스메라미코토(天萬豐日天皇)

황위 양보

아메노요로즈토요히메는 고교쿠천황의 동복동생이다. 불법을 숭상하고 신들에게 올리는 제사를 등한시했다. 이쿠쿠니타마노야시로(生國魂社 ; 오사카시大阪市 덴노지쿠天王寺區 이쿠타마초生玉町)의 나무를 벤 것 등이 그 예이다.

인품은 정이 깊고 학자를 존경했다. 귀천을 가리지 않고 끊임없이 자비로운 칙명을 내렸다. 고교쿠천황 4년 6월 14일, 고교쿠천황이 나카노오에게 황위를 물려주려고 했다. 나카노오에는 퇴출하여 나카토미노카마코무라지에게 상담했다. 나카토미노카마코무라지가 의견을 말하기를 "후루히토노오에는 전하의 형님이고, 가루노미코(고토쿠천황)는 전하의 숙부님이다. 후루히토노오에가 계시는 지금, 전하께서 황위를 물려받으면 아우로서 형을 따른다는 도리에 어긋나게 되니, 잠시 숙부님을 세워서 백성들의 바람을 이뤄주는 것이 좋지 않을까요?"라고 했다.

나카노오에는 그 의견을 크게 칭찬하고 천황에게 은밀히 주상했다. 고교쿠천황은 가루노미코에게 신기(神器)를 내려 황위를 물려주면서 "오, 가루노미코여." 운운하고 말했다. 가루노미코는 몇 번이나 고사하며 후루히토노오에에게 양보했다. "후루히토노오에는 조메이천황의 아들이고 또한 연장자이니 이 두 가지 이유로 황위를 이어야 할 분입니다." 이에 후루히토노오에는 자리에서 일어나 물러나서 두 손을 가슴 앞에 포개고 "천황의 분부에 따르시게. 어째서 억지로 나에게 양보하려 하는가. 나는 출가하여 요시노에 들어가 불도수행에 힘쓰면서 천황의 행복을 기원하리다." 이렇게 거절하고 허리의 칼을 풀어 땅에 내던졌다. 신하들에게도 명하여 모두 칼을 버리게 했다. 그리고 호코지의 불전과 탑 사이로 가서 스스로 수염과 머리를 깎고 가사(袈裟)를 입었다. 이 때문에 가루노미코도 더 이상 사양할 수 없게 되어 단상에 올라 즉위했다. 그때 오토모노나가토코노무라지우마카이(大伴長德連馬飼)는 황금 화살통을 차고 단상 오른쪽에 서고 이누카미노타케베노키미(犬上健部君)도 황금 화살통을 차고 단상 왼쪽에 섰다. 백관의 오미, 무라지, 구니노미야쓰코, 다수의 도모노오(伴緒)가 늘어서서 배례했다.

새로운 정권 발족

그날 고교쿠천황에게 스메미오야노미코토(皇祖母尊)라는 칭호를 바쳤다. 나카노오에를 황태자로 세웠다. 아베노우치마로오미(阿倍內麻呂臣)를 좌대신(左大臣)으로, 그리고 소가노쿠라노야마다노이시카와노마로노오미(蘇我倉山田石川麻呂臣)를 우대신(右大臣)으로 정했다. 나카토미노카마코무라지에게 다이킨(大錦) 관위를 내리고 우치쓰오미로 정했다. 영지도 약간 늘려 주었다고 한다. 나카토미노카마코무라지는 충성을 다하는 마음자세로 재상으로서 모든 신하들을 잘 통솔했으므로, 그의 뜻에 따라 사람들은 잘 따라주고 하는 일이 모두 잘 처리되었다. 노리노시민법사(沙門旻法師), 다카무코노후비토겐리(高向史玄理)를 국박사(國博士 ; 국정 고문)로 정했다.

15일, 노리노시민법사(沙門旻法師), 다카무코노후비토겐리(高向史玄理) 소가노쿠라노야마다노이시카와노마로노오오미에게 고가네노후미타(金策 ; 금물로 쓴 서책)를 내렸다. 19일, 천황과 스메미오야노미코토, 황태자는 느티나무 아래에 군신을 소집하여 맹약을 맺게 했다. 천신지기에게 맹세하기를 "하늘은 만물을 덮고 땅은 만물을 품는다. 천지가 변하지 않는 것처럼 제왕의 길은 오직 하나다. 그런데도 말세가 되어 도리는 땅에 떨어지고 군신의 질서도 사라지고 말았다. 다행히 하늘은 나의 손을 빌려 폭역(暴逆)의 무리를 말살했다. 이제 서로가 성심을 다해 맹세하노라. 앞으로 임금에게 두 정치가 있을 수 없고 신하는 조정에 두 마음을 품지 않는다. 만약 이 맹약을 어긴다면 천변지이(千變地異)가 일어나 귀신과 사람이 이를 응징할 것이다. 이것은 해와 달과 같이 명명백백하다."

라고 했다.

고교쿠천황 4년을 다이카(大化) 원년으로 고쳤다. 다이카 원년 가을 7월 2일, 조메이천황의 딸 하시히토노히메를 황후로 세우고 비를 두 사람 맞이했다. 첫 번째 비는 아베노쿠라하시마로노오오미의 딸 오타라시히메(小足媛)라고 하며 아리마노미코(有間皇子)를 낳았다. 두 번째 비는 소가노야마다노이시카와노마로노오오미의 딸로 지노이라쓰메(乳娘)라고 한다.

10일, 고구려, 백제, 신라가 사신을 보내 조공했다. 백제의 조공 사신이 임나의 사신을 겸하여 임나의 조공도 바쳤다. 다만 백제의 대사 좌평연복(佐平緣福)은 병에 걸려 나니와즈의 대외관(對外館)에 머무르며 수도에는 들어가지 않았다. 고세노오미토코다가 고구려 사신에게 조칙을 전했다. "영검스러운 신으로서 천하를 다스리는 일본천황이 조칙을 내리니, 천황이 보낸 사자와, 고구려의 신(神)의 아들이 보낸 사자는, 역사는 짧지만 장래는 길이 이어질 것이다. 그러므로 온화한 마음으로 오래도록 서로 왕래하라." 또 백제의 사신에게 "영검스러운 신으로서 천하를 다스리는 일본천황이 다음과 같은 조칙을 말씀하셨다.

처음에 먼 옛날 조상이 다스리던 시대에 백제를 우치쓰미야케로 삼으신 것은, 이를테면 세 가닥을 꼬아서 만든 그물과 같았다. 중간에 임나를 백제에 부속했다. 그 뒤에 미와노쿠루쿠마노키미아즈마히토(三輪栗隈君東人)를 보내어 임나의 국경을 시찰해 보니, 백제왕은 칙명대로 그 국경을 모두 보여주었다. 그러나 이번의 조공은 부족한 것이 있어서 돌려보낸다. 임나가 바친 것은 천황이 친히 볼 것이니, 앞으로는 국명과 그 공물을 상세히 표시하도록 하라. 너희 좌평연복 일행은 다른 마음을 먹지 말고 다시 오라. 반드시 빨리 왕에게 보고하도록. 지금 또 미와노키미아즈마히토와 우마카이노미야쓰코를 보내겠다."고 명했다. 또 "귀부 달솔 의사(意斯)의 처자를 백제에 보내라."고 명했다.

12일, 천황은 아베노쿠라하시마로노오오미와 소가노이시카와노마로노오오미에게 "참으로 그 옛날의 성왕(聖王)의 자취에 따라 천하를 다스리리라. 또 신(信)으로 천하를 다스리리라."고 말했다.

13일, 천황은 아베노쿠라하시마로노오오미와 소가노이시카와노마로노오오미에게 "마에쓰키미와 많은 도모노미야쓰코에게, 백성이 기쁜 마음으로 봉사하게 할 수 있는 방법을 물어보라."고 명했다.

14일, 소가노이시카와노마로오오미가 주상하기를 "먼저 천신지기에게 제사를 올린 뒤 정사를 도모하는 것이 좋습니다."라고 했다. 이날, 야마토노아야노아타이히라부(倭漢直比羅夫)를 오와리노쿠니에, 인베노오비토코마로(忌部首子麻呂)를 미노노쿠니에 보내 신에게 바칠 제물을 징발했다.

아즈마노쿠니(東国)의 구니노쓰카사(国司) 파견

8월 5일, 아즈마노쿠니의 구니노쓰카사를 불렀다. 구니노쓰카사에게 "천신의 명에 따라, 지금 처음으로 일본 안의 모든 나라를 다스리려 한다. 무릇 국가가 소유한 공민(公民)과 크고 작은 호족이 지배하는 사람들을 너희가 임지에 가서 모두 호적에 등록하고 전답 크기를 조사하라. 그밖에도 정원과 못, 토지, 용수(用水)로 얻는 이득은 모든 백성에게 골고루 돌아가게 하라. 또 구니노쓰카사는 그 나라에서 재판할 권리가 없다. 타인에게서 뇌물을 받아 백성을 빈곤에 빠뜨려서는 안 된다. 수도에 올라올 때는 많은 백성을 거느려서는 안 된다. 다만 구니노미야쓰코, 군령은 거느려도 된다. 공적인 용무로 오갈 때는 관청의 말을 탈 수 있고 관청의 밥을 먹을 수 있다. 차관 이상인 자는 법을 잘 지키면 포상을 내리고 법을 어기면 관위를 강등하라. 판관 이하인 자가 타인에게서 뇌물을 받으면 그 두 배를 징수하고 경중에 따라 죄과를 물어라.

구니노쓰카사의 가미(長官)는 종자 9명, 차관은 종자 7명, 후비토(主典 : 하급관리)는 종자 5명, 만약 한도를 초과하면 주종이 함께 처벌을 받는다. 만약 명예와 지위를 얻으려고 본디 구니노미야쓰코, 도모노미야쓰코, 고리노이나키(縣稲置 : 현縣의 지방관)가 아닌데도 거짓으로 '조상 때부터 이 미야케를 맡아서 이 지방을 다스렸다'고 호소하면 너희 구니노쓰카사가 허위를 그대로 조정에 보고해서는 안 된다. 상세하게 실정을 조사한 뒤 보고하라. 또 공터에 무기고를 지어 구니와 고리의 칼, 갑옷, 활, 화살을 수납하고 변경에서 에미시와 국경이 맞닿은 나라는 모두 그 무기를 헤아려, 원래의 소유자가 보관하게 하라. 야마토노쿠니의 여섯 현(다카이치高市, 가쓰라기葛木, 도이치十市, 시키志貴, 야마노베山邊, 소후曾布)에 파견한 사자는 호적을 만들고 동시에 전답을 조사하라. 너희 구니노쓰카사는 이를 잘 새겨듣고 퇴출하라."고 했다. 그리고 각자에게 피륙을 하사했다.

종궤(鐘匱) 및 남녀에 관한 법

이날 종(鐘)과 궤(匱)를 조정에 설치하고 명을 내리기를 "만약 소송하고 싶은 사람이 도모노미야쓰코에게 호소하면 도모노미야쓰코는 먼저 이를 잘 조사하여 주상하라. 히토고노카미(尊長 : 일족의 우두머리)가 있으면 히토고노카미가 먼저 잘 조사하고 주상하라. 만약 도모노미야쓰코나 히토고노카미가 소송을 소상하게 조사하지 않고 문서를 궤에 넣기만 한다면, 그 죄를 처벌하리라. 문서를 모으는 담당은 날이 새면 문서를 모아 대전에 주상하라. 나는 연월일을 기록하고 군경에게 보여주리라. 만약 이를 게을리 하여 제대로 심리하지 않거나 한쪽에 치우쳐 부당하게 처리하는 자가 있으면, 소송한 자는 종을 치도록 하라. 이를 위해 조정에 종과 궤를 설치해 두겠다. 천하의 백성들은 내 뜻을 잘 이해하기를 바란다.

남녀의 법은 양남(良男)과 양녀(良女) 사이에 태어난 아이는 그 아비에게 속한다. 양남과 계집종 사이에서 태어난 아이는 그 어미에게 속한다. 양녀가 사내종과 결혼해 낳은 자식은 그 아비에게 속한다. 만일 사내종과 계집종이 결혼하여 자식을 낳으면 그 어미에게 속한다. 사원(寺院) 잡역부의 자식이라면 양인(良人)에 준하여 법을 적용하라. 사원의 잡역부가 노비라면 노비의 법을 적용하라. 이에 따라 사람들에게 법이 제정되었다고 알리고자 한다."라고 하였다.

8일, 사자를 큰 사찰(아스카데라飛鳥寺인가)에 보내어 남녀 승려들을 소집하여 다음과 같이 명을 내렸다. "긴메이천황 13년에 백제의 성명왕이 우리 조정에 불법(佛法)을 전했다. 그때 모든 군신이 불법 전파를 반대했는데 오직 소가노오오미이나메노스쿠네만이 불법을 받아들였다. 천황은 소가노오오미이나메노스쿠네에게 명을 내려 불법을 신봉하게 했다. 비다쓰천황 시대에 소가노우마코오오미는 아버지의 유법(遺法)을 받들어 불법을 믿었다. 그러나 다른 신하들은 믿지 않았기 때문에 거의 멸망할 뻔했다. 비다쓰천황은 소가노우마코오오미에게 명을 내려 불법을 신봉하게 했다. 스이코천황 시대에 소가노우마코오오미는 천황을 위해 장륙수상(丈六繡像)과 장륙동상(丈六銅像)을 만들어 불교를 현양(顯揚)하고 승려를 삼가 공경했다. 나 또한 정교(正教)를 숭상하고 불법의 대도(大道)를 밝게 비추어 길을 열고자 한다. 노리노시코마대법사(沙門狛大法師), 후쿠료(福亮), 에운(惠雲), 조안(常安), 료윤(靈雲), 에시(惠至), 데라슈소민(寺主僧旻), 도토(道登), 에린(惠隣), 에묘(惠妙)를 10사(十師)로 정하고 따로 에묘법사를 햐쿠사이지(百濟寺)의 주지로 임명했다.

이 10사는 많은 승려를 잘 교도하여, 부처의 가르침을 법처럼 여기고 실천해라. 무릇 천황에서 도모노미야쓰코에 이르는 신분을 가진 자가 세운 절을 운영하는 데 어려움이 있을 때는 내가 모든 원조를 아끼지 않으리라. 지금 데라노쓰카사(寺司 : 사원의 관리)와 지주를 임명하노라. 각 절을 돌며 승려와 노비, 전답의 실상을 조사하여 정확하게 보고하라."

구메노오미(來目臣), 미와노시코후노키미(三輪色夫君), 누카타베노무라지오이(額田部連甥)를 법두(法頭)로 임명했다.

후루히토노오에(古人大兄)의 죽음

9월 1일, 각국에 사자를 보내어 무기를 관리하게 했다. 어떤 책에 따르면, 6월부터 9월까지 사방에 사자를 보내어 각종 병기를 모으게 했다고 한다.

3일, 후루히토노오에는 소가노타구치노오미카와호리(蘇我田口臣川掘), 모노노베노에노이노무라지시이노미(物部朴井連椎子), 기비노카사노오미시다루(吉備笠臣垂), 야마토노아야노후미노아타이마로(倭漢文直麻呂), 에치노하타노미야쓰코타쿠쓰(朴市秦造田來津)와 함께 모반을 기도했다. 어떤 책에 따르면 후루히토태자(古人太子)라 하고 어떤 책에서는 후루히토노오에라고 되어 있다. 요시노산(吉野山)에 들어갔다고 하고 어떤 때는 요시노태자(吉野太子)라고도 한다.

12일, 기비노카사노오미시다루가 나카노오에에게 자수하면서 "요시노의 후루히토노오에는 소가노타구치노오미카와호리 일행과 모반을 기도했습니다. 저도 거기에 가담했습니다." 하고 말했다. 어떤 책에는, 기비노카사노오미시다루가 아베노쿠라하시마로노오오미와 소가노이시카와노마로오오미에게 "저는 요시노태자의 모반에 가담했으나 지금 자수합니다."고 말했다고 한다.

나카노오에는 우다노에무로노후로(菟田朴室古)와 고마노미야시리(高麗宮知)에게 병사를 약간 주어 후루히토노오에를 치라고 했다. 어떤 책에는 11월 30일, 나카노오에는 아베노코소헤노오미(阿倍渠曾倍臣), 사에키노무라지코마로 등 두 사람에게 명하여, 병사 40명을 이끌고 후루히토노오에를 공격하고 후루히토노오에와 그 아들을 죽였다. 그 비와 첩은 자결했다고 하고, 또 어떤 책에는 11월에 요시노태자가 모반을 획책하다가 계획이 드러나 살해되었다고 했다.

19일, 각국에 사자를 보내어 백성의 총인원 수를 기록하게 했다. 명을 내리기를 "예로부터 천황의 시대마다 나시로(名代 : 황족의 업적을 후세에 전하기 위해 설치한 부민部民)를 두어 천황의 이름을 후세에 남기려 했다. 오미, 무라지, 도모노미야쓰코, 구니노미야쓰코도 자신이 지배하는 백성에게 마음대로 일을 시켰다. 또 구니와 고리의 산과 바다, 임야, 지전(池田)을 나눠 가지고 서로 자기 재산이라며 다투는 일이 많았다. 또는 수만 경(頃)의 밭을 혼자 소유한 자가 있는가 하면, 어떤 사람은 바늘 하나 꽂을 땅조차 없는 상황이 벌어졌다. 조공을 바칠 때 그곳의 오오미, 무라지, 도모노미야쓰코가 먼저 자기 몫을 취한 뒤에 그것에서 일부를 나누어 조정에 바쳤다. 궁전을 짓고 능을 축조하는 데, 각각 자신의 백성을 소집하여 함부로 사용했다. 역경(易經)에 '위는 손해를 보더라도 아래는 이익을 보도록 노력하고 제도를 지키며, 재물을 훼손해 백성에게 해를 입히지 말라'고 되어 있다. 지금의 백성들은 가난하다. 그런데 권세를 가진 자는 수륙(水陸)을 분할하여 사유지로 삼아 백성에게 빌려주어 해마다 지대(地代)를 받는다. 앞으로 그런 일을 금할 것이니, 함부로 땅을 차지해 힘이 약한 자를 수탈해서는 안 된다."고 했다. 백성들은 크게 기뻐했다.

겨울 12월 9일, 천황은 나니와의 나가에라토요사키(長柄豐碕)로 천도했다. 노인들이 서로 이야기하기를 "봄부터 여름까지 쥐가 나니와 쪽으로 몰려간 것은 천도의 전조였다."고 했다.

24일, 고시노쿠니에서 보고가 들어왔다. "해변에 떠내려온 고목 그루터기가 동쪽으로 흘러갔습니다. 모래 위에 남은 자국을 보니 논밭을 일군 듯한 형상을 하고 있었습니다." 태세 을사년(乙巳年)의 일이었다.

개신(改新) 조칙(詔勅)

2년 봄 정월 초하루, 신년 하례가 끝나자 개신(改新) 조칙을 공표했다.

"첫째, 예로부터 천황들이 세운 고시로(子代 ; 다이카大化 이전 황실의 사유민)의 백성, 각지의 미야케와 오미, 무라지, 도모노미야쓰코, 구니노미야쓰코, 마을의 수장이 지배하는 부민, 호족이 경영하는 각지의 토지를 폐지한다. 그리고 마에쓰키미(4위, 5위) 이상에게 헤히토(食封 ; 녹으로 준 토지)를 각자 차등을 두어 하사한다. 그 이하는 관인과 백성에게 피륙을 각각 내리기로 한다. 원래 마에쓰키미는 백성을 직접 다스리는 사람이다. 정치를 열심히 하면 백성은 신뢰한다. 그러므로 마에쓰키미의 녹봉을 늘리는 것은 백성을 위한 일이다.

둘째, 도성을 창설하여 기나이(畿內 ; 황거 부근의 직할지)의 구니노쓰카사, 고리쓰카사, 관새(關塞 ; 중요한 곳의 방어 시설), 척후(斥候), 사키모리(防人 ; 규슈 요충지 수비병사), 역마(驛馬), 전마(傳馬)를 두고, 영계(鈴契 ; 역마와 전마를 이용할 때 사용하는 부절符節)를 만들어 지방 토지 구획을 정한다. 수도에서는 방(坊 ; 도성제都城制의 한 구역)마다 우두머리를 한 사람씩 두고 호구를 관리하고 옳지 않은 일을 하는 자를 감독하라. 그 방령(坊令)에는 방 안에서 품행이 방정하고 견실하여 직무를 수행할 수 있는 자를 충당하라. 이방(里坊)의 우두머리에는 이방의 백성 가운데 청렴하고 강직한 자로 정하라. 만약 그 이방에 적당한 인물이 없으면 인근의 이방에서 뽑아도 무방하다. 무릇 기나이란 동쪽은 나하리(名墾)의 요코카와(橫河)까지, 남쪽은 기이의 세노야마(背山)까지, 서쪽은 아카시의 구시후치(櫛淵)까지, 북쪽은 오미 사자나미(樂浪)의 오사카산(逢坂山)까지를 가리킨다.

고리(郡)는 40리가 되면 오코리(大郡)라고 부르고 30리 이하 4리 이상을 나카코리(中郡), 3리를 고코리(小郡)로 한다. 고리노쓰카사에는 구니노미야쓰코 가운데 성격이 청렴하고 직무를 수행할 수 있는 자를 골라 오미야쓰코(大領), 스케노미야쓰코(少領)로 삼고 총명하고 강직하며 필기와 계산을 잘하는 자를 마쓰리고토히토(主政), 후비토(主帳)로 하라. 역마, 전마 지급은 역령(驛鈴 ; 고대 율령 시대에 관리가 공무로 출장갈 때 조정에서 지급받는 방울)과 전부(傳符 ; 율령제에서 전마 승용 자격을 증명하는 표시)에 기록된 규정의 수에 따른다. 모든 나라와 관문에는 영계를 지급한다. 이것은 가미가 관리하지만 가미가 없으면 차관(次官)이 수행한다.

셋째, 처음으로 호적, 계장(計帳 ; 율령제하에서 작성된 공문서의 하나), 반전수수법(班田收授法 ; 율령제에서 백성에게 경지를 분할하는 법)을 만든다. 50호를 이(里)로 하고, 이마다 이장(里長)을 한 사람 둔다. 호구를 관리하고 농경이나 양잠을 할당하며, 법을 위반한 자를 단속하고 부역을 독려한다. 산이나 골짜기가 험준하고 인가가 드문 곳에서는 적당한 곳에 설치한다. 논은 길이 30보, 넓이 12보를 단(段)으로 한다. 10단을 정(町)으로 한다. 단마다 조도(租稻) 2속(束 ; 단) 2파(把 ; 줌, 1/10속), 1정에 조도 22속으로 한다.

넷째, 지금까지의 부역은 폐지하고 논의 소출로 공납한다. 비단과 거친 비단, 실, 솜은 토지의 사정에 따라 그곳에서 생산된 것을 낸다. 밭은 1정에 비단 1장(丈 ; 10척), 4정에 한 필, 한 필의 길이는 4장, 넓이 2척 반, 거친 비단은 2장, 2정에 한 필. 길이와 넓이는 비단과 같다. 베는 4장, 길이와 넓이는 비단과 같다. 1정에 한 필, 따로 호마다 조세를 걷는다. 한 집에 거친 베 1장 2척, 조부물(調副物 ; 율령제에서 조調 및 조의 잡물雜物 외에 성인 남자에게만 부과된 세목)인 소금, 토산품은 토지의 사정에 따라 선택한다. 관마(官馬)는 중급이면 100호에 한 필, 좋은 말이면 200호에 한 필, 말 대신 베를 지불하면 1호에 1장 2척, 무기는 각자 칼, 갑옷, 활, 화살, 깃발, 북을 낸다. 관청의 잡역부는 원래 30호마다 한 사람이었던 것을 고쳐서 50호에 한 사람으로 내게 하여 각 관청에 할당한다. 50호에서 잡역부 한 사람의 식량을 부담한다. 1호에 용포(庸布) 1장 2척, 용미(庸米) 5말을 내게 한다. 우네메(천황의 식사 시중을 들던 하급 궁녀)는 고리의 스케노미야쓰코 이상인 자의 자매나 자녀로 용모단정한 자를 바친다. 종정(從丁) 한 사람, 종녀(從女) 두 사람을 따르게 한다. 100호로 우네메 한 사람의 식량을 부담하라. 그것을 위한 용포, 용미는 모두 잡역부에 준한다."

그달에 천황은 고시로이궁(子代離宮)에 행차했다. 사자를 보내 고리, 구니에 명을 내려 무기고를 만들게 했다. 에미시가 귀순해 왔다. 어떤 책에는 나니와 사야베 마을(狹屋部邑)의 고시로노미야케(子代屯倉)를 헐고 행궁을 세웠다고 되어 있다.

종궤(鐘匱)의 반응

2월 15일, 천황은 행궁의 동문에 행차하여 소가노이시카와노마로오오미에게 조칙을 읽게 했다.

"영검스러운 신으로서 천하를 다스리는 일본 천황은, 이곳에 모인 경들(오오미, 마에쓰키미), 오미, 무라지, 도모노미야쓰코, 구니노미야쓰코 및 모든 백성에게 고하노라. 명철한 사람이 백성을 다스릴 때는 궁전에 종을 걸어놓고 그것을 치게 하여 민심을 듣고, 길거리에 집을 지어 지나가는 사람의 불평을 들었으며, 풀을 베고 나무를 베는 자들이 하는 말도 친히 듣고 지침으로 삼았다고 한다. 지난번에 조칙을 내려 '옛 군주가 천하를 다스리면서, 좋은 말을 진언하는 자는 길에 세워둔 깃발 아래에서 자유롭게 말하게 하고, 불평을 얘기하고 싶은 자는 다리 위의 나무에 마음대로 쓰게 한 것은, 간언을 듣고 아래의 의견을 듣기 위함이었다.

관자(管子 ; 춘추시대 중국의 정치가)의 말에, 황제(黃帝 ; 중국의 전설상의 황제)는 명당(明堂 ; 임금이 조회를 받던 정전)에서 정무를 펼치며 위로는 현인이 어떻게 하는지 잘 관찰했고, 요(堯)는 구실(衢室 ; 요 임금이 백성들의 의사를 물었던 곳)에서 민중의 목소리를 잘 들었다. 순(舜)은 배울 만한 말을 하는 자가 말할 수 있게 깃발을 만들고, 우(禹)는 조정에 북을 설치해 원하는 자가 칠 수 있게 했다. 탕왕(湯王)은 총술(總術)의 뜰(네거리에 만든 뜰)을 만들어 그곳에서 백성들의 불만을 들었다. 무왕(武王)은 영대(靈臺)의 동산에서 현자의 말을 들었다. 이렇게 해서 성제명왕(聖帝明王)은 올바른 정치를 펼쳤다고 한다. 그래서 나도 종을 걸고 궤를 설치해 수표인(收表人)을 임명했다. 호소하고 싶은 자는 궤에 표문을 넣는다. 수표인은 매일 아침 이를 주상한다. 나는 표문을 읽은 뒤 군경에게 보여주고 처리하게 할 것이다. 처리가 지연되는 일이 없기를 바란다. 만약 군경이 태만하고 부정한 일에 가담하거나 주변의 간언에 귀를 기울이지 않는다면, 호소하고 싶은 사람은 종을 치면 된다'고 했다.

이러한 조칙을 내린 바, 백성의 곧고 맑은 마음에 나라를 생각하는 기풍이 생겨나 그릇된 정치를 충고하는 글을 준비해둔 궤에 투입했으니, 지금 그것을 공표하노라. 부역이나 납세를 위해 상경한 백성을 붙잡아두고 잡역에 동원했다는 내용이었다. 나도 그 사실을 안타깝게 여긴다. 백성들도 분명 예상하지 못했던 일일 것이다. 도읍을 옮긴 지 얼마 안 되어, 나그네처럼 마음 편히 머무를 곳도 없다. 그래서 동원하면 안 되는 데도 어쩔 수 없이 동원했다. 그것을 생각하면 나도 잠을 편히 이룰 수가 없다. 지금 이 표문을 보니, 잘 말해 주었다고 칭찬하고 싶은 마음이 가득하다. 그래서 충고에 따라, 각처에서 시행하는 잡역을 중지하기로 한다. 이전의 조칙에는 간하는 자의 이름을 기록하라고 했으나 이것이 지켜지지 않고 있다. 그러나 그것은 자신의 이익을 위해서가 아니라 나라에 도움이 되려는 마음에서 나온 것이리라. 이제부터는 기명(記名) 여부는 묻지 않을 것이니, 내가 태만하여 잊어버린 것이 있으면 충고해 주기를 바란다."

그리고 또 조칙을 내리기를 "그밖에도 이곳에 모인 백성들의 호소가 많았다. 지금 그것을 심리하고자 하니, 말하는 바를 잘 듣기를 바란다. 고충을 호소하기 위해 상경하여 모인 자는 물러가지 말고 잠시 기다리도록 하라."고 했다. 고구려, 백제, 임나, 신라 등이 사신을 보내 조공했다.

22일, 천황은 고시로이궁에서 돌아갔다.

조집사(朝集使)

3월 2일, 아즈마노쿠니의 구니노쓰카사에게 명을 내려 "이곳에 모인 군경, 마에쓰키미 및 오미, 무라지, 도모노미야쓰코, 구니노미야쓰코, 그리고 모든 백성들은 들으라. 천지간에 임금으로서 만민을 다스리는 것은 혼자서 할 수 있는 일이 아니다. 반드시 신하의 도움이 필요하다. 그러므로 대대의 황조(皇祖)는 그대들 조상의 도움을 받으며 나라를 다스리셨다. 나도 신의 가호를 받아 그대들과 함께 다스려 나가고자 한다. 먼저 양가(良家)의 마에쓰키미를 아즈마노쿠니 팔도에 구니노쓰카사로 파견하여 다스리게 했다. 임지로 간 구니노쓰카사 가운데 여섯 명은 명을 잘 따랐으나 둘은 이를 위반하여 비방하거나 칭찬하는 소문이 저마가 들려왔다. 명을 잘 따른 자는 칭찬을 받아 마땅하지만 명을 위반한 사람은 참으로 유감이다. 무릇 정치를 하는 이는 군주든 신하든 먼저 자신을 바르게 다스린 다음에 남을 바로잡아야 한다. 자신이 바르지 않은데 어찌 남을 바로잡는단 말인가. 따라서 자신이 바르지 않은 자는 군주·신하 구별 없이 재앙을 피할 길이 없다. 그러니 어찌 스스로 삼가지 않겠는가. 먼저 그대들이 따르면서 올바르게 행동하는데, 감히 어느 누가 올바른 행동을 하지 않겠는가. 이제 종래의 칙명에 따라 구니노쓰카사를 처단하라."

19일, 아즈마노쿠니의 조집사(朝集使)들에게 조칙을 내렸다. "여기 모인 군경 대부와 구니노미야쓰코, 도모노미야쓰코와 여러 백성아. 모두 잘 들을지어다.

작년 8월에 내가 말했듯이, '관리라는 권세를 믿고 공사로 물품을 취해서는 안 된다. 자기 관내에서만 음식을 먹을 수 있고 말을 탈 수도 있다. 만약 명을 위반하면 차관 이상은 관위를 강등하고 후비토 이하인 자는 태장형(笞杖刑)에 처한다. 부당하게 자기 것으로 가져가면 그 두 배를 징수한다'고 되어 있다. 지금 조집사와 구니노미야쓰코에게 구니노쓰카사가 임지에서 이 가르침을 잘 지켰는지 물었더니 조집사가 그 실정을 상세히 보고했다.

호즈미노오미쿠이(穗積臣咋)가 저지른 죄는 백성에게 부당하게 물품을 요구했다가 뒤늦게 뉘우치고 돌려주었으나, 전부 다 돌려주지는 않은 것이다. 그 차관인 후세노오미(富制臣)와 고세노오미시탄(巨勢臣紫檀) 두 사람의 죄는 상관의 잘못을 바로잡지 않은 것이다, 운운. 이하의 관인도 모두 죄를 저질렀다.

고세노토코네노오미(巨勢德禰臣)가 저지른 죄는 백성에게 부당하게 물품을 요구한 뒤 뉘우치고 돌려주었으나 모두 다 돌려주지는 않았고, 또 경작민의 말을 부당하게 빼앗은 것이다. 그 차관인 에노이노무라지(朴井連), 오시사카노무라지(押坂連) 두 사람은 상관의 과실을 바로잡기는커녕 자신들도 이득을 탐했다. 또 구니노미야쓰코의 말을 부당하게 빼앗았다. 우테나노아타이스미(臺直須彌)는 처음에는 상관을 간언했으나 나중에는 그들 편에 가담했다. 이하의 관인에게도 모두 잘못이 있다.

기노마리키타노오미(紀麻利耆拕臣)의 잘못은 사람을 아사쿠라노키미(朝倉君)와 이노우에노키미(井上君)에게 보내어 멋대로 그의 말을 끌고 오게 하고 품평한 일이다. 또 아사쿠라노키미에게 자기 칼을 만들게 하고 그의 활과 베(布)를 빼앗았다. 또 구니노미야쓰코가 헌상한, 무기로 사용할 물품을 다시 본래 주인에 돌려주어야 하는 데도 마음대로 구니노미야쓰코에게 주었다. 또 임지에서 타인에게 칼을 도난당했고 야마토노쿠니에서도 칼을 도난당했다. 이것은 기노마리키타노오미와 차관 미와노키미오구치(三輪君大口), 가와베노오미모모요리((河邊臣百)의 잘못이다. 이하의 관인 가와베노오미시하쓰(河邊臣磯泊), 다지히노후카메(丹比深目), 모즈노나가에(百舌鳥長兄), 가즈라키노사키쿠사(葛城福草), 나니와노쿠이카메(難波癖龜), 이누카이노이키미(犬養五十君), 이키노후비토마로(伊岐史麻呂), 다지히노오메(丹比大眼) 등 8명에게도 모두 잘못이 있다.

아즈미노무라지가 저지른 잘못은, 와토코노후비토(和德史)가 병에 걸렸을 때 구니노미야쓰코에게 말하여 관물(官物)을 보내게 한 일이다. 또 유베(湯部 ; 황자 양육비를 대기 위해 설치된 부민)의 말을 마음대로 사용했다. 그 차관인 가시와데노오미모모요리(膳部臣百依)가 저지른 잘못은, 구사시로(草代 ; 조정의 목장의 목초인가)의 물품을 자기 집으로 가져간 것이다. 또 구니노미야쓰코의 말을 가져가 남의 말과 바꿔치기한 일도 있다. 가와베노오미이와쓰쓰(河邊臣磐管)와 유마로(湯麻呂) 두 형제에게도 잘못이 있었다.

오치노무라지(大市連)는 작년에 베포한 조칙을 어기는 잘못을 저질렀다. '구니쓰카사는 임지에서 백성의 호소를 직접 처리해서는 안 된다'고 했는데, 이것을 어기고 직접 우토(菟礪 ; 스루가노쿠니駿河國 우도有度인가) 사람의 호소 및 나카토미노토코(中臣德)의 노비 사건을 판결했다. 그 일은 나카토미노토코도 같은 죄이다. 기시타노오미(涯田臣)의 잘못은 야마토노쿠니에서 관(官)의 칼을 도둑맞은 부주의이다. 오미도리노오미(小綠臣), 다니하노오미(丹波臣)는 정치가 서툴렀으나 죄가 되지는 않는다. 인베노코노미(忌部木菓), 나카토미노무쓰키(中臣連正月) 두 사람은 잘못이 있고, 하타노오미(羽田臣), 다구치노오미(田口臣) 두 사람은 잘못이 없다. 미쿠니 사람이 헤구리노오미(平群臣)가 저지른 짓을 호소했는데 아직 조사하지 않았다고 한다.

이것으로 보아 기노마리키타노오미, 고애노토코네노오미, 호즈미노쿠이노오미 세 사람의 태만은 유감스러운 일이었다. 이전의 조칙을 위반한 일을 생각하면 안타까움을 금할 수가 없다. 군신으로서 백성을 다스리는 자가 자기의 몸을 바로 한다면 다른 자도 본받을 것이다. 임금이나 신하가 마음이 삐뚤어졌다면 그것이야말로 벌을 받아야하는 일이니 뒤늦게 후회해도 소용이 없으리

라. 그러므로 모든 구니노쓰카사는 죄의 경중에 따라 처벌받을 것이다. 또 구니노미야쓰코가 조직을 어기고 재화를 자기 나라의 구니노쓰카사에게 보내어 함께 이익을 추구하는 것은 일부러 죄를 짓고자 하는 뜻을 품는 것이니 심판하지 않을 수가 없다. 생각은 이와 같으나, 지금 새로운 나니와궁에서 처음으로 신들에게 폐백을 올리려는 해이다(즉위한 뒤 처음으로 올리는 니나메인가).

또 지금은 농경의 달(3월)로 백성을 동원하면 안 되지만, 신궁(新宮)을 조영했기 때문에 어쩔 수 없는 형편이다. 신사(神事)와 농사 두 가지 일을 고려하여 대사령(大赦令)을 단행하기로 한다. 앞으로 구니노쓰카사, 고리노쓰카사는 명심하고 노력하라. 함부로 행동해서는 안 된다. 사자를 보내 각지의 유배자와 옥중 죄수를 모두 방면하라. 특히 시오야노코토시로(鹽屋鯽魚), 간코소노사키쿠사(神社福草), 아사쿠라노키미(朝倉君), 마로코노무라지(椀子連), 미카와노오토모노아타이(三河大伴直), 스스키노오노아타이(蘆尾直), 이 여섯 명은 천황에게 순순히 명을 따르겠다는 뜻을 표했다. 나는 그 마음을 칭찬하고 싶다. 관사(官司 ; 관인과 관청)의 직영전(直營田)과 기비노시마노스메오야(고교쿠천황의 어머니, 고인故人)의 각지의 이라시노이네(貸稻 ; 벼를 빌려주고 이자를 취하는 것)를 폐지하고 그 논밭은 군신과 도모노미야쓰코에게 나눠 주기로 한다. 또 아직 장부에 기재되지 않은 절의 논과 산을 찾아내라."

20일, 황태자(나카노오에)가 사자를 보내어 천황에게 주상했다. "그 옛날의 천황들 시대에는 천하가 구별 없이 하나가 되어 잘 다스려졌으나, 지금은 흩어지고 분리되어 국가의 사업을 시행하기가 어렵게 되었습니다. 이제 천황께서 만민을 다스리시게 되어 하늘과 사람이 서로 상응하여 그 정치가 새로워졌음을 삼가 경하드리는 바입니다. 현신(現神)으로서 야시마노쿠니(八嶋國)를 다스리시는 천황께서 저에게 물으셨습니다. '군신(群臣)과 무라지, 도모노미야쓰코, 구니노미야쓰코가 소유한 옛 천황 시대에 설치한 고시로노이리베와, 황자들이 사유한 미나이리베(御名入部), 스메미오야노오에(고토쿠천황의 조부)의 미나이리베와 그 미야케 등을 그대로 두어도 괜찮은가' 하는 이 질문을 삼가 받들어 '하늘에 두 태양이 있을 수 없고, 나라에 두 왕이 있을 수 없다고 하니, 천하를 하나로 모으고 만민을 부릴 사람은 오직 천황뿐입니다. 특히 이리베와 헤히토의 백성(귀족의 사유민)을 나라의 잡역부로 충당하는 것은 지금까지의 규정을 따르면 됩니다. 그 이외에는 사적으로 이용할 우려가 있습니다. 그러므로 이리베는 524구(口), 미야케는 181군데를 헌상하는 것이 좋겠습니다'라고 대답하겠습니다."

후장(厚葬)과 옛 풍속 폐지

22일, 조칙을 내려 "내가 듣기로, 중국의 임금이 백성에게 훈계하기를 '옛날에는 장례를 치를 때 언덕 위에 무덤을 만들었다. 봉분도 만들지 않고 나무도 심지 않았다. 관은 뼈를 썩게 하고 수의는 살을 썩게 할 수 있으면 충분했다. 나의 무덤은 언덕 위 개간할 수 없는 땅에 만들고 몇 대(代)가 지난 뒤에는 그 장소가 사람들에게 잊혀져도 상관없다. 금, 은, 동, 철을 무덤에 넣을 필요는 없다. 진흙을 옛날 수레 모양으로 빚고, 풀을 다발지어 신하들 인형을 만들어 넣으면 된다. 관은 널빤지 틈새에 옻칠을 3년에 한 번 하는 것으로 족하다. 죽은 사람 입 안에 구슬과 옥(玉)을 물려줄 필요는 없다. 옥으로 장식한 옷이나 주옥으로 장식한 상자도 필요 없다. 그런 것은 어리석은 자들이 하는 짓이다'라고 했다. 또 '애도는 몰래 하는 것이다. 다른 사람에게 보이지 않는 것이 좋다'고도 했다.

요즈음 우리 백성들이 가난한 이유는 무분별하게 무덤을 호화롭게 만들었기 때문이다. 이에 제도를 마련하여 신분에 따라 구별하겠다. 황족 이상의 무덤은 내부(현실玄室)의 길이가 아홉 자, 폭 다섯 자. 외부 구역은 가로세로 9길, 높이 5길, 노역자 1,000명으로 이레 안에 끝내도록 한다. 장례 때 걸 수백(垂帛 : 휘장, 장막)은 하얀색이 좋다. 상여와 수레는 있어도 무방하다. 상신(上臣 : 오오미 大臣인가)의 무덤 내부 크기는 위에 준한다. 외부는 가로세로 7길, 높이 3길, 노역자는 500명, 닷새 안에 끝낸다. 장례 때 걸 수백은 흰색. 수레는 쓰지 않고 가마를 지고 간다. 하신(下臣)의 무덤 내부는 위와 같고 외부는 가로세로 5길, 높이 2길 반, 노역자는 250명, 사흘 안에 끝낸다. 수백으로 흰 천을 사용하는 것도 위와 같다.

다이닝, 쇼닝의 무덤은 내부가 길이 넉 자, 높이와 폭 각 넉 자, 봉토 없이 평장으로 한다. 일꾼 100명, 하루 안에 끝낸다. 다이라이 이하 쇼치 이상의 무덤은 모두 다이닌에 준한다. 일꾼 50명, 하루 안에 끝내고, 오키미(王) 이하 쇼치 이상의 무덤은 작은 돌을 사용하라. 수백은 흰색. 서민이 죽었을 때는 그대로 땅속에 묻는다. 수백은 거친 베. 하루도 지체하지 말고 즉시 묻는다. 오키미에서 서민에 이르기까지 빈소를 두어서는 안 된다. 기나이에서 각국에 이르기까지 장소를 정하여 묻고 아무 데나 함부로 묻어서는 안 된다. 사람이 죽었을 때 순사(殉死)하거나 순사를 강요하고 죽은 자의 말을 순사시키거나, 죽은 자를 위해 보물을 무덤에 함께 묻어서는 안 되며, 또 죽은 자를 위해 산 자가 머리카락을 자르거나 다리를 찌르고 뇌사(誄詞 ; 죽은 이의 생전의 공덕을 칭송하며 조상하는 말)를 읽는 옛 관습은 모두 폐지하라. —어떤 책에는 금, 은, 솜, 비단, 오색 천을 묻어서도 안 되며, 또 신하에서 서민에 이르기까지 금은을 사용하면 안 된다고 되어 있다.

이 조칙을 무시하고 금령을 어기면 반드시 그 일족을 처벌하리라.

또 보고도 보지 않았다고 말하거나 보지 않은 것을 보았다고 말하고, 듣고도 듣지 않았다고 하거나 듣지 않은 것을 들었다고 말하는 자가 있다. 정확하게 말하거나 정확하게 보지 않고 교묘하게 속이는 자도 많다.

노비 신분으로 주인의 가난을 견디지 못해 부유한 집으로 옮겨 더 나은 생활을 추구하는 자가 있다. 부잣집은 사정을 알면서도 자기 밑에 붙잡아 두고 원래 주인에게 대가를 보내지 않는 일도 많다. 처첩이 남편에게 버림받고 몇 년 뒤에 다른 사람에게 시집가는 것은 부당한 일이 아닐진대, 전 남편이 3, 4년 뒤에 현 남편의 재물을 갈취하여 자기 것으로 삼는 경우가 많다. 권세를 자랑하는 남자가 함부로 남의 딸과 정을 통하고 아직 아내로 맞아들이기 전에 여자가 다른 집에 시집을 가면, 그 남자는 분노하며 양가의 재물을 빼앗아 자기 것으로 삼는 경우도 많다. 남편을 잃은 여자가 10년, 20년 뒤 다른 사람의 아내가 되거나 처음 시집가는 여자에게도 질투하여 불제(祓除 ; 부정不淨을 제거하여 깨끗하게 함)의 재물을 강요하는 일도 많다. 아내에게 버림받은 남편이 자기 쪽에서 이혼한 것처럼 꾸미고 전부인을 노비로 만들어 버리기도 한다(법을 어겼다고 하여 노비로 만들어 버리는 것). 섣불리 자기 아내가 타인과 정을 통했다고 의심하고 관에 고발하여 재판을 요구하는 자가 있다. 설령 명백한 증인 세 명이 있다고 해도 다 같이 사실을 분명하게 밝힌 뒤에 관에 고발해야 한다. 함부로 소송을 제기해서는 안 된다.

또 변경에서 요역을 하던 백성이 임기가 끝나 고향에 돌아갈 때, 도중에 병에 걸려 길에서 죽기도 한다. 그러면 길가에 있는 집에 사는 자가 '왜 내 집 근처에서 사람이 죽게 만들었느냐'고 화를 내면서 죽은 사람의 일행에게 보상을 강요한다. 그로 인해 형이 길에서 죽어도 동생이 그 뒤처리를 하지 않는 일도 많다. 또 물에 빠져 죽은 자가 있을 때 그것을 본 자가 '왜 물에 빠져 죽은 자를 남의 눈에 보이게 하느냐'면서 일행에게 보상을 요구한다. 이 때문에 형이 강물에 빠져도 구하지 않는 자가 많다. 백성이 여행 중에 민가 근처에서 밥을 지으면, 길가에 있는 집에 사는 자가 '왜 마음대로 남의 집 근처에서 밥을 짓느냐'면서 보상을 요구한다. 또 어떤 사람이 시루를 빌려 밥을 짓다가 그 시루가 무엇인가에 부딪혀 뒤엎어지기만 해도 주인이 대가를 강요한다. 이러한 일들은 모두 어리석은 관습이다. 지금 그 모두를 금지하니 두 번 다시 하면 안 된다.

어떤 사람이 상경할 때 타고 온 말이 지쳐서 나아가지 않을까봐 걱정하여, 미카와와 오와리 두 나라 사람을 베 두 필, 삼 두 다발에 고용하여 말을 보살펴 달라 했다. 상경을 마치고 돌아갈 때는 가래를 하나씩 주게 되어 있었다. 그런데 미카와 사람들은 말을 잘 돌보지 않아서 오히려 말을 여위게 하거나 죽게 만들었다. 만약 그것이 좋은 말일 때는 욕심을 내어 교묘하게 속이고 도둑맞았다고 말한다. 만약 암말이고 자기 집에서 새끼를 배면 보상을 요구하여 그 말을 빼앗아 버린다. 소문에 들으니 이와 같은 일이 많다고 한다.

그러므로 이제 그 제도를 마련하기로 한다. 도중에 머문 나라에서 말을 키울 때는 사람을 고용하여, 그곳 촌장에게 상세히 알리고 보수를 지급하라. 돌아갈 때 거듭 지불할 필요는 없다. 만약 말을 손상됐으면 보수를 지급할 필요가 없다. 이 규정을 어기면 처벌을 받는다. 이치노쓰카사(市司 ; 시장에 출입하는 상인에게서 세금을 거두는 관리)와, 주요 도로에 있는 도선장의 뱃사공이 수수료를 징수하던 것을 폐지하고 구분전(口分田 ; 자손 없는 관원이나 전쟁으로 홀몸이 된 사람에게 품등에 따라 주던 논밭)을 주어 전조(田租)를 징수한다. 기나이 및 사방의 나라에 이르기까지 농경의 달에는 농사에 전념하게 하고 미물(美物 ; 물고기)을 먹거나 술 마시는 것을 금한다. 청렴한 사자를 보내어 이 뜻을 기나이에 알려라. 각국의 구니노미야쓰코도 적절한 사람을 사자로 뽑아, 조칙의 뜻에 따라 사람들에게 근면을 권장하라."고 말했다.

시나지나노토모노오(品部) 폐지

가을 8월 14일, 조칙을 내리기를 "알고 보면 천지음양은 사계(四季)를 어지럽히는 일이 없다. 생각하건대 이 천지가 만물을 낳았고 만물 가운데 인간이 가장 뛰어나다. 그 가장 뛰어난 인간 가운데 가장 성스러운 것이 임금이다. 그러므로 성군인 천황은 하늘의 뜻에 따라 천하를 다스리며, 사람들이 좋은 시절을 만나 뜻을 이루기를 늘 원한다. 그런데도 대대로 천황의 이름에서 비롯된 이름을 오미, 무라지, 도모노미야쓰코, 구니노미야쓰코가 자신이 지배하는 시나지나노토모노오(品部 ; 조정의 필요에 따라 특정 산업이나 업무에 종사하며 부락 생활을 한 예속인)에 붙이고 사유민(私有民)과 시나지나노토모노오를 같은 곳에 섞여 살게 했다. 그 때문에 부자와 형제, 부부라도 성이 달라 일가가 사분오열하게 되니 분쟁과 소송이 끊이지 않고 그 혼란이 극에 달했다. 따라서 지금의 천황부터 오미, 무라지에 이르기까지, 가지고 있는 모든 시나지나노토모노오를 폐지하고 국가의 백성으로 한다.

대대로 천황의 이름을 빌려 도모노미야쓰코의 이름으로 삼고, 그 조상의 이름을 성 씨로 삼은 오미, 무라지 가운데 사정을 깊이 이해하지 못한 자가, 갑자기 이 포고를 들으면 틀림없이 '그렇게 되면 조상의 이름과 빌려온 천황의 이름도 사라져버린다'고 생각할 것이다. 그래서 미리 내가 생각하는 바를 알리고자 한다. 천황의 아들이 계속 대를 이어 천하를 다스리면, 그 시절의 임금과 조상의 이름이 세상에 잊히는 일은 없을 것이다. 그러나 천황의 이름을 가벼이 지명에 붙이고 백성이 함부로 부르는 것은 참으로 황공한 일이다. 천황의 이름은 일월과 함께 오래도록 전해지고 황자의 이름은 천지와 함께 길이 남는다. 그런 까닭으로 명을 내리는 것이니 황자를 비롯하여 마에쓰키미, 오미, 무라지, 도모노미야쓰코, 여러 씨를 가진 사람들은 모두 들으라.

이제부터 그대들이 출사할 때는, 원래 직책을 모두 버리고 새로이 백관(百官)을 두고 위계를 정하여 관위를 내릴 것이다. 지금부터 파견할 구니노쓰카사, 구니노미야쓰코는 잘 들으라. 지난해에 조집사에게 명한 정무는 전과 같이 시행한다. 관에 수용하여 측량한 논밭은 구분전(口分田)으로서 백성에게 공평하게 나누어 주어 불공평하지 않도록 한다. 논밭을 나누어 줄 때는 백성들의 집과 가까운 논을 우선 나누어 준다. 이 뜻을 충분히 알고 있도록 하라. 무릇 공물은 남자의 신분에 따라 매긴다. 사정(仕丁；잡역부)은 50호마다 한 사람, 각국의 국경을 보고 문서에 기록하거나 그림으로 그려, 가져와서 보여라. 나라와 현의 이름은 보고하러 왔을 때 정할 것이다. 각국의 제방을 쌓아야 할 곳, 수로를 팔 곳, 개간할 곳을 공평하게 주어서 공사하게 하라. 지금까지 말한 것을 잘 새겨듣고 그 취지를 이해하기를 바란다."고 했다.

9월, 쇼토쿠 다카무코노하카세쿠로마로(高向博士黑麻呂)를 신라에 보내어 볼모를 보내게 하는 동시에, 신라에서 임나의 조공을 바치게 하는 것을 폐지했다. 다카무코노하카세쿠로마로의 다른 이름은 겐리(玄理)다.

이달에 천황은 가와즈행궁(蝦蟇行宮；오사카大阪 다카쓰高津인가)에 행차했다.

그해에 고시노쿠니의 쥐가 밤낮없이 동쪽으로 이동했다.

3년 봄 1월 15일, 조정에서 사례(射禮；궁정에서 하는 궁술 예식)가 있었다. 이날 고구려와 신라가 사신을 보내 조공했다.

여름 4월 26일, 조칙을 내리기를 "신들은 황손을 이 나라를 다스리게 하려고 내려 보냈다. 그러므로 천지가 시작된 날부터 천황이 다스리는 나라였고 진무천황 시대부터 천하는 모두가 똑같아서 백성에게는 이런저런 차별이 없었다. 그런데 요즈음 신의 이름과 천황의 이름을 백성들에게 붙인 것을 비롯하여, 백성이 갈라져서 오미, 무라지라고 말하고 씨족이 되거나 미야쓰코에게 속하기도 했다. 따라서 국내의 민심도 이런저런 입장을 고집하게 되었다.

또 어리석은 오미, 무라지, 도모노미야쓰코, 구니노미야쓰코는 자기 성으로 삼은 신의 이름, 천황의 이름을 자기 마음대로 아무렇게나 사람과 토지에 붙였다. 그 결과 신의 이름과 천황의 이름을 가진 부민(部民)을 뇌물로 다른 사람의 노비에게 주니 깨끗한 이름이 더럽혀졌다. 그렇게 되면 민심이 다스려지지 않고 국정도 제대로 이루어지기 어렵다. 그래서 이번에는 하늘에 있는 신의 뜻대로 다스려야 하는 세상이 되어 그것을 깨우치게 하고 나라를 다스리는 것과 백성을 다스리는 것, 어느 것을 우선해야 할지를 오늘 내일 순서를 좇아 조칙을 내리려고 한다. 본디 천황의 인정에 의지하여 옛날 관습에 길들어진 백성은 조칙을 몹시 기다리고 있으리라. 그러므로 황자와 군신에서 여러 신하에 이르기까지 용조(庸調 ; 피륙 등 특산물)를 녹으로서 내릴 것이다."라고 했다.

그해에 오고리의 건물을 헐고 궁을 지었다. 천황은 이 오고리궁에서 예법을 정했다. 그 법에 "무릇 지위를 가진 자는 반드시 인시(寅時 ; 오전 4시)에 남문 밖에 좌우로 늘어서서 해가 떠오르기를 기다렸다가 광장에 가서 두 번 절하고, 그런 다음 정청(政廳)에 들어간다. 지각한 자는 안에 들어가서는 안 된다. 오시(午時 ; 정오)가 되어 종이 울리면 돌아가도 좋다. 그 종을 울리는 관리는 붉은 베를 앞에 늘어뜨린다. 그 종의 대는 중정에 세운다.

기술자인 다이센 야마토노아야노아타이아라타이노히라부(倭漢直荒田井比羅夫)는 해자를 파다가 실수로 나니와의 물을 끌어오는 바람에 다시 파느라 백성들을 힘들게 했다. 그래서 표문을 올려 간절하게 간한 자가 있었다. 천황은 조칙을 내려 "경솔하게 다이센 야마토노아야노아타이아라타이노히라부의 잘못된 설명을 듣고 필요도 없는 해자를 파게 한 것은 나의 잘못이다."라고 말하며 즉시 공사를 중지시켰다.

겨울 10월 11일, 천황이 아리마 온천에 행차했다. 좌우에 오오미와 마에쓰키미가 수행했다.

12월 그믐날, 천황은 온천에서 돌아와 무코행궁에 머물렀다. 그날 황태자의 궁에서 불이 났다. 사람들은 크게 놀라며 괴이하게 여겼다.

새로운 관위제도

이해에, 7종(種) 13계(階)의 관위를 제정했다. 첫 번째는 오리모노노코부리(織冠)라고 하며, 대소 2계(階)가 있다. 직물(織物 ; 수놓은 비단인가)로 만들었고 자수 장식으로 관(冠) 가장자리를 둘렀다. 옷 색깔은 모두 짙은 보랏빛이다. 두 번째는 누이모노노코부리(繡冠)라고 하며, 대소 2계가 있다. 자수로 만들었고 관

가장자리와 옷 색깔은 오리모노노코부리와 같다. 세 번째는 무라사키노코부리(紫冠)라고 하며, 대소 2계가 있다. 보랏빛으로 염색한 직물을 관 가장자리에 둘렀다. 옷 색깔은 옅은 보랏빛. 네 번째는 니시키노코부리(錦冠)라고 하고 대소 2계가 있다. 다이킨노코부리(大錦冠)는 다이하쿠센(大伯仙 ; 비단의 무늬의 일종) 비단으로 만들며 직물을 관 가장자리에 두른다. 쇼킨노코부리(小錦冠)는 쇼하쿠센(小伯仙)의 비단으로 만들며, 다이하쿠센 비단을 관 가장자리에 두른다. 옷 색깔은 마찬가지로 주홍색을 사용한다. 다섯 번째는 아오키코부리(靑冠)라 하고 푸른 비단으로 만들며, 대소 2계가 있다. 다이쇼노코부리(大靑冠)는 다이하쿠센 비단을 관 테두리에 두른다. 또 쇼쇼노코부리(小靑冠)는 쇼하쿠센 비단을 관 테두리에 두른다. 옷 색깔은 둘 다 감색(紺色 ; 검은빛을 띤 남색)을 사용한다. 여섯 번째는 구로키코부리(黑冠)라고 하며, 대소 2계가 있다. 다이코쿠노코부리(大黑冠)는 바퀴무늬 비단을 관 테두리에 두른다. 쇼코쿠노코부리(小黑冠)는 마름모무늬 비단을 관 테두리에 두른다. 옷 색깔은 모두 녹색을 사용한다. 일곱 번째는 겐무(建武)라고 하며 이것은 검은 비단으로 만들어 감색을 관 테두리에 두른다.

13계와는 별도로 쓰보코부리(鐙冠)라는 것이 있는데 이것은 검은 비단으로 만든다. 관의 띠는 옷칠한 얇은 비단을 붙이고 테두리와 비녀(정면의 장식)의 높이와 길이로 구별한다. 비녀의 모양은 매미와 비슷하다. 쇼킨노코부리 이상의 비녀는 금은으로 만든다. 대소 아오키코부리의 비녀는 은으로 만든다. 대소 구로키코부리의 비녀는 구리로 만들고 겐무의 관에는 비녀가 없다. 이러한 관은 중대한 의식 때 외국사신 접대, 4월(관불회), 7월(우란분재) 재식(齋式) 때 착용한다. 신라가 상신 대아찬(大阿飡) 김춘추(金春秋 ; 훗날의 무열왕)를 파견하면서, 박사 소덕 다카무코노쿠로마로(高向黑麻呂)와 소산중 나카토미노무라지오시쿠마(中臣連押熊)를 보내고, 공작 한 마리, 앵무새 한 마리를 헌상했다. 김춘추는 볼모로 머물렀다. 용모가 아름답고 쾌활하며 담소를 즐겼다고 한다.

누타리(淳足 ; 니가타시新潟市 눗타리沼垂)의 성채를 쌓고 기노헤(柵戸 ; 성채에 배치한 둔전병)를 두었다. 노인들은 서로 "최근에 해마다 쥐가 동쪽으로 간 것은 성채가 만들어질 징조였던가." 하고 말했다.

4년 정월 초하루, 신년 하례가 있었다. 이날 저녁 천황이 나니와 도요사키궁(豊琦宮)에 행차했다.

2월 초하루, 삼한에 학승을 파견했다. 8일에 아베노오오미가 사중(四衆 ; 비구, 비구니, 우바새, 우바이)을 시텐노지에 불러 불상 4구(軀)를 맞이하여 탑 안에 안치했다. 북을 쌓아올려 영취산(靈鷲山 ; 석가의 정토) 모양으로 조성했다.

여름 4월 초하루, 옛 관제를 폐지했다. 그러나 좌우의 두 대신은 그대로 옛 관을 사용했다.

이해에 신라가 사신을 보내 조공했다. 이와후네노키(磐船柵 ; 니가타켄新潟縣 무라카미시村上市 이와후네岩船)를 만들어 에미시에 대비했다. 고시노쿠니와 시나노노쿠니의 백성을 뽑아 기노헤로 배치했다.

5년 봄 정월 초하루, 신년 하례가 있었다.

2월, 이전의 관제를 고쳐 관위 19계(階)를 제정했다. 제1 다이시키(大織), 제2 쇼시키(小織), 제3 다이슈(大繡), 제4 쇼슈(小繡), 제5 다이시(大紫), 제6 쇼시(小紫), 제7 다이카죠(大花上), 제8 다이카게(大花下), 제9 쇼카죠(小花上), 제10 쇼카게(小花下), 제11 다이센죠(大山上), 제12 다이센게(大山下), 제13 쇼센죠(小山上), 제14 쇼센게(小山下), 제15 다이오쓰죠(大乙上), 제16 다이오쓰게(大乙下), 제17 쇼오쓰죠(小乙上), 한다.

그달에 박사 다카무코노겐리와 승려 민(旻)에게 명을 내려 팔성백관(八省百官) 제도를 고안하게 했다.

소가노쿠라노야마다노마로(蘇我倉山田麻呂)의 원죄(冤罪)

3월 17일, 아베노쿠라하시마로노오오미가 죽었다. 천황은 주작문(朱雀門)에 행차하여 죽은 자를 애도하고 고아이(擧哀 ; 죽은 자 앞에서 곡읍하는 의례)를 하며 슬퍼했다. 고교쿠상황, 황태자 및 공경 모두가 뒤따라 가며 슬피 울었다.

24일, 소가노오미히무카(蘇我臣日向)가 우대신 소가노쿠라노야마다노이시카와노마로를 황태자에게 참언했다. "나의 이복형 소가노쿠라노야마다노이시카와노마로가 황태자가 해변에 갔을 때를 노려 해치려는 계획을 짰습니다. 머지않아 모반을 일으킬 것입니다." 황태자는 그 말을 믿었다. 천황은 오토모노코마노무라지(大伴狛連), 미쿠니노마로노키미(三國麻呂公), 호즈미노오미쿠이를 소가노쿠라노야마다노이시카와노마로에게 보내어 모반의 허실을 물었다. 소가노쿠라노야마다노이시카와노마로가 대답하기를 "그 대답은 천황의 면전에서 직접 말하고 싶다."고 했다. 천황은 다시 미쿠니노마로노키미와 호즈미노오미쿠이를 보내어 상세히 밝히려 했으나 소가노쿠라노야마다노이시카와노마로가 또 전과 같이 대답했다.

천황은 병사를 보내 소가노쿠라노야마다노이시카와노마로의 집을 포위하려 했다. 소가노쿠라노야마다노이시카와노마로는 두 아들 호시(法師)와 아카이(赤猪)를 데리고 지누 길로 달아나, 야마토노쿠니 국경으로 갔다. 소가노쿠라노야마다노이시카와노마로의 맏아들 고고시(興志)는 그 전부터 야마토에서 야마다데라(山田寺)를 짓던 중이었다. 갑자기 아버지가 피신해 온다는 말을 듣고 이마키(今来)의 큰 느티나무 밑에서 맞이하여 앞장서서 절로 들어갔다. 고고시는 아버지에게 "제가 앞장서서 습격군을 막겠습니다." 하고 말했다. 그러나 소가노쿠라노야마다노이시카와노마로는 허락하지 않았다. 고고시는 속으로 오하리다 궁을 불태울 생각으로 군사를 모았다.

25일, 소가노쿠라노야마다노이시카와노마로가 고고시에게 물었다. "너는 목숨이 아까우냐?" 고고시가 대답했다. "아깝지 않습니다." 소가노쿠라노야마다노이시카와노마로는 야마다데라의 승려 및 고고시 등 수십 명에게 말했다. "사람의 신하가 되어서 임금에게 반역을 기도하고 아버지에게 효를 다하지 못해서야 되겠느냐. 무릇 이 절은 처음부터 나 자신을 위해 지은 것이 아니라 천황의 행복을 기원하며 지은 것이다. 지금 나는 소가노오미히무카의 참언으로 무모하게 주살될 위기에 처했다. 오직 바라는 것은 황천에 가더라도 충성을 잊지 않는 일이다. 절에 찾아온 것은 편안하게 최후를 맞이하기 위한 것일 뿐이다." 말을 마치자 금당(金堂) 문을 열고 맹세했다. "신은 세상이 끝날 때까지 주군을 원망하지 않겠습니다." 그렇게 맹세를 마치고 스스로 목을 매어 죽었다. 처자들 8명도 순사했다.

이날 오토모노코마노무라지와 소가노오미히무카가 대장이 되어 병사를 이끌고 소가노쿠라노야마다노이시카와노마로를 추격했다. 오토모노코마노무라지 일행이 구로야마(黑山 ; 오사카부大阪府 미하라초美原町 구로야마黑山)에 이르자, 하지노무라지무(土師連身)와 우네메노오미오미마로(釆女臣使主麻呂)가 야마다데라에서 달려왔다고 말하고 "소가노쿠라노야마다노이시카와노마로는 이미 3남 1녀와 함께 목을 매어 죽었습니다." 하고 보고했다. 장군들은 다지히노사카(丹比坂)에서 발길을 돌렸다.

26일, 소가노쿠라노야마다노이시카와노마로의 처자와 종자 가운데 스스로 목을 매어 죽은 자가 많았다. 호즈미노오미쿠이는 소가노쿠라노야마다노이시카와노마로의 일당인 다구치노오미쓰쿠시(田口臣筑紫)들을 납치하여 목에 칼을 씌우고 뒷결박을 지었다. 그날 저녁, 기노오미마로(木臣麻呂), 소가노오미히무카, 호즈미노오미쿠이가 군사를 이끌고 와서 절을 에워쌌다. 모노노베노후쓰타노미야쓰코시오(物部二田造鹽)를 불러 소가노쿠라노야마다노이시카와노마로의 목을 베라고 명령했다. 모노노베노후쓰타노미야쓰코시오는 칼을 뽑아 그 살을 찌른 뒤 고함을 치며 목을 베었다.

30일, 소가노쿠라노야마다노이시카와노마로의 일에 연좌되어 살해당한 자는 다구치노오미쓰쿠시, 미미나시노도토코(耳梨道德), 다카타노시코(高田醜雄), 누카타베노유에노무라지(額田部湯坐連), 하타노아테라(秦吾寺) 등 모두 14명, 교수당한 자 9명, 유배된 자 15명이었다. 그달에 사자를 보내어 소가노쿠라노야마다노이시카와노마로의 재산을 몰수했다. 재산 가운데 훌륭한 서책 위에는 '황태자의 서(書)', 귀한 보물 위에는 '황태자의 물품'이라고 적혀 있었다. 사자가 돌아와 그 상황을 보고했다. 황태자는 비로소 소가노쿠라노야마다노이시카와노마로의 깨끗한 마음을 알고 깊이 후회하며 슬퍼해 마지않았다. 소가노오미히무카를 쓰쿠시노카미(筑紫宰)에 임명했다. 세상 사람들은 "이것은 시노비나가시(隱流 ; 영전榮轉 형태로 유배하는 것)이다."라고 말했다.

황태자의 비 소가노미야쓰코히메(蘇我造媛 ; 소가노쿠라노야마다노이시카와노마로의 딸)는 모노노베노후쓰타노미야쓰코시오가 아버지를 베었다는 말을 듣고 상심하여 비탄에 잠겼다. 시오라는 이름만 들어도 몸서리를 쳤다. 그 때문에 소가노미야쓰코히메를 모시는 자들은 시오라는 이름을 말하는 것을 꺼려 가타시오(堅鹽)라고 고쳐 불렀다. 소가노미야쓰코히메는 상심이 너무 커서 결국 죽고 말았다. 황태자는 소가노미야쓰코히메가 죽었다는 소식을 듣고 크게 슬퍼하며 심하게 울었다. 노나카노카와라노후비토미쓰(野中川原史滿)가 노래를 지어 바쳤다.

<ruby>山川<rt>야마카와니</rt></ruby>に <ruby>鴛鴦双居<rt>오시후타쓰이테</rt></ruby>て <ruby>匹好<rt>다구히요쿠</rt></ruby>く <ruby>匹<rt>다구헤루이모오</rt></ruby>へる妹を <ruby>誰<rt>다레카이니케무</rt></ruby>か率にけむ.

야마카와에 원앙새가 짝을 지어 나란히 노니듯이, 사이좋게 나란히 있던 누이를 누가 데려갔나. (그 하나)

<ruby>本每<rt>모토고토니</rt></ruby>に <ruby>花<rt>하나와사케도모</rt></ruby>は雖開 <ruby>何<rt>나니토카모</rt></ruby>とかも <ruby>愛<rt>우쓰쿠시이모가</rt></ruby>し妹が <ruby>復開<rt>마타사키테코누</rt></ruby>きて不來.

한 그루 한 그루에 저마다 꽃은 피는데, 어찌하여 사랑스러운 누이 꽃은 다시 피지 않는 것인가. (그 둘)

황태자는 슬퍼하면서도 칭찬하기를 "좋은 노래구나, 슬픈 노래로다." 하고는 칠현금을 주어 노래를 부르게 한 뒤 비단 4필, 베 20필, 솜 두 가마니를 상으로 내렸다.

여름 4월 20일, 쇼시 고세노토코다코토오미(巨勢德陀古臣)에게 다이시 관위를 내리고 좌대신에 임명했다. 쇼시 오토모노나가토코노무라지(大伴長德連)에게 다이시 관위를 내리고 우대신에 임명했다.

5월 1일, 쇼카게 미와노키미시코부(三輪君色夫), 다이센죠 가니모리노무라지쓰노마로(掃部連角麻呂)를 신라에 보냈다. 그해에 신라왕은 사탁부사찬(沙喙部沙飡) 김다수(金多遂)를 볼모로 보냈다. 그 일행은 37명이었다. 승려 1명, 시랑(侍郎) 2명, 승(丞) 1명, 달관랑(達官郎) 1명, 중객(中客) 5명, 재기(才伎) 10명, 통역 1명, 잡역부 16명, 모두 37명이었다.

하쿠치(白雉 : 흰 꿩)의 출현

하쿠치 원년 정월 초하루, 천자는 수레를 타고 아지후궁(味經宮 : 나가라궁 근처인가)에 행차하여 신년 하례를 받았다. 천황은 그날로 궁에 돌아왔다.

2월 9일, 나가토노쿠니노미코토모치(長門國司)인 구사카베노무라지시코후(草

壁連醜經)가 흰 꿩을 바치면서 "구니노미야쓰코노오비토(國造首) 일족인 니에(贄)가 정월 9일에 오노야마(麻山)에서 잡았습니다." 하고 말했다. 이에 대해 백제군(百濟君) 풍장(豊璋 ; 백제 의자왕의 왕자)에게 물었더니, 백제군은 "후한의 명제 영평(永平) 11년에 흰 꿩이 여기저기서 보였다고 합니다."라고 대답했다. 또 법사들에게 물으니 "아직 한 번도 들어본 적이 없는 일이니 본 적은 더더욱 없습니다. 천하에 죄를 용서하여 민심을 기쁘게 하시는 것이 어떨지요." 하고 대답했다. 도토법사(道登法師)가 말하기를 "옛날 고구려에서 가람을 세우려고 구석구석 좋은 땅을 찾아 헤매다가, 흰 사슴이 천천히 거니는 곳이 있기에 그곳에 가람을 짓고 백록원사(白鹿薗寺)라 이름 짓고 불법(佛法)을 지켰다고 합니다.

또 어느 절의 영지에서 흰 참새를 발견하자 사람들은 모두 '큰 길조'라고 말했습니다. 또 중국에 파견한 사자가 다리가 세 개인 죽은 까마귀를 가지고 돌아왔을 때도 사람들은 모두 '경사스러운 징조'라고 말했습니다. 매우 사소한 일이지만 그래도 상서롭다고 했습니다. 하물며 흰 꿩이면 더욱 경사스러운 일입니다." 승려 민(旻)도 "이것은 길상이라고 하여 매우 진귀한 일입니다. 제가 듣기로 제왕의 덕이 사방에 미칠 때 흰 꿩이 나타난다고 합니다. 또 제왕이 여러 신에게 제사를 잘 지내고 연회, 의복 등에 절도가 있을 때 나타난다고도 합니다. 또 제왕의 행위가 청렴하고 소박할 때는 산에 흰 꿩이 나타나는데 제왕이 인정을 펼칠 때에도 나타난다고 합니다. 주나라 성왕(成王) 때, 월상씨(越裳氏 ; 월상은 오늘날의 베트남 남쪽에 있던 나라)가 와서 흰 꿩을 바치며, '우리 나라 노인이 하는 말을 들으니, 오랫동안 태풍이나 홍수도 없고 바다도 잔잔한 지 3년이 되는데, 이것은 생각건대 나라 안에 성인이 있기 때문이다, 그런데 어찌하여 가서 배례하지 않느냐고 했습니다. 그래서 3개국의 통역을 거쳐 멀리서 찾아왔습니다'라고 말했다고 합니다. 또 진무황제의 함녕(咸寧) 원년에 송자현(松滋縣)에서도 보였습니다. 그야말로 길이니 나라 안의 죄인을 용서하는 것이 좋을 듯합니다."라고 말했다.

그리하여 흰 꿩을 정원에 풀어주었다. 15일, 조정에서는 설날 의식처럼 의장병(儀仗兵)이 위의를 갖추었다. 좌우의 대신과 백관이 궁문 밖에 4열로 정렬했다. 아와타노오미이무시(粟田臣飯蟲) 등 네 사람이 꿩을 실은 가마를 지고 선두로 나아가고 좌우 대신, 백관 및 백제의 풍장, 그의 아우 새성(塞城)과 충승(忠勝), 고구려의 시의(侍醫) 모치(毛治), 신라의 시학사(侍學士 ; 가정교사) 등이 그 뒤를 따라 중정으로 나아갔다. 미쿠니노마로노키미, 이나노키미타카미(猪名公高見), 미와노키미미카호(三輪君甕穂), 기노오미오마로키다(紀臣乎麻呂岐太) 등, 네 사람이 번갈아 꿩을 실은 가마를 지고 어전 앞에 나아가자, 그곳에서 좌우 대신이 가마 앞을 잡고 이세노오키미(伊勢王), 미쿠니노마로노키미, 구라노오미오쿠소(倉臣小屎)가 가마 뒤를 잡아 어좌 앞에 내려놓았다. 천황은 황태자를 불러 함께 꿩을 손으로 들고 보았다. 황태자는 물러나서 재배하고, 고세노토코다코토오오미에게 경하 인사를 올리게 했다.

"공경백관들이 다함께 삼가 경하드립니다. 폐하께서 덕으로 천하를 평온하게 다스리시니, 이에 서쪽에서 흰 꿩이 나타났습니다. 부디 폐하께서는 천추만세에 이르기까지 사방의 오야시마(大八島)를 다스려 주소서. 공경, 백관, 모든 백성도 충성으로 소임을 다하겠습니다." 말을 마치고 두 번 절했다. 천황이 명을 내리기를 "성왕(聖王)이 세상에 나와 천하를 다스릴 때, 하늘은 그에 응하여 경사스러운 징조를 보여준다고 한다. 옛날 서쪽 나라 임금 ─ 주나라 성왕의 치세와 한나라 명제 때 흰 꿩이 나타났다. 우리 나라에서는 오진천황 때 흰 까마귀가 궁전에 둥지를 틀었고, 닌토쿠천황 때 용마(龍馬)가 서쪽에서 나타났다. 이와 같이 예로부터 지금까지 상서로운 징조가 나타나 유덕한 임금에게 답한 예가 많았다. 이른바 봉황, 기린, 흰 꿩, 흰 까마귀, 이렇게 조수(鳥獸)와 초목에 이르기까지 경사스러운 징조가 나타나는 것은 모두 천지가 낳는 조화이다. 영명한 임금이 이러한 상서로운 징조를 받는 것은 참으로 마땅한 일이지만, 불초한 내가 어찌 이것을 받을 자격이 있으리오.

생각건대 이것은 오로지 나를 도와주는 공경과 오미, 무라지, 도모노미야쓰코, 구니노미야쓰코가 각자 충심을 다해 제도를 받들고 지켜준 덕분이다. 그러므로 공경에서 백관에 이르기까지 깨끗하고 맑은 마음으로 천신지기를 공경하고 다 같이 이 길상을 받아 천하의 번영을 위해 더욱 힘쓰기를 바라노라."고 했다. 그리고 다음과 같이 덧붙였다. "하늘이 사방의 모든 구니와 고리를 나에게 내려 맡겨 주셨기 때문에 내가 천하를 통치하고 있다. 지금 우리 조상신이 다스리는 나가토노쿠니에서 경사스러운 징조가 있었다. 그러므로 나라 안의 죄인들을 사면하고 하쿠치 원년으로 개원(改元)하노라." 따라서 나가토 지방에 매를 풀어 산 짐승을 잡는 것을 금하고, 공경대부 이하 후비토에 이르기까지 지위에 따라 물품을 내렸다. 구사카베노무라지시코후를 칭찬하여 다이센 관위와 많은 녹을 내렸다. 또 나가토노쿠니에 3년 동안 조역을 면제해 주었다.

여름 4월, 신라가 사신을 보내 조공했다. 겨울 10월, 궁전 땅으로 편입되어 무덤이 훼손된 사람 및 주거를 옮겨야 하는 사람들에게 각각에 따른 물품을 내렸다. 다쿠미노쓰카사(將作大匠 ; 궁전과 종묘 등의 조영 담당) 아라타이노아타이히라부(荒田井直比羅夫)를 보내어 궁전 땅의 경계표를 세우게 했다.

이달에 장륙수불(丈六繡佛), 협시불(脇侍佛), 팔부중(八部衆) 등 36체(體)의 불상을 빚기 시작했다.

이해에 아야노야마구치노아타이오쿠치(漢山口直大口)가 조칙을 받들어 천불상(千佛像)을 새겼다. 야마토노아야노아타이아가타(倭漢直縣), 시라카베노무라지아부미(白髮部連鐙), 나니와노키시아구라(難波吉士胡床)를 아키노쿠니에 보내어 백제 배 2척을 만들게 했다.

2년 봄 3월 14일, 장륙수불 등이 완성되었다. 15일, 고교쿠상황은 법사 10명을 불러 재회를 열었다.

여름 6월, 백제와 신라가 사신을 보내 조공하고 물품을 헌상했다.

겨울 섣달 그믐에 아지후궁에서 2,100여 명의 승려를 불러 일체경(一切經)을 읽게 했다. 그날 저녁, 조정 뜰에 2,700여 개의 등불을 밝히고 안택경(安宅經), 토측경(土側經) 등의 경을 읽었다. 이때 천황은 오고리에서 천도하여 신궁(新宮)에 들어갔다. 이 궁을 이름하여 나니와 나가라 도요사키궁(豊琦宮)이라고 한다. 이해에 신라의 공조사(貢調使) 지만사찬(知萬沙飡) 등이 당나라 복색으로 쓰쿠시에 도착했다. 조정에서는 멋대로 복색을 바꾼 것을 괘씸하게 여기고 꾸짖어 돌려보냈다. 그때 고세노토코다코토오오미가 주청했다. "지금 신라를 치지 않으면 틀림없이 나중에 후회하게 될 것입니다. 그 방법은 어렵지 않습니다. 나니와즈에서 쓰쿠시 바다에 이르기까지 배를 가득 띄워놓고 신라를 불러 그 죄를 물으면 쉽게 굴복할 것입니다."

3년 봄 정월 초하루, 설날 배례가 끝나자, 천황은 가마를 타고 오고리궁에 행차했다. 정월부터 이달까지 반전(班田 ; 공민에게 전지를 나누어주는 것)이 끝났다. 대략 논은 길이 30보를 1단(段)으로 한다. (넓이 12보가 생략 또는 탈락. 이 부분의 탈락 때문에 난해해졌다) 10단을 1정(町)으로 한다. 1단에 조도(租稻) 1속(束) 반, 1 정에 조도 15속(束).

3월 9일, 천황이 궁으로 돌아왔다.

여름 4월 15일, 승려 혜은(惠隱)을 궁으로 불러 무량수경(無量壽經)을 강설하 게 했다. 혜은을 강사로 승려 혜자(惠資)를 질문자로 하여 법문 논의를 열었고 승려 1천 명이 청중이 되었다. 20일에 강설이 끝났다. 이날부터 비가 계속 내려, 아흐레 동안 집이 무너지고 무논이 피해를 입었다. 많은 사람과 소, 말이 물에 빠져 죽었다.

이달에 호적을 만들었다. 50호를 이(里)로 정하고 이마다 수령을 한 사람 두 었다. 가상이 호주가 된다. 5호(戶)를 보(保 ; 인보단체隣保團體)로 한다. 그 가운데 한 사람을 우두머리로 뽑아 검찰 역할을 하게 했다.

신라, 백제가 사신을 보내 조공했다.

가을 9월, 도요사키궁 조영이 끝났다. 그 궁전의 위용은 달리 비할 데가 없 을 정도였다.

겨울 섣달 그믐, 천하의 승려를 궁에 불러 재회를 열고 대사(大捨 ; 좌선수행) 와 연등 행사를 했다.

4년 여름 5월 12일, 대당(大唐)에 보낼 대사 쇼센죠 기시노나가니(吉士長), 부 사 쇼오쓰죠 기시노코마(吉士駒), 학승 도곤(道嚴), 도쓰(道通), 도코(道光), 에세 (惠施), 가쿠쇼(覺勝), 벤쇼(辨正), 에쇼(惠照), 소닌(僧忍), 치소(知聰), 도쇼(道昭), 죠 에(定惠), 안다치(安達), 도칸(道觀), 학생 고세노오미쿠스리(巨勢臣藥), 히노무라지 오키나(氷連老人). 어떤 책에는 학승 지벤(知辨), 기토쿠(義德), 학생 사카이베노 무라지이와쓰미(坂合部連磐積)를 더하기도 한다. 합계 121명이 한 배에 탔다. 무 로하라노오비토미야(室原首御田)를 송사로 정했다. 제2조의 대사 다이센게 다 카타노오비토네마로(高田首根麻呂), 부사 쇼오쓰죠 가니모리노무라지오마로(掃 守連小麻呂), 학승 도후쿠(道福), 기코(義尙), 모두 120명이 다른 한 배에 탔다. 하지노무라지야쓰데(土師連八手)를 송사로 정했다.

이달에 천황은 민법사의 승방에 가서 문병하고 친히 말씀을 내렸다. 어떤 책에 따르면 5년 7월, 승려 민이 아즈미데라(阿曇寺)에서 병이 들자 천황이 행차하여 친히 손을 잡고 "만약 법사가 오늘 죽는다면, 나 역시 그대를 따라 내일이라도 죽을 것이네."라고 말했다고 한다.

6월, 백제와 신라가 사신을 보내 조공하고 물품을 헌상했다. 또 각처의 큰길을 보수했다. 천황은 민법사가 죽었다는 소식을 듣고 조문 사절을 보내어 많은 물품을 내렸다. 고교쿠상황과 모든 황태자도 사람을 보내어 조문하고 법사를 위해 화공 고마노타테베노코마로(狛竪部子麻呂), 후나토노아타이(鯽魚戸直)에게 명하여 불상과 보살상을 많이 만들어 가와라데라(川原寺)에 안치했다. 어떤 책에는 야마다데라라고 기록되어 있다.

가을 7월, 대당에 파견하는 사자 다카타노네마로(高田根麻呂) 일행이 사쓰마의 구마(曲)와 다카시마(竹島) 사이에서 배가 충돌하여 침몰하는 바람에 죽었다. 겨우 5명만이 널빤지에 의지하여 다카시마에 표착했으나 어찌할 바를 몰라 곤경에 처했다가, 다섯 사람 가운데 가도베노카네(門部金)가 대나무로 뗏목을 만들어 시토케시마(神島)에 당도했다. 이 다섯 명은 엿새 밤낮 동안 아무것도 먹지 못했다. 나중에 포상을 받고 승진하고 녹을 받았다.

황태자, 아스카(飛鳥)로 옮기다

이해에 태자가 야마토의 수도로 천도하고 싶다고 주상했다. 그러나 천황이 허락하지 않자, 황태자는 고교쿠상황, 하시히토황후(間人皇后), 오아마노미코(大海人皇子)를 이끌고 야마토의 아스카카와베행궁(飛鳥河邊行宮)으로 갔다. 공경대부, 백관을 모두 거느리고 옮겼다. 이에 원망을 품은 천황은 황위를 떠날 생각으로 야마사키(山碕 ; 교토부京都府 오야마자키大山崎)에 궁을 짓게 했다. 하시히토황후에게 다음과 같은 노래를 지어 보냈다.

<small>가나키쓰케　아가카후코마와　히키데세즈　아가카후코마오　히토미쓰라무카</small>
棺着け 我が飼ふ駒は 引出せず 我が飼ふ駒を 人見つらむか.

목에 칼(말이 달아나지 못하게 목에 끼워두는 나무)을 씌워 내가 키우고 있는 말은 마구간에서 꺼내지도 않고 귀하게 키웠건만, 어찌하여 다른 사람이 그것을 보고 데려갔을까.

5년 봄 정월 초하루, 밤에 쥐들이 야마토의 수도를 향해 달려갔다. 나카토미노카마타리노무라지(中臣鎌足連)에게 자관(紫冠)을 내리고 급료를 약간 올려 주었다.

2월, 대당에 보내는 압사(押使 ; 신분이 높은 사자使者) 다이킨죠(大錦上) 다카무코노후비토겐리, 대사 쇼킨게(小錦下) 가와베노오미마로, 부사 다이센게 구스시노에니치, 판관 다이오쓰죠 후미노아타이마로(書直麻呂), 미야노오비토아미다(宮首阿彌陀), 쇼오쓰죠 오카노키미요로시(岡君宜), 오키소메노무라지오쿠(置始連大伯), 쇼오쓰게 나카토미노하시히토노무라지오유(中臣間人連老), 다나베노후비토토리(田邊史鳥)가 배 두 척을 나누어 타고 여러 달 걸려 신라도(新羅道)를 거쳐 내주(萊州 ; 산동반도 북안)에 당도했다. 가까스로 장안경(長安京)에 이르러 당고종(唐高宗)을 뵈었다. 동궁감문(東宮監門) 곽장거(郭丈擧)는 일본의 지리와 건국 초기 신의 이름 따위를 상세히 물었다. 질문에 모두 대답했다. 압사 다카무코노후비토겐리는 당나라에서 죽었다.

이키노하카토코(伊吉博德)의 말에 따르면, 학승 에묘는 당나라에서 죽고 지소는 바다에서 죽었다. 지코쿠(智國)도 바다에서 죽었다. 지소(智宗)는 경인년(庚寅年)에 신라배를 타고 귀국했다. 가쿠쇼는 당나라에서 죽고 기쓰(義通)는 바다에서 죽었다. 조에는 을축년(乙丑年)에 유덕고(劉德高 ; 당나라 사신)의 배를 타고 돌아왔다. 묘이(妙位), 호쇼(法勝), 학생 히노무라지오키나, 고온콘(高黃金) 등 12명과 야마토노우지(倭種) 한지흥(韓智興), 조원보(趙元寶)는 그해에 사신과 함께 귀국했다고 한다.

여름 4월, 토화라국(吐火羅國 ; 현 아프가니스탄 북부 지역으로 오아시스의 요지)의 남자 둘, 여자 둘, 사위(舍衞 ; 갠지스 강 중류의 슈라바스티인가)의 여자 하나가 풍랑을 만나 히무카에 표착했다.

가을 7월 24일, 서해사(西海使 ; 지난해 견당사의 제1조) 기시노나가니 일행이 백제와 신라의 송사와 함께 쓰쿠시에 당도했다. 그달에 서해사 일행이 당나라 천자를 뵙고 많은 문서와 보물을 받은 것을 칭찬하여, 대사 쇼센죠(小山上) 기시노나가니에게 쇼카게 관위를 내리고 봉호 200호를 내렸다. 또 구레노우지(吳氏)라는 성(姓)도 하사했다. 부사 쇼오쓰죠 기시노코마에게 쇼센죠 관위를 내렸다.

겨울 10월 초하루, 황태자는 천황이 병에 걸렸다는 소식을 듣고 고교쿠상황, 하시히토황후, 오아마노미코, 공경들을 이끌고 나니와궁으로 갔다. 10일 천황이 정전(正殿)에서 붕어했다. 남쪽 정원에 빈궁을 세웠다. 쇼센죠 모즈노하지노무라지쓰치토코(百舌鳥土師連土德)에게 빈궁을 관장하게 했다.

12월 8일, 오사카시나가노미사사기(大坂磯長陵)에 장사지냈다. 이날 황태자는 고교쿠상황을 높이 받들어 야마토노카와라행궁(倭河邊行宮)으로 옮겼다.

어떤 노인이 "쥐들이 야마토의 수도로 간 것은 천도의 전조였다."고 말했다.

그해에 고구려, 백제, 신라가 사자를 보내 조문했다.

제26권

사이메이천황(齊明天皇): 아메토요타카라이카시히타라시히메노스메라미코토(天豊財重日足姫天皇)

사이메이천황(齊明天皇)의 재등극

아메토요타카라이카시히타라시히메는 처음에 요메이의 손자인 다카무코노오키미(高向王)에게 시집가서 아야노미코(漢皇子)를 낳았다. 그 뒤에 조메이천황에게 시집가서 2남 1녀(덴지천황, 하시히토히메, 덴무천황)를 낳았다.

조메이 2년에 황후가 되었다. 이 일은 조메이천황의 권에서 볼 수 있다.

13년 겨울 10월, 조메이천황이 붕어했다. 이듬해 정월, 황후가 즉위하여 고교쿠천황이 되었다. 연호를 다이카로 바꾼 4년 6월, 황위를 고토쿠천황에게 이양했다. 그리고 고교쿠천황을 스메미오야노미코토(皇祖母尊)라고 불렀다. 고토쿠천황은 하쿠치 5년 10월에 붕어했다.

원년 봄 정월 3일, 스메미오야노미코토는 아스카의 이타부키궁에서 즉위했다(재등극, 사이메이천황).

여름 5월 초하루, 하늘에 용을 타고 날아다니는 사람이 나타났는데 얼굴이 당나라 사람과 흡사했다. 푸른 비단에 기름을 발라 만든 삿갓을 가즈라키야마 쪽에서 이코마야마를 향해 하늘을 달려 사라졌다. 정오 무렵에 스미요시의 마쓰노미네(松嶺) 위에서 서쪽을 향해 달려갔다.

가을 7월 11일, 나니와궁에서 북쪽(고시노쿠니)의 에미시 99명, 동쪽(미치노쿠)의 에미시 95명에게 향응을 베풀었다. 동시에 백제의 조공사신 150명도 접대했다. 또한 기카우(柵養)의 에미시 9명, 쓰가루(津輕)의 에미시 6명에게 각각 관위 2계를 내렸다.

8월 1일, 가와베노오미마로(河邊臣麻呂) 일행이 대당에서 돌아왔다. 겨울 10월 13일, 오하리다에 대궁(大宮)을 짓고 기와를 얹으려고 계획했다. 그러나 심산유곡에 있는 궁전 조영용 목재가 썩은 것이 많아 궁 짓는 일을 중지했다.

그해 겨울 아스카의 이타부키궁에 화재가 일어나서 아스카 가와라궁(川原宮)으로 옮겼다. 그해에 고구려, 백제, 신라가 나란히 사신을 보내어 조공했다. 백제의 대사 서부달솔 여의수(余宜受), 부사 조신인(調信仁) 등 모두 100여 명이었다.

에미시와 하야토가 동족을 이끌고 복속해 오면서 조정에 공물을 바쳤다. 신라는 따로 급찬(及飡) 미무(彌武)를 볼모로 보내고 기술자 12명을 바쳤다. 미무는 병에 걸려서 죽었다. 태세 을묘년이었다.

2년 가을 8월 8일, 고구려가 달사(達沙) 등을 보내어 조공했다.―대사 달사, 부사 이리지(伊利之)로 총인원 81명이었다.

9월, 고구려에 파견한 대사는 가시와데노오미하쓰미(膳臣葉積), 부사 사카이베노무라지이와스키(坂合部連磐鍬), 대판관(大判官) 이누카미노키미시로마로(犬上君白麻呂), 중판관(中判官) 고치노후미노오비토(河內書首), 소판관(小判官) 오쿠라노키누누이노미야쓰코마로(大藏衣縫造麻呂)였다.

오카모토궁(岡本宮) 조영

이해에 아스카의 오카모토(아스카무라明日香村 이카즈치오카雷丘 근처)에 다시 궁터를 정했다. 때마침 고구려, 백제, 신라가 나란히 사신을 보내어 조공했기 때문에 이 궁터에 푸른색 막을 치고 향응을 베풀었다. 궁전이 완성된 뒤 천황이 옮겨왔고 이 궁을 노치노아스카노오카모토궁(後飛鳥岡本宮)이라고 했다.

도노미네(多武峯) 정상 주위를 담으로 에워쌌다. 정상의 느티나무 두 그루 가까이에 높은 단을 세우고 후타쓰키궁(兩槻宮)이라고 불렀다. 또한 아마쓰미야(天宮)라고도 한다. 천황이 공사를 좋아하여 수공(水工)에게 도랑을 파게 했는데, 가구야마 서쪽에서 이소노카미산(石上山)까지 이르렀다. 배 200척에 이소노카미산의 돌을 싣고 강물을 따라 내려가, 궁전 동쪽 산에 돌을 쌓아 성벽을 둘렀다. 사람들은 "장난삼아 하는 해자 공사, 쓸데없는 인부 3만 명. 성벽 공사에 헛일하는 7만 명, 궁전용 재목은 썩고 산꼭대기는 무너졌구나." 하고 비방했다. 또 "돌로 야마오카를 만드는구나. 만들자마자 무너질 것이다." 완성되기도 전에 이렇게 비방한 것이 아닐까.

또 요시노궁을 지었다.

서해사(西海使 ; 백제에 파견한 사신) 사에키노무라지타쿠나리(佐伯連栲繩), 쇼센게 나니와노키시쿠니카쓰(難波吉士國勝) 등이 백제에서 돌아와 앵무새 한 쌍을 바쳤다. 오카모토궁에 화재가 일어났다.

3년 가을 7월 3일, 도화라국(都貨邏國 ; 위에 나온 토화라국과 같다)의 남자 둘, 여자 넷이 쓰쿠시에 표류해왔다. "우리는 처음에 아마미(奄美) 섬에 표착했습니다." 하고 말했다. 역마를 이용하여 수도로 불러들였다.

15일, 아스카데라 서쪽에 수미산(須彌山)을 본뜬 형상을 만들었다. 또 우란분재를 열었다. 저녁에 도화라 사람에게 향응을 베풀었다.

9월, 아리마노미코는 성격이 교활하여 일부러 미친 척 행동하기도 했다. 운운. 기노쿠니의 무로(牟婁) 온천(시라하마白浜 온천)에 가서 요양하고 온 것처럼 꾸미며 그곳의 상황을 칭찬하기를 "그저 그곳을 보기만 해도 병이 저절로 낫는다." 운운. 천황이 그 말을 듣고 기뻐하며 자신도 가고 싶어했다.

그해에 신라에 사신을 보내 "사문(沙門) 지다치(智達), 하시히토노무라지미우마야(間人連御廐), 요사미노무라지와쿠고(依網連稚子)를 신라 사신과 함께 대당에 보내고 싶다."고 했다. 신라가 그 요청을 거절하자 사문 지다치 일행은 귀국했다. 서해사 쇼카게 아즈미노무라지쓰라타리(阿曇連頰垂), 쇼센게 쓰노오미쿠쓰마(津臣傴僂)가 백제에서 돌아와 낙타 한 마리, 당나귀 두 마리를 바쳤다.

이와미노쿠니(石見國)에서 흰 여우를 발견했다는 보고가 들어왔다.

4년 봄 정월 13일, 좌대신 고세노오미토코다가 죽었다.

아베노히라부(阿倍比羅夫)의 원정

여름 4월, 아베노오미마로(阿陪臣)가 선단 180척을 이끌고 에미시를 쳤다. 아키타(秋田), 노시로(能代) 두 군(郡)의 에미시는 멀리서 보기만 하고 항복을 청했다. 그래서 군사를 정비하여 아키타노우라(齶田浦 ; 아키타만秋田湾)에 배를 정렬했다. 아키타의 에미시 오가(恩荷)가 앞으로 나와 맹세했다. "저희는 관군과 싸우려고 활을 지닌 것이 아닙니다. 그저 우리는 육식을 하는 습관이 있어서 활을 지니고 있을 뿐입니다. 만약 관군에게 활을 쏜다면 아키타노우라의 신이 벌을 내릴 것입니다. 오직 맑고 깨끗한 마음으로 천황을 섬기겠습니다." 오가에게 쇼오쓰죠의 벼슬을 내리고, 노시로, 쓰가루 2군의 군령(郡領)으로 삼았다. 아리마 해변에 오시마(渡嶋)의 에미시를 소집하여 크게 향응을 베풀고 돌려보냈다.

5월, 황손 다케루노미코(建王)가 8살의 나이로 죽었다. 이마키노타니(今來谷) 근처에 빈궁을 세우고 안치했다. 마음이 어여쁜 황손을 특별히 귀여워했던 천황은 애통한 마음을 이기지 못해 크게 통곡했다. 군신에게 "내가 죽으면 반드시 같이 합장해 달라."고 명했다.

그리고 노래를 읊었다.

이마키나루　오무레가우헤니　구모다니모　시루쿠시타타바　나니카나게카무
今城なる 小山が上に 雲だにも 著くし立たば 何か嘆かむ.

이마키 언덕 위에 하다못해 구름이라도 뚜렷하게 끼었다면, 전혀 애통하지 않았을 텐데. (그 하나)

이유시시오　쓰나구가와헤노　와카쿠사노　와카쿠아리키토　아가모와나쿠니
射ゆ鹿を 繋ぐ河邊の 若草の 稚くありきと 我思は無くに.

화살 맞은 사슴을 쫓아가다가 맞닥뜨린 강변의 어린 풀처럼 어렸다고는 나는 생각하지 않건만. (그 둘)

아스카가와　미나기라히쓰쓰　유쿠미즈노　아히다모나쿠모　오모호유루카모
飛鳥川 漲らひつつ 行く水の 間も無くも 思ほゆるかも.

아스카강이 물보라를 일으키며 쉬지 않고 흘러가듯이, 쉬지 않고 가버린 아이가 생각나는구나. (그 셋)

천황은 이따금 이 노래를 읊으면서 비통하게 울었다.
가을 7월 4일, 에미시 200명 남짓이 대궐에 들어가 공물을 바쳤다.
평소보다 더욱 후하게 향응을 베풀고 각종 하사품을 내렸다. 기카우의 에

미시 2명에게 관위 1계(階)를 주었다. 누시로노코리(渟代郡 ; 노시로군能代郡)의 오미야쓰코(大領 ; 군의 장관) 사니구나(沙尼具那)에게 쇼오쓰게, 스케노미야쓰코(少領 ; 군의 차관) 우바사(宇婆左)에게는 겐무, 용감하고 씩씩한 두 사람에게는 관위 1계, 특히 사니구나 일행에게는 다코바타(蛸旗 ; 머리가 문어를 닮은 깃발) 20개, 북 2개, 궁시(弓矢) 2구, 갑옷 2벌을 내렸다. 쓰가루노코리의 오미야쓰코 메무(馬武)에게 다이오쓰죠, 스케노미야쓰코 아오히루(青蒜)에게 쇼오쓰게, 용감하고 씩씩한 2명에게는 관위 1계를 내렸다. 따로 메무 일행에게 다코바타 20개, 북 2개, 궁시 2구, 갑옷 2벌을 내렸다. 쓰키사라(都岐沙羅)의 기노미야쓰코(柵造)에게는 관위 2계를 내렸다. 판관에게는 관위 1계, 누타리의 기노미야쓰코 오토모노키미이나쓰미(大伴君稻積)에게는 쇼오쓰게를 내렸다. 누시로노코리의 오미야쓰코 사니구나에게 명을 내려, 에미시의 호구(戶口)와 포로의 호구를 조사하게 했다.

그달에 사문(沙門) 지쓰와 시타쓰는 칙명을 받들어 신라 배를 타고 대당에 가서 현장법사(玄奘法師 ; 이른바 삼장법자三藏法師)에게 무성중생의(無性衆生義 ; 법상종法相宗)를 배웠다.

아리마노미코(有間皇子)의 변(變)

겨울 10월 보름, 기노유 온천에 행차했다. 천황은 다케루노미코를 떠올리며 가슴 아파하다가 노래를 지어 흥얼거렸다.

山越えて 海渡るとも 面白き 今城の內は 忘らゆ難に.

산 넘고 바다 건너 즐거운 여행을 하여도, 다케루노미코가 있었던 그 이마키에서의 일은 잊지 못하리라. (그 하나)

湊の 潮の下り 海下り 後も闇に 置きてか行かむ.

해협의 거친 물살 헤치고 기슈로 내려갔건만, 우울한 마음으로 다케루노미코를 뒤에 남기고 가는구나. (그 둘)

<ruby>愛<rt>우쓰쿠시키</rt></ruby>くしき <ruby>我稚<rt>아가와카키코오</rt></ruby>き<ruby>子<rt></rt></ruby>を <ruby>置<rt>오키테카유카무</rt></ruby>きてか<ruby>行<rt></rt></ruby>かむ.

사랑하는 내 어린 자식을 뒤에 남기고 가네. (그 셋)

천황이 하타노오쿠라노미야쓰코마리(秦大藏造萬里)에게 명하기를 "이 노래를 후세에 전하여 세상 사람들이 기억하게 하라." 했다.

11월 3일, 유수관(留守官; 군주가 자리를 비웠을 때 군주를 대신하여 국정을 맡았던 관직) 소가노아카에(蘇我赤兄)가 아리마노미코에게 말하기를 "천황께서는 정치를 하면서 세 가지 실정(失政)을 저질렀습니다. 큰 창고를 지어 백성의 재물을 쌓아둔 것이 그 하나요, 긴 용수로를 파서 일꾼들이 많은 식량을 소비하게 한 것이 그 둘이요, 배에 돌을 실어 날라다 언덕을 쌓은 일이 그 셋입니다."라고 했다. 아리마노미코는 소가노아카에가 자신에게 호의를 가진 것을 알고 기뻐하며 대답했다. "내 생애 처음으로 군사를 일으켜야 할 때가 왔다."

5일, 아리마노미코는 소가노아카에의 집에 가서 높은 누각에 올라가 의논했다. 그때 걸상이 저절로 부서지자 불길한 징조임을 알고, 비밀을 지킬 것을 맹세한 뒤 모의를 중단했다. 황자가 돌아와 잠을 자는데, 밤중에 소가노아카에가 모노노베노에노이노무라지시비(物部朴井連鮪)에게 명을 내려, 궁궐 짓는 일을 하는 일꾼들을 이끌고 아리마노미코의 집을 포위했다. 그리고 천황에게 파발마를 보내어 주상했다.

9일, 아리마노미코와 모리노키미오이시(守君大石), 사카이베노무라지쿠스리(坂合部連藥), 시오야노무라지코노시로(鹽屋連鮪魚)를 붙잡아 기노유에 보냈다. 도네리인 니타베노코메마로(新田部米麻呂)가 따라갔다. 황태자(나카노오에노미코)가 직접 아리마노미코에게 물었다. "어찌하여 모반을 기도했느냐?" 황자는 "하늘과 소가노아카가 알고 있을 것이오. 나는 전혀 모르는 일이오." 하고 대답했다.

11일, 다지히노오자와노무라지니쿠소(丹比小澤連國襲)를 보내 후지시로노사카(藤白坂)에서 아리마노미코를 교수형에 처했다. 그날 시오야노무라지코노시로, 니타베노코메마로를 후지시로노사카에서 참살했다. 시오야노무라지코노시로는 죽기 전에 "부디 오른손으로 나라의 보기(寶器)를 만들게 해주십시오."

라고 말했다(의미는 불명). 모리노키미오이시는 가미쓰케노노쿠니에, 사카이베노무라지쿠스리는 오와리노쿠니에 각각 유배했다.

어떤 책에 따르면 아리마노미코는 소가노아카에, 시오야노무라지코사이(鹽屋連小才), 모리노키미오이시, 사카이베노무라지쿠스리와 히네리부미(短籍 ; 짧은 종잇조각으로 만든 제비)를 만들어 모반을 일으키면 어떻게 될지 점쳐 보았다. 어떤 책에는 아리마노미코가 "먼저 대궁을 불태운 뒤, 500명으로 2박 1일 무로노쓰(牟婁津 ; 다나베시田邊市의 항구)에서 맞이하여 싸운 뒤, 서둘러 수군으로 아와지노쿠니를 막아 독안의 쥐로 만들면 성공할 것이다."라고 말하자, 어떤 사람이 이렇게 간했다.

"그건 좋지 않은 방법입니다. 계획은 그럴싸하지만 덕이 없습니다. 황자님은 이제 겨우 열아홉 살, 아직 성인도 되지 않았습니다. 성인이 되신 뒤에 덕을 길러야 합니다." 다른 날, 아리마노미코가 어느 판사(형부성의 관인)와 모반을 의논하는데 황자의 책상다리가 저절로 부러졌으나, 모반을 중단하지 않았다가 끝내 죽임을 당했다고 한다.

그해에 고시노쿠니의 수장 아베노히케타노오미히라부(阿倍引田臣比羅夫)가 미시하세(肅愼)를 쳐서 큰곰 두 마리, 큰곰 가죽 70장을 바쳤다. 사문 지유(智踰)가 지남차(指南車 ; 자석으로 항상 남쪽을 가리키는 수레)를 만들었다.

이즈모노쿠니에서 보고가 들어왔는데 "북쪽 바닷가에 죽은 물고기가 많이 쌓여 있습니다. 높이가 석 자 가량, 물고기의 크기는 복어만 하고 입은 참새 부리처럼 생겼으며 바늘 같은 비늘이 있습니다. 비늘의 길이가 몇 치나 됩니다. 그곳 사람들의 말로는 참새가 바다 속에 들어가 물고기가 되어서 스즈미오(雀魚)라 한다고 합니다."

어떤 책에서는 6년 7월에 백제가 사신을 보내 "대당과 신라가 연합하여 우리나라를 공격했습니다. 의자왕과 왕후, 태자를 포로로 잡아갔습니다. 그래서 우리나라에서는 북서쪽 경계에 군사를 배치하고 성책을 보수하여 산천을 방어했습니다. 이것은 그 일의 전조입니다."라고 보고했다고 한다.

또 서해사 쇼카게 아즈미노무라지쓰라타리가 백제에서 돌아와 말하기를 "백제가 신라를 치고 돌아왔습니다. 그때 말이 혼자서 절의 금당(金堂) 주위를 돌았는데, 밤이고 낮이고 멈추지 않았습니다. 오로지 풀을 먹을 때만 쉬었습니다."라고 보고했다. 어떤 책에 이것은 경신년(庚申年)에 적의 공격으로 멸망할 전조라고 했다.

5년 봄 1월 3일, 천황이 기노유 온천에서 돌아왔다.

3월 1일, 천황은 요시노에 행차하여 대연회를 열었다. 3일, 천황은 오미의 히라노우라(平浦 ; 시가초志賀町 히라比良의 후미)에 행차했다. 10일, 토화라(吐火羅) 사람이 사위성 출신의 부인과 함께 찾아왔다.

17일, 우마카시노오카(甘樫丘) 동쪽 강변에 수미산을 만들고, 미치노쿠와 고시노쿠니의 에미시에게 향응을 베풀었다. 그달에 아베노오미를 보내어 수군 180척을 이끌고 에미시노쿠니를 쳤다. 아베노오미는 아키타와 누시로 2군의 에미시 241명과, 그 포로 31명, 쓰루가노코리의 에미시 112명과 그 포로 4명, 이부리사에(胆振鉏)의 에미시 20명을 한 곳에 모아 크게 향응을 베풀고 하사품을 내렸다. 배 한 척과 오색으로 구별한 비단을 바쳐서 그 토지의 신에게 제사 지냈다(해신이어서 배를 바쳤다).

시시리코(肉入籠)에 이르자 도이우(問菟)의 에미시인 이카시마(胆鹿嶋)와 우호나(菟穂名) 두 사람이 나서서 청하기를 "시리헤시(後方羊蹄)를 정청(政廳 ; 고리노미야케)으로 바치고 싶다."고 했다. 이카시마 일행의 말에 따라 고리노미야케를 설치하고 돌아왔다. 미치노쿠와 고시노쿠니의 구니쓰카사에게 각각 관위 2계를, 군령(郡領 ; 군의 오미야쓰코, 스케노미야쓰코)과 마쓰리고토히토(主政 ; 고리노쓰카사 郡司의 제3등관)에게 각각 1계를 내렸다. 어떤 책에, 아베노히케타노오미히라부가 미시하세와 싸우고 돌아와 포로 49명을 바쳤다고 했다.

가을 7월 3일, 쇼킨게 사카이베노무라지이와시키(坂合部連石布), 다이센게 쓰모리노무라지키시사(津守連吉祥)를 당나라에 보냈다. 그때 미치노쿠의 에미시 남녀 2명을 당나라의 천자에게 보여 주었다.

이키노무라지하카토코(伊吉博德)의 서(書)

이키노무라지하카토코의 서(서기의 참고자료라 여겨지는 책)에, 이 천황 시대에 쇼킨게 사카이베노무라지이와시키, 다이센게 쓰모리노무라지키시사가 탄 두 척의 배를 오나라와 당나라로 가는 항로에 파견하게 되어, 그해 7월 3일 나니와의 미쓰노우라(三津浦)에서 출발했다. 8월 11일에 쓰쿠시의 오쓰노우라(大津浦 ; 하카타만博多灣)를 떠나 9월 13일 남쪽 해안의 섬에 도착했다. 섬의 이름은 잘 모른다. 14일 오전 4시 무렵, 두 배가 나란히 대해로 나갔다. 15일 해질 무렵, 사카이베노무라지이와시키의 배가 옆에서 불어오는 역풍에 떠내려가다가 남쪽 바다의 섬에 표착했다. 섬의 이름은 이가위(爾加委)라고 했다. 그곳에서 섬사람에게 살해되었다. 야마토노아야노나가노아타이아리마(東漢長直阿利麻), 사카이베노무라지이나쓰미(坂合部連稻積) 등 5명은 섬사람의 배를 훔쳐 달아나 괄주(括州 ; 현재 절강성浙江城의 여수麗水)로 갔다. 주현(州縣)의 관리가 낙양(洛陽)의 도읍으로 보내주었다.

16일 한밤중에 쓰모리노무라지키사가의 배는 월주(越州 ; 괄주 북쪽의 항주만 杭州灣 남안 일대) 회계현(會稽縣 ; 현재 절강성 흥소興紹) 수안산(須岸山)에 도착했다. 북동풍이 매우 강하게 불었다. 22일에 여도현(餘姚縣 ; 현재 절강성 여도)에 도착했다. 타고 온 큰 배와 각종 비품을 그곳에 남겨두었다. 윤10월 1일 월주의 관청에 도착했다. 15일에 역마를 타고 장안에 가서 29일에 낙양에 도착했다. 천자는 낙양에 있었다. 30일에 천자를 알현하자 천자가 물었다.

"일본국 천황은 별고 없는가?" 사신이 삼가 대답했다. "천지의 덕을 아우르니 저절로 평안하십니다." 천자가 또 물었다. "천황의 경들도 잘 있는가?" 사신은 "천황의 깊은 은혜로 모두 무고합니다." 하고 대답했다. 천자가 물었다. "국내는 평안한가?" 사신 "정치가 천지에 상응하니 만민이 무사합니다." 천자 "여기 있는 에미시의 나라는 어느 쪽에 있는가?" 사신 "나라의 북동쪽에 있습니다." 천자 "에미시에는 몇 종류가 있는가?" 사신 "세 종류가 있습니다. 먼 곳에 있는 것은 쓰가루(都加留 ; 津輕)라 하고 다음을 아라에미시(麁蝦夷)라 하며, 가장 가까운 것을 니키에미시(熟蝦夷)라 합니다. 지금 이곳에 있는 사람은 니키에미시입니다. 해마다 일본 조정에 조공을 바칩니다." 천자 "그 나라에는 오곡이 있는가?" 사신 "없습니다. 고기를 먹고 삽니다." 천자 "나라에 가옥은 있는가?" 사신 "없습니다. 깊은 산속 나무 밑에서 삽니다." 천자 "에미시의 얼굴과 몸을 보니 매우 기이하고 신기하구나. 멀리서 찾아오느라 사신들이 수고가 많았을 것이다. 물러가서 관(館)에서 쉬도록 하라. 나중에 다시 만나자."

11월 1일, 조정에서 동지(冬至)를 축하하는 행사가 있었다. 그날 다시 알현했는데, 알현한 여러 번(蕃) 가운데 일본 사신이 가장 훌륭했다. 나중에 화재로 소동이 일어나 더 이상 자세한 내용은 알 수 없었다. 12월 3일, 한지흥(韓智興)의 시종인 고치노아야노오마로(西漢大麻呂)가 일본 사신을 참언했다. 사신들에게 죄가 있다고 하여 당나라 조정이 유배형을 내렸다. 그 전에 한지흥을 3천리(최고형) 유형에 처했다. 사신 가운데 이키노무라지하카토코가 해명하여, 그 덕분에 형을 면하게 되었다. 사건이 끝나자 칙명을 내려 "우리 나라는 내년에 반드시 해동(海東)을 정벌하려 한다(조선과 전쟁을 한다는 뜻). 너희 일본의 사신도 동쪽으로 돌아가는 것을 허락할 수 없다."고 했다. 마침내 장안에 발이 묶여 다른 곳에 유폐되었다. 문을 닫아 자유를 구속하므로 여러 해 동안 고생했다고 한다. 나니와노키시오히토(難波吉士男人)가 쓴 글에, 대당으로 간 대사는 배가 섬에 부딪쳐 좌초되고, 부사가 천자를 알현하고 에미시를 보여 주었다, 에미시는 흰 사슴가죽 한 장, 활 3개, 화살 80개를 천자에게 바쳤다고 되어 있다.

15일, 군신에게 명을 내려 수도 안 모든 절에 우란분경(盂蘭盆經)을 강설하게 하고 7대에 걸친 부모 은혜에 보답하게 했다.

이해에 이즈모노쿠니노미야쓰코에게 명하여 신궁을 수리하게 했다. 그때 여우가 오노코리(意宇郡)의 일꾼이 채취해 온 칡(궁전을 짓는 데 쓰는 용재)을 물어 끊고 달아났다. 또 개가 죽은 사람의 팔을 이우야노야시로(揖屋神社)에 물어다 놓았다. 천황이 붕어할 전조이다.

또 고구려 사신이 큰곰 가죽 한 장을 꺼내놓고 "명주솜 60근에 어떻소." 하고 말했다. 이치노쓰카사(물가담당 관리)는 웃으며 가버렸다. 고구려의 화공 자마려(子麻呂)는 같은 성을 가진 손님(고구려 사신)을 자기 집으로 초대하여 대접하는 날에, 관청에서 큰곰 가죽 70장을 빌려서 손님의 자리에 깔았다. 손님들은 무섭고 수상하게 여기며 돌아갔다.

6년 봄 정월 초하루, 고구려의 사신 을상(乙相 ; 관명의 하나) 하취문(賀取文) 등 100명 남짓이 쓰쿠시에 도착했다.

아베노오미(阿倍臣)와 미시하세(肅愼)

3월 아베노오미를 보내어 수군 200척을 이끌고 미시하세노쿠니(肅愼國)를 토벌했다. 아베노오미는 미치노쿠의 에미시를 자기 배에 태우고 오가와까지 왔다. 그러자 오시마의 에미시 1,000여 명이 바닷가에 무리지어 강을 향해 진을 치고 있었다. 진영 안에서 두 사람이 갑자기 부르기를 "미시하세의 수군이 다수 몰려와 우리를 죽이려 하니, 부디 강을 건너가 섬기는 것을 허락해 주십시오." 했다. 아베노오미는 배를 보내 에미시 둘을 불러 적의 은신처와 배의 수를 물었다. 에미시 둘이 은신처를 가리키며 대답했다. "배는 스무 척 남짓입니다." 사자를 보내 불렀으나 오지 않았다. 그래서 아베노오미는 비단, 무기, 철 등을 바닷가에 쌓아놓고 과시하며 질투를 유발했다. 미시하세는 수군을 거느리고 새의 깃털을 나무에 걸어 그것을 깃발로 삼았다. 일제히 노를 저어 다가와서 얕은 곳에 정박했다. 한 척의 배 안에서 두 노옹이 나와 쌓여 있는 비단 등의 물품을 꼼꼼히 조사했다. 그런 다음 단삼(單衫)으로 갈아입고, 각각 베를 한 필씩 가지고 배를 타고 돌아갔다. 얼마 지나자 노옹이 다시 와서, 갈아입은 옷을 벗고 가져갔던 베도 두고 배를 타고 돌아갔다. 아베노오미는 많은 배를 내어 미시하세 사람들을 불렀으나, 듣지 않고 헤로베노시마(弊賂弁島 ; 오시마의 딴이름)로 돌아갔다. 얼마 지난 뒤 화의를 청해 왔으나 성립되지 않자, 직접 쌓은 울타리 안에서 농성하며 싸웠다. 노토노오미마무타쓰(能登臣馬身龍)가 적에게 살해되었다. 싸움이 충분히 고조되기 전에 적은 자신들의 처자를 죽이고 달아났다.

여름 5월 8일, 고구려 사신인 을상 하취문 일행이 나니와의 무로쓰미에 도착했다.

그달에 관리들은 칙령을 받들어, 백 개의 고좌(高座)와 100벌의 납의(衲衣)를 만들고 인왕반야바라밀경(仁王般若波羅密經) 법회를 열었다. 또 황태자(나카노오에)가 처음으로 물시계를 만들어 백성들이 시간을 알 수 있게 했다. 아베노히케타노오미히라부는 에미시 50여 명을 바쳤다.

이소노카미 연못(石上池) 주변에 수미산을 만들었다. 높이가 사원의 탑만 했다. 미시하세 47명에게 향응을 베풀었다. 온 나라의 백성들이 까닭도 없이 무기를 들고 길을 왔다 갔다 했다. 옛일을 아는 나라의 노인들은 백제가 망할 징조라고 했다.

가을 7월 16일, 고구려 사신 을상 하취문 일행이 귀로에 올랐다. 또 도화라
(都貨羅) 사람 건두파사달아(乾豆波斯達阿)는 본국으로 돌아가고자 송사를 청하
면서 "나중에 다시 일본에 와서 일하고 싶습니다. 그 증표로 아내를 두고 가겠
습니다."라고 말했다. 10여 명의 사람과 사이카이(西海)를 통해 귀로에 올랐다.

고구려 법사 도현(道顯)의 일본세기(日本世記 ; 당시 일본의 대외관계를 상술한 글)
에 7월 운운하기를, 신라의 춘추지(春秋智 ; 태종무열왕)는 당나라 대장군 소정방
(蘇定方)과 손을 잡고 협공하여 백제를 멸망시켰다. 다른 설에서는 백제가 자멸
했다고 되어 있다. 왕의 대부인(大夫人)이 말과 행동거지가 도리에 어긋나고 무
도하여 국권을 마음대로 휘두르며, 훌륭한 신하들을 처벌하고 죽였기 때문에
화를 불렀다. 그러니 삼갔어야 할 일이라고 했다. 그 책의 주석에 신라 춘추지
는 고구려 내신 개금(蓋金 ; 연개소문)이 도와주지 않자, 당나라에 사자를 보내
신라 옷을 버리고 당복(唐服)을 걸친 채 천자에게 아부함으로써 이웃나라를 병
합할 뜻을 이루고자 했다고 한다.

이키노무라지하카토코의 책에는 이렇게 적혀 있다. 그해 8월 백제가 이미 평
정되었고, 9월 12일에 일본 사신을 본국에 돌려보냈다. 19일 장안(長安)을 떠나
10월 16일 낙양(洛陽)으로 돌아가서, 처음으로 야마토노아야노나가노아타이아
리마 일행 5명을 만날 수 있었다. 11월 1일, 소정방 장군에게 붙잡혀 있던 백제
왕과 태자 융(隆) 등 왕자 13명, 대좌평 사택천복(沙宅千福), 국변성(國弁成) 이하
37명, 모두 50명 정도를 조정에 바치려고 갑자기 천자 앞으로 끌고 갔다. 천자
는 은혜를 베풀어 그 자리에서 포로들을 풀어주었다. 19일 우리의 노고를 치
하하고, 24일 낙양을 출발했다.

백제 멸망과 유신(遺臣)

9월 5일, 백제는 달솔 사미(沙彌 ; 백제의 16관등 가운데 제2위) 각종(覺從) 등을
보내어 주상하기를 "금년 7월, 신라가 힘을 믿고 세력을 과시하며, 이웃을 가까
이하지 않고 당나라 사람을 끌어들여 백제를 전복했습니다. 군신은 모두 포로
가 되어 남은 자가 거의 없습니다."라고 했다.

어떤 책에 의하면, 금년 7월 10일, 당의 소정방이 수군을 이끌고 와서 미자진(尾資津 : 금강 하구인가)에 진을 쳤다. 신라왕 춘추지는 병사들과 말을 이끌고 노수리산(怒受利山)에 진을 쳤다. 백제를 협공하여 싸우기를 사흘, 우리 왕성(王城)은 함락되었고 왕은 난을 피했으나 끝내 다시 패하고 말았다. 노수리산은 백제 동쪽 경계에 있다고 한다.

서부은솔 귀실복신(鬼室福信)[1]이 크게 발분하여 임사기산(任射岐山)에 진을 쳤다. 어떤 책에는 북임서리산(北任敍利山)이라고 되어 있다.

중부달솔 여자진(餘自進)은 구마노리성(久麻怒利城)에 머물며, 각각 한 곳을 차지하고 흩어져 있던 병사들을 불러 모았다. 어떤 책에는 도도기류산(都都岐留山)이라 되어 있다.

지난번 싸움에서 무기를 다 써버려 몽둥이를 들고 싸웠다. 백제는 신라군을 격파하고 무기를 빼앗았다. 백제 병사들이 다시 늘어나 용감하게 싸우니 당나라 군대가 감히 쳐들어오지 못했다. 귀실복신 일행은 백제 사람들을 불러모아 함께 왕성을 지켰다. 사람들은 그를 존경하여 '좌평복신(佐平福信), 좌평자진(佐平自進)'이라고 부르며 우러러보았다. "복신이 뛰어난 무용을 발휘하여 한번 쓰러진 나라를 다시 일으켰다."고 말했다.

겨울 10월, 백제의 좌평 귀실복신은 좌평 귀지(貴智) 등을 보내어 당나라의 포로 100여 명을 바쳤다. 지금의 미노노쿠니의 후와노코리(不破郡) 가타아가타노코리(方縣郡 : 이나바군稻葉郡, 모토스군本巢郡)의 당나라 사람들이다. 또 원군을 청하는 동시에 왕자 여풍장(餘豊璋)을 보내 달라 하고 "당나라 사람은 우리 내부의 적(신라)을 이끌고 와 우리 변경을 침범하여 우리나라를 무너뜨리고 우리 군신을 포로로 잡아갔습니다." 하고 보고했다.

백제 의자왕, 그의 아내 은고(恩古), 아들 융(隆), 신하 좌평 천복(千福), 국변성(國弁成), 손등(孫登) 등, 모두 50여 명이 가을 7월 13일, 소정방에게 붙잡혀 당나라에 끌려갔다. 전에 백성들이 이유 없이 무기를 들고 돌아다닌 것은 이 일의 전조였던가.

---

1) 무왕(의자왕의 아버지)의 조카. 용감하지만 잔인하여 동지들이 무서워했다. 일본에서 돌아온 왕자 풍장(豊璋)과 반목하여 663년에 살해되었다. 귀실은 백제의 성(姓)이다.

"그러나 백제는 멀리 천황의 가호에 의지하여 다시 사람들을 모아 나라를 일으켰습니다. 이제 삼가 바라옵건대, 백제가 천조(天朝)에 보낸 왕자 풍장을 맞이하여 국왕으로 세우고 싶습니다." 운운.

명을 내려 "구원군을 청했다는 말은 전부터 자주 들어서 알고 있다. 위기를 도와 끊어진 것을 이어주는 것은 당연한 일이다. 지금 백제가 곤궁하여 나에게 의지해 온 것은 나라가 멸망해 버려 의지할 곳도 호소할 곳도 없기 때문이다. 와신상담하던 끝에 부디 구원해 달라고 멀리서 찾아와 표문을 올렸으니 그 마음을 외면할 수가 없다. 장군들에게 명하여 각각 사방에서 함께 군사를 파견하도록 하라. 구름처럼 모여 천둥처럼 움직이며 함께 사훼(沙喙 ; 신라 땅)에 모이면, 적의 우두머리를 베어 백제의 고통을 덜어줄 수 있으리라. 관리들은 왕자를 위해 충분히 준비를 갖춰 예를 다해 보내 주도록 하라." 운운했다.

왕자 풍장 및 처자와 숙부 충승(忠勝) 등을 보냈다. 그 출발에 대해서는 7년 조(條)에 나와 있다. 어떤 책에, 천황이 풍장을 왕으로 세우고 새상(塞上 ; 풍장의 동생)을 그의 보좌로 삼아 예를 다해 배웅했다고 한다.

12월 24일, 천황은 나니와궁에 행차했다. 천황은 귀실복신의 청에 따라 쓰쿠시에 행차하여 장군을 보내기로 하고, 우선 이곳에 와서 각종 무기를 준비하게 했다.

이해에 백제를 위해 신라를 치려고 스루가노쿠니에 칙명을 내려 배를 건조하게 했다. 건조가 끝나 오미노(續麻郊 ; 이세노쿠니伊勢國 다키군多氣郡 아미麻績)로 배를 끌고 왔는데, 그 배가 한밤중에 까닭도 없이 고물(배의 뒷부분)과 이물(배의 앞부분)이 서로 바뀌어 있었다. 사람들은 싸우면 결국 패할 것임을 깨달았다. 시나노노쿠니에서 보고가 들어왔다. "파리떼가 서쪽을 향해 오사카를 지나갔습니다. 크기는 사람 10명 정도가 에워싼 정도이고 높이는 하늘에 닿았습니다." 이것은 구원군이 질 징조임을 알았다. 다음과 같은 동요가 유행했다.

마히라쿠　　쓰노쿠레쓰레　　오노헤타오　　　라후쿠노리카리가
摩比邏矩 都能倶例豆例 於能弊陀乎 邏賦倶理歌理鵝

미와타토노리카미　　오노헤타오　　　라후쿠노리카리가　　가우시토와
美和陀騰能理歌美 烏能陛陀乎 邏賦倶能理歌理鵝 甲子騰和

요토미　　오노헤타오　　　라후쿠노리　　카리가
與騰美 烏能陛陀乎 邏賦倶能理歌 理鵝

등이 평평한 사내가 일군 산 위의 밭을 기러기들이 찾아와서 먹는다. 천황이 사냥을 소홀히 하니 기러기가 먹는 것이다. 명령이 약하니까 기러기들이 먹어치우는 것이다.[2]

서정(西征)과 천황 붕어

7년 봄 정월 6일, 천황의 배가 서쪽을 향해 항로에 올랐다. 8일, 배는 오쿠(大伯)의 바다(오카야마현岡山縣 오쿠邑久의 바다)에 도착했을 때, 오타노히메(大田姬皇女 ; 나카노오에의 딸이자 오아마노미코의 비)가 딸을 낳았다. 그래서 그 딸을 오쿠노히메(大伯皇女)라고 이름지었다. 14일, 천황의 배가 이요의 니키타쓰(熟田津 ; 에히메현愛媛縣 마쓰야마시松山市 부근)에 도착하여 이와유행궁(石湯行宮 ; 도고온천道後溫泉)에 머물렀다.

3월 25일, 배는 처음 항로로 돌아가 나노오쓰(娜大津 ; 하카타항博多港)에 도착했다. 이와세행궁(磐瀨行宮 ; 후쿠오카시福岡市 미야케三宅인가)에 들어간 천황은 이름을 바꿔 그곳을 나가쓰(長津 ; 나카쓰那河津)라고 불렀다.

여름 4월, 백제의 귀실복신이 사신을 보내 표문을 올리고 백제 왕자 규해(糺解 ; 풍장)를 보내 달라고 청했다. 고구려 법사 도현의 일본세기에는 귀실복신이 글을 올려 주군 규해를 주상에게 청했다고 되어 있다. 또 어떤 책에는 4월에 천황이 아사쿠라궁(朝倉宮)으로 옮겼다고 했다.

5월 9일, 천황은 아사쿠라의 다치바나노히로니와궁(橘廣庭宮)으로 옮겼다. 이 때 아사쿠라노야시로(朝倉社)의 나무를 베어 이 궁전을 지었기 때문에, 이카즈치노카미(雷神)가 분노하여 궁전을 무너뜨렸다. 또 궁전 안에 도깨비불이 나타났다. 그래서 오토네리와 근시들 가운데 병이 나서 죽는 자가 많았다

23일, 탐라(제주도濟州島)가 처음으로 왕자 아파기(阿波伎) 등을 보내어 조공했다.

이키노무라지하카토코의 서에, 그해 정월 25일, 월주(越州 ; 항주만杭州灣 남쪽 기슭)에 도착했다. 4월 1일 월주에서 출발하여 동쪽으로 돌아갔다. 7일 정안산

---

2) 구원군이 성공하지 못할 것을 풍자한 것으로 생각되나, 정확한 내용은 아직 밝혀지지 않았다.

(樫岸山) 남쪽에 도착했다. 8일 밤, 남서풍을 타고 배를 대해에 띄웠으나 해상에서 길을 잃고 표류하느라 고생했다. 8박 9일 끝에 겨우 탐라도에 도착했다. 섬의 왕자 아파기 등 9명을 불러 대접하고 사신의 배에 태워 천황에게 바치기로 했다. 5월 23일, 아사쿠라 조정에 바쳤다. 그때부터 탐라 사람이 조정에 참렬하기 시작했다. 사신들은 지코(智興)의 시종인 야마토노아야노카야노아타이타리시마(東漢草直足島)의 참언으로 당나라 조정에서 총명(寵命 ; 임금이 총애하여 내리는 명령)을 얻지 못했다. 사신들의 분노가 하늘의 신에게 닿아 야마토노아야노카야노아타이타리시마는 벼락을 맞고 죽었다. 이때 사람들은 '야마토 하늘의 보복은 빠르기도 하다'고 말했다 한다.

6월, 이세노오키미가 죽었다.

가을 7월 24일, 천황이 아사쿠라궁에서 붕어했다.

8월 초하루, 황태자(나카노오에)가 천황의 유해를 모시고 이와세궁으로 돌아왔다. 그날 저녁 아사쿠라산 위에 귀신이 나타나 큰 갓을 쓰고 장례 의식을 지켜보았다. 사람들은 모두 기이하게 여겼다.

겨울 10월 7일, 천황의 유해가 귀로에 올랐다. 황태자는 어떤 곳에서 배를 멈추고 천황을 애도하며 노래를 읊었다.

기미가메노　고호시키카라니　하테테이테　카쿠야코히무모　기미가메오호리
君が目の 戀しき故に 泊や居て 此や戀むも 君が目を欲り.

당신의 눈이 그리워서 이곳에서 배를 멈추네. 이토록 그리움을 못 견디는 이유는 당신의 눈을 한번만이라도 더 보고 싶어섭니다.

23일, 천황의 유해가 돌아와 나니와에 머물렀다. 11월 7일, 천황의 유해를 아스카노카와라에 안치했다. 이날부터 9일까지 애도의 의식을 올렸다. 일본세기에는 11월에 귀실복신이 붙잡은 당나라 사람 속수언(續守言) 등이 쓰쿠시에 도착했다고 한다. 또 어떤 책에는 이해에 백제의 좌평 귀실복신이 바친 당나라 포로 106명을 오미노쿠니의 하리타(墾田 ; 개간지)에 살게 했다고 되어 있다. 귀실복신은 이미 그 전해에 당나라의 포로를 바쳤다고도 한다. 지금 여기에 기록해 두니 알아서 판단하기를 바란다.

제27권

덴지천황(天智天皇) : 아메미코토히라카스와케노스메라미코토(天命開別天皇)

구원군 도해(渡海)

아메미코토히라카스와케는 조메이천황의 황태자이다. 어머니는 아메토요타카라이카시히타라시히메(고교쿠천황)이다. 고교쿠천황 4년에 천황은 황위를 고토쿠천황에게 이양했다. 그때 아메미코토히라카스와케를 황태자로 책봉했다. 고토쿠천황은 하쿠치 5년 10월에 붕어했다. 이듬해에 스메미오야노미코토(고교쿠천황)가 다시 천황으로 즉위하여 사이메이천황이 되었다.

7년 7월 24일, 사이메이천황이 붕어했다. 황태자는 흰 상복을 입은 채 즉위식은 올리지 않고 정무를 보았다.

그달에 소장군(蘇將軍 ; 당나라 장수 소정방)과 돌궐(突厥 ; 튀르크. 6세기 후반 알타이 산맥 부근에서 일어나, 북아시아를 영유하게 된 투르크계 유목민족)의 왕자 계필가력(契苾加力)[1] 등이 육지와 바다 양쪽에서 진격하여 고구려의 성 바로 앞에 이르렀다. 황태자는 나가쓰궁(長津宮 ; 하카타博多 오쓰大津)으로 옮겨가서 그곳에서 외국에 있는 군사를 지휘했다.

8월에 선봉의 장군 다이카게 아즈미노히라부노무라지(阿曇比邏夫連), 쇼카게 가와베노모모에노오미(河邊百枝臣) 등, 후방군의 장군 다이카게 아베노히케타노오미히라부, 다이센죠 모노노베노무라지쿠마(物部連熊), 다이센죠 모리노키미오이와(守君大石) 등을 보내어 백제를 구원하게 하고, 무기와 식량을 보냈다. 어떤 책에는 그 뒤에 이어서, 따로 다이센게 사이노무라지아지마사(狹井連檳榔),

---

1) 당나라 무장 '계필하력(契苾何力)'의 오자. 달리 '글필하력', '설필하력'이라고도 일컫는다.

쇼센게 에치노하타노미야쓰코타쿠쓰를 보내어 백제를 수호하게 했다고 되어 있다.

9월, 황태자는 나가쓰궁에서 백제 왕자 풍장(豐璋)에게 오리모노노코부리(織冠 ; 19관위의 첫 번째)을 내리고, 오노오미코모시키(多臣蔣敷)의 여동생을 아내로 주었다. 그리고 다이센게 사이노무라지아지마사, 쇼센게 에치노하타노미야쓰코타쿠쓰를 파견하여 군사 5,000여 명을 이끌고 풍장을 본국으로 호송하게 했다. 이 풍장이 본국으로 돌아가자 귀실복신이 나와 엎드려 절한 뒤 국정을 모두 이양했다.

12월, 고구려가 전하기를 "올 12월, 고구려에 혹한이 엄습하여 큰 강이 얼어 붙어 버렸습니다. 그러자 당나라 군사가 운거(雲車 ; 망을 보는 높은 대臺가 있는 수레)와 충차(衝車 ; 성문 등을 부수는 수레)를 끌고 와 북과 종을 울리며 공격해 왔습니다. 고구려 군사는 용맹하게 싸워 당나라 군대의 작은 성을 두 개 빼앗았고 성채 두 개만 남았습니다. 밤에 다시 빼앗을 계획이었으나 굶주림과 추위에 얼어붙은 당나라의 군사는 무릎을 안고 울고만 있을 뿐이라, 싸울 의욕이 나지 않아 결국 탈취하지 못했습니다."라고 했다. 후회해도 소용 없는 일을 깨물 수 없는 배꼽을 깨무려고 한다고 표현하는데 이를 두고하는 말이리라.

고구려 법사 도현이 말하기를, 김춘추(金春秋 ; 신라의 왕족, 훗날의 무열왕)는 원래 고구려를 치려고 했으나, 일단 백제부터 쳤다. 그것은 최근에 백제가 신라를 빈번하게 침략했기 때문이라고 했다.

그해에, 하리마의 구니노미코토모치(國司) 기시타노오미마로(岸田臣麻呂) 등이 사요노코리(狹夜郡 ; 효고현兵庫縣 사요군佐用郡) 사람의 밤나무 밭에 있는 구덩이 속에서 나왔다면서 보검을 하나 헌상했다. 또 일본에서 파견한 고구려 구원군 장병들이 백제의 가파리(加巴利) 해안에 배를 정박하고 불을 피웠다. 불탄 자리에 구멍이 나서 희미한 소리가 들려왔다. 그것이 우는살 소리와 비슷했다. 어떤 사람은 "고구려와 백제가 망할 전조일지도 모른다."고 했다.

원년 봄 정월 27일, 백제의 좌평 귀실복신에게 화살 10만 쌍, 실 500근, 솜 1,000근, 포목 1,000필, 가죽 1,000장, 볍씨 3,000석을 내렸다.

3월 4일, 백제왕(여풍장)에게 포목 300필을 내렸다.

이달에 당나라와 신라 군사가 고구려를 공격했다. 고구려는 일본에 구원을 청했다. 그래서 일본은 장병을 보내 소류성(疏留城)에 진을 쳤다. 이 때문에 당나라와 남쪽 경계를 침범하지 못했고 신라는 서쪽 성루를 함락시킬 수가 없었다.

여름 4월에, 쥐가 말 꼬리에 새끼를 낳았다. 승려 도현이 점치기를 "북쪽 사람이 남쪽 사람에게 붙으려 한다. 아마도 고구려가 패하고 일본에 붙을 것이다."라고 했다.

5월에 대장군 다이킨추(大錦中 ; 관위의 하나) 아즈미노히라부노무라지 등이 군선 170척을 이끌고 풍장 일행을 백제에 보내준 뒤, 칙명을 내려 풍장에게 백제 왕위를 잇게 했다. 또 금책(金策 ; 황금 표찰에 칙명을 쓴 것)을 귀실복신에게 주면서 등을 두드려 위로하고 관위와 녹물(祿物)을 내렸다. 풍장과 귀실복신은 엎드려 분부를 받들었고 사람들은 이를 보고 감격의 눈물을 흘렸다.

6월 28일, 백제는 달솔 만지(萬智) 등을 보내어 조공하고 물품을 헌상했다.

겨울 12월 1일, 백제왕 풍장과 그 신하 좌평 귀실복신이 사이노무라지아지마사, 에치노하타노미야쓰코타쿠쓰와 의논했다.

"지금 우리가 있는 주유(州柔 ; 율성率城)는 논밭과 거리가 멀고 토지가 척박하다. 농사와 누에치기에 적합한 곳이 아니라 싸움터이니, 이곳에 오래 있으면 백성이 굶주리게 된다. 피성(避城)으로 옮기고자 한다. 피성은 북서쪽에 고련단경(古連旦涇 ; 신평천新坪川)이 흐르고, 남동쪽에는 제방이 있으며, 주위가 온통 논이고 수리(水利)도 뛰어나 꽃을 피우고 열매를 맺는 작물이 풍부하니 삼한(三韓)에서도 가장 좋은 땅이다. 의식(衣食)의 원천이 있으니 마땅히 사람이 살 만한 곳이다. 지대가 낮아도 어찌 옮겨 살지 않을 수 있으리오."

그러자 에치노하타노미야쓰코타쿠쓰가 혼자 나아가서 간했다. "피성과 적이 있는 곳은 하룻밤이면 갈 수 있는 거리입니다. 매우 가깝습니다. 혹시 불시에 공격을 받게 되면 그때 가서 후회해도 소용 없습니다. 굶주림은 두 번째이고 무엇보다 존망(存亡)이 중요합니다. 지금 적이 함부로 공격해 오지 않는 것은, 이곳이 험준한 산이라 방어하기가 좋고 산이 높고 골짜기가 좁아서 지키기는 쉬우나 공격하기는 어렵기 때문입니다. 만약 낮은 곳에 있었다면, 어떻게 움직이지 않고 굳게 지키며 오늘에 이를 수 있었겠습니까?" 그러나 끝내 듣지 않고 피성을 도읍으로 정했다.

그해에 백제를 구원하기 위해 무기를 갖추고 배를 준비하고 군량을 비축했다. 태세 임술년(壬戌年)의 일이다.

백촌강(白村江 : 지금의 금강 하구) 전투

2년 봄 2월 2일, 백제가 달솔 금수(金受) 등을 파견하여 조공했다. 신라인이 백제 남부의 4주를 불태우고 덕안(德安) 등의 요지를 빼앗았다. 이때 피성이 적과 너무 가까워서 그곳에 있을 수 없게 되자 다시 주유(州柔 ; 솔성)로 돌아갔다. 에치노하타노미야쓰코타쿠쓰가 말한대로 되었다.

그달에 좌평 귀실복신이 당나라 포로 속수언(續守言) 등을 데리고 왔다.

3월에 선봉군 장군 가미쓰케노노키미와카코(上毛野君稚子), 하시히토노무라지오후타, 중앙군 장군 고세노칸자키노오미오사(巨勢神前臣譯語), 미와노키미네마로(三輪君根麻呂), 후방군 장군 아베노히케타노오미히라부, 오야케노오미카마쓰카(大宅臣鎌柄)에게 명을 내려 2만 7,000명을 이끌고 신라를 토벌하게 했다.

여름 5월 1일, 이누카미노키미시로마로가 급히 고구려로 가서 출병한 사실을 알리고 돌아왔다. 그때 석성(石城)에서 규해(糺解 ; 풍장)를 만났다. 규해는 이누카미노키미시로마로에게 귀실복신에게 죄가 있음을 알렸다.

6월, 선봉군 장군 가미쓰케노노키미와카코 등이 신라의 사비(沙鼻)와 기노강(岐奴江)의 성 두 개를 빼앗았다. 백제왕 풍장은 귀실복신이 모반을 꾸몄다고 의심하여, 손바닥에 구멍을 뚫고 가죽끈을 꿰어 묶었다. 그러나 스스로 결정하지 못해서 신하들에게 물었다. "귀실복신의 죄가 이미 밝혀졌는데 목을 베어야 할까, 말아야 할까." 그때 달솔 덕집득(德執得)이 말했다. "이런 나쁜 놈을 용서하면 안 됩니다." 그러자 귀실복신은 덕집득에게 침을 뱉고 말했다. "썩은 개처럼 어리석은 놈." 왕은 병사에게 명하여 귀실복신을 베고 효수하기 위해 식초에 절였다.

가을 8월 13일, 신라는 백제왕이 자기가 데리고 있던 장수를 베었다는 것을 알고, 당장 공격해 와서 먼저 주유를 빼앗으려 했다. 백제왕은 적의 계획을 알고 장수들에게 이렇게 말했다.

"대일본국의 구원군 장군 이오하라노키미오미(廬原君臣)가 군사 1만여 명을 이끌고 지금 바다를 건너오고 있으니, 장군들은 그리 알고 대비해 주기를 바란다. 나도 직접 나가서 백촌강에서 맞이하겠다."

17일에 적장(敵將)이 주유로 와서 성을 포위했다. 대당의 장군은 군선 170척을 이끌고 백촌강에 진을 쳤다. 27일에 먼저 도착한 일본의 수군과 대당의 수군이 전투를 벌였다. 일본군이 패하여 물러갔고, 대당군은 진을 굳게 지켰다. 28일, 일본 장수들과 백제왕은 전쟁 상황이 어떤지 제대로 확인하지도 않고 "우리가 앞다투어 공격하면 적은 스스로 물러갈 것이다."라고 말했다. 그리고 일본군 가운데 대오가 흐트러진 중앙군 병사들을 이끌고 나아가서 직접 대당군의 굳건한 진을 공격했다. 대당군이 좌우에서 배를 내어 공격하자 일본군은 이내 무너졌다. 물에 빠져 죽는 자가 많았으나 뱃머리를 돌릴 수도 없었다. 하늘을 우러러 결사를 맹세한 에치노하타노미야쓰코타쿠쓰는 이를 악물고 적을 수십 명 죽였으나 끝내 전사했다. 이때 백제왕 풍장은 몇 사람과 함께 배를 타고 고구려로 달아났다.

9월 7일, 백제의 주유성(州柔城)이 당나라에 항복했다. 이때 백제 사람들은 "주유성이 함락되었으니 이젠 어쩔 도리가 없다. 백제의 이름은 오늘로 끝났다. 조상의 묘에도 두 번 다시 갈 수 없으리라. 이제는 대례성(旦禮城)에 가서 일본 장군들을 만나 앞으로의 대책을 의논하자."라고 말했다. 먼저 침복기성(枕服岐城)에 가 있던 처자들에게 결국 나라를 떠나야 한다는 사실을 알렸다. 11일 모대(牟弖)를 떠나, 13일 대례(旦禮)에 도착했다. 24일 일본 수군과 좌평 여자신(餘自信), 달솔 목소귀자(木素貴子), 곡나진수(谷那晉首), 억례복류(憶禮福留)와, 일반 백성이 대례성에 도착했다. 이튿날 배를 내어 처음으로 일본으로 향했다.

관위 증설

3년 봄 2월 9일, 황태자(나카노오에)는 동생 오아마노미코에게 명을 내려 관위의 계명(階名)을 늘리고 변경할 것과, 고노카미(氏上), 가키베(民部), 야카베(家部) 등의 설치를 공표하게 했다.

관위는 26계로 되어 있었다. 다이시키(大織), 쇼쇼쿠(小織), 다이부(大縫), 쇼부(小縫), 다이시(大紫), 쇼시(小紫), 다이킨죠(大錦上), 다이킨츄(大錦中), 다이킨게(大錦下), 쇼킨죠(小錦上), 쇼킨츄(小錦中), 쇼킨게(小錦下), 다이센죠(大山上), 다이센츄(大山中), 다이센게(大山下), 쇼센죠(小山上), 쇼센츄(小山中), 쇼센게(小山下), 다이오쓰죠(大乙上), 다이오쓰츄(大乙中), 다이오쓰게(大乙下), 쇼오쓰죠(小乙上), 쇼오쓰츄(小乙中), 쇼오쓰게(小乙下), 다이콘(大建), 쇼콘(小建) 등 26계이다. 예전에 카(花)였던 것을 킨(錦)으로 고쳤다. 킨(錦)에서 오쓰(乙)까지 10계가 늘어났다(6계의 실수가 아닌가 한다).

또 지금까지의 초위일계(初位一階)를 늘려 새로이 다이콘, 쇼콘 2계로 했다. 이것이 변했고 그밖에는 전과 같다. 오우지(大氏) 가문의 수장에게는 큰 칼을 내리고, 고우지(小氏) 가문의 수장에게는 작은 칼을 내렸다. 도모노미야쓰코의 수장에게는 방패와 궁시를 내리고, 또 사유민을 정했다.

3월, 백제왕 선광(善光 ; 의자왕의 아들) 등을 나니와에 살게 했다. 수도 북쪽에서 별이 떨어졌다. 이해 봄에는 지진이 일어났다.

여름 5월 17일, 백제에 있었던 진장(鎭將 ; 점령군 사령관인가) 유인원(劉仁願 ; 당나라 장수)은 조산대부(朝散大夫 ; 관위 종5품하) 곽무종(郭務悰) 등을 보내 표함(表函 ; 상주문을 담은 함)과 헌상품을 바쳤다.

그달에 다이시 소가노무라지오오미가 죽었다. 6월 시마노스메미오야노미코토(嶋皇祖母命 ; 덴지천황의 조모)가 죽었다.

겨울 10월 1일, 곽무종 등을 송환하라는 칙명을 내렸다. 이날 나카토미노카마타리노무라지는 사문 지상(智祥)을 보내어 곽무종에게 물품을 내렸다. 4일, 곽무종 일행에게 향응을 베풀었다.

그달에 고구려의 대신 개금(蓋金 ; 연개소문)이 죽었다. 자녀에게 유언하기를 "너희 형제는 물고기와 물처럼 사이좋게 지내며 작위를 다퉈서는 안 된다. 만약 그런다면 분명 이웃나라에서 비웃을 것이다."라고 했다.[2]

12월 12일, 곽무종 일행이 귀로에 올랐다.

---

2) 뒷날 이 걱정이 적중하여 당나라 손에 멸망된다.

그달에 오미노쿠니(淡海國)에서 다음과 같은 보고가 들어왔다. "사카타노코리(坂田郡) 사람 시노다노후비토무(小竹田史身)가 키우는 돼지의 물통 속에 난데없이 벼가 자라서 시노다노후비토무가 그것을 수확하자 점점 부자가 되었습니다. 구루모토노코리(栗太郡) 사람 이와키노스구리오(磐城村主殷)의 신부 방 문 지방 끝에서 하룻밤 만에 벼가 자라 이튿날에는 벌써 익어서 이삭이 고개를 숙였습니다. 이튿날 밤, 다시 벼 한 포기가 신부 방 뜰에 생겨나더니 하늘에서 열쇠 두 개가 떨어졌습니다. 신부는 열쇠를 주워 이와키노스구리오에게 주었고 이와키노스구리오는 그때부터 부자가 되었다고 합니다."

서해(西海) 방비

그해에 쓰시마, 이키, 쓰쿠시노쿠니 등에 사키모리(防人 ; 요지를 수비하는 병사)와 봉수대를 두었다. 또 쓰쿠시에 큰 제방을 쌓고 물을 저장했다. 이것을 미즈키(水城)라 했다.

4년 봄 2월 25일, 하시히토노오키사키(間人大后 ; 덴지천황의 여동생, 고토쿠천황의 비)가 죽었다.

이달에 백제의 관위 계급을 검토했다.[3] 좌평 귀실복신의 공적에 따라 귀실집사(鬼室集斯 ; 귀실복신의 아들인가)에게 쇼킨게 관위를 내렸다.

또 백제의 백성, 남녀 400명 남짓을 오미노쿠니의 간사키노코리(神崎郡)에 살게 했다.

3월 1일, 하시히토노오키사키를 위해 330명을 출가시켰다.

이달에 간사키노코리의 백제인에게 밭을 지급했다.

가을 8월, 달솔 답발춘초(答㶱春初)를 보내어, 나가토노쿠니에 성을 쌓게 했다. 달솔 억례복류(憶禮福留), 달솔 사비복부(四比福夫)를 쓰쿠시노쿠니에 보내어, 오노(大野)와 기(椽)에 두 개의 성을 쌓게 했다. 탐라(耽羅)가 사자를 보내왔다.

9월 23일, 당나라가 조산대부기주사마상주국(朝散大夫沂州司馬上柱國) 유덕고

---

3) 백제가 멸망한 뒤 일본으로 건너간 수많은 백제인에게 관위를 내리기 위해서였다.

(劉德高) 등(等)을 보내왔다. 등이라는 것은 우융위랑장상주국(右戎衛郎将上柱國) 백제녜군(百濟禰軍), 조산대부주국(朝散大夫柱國) 곽무종(郭務悰)을 말한다. 모두 254명. 7월 28일 쓰시마에 도착. 9월 20일, 쓰쿠시에 도착하여 22일에 표함을 바쳤다.

겨울 10월 11일, 우지에서 성대하게 열병을 했다.

11월 13일, 유덕고 일행에게 향응을 베풀었다.

12월 14일, 유덕고 일행에게 물품을 하사했다.

이달에 유덕고 일행은 돌아갔다.

그해에 쇼킨 모리노키미오이와 등을 대당에 파견했다, 운운. 등이라는 것은 쇼센 사카이베노무라지이와쓰미(坂合部連石積), 다이오쓰 기시노미키(吉士岐彌), 기시노하리마(吉士針間)를 말한다. 짐작건대 당나라 사신을 환송한 것이리라.

5년 봄 정월 11일, 고구려가 전부능루(前部能婁) 등을 파견하여 조공했다. 이날 탐라가 왕자 고여(姑如) 등을 보내어 조공했다.

3월, 황태자가 친히 사에키노무라지코마로의 집에 문병하러 갔다. 오랫동안 섬겨온 공적을 칭찬하며 슬퍼했다(이루카 주살 때 활약).

여름 6월 4일, 고구려의 전부능루 일행이 귀로에 올랐다.

가을 7월에 홍수가 났다. 그 가을에 조조(租調 ; 농민으로부터 조세를 대신해서 받아들이던 곡식과 지방 특산물)를 면제했다.

겨울 10월 26일, 고구려는 신하 을상엄추(乙相奄鄒) 일행을 보내어 조공했다. 대사신 을상엄추, 부사 달상둔(達相遁), 이위(二位) 현무약광(玄武若光) 등이다.

그해 겨울, 수도의 쥐들이 오미노쿠니를 향해 이동했다. 백제의 남녀 2,000여 명을 아즈마노쿠니에 살게 했다. 백제 사람들에 대해 승속(僧俗)을 가리지 않고 3년 동안 국비(國費)로 식량을 하사했다. 야마토노아야노호후시치유(倭漢沙門智由)가 지남차(指南車)를 헌상했다.

6년 봄 2월 27일, 사이메이천황과 여동생 고토쿠황후를 오치노오카노우에노미사사기(小市岡上陵)에 합장했다. 이날 황손 오타노히메(덴지천황의 황녀, 오아마노미코의 황자비)를 능 앞의 묘에 장사지냈다. 고구려, 백제, 신라의 사신도 모두 큰길에 나와 애도했다. 황태자가 군신에게 말하기를 "나는 사이메이천황의 명을 받들어 모든 백성을 어여삐 여기고 석실 분묘를 짓겠다고 노역을 동원하시 않으셨다. 원컨대 후대에 이르기까지 모범으로 삼기를 바란다.고 했다.

오미(近江) 천도와 덴지천황(天智天皇)의 즉위

3월 19일, 도읍을 오미로 옮겼다. 이때 천하의 백성들은 천도를 반기지 않았고 넌지시 간하는 자도 많았다. 동요(童謠)도 많이 생겼고 밤낮 없이 불이 나는 곳이 많았다.

6월, 가즈라노노코리에서 흰 제비를 바쳤다.

가을 7월 11일, 탐라가 좌평 연마(椽磨) 등을 보내어 조공했다.

8월, 황태자(덴지)가 야마토의 수도(아스카)에 행차했다.

겨울 10월, 고구려의 대형(大兄 : 고구려 관위) 남생(男生 ; 연개소문의 맏아들)이 성을 나가 나라를 순행했다. 그때 성 안에 있던 두 동생이 측근 사대부들의 부추김을 받아 다시 성 안에 들어오지 못하게 했다. 그래서 남생은 대당으로 건너가 고구려를 멸할 계획을 세웠다.

11월 9일, 백제의 진장(鎭將) 유인원(劉仁願 ; 당나라 장수)은 웅진도독부(熊津都督府 ; 백제가 멸망한 뒤 그 땅에 중국 당나라가 설치한 5도독부의 하나) 웅산현령상주국(熊山縣令上柱國) 사마법총(司馬法聰) 등을 보내어 다이센게 사카이베노무라지이와쓰미 등을 쓰쿠시도독부(筑紫都督府)로 송환했다.

13일, 사마법총 일행이 귀로에 올랐다. 쇼센게 이키노무라지하카토코, 다이오쓰게 가사노오미모로이와(笠臣諸石)가 송사로 따라갔다. 그달에 야마토노쿠니의 다카야스노키(倭國高安城), 사누키노쿠니 야마다노코리의 야시마노키(屋島城), 쓰시마노쿠니의 가나타노키(金田城)를 쌓았다.

윤11월 11일, 비단 14필, 홀치기 염색 천 19필, 붉은 천 24필, 남색 천 24단(端), 분홍색 천 58단, 도기 26개, 낫 64개, 작은 칼 62자루를 연마 일행에게 내렸다.

7년 봄 정월 3일, 황태자가 천황에 즉위했다. 어떤 책에는 6년 3월에 즉위했다고 되어 있다.

7일, 군신을 불러 궁 안에서 향응을 베풀었다. 23일, 송사 이키노무라지하카토코 일행이 귀국하여 사명을 다했음을 보고했다.

2월 23일, 후루히토노오에노미코의 딸 야마토노히메노오키미(倭姬王)를 황후로 세웠다. 모두 4명의 빈을 두었다. 소가노야마다노이시카와노마로노오오미(蘇我山田石川麻呂大臣)의 딸 오치노이라쓰메(遠智娘)가 1남 2녀를 낳았다. 첫째는 오타노히메(大田皇女), 둘째는 우노노히메(鸕野皇女 ; 덴무천황의 황후, 지토천황)라 한다. 천하를 다스리게 된 뒤로는 아스카 기요미하라궁(淨御原宮)에서 지냈다. 나중에 후지와라궁(藤原宮)으로 옮겼다. 셋째를 다케루노미코(建皇子)라고한다. 말을 하지 못했다.

어떤 책에 오치노이라쓰메는 1남 2녀를 낳았는데 첫째는 다케루노미코, 둘째는 오타노히메, 셋째는 우노노히메라고 되어 있다. 또 어떤 책에는 소가노야마다노이시카와노마로노오오미의 딸을 지누노이라쓰메(茅渟娘)라 하고, 오타노히메와 사라라노히메(娑羅羅皇女)를 낳았다고 되어 있다.

다음에 오치노이라쓰메의 여동생 메이노이라쓰메(姪娘)가 미나베노히메(御名部皇女)와 아베노히메(阿陪皇女 ; 훗날의 겐메이천황)를 낳았다. 아베노히메는 천하를 다스리게 된 후로 후지와라궁에서 지냈다. 나중에 나라(奈良)로 천도했다. 다음은 아베노쿠라하시마로노오오미(阿倍倉梯麻呂大臣)의 딸 다치바나노이라쓰메(橘娘) 아스카노히메(飛鳥皇女)와 니이타베노히메(新田部皇女 ; 덴무천황의비)를 낳았다. 다음에 소가노아카에노오오미(蘇我赤兄大臣)의 딸 히타치노이라쓰메(常陸娘)가 야마베노히메(山邊皇女)를 낳았다. 또 후궁의 궁녀로 자녀를 낳은 사람이 네 명 있었다. 오시누미노미야쓰코오타쓰(忍海造小龍)의 딸 시코부코노이라쓰메(色夫古娘)가 1남 2녀를 낳았다. 첫째는 오에노히메(大江皇女), 둘째는 가와시마노미코(川島皇子), 셋째는 이즈미노히메(泉皇女)라고 한다. 또 구루쿠마노오비토토코마로(栗隈首德萬)의 딸 구로메노이라쓰메(黑媛娘)가 모히토리노히메(水主皇女)를 낳았다. 또 고시노쿠니의 미치노키미이라쓰메(道君伊羅都賣)가 시키노미코(施基皇子)를 낳았다. 또 이가노우네메야카코노이라쓰메(伊賀釆女宅子娘)가 이가노미코(伊賀皇子)를 낳았다. 훗날에는 오토모노미코(大友皇子)라고 불렀다.

여름 4월 6일, 백제가 말도사부(末都師父) 일행을 보내어 조공했다. 16일, 말도사부 일행은 귀로에 올랐다.

5월 5일, 천황은 가모노(蒲生野)에 가서 사냥을 했다. 그때 히쓰기노미코(大皇弟 ; 오아마노미코), 왕들, 내신 및 여러 신하가 빠짐없이 수행했다.

6월, 이세노오키미와 그 동생이 잇따라 죽었다.

가을 7월, 고구려가 고시노쿠니 길(호쿠리쿠의 연안로)로 사자를 보내어 조공했으나 풍랑이 거세어 돌아갈 수가 없었다. 구루쿠마노오키미(栗隈王)를 쓰쿠시노카미(筑紫率 ; 나중의 다자이노소치大宰帥)로 임명했다. 그때 오미노쿠니에서 무술을 가르쳤다. 또 목장을 많이 설치해 말을 방목했다. 또 고시노쿠니에서 타는 흙(석탄)과 타는 물(석유)을 바쳤다. 또 물가에 있는 어전 아래에 여러 종류의 물고기가 물이 보이지 않을 만큼 모여들었다.

에미시에게 향응을 베풀었다. 또 신하들에게 명하여 다양한 장소에서 연회를 열었다. 사람들은 "천황이 황위를 떠나려는 것인가?" 하고 말했다.

가을 9월 12일, 신라가 사훼(沙喙) 급찬(級湌) 김동엄(金東嚴) 등을 보내어 조공했다.

26일, 나카토미노카마타리(中臣鎌足)가 사문(沙門) 법변(法辨), 진필(秦筆)을 사자로 보내면서, 신라의 상신(上臣) 대각간(大角干) 김유신(金庾信)에게 배 한 척을 주고, 김동엄 일행에게 이를 부탁했다. 29일, 후세노오미미미마로(布勢臣耳麻呂)를 보내어 신라왕에게 공물을 운반할 배를 한 척 보내면서 김동엄 일행에게 이를 부탁했다.

겨울 10월, 대당의 대장군 영공(英公)이 고구려를 쳐서 멸했다. 고구려의 중모왕(仲牟王 ; 주몽)이 처음 나라를 세웠을 때, 왕국이 천 년 동안 이어지기를 소원했다. 이 말을 듣고 그 어머니가 "나라를 매우 잘 다스린다 해도 아마 700년 정도 버틸 것이다."라고 말했다. 그 말대로 이 나라가 멸망한 것은 꼭 700년 뒤의 일이었다.

11월 1일, 신라왕에게 비단 50필, 솜 500근, 가죽 100장을 보내면서 김동엄 일행에게 맡겼다. 김동엄 일행에게도 각자에 따라 물품을 하사했다. 5일, 쇼센게 지모리노오미마로(道守臣麻呂), 기시노오시비(吉士小鮪)를 신라에 보냈다. 그날 김동엄 일행도 귀로에 올랐다.

이해에, 사문 도행(道行 ; 신라의 승려)이 구사나기검(일본 왕실의 삼종신기 중의 하나)을 훔쳐 신라로 달아났다. 그러나 도중에 비바람을 만나 길을 잃고 되돌아왔다.

8년 봄 정월 9일, 소가노아카에노오미를 쓰쿠시노카미로 임명했다.

3월 11일, 탐라가 왕자 구마기(久麻伎) 등을 보내어 조공했다. 18일, 탐라왕에게 오곡의 씨앗을 하사했다. 이날 왕자 구마기 일행이 귀국길에 올랐다.

여름 5월 5일, 천황은 야마시나노노(山科野)에서 약초 채집 행사를 열었다. 히쓰기노미코(오아마노미코), 후지와라노우치쓰오오미(藤原內大臣 ; 후지와라노카마타리) 및 군신들이 모두 수행했다.

가을 8월 3일, 천황은 다카야스산(高安山)에 올라 성을 쌓을 것을 의논했다. 그러나 아직 백성이 피폐한 것을 가엾게 여겨 공사는 하지 않았다. 사람들은 이에 감동하여 '인애(仁愛)의 덕이 깊으신 분'이라고 칭송했다.

그해 가을, 후지와라노우치쓰오오미의 집에 벼락이 떨어졌다.

9월 11일, 신라가 사찬(沙飡) 독유(督儒)를 보내어 조공했다.

후지와라노카마타리(藤原鎌足)의 죽음

겨울 10월 10일, 천황은 후지와라노카마타리의 집에 행차하여 친히 문병했다. 그러나 심히 쇠약해진 모습을 보고 분부를 내리기를 "하늘의 도리가 어진 이를 돕는다는 말에 어찌 거짓이 있겠는가. 적선여경(積善餘慶)이라 했으니, 반드시 그 증표가 있을 것이다. 원하는 것이 있으면 무엇이든 말하라."고 했다. 후지와라노카마타리는 "저 같이 어리석은 자에게 무슨 드릴 말씀이 있으리오. 다만 한 가지, 저의 장례는 간소하게 치러 주십시오. 살아서 군국(軍國)을 위해 공을 세우지도 못한(백제 구원을 실패한 일을 가리키는 듯) 몸이 어찌 죽으면서까지 거듭 폐를 끼치오리까?" 하고 대답했다.

현자들이 이를 칭찬하여 "이 말은 옛날 철인의 명언에도 견줄만 하다. 대수장군(大樹將軍 ; 후한後漢의 풍이馮異)이 상(賞)을 사양했다는 이야기와 도저히 같다고 말할 수 없다."고 했다.

15일, 천황은 히쓰기노미코(오아마노미코)를 후지와라노카마타리의 집에 보내어, 다이시키의 관(冠)과 오오미의 위(位)를 내렸다. 성(姓)을 내려 후지와라노우지(藤原氏)라 했다. 그 이후 통칭 후지와라노우치쓰오오미라 했다. 16일, 후지와라노우치쓰오오미가 죽었다.

일본세기(고구려 승려 도현의 저서)에서 말하기를 "후지와라노우치쓰오오미는 50세로 자택에서 죽었다. 유해를 야마시나산 남쪽으로 옮겨 안치했다. 하늘은 어찌하여 무정하게도 이 노인을 잠시 더 남겨두지 않았는가. 아깝도다. 비문에는 춘추 56세에 죽었다고 되어 있다."고 했다.

19일, 후지와라노우치쓰오오미의 집에 행차한 천황은 다이킨죠 소가노아카에노오오미에게 명하여 자비로운 조칙을 읽게 했다. 또 금향로(金香鑪)를 내렸다.

12월, 오쿠라(大藏)에 화재가 일어났다.

그해 겨울, 다카야스성(高安城)을 쌓고 기나이의 전세(田稅)를 그곳에 수납했다. 이때 이카루가데라(호류지法隆寺)에 화재가 일어났다.

이해에 쇼킨츄 고치노아타이쿠지라(河內直鯨) 등을 대당에 파견했다. 또 좌평 여자신(餘自信), 좌평 귀실집사(鬼室集斯) 등 남녀 700여 명을 오미노쿠니 가모노코리(蒲生郡)로 이주시켰다.

대당이 곽무종(郭務悰) 등 2천여 명을 보내왔다. (10년 11월조와 중복)

9년 봄 정월 7일, 마에쓰키미에게 명하여 궁정 안에서 대사례(大射禮 ; 궁중에서 여는 활쏘기 의식)를 열었다.

14일, 조정에서의 예법과 길에서 귀인을 만났을 때 서로 길을 양보해야 한다는 명을 내렸다. 또 무고(誣告)와 유언비어를 금했다.

2월, 호적을 만들어 도둑과 부랑자를 단속했다. 같은 달, 천황은 가모노코리의 히노(日野)에 행차하여 궁(宮)을 조영할 땅을 살펴보았다. 또 다카야스성을 지어 곡식과 소금을 저장했다. 나가토에 성 하나, 쓰쿠시에 성 두 개를 쌓았다.

3월 9일, 야마노이(山井 ; 미이데라三井寺의 샘) 옆에 신좌(神座)를 마련하고 공물을 바쳤다. 나카토미노카네노무라지(中臣金連)가 축사를 올렸다.

여름 4월 30일, 새벽에 호류지에 화재가 일어났다. 한 채도 남김없이 불탔다. 폭우가 내리고 천둥이 쳤다.

5월, 동요가 유행했다.

<ruby>打橋<rt>우치하시노</rt></ruby>の <ruby>集樂<rt>쓰메노아소비니</rt></ruby>の遊に <ruby>出で坐せ子<rt>이데마세코</rt></ruby> <ruby>玉手の家の<rt>다마데노이혜노</rt></ruby> <ruby>八重子の刀自<rt>야헤코노토지</rt></ruby> <ruby>出で坐しの<rt>이데마시노</rt></ruby>
<ruby>悔は不有<rt>구이와아라지조</rt></ruby> <ruby>出で坐せ子<rt>이데마세코</rt></ruby> <ruby>玉手の家の<rt>다마데노이혜노</rt></ruby> <ruby>八重子の刀自<rt>야헤코노토지</rt></ruby>.

판자를 질러서 만든 임시 다리 옆으로 나오세요, 다마데(玉手) 댁의 야에코(八重子) 부인, 오셔도 후회 없을 거예요. 나오세요, 다마데 댁의 야에코 부인.

6월, 어느 마을 안에서 거북을 붙잡았다. 등에 신(申)이라는 글자가 적혀 있었다. 위쪽은 황색이고 아래는 흑색이었다. 길이는 6치 정도였다.

가을 9월 1일, 아즈미노무라지쓰라타리를 신라에 보냈다. 이해에 물방아(수력을 이용한 절구)를 만들고 철을 주조했다.

오토모노미코(大友皇子)를 태정대신(太政大臣)으로

10년 봄 정월 초이틀, 다이킨죠 소가노아카에와 다이킨게 고세노히노토오미(巨勢人臣)가 궁전 앞에 나아가 신년 하례를 올렸다.

5일, 다이킨죠 나카토미노카네노무라지가 명을 받아 신들에게 바치는 축문을 읽었다. 같은 날, 오토모노미코를 태정대신에 임명했다. 소가노아카에를 좌대신으로, 나카토미노카네노무라지를 우대신으로 명했다. 소가노하타야스노오미(蘇我果安臣), 고세노히노토오미, 기노우시노오미(紀大人臣)를 어사대부(御史大夫)로 명했다.

6일, 히쓰기노미코(東宮太皇弟 ; 오아마노미코)가 명을 내려 ― 어떤 책에는 오토모노미코가 내렸다고 되어 있다 ― 관위와 법도를 시행했다. 전국에 사면령을 내렸다. 법도와 관위의 이름은 새로운 율령에 상세히 실려 있다.

9일, 고구려가 상부대상(上部大相) 가루(可婁) 등을 보내어 조공했다.

13일, 백제에 있던 진장 유인원(劉仁願)이 이수진(李守眞) 등을 보내어 상표문을 올렸다.

그달에 좌평 여자신(餘自信), 사택소명(沙宅紹明 ; 법관대보法官大輔)에게 다이킨게 관위를 내렸다. 귀실집사(鬼室集斯 ; 학두직學頭職)에게 쇼킨게를 주고, 달솔 곡나진수(谷那晉首 ; 병법에 뛰어남), 목소귀자(木素貴子 ; 병법에 뛰어남), 억례복류(憶禮福留 ; 병법), 답발춘초(答㶱春初 ; 병법), 발일비자찬파라금라금수(㶱日比子贊波

羅金羅金須;약의 달인), 귀실집신(鬼室集信;약의 달인)에게 다이센게를 내렸다. 달솔 덕정상(德頂上;약의 달인), 길대상(吉大尙;약의 달인), 허솔모(許率母;오경에 능통), 각복모(角福牟;음양에 밝음)에게 쇼센죠를 내렸다. 다른 달솔 50여 명에게는 쇼센게를 주었다. 다음과 같은 동요가 유행했다.

橘は 己の枝枝 實れれども 玉に貫くとき 同じ緒に貫く.
<small>다치바나와 오노가에다에다 나레레도모 다마니누쿠토키 오나지오니누쿠</small>

귤은 제각각 다른 가지에 열려 있지만 구슬로 실에 꿸 때는 모두 한 실에 꿴다.[4]

2월 23일, 백제가 대구용선(臺久用善)을 보내어 조공했다.

3월 3일, 기후미노미야쓰코혼지쓰(黃書造本實) 물저울(수준기水準器)을 바쳤다.

17일, 히타치노쿠니(常陸國)에서 나카토미베노와쿠코(中臣部若子)를 바쳤다. 키가 1척 6치. 태어난 지 16년이 되었다 한다.

여름 4월 25일, 물시계를 새로운 대 위에 올려놓고 처음으로 종과 북을 쳐서 시간을 알렸다. 이 물시계는 천황이 황태자였던 시절에 처음으로 친히 만들었다고 한다, 운운.

그달에 쓰쿠시노쿠니에서 "다리가 여덟 개인 사슴이 태어났는데, 나자마자 곧 죽었다."고 보고해 왔다.

5월 5일, 천황이 서쪽의 오도노(小殿)에 행차했고, 황태자와 군신이 연회석에 함께 자리했다. 이곳에서 다마이(田舞;풍년을 기원하는 고대의 춤)를 두 번 공연했다.

6월 4일, 백제 삼부(三部)의 사신이 요청한 군사에 관한 분부를 내렸다.

15일, 백제가 예진자(羿眞子)를 보내어 조공했다.

이달에 구루쿠마노오키미를 쓰쿠시노카미로 임명했다. 신라가 사신을 보내 조공했다. 별도로 물소 한 마리, 꿩 한 마리를 바쳤다.

가을 7월 11일, 당나라 사람 이수진(李守眞) 등과 백제 사신들이 함께 귀로에

---

4) 신분이나 재능이 각각 다른 자에게 한꺼번에 많은 작위를 내린 성대한 잔치를 꼬집은 것인가.

올랐다.

8월 3일, 고구려의 상부대상 가루 등이 귀로에 올랐다. 18일, 에미시에게 향응을 베풀었다.

덴지천황(天智天皇)의 붕어

9월, 천황이 병에 걸렸다.

겨울 10월 7일, 신라가 사찬(沙飡) 김만물(金萬物) 등을 보내어 조공했다. 8일, 궁궐에서 불상 100체(體)의 개안공양(開眼供養)이 있었다. 이달에 천황이 사자를 보내어 가사(袈裟), 황금 주발, 상아(象牙), 침수향(沈水香), 전단향(栴檀香) 및 여러 가지 보물을 호코지에 바쳤다.

17일, 천황의 병이 깊어지자 히쓰기노미코(오아마노미코)를 침소에 불러들여 분부했다. "내 병이 위중하니 너에게 후사를 맡긴다." 히쓰기노미코(오아마노미코)는 병에 걸렸다고 하며 여러 번 고사하고 받들지 않았다. "부디 대업은 대후(大后 : 황후)에게 맡겨주십시오. 그리고 오토모노미코에게 정사를 이양하십시오. 저는 천황을 위해 출가하여 불도를 수행하고자 합니다." 천황이 이를 허락했다. 히쓰기노미코(오아마노미코)는 일어나 재배한 뒤, 궁전의 불전(佛殿) 남쪽으로 가서 의자에 깊이 앉아 머리를 깎고 수행승이 되었다. 천황은 스기타노오이와(次田生磐)를 보내어 가사를 내렸다. 19일, 히쓰기노미코(오아마노미코)는 천황을 뵙고 "이제부터 요시노에 가서 불도를 수행하겠습니다." 하고 아뢰었다. 천황이 이를 허락했다. 히쓰기노미코(오아마노미코)는 요시노에 들어갔다. 오오미가 우지까지 전송했다.

11월 10일, 쓰시마노쿠니노미코토모치(對馬國司)가 다자이후에 사자를 보내어 다음과 같이 아뢰었다. "이달 2일에, 사문 도쿠(道久), 쓰쿠시노키미사치야마(筑紫君薩野馬), 가라시마노스구리사바(韓島勝娑婆), 누노시노오비토이와(布師首磐) 네 사람이 당나라에서 찾아와, '당나라 사신 곽무종(郭務悰) 등 600명, 송사 사택손등(沙宅孫登 : 백제인) 등 1,400명, 모두 2,000명이 배 47척에 나눠 타고 히치시마(比智島)에 도착했다. 서로 의논하기를, 지금 우리가 인원수도 많고 배도 많은데 별안간 저쪽에 나타나면, 아마 저쪽 수비병들이 놀라서 우리를 공격할 것이니, 먼저 도쿠 일행을 보내어 미리 내조(來朝)의 뜻을 밝히기로 했다'고 합니다."

23일, 오토모노미코가 궁궐 서전(西殿)의 직불상(織佛像) 앞에 나왔다. 좌대신 소가노아카에, 우대신 나카토미노카네노무라지, 소가노하타야스노오미, 고세노히노토오미, 기노우시노오미와 함께 있었다. 오토모노미코가 손에 향로를 들고 먼저 일어나서 "이 여섯 사람은 마음을 하나로 합쳐 천황의 명을 받들고자 합니다. 만약 이를 어긴다면 반드시 천벌을 받을 것입니다." 운운하고 맹세했다. 그런 뒤 좌대신 소가노아카에 일행도 손에 향로를 들고 차례로 일어나 눈물을 흘리면서 맹세했다. "저희 5명은 전하와 함께 천황의 명을 받들겠습니다. 만약 그것을 어긴다면 사천왕이 우리를 공격하고 천지의 신들도 벌을 내릴 것입니다. 33천(天 ; 부처의 수호신들)도 이 일을 명확하게 알아주소서. 자손도 끊어지고 가문도 반드시 멸망할 것입니다."

24일, 오미궁(近江宮)에 화재가 일어났다. 오쿠라쇼(大藏省) 제3 창고에서 불이 났다. 29일, 다섯 신하는 오토모노미코를 받들어 천황 앞에서 맹세했다. 이날 신라왕에게 비단 50필, 평직 비단 50필, 명주솜 1,000근, 가죽 100장을 주었다.

12월 3일, 천황이 오미궁에서 붕어했다. 11일, 신궁에 안치했다. 이때 다음과 같은 동요가 있었다.

御吉野の 吉野の鮎 鮎こそは 島邊も吉き 鳴呼苦しゑ 水葱の下 芹の下
吾は苦しゑ.

미요시노(御吉野)의 은어는 섬 주변에 있어도 좋으련만, 나는 아, 괴롭다, 물옥잠이나 미나리 밑에 있으니, 나는 괴로워라. (그 하나)

臣の子の 八重の紐解く 一重だに 未解かねば 皇子の紐とく.

신하인 나는 끈을 한 겹도 풀지 않았는데, 황자는 자기 끈을 모두 풀었구나.
(그 둘)

아카고마노 이유키하바카루 마쿠즈하라 나니노쓰테코토 다다니시에케무
赤駒の い行き憚る 眞葛原 何の傳言 直にし吉けむ.

붉은 망아지가 가기 망설이는 칡 들판, 그와 같이 답답한 전언 같은 것일랑 그만두고 직접 말하면 좋을 것을. (그 셋)[5]

17일, 신라의 조공 사신인 사찬 김만물 일행이 귀로에 올랐다.

이해에 사누키노쿠니(讚岐國) 야마다노코리(山田郡) 사람 집에 네 발 달린 병아리가 태어났다. 또 궁중의 오이료(大炊寮 ; 궁중의 음식과 식재료를 관장하는 곳)에 있는 솥 8개가(의식용 가마) 저절로 울었다. 어느 때는 하나가 울고, 어느 때는 두 개가, 또 어느 때는 세 개가 함께 울었다. 또 어느 때는 여덟 개가 한꺼번에 울었다.[6]

---

5) 덴지천황이 붕어한 뒤의 황위 계승 다툼을 풍자한 것이다. 첫 번째는 요시노에 들어간 오아마노미코의 괴로움, 두 번째는 요시노가 전쟁 준비를 끝낸 것, 세 번째는 오미와 요시노의 직접 교섭을 권하는 것인가.
6) 궁중의 불길한 징조로 생각된다.

제28권

덴무천황(天武天皇): 아마노누나하라오키노마히토노스메라미코토(天淳中原瀛眞人天皇) 상(上)

오아마노미코(大海人皇子) 요시노(吉野)에 들어가다

아마노누나하라오키노마히토노스메라미코토는 덴지천황의 동복동생이다. 어릴 때는 오아마노미코라고 했다. 뛰어난 자질을 타고난 탁월한 인물이었다. 성장해서는 용감하고 뛰어난 무덕(武德)을 갖추었고, 천문과 점성술의 재능이 있었다. 덴지천황의 딸인 우노노히메를 정비로 맞이했다. 덴지천황 원년에 동궁(황태자)에 책봉되었다.

4년 겨울 10월 17일, 천황이 병에 걸려 중태에 빠졌다. 소가노오미야스마로(蘇我臣安麻呂)를 보내 오아마노미코를 침소에 불러들였다. 전부터 오아마노미코를 좋아했던 소가노오미야스마로는 남몰래 오아마노미코를 돌아보면서 "신중하게 대답하십시오." 하고 귀띔했다. 오아마노미코는 숨은 계략이 있는 것이 아닌가 하여 의심하고 경계했다. 천황이 오아마노미코에게 황위를 물려주고 싶다고 말하자 황자는 사양하며 이렇게 말했다. "저는 불행히도 워낙 병약한 몸이라 도저히 국가를 보전할 자신이 없습니다. 원컨대 폐하께서는 황후에게 천하를 맡겨 주십시오. 그리고 오토모노미코를 황태자로 세우십시오. 저는 오늘이라도 출가하여 폐하를 위해 불도를 수행하고 싶습니다." 천황이 이를 허락했다. 그래서 그날로 출가하여 법복으로 갈아입고 자기 집에 있던 무기를 하나도 빠짐없이 관(官)에 맡겼다.

19일, 요시노궁에 들어가게 되었다. 좌대신 소가노아카에, 우대신 나카토미노카네노무라지 및 다이나곤(大納言) 소가노하타야스노오미 등이 우지까지 전송한 뒤 그곳에서 돌아갔다.

어떤 사람이 말했다. "호랑이에게 날개를 달아주고 들판에 풀어놓은 것이나 다름없다." 그날 저녁, 시마노미야(嶋宮 : 아스카무라섬明日香村島의 별궁)에 도착했고, 20일 요시노에 이르렀다. 이때 많은 신하를 모아놓고 "나는 이제부터 불도에 들어가 수행하고자 한다. 나와 함께 수행하고 싶은 자는 남아도 좋다. 조정에 출사하여 이름을 떨치고 싶은 자는 돌아가면 된다."고 말했다. 그러나 돌아가는 자는 아무도 없었다. 다시 신하들을 모아놓고 전과 같이 말하자, 신하의 반은 남고 반은 물러갔다.

12월, 덴지천황이 붕어했다.

원년 봄 3월 18일, 조정은 우치노스나키(內小) 7위인 아즈미노무라지이나시키(阿曇連稻敷)를 쓰쿠시에 보내어 천황이 붕어한 사실을 곽무종(郭務悰) 일행에게 알렸다. 곽무종 일행은 모두 상복을 입고 세 번 고아이(擧哀 : 소리내어 애도를 표하는 예)를 한 뒤 동쪽을 향해 절했다.

21일, 곽무종 일행은 두 번 절을 한 뒤 당나라 황제의 국서가 든 서함과 신물(信物 : 그 지역의 산물)을 바쳤다.

여름 5월 12일, 곽무종에게 갑옷과 투구, 궁시를 내렸다. 이날 곽무종에게 하사한 것은 모두 평직 비단 1,673필, 베 2,852단(端), 솜 666근이었다. 28일에 고구려가 전부(前部) 부가변(富加抃) 등을 보내어 조공했다. 30일, 곽무종 일행은 귀로에 올랐다.

거병(擧兵) 결의

그달에 에노이노무라지오키미(朴井連雄君)가 천황(오아마노미코)에게 다음과 같이 주상했다. "제가 사사로운 일이 있어 혼자 미노에 갔습니다. 그때 오미의 조정에서는 미노와 오와리 양국의 구니쓰카사(國司)에게 분부하기를 '덴지천황의 산릉(山陵 : 국장 전에 아직 이름을 정하지 않은 새 능)을 만들 일꾼들을 미리 지정해 두라'고 명하였습니다. 그런데 그 일꾼들에게 무기를 지니게 하였습니다. 제가 짐작하기에 이는 산릉을 만들려고 모은 일꾼이 아닙니다. 분명히 무슨 일을 꾸미는 게 틀림없습니다. 빨리 피하지 않으면 분명 위험한 상황이 벌어질 것입니다." 또 "오미의 수도에서 야마토의 수도에 이르는 길 곳곳에 감시병을 두었다. 또 우지하시(宇治橋)의 수비병에게 명하여, 모케노키미(皇大弟 ; 오아마노미코) 궁의 신하가 우리가 식량을 운반하는 것조차 못하게 막았다."고 말하는 사람도 있었다. 천황이 확인하게 했더니 그것이 사실임이 드러났다. 그리하여 분부하기를 "내가 황위를 사양하고 물러난 것은 홀로 요양에 힘써 천명을 다할 생각이었기 때문이다. 그러나 지금에 이르러 피할 수 없는 화가 미치려하고 있다. 어찌 이대로 가만히 있을 수 있겠는가?" 하고 말했다.

6월 22일, 무라쿠니노무라지오요리(村國連男依), 와니베노오미키미테(和珥部臣君手), 무게노키미히로(身氣君廣)에게 명을 내렸다. "듣자하니, 오미 조정의 신하들이 나를 없애려고 음모를 꾸몄다고 한다. 너희 세 사람은 빨리 미노노쿠니에 가서, 아하치마노코리(安八磨郡 ; 안파치군安八郡)의 유노우나가시(湯沐令 ; 湯沐은 황태자에게 지급하는 식봉食封의 하나, 令은 그 땅을 지배하고 세를 징수하는 관리)인 오노오미혼지(多臣品治)에게 기밀을 털어놓고, 먼저 그 땅의 병사를 모으라. 또한 구니쓰카사에게 연락하여 군사를 일으켜서 빨리 후와노미치(不破道 ; 오미, 미노 양국의 경계에 있으며 아즈마노쿠니로 가는 중요한 길 중 하나)를 막아라. 나도 곧 출발하겠다."

24일, 천황이 아즈마노쿠니로 가려고 할 때 한 신하가 아뢰었다. "오미의 군신은 처음부터 책모를 꾸미고자 했습니다. 그러므로 틀림없이 온 나라에 방해공작을 펴서 길을 지나가기 어렵게 해두었을 것입니다. 어찌하여 병사도 없이전쟁 준비도 하지 않은 채 아즈마노쿠니로 가려 하십니까?"

천황은 그 말에 따라 무라쿠니노무라지오요리 일행을 다시 불러들이려 했다. 오키타노키미에사카(大分君惠尺), 기후미노미야쓰코오토모(黃書造大伴), 아우노오미시마(逢臣志摩)를 아스카의 수비장수 다카사카노오키미(高坂王)에게 보내어 에키레이(驛鈴 ; 역마를 사용하기 위한 공용 방울)를 구해 오라고 했다. 그리고 오키타노키미에사카 일행에게 말하기를 "만약 방울을 구하지 못하면 아우노오미시마는 바로 돌아와서 보고하라. 오키타노키미에사카는 말을 타고 오미로 가서 다케치노미코, 오쓰노미코(둘 다 덴지천황의 황자)를 불러내어 이세에서 합류하라."고 했다. 오키타노키미에사카 일행은 다카사카노오키미를 찾아가 황태자의 명을 알리고 방울을 달라고 했으나 거부당했다. 오키타노키미에사카는 오미로 가고 아우노오미시마는 바로 돌아와서 방울을 얻지 못했다고보고했다.

아즈마노쿠니(東國)로 떠나다

이날, 천황은 출발하여 아즈마노쿠니로 들어갔다. 사태가 급박하여 탈것도없이 걸어서 가다가, 뜻밖에 아가타노이누카이노무라지오토모(縣犬養連大伴)의말을 만나 그 말을 타게 되었다. 황후는 가마를 타고 뒤따랐다. 쓰후리카와(津振川 ; 요시노초吉野町 쓰부로津風呂인가)에 이르러 비로소 말이 도착하여 이를 탔다. 이때 처음부터 같이 간 사람은 구사카베노미코(草壁皇子), 오사카베노미코(忍壁皇子 ; 모두 덴무천황의 황자) 및 신하 에노이노무라지오키미, 아가타노이누카이노무라지오토모, 사에키노무라지오메(佐伯連大目), 오토모노무라지토모쿠니(大伴連友國), 오토모노무라지토모쿠니(大伴連友國), 후미노오비토네마로(書首根摩呂), 후미노아타이치토코(書直智德), 야마시로노아타이오바야시(山背直小林),야마시로베노오다(山背部小田), 아토노무라지치토코(安斗連智德), 쓰키노오비토오미(調首淡海) 등 20여 명, 후궁의 궁녀 10여 명이었다.

그날로 우다의 아키(安騎 ; 나라현奈良縣 우타초宇陀町)에 도착했다. 오토모노무라지마구타(大伴連馬來田), 기후미노미야쓰코오토모가 요시노궁에서 일행을 쫓아왔다. 이때 미타노쓰카사(屯田司)의 신하 하지노무라지우마테(土師連馬手)가 천황의 종자들에게 식사를 제공했다. 간라노무라(甘羅村 ; 우타초宇陀町 가구라가오카神樂岡인가)를 지났을 때 어부 20여 명을 만났다. 오토모노에노모토노무라지오쿠니(大伴朴本連大國)가 어부 수령이어서 모두 불러서 일행에 가담시켰다. 또 미노노쿠니의 왕(호족)을 불렀다. 그들 역시 찾아와서 일행을 따랐다.우다노코리(菟田郡 ; 우다군宇陀郡)의 미야케 근처에서 유(湯沐)의 쌀을 운반하는 이세노쿠니의 짐말 50마리를 만났다. 그곳에서 모두 쌀을 버리게 하고 걸어가던 자들을 태웠다. 오노(大野 ; 나라현奈良縣 무로무라室生村 오노大野)에 이르자날이 저물었다. 산이 어두워져 더 나아갈 수가 없었다. 그 마을에 있는 집의 울타리를 부수어 그것으로 불을 피웠다. 한밤중에 나바리노코리(隱郡 ; 나바리군名

張郡)에 도착하여 나바리의 역참을 불태웠다. 마을 안을 향해 "천황이 아즈마노쿠니에 행차하신다. 그러니 일꾼으로서 따를 자는 모두 나오라." 하고 소리쳤다. 그러나 한 사람도 나오지 않았다.

요코카와(橫河)에 이르렀을 무렵, 검은 구름이 몰려오더니 넓이 10여 장(丈)으로 퍼져 하늘을 뒤덮었다. 천황이 괴이하게 여겨 불을 켜고 지쿠(式 ; 길흉을 점치는 도구)로 점을 치더니 "천하가 둘로 갈라질 징조다. 그러나 마지막에 내가 천하를 얻으리라."고 말했다. 급히 출발하여 이가노코리(伊賀郡)에 이르자 이가의 역참을 불태웠다. 이가의 산속에 이르렀을 무렵, 그곳 고리쓰카사가 수백 명의 병사들을 이끌고 따라왔다.

새벽에 다라노(莿萩野)에 도착하여 잠시 쉬면서 식사를 했다. 쓰무에(積殖 ; 이가노쿠니伊賀國 다쿠쇼쿠拓殖)의 야마구치(山口)에 이르러 다케치노미코(高市皇子)가 가후카(鹿深 ; 고카甲賀)를 넘어와 합류했다. 다미노아타이오히(民直大火), 아카조메노미야쓰코토코타리(赤染造德足), 오쿠라노아타이히로스미(大藏直廣隅), 사카노우에노아타이쿠니마로(坂上直國麻呂), 후루이치노쿠로마로(古市黑麻呂), 다케다노타이토쿠(竹田大德), 이카고노오미아베(胆香瓦臣安倍)가 따라왔다. 오야마(大山 ; 스즈카鈴鹿산맥)을 넘어 이세의 스즈카(鈴鹿)에 이르렀다. 이세의 구니쓰카사 미야케노무라지이와토코(三宅連石床), 스케미와노키미코비토(介三輪君子首) 및 유노우나가시타나카노오미타리마로(湯沐令田中臣足麻呂), 다카타노오비토니노미(高田首新家)가 스즈카노코리(鈴鹿郡)에서 천황 일행을 맞이했다. 그곳에서 또 군사 500명을 모아 스즈카 산길 수비를 굳혔다. 가와와(川曲 ; 미에현三重縣 스즈카시鈴鹿市)의 사카모토(坂下)에 이르자 날이 저물었다. 황후가 지쳐서 잠시 가마를 멈추고 쉬었다. 그런데 밤에 하늘이 홀연히 어두워지면서 비가 올 것 같아 얼마 쉬지도 못하고 다시 출발했다. 추워지고 천둥이 치면서 비가 세차게 내렸다. 따르는 자들은 모두 옷이 젖어 추위에 떨었다. 미에(三重)의 고리노미야케(郡家)에 도착하여 가옥을 하나 태워서 추위에 얼어붙은 자들의 몸을 녹이게 했다. 이날 밤에 스즈카 관문의 관리가 사자를 보내 "야마베노오키미(山部王)와 이시카와노오키미(石川王)가 귀순하려고 찾아왔기에 관문에 머물게 했습니다." 하고 보고했다. 천황은 미치노아타이마스히토(路直益人)를 보내어 그들을 불렀다.

26일 아침, 아사케노코리(朝明郡 ; 미에현三重縣 미에군三重郡)의 도카와(迹太川) 근처에서 아마테라스오카미를 향해 망배했다. 이때 미치노아타이마스히토가 도착하여 "관문에 온 사람은 야마베노오키미와 이시카와노오키미가 아니라 오쓰노미코였습니다." 하고 아뢰었다. 이윽고 미치노아타이마스히토를 뒤따라 오쓰노미코가 왔다. 오키타노키미에사카, 나니와노키시미쓰나(難波吉士三綱), 고마타노스구리오시히토(駒田勝忍), 야마베노키미야스마로(山邊君安麻呂), 하즈카시베노시키(泥部胝枳), 오키다노키미와카미(大分君稚臣), 네노무라지카네미(根連金身), 누리베노토모세(漆部友背) 등이 수행했다. 천황은 크게 기뻐했다. 고리노미야케에 가려고 할 때 무라쿠니노무라지오요리가 역마를 타고 달려와서 보고했다.

"미노의 군사 3천 명을 모아 후와노미치를 방어했습니다." 천황은 무라쿠니노무라지오요리의 공을 칭찬하고 고리노미야케에 이르자 먼저 다케치노미코를 후와에 보내어 군사를 감독하게 했다. 야마시로베노오다, 아토노무라지아카후(安斗連阿加布)를 보내어 우미쓰미치(東海道) 각지의 군병을 모집하고, 와카사쿠라베노오미이오세, 하지노무라지우마테를 보내어 아즈마야마미치의 군병을 모집했다. 이날 천황은 구와나(桑名)의 고리노미야케에 머물며 더 나아가지 않았다.

오미(近江) 조정의 대응

한편 오미 조정에서는 모케노키미(大皇弟 ; 오아마노미코)가 아즈마노쿠니로 간 것을 알고 군신들은 모두 두려움에 떨었고, 수도는 혼란에 빠졌다. 어떤 자는 아즈마노쿠니로 달아나고, 어떤 자는 산속에 숨으려 했다.

오토모노미코(大友皇子)[1]가 군신에게 "어떻게 해야 할까?" 하고 물었다. 한 신하가 나아가서 대답했다. "빨리 대처하지 않으면 늦습니다. 빨리 기마대를 편성해서 추격해야 합니다."

---

1) 오토모노미코의 태자 책봉과 즉위에 대하여, 서기에는 아무 기록이 없다. 그러나 헤이안 시대 이후의 몇 가지 사료에는 황자 즉위 기록이 있다. 시호(諡號)는 고분천황(弘文天皇)이다.

황자는 그 말을 따르지 않았다. 이나노키미이와스키(韋那公磐鍬), 후미노아타이쿠스리(書直藥), 오시사카노아타이오마로(忍坂直大麻侶)를 아즈마노쿠니로 보냈다. 호즈미노오미모모타리(穗積臣百足), 그의 동생 이오에(五百枝), 모노노베노오비토히무카(物部首日向)를 야마토의 수도(아스카)로 보내고 사에키노무라지오토코(佐伯連男)를 쓰쿠시로 보냈다. 구스노오미이와테(樟使主磐手)를 기비노쿠니에 보내어 군병을 모조리 징발했다. 그리고 사에키노무라지오토코와 구스노오미이와테에게 명을 내렸다. "쓰쿠시노카미(筑紫大宰) 구루쿠마노오키미와 기비노쿠니노카미(吉備國守) 다기마노키미히로시마(當麻公廣嶋) 두 사람은 원래 모케노키미를 따랐으니, 여차하면 배신할지도 모른다. 만약 따르지 않으려는 기미를 보이거든 바로 죽여라."

구스노오미이와테는 기비노쿠니로 가서 명령서를 전하는 날, 교묘한 말로 다기마노키미히로시마를 속여 칼을 풀게 하고는 그 자리에서 칼을 뽑아 죽였다. 사에키노무라지오토코는 쓰쿠시로 갔다. 구루쿠마노오키미는 명령서를 받고 대답했다. "쓰쿠시노쿠니는 본디 외적을 대비하는 것이 그 임무입니다. 성을 높이 쌓고 해자를 깊이 파서 바다를 향해 수비하는 것은 내적(內敵) 때문이 아닙니다. 지금 명에 따라 군사를 일으키면 나라의 방비가 허술해집니다. 생각지 않은 변고라도 일어나면 단번에 나라가 무너질 수 있습니다. 그런 뒤에 저를 백 번 죽인다 한들 무슨 소용 있겠습니까. 천황의 위엄을 거스를 마음은 없으나, 병사를 움직일 수 없는 것은 위와 같은 이유 때문입니다."

그때 구루쿠마노오키미의 두 아들 미노노오키미(三野王)와 다케이에노오키미(武家王)가 칼을 차고 곁에 서서 떠나지 않았다. 사에키노무라지오토코는 여기서 칼을 잡았다가 오히려 살해될까봐 두려웠다. 그래서 임무를 끝마치지 못한 채 그냥 돌아갔다. 아즈마노쿠니에 보낸 급사 이나노키미이와스키 일행은 후와에 들어가려다가 산속에 복병이 있을지도 모른다고 의심하여 뒤처져서 들어갔다. 그때 산에서 복병이 나타나 후미노아타이쿠스리 일행의 배후를 차단했다. 이나노키미이와스키는 그것을 보고 후미노아타이쿠스리 일행이 붙잡힐 것을 알고 뒤돌아 간신히 달아났다.

오토모노후케이(大伴吹負)의 묘책

이때 오토모노무라지마구타의 동생인 오토모노후케이는 전황이 불리하다는 것을 알자, 병을 핑계로 야마토의 집으로 물러났다. 그리고 황위를 잇는 사람은 요시노에 있는 모케노키미(오아마노미코)라고 생각했다. 그래서 오토모노무라지마구타 먼저 천황 일행을 쫓아갔으나 오토모노후케이는 집에 머물러 단숨에 명성을 떨쳐 국면을 전환하고자 했다. 동족을 한 사람, 두 사람씩 호족들에게 호소하여 겨우 수십 명을 얻었다. 27일, 다케치노미코는 구와나의 고리노미야케에 사자를 보내어 "계시는 곳이 멀리 떨어져 있으면 군을 지휘하기가 매우 불편하니, 부디 가까운 곳으로 와주십시오." 하고 청했다.

그날 천황은 황후를 남겨두고 후와에 들어갔다. 후와의 고리노미야케에 이를 무렵, 오와리의 구니쓰카사 지이사코베노무라지사히치(小子部連鉏鉤)가 병사 2만을 이끌고 귀순했다. 천황은 이를 칭찬하고, 그 군사를 나누어 곳곳의 길목을 수비하게 했다. 노가미(野上 ; 세키가하라초關ヶ原町 노가미野上)에 가자 다케치노미코가 와자미(和蹔 ; 세키가하라 일대)에서 영접하러 와서 아뢰었다. "간밤에 오미의 조정에서 역참 관리인이 달려왔습니다. 복병을 내어 붙잡았더니 후미노아타이쿠스리와 오시사카노아타이오마로였습니다. 어디로 가느냐고 물으니, '요시노에 있는 모케노키미를 치려고 아즈마노쿠니의 병사를 모으러 파견한 이나노키미이와스키의 병졸입니다. 그런데 이나노키미이와스키는 복병이 나타난 것을 보고 달아나버렸습니다' 하고 대답했습니다."

천황이 다케치노미코에게 말했다. "오미 조정에는 좌우대신 및 지략이 뛰어난 신하가 많아 함께 일을 도모할 수 있지만, 나에게는 군사(軍事 ; 군대, 군비, 전쟁 따위와 같은 군에 관한 일)를 의논할 인물이 없구나. 그저 어린 자식이 있을 뿐이다(다케치노미코, 이때 19세 정도). 어떻게 하는 것이 좋겠느냐?"

황자는 팔을 걷어붙이고 칼을 잡더니 "오미에 뛰어난 신하가 많다고 해도 어찌 천황의 영위(靈威 ; 영묘한 위력)를 거스를 수 있겠습니까? 천황은 혼자 계셔도 소자 다케치가 신들의 영위를 믿고 칙명을 받들어 장수들을 이끌고 싸우면 적을 막을 수 있을 것입니다." 하고 대답했다. 천황은 황자를 칭찬하면서 손을 잡고 등을 두드리며 말했다. "잘해 보아라, 방심하면 안 되느니라." 말에서 내려 군사(軍事)를 모두 맡겼다. 황자는 와자미로 돌아가고 천황은 노가미에 행궁을 마련했다. 그날 밤 천둥이 치고 큰비가 내렸다. 천황은 기도하고 점을 치며 기원했다. "천지의 신들이여, 저를 도와주시려면 뇌우(雷雨)를 그치게 해 주십시오." 그 말이 끝나자 곧 뇌우가 그쳤다.

28일, 천황은 와자미로 가서 군대 상황을 검열하고 돌아왔다.

29일에도 와자미로 가서 다케치노미코에게 명하여 총군(總軍)을 호령하게 하고 다시 노가미의 행궁으로 돌아왔다.

그날 오토모노후케이는 은밀히 유수사(留守司 ; 천황 부재시에 도성의 안전관리를 담당하는 직책)인 사카노우에노아타이쿠마케(坂上直熊毛 ; 야마토아야히토倭漢人)와 상의하여, 아야노아타이(漢直) 한두 명에게 말하기를 "나는 거짓으로 다케치노미코라 칭하고 수십 기(騎)를 이끌고 아스카데라의 북쪽길로 나가 군영에 나타날 테니, 너희는 그때 안에서 호응하라."고 했다. 이미 자신은 구다라(百濟)의 집(고료초廣陵町 구다라百濟에 있었던 후케이의 집)에 병사들을 모아놓고 남문으로 나갔다. 먼저 들보만 입은 하타노미야쓰코쿠마(秦造熊)를 말에 태워(옷을 입힐 틈도 없을 만큼 위급한 상황임을 보여주고) 달리게 하고, 절 서쪽 군영을 향해 "다케치노미코가 후와에서 도착했다. 수많은 군사가 따라오고 있다."고 크게 소리치게 했다.

이때 유수사인 다카사카노오키미와 오미의 모병(募兵) 사자인 호즈미노오미모모타리 등은 아스카데라 서쪽 느티나무 아래에 군영을 설치했다. 다만 호즈미노오미모모타리 혼자 오하리다의 무기고에서 무기를 오미로 운반하려 했는데, 군영 안의 병사들은 하타노미야쓰코쿠마가 외치는 소리를 듣고 사방으로 흩어져 달아났다. 오토모노후케이가 수십 기를 이끌고 불시에 나타났다. 사카노우에노아타이쿠마케를 비롯하여 다수의 아야노아타이가 모두 오토모노후케이에게 가담했고 병사들도 복종했다. 다케치노미코의 명령이라면서 호즈미노오미모모타리를 오하리다의 무기고에서 불러냈다. 그러자 호즈미노오미모모타리가 말을 타고 아스카데라 서쪽 느티나무 아래에 도착했을 때, 누군가가 "말에서 내려라." 하고 외쳤다. 그러나 호즈미노오미모모타리가 머뭇거리자 그의 목덜미를 잡고 끌어내린 뒤 활을 한 번 쏘고 이어서 칼을 뽑아 베어 버렸다.

호즈미노오미이오에(穗積臣五百枝)와 모노노베노오비토히무카를 붙잡았으나, 잠시 뒤 용서하고 군영에 넣어줬다. 또 다카사카노오키미, 와카사노오키미(稚狹王)를 불러 군을 따르라고 했다. 오토모노무라지야스마로(大伴連安麻呂), 사카노우에노아타이오키나(坂上直老), 사미노키미스쿠나마로(佐味君宿那麻呂) 등을 후와궁(不破宮)에 보내어 상황을 보고했다. 천황은 크게 기뻐하며 오토모노후케이를 야마토의 장군으로 임명했다. 그때 미와노키미타케치마로(三輪君高市麻呂), 가모노키미에미시(鴨君蝦夷)와 여러 호족은 소리치면 메아리가 호응하듯이 모두 장군의 깃발 아래 모여들었다. 그리하여 오미를 습격하기로 하고 진영에서 뛰어난 자를 골라 부장군(副將軍) 및 군감(軍監)으로 삼았다.

7월 1일, 진영로 출발했다.

가을 7월 2일, 천황은 기노오미아헤마로(紀臣阿閇麻呂), 오노오미혼지, 미와노키미코비토(三輪君子首), 오키소메노무라지우사기(置始連菟)를 보내어, 수만 명의 병사를 이끌고 이세의 오야마를 넘어(스즈카 넘어) 야마토로 향하게 했다. 또 무라쿠니노무라지오요리, 후미노오비토네마로, 와니베노오미키미테, 이카고노오미아베 등을 보내어, 수만 명의 병사를 이끌고 후와에서 출격하여 곧장 오미로 들어가게 했다. 그 군사가 오미의 병사와 구별하기 어려운 것을 염려하여, 옷 위에 붉은 헝겊을 달게 했다. 나중에 오노오미혼지에게 명하여 병사 3,000명을 이끌고 다라노에 주둔시키고, 다나카노오미타리마로(田中臣足麻呂)를 보내어 구라후노미치(倉歷道 ; 오미노쿠니近江國 고카군甲賀郡 구라후藏部)를 지키게 했다.

오미 쪽에서는 야마베노오키미(山部王), 소가노오미하타야스(蘇我臣果安), 고세노오미히토(巨勢臣比等)에게 명하여, 병사 수만 명을 이끌고 후와를 습격하기 위해 이누카미가와(犬上川) 강가에 군사를 집결시켰다. 그러나 야마베노오키미가 소가노오미하타야스와 고세노오미히토에게 살해되자 혼란에 빠져 진군할 수가 없었다. 소가노오미하타야스는 이누카미에서 돌아온 뒤 스스로 목을 찔러 자결했다. 이때 오미군의 장군 하타노키미야쿠니(羽田公矢國)가 아들 우시(大人) 등과 일족을 이끌고 투항해 왔다. 그래서 인수(印綬)를 주어 장군에 임명하고 북쪽의 고시 지방으로 들여보냈다. 그 후 오미 쪽이 정예병을 풀어 다마쿠라베노무라(玉倉部村 ; 시가현滋賀縣 사메가이醒ヶ井)를 급습했으나 이즈모노오미코마(出雲臣狛)를 보내어 격퇴했다.

3일, 장군 오토모노후케이가 나라야마(奈良山) 위에 주둔했다. 아라타오노아타이아카마로(荒田尾直赤麻呂)는 장군에게 "고도(古都 ; 아스카)는 우리의 본거지이므로 끝까지 지켜야 합니다." 하고 말했다. 오토모노후케이도 이에 동의하고 아라타오노아타이아카마로, 인베노오비토코비토(忌部首子人)를 보내어 고도를 지키도록 했다. 아라타오노아타이아카마로는 고도에 들어가 도로에 있는 다리의 판자를 뜯어서 방패를 만들어 수도의 거리 곳곳에 세워서 수비했다.

4일, 장군 오토모노후케이는 나라야마에서 오미의 장군 오노노키미하타야스(大野君果安)와 싸웠으나 오노노키미하타야스에게 패하여 병졸이 모두 달아나고 말았다. 오토모노후케이도 간신히 몸을 피할 수 있었다. 추격해 온 오노노키미하타야스는 야쿠치(八口)에 이르러 높은 곳에서 수도를 내려다보니 길모퉁이마다 방패가 세워져 있어서 복병이 있는 것이 아닌가 의심하여 병사를 이끌고 달아났다.

5일, 오미군의 부장인 다나베노오스미(田邊小隅)는 가후카산(鹿深山 ; 고카甲賀의 산)을 넘어, 사람들 모르게 깃발을 말고 북을 안은 채 구라후에 도착했다. 밤중에 말에게 매(枚 ; 재갈. 입에 물려 소리를 내지 않게 하는 것)를 물린 뒤, 갑자기 성책을 무너뜨리고 다나카노오미타리마로의 진영으로 돌진했다. 다나베노오스미는 적과 아군을 구별하기 위해 병사들의 암호로 '가네(金)'라고 말하게 했다. 수비하던 다나카노오미타리마로의 군사들은 큰 혼란에 빠져 우왕좌왕하며 어찌할 바를 몰랐다. 그러나 다나카노오미타리마로만은 재빨리 눈치채고 혼자 '가네'라고 말하고 간신히 빠져나갈 수 있었다.

6일, 다나베노오스미는 다시 진군하여 다라노의 진영을 급습했다. 장군 오노오미혼지는 이를 막고 정예병을 내어 추격했다. 다나베노오스미는 간신히 달아나 그 뒤로 다시는 나타나지 않았다.

오쓰쿄(大津京) 함락

7일, 무라쿠니노무라지오요리 일행은 오키나가(息長)의 요코카와(橫河 ; 마이하라초(米原町 근처인가)에서 오미군과 싸워 격파했다. 그 장수인 사카이베노무라지쿠스리를 베었다. 9일, 무라쿠니노무라지오요리 일행은 다시 오미의 장수 하타노토모타리(秦友足)를 도코노야마(鳥籠山)에서 베었다. 이날 동도(東道)의 장군 기노오미아헤마로는 야마토의 장군 오토모노후케이가 오미군에 패한 것을 알고, 군사를 나눠 오키소메노무라지우사기에게 1,000여 기를 주어 급히 야마토의 수도로 보냈다.

13일 무라쿠니노무라지오요리 일행은 야스카와(安河) 강변 전투에서 대승을 거두고 고소헤노오미오쿠치(社戶臣大口), 하지노무라지치시마(土師連千島)를 포로로 잡았다.

17일, 구루모토(栗太 ; 시가현滋賀縣 구리타군栗太郡)의 군사를 추격했다. 22일, 무라쿠니노무라지오요리 일행은 세타(瀨田 ; 시가현滋賀縣 세타초瀨田町)에 도착했다. 오토모노미코와 군신은 세타바시(瀨田橋) 서쪽에 크게 진을 치고 있었다. 그 뒤가 어디까지 뻗어 있는지 알 수 없을 정도였다. 깃발이 들판을 가득 뒤덮고 흙먼지가 하늘 높이 피어올랐다. 징과 북소리가 수십 리 밖까지 울려퍼지고 늘어선 활에서는 화살이 빗발같이 쏟아졌다. 오미 쪽 장수 지손(智尊)이 정예병을 이끌고 선봉에 서서 방어전을 펼쳤다. 다리 중앙을 3장(丈) 정도의 폭으로 잘라내고 긴 판자 한 장을 얹었다. 판자를 밟고 건너가려 할 때 판자를 당겨 아래로 떨어뜨리려는 것이다. 그래서 전진하여 공격할 수가 없었다. 그때 오키다노키미와카미라는 용사가 있었다. 그가 창을 버리고 갑옷을 겹쳐 입더니 칼을 뽑아 단숨에 판자를 밟고 건너갔다. 판자를 묶은 밧줄을 끊고 화살을 뚫고 적진으로 돌진했다. 오미 쪽 진영은 바로 난장판이 되어 뿔뿔이 흩어지는 자들을 도저히 막을 수가 없었다. 장군 지손이 칼을 뽑아 달아나는 자를 베었으나 역부족이었다. 지손은 다리 옆에서 참살되고 말았다. 오토모노미코와 좌우 대신들은 맨몸으로 간신히 빠져나왔다. 무라쿠니노무라지오요리 일행은 아와즈노오카(粟津岡 ; 시가현滋賀縣 오쓰시大津市 제제膳所) 산기슭에 병사들을 집결했다. 이날 하타노키미야쿠니, 이즈모노오미코마는 연합하여 미오성(三尾城 ; 시가현滋賀縣 다카시마군高島郡 미오三尾)을 공격하여 함락했다. 23일, 무라쿠니노무라지오요리 일행은 아와즈노이치(粟津市)에서 오미의 장수 이누카이노무라지이키미(犬養連五十君)와 다니노아타이시오테(谷直鹽手)를 베었다. 오토모노미코는 더 이상 달아날 곳이 없었다. 그는 되돌아가 야마사키(山前 ; 오쓰시大津市 나가라야마長等山 앞, 또는 교토부京都府 오토쿠니군乙訓郡 오야마자키大山崎 등 여러 설이 있다)에 몸을 숨긴 뒤 스스로 목을 매고 죽었다. 좌우 대신과 여러 군신은 모두 흩어져 달아났다. 다만 모노노베노무라지마로(物部連麻呂)와 한두 명의 신하만이 황자를 따랐다.

야마토의 전장

이보다 앞서(7월 1일) 장군 오토모노후케이가 나라를 향해 출발하여 히에다(稗田 ; 야마토코리야마시大和郡山市 히에다稗田)에 이르렀을 때, 어떤 사람이 와서 "가와치 쪽에서 수많은 군사가 오고 있습니다." 하고 말했다. 오토모노후케이는 사카모토노오미타카라(坂本臣財), 나가오노아타이마스미(長尾直眞墨), 구라카라노아타이마로(倉墻直麻呂), 다미노아타이오시비(民直小鮪), 다니노아타이네마로(谷直根麻呂)에게 병사 300명을 주어 디쓰타를 지키게 했다. 또 사미노키미스쿠나마로에게 수백 명을 주어 오사카(大坂 ; 나라현奈良縣 가시바초香芝町 오사카逢坂)에 주둔시켰다. 가모노키미에미시에게는 수백 명을 데리고 이시테노미치(石手道 ; 다케노우치토게竹內峠인가)를 지키게 했다. 그날 히라시노노(平石野)에서 숙영하던 사카모토노오미타카라 일행은 오미군이 다카야스성(야오시八尾市)에 있다는 말을 듣고 산으로 올라갔다. 오미군은 사카모토노오미타카라가 온다는 것을 알고 세창(稅倉 ; 전세田稅를 수납하는 창고)을 불태우고 모두 흩어져 달아났다. 그리하여 사카모토노오미타카라 일행은 성 안에서 밤을 지세웠다. 새벽에 멀리 서쪽을 바라보니, 오쓰(하비키노시羽曳野市 나가오가도長尾街道인가), 다지히(다케다가도竹田街道인가), 두 길에서 수많은 군사가 진군해 오는 깃발이 보였다. 누군가가 "오미의 장수 이키노후비토카라쿠니(壹伎史韓國)의 군사다." 하고 말했다. 사카모토노오미타카라 일행은 다카야스성에서 나와 에가노카와(衞我河)를 건너가 강 서쪽에서 이키노후비토카라쿠니와 싸웠다. 그러나 병사가 적어서 방어할 수가 없었다. 이보다 앞서, 기노오미오토(紀臣大音)가 가시코사카노미치(懼坂道)를 지키기 위해 파견되어 있었기 때문에 사카모토노오미타카라는 가시코사카노미치로 물러가서 기노오미오토의 진영에 들어갔다. 그때 가와치의 구니쓰카사인 구루메노오미시오코(來目臣鹽籠)가 후와궁에 귀순할 생각으로 병사를 모으고 있었다. 그때 이키노후비토카라쿠니가 도착하여 몰래 그 계획을 듣고 구루메노오미시오코를 죽이려 했다. 구루메노오미시오코는 계획이 탄로난 것을 알고 자결했다.

하루가 지난 뒤 여러 길에서 오미군이 속속 모여들었다. 후케이군은 이를 막아내지 못하고 퇴각했다. 그날, 장군 오토모노후케이는 오미군에 패하여 기마병 한둘만 데리고 달아났다. 스미사카(墨坂 ; 나라현奈良縣 하이바라초榛原町 서쪽 언덕)에 이르러 오키소메노무라지우사기의 군사들을 맞닥뜨렸다. 그래서 다시 되돌아와 가나즈나노이(金綱井 ; 가시하라시橿原市 이마이초今井町 부근인가)에 머물며 흩어진 병사들을 모았다. 그때 오미군이 오사카노미치(大坂道)에서 온다는 보고를 듣고 장군은 군사를 이끌고 서쪽으로 갔다. 다기마(當麻 ; 나라현奈良縣 다기마도마무라當麻村) 마을에서 이키노후비토카라쿠니의 군사와 아시이케(葦池) 근처에서 싸웠다. 그때 구메(來目)라는 용사가 있었는데 칼을 뽑더니 말을 달려 군사들 사이로 돌격했다. 말을 탄 무사들이 차례차례 따라갔다. 달아나는 오미군을 추격하여 많은 적을 베었다. 장군이 군사들에게 호령하기를 "싸움을 하는 목적은 백성을 죽이는 것이 아니다. 원흉만 없애면 되는 것이니 함부로 죽이지 말라."고 했다. 이키노후비토카라쿠니는 병사들을 두고 혼자 달아났다. 장군이 멀리서 그것을 보고 구메에게 쏘라고 명령했다. 그러나 빗나가서 결국 달아나고 말았다.

장군이 본진이 있는 아스카로 돌아오자, 아즈마노쿠니에서 본대가 속속 도착했다. 그래서 군을 나누어 각각 상도(上道), 중도(中道), 하도(下道 ; 나라분지奈良盆地를 남북으로 관통하는 세 도로)에 배치했다. 장군 오토모노후케이는 직접 중도를 맡았다. 마침 오미의 장군 이누카이노무라지이키미가 중도로 진군해와서 무라야(村屋 ; 나라현奈良縣 다와라모토초田原本町 구라코藏戶)에 주둔하고, 별장(別將) 이오이노미야쓰코쿠지라(廬井造鯨)에게 정예병 200명을 주어 장군 오토모노후케이의 진영을 습격하게 했다. 그때 마침 진영에 병사가 적어서 방어할 수가 없었다. 가까운 오이데라(大井寺)에서 하인 도코마로(德麻呂) 등 5명이 군대를 따라 전쟁터에 나왔는데 그들이 선봉으로 나서서 적을 쏘는 바람에 이오이노미야쓰코쿠지라의 군사는 전진할 수가 없었다. 이날, 상도의 수비를 맡은 미와노키미타케치마로, 오키소메노무라지우사기는 하시하카(箸陵) 근처에서 오미군과 싸워 크게 격파하고 승세를 타고 이오이노미야쓰코쿠지라 군사의 배후를 차단했다. 이오이노미야쓰코쿠지라 부대는 뿔뿔이 흩어져 도주하고 많은 부하들이 살해되었다. 이오이노미야쓰코쿠지라가 백마를 타고 달아나다가 말이 진흙 논에 빠져 오도 가도 못했다. 장군 오토모노후케이가 가이노쿠니에서 온 용맹한 병사에게 명령했다.

"저 백말을 탄 자가 이오이노미야쓰코쿠지라다. 어서 쫓아가서 쏘아라." 가이노쿠니에서 온 용맹한 병사는 말을 달려 쫓아갔다. 이오이노미야쓰코쿠지라에게 거의 다 다가왔을 때, 이오이노미야쓰코쿠지라가 말에 세차게 채찍을 가해 말이 용케 진흙에서 빠져나가 달아나고 말았다. 장군은 다시 아스카의 본진으로 돌아가 병사를 모았다. 그 이후 오미군은 더 이상 나타나지 않았다.

이보다 앞서 가나즈나노이에 집결했을 때, 다케치군(高市軍)의 대령(大領)인 다케치노아가타누시코메(高市縣主許梅)가 갑자기 입을 다물더니 말을 하지 못했다. 사흘 뒤, 신들린 듯한 상태에서 그가 말하기를 "나는 다케치노야시로(高市社)에 있는 고토시로누시노카미(事代主神)다. 또 무사노야시로(身狹社 ; 무사노야시로牟佐社)에 있는 이쿠미타마노카미(生靈神)다."라고 말하고, 신이 하는 말이라 하면서 "진무천황의 무덤에 말과 각종 무기를 바치도록 하라."고 했다. 그리고 "나는 스메미마노미코노(皇御孫命 ; 오아마노미코)의 앞뒤에 서서 후와까지 데려다주고 돌아왔다. 지금도 관군 속에 서서 그를 수호하고 있다."고 했다. 또 "서쪽 길에서 군사들이 오고 있다. 조심하라."고 말하고는 곧 깨어났다. 그리하여 서둘러 다케치노아가타누시코메를 보내어 무덤에 참배하고 말과 무기를 바쳤다. 또 제물을 올리고 다케치, 무사 두 신사의 신에게 제사지냈다.

그 뒤 이키노후비토카라쿠니가 오사카에서 내습하자 사람들은 "두 신사의 신이 말한 것은 바로 이것이었다."고 말했다. 또 무라야노카미(村屋神 ; 모리야신사守屋神社)의 제신(祭神)도 신관에게 빙의하여 "지금 나의 신사 안쪽 길로 군대가 오고 있다. 그러니 신사 안쪽 길을 방어하라."고 말했다. 며칠 지나지 않아이오이노미야쓰코쿠지라의 군사가 중도에서 내습했다. 사람들은 "신이 일러준 말은 바로 이것이었다."고 말했다. 싸움이 끝난 뒤, 장군들이 이 세 신이 일러준 것을 천황에게 주상하자, 천황은 칙명을 내려 세 신의 위계를 올리고 제사를 지냈다.

오아마노미코(大海人皇子)의 야마토(大和) 회복

22일, 장군 오토모노후케이는 야마토 땅을 완전히 평정하고 오사카를 넘어 나니와로 향했다. 다른 별장들은 각각 세 길(상도, 중도, 하도)로 나아가 야마사키(山崎 ; 교토부京都府 오야마사키초大山崎町)에 이르러 강 남쪽에 집결했다. 오토모노후케이는 나니와의 오고리(小郡 ; 영빈시설)에 머물고, 이서(以西) 각국의 구니쓰카사에게 관약(官鑰 ; 궁문이나 성문의 자물쇠), 에키레이(방울), 전인(傳印 ; 역마나 전마를 사용할 때 쓴다)을 바치게 했다. 24일, 장군들은 모두 사사나미(篠波 ; 오쓰궁 일대의 땅)에서 만나, 좌우 대신과 죄인들을 수색하여 체포했다. 26일, 장군들은 후와궁으로 가서 오토모노미코의 머리를 천황의 군영 앞에 바쳤다.

8월 25일, 다케치노미코에게 명하여 오미 쪽 군신의 죄상과 처분을 발표했다. 중죄인 7명을 극형(사형)에 처했다. 우대신 나카토미노무라지카네(中臣連金)를 아사이노코리(淺井郡)의 다네(田根)에서 베었다. 그날 좌대신 소가노아카에, 다이나곤 고세노오미히토 및 그 자손과, 나카토미노무라지카네의 아들과 소가노오미하타야스의 아들은 모두 유배하고 나머지는 모두 용서했다. 이보다 앞서, 오와리의 구니쓰카사인 지이사코베노무라지사히치는 산에 숨어 있다가 자결했다. 천황은 "지이사코베노무라지사히치는 공을 세운 자였는데 잘못도 없이 죽을 리가 없다. 뭔가 숨기고 있던 음모라도 있었던가." 하고 말했다.

27일, 무훈을 세운 사람들에게 조칙을 내려 그 공을 칭찬하고 은상(恩賞)을 내렸다.

9월 8일, 귀로에 오른 천황은 이세의 구와나에 묵고, 9일은 스즈카에서 묵은 뒤, 10일은 아헤(阿閇 ; 이세노쿠니伊勢國 아하이阿拜)에, 11일은 나바리(名張)에 묵었다. 12일, 야마토의 수도(아스카)에 도착하여 시마노미야에 들어갔다. 15일, 시마노미야에서 오카모토궁으로 옮겼다.

이해에 오카모토궁 남쪽에 궁전을 지어 그해 겨울에 이주했다. 이를 아스카 노키요미하라궁(飛鳥淨御原宮)이라고 한다.

겨울 11월 24일, 쓰쿠시에서 신라의 사신 김압실(金押實) 일행에게 향응을 베풀고 각자에게 알맞은 물품을 내렸다.

12월 4일, 무훈을 세운 사람들을 가려내어 관위를 올려 쇼센 이상의 관위를 저마다에게 주었다.

15일, 배 한 척을 신라의 사신에게 내렸다. 26일, 김압실 일행은 귀로에 올랐다. 이달에 다이시 이나노키미타카미(韋那公高見)가 죽었다.

제29권

덴무천황(天武天皇): 아마노누나하라오키노마히토노스메라미코토(天渟中原瀛眞人天皇) 하(下)

덴무천황(天武天皇) 즉위

2년 봄 정월 7일, 술을 준비하여 여러 신하에게 대연회를 베풀었다.

2월 27일, 천황은 관리에게 명하여 아스카노키요미하라궁(飛鳥淨御原宮)에 식장을 마련토록 하고 즉위식을 올렸다. 정비 우노노히메(菟野皇女)를 황후로 세웠다. 황후는 구사카베노미코(草壁皇子 ; 몬무, 겐쇼 두 천황의 아버지)를 낳았다. 그 후 황후의 언니 오타노히메(大田皇女)를 비로 맞이하여 오쿠노히메(大來皇女)와 오쓰노미코(大津皇子)를 낳았다. 다음 비인 오에노히메(大江皇女 ; 덴지천황의 딸)는 나가노미코(長皇子)와 유게노미코(弓削皇子)를 낳았다. 다음 비인 니이타베노히메(新田部皇女)는 도네리노미코(舍人皇子 ; 일본서기 편찬자)를 낳았다. 또 부인(夫人)인, 후지와라노카마타리의 딸 히카미노이라쓰메(氷上娘)는 다지마노히메(但馬皇女)를 낳았다. 다음 부인인 히카미노이라쓰메의 동생 이오에노이라쓰메(五百重娘)는 니이타베노미코(新田部皇子)를 낳았다. 다음 부인인 소가노아카에노오오미의 딸 오누노이라쓰메(太蕤娘)는 1남 2녀를 낳았다.

첫째는 호즈미노미코(穗積皇子)이고, 둘째는 기노히메(紀皇女), 셋째는 다카타노히메(田形皇女)다. 천황은 처음에 가가미노오키미(鏡王)의 딸 누카타노오키미(額田姬王)를 아내로 맞이하여 도치노히메(十市皇女 ; 오토모노미코의 아내)를 낳았다. 다음에 무나카타노키미토쿠젠(胸形君德善)의 딸 아마코노이라쓰메(尼子娘)를 아내로 맞이하여 다케치노미코를 낳았다. 다음, 시시히토노오미오마로(宍人臣大麻呂)의 딸 가지히메노이라쓰메(穀媛娘)는 2남 2녀를 낳았다. 첫째는 오사카베노미코, 둘째는 시키노미코(磯城皇子), 셋째는 하쓰세베노히메(泊瀨部皇女), 넷째는 다키노히메(託基皇女)다.

29일, 공훈을 세운 사람들에게 각각 작위를 내렸다.

3월 17일, 빈고의 구니쓰카사가 가메시노코리(龜石郡 ; 진세키군神石郡)에서 흰 꿩을 잡아 조정에 진상했다. 그래서 그 군의 과역을 모두 면제해주고 전국에 사면령을 내렸다. 이달에 필사생(筆寫生)을 모집하여 가와라데라(川原寺)에서 처음으로 일체경(一切經 ; 대장경)을 베끼는 일을 시작했다.

여름 4월 14일, 오쿠노히메를 이세신궁의 무녀로 삼기 위해, 먼저 하쓰세의 이쓰키노미야(齋宮)에서 살게 했다. 이곳은 먼저 몸을 깨끗이 하여 점차 신에게 다가가기 위한 곳이다.

5월 1일, 공경대부 및 여러 오미, 무라지, 도모노미야쓰코에게 명을 내리기를 "처음으로 궁에 출사하는 자는 먼저 오토네리(大舍人 ; 궁중에서 잡무에 종사하는 관리)로 봉사하고, 그런 다음 재능에 따라 알맞은 자리에 배치하라. 또 부녀는 남편이 있고 없고와 나이의 많고 적음을 따지지 말고 궁중에서 일하기를 원하는 자는 받아들여라. 선발 기준은 일반 남자 관리의 기준과 같다."고 했다.

29일, 다이킨죠 사카모토노오미타카라가 죽었다. 임신년(壬申年)의 공로에 따라 쇼시 관위를 내렸다.

윤6월 6일, 다이킨게인 백제의 사택소명(沙宅昭明)이 죽었다. 총명하고 지식이 풍부하여 수재로 칭송받았던 사람이다. 천황은 크게 놀라며 도노쇼시(外小紫) 관위를 내리고, 아울러 출신국 백제의 최고위인 대좌평 지위를 내렸다. 8일, 탐라(제주도)가 왕자 구마예(久麻藝), 도라(都羅), 우마(宇麻) 등을 보내어 조공했다.

15일, 신라는 한아찬(韓阿湌) 김승원(金承元), 아찬 김기산(金祇山), 대사 상설(霜雪) 등을 보내어 천황 즉위를 축하했다. 동시에 일길찬(一吉湌) 김살유(金薩儒), 한내말(韓奈末) 김지산(金池山) 등을 보내어 선황의 상(喪)을 조문했다. 그 송사인 귀간보(貴干寶), 진모(眞毛)가 승원(承元), 살유(薩儒)를 쓰쿠시에 보내왔다.

24일, 귀간보 일행에게 쓰쿠시에서 향응을 베풀었다. 각자에게 알맞은 하사품을 받고 쓰쿠시에서 귀국했다.

가을 8월 9일, 이가노쿠니의 기노오미아헤마로(紀臣阿閉麻呂) 등에게 임신년의 공로를 표창하고 은상(恩賞)을 내렸다. 20일, 고구려가 상부위두대형(上部位頭大兄) 감자(邯子), 전부대형(前部大兄) 석간(碩干) 등을 보내어 조공했다. 신라는 한내말 김이익(金利益)을 파견하여 고구려 사신을 쓰쿠시까지 보내주었다.

25일, 즉위 축하 사신인 김승원 일행 가운데 중객(中客) 이상인 자 27명을 수도로 불렀다. 쓰쿠시의 대재(大宰)에게 명하여 탐라의 사신에게 전하기를 "천황이 천하를 평정하고 새로이 즉위했으므로 축하 사절이 아니면 만날 수가 없다. 그것은 그대들도 보아서 잘 알고 있으리라. 요즈음 날씨가 추워졌고 바다도 거칠어져서 오래 머무르면 여러 가지 걱정거리가 많을 테니, 가능하면 빨리 귀국하도록 하라."고 했다. 본국에 있는 왕과 사신 구마예 등에게 처음으로 일본의 관위를 내렸다. 그 관위는 다이오쓰죠로, 관(冠)은 비단 자수로 장식했고 좌평위에 상당한다. 쓰쿠시에서 귀국시켰다.

9월 28일, 나니와에서 김승원 일행에게 향응을 베풀었다. 각종 가무를 펼치고 각자에게 하사품도 내렸다. 겨울 11월 1일, 김승원이 귀로에 올랐다.

21일, 쓰쿠시의 오코리에서 고구려의 감자, 신라의 살유 등에게 향응을 베풀고, 각자에게 하사품을 내렸다. 12월 5일, 대상제(大嘗祭 ; 즉위 후 처음 맞이하는 추수감사제)에서 봉사한 나카토미, 인베 및 신관들, 그리고 하리마, 단바 양국의 고리쓰카사 이하 일꾼들에게 모두 하사품을 내렸다. 군사들에게는 각각 작위 1급(一級)을 내렸다.

17일, 쇼시 미노노오키미(美濃王), 쇼킨게 기노오미카타마로(紀臣訶多麻呂)를 다케치노오데라(高市大寺 ; 이전의 구다라오데라百濟大寺, 나중의 다이안지大安寺)의 쓰쿠루쓰카사(造司)에 임명했다. 그때 지사(知事 ; 절의 관리인)인 승려 후쿠린(福林)이 노령을 이유로 지사를 사양했으나 허락하지 않았다. 27일, 승려인 기죠(義成)를 쇼조즈(小僧都 ; 승관僧官의 하나)로 정했다. 이날, 다시 좌관(佐官 ; 기록을 관장하는 승관의 하나) 두 사람을 추가했다. 좌관을 네 사람 둔 것은 이때부터였다. 태세 계유년(癸酉年)의 일이었다.

3년 봄 정월 10일, 백제왕 창성(昌成 ; 의자왕의 손자이자 선광왕의 아들)이 죽었다. 쇼시의 관위를 내렸다. 2월 28일, 기노오미아헤마로(紀臣阿閇麻呂)가 죽었다. 천황은 크게 슬퍼하며 임신년의 전공에 따라 다이시의 관위를 내렸다.

3월 7일, 쓰지마의 구니쓰카사인 오시누미노미야쓰코오쿠니(忍海造大國)가 "이 나라에서 처음으로 은(銀)이 나왔기에 진상합니다." 하고 보고했다. 이에 따라 오시누미노미야쓰코오쿠니에게 쇼킨게 관위를 내렸다. 은이 일본에서 산출된 것은 이때가 처음이다. 그래서 모든 신에게 그것을 바치고, 쇼킨 이상의 마에쓰키미에게도 골고루 내렸다.

가을 8월 3일, 오사카베노미코를 이소노카미신사에 보내어, 고유(膏油)로 신보인 무기를 닦게 했다. 그날 "전부터 보고에 저장한 각 가문의 보물을 지금 모두 그 자손에게 반환하라."고 명했다. (황실의 무기고로 하기 위함인가)

겨울 10월 9일, 오쿠노히메가 하쓰세의 이와이노미야에서 이세신궁으로 옮겼다.

4년 봄 정월 초하루, 대학료(大學寮 ; 율령제 아래에 설치한 관료 육성기관)의 학생들, 음양료(陰陽寮 ; 율령제 아래에서 천문, 시간, 역법 등에 관한 일을 관장하는 관청) 외약료(外藥寮 ; 나중의 전약료典藥寮에 해당. 의술, 침술, 안마, 약 등을 관장하는 관청) 및 사위(舍衞) 여자, 타라(墮羅) 여자, 백제왕 선광(善光), 신라의 잡역부들이 약과 진귀한 물건들을 천황에게 진상했다. 2일, 황자 이하 백료들이 신년하례를 올렸다. 3일, 백료들 가운데 초위(初位) 이상인 자 모두가 궁정에서 사용할 땔나무를 진상하는 행사가 열렸다. 5일, 처음으로 점성대(占星臺 ; 천문을 관찰하고 길흉을 점치는 곳)를 세웠다.

7일, 여러 신하에게 조정에서 연회를 베풀었다.

17일, 공경대부와 백관 가운데 초위 이상인 자들이 서문 뜰에서 사례(射禮)를 열었다. 이날 야마토노쿠니에서 서계(瑞鷄 ; 상서로운 닭)를 바쳤다. 아즈마노쿠니에서 흰 매, 오미노쿠니에서 흰 솔개를 각각 진상했다. 23일, 각 신사에 제물을 바쳤다.

2월 9일, 야마토, 가와치, 셋쓰, 야마시로, 하리마, 아와지, 단바, 다지마, 오미, 와카사, 이세, 미노, 오와리 등지에 "관내 백성 가운데 노래를 잘하는 남녀와 난쟁이, 배우를 선발하여 진상하라."는 명을 내렸다. 13일, 도치노히메, 아헤노히메가 이세신궁에서 참배했다. 15일 "덴지천황 3년에 각 씨족에게 내린 가키베(民部)와 야카베(家部)[1]는 앞으로 중지한다. 또 친왕(親王 ; 천황의 형제, 황자), 제왕 및 제신(諸臣), 그리고 각 사원에 내린 산천, 도포(島浦), 임야, 못은 야마토 이전과 이후를 불문하고 모든 지역에 돌려준다."는 명을 내렸다.

19일, 명을 내리기를 "군신, 백료 및 온 나라의 백성은 악한 짓을 해서는 안 된다(열반경 등에 나와 있다). 만약 이를 어기는 자가 있으면 그에 상응하는 처벌을 내리리라."고 했다. 23일, 천황은 다카야스성에 행차했다.

이달, 신라는 왕자 충원(忠元), 대감급찬(大監級飡) 김비소(金比蘇), 대감내말(大監奈末) 김천충(金天沖), 제감대마(第監大麻) 박무마(朴武摩), 제감대사(第監大舍) 김낙수(金洛水) 등을 보내어 조공했다. 그 송사인 내말 김풍나(金風那), 내말 김효복(金孝福)은 왕자 충원을 쓰쿠시까지 데려다 줬다.

3월 2일, 도사노오카미(土佐大神 ; 고치시高知市 잇쿠一宮)에서 신도(神刀) 한 자루를 천황에게 진상했다. 14일, 김풍나 일행은 쓰쿠시에서 향응을 대접받고 그곳에서 귀로에 올랐다. 16일, 제왕위(諸王位) 4위에 있는 구루쿠마노오키미를 병정관장(兵政官長 ; 훗날의 병부경兵部卿에 해당한다)으로 정하고, 쇼킨죠 오토모노무라지미유(大伴連御行)를 대보(大輔 ; 차관)로 정했다.

이달에 고구려가 대형 부간(富干), 대형 다무(多武) 등을 보내어 조공했다. 신라는 급찬(級飡) 박근수(朴勤修), 대내말(大奈末) 김미하(金美賀) 등을 보내어 조공했다.

여름 4월 5일, 승려 2,400여 명을 불러 성대한 재회(齋會)를 열었다. 8일, 칙령을 내려 "쇼킨죠 다기마노키미히로마로(當麻公廣麻呂)와 쇼킨게 구메노오미마로(久努臣麻呂) 두 사람의 조정 출사를 금한다."고 했다(이유는 불명).

9일 명을 내려 "각국의 대세(貸稅 ; 벼를 대여하고 이자를 받는 행위)는 앞으로 백성의 빈부를 잘 감찰하여 3계급으로 나누고, 중호(中戶) 이하인 자에게 대여하라."고 했다.

---

1) 둘 다 호족의 사유민.

히로세(廣瀨), 다쓰타(龍田)의 신제(神祭)

10일, 쇼시 미노노오키미, 쇼킨게 사에키노무라지히로타리(佐伯連廣足) 등을 보내어, 다쓰타의 다쓰노(立野 ; 나라현奈良縣 이코마군生駒郡 미사토무라三郷村 다쓰노立野)에서 풍신(風神)에게 제사를 올렸다. 쇼킨츄 하시히토노무라지오후타(間人連大蓋), 다이센츄 소네노무라지카라이누(曾禰連韓犬)를 보내어, 히로세(나라현奈良縣 기타카쓰라기군北葛城郡 가와이무라河合村 가와이川合) 강가에서 오이미노카미(大忌神)에게 제사를 올렸다.

14일, 쇼킨게 구노노오미마로(久努臣摩呂)는 천왕의 명령을 가지고 온 사자의 명령에 복종하지 않은 죄로 관위를 모두 박탈당했다. 17일, 각국에 명을 내려 "앞으로 어업이나 수렵에 종사하는 자는 우리나 함정, 기계장치로 작동하는 창(槍) 등을 만들어서는 안 된다. 4월 1일부터 9월 30일까지 틈새가 촘촘한 어량(魚梁 ; 물살을 가로막고 물길을 한 군데 터놓아 거기에 통발 등을 놓아 물고기를 잡는 것)을 설치하여 물고기를 잡아서는 안 된다(치어 보호). 또 소, 말, 개, 원숭이, 닭고기를 먹어서는 안 된다. 그 이외에는 금하지 않는다. 만약 이 금기를 어길 때는 처벌을 받는다."고 했다.

18일, 3위 마미노오키미(麻續王)에게 죄가 있어 이나바에 유배했다. 아들 하나는 이즈노시마(伊豆島)에, 다른 한 아들은 지카노시마(血鹿島 ; 나가사키長崎의 고도렛토五島列島)에 유배했다. 23일, 각종 재주가 있는 자를 뽑아 녹을 하사했다.

그달에 신라 왕자 충원(忠元)이 나니와에 도착했다.

6월 23일, 오키다노키미에사카의 병이 위중해지자 천황은 크게 슬퍼하며 분부를 내렸다. "오키다노키미에사카여, 그대는 멸사봉공의 정신으로 목숨을 아끼지 않고 임신년의 난에 용감하게 싸워 공을 세웠다. 나는 늘 그대의 노력에 보답하고 싶었다. 설령 그대가 죽는다고 해도 그대의 자손에게 후하게 상을 내리리라." 그렇게 말하고, 도노쇼시(外小紫) 관위로 높여주었다. 그 뒤 얼마 지나지 않아 자택에서 죽었다.

가을 7월 7일, 쇼킨죠 오토모노무라지쿠니마로(大伴連國麻呂)를 대사로, 쇼킨게 미야케노키시이리시(三宅吉士入石)를 부사로 신라에 파견했다.

8월 1일, 탐라의 조공사신인 왕자 구마기(久麻伎)가 쓰쿠시에 도착했다. 22일, 큰 바람이 불어 모래먼지가 일어나고 집이 무너졌다. 25일, 신라 왕자 충원이 배례를 마치고 나니와에서 귀로에 올랐다.

28일, 쓰쿠시에서 신라, 고구려 두 나라의 조공사신에게 향응을 베풀고 각자에게 물품을 내렸다. 9월 27일, 탐라의 왕 고여(姑如)가 나니와에 도착했다.

겨울 10월 3일, 각지에 사자를 보내어 일체경(一切經)을 구해 오라고 했다. 10일, 여러 신하에게 주연을 베풀었다. 16일, 쓰쿠시에서 당나라 사람 30명을 바치자 도토미노쿠니에 살게 했다. 20일, 명을 내려 "왕 이하 초위(初位) 이상인 자는 각자 무기를 갖추라."고 했다. 이날 사가미노쿠니(相模國)에서 "다카쿠라노코리(高倉郡)에 세쌍둥이를 낳은 여인이 있습니다." 하는 보고가 들어왔다(다산 多産 장려)

11월 3일, 어떤 사람이 궁궐 동쪽 언덕에 올라가 뭔가 사람 홀리는 말을 하더니 스스로 목을 매고 죽었다. 그날 밤 당직을 섰던 자들에게는 모두 작 1급 (爵一級)을 내렸다. 이달에 큰 지진이 일어났다.

5년 봄 정월 초하루, 군신과 백관들이 신년하례를 올렸다. 4일, 다케치노미코 이하, 쇼킨 이상의 마에쓰키미에게 옷, 하카마(袴 : 일본 옷의 겉에 입는 하의), 하라오비(褌 : 고대에 하카마 위에 입었던 옷), 허리띠, 다리띠, 및 오시마즈키(机 : 사방침. 팔꿈치를 괼 때 쓰는 일종의 베개)와 지팡이를 내렸다. 단 쇼킨의 세 계급만은 오시마즈키가 없었다. 7일, 쇼킨 이상의 마에쓰키미에게 각자에게 물품을 내렸다.

15일, 백관의 초위 이상이 장작을 진상했다. 그날 조정에 모두를 모아놓고 연회를 베풀었다. 16일, 서문 광장에서 활 시합을 열고, 표적을 맞힌 순서대로 각각 녹을 내렸다. 이날 천황은 시마노미야에 행차하여 연회를 열었다. 25일, 명을 내리기를 "구니쓰카사를 임명할 때는 기나이 및 미치노쿠, 나가토 말고는 모두 다이센 이하의 사람을 임명하라."고 했다.

2월 24일, 손님인 탐라왕에게 배 한 척을 내렸다. 이달에 오토모노무라지쿠니마로 일행이 신라에서 돌아왔다.

여름 4월 4일, 다쓰타의 풍신, 히로세의 오이미노카미에게 제사를 올렸다. 야마토노쿠니 소노시모노코리(添下郡)의 와니쓰미노요고토(鰐積吉事)가 상서로운 닭을 진상했다. 그 닭의 벼슬이 동백꽃처럼 아름다웠다. 이달 야마토노쿠니의 아쿠나미노코리(飽波郡 : 헤구리군平群郡)에서 '암탉이 수탉으로 변했다'는 보고가 있었다.

14일 칙령을 내려 "제왕, 제신이 내린 봉호(封戶)의 세(稅)는 수도의 서쪽 나라에서 수도 동쪽 나라로 바꾸도록 하라. 또 외국(기나이 밖에 있는 나라) 사람 가운데 조정에 출사하고 싶은 자는, 오미, 무라지, 도모노미야쓰코의 아들 및 구니노미야쓰코의 아들이면 허락하기로 한다. 그 이하의 서민이라도 재주가 뛰어난 자는 허락하라."고 했다. 22일, 미노의 구니쓰카사에게 명을 내리기를 "도키노코리(礪杵郡 : 도키군土岐郡)에 있는 기노오미카사마로(紀臣訶佐麻呂)의 아들을 아즈마노쿠니로 옮겨 그 나라의 백성으로 삼으라."[2]고 했다.

5월 3일, 공물 납기를 지키지 않는 구니쓰카사의 상황에 대해 운운했다.

7일, 시모쓰케(下野)의 구니쓰카사가 "국내 백성들 가운데, 흉년이 들어 굶주림에 시달린 끝에 자식을 팔려고 하는 자가 있습니다." 하고 말했으나 허락하지 않았다. 그달에 칙령을 내리기를 "미나미부치야마(南淵山), 호소카와야마(細川山)에서 초목을 베는 것을 금지한다. 또 기나이 산야에서 원래 금지한 곳에서 함부로 초목을 베거나 불태우면 안 된다."고 했다.

논공행상과 야마토노아야우지(倭漢氏)

6월, 4위 구루쿠마노오키미가 병에 걸려 죽었다. 모노노베노오키미노무라지(物部雄君連)도 급병으로 죽었다. 천황은 매우 놀라, 임신년에 천황을 따라 아즈마노쿠니에 들어가서 공을 세웠으니 우치노다이시(內大紫) 관위를 내리고, 모노노베 가문의 수장 지위를 내렸다. 그해 여름 큰 가뭄이 들었다. 각지에 사자를 보내어 제물을 늘어놓고 모든 신에게 기도하고, 또 많은 승려들을 불러 삼보(三寶)에 기도하게 했다. 그러나 비는 오지 않고 오곡이 영글지 않아서 백성들은 굶주림에 시달렸다.

---

2) 공민으로 과역을 매겨서 거두어들인다는 뜻.

가을 7월 2일, 공경대부 및 백료에게 저마다 알맞은 작위를 내려서 승진시켰다. 8일, 탐라의 손님이 귀국했다. 16일, 다쓰타의 풍신과 히로세의 오이미노카미에게 제사를 지냈다.

이달, 무라쿠니노무라지오요리(村國連雄依)가 죽었다. 임신년(壬申年)에 세운 공에 따라 도노쇼시 관위를 내렸다. 동쪽 하늘에 혜성이 나타났다. 길이가 7, 8척 가량이었다. 9월이 되자 하늘 반대쪽에 보였다.

8월 2일 친왕 이하 쇼킨 이상의 마에쓰키미 및 황녀, 황족, 내명부(內命婦 ; 5위 이상의 관위를 가진 부인)에게 각각 식봉(食封)을 내렸다. 16일, 명을 내려 "각국에서 오하라이(大祓 ; 많은 사람의 죄와 부정을 씻기 위해 하는 액막이 의식)를 열어라. 공물은 나라마다 구니노미야쓰코는 말 한 필, 베 한 상(常 ; 1장丈 3척), 고리쓰카사는 각각 칼 한 자루, 사슴가죽 한 장, 괭이 한 자루, 칼 한 자루, 낫 한 자루, 화살 한 벌, 벼 한 다발. 또 집집마다 마(麻) 한 포기를 내도록 하라."고 했다. 17일, 명을 내려 "사형(死刑), 몰관(沒官), 세 가지 유형(流刑 ; 원遠, 중中, 근近)은 모두 1급씩 내린다. 도형(徒刑) 이하의 죄는 이미 발각된 것도, 이후에 저지른 것도 모두 사면한다. 다만 이미 유배된 자는 예외로 한다."고 했다.

이날 각국에 명을 내려 방생령(放生令 ; 잡힌 동물을 놓아주는 것)을 시행했다. 이달에 오미와노마카미다노코비토노키미(大三輪眞上田子人君)가 죽었다. 천황은 크게 슬퍼하며, 임신년의 공으로 우치노쇼시(內小紫) 관위를 내렸다. 오미와노마카미다노무카에노키미(大三輪眞上田迎君)라는 시호를 내렸다.

9월 1일, 비가 내려서 고삭(告朔 ; 매월 1일, 조당朝堂에서 각 지방관이 올리는 공문을 열람하는 의식)은 없었다. 10일, 왕과 공경을 수도와 기나이에 보내어 한 사람 한 사람 무기를 조사하게 했다. 12일, 쓰쿠시 대재 3위 야카키오(屋垣王)를 죄에 따라 도사노쿠니(土佐國)에 유배했다. 13일, 백관과 삼한 사람들에게 물품을 내렸다. 21일, 신관이 "니나메를 위해 구니와 고리를 점쳤더니, 햇곡식을 바칠 나라는 오와리노쿠니의 야마다노코리, 다음은 단바노쿠니의 가사노코리(訶沙郡 ; 가사군加佐郡)로 나왔습니다." 하고 주상했다. 이달에 사카타노키미이카즈치(坂田公雷)가 죽었다. 임신년의 공에 따라 다이시 관위를 내렸다.

겨울 10월 1일, 여러 신하에게 연회를 베풀었다(한겨울, 한여름에는 연회를 열었다). 3일 아이니에(相嘗祭 : 니나메新嘗祭보다 먼저 하는 신곡제新穀祭)에 제사지내는 신들에게 제물을 바쳤다. 10일, 다이오쓰죠 모노노베노무라지마로를 대사로 하고, 다이오쓰츄 야마시로노아타이모모타리(山背直百足)를 소사(小使)로 하여 신라에 파견했다. 11월 1일, 니나메 때문에 고삭은 없었다. 3일, 신라는 사찬 김청평(金淸平)을 보내어 정무를 보고하고, 아울러 급찬 김호유(金好儒), 제감대사(弟監大舍) 김흠길(金欽吉) 들을 보내어 조공했다. 그 송사인 내말 피진나(被珍那), 부사 내말 호복(好福)은 김청평 일행을 쓰쿠시까지 안내했다. 그달에 미시하세(고조선 때 지금의 만주와 연해주 지방에 살던 퉁구스족) 7명이 김청평 일행을 따라왔다.

19일, 수도에 가까운 나라들에 방생령을 내렸다. 20일, 각국에 사자를 보내어 금광명경(金光明經), 인왕경(仁王經)을 설했다. 23일, 고구려가 대사 후부주부(後部主簿) 아우(阿于), 부사 전부대형(前部大兄) 덕부(德富)를 보내어 조공했다. 이 일로 신라는 대내말 김양원(金楊原)을 보내어 고구려 사신을 쓰쿠시로 안내했다.

이해에 니키(新木 ; 야마토코리야마시大和郡山市 이키新木)에 도읍을 건설하려고 했다. 예정지가 된 전답은 공사(公私)를 불문하고 경작하지 않았기 때문에 매우 황폐해졌다. 그러나 끝내 도읍은 건설하지 않았다.

6년 봄 정월 17일, 남문에서 대사례(大射禮)가 열렸다.

2월 1일, 모노노베노무라지마로가 신라에서 돌아왔다. 그달에 다네노시마(多禰嶋 ; 다네가시마種子島) 사람들에게 아스카데라 서쪽 느티나무 아래에서 향응을 베풀었다.

3월 19일, 신라의 사신 김청평 이하 13명을 수도로 불렀다.

여름 4월 11일, 구이타노후비토나쿠라(杙田史名倉)가 천황을 비방했다고 하여 이즈노시마로 유배되었다. 14일, 송사 진내(珍奈) 등에게 쓰쿠시에서 향응을 베풀었고 진내 일행은 그곳에서 귀로에 올랐다.

5월 1일, 고삭은 열리지 않았다. 3일, 대박사(大博士)인 백제 사람 솔모(率母)에게 칙명을 내려 다이센게 관위를 내렸다. 식봉으로 30호를 주었다. 이날에 야마토노에세오토카시(倭畵師音檮)에게 쇼센게 관위를 내리고 식봉 20호를 주었다.

7일, 신라인 아찬 박자파(朴刺破), 종자 3명, 승려 3명이 지카노시마에 표착했다. 28일, 칙명을 내리기를 "각국의 신사에 속한 전조(田租)는 셋으로 나누어 하나는 신에게 바치고 둘은 신주(神主)에게 지급하라."고 했다.

그달에 가뭄이 들어 수도와 기나이에서는 기우제를 지냈다. 6월 14일, 대지진이 일어났다. 이달에 야마토노아야노아타이에게 명을 내리기를 "너희의 동료는 지금까지 일곱 가지 나쁜 짓을 했다. 그 때문에 오하리다 치세(스이코천황의 시대)부터 오미 조정(덴지천황의 시대)에 이르기까지 늘 너희를 경계해 왔다. 지금 나의 치세에 너희가 나쁜 짓을 한다면 죄에 따른 처벌을 내리리라. 그러나 아야노아타이의 씨족을 끊겠다는 것은 아니니, 큰 은혜를 내려 용서하기로 하마. 앞으로 이를 어기는 자가 있으면 반드시 처벌할 것이다."라고 했다.

가을 7월 3일, 다쓰타의 풍신, 히로세의 오이미노카미에게 제사를 지냈다.

8월 15일, 아스카데라에서 성대한 재회를 열고 일체경을 읽게 했다. 천황은 남문으로 와서 부처님에게 배례했다. 이때 친왕과 제왕 및 군경에게 명을 내려, 저마다 한 사람씩 출가시키는 것을 허락하고 출가하는 사람은 남녀노소를 불문하고 모두 바라는 대로 계를 받게 하여 이 대재회(大齋會)에 참석시켰다. 27일, 김청평이 귀로에 올랐다. 표착한 박자파 일행은 김청평을 따라 본국으로 돌아갔다. 28일, 탐라가 왕자 도라(都羅)를 보내어 조공했다.

9월 30일, 칙명을 내려 "부랑자로, 그 본적지로 보낸 자가 다시 돌아온 경우에는 이쪽과 저쪽, 양쪽의 과역을 부과하라."고 했다.

겨울 10월 14일, 우치노쇼킨죠(內小錦上) 가와베노오미모모에(河邊臣百枝)를 가키베노카미(民部卿)로 정했다. 우치노다이킨게(內大錦下) 다지히노키미마로(丹比公麻呂)를 셋쓰시키노마에쓰키미(攝津職大夫)로 정했다.

11월 초하루, 비가 내려 고삭은 열리지 않았다. 쓰쿠시의 대재는 붉은 까마귀(상서로운 징조로 여겼다)를 진상했다. 다자이후의 관리들에게 각각 녹을 내렸다. 붉은 까마귀를 잡은 당사자에게는 작위 4급을 내리고, 그 고리의 고리쓰카사에게는 작위를 올려주었다. 고리 안의 백성에게는 1년치 과역 부담을 면제해 주고 그날 전국에 사면령을 내렸다. 21일 니나메가 열렸다. 23일, 백관의 위계를 지닌 자에게 햇곡식을 내렸다. 27일, 니나메에서 봉사한 신관과 구니쓰카사에게 녹을 내렸다.

12월 1일, 눈이 내려 고삭은 열리지 않았다.

7년 봄 정월 17일, 남문에서 대사례가 열렸다. 22일, 탐라인이 수도에 왔다.

그해 봄, 천지의 신들에게 제사지내기 위해 전국에서 오하라이 행사를 열었다. 구라하시노카와(倉橋河) 상류에 이쓰키노미야(천황이 몸소 신사神事를 행하는 장소)를 세웠다.

여름 4월 1일, 이쓰키노미야에 들어가려고 점을 쳤더니 7일이 좋다는 점괘가 나왔다. 그에 따라 인시(寅時 ; 새벽 4시 무렵)에 벽제(辟除)를 하는 자가 먼저 출발하고 백관이 열을 지어 가마에 덮개를 덮고 출발하려 하는데, 도치노히메가 갑자기 발병하여 궁 안에서 죽었다. 그 때문에 천황의 행렬은 중지되고 행차할 수 없게 되고 말았다. 신들에게 올리는 제사도 취소되었다.

13일, 신궁 서쪽 건물 기둥에 벼락이 떨어졌다.

14일, 도치노히메를 아카호(赤穂 ; 나라시奈良市 다카바타케高畑)에 장사지냈다. 장례에 참석한 천황은 진심이 담긴 말씀을 내리고 소리 내 울었다.

9월, 오시누미노미야쓰코요시마로(忍海造能摩呂)가 진기한 벼 다섯 포기를 바쳤다. 이 벼는 포기마다 가지가 나 있었다. 이에 따라 도형죄(徒刑罪) 이하인 자는 모두 사면했다. 3위 와카사노오키미가 죽었다.

겨울 10월 1일, 나니와에 솜 같은 것이 내렸다. 길이 5, 6척, 넓이 7, 8치로, 바람을 타고 소나무 숲과 갈대 수풀 위에 펄펄 날렸다. 사람들은 그것을 '감로(甘露)'라고 말했다.

26일 명을 내리기를 "안팎의 문무관은 해마다 후비토(史 ; 사등관四等官 백백伯, 부副, 우佑, 사史 가운데 맨 끄트머리 직위) 이상인 관인 가운데, 공평하고 일에 충실한 자의 우열을 논하고 진급시킬 위계를 정하라. 상세하게 기록하여 1월 상순 전에 법관에게 보내라. 법관은 이를 잘 조사하여 대변관(大弁官 ; 각 성의 문서를 수리하고 사무를 감독하는 곳)에게 송부하라. 그러나 공무로 출장을 가야 하는 날에, 정말 병에 걸리거나 부모의 상을 당한 것도 아닌데 사소한 일 때문에 가지 않는 자는 진급시켜서는 안 된다."고 했다.

12월 27일, 되새가 하늘을 뒤덮으며 남서쪽에서 북동쪽으로 날아갔다. 그달에 쓰쿠시노쿠니에 대지진이 일어났다. 지면이 넓이 2장(丈), 길이 3천여 장에 걸쳐 갈라졌고 모든 마을에서 다수의 민가가 무너졌다. 그때 언덕 위에 있었던 어느 민가는, 지진이 일어난 날 밤 언덕이 무너져서 집이 이동했다. 그러나 전혀 부서지지 않아서 사람들은 언덕이 무너져 이동한 것을 모르다가, 날이 샌 뒤에 야 그 사실을 알고 크게 놀랐다고 한다.

이해에 신라의 송사 내말 가량정산(加良井山), 내말 김홍세(金紅世)가 쓰쿠시에 도착하여 주상했다. "신라왕이 사찬 김소물(金消勿), 대내말 김세세(金世世) 등을 보내어 금년의 조공을 바치기 위해, 대신 정산(井山)을 송사로 하여 김소물 일행을 보냈습니다. 그런데 해상에서 폭풍을 만나 뿔뿔이 흩어졌는데, 어디로 갔는지 그 행방을 알 수가 없습니다. 신 정산만은 간신히 해안에 닿을 수 있었습니다." 김소물 일행은 끝내 오지 않았다.

8년 봄 정월 5일, 신라의 송사 가량정산과 김홍세 일행은 수도로 향했다.

7일, 명을 내리기를 "정월의 절회(節會 ; 옛날 조정에서 절일節日이나 의식이 있는 날에 베풀던 연회) 때, 신하 및 백관들은 형제자매 이상의 친족 및 자기 씨족의 우두머리를 제외하고 그밖에는 배례하는 것을 금한다. 제왕(諸王)은 설령 어머니라 해도 왕의 성(姓 ; 친왕을 제외하고 5세손까지)이 아닌 자는 배례해서는 안 된다. 제신(諸臣) 또한 자기보다 출신이 낮은 어미에게 배례해서는 안 된다. 정월 절회 때 외에도 이에 따르도록 한다. 만약 어기는 자가 있으면 경우에 따라 처벌한다."고 했다. 18일, 서문에서 대사례가 열렸다.

2월 1일, 고구려가 상부대상 환부(桓父), 하부대상 사수루(師需婁) 등을 보내어 조공했다. 신라는 내말 감물나(甘勿那)를 붙여서 환부 일행을 쓰쿠시에 보냈다. 3일, 기노오미카타마로(紀臣堅摩呂)가 죽었다. 임신년에 세운 공에 따라 다이킨죠 관위를 내렸다. 4일 명을 내려 "덴무 10년에 친왕, 제신 및 백관들의 무기와 말을 검열할 것이니 미리 준비해 두라."고 했다.

이달에 큰 은혜를 베풀어 가난한 사람들을 구원하고 굶주림과 추위에 떠는 백성들에게 물품을 하사했다.

3월 6일, 도네리오키다노키미와카미(兵衛大分君稚見)가 죽었다. 임신년의 난 때 선봉으로 적진을 격파한 공을 기려 도노쇼킨죠(外小錦上) 관위를 내렸다. 7

일, 천황은 오치(越智 ; 나라현奈良縣 다카토리초高取町)에 행차하여 사이메이천황의 능에 참배했다. 9일 기비노오미코토모치이시카와노오키미(吉備大宰石川王)가 병으로 죽었다. 천황은 이를 듣고 매우 슬퍼하며 자애로운 말씀을 내리고 제왕 2위(諸王二位)를 내렸다.

22일, 가난한 승려에게 두꺼운 천과 솜, 베를 시주했다.

여름 4월 5일, 명을 내려 "식봉(食封 ; 봉건 시대에 제후가 가지고 있던 영지)을 가지고 있는 절의 유서(由緖)를 조사하여 늘려줄 곳은 늘려주고 중단할 곳은 중단하라."고 했다. 이날 각 절의 이름을 정했다. 9일, 히로세, 다쓰타의 신에게 제사 지냈다.

요시노(吉野) 맹세

5월 5일, 요시노궁에 행차했다. 6일, 천황은 황후 및 구사카베노미코, 오쓰노미코, 다케치노미코, 가와시마노미코, 오사카베노미코, 시키노미코에게 명을 내리기를 "오늘 너희와 함께 조정에서 맹약을 맺어 1000년 뒤에도 계승 다툼이 일어나지 않도록 할 생각인데, 너희 의견은 어떠하냐?"고 물었다. 황자들은 한결같이 "참으로 지당한 말씀입니다." 하고 대답했다. 구사카베노미코가 먼저 나아가서 맹세했다. "천지의 신들과 천황이시여, 잘 들으소서. 우리 형제, 나이가 많고 적음을 떠나 여남은 명 모두 각각 어머니는 다르지만, 동복이든 아니든 천황의 말씀에 따라 서로 도우며 싸우지 않겠습니다. 만약 앞으로 이 맹세를 어긴다면 목숨을 잃고 자손도 끊어질 것입니다. 이를 잊지 않고 결코 실수를 범하지 않겠나이다." 다섯 황자들도 차례로 똑같이 맹세했다.

그러자 천황은 "나의 아들들이여, 각각 어미가 다르지만 모두 한 어미에게서 태어난 듯이 우애가 지극하구나." 하고 말했다. 그리고 옷섶을 열어 그 여섯 황자를 품에 안고 맹세했다. "만약 내가 이 맹세를 어긴다면 이 몸은 당장 멸망할 것이다." 황후도 천황과 마찬가지로 맹세했다. 7일, 천황은 궁으로 돌아갔다. 10일, 여섯 황자는 다함께 대전 앞에서 천황에게 배례했다.

6월 1일, 우박이 내렸다. 그 크기가 복숭아씨만 했다. 23일, 기우제를 지냈다. 26일, 다이킨죠 오토모노모리야노무라지(大伴杜屋連)가 죽었다. 가을 7월 6일,

기우제를 지냈다. 14일, 히로세, 다쓰타의 신에게 제사지냈다. 17일, 4위 가즈라키노오키미(葛城王)가 죽었다.

8월 1일 "모든 가문은 각각 여인을 진상하라."고 명했다.

11일, 하쓰세에 행차하여 하쓰세가와에서 굉음이 심한 곳(물살이 센 곳인가) 옆에서 연회를 열었다. 이에 앞서 왕과 공경들에게 "승마용 말 말고도 따로 좋은 말을 준비하여, 요청하면 바로 내어줄 수 있도록 하라."고 분부했다. 하쓰세에서 궁으로 돌아온 날, 군경이 준비한 좋은 말을 도미(迹見 : 사쿠라이시櫻井市 도비外山) 역참 길 위에서 보고 모두 달리게 해보았다. 22일, 가즈라노미야쓰코 오시카쓰(縵造忍勝)가 가화(嘉禾 : 낟알이 많이 달린 큰 벼, 상서로운 징조라고 한다)를 진상했다. 그 벼는 줄기는 여러 개인데 이삭은 하나로 합쳐져 있었다(중국에서 천하 화합의 상징으로 여긴다).

25일, 오야케노오키미(大宅王)가 죽었다.

9월 16일, 신라에 보낸 사신들이 돌아와 천황에게 배례했다. 23일, 고구려에 보낸 사신, 탐라에 보낸 사신이 돌아와 함께 배례했다.

겨울 10월 2일, 천황이 분부하기를 "요즈음 항간에 난폭하고 나쁜 짓을 저지른 자가 많다고 들었다. 이는 모두 왕과 공경들의 잘못이다. 난폭하고 나쁜 짓을 저지르는 자가 있다는 얘기를 듣고도 성가시게 여겨 아는 척하지 않고, 악한 자를 보고도 태만하여 숨기며 바로잡으려 하지 않았기 때문이다. 그것을 보고 들었을 때 바로 조치하면 포악한 자는 사라질 것이다. 앞으로는 귀찮아하거나 소홀히 하지 말고 윗사람은 아랫사람의 잘못을 꾸짖고, 아랫사람은 윗사람의 난폭한 행동을 간하면 나라는 저절로 다스려질 것이다."라고 했다.

11일, 지진이 일어났다. 13일, 조칙을 내려 승려들의 위의(威儀)와 옷 색깔, 그리고 말과 종자가 거리를 오갈 때의 규칙을 정했다.

17일, 신라가 아찬(阿湌) 김항나(金項那)와 사찬(沙湌) 살루생(薩虆生)을 보내어 조공했다. 공물은 금, 은, 철, 세발솥, 비단, 얇은 명주, 베, 가죽, 말, 개, 노새, 낙타 등 10여 종이고 따로 헌상물이 있었다. 천황, 황후, 태자에게도 금, 은, 칼, 깃발류를 상당수 진상했다.

그달에 조칙을 내려 "본디 승려는 늘 절 안에 거주하며 불법을 수호해야 한다. 그러나 늙거나 병이 들어 좁은 승방에 누운 채 오랫동안 고생을 하면 움직이는 것도 불편하고 청정해야 할 장소도 더러워진다. 그러므로 앞으로는 비어 있는 땅에 집을 한두 채 지어 각자의 친족이나 신심이 두터운 자를 딸려서, 노인은 몸을 정양하고 병자에게는 약을 쓰도록 하라."고 했다.

11월 14일, 지진이 일어났다. 23일, 다이오쓰게 야마토노우마카이베노미야쓰코무라지(倭馬飼部造連)를 대사로, 쇼오쓰게 우에노스구리코부(上寸主光父)를 소사로 하여 다네노시마에 파견하고 작위 1급을 내렸다.

이달에 처음으로 다쓰타산과 오사카산에 관문을 설치하고 나니와에 나성(羅城 : 사방에 치는 성벽)을 쌓았다.

12월 2일, 가화가 나타났다고 하여 친왕, 제왕, 제신 및 백관에게 각각 녹물(祿物)을 내리고, 사죄(死罪) 이하의 죄인을 모두 사면했다.

그해에, 기이노쿠니의 이토노코리(伊刀郡 : 와카야마현和歌山縣 이토군伊都郡)에서 영지(靈芝)를 진상했다. 모양은 버섯 같고 줄기의 길이는 1척, 덮개는 2위(圍 : 바깥 둘레 6척) 정도였다. 또 이나바노쿠니에서 상서로운 벼를 진상했다. 그 벼는 포기마다 가지가 갈라져 나와 있었다.

9년 봄 정월 8일, 천황은 무카이노코도노(向小殿)에 행차하여, 왕과 공경들이 대전 뜰에서 연회를 베풀었다.

이날 인베노오비토코비토(忌部首首)에게 성(姓)을 내려 무라지(連)라고 했다. 인베노오비토코비토는 동생인 시코부치(色弗)와 함께 기쁨을 표했다.

17일, 친왕 이하 쇼콘 이상인 자들이 남문에서 대사례를 열었다. 20일에 셋쓰노쿠니에서 "이쿠타노무라(活田村 : 고베시神戶市 이쿠타구生田區)에서 복숭아와 오얏이 열매를 맺었습니다." 하고 보고했다.

2월 18일, 동쪽에서 북소리 같은 것이 들려왔다. 26일, 어떤 사람이 "가즈라키야마에서 사슴뿔을 주웠습니다. 그 뿔은 뿌리는 두 개인데, 끝은 하나이고 살이 붙어 있었습니다. 살 위에는 길이 한 치가량의 털이 나 있었습니다. 하도 신기하여 헌상하고자 합니다." 하고 말했다. 얼룩말의 뿔인가.

27일, 신라의 잡역부 8명이 본국으로 돌아갔다. 그래서 은혜로운 말씀과 녹물을 하사했다.

3월 10일, 셋쓰노쿠니에서 하얀 무조(巫鳥 ; 섬촉새 종으로 흰색이 귀했던 모양이다)를 진상했다.

23일, 우다의 아키(吾城 ; 임신년 난과 연고가 있는 지역)에 행차했다.

4월 10일, 히로세, 다쓰타의 신에게 신을 제사지냈다. 11일, 다치바나데라(橘寺)의 비구니방에서 실수로 불을 내 10개의 방이 모두 타버렸다. 25일, 신라 사신 항나(項那) 일행에게 쓰쿠시에서 향응을 베풀고 녹물을 내렸다.

이달에 조칙을 내려 "앞으로 나라의 큰 절 두셋을 제외한 모든 절에 대해 관청의 관리를 중단한다. 단, 식봉을 소유한 곳은 30년을 한도로 한다. 또 아스카데라는 관청이 관리해야 할 곳은 아니나, 오래된 큰 절로서 지금까지 관청이 관리해 왔고 이전에 공로를 세운 역사가 있으므로, 앞으로도 관청이 관리하는 대상에 넣어도 무방하다."고 했다.

5월 1일, 조칙을 내려 비단, 솜, 실, 베를 수도 안 24개소 절에 각각 시주했다. 이날 처음으로 금광명경(金光明經)을 궁중과 각 절에서 설법하기 시작했다.

13일, 고구려가 남부대사(南部大使) 묘문(卯問), 서부대형(西部大兄) 준덕(俊德) 등을 보내어 조공했다. 따라서 신라는 대내말 고나(考那)를 보내어 고구려 사신 묘문 일행을 쓰쿠시로 안내했다.

21일, 쇼킨게 하타노미야쓰코나데(秦造綱手)가 죽었다. 임신년(壬申年)에 세운 공에 따라 다이킨죠 관위를 내렸다. 27일, 쇼킨츄 호시카와노오미마로(星川臣摩呂)가 죽었다. 임신년에 세운 공에 따라 다이시 관위를 내렸다.

6월 5일, 신라의 손님 항나 일행이 귀로에 올랐다. 8일, 하늘에서 재(灰)가 내렸다. 14일, 천둥 번개가 심하게 쳤다.

가을 7월 1일, 아스카데라 서쪽 느티나무 가지가 저절로 부러져 떨어졌다. 5일, 천황은 이누카이노무라지오토모(犬養連大伴)의 집에 행차하여, 문병하며 은혜로운 말을 내리고 이런저런 얘기를 나누었다. 이날 기우제를 지냈다.

8일 히로세, 다쓰타의 신에게 제사지냈다. 10일, 남문에 주작(朱雀)이 있는 것이 보였다. 17일, 에노이노무라지코마로(朴井連子麻呂)에게 쇼킨게 관위를 내렸다. 20일, 아스카데라의 승려 구소(弘聰)가 죽었다. 오쓰노미코, 다케치노미코를 보내어 조문했다. 23일, 쇼킨게 미야케노무라지이와토코(三宅連岩床)가 죽었다. 임신년의 공에 따라 다이킨게 관위를 내렸다. 25일, 나곤(納言) 겸 미야우치노쓰카사(宮內卿) 5위 도네리노오키미(舍人王)가 병에 걸려 죽어가고 있었다. 다케치노미코를 보내어 문병했는데 그 이튿날 죽었다. 크게 놀란 천황은 다케치노미코, 가와시마노미코를 파견하여 조문했다. 빈소에 안치하고 곡을 하며 슬퍼했다. 백관들도 이에 따라 곡을 하며 애도했다.

8월 5일, 법관이 가화를 진상했다. 이날부터 사흘 동안 비가 내려 홍수가 졌다. 14일, 강한 바람이 불어 나무가 부러지고 집이 쓰러졌다.

9월 9일, 아사쓰마(朝妻 ; 고세시御所市 아사쓰마朝妻)에 행차했다. 나가라노모리(長柄杜)에서 다이센 이하인 자의 말을 보고, 그 자리에서 기사(騎射 ; 말을 타고 달리면서 활을 쏨)를 실시하게 했다. 23일, 지진. 27일, 구와치노오키미(桑內王)가 자택에서 죽었다. 겨울 10월 4일, 수도에 있는 각 절의 가난한 승려와 백성에게 진급(賑給 ; 어려운 사람에게 식량이나 물건을 지급하는 것)을 실시했다. 비구와 비구니 한 사람마다 각각 깁 4필, 솜 4둔(屯), 베 6필, 사미(沙彌)와 속인에게는 각 평직 비단 2필, 솜 2둔, 베 4필이었다.

11월 1일, 일식이 있었다. 3일, 술시(戌時 ; 오후 10시)부터 자시(子時 ; 오후12시)까지 동쪽이 밝았다. 4일, 고구려 사람 19명이 본국으로 돌아갔다. 이들은 사이메이천황이 붕어했을 때 조문 사절로 와서 머물렀던 사람들이다. 7일, 백관에게 조칙을 내려 "나라에 이익이 되고 백성을 풍요롭게 할 수 있는 정책이 있다면 조정에 와서 직접 얘기하라. 말하는 바가 이치에 합당하다면 채택하여 법률로서 실시하리라."고 했다(율령 선정사업에 관한 것인가).

10일, 서쪽에서 천둥이 쳤다. 12일, 황후가 병에 걸려, 황후를 위해 서원(誓願)하고 야쿠시지(藥師寺)를 건립하기로 했다. 그리고 승려 100명을 출가시켰더니 병이 나았다. 이날 죄인을 사면해주었다. 16일, 월식이 있었다. 구사카베노미코를 보내어 승려 혜묘(惠妙)를 문병했다. 혜묘는 이튿날 죽었다. 세 황자(구사카베, 오쓰, 다케치)를 보내어 조문했다.

24일, 신라가 사찬 김약필(金若弼), 대내말 김원승(金原升)을 보내어 조공했다. 습언자(習言者 ; 일본어를 학습하는 자) 세 사람도 김약필을 따라왔다.

26일, 천황이 병에 걸려 승려 100명을 출가시켰다. 그러자 얼마 뒤 천황의 병이 나왔다. 30일, 되새가 하늘을 뒤덮으며 남동쪽에서 북서쪽으로 날아갔다.

10년 봄 정월 초이틀, 신들에게 제물을 나누어 바쳤다. 3일, 백관이 신년하례를 올렸다. 7일, 천황은 무카이노코도노에 행차하여 절회(節會)를 열었다. 이날 친왕, 제왕을 내안전(內安殿)으로 불렀다. 신하를 모두 소안전(小安殿)에 들여, 술을 내고 무악(舞樂)을 보여주었다. 사이센죠 구사카베노키시오카타(草香部吉士大形)에게 쇼킨게 관위와 나니와노무라지(難波連)라는 성(姓)을 내렸다. 11일, 사카이베노무라지이와쓰미에게 조칙을 내려 식봉 60호, 평직 비단 30필, 솜 150근, 베 150필, 괭이 100개를 내렸다. 17일, 친왕 이하 쇼콘 이상인 자가 조정에서 대사례를 열었다. 19일, 기나이 및 각국에 명을 내려 모든 신사의 신궁을 수리했다.

율령 편찬과 제기(帝紀)의 기록

2월 25일, 천황과 황후가 함께 대극전(大極殿)에 나와서 친왕, 제왕 및 제신을 불러놓고 명을 내렸다. "지금부터 율령을 정하고 제도를 고치고자 한다. 그러니 모두 이 사업에 착수하되 갑자기 이 일에만 몰두하면 다른 정무가 소홀해질 수 있으니 분담하여 시행토록 하라." 그날, 구사카베노미코를 황태자로 책봉하고 모든 정무를 맡겼다. 29일, 아베노오토지(阿倍夫人)가 죽고 30일, 쇼시 다기마노키미토요하마(當摩公豊濱)가 죽었다.

3월 4일, 아베노오토지를 장사지냈다. 17일, 천황은 대극전에 행차하여 가와시마노미코, 오사카베노미코, 히로세노오키미(廣瀬王), 다케다노오키미(竹田王), 구와타노오키미, 미노노오키미, 다이킨게 가미쓰케노노키미미치지(上毛野君三千), 쇼킨츄 인베노무라지오비토(忌部連首), 쇼킨게 아즈미노무라지이나시키, 나니와노무라지오카타(難波連大形), 다이센죠 나카노미노무라지오시마(中臣連大嶋), 다이센게 헤구리노오미코비토(平群臣子首)에게 조칙을 내려, 제기 및 상고시대의 역사를 기록하고 교정하게 했다. 나카노미노무라지오시마, 헤구리노오미코비토가 직접 붓을 들어 기록했다. 21일, 지진이 일어났다. 25일, 천황은 신궁 우물 옆에 가서, 북과 피리 소리를 시험해 보고 연습하게 했다.

여름 4월 2일, 히로세, 다쓰타의 신에게 제사지냈다. 3일, 금식(禁式) 92조를 제정하고 조칙을 내려 "친왕 이하 서민에 이르기까지 몸에 지니는 금, 은, 주옥, 보라색, 비단, 자수, 능직물 및 모직깔개, 관, 띠 기타 각종 물건을 착용할 때는 각자 신분에 상응하는 것을 사용하라."고 명했다. 상세한 것은 조서(詔書)에 씌어 있다.

12일, 니시코리노미야쓰코오키다(錦織造小分), 다이노아타이요시마로(田井直吉摩呂), 스키타노쿠라히토무쿠타리(次田倉人椹足), 스키타노쿠라히토이시카쓰(次田倉人石勝), 가와치노아타이아가타(川内直縣), 오시누미노미야쓰코카가미(忍海造鏡), 오시누미노미야쓰코아라타(忍海造荒田), 요시누미노미야쓰코요시마로(忍海造能麻呂), 오코마노미야쓰코모모에(大狛造百枝), 오코마노미야쓰코아시쓰키(大狛造足坏), 야마토노아타이타쓰마로(倭直龍麻呂), 가도노베노아타이오시마(門部直大嶋), 시시히토노미야쓰코오키나(宍人造老), 야마시로노코마노이카마로(山背狛烏賊麻呂) 등 모두 14명에게 무라지(連)라는 성을 내렸다. 17일, 쓰쿠시에서 고구려의 사신 묘문(卯問) 일행에게 향응을 베풀고 각자에게 물품을 내렸다.

5월 11일, 황조(皇祖)의 영령들을 위해 제사를 지냈다. 이날 조칙을 내려 "대체로 백관들이 궁정의 궁녀를 심히 지나치게 공경한다. 어떤 자는 궁녀의 집까지 찾아가서 자신의 송사(訟事)를 중재해 달라고 부탁하고 어떤 자는 물건을 선물하여 환심을 사려고 한다. 앞으로 만약 이와 같은 일이 있으면, 사실에 입각하여 부탁한 자도 궁녀도 함께 처벌할 것이다."라고 했다. 26일, 고구려의 묘문이 귀로에 올랐다.

6월 5일, 신라의 손님, 김약필(金若弼) 일행에게 쓰쿠시에서 향응을 베풀고 각자에게 녹물을 내렸다. 17일, 기우제를 지냈다. 24일, 지진이 일어났다.

가을 7월 1일, 주작(朱雀)이 나타났다. 4일, 쇼킨게 우네메노오미치쿠라(采女臣竹羅)를 대사로, 다기마노키미타테(當麻公楯)를 소사로 신라에 파견했다. 같은 날 쇼킨게 사에키노무라지히로타리를 대사로, 오하리다노오미마로(小墾田臣麻呂)를 소사로 고구려에 파견했다. 10일, 히로세, 다쓰타의 신에게 제사지냈다. 30일, 전국에 명하여 모두 오하라이를 하게 했다. 이때 구니노미야쓰코는 각각 액막이 공물로서 노비 한 사람을 냈다.

윤7월 15일, 황후는 부처님에게 서원(誓願)을 세우고, 성대하게 재회를 열어 수도 안 모든 절에서 경(經)을 설하게 했다. 8월 1일, 다이킨게 가미쓰케노노키 미미치지가 죽었다. 10일, 삼한(三韓 ; 백제, 고구려, 신라)에서 온 사람들에게 "예전에 10년 동안 조세를 면제하기로 했는데, 이와 아울러 귀화한 해에 같이 데려온 자손도 모두 과역을 면제한다."고 명했다. 16일, 이세노쿠니에서 하얀 수리부엉이를 진상했다. 20일, 다네노시마에 보낸 사자들이 다네노시마의 지도를 진상했다. 그 나라는 수도에서 5,000리나 떨어진 곳, 쓰쿠시 남쪽 바다 가운데에 있다. 주민들은 머리를 짧게 자르고 풀치마를 둘렀다. 벼는 항상 풍부하게 영글며, 1년에 한 번 심으면 두 번 수확할 수 있다. 특산물은 치자(염료가 된다)와 골풀 및 각종 해산물이다. 이날, 김약필이 귀로에 올랐다.

9월 3일, 고구려와 신라에 보낸 사신들이 함께 돌아와 천황을 배알했다. 5일, 스오노쿠니(周防國 ; 야마구치현山口縣)에서 붉은 거북(길조)을 진상하여 시마노미야의 연못에 방생했다. 8일, 조칙을 내려 "각 가문에서 우두머리를 아직 정하지 못한 곳이 있으면 우두머리를 정하고, 오사무루쓰카사(理官 ; 치부성治部省)에 신고하라."고 했다. 14일, 아스카데라 서쪽 강가에서 다네노시마 사람들에게 향응을 베풀었다. 다양한 무악(舞樂)을 연주했다. 16일 혜성이 나타났고 17일, 화성이 달과 겹쳤다.

겨울 10월 1일, 일식이 일어났다. 18일, 지진이 일어났다. 20일, 신라가 사훼일 길찬(沙喙一吉湌) 김충평(金忠平), 대내말 김일세(金壹世)를 보내어 조공했다. 금, 은, 동, 철, 비단, 사슴가죽, 삼베 등으로 양이 매우 많았다. 별도로 천황, 황후, 태자에게 진상하는 금, 은, 하금(霞錦 ; 신라의 특산물, 비단 종류), 깃발, 가죽 등도 많았다. 25일 "다이센 이하 쇼콘 이상인 자들은 각자 국정에 관한 의견을 말하라."고 명했다. 그달에 천황은 히로세노(廣瀬野 ; 기타카쓰라기군北葛城郡 가와이무라河合村)에서 백관을 사열하기 위해 행궁을 짓고 모든 준비를 갖추었다.

그러나 천황은 결국 나오지 않았다. 다만 친왕 이하 군경은 모두 가루노이치(輕市 ; 가시하라시橿原市 오가루大輕)에서 잘 꾸민 승마 말을 검열했다. 쇼킨 이상의 마에쓰키미는 모두 나무 아래에 늘어앉고, 다이센 이하인 자들은 모두 말을 타고 함께 대로를 지나 남쪽에서 북쪽으로 나아갔다. 그때 신라의 사신이 와서 "국왕(문무왕)이 붕어했습니다." 하고 보고했다.

11월 2일, 지진이 있었다.

12월 10일, 쇼킨게 가와베노오미코비토(河部臣子首)를 쓰쿠시에 보내어 신라의 손님 김충평에게 향응을 베풀었다. 29일, 다나카노오미카누치(田中臣鍛師), 가키모토노오미사루(柿本臣猨), 다베노무라지쿠니오시(田部連國忍), 다카무코노오미마로(高向臣麻呂), 아와타노오미마히토(粟田臣眞人), 모노노베노무라지마로, 나카토미노무라지오시마, 소네노무라지카라이누, 후미노아타이치토코 등 모두 10명(도네리노미야쓰코누카무시舍人造糠蟲는 조금 늦게)에게 쇼킨게 관위를 내렸다. 이날 도네리노미야쓰코누카무시, 후미노아타이치토코에게 무라지(連)라는 성을 내렸다.

11년 봄 정월 9일, 다이센죠 도네리노미야쓰코누카무시에게 쇼킨게 관위를 내렸다. 11일, 쓰쿠시에서 김충평에게 향응을 베풀었다. 18일, 히카미노오토지(氷上夫人 ; 천황의 부인)가 궁중에서 죽었다. 19일, 지진이 있었다. 27일, 히카미노오토지를 아카호(赤穂 ; 사쿠라이시櫻井市 아카오赤尾)에 장사지냈다.

2월 12일, 김충평이 귀로에 올랐다. 그달에 쇼킨게 도네리노미야쓰코누카무시가 죽었다. 임신년에 세운 공을 기려 다이킨죠 관위를 내렸다.

복장과 그 밖의 개정(改定)

3월 초하루, 도읍을 건설하기 위해서 쇼시 미노노오키미와 궁내관 마에쓰키미를 니키(新城 ; 야마토코리야마시大和郡山市 니키新木)에 보내어 지형을 살피도록 분부했다. 2일, 미치노쿠노쿠니의 에미시 22명에게 작위를 내렸다. 7일, 지진이 일어났다. 13일, 사카이베노무라지이와쓰미 등에게 명하여, 《니나(新字)》 일부 44권을 만들게 했다. 16일, 니키에 행차했다. 28일, 명을 내려 "친왕 이하 백관들은 앞으로 위관(位冠 ; 지위를 나타내는 관) 및 마에모(褌 ; 하카마 위에 입는 옷), 허리띠, 하바키모(脛裳 ; 하카마의 일종)를 착용해서는 안 된다. 또 가시와데(; 고대 궁중에서 음식 조리를 담당한 사람들)와 우네메의 멜빵, 히레(肩巾 ; 고대의 복식구의 하나)도 착용해서는 안 된다."고 했다. 이날 또 명을 내리기를 "친왕 이하 여러 신하에 이르기까지, 지금까지 받던 식봉을 모두 중지하고 나라에 반납하라."고 명했다.

이달에 하지노무라지마시키(土師連眞敷)가 죽었다. 임신년에 세운 공에 따라 다이킨죠 관위를 내렸다.

여름 4월 9일, 히로세, 다쓰타의 신에게 제사를 지냈다. 21일, 쓰쿠시노카미인 다지히노마히토시마(丹比眞人嶋)가 커다란 종을 진상했다. 22일, 고시의 에미시 이코키나(伊高岐那)가 포로 70호로 한 군(郡)을 이루고자 청하여 허락했다. 23일, 명을 내리기를 "앞으로 남녀 모두 머리를 땋게 할 것이니 12월 30일까지 모두 머리를 올리도록 하라. 단, 머리를 땋는 날은 다시 조칙으로 지시할 것이니 기다리도록 하라."고 했다. 부녀가 남자처럼(중국의 풍습을 본받아 안장에 걸터앉음) 말을 타게 된 것도 이날부터다.

5월 12일, 야마토노아야노아타이에게 무라지(連)라는 성을 내렸다. 16일, 고구려에 보낸 대사 사에키노무라지히로타리, 소사 오하리다노오미마로 등이 귀국하여 사신의 임무를 마쳤음을 보고했다. 27일, 야마토노아야노아타이 사람들이 남녀 모두 천황을 배알하고, 성을 받은 것을 기뻐하며 절했다.

6월 1일, 고구려왕은 하부 조유괘루모절(助有卦婁毛切)과 대고묘가(大古昴加)를 보내어 나라의 특산물을 진상했다. 이를 위해 신라는 대내말 김석기(金釋起)를 파견하여 고구려 사신을 쓰쿠시까지 데려왔다. 6일, 남자가 처음으로 머리를 땋았다. 그리고 칠사관(漆紗冠 ; 사紗에 옻칠하여 만든, 당나라에서 전래된 복두幞頭)을 착용했다. 12일, 5위 에쿠리노오키미(殖栗王)가 죽었다.

가을 7월 3일, 하야토가 몰려 와서 나라의 특산물을 진상했다. 그날 오스미의 하야토와 아타(阿多 ; 가고시마鹿兒島 서부)의 하야토가 조정에서 씨름을 했는데, 오스미의 하야토가 이겼다. 9일, 쇼킨츄 가시와데노오미마로(膳臣摩漏)가 병에 걸렸다. 구사카베노미코, 다케치노미코를 보내어 병을 위로했다. 12일, 히로세, 다쓰타의 신에게 제사지냈다. 17일, 지진이 일어났다. 18일, 가시와데노오미마로가 죽었다. 천황은 크게 놀라고 슬퍼했다. 21일, 가시와데노오미마로에게 임신년에 세운 공에 따라 다이시 관위 및 녹을 내렸다. 또 황후도 관사(官賜)에 따라 녹을 내렸다. 25일, 다네 사람(다네가시마種子島人 사람), 야쿠 사람(야쿠시마屋久島 사람), 아마미(阿麻彌) 사람(아마미오시마奄美大島 사람)에게 각각 녹을 내렸다. 27일, 아스카데라(明日香寺 ; 飛鳥寺) 서쪽에서 하야토에게 향응을 베풀었다. 여러 가지 무악을 연주하고 각자에게 녹을 내렸다. 출가한 사람과 속인이 모두 그것을 보았다. 그날 시나노노쿠니, 기비노쿠니에 함께 "서리가 내리고 태풍이 불어 오곡이 모두 영글지 않았습니다." 하고 보고했다.

8월 1일, 친왕 이하 여러 신하들에게 명하여 법령으로 정해야 할 것을 보고하게 했다.

3일, 고구려의 손님을 쓰쿠시에서도 접대했다. 이날 밤 술시(戌時 ; 오후 8시)에 대성(大星 ; 금성)이 동쪽에서 서쪽 하늘로 건너갔다. 5일, 노리노후미쓰쿠루미아라카(造法令殿 ; 기요미하라라료淨御原令를 편찬했던 전각인가) 안에 커다란 무지개가 떴다. 11일, 관정번(灌頂幡 ; 관정의식에 사용되는 깃발) 같은 형태에 불꽃처럼 빛나는 것이 하늘에 떠서 북쪽으로 흘러갔다. 이것은 어느 나라에서도 다 보였다. '고시의 바다(서쪽 바다)로 들어갔다.'고 말하는 자도 있었다. 이날, 하얀색 기체가 동쪽 산에 나타났는데 그 크기가 4위(圍 ; 1장 2척)에 이르렀다. 12일, 대지진이 일어났다. 17일에도 지진이 일어났다. 이날 해뜰 무렵에 하늘 중앙에 무지개가 해를 마주하고 나타났다.

13일, 쓰쿠시노카미가 "발이 세 개인 참새가 나타났습니다." 하고 보고했다. 22일, 궁중에서의 예의와 언어에 관한 조칙을 내렸다. 또 "무릇 모든 선고(選考)를 행하는 데는, 그 족성(族姓)과 성적(成績)을 생각하고 결정하라. 성적이 아무리 뛰어나도 족성이 확실하지 않은 자를 뽑아서는 안 된다."고 했다. 28일 "히타카노히메(日高皇女 ; 구사카베노미코의 딸, 훗날의 겐쇼천황)가 병에 걸려 사형죄 이하인 남녀 198명을 사면했다. 29일, 140여 명을 다이칸다이지(大官大寺 ; 예전 구다라오데라百濟大寺)에서 출가시켰다.

9월 2일, 조칙을 내려 "앞으로 궤례(跪禮 ; 무릎을 꿇는 예법)와 포복례(匍匐禮 ; 궁에 출입할 때 양손을 땅에 짚고 다리를 구부리고 나아가는 예법) 등은 중지하고, 나니와 조정(고토쿠천황) 때의 입례(立禮)를 도입하기로 한다."고 했다.

10일 오시(午時 ; 정오 무렵), 학 수백 마리가 대궁(기요미하라궁淨御原宮) 쪽을 향해 하늘 높이 날았다. 2시간 정도 지나자 모두 흩어졌다.

겨울 10월 8일, 성대하게 주연을 베풀었다.

11월 16일, 조칙을 내려 "친왕, 제왕(諸王), 제신(諸臣)부터 모든 서민에 이르기까지 모두 잘 들어라. 무릇 법을 어긴 자를 문초할 때는 궁궐 안이든 정청(政廳)이든, 그 현장에서 보고 들은 대로 숨기는 것 없이 문초하라. 만약 중죄를 저지른 자가 있으면 천황의 판결을 받아야 하는 자(신분이 높은 자)는 상주하고, 잡아야 할 자는 체포하라. 저항하는 자가 있으면 그곳의 군사를 움직여 잡아라. 장형(杖刑)에 해당하는 경우에는 100대 이하로, 등급에 따라 쳐라. 또 죄상이 명백한데도 죄를 부인하고 항변하며 자백하지 않을 때는, 그것에 대한 죄를 처음 죄에 추가하도록 하라."고 했다.

12월 3일, 조칙을 내려 "모든 씨족 사람은 각각 우두머리에 어울리는 사람을 뽑아 신고하라. 또 일족이 많은 경우에는 분할하여 각각의 우두머리 정하여 관사(官司)에 신고하라. 관사에서 사정을 조사한 뒤 결정할 것이므로 관사의 판정에 따라야 한다. 단 사소한 이유로 자기 일족이 아닌 자까지 자신의 혈족에 넣어서는 안 된다."고 했다.

12년 봄 정월 초이틀, 백관이 신년 하례를 올렸다. 쓰쿠시노카미인 다지히노마히토시마가 발이 세 개 달린 참새(길조)를 진상했다(11년 8월 발견된 것). 7일, 친왕 이하 군경에 이르기까지 대극전 앞으로 불러 정월 7일의 잔치를 열었다. 발이 세 개인 참새를 뭇 신하들에게 보여 주었다. 18일, 조칙을 내려 "각국의 구니쓰카사, 구니노미야쓰코, 고리쓰카사 및 백성들은 아키쓰미카미오야시마시라스야마토네코노스메라미코토(明神御大八洲倭根子天皇 ; 중요한 행사가 있을 때 사용되는 수식 같은 말)의 칙령을 모두 잘 듣도록 하라. 내가 황위를 이은 이후로 천서(天瑞 ; 하늘이 내린 상서로운 징조)가 한두 가지가 아니라 수없이 나타났다. 전해오는 바로는, 이러한 천서는 정도(政道)가 천도(天道)에 합당할 때 나타난다고 한다. 나의 치세에 해마다 잇따라 나타나니, 때로는 무섭기도 하고 때로는 기쁘기 한량없다. 친왕, 제왕, 군경, 백관 및 전국의 백성들도 함께 기뻐하기를 바라는 마음으로, 쇼콘 이상인 자에게 각각 녹물을 내리고, 사형죄 이하인 자는 모두 사면한다. 또 백성의 과역을 모두 면제하노라."고 했다. 이날, 조정에서는 오하리다노마이(小墾田儛 ; 일본춤이라는 뜻인가) 및 고구려, 백제, 신라 삼국의 무악을 연주했다.

2월 1일, 오쓰노미코가 처음으로 정무를 처리했다.

3월 2일, 승정(僧正), 승도(僧都), 율사(律師)를 임명하고 조칙을 내리기를 "승니령(僧尼令)에 따라 승려와 비구니를 다스리도록 하라." 운운했다. 19일, 다네에 파견했던 사신이 돌아왔다.

여름 4월 15일 "앞으로는 반드시 동전을 사용하되 은전을 사용해서는 안 된다."고 명했다. 18일에는 "은은 계속 사용해도 좋다."고 명했다. 21일, 히로세, 다쓰타의 신에게 제사를 올렸다.

6월 3일, 오토모노무라지마구타(大伴連望多)가 죽었다. 천황은 크게 놀라 하쓰세노오키미를 보내어 조문했다. 임신년의 무훈과 조상 대대로 세워온 공적을 기려 후하게 은상(恩賞)을 내렸다. 다이시 관위를 내리고, 북과 피리로 연주하며 장례를 치르게 했다. 6일, 3위 다카사카노오키미가 죽었다.

가을 7월 4일, 천황은 가가미노오키미(鏡姬王 ; 후지와라카마타리의 적실적실)의 집에 행차하여 문병했다. 5일, 가가미노오키미가 죽었다. 이해 여름에 처음으로 승려들을 불러 궁중에서 안거(安居 ; 일정 기간 동안 승방에서 수행하는 것)하게 하고, 불도를 잘 수행하는 자 30명을 가려 뽑아 출가시켰다. 15일, 기우제를 지냈다. 18일, 천황이 수도 안을 순행했다. 20일, 히로세, 다쓰타의 신에게 제사를 올렸다.

이달부터 시작하여 8월까지 가뭄이 계속되었다. 백제 승려 도장(道藏)이 기우제를 지내자 비가 내렸다.

8월 5일, 전국에 사면령을 내렸다. 오토모노무라지오후케이(大伴連男吹負)가 죽었다. 임신년의 공에 의해 다이킨츄 관위를 내렸다.

9월 2일, 큰 바람이 불었다. 23일, 야마토노아타이, 구루쿠마노오비토, 모이토리노미야쓰코(水取造), 야타베노미야쓰코, 후지와라베노미야쓰코(藤原部造), 오사카베노미야쓰코(刑部造), 사키쿠사베노미야쓰코(福草部造), 오시코치노아타이, 가와치노아야노아타이(川內漢直), 모노노베노오비토, 야마시로노아타이, 가즈라키노아타이, 도노하토리노미야쓰코(殿服部造), 가도베노아타이(門部直), 니시코리노미야쓰코, 가즈라노미야쓰코(縵造), 도토리노미야쓰코(鳥取造), 구루메노토네리노미야쓰코(來目舍人造), 히노쿠마노토네리노미야쓰코(檜隈舍人造), 오코마노미야쓰코(大狛造), 하타노미야쓰코(秦造), 가와세노토네리노미야쓰코

(川瀬舍人造), 야마토노우마카이노미야쓰코(倭馬飼造), 가와치노우마카이노미야쓰코(川內馬飼造), 기후미노미야쓰코(黃文造), 고모쓰메노미야쓰코(蒩集造), 마가리하코쓰쿠리노미야쓰코(勾筥作造), 이소노카미베노미야쓰코(石上部造), 다카라노히마쓰리노미야쓰코(財日奉造), 하쓰카시베노미야쓰코(泥部造), 아나호베노미야쓰코(穴穗部造), 시라카베노미야쓰코(白髮部造), 오시누미노미야쓰코(忍海造), 하쓰카시노미야쓰코(羽束造), 후미노오비토(文首), 오하쓰세노미야쓰코, 구다라노미야쓰코(百濟造), 가타리노미야쓰코(語造) 등 모두 38씨(氏)에게 무라지(連)라는 성을 내렸다.

겨울 10월 5일, 미야케노키시(三宅吉士), 구사카베노키시(草壁吉士), 하하키노미야쓰코(伯耆造), 후네노후비토(船史), 이키노후비토(壹岐史), 사라라노우마카이노미야쓰코(娑羅羅馬飼造), 우노노우마카이노미야쓰코(菟野馬飼造), 요시노노오비토(吉野首), 기노사카히토노아타이(紀酒人直), 우네메노미야쓰코(采女造), 아토키노후비(阿直史), 다케치노아가타누시(高市縣主), 시키노아가타누시(磯城縣主), 가가미쓰쿠리노미야쓰코(鏡作造) 등 모두 14씨에게 무라지(連)라는 성을 내렸다. 13일, 천황이 구라하시(倉梯 ; 사쿠라이시櫻井市 구라하시倉橋)에서 사냥을 했다.

11월 4일, 각국에 명을 내려 진법(陣法)을 배우게 했다. 13일, 신라가 사찬 김주산(金主山), 대내말 김장지(金長志)를 보내어 조공했다.

12월 13일, 제왕 5위인 이세노오키미, 다이킨게 하타노키미야쿠니, 쇼킨게 오노오미혼지, 쇼킨게 나카노미노무라지오시마와 판관(3등관), 후비토(錄史 ; 4등관), 기술자 등을 보내어, 전국을 순행하고 각국의 경계를 구분하게 했으나, 이해에는 구분을 할 수 없었다. 17일 "모든 문무관 및 기나이에서 지위를 가진 사람은 4계(四季)가 시작되는 달(1, 4, 7, 10월)에 반드시 입궐하여 천황을 배례하라. 만약 중병으로 입궐할 수 없을 때는 소속 관사가 상세히 이유를 기록하여 법관에게 송부하라. 그리고 도성이나 궁궐은 한 곳이 아니라 반드시 두세 곳에 있어야 한다. 따라서 나니와에 도읍을 건설하려고 한다. 백관은 각각 나니와에 가서 집터를 제공하라고 청하라."고 명했다.

13년 봄 정월 17일, 미노노아가타누시(三野縣主)와 구라노키누누이노미야쓰코(內藏衣縫造) 등 두 씨에게 무라지(連)라는 성을 내렸다. 23일, 천황이 동쪽 정원에 행차했고 여러 공경이 이를 따랐다. 그리고 활을 잘 쏘는 자 및 난쟁이, 좌우의 신하들을 불러 활을 쏘게 했다. 2월 24일, 쓰쿠시에서 김주산에게 향응을 베풀었다.

28일, 죠코시히로세노오키미(淨廣肆廣瀬王), 쇼킨츄 오토모노무라지야스마로 및 판관, 서기, 음양사(陰陽師), 기술자 등을 기나이에 보내어, 도읍을 건설하는 데 알맞은 장소를 시찰하고 점치게 했다. 이날 미노노오키미, 쇼킨게 우네메노오미쓰쿠라(采女臣筑羅) 등을 시나노에 보내어 지형을 시찰하게 했다. 이 땅에 도읍을 건설하려 한 것인가.

3월 8일, 요시노 사람 우헤노아타이유미(宇閉直弓)가 하얀 동백꽃을 바쳤다. 9일, 천황은 수도를 순행하고 궁궐에 알맞은 장소를 정했다. 23일, 김주산이 귀로에 올랐다.

여름 4월 5일, 도형(徒刑) 이하(徒徒, 장杖, 태笞의 형벌)인 자는 모두 사면했다. 13일, 히로세 오이미노카미, 다쓰타의 풍신에게 제사를 올렸다. 20일, 쇼킨게 다카무코노오미마로를 대사로, 쇼센게 쓰누노오미우시카이(都努臣牛甘)를 소사로 하여 신라에 파견했다.

윤4월 5일, 칙령을 내려 "내년 9월, 반드시 검열을 실시할 것이니, 백관들이 궁중에서 지켜야 할 행동거지와 위의를 가르쳐 두어라."라고 했다. 또 "본디 정치의 요체는 군사이다. 그러므로 문무관들은 모두 힘써 무기를 사용하고 승마를 배우며, 말, 무기, 그리고 자기가 착용한 물품에 대해 상세히 알아두고 갖춰 두어라. 말이 있는 자는 기사로 하고, 말이 없는 자는 보병으로 하며, 각각 훈련을 거듭해 집합할 때 지장이 없도록 하라. 만약 조직의 취지를 어기거나 말, 무기가 부실하고, 장비를 제대로 갖추지 못하면, 친왕 이하 여러 신하에 이르기까지 모두 처벌할 것이다. 다이센 이하인 자는 처벌할 자는 처벌하고, 장형을 받은 자는 실제로 곤장으로 때린다. 훈련에 힘써 기술을 습득한 자는 사형에 해당하는 잘못을 저질러도 벌을 2등급 감한다. 단 자기 재능만 믿고 고의로 죄를 지은 자는 용서하지 않는다."고 했다. 또 명을 내려 "남녀 모두 의복은 난(欄; 옷자락의 일종)이 있든 없든, 또 끈을 짧게 매든 길게 늘어뜨리든 자유다. 단 조정에 들어오는 날에는 난이 있는 옷을 입고 띠를 길게 늘어뜨리도록 하

라. 남자는 하시하코부리(圭冠 ; 위가 막힌 자루 모양의 관모)가 있으면 그것을 쓰고, 발목을 끈으로 묶는 바지를 입어라. 여자 40세 이상인 자는 머리를 땋아 올리든 땋아 올리지 않든, 말을 옆으로 타든 똑바로 타든 임의대로 한다. 이밖에 무녀나 신관은 머리를 땋지 않아도 무방하다."고 했다. 11일, 미노노오키미 등이 시나노노쿠니의 도면을 바쳤다. 16일, 궁중에서 재회를 열고, 죄를 지은 신하들을 사면했다. 24일, 아스카데라의 승려 후쿠요(福楊)가 죄를 지어 옥에 갇혔다. 29일, 후쿠요가 스스로 목을 찔러 죽었다.

5월 14일, 귀화를 청한 백제의 승려와 속인 남녀 합쳐서 23명을 모두 무사시노쿠니에 살게 했다. 28일, 미와노히케타노키미나니와마로(三輪引田君難波麻呂)를 대사, 구와하라노무라지히토타리(桑原連人足)를 소사로 하여 고구려에 파견했다. 6월 4일, 기우제를 지냈다.

7월 4일, 히로세에 행차했다. 9일, 히로세, 다쓰타의 신에게 제사를 올렸다. 23일, 북서쪽 하늘에 혜성이 나타났다. 길이 1장 남짓이었다.

야쿠사노카바네(八色の姓)와 새로운 위계제도

겨울 10월 1일 "모든 씨족의 족성을 고쳐서 8가지 성을 만들어 천하의 모든 성을 일원화한다. 첫째 마히토(眞人), 둘째 아손(朝臣), 셋째 스쿠네(宿禰), 넷째 이미키(忌寸), 다섯째 미치노시(道師), 여섯째 오미(臣), 일곱째 무라지(連), 여덟째 이나키(稻置)다."라고 명했다. 이날, 모리야마노키미(守山公), 미치노키미(路公), 다카하시노키미(高橋公), 미쿠니노키미(三國公), 다기마노키미(當麻公), 우마라키노키미(茨城公), 다지히노키미(丹比公), 이나노키미(猪名公), 사카타노키미(坂田公), 하타노키미(羽田公), 오키나가노키미(息長公), 사카히토노키미(酒人公), 야마지노키미(山道公)의 13씨에게 마히토라는 성을 내렸다. 3일, 이세노오키미 등을 보내어 각국의 경계를 정하게 했다. 이날, 아가타이누카이노무라지타스키(縣犬養連手繦)를 대사, 가와하라노무라지카네(川原連加尼)를 소사로 하여 탐라에 보냈다.

14일, 해시(亥時 ; 밤 10시 무렵)에 대지진이 일어났다. 온 나라의 모든 남녀가 울부짖으며 이리 뛰고 저리 달아났다. 산이 무너지고 강물이 넘쳐났다. 여러 나라 군(郡)의 관사와 백성들의 집, 창고, 사원과 신사가 수없이 무너지고 사람과 가축의 피해도 헤아릴 수 없을 정도였다. 이요의 도고온천도 매몰되어 온천물이 나오지 않았다. 도사노쿠니에서는 전답 50여만 경(頃 ; 약 300만 평)이 물에 잠겨 바다가 되었다. 노인들은 '이런 지진은 태어나서 처음'이라고 말했다. 이날 저녁, 동쪽에서 북이 울리는 듯한 소리가 들려왔다. "이즈노시마(이즈오시마伊豆大島인가) 서쪽과 북쪽 양쪽이 저절로 300장(丈)가량 넓어져서 또 하나의 섬을 이루었다. 북소리처럼 들린 것은 신이 이 섬을 창조하는 울림이었다." 이렇게 말하는 사람이 있었다. 16일, 많은 왕과 공경에게 녹을 내렸다.

11월 1일, 오미와노키미(大三輪君), 오카스가노오미(大春日臣), 아베노오미(阿倍臣), 고세노오미(巨勢臣), 가시와데노오미(膳臣), 기노오미(紀臣), 하타노오미(波多臣), 모노노베노무라지(物部連), 헤구리노오미(平群臣), 사사키베노오미(雀部臣), 나카토미노무라지(中臣連), 오야케노오미(大宅臣), 아와타노오미(粟田臣), 이시카와노오미(石川臣), 사쿠라이노오미(櫻井臣), 우네메노오미(釆女臣), 다나카노오미(田中臣), 오하리다노오미(小墾田臣), 호즈미노오미(穗積臣), 야마시로노오미(山背臣), 가모노키미(鴨君), 오노노오미(小野臣), 가와베노오미(川邊臣), 이치이노오미(櫟井臣), 가키모토노오미(柿本臣), 가루베노오미(輕部臣), 와카사쿠라베노오미(若櫻部臣), 기시타노오미(岸田臣), 다카무코노오미(高向臣), 시시히토노오미(宍人臣), 구메노오미(來目臣), 이누카미노키미(犬上君), 가미쓰케노노키미(上毛野君), 쓰노노오미(角臣), 호시카와노오미(星川臣), 오노오미(多臣), 무나카타노키미(胸方君), 구루마모치노키미(車持君), 아야노키미(綾君), 시모쓰미치노오미(下道臣), 이가노오미(伊賀臣), 아헤노오미(阿閉臣), 하야시노오미(林臣), 하미노오미(波彌臣), 시모쓰케노노키미(下毛野君), 사비노오미(佐味臣), 지모리노오미(道守臣), 오노노키미(大野君), 사카모토노오미(坂本臣), 이케다노키미(池田君), 다마테노오미(玉手臣), 가사노오미(笠臣) 등의 52씨게 아손(朝臣 ; 헤이안 시대에 5위 이상인 사람에게 붙인 경칭)이라는 성을 내렸다.

3일, 도사의 구니쓰카사가 "높은 파도가 덮쳐 바닷물이 뿜어져 나와 조세를 운반하는 배가 많이 유실되었습니다." 하고 보고했다. 21일 술시(戌時 ; 오후 8시 무렵)에 별 7개가 한꺼번에 북동쪽 방향으로 떨어졌다. 23일, 해질 무렵(오후 6시)에 별이 동쪽 방향으로 떨어졌다. 크기는 작은 항아리만 했다. 술시가 되자 하늘이 완전히 무질서해지더니 운석이 비처럼 쏟아졌다.

이달에 하늘 중앙에 희미하게 빛나는 별이 묘성(昴星 : 좀생이별)과 나란히 움직이더니 월말에 이르자 사라졌다.

이해에 명을 내려 "이가, 이세, 미노, 오와리 4개국은 앞으로 조세를 내는 해에는 노역을 면제하고, 노역이 있는 해에는 조세를 면제하라."고 했다(임신년의 수고에 보답하는 조치인가). 야마토의 가즈라키노시모노코리(葛城下郡)에서 "네 발달린 닭이 발견되었습니다." 하는 보고가 들어왔다. 단바노쿠니 히카미노코리에서는 "뿔이 열두 개 달린 송아지가 태어났습니다." 하고 보고했다.

12월 2일, 오토모노무라지(大伴連), 사에키노무라지(佐伯連), 아즈미노무라지(阿曇連), 인베노무라지(忌部連), 오와리노무라지(尾張連), 구라노무라지(倉連), 나카토미노사카히토노무라지(中臣酒人連), 하지노무라지(土師連), 가니모리노무라지(掃部連), 사카이베노무라지(境部連), 사쿠라이노타베노무라지(櫻井田部連), 이오키베노무라지(伊福部連), 간나키베노무라지(巫部連), 오사카베노무라지(忍壁連), 구사카베노무라지(草壁連), 미야케노무라지(三宅連), 고베노무라지(兒部連), 다스키노타지히노무라지(手繦丹比連), 유키노타지히노무라지(靫丹比連), 우루시베노무라지(漆部連), 오유에노무라지(大湯人連), 와카유에노무라지(若湯人連), 유게노무라지(弓削連), 가미하토리노무라지(神服部連), 누카타베노무라지(額田部連), 쓰모리노무라지(津守連), 아가타노이누카이노무라지(縣犬養連), 와카이누카이노무라지(稚犬養連), 다마노야노무라지(玉祖連), 니타베노무라지(新田部連), 시쓰오리노무라지(倭文連), 히노무라지(氷連), 오시아마노무라지(凡海連), 야마베노무라지(山部連), 야쓰메노무라지(矢集連), 사이노무라지(狹井連), 하타쿠미노무라지(爪工連), 아토노무라지(阿刀連), 만타노무라지(茨田連), 다메노무라지(田目連), 지이사코베노무라지(少子部連), 우지노무라지(菟道連), 오하리다노무라지(小治田連), 이쓰카이노무라지(猪使連), 아마노이누카이노무라지(海犬養連), 하시히토노무라지(間人連), 쓰키요네노무라지(春米連), 미노노야쓰메노무라지(美濃矢集連), 모로카이노오미(諸會臣), 후루노무라지(布留連) 50씨에게 스쿠네라는 성을 내렸다.

6일, 당나라에 파견했던 유학생 하지노스쿠네오이(土師宿禰甥), 시라이노후비토호네(白猪史寶然) 및 백제 전쟁 때 당나라에 포로로 잡혔던 이쓰카이노무라지코비토(猪使連子首), 쓰쿠시노미야케노무라지토쿠코(筑紫三宅連得許)가 신라를 거쳐 귀국했다. 신라는 대내말 김물유(金物儒)를 보내어, 하지노스쿠네오이 일행을 쓰쿠시로 데려왔다. 13일, 사형이 아닌 죄인을 모두 사면했다.

14년 봄 정월 초이틀, 백관은 신년 하례를 올렸다. 21일, 작위의 명칭을 고치고 계급을 늘렸다. 명위(明位)는 2계(階), 정위(淨位)는 4계, 각계에 대(大)와 광(廣)이 있으며 합쳐서 12계, 이것은 제왕 이상의 위계이다. 정위(正位) 4계, 직위(直位) 4계, 근위(勤位) 4계, 무위(務位) 4계, 추위(追位) 4계, 진위(進位) 4계, 계마다 대와 광이 있어 합쳐서 48계. 이것은 제신(諸臣)의 위계이다. 이날 구사카베노미코노미코토(草壁皇子尊 ; 미코토尊는 황태자 또는 그에 준하는 황자에 대한 존칭)에게 정광(淨廣) 1위를 내렸다. 오쓰노미코에게는 정대(淨大) 2위, 다케치노미코에게는 정광(淨廣) 2위, 가와시마노미코와 오사카베노미코에게는 정대(淨大) 3위를 내렸다. 그 이하의 제왕, 제신들에게도 각각 작위를 더 보태 주었다.

2월 4일, 대당인, 백제인, 고구려인 합쳐서 147명에게 작위를 내렸다.

3월 14일, 김물유는 쓰쿠시에서 향응을 받고 그곳에서 귀로에 올랐다. 바다를 떠돌다가 뭍에 닿은 신라인 7명을 김물유와 함께 귀국시켰다. 16일, 미사토노쓰카사노카미지키다이산코세노아손시타노(京職大夫直大參許勢朝臣辛檀努)가 죽었다.

27일 "각국의 집집마다 불당을 지어 불상과 경전을 두고 예배, 공양하라."고 명했다.

그달에 시나노노쿠니에 재가 내려 초목이 모두 말라 버렸다. 여름 4월 4일, 기이의 구니쓰카사가 "무로온천(牟婁溫泉 ; 와카야마현和歌山縣 니시모루군西牟婁郡의 유자키 온천湯崎溫泉)이 매몰되어 물이 나오지 않습니다." 하고 보고했다. 12일, 히로세, 다쓰타의 신에게 제사를 올렸다. 17일, 신라 사람 김주산(金主山)이 귀로에 올랐다. 15일, 이날부터 승려들을 불러 궁중에서 안거하게 했다.

5월 5일, 남문에서 대사례를 열었다. 천황은 아스카데라에 행차하여 진귀한 보물을 부처님에게 바치고 예배했다. 19일, 직대(直大) 아와타노아손마히토(粟田朝臣眞人)는 아버지에게 관위를 양도해 달라고 청했으나 천황은 허락하지 않았다. 이날 직대(直大) 다기마노마히토히로마로(當麻眞人廣麻呂)가 죽었다. 임신년의 공에 따라 직대(直大) 1위 관위를 내렸다.

26일, 다카무코노아손마로(高向朝臣麻呂), 쓰네노아손우시카이(都努朝臣牛飼) 등이 신라에서 돌아왔다. 학승 간죠(觀常), 료칸(靈觀)이 함께 귀국했다. 신라왕이 말 2필, 개 3마리, 앵무새 2마리, 까치 2마리와 각종 물품을 진상했다.

6월 20일, 오야마토노무라지(大倭連), 가즈라키노무라지(葛城連), 오시코치노무라지(凡川內連), 야마시로노무라지(山背連), 나니와노무라지(難波連), 기노사카히토노무라지(紀酒人連), 야마토노아야노무라지(倭漢連), 가와치노아야노무라지(河內漢連), 하타노무라지(秦連), 오스미노아타이(大隅直), 후미노무라지(書連) 등, 모두 합쳐서 11씨에게 이미키라는 성을 내렸다.

가을 7월 21일, 히로세, 다쓰타의 신에게 제사를 올렸다. 26일, 조칙을 내려 명위(明位) 이하 진위(進位) 이상인 자의 조복(朝服) 색깔을 정했다. 정위(淨位) 이상은 모두 주홍색, 정위(正位)는 진보라색, 직위(直位)는 연보라색, 근위(勤位)는 진녹색, 무위(務位)는 연녹색, 추위(追位)는 진청색, 진위(進位)는 연청색. 27일, 조칙을 내려 "아즈마야마미치(東山道)는 미노에서 동쪽, 우미쓰미치(東海道)는 이세에서 동쪽에 있는 각국에 관위가 있는 사람들의 과역을 면제한다."고 했다(이것도 임신년의 난 종사자에 대한 우대인가).

8월 12일, 천황은 죠도지(淨土寺 ; 야마데데라山田寺)에 행차했다. 13일에는 가와라데라(川原寺)에 행차하여 모든 승려에게 벼를 주었다. 20일, 탐라에 보낸 사자가 귀국했다.

9월 9일, 천황은 후루궁(舊宮 ; 오카모토궁岡本宮인가) 안전(安殿)의 넓은 뜰에서 연회를 열었다(조요重陽의 연회). 이날 황태자부터 오사카베노미코에 이르기까지 모두에게 베를 하사했다. 11일, 미야토코로노오키미(宮處王), 히로세노오키미, 나니와노오키미, 다케다노오키미, 미노노오키미를 수도 및 기나이에 보내어 사람들이 준비한 무기를 검열하게 했다.

15일, 직광사(直廣肆) 쓰누노아손우시카이(都努朝臣牛飼)를 우미쓰미치의 사자로, 직광사 이시카와노아손무시나(石川朝臣虫名)를 아즈마야마의 사자로, 직광사 사미노아손스쿠나마로(佐味朝臣少麻呂)를 산요(山陽)의 사자로, 직광사 고세노아손아와모치(巨勢朝臣粟持)를 산인(山陰)의 사자로, 직광삼(直廣參) 미치노마히토토미(路眞人迹見)를 난카이(南海)의 사자로, 직광사 사에키노스쿠네히로타리(佐伯宿禰廣足)를 쓰쿠시의 사자로 명하여, 각자에게 판관과 후비토(史)를 한 사람씩 붙여서, 구니쓰카사, 고리쓰카사 및 백성의 형편을 순시하게 했다. 이날 "남녀 가인(歌人)과 피리 부는 자는, 자기 기술을 자손에게 전하고 노래와 피리를 연습하게 하라."고 명했다.

천황의 발병(發病)과 붕어

18일, 오안전(大安殿 ; 궁궐의 정전正殿)에 행차한 천황은 왕과 공경들을 불러 박희(博戲 ; 쌍륙 등의 놀이)를 했다. 이날 미야토코로노오키미, 나니와노오키미, 다케다노오키미, 미쿠니노마히토토모타리(三國眞人友足), 아가타노이누카이노스쿠네오토모(縣犬養宿禰大侶), 오토모노스쿠네미유키(大伴宿禰御行), 사카이베노스쿠네이와쓰미(境部宿禰石積), 오노아손혼지(多朝臣品治), 우네메노아손쓰쿠라(采女朝臣竹羅), 후지와라노아손오시마(藤原朝臣大嶋) 등 10명 모두에게 자신의 옷과 바지를 내렸다. 19일, 황태자 이하 왕과 공경들 모두 합쳐서 48명에게 큰 곰 가죽, 영양 가죽을 내렸다. 20일, 고구려에 보낸 사신들이 귀국했다. 24일, 천황이 병에 걸려 사흘 동안 다이칸다이지, 가와라데라, 아스카데라에서 경전을 읽게 하고, 절 세 개에 벼를 헌납했다. 27일, 귀화한 고구려인들에게 녹을 내렸다.

겨울 10월 4일, 백제 승려 상휘(常輝)에게 식봉 30호를 내렸다. 이 승려는 나이가 100세였다. 8일, 백제 승려 법장(法藏), 우바새(優婆塞 ; 속인 남성으로 불교를 믿으며 오계를 지키는 자) 마스다노아타이콘죠(益田直金鐘)를 미노에 보내어 삽주(위장약)를 구하여 탕약을 달이게 했다. 이를 치하하여 비단과 솜, 베를 내렸다. 10일, 가루베노아손타루세(輕部朝臣足瀬), 다카타노오비토니노미(高田首新家), 아라타노오노무라지마로(荒田尾連麻呂)를 시나노에 보내어 행궁을 지으라는 명을 내렸다. 아마 쓰카노마노유(束間溫湯 ; 아사마온천淺間溫泉인가)에 행차할 생각이었을까. 12일, 정대사(淨大肆) 하쓰세노오키미, 직광사 고세노아손우마카이(巨勢朝臣馬飼) 및 판관 이하 모두 20명에게 기나이의 부역(賦役 ; 도성을 건설할 땅을 선정하는 사업인가)을 맡겼다. 17일, 이세노오키미 일행이 다시 아즈마노쿠니에 가게 되어 옷과 바지를 내렸다(국경획정 사업의 연속인가). 이달에 궁중에서 금강반야경(金剛般若經)을 강론하여 설명하게 했다.

11월 2일, 관(官)에서 쓸 철 1만 근을 스오스부루오사(周防總令)에게 보냈다. 이날, 쓰쿠시노카미가 관에서 쓸 거친 집 100필, 실 100근, 베 300필, 용포(庸布) 400상(常), 철 1만 근, 화살대 2,000개를 신청하여 그것을 쓰쿠시로 발송했다. 4일, 전국에 명을 내려 "대각(大角), 소각(小角)(둘 다 취주악기), 북, 피리, 깃발과 큰 활, 돌쇠뇌 종류는 개인의 집에 두어서는 안 되니, 모두 고리노미야케에 수납하라."고 했다. 6일, 시라니시키노미소노(白錦後苑)[3]에 행차했다. 24일, 호조법사(法藏法師)와 곤죠(金鐘)가 달인 삽주(국화과의 여러해살이풀)를 진상했다. 이날 천황을 위해 초혼(招魂 ; 진혼제. 혼이 떠나지 않도록 달래며 장수를 기원한다) 의식을 가졌다. 27일, 신라는 파진찬(波珍湌) 김지상(金智祥), 대아찬(大阿湌) 김건훈(金健勳)을 파견하여 국정을 주상하고 조공했다.

12월 4일, 쓰쿠시에 보낸 사카모리(요지를 수비하는 병사)가 해상에서 난파 표류하여 옷을 모두 잃어버렸다. 사카모리의 옷을 위해 베 458필을 쓰쿠시로 발송했다. 10일, 서쪽에서 지진이 일어났다.

16일, 깁, 솜, 베를 다이칸다이지 승려들에게 보냈다.

19일, 황후의 명으로 왕과 공경들 55명에게 조복 각 한 벌씩을 내렸다.

아카미토리(朱鳥) 원년 정월 초이틀, 대극전에 행차하여 왕들에게 연회를 베풀었다. 이날 "내가 왕과 공경들에게 아토나시코토(無端事 ; 수수께끼 같은 것인 듯)를 내고자 한다. 정확하게 알아맞히면 반드시 상을 내리리라."고 말했다. 다케치노미코는 물음에 바르게 대답하여 하타스리(秦楮) 의복(오리나무 열매로 문질러 염색한 옷) 3벌, 비단 하카마 2벌과 깁 20필, 실 50근, 명주솜 100근, 베 100필을 받았다. 이세노오키미도 답을 맞혀 검은 비단 의복 3벌, 보라색 하카마 2벌, 깁 7필, 실 20근, 명주솜 40근, 베 40필을 받았다. 이날 셋쓰노쿠니 사람 구다라노니키(百濟新興)가 흰 마노(瑪瑙 ; 석영질의 보석)를 헌상했다.

9일, 삼강(三綱 ; 승강승강)의 율사(律師) 및 다이칸다이지의 지사(知事), 좌관

---

3) 白錦後苑(苑=苑)이라고도 표기한다. 지금의 일본 나라현 아스카초에 있는 아스카쿄아토엔치(飛鳥京跡苑池), 또는 그곳과 관련이 있다고 짐작됨.

(사칸 ; 2년 12월 항 참조) 등, 합쳐서 9명의 승려를 불러 속인의 음식을 공양하고 깁, 명주솜, 베를 내렸다. 10일, 왕과 공경들에게 각각 기누하카마(袍袴) 한 벌씩을 내렸다. 13일, 각종 재능을 가진 사람, 박사, 음양사, 의사 등 20여 명을 불러 음식과 녹을 내렸다. 14일 유시(酉時 ; 오후 6시 무렵)에 나니와의 오쿠라노쓰카사(大藏省)에서 불이 나 궁실이 모두 타고 말았다. '아토노무라지쿠스리(阿斗連藥)의 집에 누가 불을 질러서 궁실까지 퍼졌다'고 말하는 사람이 있었다. 다만 무기고만은 무사했다.

16일, 오안전에 행차한 천황은 왕과 공경들을 불러 연회를 열고 깁과 명주솜, 베를 내렸다. 이날, 천황은 군신에게 아토나시코토를 내고 답을 맞히면 깁과 명주솜을 내렸다. 17일, 후궁에서 연회를 열었다. 18일, 조정에서 성대한 주연을 열었다. 이날, 미무로전(御窟殿)[4] 앞에 행차하여 예인(藝人)들에게 각각 녹을 내렸다. 가인(歌人)들에게도 기누하카마를 주었다. 19일, 지진이 일어났다.

이달에 신라의 김지상에게 향응을 베풀기 위해 정광사(淨廣肆) 가와치노오키미(川內王), 직광삼 오토모노스쿠네야스마로(大伴宿禰安麻呂), 직대사(直大肆) 후지와라노아손오시마, 직광사 사카이베노스쿠네코노시로(境部宿禰鯯魚), 직광사 호즈미노아손무시마로(穗積朝臣虫麻呂) 등을 쓰쿠시에 보냈다.

2월 4일, 오안전에 행차하여, 근시 6명에게 근위(勤位)를 내렸다.

5일, 각국의 구니쓰카사 가운데 공을 세운 자 9명을 뽑아 근위를 내렸다.

3월 6일, 오토모이노쓰카사(大弁官)인 직대삼(直大參) 하타노마히토야쿠니(羽田眞人八國)가 병에 걸리자 승려 3명에게 계(戒)를 받게 했다. 10일, 눈이 내렸다. 25일, 하타노마히토야쿠니가 죽었다. 임신년의 공을 기려 직대일(直大壹) 관위를 내렸다.

여름 4월 8일, 시의(侍醫) 구와하라노스구리카쓰(桑原村主訶都)에게 직광사 관위를 내렸다. 무라지(連)라는 성을 내렸다 13일, 신라의 사신들에게 향응을 베풀기 위해 가와라데라의 구레가쿠(伎樂 ; 무인舞人, 악인樂人, 악기, 의상 등)를 쓰쿠시로 옮겼다. 그 때문에 황후궁이 소유한 개인 벼 5천 속(束 ; 다발)을 가와라데

---

4) 미무로노마치(御窟院)라고도 일컬음. 천황의 거처로서 독채 건물이다.

라에 헌납했다.

19일 쓰쿠시에서 신라가 바친 조공이 도착했다. 좋은 말 1필, 노새 1마리, 개 2마리, 조각을 새긴 금그릇 및 금, 은, 하금(霞錦 ; 비단으로 짠 직물織物의 한 종류), 능라, 호랑이와 표범가죽 및 약물 등 100여 종이었다. 또 김지상과 김건훈이 따로 헌상한 금, 은, 하금, 능라, 금그릇, 병풍, 안장가죽, 비단천, 약물 종류 각 60여 종이었다. 또 따로 황후, 황태자 및 여러 친왕에게 바치는 물건도 각각 다수 있었다.

27일, 다키노히메(多紀皇女), 야마시로노오키미(山背姫王), 이시카와노오토지(石川夫人)를 이세신궁으로 보냈다.

5월 9일, 다키노히메 일행이 이세에서 돌아왔다. 이날, 시의인 백제 사람 억인(億仁)이 병으로 죽어가자, 근대일(勤大壹) 관위를 내리고 식봉 100호를 내렸다. 14일, 다이칸다이지에 식봉 700호를 내리고, 오치카라(税 ; 출거 벼, 각 지방의 정세正稅를 농민에게 빌려주고 이자로 벼를 받아 절의 수익으로 삼는 것) 30만 속을 절에 바쳤다. 17일, 궁인(궁정의 여관女官)들에게 작위를 올려주었다.

24일, 천황의 병이 중해져서, 가와라데라에서 약사경(藥師經)을 강론하여 설명하게 하고 궁중에서 안거하게 했다. 29일, 김지상 일행은 쓰쿠시에서 향응과 녹을 받고 쓰쿠시에서 물러났다.

이달에 조칙을 내려 좌우 오토네리를 보내 각 절의 당탑(堂塔)을 청소하게 했다. 또 전국에 사면령을 내려 옥사(獄舍)가 텅 비게 되었다.

6월 1일, 쓰키모토노스구리카치마로(槻本村主勝麻呂)에게 무라지(連)라는 성을 내렸다. 근대(勤大) 1위 관위를 내리고 식봉 20호를 주었다. 2일, 기술자, 음양사, 시의, 대당의 학생 및 관인 한두 명을 합쳐서 34명에게 작위를 내렸다. 7일, 관청에서 일하는 사람 가운데 공을 세운 자 28명을 가려 작위를 높여 주었다. 10일, 천황의 병에 대해 점을 치자, 구사나기검의 지벌(신불을 잘못 건드려서 당하는 벌) 때문이라는 점괘가 나왔다. 그날로 오와리노쿠니의 아쓰타노야시로(熱田社)에 보내어 안치했다. 12일, 기우제를 지냈다. 16일, 이세노오키미 및 관인들을 아스카데라에 보내어 모든 승려에게 명을 내리기를 "내가 요즈음 지병이 들어, 원컨대 부처님의 위광으로 몸이 편안해졌으면 한다. 그러니 승정(僧正)과 승도(僧都) 및 중승(衆僧)이여, 부처님께 서원을 드리기를 바라노라." 하고, 부처님께 진귀한 보물을 바쳤다. 이날, 삼강의 율사와 4사(四寺)의 화상(和上 ; 승려들의 스승), 지사, 그리고 실제로 스승의 지위를 지닌 승려들에게 어의(御衣)와 어피(御被) 각 한 벌을 내렸다. 19일, 백관을 가와라데라에 보내어 연등공양(燃燈供養 ; 많은 등불을 켜고 부처님을 공양하는 의식)을 올리고, 성대한 재회를 통해 죄업이 소멸하기를 기원했다. 28일, 승려 호닌(法忍)과 기쇼(義照)에게 노후를 위해 식봉(食封) 각 30호를 내렸다. 22일, 나바리의 구리야노쓰카사(厨司 ; 천황의 식사에 필요한 새, 물고기, 조개 등을 잡기 위해 두었던 시설)에 화재가 일어났다.

가을 7월 초이틀 "앞으로는 원래대로 남자는 하바키모(하카마의 일종)를 입고, 여자는 머리를 등에 길게 늘어뜨려도 좋다."는 명을 내렸다(11년 4월에 내린 명을 해제). 이날, 승정과 승도들은 궁중에 입궐하여 회과(悔過 ; 잘못의 소멸을 기원하는 의식)를 시행했다. 3일, 각국에 명을 내려 사면령을 내렸다. 4일, 전국의 공물을 반감하고 모든 노역을 면제했다.

5일, 기이노쿠니의 구니카카스카미(國懸神 ; 와카야마시和歌山市 아키즈키秋月 소재), 아스카 4사(飛鳥四社 ; 아스카신사飛鳥神社), 스미노에노오야시로(住吉大神)에 폐백(幣帛)을 올렸다.

8일, 승려 100명을 궁중에 불러 금광명경(金光明經)을 읽게 했다. 10일, 남쪽 하늘에서 번개가 번쩍이고 한 차례 크게 천둥이 치더니, 가키베노쓰카사(民部省 ; 율령 제도 아래에서 호적·조세·부역 따위를 관장하던 관청)의 용(庸 ; 잡역부, 우네메를 위한 용포庸布, 용미庸米)을 보관하던 창고에 불이 났다. "오사카베노미코의 궁에서 방화로 인한 불이 나서 가키베노쓰카사가 불탔다."고 말하는 자가 있었다.

15일 "천하의 일은 대소를 불문하고 모두 황후와 황태자에게 아뢰어라."고 명했다. 이날 사면을 단행했다. 16일, 히로세, 다쓰타의 신에게 제사를 올렸다. 19일 "각지의 백성 가운데 가난하여 벼와 재물을 빌린 자는 14년 12월 30일 이전의 빚은 공사(公私)를 불문하고 모두 반환을 면제하라."고 명했다.

20일, 연호를 고쳐 아카미토리 원년으로 하고 궁(宮)은 아스카노키요미하라궁(飛鳥淨御原宮)이라고 불렀다. 28일, 불도를 수행하는 자 가운데 70명을 뽑아 출가시키고, 궁중의 미무로노마치에서 재회를 열었다.

이달에 왕과 신하들이 협력하여 천황을 위해 관세음보살상을 만들고 다이칸다이지에서 관세음경(觀世音經)을 강론하여 설명하게 했다.

8월 1일, 천황을 위해 80명의 승려에게 계를 받게 했다. 2일, 비구와 비구니를 합쳐서 100명에게 계를 받게 했다. 보살상 100개를 궁중에 안치하고 관세음경 200권을 읽게 했다. 9일, 신들에게 천황의 쾌유를 기원했다. 13일, 하타노이미키이와카쓰(秦忌寸石勝) 보내어 도사노오카미(土左大神 ; 고치시高知市 잇쿠一宮 소재)에 폐백을 올렸다. 이날 황태자(구사카베노미코), 오쓰노미코, 다케치노미코에게 각각 식봉 400호를, 가와시마노미코(덴지천황의 황자), 오사카베노미코에게 각각 100호를 더했다. 15일, 시키노미코(芝基皇子 ; 덴지천황의 황자), 시키노미코(磯城皇子 ; 덴무천황의 황자)에게 각각 200호를 더했다. 21일, 히노쿠마데라(檜隈寺), 가루데라(輕寺), 오쿠보데라(大窪寺)(모두 아스카 부근에 있었던 사원)에 식봉 각각 100호를, 30년 기한으로 내렸다. 23일, 고세데라(巨勢寺)에 200호를 내렸다

9월 4일, 친왕 이하 신하에 이르기까지 가와라데라에 모여 천황의 쾌유를 위해 서원했다. 9일, 천황은 끝내 일어나지 못하고 정궁(正宮)에서 붕어했다. 11일, 첫 발애(發哀 ; 사람이 죽었을 때 소리내어 애도를 표하는 예)가 있은 뒤, 남쪽 뜰에 빈궁을 세웠다. 24일, 남쪽 뜰에서 빈소에 안치하고 발애했다. 이때 오쓰노미코가 황태자에게 모반을 기도했다.

27일 인시(寅時 ; 오전 네 시 무렵), 다수의 승려가 빈궁에서 발애를 하고 물러갔다. 이날 처음으로 전(奠 ; 사자에게 올리는 공물)을 올리고 뇌사(誄詞 ; 죽은 이의 생전의 공덕을 칭송해 조상하는 말)를 올렸다. 맨처음 오시아마노스쿠네아라카마(大海宿禰蔘蒲)가 미부(壬生 ; 천황을 키웠던 어린 시절의 일)에 대해 뇌사를 올렸다. 다음에 정대사 이세노오키미가 왕들을 대신하여 뇌사를 올렸다. 다음에 직대삼 아가타노이누카이노스쿠네오토모가 궁내성과 관계된 일에 대해 뇌사를 올렸다.

다음에는 정광사 가와치노오키미가 좌우 오토네리를 대신하여 뇌사를 올렸다. 다음에는 직대삼 다기마노마히토쿠니미(當麻眞人國見)가 좌우 신하를 대신하여 뇌사를 올렸다. 다음에는 직대사 우네메노아손쓰쿠라가 내명부(內命婦 ; 5

위 이상의 부인(婦人)를 대신하여 뇌사를 올렸다.

다음에는 직광사 기이노아손마히토(紀朝臣眞人)가 가시와데노쓰카사(膳職)를 대신하여 뇌사를 올렸다. 28일, 승려들이 다시 빈궁에서 발애했다. 이날, 직대삼 후세노아손미누시(布勢朝臣御主人)가 태정관(太政官)을 대신하여 뇌사를 올렸다. 다음에 직광삼 이소노카미노아손마로(石上朝臣麻呂)가 법관(法官 ; 훗날의 식부관(式部官)을 대신하여 뇌사를 올렸다.

다음에는 직대사 오미와노아손타케치마로(大三輪朝臣高市麻呂)가 이관(理官 ; 훗날의 치부성治部省)을 대신하여 뇌사를 올렸다. 다음에는 직광삼 오토모노스쿠네야스마로가 오쿠라(大藏)에 대해 뇌사를 올렸다. 다음에는 직대사 후지와라노아손오시마가 병정관(兵政官 ; 훗날의 병부성兵部省)을 대신하여 뇌사를 올렸다. 29일, 승려들이 다시 발애했다. 이날, 직광사 아베노쿠노노아손마로(阿倍久努朝臣麻呂)가 형관(刑官 ; 훗날의 형부성刑部省)을 대신하여 뇌사를 올렸다.

다음에는 직광사 기노아손유미하리(紀朝臣弓張)가 민관(民官 ; 훗날의 민부성民部省)을 대신하여 뇌사를 올렸다. 다음에는 직광사 호즈미노아손무시마로가 각국의 구니쓰카사를 대신하여 뇌사를 올렸다. 다음에는 오스미, 아타의 하야토 및 야먀토, 가와치의 우마카이베노미야쓰코(馬飼部造)가 각각 뇌사를 올렸다. 30일, 승려들이 발애했다. 이날 백제왕 양우(良虞)[5]가 백제왕 선광(善光)을 대신하여 뇌사를 올렸다. 다음에 각국의 미야쓰코가 입궐함에 따라 각각 뇌사를 올리고 여러 가지 가무를 연주했다.

---

5) 낭우(郎虞)라고도 한다. 의자왕의 아들 또는 동생으로 추측되는 선광왕(善光王)의 아들이며 창성(昌成)의 동생이다.

제30권

지토천황(持統天皇): 다카마노하라히로노히메노스메라미코토(高天原廣野姬
天皇)

황후칭제(皇后稱制)

다카마노하라히로노히메노스메라미코토는 어릴 때는 우노노사라라노히
메(鸕野讚良皇女)로 불렸으며, 덴지천황의 둘째 딸이다. 어머니는 오치노이라쓰
메—다른 이름은 미노쓰코노이라쓰메(美濃津子娘)—다. 천황은 침착하고 도
량이 넓은 인품으로 사이메이천황 3년에 덴무천황의 비가 되었다. 천자의 딸이
었으나 온화하고 겸손하며 예를 존중하여 국모의 덕을 갖추었다.

덴지천황 원년에 오쓰궁(大津宮 ; 쓰쿠시의 나노오쓰那大津)에서 구사카베노미
코를 낳았다.

10월 10일, 사문(沙門 ; 출가자出家者)이 된 덴무천황을 따라 요시노에 들어감
으로써 오미 조정의 혐의를 피할 수 있었다. 상세한 것은 덴지천황의 권에 기
록되어 있다.

덴무천황 원년 여름 6월, 천황을 따라 아즈마노쿠니에서 난을 피했다. 군사
에게 명하여 아군을 결집하고 천황과 함께 계책을 세웠다. 죽음을 두려워하지
않는 용사 수만 명에게 명하여 각지의 요해(要害)를 굳혔다.

가을 7월, 미노의 장군들과 야마토의 용사들이 연합하여 오토모노미코를
주살한 뒤, 그 수급(首級)을 가지고 후와궁(임신년의 난 때 오아마노미코가 후와 들
판에 세운 행궁)에 이르렀다.

2년, 황후가 되었다. 황후는 줄곧 천황을 도와 천하를 안정시키고 항상 좋은
조언을 하며 정치면에서도 훌륭하게 보필했다.

아카미토리 원년 9월 9일, 덴무천황이 붕어하자 황후는 즉위식도 올리지 않은 채 정무를 맡았다.

오쓰노미코(大津皇子)의 변(變)

겨울 10월 2일, 오쓰노미코의 모반이 드러나 황자를 체포하고 아울러 오쓰노미코에게 속은 직광사 야쿠치노아손오토카시(八口朝臣音橿), 쇼센게 이키노무라지하카토코와 오토네리 나카토미노아손오미마로(中臣朝臣臣麻呂), 고세노아손타야스(巨勢朝臣多益須), 신라 승려 행심(行心)과 도네리노토키노미치쓰쿠리(帳內礪杵道作) 등 30여 명을 붙잡았다.

3일, 오쓰노미코는 오사다(譯語田)의 집에서 죽었다. 그때 나이 24세. 비인 야마베노히메(山邊皇女)는 머리를 풀어헤치고 맨발로 달려가 남편의 뒤를 따라 죽었다. 이를 보고 흐느껴 울지 않는 자가 없었다. 오쓰노미코는 덴무천황의 셋째 아들로, 위의를 갖추고 명랑한 말투여서 덴지천황이 특별히 귀여워했다. 성장함에 따라 자질이 뛰어났고 학문에 재능이 풍부했고, 특히 문필을 사랑했다. 그 무렵 시부(詩賦)가 융성한 것은 오쓰노미코로부터 비롯되었다고 할 수 있다.

29일 "오쓰노미코가 모반을 꾀했다. 이에 속은 관리와 신하는 어쩔 수 없이 참여했다. 오쓰노미코는 이미 죽었다. 종자(從者)로서 황자를 따른 자들은 모두 용서한다. 다만 도키노미치쓰쿠리는 이즈로 유배하라."고 명했다. 또 "신라 승려 행심은 오쓰노미코의 모반에 가담했으나, 차마 죄를 물을 수 없으니 히다노쿠니(飛驒國)의 절로 보내라."고 명했다.

11월 16일, 이세신궁의 무녀였던 오쿠노히메는 동복동생인 오쓰노미코의 죄로 인해, 자리를 떠나 수도로 돌아왔다. 17일, 지진이 일어났다.

12월 19일, 덴무천황을 위해 다섯 절—다이칸다이지, 아스카, 가와라, 오하리다노토유라(小墾田豊浦), 사카타(坂田)에서 무차대회(無遮大會 : 공양보시하는 국왕이 시주가 되어 승속僧俗, 귀천, 상하, 구별 없이 여는 법회)를 거행했다. 26일, 수도에 연고가 없는 자와 노령자 등에게 각각 베와 비단을 내렸다. 윤12월, 쓰쿠시노카미가 고구려, 백제, 신라의 남녀 백성과 승려 62명을 바쳤다. 이해에 뱀과 개가 교미했으나 둘 다 곧 죽었다.

빈궁과 국기(國忌)

원년 봄 정월 초하루, 황태자(구사카베노미코)가 공경, 백관을 이끌고 빈궁에 가서 통곡했다. 나곤(納言) 후세노아손미누시가 뇌사를 올리고 예를 다했다. 이어서 모든 사람이 발애했다. 다음에 승려들이 발애했다. 우치노카시와데노카미키노아손마히토(奉膳紀朝臣眞人) 등이 공물을 바쳤다. 이어서 가시와데, 우네메 등이 발애했다. 가가쿠노쓰카사(雅樂寮 ; 고대 일본의 왕립음악기관)의 악관이 아악을 연주했다. 5일에도 황태자가 공경, 백관을 이끌고 빈궁에 가서 통곡했다. 승려들도 따라서 발애했다. 15일, 수도에서 나이가 80이 넘은 자와 병이 중하고 가난해서 자기 힘으로는 살아갈 수 없는 자에게 각각 비단과 무명을 내렸다.

19일, 직광사 다나카노아손노리마로(田中朝臣法麻呂)와 추대이(追大貳) 모리노키미카리타(守君苅田)를 신라에 보내 천황의 상(喪)을 알렸다.

3월 15일, 스스로 일본에 귀화한 고구려 사람 56명을 히타치노쿠니에 거주하게 하고 토지와 식량을 지급하여 생활할 수 있게 했다. 20일, 빈궁에 꽃을 바쳤다. 이것을 미카게(御蔭)라고 한다. 이날 다지히노마히토마로(丹比眞人麻呂)가 예식에 따라 뇌사를 올렸다. 22일, 스스로 귀화해 온 신라인 14명을 시모쓰케노노쿠니(下毛野國)에 살게 하고, 토지와 식량을 지급하여 생활할 수 있게 했다.

여름 4월 10일, 쓰쿠시노카미가 스스로 귀화해 온 신라 승려와 남녀 백성 22명을 바쳤다. 무사시노쿠니에 살게 하고 토지와 식량을 지급하여 생활할 수 있게 했다.

5월 22일, 황태자가 공경과 백관을 이끌고 빈궁에 가서 통곡했다. 하야토인 오스미, 아타의 우두머리가 각각 동료를 이끌고 나아가 뇌사를 올렸다.

6월 28일, 죄인들을 사면했다.

가을 7월 2일 "무릇 빚을 진 자에 관련하여, 덴무 14년 이전에 진 빚에 이자를 받아서는 안 된다. 이미 노동으로 갚은 자에게는 이자까지 노동을 시켜서는 안 된다."고 명했다. 9일, 하야토인 오스미, 아타의 우두머리 등 337명에게 물품을 내렸다.

8월 5일, 빈궁에 햇곡식을 올렸다. 이를 아오키오모노(御靑飯)라고 한다. 6일, 수도의 남녀 노인이 모두 다리 서쪽에서 통곡했다. 28일, 천황은 직대사 후지와라노아손오시마, 직대사 기후미노무라지오토모(黃書連大伴)에게 명하여, 고승 300명을 아스카데라에 불러 각자에게 가사를 한 벌씩 내렸다. "이것은 덴무천황의 의복으로 지은 것이다."라고 말했다. 조칙의 내용이 참으로 비통하고 가슴이 아파서 상세히 말할 수가 없었다.

9월 9일, 수도의 모든 절에서 국기재(國忌齋 : 선황이 붕어한 날, 정무를 폐하고 여는 재회)를 열었다. 10일, 빈궁에서 재회를 열었다. 23일, 신라가 왕자 김상림(金霜林), 급찬 김살모(金薩慕)와 급찬 김인술(金仁述), 대사 소양신(蘇陽信) 등을 보내어 국정을 보고하고 조공을 바쳤다. 학승 지류(智隆)가 따라와서 귀국했다. 쓰쿠시노카미가 김상림 일행에게 천황의 붕어를 알렸다. 같은 날 김상림 일행은 모두 상복을 입고 동쪽을 향해 세 번 절하고 세 번 발애했다.

겨울 10월 22일, 황태자가 공경—백관과 각국의 구니쓰카사, 구니노미야쓰코 및 남녀 백성을 이끌고, 오치노미사사기(大內陵 : 덴무천황능)를 축조하기 시작했다.

12월 10일, 직광삼 미치노마히토토미를 신라인을 접대하는 칙사로 정했다. 태세 정해년(丁亥年)의 일이었다.

2년 봄 정월 초하루, 황태자가 공경, 백관을 이끌고 빈궁에 가서 통곡했다. 2일, 승려들이 빈궁에서 발애했다. 8일 야쿠시지에서 무차대회를 열었다.

23일, 신라의 김상림 일행에게 천황 붕어를 전하자, 김상림 등이 세 번 발애했다.

2월 2일, 대재가 신라의 조공인 금, 은, 비단, 베, 가죽, 동, 철 등 10여 종과, 따로 바친 불상, 각종 채견(彩絹 : 채색한 비단), 새, 말 등 10여 종 및 김상림이 바친 금, 은, 염료, 각종 진기한 물품 등 80여 종을 바쳤다. 10일, 쓰쿠시노무로쓰미에서 김상림에게 향응을 베풀고, 각각에게 하사품을 내렸다. 16일 "앞으로 국기일(國忌日)에는 반드시 재회를 열라."고 명했다. 29일, 김상림 일행이 귀로에 올랐다.

3월 21일, 빈궁에 꽃을 바쳤다. 후지와라노아손오시마가 뇌사를 올렸다.

5월 8일, 백제의 경수덕나리(敬須德那利 ; 백제에서 망명한 사람)를 가이노쿠니로 옮겼다.

6월 11일 "천하에 명을 내려, 사형수는 죄 한 등급을 감하고, 가벼운 죄는 모두 사면하라. 전국의 금년 공물을 반감하라."고 명했다.

가을 7월 11일, 성대하게 기우제를 지냈다. 가뭄이 들었기 때문이다. 20일, 백제의 사문 도장(道藏)에게 명하여 기우제를 올리자, 오전 중에 전국에 비가 내렸다.

8월 10일, 빈궁에 새로 추수한 곡식을 올리고 통곡했다. 오토모노스쿠네야스마로가 뇌사를 올렸다. 11일, 정대사 이세노오키미에게 명하여 장의(葬儀 ; 11일 산릉에 장송하는 것)를 발표하게 했다. 25일, 탐라가 좌평가라(佐平加羅)를 보내어 특산물을 바쳤다. 9월 23일, 쓰쿠시노무로쓰미에서 탐라의 좌평가라 일행에게 향응을 베풀고 각각에게 물품을 내렸다.

덴무천황(天武天皇)의 장송(裝送)

겨울 11월 4일, 황태자가 공경, 백관과 각 번(蕃)의 사신을 이끌고 빈궁에 가서 통곡했다. 공물을 바치고 다다후시노마이(楯節儛 ; 갑옷을 입고 칼과 방패를 가지고 추는 춤)를 추었다. 신하들은 각각 자기 조상이 어떻게 섬겼는지 이야기하고 차례로 나아가 뇌사를 올렸다.

5일, 에미시 190여 명이 공물을 등에 지고 와서 뇌사를 올렸다. 11일, 후세노아손미누시, 오토모노스쿠네미유키가 차례로 나아가 뇌사를 올렸다. 직광사 다기마노마히토치토코(當摩眞人智德)가 황제의 즉위에 관한 뇌사 올리기를 예식처럼 거행했다. 이를 옛날에는 히쓰키(日嗣)라고 했다. 이를 마치고 오치노미사사기에 장사지냈다.

12월 12일, 에미시 남녀 213명에게 아스카데라 서쪽의 느티나무 밑에서 향응을 베풀었다. 관위를 내리고 각각에게 물품을 내렸다.

3년 봄 정월 초하루, 천황은 각국 대표를 정전(正殿 ; 대극전大極殿)에 소집하여 신년 하례를 거행했다(상喪 때문에 지난 2년 동안 조회를 열지 않았다). 2일, 대학 료(大學寮)가 묘일(卯日)에 악귀를 물리치는 지팡이 80개를 바쳤다(중국 풍습을 들여온 것). 3일, 무대사(務大肆) 미치노쿠노쿠니의 우키타마노코리(置賜郡)를 지키는 에미시 시리코(脂利古)의 아들 마로(麻呂)와 가나오리(鐵折)가 수염과 머리를 깎고 사문이 되겠다고 청했다(승려는 과역課役이 면제된다). 명을 내려 "마로와 가나오리는 젊지만 우아하고 물욕도 적으며, 채식을 하면서 계율을 잘 지켰다. 원하는 대로 출가 수도하게 하라."고 명했다. 7일, 공경에게 7일 절회(節會)를 열고 의복을 내렸다.

8일, 신라에 보낸 다나카노아손노리마로 일행이 귀국했다. 9일, 이즈모노쿠니쓰카사에게 명을 내려, 폭풍을 만난 인근의 백성들을 수도로 보내게 했다. 이날 고시노쿠니의 에미시 승려 도신(道信)에게 불상 1구, 관정번(灌頂幡), 종, 바리때 각 1개, 오색 비단 각 5자, 명주솜 5둔(屯), 베 10필, 괭이 10자루, 안장 1구를 내렸다. 쓰쿠시노카미 아와타노아손마히토 등이 하야토 174명과 베 50상(常 ; 1상은 1자 3치), 쇠가죽 6장, 사슴가죽 50장을 바쳤다. 15일, 문무관(文武官)이 언제나처럼 궁정용(宮廷用) 장작을 헌상했다. 16일, 백관에게 음식을 내렸다.

18일, 천황이 요시노궁에 행차했다가 21일에 돌아갔다.

2월 13일 "쓰쿠시의 사키모리(옛날에 간토關東 지방에서 파견되어 쓰쿠시, 이키, 쓰시마 등의 요지를 수비하던 병사)는 연한(3년)이 되면 교대하라."고 명했다. 26일, 정광사 다케다노오키미, 직광사 하지노스쿠네네마로(土師宿禰根麻呂), 오야케노아손마로(大宅朝臣麻呂), 후지와라노아손후비토(藤原朝臣史), 무대사 다기마노마히토사쿠라이(當摩眞人櫻井)와 호즈미노아손야마모리(穗積朝臣山守), 나카토미노아손오미마로, 고세노아손타야스, 오미와노아손야스마로(大三輪朝臣安麻呂)를 판사(형부성刑部省의 판사)로 정했다.

3월 24일, 전국에 사면령을 내렸다. 단 규정에 따라 사면 대상이 되지 않는 자는 제외되었다.

구사카베노미코(草壁皇子)의 죽음
여름 4월 8일, 스스로 귀화한 신라인들을 시모쓰케노에 살게 했다. 13일, 구사카베노미코가 죽었다. 20일, 신라가 급찬 김도나(金道那) 등을 보내어 덴무천황의 상을 조문했다. 동시에 학승 묘소(明聰)와 간치(觀智)를 돌려보내 주었다. 따로 금동아미타상, 금동관세음보살상, 대세지보살상(大勢至菩薩像) 각 1구, 채백(綵帛 ; 무늬가 있는 비단), 금(錦)과 능(綾)을 바쳤다. 22일에 가스가노오키미(春日王)가 죽었다. 27일, 명을 내려 모든 관청의 잡역부에게 한 달에 나흘씩 휴가를 주기로 했다.

5월 22일, 하지노스쿠네네마로에게 명하여, 신라의 조문사절 급찬 김도나 일행에게 "먼저 태정관(太政官)의 경들이 명을 받아 말했지만, 2년에 다나카노아손노리마로 등을 보내어 사키노스메라미코토(大行天皇 ; 덴무천황)의 상을 알렸을 때, 신라는, '신라에서는 조칙을 받드는 사람은 원래 소판(蘇判 ; 신라의 17관위 가운데 세 번째)의 지위에 있는 사람으로 되어 있으니, 지금도 그렇게 하고자 합니다' 하고 말했다. 그래서 다나카노아손노리마로 등은 조칙을 전하지 못했다.

전례를 말하자면, 옛날 고토쿠천황이 붕어했을 때 고세노오미이나모치 등을 보내어 상을 알렸는데, 그때 예찬(翳飡) 김춘추(金春秋 ; 신라의 17관위 가운데 두 번째, 훗날의 태종무열왕)가 조칙을 받들었다. 그것을 소판이 조칙을 받드는 것은 전례에 어긋난다. 또 덴지천황이 붕어했을 때는 일길찬(一吉飡) 김살유(金薩儒 ; 17계의 일곱 번째) 등을 보내 조문했다. 그러므로 지금 급찬을 조문사절로 보낸 것도 전례에 어긋나는 일이다. 또 신라는 전부터 말하기를 '우리나라는 일본의 먼 황조시대부터 배를 여러 척 갖추고 노가 마를 새 없이 섬겨온 나라입니다'라고 말했다. 그런데 이번에는 배가 한 척뿐이니, 이 또한 옛 법에 어긋난다. 그리고 '일본의 먼 조상 때부터 맑고 깨끗한 마음으로 섬겼다'고 말했으나, 충성을 다해 직무를 훌륭하게 수행하려고 하지 않았을 뿐만 아니라, 맑고 깨끗한 마음을 훼손시키고 거짓된 마음으로 아첨했다. 그러므로 이번의 공물과 헌상물은 함께 봉인하여 돌려보내는 바이다.

우리 나라가 먼 조상 때부터 그대들에게 널리 자비를 베풀어 온 덕을 끊을 수는 없다. 더욱 더 삼가고 공경하면서 그 직무에 힘쓰고 예부터 내려온 법을 준수하는 자에게는 조정은 널리 자애를 펼치리라. 김도나 일행은 이 조칙을 잘 받들어 그대들의 왕에게 전하도록 하라."고 말했다.

정어원령(淨御原令) 시행

6월 1일, 쓰쿠시노카미에게 의복을 내렸다. 2일, 시키노미코, 직광사 사미노아손스쿠네마로(佐味朝臣宿禰麻), 하타노아손무고에(羽田朝臣), 근광사(勤廣肆) 이요베노무라지우마카이(伊餘部連馬飼), 쓰키노이미오키나(調忌寸老人), 무대삼(務大參) 오토모노스쿠네테(大伴宿禰手拍), 고세노아손타야스 등에게 요키코토에라부쓰카사(撰善言司 ; 좋은 설화 등을 골라 수집하는 역할)를 명했다.

19일, 대당의 속수언(續守言), 살홍격(薩弘格) 등에게 각각 벼를 내렸다. 20일, 쓰쿠시노카미인 아와타노아손마히토 등에게 명하여, 학승 묘소(明聰)와 간치(觀智)가 신라의 스승과 친구에게 보내기 위한 명주솜 각각 140근을 내렸다. 24일, 쓰쿠시의 오고리(영빈관)에서 신라의 조문사절 김도나(金道那) 일행에게 향응을 베풀고 각각 물품을 내렸다. 29일, 중앙의 여러 관아에 법령 1부 22권(아스카기요미하라령飛鳥淨御原令인가)을 나누어 주었다.

가을 7월 초하루, 미치노쿠의 에미시 승려인 지토쿠(自得)가 요청한 금동약사불상, 관세음보살상 각 1구, 종, 사라(娑羅),[1] 보장(寶帳), 향로, 깃발 등을 내렸다. 이날, 신라의 조문사절 김도나 일행이 귀로에 올랐다. 15일, 좌우경직(左右京職 ; 헤이안쿄平安京의 행정, 사법을 맡아본 관청)과 각국의 구니쓰카사에게 명을 내려, 사궁소(射弓所 ; 관인 또는 병사들이 활 쏘는 훈련을 하던 장소)를 짓게 했다. 20일, 가짜 병위(兵衛)인 가와치노쿠니 시부카와노코리(澁川郡) 사람 가시와하라노히로야마(柏原廣山)를 도사노쿠니에 유배했다. 가짜 병위 가시와하라노히로야마를 붙잡은 병위 미부베노무라지토라(生部連虎)에게 추광삼(追廣參) 관위를 내렸다. 23일, 고시노쿠니의 에미시 야쓰리나(八釣魚)에게 물품을 내렸다.

가을 8월 2일, 백관이 신기관(神祇官)에 모여 천신지기에 관해 서로 의견을 얘기했다. 4일, 천황이 요시노궁에 행차했다. 16일, 셋쓰노쿠니의 무코노우미(武庫海) 1천 보(步 ; 1보는 5자)의 내해(內海), 기이노쿠니 아리타노코리(有田郡)의 나키노(名草野) 2만 경(頃 ; 40정보), 이세노쿠니 이가노코리의 무노(身野) 2만 경에 사냥 금지구역을 설치하여 감시인을 두고, 가와치노쿠니 오토리노코리(大鳥郡)

---

1) 불교 경전을 읽을 때 치는 쟁반 같은 모양의 불구(佛具).

의 다카시노우미(高師海)에 준한다고 정했다. 17일, 공경에게 각각 하사품을 내렸다. 21일, 이요의 총령(総領)인 다나카노아손노리마로에게 명하여 "사누키노쿠니 미키노코리(三木郡)에서 잡은 흰 제비를 놓아 주라."고 했다. 23일, 활쏘기 훈련을 관람했다.

윤8월 10일, 각국의 구니쓰카사에게 "금년 겨울에 호적을 만들고, 9월을 기한으로 부랑자를 단속하라. 병사(兵士)는 나라마다 장정의 4분의 1을 지정하여 무술을 익히게 하라."고 명했다. 27일, 정광사(浄廣肆) 가와치노오키미를 쓰쿠시노카미로 정했다. 무기를 주고 물품을 내렸다. 직광이(直廣貳) 다지히노마히토시마에게 직광일(直廣壹)을 내리고 식봉 100호를 늘려 주었다.

9월 10일, 직광삼 이소노카미노아손마로, 직광사 이시카와노아손무시나 등을 쓰쿠시에 보내, 위기(位記 ; 관관을 대신하여 수여하는 문서)를 발급하고, 새로 완성된 성(城)을 감시하게 했다.

겨울 10월 11일, 천황이 다카야스성에 행차했다. 22일, 직광사 시모쓰케노노아손코마로(下毛野朝臣子麻呂)가 노비 600명을 방면하고 싶다고 주상하여 원하는 대로 허가받았다.

11월 8일, 시중에서 추광이(追廣貳) 다카타노오비토이와나리(高田首石成)가 세 가지 무기(활, 칼, 창 등의 무술) 수련에 힘쓴 것을 칭찬하여 물품을 내렸다.

12월 8일, 쌍륙(雙六 ; 당나라에서 들어온 주사위놀이)놀이를 금하였다.

지토천황(持統天皇)의 즉위

4년 봄 정월 초하루, 모노노베노아손마로(物部朝臣麻呂)는 큰 방패를 세우고, 가무쓰카사노카미(神祇伯) 나카토미노아손오시마(中臣朝臣大嶋)는 아마쓰카미의 수사(壽詞 ; 천황 치세의 오랜 영광을 기원하는 축사)를 낭독했다. 그것이 끝나자 인베노스쿠네시코부치(忌部宿禰色夫知)가 신새(神璽 ; 본디는 천황의 도장인 '어새御璽'를 뜻하지만, 여기에서는 '삼종신기 三種神器'를 뜻한다)인 칼과 거울을 황후에게 바쳤고, 황후가 황위에 올랐다. 공경과 백관이 정렬하여 일제히 배례하고 박수를 쳤다(5위 이상의 관인이 대극전 뜰에 꿇어앉아 한 차례에 여덟 번씩 네 차례 박수를 치는 의례를 말한다).

2일, 공경과 백관이 설날 신년 하례를 올리듯이 배알했다. 다지히노마히토시마와 후세노아손미누시가 즉위 축사를 올렸다. 3일, 궁에서 공경에게 연회를 베풀고 의복을 내렸다. 15일, 백관이 장작을 바쳤다. 17일, 전국에 사면령을 시행했다. 단, 규정상 사면 대상이 되지 않는 자는 제외되었다. 관직에 있는 사람에게는 작위 1급을 내렸다. 홀아비와 과부, 독거인, 중병환자, 가난하여 생계를 이을 수 없는 자에게 벼를 내리고 공물과 부역을 면제해 주었다. 20일, 도키베(解部 ; 소송에서 궁문窮問[엄중히 심문 조사함]을 담당한다) 100명을 형부성에 증원했다. 23일 기나이의 신들에게 폐백을 올리고 봉호(封戶)와 토지를 늘려주었다.

2월 5일, 천황은 와키카미노이케 제방에 행차하여 공경대부의 말을 사열했다. 11일, 신라의 사문 전길(詮吉), 급찬 북조지(北助知) 등 50명이 귀화했다. 17일, 천황이 요시노궁에 행차했다 19일, 궁에서 재회가 열렸다. 25일, 귀화한 신라의 한내말(韓奈末) 허만(許滿) 등 12명을 무사시노쿠니에 살게 했다.

3월 20일, 수도와 기나이의 80세 이상인 자에게 시마노미야(죽은 구사카베노미코의 궁)의 벼를 1인 20단씩 내렸다. 관위가 있는 자에게는 베 2필을 더 추가해서 내렸다.

조복(朝服)과 예법 제정

여름 4월 3일, 사자를 보내 히로세의 오이미노카미와 다쓰타의 풍신에게 제사를 지냈다. 7일 수도와 기나이의 노인(66세 이상의 남녀) 5,031명에게 각각 벼 20단씩을 내렸다. 14일 "백관과 기나이 사람 가운데 관위가 있는 자는 6년, 관위가 없는 자는 7년으로 정하여, 근무한 일수에 따라 9등급으로 나눈다. 일정 연한(年限) 동안의 평균이 4등 이상이면, 고사령(考仕令 ; 관인의 고과에 관한 규정을 모은 것)에 따라 그 선최(善最 ; 선은 근무 태도, 최는 직무의 적부適否), 공능(功能 ; 功은 공적, 能은 재능), 씨성(氏姓)의 대소(大小 ; 성의 고하高下) 등으로 심사하여 관위를 내린다.

조복은 정대일(淨大壹) 이하 광이(廣貳) 이상은 흑자(黑紫), 정대삼(淨大參) 이하 광이 이상은 적자(赤紫), 정(正) 8급은 적자, 직(直) 8급은 주홍, 근(勤) 8급은 진녹색, 무(務) 8급은 연녹색, 추(追) 8급은 감색, 진(進) 8급은 옅은 감색, 별도로 정광이(淨廣貳) 이상은 한 폭에 한 개의 커다란 문양이 든 능라(綾羅) 등 여러 가지로 쓰는 것을 허용한다.

정대삼 이하 직광사 이상은 한 폭에 커다란 문양 두 개를 세긴 능라 등을 여러 가지로 쓰는 것을 허용한다. 비단 허리띠, 흰 하카마(일본 옷의 겉에 입는 주름 잡힌 하의)는 신분의 상하와 상관없이 사용해도 괜찮다. 그밖에는 종전과 같이 한다."고 명했다.

22일, 곳곳에서 기우제를 지냈다. 가뭄이 계속되었기 때문이다.

5월 3일, 천황이 요시노궁에 행차했다. 10일, 백제의 남녀 21명이 귀화했다. 15일, 우치스노쿠니(內裏)에서 처음으로 안거(安居) 강설(講說)이 시작되었다.

6월 6일, 천황이 하쓰세에 행차했다. 25일, 관위가 있는 자를 모두 불러 그 서열과 나이를 말하게 했다.

가을 7월 1일, 공경과 백관들은 처음으로 새로운 조복을 착용했다. 3일, 신들에게 폐백을 올렸다. 5일, 다케치노미코를 태정대신으로 세웠다. 다지히노마히토시마에게 정광삼(正廣參)의 관위를 내리고 우대신으로 임명하는 동시에 팔성백관(八省百官)²⁾을 모두 임명했다. 6일, 오미코토모치(大宰), 구니쓰카사도 모두 임명했다. 7일 "공경과 백관, 관직에 있는 모든 사람들은 앞으로 집안에서 조복을 입고 문이 열리기 전에 관청에 출근하라."고 명했다. 예전에는 궁문에 들어간 뒤 조복을 입은 듯하다.

9일 "조당(朝堂)에서 자리에 앉아 있을 때, 친왕을 보면 종전대로 하고, 대신과 왕을 보면 조당 앞에 선다. 이왕(二王 ; 천황 이하 2등 이내의 황족) 이상인 자를 보았을 때는 자리에서 내려와 무릎을 꿇어야 한다."고 명했다. 14일 "조당에서 자리에 앉아 있을 때, 대신을 보면 자리에서 내려와 무릎을 꿇어야 한다."고 명했다. 이날 깁과 실, 명주솜, 베를 일곱 곳의 절에서 안거하는 승려 3,363명에게 시주했다. 별도로 황태자(고故 구사카베노미코)를 위해, 세 곳의 절에서 안거하는 승려 329명에게도 시주했다. 18일, 사자를 보내 히로세의 오이미노카미와 다쓰

---

2) 율령제의 관제 기구와 그 전체를 가리킨다. 팔성(八省)은 중무(中務), 식부(式部), 치부(治部), 민부(民部), 병부(兵部), 형부(刑部), 대장(大藏), 궁내(宮內) 등의 총칭. 백관(百官)은 관(官), 성(省), 직(職), 요(寮), 사(司), 대(臺, 台), 부(府), 사(使)의 관아 또는 그 관인의 총칭.

타의 풍신에게 제사를 지냈다.

8월 4일, 천황이 요시노궁에 행차했다. 11일, 귀화한 신라인들을 시모쓰케노쿠니에 살게 했다.

9월 1일, 각국의 구니쓰카사에게 "호적을 만들 때는 호령(戶令)에 의거하여 시행하라."고 했다. 11일 "기이노쿠니를 순행할 생각이니, 금년의 왕과 공경의 전조(田租)와 인두세(人頭稅)는 징수를 중지하라."고 명했다. 13일, 천황이 기이노쿠니에 행차했다.

포로 오토모베노하카마(大伴部博麻)의 귀환

23일, 대당에서 공부한 학승 지소(智宗), 기토쿠(義德), 죠칸(淨願)과 병사인 쓰쿠시노쿠니 가미쓰야메노코리(上妻郡 ; 현재의 야메군八女郡)의 오토모베노하카마가, 신라의 송사 대내말 김고훈(金高訓) 일행을 따라 쓰쿠시로 귀국했다. 24일, 천황이 기이노쿠니에서 돌아왔다.

겨울 10월 5일, 천황이 요시노궁에 행차했다. 10일, 대당의 학승 지소 일행이 황성에 도착했다. 15일, 사자를 보내 쓰쿠시노카미 가와치노오키미 등에게 "신라의 송사 대내말 김고훈 일행의 향응은, 학생 하지노스쿠네오이 일행을 데리고 온 송사의 향응에 준하라. 그 노고에 대한 위로와 선물은 조서에 따르라."고 명했다.

22일, 병사인 지쿠고노쿠니 가미쓰야메노코리 사람 오토모베노하카마에게 "그대는 사이메이천황 7년 백제 구원전쟁에서 당나라의 포로가 되었다. 덴지천황 3년이 되어, 하지노무라지호도(土師連富杼), 히노무라지오키나(氷連老), 쓰쿠시노키미사치야마(筑紫君薩夜麻), 유게노무라지간보(弓削連元寶)의 아들 등, 네 사람이 당나라의 계획을 조정에 주상하려고 했으나 의복과 식량이 없어서 수도까지 오지 못하는 것을 안타깝게 여겼다.

그때 오토모베노하카마는 하지노무라지호도 일행에게, '나도 너희와 함께 고국으로 돌아가고 싶지만, 옷과 음식이 없는 몸이라 이루지 못하므로, 부디 나를 노예로 팔아서 그 돈을 의복과 식량에 충당하라'고 말했다. 하지노무라지호도 일행은 그대의 계책에 따라 일본으로 돌아올 수 있었다. 그대는 혼자 타국에서 30년 동안이나 머물렀다. 나는 그대가 조정을 귀히 여기고 나라를 생각하여, 자기를 팔아서까지 충성을 보여준 것에 감사한다. 그러니 무대사의 관위와 함께 깁 5필, 명주솜 10둔, 베 30필, 벼 1,000뭇, 논 4정(町)을 내린다. 그 논은 증손자까지 물려받도록 하라. 부역은 3대까지 면제하여 그 공을 기리노라." 고 명했다. 29일, 다케치노미코는 공경백관을 거느리고 후지와라 궁터를 시찰했다.

11월 7일, 송사 김고훈 일행에게 각각 물품을 내렸다. 11일, 조칙을 받들어 처음으로 원가력(元嘉曆 ; 당나라의 달력으로 의봉儀鳳 연간에 전해진 것)을 사용했다.

12월 3일, 송사 김고훈 일행이 귀로에 올랐다. 12일, 천황이 요시노궁에 행차했다. 14일, 요시노궁에서 돌아왔다. 19일, 천황은 후지와라궁에 행차하여 궁터를 시찰했다. 공경백관이 수행했다. 23일, 공경 이하에게 각각 물품을 내렸다.

식봉(食封) 증가

5년 봄 정월 초하루, 친왕, 제신(諸臣), 내친왕(內親王 ; 천황의 자매, 황녀), 여왕(女王 ; 황족 여성 칭호의 하나), 내명부(內命婦)에게 관위를 내렸다(6년째에 해당하기 때문인가). 7일, 공경에게 음식과 의복을 내렸다. 정광사 백제왕(百濟王) 여선광(餘禪廣 ; 백제 의자왕의 아들. 선광왕禪廣王), 직대사 원보(遠寶), 양우(良虞), 남전(南典)(둘 다 선광의 아들인가)에게 많은 물품을 내렸다.

13일, 위계에 따라 식봉을 늘려주었다. 다케치노미코에게 2,000호, 이전 것과 합쳐서 3,000호. 정광이(淨廣貳) 호즈미노미코에게 500호, 정대삼 가와시마노미코에게 100호, 이전 것과 합쳐서 500호. 정광삼 우대신 다지히노마히토시마에게 300호, 이전 것과 합쳐서 500호. 정광사 백제왕 선광에게 100호, 이전 것과 합쳐서 200호. 직대일 후세노아손미누시와 오토모노스쿠네미유키에게 80호, 이전 것과 합쳐서 300호. 그 밖에도 각자에게 더 보태주었다. 14일 "직광사 쓰쿠시노후비토마사루(筑紫史益)는 쓰쿠시 다자이후의 후비토(典 ; 율령제에서의 4등관)에 임명되고 나서 지금까지 29년 동안 청렴결백한 충성심으로 변함없이 일해 왔다. 따라서 식봉 50호, 깁 15필, 명주솜 25둔, 베 50필, 벼 5천 단을 내린다."고 했다. 16일, 천황은 요시노궁에 행차하여 23일에 돌아왔다.

2월 1일, 천황은 공경들에게 "경들이여, 덴무천황의 치세에 불전(佛殿)과 경장(經藏)을 만들고 매월 6번의 재일(齋日)을 지켜왔다. 천황은 그때마다 오토네리를 보내어 물었다. 나의 치세에도 그와 같이 하고 싶다. 그러므로 삼가 불법을 숭상하라."고 명했다. 이날 궁인(宮人 ; 후궁에서 일하는 여관女官)에게 위기(位記 ; 관위를 수여하는 사령辭令)를 내렸다.

3월 3일, 서청(西廳)에서 공경들에게 연회를 베풀었다. 5일, 천황은 후원에서 공사(公私)의 말을 사열했다. 22일 "만약 백성 가운데 아우가 형을 위해 팔려 갔다면 양민(良民)에 속하게 하라. 자식이 부모를 위해 팔려갔으면 천민(賤民)에 속하게 하라. 빚 때문에 천민이 된 자는 양민으로 하라. 그 자식이 노비와 결혼하여 태어난 자식도 양민으로 하라."고 명했다. 여름 4월 1일 "만약 가문에서 선조 때에 노비에서 면제되어 호적에서 제외된 자를, 훗날 친족이 다시 소송을 내어 노비라고 주장하는 것은 허용하지 않겠다."고 명했다.

대학박사(大學博士) 우에노스구리쿠다라(上村主百濟)에게 전조(田租) 1,000묶음을 내려 학업을 장려했다. 11일, 사자를 보내 히로세의 오이미노카미와 다쓰타의 풍신에게 제사를 지냈다. 16일, 천황이 요시노궁에 행차하였다가 22일에 돌아왔다.

5월 21일, 구다라노준무미시(百濟淳武微子)에게 임신년에 세운 공을 기려 직대삼의 관위를 내리고, 깁과 베를 내렸다.

6월, 수도와 40개 지역이 수해를 입었다. 5월 18일 "최근에 내린 궂은비는 계절에 맞지 않는다. 틀림없이 농작물이 해를 입을 것이므로 아침부터 저녁까지 근심하고 걱정이 된다. 정사(政事)에 뭔가 잘못이 있었던 거 같다. 공경백관도 술과 고기를 금하고 마음을 닦아 잘못을 뉘우치도록 하라. 수도와 기나이의 모든 절의 승려들은 닷새 동안 경전을 소리 내 읽어라. 부디 효과가 있기를 기대한다."고 명했다. 4월부터 비가 내리기 시작하여 6월까지 계속되었다. 20일, 전국에 사면령을 내렸다. 단, 도적은 제외되었다.

가을 7월 3일, 천황이 요시노궁에 행차했다. 이날, 이요의 구니쓰카사 다나카노아손노리마로 일행이, 우와노코리(宇和郡) 미마야마(三間山)의 백은(白銀) 3근 8냥(약 2.1킬로그램), 무쇠 한 상자를 바쳤다. 7일, 공경에게 연회를 베풀고 조복을 지급했다. 12일, 천황이 요시노에서 돌아왔다. 15일, 사자를 보내 히로세의 오이미노카미와 다쓰타의 풍신에게 제사를 지냈다.

8월 13일, 18개 씨(氏)(오미와, 사사키베, 이소노카미, 후지와라, 이시카와, 고세巨勢, 고세膳部, 가스가, 가미쓰케노, 오토모, 기이, 헤구리, 하타, 아베, 사에키, 우네메, 호즈미, 아즈미)에게 명하여, 그 선조의 묘기(墓記 ; 선조의 사적을 기록한 것인가)를 바치게 했다. 23일, 사자를 보내 다쓰타의 풍신, 시나노의 스와, 미누치(水内社) 등의 신에게 제사를 지냈다.

9월 4일, 음박사(音博士 ; 중국 북방의 표준음을 가르쳤다)인 대당의 속수언(續守言), 살홍격(薩弘格), 서박사(書博士)인 백제의 말사선신(末士善信)에게 은 20냥(은 1냥은 쌀 한 섬)을 각각 내렸다. 9일, 정대삼 가와시마노미코가 죽었다. 23일, 사에키노스쿠네오메(佐伯宿禰大目)에게 직대이(直大貳) 관위를 내리고 부물(賻物 ; 상주에게 부의賻儀로 주는 물건)을 내렸다.

후지와라궁(藤原宮) 조영

겨울 10월 1일, 해가림(일식)이 있었다. 10월 8일 "선황의 능호(陵戸 ; 산릉을 지키는 천민)는 5호(戸) 이상으로 하라. 이 밖의 왕 가운데 공을 세운 자는 3호로 한다. 만약 능호가 부족하면 백성으로 충당하라. 그 자의 요역(徭役)은 면제해 주고 3년에 한 번 교체하라."고 명했다. 13일, 기나이와 각국에 장생지(長生地 ; 살생 금단의 장소)를 각 1천 보(歩 ; 1보는 약 1평) 두었다. 이날 요시노궁에 행차한 천황은 20일에 돌아왔다. 27일, 사자를 보내 신야쿠노미야코(新益京 ; 새로 넓게 증축한 후지와라궁)에서 지진제(地鎮祭)를 지내게 했다.

11월 1일, 대상제(大嘗祭)를 열어, 가무쓰카사노카미 나카토미노아손오시마가 천신의 수사(壽詞 ; 천황의 치세가 오래도록 융성하기를 축원하는 말)를 낭독했다. 25일, 공경에게 음식과 의복을 내렸다. 28일, 공경 이하 후비토(主典 ; 후비토 ; 4등 관)에 이르기까지 향응과 비단 등을 내렸다. 30일, 신기관의 나가쓰카에(長上 ; 매일 출근하는 자) 이하 가무토모노오(神部 ; 신기관에서 잡일에 종사하는 하급관직)에 이르기까지, 그리고 그들에게 봉공(奉供)한 하리마, 이나바노쿠니(因幡國)의 고리쓰카사 이하 남녀 백성에 이르기까지 향응과 비단 등을 내렸다.

12월 2일, 의박사(醫博士) 무대삼 덕자진(德自珍 ; 백제 말기의 명의로 일본에 귀화했다), 주금박사(呪禁博士) 목소정무(木素丁武), 사택만수(沙宅萬首)에게 각각 은 20냥을 내렸다. 8일 "신야쿠노미야코에서 우대신에게 내리는 택지는 4정, 직광이 이상에게는 2정, 대삼 이하에게는 1정, 근(勤) 이하 무위(無位)까지는 그 호의 사람 수에 따른다. 상호(上戶)에게는 1정, 중호(中戶)에게는 반 정, 하호(下戶)에게는 4분의 1정, 왕들도 이에 준한다."고 명했다.

6년 봄 정월 4일, 다케치노미코에게 식봉 2천 호를 더해주어 이전 것과 합쳐서 5천 호가 되었다. 7일, 공경들에게 향응을 베풀고 의복을 하사했다. 12일, 천황이 신야쿠노미야코의 대로(大路)를 시찰했다. 16일, 공경 이하의 초위(初位)부터 최상위까지 향응을 베풀었다. 27일, 천황은 다카미야(高宮)에 행차했다가 28일에 돌아왔다.

오미와노아손타케치마로(大三輪朝臣高市麻呂)의 간언과 이세 행차

2월 11일, 관인들에게 "3월 3일에 이세에 갈 생각이다. 이에 대비하여 필요한 여러 가지 의복을 준비하라."고 명했다. 이 결정에 관여한 음양박사(율령제에서 음양료陰陽寮에 설치한 교관의 하나. 음양사를 교육하는 일을 했다) 사문 호조(法藏)와 도키(道基)에게 은 20냥을 내렸다. 19일, 형부성에 명을 내려 죄가 가벼운 죄인을 사면해 주었다. 이날, 주나곤(中納言 ; 태정관의 차관) 직대이 오미와노아손타케치마로가 표문을 올려 천황의 이세 행차가 농사철에 방해가 될 것이라고 직언했다.

3월 3일, 정광사 히로세노오키미, 직광삼 다기마노마히토치토코, 직광사 기노아손유미하리를 행차 중의 유수관(留守官)으로 명했다. 이때 주나곤 오미와노아손타케치마로가 관위를 버릴 각오로 거듭하여 "농번기의 행행(行幸 ; 임금이 대궐 밖으로 거둥하는 것)은 해서는 아니 될 일입니다." 하고 간언했다. 6일, 천황은 그 간언을 듣지 않고 끝내 이세에 행차했다. 17일, 지나가는 길목인 가미노코리(神郡 ; 와타라이度會, 다키多氣 두 군)와 이가, 이세, 시마(志摩)의 구니노미야쓰코에게 관위를 내리고 그해의 조역을 면제해 주었다. 전국에 사면령을 내렸다. 단, 도적은 사면에서 제외되었다.

19일, 지나가는 길목에 있는 시마노쿠니(志摩國)의 백성 가운데 80세가 넘은 남녀에게 벼를 각각 50묶음씩 내렸다. 20일, 천황의 어가(御駕)가 기요미하라궁으로 돌아왔다. 가는 곳곳마다 군현(郡縣)의 관인과 백성을 불러 수고를 위로한 뒤 물품을 내리고 주악을 베풀었다. 29일, 오미, 미노, 오와리, 미카와, 도토미 등지에서 함께 수행했던 기사(騎士)와 각국의 짐꾼, 행궁을 조영한 인부들에게 그해 조세와 부역을 면제해 주었다. 천하의 백성 가운데 곤궁한 자에게 벼를 내렸다. 남자는 세 묶음, 여자는 두 묶음이었다.

4월 2일, 오토모노스쿠네토모쿠니(大伴宿禰友國)에게 직대이 관위와 부물(賻物 ; 상주에게 부조로 주는 물품)을 내렸다. 5일, 네 곳의 기나이(야마토, 야마시로, 셋쓰, 가와치 4국)의 백성 가운데 짐꾼이 된 자의 그해 조역을 면제해 주었다. 19일, 사자를 보내 히로세의 오이미노카미와 다쓰타의 풍신에게 제사를 지냈다. 21일, 관직에 있는 친왕 이하 진광사(進廣肆)까지, 나니와 오쿠라의 가래(鍬)를 각각 내렸다. 25일 "수감자와 유배된 자를 모두 방면하라."고 명했다.

5월 6일, 아고행궁(阿胡行宮)에 행차했을 때, 해산물을 바친 기이노쿠니 모로노코리(牟婁郡)의 아코시노아마노카와세마로(阿古志海部河瀬麻呂) 등, 형제 3호에 10년 동안의 조역과 각종 요역을 면제해 주었다. 또 사공 8명에게 그해의 조역을 면제해 주었다. 7일, 사가미노쿠니의 구니쓰카사가 미우라노코리(三浦郡)에서 잡았다면서 붉은 까마귀의 새끼 두 마리를 바쳤다. 12일, 요시노궁에 행차했다가 16일에 돌아왔다. 17일, 마에쓰키미, 모노모시히토(謁者 ; 천황의 명을 전하고 중개하는 자)를 보내, 명산(名山)과 대하(大河)의 신에게 제사를 지내고 기우제를 올렸다. 20일, 후미노이미키치토코(文忌寸智德)에게 직대일의 관위와 부물을 내렸다. 23일, 정광사 나니와노오키미 등을 보내 후지와라 궁터에서 지진제(地鎭祭)를 지냈다. 26일, 사자를 보내 이세, 야마토, 스미노에, 기이, 네 곳의 오카미에게 폐백을 올리고 신궁에 대해 보고했다.

윤5월 3일, 홍수가 났다. 사자를 보내 각 지역을 돌아보게 하고 재해로 생계가 어려워진 자에게 관아의 곡식을 빌려주거나, 산림과 못에서 사냥을 허용했다. 수도와 기나이에서 금광명경(金光明經)을 강론하여 설명하도록 명했다. 4일,

사문 관성(觀成)에게 깁 15필, 명주솜 30둔, 베 50필을 내리고 그가 만든 연분 (鉛粉 ; 납을 태워 분가루[화장품]를 만드는 일의 시작)을 칭찬했다. 13일, 이세신궁의 신관이 천황에게 "이세노쿠니의 올해 조역을 면제받았으나, 두 가미노코리(와타라이度會와 다키多氣)에서 납입해야 할 붉은 실 35근은 내년에 감해주는 것이 좋을 듯합니다."라고 했다(올해에는 쓸 곳이 있어서 면제해 주기 어렵다는 뜻인가).

15일, 쓰쿠시노카미의 가와치노오키미 등에게 "오스미와 아타에게 사문을 보내 불교를 전하라. 또 대당의 대사 곽무종(郭務悰)이 덴지천황을 위해 만든 아미타불상을 수도로 올려 보내라."고 명했다.

6월 9일, 각국의 수령에게 조칙을 내려 이름 있는 산과 강에서 기도를 올리게 했다. 11일, 마에쓰키미와 모노모시히토를 기나이에 보내어 기우제를 지냈다. 21일, 쓰카에노요보로(直丁 ; 관사에서 당직을 서는 사환) 8명에게 관위를 내렸다. 덴무능을 조영할 때 성실히 근무한 포상이다. 30일, 천황은 후지와라궁 궁터를 시찰했다.

가을 7월 2일, 전국에 사면령을 내렸다. 단, 10악(十惡 ; 나라와 사회를 어지럽히는 특별히 중한 죄)과 도적은 제외되었다. 사가미노쿠니 구니쓰카사 후세노아손 시코후치(布勢朝臣色布智) 등 미우라노코리의 스케노미야쓰코(少領)와 붉은 까마귀를 잡은 가시마노오미쿠스(鹿嶋臣櫲樟)에게 관위와 녹을 내리고, 미우라노코리에 2년치 조역을 면제해 주었다. 7일, 공경들에게 연회를 베풀었다. 9일, 요시노궁에 행차했다. 11일, 사자를 보내, 히로세의 오이미노카미와 다쓰타의 풍신에게 제사를 올렸다. 28일, 천황이 궁으로 돌아왔다. 이날 밤, 화성과 목성이 보였다가 사라지고, 한 걸음 정도까지 접근했다가 멀어지기를 네 번 되풀이했다.

8월 3일, 죄인을 사면해 주었다. 17일, 아스카노미코의 별장에 행차했다가 그날 안에 궁으로 돌아왔다.

반전태부(班田太夫) 파견

9월 9일, 네 곳의 기나이에 반전수수(班田收授)를 담당하는 장관들을 파견했다. 14일, 신기관(神祇官)이 신보서(神寶書) 4권, 자물쇠 9개, 나무 도장 한 개를 바쳤다. 21일, 이세의 구니쓰카사가 좋은 벼 두 포기를 바쳤다. 에치젠 구니쓰카사가 흰 거위를 바쳤다. 26일 "쓰누가노코리(角鹿郡 ; ; 쓰루가군敦賀郡) 우라카미(浦上) 바닷가에서 흰 거위를 잡았다. 그러니 게히신궁(氣比神宮)에 식봉 20호를 더 늘려주어라."고 명했다.

겨울 10월 11일, 야마다노후비토미카타(山田史御形)에게 무광사(務廣肆) 관위를 내렸다. 전에 사문이 되어 신라에 공부를 하러 갔던 자이다. 12일, 요시노궁에 행차했다가 19일에 돌아왔다.

11월 8일, 신라가 급찬 박억덕(朴億德)과 김심살(金深薩) 등을 보내 조공을 바쳤다. 신라에 파견하는 사자 직광사 오키나가노마히토오유(息長眞人老), 무대이(務大貳) 가와치노이미키쓰라(川內忌寸連) 등에게 각각 녹봉을 내렸다. 11일, 나니와노무로쓰미(難波館)에서 신라의 박억덕에게 향응을 베풀었다.

12월 14일, 음박사 속수언(續守言), 살홍격(薩弘格)에게 각각 논 4정을 내렸다. 24일, 마에쓰키미를 보내어 신라의 조공물을 이세, 스미노에, 기이, 야마토, 우나타리(菟名足 ; 야마토국大和國 소에카미군添上郡 우나타리宇那足, 지금의 나라시奈良市 홋케초法華町에 있는 다카미무스비신사高御魂神社) 등 신사 5개에 바쳤다.

7년 봄 정월 초이틀, 다케치노미코에게 정광일(淨廣壹) 관위를 내렸다. 나가노미코와 유게노미코에게는 정광이(淨廣貳) 관위를 내렸다. 이날 전국의 백성들은 황색 옷을, 노비는 검은 옷(엷은 먹빛)을 입으라고 명했다. 7일, 공경대부에게 향응을 베풀었다. 13일, 수도와 기나이에 사는 사람 가운데 관직에 있고 80세 이상인 자에게 이불 한 채와 깁 2필, 명주솜 2둔, 베 4필을 내렸다. 15일, 백제왕 선광에게 정광삼의 관위를 추가로 내리고, 아울러 부물을 내렸다. 16일, 수도에서 80세가 넘은 남녀 가운데 곤궁한 자에게 각각 베를 내렸다. 후나세(船瀨)의 사문 호쿄(法鏡)에게 논 3정을 내렸다. 이날 아야히토(漢人 ; 아야우지漢氏 휘하의 도래계渡來系 씨족)들이 아라레하시리(踏歌 ; 본디 수나라와 당나라의 행사. 발로 땅을 밟으면서 박자를 맞춰 부르는 노래. 마지막에 아라레阿良禮를 하고 노래한다)를 바쳤다.

2월 3일, 신라는 사찬 김강남(金江南), 한나마(韓奈麻) 김양원(金陽元) 등을 보내어 왕(신문왕神文王. 692년에 사망한 신라 31대 임금)의 상(喪)을 알렸다. 10일, 미야코쓰쿠루쓰카사키누누이노오키미(造京司衣縫王) 등을 불러, 공사 중에 발굴한 시체를 다른 곳에 매장하게 했다. 30일, 난파하여 떠내려 오다가 도착한 신라인 모자모례(牟自毛禮) 등 37명을 박억덕 일행에게 맡겼다.

3월 1일, 해가림이 있었다. 5일, 대학박사 근광이(勤廣貳) 우에노스구리쿠다라에게 식봉 50호를 내렸다. 박사의 업적을 치하하고 우대한 것이다. 6일, 요시노궁에 행차했다. 11일, 직대이 후지와라노아손오시마에게 부물을 내렸다. 13일, 천황은 요시노궁에서 돌아왔다. 16일, 신라에 보낼 사자인 직광사 오키나가노마히토오유, 근대이(勤大貳) 오토모노스쿠네코키미(大伴宿禰子君) 및 학승 벤쓰(辨通), 진에이(神叡)에게 깁, 명주솜, 베를 각각 내렸다. 또 신라왕에게도 부물을 내렸다. 17일, 전국에 뽕, 모시, 배, 밤, 순무 등의 초목을 심도록 권장했다. 오곡에 도움이 되기 위함이다.

여름 4월 17일, 마에쓰키미, 모노모시히토를 보내 각 신사를 참배하고 기우제를 지내게 했다. 또 사자를 보내 히로세의 오이미노카미와 다쓰타의 풍신에게 제사를 지냈다. 22일 "구라노쓰카사노마쓰리고토히토(內藏寮允 ; 內藏寮는 천황가의 재산을 담당하는 기구, 允은 4등관 가운데 제3등관) 오토모노오히토(大伴男人)는 부당하게 이득을 꾀했으므로 관위 2계를 강등하고 현직에서 해임한다. 가기쓰카사(典鑰 ; 오로시모노노쓰카사監物와 함께 각 관청의 창고 열쇠를 관리하는 자) 오키소메노오쿠(置始多久)와 우노노오토모(苑野大伴)도 부당하게 이득을 꾀했으므로 관위 1계를 강등하고 현직에서 해임한다. 오로시모노노쓰카사(창고의 출납을 감독하고, 각 창고의 열쇠를 관리하는 자) 고세노오지(巨勢邑治)는 자기가 물건을 갖지는 않았으나 사정을 알면서도 범행을 막지 못했으니, 관위 2계를 강등하고 현직에서 해임한다. 그러나 오키소메노오쿠는 임신년에 공을 세웠으니 용서한다. 단, 훔친 물건은 법에 따라 징수하라."고 명했다.

5월 1일, 요시노궁에 행차하여 7일에 돌아왔다. 15일, 내전에서 무차대회(無遮大會)를 열었다.

6월 1일, 고구려의 사문 복가(福嘉)를 불러 환속하게 했다. 4일, 히케타노아손히로메(引田朝臣廣目), 모리노키미카리타, 고세노아손마로(巨勢朝臣麻呂), 후지와라노아손오미마로(葛原朝臣臣麻呂), 고세노아손타야스, 다지히노마히토이케모리(丹比眞人池守), 기노아손마로(紀朝臣麻呂) 7명에게 직광사의 관위를 내렸다.

7월 7일, 요시노궁에 행차했다. 12일, 사자를 보내 히로세의 오이미노카미와 다쓰타의 풍신에게 제사를 지냈다. 14일, 마에쓰키미, 모노모시히토를 보내 각 신사에 참배하고 기우제를 지내게 했다. 이날 천황이 요시노에서 돌아왔다.

8월 1일, 후지와라궁 궁터에 행차했다. 17일 요시노궁에 행차했다가 21일에 궁으로 돌아왔다.

9월 1일, 해가림이 있었다. 5일, 다무노미네(多武峰)에 행차했다. 6일, 궁으로 돌아왔다.

10일, 덴무천황을 위해 내전에서 무차대회를 열었다. 죄수를 모두 사면했다. 16일, 가야노이미키코노마(蚊屋忌寸木間)에게 직광삼 관위를 추가로 내렸다. 아울러 부물도 내렸다. 임신년의 공을 포상한 것이다.

겨울 10월 2일 "올해부터 친왕 이하 진위(進位)에 이르기까지 비치한 무기를 조사할 것이다. 정관(淨冠)부터 직관(直冠)까지는 각자 갑옷 한 벌, 큰 칼 한 자루, 활 한 개, 화살 한 개, 활팔찌 한 개. 이렇게 미리 갖추어 두도록 하라."고 명했다. 23일, 이날부터 시작하여 각국에서 인왕경(仁王經)을 강설하게 했다. 나흘이 걸려 끝났다.

11월 5일, 요시노궁에 행차했다. 7일, 탐라의 왕자와 좌평(佐平)에게 물품을 내렸다. 10일, 궁으로 돌아왔다.

야스(益須)의 고사케노이즈미(醴泉)

14일, 사문인 호인(法員), 젠오(善往), 신기(眞義) 등을 보내, 시험삼아 오미노쿠니 야스노코리(益須郡 ; 야스군野洲郡)의 고사케노이즈미(감주甘酒 같은 샘. 감미로운 맛이 난다)의 물을 마시게 했다. 23일, 직광사 히케타노아손스쿠나마로(引田朝臣少麻呂)에게 직대사 관위를 내렸다. 또한 식봉 50호도 내렸다.

12월 21일, 각국에 진법박사(陣法博士)를 파견하여 교습하게 했다.

8년 봄 정월 초이틀, 직대일 후세노아손미누시와 오토모노스쿠네미유키에게 정광사 관위를 내렸다. 식봉을 각각 200호씩 늘려주어 이전 것과 합쳐 500호가 되었다. 그리고 씨(氏)의 수령으로 삼았다. 7일, 공경들에게 향응을 베풀었다(7일의 절회). 15일, 장작을 바쳤다. 16일, 백관들에게 향응을 베풀었다(16일의 절회). 17일, 아야히토가 아라레하시리를 연주했다. 5위 이상이 활쏘기 행사를 열았나. 18일 6위 이하가 활쏘기를 했다. 나흘 만에 끝났다. 19일, 당나라 사람의 아라레하시리가 있었다. 21일, 후지와라궁에 행차하였다가 그날로 돌아갔다. 23일, 대당에서 온 7명과 미시하세 두 사람에게 무광사 등의 관위를 내렸다. 24일, 요시노궁에 행차했다.

3월 1일, 일식이 있었다. 2일, 직광사 오야케노아손마로, 근대이 우테나노이미키야시마(臺忌寸八嶋), 기부미노무라지혼지쓰(黃書連本實) 등을 제니노쓰카사(鑄錢司 ; 화폐를 만들기 위해 두었던 관청)로 임명했다. 11일 "관직이 없는 사람을 고리쓰카사로 임명할 때, 오미야쓰코(大領)에게는 진광이(進廣貳) 관위를 내리고, 스케노미야쓰코(少領)에게는 진대삼(進大參) 관위를 내려라." 하고 명했다. 16일에는 "7년에 오미노쿠니 야스노코리의 쓰가야마(都賀山)에서 고사케노이즈미가 솟나, 온갖 병자들이 야스데라(益須寺)에 묵으면서 치료하여 나은 자가 많았다. 그러니 논 4정, 베 60필을 절에 시주하고, 야스노코리의 올해 조역과 잡역을 면제해 주어라. 구니쓰카사의 장관부터 후비토에 이르기까지 관위 1계를 올려준다. 그 고사케노이즈미를 처음 발견한 가도노노하쓰키(葛野羽衝), 구다라노쓰라라메(百濟土羅羅女)에게 각각 깁 2필, 베 10필, 가래 10개를 주라."고 명했다. 22일, 여러 신사에 폐백을 올렸다. 23일, 신기관(神祇官)의 장관부터 하후리에 이르기까지 164명에게 깁과 베를 각각 내렸다

여름 4월 5일, 쓰쿠시노오미코토모치(筑紫大宰率) 가와치노오키미에게 정대사 관위를 추가로 내리고, 아울러 부물을 내렸다. 7일, 요시노궁에 행차했다. 13일, 사자를 보내 히로세의 오이미노카미와 다쓰타의 풍신에게 제사를 지냈다. 14일, 천황이 요시노궁에서 돌아왔다. 17일, 도광율사(道光律師)에게 부물을 내렸다.

금광명경(金光明經)

5월 6일, 내전에서 공경대부에게 향응을 베풀었다(5월 5일의 절회인가). 11일, 금광명경 100부를 각국에 보냈다. 해마다 반드시 1월 7, 8일 무렵에 그 경을 독송하고 그 비용은 정세(正稅)에서 지출하게 했다.

6월 8일, 가와치노쿠니 사라라노코리(更荒郡 ; 오사카부大阪府 다이토시大東市 근처)에서 흰 꿩을 바쳤다. 고리의 오미야스코와 스케노미야쓰코에게 관위를 각각 1급씩 올려주고 물품을 내렸다. 흰 꿩을 잡은 오사카베노미야쓰코카라 쿠니(刑部造韓國)에게 진광이의 관위와 물품을 내렸다.

가을 7월 4일, 각국에 순찰사를 파견했다. 15일, 사자를 보내 히로세의 오이미노카미와 다쓰타의 풍신에게 제사를 지냈다. 8월 17일, 아스카노히메(덴지천황의 딸)를 위해 사문 104명을 출가시켰다.

9월 1일, 해가림이 있었다. 4일, 요시노궁에 행차했다. 22일, 정광사 미노노오키미를 쓰쿠시노오미코토모치에 임명했다.

겨울 10월 20일, 흰 박쥐를 잡은 히다노쿠니 아라키노코리(荒城郡 ; 기후현崎阜縣 요시키군吉城郡)의 오토쿠니베노오토히(弟九部弟日)에게 진대사(進大肆) 관위를 내렸다. 아울러 깁 4필, 명주솜 4둔, 베 10필을 내리고, 그 호에 부과된 과역은 종신 면제했다.

11월 26일, 사형수만 제외하고 모든 죄인들을 사면해 주었다.

후지와라궁(藤原宮) 천도

12월 6일, 후지와라궁으로 천도했다. 9일, 백관이 배알했다. 10일 친왕 이하 고리쓰카사에 이르기까지 깁, 명주솜, 베를 각각 내렸다. 12일, 공경대부에게 연회를 베풀었다.

9년 봄 정월 5일, 도네리노미코에게 정광이 관위를 내렸다. 7일, 내전에서 공경대부에게 향응을 베풀었다.[3] 15일, 장작을 바쳤다. 16일, 백관들에게 향응을 베풀었다(아라레하시리蹈歌 절회). 17일, 대사례(大射禮). 대사례는 나흘 만에 끝났다.

윤2월 8일, 요시노궁에 행차하여 15일에 돌아왔다.

3월 2일, 신라가 왕자 김양림(金良琳), 보명살찬(補命薩飡) 박강국(朴强國) 등과 한내마(韓奈麻) 김주한(金周漢), 김충선(金忠仙) 등을 보내 국정을 보고했다. 또

---

3) 7일의 백마절회白馬節會. 천황이 정월 7일에 백마(白馬)를 보는 의식. 처음에는 청마(靑馬)였는데, 헤이안 중기부터 백마를 쓰게 되었으나 읽을 때는 〈청마〉라고 읽는다.

조공을 바치고 물품을 헌상했다. 12일 요시노궁에 행차하여 15일에 돌아왔다. 23일, 무광이(務廣貳) 후미노이미키하카세(文忌寸博勢), 진광삼 시모노오사노모로타(下譯語諸田)를 다네(多褹 ; 種子島)에 보내어 만(蠻 ; 조정에 귀순하지 않은 미개한 사람들)이 거주할 장소를 찾게 했다.

여름 4월 9일, 사자를 보내, 히로세의 오이미노카미와 다쓰타의 풍신에게 제사를 지냈다. 17일, 가모노아손에미시(賀茂朝臣蝦夷)에게 직광삼 관위를 추가로 내리고, 아울러 부물을 내렸다. 후미노이미키아카마로(文忌寸赤麻呂)에게 직대사 관위를 추가로 내리고, 아울러 부물을 내렸다.

5월 13일, 하야토 오스미에게 향응을 베풀었다. 21일, 아스카데라 서쪽 느티나무 아래에서 하야토의 씨름대회를 열고 모두가 관람했다.

6월 3일, 마에쓰키미, 모노모시히토를 보내어, 수도와 4곳의 기나이의 각 신사에 참배하고 기우제를 지냈다. 16일, 신하들 가운데 80세 이상인 자와 중병에 걸린 자에게 각각 물품을 내렸다. 18일, 요시노궁에 행차하여 26일에 돌아왔다.

가을 7월 23일, 사자를 보내 히로세의 오이미노카미와 다쓰타의 풍신에게 제사를 지냈다. 26일, 신라에 파견할 직광사 오노노아손케노(小野朝臣毛野), 무대이 이키노무라지하카토코 등에게 각각 물품을 내렸다.

8월 24일, 요시노에 행차하여 30일에 돌아왔다.

9월 4일, 옥에 가둔 죄수를 방면했다. 6일, 오노노아손케노 일행이 신라로 출발했다.

10월 11일, 우다의 요나바리(吉隱 ; 사쿠라이시櫻井市)에 행차하여 12일에 돌아왔다.

12월 5일, 요시노궁에 행차하여 13일에 돌아왔다. 정대사 하쓰세노오키미에게 부물을 내렸다.

10년 봄 정월 7일, 공경대부에게 향응을 베풀었다(아라레하시리 절회). 11일, 백제왕 남전(南典)에게 직대사 관위를 내렸다. 15일, 장작을 바쳤다. 16일, 공경백관에게 향응을 베풀었다(백마절회). 18일, 공경백관이 남문에서 대사례를 열었다.

2월 3일, 요시노궁에 행차하였다가 13일에 돌아왔다.

3월 3일, 후타쓰키궁(二槻宮 : 도노미네多武峯의 북서쪽)에 행차했다. 12일, 고시노쿠니 와타리시마(渡島)의 에미시 이나리무시(伊奈利武志)와 미시하세 시라스에소(志良寸叡草)에게 비단 의복과 붉은 감색 비단, 도기 등을 내렸다.

4월 10일, 사자를 보내 히로세의 오이미노카미와 다쓰타의 풍신에게 제사를 지냈다. 27일 이요노쿠니 가제하야노코리(風速郡 ; 에히메현愛媛縣 호조시北條市) 사람 모노노베노쿠스리(物部藥)와과 히고노쿠니 가와시노코리(皮石郡 ; 구마모토현熊本縣 기쿠치군菊池郡) 사람 미부노모로시(壬生諸石)에게 추대이 관위를 내렸다. 아울러 각각 깁 4필, 실 10구(絢), 베 20필, 가래 20개, 벼 1,000뭇, 논 4정을 내리고, 호(戶)의 조역을 면제해 주었다. 오랫동안 중국 땅에서 고생한 것에 대한 위로였다(백제 구원 전쟁 때 포로가 된 것인가). 28일, 요시노궁에 행차했다.

5월 3일, 다이킨죠 하타노미야쓰코쓰나데(秦造綱手)에게 이미키라는 성(姓)을 내렸다. 4일, 요시노에서 돌아왔다. 8일, 오와리노스쿠네오스미(尾張宿禰大隅)에게 직광사 관위와 논 40정을 내렸다. 13일, 오코마노무라지모모에(大狛連百枝)에게 직광사 관위와 부물을 내렸다.

6월 18일, 요시노궁에 행차하였다가 26일에 돌아왔다.

가을 7월 1일, 해가림이 있었다. 2일, 죄인을 사면했다. 8일, 사자를 보내 히로세의 오이미노카미와 다쓰타의 풍신에게 제사를 지냈다. 10일, 다케치노미코가 죽었다.

8월 25일, 오노오미혼지에게 직광일 관위와 물품을 내렸다. 처음부터 오랫동안 섬겨온 공과, 관문 관리를 잘 수행한 것을 치하한 것이다.

9월 15일, 와카사쿠라베노아손이오세(若櫻部朝臣五百瀨)에게 직대일 관위와 부물을 내렸다. 오랫동안 일해 온 공적을 포상한 것이다.

겨울 10월 17일, 우대신 다지히노마히토에게 가마와 지팡이를 내렸다. 노년까지 잘 섬겨준 것을 위로한 것이다. 22일, 정광삼 우대신 다지히노마히토에게 임시로 신하 120명을 개인 용무로 사용해도 된다고 허락했다. 정광사 다이나곤 아베노아손미누시(阿倍朝臣御主人), 오토모노스쿠네미유키에게는 각각 80명을, 직광일 이소노카미아손마로(石上朝臣麻呂), 직광이 후지와라노아손후히토

(藤原朝臣不比等)에게는 각각 50명을 허용했다.

11월 10일, 다이칸다이지의 사문(沙門) 벤쓰에게 식봉 40호를 내렸다.

12월 1일, 조칙을 내려 금광명경(金光明經)을 읽게 하기 위해, 해마다 12월 그 믐날에 정행자(淨行者 ; 행동거지가 올바른 자) 10명을 출가시키라고 고지했다.

11년 봄 정월 7일, 공경대부에게 향응을 베풀었다(백마절회). 11일, 전국의 홀 아비, 홀어미와 독거인, 중병인, 극빈자에게 각각 벼를 내렸다. 16일, 공경백관 에게 향응을 베풀었다(아라레하시리절회). 2월 28일, 직광일 다기마노마히토쿠니 미를 동궁대부(東宮大傅 ; 황태자 교육 담당관)로 삼았다. 직광삼 미치노마히토토 미를 춘궁대부(春宮大夫 ; 황태자에 관한 사무를 관장하던 춘궁방春宮坊의 장관)로 정 했다(가루노미코의 태자책봉에 따른 것). 직대사 고세노아손아와모치를 차관으로 삼았다.

3월 8일 춘궁에서 무차대회를 열었다.

여름 4월 4일, 만선자(滿選者 ; 6년의 기한이 차서 관위를 받을 자격이 생긴 자)에게 각각 정위(淨位)에서 직위(直位)에 이르는 관위를 내렸다. 7일, 요시노궁에 행차 했다. 14일, 사자를 보내 히로세의 오이미노카미와 다쓰타의 풍신에게 제사를 지냈다. 이날 요시노궁에서 돌아왔다.

5월 8일, 마에쓰키미, 모노모시히토를 보내 여러 신사를 참배하고 기우제를 지냈다.

6월 2일, 죄인을 사면했다. 6일, 명을 내려 수도와 기나이의 여러 절에서 경 을 읽게 했다. 16일, 5위 이상을 보내, 수도의 절을 청소하게 했다. 19일, 신들에 게 폐백을 바쳤다. 26일, 공경백관이 천황의 병이 쾌유하기를 기원하는 불상을 만들기 시작했다. 28일, 마에쓰키미, 모노모시히토를 보내 여러 신사를 참배하 고 기우제를 지냈다.

천황 양위

가을 7월 7일 한밤에 상영도적(常鎙盜賊)[4] 109명을 사면하기로 결정했다. 또

---

4) 일본어 표기로는 ひたぬすびと(히타누스비토)이다. '직도인(直盜人)'이라는 뜻으로, 사전적 의 미는 '중죄인(重罪人)'이다. 그러나 본서(本書)에서는 '붙잡혀온 도적'을 뜻한다.

한 한 사람 앞에 베 4상(常 ; 1상은 16자)을 내렸다. 단, 외국인에게는 벼 20뭇을 주었다. 12일, 사자를 보내 히로세의 오이미노카미와 다쓰타의 풍신에게 제사를 지냈다. 29일, 야쿠시지에서 공경백관이 기원불상(祈願佛像) 개안식을 열었다.

8월 1일, 천황은 궁중에서 결정한 방침에 따라 황태자(문무천황文武天皇)에게 황위를 이양했다.

古事記
고사기

古事記二卷　序幷

臣安萬侶言夫混元既凝氣象未效無名無爲誰知其形然

乾坤初分參神作造化之首陰陽斯開二靈爲群品之祖

所以出入幽顯日月彰於洗目浮沈海水神祇呈於滌身

故太素杳冥因本教而識孕土產嶋之時元始綿邈頼先聖

而察生神立人之世寔知懸鏡吐珠而百王相續喫劍切蛇

以万神蕃息與議安河而平天下論小濱而清國土是以番

仁岐命初降于高千嶺神倭天皇經歷于秋津嶋

제1권
천지의 기원과 신들의 탄생

상권

고사기 들여다보기
상권의 요점

상권에는 국토창세와 신들의 출현부터, 아마테라스오미카미의 손자 니니기노미코토가 하계에 강림하기까지 신들의 시대가 서술되어 있다.

《고사기》는 일본에서 가장 오래된 역사서

《고사기》의 편찬을 맨 처음 기획한 것은 덴무천황(재위 672~686)이다. 그러나 그가 살아 있는 동안에는 완성을 보지 못하고 3대 뒤인 여제 겐메이천황(재위 707~715) 때 다시 완성하라는 칙명이 내려져 마침내 712년에 완성되었다. 그때 활약한 사람이 히에다노아레(稗田阿礼)와 오노야스마로(太安万侶)이다.

히에다노아레는 도네리(舍人)라는 신분으로 덴무천황 곁에서 잔시중을 들었다. 그러나 그 뛰어난 암기능력으로, 그 이전에 성립되었던 천황의 계보와 역사를 기록한 《제기(帝紀)》, 《구사(舊辭)》라는 책을 암기하고 있었고 학자인 오노야스마로가 그것을 정리했다.

《고사기》의 목적은 천황가의 정당성을 보여주는 것으로 《고사기》의 이야기에는 신들과 거기서 이어지는 천황들이 등장한다. '현세에서 천황의 통치는 천황의 조상인 신들에 의한 일본 통치를 바탕으로 한다'는 것을 보여주기 위해, 이 세상이 태어나고 일본이 만들어져 신들의 통치에서 천황의 통치로 계승되는 과정을 장대한 이야기로 풀어냈다.

《고사기》는 상중하로 구성된다. 상권은 《고사기》 성립 과정을 정리한 '서문'으로 시작되어, 천지창조, 신들의 탄생, 국토와 사람들의 생활이 형성되어가는 모습이 그려진다. 중, 하권에서는 역대 천황의 공적과 신들에서 이어지는 계보를 다뤘다.

《고사기》에는 모두 312위의 신이 등장하는 것으로 알려져 있다.

《고사기》 전체의 약 3분의 1 정도를 신화가 차지하고 있어, 천황가의 창조와 민간신화를 바탕으로 한 신들의 이야기가 많은 부분을 이루고 있음을 알 수 있다.

신들이 사는 세계

다카마가하라(高天原)

아마쓰카미(天っ神)가 사는 천상계가 다카마가하라이다. 아마테라스오미카미가 통치하고 있다.

아시하라노나카쓰쿠니(葦原中國)

이자나기노미코토와 이자나미노미코토가 국토를 굳히고 오쿠니누시노카미가 세운 나라가 아시하라노나카쓰쿠니. 구니쓰카미(國っ神)[1]와 인간이 살고 있다.

네노카타스쿠니(根堅州國)

요미노쿠니(黃泉國)와 네노카타스쿠니는 같은 장소라는 견해가 일반적이지만 《고사기》에서는 모호하게 되어 있다. 스사노오노미코토가 살고 있다.

요미노쿠니(黃泉國)

사자(死者)의 나라. 출산하다가 목숨을 잃은 이자나미가 살고 있다.

---

1) 천손강림 이전부터 일본국토를 다스리던 토착신.

천지의 시초

아득한 옛날 천지는 하나였다. 그것이 갈라져 둘이 되었을 때, 다카마가하라에 최초로 모습을 드러낸 것은 아메노미나카누시노카미(天之御中主神)였다. 이어서 다카미무스히노카미(高御産巣日神)가, 다음에 가무무스히노카미(神産巣日神)가 나타났다. 그 무렵 대지는 아직 물 위에 뜬 기름처럼 떠다니는 상태였다.

다음에 나타난 것은 우마시아시카비히코지노카미(宇摩志阿斯訶備比古遅神)와 아메노토코타치노카미(天之常立神)다.

여기까지의 다섯 신은 남신과 여신의 구별이 없는 독신(獨神)으로, 특별한 존재이기에 고토아마쓰카미(別天津神)라고 한다. 이 다섯 신은 나타나자마자 곧 몸을 숨겼다.

다카마가하라(高天原) 아마쓰카미(天つ神)가 사는 천상계

다음에 나타난 두 신도 독신으로 이내 몸을 감췄고 그 뒤 우히지니노카미(宇比智邇神)와 스히치니노카미(須比智邇神), 쓰이구이노카미(角杙神)와 이쿠구이노카미(活杙神), 오토노지노카미(意富斗能地神)와 오토노베노카미(大斗乃弁神), 이자나기노카미(伊耶那岐神), 이자나미노카미(伊耶那美神) 등, 남녀신 다섯 쌍이 차례로 나타났다.

고토아마쓰카미 이후 이자나기, 이자나미까지를 가미요 7대(神世七代)라고 한다.

이자나기와 이자나미의 국토창세

마지막으로 태어난 이자나기와 이자나미는 다카마가하라에 사는 신들로부터,

"너희 힘으로 떠다니는 대지를 붙잡아 형태를 굳혀라. 그리고 이제부터는 미코토(命)라고 부르라."

이 명령과 함께 위임한다는 표시로 구슬로 장식한 아메노누보코(天沼矛)라는 창을 받았다.

두 신은 천계와 하계를 잇는 하늘의 다리 아메노우키하시(天浮橋)에 서서 신성한 창 아메노누보코를 바닷물 속에 넣었다. 창을 휘저은 뒤 꺼내자 바닷물이 뚝뚝 떨어지고 소금이 쌓여 섬을 이루었다. 이것을 오노고로시마(淤能碁呂嶋)라고 한다.

오노고로시마로 내려간 두 신은 다카마가하라의 신들과 소통하기 위해 신성한 아메노미하시라(天御柱)를 세우고 야히로도노(八尋殿)라는 큰 신전을 세웠다.

그곳에서 이자나기가 이자나미에게 물었다.

"그대의 몸은 어떻게 생겼소."

이자나미가 대답했다.

"나의 몸은 거의 완성되었지만 딱 한 군데 부족한 곳이 있습니다."

그러자 이자나기도 말했다.

"내 몸도 거의 완성되었는데 딱 하나 남는 곳이 있소. 이것으로 그대의 부족한 곳을 채워 국토를 만들고자 하는데, 어떻게 생각하시오?"

그리하여 이자나미는 오른쪽에서, 이자나기는 왼쪽에서, 아메노미하시라를 서로 반대 방향으로 돌다가 만난 곳에서 부부가 되기로 약속했다.

두 신이 만났을 때 이자나미가 입을 열었다.

"오, 참으로 멋진 분이시군요."

이어서 이자나기도 말했다.

"아, 참으로 어여쁜 분이시군요."

그렇게 서로 칭찬한 뒤, 이자나기가 '여자가 먼저 말을 거는 것은 좋지 않다'고 말했으나 두 신은 부부가 되기로 약속했다.

그런데 둘 사이에서 태어난 것은 팔다리가 없는 히루코(水蛭子)였기 때문에 바로 갈대배에 태워 물에 떠내려 보냈다.

다음에는 아와시마(淡嶋)를 낳았다. 이 아이는 거품 같이 불완전한 섬이어서 두 신은 자신들의 자식으로 인정하지 않았다.

국토창세가 잘 되지 않자 두 신은 다카마가하라에서 지시를 청하기로 했다.

아마쓰카미가 점을 쳐본 뒤 분부를 내렸다.

"여신이 먼저 말을 한 것이 잘못되었으니 처음부터 다시 하여라."

다시 하계에 내려간 두 신은 전과 같이 아메노미하시라를 돈 뒤, 이번에는 이자나기가 먼저 말을 걸었다.

"아, 참으로 어여쁜 분이시군요."

이어서 이자나미도 말했다.

"오, 참으로 멋진 분이시군요."

이자나기와 이자나미 일본 땅에 처음으로 내려온 부부 신. 이 두 신 사이에서 일본의 섬들과 팔백만 신이 태어났다. (구리타 마사히데 그림)

그리고 다시 부부가 되어 잇따라 튼튼한 아이를 낳았다.

맨 처음 태어난 것은 아와지노호노사와케노시마(淡道之穗之狹別嶋 ; 아와지시마淡路島), 다음에 태어난 것은 이요노후타나노시마(伊豫之二名嶋 ; 시코쿠四國)이다. 이어서 차례로 오키노미쓰고노시마(隱伎之三子嶋 ; 오키노시마隱伎島), 쓰쿠시노시마(筑紫嶋 ; 규슈九州), 이키노시마(伊伎嶋 ; 이키노시마壱岐島), 쓰노시마(津嶋 ; 쓰시마對馬), 사도노시마(佐度嶋 ; 사도시마佐度島), 오야마토토요아키쓰시마(大倭豊秋津嶋 ; 혼슈本州)의 여섯, 합쳐서 여덟 개의 섬을 낳았다. 이것을 모두 합쳐서 오야시마노쿠니(大八島國)라고 한다.

두 신은 그 뒤 다시 기비노코지마(吉備兒嶋 ; 옛날에는 섬이었던 오카야마縣岡山縣의 고지마兒島半島)를 비롯하여 여섯 개의 섬을 낳았다.

고사기의 세계관

《고사기》에서는 먼저 질서가 잡히지 않은 세계가 있고 그 속에서 신들이 태어난다. 기독교의 성서는 이와 완전히 다르다. 먼저 신이 존재하고 그 신이 세계를 창조한다. 성서에 그려진 신은 전지전능한 유일신인 데 비해 《고사기》에 그려진 신들은 인간처럼 감정을 보여준다. 천지창조 장면에서도 그 특징을 엿볼 수 있다.

오늘날 일본 각지에는 《고사기》에 등장하는 신사와 토지가 남아 있다. 효고현(兵庫縣) 아와지시마 주변에는 오노고로시마로 추정되는 장소가 여러 군데 있다.

이 가운데 누시마현(沼島 ; 효고현 남아와지시)는 오노고로시마 전승지 중 하나로, 섬 동쪽 끝에 있는 가미타테가미이와(上立神岩)는 아메노미하시라로 알려져 있다.

신들의 탄생

국토창세를 마친 이자나기와 이자나미는 다음에는 오야시마노쿠니에서 살 신들을 낳았다.

맨 처음 태어난 것은 오코토오시오노카미(大事忍男神)다. 이어서 주거를 관장하는 6위의 신들, 바다와 수문을 관장하는 3위의 신들이 태어났다.

다음에 이자나기와 이자나미는 바람의 신 시나쓰히코노카미(志那都比古神), 나무의 신 구쿠노치노카미(久久能智神), 산의 신 오야마쓰미노카미(大山津見神), 가야노히메노카미(鹿屋野比売神) 등 4위의 신들을 낳았다.

그리고 생산을 관장하는 3위의 신을 낳았다. 배의 신 도리노이와쿠스후네노카미(鳥之石楠船神), 곡물의 신 오게쓰히메노카미(大宜都比売神), 그리고 불의 신 히노야기하야오노카미(火之夜藝速男神)다.

그런데 비극이 일어났다. 이자나미는 불의 신 히노야기하야오를 낳다가 여음(女陰)에 큰 화상을 입었는데, 그것이 원인이 되어 목숨을 잃어버리고 말았다.

이자나미는 고통 속에서도 계속 신을 낳아, 죽음에 이를 때까지 토사물과 대변, 소변에서 남녀 각 한 쌍씩 6위의 신이 태어났다.

▲신의 탄생 이자나기와 이자나미 사이에서 신이 태어나는 모습을 나타낸 그림.《고사기 에고토바(絵詞)》

▶히노야기하야오 참살 이자나미를 죽음으로 몰아넣은 자기 아들 히노야기하야오를 미워한 이자나기는 아들을 칼로 베어버린다.

"사랑하는 아내를 단 하나의 아이 때문에 잃다니……."

이자나기는 아내의 유해 옆에서 오열하며 쓰러졌다. 그러자 그 눈물에서 나키사와메노카미(泣澤女神)가 태어났다.

이자나미의 유해는 이즈모노쿠니(出雲國)와 호키노쿠니(伯耆國)의 경계에 있는 히바노야마(比婆山)에 묻었다.

사랑하는 아내를 잃은 이자나기는 슬퍼하며 탄식에 잠겼다.

그러다가 결국 허리에 차고 있던 칼을 뽑아 갓 태어난 아들 히노야기하야오의 목을 베어버렸다.

그러자 히노야기하야오의 피에서도 신들이 태어났다.

칼끝에 묻은 피가 바위에 튀자 이와사쿠노카미(石析神) 등 3위의 바위와 칼의 신들이 태어났다. 칼의 날밑에 묻은 피가 바위에 튀자, 거기서 미카하야히노카미(甕速日神) 등 3위의 우레와 불의 신이 태어났다. 또 칼자루에서 이자나기의 손가락을 타고 흘러내린 피에서는 물을 관장하는 구라오카미노카미(闇御加美神)와 구라미쓰하노카미(闇御津羽神), 2위의 신이 태어났다.

히노야기하야오의 머리와 가슴, 배, 음경, 좌우 손발에서 마사카야마쓰미노카미(正鹿山津見神) 등, 모두 8위의 산의 신이 태어났다.

이자나기가 사용한 칼의 이름은 아메노오하바리(天之尾羽張), 다른 이름으로는 이쓰노오하바리(伊都之尾羽張)라고도 한다.

요미노쿠니(黃泉國) 편력

이자나기는 이자나미를 보고 싶은 마음을 누르지 못해 요미노쿠니로 찾아갔다. 이자나미가 굳게 닫힌 궁전의 문을 열고 나오자 이자나기가 말했다.

"사랑하는 아내여, 우리는 아직 나라 건설을 완성하지 못했소. 부디 함께 돌아갑시다."

"유감이군요. 나는 이미 요미노쿠니의 음식을 먹었기 때문에 돌아갈 수가 없습니다. 하지만 사랑하는 당신이 이렇게 찾아왔으니 가능하면 함께 돌아가고 싶어요. 요미노쿠니의 신과 의논하고 올 테니 그때까지 절대로 내 모습을 보면 안 됩니다."

이자나미는 그렇게 말하고 궁전 안으로 돌아갔다. 이자나기는 일러준 대로 기다렸지만 아무리 기다려도 이자나미는 돌아오지 않았다. 기다리다 지친 이자나기는 머리에 꽂고 있던 신성한 빗의 살을 하나 부러뜨려 그것에 불을 붙여서 깜깜한 궁전 안으로 들어갔다.

거기서 이자나기가 본 것은 완전히 변해버린 이자나미의 모습이었다.

몸에는 무수한 구더기가 소리를 내며 기어다니고 머리와 배와 음부에서는 오이카즈치(大雷) 등 8종의 뇌신(雷神)이 막 태어난 참이었다. 이자나기는 깜짝 놀라 달아났다.

그것을 알고 분노한 이자나미는 요모쓰시코메(豫母都志許売)에게 명하여 뒤를 쫓게 했다.

요모쓰히라사카(黃泉比良坂) 마쓰에시(松江市)에 있는 요모쓰히라사카라고 전해지는 곳. 거대한 바위가 황천국으로 가는 길을 막고 있다.

이자나기가 달아나면서 머리에 꽂고 있던 머리장식을 던지자 왕머루 열매가 되었다. 다음에는 빗살을 부러뜨려서 던지자 죽순으로 변했다. 요모쓰시코메가 정신없이 그것을 먹는 동안 이자나기는 계속 달아났다. 그러나 곧 8종의 뇌신과 요미노쿠니의 군사 1,500명이 뒤쫓아왔다.

이자나기는 허리에 차고 있던 칼을 뽑아 뒤를 향해 휘두르면서 계속 달아났다. 요미노쿠니의 군사는 그래도 집요하게 쫓아와 마침내 황천과 현세의 경계에 있는 요모쓰히라사카(黃泉比良坂) 언덕 기슭까지 쫓아왔다.

이자나기는 복숭아나무를 발견하고 급히 복숭아를 세 개 따서 던졌다.

그랬더니 놀랍게도 요미노쿠니의 군사들이 도망쳐 돌아가는 것이 아닌가.

이자나기는 복숭아나무에 감사했다.

"나를 도와준 것처럼 아시하라노나카쓰쿠니 사람들이 어려움에 처했을 때는 도와주기 바란다."

그리고 오카무즈미노미코토(意富加牟豆美命)라는 신의 이름을 주었다.

군사는 물러갔지만 마지막으로 이자나미가 직접 쫓아왔다. 이자나기는

1,000명이 달려들어야 겨우 움직일 수 있는 거대한 바위를 비탈길에 끌어다 놓고 바위를 사이에 두고 이자나미와 대치했다.

"사랑하는 남편이여, 당신이 이렇게 심한 처사를 하신다면 나는 하루에 1,000명을 목을 졸라 죽이겠어요."

무서운 말을 하는 이자나미를 향해 이자나기가 말했다.

"사랑하는 아내여. 당신이 그렇게 한다면 나는 반드시 하루에 1,500개의 산실(産室)을 짓도록 하겠소."

그리하여 현세에서는 하루에 반드시 1,000명이 죽고 1,500명이 태어나게 되었다.

그 장소는 지금의 이즈모노쿠니(出雲國)의 이후야사카(伊賦夜坂)로 알려져 있다.

현세에 살아 있는 고사기

이자나미는 '요미노쿠니의 음식을 먹었기 때문에 돌아갈 수 없다'고 말한다. 요미노쿠니의 부엌에서 조리한 음식을 먹는 것을 '요모스헤구이'라고 한다. '요모스헤구이'를 하게 되면 그 세계의 일원이 되어버려 원래 있었던 세계로 돌아갈 수 없게 된다. 이런 이야기는 그리스 신화에도 나오고 현대의 영화와 애니메이션에도 도입되어 있다. 고대에는 사자가 현세로 돌아오지 못하도록 유체에 음식을 바치는 관습이 있었다. 불단에 공물을 바치는 것도 거기서 왔다고 볼수 있다.

《고사기》 이야기에는 하나하나 의미가 숨어 있다. 요모쓰시코메에게 쫓긴 이자나기는 뒤를 향해 칼을 휘두르면서 달아난다. 이 뒤로 휘두르는 몸짓은 '저주'를 나타낸다. 이자나기는 그 저주의 힘을 이용하여 요모쓰시코메에게 대항한 것이다.

아마테라스의 탄생

간신히 아시하라노나카쓰쿠니로 돌아온 이자나기의 몸과 소지품에는 요미노쿠니의 더러움이 묻어 있었다. 먼저 목욕재계부터 하여 그 부정을 씻어내야만 했다.

그래서 이자나기는 쓰쿠시(筑紫) 히무카(日向)에 있는 다치바나노오도(橘小門)의 아와기하라(阿波岐原)에 가서 목욕재계를 하기 위해 몸에 걸치고 있던 것을 차례차례 벗었다. 그러자 지팡이, 허리띠, 주머니, 상의, 바지, 관(冠), 팔찌 등에서 모두 12위의 육로의 신과 해로의 신이 태어났다.

"상류는 물살이 세지만 하류는 완만하다."

이자나기가 그렇게 말하고 강물 속에서 목욕을 시작하자 차례차례 신이 태어났다. 모두 24위의 신이다.

요모쓰히라사카에서 도망치는 이자나기 쫓아온 요모쓰시코메(黃泉醜女)가 두 손을 뻗고 있고 이자나기가 요모쓰히라사카를 오르며 도망치고 있다. (아오키 시게루 그림)

이자나기는 마지막으로 얼굴을 씻었다. 왼쪽 눈을 씻었을 때 태어난 것이 태양의 신 아마테라스오미카미(天照大御神), 오른쪽 눈을 씻었을 때 태어난 것이 달의 신 쓰쿠요미노미코토(月讀命), 코를 씻었을 때 태어난 것이 폭풍의 신 다케하야스사노오노미코토(建速須佐之男命)다.

"나는 많은 자식을 낳았지만 마지막에 세 명의 귀한 자식(미하시라노우즈노미코 三貴子)을 얻을 수 있었다."

이자나기는 매우 기뻐하며 즉시 자신이 걸고 있던 목걸이를 끌러 아마테라스에게 주었다.

"너는 다카마가하라를 다스려라."

이 목걸이의 이름을 미쿠라타나노카미(御倉板擧神)라고 한다. 이어서 쓰쿠요미에게는 밤의 나라를, 다케하야스사노오(이하, 스사노오)에게는 바다의 통치를 위임했다.

그런데 스사노오는 통치를 위임받은 바다에 가지 않겠다며 턱수염이 자라 가슴팍에 닿을 때까지 막무가내로 울기만 했다. 푸르른 산이 메마르고 바다와 강이 모조리 말라버릴 정도로 울어댔다.

그러자 나쁜 신들이 한꺼번에 잠에서 깨어나 요귀와 악령들이 들끓는 소리가 세상 구석구석까지 울려 퍼졌고, 아시하라노나카쓰쿠니에는 온갖 재앙이 일어나기 시작했다.

참다못한 이자나기가 물었다.

"어째서 바다의 나라로 가지 않고 울고만 있는 것이냐?"

그러자 스사노오는 이렇게 대답했다.

"저는 죽은 어머니가 계시는 네노카타스쿠니(지하의 단단한 곳, 즉 황천을 가리킨다)에 가고 싶어요."

이자나기는 그 말을 듣고 불같이 화를 냈다.

"그렇다면 너는 이 나라에 살아서는 안 된다!"

그리고 스사노오를 아시하라노나카쓰쿠니에서 추방해버렸다.

아마테라스와 스사노오의 서약

아시하라노나카쓰쿠니에서 추방당한 스사노오는,

"돌아가신 어머니가 계시는 네노카타스쿠니로 가기 전에 아마테라스를 찾아가 사정을 설명하고 나서 가기로 하자."

그렇게 중얼거리고 다카마가하라에 오르기 시작했다.

그러자 모든 산과 강이 큰 소리를 내면서 심하게 요동쳤다. 그것을 보고 놀란 아마테라스는,

"동생이 다카마가하라로 올라오는 것은 뭔가 시도하려는 의도가 틀림없다. 내 나라를 빼앗으려는 것은 아닐까."

그렇게 말하고 즉시 맞이해 싸울 준비를 시작했다.

먼저 머리를 풀고 미즈라(角髮 ; 고대 남자가 머리를 묶던 방식의 하나)라고 하는 남자 머리 형태로 바꿨다. 양쪽으로 묶은 머리와 두 손목, 이마에는 각각 다카

아마테라스와 스사노오의 서약 서로가 깨물어 부순 도쓰카검과 곡옥에서 세 여신과 다섯 남신이 태어났다. 이로써 스사노오의 결백이 증명됐다. 《고사기 에고토바(絵詞)》

마가하라의 권위와 주력(呪力)을 상징하는 곡옥(曲玉)을 수없이 이은 구슬목걸이를 감았고 등에는 화살이 1,000개나 들어갈 수 있을 만큼 큰 화살통을 졌다. 배에도 화살이 500개는 들어갈 큰 화살통을 두르고 팔에는 활시위가 닿으면 무시무시한 소리가 나는 보호구를 찼다. 그리고 단단한 지면을 마치 가루눈처럼 차서 허벅지까지 묻힐 정도로 다진 뒤 동생과 대치했다.

스사노오는 자신이 결백하다고 주장했지만 아마테라스는 좀처럼 믿으려고 하지 않았다.

그래서 동생의 제안에 따라 시시비비를 서약[2]에 맡기기로 했다.

먼저 아마테라스가 스사노오에게서 칼을 받아 셋으로 부러뜨린 뒤 성수를 뿌리고 입 안에 넣어 가루가 되도록 씹은 다음 안개처럼 내뿜었다. 그러자 거기서 다키리비메노미코토(多紀理毘売命) 등 3위의 여신이 태어났다.

다음에는 스사노오가 아마테라스에게서 구슬 목걸이 다섯 개를 받아 똑같은 방법으로 토해내자, 아메노오시호미미노미코토(天忍穂耳命) 등 5위의 남신이 태어났다. 그것을 본 아마테라스가 스사노오에게 말했다.

"나중에 태어난 5위의 남신은 나의 소유물에서 태어났으니 내 자식이고, 3위

---

2) 서약이란 '기도' 또는 '서약'을 한다는 의미로, 옛날부터 일본에 전해오는 점술의 일종.

의 여신은 너의 물건에서 태어났으니 너의 자식이다."

다키리비메 등 3위의 여신은 무나카타대사(宗像大社)에 모셨다. 또 남신인 아메노호히노미코토(天之菩卑命)[3]의 아들 다케히라토리노미코토(建比良鳥命)는 이즈모의 구니노미야쓰코(國造)[4]가 아마쓰히코네노미코토(天津日子根命)는 오시카와치(凡川內)[5]의 구니노미야쓰코가 조상신으로 추앙하고 있다.

그런데 서약의 결과로서,

"나에게 사심이 없기 때문에 나의 소유물에서 여신이 태어났습니다. 이것으로 나의 결백이 증명되었으니 이 서약은 나의 승리입니다."

스사노오는 그렇게 자신의 승리를 선언했다.

스사노오의 횡포

서약에 의해 결백이 증명됐다고 우쭐해진 것일까.

그때부터 스사노오는 아마테라스의 밭두렁을 허물고 관개용 해자를 메우고 니나메제사(新嘗祭 ; 궁중제사의 하나)를 올리는 어전에 인분을 뿌리는 등, 다카마가하라에서 끊임없이 말썽을 일으키며 행패를 부려댔다.

그래도 아마테라스는 스사노오를 전혀 나무라지 않았다.

"인분처럼 보이는 것은 동생이 술에 취해 토해낸 것이고, 밭두렁을 무너뜨리고 해자를 메운 것은 그렇게 하면 토지를 유효하게 이용할 수 있다고 생각해서 한 행동일 것이다."

그런 누이의 배려는 아랑곳도 없이, 스사노오의 횡포는 날이 갈수록 심해져서 끝내 엄청난 사건을 일으키고 말았다.

아마테라스가 베를 짜는 신성한 방에 들어가 베 짜는 여인들에게 신에게 바칠 옷을 짜게 하고 있을 때였다. 스사노오는 그 지붕에 구멍을 뚫어, 엉덩이쪽부터 가죽을 벗긴 말을 그 속으로 던져 넣었다. 놀란 여인 가운데 한 사람이 엉겁결에 자기 여음에 북을 찔러 넣는 바람에 죽고 말았다. 그것을 본 아마

---

3) 아메노호히노카미(天之菩比神)와 같은 신.
4) 고대일본 행정기구에서 지방을 다스리는 관직의 일종.
5) 오시카와치노쿠니(凡川內國)는 지금의 오사카 남부.

아마노이와토 신화 한 장면 아마노이와토 안에 숨어있던 아마테라스가 모습을 드러내자 세상에 빛이 돌아왔다.

테라스는 견딜 수 없는 혐오감에 몸을 떨었다.

아마노이와토(天岩戸) 은신

베 짜는 여인의 죽음을 애통히 여긴 아마테라스는 동굴 입구인 아마노이와 토를 열어 그 속에 들어가 버렸다. 그리하여 온 세상이 깜깜해지고 다카마가 하라도 암흑에 싸이자, 아시하라노나카쓰쿠니도 모두 암흑으로 뒤덮여 지미모 료(魍魅魍魎 ; 온갖 도깨비)가 제세상인 양 날뛰기 시작했다.

이 비상사태에 매우 난처해진 신들은 아마노야스카와(天安河) 강변에 모여 대책을 의논했다.

그 결과, 다카미무스히의 아들인 지혜의 신 오모이카네노카미(思金神)가 생각해낸 방법을 실행에 옮기기로 했다. 그것은 바로 '제사'였다.

신들은 곧 제사를 준비하기 시작했다.

먼저 도코요노나가나키도리(常世長鳴鳥 ; 닭의 옛 이름)를 울게 한 뒤, 제사에 사용할 도구를 준비했다. 아마노야스카와의 단단한 돌과 아마노카나야마(天 金山)의 철로 커다란 거울을 만들고, 야사카노마가타마(八尺勾玉)를 꿴 목걸이 도 만들었다. 나중에 '삼종의 신기(三種の神器)'라 불리는 것 가운데 두 가지가 이것이다.

그리고 닥나무로 만든 하얀 천과 삼으로 만든 푸른 천을 늘어뜨린 비쭈기나무 등의 도구를 갖추자, 후토다마노미코토(布刀玉命)가 그것을 공물로 받쳐 들고 아메노코야네노미코토(天兒玉命)가 축문을 읽었다. 문 옆에 아메노타지카라오노카미(天手力男神)가 몸을 숨기자 드디어 제사가 시작되었다.

문 앞에 거꾸로 놓인 통 위에서 예능의 신 아메노우즈메노미코토(天宇受売命)가 춤을 추기 시작했다. 격렬한 춤을 추느라 곧 옷이 흐트러져 양쪽 젖가슴이 드러났고 허리끈이 음부 근처까지 미끄러졌다. 그것을 보고 신들은 다카마가하라가 떠나갈 정도로 웃음을 터뜨렸다.

그 소리는 당연히 동굴 속 아마테라스의 귀에도 들렸다. 이상하게 여긴 아마테라스가 문을 빼꼼 열고 물어보자 아메노우즈메가 대답했다.

"당신보다 존귀한 신이 오셔서 모두들 기뻐하고 있습니다."

그 틈에 아메노코야네와 후토다마가 얼른 거울을 내밀었다. 아마테라스는 거울에 비친 자기 모습을 보고 똑같은 태양신이 또 있었는가 하고 더욱 이상히 여겨 슬쩍 몸을 내밀어 밖을 내다보았다.

바로 그때 문 쪽에 있던 아메노타지카라가 아마테라스의 손을 잡고 밖으로 끌어냈다. 동시에 후토다마가 아마테라스의 등 뒤에 금줄을 쳐서 다시는 동굴 안에 들어가지 못하게 했다.

그리하여 아마테라스가 밖으로 나오자 즉시 태양이 떠올라, 다카마가하라와 아시하라노나카쓰쿠니가 다시 밝아졌다.

다섯 가지 곡물과 누에의 탄생

빛은 다시 돌아왔지만 스사노오를 그대로 내버려 둘 수는 없었다. 신들은 다시 의논하여, 스사노오에게 신들에게 바치기 위한 속죄의 음식을 산더미처럼 내게 하고 수염과 손톱 발톱을 잘라 액막이를 한 뒤 다카마가하라에서 추방하기로 결정했다.

다카마가하라에서 쫓겨난 스사노오는 오케쓰히메(大気都比売神)를 찾아가서 신들에게 바칠 음식을 청했다. 오케쓰히메는 코와 입, 항문에서 여러 가지 음식을 꺼내어 조리한 뒤 내주었다.

그 광경을 본 스사노오는 더러운 음식을 주었다고 분개하며 그 자리에서 오케쓰히메를 죽이고 말았다.

살해된 오케쓰히메의 몸에서 다양한 것이 태어났다.

머리에서는 누에, 두 눈에서는 볍씨, 두 귀에서는 좁쌀, 코에서는 팥, 여음에서는 보리, 그리고 항문에서는 콩이 태어났다.

고토아마쓰카미인 가무무스히가 그것을 가져와 씨앗으로 뿌리면서 양잠과 농업이 시작되었다.

현세에 전해지는 고사기

오케쓰히메는 이자나기와 이자나미의 국토창세 때, 이요노후타나시마(伊豫之二名島 ; 시코쿠西國) 가운데 아와노쿠니(阿波國)라는 이름으로 처음 등장한다. '아와노쿠니'라는 이름이 오케쓰히메로 변한 것은 아와를 곡물 '아와(粟 ; 좁쌀)'로 대치했다고도 생각할 수 있는데, 곡물신인 오케쓰히메를 모셨기 때문에 '아와'의 나라라고 불리게 되었다고 보는 설도 있다.

오케쓰히메의 '오'는 '많다', '케'는 '음식'을 나타내는 말로, 곡물신이라는 것을 알 수 있다. 오케쓰히메 신화의 원형으로 알려진 설화가 인도네시아에도 있다. 여신의 죽음에서 음식이 태어난다는 줄거리는 같지만, 인도네시아 설화는 여신의 죽음에서 고구마가 태어난다. 일본에서도 옛날에는 고구마의 기원으로 전해져 왔는데, 벼농사가 전파됨으로써 오곡의 기원신화로 변한 것으로 추정된다.

야마타노오로치 퇴치

다카마가하라에서 쫓겨난 스사노오는 이즈모노쿠니의 히노카와(肥川) 강변, 도리카미(鳥髮)라는 곳으로 내려갔다.

그때 히노카와에 젓가락이 떠내려 오는 것을 본 스사노오는 강 상류에 사람이 살고 있을지도 모른다고 생각하고 강물을 따라 상류로 나아갔다. 아니나 다를까 역시 그곳에는 집이 한 채 있었는데, 무슨 일인지 젊은 딸을 사이에 두고 늙은 부부가 눈물을 짓고 있었다.

내력을 묻는 스사노오에게 노인이 대답했다.

"나는 구니쓰카미(아시하라노나카쓰쿠니의 신)인 오야마쓰미의 아들로, 이름은 아시나즈치(足名椎)라고 합니다. 아내의 이름은 데나즈치(手名椎), 딸의 이름은 구시나다히메(櫛名田比売)입니다."

이어서 울고 있는 이유를 묻자 아시나즈치는 이렇게 대답했다.

"나에게는 본디 딸이 여덟 명 있었는데, 해마다 고시(高志)에 사는 야마타노오로치(八俣大蛇)라는 큰 뱀이 딸을 하나씩 잡아먹었습니다. 이제 남은 딸은 이 아이뿐인데 올해도 어김없이 야마타노오로치가 나타날 시기가 오고 말았습니다."

아시나즈치의 말로는, 그 큰 뱀의 눈은 붉게 익은 꽈리 같고, 하나의 몸통에 여덟 개의 머리와 여덟 개의 꼬리가 달려 있으며, 몸통에는 노송나무와 삼나무가 자라고, 몸길이는 골짜기를 여덟 개, 산등성이도 여덟 개를 넘을 정도로 크다는 것. 그리고 그 배는 살이 문드러져서 언제나 피가 질질 흐른다고 했다.

스사노오가 자신의 신분을 밝히고 구시나다히메를 아내로 달라고 청하자 아시나즈치와 데나즈치는 이구동성으로 승낙했다.

스사노오는 구시나다히메를 빗으로 모습을 바꿔 자기 머리에 꽂은 뒤, 아시나즈치와 데나즈치에게 향기로운 술을 빚으라고 말했다.

그리고 여덟 개의 문이 있는 울타리를 둘러친 뒤, 문마다 공물대를 만들어 술통을 올려두고 거기에 술을 채우라고 명령했다.

모든 준비를 마치고 기다리고 있으니, 아시나즈치가 말한 그대로의 모습을 한 커다란 뱀이 나타났다. 큰 뱀은 여덟 개의 통에 여덟 개의 머리를 각각 집어넣어 그 속에 든 술을 모조리 마셔버렸다. 술에 만취해 몸을 움직일 수 없게 된 큰 뱀은 그대로 잠에 곯아떨어졌다.

그때를 기다렸던 스사노오는 칼을 뽑아 큰 뱀을 베기 시작했다. 히노카와 강물이 핏빛으로 시뻘겋게 물들었다.

그런데 큰 뱀의 몸 가운데에 있는 꼬리를 잘랐을 때 뭔가 단단한 것에 부딪쳐 칼날이 망가지고 말았다. 이상하게 여긴 스사노오가 그 부분을 갈라보니

야마타노오로치를 퇴치하는 스사노오 가와무라 가요오 그림

뱀의 꼬리에서 신성한 칼이 나왔다.

스사노오는 아마테라스에게 사자를 보내 그 칼을 헌상하기로 했다. 이것이 나중에 '삼종의 신기'의 하나가 되는 구사나기검(草薙劍)이다.

싸움이 끝나자 스사노오는 이즈모노쿠니 안에서 자기 궁전을 지을 장소를 찾아다녔다. 그리고 어떤 곳에 이르렀을 때 매우 상쾌한(스가스가시이) 기분이 들었기 때문에, 그곳을 새 집터로 정했다. 그리하여 그곳은 지금도 스가(須賀)라고 불린다.

마침내 궁전을 완성했을 때 마치 축복이라도 하는 듯이 그 땅에서 구름이 피어올랐다. 스사노오는 감격하여 노래를 불렀다.

스사노오와 구시나다히메 사이에는 야시마지누미노카미(八嶋士奴美神)라는 이름의 신이 태어났다.

그로부터 대를 거듭하여 스사노오의 6대 자손으로 오쿠니누시노카미(大國主神)[6]가 태어났다.

---

6) 일본신화에서 천손강림 이전부터 일본 국토를 다스린 구니쓰카미의 대표적인 신.

현세에 전해지는 고사기

일본에서 가장 오래된 와카(和歌) "구름이 뭉게뭉게 피어오르는……" 이것은 스사노오가 멋진 궁전을 찬양하고 이즈모의 풍요를 구가한 노래이다. 《고금와카집(古今和歌集)》을 편찬한 기노 쓰라유키(紀貫之)는 이 스사노오의 노래가 일본 최초의 와카라고 주장했다.

구름이 뭉게뭉게 피어오르는 이즈모
그 이즈모를 몇 겹이나 둘러싼 구름이
아내를 지키듯 울타리를 치고 있네!
겹겹이 아름다운 울타리를.

이나바(因幡)의 흰토끼

오쿠니누시는 처음에는 오나무치노카미(大穴牟遲神)로 불렸는데, 야소가미(八十神)라고 불리는 배다른 형제신이 많이 있었다. 그들은 하나같이 이나바(稻羽; 因幡)의 야카미히메(八上比売)를 아내로 삼고 싶어 했다.

형제신들은 구혼을 위해 함께 이나바노쿠니(稻羽國)로 갔다.

젊은 오나무치는 등에 짐을 지고 종자가 되어 행렬의 가장 뒤에서 걸었다.

도중에 게타노미사키(気多岬; 돗토리鳥取 시의 하쿠토白兎 해안)를 지나갈 때였다. 가죽이 벗겨져 알몸이 된 토끼가 길에 쓰러져 있었다.

그것을 본 야소가미들이 놀려댔다.

"그 몸을 치료하려면 바닷물로 씻고 바람을 잘 쐰 뒤에 산등성이에 엎드려 있으면 돼."

토끼는 당장 가르쳐준 대로 해보았다. 그러자 금세 소금이 말라 온몸에 금이 가고 말았다.

너무 아파서 몸부림치며 울고 있는데 야소가미 일행의 가장 뒤에서 걷고 있던 오나무치가 지나갔다.

오나무치가 토끼에게 울고 있는 이유를 묻자 이렇게 대답했다.

"나는 오키노시마(淤岐嶋; 隱岐島)에서 이쪽 섬으로 건너오려고 상어를 속였

오나무치와 흰토끼
상어에게 털가죽을 빼앗긴 흰토끼에게 상냥한 목소리로 말을 거는 오나무치(나중에 오쿠니누시가 된다). 오마에(大前) 신사 봉납화 '이나바의 흰토끼'

습니다. 달콤한 말로 상어를 이용할 생각이었습니다. 그래서 상어와 토끼 가운데 어느 쪽이 일족의 수가 많은지 가르쳐주겠다면서 오키노시마에서 게타노미사키까지 상어를 일렬로 세웠습니다. 그런 다음 상어의 등을 밟으면서 숫자를 헤아리다가 육지에 거의 다 왔을 때, '너희는 나에게 속았어!' 하고 말해버렸습니다. 그러자 맨 마지막에 있던 상어에게 붙잡혀 이렇게 온몸의 가죽이 벗겨지고 말았습니다."

그리고 토끼는 야소가미들에게 속은 것도 이야기했다.

그 얘기를 들은 오나무치가 말했다.

"어서 강어귀로 가서 민물로 몸을 잘 씻으시오. 물가에서 자라는 부들의 꽃가루를 채취하여 몸에 뿌리고 그 위에 누워서 뒹굴면 나을 것이오."

가르쳐준 대로 하자, 정말 토끼의 몸은 정상으로 돌아왔다.

이 토끼가 지금도 토끼신으로 불리는 이나바의 흰토끼이다.

토끼는 오나무치에게 감사한 뒤 이렇게 말했다.

"야카미히메를 아내로 얻게 되는 것은 바로 당신입니다."

또한 돗토리시에는 이나바의 흰토끼를 모신 하쿠토(白兎) 신사가 있다.

야소가미의 악행

이 토끼의 예언은 적중했다.

"나는 당신들의 청혼을 받아들이지 않겠어요. 오나무치와 결혼하겠어요."

야카미히메가 그렇게 선언하자 야소가미들은 격노했다. 그들은 서로 의논한 끝에 오나무치를 죽이기로 작당했다.

야소가미는 호키노쿠니(伯岐國)의 데마노야마(手間山) 기슭을 찾아가서 오나무치에게 엄명을 내렸다.

"이 산에 붉은 멧돼지가 있다. 우리가 위에서 그 붉은 멧돼지를 몰아 보낼 테니, 너는 밑에서 기다리다가 반드시 붙잡아야 한다."

그러나 그것은 멧돼지가 아니었다. 야소가미는 멧돼지와 비슷하게 생긴 큰 바위를 불로 새빨갛게 달군 뒤 산 위에서 굴려 보냈다.

그런 줄도 모르고 오나무치는 그 빨갛게 구워진 바위를 떠안은 채 불타 죽고 말았다.

이 사실을 안 오나무치의 모신(母神) 사시쿠니와카히메(刺國若比売)는 매우 슬퍼하며, 즉시 다카마가하라에 올라가 고토아마쓰카미인 가무무스히에게 도움을 청했다.

가무무스히는 기사가이히메(蟹見比売)와 우무가이히메(蛤貝比売)를 보내 오나무치를 다시 살려주었다.

이것을 안 야소가미들은 더한 악행을 시도했다. 오나무치를 또다시 산속으로 유인하여, 이번에는 거대한 나무에 홈을 파고 말뚝을 박아 넣은 뒤, 그 틈새에 오나무치를 끼워 넣고는 말뚝을 빼버려 압사시켰다.

그러자 또다시 모신 사시쿠니와카히메가 나타났다. 비탄에 잠긴 모신은 이번에는 자기 힘으로 오나무치를 다시 살려 주었다.

"이곳에 있으면 결국 야소가미에게 당하고 말 것이다."

사시쿠니와카히메는 오나무치에게 그렇게 말한 뒤 곧 기이노쿠니(紀伊國)의 오야비코노카미(大屋毘古神)에게 달려갔다.

야소가미들은 사방팔방 오나무치의 행방을 찾아다닌 끝에 마침내 오나무치가 기이노쿠니에 있는 것을 알아냈다. 그들은 다함께 기이노쿠니로 몰려갔다.

야소가미들은 활에 화살을 메긴 뒤 오야비코에게 오나무치를 넘겨달라고 요구했다.

그러나 오야비코에게는 그럴 마음이 전혀 없었다.

나무 가장귀에 뚫린 구멍으로 오나무치를 몰래 달아나게 해주면서 이렇게 말했다.

"스사노오가 계시는 네노카타스쿠니로 달아나거라. 틀림없이 잘 돌봐 주실 게다."

스사노오가 내려준 시련

스사노오의 궁전 앞까지 찾아온 오나무치를 스사노오의 딸 스세리비메(須勢理毘売)가 맞이했다. 두 신은 눈이 서로 마주치자 이내 마음이 통하여 곧 결혼했다.

"매우 고귀한 신이 오셨습니다."

딸의 전갈에 밖으로 나온 스사노오는 한눈에 오나무치가 누구인지 알아차렸다.

스사노오는 오나무치를 안으로 불러들여 수많은 뱀이 우글거리는 암굴로 데려가서 그곳에서 하룻밤 지내라고 명령했다.

오나무치는 스세리비메가 준 주술의 힘을 가진 직물 덕분에 뱀의 공격을 면하고 깊이 잠들 수 있었다.

이튿날 밤은 지네와 벌이 가득 들어있는 암굴에 들어갔는데, 이번에도 스세리비메가 새롭게 준 직물 덕분에 지네와 벌을 퇴치하고 무사히 암굴에서 나올 수 있었다.

다음에 스사노오는 넓은 들판에 소리 나는 화살을 쏘고는 오나무치에게 그것을 찾아오라고 명령했다. 오나무치가 들판을 헤치고 들어가자 스사노오는 즉시 들에 불을 질러 오나무치 주위를 불길로 빙 에워쌌다. 오나무치는 달아날 곳이 없었으나, 때마침 나타난 쥐의 도움으로 이번에도 무사히 난을 피할 수 있었다.

그러자 스사노오는 오나무치를 커다란 암굴로 데려가더니 이번에는 자기 머리에 붙어 있는 이를 잡으라고 명령했다. 그런데 알고 보니 그것은 이가 아니라 무수한 지네였다.

오나무치가 어찌할 바를 몰라 하고 있으니, 스세리비메가 몰래 푸조나무 열매와 붉은 흙을 건넸다. 스세리비메의 지혜를 빌린 오나무치는 지네를 잡는 척하면서 입 안에서 푸조나무 열매를 씹어서 붉은 흙과 같이 뱉어냈다.

그것을 본 스사노오는 지네를 씹어서 뱉어낸 줄로 알고 흡족해 하며 그곳에서 잠이 들고 말았다.

그 틈에 오나무치는 스사노오의 머리를 굵은 기둥에 묶은 뒤 입구를 커다란 바위로 막아버렸다. 그런 다음 스세리비메를 등에 업고 스사노오의 보물인 이쿠타치(生太刀)와 이쿠유미야(生弓矢), 그리고 아메노노리고토(天沼琴)를 가지고 뒤도 돌아보지 않고 달아났다. 그때 칠현금이 나무에 닿아 대지가 흔들릴 정도로 큰 소리가 울렸다.

그 소리에 놀라 깨어난 스사노오는 머리가 묶여 있어서 금방 쫓아갈 수가 없었다. 간신히 달리기 시작한 스사노오는 요모쓰히라사카[7]까지 왔을 때 추적을 포기하고 큰 소리로 외쳤다.

"네놈이 가로챈 이쿠타치와 이쿠유미야로 배다른 형제 야소가미를 모조리 해치워라. 그리고 네놈이 오쿠니누시가 되어 내 딸 스세리비메를 정실로 맞이하고, 이즈모의 우카노야마(宇迦山) 기슭에 훌륭한 궁전을 짓고 거기서 살아라. 네 이놈!"

오나무치는 그 말대로 오쿠니누시가 되어 나라를 건설하기 시작했다.

오쿠니누시는 이미 야카미히메와 결혼했지만, 야카미히메는 스세리비메를 두려워한 나머지 자기가 낳은 아이를 나무 가장귀에 두고 이나바노쿠니로 돌아가고 말았다. 그래서 이 아이의 이름을 기마타노카미(木俣神), 또는 미이노카미(御井神)라고 했다.

열정적인 오쿠니누시는 고시노쿠니(高志國 : 호쿠리쿠北陸)의 누나카와히메(沼河比売)와도 부부가 되었고, 그밖에도 세 명의 아내를 얻어 모두 다섯 명의 아이를 낳았다.

---

7) 일본신화에서 생자가 사는 현세와 사자가 사는 황천의 경계에 있다고 하는 언덕.

오쿠니누시와 스쿠나비코나 바다에서 작은 배를 타고 온 스쿠나비코나는 오쿠니누시와 함께 나라를 건설해 나아갔다. 의료와 술의 신이기도 하다.

《고사기》 최초의 연가

오쿠니누시는 스세리비메와 결혼했지만 《고사기》에는 특히 오쿠니누시와 누나카와히메의 사랑이 자세히 이야기되어 있다. 그 대부분은 그들이 주고받은 와카로 이루어져 있다. 《고사기》 속에서 남녀 사이에 관한 노래가 등장하는 것은 이것이 최초이다. 와카로 이야기를 엮어나감으로써 남녀의 정경을 더욱 생생하게 전해주고 있다.

오쿠니누시와 누나카와히메가 주고받은 노래

노래를 통해 사랑을 키워간 오쿠니누시와 누나카와히메는 곧 결혼하게 된다.

나는 지금까지 이상적인 아내를 얻지 못했는데, 현명하고 아름다운 여인이 있다는 이야기를 전해 듣고 청혼하러 왔소. 당신이 잠자고 있는 방 앞에 서 있으니 호랑지빠귀가 시끄럽게 울어대는군요. 이 새가 빨리 울음을 그쳤으면.

나는 새처럼 당신을 찾았어요. 무례한 새이지만 어차피 당신 생각대로 될 테니까 새를 죽이지는 말아주세요. 밤이 되면 당신은 늘 이곳에서 나를 사랑하고 내 팔을 베고 잠들 테니까요.

오쿠니누시의 건국

그리하여 이자나미의 죽음으로 오랫동안 중단되었던 나라 건설을 오쿠니누시가 재개했다.

오쿠니누시가 미호노미사키(御大御前 ; 시마네반도 동쪽 끝에 있는 곳)에 갔을 때의 일이다. 파도 위로 가가이모(蘿苔)라고 하는 덩굴풀 씨앗으로 만든 배를 타고 나방의 껍질로 지은 옷을 입은 신이 다가왔다.

이름을 물었으나 그 신은 대답하지 않았다.

수행하는 신들에게 물어도 아무도 모른다고 했다.

그때 개구리가 구에비코노카미(久延毘古神)에게 물어보는 게 어떻겠느냐고 제안했다.

구에비코란 허수아비를 가리키며, 걸음을 걸을 수는 없지만 천하의 모든 일에 통달한 신이다.

곧바로 구에비코에게 물었더니, 바다 저편에서 찾아온 그 신은, 야소가미에게 살해된 오쿠니누시를 다시 살려준 고토아마쓰카미인 가무무스히의 아들이며, 이름은 스쿠나비코나노카미(少名毘古那神)라고 했다.

확인을 위해 가무무스히에게도 물어봤더니,

"정말 내 아들이 맞다. 많은 아들 가운데 하나로, 손가락 사이로 떨어져 행방을 모르고 있었던 아들이다."

하고 인정했다.

그리고 오쿠니누시에게 명을 내렸다.

"스쿠나비코나와 형제가 되어 힘을 합쳐서 나라 건설을 완성하라."

가무무스히의 명령대로 오쿠니누시와 스쿠나비코나는 일치단결하여 나라를 건설해 나갔다.

그런데 얼마 지나자 스쿠나비코나는 도코요노쿠니(常世國)[8]로 가버렸다.

오쿠니누시는 어떻게 해야 할지 몰라 구에비코에게 털어놓았다.

"나 혼자 어떻게 나라를 건설하란 말인가. 어느 신이 나를 도와줄 수 있을까?"

그렇게 중얼거리자, 바다 저편에서 빛과 함께 다가오는 신이 있었다. 그 신이 말했다.

"내 영혼을 정성을 다해 제사지내 준다면 나라 건설에 협력하겠다. 그렇게 하지 않으면 나라를 건설하는 것은 불가능하다."

오쿠니누시가 어떻게 제사를 지내면 되느냐고 묻자 그 신이 대답했다.

"야마토(大和)의 푸른 산맥 동쪽 산 위에서 제사를 지내면 된다."

이것이 미모로야마(御諸山 ; 나라현의 미와야마三輪山) 위에 자리한 오모노누시노카미(大物主神)이다.

그리하여 스쿠나비코나가 도코요노쿠니로 가버리는 바람에 좌절되었던 나라 건설도 이 오모노누시의 출현으로 다시 추진했다.

스쿠나비코나의 정체

스쿠나비코나의 아버지인 가무무스히는, 스사노오가 죽인 오게쓰히메에게서 태어난 오곡으로 씨앗을 만들었다. 이 일에서 가무무스히에게는 씨앗신의 성격이 있음을 알 수 있다. 가무무스히의 손가락 사이로 빠져버렸다는 것에서도, 스쿠나비코나에게는 씨앗의 화신이라는 성격이 있는 것으로 생각된다.

작은 것에 대한 신앙

스쿠나비코나는 가무무스히의 손가락 사이로 빠져버릴 정도의 크기였다는 점에서 난쟁이의 원형으로 보는 견해도 있다. 일본에 전해지는 설화에는 이밖에도 가구야히메(かぐや姫)와 우리코히메(瓜子姫) 등 '작은 것'에 대한 이야기가 많다. '작은 것'은 고대에서 신앙의 대상이나 영웅의 탄생담이었다.

---

8) 고대 일본에서 신앙의 대상이 되었던 바다 저편에 있는 이상향.

이즈모의 나라 양도

"아들아, 도요아시하라노미즈호노쿠니(豊葦原水穗國 ; 아시하라노나카쓰쿠니의 다른 이름)는 네가 다스려야 하는 나라이다. 당장 하계로 내려가거라."

오쿠니누시가 건국을 완성하자, 아마테라스가 아들인 마사카쓰아카쓰카치하야히아메노오시호미미노미코토(正勝吾勝勝速日天之忍穗耳命)[9]에게 말했다.

그런데 무슨 일인지 하계가 무척 소란스러워 보였다. 그래서 일단 다카마가하라로 돌아가 아마테라스에게 지시를 청했다. 다카미무스히와 아마테라스는 신들을 불러 모아 대책을 의논했다.

"아시하라노나카쓰쿠니에서는 수많은 구니쓰카미가 횡포를 부리고 있다. 어느 신을 내려 보내는 것이 좋겠는가."

그 물음에 신들은 오모이카네를 중심으로 궁리를 거듭한 끝에 아메노호히를 추천했다. 그래서 그 아메노호히를 보냈더니, 이 신은 오쿠니누시의 비위만 맞추면서 3년이 지나도록 아무 보고도 하지 않았다.

그래서 이번에는 아마쓰쿠니타마노카미(天津國玉神)의 아들 아메노와카히코(天若日子)에게 아메노마카코유미(天のまかこ弓)와 아메노하하야(天のはは矢)라고 하는 특별한 활과 화살을 주어 하계로 내려 보냈다. 그러나 아메노와카히코는 아시하라노나카쓰쿠니로 내려가자마자 오쿠니누시의 딸 시타데루히메(下照比売)를 아내로 맞아들이고 그 나라를 차지하려고 애쓰면서, 8년이 지나도록 역시 아무것도 보고하지 않았다.

그래서 새롭게 나키메(鳴女)라는 꿩을 파견했다. 그러나 아메노와카히코는 나키메의 말에는 귀를 기울이지 않고 아메노사구메(天佐具売)[10]가 시키는 대로 활로 나키메를 쏘아 죽여 버린다. 이 화살은 나키메의 가슴을 관통하여 아마노야스카와까지 도달했다. 다카기노카미(高木神 ; 다카미무스히노카미의 다른 이름)가 그것을 주워 모두에게 보여준 뒤, "아메노와카히코에게 그릇된 마음이 있다면 이 화살에 맞아 벌을 받을 것이다." 하고 되던지자, 화살이 아메노와카히

---

9) 마사카쓰아카쓰카치하야히아메노오시호미미와 아메노호히는 아마테라스와 스사노오가 서약했을 때 태어난 아들.

10) 사구메(佐具売)는 비밀을 찾아내는 영력이 있는 여자를 나타낸다.

국가이양을 강요받는 오쿠니누시 다카마가하라에서 온 사자가 도요아시라노나카쓰쿠니를 이양하라고 강요한다. 오쿠니누시는 먼저 아이들의 의견을 물으라고 말한다. (요시다 노부오 그림)

코의 가슴에 꽂혀 그 목숨을 빼앗고 말았다.

다음에 신들이 보낸 것은 다케미카즈치노카미(健御雷神)와 아메노토리후네노카미(天鳥船神)였다.

"이 나라는 아마테라스의 아들이 다스려야 한다. 그대의 생각은 어떠한가."

다케미카즈치가 묻자 오쿠니누시가 말했다.

"아들 고토시로누시노카미(言代主神)가 대답할 것입니다."

이에 고토시로누시가 대답했다.

"이 나라를 아마쓰카미노미코(天神の御子)[11]의 아들에게 바칩시다."

이렇게 선선히 동의하고는 배를 푸른 잡목 울타리로 변신시켜 그 속에 숨어버렸다.

그러나 또 다른 아들인 다케미나카타노카미(健御名方神)는 받아들이지 않았다.

"이건 한 번 힘을 겨뤄보고 결정해야 하지 않을까요."

힘으로는 누구에게도 지지 않을 자신이 있는 다케미나카타는 그렇게 말하자마자 다케미카즈치의 손에 달려들었다. 그러자 순식간에 다케미카즈치의

---

11) 다카마가하라 신의 아들. 또는 그 자손인 천황을 가리킨다.

손이 얼음기둥으로 변하더니 다시 칼날로 변했다. 겁이 난 다케미나카타는 놀라서 자기 손을 도로 집어넣었다.

다음은 다케미카즈치의 차례였다. 그는 다케미나카타의 손을 잡더니 나뭇잎처럼 짓이겨서 던져버렸다. 다케미나카타는 마침내 항복했다.

"제발 살려주십시오. 명령대로 이 아시하라노나카쓰쿠니를 헌상하겠습니다."

다케미카즈치는 오쿠니누시에게 물었다.

"그대의 아들은 아마테라스 아들의 명령을 어기지 않겠다고 맹세했는데, 그대의 생각은 어떠한가."

오쿠니누시가 대답했다.

"제 아들과 마찬가지로 저도 어길 생각이 없습니다. 아시하라노나카쓰쿠니를 명령대로 헌상하지요. 다만 제가 사는 곳에 아마테라스의 아들이 사는 곳처럼 굵은 기둥이 높이 솟아 있는 훌륭한 궁궐을 지어주시기 바랍니다. 그러면 그곳에서 은거하겠습니다."

오쿠니누시는 이즈모노쿠니 다기시(多藝志)의 오바마(小浜)에, 사자로 온 신들을 접대할 훌륭한 궁전을 지어 준비를 갖춘 뒤 다시 맹세했다.

이를 받아들인 다케미카즈치는 다카마가하라에 올라가 아시하라노나카쓰쿠니를 평정했다고 보고했다.

천손강림

다케미카즈치에게서 아시하라노나카쓰쿠니를 평정했다는 보고를 받은 아마테라스와 다카기는, 태자인 마사카쓰아카쓰카치하야히아메노오시호미미에게 다시 명령을 내렸다.

"방금 아시하라노나카쓰쿠니를 평정했다는 보고가 있었으니 전에 명령한 대로 하계에 내려가서 통치하라."

그러나 오시호미미는 아시하라노나카쓰쿠니의 평정을 기다리는 사이에 아들이 태어났으니 그 아들을 내려 보내는 것이 좋겠다고 말했다. 이름은 아메니키시쿠니니키시아마쓰히코히코호노니니기노미코토(天邇岐志國邇岐志天津日高日子番能邇邇芸命 ; 이하 니니기)라고 하며, 다카기의 딸 요로즈하타토요아키즈시히

니니기에게 벼이삭을 주는 아마테라스 지상으로 내려가 나라를 풍요롭게 만들라며 벼 이삭을 줬다. 곤노 가케이 그림

메노미코토(万幡豊秋津師比売命) 사이에서 태어난 아들이다.

태자의 진언을 듣고 아마테라스와 다카기는 다시 명령했다.

"니니기여. 오시호노미미의 말대로 그대가 도요아시하라노미즈호노쿠니를 다스리도록 하라."

니니기는 아마노이와토(天石岩戸) 은신 때 활약했던 아메노코야네와 후토다마, 아메노우즈메 외에, 이시코리도메노미코토(伊斯許理度売命), 다마노야노미코토(玉祖命) 등 다섯 부(部)의 수장을 종자로 이끌고 강림하게 되었다.

이들을 선도한 것은 아마테라스의 아들이 강림한다는 이야기를 듣고 달려온 구니쓰카미, 사루타비코노카미(猿田毘古神)였다.

출발에 앞서서 아마테라스는 지난날 자신을 암굴에서 유인해내기 위해 신들이 사용했던 곡옥과 거울, 그리고 스사노오가 헌상한 구사나기를 니니기에게 주었다. 이것을 '삼종의 신기[12]'라고 한다.

그리고 오모이카네와 아메노타지카라, 아메노이와토와 케노카미(天石門別神)

---

12) 곡옥은 삼종의 신기 가운데 하나로, 곡물의 영(靈). 거울은 태양신, 칼은 군사를 상징한다.

를 일행에 가담하고 다음과 같이 덧붙였다.

"이 거울을 나의 영혼으로 생각하고 내 앞에 엎드릴 때처럼 정성을 다해 제사지내라. 또 오모이카네는 그 제사를 관장하라."

니니기는 겹겹이 뻗어있는 구름을 헤치고 아메노우키하시까지 가자, 거기서부터는 한 걸음에 쓰쿠시 히무카 다카치호(高千穗)의 구시후루타케(久土布流多氣)에 내려섰다. 그리고

"이 땅은 한국(조선반도)을 마주하고, 가사사노미사키(笠沙御前 ; 사쓰마반도 서쪽 끝의 노마곶)와도 똑바로 통하며, 아침 해가 눈앞에서 떠오르는 나라, 저녁 해가 내리쬐는 나라이다. 매우 훌륭한 땅이다."

이렇게 말한 뒤, 깊이 판 구덩이에 굵은 기둥을 세우고 지붕이 다카마가하라에 닿을 만큼 장대한 궁전을 지어 자기 거처로 삼았다.

니니기의 신부 고르기

니니기는 가사사노미사키에서 아름다운 소녀를 만났다. 누구의 딸인지 묻자 이렇게 대답했다.

"산신(山神)인 오야마쓰미의 딸이며, 이름은 가무아타쓰히메(神阿多都比売), 다른 이름은 고노하나노사쿠야비메(木花之佐久夜毘売)라고 합니다."

그리고 이와나가히메(石長比売)라는 언니가 있다고 했다. 니니기는 고노하나노사쿠야비메가 마음에 들어 결혼을 청했다. 처녀는 대답을 피하고 아버지에게 물어보라고 했다.

그래서 곧 오야마쓰미에게 요청했더니, 오야마쓰미는 매우 기뻐하며 혼수품과 함께 언니인 이와나가히메도 보내왔다.

그런데 이와나가히메가 너무 못생겨서 니니기는 그 자리에서 부모에게 돌려보내고 말았다. 그리고 고노하나노사쿠야비메와 하룻밤 인연을 맺었다.

한편 오야마쓰미는 딸이 되돌아오자 매우 수치스러워하며 니니기에게 저주의 말을 보냈다.

"이와나가히메와 결혼하면 아마쓰카미의 생명은 바위처럼 영원불변하고, 고노하나노사쿠야비메와 혼인하면 나무에 꽃이 만발하듯이 번영할 것이다. 그

러나 이렇게 이와나가히메를 돌려보내고 고노하나노사쿠야비메만 취했으니 아마쓰카미 자손의 생명은 꽃처럼 덧없으리라."

그리하여 지금까지 천황의 수명은 유한하고 영원하지 않은 것이 되고 말았다.

얼마 뒤 고노하나노사쿠야비메는 니니기에게 이렇게 알려왔다.

"제가 잉태하였는데, 아마쓰카미의 자식을 몰래 낳을 수는 없는 일이라 분부를 청하러 왔습니다."

그러나 니니기의 반응은 생각보다 냉담했다.

니니기와 고노하나노사쿠야비메 만난 지 얼마 안 됐는데 청혼을 하는 니니기. 고노하나노사쿠야비메는 번영을 상징한다. (이시이 린쿄 그림)

"그대는 단 하룻밤의 인연으로 잉태했다는 것인가. 그것은 내 자식이 아닐 것이다. 어디의 누구인지도 모르는 구니쓰미코의 자식이겠지."

고노하나노사쿠야비메는 그 의심을 씻어주기 위해,

"배 속의 아기가 만약 구니쓰노미코의 자식이라면 무사히 태어나지 못할 것이고, 아마쓰카미의 자식이라면 무사히 태어날 것입니다."

이렇게 서약한 뒤, 문이 없는 커다란 산실을 만들어 그 속에 들어갔다. 그리고 안에서 모든 틈새를 흙으로 메우고 스스로 산실에 불을 질렀다.

고노하나노사쿠야비메는 타오르는 불길 속에서 세 아들을 낳았다. 맨 처음 태어난 아들은 호데리노미코토(火照命), 다음에 태어난 아들은 호스세리노미코토(火須勢理命), 세 번째로 태어난 아들은 호오리노미코토(火遠理命), 다른 이름은 아마쓰히코히코호호데미노미코토(天津日高日子穗穗手見命)라고 한다.

'바나나형 신화'

이 신붓감 고르기 일화를 '바나나형 신화'라고 한다. 바나나형 신화란, 어느 날 창조신이 하늘에서 지상에 돌을 내려주었는데 사람들이 먹을 것이 아니라는 이유로 받지 않자, 다음에는 바나나를 내려주고 '영원히 변하지 않는 돌을 선택했으면 영원한 생명이 주어졌을 텐데, 너희는 바나나 같은 생명을 가지게 될 것'이라고 말했다는 내용이다. 이것은 동남아시아를 중심으로 널리 알려진 신화이다.

수명이 있는 신은 사람이 된다

아마테라스의 손자인 니니기는 본디 수명이 없는 신이었다. 그런데 이와나가 히메를 거절함으로써 영원한 생명을 잃게 됐다. 그 때문에 니니기 이후의 자손들에게는 수명이 있다. 《고사기》에서는 그 이후의 천황들이 붕어한 것에 대한 기술이 있다.

우미사치비코(海佐知毘古)와 야마사치비코(山佐知毘古)

고노하나노사쿠야비메가 불길 속에서 맨 먼저 낳은 호데리는 우미사치비코라고도 하며 바다의 물고기를 잡아먹고 살았다. 세 번째로 태어난 호오리는 야마노사치비코(山佐知毘古)라고도 불리며 산에서 동물을 사냥하며 살았다.

동생인 호오리는 형인 호데리에게 사냥 도구를 서로 바꿔보지 않겠느냐고 세 번이나 제안하고 나서야 간신히 잠시 동안 교환하게 됐다.

그러나 호오리가 물고기를 아무리 낚으려고 해도 한 마리도 잡히지 않았다. 오히려 형인 호데리에게 빌린 낚싯바늘을 바닷물 속에 잃어버리고 말았다. 산으로 간 호데리 역시 사냥이 잘 되지 않았다.

호오리는 낚싯바늘을 잃어버린 것을 솔직하게 털어놓았다. 그 말을 들은 형은 불같이 화를 내며 낚싯바늘을 돌려달라고 동생을 다그쳤다.

호오리는 칼을 잘게 부숴 낚싯바늘 500개를 만들었지만 형은 받으려고 하지 않았다. 그래서 다시 낚싯바늘 1,000개를 만들었는데 이 역시 받지 않았다.

호오리가 어찌할 바를 몰라 바닷가에 서서 슬피 울고 있으니, 바다의 조류를 관장하는 시오쓰치노카미(塩椎神)가 지나가다가 대나무로 작은 배를 만들어 호오리를 태우고 말했다.

와타쓰미 나라로 가는 야마사치 시오쓰치의 말대로 배를 타고 바다 저편 와타쓰미(海神) 나라로 갔다. (고바야시 에이타쿠 그림)

"조류를 타고 가다보면 바다의 신 와타쓰미노카미(綿津見神)의 궁전[13]이 보일 겁니다. 문 앞에 도착하면 향나무가 한 그루 있을 테니 거기에 올라가 기다리십시오. 딸 도요타마비메(豊玉毘売)가 당신을 발견하고 도와줄 것입니다."

배를 타고 나가자 시오쓰치의 말대로 이루어졌다.

도요타마비메는 향나무 위에 있는 아름다운 호오리의 모습을 보고 한눈에 반했다. 서둘러 궁전으로 돌아가 아버지 와타쓰미에게 알리자, 아버지는 곧바로 그가 히노미코(日の御子)[14]임을 알아보았다.

그리고 궁전에 초대하여 선물과 산해진미를 대접하고, 기회를 틈타 도요타마비메를 아내로 바쳤다.

3년이 지난 어느 날, 자신이 이곳에 온 이유가 생각난 호오리는 와타쓰미의 도움을 얻어 도미의 목에 걸려 있던 낚싯바늘을 찾게 되었다. 와타쓰미는 그것

---

13) 와타쓰미의 궁전은 바다를 지배하는 해신의 궁전으로 용궁의 하나이다.
14) 태양신의 자손이라는 뜻. 천황과 황자를 가리키는 말.

을 깨끗하게 씻은 뒤 말했다.

"이 낚싯바늘을 형님에게 돌려줄 때 '이 바늘은 오보치, 스스치, 마지치, 우루치'[15]라고 외치면서 돌아서서 뒤로 건네주십시오. 그리고 형님이 높은 곳에 밭을 갈면 당신은 낮은 곳에, 거꾸로 형님이 낮은 곳에 밭을 갈면 당신은 높은 곳에 밭을 가십시오. 나는 물을 마음대로 조절할 수 있으니 형님은 3년 동안 가난에 시달리게 될 것입니다. 만약 그것을 원망하고 공격해온다면 이 시오미쓰타마(塩盈珠)를 꺼내어 물에 빠뜨리고, 용서를 구한다면 이 시오후루타마(塩乾珠)[16]를 꺼내어 도와주십시오."

와타쓰미는 호오리에게 시오미쓰타마와 시오후루타마를 주고는, 악어에게 명하여 호오리를 아시하라노나카쓰쿠니까지 데려다주게 했다.

호오리가 와타쓰미가 말한 방법으로 낚싯바늘을 돌려주자, 형의 밭은 가뭄과 수해로 수확을 얻지 못하고 결국 오히려 원한을 품고 공격해 왔다.

그러나 와타쓰미가 준 시오미쓰타마를 사용하자 금세 물이 차올라 형은 물에 빠졌고, 시오후루타마를 사용하자 다시 물이 빠졌다. 견디다 못한 호데리는 마침내 머리를 숙이고 용서를 구하는 수밖에 없었다.

"저는 낮이나 밤이나 당신을 경호하면서 곁에서 모시겠습니다."

그리하여 호오리가 아시하라노나카쓰쿠니로 돌아가자, 곧 출산을 앞둔 아내 도요타마비메가 찾아왔다.

"저는 원래 모습으로 돌아가 출산할 것이니 절대로 보아서는 안 됩니다."

그 약속을 어기고 호오리는 사랑하는 아내가 악어의 모습을 한 것을 보고 만다. 출산을 마친 아내는 아이를 두고 남편 곁을 떠나버렸고, 나중에 여동생 다마요리비메(玉依毘売)를 아들의 유모로 보냈다.

그때 태어난 아마쓰히코히코나기사타케우카야후키아에즈노미코토(天津日高日子波限建鵜葺草葺不合命)는 그 뒤 다마요리비메와 결혼하여 이쓰세노미코토(五瀬命), 이나히노미코토(稲泳命), 미케누노미코토(御毛沼命), 가무야마토이와레비코노미코토(神倭伊波礼毘古命) 등 네 명의 아들을 낳았다.

---

15) 낚싯바늘에 거는 저주. 마음이 어지럽고 가난하고 어리석어지는 것을 의미하는 말.
16) 시오미쓰타마와 시오후루타마는 물을 지배하는 주술력을 가진 구슬.

중권

고사기 들여다보기

중권의 요점

중권에는 야마사치비코의 넷째아들 가무야마토이와레비코가 초대 진무천황으로 즉위할 때부터 제15대 오진천황(應神天皇)까지 기술되어 있다. 스진천황(崇神天皇) 시대부터 이야기가 갑자기 현실감을 띠기 시작하여, 신들이 몇 명 등장하기는 하지만 어디까지나 조연에 지나지 않는다. 천황의 존재와 그 각각의 이야기에 대해서는 가공으로 보는 설이 유력하나 거기서 고대인들의 발자취를 더듬어볼 수 있다.

등장하는 주요 천황과 신들

1 진무(神武) 천황―2 스이제이(綏靖) 천황―3 안네이(安寧) 천황―4 이토쿠(懿徳) 천황―5 고쇼(孝昭) 천황―6 고안(孝安) 천황―7 고레이(孝霊) 천황―8 고겐(孝元) 천황―9 가이카(開化) 천황―10 스진(崇神) 천황―11 히바스히메노미코토(氷羽州比売命)=스이닌(垂仁) 천황―12 게이코(景行) 천황/ 게이코천황은 아들이 80명이나 된다―13 오우스노미코토(倭建命) 세이무(成務) 천황―14 주아이(仲哀) 천황=진구황후(神功皇后)―15 오진(応神) 천황

진무 동정(神武東征)

호오리(야마사치비코)의 아들, 아마쓰히코히코나기사타케우카야후키아에즈

의 맏아들 이쓰세와 넷째아들 가무야마토이와레비코는 아시하라노나카쓰쿠니를 통치할 계획을 세웠다.

"형님, 천하를 평안하게 다스리려면 동쪽의 야마토로 진출해야 합니다."

동생의 한마디에 히무카를 출발한 두 사람은 가는 곳마다 아마쓰카미의 자손으로 대접받았다. 하야스이노토(速吸門)에서는 항로를 잘 알고 있는 사오네쓰히코(槁根津日子)를 데리고 더욱 동쪽으로 나아갔다.

일행이 나미하야(浪速) 나루터를 거쳐 시라카타(白肩) 나루에 배를 댔을 때의 일이다. 도미노나가스네비코(登美能那賀須泥毘古, 이하 도미비코)가 군사를 이끌고 싸움을 걸어왔다.

그때 이쓰세는 도미비코가 쏜 화살에 맞아 팔에 상처를 입었다. 고통을 참으면서 이쓰세가 말했다.

"우리는 태양신의 아들, 그런데도 태양을 향해 싸움을 도전한 것이 잘못이었다. 좀 멀리 돌아가야 하지만 크게 우회하여 태양을 등지고 싸우자."

태양을 등지고 상륙한 일행은 이쓰세의 상처에서 흐르는 피를 씻어내고, 더욱 더 나아가 기이노쿠니(와카야마현和歌山縣)의 오노미나토(男水門 ; 기노카와紀川의 하구河口)에 도착했다.

"비천한 놈에게 화살을 맞고 이렇게 죽게 될 줄이야!"

이쓰세는 마지막에 그렇게 부르짖은 뒤 조용히 숨을 거두었다. 그리하여 그곳을 오노미나토(男水門)라고 부르게 됐다.

이와레비코 일행은 그곳에서 더욱 동쪽으로 나아가 기이의 구마노(熊野) 마을에 상륙했다. 그러자 커다란 곰이 어슬렁거리면서 다가오더니 잠시 뒤 사라졌다.

곰은 구마노 산신의 화신으로, 그 영기(靈気) 때문에 이와레비코와 그를 따르던 병사들은 곧 정신을 잃어버렸다.

그때 다카쿠라지(高倉下)라고 하는 자가 나타나 이와레비코에게 칼을 헌상하자 이와레비코는 곧 정신을 되찾았다. 그리고 이쪽에서 아무 짓도 하지 않았는데도 구마노의 산신은 저절로 칼을 맞고 쓰러졌고, 일행은 모두 의식을 되찾았다.

다카쿠라지에게 칼을 손에 넣은 경위를 물었더니, 꿈에 아마테라스와 다카기, 그리고 다케미카즈치가 나타나 그 칼을 이와레비코에게 헌상하라고 명했다는 것이다.

또 하나, 아마쓰카미의 계시가 있었다. "이 앞에는 난폭한 신들이 우글거린다. 하늘에서 야타가라스(八咫烏, 까마귀)를 보낼 것이니 그 뒤를 따라가도록 하라."

이와레비코는 야타가라스의 안내를 받아 가는 곳마다 그 땅을 정복해 나갔다. 그리하여 야마토의 우다(宇陀)까지 나아갔는데 그곳에는 에우카시(兄宇迦斯)와 오토카시(弟宇迦斯)라는 형제가 있었다. 이와레비코가 먼저 야타가라스를 보내자, 에우카시는 소리 나는 화살로 야타가라스

진무천황

를 물리치고, 이와레비코에게 신하로서 복종하겠다고 속인 뒤, 궁전을 짓고 그 속에 함정을 설치하여 압사시키려고 했다. 그러나 그것은 오토카시의 밀고로 발각되고 말았다.

징벌을 명령받은 미치노오미노미코토(道臣命)와 오쿠메노미코토(大久米命)는 에우카시를 불러내어 활시위에 화살을 메기고 꾸짖듯이 말했다.

"네가 이와레비코를 위해 지었다고 한 궁전에 네가 먼저 들어가 진심을 보여라."

궁지에 몰린 에우카시는 하는 수 없이 궁전에 들어갔고, 결국 자신이 만든 함정에 걸려 압사하고 말았다.

초대 진무천황의 즉위

이와레비코는 우다를 지나 오사카(忍坂)의 오무로(大室 ; 큰 바위굴)에 이르렀

다. 그곳에는 꼬리가 달린 쓰치구모(土雲)와 야소타케루(八十建)[1]가 으르렁대면서 기다리고 있었다.

기세등등한 상대를 본 이와레비코는 힘이 아닌 계략을 쓰기로 했다.

진수성찬을 차려놓고 야소타케루를 대접하면서 한 사람씩 접대담당을 붙여뒀다. 그러다가 신호로 정한 노래가 들리면 접대담당은 일제히 칼을 빼들어 베어버리라고 명령했다. 이 계략으로 야소타케루는 몰살당하고 말았다.

이와레비코는 이어서 형 이쓰세의 원수인 도미비코를 치고, 나아가서는 그곳의 토호였던 에시키(兄師木), 오토시키(弟師木) 형제도 토벌했다.

"아마쓰카미의 자손이 강림했다는 소식을 듣고 뒤따라 왔습니다."

이와레비코가 연이은 싸움의 피로를 노래로 달래고 있을 때 니기하야히노미코토(邇芸速日命)가 나타나 그렇게 말했다.

니기하야히는 아마쓰카미의 아들이라는 증거를 헌상하고 신하로서 복종할 것을 맹세했다.

그리하여 난폭한 신을 복종시키고 복종을 거부하는 자를 몰아내어 확고한 지반을 얻는 데 성공하자, 이와레비코는 우네비(畝火)의 가시하라(白檮原)에 궁전을 짓고 천하의 정치를 장악했다.

초대 진무천황의 탄생이다.

진무천황은 동정(東征)에 나서기 전에 히무카(가고시마현 가세다시加世田市 주변)에서 아히라히메(阿比良比売)를 아내로 맞이하여 아들을 둘 낳았다. 그러나 황후로서 더욱 어울리는 여자를 얻고 싶던 차에, 오쿠메가 신의 딸이라 불리는 처녀가 있다는 정보를 가져와서 다음과 같이 이야기했다.

처녀의 어머니는 세야다타라히메(勢夜陀多良比売)라고 하는 매우 드문 미녀였다. 이 미녀에게 완전히 매료된 미와(三輪)의 오모노누시노카미(大物主神)가 붉은 칠을 한 화살로 변신하여 변소의 수채를 통해 흘러가, 용변을 보던 그 미녀의 음부를 찔렀다.

그리하여 태어난 것이 호토타타라이스스키히메노미코토(富登多多良伊須須岐

---

1) 쓰치구모는 선주민, 야소타케루는 수많은 사나운 자들이라는 뜻.

比売命)이다. 이 호토(富登 ; 음부)라는 이름을 싫어하여 나중에 히메타타라이스케요리히메(比売多多良伊須気余理比売, 이하 이스케요리히메)로 개명했다.

그리하여 진무천황은 오모노누시의 딸인 이스케요리히메를 황후로 맞이하여 히코야이노미코토(日子八井命), 가무야이미미노미코토(神八井耳命), 가무누나카와미미노미코토(神沼河耳命) 등 세 아들을 차례로 낳았다.

이 진무천황이 붕어하자, 즉위하기 전에 낳은 아들 다기시미미노미

진무천황 상 이와레비코가 나아간 구마노산의 오다이가하라(大台ヶ原)에 있는 진무천황 상

코토(多藝志美美命)는 진무천황의 황후였던 이스케요리히메를 자기 아내로 삼았다.

그리고 자신이 황위를 잇기 위해 배다른 동생 세 명을 살해하기로 계획한다. 그 사실을 안 이스케요리히메는 고민 끝에 노래를 불러 아들들에게 생명의 위험을 알렸다.

어머니의 경고를 받은 아들들은 선수를 쳐서 다기시미미를 치기로 했다.

먼저 형인 가무야이미미가 무기를 들고 다기시미미의 저택에 숨어들었다. 그러나 막상 닥치니 온몸의 떨림이 멈추지 않아 끝내 죽이지 못했다.

그 모습을 본 막냇동생 가무누나카와미미가 형에게서 무기를 받아들고 저택에 숨어들었다.

가무누나카와미미는 주저없이 다기시미미의 숨통을 끊어놓았다.

그러자 가무야이미미는 다음과 같이 선언했다.

"내가 형이지만 적을 죽이지 못한 나는 천황이 될 자격이 없다. 용감하게 해낼 수 있었던 아우야말로 천하를 다스려야 한다. 나는 제사를 관장하는 신관이 되어 아우를 섬기겠다."

그리하여 가무누나카와미미가 제2대 스이제이천황으로 즉위했다.

진무천황의 향년은 137세.

능묘는 우네비 북쪽의 가시노오네(白檮の尾根 ; 가시의 산등성이) 근처에 있다.

제10대 스진천황

천황의 자리는 스이제이, 안네이, 이토쿠, 고쇼, 고안, 고레이, 고겐, 가이카로 계승되어, 가이카천황이 붕어한 뒤 셋째아들인 미마키이리히코이니에노미코토(御眞木入日子印惠命)가 시키(磯城)²⁾의 미즈카키(水垣)에서 천하를 다스렸다(제10대 스진천황). 스진천황에게는 열두 아들이 있었는데, 야마토히코노미코토(倭日子命)가 어린 나이에 사망하자, 매장할 때 순장하는 풍습을 폐지하고 히토가키(人垣)³⁾를 세우기 시작했다.

스진천황 시대에는 역병이 크게 유행했다. 난감해진 천황은 꿈을 통해 신탁을 얻기 위해 가무도코(神牀)⁴⁾를 갖추고 자리에 누웠다. 그러자 오모노누시가 나타나 이렇게 고했다.

"역병은 나의 뜻이다. 오타타네코(義富多多泥古)가 나에게 제사를 올리면 재앙이 멈출 것이다."

천황은 곳곳에 사자를 보내 가와치(河内)의 미노(美努)에서 그를 찾아냈다. 그는 오모노누시노카미와 스에쓰미미노미코토(陶津耳命)의 딸 이쿠타마요리비메(活玉依毗売) 사이에서 태어난 구시미카타노미코토(櫛御方命)의 증손이었다.

즉각 오타타네코를 신관으로서 미모로야마에 보내어 오모노누시의 제사를 집행하게 했다. 그리고 모든 아마쓰카미, 구니쓰카미의 신사(神社)를 정하고 자연계 신들에게 공물을 바쳤다. 그러자 역병이 사라지고 나라는 다시 평화를 되찾았다.

오타타네코의 증조부 구시미카타의 출생에는 비밀이 있었다. 어머니인 이쿠타마요리비메는 눈부신 미모의 소유자로, 그곳에 밤마다 소리도 없이 찾아오

---

2) 나라현 사쿠라이시 가나야(金屋) 근처.

3) 토용(土俑)을 가리킨다. 이 일화는 토용의 기원으로 알려져 있다.

4) 가무도코란 신탁을 받기 위한 전용 침상.

는 잘생긴 사내가 있었다. 이쿠타마 요리비메는 곧 아기를 잉태했다.

사내의 신분을 알기 위해 부모는 마루 앞에 붉은 흙을 뿌리고 딸에게는 바늘에 삼실을 꿰어 사내의 옷자락에 꽂으라고 일렀다.

이튿날 아침 그 실을 따라가니 놀랍게도 미와야마의 신사로 이어졌다. 그리하여 사내가 오모노누시이고, 배 속의 아이가 신의 자식임을 안 것이다.

스진천황

그런데 스진천황은 백부인 오비코 노미코토(大毘古命)와 그 아들 다케누나카와와케노미코토(健沼河別命)에게 동쪽으로 가서 복종을 거부하는 사람들을 평정하라고 명령했다. 오비코가 야마시로노쿠니(山代國 ; 교토 남동부)의 언덕길에 접어들었을 때, 고시모(腰裳)[5]를 입은 소녀가 나타나 수수께끼로 가득한 노래를 부르더니 홀연히 자취를 감췄다.

이상하게 여긴 오비코는 도읍으로 돌아가 천황에게 보고했다.

"야마시로에 있는 그대의 배다른 형 다케하니야스노오키미(健波邇安王)가 사심을 일으킨 것이 분명하다. 당장 토벌하라."

천황은 그렇게 명령하고, 와니노오미(丸邇臣)의 조상인 히코쿠니부쿠노미코토(日子國夫玖命)를 딸려 토벌군을 보냈다. 출진할 때 히코쿠니부쿠는 이와이에(忌甕)[6]를 준비하여 여행길의 안전을 기원했다. 와카라가와(和訶羅河 ; 기즈가와 ; 木津川)에 도착하자 다케하니야스노오키미의 군사가 기다리고 있었다. 전투는 양쪽이 이와이야(忌矢 ; 신성한 화살)를 쏘는 것으로 시작되었다.

히코쿠니부쿠가 쏜 화살이 다케하니야스노오키미에게 명중했고 그 목숨을 빼앗았다. 그것을 본 다케하니야스노오키미의 군사는 곧 전의를 잃어버려 완

---

5) 여자가 허리 아래에 입던 짧은 옷.
6) 이와이에는 신에게 바치기 위해 부정을 씻어낸 용기.

스진천황릉 안돈산(行燈山) 고분. 두 개의 작은 고분이 딸린 무덤은 총 238m의 거대 전방후원분(前
方後圓墳)으로 4세기 초반에 만들어졌다.

패한 끝에 괴멸하고 말았다.

오비코는 고시노쿠니를 평정한 뒤 더욱 동쪽으로 나아가, 동방의 12개국 평
정을 마친 아들의 군사와 합류했다. 따라서 그 땅을 아이즈(相津 ; 후쿠시마현의
아이즈會津)라고 한다.

천하는 태평해지고 사람들은 풍요 속에 번영을 누렸다. 그래서 천황은 남자
에게는 사냥한 동물을, 여자에게는 직물을 세금으로 부과하기로 했다.

천황의 향년은 168세. 능묘는 야마노베노미치(山辺道)의 마가리노오카(勾岡)[7]
근처에 있다.

'결사 8대(欠史八代)'의 수수께끼

《고사기》에서는 제2대 스이제이천황부터 제9대 가이카천황까지 여덟 명의
천황에 대해 상세한 기록이 없다는 점에서 '결사 8대'라 부르며 다양한 논의가

7) 나라현 덴리시(天理市) 야나기모토초(柳本町).

이루어져 왔다. 그 대표적인 것은 이들 천황은 실제로 존재하지 않았고 천황가에 더욱 오랜 역사와 전통을 부여하기 위해 보탰다는 설이다. 그 근거의 하나가 천황들이 붕어한 연령에 있다. 진무천황을 비롯하여 100세를 넘기는 장수는 이 시대에는 있을 수 없는 일이라는 것이다. 진무천황과 제10대 스진천황도 실재하지 않았다는 설도 있다. 한편으로, 진무천황이 이룩한 것으로 알려진 수많은 업적은 실은 부자 몇 대에 걸쳐 이룩한 것이며, 그것이 모두 진무천황의 항목에 정리된 것이 아닌가 하는 설도 있다. 수수께끼는 더욱 깊어진다.

스이닌천황 암살 계획

이쿠메이리비코이사치노미코토(伊久米伊理毘古伊佐知命)는 시키의 다마카키궁(玉垣宮)[8]에서 천하를 다스렸다(제11대 스이닌천황). 스이닌천황은 히코이마스노오키미(日子坐王)의 딸 사호비메(沙本毘売)를 황후로 맞이하여 많은 자식을 낳았다.

어느 날, 오빠 사호비코노미코토(沙本毘古命)가 남편과 오빠 가운데 어느 쪽을 더 사랑하느냐고 묻자 사호비메는 오빠라고 대답한다. 그러자 오빠는,

"그렇다면 우리 둘이서 천하를 다스리자."

그리고 작은 칼을 건네주면서 천황이 잠든 사이에 찔러 죽이라고 설득했다.

음모가 있는 줄은 꿈에도 모르고 천황은 사호비메의 무릎을 베고 잠이 들었다. 사호비메는 칼을 세 번 치켜들었지만 도저히 찌를 수가 없었다. 괴로움을 견디지 못해 흘린 눈물이 천황의 얼굴 위에 떨어졌다. 놀라서 깨어난 천황이 방금 꾼 꿈에 대해 이야기했다.

"사호(佐保) 쪽에서 소낙비가 내려 내 얼굴을 적시더니 비단처럼 아름다운 빛깔의 작은 뱀이 내 목에 감겼소. 무슨 징조일까?"

숨겨봤자 소용없다는 것을 깨달은 사호비메는 모든 것을 자백했다.

"하마터면 암살당할 뻔했군."

천황은 즉각 사호비코를 토벌할 준비에 착수했다. 한편 사호비코는 이나키

---

8) 다마카키궁은 나라현 사쿠라이시 지역.

스이닌천황

(稲城)라고 하는 성채를 쌓고 요격할 태세를 갖췄다. 그때 사호비메는 잉태하고 있었으나 천황을 배신했기 때문에 각오하고 오빠가 있는 이나키로 갔다.

천황은 지금까지 총애한 것을 생각하니 차마 공격할 수가 없었다. 교착상태가 이어지는 사이에 사호비메는 아들을 출산했다.

천황은 아기와 함께 사호비메를 되찾으려고 했지만, 사호비메의 책략으로 말미암아 실패로 끝나고 아기만 데려올 수 있었다. 아내의 결의를 알고 포기하는 수밖에 없다고 각오를 정한 천황은 아내의 소망을 이루어주기 위해 대화를 거듭했다.

사호비메는 아들의 이름을 호무치와케노미코(本牟智和気御子)라고 짓고, 아들에게 유모와, 아기를 목욕시켜줄 하녀를 붙여 잘 키워달라고 부탁했다. 그리고 후처로는 다니하(丹波)의 히코타타스미치노우시노오키미(比古多多須美智宇斯王)의 두 딸을 천거했다.

대화가 끝난 뒤 사호비코는 처단되고 사호비메는 스스로 목숨을 끊었다.

천황은 어머니를 잃은 가련한 아들을 매우 사랑했지만, 호무치와케는 어른이 되어서도 말을 하지 못했다. 어느 날 꿈에서 계시가 있었다.

"나를 제사지낼 신전을 천황의 궁전처럼 수리하면 아들은 말을 하게 될 것이다."

후토마니(太占)[9]에 따르면 황자에게 내린 지벌은 이즈모노오카미(出雲大神), 오쿠니누시의 뜻이었다. 그래서 황자에게 이즈모노오카미의 신사를 참배하게 했는데, 거기서 돌아오는 길에 황자가 처음으로 입을 열었다. 천황은 보고를 받고 매우 기뻐하며 신전 수리를 명령했다.

---

9) 후토마니는 짐승이나 거북의 등딱지를 사용한 점술을 가리킨다.

스이닌천황릉 스가와라 후시미 동릉(나라현 나라시)

또 천황은 사호비메의 유언에 따르기 위해 미치노우시노오키미의 딸 네 명을 불러들였다가 아름다운 두 사람만 두고 나머지 두 사람은 고향으로 돌려보냈다.

만년에 천황은 다지마모리(多遲摩毛理)라는 인물에게, 도코요노쿠니에 가서 그 열매를 먹으면 불로불사한다는 '도키지쿠노카쿠노코노미(時じくの香の木の實)'[10]를 따오라고 명령했다. 다지마모리가 오랜 시간이 지난 뒤 돌아왔을 때는 천황은 이미 붕어한 뒤였다. 다지마모리는 능묘 입구에 열매를 바친 뒤 그 자리에서 죽고 말았다.

스이닌천황의 향년은 153세. 능묘는 스가와라(菅原)의 미타치노(御立野)[11]에 있다.

못생겨서 소박맞은 처녀 이야기
스이닌천황에게 '못생겼다'는 이유로 친가로 쫓겨난 딸 마토노히메(円野比売)

10) 감귤류 열매로 추정된다.
11) 나라시 아마가쓰지초(尼辻町).

는 '이렇게 쫓겨 가면 사람들에게 무슨 말을 듣게 될지' 몰라 남몰래 수치스러워하다가 오토쿠니(弟國 ; 오늘날의 교토부 나가오카 나가오카쿄시長岡京市 주변)에 도착하자 깊은 못에 몸을 던져 죽고 말았다. 자매를 불러놓고 아름다운 쪽만 남기고 못생긴 쪽은 돌려보낸 결과, 슬픈 결말을 맞이한 이야기로 유명한 것에 고노하나노사쿠야비메와 이와나가히메의 이야기가 있다. 니니기가 못생긴 이와나가히메를 돌려보내자 이와나가히메의 아버지인 신의 저주를 받아 천황에게 수명이 생겼다고 한다. 한편, 신의 자식이 아니라 사람의 자식이었기 때문에 저주를 걸지도 못하고 목숨을 끊을 수밖에 없었던 마토노히메, 더욱 애잔하다.

야마토타케루의 탄생

오타라시히코오시로와케(大帶日子淤斯呂和気) 천황(제12대 게이코천황)은 마키무쿠(纏向 ; 나라현 사쿠라이시)의 히시로궁(日代宮)에서 천하를 다스렸다. 천황은 많은 아내를 두어 모두 80명의 자식을 낳았다.

그중에서 황위계승 자격이 있는 아들은 와카타라시히코노미코토(若帶日子命 ; 훗날의 제13대 세이무천황), 야마토타케루노미코토(倭建命), 이오키노이리히코노미코토(五百木之入日子命) 등 세 사람이었다. 세 사람에게는 히쓰기노미코(日嗣御子 ; 태자)라는 칭호가 부여되었고 다른 아들들은 모두 구니노미야스코(國造)나 와케(和気), 이나키(稲置), 아가타누시(懸主) 등이 되었다.

어느 날 천황은 오스노미코토(小碓命 ; 훗날의 야마토타케루)에게 말했다.

"어째서 네 형 오우스노미코토(大碓命)는 아침저녁 식사 자리에 참석하지 않는 것이냐. 네가 가서 잘 타일러(ねぎ敎え諭す)[12] 보아라."

그런데 닷새가 지나도 형 오우스는 나타나지 않았다. 천황이 동생 오스에게 물었더니 이미 '처단했다'는 것이다. 어떻게 '처단'했느냐고 묻자 오스는 대답했다.

"예, 동틀 무렵에 형님이 뒷간에 가실 때를 기다렸다가 붙잡아 수족을 베고 거적에 싸서 내다버렸습니다."

---

12) ねぎ敎え諭す의 ねぎ를 '뿌리를 자른다(根切る)'는 폭력적인 의미로 받아들인 것으로 보인다.

천황은 좋은 말로 가르치고 타이르라고 말한 것이었는데 오스는 무참하게 형을 죽이고 만 것이다.

그 사나운 심성을 우려한 천황은 오스에게 규슈(九州)[13]에 가서 구마소타케루(熊曾建) 형제를 치라고 명령했다.

오스는 숙모인 야마토히메노미코토(倭比売命)에게서 여자 옷과 함께 받은 칼을 품에 넣고 출발했다.

긴 노정을 여행한 끝에 구마소타케루 형제의 집에 도착한 오스가 상황을 엿보니 잔치가 열린다고 했다. 그래서 오스는 야마토히메가 준 여자 옷을 입고 잔치 자리에 끼어들기로 했다. 그 모습은 그 자리의 미인들이 무색할 정도로 아름다웠다.

여장을 하고 적을 방심하게 만든 뒤 물리친 야마토타케루 고대 일본 역사에서 가장 뛰어난 영웅 야마토타케루. 그는 비극적인 운명을 지녔지만 오히려 그 파란만장한 삶이 영웅다운 인상을 더욱 강하게 만들었다. (쓰키오카 요시토시 그림)

형제의 호감을 사서 옆에 앉게 된 오스는 두 사람이 술에 취하기를 기다렸다가 먼저 형을 찔러 죽였다. 다음에 동생에게 중상을 입히자 동생은 숨이 끊어질 듯 헐떡이며 이렇게 말했다.

"야마토노쿠니에 우리 형제를 이기는 용감한 자가 있을 줄이야. 내 이름을 헌상할 테니 이제부터 야마토타케루노미코토라고 하시오."

오스는 동생 쪽도 두 동강이를 내어 죽였다. 그때부터 그 이름을 받아 야마토타케루가 되었다.

야마토타케루는 도읍으로 돌아가던 중, 내친김에 이즈모타케루(出雲建)도 죽이기로 마음먹고 길을 돌아 이즈모노쿠니에 들어갔다.

---

13) 규슈는 구마모토현 구마(球磨) 지방과 가고시마현 소오(曾於) 지방.

이번에도 모살을 꾀하여 우호적인 태도로 접근한 뒤 이즈모타케루와 맹우의 결연을 맺었다.

그리고 강가에서 놀다가,

"우리 칼을 교환합시다."

하고는 이즈모타케루에게 떡갈나무로 만든 가짜 칼을 쥐어주고 시합을 하자고 청하여 눈 깜짝할 사이에 베어죽이고 말았다.

이때 야마토타케루는 이런 노래를 불렀다.

이즈모타케루가 차고 있는 칼은
겉보기는 훌륭하지만
몸체가 없으니 웃음거리로다

야마토타케루는 그렇게 서일본 각지를 평정한 뒤 도읍으로 돌아갔다.

천황이 원하는 여성을 약탈한 오우스

오우스가 아침저녁 식사에 얼굴을 내밀지 않았던 이유는 아름다운 자매에게 푹 빠져있었기 때문이었다. 그들은 본디 게이코천황이 소문을 듣고 자기 곁에 불러들일 예정이었던 자매였다. 천황으로부터 두 사람을 데려오라는 명을 받은 오우스는 자매를 아버지에게 데려다주지 않고 자기 아내로 삼아버렸다. 그리고 천황에게는 다른 자매를 데려다 주었다고 하니 대담하기 짝이 없다. 천황은 그 두 사람이 원하던 자매가 아니라는 것을 알았지만 오우스를 나무라지 않았고 그렇다고 가짜 자매를 비로 삼지도 않은 채 내버려 두었다고 한다. 참으로 대범하다.

야마토타케루의 원정

"동방 12개국을 돌며 난폭한 신과 복종하지 않는 자들을 평정하라."

쉴 사이도 없이 야마토타케루는 게이코천황으로부터 새로운 명령을 받았다. 천황은 야마토타케루에게 커다란 창을 내리고, 기비노오미(吉備臣)의 조상인

미스키토모미미타케히코(御鉏友耳建
日子)를 부장(副將)으로 딸려 보냈다.

야마토타케루는 이세의 오미신궁
(大御神宮)[14]에서 참배를 마친 뒤 숙모
인 야마토히메를 방문하여 속내를 털
어놓았다.

"천황께서는 나 같은 건 죽어도 좋
다고 생각하시는 걸까요?"

야마토히메는 구사나기검과 함께
주머니 하나를 주면서 말했다.

"화급한 일이 생기면 이것을 열어보
아라."

오와리노쿠니(尾張國)[15]에서는 미
야즈히메(美夜受比売)의 집에서 머물
며, 그녀를 무척 마음에 들어 했지만
결혼 약속만 하고 앞으로 계속 나아
갔다.

다가오는 불꽃을 신검으로 막은 야마토타케루의 혹독한 동쪽 정벌 세 가지 신기 '구사나기검'으로 풀을 베는 야마토타케루. 불공격을 받았을 때 풀을 베어 다가오는 불꽃을 막아 위기를 벗어났다.

사가미노쿠니(相模國)[16]에서는 사가미의 구니노미야쓰코(國造 : 호족)가 쳐놓
은 함정에 걸려들어 들판에서 불바다에 에워싸였다. 그러나 구사나기검으로
풀을 베고 야마토히메가 준 주머니 속에 있던 부싯돌로 맞불을 놓아 불길을
물리친 뒤, 사가미의 구니노미야쓰코와 그 일당을 몰살했다.

거기서 더욱 앞으로 나아가 하시리미즈노우미(走水海 ; 우라가浦賀 해협)를 건
너려고 했을 때, 해협의 신이 풍랑을 일으켜 도저히 나아갈 수 없게 되자, 원정
에 동행했던 아내 오토타치바나히메(弟橘比売)가 말했다.

"제가 황자를 대신하여 바다 속에 들어가겠습니다. 황자께서는 반드시 임무

---

14) 이세신궁의 내궁(內宮).

15) 오와리노쿠니는 아이치현 북서부.

16) 사가미노쿠니는 가나가와현.

를 완수하시기를."

사초로 짠 깔개와 가죽, 비단 깔개 등을 파도 위에 펼치고 오토타치바나히메가 바다 속으로 사라지자 거친 풍랑이 씻은 듯이 가라앉아 가까스로 배가 다시 나아가기 시작했다.

이레가 지난 뒤, 바닷가에 오토타치바나히메의 빗이 떠내려 오자 야마토타케루는 무덤을 만들어 그 속에 빗을 안치했다.

가는 곳마다 날뛰는 에미시(蝦夷)[17]와 신들을 굴복시킨 끝에 야마토타케루는 마침내 동방 12개국의 동쪽 끝에 이르렀다.

가이노쿠니(甲斐國)에서 시나노노쿠니(信濃國)에 들어가 토지신을 복종시키고 오와리로 돌아간 야마토타케루는, 결혼 약속을 지키기 위해 미야즈히메의 집에 들어갔다. 옷자락에 월경으로 피가 묻은 것을 보았지만 상관하지 않고 동침했다.

그 뒤 야마토타케루는 미야즈히메 곁에 구사나기검을 두고 이부키야마(伊服岐山)의 산신을 치기 위해 출발했다.

"이 산의 신은 맨손으로 퇴치하리라."

야마토타케루노미코토는 산신을 얕잡아보고 그렇게 큰소리를 쳤다.

그리고 눈앞에 커다란 흰 멧돼지가 나타나자 산신의 사자(使者)가 변신한 것이라 여기고 이렇게 말했다.

"당장 죽일 필요 없이 돌아갈 때 죽이면 되지."

그러나 흰 멧돼지는 사자가 아니라 산신이었다.

분노한 이부키야마의 산신은 굵은 우박으로 공격을 가해왔다. 온몸에 우박을 맞은 야마토타케루는 산에서 내려가 다마쿠라베(玉倉部) 샘에서 휴식을 취했지만 매우 쇠약해져서 이내 걸음도 걸을 수 없게 되고 말았다. 가까스로 노보노(能煩野)에 도착한 그는 고향을 그리는 노래를 부른다.

나라 중의 나라 야마토,

---

17) 간토(關東) 이북의 사람들을 가리킨다.

산들이 푸른 울타리처럼 에워싸고 있는

야마토야말로 진정 아름다운 나라

그리고 마침내 영영 돌아올 수 없는 사람이 되고 말았다.

소식을 들은 아내와 아들이 노보노로 달려왔다. 울면서 장송곡을 부르니 야마토타케루의 영혼이 커다란 백조[18]가 되어 날갯짓을 하면서 날아갔다. 그때 그들이 백조를 따라가면서 부른 네 곡의 노래는 지금도 천황의 장례식 때 사용되고 있다.

진구황후의 신라 정복

제12대 게이코천황이 붕어한 뒤 황위를 이은 제13대 세이무천황에게는 아들이 없어서, 야마토타케루와 스이닌천황의 딸 후타지노이리비메노미코토(布多遲能伊理毘売命) 사이에서 태어난 조카 다라시나카쓰히코노미코토(帶中津日子命)가 제14대 주아이천황으로 즉위했다.

그러나

"서쪽에 보물이 가득한 나라가 있으니 그 나라를 공략하라. 내가 복속시켜 그대에게 내리겠다."

주아이 천황은 진구황후에게 내려진 이 신탁을 무시했기 때문에 신의 노여움을 사서 급사하고 말았다.

사람들은 놀라서 액막이 의식을 크게 올리고 다시 신탁을 청했다. 그러자 앞선 신탁과 같은 내용 뒤에 덧붙여서,

"본디 이 나라는 그대(황후)의 배 속에 있는 자식이 다스려야 할 나라이다."

이런 대답이 돌아왔다. 자식의 성별을 묻자 아들이라고 했다.

이 신탁은 아마테라스의 뜻에 따른 것으로, 그 계시는 항해의 신인 스미노에노오카미(墨江大神 ; 스미요시대사住吉大社의 삼신三神)에게서 나온 것이었다. 신이 말했다.

---

18) 백조는 마지막에 가와치노쿠니(河內國)의 시키(志畿)에 내려섰다. 그곳에 무덤을 만들어 야마토타케루의 영혼을 위로하였고, 시라토리노미사기(白鳥御陵)로 명명되었다.

"서쪽 나라를 원한다면 아마쓰카미, 구니쓰카미를 비롯하여 산의 신, 강의 신, 바다의 신 등 모든 신들에게 빠짐없이 공물을 바쳐라. 그리고 배 위에서 나의 신령에 제사를 지낸 뒤, 마키나무(眞木)[19]의 재를 표주박에 담아 바다에 뿌리고, 젓가락과 나뭇잎접시를 많이 만들어 물 위에 띄워서 건너가면 될 것이다."

진구황후는 신탁에 따라 준비를 갖추고 군사를 소집하자, 배를 띄워 출항했다. 순풍이 불어 선단은 어느새 신라에 이르렀다.

신라의 국왕이 두려움에 떨면서 말했다.

"앞으로는 천황의 명에 따를 것이며 가이베(飼部)[20]가 되어 섬기겠습니다. 해마다 조공선(朝貢船)을 보내어 하늘과 땅이 있는 한 한 치의 소홀함도 없이 받들겠습니다."

그리하여 황후는 신라를 미마카이(御馬甘)로, 백제를 바다 저편의 직할령으로 삼았다. 그리고 정복의 표시로 손에 든 지팡이를 국왕의 궐문 앞에 세우고, 스미노에를 나라를 지키는 신으로 앉혀 제사를 올린 뒤 배를 돌려서 물러갔다.

그때 임신 중이었던 황후는 귀로에 오르기 전에 산기가 있었으나, 주술을 통해 지연시키고 쓰쿠시에 도착해서 황자를 출산했다.

쓰쿠시에서 야마토로 돌아갈 때 민심을 살피기 위해 상선(喪船 ; 관을 싣는 배)을 한 척 준비하여 황자를 옮기는 동시에 '황자가 사망했다'는 소문을 퍼뜨렸다.

그 소문을 곧이곧대로 받아들이고 행동에 나선 자가 있었다. 황자의 이복형인 가고사카노오키미(香坂王)와 오시쿠마노오키미(忍熊王)였다. 그들은 매복해 있다가 황후를 살해할 계획을 세우고 일의 성패를 점치기 위해 서약을 했는데, 미친 듯이 날뛰는 커다란 멧돼지에게 가고사카노오키미가 잡아먹히고 말았다. 오시쿠마노오키미는 그것이 흉조임을 깨닫지 못한 채 상선을 습격했다.

황후도 상선에 숨은 병사들에게 명하여 응전했다. 양쪽이 한 치도 물러서지

---

19) 마키나무의 재는 노송나무나 삼나무를 태워서 나온 재를 말한다.
20) 가이베는 말을 사육, 조교하는 부서. 미마카이(御馬甘)도 같은 뜻.

않는 가운데, 황후와 태자[21] 쪽의 장군 나니와네코타케후루쿠마노미코토(難波根子建振熊命)가 계략을 써서 거짓으로 항복했다. 그리고 상대가 무기를 거두었을 때 기습했고 허를 찔린 오시쿠마노오키미는 달아나다가 끝내 괴멸되었다.

오시쿠마노오키미와 상대편 장군 이사히노스쿠네(伊佐比宿禰)는 오미노우미(近江の海 ; 비와호琵琶湖)에 몸을 던져 목숨을 끊었다.

싸움의 부정을 씻어내기 위해 태자는 고시노사키(高志前)의 쓰누가(角鹿 ; 쓰루가시敦賀市)에 있는 임시 궁전에 들어가 두문불출했다. 어느 날 밤, 태자의 꿈

진구황후   우타가와 쿠니요시 그림

에 그 땅의 신인 이사자와케노오카미노미코토(伊奢沙和気大神命)가 나타나 말했다.

"제 이름을 황자에게 바치겠습니다."

태자가 감사를 표하자 그 신은 다음과 같이 대답했다.

"내일 아침 바닷가에 나가보십시오. 축하 선물이 있을 겁니다."

이튿날 아침 바닷가에 나가보니 코에 상처가 난 돌고래가 바다 가득 끝없이 헤엄치고 있었다. 태자는 매우 감사하며 이 신을 미케쓰오카미(御食大神)라고 명명하고, 자신은 호무다와케노미코토(品陀和気命)라는 이름을 얻었다(제15대 오진천황).

주아이천황은 향년 52세. 능묘는 가와치 에가(惠賀)의 나가에(長江)에 있다. 진구황후는 100세에 사망하여 사키(狭城) 다타나미(楯列 ; 나라시 미사사기초山陵町)의 능묘에 안장되었다.

---

21) 태자란 황자를 가리킨다.

하권

고사기 들여다보기
하권의 요점

《고사기》하권에는 '성제(聖帝)'로 불린 제16대 닌토쿠천황 시대부터 제33대 스이코천황 시대에 일어난 사적과 계보가 기술되어 있다. 닌토쿠천황과 그 전후의 시대는, 천황의 능묘에 손꼽히는 크기의 것이 많아서 거대고분 시대라고도 불리는데, 수많은 전방후원분(前方後圓墳) 가운데에서도 닌토쿠천황릉이 가장 크다. 능의 크기로 보아 이 시기에는 왕권강화가 추진되는 동시에 토목기술이 비약적으로 발전한 것이 분명하여, 일본 역사상에서 획기적인 시대였다고 할 수 있다.

등장하는 주요 천황
16 닌토쿠(人德) 천황

17 리추(履中) 천황

18 한제이(反正) 천황

19 인교(允恭) 천황

20 안코(安康) 천황

21 유랴쿠(雄略) 천황

22 세이네이(淸寧) 천황

23 겐조(顯宗) 천황

24 닌켄(仁賢) 천황

25 부레쓰(武烈) 천황

26 게이타이(繼体) 천황

27 안칸(安閑) 천황

28 센카(宣化) 천황

29 긴메이(欽明) 천황

30 비다쓰(敏達) 천황

31 요메이(用明) 천황

32 스슌(崇峻) 천황

33 스이코(推古) 천황

결사 10대(欠史十代)

《고사기》에 사적이 기록되어 있지 않은 제24대 닌켄천황부터 제33대 스이코천황까지 열 명의 천황을 결사 10대라고 한다.

고분시대

야요이(弥生) 시대와 나라 시대, 즉 3세기 후반부터 8세기까지를 고분시대라고 부르기도 한다. 가장 큰 고분은 오사카 사카이시에 있는 닌토쿠천황릉이고, 두 번째는 하비키노시(羽曳野市)에 있는 오진천황릉이다. 나라와 오사카에 있는 거대고분은 대부분 천황과 황후, 또는 다른 황족의 능묘이다. 그러나 실제로 능묘의 이름과 피장자(被葬者)가 반드시 일치하지는 않아서, 《고사기》, 《일본서기》와 10세기에 편찬된 《연희식(延喜式)》이라는 법전집을 근거로 누구의 무덤인지 비교 추정하고 있다.

닌토쿠천황의 정치와 사랑

오진천황의 아들로 태어난 오사자키노미코토(大雀命)는 나니와(難波)의 다카쓰궁(高津宮)에서 천하를 다스렸다. 이 제16대 닌토쿠천황에게는 여섯 명의 아들이 있었는데 그 가운데 세 황자가 나중에 천황이 되었다.

천황은 도래인(渡來人)들의 힘을 빌려 제방과 저수지 조영과 운하 개설, 농지 개간, 항구 신설 등의 사업을 시행해 나갔다.

어느 날 천황은 산에 올라가 주위를 둘러보면서 말했다.

"아니, 굴뚝에 연기가 피어오르는 집이 하나도 없지 않은가. 온 나라 백성들이 먹을 것이 없는 모양이다. 백성들에게 부역과 산물 공납을 부과하지 말라."

그리하여 궁전 지붕이 무너져 비가 새도 수리하지 않은 채, 떨어지는 빗물을 그릇에 받거나 비가 새지 않는 장소로 이동하는 것을 되풀이했다.

3년 뒤, 온 나라의 굴뚝에서 다시 연기가 피어오르자 사람들이 이제는 살만해졌다고 보고, 천황은 그제야 과세 재개를 허락했다. 그런 점에서 닌토쿠천황의 치세를 '성제시대'라고 부른다.

그런데 닌토쿠천황의 황후 이와노히메노미코토(石之日売命)는 매우 투기가 심한 여인이었다. 천황이 후궁 누군가에게 말을 걸기만 해도 발을 동동 구르며 분통을 터뜨리니 후궁들이 배겨날 재간이 없었다.

어느 날 천황은 기비(吉備) 아마베(海部)의 아타이(直)의 딸 구로히메(黑日売)가 매우 아름답다는 소문을 듣고 궁중에 불러들였다. 그러나 구로히메는 곧 황후의 질투가 무서워 고향으로 돌아가 버렸다.

천황은 슬픔의 노래를 불렀고, 그것이 황후의 귀에 들어가자 황후는 불같이 노했다. 황후는 사람을 보내 구로히메를 배에서 끌어내린 뒤 육로로 걸어서 돌아가라고 명령했다.

천황은 황후에게 '아와지시마(淡路島)를 구경하러 간다'고 거짓말하고 구로히메에게 갔다. 기비에 도착하자, 구로히메는 천황을 사람들 눈이 닿지 않는 산속으로 안내해 직접 요리를 만들어 대접하면서 한때의 밀회를 즐겁게 보냈다.

또 어느 때는, 황후가 도요노아카리(豊樂)에 사용할 미쓰나가시와(御綱柏)[1]를 구하기 위해 기이노쿠니에 가자, 천황은 기회를 만난 듯이 이복누이인 야타노와키이라쓰메(八田若郎女)와 정을 통하여 밤이고 낮이고 가리지 않고 붙어 지냈다. 두 사람의 관계를 알게 된 시녀가 황후에게 고자질했고, 분노한 황후는

---

1) 도요노아카리는 많은 등을 켜는 대연회. 미쓰나가시와는 황칠나무 잎으로, 술그릇으로 사용한다.

배에 실려 있던 미쓰나가시와를 모두 바닷물 속에 던져버렸다. 그리고 천황이 있는 다카쓰궁으로 돌아가지 않고, 쓰쓰키(筒木)에 사는 도래인 누리노미(奴理能美)의 집에 들어가 숨어버렸다.

그 이야기를 들은 천황은 노래를 지어, 도리야마(鳥山)라는 도네리(舍人)[2]와 와니노오미쿠치코(丸邇臣口子)를 시켜 쓰쓰키에 전하게 했다. 그러나 황후는 마음을 돌리지 않았다. 와니노오미쿠치코는 저택에서 이 사태를 원만하게 수습할 방법을 의논한 끝에 도읍으로 돌아가 이렇게 보고했다.

《요슈 치카노부(揚洲周延)》《동금주야경(東錦晝夜競) 닌토쿠천황》

"황후께서 쓰쓰키에 가신 것은 누리노미가 키우고 있는 신기한 벌레[3]를 보고자 해서였습니다. 그 벌레는 처음에는 벌레이지만, 다음에는 고치가 되고, 마지막에는 나는 새가 되어 3색으로 변화합니다."

천황은 곧 그 벌레를 구경하러 누리노미의 집에 갔다. 그 기회에 두 사람은 간신히 화해를 할 수 있었다.

그러나 야타노와키이라쓰메를 향한 천황의 애정은 식을 줄을 몰랐다.

천황은 또 야타노와키이라쓰메의 동생 메도리노오키미(女鳥王)에게도 마음을 품었다. 그래서 배다른 동생 하야부사와케노오키미(速總別王)를 중간에 세워 마음을 전했지만, 메도리노오키미는 이를 거부하고 하야부사와케노오키미와 정을 통했다. 천황은 두 사람이 반역을 꾀하고 있음을 알고 군사를 보내 우

---

2) 황족, 귀족을 섬기며 경비와 잡일에 종사하던 사람.
3) 누에를 가리킨다. 양잠 기술은 도래인이 전했다고 한다.

다의 소니(蘇邇)에서 두 사람을 처단했다.

닌토쿠천황은 향년 83세. 능묘는 모즈(毛受)의 미미하라(耳原 ; 오사카부 사카이 시의 다이센초大仙町)에 있다.

제21대 유랴쿠천황

시대는 흘러 닌토쿠천황의 손자 오하쓰세노오키미(大長谷王)는 자기 이외에 황위계승권을 가진 황자를 차례로 죽인 뒤 제21대 유랴쿠천황으로 즉위하여 하쓰세(長谷)의 아사쿠라궁(朝倉宮)[4]에서 천하를 다스리게 되었다.

천황은 닌토쿠천황의 딸 와카쿠사카베노오키미(若日下部王)를 아내로 맞아들였지만 두 사람 사이에는 자식이 없었다.

그러나 쓰부라오호미(都夫良意富美)의 딸 가라히메(韓比売)와의 사이에는 두 아이를 얻었다.

아직 와카쿠사카베노오키미가 구사카(日下)에 살고 있었을 무렵 황후로 맞이하기 위해 천황이 친히 청혼하러 가다가, 높은 산 위에서 곳곳을 둘러보니 지붕을 가쓰오기(堅魚木)[5]로 장식한 집이 보였다. 호위병에게 조사해 보게 했더니 시키의 오아가타누시(大懸主)[6]의 저택이라고 했다.

"비천한 신분으로 집을 천황의 황궁처럼 지었다고!"

천황은 당장 호위병들에게 그 집을 불태우라고 명령했다. 그러자 오아가타누시가 나는 듯이 달려와 벌벌 떨면서 이마를 땅에 닿도록 조아리며 사죄했다.

"사죄의 표시로 헌상품을 준비했으니 부디 받아주십시오."

그것은 하얀 개 한 마리였다.

천황은 와카쿠사카베노오키미의 집에 가서 수행원을 시켜

"이것은 오다가 손에 넣은 귀한 것이오. 이것을 예물로 주겠소."

이렇게 말하고 그 하얀 개를 선물했다.

그러자 와카쿠사카베노오키미가 대답했다.

---

4) 나라현 사쿠라이시에 있었다고 전해진다.
5) 궁전 지붕 위에 늘어놓는 장식.
6) 현(懸)의 장관.

"이렇게 해를 등지고 납시다니 참으로 불길한 일입니다. 다시 제 쪽에서 궁중에 들어가 모시겠습니다."

천황은 아사쿠라궁으로 돌아가던 도중에 동침을 기다리는 마음을 노래로 지어, 와카쿠사카베노오키미에게 전해달라고 종자에게 부탁했다.

그 뒤에도 천황은 마음에 드는 여성이 있으면 연애감정을 노래로 전했다.

이 유랴쿠천황이 가쓰라기노야마(葛城山)[7]에 올랐을 때였다. 맞은편 산을 바라보니 산등성이를 따라 산을 올라가는 한 무리가 보였다. 그 광경은 하나부터 열까지 천황 일행과 똑같았다. 그래서 천황은 호위병을 보내 물어보았다.

〈유랴쿠천황 가쓰라기노야마 사냥도〉 오가타 겟코 그림. 대악(大惡) 천황이라고도 불린 유랴쿠천황. 가와치노쿠니 가쓰라기노야마에 올랐을 때 만난 거대한 멧돼지에게 활을 쐈지만 빗나가서 겨우 목숨만 건졌다는 일화도 있다.

"이 야마토 나라에는 나 말고 달리 대왕이 없을 텐데, 지금 거기 가고 있는 것은 누구인가?"

그런데 상대도 똑같은 말로 반문하는 것이었다. 천황이 격분하여 화살을 시위에 메기자 호위병들도 모두 활을 겨누었다. 그랬더니 상대도 모두 똑같은 행동을 했다. 그때 천황이 다시 물었다.

"그렇다면 이름을 대라. 서로 이름을 말하고 나서 활을 쏘는 것이 어떻겠는가."

---

7) 나라현 고세시(御所市) 근처로 알려져 있다.

그러자 상대가 대답했다.

"먼저 물었으니 나부터 이름을 말하겠다. 나는 나쁜 일이든 좋은 일이든 한마디로 계시하는 신, 가쓰라기의 히토코토누시노오카미(一言主大神)이다."

이 말을 들은 천황은,

"이거, 황송합니다. 인간의 모습을 하고 계셔서 미처 알아 뵙지 못했습니다."

그리고 자신의 칼과 활을 비롯하여 호위병들이 입고 있는 의복을 모두 벗겨서 헌상했다.

천황이 귀로에 오르자, 히토코토누시는 산봉우리, 봉우리를 가득 메울 정도로 많은 부하들을 이끌고 산 아래까지 전송해주었다.

히토코토누시가 사람 앞에 나타난 것은 이때가 처음이었다.

획기적인 시대를 이끈 유랴쿠천황

유랴쿠천황은 제19대 인교천황의 제5황자이다. 유랴쿠천황은 야마토 정권에 간섭했던 가쓰라기 씨(葛城氏)와 기비 씨(吉備氏) 등 유력한 지방호족을 몰락시킨 뒤, 처음으로 오오미(大臣), 오무라지(大連) 제도를 정했다. 조정의 조직을 중앙집권형으로 바꿔, 천황이 강한 권력을 휘두르며 천하를 다스리는 획기적인 시대를 가져왔다.

《일본서기》는 유랴쿠천황이 가쓰라기노야마에서 사냥했을 때, 돌진해 오는 커다란 멧돼지를 용감하게 밟아 죽인 이야기를 전했다. 가쓰라기 씨의 위협을 물리친 천황의 강함을 보여줬다고 할 수 있다.

세이네이천황~스이코천황

유랴쿠천황이 붕어한 뒤, 아들 시라카노오야마토네코(白髮大倭根子)가 제22대 세이네이천황에 즉위하여, 이와레(磐余)의 미카쿠리궁(甕栗宮)[8]에서 천하를 다스렸다. 천황에게는 황후도 자식도 없었기 때문에 그가 붕어하자 후계자가 없는 상태가 발생했다.

---

8) 나라현 사쿠라이시 이케노우치(池之內).

그래서 다음 황위를 이을 인물이 나타날 때까지 제17대 리추천황의 황녀 오시누미노이라쓰메(忍海郎女)가 가쓰라기(葛城) 오시누미(忍海)의 다카기(高木) 쓰노사시궁(角刺宮)에서 정무를 맡았다.

어느 날 야마베노무라지오다테(山部連小楯)라는 자가, 하리마(針間 ; 하리마播磨)의 구니노미코토모치(國宰 ; 임시 지방관)로서 그 나라의 시지무(志自牟)라는 호족의 주연에 초대받았다. 그곳에 불을 피우는 일을 맡은 두 소년이, 오시누미노이라쓰메의 오빠

겐조천황

로, 지난날 황위계승을 꾀하던 오하쓰세노오키미(훗날의 유랴쿠천황)에게 살해당한 이치노헤이오시하노오키미(市辺忍齒王)의 황자임이 드러났다. 야마베노무라지오다테는 매우 기뻐하며 두 소년을 쓰노사시궁으로 데리고 돌아왔다.

황자들은 서로 황위를 양보하다가 형인 오케노오키미(意祁王)가 말했다.

"시지무의 저택에서 아우가 이름을 밝혔으니 지금의 우리가 있는 것이다. 그러니 공적을 세운 아우가 천하를 다스려야 한다."

그리하여 동생인 오케노오키미(袁祁王)가 먼저 즉위했다. 제23대 겐조천황이다. 겐조천황은 지카쓰(近つ) 아스카궁(飛鳥宮)에서 천하를 다스리며 이와키노오키미(石木王)의 딸 나니와노오키미(難波王)를 아내로 맞이했지만 자식이 생기지 않았다.

천황이 아버지의 유골을 찾고 있을 때 뼈가 묻혀 있는 장소를 알고 있다는 노파가 나타났다. 노파가 말한 장소를 파보니 틀림없는 아버지의 유골이 나왔다. 천황은 노파를 불러 오키메노오미나(置木老嫗)라는 이름을 내리고 노후를 보살펴 주었다.

한편으로는 유랴쿠천황에게서 달아날 때 자신과 형의 말린 밥을 빼앗아간 노인을 아스카가와(飛鳥河)에서 베어 죽이고 그 일족은 모두 무릎 인대를 끊어버렸다.

겐조천황이 유랴쿠천황에게 깊은 원한을 품고 그 영혼에 보복하기 위해 유랴쿠천황의 능묘를 파괴하려고 하자 형인 오케노오키미가 말했다.

"유랴쿠천황은 우리의 숙부이자 천하를 다스린 천황이다. 그의 능묘를 파괴하면 후세 사람들에게 비난받게 될 것이다. 그렇다고 해도 아버지의 원수는 갚아야 하니 능묘의 흙을 조금 파내어 치욕을 주는 정도로 하자꾸나."

겐조천황은 향년 38세. 재위는 8년이었다. 능묘는 가타오카(片岡)의 이와쓰키노오카(石坏岡 ; 나라현 가시바시香芝市 기타이마이치北今市) 근처에 있다.

다음에 즉위한 것은 형 오케노오키미(닌켄천황)이고, 유랴쿠천황의 딸 가스가노오이라쓰메(春日大郎女)와의 사이에서 태어난 와카사자키노미코토(若雀命 ; 부레쓰천황)가 그 뒤를 이었다. 부레쓰천황에게는 아들이 없었기 때문에 오진천황의 5세손인 오도노미코토(袁本杼命 ; 게이타이천황)가 즉위했다.

이후의 황위는 오와리노무라지(尾張連)의 조상 메노코노이라쓰메(目子郎女)와의 사이에서 태어난 히로쿠니오시타케카나히노미코토(廣國押建金日命 ; 안칸천황), 다케오히로쿠니오시타테노미코토(建小廣國押楯命 ; 센카천황), 닌켄천황의 딸 다시라카노미코토(手白髪命)와의 사이에서 태어난 아메쿠니오시하루키히로니와노미코토(天國押波流岐廣庭命 ; 긴메이천황), 긴메이천황의 아들인 누나쿠라후토타마노키노미코토(沼名倉太玉敷命 ; 비다쓰천황), 다치바나노토요히노미코토(橘豊日命 ; 요메이천황), 하쓰세베노와카사자키노미코토(長谷部若雀命 ; 스슌천황), 도요미케카시키야히메노미코토(豊御気炊屋比売命 ; 스이코천황)의 순서로 계승되었다.

《일본서기》《고사기》에 대하여

최박광(성균관대학교 명예교수·도쿄대학 초빙교수)

일본의 뿌리를 찾아서 《일본서기》

천황들을 찾아서 《일본서기》

요로(養老) 4년(720)에 완성된 《일본서기》는 일본에 전해지는 가장 오래된 정사(正史)이다. 고대 일본에서는 《속일본기(續日本紀)》, 《일본후기(日本後紀)》 등 여섯 권의 역사서가 '육국사(六國史)'로 편찬되었는데, 그 가운데 가장 먼저 나온 것이 《일본서기》이다. 비슷한 시기에 《고사기》도 편찬되었기에 이 둘은 자주 비교되곤 한다. 《고사기》는 상중하 세 권으로 구성되며, 신의 시대에 관한 기술이 3분의 1을 차지한다. 이에 비해 《일본서기》는 모두 30권으로 계보도가 한 권 딸려 있다(지금은 남아있지 않다). 신의 시대에 대한 기술은 전체의 1할 정도인 대신, 《고사기》가 거의 다루지 않은 겐조천황 이후의 역사가 반 이상을 차지한다.

《고사기》는 일본식 한문으로 표기되어 있지만 《일본서기》는 그보다 순수한 한문으로 적혀 있다. 기술 방식도 《고사기》가 기전체(紀傳體 : 하나의 사건을 중심으로 기술)인 데 비해 《일본서기》는 편년체(연대를 따라 사건을 기록)로 되어 있다. 그래서인지 《고사기》는 읽을거리로서 친근한 느낌이 있지만 《일본서기》는 딱딱하고 접근하기 어려운 인상을 준다. 또한 《일본서기》 편찬에 많은 사람이 참여한 것에 비해 《고사기》의 편찬에 참여한 인물은 그리 많지 않다. 그 중심 인물은 히에다노 아레(稗田阿礼)라는 도네리(천황과 황족을 곁에서 섬기면서 경비, 잡일에 종사한 하급관리)이다. 눈으로 본 것은 그 자리에서 언어로 표현할 수 있고, 귀로 들은 것은 머릿속에 담아두고 결코 잊어버리지 않는 특별한 능력을 지닌 사람으로, 덴무천황이 이 아레에게 황자에게 천황의 계보를 정리한 《제기(帝紀)》와 각 씨족의 역사적 유래를 기록한 《구사(舊辭)》를 송습(소리 내어 되풀이해

읽음)시킨 것이 그 시작이다.

이윽고 제43대 겐메이천황 시대가 되어 '율령을 제정한 지 오래지만, 율령을 잘 숙지하지 못해 역사 인식을 잘못 해석하는 사람이 많다'하여, 문관인 오노 야스마로(太安万侶)가 아레에게 나라의 역사를 낭송하게 하고 그것을 받아 씀으로써 《고사기》가 성립되었다. 겐메이천황에게 주상한 것은 와도(和銅) 5년(712)으로 《일본서기》보다 8년이나 빠르지만, 실제로는 매우 짧은 기간에 편찬된 것으로 보인다.

《일본서기》와 《고사기》의 가장 큰 차이는 그 길이이다. 《고사기》는 전 3권이며, 그 가운데 두 권은 신들의 역사인 가미요(神代)에 할애했고, 천황의 역사인 진다이(人代)는 초대 진무천황부터 제33대 스이코천황까지를 한 권에 수록했다. 그에 비해 《일본서기》는 전 30권으로, 제41대 지토천황까지의 역사를 편년체로 상세하게 이야기했다. 야마토타케루(日本武尊), 쇼토쿠태자 같은 역사적으로 유명한 인물의 사적을 비롯하여, 다이카 개신(大化改新), 진신(壬申)의 난 같은 중대사에 이르기까지, 야마토 조정이 중앙집권적인 율령국가를 건설해가는 파란만장한 시대를 세세하게 기록했다. 일반적으로 《고사기》는 일본 국내용, 《일본서기》는 국외용으로 만들었다고 설명하는 경우가 많다.

때문에 《일본서기》는 중국과 조선 등에 정사를 보여주기 위해 편찬, 완성한 후에는 견당사를 통해 중국의 왕조에도 헌상했다고 한다. 덴무 10년(681) 덴무천황이 가와시마(川島) 황자와 오사카베(忍壁) 황자에게 명을 내려 편찬을 시작한 지 약 40년 만에 완성되었다. 그러나 수수께끼에 싸여 있는 부분이 많아서 '사료로서의 신뢰성은 부족하다'고 알려져 왔다.

이를테면 《일본서기》에는 서문과 상표문(上表文)이 없고, 선자(選者)에도 뚜렷하지 않은 부분이 많다. 그래도 《속일본기》와 《홍인사기(弘仁私記)》 서문 등의 사료를 통해 도네리친왕이 편찬 사업을 이끌었고, 와도 7년(714) 이후에 기노 기요히토(紀淸人)와 미야케노 후지마로(三宅藤麻呂)가 찬수(撰修)에 종사했으며, 《고사기》를 기록한 오노 야스마로도 선자였음이 밝혀졌다.

무엇보다 40년 동안 추진한 대사업이었기 때문에 앞서 이야기했듯이 수많은 사람들이 편찬에 종사했다. 그러나 모든 작업을 같은 편찬자가 맡아서 하지는 않았고, 어느 정도 시기를 구분해 편찬된 것으로 보인다. 이를테면 《일본서기》 제14권 유랴쿠기(雄略紀)의 머리말에는 '안코천황이 마요와노오키미(眉輪王)에게 암살당한 내용은 기술되어 있지만, 13권의 안코기(安康紀)에는 상세하게 기록되어 있지 않다'는 주기가 있는데, '안코기→유랴쿠기'의 순서로 편찬되었다면 안코 암살을 상세한 내용은 '안코기'에 들어 있어야 한다. 그런데도 '유랴쿠기'에 안코 암살이 자세하게 다룬 것은 '유랴쿠기'를 먼저 편찬했기 때문이 아닐까.

도네리친왕(舍人親王) 《일본서기》 편찬인의 한 사람

편찬의 구분에 대해서는 많은 역사가가 연구 중이다. 그 가운데서도 모리 히로미치(森博達)는 한문 용법 등에서 A군(14~21권, 24~27권)과 B군(1~13권, 22~23권, 28~29권)으로 구분하고, A군→B군의 순서로 편찬되었다고 추론했다.

A군에서는 중국어 원음을 사용하여 가나(假名 : 한자를 토대로 일본에서 만든 문자)를 표기했고, 문장도 정격(正格) 한문으로 씌어 있다. 한편, B군의 문장에는 왜습(倭習 : 한문 속의 일문적日文的 요소)이 많이 보이며, 한어와 한문 오용, 기용(奇用)이 많이 보인다. 그래서 A군은 대륙에서 건너온 중국인이 쓰고, B군은 왜인이 쓴 것일 수 있다고 모리 히로미치는 주장했다.

어떤 자료를 참고했는지도 《일본서기》의 사료적 가치를 판단하는 데 매우 중요하다.

자료로는 《고사기》의 기본 자료로 쓰였던 '제기', '구사' 외에 각 씨족의 전승

《일본서기》
권 제1 가미요 상

과 개인의 수기, 조정의 기록 등을 들 수 있다. 그러나 이러한 자료는 원형이 남아있지 않아서《일본서기》의 성립을 정확하게 확인하기는 쉽지 않다.

특히 중요한 역할을 한 것이 '제기'와 '구사'로《일본서기》에 여러 번 등장한다. 이 두 가지의 성립 시기에 대해서는 여러 이야기가 있는데,《일본서기》를 사료 비판의 관점에서 연구한 쓰다 소키치(津田左右吉)는 '긴메이천황 시대 전후에 만들어졌다'고 주장했고, 그것이 오랫동안 정설처럼 여겨졌다. 그러나 이 주장은 근거가 부족하며 7세기에 만들어졌다는 설도 있다.

또 일본뿐만 아니라, 우리나라와 중국 역사서 등도 참고했다.《일본서기》에 대외 관계 역사를 자세히 기술한 것을 보면 그러한 자료도 필요했을 것이다. 최근 연구에서는 도래인 또는 귀화한 중국인이《일본서기》 편찬에 종사한 사실도 밝혀져서 중국 문화와 사상 영향도 매우 많이 받았음을 짐작할 수 있다.

《일본서기》라는 이름에 대해서는 처음에는《일본기》였다고 보는 설이 있다. '일본(日本)'의 읽기도 '니혼'과 '닛폰' 어느 쪽이 바른지 밝혀지지 않았다.《일본서기》가 편찬된 것은 이제 막 탄생한 '일본'이라는 국호를 나라 안팎으로 보여줄 목적도 있었지만, 고대인들이 '일본'을 어떻게 읽었는지는 아직도 명확하지 않다.

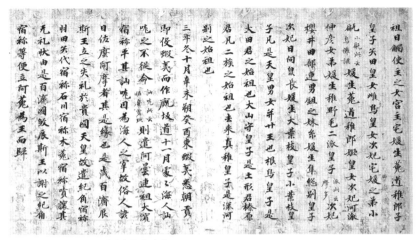

《일본서기》 다나카본 헤이안시대 사본

한편, 전 30권으로 이루어진 《일본서기》는 대략 세 시대로 나뉜다.

1권부터 10권에서는 신의 시대부터 오진천황까지의 사적이 그려진다. 일본이라는 나라가 어떻게 성립되었고, 수장인 천황의 지위와 권력이 어떻게 확립되었는지를 이야기한다. 그러나 천황 통치의 정통성을 보여주기 위해 신화를 고쳐 쓴 부분도 있다.

또 실재한 초대 천황도 진무천황이 아니라 제10대 스진천황이었다고 추정하는 시각도 있다. 제2대 스이제이천황부터 제9대 가이카천황까지의 사적은 기록되지 않았고, 진무천황을 포함하여 후대에 창작했을 가능성이 높다. 9권에는 진구황후의 활약을 소개했는데, 다른 권이 천황 중심의 구성인데 비해 이 9권만이 황후 중심인 것은 매우 부자연스럽다. 그래서 《일본서기》를 30권이라는 딱 떨어지는 숫자로 맞추기 위해 억지로 한 권으로 꾸몄을 가능성도 있다.

10권의 오진천황의 활약으로 최초의 이야기는 끝나고, 11권부터는 새로운 왕조 이야기가 펼쳐진다. 닌토쿠천황은 중국 왕조의 초대황제처럼 덕망 높은 군주로 그려져 있어, 새로운 이야기의 개막에 걸맞은 인물이라고 할 수 있다. 그 뒤 리추, 한제이, 인교천황 시대에는 황위를 둘러싸고 다툼이 일어났으나 마침내 유라쿠천황 시대에 전성기를 맞이한다. 그러나 그 뒤에는 쇠퇴해 부레쓰천황의 붕어로 종결된다.

오진천황과 닌토쿠천황은 부자관계로 이어져 있기 때문에, 전반과 후반의 이야기는 얼핏 연결된 것처럼 보인다. 그러나 두 이야기는 주제가 다르다는 점에서 왕조 교체가 있었음이 암시되어 있다. 《일본서기》는 천황의 혈통이 단 한 번도 단절된 적 없음을 강조한 것으로 보이기 쉽지만 꼭 그렇다고 단정할 수는 없다.

17권 이후부터는 게이타이천황부터 지토천황까지의 사적을 기록했다. 편찬 시기와 가까운 시대여서 상세히 적혀 있지만, 쇼토쿠태자의 정체와 '다이카 개신'의 실재성 등, 수수께끼에 싸인 부분도 많다. 무엇보다 《일본서기》의 편찬을 명한 덴무천황의 출신이 뚜렷하지 않아 무언가 불리한 부분을 감출 목적도 있었던 것으로 여겨진다. 8세기 전반에 국정을 이끈 후지와라 후히토(藤原不比等)도 《일본서기》 편찬에 종사한 것으로 보인다. 따라서 그의 뜻도 반영된 것으로 짐작된다.

가미요와 인간 시대

'가미요(神代)'란 '상고 시대'와는 완전히 별개의 개념이다. 이는 인류 역사를 조금이라도 알고 있는 사람이라면 굳이 말할 필요도 없는 명백한 사실이다. 역사를 거슬러 올라 상고 시대로 갈 때, 아무리 거슬러 올라가도 인간의 시대는 여전히 인간의 시대이지, 신의 시대가 될 수는 없다. 가미요가 관념적인 존재이며 역사적인 존재가 아님은 쉽게 이해할 수 있으리라. 일본 선조들도 단순히 '옛날 시대'를 '신의 시대'라 부르지는 않는다. 신의 시대라는 관념이 존재한다는 점이 신의 시대가 인간의 시대와는 다름을 명백하게 나타냈다. 신은 인간이 아니므로 옛날 시대, 옛날 사람들의 시대를 '신의 시대'라 이름 붙일 수 있을 리가 없으며, 신의 시대가 옛날 사람들의 시대라면 신의 시대라는 특수한 관념이 생겨날 리가 없다. 가미요는 상고 시대와는 전혀 다른 관념이며, 역사에 있는 시대를 가리키는 말이 아니다. 가미요가 학문에서 '역사 이전의 시대'라 불리는 시대가 아님은 말할 필요도 없다. 역사 이전의 시대 혹은 선사 시대는 실제로 선조가 겪어온 시대이며, 그런 점에서는 역사 시대와 마찬가지이다. 그러나 가미요는 관념적인 존재이지 실제로 존재하는 시대가 아니다.

그렇다면 가미요라는 관념은 어떻게 생겨났을까. 가미요의 역사를 황실의 선조로서 태양신을 중심으로 이야기하고 태양신 및 그 자식이 가미요에서 국가 통치자가 되며 그 신과 종속자만이 가미요에서 활동한다는 것을 생각하면, 가미요란 황실의 선조인 신, 요약해서 말하면 황실의 조상신 시대라는 의미를 가진다는 것을 알 수 있다. 왜 황실의 조상이 신이며 그 시대를 특별히 '가미요'라 부르게 되었을까. 그 까닭은 천황에게 신성이 있다고 여기는 데서 온 것이리라.

　천황에게 신성이 있다는 사상이 상고 시대에 존재했다는 점은 천황을 '아키쓰카미(現つ神 ; 현세에 살아 있는 신)' 또는 '아라히토가미(現人神 ; 사람 모습으로 이승에 나타난 신)'라는 호칭으로 부르기도 한다는 점을 통해 알 수 있다. 이는 정치적 군주로서 천황의 지위를 나타내는 칭호이지만, 그 지위에 종교적 의의가 동반된다. 또는 종교적인 기능이 있다고 여겼기 때문에 이렇게 불렀던 것이리라. 즉 천황의 지위에 신성이 있다는 말이 된다. 진무천황이 태양신의 자식이라는 점에도 이 의미가 포함되어 있다. 신의 자식이라는 지위는 자연스레 신이라는 지위로 생각할 수 있기 때문이다. 진무천황기에 쓰여 있는 '우쓰시이하히'라는 의식도 제사 주최자를 신하로 삼아 천황이 직접 공물을 먹었다는 내용으로 보아 천황 자신을 신으로서 모시는 의례라고 생각된다. 나아가 주아이천황기에 오카의 아가타누시(県主)와 이토의 아가타누시가 5백 그루의 비쭈기나무를 배에 세우고 거울과 옥과 검을 그 나무에 걸어 천황에게 바쳤다는 기록도, 이 기록이 쓰인 시대에서 생각하던 신에게 공물을 바치는 방식을 천황에게 적용했다고 이해할 수 있다.

　그런데 천황의 지위에 신성이 있다는 이 사상은 아주 오래된 옛 시대부터 이어진 인습이었던 듯싶다. 이는 군주를 신으로 여기는 일이 먼 옛날 세계의 많은 민족에게서 볼 수 있는 통례였다는 점으로도 유추할 수 있다. 군주의 기원에 관한 온갖 학설 가운데 주술 또는 제사를 행하는 자, 다시 말해 무당과 같은 것에서부터 발달했다고 볼 수 있는 실제 사례는 아주 많다. 신으로 여기는 일도 거기에서 유래한다. 주술을 행하는 자는 그것을 행함으로써 그들 자신이 신비한 힘을 가진 것처럼 믿어지고, 신을 모시는 자는 신에게 접촉하는 특수한 지위 또는 신을 움직이는 특수한 행위로써 그들 자신이 신의 힘을 얻거나 그 힘을 갖고 있는 것처럼 생각되며, 접신 같은 일을 행할 경우에는 더욱 그렇게 여겨지기 때문이다. 일본 민족에서도 삼국지 위서 동이전 왜인조에 히미코가 귀도(鬼道, 요술)를 썼다는 기록이 있다. 또한 이즈모 지방 호족에게 종교적 권위가 있었다는 점을, 정치적 지위를 잃은 뒤 그 종교적 지위만 갖고 있었던 후세의 사실을 통해 추측할 수 있다. 이 같은 한두 가지 예를 보아도 국가가 아직 통일되기 전 존재하던 수많은 소(小)군주들의 성격을 알 수 있으리라. 황실의 지위에 종교적 의의가 동반되고, 또는 황실이 종교적인 기능을 한 점의 기원 또한 거기에 있을 것이다.

그런데 군주를 신으로 여기는 것이 주술이나 제사를 행하는 일, 즉 무당의 의무에서 유래했다면 군주의 지위는 한편으로 신성을 갖추면서 다른 한편으로는 무당의 지위에 있는 것이 마땅하다. 현세에 살아 있는 신인 천황에 대해, 아니면 주아이천황이 큰 액막이 의식 같은 주술을 행하고, 또는 스진천황이나 진구황후가 신을 모시고 혹은 접신의 경지에 들어갔다는 이야기가 있는 것은 이런 까닭이다. 이야기 속에서 천황이 사악한 신을 물리치는 힘을 갖고 있는 것도 그런 효과를 원하여 실제로 주술 또는 신에게 제사를 올렸던 것을 기초로 반영했기 때문이다. 또한 이와 같은 무당이 행하는 미개한 민족의 주술이나 제사는 민중, 즉 부족 전체를 위해 행하는 것이 일반적이므로, 일본 천황이 국민 전체를 위해 그러한 일들을 행하는 것도 거기서 유래되었으리라. 지방에서 집단을 이끄는 수장들이 제사, 주술을 행한 것도 그 집단을 위한 일이었으므로, 이 또한 똑같이 생각할 수 있다. 요컨대 이는 민족 대부분이 한 번은 거쳐 온, 민족에 따라서는 오늘날에도 여전히 존재하는 상태를, 일본 민족도 상고 시대에 겪었음을 이야기하는 것으로 보아야 한다.

그러나 《고사기》와 《일본서기》는 물론이고 그 밖의 문헌에도 '아키쓰카미' 또는 '아라히토가미'라는 칭호를 가지며 그 지위에 신성이 있다고 여겨진 천황도 종교적 숭배 대상이 되었다는 내용은 조금도 기록되어 있지 않다. 일본에는 상고 시대에도 천황을 숭배하는 풍습이 있었다는 흔적을 전혀 찾아볼 수 없다. 뿐만 아니라 천황이 신으로서 사람과는 다른 특수한 생활을 한다고 여기지도 않았다. 천황은 정치적 군주이기는 하지만 신하나 민중과 마찬가지로 그늘 사이에 섞여 생활했다. 따라서 '아키쓰카미'라는 칭호는 갖지만 평범한 사람들과 마찬가지로 그들과 함께 일상생활을 했다. 《고사기》에서 진무천황이 다카사지노(高佐士野)에서 일곱 명의 처녀들 가운데 이스케요리히메를 선택하여 '물가의 갈대밭 속 다 쓰러져 가는 오두막집에 거적을 깔고 둘이서 잠을 잤다'는 이야기를 보아도 옛날 사람들이 일반적으로 천황을 생활을 어떻게 보았는지 짐작할 수 있다. 천황에 대한 이러한 이야기는 《고사기》와 《일본서기》 곳곳에서 볼 수 있다.

천황은 어디까지나 사람으로 존재했다. 황위를 계승할 때 황자들 사이에 다툼이 일어나거나 때에 따라서는 목숨을 건 싸움이 되기도 하는 이야기가 만들어진 것도 천황 또는 황족을 평범한 사람으로 보았음을 나타낸다. 천황에게 신성이 있다는 것은 그저 지식인의 사상이며, '아키쓰카미'라는 칭호도 공식의례에서 쓰였을 뿐이다. 황실의 종교적 기능은 그런 것보다도 앞서 이야기한 민중을 위해 행하는 주술이나 신에게 제사를 올리는 일을 중요하게 여겼다.

그러나 지식인의 사상에서 천황의 지위에 신성이 있다고 여긴 것은 사실이다. 가미요라는 관념은 여기서 만들어졌으며, 현세에 살아 있는 신으로 존재하는 천황의 '현세에 살아 있다'는 요소, 또는 사람 모습으로 이승에 나타난 신에서 '사람 모습'이라는 요소를 관념에서 분리하여 없앤 '신'을 현실에서는 볼 수가 없기에 관념에서만 나타낼 수 있는 먼 과거의 황실 선조로 간주하여 '신'으로 삼고 그 시대를 '가미요'라 부른 것이다. 천황은 현세에 살아 있는 신이라는 지위를 가지지만 어디까지나 현실의 사람이기 때문에 그것만으로는 인간의 시대가 아닌 '신의 시대'라는 특수한 관념을 만들 수 없다. 이 현실의 사람에게서 떨어진 먼 옛날의 황실 선조를 떠올릴 때 처음으로 그 관념을 만들 수 있는 것이다. 물론 신의 시대를 과거 선조 시대로 삼은 까닭은 황위가 세습이기 때문에 그것을 먼 옛날까지 연장한 것이지만, 그 선조 시대를 신의 시대로 삼은 건 천황의 지위가 갖는 신성이 바탕이 되었다고 보아야 한다. 그러므로 가미요는 예를 들어 인간 세계를 초월한 곳에 존재하는 신, 인간의 생활을 종교적 의의에서 지배하는 신이 활동한 시대라는 성질을 갖는 게 아니다. 황실 선조는 태양신이 되었고 그 태양은 종교적으로 숭배한 신이지만, 그 태양신을 황실 선조로 여긴 것은 황실 선조에 신성이 있다고 생각했기 때문이며, 그렇게 생각하게 된 것은 천황의 지위에 신성이 있다고 여겨졌기 때문이다. 즉 황실 선조는 먼 옛날 시대의 천황이기 때문이다. 그렇다면 황실 조상신인 태양신이 갖는 종교적 성질 또한 오늘날 천황이 갖는 신성이 밑바탕이 됐다. 황실 조상신인 태양신이 신을 모시는 지위에 있었다고 이야기하는 것은 천황이 신을 모시는 게 반영된 것이며, 사악한 신을 물리치게 된 건 천황에게 그런 힘이 있다고 여긴 게 반영된 것이다. 거기에 황실 조상신의 종교적 기능이 있다. 다만 황실 조상신은 오늘날 천황과 달리 종교적 숭배 대상이 되었는데, 이는 태양과 결합되어 태양신이 되었기 때문이다. 그리고 천황의 본질이 정치 군주라는 점에 있다면 가미요의 중심 관념이 정치적 의의임은 말할 필요도 없다. 가미요 역사에서 사람처럼 이름을 받은 종교적 의의가 있는 신들 사이의 관계가 신 그 자체의 성질 또는 신에 대한 종교적 신앙에 따른 것이 아니라, 황실 선조를 중심으로 하는 혈통에 의해 이루어졌다, 바꿔 말하면 신들 자신에 의해 그들 사이에 통제가 생긴 것이 아니라 황실 조상신의 혈통이 들어감으로써 그 통제를 받는 것도 이러한 까닭이다.

'가미요'라는 관념은 이렇게 만들어졌기 때문에 황실에 대한 역사이지 민중 또는 그 생활에 대한 역사는 아니다. 가미요가 역사에 존재하는 시대가 아니며, 상고 시대와는 의의가 전혀 다르다는 것은 이런 점에서도 명백하다. 따라서 이에 대조되는 인간 시대 또한 오로지 황실에 대한 역사이다.

이 가미요라는 관념이 현실의 천황이 갖는 지위와 성질을 바탕으로 만들어진 것과는 반대로, 이야기 속에서는 천황의 정치적 군주의 지위도 그 종교적인 기능도 가미요에서 유래했으며 황실 조상신으로부터 전해 내려온 것임은 말할 필요도 없다. 천황의 지위가 갖는 신성 그 자체가 황실 조상신인 태양신의 자손이라는 점으로 이루어졌다. 그런데 이 가미요가 과거에 자리한다면 어느 한 점에서 그 가미요와 오늘날 인간 시대를 연결해야만 한다. 바꿔 말하면 현실에 존재하는 인간 시대의 시작을 어딘가에 두고 그보다 이전에 있다고 여겨지는 가미요를 그 시작점에서 경계를 지어 나눠야 한다. 야마토에 도읍을 정한 이야기는 여기서 생겨났다. 다시 말해 사상 속에서 현실에 존재하는 야마토 황실이 시작된 때, 그 야마토 황실에 의해 국가가 통일된 오늘날 정치적 형태가 시작됐을 때를 정하여 그때를 인간 시대의 시작점으로 삼은 것이다.

그러나 이런 황실의 시작이 사상 속 역사라는 점은, 만일 야마토에 도읍을 정한 이야기가 역사적 사실이며 그 전에 도읍이었던 어딘가에서 옮겨진 거라면, 그리고 그 사실이 세상에 알려졌다면 뒷날 야마토에서 야마시로로 옮겨지고 교토에서 도쿄로 옮겨진 경우와 마찬가지로 그 이전도 뒤도 연속된 하나의 역사로서 사람들 기억에 남아 지식으로 존재할 터이며, 따라서 그 이야기를 가미요와 인간 시대의 경계로 삼아 그 앞뒤로 명확한 구별을 짓는다는 생각이 일어나지 않을 거라는 점에서 명백하게 추측할 수 있으리라. 뿐만 아니라 이런 한 가지 일로 가미요와 인간 시대에 분명한 경계선을 그을 수 있다는 점에서, 그 구획이 인위적이며 사람의 생각에 따라서 만들어진 것임을 알 수 있다. 그와 동시에 이 야마토에 도읍을 정한 이야기 즉 진무천황이 동쪽으로 도읍을 옮긴 설화 자체가 마찬가지로 누군가에 의해, 좀 더 명확하게 말하면 현실의 야마토 도읍에서 중요한 지위를 가진 사람이 고안한 것임을 알 수 있다. 이야기 자체만 보면 야마토 조정의 기원을 설명하는 하나의 설화이다. 역시 역사적 사실로서의 기록이라고는 생각할 수 없다.

사실을 말하자면 역사적 사실로서의 야마토 조정의 기원, 다시 말해 황실의 시작은 《구사(旧辞)》를 처음 정리했을 무렵에는 전혀 알 수 없었다. 이러한 기원 설화가 만들어진 것 또는 만들어질 수 있었던 것은 앞서 이야기한 인간 시대의 시작점을 만들기 위함이 하나의 이유이다. 그리고 야마토에 도읍을 정한 이야기가 완전히 정치적 의의가 담긴 것이라면 그로써 끝이 정해진 가미요라는 관념 또한 정치적인 것임이 명백하다. 황실 선조 시대로서 구성된 것이라는 앞서 생각한 설은 더욱 확실한 근거를 하나 얻은 셈이다.

그러나 가미요와 인간 시대 사이에 명확한 구별을 짓는 것은 개념상의 일이며, 구체적인 이야기로서는 그 사이의 경계를 얼버무릴 필요가 있다. 그렇지 않으면 가미요를 과거에 두어 인간 시대와 이어지는 역사로 만들려는 뜻에 어긋난다. 따라서 가미요가 끝나는 부분에 인간 시대적 요소를 더하고, 인간 시대가 시작되는 부분에 가미요의 색을 입혀 서로 얼마쯤 융합해야 한다. 그렇게 해서 현세에 살아 있는 신으로 존재하는 황실의 지위는 황실 역사로서의 가미요와 인간 시대의 구별을 저절로 완화하게 된다. 황손 강림 뒤 여전히 가미요가 이어지는 것은 전자로 히무카에 대한 이야기가 그에 해당하며, 진무천황 및 그 뒤에 이어진 시대에도 여전히 신기한 이야기가 많이 전해지는 것은 후자로 주아이천황 이전의 이야기가 그에 속한다. 진무천황부터 주아이천황까지의 이야기에서 사람의 행동이라 보기 어려운 점이 많은 이유 중 하나는 바로 이러한 까닭이다. 그리고 신기한 이야기 대부분이 거의 주아이천황까지인 것은 《구사》가 쓰였을 때 그 무렵 역사적 사실이 거의 전혀 전해지지 않았다는 점이 마침 이용하기 좋았던 듯도 싶다.

　이야기 속에서 가미요에서 인간 시대로 바뀌는 부분에 대해서 한 가지 더 이야기할 점이 있다. 앞서 말했듯 가미요는 황손 강림 뒤에도 이어지는데, 가미요 이야기가 처음 만들어진 때부터 그랬던 것은 아닌 모양이다. 그러나 뒷날 그렇게 이야기가 고쳐진 것은 저절로 앞서 말한 효과를 일으킨 셈이 된다. 또한 야마토로 도읍을 옮긴 일을 인간 시대의 시작으로 삼는다면 그 이전의 진무천황이 동쪽으로 도읍을 옮긴 이야기는 오히려 가미요에 속해야 하는데도 그렇지 않은 것은 도읍을 옮기기 전이나 후나 천황이 똑같은 천황이라고 여겼기 때문일 테지만, 그게 저절로 가미요와 인간 시대를 연결시켜줌과 함께 그 구별을 얼버무리는 작용을 하기도 했다. 이 이야기는 여러 신기한 이야기가 있다는 점에서 가미요 이야기와 똑같은 성질을 갖지만 그와는 다른 점도 있다. 그게 가장 두드러지는 것은, 가미요 이야기에서 태양신 아마테라스와 다카미무스비가 현실에 존재해 직접 활동하는데, 이 이야기에서는 그들이 늘 현재에 존재하는 누군가의 꿈속에 나타난다는 점이다. 《일본서기》에서는 천황이 황실 조상인 천신을 모시는 제사를 행했던 점, 다카미무스비를 모시는 제사를 지냈다는 점 등을 볼 수 있는데 이 또한 태양신이나 다카미무스비를 현재의 존재로는 보지 않는 사고방식에 따라서 만들어진 이야기이다. 이렇게 보면 이야기 속에서 가미요와 인간 시대 사이에 분명한 구별이 지어져 있는 것처럼 보인다. 진무천황이 동쪽으로 도읍을 옮겼을 때는 이러한 신들이 현실에서 활동했던

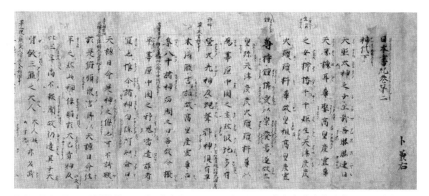

《일본서기》 가미요권(神代卷) 상하(요시다본)   국보. 우라베(卜部) 집안에 전해져 내려오는 13세기 사본

가미요가 아니게 된 것이다.

　이렇듯 진무천황이 동쪽으로 도읍을 옮긴 이야기는 가미요 사이에 분명한 구별을 짓고 있지만, 이야기 자체는 히무카부터 시작된다는 점에서 그 역사가 이어지고 있음은 말할 필요도 없다. 그 내용을 보아도 신기한 이야기가 있다는 점이 양쪽에 공통될 뿐만 아니라, 천황이 태양신의 자손으로서 행동하고 있다는 점에서, 또한 이즈모 평정 때의 일이 설화 속에 드러난다는 점에서 동쪽으로 도읍을 옮긴 일이 황손 강림의 되풀이 또는 연장의 의미를 갖는 것처럼 이야기되고 있으므로, 그런 측면에서 이 동쪽으로 도읍을 옮긴 이야기는 가미요와 인간 시대를 연결하는 구실을 하고 있다. 그로 말미암아 인간 시대 앞에 가미요가 놓여 야마토 도읍에 존재하는 현실의 천황이 갖는 지위의 유래가 그 가미요 이야기로써 나타나는 《제기(帝紀)》나 《구사》의 정신이 잘 실현되어 있다.

《일본서기》 편찬 목적

　일본에서 국가사업으로 편찬한 역사서는, 아스카 시대부터 헤이안 시대 전기(前期)까지 《일본서기》를 시작으로 모두 여섯 권이 있으며, 이를 총칭하여 육국사라고 한다.

　《속일본기》는 제42대 몬무(文武)천황부터 제50대 간무(桓武)천황까지(전 40권), 《일본후기》는 간무천황부터 제53대 준나(淳和)천황까지(전 40권), 《속일본후기》는 제54대 닌묘(仁明)천황 시대(전 20권), 《일본 몬토쿠(文德)천황 실록》은 제55대

몬토쿠천황 시대(전 10권), 《일본 3대 실록》은 제56대 세이와(淸和)천황, 제57대 요제이(陽成)천황, 제58대 고코(廣孝)천황까지(전 50권)의 역사를 기술했다. 천지의 시작부터 헤이안 중기인 887년까지 국가의 동향이 잇달아 기록되어 있다.

본디 정사란 국가의 정통성을 주장하기 위해 편찬되는 것으로, 일어난 사건이 누락되거나 왜곡되어 전해지기도 한다. 이를테면 《일본서기》에서 악인으로 소개된 소가노 이나메(蘇我稻目)부터 우마코(馬子), 에미시(蝦夷), 이루카(入鹿)까지 소가 씨 4대는 사실은 유능한 지도자였을지도 모른다 하여, 최근에 재평가 움직임이 일어나고 있다. 《일본서기》를 이야기로서 읽고 즐기고자 할 때는 그러한 이면을 읽는 것도 하나의 재미가 된다.

《일본서기》의 주된 무대는 초대 진무천황이 히무카노쿠니(日向國 ; 미야자키현)에서 동정(東征)에 나선 뒤 천하를 평정하고 가시하라궁(橿原宮)에서 즉위한 이후, 야마토는 《일본서기》의 중심 무대가 된다. 이후 여러 천황이 마키무쿠(纏向), 오와리다(小墾田), 아스카(飛鳥) 등지에 궁을 두고 정치를 펼쳐왔기 때문에 나라(奈良)에는 《일본서기》와 연고가 있는 곳이 매우 많다. 발굴조사를 통해 불명으로 알려져 온 장소가 발견되거나, 가공의 사건으로 간주되었던 일이 사실이었음이 밝혀지기도 했다. 최근에 고고학 성과로 말미암아 역사에 새로운 빛이 비춰지게 되는 경우도 많다. 《일본서기》는 결코 완전한 허구가 아니며, 편찬된 지 1300년이 지난 오늘의 일본과 이어져 있다.

《일본서기》와 《고사기》 둘 모두 일본 고대사 연구에 꼭 필요한 귀중한 사료로, 두 책에는 신화와 천황가의 역사처럼 내용이 일치하는 부분이 있기도 하지만, 같은 일을 기술한 부분에도 크고 작은 차이가 있어서 그것을 어떻게 다룰지에 대해 명확한 결론은 나와 있지 않다.

일반적으로 자주 거론되는 것은 이야기성이 강하여 쉽게 접근할 수 있는 《고사기》는 국내용으로 편찬되고, 《일본서기》는 동아시아 각국에 통용되는 국가의 증거로서 외부용으로 편찬되었다는 설이다. 실제로 《일본서기》는 《고사기》에 비해 읽기 어렵다고 생각하는 사람이 많다. 그 원인의 하나로 《일본서기》에는 '일서(一書)에 말하기를'이라는 형태로 다양한 이설(異說)이 병기되어 있는 것을 들 수 있다. 그렇게 기술한 이유는 《일본서기》는 국가의 정통 역사라는 성격상 각지의 호족들이 받아들일 수 있도록 하기 위한 것이었으리라. 호족마다 전해지는 역사를 함께 다룸으로써 정통성에 이의를 제기하지 않도록 한 것이다. 그런 의미에서 《일본서기》는 국가의 역사를 후세에 계승한다는 내부 목적도 가지고 있었다고 할 수 있다.

덴무(天武) 천황 초상

물론 외부용 목적도 많았다. 제26권에는 제4차 견당사를 수행한 이키노 하카토코(伊吉博德)의 보고서를 인용했다. 거기에는 낙양에서 천자를 알현한 일행이 에미시노쿠니에 대해 "어느 쪽에 있는 나라인가." "몇 개의 민족이 있는가." "그 나라에는 오곡이 있는가." 등 세세한 질문을 받은 사실이 적혀 있다. 외교에 종사하는 관리들은 자신들의 국가가 어떤 나라인지 명확하게 이야기해주는 논리의 갑옷을 입을 필요가 있었다.

《일본서기》가 덴무천황 시대에 태어난 이유는 무엇이었을까? 그것은 덴무천황이 동란 끝에 성립된 왕조였기 때문이다. 오아마노미코(大海人皇子), 훗날 덴무천황은 672년 진신의 난 때, 오토모노미코(大友皇子 ; 고분천황)를 옹립하는 오미(近江) 조정을 무력으로 쓰러뜨린 뒤 즉위했다. 오토모노미코는 오아마노미코의 조카로, 이른바 골육상쟁이 된 셈인데, 그 행동의 정통성을 정신적으로나 논리적으로나 나라 안팎으로 증명할 필요가 있었던 게 아닐까.

다른 많은 역사서도 이러한 목적으로 편찬된 것을 볼 수 있다. 당연한 일이지만, 정사는 새로운 왕조에 불리한 일은 기술하지 않고 유리한 사건이나, 거짓과 진실이 뒤섞인 이야기로 구성된다.

《일본서기》도 예외는 아니다. 게다가 이 책은 가미요부터 시작되어 초대 진무천황에 이르고, 그 뒤에도 같은 계통이 쭉 이어진다는 '만세일계'의 생각으로 이어져 있다. 그것은 메이지 시대에도 강조되고 정치에도 이용되었는데, 그 뒤 쓰다 소키치(津田左右吉), 미즈노 유(水野祐), 우에다 마사아키(上田正昭) 등의 연구로 '왕조교체' 사상이 제시되었다.

그 일례로 미즈노 유가 주장한 '3왕조 교체설'을 간단하게 설명하면, 제10대 스진천황, 제16대 닌토쿠천황, 제26대 게이타이천황을 초대로 하는 세 왕조의 흥망이 있었다는 주장이 있다.

단, 상반되는 주장이 제시되었을 때 어느 쪽이 옳고 어느 쪽이 그른지 단정할 만한 사료가 부족한 것이 고대사의 어려운 점이다. 실제로 《일본서기》는 완성된 지 얼마 안 되었을 때부터 헤이안 시대, 가마쿠라 시대, 무로마치 시대, 에도 시대를 통해 조정에서 연구하면서 시대마다 다른 해석을 덧붙여 왔다. 《고사기》가 에도 중기의 국학자 모토오리 노리나가(本居宣長)에게 재발견되어 그 존재가 주목을 받게 된 데 비해, 《일본서기》는 일관되게 조정에서 존중받으며 정치와 의식에 사용되어 왔다.

고대인의 감각으로 서술한 독특한 역사관

정사가 국가의 입장에 유리한 역사를 쓰는 것은 분명하지만 그렇다고 천황을 무조건 찬양만 하지는 않는다.

가장 대표적인 존재가 제16권에 등장하는 제25대 부레쓰(武烈)천황이다. 황태자 시절부터 사랑한 여성에게 연인이 있는 것을 알고, 수천 명의 군대를 이끌고 가 그 상대를 참살해 버린 잔학성이 강조된다. 천황에 즉위한 뒤에는 그런 성향이 더욱 심해져서 '임부의 배를 갈라 그 태아를 보았다', 사람을 나무 위에 올라가게 한 뒤 활을 쏘아 떨어뜨리고 웃었다', '여자들을 알몸으로 판자 위에 앉히고 면전에서 말과 교미시켰다' 등, 도저히 인간으로 생각할 수 없는 극악무도한 짓을 자행한다. 이 부레쓰천황은 오진, 닌토쿠천황의 피를 이은 마지막 천황으로, 자식이 없었으므로 다음 대는 다른 계보인 게이타이천황이 즉위했다. 부레쓰천황이 그렇게 악인으로 그려진 까닭은 그러한 계보상의 교체를 합리화하기 위한 것이었다는 견해도 있다.

한편, 궁핍한 백성들을 염려하여 3년 동안 조세를 면제해주고, 그동안 근검절약하기 위해 궁전 지붕의 이엉조차 갈지 않았다는 성제전설(聖帝傳說)의 주

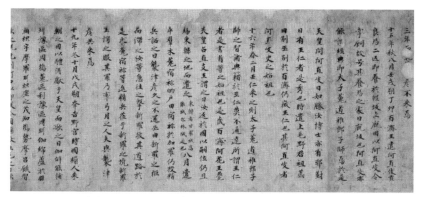

《일본서기》 제10권(다나카본)　국보. 제10권 '오진천황기'의 일부만 남아 있다.

인공 닌토쿠(仁德)천황이 있다. 그러나 이 닌토쿠천황에 대해서도 여러 여성에게 손을 뻗어 후궁으로 삼고는 황후의 맹렬한 질투에 시달리는 인간적인 면모가 그려진다. 그런 점을 보면 사실을 정확하게만 기록하는 것이 아니라, 천황에 대한 묘사 하나에도 무언가 작위가 영향을 미쳤음을 알 수 있다.

　더욱이 이해할 수 없는 것은 선과 악 양면의 일화를 가진 제14권의 유랴쿠천황이다. 가쓰라기산에 사냥하러 나간 유랴쿠는 자신의 모습과 똑같은 인물을 만나는데 곧 그가 히토코토누시임을 알게 된다. 유랴쿠는 히토코토누시와 함께 하루 종일 사냥을 즐기고 사람들로부터 '유덕(有德)천황'으로 칭송받는다.

　그런데 어느 날 요시노에 사냥을 나가 많은 짐승을 잡은 유랴쿠가 육회를 먹고 싶어 했는데, 군신들 가운데 만드는 방법을 아는 자가 아무도 없자 화가 나서 마부인 오쓰노 우마카이(大津馬飼)를 베어 죽이는, 도저히 같은 인물로 생각할 수 없는 일화가 소개된다. 그리하여 자신만이 현명하다고 우쭐해진 유랴쿠가 판단력이 흐려져 사람들을 죽였다 하여 '대악(大惡)천황'이라는 비난을 받았다고 한다.

　같은 천황에게 '유덕'과 '대악'이라는 정반대의 평가가 있는 것은 이해하기 어렵지만, 《일본서기》의 편찬자가 유랴쿠라는 인물을 역대 천황 중에서도 두드러진 존재로 느꼈거나, 독자에게 그렇게 느끼도록 하려는 의도가 있었을 것이다.

여기서 주의해야 할 것은 고대인의 역사관과 현대인의 역사관은 본질적으로 다르다는 점이다. 따라서 기술된 내용을 있는 그대로 받아들이는 것이 아니라, 어떻게 하여 그런 이야기가 기술되었는지 그 배경을 생각하면서 읽는 것이 중요하다.

제22권 스이코기(推古紀)에는 일본사의 등장인물 가운데 열 손가락 안에 드는 유명 인물인 쇼토쿠태자의 활약이 그려진다.

스이코천황의 섭정으로서 태자가 한 일로, 일본 최초의 성문법으로 알려진 17조 헌법을 제정했다, 관위 12계를 정했다, 견수사(遣隨使)를 파견해 대륙문화를 도입했다, 호류지(法隆寺) 등의 사찰을 창건했다, 등이 널리 알려져 있는데, 《일본서기》에는 그 이상으로 '신'과 같은 초인적인 능력을 갖춘 인물로 묘사된다. 태어난 지 얼마 지나지 않아 말을 했다거나, 성인이 된 뒤부터는 한꺼번에 열 명이 이야기를 해도 빠짐없이 이해하고 앞일까지 잘 내다보았다는 등이다.

태자가 사망한 것은 서기 622년으로, 《일본서기》가 성립된 720년에서 고작 98년 전이다. 아마 생전의 태자를 아는 인물로부터 직접 이야기를 듣는 것도 가능했을 것이다. 그런데도 태자를 둘러싼 인지를 초월한 일화와 전설은 사후 얼마 되지 않은 무렵부터 만들어졌고, 《일본서기》의 편찬자가 그것을 채용한 것이리라.

최근에는 쇼토쿠태자가 '실재하지 않았다'는 주장이 제기되고 있다. 그러나 쇼토쿠태자가 초인적인 인물로 전승되고 신앙의 대상이 되었다는 사실 자체는 부정할 수 없다. 그런 의미에서는 '실재했나, 실재하지 않았나'를 논하기 이전에, 율령국가는 왜 쇼토쿠태자를 전설로 채색된 카리스마 넘치는 인물로 그려냈는가 하는 것을 생각해볼 필요가 있다.

쇼토쿠태자와 함께 뜨거운 화제에 오르는 것은 소가(蘇我) 씨 4대이다.

제18권의 센카기(宣化紀)에서, 소가노 이나메가 최고권력자인 오오미(大臣)에 임명되었다고 기술한 부분부터 갑자기 역사의 표면에 나타나 다음 대인 우마코와 함께 모노노베 씨(物部氏)와의 정쟁에 승리한 이 일족은 에미시, 이루카 대에 이르러 영화의 절정을 누렸다. 그런데 이루카가 쇼토쿠태자의 아들인 야마시로노 오에노미코(山背大兄皇子)의 상궁왕가(上宮王家 ; 쇼토쿠태자의 일족)를

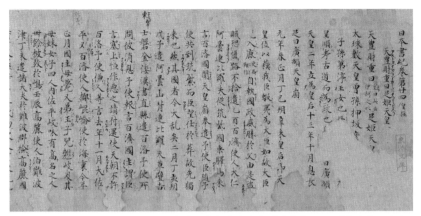

《일본서기》 제24권(이와자키본) 국보. 옛 미쓰비시 재벌 본가 이와자키(岩崎) 집안에서 소장하고 있다.

급습해 일족을 모조리 멸하는 횡포가 반감을 불러, 다이카 원년(645), 궁중에서 나카노오에노미코(中大兄皇子)와 나카토미노 가마타리(中臣鎌足)에게 암살당한다. 이에 아버지 에미시가 아마카시노오카(甘樫丘)의 저택에 불을 질러 자결함으로써 4대에 걸친 소가 씨의 종가는 덧없이 멸망한다. 이것이 제24권 고교쿠기(皇極紀)에 기록되어 있는 '잇시(乙巳)의 변'의 전말이다.

머리에서 어깨에 걸쳐 칼을 받았을 때 이루카는 "내가 도대체 무엇을 잘못했는가, 그 죄목을 밝혀라!" 하고 말하지만, 나카노오에노미코는 곧바로 "이루카는 왕자들을 모두 멸하고 제위를 흔들었다. 이루카가 천자를 대신할 수 있는가!" 하고 소리치며 자신의 행동을 정당화했다. 온갖 전횡을 휘두르며 황위까지 노린 극악한 소가 부자를 나카노오에노미코와 나카토미노 가마타리가 정의의 이름으로 처단하고 고대사에 남는 획기적인 대개혁으로 불리는 다이카 개신을 이룩했음을 매우 알기 쉽게 설명하는 공식적인 이야기이다.

그런데 최근에 소가 씨가 황위를 찬탈하려 했다는 것은 후세의 개찬(改竄)에 의한 것이고, 아스카 조정의 수호자로서 그 실력을 재평가해야 한다고 보는 기운이 높아지고 있다.

그 계기는 소가 씨와 관련된 것으로 보이는 유적 발굴조사이다. 나라현 아스카(明日香)의 미야코즈카 고분(都塚古墳)은 2014년 조사에서 계단피라미드 형태의 거대방분(巨大方墳 ; 동서 41미터, 남북 42미터, 높이 7미터 이상)이었음이 밝혀졌다.

미야코즈카 고분은 이나메의 무덤으로 추정되는데, 우마코의 무덤으로 알려진 이시부타이 고분(石舞臺古墳)과 비교하면 한결 작은 느낌이다. 그런데 그 위에 서면, 이시부타이 고분을 내려다보는 위치에 있으며, 또 그 아래에 우마코의 저택이 있었다고 하는 시마노쇼 유적(島床遺跡)이 자리하고 있는 것이 보인다. 길을 주목해 보면, 이 일대는 이모토게(芋峠) 고개를 넘어 요시노에 이르는 옛길 '가미이치 가도(上市街道)'와 나라 방면으로 빠지는 옛길이 엇갈리는 지점에 있음을 알 수 있다. 즉 만약 미야코즈카 고분이 이나메의 무덤이 맞는다면 교통의 요충을 장악한 셈이다.

이러한 지형을 눈앞에서 보면, 소가 씨의 권력이 얼마다 대단했는지 확인할 수 있을 뿐만 아니라, 그들이 조정의 수호자로서 신뢰받았을 가능성을 부정할 수는 없을 것이다.

일본에서 가장 오래된 정사라고 하면 틀림없이 '남존여비' 시각으로 썼다고 생각하기 쉽지만, 《일본서기》를 읽어보면 거기에 등장하는 여성들은 뜻밖에 당당하고 개성적인 인물들임에 놀라게 된다.

젊은 나이에 사망한 남편 주아이천황 대신 임신한 몸으로 한반도를 공격해 삼한을 정벌했다는 진구황후, 소가 씨에게 암살당한 동생 스슌(崇峻)천황 다음에 즉위해 쇼토쿠태자를 섭정으로 발탁하고 율령제를 확립하는 스이코(推古)천황, 첫 번째는 고교쿠(皇極)천황으로 즉위하고 두 번째는 사이메이(齊明)천황으로 즉위해 역사상 처음이자 유일하게 재즉위한 다카라노히메미코(宝女王), 남편 덴무천황과 함께 진신의 난 때 승리한 뒤 스스로 즉위하여 후지와라쿄(藤原京)를 건설한 지토(持通)천황.

이들 여제뿐만 아니라, 신의 계시를 받아 국가를 움직이는 무녀 야마토토토히모모소히메(倭迹迹日百襲姬), 천황인 남편과 야심을 불태우는 오빠 사이에서 눈물짓는 비극의 황후 사호비메(沙本毘賣) 등, 개성이 뚜렷한 여성들이 잇따라 등장한다. 그녀들의 활약에 주목하면 《일본서기》를 두 배, 세 배 더 재미있게 읽을 수 있다.

《일본서기》의 뒷이야기

　신화와 전설이 가득한 고대 천황의 시대를 거쳐, 《일본서기》의 기술은 실재한 천황의 시대에 돌입, 정말로 있었던 역사를 정확하게 기록한 것으로 볼 수 있다. 아버지 게이코천황부터 지방 정벌을 명령 받은 야마토타케루에 대한 이야기에서는, 《일본서기》에는 《고사기》와 같은 비극성은 그다지 없다. 그 뒤는 소가 씨의 전횡과 대비하듯이 쇼토쿠태자의 활약에 대한 기술이 두드러진다. 그러나 그것을 곧이곧대로 역사적 사실로 받아들여도 되는 것일까? 역사는 후대의 권력자에게 유리하게 수정된다. 그래서 역사상 유명한 사건에 대한 《일본서기》의 기술에서 그 이면을 깊이 파헤쳐보고자 한다.

1. 스진천황(崇神天皇), 스이닌천황(垂仁天皇)

　스진천황과 스이닌천황 두 왕조에 대해서는 《고사기》와 《일본서기》에 여러 기록이 있는데, 가장 주의를 기울일 점은 신을 모시는 제사이다. 《고사기》에는 스진천황 때 역병이 유행해 많은 사람이 죽었는데, 어느 날 밤 꿈에 오모노누시가 나타나 '이 역병은 내가 일으켰다. 오타타네코가 나에게 제사를 지내면 역병이 그치고 나라가 평온해지리라' 말했기 때문에 그 말대로 했다고 적혀 있다. 오타타네코는 이 신의 현손(玄孫)이었으며, 이에 대해 오모노누시와 이쿠타마요리히메의 신혼담(神婚譚), 보통 미와산 이야기로 알려진 이야기가 있다. 《일본서기》에도 거의 같은 기록이 있다. 다만 그 동기에 대해서는 '나라 안에 수많은 역병이 돌았다'(國內多疫病)는 기록 말고도 '나의 치세에 수많은 재해가 일어나는 까닭은 조정이 선한 정치를 행하지 않아 천신지기가 허물을 물으시는 것이리라(当朕世, 數有災害, 恐朝無善政, 取咎於神祇耶)' 이러한 천황의 말씀을 싣고 거기에 중국 정치사상을 포함시켰다. 그리고 신의 계시에 따라 오모노누시에게 제사지냈는데 효험이 없자, 더욱 신에게 가르침을 얻고자 기도했을 때 꿈을 통해 그 계시를 받았다고 쓰여 있다. 이야기가 복잡해진 데다가, 그 계시를 따르면 나라가 평온해질 뿐만 아니라 해외의 나라들이 스스로 복종해 올 것이라는 내용이 더해져 있다. 오타타네코는 신의 현손이 아니라 아들이 되어 있고, 신혼(神婚) 설화는 오타타네코와 관계없는 다른 이야기가 되어 다른 곳에 기록되어 있다. 그 오타타네코가 아버지 오모노누시에게 제사지낸 것 말고도 야마토의 직계 조상인 나가오이치가 야마토의 오쿠니타마에게 제사지냈다고 한다. 그런데 《일본서기》에는 그 이전에 따로 도요스키이리히메가 아마테라스, 즉 태양신을 가사누이 마을에서 제사지내고, 누나키이리비메가 야마토의 오쿠니타마에게 제사지냈다고 한다. 그 동기로 '도망가거나 배반하는 백성이 많아 덕으로 나라를 다스리기가 어려워졌다'는 이 또한 중국 사상을 포함한 기록을 싣고 있다. 그 뒤를 이어 스이닌천황 때 야마토히메가 아마테라스에게 제사지냈다는 내용이 써 있다. 야마토히메는 아마테라스가 자리잡을 땅을 찾아 우다로 갔다. 그리고 오미, 미노를 두루 돌아다녔는데 이세에 이르러 그 땅을 얻었다고 한다. 그런데 스이닌천황기(垂仁紀)에 적혀 있는 한 기록에서는 야마토히메가 일단 아마테라스를 시키에 모셨다고 되어 있다. 또한 같은 책에는 이때 야마토의 아마테라스를 오이치의 나가오카의 곳에 모셨다는 기록도 있는데, 거기에는 이 신의 계시로서 태초에 아마테라스와 서약을 맺었다는 이야기가 실려 있다. 그리고 처음에 누나키와카히메가 제사지낸 것을 까닭이 있어 나가오이치가 다시 제사지냈다고 적혀 있다. 《고사기》에는 이러한 이야기를 모두 볼 수 없다. 다만 도요스키이리히메와 야마토히메가 이세신궁에서 제사를 지내는 역할을 맡았다는 내용만이 스진천황과 스이닌천황의 계보에 적혀 있다. 먼 뒷날에 만들어진 《고어습유(古語拾遺)》에는 이에 대해 《고사기》와 《일본서기》에서는 찾을 수 없는 기록이 있다. 자세히 말하면, 《고사기》에는 전혀 존재하지 않는 이야기지만, 《일본서기》에는 아마테라스와 야마토의 오쿠니타마(토지신)는 이전부터 궁중에서 모셔왔으나 스진천황 때 '이 두 신이 대립했기' 때문에 다른 곳에서 모시게 되었다고 써 있는데, 《고어습유》에는 더욱 구체적으로 이때 이미베 씨에게 거울과 검을 만들도록 명했다고 적혀 있다.

여기서 먼저 생각해야 할 것은 《고사기》와 《일본서기》 두 책에 실린 기록의 차이인데, 오모노누시의 제사에 관해서는 《일본서기》쪽이 발달한 형태를 갖고 있다. 중국 사상은 본디 《일본서기》의 독특한 문장으로 윤색되었고, 처음에는 앞서 인용했던 글처럼 재해 운운하며 어려운 도덕적 의의가 있음을 주장하면

후지와라쿄(藤原京) 중국 도성제를 따라 세운 일본 최초의 본격적인 도성이다.

서도 '조정에 선정이 이루어지지 않아 두렵다(恐朝無善政)'는 점에 대한 조치는 조금도 사건 경과에서 나타나지 않고, 마지막에 가서는 원래 이야기대로 그저 '역병의 시작과 끝'만 이야기하고 있는 것을 보아도 그 흔적을 알 수 있다. 외국 이야기도 가야제국 사절이 찾아왔다는 이야기를 이 천황에게 갖다 붙였기 때문에 그에 대응하도록 한 것이리라. 그러나 제사의 경과가 복잡해진 것은 이야기 그 자체의 발전으로 보아야 한다. 그런데 《고사기》의 설도 이야기의 원형이었다고는 생각하기 어렵기 때문에 오타타네코를 오모노누시의 아들로 기록한 《일본서기》와 달리, 그를 현손으로 삼고 특히 그 계보 가운데 다케미카즈치를 더한 것은 아마도 후세 사람들의 윤색일 것이다. 이 점에서는 오히려 《일본서기》에 오래된 형태가 남아 있는 게 아닐까. '天下平, 人民榮'과 같은 중국식 표현법도, 《고사기》에서는 다른 이야기와 그 표현 방식이 맞지 않는다.

그리고 오모노누시와 함께 야마토의 오쿠니타마를 모셨다는 《일본서기》이야기도 나중에 덧붙여진 것인 듯하다. 이 이야기가 《고사기》에는 나오지 않는 것, 계시 또는 꿈에 나타났다는 신의 이름에 오모노누시만이 보이는 것, 오타타네코 이야기는 자세히 쓰여 있지만 나가오이치는 이름만 나온다는 것 등을 통한 추측이다. 또한 이 오쿠니타마를 모시는 제사는 이미 이야기했듯 전후로 두 번 행해졌는데, 후자는 오모노누시의 이야기와 연결되어 신관이 나가오이치인데, 전자는 아마테라스와 똑같이 대하고 신관이 누나키이리비메노미코토라고 되어 있다. 그런데 《고사기》의 계보에는 누나키이리비메노미코토의 이름이 나오면서도, 도요스키이리히메가 이세의 아마테라스에게 제사지냈다고 쓰여 있는 것과 달리, 이들이 오쿠니타마를 모셨다는 것이 적혀 있지 않다. 천황 대전 안에서 모셨던 아마테라스를 다른 곳에 모셨다는 것은 가미요 역사의 황손강림 때 아마테라스에게가 신성한 보물을 내려주셨다는 이야기, 따라서 또 《고어습유》로 전해 내려온 신기모조담(神器摸造譚)을 그 이야기와 결합해 이야기할 수 있으나, 오쿠니타마에 대한 같은 이야기는 완전히 고립된 것이다. 그러므로 이 또한 나중에 덧붙여진 것이리라. 이야기가 덧붙여진 사정은 스이닌천황기(垂仁紀)의 주(注)에 인용한 하나의 설을 통해 알 수 있다. 이 설에 따르면 스진천황 때 지낸 제사는 마지막을 보고 본래의 것을 잊어버린 것이므로 이 신을 모시지 않으면 안 된다는 계시가 있었다는 것이다. 아마테라스와의 서약은 그 본래의 것을 밝히려고 서술된 것일 터이다. 끝에 지나지 않는다는 것은 오모노누시를 모신 것을 가리키는 말이 틀림없으므로, 이 계시에는 오쿠니타마 신사가 오모노누시 신사에 대항하여 자신의 우월함을 보여주려는 의도가 포함되어 있음을 추측할 수 있다. 다만 이 설에서는 그것이 스이닌천황 시대에 시작된 것처럼 되어 있는 것을 《일본서기》 본문에서 그것을 바탕으로 한 걸음 더 나아가 스진천황 때 오모노누시와 함께 모셨던 것으로 고쳐 쓰여 있다. 그리고 계시에서 보이는 아마테라스와의 관계를 구체적으로 보여주고자 따로 그 이전의 일로서 이제까지 아마테라스처럼 모시고 있었다는 것을, 같은 시기에 황거에서 떨어진 장소로 옮긴 것처럼 기록했던 것이다. 전자의 경우는 누나키이리비메, 후자의 경우는 나가오이치를 신관으로 삼아, 책의 설에서는 종합해 이야기되는 두 사람을 둘로 나누어버린 것도 이런 이유에서이다. 이어서 행해졌다는 같은 신을 모시는 제사가 서로 전혀 관계없는 것이 되어 중복되는 느낌을 주는 것은 매우 부자연스러운 이야기이지만, 그것은 이런 식으로 억지로 만들어졌기 때문이다. 그리고 이 책의 이야기에서 볼 수 있는 아마테라스와의 계약은 후세의 사상일 터이므로, 이 설이 만들어진 시기도 대강 추측할 수 있다. 뿐만 아니라 더욱 근본적으로 생각해 보면, 오쿠니타마는 국군제치(國郡制置)로 행정구역이 정해진 뒤에 등장한 듯하다. 신명장(神名帳)을 보면 곳곳에 구니타마 또는 오쿠니타마 신사가 있는데, 그 구니는 다이카 개신(大化改新) 이후 행정구획으로서의 '구니'(國 ; 나라)를 말하는 듯싶으므로 그러한 행정구획 구니마다 그 구니를 다스리는 구니타마를 모신 것이 이 신사인 것이다. 실제로 《일본서기》의 이 이야기에서도 야마토의 오쿠니타마라는 이름에서 야마토는 나라 이름이었음이 틀림없다. 그렇다면 이 이야기는 일러도 다이카 이후가 아니면 만들어질 수 없다. 또한 신관으로 전해지는 나가오이치(나가오시 ; 長尾市)라는 이름은 신사 소재지로 적혀 있는 오이치의 나가오카를 그대로 사람 이름으로 쓴 것 같다.

　다음으로는 아마테라스 제사 이야기를 생각해 보아야 한다. 앞서 이야기했듯, 《고사기》에는 이 이야기를 찾을 수 없으나 두 황녀가 대신궁에서 제사를 지낸 이야기만은 계보 쪽에 적혀 있으므로, 그것은 《제기(帝紀)》와 《구사(舊辭)》의 옛 형식에는 이 이야기가 없고 나중에 그것이 첨가된 것을, 《고사기》의 원전이 되었던 《구사》는 그 보충이 되지 않았던 책이며, 《제기》는 기록되어 있던 책임을 보여주는 듯하다. 다만 도요스키이리히메가 '이세신궁에서 제사를 지냈다'는 기록은 아마테라스가 처음부터 이세에서 제사지내졌다는 뜻이며, 한때 야마토의 가사누이에 신궁을 세웠다고 주장하는 《일본서기》의 기록과 모순된다. 《일본서기》를 잘 살펴보면 본문의 가사누이와 주석의 시키와 이세에 자리잡기 전에 모셨던 장소에 대해 서로 모순되는 여러 설이 있는 것은 나중에 여러 가지로 만들어졌기 때문인 듯싶다. 또한 본문에 나오는 야마토히메노미코토가 오미, 미노, 이세를 돌아보았다는 이야기는 가사누이에 자리잡는 이야기와 이어지는 부분이지만, 나라 이름을 적은 방식을 보면 국군제치 이후에 만들어진 것이라고 보아야 하며 아마테라스의 계시인 '신풍이세국(神風伊勢國)'은 이세에 신궁이 세워지고 난 뒤에 나오기 시작한 말임이 틀림없다. 이스즈강 위를 아마테라스가 처음으로 하늘에서 내려온 장소라 하는 것은 분명하게 가미요 역사의 주장(高天原神話)과 모순되나, 이 또한 신궁 소재지와 아마테라스의 관계를 설명하기 위해 고안된 후세의 생각이기 때문이다. 그리고 하나의 설에서 이세에 자리잡은 시기를 《일본서기》 본문보다 1년 전인 정사(丁巳)년 겨울 10월 갑자(甲子)라고 하는 것은 이러한 이야기에 정밀한 연월을 끼워 맞춘 점에서 이 글이 쓰인 때가 후세임을 증명하는 것이며, 그것은 아마 《일본서기》 편찬 과정에서 초본 등에 있었으리라 생각할 수 있다. 그러므로 《일본서기》의 기록은 모두 후세 사람들의 조작이며 《고사기》에 있는 기록이 아마테라스가 이 땅에 자리잡은 이야기의 첫 사상을 전한 것인 듯싶다. 《고사기》의 설은 《일본서기》에 나오는 이야기에서 변화한 것이라고는 생각하기 어렵다.

이렇게 생각하면 《고사기》로 전해져 오는 최초 이야기의 가치도 저절로 판단할 수 있을 것이다. 야마토히메라는 이름이 앞서 이야기한 예처럼 지명을 그대로 사람 이름으로 사용한 것이라고 생각하는 것이 좋다. 역사적 사실로서 신궁이 언제 세워졌는지는 명확하지 않으나, 가미요 역사가 혹시 이세신궁이 이미 존재했을 때 처음으로 쓰였다고 한다면 아마테라스에 관한 이야기의 무언가는 거기에 관계가 있을 듯도 하다. 예를 들면 아마테라스의 거소(居所)인 다카마노하라에 야마토 지방에서 그 이름을 따온 가구야마와 다케치 등 대신 이스즈강 등이 나타나거나 아니면 태어난 토지가 이세라고 되어 있거나, 그러한 일이 있을 수도 있다고 생각되는데도 전혀 그런 흔적이 없고, 아마테라스를 중심으로 하는 가미요 역사 전체에서도 이세가 아무런 중요한 지위를 차지하지 않는 것을 보면 신궁 건설은 가미요 역사의 첫 편찬 뒤에 이루어졌다고 생각할 수 있다. 그리고 가미요 역사를 포함한 《구사》의 첫 편찬이 6세기 중엽이라고 한다면, 이세신궁에서 아마테라스를 모시게 된 것은, 아니면 이세에 신궁을 세운 것은 일러도 6세기 후반 무렵이었음을 추측할 수 있다. 이러한 생각을 할 것도 없이 《구사》의 최초의 본에는 이세신궁의 이야기가 없었다고 한다면 단순히 그 점에서도 같은 말을 할 수 있으리라. 요약하자면 아마테라스가 이세에 자리잡은 이야기는 이 신궁의 기원을 설명하기 위한 것이며 앞서 이야기했듯 《구사》가 편찬되고 나서 이야기되기 시작하여 그 뒤에 그 이야기가 여러 가지 형태로 윤색된 것이라 생각해야 한다. 그렇게 처음으로 이야기된 것은 앞서 언급한 신궁 창건 시기로부터 생각했을 때, 스이코천황 때가 아니었을까.

　마지막 문제는 《고사기》와 《일본서기》에 공통으로 나오는 오모노누시를 모시는 제사 이야기인데, 이 신의 자손으로 오타타네코라는 사람이 있다는 것만 보더라도 이 이야기가 사실이 아님은 분명하다. 오모노누시는 사람이 아니라 신이며 게다가 그 모습은 뱀이라고 생각되어 왔기 때문이다. 오모노누시가 뱀의 형상으로 나타났다고 하는 《일본서기》의 이야기는 《고사기》에는 명기되어 있지 않지만 그것에는 방증도 있다. 유랴쿠천황기(雄略紀)에 천황이 미모로 언덕의 신의 모습을 보려고 했을 때 어떤 사람이 뱀을 그 산에서 잡아와 보여주었기에, 그 뒤로 이 언덕을 이카쓰치 언덕이라고 했다는 이야기가 있다. 이카쓰(嚴つ)는 엄하다는 뜻이며 '치'는 오로치나 미즈치와 같은 말로, 이카쓰치는 무서운 신으로서의 뱀을 가리킨다. 이 이야기 속 미모로 언덕은 이카쓰치 언덕이라는 이름에서 생각할 때 미와가 아니라 아스카일 터인데, 뱀이 신으로 여겨진 것은 이것만으로도 알 수 있으므로, 미와산의 신도 마찬가지였다고 생각하는 것도 무리는 아니다. 본디 《고사기》의 가미요에는 미와산 신을 넓은 바다를 비추는 신으로 기록했고, 《일본서기》에서는 그것을 오나무치의 사키미타마(幸魂 ; 사람에게 행복을 주는 신의 영혼)·구시미타마(奇魂 ; 신비한 힘을 가진 영혼 또는 그 영혼이 깃든 것)로서 같은 내용이 적혀 있는데, 이에 대해서도 《고사기》의 스이닌천황권에는 히나가히메가 뱀이 되어 바다를 비추며 쫓아왔다는 기록을 참고할 수 있다. 여기서 말하는 신 아니면 혼은 반드시 뱀 자체는 아닐 테지만, 뱀으로 연상할 수 있는 것이기는 하다. 적어도 인간의 형태를 갖추지 않았다는 것은 의심할 여지가 없다. 그런데 한편 이 신이 꿈의 계시에서, 그리고 오타타네코의 선조라는 점에서 사람의 형상을 갖는 신으로 여겨지므로 거기에 모순이 있다. 이 모순은 어떻게 생각해야 할까. 그것을 해석하는 일은 저절로 이 이야기의 의의와 그것이 만들어진 시대를 아는 데 도움이 될 것이다.

　이에 대해 생각할 때는 상고 시대에 신이라 불렸던 존재가 무엇인지를 먼저 알아둘 필요가 있다. 상고 시대 사람들의 사상으로는 산신과 바다신이 있다고 여겨져 왔는데, 이것은 산과 바다 자체가 신으로 여겨진 동시에 산과 바다 모든 곳에 눈에 보이지 않는 정령이 있다고 여겨, 그 정령을 신이라고 불렀던 듯하다. 그리고 그 정령은 동물의 형상을 취하기도 하므로, 뱀과 악어(바다뱀)는 산과 바다의 신으로 여겨졌다. 그러나 뱀과 늑대 등은 그 자체로도 신이며 큰 나무와 돌도 신이었다. 하늘 위의 해와 달도 신이고, 바람도 우레도 불도 마찬가지였다. 이들은 자연계에 있는 신이었는데, 사람의 생활과 특수한 관계가 있는, 그리고 사람이 만든 장소, 아니면 생활에 없어서는 안 되는 것, 예를 들면 용수로, 우물, 아궁이, 집의 문, 또는 경작하는 토지에도 신으로서의 정령이 있고, 먹는 쌀 자체도 신이었다. 뿐만 아니라 사람의 피도 마찬가지로 신으로 여겨졌다. 이것으로 볼 때, 사람이 어떤 때는 그들의 생활을 해하는 것에 위협을 느껴 공포를 느낌과 함께, 다른 때에는 사람의 생활을 보호해줌으로써 생명을 유지시켜주는 것에 사람이 의존하는 것, 이 두 가지 의미에서 사람의 힘이 미치지 못하는 어떤 영적인 힘을 갖고 있는 것을 신으로 여겨 왔다고 생각할 수 있다. 이러한 신은 뱀 등의 동물은 말할 것도 없이, 눈에 보이지 않는 정령이든 형태를 갖춘 것이든 그 대부분은 어떤 의미에서 살아있는 것, 어느 정도 사람처럼 따뜻한 마음과 참된 생각을 가진 것처럼 여겼다. 또한 사람의 생활을 해하는 못된 영과 사악한 신의 종류도 많고 낮에는 소리를 내며 소란을 피우는 신, 밤에는 빛을 내는 신 등이 어디에나 있으며, 어두운 곳이나 갈림길, 시체나 묘지에 있는 악신, 악령도 있다고 하는데, 이는 모두 사람의 공포감에서 그렇게 믿게 되었다고 생각할 수 있다. 하늘의 별도 밤에 빛나는 존재로서 그 동료이다. 그런데 앞서 이야기한 신들에게 해를 입지 않고 보호를 요청하기 위해서는 주로 제사의 방법이 쓰였으나, 별개로 주술에 따른 것도 있기 때문에 그 경우에는 일반적으로 주력(呪力)이라 칭할 수 있는 영적인 힘을 갖고 있다고 믿어진 것은 역시 신이라 불렸다. 나무, 돌, 불, 물, 쌀 등은 이런 의미에서 신이었다. 주술은 또한 악령, 악신을 물리쳐 사람의 생활을 보호하기 위해서도 행해졌기 때문에 그 경우에도 주력을 갖고 있다고 여겨진 것, 예를 들면 거울이나 칼, 구슬, 지팡이, 침 같은 것 또한 신이라고 불리며, 나무, 돌, 물, 불은 이런 의미에서도 신으로 여겨졌다. 주사(呪詞)를 읊을 때의 '말'도 주력이 있는 것으로서 신이었다. 이러한 제사와 주술은 개인적으로도 행해졌지만, 집단적 또는 공공적으로도 행해졌다. 그 집단적, 공공적 의례는 반복적으로 행해져, 그 의례를 행하는 장소로서 오랜 세월 동안 저절로 정해진 장소가 이른바 신사의 땅이었다. 그리고 신이 있다고 또는 그 신이 활동한다고 믿어온 곳, 아니면 제사와 주술을 행하기 편한 곳 등이 그런 장소가 되었다. 또한 제사와 주술을 행하는 존재로 무당이라고도 불리는 사람이 있었던 것은 말할 필요도 없겠으나, 촌락, 지방 집단에서 제사와 주술을 행할 때는 자연스레 그 집단의 수장, 즉 구니노미야쓰코(國造), 아가타누시(縣主) 아니면 임금 등의 사람이 그 스스로 또는 무당을 거느리고 그 임무를 맡았다. 지방 수장과 그 토지의 신사 사이에는 밀접한 관계가 있었다는 것을 문헌 곳곳에 실린 기록으로 알 수 있다. 신을 뜻하는 가미라는 글자에서 '미'는 그 어근이자 영적인 힘을 가리키는 것이며, '가'는 그 위에 더해진 접두어이지 않을까. 헤미(뱀)의 미도, 야마쓰미나 와다쓰미도 이 가미의 미와 같다.

주술적 의례에서는 신의 상징으로서 무언가의 형태를 가진 것이 마련되는 경우가 있었을지도 모른다. 그리고 그중에는 사람의 형상을 마련하는 경우도 없었다고는 할 수 없기 때문에, 혹시 그런 경우가 있었다고 한다면, 그것은 신에게 사람의 형상을 주는 하나의 계기가 되었을 터이다. 그렇지만 그런 것이 있었다는 증거는 명확하지 않다. 왜냐하면 가미요 이야기에서도, 주사 등에서도 사람을 흉내 낸 이름이 붙여져 있는 경우는 있으나, 사람의 형상을 갖고 사람처럼 행동했다고는 이야기되지 않으므로 민간신앙에서의 신으로서는 더욱 그랬으리라 생각되기 때문이다.

다만 먼 옛날부터 전해 내려온 민간설화에서는 동물과 인간이 명확하게 구별되지 않고, 예를 들면 가미요의 호호데미와 악어 여자의 이야기와 같은 것도 있으므로, 미와산 신으로서 동물이 사람의 형상을 하고 나타났다는 것은 거기서 이끌어낸 점이 있을 것이다. 가미요 이야기에서 신에게 사람 같은 이름을 붙이는 것이 그것을 도왔는지도 모른다. 오모노누시라는 이름이 붙은 것은 그것을 나타내는 것이리라 생각되고, 따라서 미와산 신을 모시는 제사에 관한 설화의 이 부분은 가미요 역사가 세상에 나타난 뒤에 만들어진 것이라고 생각할 수 있는데, 그 신을 오타타네코의 선조로 여긴 것은 신을 받드는 사람으로서, 무당의 임무를 맡는 사람으로서 그 지역 수장의 지위가 세습적이었기 때문이리라. 오타타네코가 미와 군주의 조상으로 여겨지는 것도 그 증거이다. 미와 군주는 미와산 신을 모시는 지위에 있었기 때문에 그 신을 선조로 삼은 것이다. 다만 이 경우, 선조로서의 미와산 신이 뱀이라는 점에 대해서는 신을 선조로 삼는 것과 민간설화는 따로따로 생각되는지도 모른다.《고사기》와《일본서기》의 기록으로 그렇게 추측할 수도 있다.

뱀인 미와산 신이 그 신의 신관이 된 오타타네코의 선조가 되고 사람의 형상을 가진 것으로 여겨졌다는 것은 이렇게 생각하면, 자연스레 그 의미를 알 수 있으리라.

스진천황과 스이닌천황 두 왕조에 대해, 신의 제사에 관련한 두세 가지 전설적 이야기가 있다. 그중 하나는《고사기》와《일본서기》양쪽에 모두 실려 있는 스진천황 때의 미와산 이야기이다. 이는 전체적으로 미와 지명 설화가 되어 있으나, 이야기 그 자체는 본디 미와와는 관계가 없는 민간설화였고,《고사기》와《일본서기》의 기록은 그 이야기를 뱀으로서 숭배했던 미와산 신과 결합한 것에 지나지 않는다. 뱀과 인간의 혼구(婚媾)는 세계 민간설화에도 그 예를 많이 볼 수 있기 때문이다.《고사기》의 진무권에는 같은 미와의 오모노누시가 붉은 칠을 한 화살이 되어 여자와 정을 통했다는 이야기도 있는데,《히타치노쿠니풍토기(常陸國風土記)》의 나가군(那賀郡) 조를 비롯하여《히젠노쿠니풍토기(肥前國風土記)》의 사가군(佐嘉郡) 조에도 이 신혼담과 비슷한 이야기가 있다. 그것이 모두 뱀을 주인공으로 삼은 것이므로, 이 이야기가 미와산에 연결된 것도 이 산의 신이 뱀이라고 여겨졌기 때문이리라. 붉은 칠을 한 화살 이야기는《야마시로노쿠니풍토기(山城國風土記)》에도 비슷한 이야기가 있다. 호노이카즈치(불벼락)라는 신이 있고, 그 아들은 가모노와키이카즈치라고 하는데, 이 '이카즈치'도 본디 '벼락'이 아니라 '뱀'이었을 것이다. 그리고 똑같이 붉은 칠을 한 화살로 마찬가지로 신혼을 이룬《고사기》의 이야기와 이 풍토기의 이야기는 같은 설화가 조금 형태를 바꾼 것이라고 보아야 하므로,《고사기》의 이야기 속 붉은 칠을 한 화살은 뱀의 변형이며, 본디는 뱀으로 이야기되어 왔던 것일 터이다.《고사기》와《일본서기》를 비교하면《고사기》에는 중요한 부부의 이별 이야기(아마테라스의 아버지 이자나기와 어머니 이자나미는 호노이카즈치의 출산을 계기로 헤어진다)가 없으므로, 《일본서기》쪽이 완전한 형태를 갖추고 있는 듯싶다. 이 이야기가 역사적 사실이 아닌 것은 말할 것도 없다.

두 번째로는 이 또한 《고사기》와 《일본서기》 모두에 실려 있는 스이닌천황 때의 호무치와케노미코의 이야기이다. 이 황자는 긴 수염이 가슴팍까지 이르도록 말을 하지 못했으나, 백조가 우는 소리를 듣고 처음으로 소리를 냈기 때문에 그 새를 잡으려고 사람을 보냈다. 그 사람은 기이, 하리마, 이나바, 다니하, 다지마, 오미, 미노, 오와리, 시나노를 순차적으로 쫓아가서 마지막에 고시노쿠니에서 그 새를 잡을 수 있었다. 그렇지만 황자는 이즈모의 신을 숭배했기 때문에 그 신에게 제사지낼 때까지 입을 열지 않았다. 이것은 《고사기》에 적혀 있는 기록으로, 그 뒤에 히나가히메와 하룻밤 만났으나 그 공주는 뱀이었다는 이야기가 연결된다. 《일본서기》에는 이야기가 조금 바뀌어 처음 백조의 소리를 들었을 때 말을 하게 되었기에 그 새를 잡아 헌상하라는 칙명이 있었고 이즈모(아니면 다지마)에서 그 새를 잡았다는 내용이며, 이즈모의 신에 대한 이야기는 전혀 보이지 않는다. 《일본서기》쪽이 이야기의 원형에 가깝고, 《고사기》는 거기에서 발전한 것으로 보인다. 《고사기》의 새를 쫓아 돌아다녔다는 나라들은 저마다 국군제치 이후의 나라 이름이므로 다이카 뒤에 수정한 듯하다. 그리고 긴 수염이 생길 때까지 말하지 않았다는 것은 《이즈모노쿠니풍토기(出雲國風土記)》의 니타군(仁多郡) 조에 비슷한 이야기가 있다. 백조 이야기는 그러한 이야기의 형태에 속한 것이다.

다음으로 종교적 의의는 없지만, 《고사기》와 《일본서기》 두 군데에서 모두 볼 수 있는 이야기가 있다. 스이닌천황 때 다지마모리가 해로(海路)를 통해 도코요노쿠니로 가서 도키지쿠노카쿠노고노미를 가져왔다는 이야기이다. 《일본서기》에는 이 도코요노쿠니를 설명하며 '신선비구(神仙秘區)'라고 말했고, 그 여정을 기록하여 '万里踏浪, 遙度弱水'라 적었는데, 이는 명백하게 중국의 신선사상이다. 특히 신선의 고향인 봉래산은 바다 가운데 있다고 여겨졌으므로, 바다에 배를 띄워 간다고 하기에 가장 적절하다. 《고사기》에는 이런 문자는 없으나, 그 사상은 동일하다는 것을 '도코요' 이야기로 추측할 수 있다. 도코요는 상세(常世), 즉 '장생불사'(長生不死)라는 의의로 풀이할 수 있기 때문이다.

'당신은 장생불사의 나라에 살다 오셨군요. 예전보다 젊어지셨어요'(《만엽집》4권) '당신을 기다리는 마쓰우라 뒤의 소녀는 장생불사 나라의 선녀일까요'(《만엽집》5권) 도코요의 나라가 만엽 시대에는 일반적으로 '신선의 고향'이라는 의의로 사용되었을 뿐만 아니라, 유랴쿠천황기에 '바다로 들어가 봉래산에 가서 신선들을 만났다'는 우라시마 청년(타로)에 대해서도 《단고노쿠니풍토기》(丹後國風土記)에 '장생불사의 나라에 구름이 길게 뻗친 강가의 우라시마 청년이 칠현금을 들고 건너가네'라는 노래가 실려 있다. 도코요가 신선의 고향을 가리킨다는 것은 의심할 여지가 없다.

《고사기》와 《일본서기》의 이야기에 도코요는 두 가지 의의로 사용되었다. 하나는 '상야'(常夜)라는 뜻으로 역사적으로 말하면 그 쪽이 더 오래된 풍습이었으나, 별개로 '상세'라는 의미도 있다고 한다면, 그것은 신선사상이 들어오고 나서 불로불사라는 관념을 이 말로 나타내게 되었기 때문에, 도코요노쿠니는 그 의의에서 신선의 고향으로 간주된다. 그렇다면 다지마모리 이야기도 이러한 중국사상의 소산이라고 한다면 이의는 없을 것이다.

또한 '도코요'라는 이름은 고교쿠천황기(皇極紀)에서도 보인다. 벌레를 '상세의 신'이라 칭했다고 하는데 이 또한 그 공덕이 '貧人致富, 老人還少'(부와 장수를 얻을 수 있다)고 하므로, 역시나 도코요를 '불로불사'(不老不死)의 의미로 이렇게 칭한 것이다. 《히타치노쿠니풍토기》에도 있는 것처럼 이는 미칭(美稱)이며 불로불사의 의의는 없어졌지만 이 또한 신선의 고향이라는 관념에서 나온 것임은 틀림없다. 그리고 《고사기》의 가미요 권을 보면, 스쿠나히코나가 도코요노쿠니로 건너가고 말았다고 나오는데 이는 그 뜻이 바뀌어 '신선'이라는 존재가 없어지고 그저 '바다 위의 나라'라는 관념만 남은 것이리라. 또한 진무천황기(神武紀)에는 미케이리누가 '어머니도 이모도 해신(海神)인데 왜 파도가 일어나는가' 말하고는 그 파도를 밟고 도코요노쿠니로 갔다는 이야기가 있는데, 이는 바다 가운데 있는 나라, 즉 호호데미 이야기에서 볼 수 있는 와다쓰미의 나라를 '도코요노쿠니'라는 말로 표현한 것이다. 이 이야기는 이나히가 바다로 들어가 사히모치가 되었다는 것에서 유추해도 바다 속으로 몸을 던졌음을 말한 것임에 틀림없으나, 그것을 와다쓰미의 나라인 바다 속 나라로 갔다고 한 것이다. 《新撰姓氏錄》(신찬성씨록, 21권)에 상세연(常世連)을 연나라 왕, 공손연의 후예라고 하는 것도 '도코요' 이야기를 외국 나라라는 뜻으로 사용한 것이리라. 도코요노쿠니를 외국의 토지로 여기거나 바다 속 나라로 여긴 것도 모두 봉래산 관념에서 바뀐 것이다.

다음으로 생각해야 할 것은 《고사기》에 스진천황 때 고시와 동방 12개의 길로 오히코와 그 아들 다케누나카하와케를 보내 '따르지 않는 사람들'을 평정하게 했고, 다니하에도 히코이마스 왕을 보내 구가미미노미카사라는 사람을 죽였다는 이야기가 있다. 《일본서기》에는 호쿠리쿠(北陸), 도카이(東海), 사이도(西道), 다니하 네 지방에 장군을 파견했다고 하여, 호쿠리쿠는 《고사기》의 고시, 도카이는 동방 12개의 길에 해당되는데, 사이도는 《일본서기》에 처음으로 등장한 곳으로 그 장군은 '기비쓰히코'라 하며, 다니하로 보내진 자도 '다니하노미치누시'라는 이름이다. 《고사기》에는 세 방향만 있고 '사이도'가 없는 것에 관해서는 고레이천황(孝靈天皇) 권에 오키비쓰히코와 와카타케키비쓰히코에게 명하여, 하리마를 길의 입구로 삼아 기비노쿠니를 평정했다는 이야기가 있는 것을 생각해야 한다. 《일본서기》의 고레이천황 조에는 이 이야기가 없고 스진천황기에 사이도의 장군이 기비쓰히코로 쓰여 있다는 점을 생각하면, 이는 《일본서기》가 《고사기》의 기비 평정 이야기를 스진천황 때의 이야기와 연결지어 '네 가지 길(四道)'로 했거나, 아니면 이야기의 원형에서는 《일본서기》의 설처럼 '네 가지 길'이었던 것이 《고사기》에서 기비 평정을 '기비쓰히코'라는 이름이 나오는 고레이 권으로 옮겼기 때문에 스진천황 때의 이야기에는 세 방향만 남았거나 둘 중 하나이리라. 《고사기》와 《일본서기》의 대체적인 성격에서 보면 전자처럼 보이지만, 《고사기》의 스이제이천황(綏靖天皇)부터 가이카천황(開化天皇)까지의 권들은 계보만 있고 이야기가 없는 것이 보통이므로 고레이 권에만 기비 평정 이야기가 있는 것은 수상하다. 스진천황 권의 기록도 '동방 12개의 길' 이야기가 나중에 만들어진 듯하다는 것, '아이즈'의 지명설화가 새로운 이야기임을 생각하면 《고사기》의 스진천황 권의 이 이야기에는 꽤 후세의 윤색이 더해졌음이 틀림없으므로, 《일본서기》의 재료가 된 이야기 쪽이 오히려 이야기의 원형에 가까울지도 모른다.

《고사기》가 다니하에 한해서만 반역자의 이름을 언급한 것도, 후세 사람들이 그렇게 했으리라 보는 것이 적절할 것이다. 《일본서기》에서 다니하 방면의 장군이 다니하노미치누시인 것도, 기비 방면의 장군이 기비쓰히코인 비슷한 예에서 생각해 보면 역시 오래된 형태인 게 아닐까. 《고사기》에 따르면 다니하의 히코타타스미치노우시 왕이 있고 히코이마스 왕은 그 아버지인데, 《일본서기》에는 이 계보가 적혀 있지 않다. 그리고 《일본서기》에서는 기비쓰히코가 황족인지 어떤지 분명치 않지만, 고레이천황기(孝靈紀)의 히코이사세리히코의 주석에 그 이름을 기비쓰히코로 쓰기 때문에 이 '기비쓰히코'도 그것을 가리키는 것일지도 모른다. 그러나 이 주(注)는 《일본서기》의 문례에서 생각해보면 다른 재료에서 따온 것이며 《일본서기》의 주석에는 없었던 것이리라.

계보와 이야기에 충분히 일치하지 않는 점이 있지만, 다니하 방면의 장군은 다니하노미치누시, 기비 방면은 기비쓰히코라고 한다면, 경략(經略)해야 할 토지 이름으로 그 임무를 맡은 장군의 이름을 지은 이야기의 저자의 사상은 명료하게 이해되고, 특히 기비쓰히코는 종종 이야기한 것처럼 사실담이라고는 생각할 수 없는 여러 이야기에서 지명을 그대로 사람 이름으로 삼는 예시의 하나로 봐야 한다.

네 가지 길은 뒷날 호쿠리쿠, 도카이를 비롯해 도산(東山), 산인(山陰), 산요(山陽) 길에 해당하므로, 야마토 도읍에서 주요한 방향에 해당하는 지역을 모두 포함하고 있으나 이런 식으로 계획적으로 행해진 것처럼 보이는 네 방향의 평정에 대해 조금도 실행된 모습을 서술하지 않은 것은 이 이야기의 성질을 아는 데 중요한 점이다. 다시 말하면, 이는 사방경략이라는 개념에 따라서 만들어진 이야기에 지나지 않는다. 그리고 그것에 연결되어 있는 이야기도 신기한 소녀가 나타나거나 '다케하니야스히코'라는 이름이 앞서 설명한 것처럼 설화적 인물과 공통된 형태를 갖고 있는 것을 보면, 결코 사실담이라 생각할 수 없다. 뿐만 아니라 이러한 이야기는 네 길의 경략과는 본질적으로 관계가 없으므로 아마 나중에 첨가된 것일 터이다. 이즈미, 구스바, 하후리소노 등에 대한 예시에 따라서 예의 지명설화도 마찬가지이다.

특히 《고사기》에는 '아이즈' 이야기가 있는데, 이는 고시와 동방으로 보내진 두 장군이 회합한 곳이라는 점에서 오늘날 '아이즈(会津)'일 테지만, 이 방면으로 경략의 손을 뻗은 때는 거의 다이카 무렵일 것이니, 이 이름이 처음으로 도읍 사람들에게 전해진 것도 같은 시대였으리라. 아이즈 이야기를 적은 시대는 이로써 추측할 수 있다. 이 또한 이 시대에서 이루어진 에미시 경략의 반영일 것이다. 이 이야기는 《고사기》의 이야기에 《일본서기》의 이야기보다도 새로운 윤색이 더해진 하나의 예이기도 하다.

덧붙여 말하자면, 《일본서기》에는 스진천황 때 도요키가 동쪽 지방으로 갔다는 기록이 있다. 이는 《고사기》에 없는 이야기인데, 같은 사람이 가미쓰케누 씨를 비롯해 시모쓰케누 씨의 선조로 있으므로, 히에다노 아레(稗田阿礼)가 읊었다는 《제기》는 이 이야기가 쓰인 뒤 가필(加筆)된 것이리라. 이것은 히무카의 미하카시히메와 게이코천황(景行天皇) 순행 이야기의 관계, 다케우치노스쿠네의 계보와 《일본서기》에서만 볼 수 있는 이 인물의 이야기의 관계와 마찬가지이며, 도요스키이리히메, 야마토히메와 《일본서기》에만 있는 이 두 황녀의 이야기의 관계 또한 이에 바탕해 생각해야 한다. 또한 이것에 대해서는 도요키가 밖으로 나가 이쿠메가 대통(大統)을 이었다는 스진천황기(崇神紀, 48년 조)의 이야기와 오타라시히코와 이니시키에 대한 스이닌천황기(垂仁紀, 30년 조)의 이야기가 동공이곡(同工異曲)이라고도 할 수 있음을 참고하는 것이 좋다. 게이코천황기(景行紀, 55년~56년의 조)의 히코사시마 왕을 도산도(東山道) 15국 도독(都督)으로 삼고 미모로와케 왕이 그 뒤를 이었다는 이야기는 도요키의 이야기 뒤에 이어지는 이야기인데, '도산도' 운운은 물론 후세가 아니라면 생각할 수 없는 명칭이다. 이는 《고사기》에서는 볼 수 없다. 그리고 미모로와케 왕의 사업으로 기록된 에미시 경략이 사실이 아니라는 것은 앞서 이미 설명했다. 이러한 점들에서 생각해 보면, 도요키의 이야기가 후세에 만들어졌음은 저절로 알 수 있다.

또한 《고사기》와 《일본서기》 모두 스진천황 때 남녀조공법을 정했다고 나와 있다. 일본 민족이 하나의 국가로 통일되지 못했던 시대라 해도 군주가 존재하는 이상, 어떤 형식으로든 조공법이 없었을 리가 없다. 그리고 이른바 '남자가 사냥으로 잡아서 바친 사냥감 공물, 여자가 짜서 바친 천 공물'은 조공을 단순히 남녀로 나누어 바쳤을 뿐, 특수한 조세 제도로 볼 수도 없으므로, 이 또한 조공의 기원을 이 왕조에 갖다 붙였을 뿐인 것이다.

《일본서기》에는 스진천황의 때 처음으로 배를 만들었다고 쓰여 있는데, 그때까지 배가 없었을 리가 없으므로 이 또한 배의 기원을 이 천황 시대에 갖다 붙인 것이다.

이렇게 생각하면 스이닌천황 때 노미노스쿠네의 건의로 순장 대신 토우(土偶)를 무덤에 세우게 되었다는 이야기의 진위도 추측할 수 있다. 이것도 《일본서기》에서만 볼 수 있는 이야기이고, 《고사기》에는 이때 하지베(土師部)를 정했다는 것과, 천황의 묘에 사람 형상을 담처럼 빙 둘러 세우는 방식이 시작되었다는 것을 볼 수 있을 뿐이다. 무덤에 사람 형상을 세우는 방식이 순장 대신이었다는 것은 종교 사상 발달 과정에서 보면 가능한 일이고, 또한 후세 사람들이 그렇게 생각했다는 것에도 이유가 있지만, 《일본서기》에 쓰여 있는 이 전후 기록의 성격에서 유추하고 《고사기》의 기록과의 관계에서 생각해 보면, 노미노스쿠네의 이야기가 역사적 사실이라고는 생각할 수 없다. '노미노스쿠네'의 이름을 언급한 것은 그 자손이라는 하지 씨(土師氏)가 맡은 직무의 기원을 이야기하기 위함인데, 사람 형상을 세우는 방식의 유래를 이렇게 설명한 것은 형상 자체의 기원 설화를 이야기하기 위함이며, 배의 기원설화를 이야기 한 것과 똑같은 생각에서 비롯된 것일 터이다.

끝으로 《고사기》에도 《일본서기》에도 공통되는 이야기이지만, 스진천황에게 '하쓰쿠니시라시시마마키노스메라미코토(所知初國之御眞木天皇)' 아니면 '하쓰쿠니시라스스메라미코토(御肇國天皇)'라는 칭호가 있다는 점이다. 진무천황(神武天皇)을 제1대 천황으로 이야기했는데 스진천황에게 이런 칭호가 있다는 것은 기이한 일이므로, 무언가 특수한 의미가 있어야 한다. 《고사기》에는 이것이 남녀조공법을 정했다는 이야기에 이어서 기록되어 있으나, 이 두 이야기 사이에 연결은 없는 듯하다. 아니면 그 이전에 '天下太平, 人民富榮'이라는 구와 연관성이 있을지도 모르지만, 그렇다고 해도 그 구는 이 천황의 치적을 개괄하여 말한 것일 뿐이며, 게다가 그것은 이러한 칭호가 있었던 이유의 설명이 되지는 않는다.

2. 야마토타케루 원정과 고대 규슈 세력

초기 야마토 왕권의 세력은 기나이(畿內) 일대에 한정되었고, 도호쿠(東北)와 간토(關東), 규슈(九州)에는 강대한 힘을 가진 호족이 본거지를 두고 있었다. 그 중에서도 중앙정권에 거세게 저항한 것이 빈고노쿠니(備後國) 구마(球磨)군에서 오스미노쿠니(大隅國) 소오(贈於)군에 걸쳐 거주한 것으로 알려진 '구마소(熊襲)'였다.

구마소라고 하면 야마토타케루가 서정(西征)에서 싸웠던 상대로 유명한데, 《일본서기》에서는 야마토타케루의 아버지 게이코천황이 전개한 규슈 원정이 기록되어 있다. 게이코 12년, 구마소가 반기를 들고 조공을 하지 않자, 천황이 직접 군사를 이끌고 원정을 감행했다고 한다.

천황이 스와노쿠니(周芳國 : 지금의 야마구치현)까지 서진했을 때 그곳의 간나쓰소히메(神夏磯媛)라는 수장(首長)이 항복해왔다. 또 규슈의 우사(宇佐) 주변에는 하나타리, 미미타리, 아사하기, 스치오리이오리 같은, 조정을 따르지 않는 역적 무리가 있었는데, 부하에게 명하여 이들을 치게 했다. 규슈에 상륙한 뒤에는 분고노쿠니(豊後國)의 오키타(碩田)에서 '쓰치구모(土蜘蛛)'라고 하는 이민족을 치고, 나오리에서도 쓰치구모의 우치사루, 야타, 구니마로를 토벌했다.

히무카에 들어가서 다카야궁(高屋宮)을 짓고 본격적으로 구마소를 정벌한다. 그러나 정면승부는 피하고, 구마소의 수령 구마소다케루의 딸 이치후카야(市乾鹿文)에게 많은 선물을 내려 아군으로 포섭하는 작전으로 나간다. 게이코천황 쪽으로 돌아선 이치후카야는 아버지에게 술을 잔뜩 먹여 곯아떨어지게 한 뒤 죽음으로 내몰았다.

그리하여 구마소를 평정한 게이코천황은 그 뒤에도 7년 동안 규슈 정벌을 이어간 뒤 게이코 19년에 야마토로 개선했다.

게이코천황의 규슈 정벌이 끝난 지 8년이 지난 게이코 27년, 구마소가 또다시 야마토 왕권에 반기를 들었다. 천황은 아들 오스노미코토(小碓命)를 규슈에 파견했는데, 그가 바로 뒷날의 야마토타케루이다. 《고사기》에는 '倭建命'이라고 표기되어 있지만 《일본서기》에는 '日本武尊'으로 표기되어 있다.

　《고사기》에는 게이코천황의 규슈 원정에 대한 기술이 없고, 구마소 정벌은 야마토타케루의 공적으로 쓰여 있다. 또 야마토타케루가 원정에 나선 계기에 대해서도 《고사기》와 《일본서기》의 기술에는 차이가 있다.

　《고사기》에서는 게이코천황이 포악한 야마토타케루를 거의 쫓아내다시피 원정을 명령한다. 야마토타케루에게는 오우스노미코토(大碓命)라는 형이 있었는데, 그는 아버지가 원하던 아름다운 자매를 자신의 아내로 삼고, 아버지에게는 다른 자매를 보내어 속였다. 그래서 오우스노미코토는 아버지 앞에 얼굴을 내밀지 못했다. 천황은 그 무렵에 아직 열너덧 살이었던 야마토타케루에게 "네가 가서 넌지시 타이르고 오라"는 명을 내렸다.

　그러나 며칠이 지나도 형 오우스노미코토가 모습을 나타내지 않아서 이상하게 여긴 게이코천황이 야마토타케루에게 확인했더니, 그는 "'새벽에 형이 뒷간에 갈 때를 기다렸다가 붙잡아서 사지를 찢고 거적에 싸서 내버렸습니다." 하고 대답했다. 야마토타케루의 거칠고 난폭한 기질에 두려움을 느낀 천황은 그에게 규슈 원정을 명하여 자신의 안전을 꾀하고자 한 것이다.

　한편, 《일본서기》에는 형을 죽인 일화가 나오지 않는다. 부자 사이의 관계도 좋았고, 당시 열여섯 살인 야마토타케루에게 구마소를 치라고 명한다. 《일본서기》는 천황의 권위를 보여줄 목적으로 쓴 역사사이다. 천황을 속 좁은 인물로 쓸 수는 없으므로 그렇게 기술했을 것으로 추정된다.

　야마토타케루는 활의 명수인 오토히코노키미(弟彦公)와 이시우라(石占 ; 지금의 미에현 구와나시 부근)의 요코타치(橫立), 오와리의 다고노이나키(田子稻置), 지지카(乳近)의 이나키(지방관)를 이끌고 규슈로 떠나 구마소노쿠니(熊襲國)에 이르렀다. 그곳에서 구마소의 상황과 지형을 살피다가 구마소의 수령 가와카미노타케루(川上梟師)가 일족을 불러모아 연회를 연다는 정보를 들었다. 야마토타케루는 머리를 풀어 여자로 변장하고 몰래 연석에 숨어들었다.

　구마소의 수령 가와카미노타케루의 연회에 숨어든 야마토타케루는 몰래 지니고 있었던 칼로 가와카미노타케루의 가슴을 찔렀다. 가와카미노타케루는 죽어가면서 "나는 지금까지 수많은 무인을 만났지만 당신 같은 사람은 처음입

니다. 앞으로는 야마토타케루라
는 이름으로 부르십시오." 하고
는 숨을 거두었다.

그렇게 구마소를 평정한 야
마토타케루는 의기양양하게 개
선했다. 《고사기》에서는 철수하
는 길에 이즈모노쿠니에 들러
이즈모타케루(出雲建)를 친 일
화가 나오지만, 《일본서기》에는
그것이 없다. 야마토타케루가
이즈모타케루를 속이고 토벌한
것이 반감을 샀을지도 모른다.

그 뒤 야마토타케루는 동쪽
으로 원정을 갔다가 이부키야
마(伊吹山)의 산속에서 죽었다.
아버지 게이코천황은 그 죽음
을 슬퍼하며 노보노(能褒野 ; 지

야마토타케루 상 《고사기》를 보면 동쪽 정벌을 하던 중
불타 죽은 야마토타케루는 구사나기검으로 자기 주변
풀을 베어 불이 다가오지 못하게 했다고 한다.

금의 미에현 가메야마시)에 장사지냈다고 한다.

게이코천황이 붕어한 뒤 아들인 세이카천황이 즉위했는데, 그가 후사를 두
지 않은 채 세상을 떠나 야마토타케루의 둘째 황자인 주아이천황이 황위에 올
랐다. 단정한 용모에 키가 10척(약 3m)이나 되었던 것으로 전해진다. 천황에 즉
위한 뒤, 아버지가 평정한 구마소가 다시 반기를 들자 이를 토벌하기 위해 다
시 정벌군을 편성했다.

주아이천황은 직접 군을 이끌고 쓰쿠시에 들어가 가시궁(橿日宮)에서 앞으로
의 작전을 짰다. 그때 황후 오키나가타라시히메(氣長足姬 ; 진구황후)에게 신이 빙
의하여, '굳이 구마소를 칠 필요는 없다. 오히려 재보가 풍부한 한반도의 신라
로 출병해야 한다'는 신탁을 내렸다. 그러나 천황은 이를 믿지 않고 구마소 정
벌을 속행했다. 그러다 승리를 얻지 못한 채 병에 걸려 그대로 사망한다.

그 뒤 구마소가 어떠한 길을 걸었는지는 밝혀지지 않았다. 그러나 사이토바루(西都原) 고분군(미야자키현 사이토시)처럼, 기나이에서 태어난 전방후원분이 규슈에서도 조영되기 시작한 것에서 5세기까지는 야마토 왕권에 복속했던 것으로 보인다.

《일본서기》에는 규슈 남부에 거주한 사람들을 '구마소'라고 불렀으나 다른 역사서에는 '하야토(隼人)'라고 표기하는 일이 많다.

하야토의 조상은 '우미사치히코(海幸彦)'라는 이름으로 알려진 호스소리노미코토(火闌降命)로 되어 있다. 우미사치히코와 야마사치히코(山幸彦) 신화에서는 우미사치히코가 야마사치히코에게 패하여 복종을 맹세한다. 그때 싸우다가 물에 빠져서 허우적대었던 모습을 연기하는 예능인이 되어 섬겼다고 한다. 《일본서기》에는 손바닥을 붉게 칠하고 서서히 물에 가라앉으면서 괴로워하는 모습을 표현한 춤을 '하야토마이'라고 소개했다. 참고로 우미사치히코가 굴복한 야마사치히코, 즉 히코호호데미(彦火火出見)는 진무천황의 조부이다. 그래서 야마토 왕권과 하야토 사이에는 깊은 연고가 있다.

조정에 복속한 뒤에도 하야토는 때때로 반란을 일으켰다. 특히 《일본서기》가 완성된 요로 4년(720)에 일어난 반란은 1년 6개월이나 이어졌다.

그 무렵의 규슈 남부는 야마토 왕권이 지배했는데 그 세력이 구석구석 완벽하게 미쳤던 것은 아니었다. 그래서 지배체제를 완전히 굳히기 위해 율령제와 국군제(國郡制), 반전수수법(班田收授法)을 시행하려고 했다. 그러나 공동체적인 토지이용 형태를 고수해온 하야토는 중앙집권체제를 도저히 받아들일 수가 없었다. 그 결과, 조정과의 사이에서 긴장이 높아져 반란을 일으키게 된다.

중앙에서 파견된 오스미노쿠니(大隅國)의 지방관이 살해되자, 조정은 가인(歌人)으로도 유명한 오토모노 다비토(大伴旅人)를 장군으로 세워 토벌군을 보냈다. 하야토 측은 일곱 개의 성에서 농성하며 저항했고 그 가운데 다섯 개는 곧 함락된다. 남은 소노이와키(曾於乃石城)와 히메노키(比賣之城)도 마지막까지 저항한 끝에 1400명의 사상자와 포로를 내고 결국 패배하고 만다. 그에 따라 야마토 왕권의 규슈 남부 지배체제가 확립되었지만, 반전수수법의 적용은 크게 지연되어 엔랴쿠(延曆) 19년(800)에 가까스로 적용되었다.

구마소와 관련된 설화로 가장 널리 알려져 있는 것은, 야마토타케루가 구마소타케루를 죽였다는 이야기이다. 이 이야기는 《고사기》와 《일본서기》에 기재된 내용이 거의 같아, ①야마토타케루가 여장을 하고 연회장에 들어가 그곳에서 구마소타케루를 죽였다는 것, ②구마소타케루가 죽음에 임하여 야마토에 이토록 뛰어난 무용이 있음을 칭찬하며 '야마토타케루' 칭호를 바쳤다는 것. 이 두 가지는 두 책 모두 일치한다. 다만 《고사기》에는 구마소타케루를 두 형제로 표현하였으나 《일본서기》에서는 한 사람이라 하였고 《고사기》에는 '구마소타케루' 이름이 기록되어있지 않은데, 《일본서기》에는 '도리이시카야'라는 이름이 나오며 또한 그것을 '가와카미노 타케루'라고도 한다. 그렇기에 여장할 때 입은 여성의 옷은 그의 작은어머니 야마토히메에게서 받은 것이라는, 《고사기》 이야기가 《일본서기》에는 나오지 않는 대신, 활을 잘 쏘는 자를 데려갔다고 기록된 《일본서기》 이야기는 《고사기》에는 없다.

그러나 이러한 작은 차이가 이야기의 중심사상에 큰 영향을 주었다고는 할 수 없다. 다만 《고사기》에서는 야마토타케루의 행동이 구마소 정벌 전체인 것과 달리, 《일본서기》에는 그 전에 게이코천황 친정(親征) 이야기가 있어 그것이 세세하게 기록되어 있기에 야마토타케루가 해낸 일들이 꽤 가볍게 표현되어, 여기에서 《고사기》와 《일본서기》 사이에 있는 한 가지 큰 차이점이 보인다.

그렇다면 이 이야기에 대해 《고사기》와 《일본서기》 어느 쪽이 원형인가를 생각하면서 첫 번째로, 반역자를 둘로 두는 것은 예를 들어 진무천황이 동쪽으로 옮겨간 이야기에 보이는 에우카시(兄宇迦), 오토카시(弟宇迦斯) 또는 에시키(兄師木), 오토시키(弟師木) 등과 같이, 옛 이야기의 통례이며 《일본서기》에서도 게이코천황 친정 때 소 나라의 족장을 아쓰카야, 세카야라 하고 그 딸을 이치후카야, 이치카야 둘이라 했다. 같은 때 구마의 족장은 에쿠마, 오토쿠마라 했으며 아소에는 아소쓰히코, 아소쓰히메가 있다. 또한 야마토타케루에 항복한 에미시 족장은 시마쓰카미, 구니쓰카미로서 《일본서기》에 기록되어 있다. 또는 형제라 하거나 남녀, 아니면 둘 사이의 관계가 분명하게 드러나지는 않지만 형제 남녀를 잇달아 칭하는 듯한 어조로 표현되는 경우도 있는 등 차이가 있으나 '두 사람'으로 표현된 점은 같다. 그리고 이는 다카미무스비·가미무스비, 이자나기·이자나미, 이와사쿠·네사쿠 등의 예시에서도 알 수 있듯이, 신들의 이름에서도 보이며 이야기 속에서 외국인을 부르는 경우에서조차 에히메·오토히메, 아야하토리·구레하토리 등의 예시가 있고 상대(上代) 일본인들의 말투에서 온 것이 아닐까 한다.

더욱이 반역자가 늘 둘로 한정될 수는 없기에 진무천황 이야기의 나가스네히코와 같이 한 사람인 경우도 있는데, 두 사람이 연칭되는 것이 많고 또한 그 유래가 상고시대 사람의 취향에 있다고 한다면 구마소타케루의 경우도 《고사기》쪽이 원형이 아닐까 추측된다. 다만 《고사기》에서도 '구마소타케루 형제 두 사람'이라 할 뿐, 두 사람 저마다의 이름은 나오지 않는데 '오토타케루'라는 칭호가 있으니 그것은 '에타케루'와 연이어 칭해진 것이 아닐까. 《일본서기》에 구마소 족장을 도리이시카야라 한 것은, 게이코천황 친정 이야기 속 아쓰카야·세카야 두 여인의 이치후카야·이치카야와 관계가 있는 듯하며 특히 도리이시카야의 '이시카야'는 '이치카야'와 동어(同語) 같다. '카야'라는 말의 의의는 어찌되었든, 이러한 사실은 주의가 필요할 듯하다.

그리고 두 번째로, 이러한 족장의 이름은 진무천황기에 보이는 도미히코나 에우카시·오토카시, 에시키·오토시키, 우사쓰히코·우사쓰히메 등 예시와 같이 '토미', '우카시', '시키', '우사' 등 지명을 그대로 따왔다는 것이 옛 이야기의 통례라 할 수 있으며 특수한 고유명사는 한 걸음 진보한 형태라 생각되기에 이 점에서도 그저 '구마소타케루'라는 이름으로 나와 있는 《고사기》쪽이 그 원형인 듯하다. 《일본서기》에서도 게이코천황 친정 이야기에는 이러한 예시가 많다.

세 번째로, 여장에 쓰인 그 의상이 야마토히메에게서 받은 것이라는 것은 여장의 유래를 설명하기 위함인 듯한데, 활쏘기 달인을 데리고 갔다는 것은 이야기 중심 관념인 '여장하여 적에게 가까이 다가가 적을 죽인다'는 것과는 어떤 관계도 없다. 그래서 여기서도 《고사기》쪽이 옛 형태로 여겨진다. 다만 야마토히메 이야기는 없어도 될 듯하다. 특히 야마토히메는 이세에 있었기에 야마토타케루가 그녀의 옷을 받았다는 것은 동쪽 정벌의 경우에는 자연스러운 일이지만 서쪽 정벌 이야기에서는 전혀 그렇지 않다. 그래서 이는 아마, 나중에 붙여진 것이 아닐까 싶다.

이 여장 이야기는 본디 설화이다. 이러한 영웅 설화는, 그 기초에는 좀 더 수많은 사람들의 힘에 의해 행해진 커다란 역사적 사건임에도 그 사건을 그대로 한 사람의 행위로 이야기한 게 아니라, 사건을 바탕으로 두면서 그로부터 떨어져 어떠한 구상을 한 영웅의 행동으로 하여 만든 것이 보통이었다. 그래서 이러한 이야기가 탄생한 것이다. 구마소타케루가 죽기 직전 '야마토타케루'라는 이름을 바쳤다는 것도 설화이며 '야마토타케루'라는 이름은 '구마소타케루', 또 《고사기》의 이 이야기 바로 뒤에 나오는 '이즈모타케루'와 같은 표현이라 할 수 있다. 즉 '구마소의 용자', '이즈모의 용자'에 상대되는 것으로서 '야마토의 용자'라는 의의이다. 이는 야마토 이야기 지은이가 색출한 것이라 하겠다.

그리고 구마소타케루와 이즈모타케루는, 지명을 그대로 사람 이름으로 쓴 것으로, 실제 인물의 이름이라고는 생각되지 않는다. 실제 인물이라면 이런 이름일 리가 없기에 이는 이야기를 구성할 때 필요에 따라 저마다의 토지 세력을 의인화해 또는 토지에서 구상해 인물을 만든 것이다. 실제 그곳에 어떤 세력이 있었던 경우에도 시기와 장소를 사이에 두어 즉 후세에 이르러 또한 야마토에 있어, 이야기 제작자의 사상이 만들어낸 것이라 하겠다. 따라서 이 이야기 또한 결코 역사적 사실로 받아들여서는 안 된다.

3. 역신 소가 씨를 둘러싼 수수께끼

《일본서기》에 소가 씨는 진무천황부터 35대에 이르는 천황가를 뒤엎으려 한 희대의 역신으로 기록되어 있다. 때는 고교쿠천황 시대, 오오미였던 소가 이루카를 나카노오에노미코(훗날의 덴지천황)와 나카토미노 가마타리가 목숨을 걸고 토벌하여 소가 씨의 왕권찬탈을 막았다고 되어 있다. 정권의 중추에 있는 대신이 토벌당하고 권력이 이동했으니 틀림없는 쿠데타였고, 고교쿠 4년(645)에 일어난 이 사건을 잇시(乙巳)의 변(變)이라고 한다.

고교쿠천황의 즉위와 아울러 아버지 소가 에미시의 뒤를 이어 이루카가 오른 오오미라는 자리는 지금의 내각총리대신에 해당한다. 소가 씨가 대대로 부자일계로 계승해온 중직으로, 그 시작은 이루카의 증조부 소가 이나메였다.

이나메는 6세기 전반에 역사의 전면에 나타난다. 그것도 갑자기 대신으로 등장했기 때문에, 소가 씨가 누구이고 어디서 왔는지는 연구자들 사이에서도 큰 관심거리였다. 여러 설의 하나에 소가 씨 도래인설이 있다. 소가 씨는 일본 열도 외부에서 찾아왔다는 주장이다.

거기에는 크게 두 가지 사유가 있다. 먼저 소가 씨가 불법(佛法)을 비롯해 외래 종교와 문화에 조예가 깊었고, 또 도래계 집단을 지배하고 있었던 것, 그리고 또 하나는 소가 씨의 역대 이름이다.

이나메의 증조부, 조부, 아버지의 이름은 저마다 마치(滿智), 가라코(韓子), 고마(高麗)였다. 모두 그 무렵의 한반도 3국과 관계가 있다. 마치는 5세기 후반에 백제에 실재했던 유력귀족 목만치(木滿致)와 일치하는 데가 있고, 가라코의 한(韓)은 백제 등 한반도 남부를 뜻하며, 고려는 바로 고구려를 가리킨다.

백제의 목만치는 고구려의 공격으로 한때 괴멸했던 백제에서 태자 문주왕(文周王)을 거느리고 '남쪽을 향했다'고 전해지는 인물이다. 남쪽이란 왜국, 즉 일본을 가리킨다. 이 사실에서 소가 씨는 적어도 조선 3국, 특히 백제에서 온 도래인이 아닌가 한다.

그러나 마치, 가라코, 고마를 비롯하여 소가 씨의 시조로 알려진 다케시우치노스쿠네(建內宿禰) 등은 실재한 증거가 없다. 계보를 작성한 것은 소가쿠라(蘇我倉) 씨로 간주된다. 소가쿠라 씨는 조공품을 취급하는 궁정 곳간(倉)과 관련된 직무를 세습했다는 점에서 조선과의 깊은 관계를 과시하고 싶어 한 것으로 보인다. 소가 씨의 방계였던 소가쿠라 씨는 잇시의 변 이후, 소가 씨의 본가로 승격하여 이시카와(石川) 씨, 소가(宗岳) 씨로 발전해 간다.

소가 씨의 전성기로 알려진 본가 4대, 이나메, 우마코, 에미시, 이루카는 확실히 실재했던 인물로 추정된다. 소가 씨가 궁정에서 중용된 이유로, 지난날 천황에게 비(妃)를 들여보내 천황가와 어깨를 나란히 할 만큼 권세를 자랑했던 유력한 호족 가쓰라기 씨와의 관계가 주목을 받았다.

이나메는 가쓰라기 집안의 딸과 결혼하여 우마코를 낳았다. 가쓰라기 씨의 혈통을 이어받음으로써 이나메는 조정의 중진이 될 자격을 얻은 셈이다. 그것은 또 이나메가 가쓰라기 씨와 혼인관계를 맺을 정도의 호족 출신이었음을 이야기한다.

5세기까지 천황을 배출할 수 있는 일족은 여럿 존재한 것으로 추정된다. 그러다가 6세기 초에 특정한 일족으로 일원화된 것으로 생각된다. 가쓰라기 씨의 본가는 이미 몰락했지만 명문이라는 사실에는 변함이 없었다. 또 혈연에 따른 황위계승 일원화는 천황을 확고하게 지원하는 직책을 필요로 하여 대신과 군신(群臣) 체제를 확립하게 되었다. 이나메가 그 초대 대신에 발탁된 것이다.

만년의 우마코는 조카인 스이코천황에게 '가쓰라기현'을 하사해달라고 청원했다. 가쓰라기 씨

화살통 모양 토용 무로미야산(室宮山) 고분에서 출토

의 영지를 손에 넣어 자손의 권위와 지위를 확정하려 한 것은 상상하기 어렵지 않다. 가쓰라기현은 천황의 직할지이다. 스이코천황은 소가의 피를 이었지만, 천황가의 재산이 소가 씨에게 흘러들어갈 것을 우려해 이를 거부한다.

일본에 불교가 공식적으로 전래한 시기에 대해서는 현재 여러 설이 있다. 《일본서기》에는 긴메이 13년(552), 백제 성왕(성명왕)의 사자가 조정을 방문하여 긴메이천황에게 불상, 경전과 함께 불법의 공덕을 찬양한 표문을 헌상한 것으로 기록되어 있다.

그때 이른바 숭불논쟁이 일어난다. 불법을 둘러싼 소가 씨와 모노노베, 나카토미 씨의 대립이다. 대신 이나메는 "서방 각국이 모두 불법을 받들고 있는데 우리나라만 그것을 외면할 수는 없다" 하고, 모노노베 오코시(物部尾興), 나카토미노 가마코(中臣鎌子) 등은 "우리나라에는 이미 천지에 헤아릴 수 없이 많은 신들이 있는데도 외국의 신을 숭상하는 것은 용납할 수 없다"고 주장했다. 그 점에서 수구파인 모노노베, 나카토미 씨에 비해 소가 씨는 개화파라는 이

미지가 있다.

그때의 불법은 민간에서 자연스러운 과정으로 전래한 것이 아니며, 백제왕으로부터 공적외교의 일환으로 전해졌다. 불법을 거절할 수 있는 선택지는 아마 궁정에 없었을 것이다. 따라서 앞의 숭불논쟁도 실제로는 없었던 것으로 생각된다. 실제로 모노노베 씨가 본거지인 가와치노쿠니(河內國)에 사원을 건립한 사실이 발굴조사를 통해 밝혀졌다.

소가 씨와 모노노베, 나카토미 씨 사이에 긴장이 있었던 것은 사실이다. 단 그 대립은 '개화파'와 '수구파'로서의 대립은 아니었다.

아스카 대불 석가여래좌상. 소가 집안이 건립한 아스카데라에 전해지는 좌상.

불법이 전래될 즈음, 불법과 관련된 많은 부처들은 반신(蕃神), 즉 외국신으로 불렸다. 예부터 신앙의 대상이 되었던 신들과 마찬가지로 지벌을 일으키는 존재로서 두려워했던 것이다.

또 천황이라는 존재는 그 신들에게 제사를 지내 신들을 온화하게 달래는 역할을 맡았다. 아마테라스의 직계 자손으로서 제사를 받는 처지에 제사를 올리는 역할이 추가된 것이다. 제사장으로서의 직능으로 전환하는 것은 제10대 스진천황부터로 알려져 있다. 《일본서기》에 하쓰쿠니시라스천황, 즉 초대 천황으로 표현된 스진천황은, 처음에는 모든 신들을 바르게 제사지낸 천황으로 그려진다.

소가 씨는 가쓰라기 씨의 위광을 입은 특별한 일족으로서, 오오미에 임명된 것처럼, 반신을 제사지내는 역할을 천황으로부터 위탁받았다. 반대파 가운데 특히 나카토미 씨는 본디 신사(神事)와 제사(祭祀)를 관장해 온 호족이었기 때문에 불만이 매우 컸지만 천황의 재정에 따르지 않을 수가 없었다. 개화파 대

시마노쇼(島庄) **유적·사각 연못둑** 아스카강 서쪽 기슭에서 히가시타치바나(東橘)까지 펼쳐진 유적.
이 유적은 스이코, 조베이~고교쿠, 덴무 세 시대 층이 겹쳐 있다.

수구파로 일컬어지는 소가 씨와 모노노베, 나카토미 씨의 불화는 이렇게 시작
되었다.

반신의 제사를 맡은 소가 씨는 그 뒤 큰 혜택을 받는다. 소가 우마코는 아
스카데라를 세우고 백제왕이 하사한 불사리를 안치했다. 아스카데라는 소가
씨 자신이 많은 자산을 투입해 세운 일본 최초의 불교사원으로, 스이코 14년
(606)에 완성되었다.

사원은 외래문화와 기술의 연구소, 또 교육기관의 측면을 가지고 있었다. 아
스카데라에는 도래인인 승려와 유학생들이 활발하게 오가고 황족과 호족의
자제들도 많이 다녔다. 고구려에서 초빙한 '특임교수' 혜자가 강좌를 열었기 때
문이다.

《일본서기》에는, 나카노오에노미코와 나카토미노 가마타리(中神鎌足)가, 도
래계 씨족 출신의 승려 미나부치 쇼안(南淵請安)에게 다니는 길에 소가 씨 토벌
계획을 세우는 일화가 나온다. 이 쇼안의 강좌도 아스카데라에서 열렸을 가능
성이 높다. 쇼안은 소가 씨의 지배 아래 있었던 도래인 집단 출신이었기 때문이

다. 또 나카노오에노미코와 가마타리의 관점에서 보면, 소가의 아스카데라에 다니는 것은, 그 암살 계획을 세우는 밀의(密議)를 하는 데 참으로 안성맞춤이 었을 것이다.

아스카데라는 사이메이천황 시대에 완성되는 정치도시 '야마토노미야코(倭京)'의 중핵이 될 절로서 건립되었다. 아스카데라는 소가 씨의 사사(私寺) 또는 씨사(氏寺)로 알려졌지만, 사실은 스이코천황과 소가 우마코의 공동사업이었다. 천황의 궁전과 아스카데라가 나란히 서 있는 도시 공간 '야마토노미야코'의 건설을 목표로 한 것이었다.

소가 씨는 야마토노미야코 계획의 추진자로서 권력을 확고하게 다져나간다. 고교쿠천황 시대, 에미시와 이루카 시대에 소가 씨의 세력은 절정을 맞이한다. 그 뒤 잇시의 변으로 두 사람이 토벌되어 소가의 본가는 덧없이 무너지는데, 그 정변에 이 야마토노미야코 건설 계획이 크게 관련되어 있었다.

《일본서기》에 따르면 소가 이루카가 아스카 이타부키궁(飛鳥板蓋宮)에서 암살당한 것은 고교쿠 4년(645) 6월 12일, 그 이튿날 이루카의 아버지 에미시가 아마카시노오카(甘樫丘)의 저택에 쳐들어온 병사에게 쓰러진다. 이나메 이후 4 대에 걸쳐 번영했던 소가 씨 본가는 여기서 괴멸한다. 소가 씨 본가는 햇수로 무려 100년이 넘도록 궁정에서 오오미를 줄곧 역임한 셈이다.

본가는 무너졌지만 소가 씨가 완전히 멸망한 것은 아니었다. 궁정에서 벼슬을 맡은 방계 소가 씨가 적지 않았으니, 이를테면 이루카를 습격한 실행부대 속에는 소가 구라노야마다노이시카와노마로(蘇我倉山田石川麻呂)라는 이루카의 사촌형제도 있었다.

《일본서기》에는 에미시와 이루카 부자의 토벌 이유를 천황가를 대신하려 했기 때문이라고 되어 있다. 나카노오에노미코는 이루카에게 칼을 휘둘렀을 때 이렇게 말했다 한다.

"이루카는 천황가를 절멸시키고 황위를 차지하려 했다. 어떻게 천손인 천황 일족을 이루카가 대신할 수 있단 말인가?"

이것은 《일본서기》가, 잇시의 변이라는 정변을 '이루카가 모반을 꾀하자 나카노오에노미코가 그것을 저지한 사건'으로 해석한 것이다. 사실은 에미시와 이루카는 왕권 탈취를 노린 것이 아니었고, 그때의 권력투쟁에서 패배한 것에 지나지 않는다.

잇시의 변을 나카노오에노미코가 이루카의 모반계획을 막은 것으로 본 《일본서기》는 과연 무엇 때문에 그렇게 날조한 것일까. 그것은 그 해석이 궁정에 퍼져 정설이 되면 누가 가장 이득을 보는지 살펴보면 알 수 있다.

금동 안장 장식 후지노키(藤ノ木) 고분에서 출토된 금동 안장 장식. 용, 봉황, 코끼리 등 금수문과 귀신상 등을 투조했으며 동아시아의 여러 가지 문양을 새겼다.

《일본서기》에 그려진 잇시의 변은 그 뒤의 나카노오에노미코의 이미지를 결정적인 것으로 만들었다. 덴지천황은 이후 국가의 기초가 되는 왕권을 확립한 영웅이라는 이미지가 있다. 그 이미지가 선행했기 때문에, 그의 손에 살해된 에미시와 이루카는 왕권을 뒤흔드는 악행을 획책한 희대의 역신이 틀림없다고 생각하게 된 것이다.

나카노오에노미코, 곧 덴지천황의 영웅상이 확립된 것은, 그가 세상을 떠나 '아메미코토히라카스와케(天命開別)' 천황이라는 시호를 받게 된 뒤의 일로 알려진다. '아메미코토히라카스와케'란 천명을 받아 왕조를 연 영웅적 인물이라는 의미이다. 이 덴지천황은 '왕조의 개조(開祖)'라는 평가를 받았다.

몬무(文武) 3년(699), 몬무천황의 명으로 덴지천황능이 야마시로노쿠니(山背國) 야마시나(山科)에 지어졌다. 몬무천황은 각별한 마음을 담아 능을 조영한 듯하다. 덴지천황능은 그때의 도읍인 후지와라궁의 대극전(大極殿)을 좌우 대칭으로 나누는 선, 즉 중축선(中軸線)을 정확하게 북쪽으로 연장한 선상에 있다.

후지와라궁에서 정확하게 북쪽 방향에서 천황을 지켜주는 특별한 존재로 불리는 덴지천황은 북극성에 비유되었다. 북극성은 고대 중국의 사상에서는 우주의 지배자가 있는 장소이며, 지상을 지배하는 천자 또는 황제를 지명하는 '천제'에 비견된다. 이를테면 지금도 남아 있는 명, 청조의 옛 왕궁 자금성도 그러한 사상을 바탕으로 우주를 본떠 건립되었으며, 황제의 옥좌가 북극성의 위치에 해당한다.

덴지천황의 인물상이 확립된 것은 몬무 3년 무렵이다. 그렇다면 그 무렵 덴지천황을 영웅으로 부르고 싶어 한 자는 누구였을까?

그것은 몬무천황 시대에 상황의 위치에 있었던 지토천황일 가능성이 높다. 지토천황은 남편인 덴무천황과 함께, 덴지천황이 후계자로 지명한 오토모노미코를 쓰러뜨리고 권력을 탈취했다. 덴무 원년(672)에 일어난 진신(壬申)의 난이다.

지토천황과 덴무천황 부부는 실력에 의한 배제가 아니라, 정통성을 가지고 덴지천황의 치세를 물려받았다는 인식을 궁정 안에 널리 알릴 필요가 있었다. 진신의 난은, 덴지천황이 수립한 이상적인 왕조를 뒤흔드는 타기해야 할 간신을 배제하고 왕조를 되찾기 위해 일어난 것이고, 오토모노미코는 간신에 의해 옹립되었기 때문에 살해당했다는 것이다. 지토와 덴무천황의 야심은 가려지고 대의만이 《일본서기》에 남았다.

몬무 3년, 덴무천황은 이미 세상을 떠난 뒤였다. 《일본서기》는 지토천황의 뜻에 따라 쓰인 것이다.

4. 쇼토쿠태자의 허구와 실상

최근에 쇼토쿠태자가 실재했는지 허구인지에 대한 연구가 활발해졌다. 일본의 옛 지폐로 알려진 초상화의 타당성도 재검증되어, 일본 교과서에서도 그 초상화는 사라지고 '우마야도노미코' 또는 '우마야도노미코(쇼토쿠태자)'라고 표기하게 되었다.

쇼토쿠태자는 지어낸 인물이라는 설의 하나에 후지와라 후히토(藤原不比等)가 태자를 만들어냈다는 이야기가 있다. 후히토는 가마타리의 둘째아들로, 덴지천황의 사생아로 보는 문서도 남아 있다. 《일본서기》 편찬 무렵, 후히토는 우대신의 지위에 있었다.

이 설에서는 후히토가 《일본서기》 편찬의 최고책임자였던 것으로 본다. 그는 율령제 완성을 목표로, 천황을 최고 권위로 높이기 위해 천손강림을 비롯한 신화를 만들어 만세일계의 천황가계도를 창조했다고 한다. 이 계획에 방해가 되었던 것이 바로 소가 왕조였다.

이 주장의 핵심은 소가 우마코가 천황이었다고 해석하는 데에 있다. 만세일계의 계도를 위해서는 이 사실은 불리하므로, 우마코의 업적을 쇼토쿠태자의 업적으로 바꿔치기하고, 유교와 불교에 정통한 성천자(聖天子), 이상적인 천황상으로 등장시켰다는 것이다. 소가 왕조의 존재와 우마코 천황설은 예전부터 있었지만 증명된 사실(史實)은 아니다.

쇼토쿠태자와 두 왕자 가장 오래된 쇼토쿠태자의 그림(8세기). 오른쪽은 태자의 아들 야마시로노오에 왼쪽은 에쿠리노미코, 오랫동안 호류지에서 보관해오다가 황실 소유가 되었다.

《일본서기》에는 쇼토쿠태자라는 표현이 나오지 않는다. '도구쇼토쿠(東宮聖德)' 또는 단순히 '히지리(聖 ; 일본에서 각국을 순례한 불교승을 가리킨다)'라고 불리다가, 후세에 가서 쇼토쿠태자라고 불리며 신앙을 모았다. 우마야도노미코와 일체화한 이 존재는 《일본서기》 편찬자에 의한 창조이며 실재한 우마야도노미코와는 관련이 없을 가능성이 높다 하여, 일본 교과서에서도 표기의 재검토가 추진되고 있다는 것이다.

《일본서기》에서는 우마야도노미코는 스이코천황의 황태자이고, 그 권한은 섭정으로 그려져 있다. 비다쓰 3년(574), 요메이천황과 아나호베노하시히토(穴穂部間人) 황녀 사이에서 태어났다. 두 사람의 어머니가 모두 소가 이나메의 딸인 만큼 우마야도노미코는 소가의 혈통을 강하게 물려받은 셈이다.

그 탄생에 대해, 《일본서기》에는 임신한 몸으로 순행하던 아나호베노하시히토 황녀가 마구간 문에 부딪친 충격으로 갑자기 출산한 것으로 되어 있다. 후세에 태자의 전기(傳記)로 나온 《상궁쇼토쿠법왕제설(上宮聖德法王帝說)》에서는 마구간 문을 나오다가 출산했기 때문에 우마야도(廐戶)라는 이름을 얻게 되었다 했다.

황자에게는 구메(來目), 에쿠리(殖栗), 만다(茨田), 다메(田目)라는 형제가 있었는데, 그들의 이름은 모두 자기 유모의 씨족명에서 유래했다. 그러나 우마야도는 그들처럼 이름이 지어진 것이 아니라, 특별한 능력의 소유자임을 강조하기 위해 기이한 탄생담과 그런 이름이 준비된 것이라고 한다.

단, 우마야도가 지명에서 온 이름이 아니라고 단언하기는 어렵다. 13세기 기록이지만, 야마토의 가쓰조(葛上)군에 우마야도(馬屋戶)라는 글자가 있었다는 사실이 나라현 긴부센지(金峰山寺)의 동종(銅鐘)에 새겨져 있다. 가쓰조군은 소가 씨와 연고가 있는 가쓰라기 지방의 남부에 있다. 소가의 혈통을 이은 인물이라면, 가쓰라기 지방의 지명에서 이름을 따오는 것은 충분히 생각할 수 있는 일이다. 우마야도노미코는 가시와데노호키키미노이라쓰메(膳菩岐岐美郎女)와의 사이에 딸을 낳았는데, 이름이 우마야코노히메미코(馬屋古女王)라고 한다.

우마야도노미코는 스이코 9년(601)에 이카루가궁을 짓는다. 이전에는 '가미쓰미야(上宮)'라고 하는 궁에서 살았다고 한다. 이 궁은, 태어나자마자 말을 했고 성인이 되어서는 열 사람이 한꺼번에 청원해도 모두 알아들었으며, 예지능력도 있고, 불교와 유교를 깊이 섭렵한 황자를 위해, 아버지 요메이천황이 특별히 지어준 것으로 알려져 있다. '가미쓰미야노우마야도노토요토미미노히쓰기노미코(上宮廐戶豊聰耳太子)', '가미쓰미야오(上宮王)'라는 이름의 유래이다.

이카루가궁(斑鳩宮)에 사는 야마시로노오에노미코 등은 '조구오케(上宮王家)'로 불리는데, 조구라는 칭호가 나타나는 것은 우마야도노미코가 사망한 뒤부터이다. 그것은 야마시로노오에노미코 등이 상속한 재산이, 우마야도노미코를 거쳐 요메이천황으로부터 정통으로 계승한 것임을 주장하기 위한 것으로 추정된다.

스슌 5년(592) 끝 무렵, 일본 역사상 최초의 여제 스이코천황이 즉위한다. 전황제인 스슌천황이 암살당했기 때문인데, 대신인 소가 우마코가 야마토아야노아타이코마(東漢直駒)에게 명하여 조카인 스슌천황을 살해한 것이다. 일설에

여제 스이코천황 즉위식 〈쇼토쿠태자 회전〉 제5폭 부분. 스이코천황 시대 소가 집안은 최고의 화려한 전성기를 맞는다.

는 이것을 군신이 합의하여 도모한 쿠데타로 보고 있다. 천황이 살해되는 사태가 일어났는데도 동란의 흔적이 없기 때문이다.

우마코의 천거로 스슌천황의 이복누나인 누카타베노히메미코(額田部皇女)가 황위를 잇는다. 이가 곧 스이코천황이며, 그 무렵 39세, 《일본서기》는 그 인물에 대해 자색단려(姿色端麗), 진지궤제(進止軌制)라고 표현했다. 미모와 절도를 갖춘 여제라는 뜻이다.

여제가 탄생한 배경에는 다양한 주장이 있다. 먼저 남자 천황을 세워 또다시 우마코와 대립이 일어나게 될 가능성을 아예 배제하려 한 것이라는 설이다. 그래서 우마코의 조카인 누카타베노히메미코가 물망에 오른 것인데, 군신이 합의한 쿠데타라면 우마코와의 갈등은 이유가 되지 않는다. 또 여제이므로 위기를 회피할 수 있으리라는 것도 근거가 없는 이야기이다.

또한 아들인 다케다노미코를 깊이 사랑했던 누카타베노히메미코가 아들의 즉위를 확실하게 굳히기 위해 그 중계자로서 즉위했다는 설이 있다. 그즈음 유력한 계승자로서 우마야도노미코가 있었기 때문이라고 하는데, 황위계승은 이러한 사적인 주장이 통하는 사안이 아니다. 인사를 포함하여 궁정의 정치는 천황의 정치를 보좌하는 대신과 대부(大夫)의 합의에 따른 의사가 크게 반영된다.

누카타베노히메미코는 스슌천황의 전전대인 비다쓰천황의 황후였다. 황후의 지위는 비다쓰천황 시대에 처음 만들어진 것이라 하니, 누타카베노히메미코는 초대 황후인 셈이다.

황후 지위의 전신(前身)을 대후(大后)라고 한다. 천황의 정실을 가리키는데, 그 지위의 본질은 후계자를 낳는 것만이 아니었다. 정치적으로 천황을 지원하고 그에 따른 권력의 일부도 담당하는 존재였다. 따라서 대후의 지위에 오를 수 있는 것은 가능한 한 천황과 가까운 혈연자에 한정되었다. 누카타베히메미코는 긴메이천황의 딸이자 비다쓰천황의 이복동생이어서 나무랄 데 없는 자격이었다.

누카타베히메미코는 비다쓰천황의 대후에 올라, 황후의 지위로 정치적 입장을 굳혔다. 비다쓰천황 시대에 9년, 그가 붕어한 뒤 요메이, 스슌천황 시대에 전 황후로서 7년, 합쳐서 16년 동안 정권의 중추에 있었다.

스슌천황 암살 당시, 유력한 황위계승 후보에는 요메이천황의 아들 우마야도노미코, 누카타베히메미코 자신의 아들인 다케다노미코, 비다쓰천황의 아들 오시사카노히코히토노오네노미코(押坂彦人大兄皇子 ; 어머니는 히로히메) 등이 있었다. 그러나 정치 능력과 실적에서 스이코천황을 뛰어넘는 사람은 아무도 없었다.

스이코천황의 즉위는 개인 야망에 따른 것이 아니라, 집정능력이 평가받은 결과이다. 그러한 즉위는, 능력을 앞세우고 성별을 따지지 않았던, 그즈음의 황위계승 상황을 잘 보여준다는 점에서 중요시된다.

스이코천황이 즉위했을 때, 우마야도노미코가 황태자로 지명되어 천황 대신 정치를 맡는 섭정 직위에 올랐다고 전해진다. 우마야도노미코의 나이는 여러 설이 있지만, 이때 스무 살. 그 무렵에 황태자라는 지위는 존재하지 않았고, 섭정이라는 직위도 성립되지 않았던 것을 생각하면 사실로 보기 어렵다.《일본서기》에 '섭정'이라는 문자는 보이지만, 단순히 '정사를 통괄한다'는 뜻에 지나지 않으며 섭정이라는 지위가 있었던 것은 아니다.

호류지 사이인가람(西院伽藍) 쇼토쿠태자가 세운 사원 가운데 가장 유명한 곳. 경내 건물이나 보물은 국보, 중요문화제로 지정된 것만 해도 190건이 넘는다.

우마야도노미코가 스이코천황의 보좌에 오른 것은 사실이나, 정식으로 정무를 맡기 시작한 것은 스이코천황이 즉위한 지 거의 10년 뒤인 것 같다. 그 무렵부터 견수사와 관위12계, 17조헌법 등, 예전과는 다른 획기적인 정책이 우마야도노미코의 이름으로 수립되었기 때문이다.

우마야도노미코는 스이코 9년(601)에 이카루가궁을 짓기 시작하여, 6년 뒤 궁의 경제적 기반이 되는 복속집단 미부베(壬生部)를 두게 된다. 실제로 우마야도노미코는 정치적인 힘이 그다지 없는 황족의 한 사람에 지나지 않았다는 견해도 있지만, 이카루가궁이라는 정치적 거점을 두고 있었고 미부베가 주어진 사실을 보면, 스이코천황 시대에 우마야도노미코가 중진의 한 사람이었던 것은 부정할 수 없다.

스이코천황 시대, 우마야도노미코는 국정에서 주로 어떤 역할을 했을까. 그것은 우마야도노미코의 거처이자 정치적 거점인 이카루가 궁을 살펴보면 알 수 있다.

이카루가는 아스카에서 직선거리로 20km 정도 떨어져 있다. 그렇게 자주 긴

밀한 회담을 열거나 긴급하게 대응할 수 있는 위치는 아니다. 스이코천황 또는 대신 우마코의 정책에 따른 것인지, 우마야도노미코 자신의 발안에 따른 것인지는 알 수 없지만, 아스카에서 떨어진 이카루가에 정치적 거점을 설정한 것은 전적으로 이카루가가 수로인 야마토가와(大和川)와 육로인 닷타미치(龍田道), 이 양쪽 경로를 통해 나니와(難波)와 연결되었기 때문이다.

고대에 오사카만 주변에는 항만시설이 있어서 그 지역을 나니와 또는 나니와즈(難波津)라고 불렀다. 나니와는 세토 내해를 경유하여 일본 서쪽 바다에 이르는, 한반도와 대륙으로 통하는 문으로 기능했다. 우마야도노미코가 이카루가궁을 조영한 이유는 바로 이것이 아니었을까. 즉 황자는 외교, 오늘날로 말하면 외무대신의 지위에 있었던 것으로 생각된다.

우마야도노미코가 본격적으로 외교 국정을 담당하게 된 것은 7세기 초로, 동아시아의 정세가 크게 움직이기 시작한 시기이다.

581년 중국에서는 문제가 수나라를 건국했다. 수나라는 300년에 걸친 분열된 중국을 통일한 강력한 제국이다.

수나라를 비롯하여 대륙의 역대 황제는 중화사상이라는 공통된 사상을 가지고 있었다. 황제는 천명을 받아 온 세계를 지배하는 절대 존재라는 것이다. 통일된 수나라는 필연적으로 주변 국가에 대한 지배를 강화하기 시작한다. 특히 한반도의 고구려, 신라, 백제에서는 사태가 심각해, 양제의 원정군을 비롯한 침략 행위에 대응하느라 골머리를 앓았다.

바다를 사이에 두고 있다고 해도, 왜국도 강대한 제국인 수나라를 중심으로 삼지 않을 수 없는 동아시아 국제질서 속에서 국가적으로 어떻게 행동할지가 과제가 되었다. 그 대응과 정책 실시를 담당한 것이 우마야도노미코이다.

먼저 황자를 괴롭힌 것은 한반도의 신라와 백제 사이에 끼어 있던 가야를 둘러싼 문제였다. 왜국은 고대부터 여러 가야의 하나인 임나에 대해 권익소유를 주장했다. 6세기 전반에 임나는 신라에 멸망당하고, 6세기 후반에는 가야 전체가 신라에 병합된다.

왜국이 임나에 관심을 두었던 이유는 바로 가야가 철의 산지였기 때문이다. 옛날부터 왜국의 왕은 철 자원을 임나에서 수입해 국내 각지에 분배함으로써

쇼토쿠태자 장례 〈쇼토쿠태자 회전〉제4폭 부분. 49세로 훙서한 태자의 관을 시나가노하카로 옮기는 장면(윗부분). 태자가 훙서한 뒤 소가 이루카의 습격을 받은 야마시로노오에노미코(아래 왼쪽).

권력을 유지했다. 철은 농기구는 물론이고 무구의 원료가 된다.

임나가 멸망하고 왜국의 이권이 상실된다는 것은 철의 수입이 끊어진다는 뜻이다. 출병을 포함한 외압으로 임나의 부흥, 즉 철을 둘러싼 왜국의 이권 회복을 노렸으나 생각대로 잘 되지는 않았다.

우마야도노미코도 처음에는 군사력으로 문제를 해결하려 한 것 같다. 그러나 황자는 이때 획기적인 책략을 쓴다. 수나라와 교섭하는 방향으로 정책을 바꾼 것이다. 임나를 지배하는 신라보다 왜국이 상위에 있음을 수나라로부터 인정받고자 한 것이다. 이것은 황자가 상당한 외교가였음을 보여주는 정책이라고 할 수 있다.

그것을 위해 파견한 외교사절이 견수사이다. 오노노 이모코(小野妹子)가 휴대한, '해가 떠오르는 곳의 천자'로 시작되는 국서는 왜국이 대국임을 강조하는 것이라고 《수서(隋書)》 왜국전에 나와 있다. 천자란 천제의 아들, 즉 수황제를 가리키는데 그것을 왜국왕의 호칭으로 사용했다. 그렇다고 그것이 확실히 대등함을 주장한 것인지 어떤지는 확실치 않지만, 우마야도노미코는 수나라의 직접적인 지배를 받는 것을 의미하는 책봉체제에 들어가지 않고 독립을 유지했다(한반도는 이미 그 체제 속에 들어가 있었다).

그러나 결국 임나를 다시 지배 아래 두지는 못하고 신라로부터 약간의 권익을 인정받는 데 그쳤다. 수나라에 왜국의 존재감을 인정하게 한 것은 우마야도노미코의 견수사 외교의 성과였다. 또 수나라에서 온 사자들도 아스카데라의 위용을 목격하고 왜국의 국력을 실감했다고 한다.

5. 잇시의 변과 다이카 개신의 속사정

잇시의 변은 물론 쿠데타이지만, 《일본서기》는 그 경위를, 천황가 탈취를 기도하는 야망에 찬 간신, 즉 소가 씨를 나카노오에노미코(덴지천황)가 응징한 사건으로 그렸다. 그러나 전후 사정을 조사해보면, 아스카 이타부키궁에서 소가 이루카가 왜 그토록 쉽게 쓰러졌는가도 포함해 잇시의 변의 진실한 모습이 보이기 시작한다.

발단은 고교쿠천황의 후계자 지명 문제였다. 생전에 다음 후계자를 정한 최초의 천황은 선선대인 여제 스이코천황으로, 고교쿠천황도 그것을 본받아 자신의 의사로 지명하는 관습을 이어가야만 했다.

주요 후보자는 세 사람이었다. 동복동생인 가루노미코(고토쿠천황), 죽은 남편 조메이천황의 아들 후루히토노오에노미코(古人大兄), 그리고 조메이천황과 스이코천황의 후계를 다툰 야마시로노오에노미코이다. 나카노오에노미코는 조메이천황의 아들이었으나, 위의 세 사람에 비하면 너무 어려서 곧바로 즉위할 수 있는 처지가 아니었다.

야마시로노오에노미코는 우마야도노미코의 아들로, 스이코 29년(621)에 황자가 사망하자 이카루가궁을 물려받아 국정을 다스렸다. 야마시로노오에노미코는 천황가와 소가 씨 양쪽의 피를 이은 자신의 혈통에 자신감이 있었고, 소가 씨를 위해 천황가의 재산을 변통하는 일도 했다고 한다. 스이코천황은 생전에 그런 야마시로노오에노미코를 정신적으로 지나치게 어리다고 평가했다. 아버지 우마야도노미코와 비교당하는 불리한 면도 있었겠지만 특별히 뛰어난 인물이 아니었던 것은 사실인 것 같다.

그 야마시로노오에노미코를 고교쿠천황이 자결로 내모는 사건이 일어난다. 야마시로노오에노미코는 고교쿠천황의 후계자 문제 이전에도 스이코천황의 후계다툼을 둘러싸고 소가 에미시를 부추긴 일이 있었다. 그러나 결국 즉위하지 못하고 평판만 떨어뜨린 채 끝났다.

고교쿠천황은 후계자 문제를 원만하게 해결하기 위해, 에미시로부터 대신의 직위를 물려받은 이루카에게 야마시로노오에노미코를 배제하라고 명령했다고 한다. 스이코천황 때 황위를 잇지 않았던 야마시로노오에노미코가 또다시 분쟁의 불씨가 될 위험이 있다고 본 것이리라. 결국 야마시로노오에노미코는 도망가 있던 이코마야마(生駒山)에서 내려와 이카루가궁에 들어간 뒤 비첩 등 일족 모두와 함께 자결했다. 이때 우마야도노미코의 계보 가미쓰미야(上宮) 왕가는 절멸했다고 한다.

고교쿠천황은 명령을 수행한 이루카에게 포상으로 이루카와 소가 씨 본가가 옹립했던 후루히토노오에노미코를 다음 천황 후보에 올려주고 자신의 보좌역에 임명하겠다고 약속했다. 바로 거기에 잇시의 변의 핵심이 있었다.

고교쿠 4년(645), 고교쿠천황의 아스카 이타부키궁에서 고구려, 백제, 신라, 한반도 3국의 사자를 맞이하는 의식을 거행하기로 정했다. 이 의식에는 후루히토노오에노미코를 다음 천황으로 안팎에 알리는 목적도 있었다.

후루히토노오에노미코와 이루카는 아무런 의심도 없이 이타부키궁에 들어갔다. 중요한 외교의례인 데다 이루카도 그 추진에 힘쓴 처지였다. 천황과 외국 사절 앞에서 위험이 닥칠 줄은 꿈에도 몰랐을 것이다. 참극은 눈 깜짝할 사이에 일어났다. 이루카는 자객의 손에 즉사하고, 후루히토노오에노미코는 자기 궁으로 달아났다. 이튿날에는 에미시도 처단되어 소가 씨의 본가는 멸망했다.

이루카 일행을 습격한 것은 가루노미코를 등에 업은 호족들이었다. 잇시의 변은 가루노미코가 최종 승리한 권력 투쟁이었다. 그 뒤 가루노미코는 누나인 고교쿠천황에게 자신에게 황위를 물려줄 것을 집요하게 종용했다.

가루노미코에게 승리의 가능성이 보인 것은, 뒷날 '다이카 개신'이라 불리게 되는 공지공민(公地公民) 등의 국정개혁을 아마도 고교쿠천황에게 열정적으로 되풀이하여 설명한 덕분일 것이다. 정책으로 누나를 설득한 것이다. 그런 의미에서는 잇시의 변을 성공으로 이끈 것은 가루노미코의 국정개혁에 대한 열정이었다고 할 수 있지 않을까.

6. 세 번의 모반 사건과 덴지천황의 악평

사서에는 보통 그때의 권력자에 의한 역사 해석이 이어지기 마련이다. 《일본서기》도 예외는 아니다. 《일본서기》에 기록된 역사해석의 목적은 진신(壬申)의 난 때 무력을 휘둘러 황위에 오른 덴무천황의 왕권에 정통성을 부여하는 데 있었다고 알려진다.

따라서 《일본서기》는 나카노오에노미코가 덴지천황으로 즉위한 정권에 대해, 만년에는 야심에 불타는 간신이 대두하여 약체화했다고 설명하고 있다. 그렇기 때문에 덴지천황이 세상을 떠난 뒤에 오아마노미코(大海人 ; 덴무천황)가 일어나 천황 중심의 정권을 되찾았다는 것이다. 오토모노미코는 간신에게 넘어갔기 때문에 어쩔 수 없이 토벌했다. 이것이 진신의 난에 대해 《일본서기》에 기술된 덴무천황 정권의 공식 견해이다.

현재 덴지천황(나카노오에노미코)에 대해서는 목적을 위해서라면 수단과 방법을 가리지 않는 잔인하고 냉혹한 인물이라는 이미지가 퍼져 있다. 그러나 실은 《일본서기》는 덴무가 덴지를 정당하게 계승했다고 강조하므로 덴지를 결코 악인이나 모략가로 그리지 않았다. 《일본서기》의 기술은 죽음 직전에 덴지천황이 오아마노미코를 토벌하려고 한 이유를, 사랑하는 자기 아들(오토모노미코)을 위해서라고 읽는 이로 하여금 생각하게 한다.

덴지천황(나카노오에노미코)의 냉혹함을 보여주는 것은 세 번의 모반사건에 대한 황자의 대응일 것이다. 그래서 《일본서기》에 기록된 내용을 간단하게 소개한다.

후루히토노오에노미코의 모반

다이카 원년(645), 후루히토노오에노미코가 소가 다구치노가와호리(蘇我田口川堀), 모노노베노에노이노시이노미(物部朴井椎子)와 모반을 꾀했다. 이 계획에 가담한 기비노카사노시다루(吉備笠垂)가 나카노오에노미코에게 자백했다. 황자는 우다노에무로노후루(兎田朴室古)를 보내 후루히토노오에노미코를 쳤다.

소가 구라야마다노이시카와마로(蘇我倉山田石川麻呂)의 모반

다이카 5년(649), 소가 히무카는 이복형이자 우대신인 소가 구라야마다노이시카와마로가 나카노오에노미코를 암살할 계획이라고 황자에게 밀고했다. 황자는 그 말을 믿었고, 보고를 받은 고토쿠천황은 관계자 조사를 명한다. 이시카와마로는 무죄를 주장하다가 자결하고 처자와 가신들은 순사(殉死)했다. 고토쿠천황이 이시카와마로의 재산을 몰수하고 조사한 결과, 암살계획은 사실이 아닌 것으로 드러난다. 황자는 후회했고 밀고한 소가 히무카는 유배된다.

아리마노미코의 모반

사이메이 4년(658), 사이메이천황이 나카노오에노미코와 함께 기노이데유(紀溫湯)에 행차했다. 그 틈에 야마토노미야코(倭京, 아스카 지방)의 유수관(留守官) 소가 아카에(蘇我赤兄)가 아리마노미코를 방문하여 천황의 실정을 이유로 거병을 촉구했다. 아카에의 배신으로 아리마노미코는 체포되어 기노이데유에서 나카노오에노미코의 신문을 받는다. 아리마노미코는 파견되어 온 다지히노오자와노쿠니소(丹比小澤國襲)에 의해 후지시로노사카(藤白坂)에서 교살당한다.

이러한 모반사건으로 알 수 있는 것은 그즈음의 나카노에노미코는 군사부문의 담당관 또는 통괄장에 지나지 않았다는 것이다. 잇시의 변에서도 나카노오에노미코는 실행부대의 대장이었을 뿐, 주모자는 아니었을 가능성이 높다. 황자는 그러한 모반을 뒤에서 획책할 만큼 정치의 중추와 깊은 관계에 있는 존재는 아니었던 것으로 보인다.

실제로 모반의 흑막에 나카노오에노미코가 있었다면, 후루히토노오에노미코의 모반에 대한 대응은 지나치게 사무적이다. 이시카와마로의 모반 때는 고토쿠천황에게 보고한 뒤에는 등장하지 않고 후회했다는 것만 기록되어 있다. 아리마노미코의 모반에서도 나카노오에노미코는 신문에서 등장할 뿐이다.

이렇게 《일본서기》에는 나카노오에노미코의 모략과 부당한 대응에 대한 기술은 나오지 않는다. 잔인무도한 황자라는 이미지는 《일본서기》에 대한 후세

후지시로(藤白) 신사 사이메이천황이 모로(牟婁) 온천 행차를 계기로 건설한 신사(와카야마현 가이난시). 아리마노미코가 처형된 비극의 땅이며 경내에는 황자를 기리는 아리마노미코 신사가 있다.

의 단편적인 해석에 지나지 않는다.

오아마노미코의 출신에 대해서는 분명하지 않은 점이 있다. 황위 계승 문제를 혈통주의로 안정시키고 싶었던 덴지천황은 오토모노미코를 후계자로 지명했다. 거기서 덴지와 덴무 사이에 불화가 있었다고 해석하는 사람도 있다. 그러나 그것은 오쓰노미코 또는 구사카베노미코에 대한 정식 계승까지 중간단계로서 충분히 정통한 것으로, 오아마노미코도 승인한 체제였다.

덴지천황이 뜻밖에 일찍 사망하여 오아마노미코에게 야심이 생겼을지도 모르지만, 《일본서기》는 진신의 난의 원인은 어디까지나 간신에 있다고 보고 나카노오에노미코(덴지천황)에 대해서는 결코 비판적이지 않다.

7. 진신의 난 기록에 숨겨진 진실

덴지천황과 동복동생인 오아마노미코(덴무천황)는 겉으로는 양호한 관계로 보였다. 덴지천황은 덴지 3년(664), 관위 26계제 개정, 가문의 수장 임명 등, 중앙 집권화를 향한 '갓시의 선지(甲子の宣)'라는 내정개혁을 단행했다. 그때 정권의 중심인물로 지명된 것이 오아마노미코였다. 《일본서기》에는 그 기술이 없지만, 오아마노미코는 백강 전투(660년 백제가 멸망한 뒤 일본의 구원병과 백제의 부흥군이 합세해 나당연합군과 벌였던 전투) 때 규슈에 진을 치고 있었다는 견해도 있어 외교면에서도 중용되었을 가능성이 높다.

물론 덴지는 오아마노미코가 자신의 아들 오토모노미코(고분천황)에게 방해가 될 수 있는 존재라는 것은 뚜렷하게 인식하고 있었다. 그래도 후루히토노오에노미코, 아리마노미코처럼 처치하지 않은 것은 동복형제로서의 애정이 있었기 때문이라는 이야기도 있다.

단, 《일본서기》 외에는 두 사람의 험악한 관계를 보여주는 이야기도 나온다. 하나는 8세기에 성립된 《후지 씨 가전(藤氏家傳)》에 전해지는 이야기이다. 덴지 7년(668), 덴지가 비와 호반의 누각에서 주연을 열었을 때, 술에 취한 오아마노미코가 긴 창으로 마루청을 꿰뚫어버리자, 분노한 덴지는 오아마노미코를 죽이려 했지만 나카토미노카마타리의 제지로 무사히 넘어갔다는 내용이다.

그해를 덴지가 오토모노미코를 다음 대왕으로 삼으려 했던 시기(오토모노미코가 실제로 옹립된 것은 그 3년 뒤)로 본다면, 오아마노미코의 행패는 울분과 불만에서 나온 것이고, 덴지의 살의는 오토모노미코의 즉위에 방해가 되는 오아마노미코를 배제하려 한 것이라고 해석할 수도 있다.

또 누카타노오키미(額田王)를 둘러싸고, 덴지와 오아마노미코가 삼각관계에 있었다는 설도 있다. 누카타노오키미는 《만엽집》의 대표적 여류가인으로, 소설과 드라마에서 절세미녀로 등장한다. 사실 누카타노오키미는 처음에 오아마노미코와 결혼하여 도이치(十市) 황녀를 낳았는데, 오미로 천도할 무렵 덴지에게 불려갔다. 이것이 아내로서 불려간 것인지, 가인으로서 불려간 것인지는 확실하지 않다.

《만엽집》에는 누카타노오키미와 오아마노미코가 주고받은 꽤 의미 깊은 노래가 있는데, 헤어진 뒤에도 두 사람이 연인관계에 있었다고 해석할 수도 있다. 어디까지나 추측의 영역을 벗어나지 않는 이야기이지만, 오아마노미코는 연적 덴지에게 원한을 가지고 있었을 가능성도 있다.

최근에 또 하나 떠오르고 있는 것은, 덴지와 오아마노미코는 서로 피가 이어지지 않은 사이, 즉 형제가 아니라고 보는 설이다.

《일본서기》에는 오아마노미코, 곧 덴무천황의 생년과 향년이 기록되지 않아 나이를 알 수 없다. 한편, 덴지는 조메이 13년(641), 조메이천황의 장례 때 '나이 열여섯'에 조사(弔辭)를 했다고 되어 있으니 스이코 24년(626)생이다. 가마쿠라 말기에 성립된 《일대요기(一代要記)》, 15세기에 성립된 《본조황윤소운록(本朝皇胤紹雲錄)》에 따르면 덴무의 생년은 스이코 30~31년(622~623)이다. 그렇다면 덴무가 형이 된다. 형제가 아니라는 설은 이 모순에서 계보에 위조가 있다고 보는 견해이다.

덴지의 동생이 아니라면 덴무는 과연 누구일까? 그 정체는 고교쿠(사이메이) 황제와 다카무쿠노오키미(高向王 ; 요메이천황의 손자) 사이에서 태어난 아들 아야노미코(덴지의 이부형)라는 주장도 있다. 다카무쿠와 아야라는 이름은 도래계 씨족인 다카무쿠노후히토(高向史), 야마토노아야노아타에(東漢直)와 관련이 있다는 점에서 다카무쿠노오키미는 도래인이며, 덴무는 황족이라고 하기 어렵다고 보는 설도 있다.

다만 이러한 새로운 설에는 문제가 있어 연구자 대부분은 논쟁에 끼어들지 않았다. 본디 《일본서기》는 일반적으로 천황의 생년을 기록하지 않으며, 예외적으로 기록된 덴지의 나이는 그냥 받아들이기 어렵다. 또 성립된 시대와 내용도 다른 중세의 책과 《일본서기》에서 저마다 임의로 선택한 기사를 비교하여 모순이라고 보는 방법에는 큰 문제가 있다고 생각된다.

또 그 무렵 황족의 이름은 양육한 씨족의 이름을 붙이는 것이 일반적이었다. 즉 다카무쿠노오키미, 아야노미코 모두 도래계 씨족에게 양육되었기 때문에 그런 이름이 붙었을 가능성이 높다. 다카무쿠, 아야라는 이름만으로 그들을 도래인으로 보는 것은 매우 단순한 생각이다.

《일본서기》시대

《일본서기》는 요로 4년(720) 5월에 전 30권이 완성되어, 그때의 여제 겐쇼천황에게 헌상되었음이 밝혀져 있다. 그 뒤 엔랴쿠 16년(797)에 성립된 《속일본기》에는 성립된 경위가 기록되어 있지 않다. 덴무천황이 덴지천황의 둘째아들 가와시마노미코, 자신의 아들(아홉째아들로 알려짐)인 오사카베노미코에게 '제기'와 '구사'를 작성하라고 명한 것이 그 시작이라고 한다. 《일본서기》에 따르면 덴무 10년(681)의 일이다. 이 기간에 지토천황의 역사해석을 덧붙여 《일본서기》가 편찬되는데, 그 약 50년은 어떤 시대였을까?

덴무 10년, 실은 이 해에 율령 제정도 시작되었다. 율령이란 한마디로 법률을 가리키며, 행정법, 형법까지 포함한다. 그리고 법률 아래 통치하는 정치체제를

'율령제'라고 한다. 율령 정비는 국가의 기반을 굳히는 데 가장 시급한 중요 요건이었다.

본디 고토쿠천황의 다이카 개신 정권도 율령제를 목표로 하여 세워진 것이다. 이때의 율령 제정은 구체적으로는 지토 3년(689)에 공포된 '비조정어원령(飛鳥淨御原令)'으로 형태화한 것이었다. 앞서 언급했듯이 그 편찬자 가운데 후지와라 후히토(藤原不比等)가 있었다.

후히토는 잇시의 변에서 공을 세운 나카토미노가마타리(中臣鎌足 ; 덴지천황에게 후지와라라는 성을 하사받는다)의 둘째 아들이다. 그 이름이 《일본서기》에 맨 처음 등장하는 것은 비조정어원령이 제정된 지토 3년이다. 판사로 임명되었다는 기록인데, 그 등용은 구사카베노미코를 섬겼던 인

고대의 사냥·약초캐기 행사 음력 5월 5일 궁궐에서는 남성은 말로 사슴을 쫓으며 어린 뿔을 채취하고 여성은 약초를 캐는 행사가 열린다. 스이코천황이 나라현 우타노에서 처음 개최했다고 한다. 덴지천황도 백강 전투 패배 뒤에 군신들을 이끌고 오미의 고모노에서 약초캐기 행사를 열었다. 누가타 왕의 유명한 시는 이때의 여흥으로 지었다고 한다.

연과, 법률 및 문필의 재능 덕분이었다고 한다.

후히토는 다이호(大宝) 원년(701)에 완성된 '다이호 율령'의 선정 책임자를 맡는 등, 평생에 걸쳐 율령체계를 연구, 수정하는 정책의 중심에 있었다. 그 뒤 '요로 율령'은 후히토의 죽음으로 오랫동안 편찬이 중지되었다가 덴표호지(天平宝字) 원년에 가까스로 시행되었다.

가마타리 시대의 공적을 바탕으로, 후히토 시대에 후지와라 씨가 귀족정치에 깊이 발을 들여놓은 것은 확실하다. 그러나 흔히 말하듯이, 후지와라 씨가 갖은 모략을 부려 정적을 쓰러뜨리고 정계를 제패해 마침내 헤이안 시대의 섭관정치에 이르게 된다는 주장은 지나친 권력투쟁 사관이어서 이해할 수 없는 부분이 많다.

후지와라 씨의 혈통이 《일본서기》 편찬 무렵에 천황가로 흘러들어, 그 뒤의 후지와라 씨의 권세를 약속한 것은 틀림없다. 그러나 그것은 정말 후지와라 씨의 계획과 모략이었다고 할 수 있을까.

7세기 끝 무렵, 천황가에서는 덴지천황과 그 동생 덴무천황 양쪽의 피를 잇는 자를 이상적인 황위계승자로 여겼다. 그렇다면 어쩔 수 없이 근친혼이 많아진다. 지토천황은 덴지천황의 둘째딸이었으니 덴무천황은 조카와 결혼한 셈이다. 덴무천황과 지토천황 사이에는 구사카베노미코라는 아들이 태어났고, 구사카베노미코는 덴지천황의 넷째 딸 아헤(阿閇) 황녀(겐메이천황)와 결혼, 그 사이에 가루노미코(몬무천황)가 태어난다.

구사카베노미코는 스물여덟 살에 요절하고, 몬무천황은 스물다섯 살에 붕어했다. 이러한 위험을 피하기 위해 덴지천황에게 충성심이 지극한 신하인 가마타리의 자손 가운데 천황의 배우자를 택하게 되었다고 한다. 따지고 보면 천황가 쪽의 요청으로 후지와라 씨가 선택되었고, 그 뒤의 후지와라 씨의 압도적인 우위는 결과에 지나지 않는 것으로 생각된다.

다른 귀족들로서도 그즈음 후지와라 씨가 그런 대우를 받는 것에 대해 불만은 없었을 것이다. 잇시의 변과 다이카 개신의 성공이 아직도 모든 사람의 기억 속에 생생한 시대였기 때문이다.

《일본서기》에서 무시당한 고대사

1. 여명기 야마토 왕권의 흔적
야마토 왕권이 어느 시기에 탄생했는지 정의하는 것은 쉽지 않지만, 3세기 후반에는 이미 성립되었던 것으로 추정된다. 처음에는 유력호족들의 연합정권으로 발족해 주변세력을 무력정벌 또는 동맹의 형태로 잇따라 복종시켜 갔다.

6세기에 들어서서는 도호쿠 남부에서 규슈에 걸친 광대한 지역을 지배 아래 넣는 동시에, 복종시킨 호족을 신하로 포섭해갔다. 야마토 왕권의 맹주인 대왕(천황)은 자신의 권위를 과시하기 위해 거대한 고분을 짓고, 다이센(大山) 고분(닌토쿠 천황릉)과 곤다고묘야마(譽田御廟山) 고분(오진천황릉) 등, 전체길이 400m가 넘는 전방후원분도 조영되었다.

한편, 유력호족들도 완전한 신하가 된 것은 아니고 독립성이 어느 정도 보장되었다. 조정에서는 '우지(氏)'와 '가바네(姓)'가 수여되고 특권적 지위가 세습되었다. 참고로 '우지'는 가쓰라기(葛城), 오토모(大伴), 모노노베(物部), 소가(蘇我) 등, 같은 조

고묘(光明) 황후 기쿠치 게이케쓰(菊池契月) 그림

상을 둔 동족의 호칭이다. 또한 '가바네'는 왕권과의 관계와 지위를 나타내는 칭호로, 오미(臣)와 무라지(連) 등이 있다. 유력자에게는 오오미(大臣 : 천황의 정무를 보좌한다), 오무라지(大連 : 주로 군사와 재판을 담당)라는 호칭이 주어져 야마토 왕권을 견인하는 역할을 맡았다.

그러나 야마토 왕권의 세력이 확대됨에 따라 호족간의 세력다툼도 치열해졌다. 그런 가운데 최초로 대두한 것이 야마토 분지의 가쓰라기 지방에 본거지를

제사를 담당한 고대 여왕 히미코(卑弥呼) 야마타이(邪馬台)의 히미코를 메이지 시대에는 아마테라스와 같다고 보는 논의도 나왔다. 그밖에도 주아이천황의 비 진구황후나 무녀로 유명한 야마토토히모모소히메였다는 주장도 있다. 에이나가 다이지로(栄永大治良) 그림

둔 가쓰라기 씨이다. 4세기 끝 무렵부터 5세기 후반에 걸쳐 오키미에 필적하는 위세를 자랑했다.

가쓰라기 씨의 시조인 가쓰라기 소쓰히코(葛城襲津彦)는 다케시우치노스쿠네(武內宿禰)의 아들로, 리추(履中), 한제이(反正), 인교(允恭) 천황의 외조부이다. 《일본서기》에서는 진구황후, 오진천황, 닌토쿠천황의 항에서 그 활약상을 엿볼 수 있다.

진구 62년 항에서는 소쓰히코가 신라 정벌에 파견된 사실이 기록되어 있다. 또 오진천황 시대에는 신라의 방해로 인부들이 가야에서 바다를 건너지 못하자 그들을 데리고 오기 위해 소쓰히코가 가야에 파견되었다. 그런데 소쓰히코가 3년이 지나도 돌아오지 않자 '소쓰히코가 귀국하지 못하는 것은 신라 때문'이라고 생각한 천황은 가야에 정병을 파견했다. 그리하여 소쓰히코와 인부를 데리고 귀국시켰다고 한다.

가쓰라기 씨는 오키미 가와 계속해서 인척관계를 맺고 가쓰라기 계의 오키미를 잇따라 즉위시켰다. 그러나 인교 5년(416), 다마타노스쿠네(玉田宿禰 ; 소쓰히코의 손자)가 한제이천황의 장의(葬儀)를 명령받았으나, 지진이 일어났는데도 직무를 게을리 하고 술잔치를 벌인 것이 발각된다. 이 사건을 계기로 오키미 가와 가쓰라기 씨의 관계에 금이 가기 시작해 가쓰라기 씨의 힘은 서서히 실추해 갔다. 안코(安康) 3년(456), 다마타노스쿠네의 아들 쓰부라 오키미(円大臣)가

유랴쿠천황에게 주살당함으로써 가쓰라기 씨는 역사의 무대에서 자취를 감춘다.

그 뒤 헤구리노쓰쿠노스쿠네(平群木莬宿禰)를 시조로 하는 헤구리 씨가 떠올라 쓰쿠의 아들 마토리(眞鳥) 대에 전성기를 맞이했다. 오키미가 된 마토리는 국정을 좌지우지했으나, 닌겐 11년(498), 와카사기(稚鷦鷯) 태자(뒷날의 부레쓰천황)의 명을 받은 오토모 가나무라(大伴金村)에게 멸망당했다. 이에 따라 헤구리 씨는 쇠퇴하고 오토모 씨가 대두하게 된다. 마토리를 쓰러뜨린 가나무라는 오무라지 지위에 올라 외교와 군사 면에서 활약했다.

그러나 백제의 요구에 따라 임나4현(縣)을 할양한 것이 가나무라의 파멸을 부르게 된다. 긴메이 원년(540), 신라가 임나 지방을 병합했지만, 모노노베노오코시(物部尾興)는 '임나 4현을 백제에 할양했기 때문에 이런 사태가 되었다'며 가나무라를 규탄한다. 할양할 때 백제로부터 뇌물을 받은 것도 문제시되어 가나무라는 결국 실각한다. 이를 기회로 오토모 씨는 쇠퇴 일로를 걷다가 소가 씨와 모노노베 씨에게 굴종하게 된다. 그리고 나라 시대부터 헤이안 시대까지 정쟁으로 많은 처벌자를 내면서 서서히 몰락해 갔다.

2. 오쿠니누시와 이즈모 왕조

일본 신화의 중심을 이루는 것은 《일본서기》의 1,2권과 《고사기》의 상권, 신화시대 이야기이다. 그 신화들은 물론 역사적 사실로 인정되지는 않는다. 다만 모든 것을 중앙귀족의 정치적 창작으로 단정하기도 어렵고 민간의 전승이나 신앙에 기초한 이야기도 많다. 거기에는 역사의 반영도 있다고 볼 수 있다.

기기(記紀)의 신화에는 서로 매우 다른 점이 있지만 대략적인 이야기는 거의 일치하며, 다음의 네 가지 신화로 구성된다.

①국토창세신화. 천지의 시작부터 이자나기, 이자나미의 국토창세를 거쳐 아마테라스, 쓰쿠요미, 스사노오(3귀자)의 탄생까지.

②다카아마노하라(高天原) 신화. 천상계에서의 스사노오의 횡포부터 추방까지. 여기에 유명한 아마노이와야토 신화가 나온다.

③이즈모 신화. 스사노오의 야마토오로치 퇴치부터 스사노오의 자손인 오

쿠니누시(오나무지)의 나라 건설, 다카아마노하라의 신들에 의한 지상세계의 평정(나라양도), 천손강림까지.

④히무카(日向) 신화. 쓰쿠시에 강림한 천손 니니기 일족의 이야기. 우미사치(海幸), 야마사치(山幸) 신화를 거쳐 이와레히코(진무)의 등장까지.

두 책의 신화에서 가장 큰 차이는 ③의 이즈모 신화에 대한 취급일 것이다. 이즈모 신화는 《고사기》에서는 상권의 약 4분의 1을 차지하는데, 《일본서기》의 본문에는 스사노오의 야마토오로치 퇴치는 기술되어 있지만, 그 뒤의 오쿠니누시의 지상세계 평정까지가 빠져 있다. 《일본서기》의 일서(一書)에서 겨우 나라 건설이 다뤄지지만, 유명한 '이나바의 흰토끼'를 비롯한 오쿠니누시의 모험담은 언급되어 있지 않다. 반대로 《일본서기》에는 있고 《고사기》에는 없는 이즈모 신화는 없다.

오쿠니누시 이야기는 야마토 왕권 성립 이전에 이즈모에 큰 정치적 세력이 있었고, 그 위세가 호쿠리쿠와 기나이까지 미쳤음을 시사하는 것으로 읽을 수도 있다. 그 왕권이 어느 시기에 야마토 왕권을 연상시키는 신세력에 굴복하는데, 거기서 '야마토 대 이즈모'의 대립 구도를 짐작하는 견해도 많다.

《고사기》는 중앙국가 주도로 성립된 책이 아니라 완전히 다른 세력이 기술한 책으로 보는 견해도 있다. 그래서 그 편자는 이즈모에 대한 깊은 동경을 품고 있었고, 그래서 이즈모 신화를 크게 다루게 되었다. 한편, 《일본서기》의 편자에게는 이즈모는 야마토가 굴복시킨 나라 가운데 하나일 뿐이기 때문에 자세히 이야기할 필요가 없었다는 것이다.

이즈모 신화에서 다뤄지는 이즈모는 단순히 이즈모 한 나라에 머물지 않는 지상세계로, 그것을 '아시하라노나카쓰쿠니'라고 한다. 이것은 천상세계에서 볼 때는 갈대가 무성한 미개지(앞으로 개척하여 다스려야 할 땅)를 뜻하는 것으로 여겨진다.

한편, 겐메이천황의 칙명으로 8세기에 나온 《이즈모노쿠니 풍토기》(이즈모의 전승을 기록한 책)에는 《고사기》처럼 거대화한 이즈모의 모습은 없고, 스사노오와 오쿠니누시는 나오지만 야마토오로치 퇴치도 이나바의 흰토끼도 없다. 《이즈모노쿠니 풍토기》를 더욱 원본에 가까운 이즈모의 전승과 신화로 본다면,

▲**고진다니 유적** 야요이 시대 중기의 동검이나 동탁(방울소리를 내는 의기)이 대량으로 출토된 고진다니 유적.

▶**가모이와쿠라**(加茂岩倉) **유적** 가모이와쿠라 유적(시마네 운난시)은 야요이 시대의 청동기가 발견된 유적으로 한 곳에서 출토된 유물 수로는 일본에서 가장 많은 39개의 동탁이 발견됐다.

《고사기》의 이즈모 신화는 이즈모와는 관계가 없는 지방의 전승까지 포함한 '신화의 집합체'였을 공산이 크다.

단, '나라양도'는 《이즈모노쿠니 풍토기》에도 해당하는 대목(이견도 있다)이 보여서 이즈모에 큰 세력이 있었을 가능성은 여전히 남는다.

쇼와 59년(1984)에 발견된 이즈모 고진다니(荒神谷) 유적(시마네현 이즈모시)은 야요이 중후기의 유적으로, 358자루나 되는 대량의 동검(銅劍)이 출토되었다. 그것은 그즈음에 발견되었던 야요이 시대 동검의 총수 300자루를 훨씬 웃도는 것으로, 야마토 왕권이 발흥하기 전인 1~2세기에 이즈모에 엄연한 세력이 있었음을 보여주는 것으로 생각할 수 있다. 이즈모의 대세력에 대한 흥미는 끝이 없다.

이즈모 신화의 주인공 오쿠니누시(오나무지)는 《일본서기》 본문에서는 스사노오의 아들(《고사기》에서는 스사노오의 6세손)로 되어 있다. 오나무지의 이름은 오(위대한) 아나(흙) 무치(신령身靈), 즉 '위대한 땅의 존귀한 자'를 뜻한다. 아시하라노시코, 야치호코, 우쓰시쿠니타마, 오쿠니타마 등 별명이 많은 신이다. 《고사기》에서는 오나무지가 나라를 세운 결과, 오쿠니누시(위대한 국토의 군주)라는 최고의 이름을 얻었다고 한다.

《일본서기》에서는 미와야마(三輪山)의 수호신 오모노누시도 그 별명으로 불린다. 이즈모 신화는 신화의 집합체라는 요소를 안고 있지만, 오쿠니누시도 본디는 여러 명의 신이 하나로 통합된 존재로 간주되고 있다.

《이즈모노쿠니 풍토기》에서는 '수많은 가래로 나라를 건설한 대신(大神)'으로 찬양받는다. 오쿠니누시의 '구니(國)'로 상징되듯이 원래는 토지나 대지와 결부되는 신이었으나 농경신의 성격도 띠게 되었다. '구니'와 짝을 이루는 것이 '아메(天)'이며, 아마테라스 같은 다카아마노하라의 신들을 천신(아마쓰카미)이라고 한 데 비해, 오쿠니누시처럼 옛날부터 일본에 토착해 있던 신을 지기(地祇 ; 구니쓰카미)라고 한다.

오쿠니누시가 건설한 국가는 이즈모와 호키(伯耆)에서 기나이(畿內), 호쿠리쿠까지 미쳤음이 시사되어 있다. 여기에 주목한 것이 다카아마노하라의 신들이다. 그리하여 아시하라노나카쓰쿠니(葦原中國) 평정, '나라양도'가 시작되는데, 《일본서기》 본문에는 그때 신들에게 명령을 내리는 주신격(명령신)이 다카미무스히라는 신으로 되어 있다. 다카미무스히의 다카미는 미칭(美稱)이고 무스는 생산 또는 생성을 말하며, 히는 영력(靈力)을 가리킨다고 한다.

다카미무스히는 아마테라스의 아들 아메노오시호미미의 장인에 해당하는 신으로, 손자인 니니기를 양육해 니니기를 아시하라노나카쓰쿠니의 군주로 삼고자 했다. 지상에 사신(邪神)이 우글거리는 상황을 본 다카미무스히는 신들과 대책을 의논하고, 여러 방책을 써서 최종적으로 천손 니니기를 지상에 강림시

이나사노하마에서 나라양도 상담을 하는 오쿠니누시　요시다 노부오 그림

킨다.

《고사기》에서는 이 계획을 주도하고 천손강림으로 이끄는 명령신을 아마테라스로 보았지만, 《일본서기》에서는 아마테라스는 일서(一書)에 나올 뿐, 본문에는 전혀 등장하지 않는다. 즉 니니기에게 3종의 신기를 내리는 중요한 사건은 없는 것이다.

나라양도, 천손강림은 천황 가가 지상을 지배하는 정통성의 근거가 되므로 본디의 황조신은 다카미무스히가 된다. 황조신이 아마테라스로 대체된 이유는 여러 설이 있지만, 대륙과의 교섭에 태양신(태양의 아들) 사상이 도입되어, 대왕가(大王家)에 걸맞은 태양신으로서 아마테라스를 떠받들게 되었다고 한다. 이 시기는 6~8세기로 추정된다.

《일본서기》 본문의 나라양도에서는 거듭해서 작전에 실패한 다카미무스히가 후쓰누시와 다케미카즈치 두 신을 지상에 파견한다. 두 신 모두 도검(刀劍)

의 신으로, 후쓰누시는 이소노카미신궁(나라현 덴리시)의 '후쓰노미타마검(布都御魂劍)'의 신격화, 다케미카즈치는 가시마신궁(이바라키현 가시마시)의 주신(主神)이자 나카토미(中臣 ; 후지와라) 씨의 씨신(氏神)으로 알려져 있다.

이 두 신은 이타사(五十田狹)의 오바마(小浜 ; 이나사노하마稲佐浜, 시마네현 다이샤초)에 내려가 칼을 대지에 꽂아 세운 뒤, 그 칼끝에 책상다리를 하고 앉아 오쿠니누시에게 나라양도를 촉구한다. 오쿠니누시는 먼저 아들 고토시로누시에게 의견을 물었고 고토시로누시는 나라양도에 동의했다. 그에 따라 오쿠니누시도 "내가 저항하여 싸운다면 국내의 모든 신들도 반드시 나와 함께 싸울 것이고 내가 물러가면 아무도 감히 싸우려 들지 않을 것입니다" 하고, 아시하라노나카쓰쿠니 왕의 상징인 히로호코(広矛)를 두 신에게 양도하고 '숨어버렸다'고 한다. 그 뒤 두 신은 그래도 귀순하지 않는 사신(邪神)을 모두 정벌한 뒤 다카미무스히에게 보고한다. 이에 다카미무스히는 천손 니니기를 강림시켰다.

무력제압을 상기시키는 신화이다. 또한 후쓰누시는 《고사기》에는 등장하지 않지만 《이즈모노쿠니 풍토기》에는 이름이 있어, 이즈모를 비롯하여 각지에서 제사지내는 외에도 모노노베 씨의 제신이었을 가능성도 지적된다. 한편, 다케미카즈치는 이즈모와 전혀 관계가 없고, 다카토미 씨의 정치적 압력에 따른 무리한 끼어들기로 보는 견해가 많다.

과연 '이즈모 왕국'은 존재했을까? 나라양도의 무대를 이나사노하마로 한 것, 진무천황의 황후 히메타타라이스즈히메를 고토시로누시의 딸(《고사기》에서는 오모노누시의 딸)로 한 것은 역사적 사실로 인정할 수 없다 하더라도 《일본서기》의 편자도 이즈모라는 나라를 강하게 의식했던 것은 분명한 것 같다. 또한 스진기(崇神紀)에는 이즈모의 보물을 둘러싸고 이즈모노 후루네(出雲振根)를 주살했다는 이야기도 들어 있다(《고사기》 야마토타케루의 이즈모타케루 정벌을 가리키는가).

고진타니 유적이 시사하듯이 야요이 시대에 근린의 기비노쿠니와 마찬가지로 이즈모에 커다란 세력이 있었던 것은 틀림없다. 단, 그 실태에 대해서는 매우 불투명하다. '이즈모 왕국'이라는 말도, 수장은 있었겠지만 오쿠니누시 같은 왕이 실제로 있었는지에 대해서도 해명되지 않았다.

가미쓰케노(上毛野)의 유력자 무덤 하치만즈카(八幡塚) 고분   이 고분에는 6천 개가 넘는 원통 인형이 있었을 것으로 생각되며 5세기 끝 무렵에 가미쓰케노 맹주 역할을 한 사람의 무덤이라 추측된다.

   이즈모 세력의 실태에 대해, 고고학계에서는 '일본 서쪽 바다 문화권'이라는 시각으로 보고 있다.

   야마토 왕권이 성립되기 이전, 야요이 시대의 일본은 구니가 분립하여 이즈모, 쓰쿠시, 고시(越 : 호쿠리쿠), 단고(丹後) 등, 특히 일본 서쪽 바다 연안에 큰 세력이 있었던 것으로 추정된다. 이 일본 서쪽 바다 지역은 항구인 가타고(潟湖 : 라군)와 쓰시마 해류를 이용하는 '바닷길'로 이어져 온갖 교역이 이루어진 것으로 보인다. 이동수단은 해안을 따라 항해하는 통나무배이다.

   일본 서쪽 바다 문화권에는 중국 발상의 소환두철도(素環頭鐵刀)라는 특수한 칼이 지역 내에서 널리 출토되는 공통성이 보인다. 특히 주목할 만한 것은 사우돌출형분구묘(四隅突出形墳丘墓)라고 하는 매우 독특한 분구묘의 전파이다. 방형분구묘(方形墳丘墓)의 네 모서리가 불가사리처럼 튀어나와 있는 점이 특징인 무덤이다.

   이 분구묘는 야요이 중기 후반부터 주고쿠 지방 산간부의 미요시(三次) 분지

(히로시마현 미요시시)에서 발상하여, 야요이 후기부터 기비, 이즈모, 호키에서도 활발하게 축조되었다. 대표적인 니시다니(西谷) 분묘군(시마네현 이즈모시)에서는 기비의 특수한 기대(器台)와 항아리도 발견되어 두 지역 사이에 교류가 있었음을 보여준다. 사우돌출형분구묘는 이즈모, 호키에 많지만 나중에는 노토(能登)와 호쿠리쿠에서도 만들어졌다.

또한 고분시대에는 야마토 왕권의 세력확장을 반영하여 전방후원분이 전국에서 조성되었으나, 산인(山陰)에는 거의 없고 전체길이 150m가 넘는 거대고분도 없다. 노토도 같은 경향을 보이고 있어 야마토 왕권과 이즈모, 호쿠리쿠 사이에 문화의 단절이 느껴진다.

이즈모대사(出雲大社)와 지카모리 거목 유적(이시카와현) 같은 '거목문화'도 일본 서쪽 지역 특유의 것으로 야마토에는 볼 수 없다. 거목문화라고 하면 조몬시대의 유적인 산나이마루야마(三內丸山) 유적(아오모리현 아오모리시)도 떠오른다. 이 유적에서는 1m 가까운 주혈(柱穴)이 발굴되어 거대한 목조물이 있었음을 짐작하게 한다. 일본 서쪽 바다 문화권은 상상 이상의 크기였을 가능성도 있다.

7세기 후반, 덴무, 지토천황 시대에 율령제가 정비된다. 다이호 율령으로, 외국에 대한 문서에서는 '명신어자일본천황(明神御字日本天皇)'이라고 선언할 것을 정하여, 천황의 칭호와 일본이라는 국호가 이때 확정된 것으로 전해진다.

율령제가 확립되기까지의 정치체제는 현재 야마토 왕권이라 불린다. 그 성립은 4세기 초로 거슬러 올라가는 것으로 추정되며 《일본서기》의 제5권 스진천황의 시대가 그에 해당한다.

야마토 왕권은 3세기에 야마타이노쿠니를 맹주로 한 지배영역을 기본적으로 계승했다. 나라 분지에 정권 거점을 두고, 그 세력범위가 서쪽으로는 규슈 북부까지, 동쪽으로는 도카이 지방에서 간토평야까지이다. 홋카이도 및 도호쿠 지방, 주에쓰(中越), 가에쓰(下越) 지방, 규슈 남부는 장악되지 않았다. 그 실태는 전방후원분의 분포를 보면 알 수 있다.

전방후원분은 3세기부터 6세기까지 성행한 분묘인데, 앞에 이야기한 지역 외에는 그 수가 극단적으로 적다. 같은 형태의 무덤이면 장례의식도 같다. 즉 공통문화를 가지고 있었다는 증거로, 같은 시기에 전방후원분을 만든 지역은 같은 정치체제 아래 있었다고 생각해도 무방할 것이다.

야마토 왕권은 현재의 도카이 지방에서 간토 평야에 걸친 지역을 아즈마노쿠니라고 불렀다. 《일본서기》의 스진 48년 정월 항에 "형은 동쪽을 향해서만 무기를 사용했으니 동쪽 나라를 다스리는 것이 좋겠다. 동생은 사방을 두루두루 살피며 결실을 생각하였으니, 나의 뒤를 이어 황위에 오르는 것이 좋으리라." 라고 기술되어 있다. 스진천황이 꿈으로 점을 쳐서 후계자를 선택하는 이야기이다. 형은 동쪽을 향했기 때문에 아즈마노쿠니를 통치하고, 아우는 사방을 살폈기 때문에 황위를 잇게 된다. 명백하게 아즈마노쿠니는 특별지역으로 다뤘다.

야마토타케루 동정 일화에 있듯이 아즈마노쿠니는 정벌 대상이었다. 바다로 가로막혀 있지는 않았으나, 열도 안의 다른 나라, 번국(蕃國)이었던 셈이다. 즉 거기에는 이미 왕권을 위협하는 패권이 존재하고 있었다.

아즈마노쿠니가 외국 취급을 받은 것은 야마토 왕권이 '아즈마노쿠니의 미쓰기(調)'라고 하는 조공제도를 채택했던 것에서도 알 수 있다. 한반도의 3국과 마찬가지로 아즈마노쿠니는 야마토 왕권에 조공하는 입장이었다. 시나노의 마포(麻布)와 가는 실로 짠 고급천을 헌상해 궁정의식에 사용되었다고 한다. 아즈마노쿠니에는 이미 그만한 기술력과 생산력이 있었던 것이다.

아즈마노쿠니는 군사의 공급원으로도 중시되었다. 663년의 백강 전투에서 패배하여 한반도에서의 권익을 잃은 왜국은 당나라의 침공에 대비해 이키와 쓰시마의 섬들을 포함한 규슈 연안에 군사를 배치하게 되었다. 사키모리의 시작인데, 그때 배치된 사키모리는 모두 아즈마노쿠니에서 징병했다. 《만엽집》에 수록되어 있는 사키모리노우타(防人歌)에 아즈마노쿠니의 방언이 많이 들어 있는 것은 그 때문이다. 야만을 강조한 차별의식보다는 아마도 군사적인 우수성을 평가한 것으로 보이지만, 노래에 남아있듯이 가혹한 직무에 보수는 없고 식량조차 자기부담이었다고 한다.

야마토 왕권은 아즈마노쿠니를 '구니노미야쓰코(國造)'라는 제도로 통치했다. 구니노미야쓰코란 군사권, 재판권 등의 권력을 왕권으로부터 인정받고 그 지방을 다스리는 직책이다. 전통적으로 그 지역을 지배하는 유력호족이 야마토 왕권에 충성을 맹세하고 임명받았다. 구니노미야쓰코는 중앙정부에서 파견하는 관리가 아니다. 이를테면 만엽가인(萬葉歌人)인 오토모노 야카모치(大伴家持)는 엣추(越中)와 가즈사(上總), 무쓰(陸奧)의 지방장관을 맡았는데, 그것은 뒷날 율령체제 하에서의 지방통치 체제가 된다.

아즈마노쿠니의 구니노미야쓰코는, 노역을 제공하고 생산물을 공납하는 '부민(部民)'이라는 집단을 지배했다. 또 '미야케(屯倉)'라고 하는, 야마토 왕권의 지배 아래 있음을 나타내는 직할창고 같은 시설과 직할지를 관리했다. 임기가 없는, 거의 그 지방의 국왕이었다고 할 수 있다. 따라서 이윽고 야마토 왕권에 대한 반발도 일어난다.

《일본서기》에 등장하는 에미시는 간토를 포함한 열도의 북부를 가리킨다. 에미시가 도호쿠 이북을 뜻하게 된 것은 율령제 성립 이후로, 와도(和銅) 2년(709)에 고세노마로(巨勢麻呂)가 맡고 있던 '동이(東夷)'를 정벌하는 장군직인 무쓰 진동장군(陸奧鎭東將軍)이 최초로 추정된다.

에미시가 등장하는 초기의 기록으로는 5세기 끝 무렵에 성립된 《송서(宋書)》 왜국전이 있다. 남북조 시대, 남조의 송에 왜국의 다섯 왕(찬讚, 진珍, 제濟, 흥興, 무武)이 이따금 사자를 보낸 기록이 남아 있다. 그중에 무(유랴쿠천황인가)가 야마토 왕권의 통일 과정에 언급한 글이 있는데, '동쪽은 모인(毛人)을 정벌하기를 55국, 서쪽은 중이(衆夷)를 복종시키기를 66국, 건너서 해북(海北)을 평정하기를 95국'이라고 했다. 이 모인이 에미시를 가리키며, 이 시대에는 도호쿠와 홋카이도는 야마토 왕권의 지배 밖에 있었다. 즉 '동쪽은 모인을 정벌하기를 55국'의 55국이란 도카이 지방에서 간토 지방까지의 55국이라는 이야기이다.

에미시라는 말이 《일본서기》에 처음 등장하는 것은 게이고기(景行紀)에 있는 다케시우치노스쿠네(武內宿禰)의 "아즈마노쿠니(東國)의 시골에 히타카미노쿠니(日高見國)라는 곳이 있습니다. 그곳 사람들은 남자고 여자고 머리를 망치 모양으로 묶고, 몸에 문신을 하며, 성격이 용감합니다. 이들을 에미시라고 합니다. 토지가 비옥하고 매우 넓어서 공략하는 것이 좋을 듯합니다."라는 말에서이다. 히타카미노쿠니란 도호쿠를 가리킨다. 다케시우치노스쿠네가 호쿠리쿠 및 동

데와(出羽) **성책**(아키타성) 동북의 해변가에 세운 혼슈 최북단의 고대 성책. 데와노쿠니의 정부청사가 있었던 곳으로 다가성과 함께 동북지방을 지배하는 거점이 되었다. 처음에는 데와 성책이라고 불렸지만 760년에 이르러 그때부터는 아키타성이라고 부르게 됐다. 정부청사는 550㎡의 성벽으로 둘러싸여 있다.

방각국을 둘러본 뒤의 소견이라고 한다. 참고로 다케시우치노스쿠네는 유력 호족인 기 씨(紀氏), 고세 씨(巨勢氏), 헤구리 씨(平群氏), 가쓰라기 씨(葛城氏), 소가 씨(蘇我氏)의 조상으로 전해지는 인물이다.

언어의 해석으로서는, 야마토 왕권이 그 본거지를 둔 나라 지방의 동쪽은 모두 '오랑캐(夷)'이고, 그 속에 도호쿠가 있으며. 그곳에 사는 사람들은 문신을 했는데 이들을 '에미시'라고 부른다. 그 토지가 기름지고 넓으니 정벌하여 토지를 빼앗자고 말하는 것이다. 그러나 실제로 토벌 직전은 실행되지 않았고, 홋카이도는 그 범주에 들어가지 않았다.

7세기 중반 당나라의 번성기, 그 침공에 대한 위기의식이 야마토 왕권의 국방의식을 단숨에 높여놓았다. 그리하여 시행된 것이 성책(城柵) 건설정책이었다. 성책은 말하자면 '성'으로, 수백 미터 사방에 나무울타리를 세우고 내부에 여러 동의 건물을 짓는다. 군사 시설이기는 했지만 사실 행정시설로서의 성격이 더 강했다.

현재의 니가타시 늣타리(沼垂) 부근에 설치된 누타리노키(淳足柵)가 최초의 성책으로 전해지며, 그 뒤에는 일본 서쪽 지역과 태평양 양쪽에 성책이 잇따라 건설되었다. 성책정책은 헤이안 시대에 100년이 넘게 이어지다가, 7세기 중반, 데와(出羽)에 쌓은 데와 성책을 아키타(秋田)로 옮겼을 때 문제가 발생한다. 에미시가 거주하는 지역의 한복판으로 옮겼기 때문이다. 아키타성으로 개명된 이 성책은 에미시의 공격 대상이 되었다고 한다.

무쓰노쿠니라는 국명은 다이카 개신 뒤, 데와노쿠니라는 국명은 데와 성책 설치 때 명명되었으나, 그것은 주변을 평정한 뒤에 한 일이 아니었다. 성책은 그 지역 토벌계획의 기지로 인식되었던 것 같다.

《속일본기》와 《일본기략》에는 저항세력인 '아테루이'라는 이름을 볼 수 있다. 기록상으로는 본거지도 생년도 불명이지만 에미시의 군사 지도자인 것은 알 수 있다.

엔랴쿠 8년(789), 동정장군(東征將軍) 기노코사미(紀古佐美)가 지금의 이와테현 남부 이사와(膽澤)에 4천 명이 넘는 군사를 이끌고 진군하여 아테루이와 대치한다. 한때는 우세했지만, 지리(地利)를 아는 아테루이의 군략 앞에 전사 25명, 강에서 익사자 1036명으로 패퇴하고 만다. 그 시대의 전투에서 이만한 사망자를 낸 예는 달리 없었다. 아테루이의 군사는 모두 1500명으로, 그것을 300, 800, 400명의 분대로 나눠 운용했다고 한다. 아테루이의 뛰어난 구심력과 조직력을 엿볼 수 있다.

확실한 기록은 없지만, 아테루이는 나중에 정이대장군 사카노우에노 다무라마로(坂上田村麻呂)에게 항복한다. 그리고 심복인 모레와 함께 심판을 위해 헤이안쿄(平安京)에 들어갔다. 다무라마로는 구명을 주장했지만 귀족들은 두 사람을 '야생수심(野生獸心)'이라 하여 용서하지 않고 가와치노쿠니에서 처형이 집행되었다.

3. 동쪽 나라와 에미시

야마토타케루에는 서방의 구마소 정벌과 함께 동방경략 이야기가 있다. 이것은 《고사기》에 따르면 '동방 12개의 길에 존재하는 거친 신, 또는 복종하지 않는 사람들'을 평정하라는 명령에 따른 것으로, '군중을 보내주지도 않고' 그저 미스키토모미미타케히코만 보낸 것이다. 그 과정은 먼저 이세신궁을 참배

하고, 야마토 공주에게서 구사나기검(草薙の剣)[1]을 받고 오와리를 거쳐서 동쪽으로 갔는데, 사가무노쿠니에서는 야키쓰 이야기가 있고, 하시리미즈 바다에서는 다치바나 공주가 물에 들어가는 설화가 있다. 그러고 나서 모조리 '거친 에미시들'과 '산과 강의 거친 신들'을 해치우고, 돌아가는 길에는 아시가라를 거쳐서 가이에 들어갔는데, 그것보다 전에 쓰쿠바를 통과했음을 가이의 사카오리 궁전에서의 유명한 렌가(連歌)[2]에서 알 수 있다. 아시가라에서는 그 유명한 '아즈마하야' 이야기가 있다. 시나노를 거쳐서 오와리로 돌아와, 거기서 미야즈 공주와의 이야기가 있고, 구사나기검은 그곳에 놓이게 되었다. 그리고 이부키에 가서 병에 걸려, 다기, 미에를 거쳐서 노보노에서 죽게 되었다. 또한 아시가라에서는 그곳의 신이 하얀 사슴 모습으로 나타나, 이부키에서는 역시 신이 하얀 멧돼지 모습으로 나타나, 죽은 다음에는 야히로의 하얀 물떼새가 되어 날아갔다는 이야기가 있다. 야키쓰, 아즈마는 본디부터 이사메의 맑은 물, 다기, 미에에 대한 지명 설화가 있는 것은 물론이다.

그런데 이 이야기는, 그것이 처음 만들어진 그대로라고 하기에는 나중에 추가로 들어간 부분이 있다고 생각되는 부분이 있다. 첫 번째로, 신궁에서 검을 받았다는 것은 신궁이 세워진 다음에 생긴 이야기인 것이 분명한데, 신궁이 세워진 것은 《구사(旧辞)》 이야기가 일단 정리된 다음 일이다. 두 번째로, 출발할 때도 이세에서도 다치바나 공주를 동반한 것 같지 않고 특히 미야즈 공주 이야기는 이 왕비를 동반한 것과는 앞뒤가 맞지 않는데, 하시리미즈 바다에 이르러서 갑자기 왕비 이름이 나타난 것은 이 이야기가 나중에 추가된 것임을 나타낸다. 그리고 그것이 추가되었기 때문에, 거기에 따라서 '아즈마하야' 이야기도 추가되었을 것이다. 하시리미즈 바다 이야기에 야에 다다미(八重の畳)라는 이야기가 있으면서 동시에 7일이라는 날짜를 읽는 방법에 대해서 나와 있는 것도, 숫자에 대한 일본인의 취향과 중국인의 그것이 합쳐진 것이다. 또 세 번째로, '동방 12개의 길' 같은 말이 이 이야기 처음부터 있었는지도 문제이다. 이 말은 이런 이야기에 쓰이기에는 너무 명확한 표현이기 때문이다. 고토쿠천황기

---

1) 일본 황실의 세 가지 신기(神器) 중 하나인 검.
2) 두 사람 이상이 하나의 와카(和歌)를 번갈아서 읊는 형식의 노래.

2년에 '동방 8개의 길'이라는 말이 있었고 그 8개의 길은 8개의 나라를 뜻하는 것 같으니, 이 12개의 길도 12개의 나라를 의미하는 것 같은데, 나라와 고을을 제정하기 전에 이런 식으로 세는 것은 마땅하지 않다. 그러니 적어도 '12개의 길'이라는 말은 나중에 붙여졌을 것이다. 이런 점에서 《구사》의 이 이야기에는 바뀐 흔적이 보인다.

그런데 동방 12개의 길이라는 것이 어디를 말하는지에 대해서는 뚜렷하게 밝혀지지 않았는데, 명령을 받아서 지나갔다는 지방이 거의 나중의 도카이도(東海道) 전체와 도산도(東山道)의 시나노 지방 서쪽에 해당되기 때문에, 동방 12개의 길이 어디인지 대충 상상할 수 있다. 다만, 야마토타케루는 에미시도 이때 정벌했기 때문에 그 에미시가 어디에 있는지는 분명하지 않고, 그저 앞에서 말한 순서대로 생각했을 때 쓰쿠바보다 북쪽에 있으리라 생각할 수 있는데, 이들은 이민족이기 때문에 '동방 12개의 길'에는 포함되지 않을 것이다. 이 말은 신을 숭배하는 이야기에서도 볼 수 있는데, 다케누나카와를 '동방 12개의 길에 보내고', 다니하와 고시에 보낸 사람들과 마찬가지로 '그 복종하지 않는 사람들'을 평정했다고 한다. 그렇다면 동방 12개의 길은 다니하와 고시와 마찬가지로 내륙지방을 향한 것이라는 걸 알 수 있고, 그렇기 때문에 그것은 에미시 같은 이민족이 사는 곳을 포함하지 않았다고 추측할 수 있다. 그리고 야마토타케루의 사명도 이때와 똑같음을 알 수 있다. 그렇기 때문에 야마토타케루 경략은(다음에 말할 종교적 의의와는 일단 다른 것으로 생각하고) 내륙지방의 민족, 즉 일본 민족에 대한 것으로, 한마디로 말하자면 '지방민 위로' 같은 의미인 것이 알려져, 이민족인 에미시 평정은 그 김에 이루어졌을 뿐이며 주요 목적이 아니었음을 알 수 있다. 야키쓰나 아시가라, 이부키에 대한 여러 이야기가 있는데도 에미시에 대한 이야기는 아무것도 없고, 그 위치조차 확실하게 밝혀지지 않은 것도 이 이유가 있어서일 것이다.

그런데 이 이야기는 역사적 사실을 전한 것인지에 대한 의문에서 그 내용은 사실로서 인정하기 힘든 경우가 많다. 지명 설화는 물론이고, 민간에서 전해지는 설화 같은 백조 이야기가 모두 사실로 보기 어렵다는 것은 물론이다. 또 특히 주의할 점은 여러 종교적인 분자를 포함한 설화인데, 이 또한 역사적 사실로 볼 수 없다. '거친 신' 또는 '기가 센 신'이라는 말은 정치적 반역자에 대한 비유적인 명칭이 아니라, 종교사상을 담은 표현으로 봐야 한다. 구마소 정벌 이야기에 '산과 강의 신', '아나토(穴門)³⁾의 신' 등이 있는 것도 이와 같다. 그리고 천황의 아들이 이 거친 신을 평정했다는 것은, 황제의 손자가 내려왔을 때 같은 일이 있었다든지, 바위와 나무가 흔들리고 풀소리가 나다가 멈췄다든지, 또는 별의 신 아마쓰미카보시가 복종했다든지 같은, 정치적인 군주로서 황실에 종교적인 사명감이 있다는 아주 옛날부터 이어져 내려오는 사상이 이야기 형식으로 나타났을 것이다. 이것은 황실이 신을 섬기거나 주문을 외워서 거친 신을 복종하게 한 것이 아니라, 황실 자신의 정치적 권위로 가능했던 것이다.

정치적 반역자는 이 이야기에서 분명히 '복종하지 않는 사람'이라고 쓰여 있고 '거친 신'과는 구별되는데, 이 두 가지가 여기에 나란히 언급된 것은 황실의 정치적 지위에는 종교적인 사명감이 동반한다는 사상을 바탕으로 한다. 그러나 이는 사상에 한해서이고 사실로는 볼 수 없다. 그렇기 때문에 이런 이야기는 역사적 사실이 확실하게 나타나는 시대가 되어서는 사라져 버린다. 다시 말해 사실을 기록한 것이 아니라, 이야기로서 문헌에 나타나는 것이다. 그리고 사카오리 궁전에서의 연가 이야기, 또 이른바 고향을 그리워하는 노래 이야기가 사실에 근거한 것이 아니라는 점도 의심할 여지가 없다.

그래서 이 이야기는 동쪽 나라 경략이라는 개념을 바탕으로 거기서 만들어진 이야기를 야마토타케루와 연결 지은 것으로, 그렇게 한 것은 아마도 구마소 정벌 이야기와 대립하기 위해서이며, 그렇게 그것은 동쪽 나라, 특히 아즈마 방면이 '구마소'라는 총칭으로 대표되는 쓰쿠시 남부와 거의 비슷하게, 야마토 조정이 봤기 때문일 것이다. 현재 간토 지방이 간사이 지방에 대해서 늘 특수한 위치에 있는 후세 상황을 아는 사람은 이 추측이 근거 없는 것이 아니라고 생각할 것이다.

이렇게 생각하면, 이 이야기가 완성된 것은 구마소 정벌 이야기와 비슷한 시기라고 생각할 수 있다. 신을 숭배하는 이야기에도 같은 동방 12개의 길을 위

---

3) 간몬(關門) 해협의 옛날 명칭.

로하는 이야기가 있는 것은 《고사기》 전체 구성에서 보면 반복되는 듯이 보이지만, 그것은 다니하나 고시 경략과 함께 내륙지방을 위로한다는 하나의 개념이 포함된 것으로, 이것은 구마소 정벌에 대한 이야기이기 때문에 당연히 다른 조직에 속한다.

《일본서기》에서는 야마토타케루가 동방을 경략하는 의미가 《고사기》와는 달리, 그 주된 목적이 에미시 정벌로 되어 있다. 게이코천황기 40년 때 먼저 에미시가 배신했다고 쓰여 있고, 야마토타케루에게 내려진 명령에 에미시 상태가 자세히 쓰여 있으며, 노보노에서 묻히기 전에 에미시 포로를 신궁에 바쳤다는 등 모든 이야기가 에미시에 관한 것이었다. 또 이 정벌 동기로, 27년에 다케우치노스쿠네의 히타카미노쿠니, 즉 에미시 나라에 대해서 왕에게 보고한 것을 볼 수 있고, 그렇게 야마토타케루는 그 히타카미노쿠니를 정복한 것으로 그려졌다. 그래서 《고사기》에서 도카이, 도산 방면을 위로하는 것이 주된 목적으로 되어 있는 것과 달리, 《일본서기》에서는 에미시를 정벌하는 과정에서 동쪽 나라를 지난 것이 된다. 즉, 《고사기》에서는 그저 에미시를 정복한 사건이 동방을 경략한 이야기 중 하나로 등장할 뿐인데, 《일본서기》에서는 에미시를 동쪽 나라 중에서 특히 언급하며, 그 정벌을 크게 다루는 이야기로 만든 것이다.

《일본서기》는 《고사기》에 새로운 사상, 새로운 설화를 덧붙인 것임은 분명하다. 에미시 포로를 바쳤다는 이야기 같은 것도, 야마토타케루가 2~3명의 시종을 데리고 여러 나라를 돌았다는 이야기와는 모순되지만, 이것 또한 나중에 추가되었기 때문이다(《고사기》에는 분명히 '군중도 보내주지 않고'라고 쓰여 있는데, 《일본서기》에서도 야키쓰 이야기 같은 것은 병사를 이끌고 도적과 싸운 것이 아니라 《고사기》처럼 혼자서 이룬 업적으로 되어 있다. 이런 식으로 나중에 5개 나라에 나눠줄 수 있을 정도로 많은 포로를 잡고, 또 그들을 데리고 다닐 수 있을 리가 없다).

즉, 이야기로서의 성격, 또는 역사 자료로서의 가치도 《고사기》와 다르지 않고, 이야기가 발전한 만큼 그것보다도 더 사실과 멀어졌다고 할 수 있다. 에미시 수장을 시마쓰카미, 구니쓰카미라고 하는 것도 그것을 증명하며, 이는 일본어인 이상, 늘 그랬듯이 둘로 표현한 것이다. 물론 야마토 정부가 에미시에 어떤 행동을 취한 것은 사실이겠지만, 이런 이야기는 어떤 특수한 상황의 사건을 비유적으로 표현한 것이 아니라, 에미시의 복종이라는 개념에서 만들어진 것이라고 보아야 타당하다. 그렇지 않다면 에미시의 실질적인 수장 이름이 전해지지 않고 이런 이름으로 바꿀 이유가 없다. 어떤 상황에서 에미시 포로를 5개 나라에 분배했다는 것은 사실이었을 수 있지만, 만약 그렇다면 이 이야기는 그 것을 야마토타케루 이야기로 만든 것이다.

이 이야기가 나라와 고을을 제정한 다음에 지토천황 왕조 전에 만들어졌다는 추측으로도 알 수 있다. 그것은 또는 덴무천황 왕조 때, 황제 아들인 가와시마 등을 수장으로 한 역사편찬소에서 한 일이 아니었을까. 그리고 이 《일본서기》는 그 역사편찬소에서 만들어진 국사 초고를 통해서 쓰인 것이 아닐까. 이렇게 변한 《구사》의 또 다른 책이 있었고, 그것을 통해서 쓰였다고 생각하는 것은, 그 시대 상황을 생각했을 때 무리일 것이다. 물론 에미시에 대한 것을 제외하고 보면, 그 부분에는 더 오래 전에 다시 쓰인 《구사》의 다른 책을 바탕으로 한 부분이 있을지도 모른다.

그렇다면 《고사기》에서 볼 수 있는 이야기가 왜 이 시대에 이렇게 수정되었는가. 그것은 즉 에미시 경략이 정부의 큰 문제였던 사이메이천황 왕조 이후의 시대 상황에 따른 것이다. 역사적으로 두드러지게 나타나는 이 시대의 에미시 정벌은 월나라 방면의 이른바 사할린에 대한 것으로, 특히 사이메이천황 왕조에게는 지금의 무쓰 지방 서해안 부근이라고 생각되는 유명한 미시하세, 와타리섬에 대한 경략이 이루어졌는데, 동방에서도 절대 상관없는 일이 아니었다. 그 시기에 야마토타케루의 동방 정복 이야기가 발전해서 에미시 정벌이 된 것은 이상한 일이 아니었다. 그리고 그것이 월나라 방면에 초점을 맞춘 이야기가 되지 않았던 것은, 본디 동방 12개의 길을 위로한다는 설화가 바탕이 되어 있기 때문일 것이다. 그러나 그 무렵 사람이 에미시를 생각하는 데 월나라 쪽을 그냥 놔둘 수는 없기 때문에, 이 이야기에도 기비노타케히코가 월나라에 보내졌다고 덧붙여져 있다. 이야기에서는 월나라 쪽에 대해서는 그다지 중점적으로 다루지 않았는데, 그것은 이야기에 시대가 반영되어 있다는 것을 막는 것은 아니다. 그 무렵 일어났던 역사적인 사건이 이야기에 쓰인 것이 아니라, 사상적으로 에미시에 중점을 뒀다는 것이다.

야마토타케루의 에미시 정벌이라는 《일본서기》 이야기에 대한 여러 설은 이미 존재한다. 다만, 에미시 경략 상태를 생각하는 데 《일본서기》의 고교쿠천황기 이전에 조금씩 보이는 에미시에 대한 기사를 고려하지 않았던 것에 대해서 한마디 해두고 싶다. 이 기사들 중에서 첫 번째 기사는 게이코천황기 56년에 있었던 미모로와케 왕의 정벌인데, 여기에는 에미시 족장 이름이 아시후리베, 오호하후리베, 도호쓰쿠라오베 같은 일본어로 되어 있었을 뿐 아니라, '진헌기지(왕조에 토지를 바치다)' 같은 일이 있었는데도 그곳이 어디인지, 또 전쟁은 어디에서 있었는지, 전혀 쓰여 있지 않다. 다음으로, 오진천황기 3년에 '東蝦夷(홋카이도北海道)悉조공'이라고 쓰여 있는데, '悉' 같은 어투에 주의해야 한다. 또그 다음으로는, 닌토쿠천황기 55년에 다미치 정벌이 있는데, 이에 대해서는 이시 항구에서 전사했다는 기록이 있지만 그 항구 위치는 알 수 없고, 다미치 무덤에서 큰 뱀이 나와서 에미시를 물어 죽였다는 괴담까지 있다.

그리고 세이네이천황기 4년과 긴메이천황기 원년에 '蝦夷隼人並内付' 또는 '蝦夷隼人並率衆帰付' 라는 막연한 기사가 있다. 다음으로, 비다쓰천황기 10년에 몇천 명의 에미시가 변방에서 침략해 왔기 때문에, 그 족장인 아야카스를 불러서 힐책하고, 족장은 하쓰세강에 들어가 미모로야마를 향해서 복종을 맹세했다는 이야기가 있다. 이 또한 어느 나라의 어느 사건에 대한 것인지 알 수 없고, 맹세하는 형식 같은 것도 과연 이민족인 에미시 풍습이라고 인정할 만한지 의심스럽다.

이런 여러 기사를 봤을 때, 사실로 인정할 만한 기록으로는 첫 번째로 '이시 항구' 이름이 나오는 한 경우를 제외하면, 지리에 대한 기재가 전혀 없는 것이 신기하다. 특히 게이코천황기, 오진천황기 기사는 에미시 정벌 또는 그 복종이라는 막연한 개념에서 만들어진 것이라는 게, 기재한 내용을 보면 확실히 알 수 있다. 두 번째로, 기사 대부분에 사실로 생각할 수 없는 이야기가 나오는 게 이상하다. 특히 스이코천황기 기사 같은 경우는 '무쓰노쿠니'라는 이름이 있는 것이 이미 이상하다. 그래서 이 기사들은 쉽게 믿을 수 없다고 할 수밖에 없다. 앞서 이 기사들을 참고하지 않았던 것은 이 때문이다.

이렇게 생각하면 한 가지 의문이 생긴다. 다이카 이후에는 에미시에 대한 기사가 사ず 역사상으로 능상하는데, 그 전에는 그것이 매우 드물고, 그 드문 것이 모두 이런 식이라고 한다면 그것은 왜일까. ①다이카 때부터 일본 사람에 대한 에미시 태도가 갑자기 바뀐 것일까, ②에미시에 대한 정부 태도가 갑자기 변한 것일까, 이 두 가지 중 어느 쪽도 아니라면 ③다이카 이전 일에 대해서는 역사적인 자료가 전혀 없었는가, 이것밖에 없을 것이다. 그런데 대부분의 민족 경쟁에서 보면, ①이라고는 생각할 수 없다. 또 긴메이천황 왕조 이후에는 한국과의 교섭에 대한 역사적인 자료도 어느 정도 있었는데, 에미시에 대해서만 그것이 없어졌다고는 생각하기 어렵기 때문에 ③도 아니다. 만약 정부가 직접 에미시 경략을 했다면 거기에 대한 어떤 기록이라도 있었을 테니, 《일본서기》에도 적어도 확실한 기사 1~2개는 있어야 하지 않을까. 그렇다면 ②밖에 남지 않는다. 여기서 저자는 에미시에 대한 민족적 활동은, 다이카 개신(大化改新) 전까지는 보통 지방 사람에게 맡겼기 때문에, 정부가 깊게 관여하지 않았던 것은 아닐까 상상할 수 있다. 에미시에 대한 민족적인 활동은 나라가 통일되기 전부터 있었던 일이었기 때문에, 통일이 이루어진 다음에도 대부분은 그 상태가 그대로 이어지고, 동쪽 나라 사람은 조정의 보호에 의지하지 않고 자기의 힘으로 조금씩 에미시를 압박해서 그 생활의 장(場)을 넓혀갔을 것이다(여기에 대해서는, 헤이안 왕조 말 이후의 홋카이도 경략과 그 방면에서의 일본 민족이 북으로 향하는 게, 조정이 관여하지 않는 부분이었음을 참고해야 한다).

정부 관점에서 말하자면, 이른바 구마소 평정은 지방 호족에게 조정에 복종하도록 요구한 것이었다. 한국과의 교섭은 처음부터 조정의, 오히려 조정만의 사업이었다. 조정은 그 권력을 일본 민족 사이에서 확립하고, 또 한국에서 한번 얻은 그 세력을 유지하면 되었기 때문에, 조정 입장에서는 처음부터 깊은 교류가 없던 이민족인 에미시에 대해서는 직접 나서서 적극적인 행동을 취하지 않았던 것은 아닐까. 가미요 역사에서도 에미시 또는 에미시가 사는 곳은 전혀 언급되지 않았고, 두 신(神)이 국토를 만들었다는 이야기에서도 그것은 완전히 제외되거나 또는 방치되었는데, 이것도 조정에서 이민족인 에미시에게 중점을 두지 않았기 때문이 아닐까. 에미시를 경략하는 것이 조정의 일대 사업이고 그것을 위해서 정신을 쏟는 일이 많았다면, 어떤 식으로든지 간에 그것이 가미요 역사나 옛날이야기에서도 등장했을 텐데, 그것이 야마토타케루의 동방을 순찰하는 이야기에서 아주 가볍게 언급되고 끝난 것은 사실상 그런 경략이 이루어지지 않았기 때문이 아닐까. 신라 친정(親征),[4] 구마소 정벌 이야기는 만들어지고, 가미요 역사에도 신라는 등장하는데 비해, 에미시 이야기는 하나도 없는 것은 이 때문은 아닐까.

그러나 다이카 개신은 하나의 왕조가 중앙집권을 제정하고, 지방 호족이 원래 가지고 있던 모든 권력을 정부가 거둬버렸다. 여기서 원래 동쪽 나라 사람들 또는 그 지방 수장인 호족의 사업이었던 에미시에 대한 활동도 자연스럽게 정부 손으로 넘어가게 된다. 그런데 정부 사업이 되면 그 규모도 자연스럽게 커지며, 그 힘도 강해져야 한다. 그렇게 되면, 그것은 오히려 때때로 에미시의 반항이 아주 강하게 일어나는 원인이 되기도 한다. 다이카 이후 갑자기 에미시 경략이 활발해지고, 나라 왕조에서는 그것이 오히려 어려워진 사정은, 이렇게 생각하면 자연스럽게 이해할 수 있을 것이다. 물론 옛날이라고 해서 조정이 완전히 에미시를 방치했던 것은 아니고, 어떤 경우에는 거기에 대해서 어느 정도의 힘을 사용한 적도 있었을 테고, 다미치라든지 가미쓰케누 검 같은 이야기는 어떤 근거가 있는 전설일지도 모른다. 또 동쪽 나라의 호족들이 포로로 바친 에미시를 받았던 적도 종종 있었을 것이다. 그러나 그것은 다이카 이후의 태도와 큰 차이가 있는 게 아닐까. 《고사기》에서 볼 수 있는 야마토타케루 이야기는 내륙지방을 위로하는 것이 주된 내용이고 에미시에 대해서는 첨부했을 뿐이라는 것, 《일본서기》에서 그것이 크게 변해 에미시 정벌이 주요 내용이 된 것은, 마침 이 변화를 잘 보여주는 것이 아닐까.

마지막으로, 《일본서기》의 게이코천황이 동쪽 나라를 순행하는 이야기는 야마토타케루 이야기를 이중으로 한 것으로 볼 수 있다. 구마소에 대해서도 천황이 순행하는 이야기가 추가된 것과 비교하면 좋을 것이다. 다만 그것이 거기서는 자세히 설명되어 있는데 여기서는 간략하게 설명되어 있는 까닭은, 야

---

4) 왕이 직접 정벌하는 것.

기비쓰(吉備津) 신사　기비쓰 신사(오카야마 오카야마시)는 스진천황 시절 사도장군의 한 사람으로 기비쓰에 평화를 가져다준 오기비쓰히코(大吉備津彦大神)를 모신다. 국보인 본전은 전국에서 유일한 비익(比翼) 팔작구조. 경내에는 기비쓰히코노미코노가 귀신을 퇴치할 때 화살을 놔뒀다는 야오키(矢置) 바위가 있으며 지금도 신화에서 따온 야타테(矢立) 제사를 올린다.

마토타케루 이야기가 구마소에 대해서는 아주 간략한데 비해, 동쪽 나라에 대해서는 아주 자세하게 설명했기 때문일 것이다. 그리고 그것은 《일본서기》에서 볼 수 있는 에미시 경략 이야기가 쓰인 다음의 작품이고, 아마도 《일본서기》 편집자에 의해서 이루어졌을 것이다.

4. 철로 번영했던 고대 기비왕국

기비의 고분을 통해 그곳에 강대한 왕국이 있었던 것으로 추정된다. 모모타로의 도깨비 퇴치 전설은 야마토 왕권의 기비 정복을 뜻하는 것일까. 기비의 고대문화와 전설에서 《일본서기》에서는 다뤄지지 않은 역사를 짚어본다.

에도 시대 교쿠테이 바킨(曲亭馬琴)이 쓴 《동몽화적본사시(童蒙話赤本事始)》에서 5대 동화의 첫머리를 장식한 이후, 일본인이면 누구나 알고 있는 옛날이야기라면 단연 '모모타로(桃太郎)'일 것이다. 이 이야기가 성립된 것은 무로마치 시대 무렵으로 보이며, 사소한 차이는 있지만 일본 전역에서 이야기되었던 것으로 보인다. 이 모모타로의 발상지는 일본 각지에 있는데, 유력한 후보는 역시 오카야마현, 옛날의 기비노쿠니일 것이다.

그것은 기비노쿠니에 우라(溫羅) 전설이 있기 때문이다. 이 우라가 바로 '괴물'로 다뤄진 고대 기비의 호족이라고 한다.

《일본서기》의 스진 기에는 오히코(大彦)를 호쿠리쿠에, 다케누나카와와케(武渟川別)를 도카이에, 기비쓰히코를 사이카이(西海)에, 다니와노미치누시(丹波道主)를 다니와에 파견했다고 되어 있다. 왕족의 피를 이은 그들은 '사도장군'이라고 불린다.

기비쓰히코는 제7대 고레이천황의 황자로, 히코이사세리히코(彦五十狹芹彦)라는 이름으로도 알려져 있다. 고레이천황은 결사 8대에 들어가는, 실재가 의심되는 천황이기도 하다. 그 황자라면 신화 상의 인물이라고 봐도 무방할 것이다. 이 기비쓰히코가 우라 전설에 등장하는 점에서 모모타로의 모델로 전해지고 있다.

그렇다면 기비쓰히코는 왜 사이카이의 기비노쿠니에 파견되었을까. 그 이유는 고대의 기비노쿠니에는 그 무렵의 첨단기술이 집결되어 있어 야마토 왕권이 무시할 수 없을 만큼 강대한 세력을 가진 호적이 있었기 때문이다.

스진천황 시대, 그의 지배는 나라 분지와 그 주변을 벗어나 더욱 외부로 확대해 간다. 요컨대 사도장군은 야마토타케루 전설과 마찬가지로 야마토 왕권의 전국평정 신화의 일부이다.

기비노쿠니는 아스카정어원령(飛鳥淨御原令)의 발포에 의해 3국으로 분할될 때까지, 지금의 오카야마현 전역과 히로시마현 동부를 포괄하는 드넓은 나라로, 호족들의 연합국이기도 했다. 다카하시가와(高梁川)와 아시모리가와(足守川)가 만드는 기비 평야는 온난한 기후 덕분에 벼농사에 적합하고 세토 내해에서는 풍부한 해산물을 얻을 수 있었다. 야요이 시대 중기에는 이미 소금도 만들어졌던 풍요로운 토지였다.

또 기비노쿠니는 거대고분문화로도 알려져 있다. 거대고분이라고 하면 기나이에 집중해 있다는 인상이 강하지만, 일본에서 네 번째로 큰 고분은 쓰쿠리야마(造山) 고분, 아홉 번째는 쓰쿠리야마(作山) 고분으로, 둘 다 이 지역에 있다.

특히 쓰쿠리야마(造山) 고분은 전체길이 360m에 이르러 지방을 다스린 수장의 무덤으로는 가장 크다.

이들은 고분시대 중기에 지어진 것으로 알려졌는데, 주목해야 할 것은 2세기 후반부터 3세기 전반에 걸쳐 조영된 야요이 분구묘이다. 고분의 형태는 전방후원분의 변형이 많아서 기나이와 산요, 산인, 규슈에서도 볼 수 있으며, 기비의 다테쓰키(楯築) 유적은 최대급을 자랑한다.

이 기비노쿠니를 번영시킨 것은 풍부한 철자원이었다.

일본의 철 생산은, 유적에서 확인하는 한 6세기 전반까지 거슬러 올라가지만 실제로는 5세기에 시작되었다고 보는 것이 타당할 것이다. 중심지였던 기비에서는 제철유적은 약 30곳, 제철로(製鐵爐)는 100기 이상 발굴되었다. 특히 비추의 소자(總社)시 주변에서는 82기의 제철로가 발견되어 다른 지역과 큰 차이가 있다.

토용의 전신·특수기대(特殊器台)
기비 지방은 야요이 시대 끝 무렵에 거대한 봉분을 많이 만들었고 이 지방 고유의 특수기대도 출현했다. 미야산 유적(오카야마현 소자시) 출토

이 시대의 제철원료는 철광석과 사철(砂鐵)인데, 소자시를 중심으로 한 유적에서는 철광석을 사용한 것이 밝혀졌다. 한편, 사철은 풍화한 화강암에 함유되어 있어 주고쿠 산지의 화강암 지대에서 대량으로 채집할 수 있었다.

철제품 보급은 벼농사를 지탱하는 중요한 요소이다. 튼튼한 철 농기구는 벼 생산량을 비약적으로 향상시켰다. 그리하여 기비는 풍부한 경제력으로 이즈모나 쓰쿠시와 어깨를 나란히 하는 대문화권이 될 수 있었다.

《일본서기》에는 사도장군에 대해, 스진 10년 10월에 파견되어 11년 4월에 지방을 평정한 것을 보고했다는 간략한 기술밖에 없지만, 기비노쿠니에는 다음과 같은 이야기가 전해진다.

옛날 외국에서 하늘을 날아 기비노쿠니에 찾아온 이가 있었다. 일설에는 그가 백제의 왕자이고 이름은 우라로 전해지고 있다.

그의 눈은 늑대처럼 활활 빛나고 머리는 타는 듯이 붉으며, 키는 1장4척(약 4.2m)이나 되며, 성격은 포악했다. 도읍으로 가는 배를 습격하여 화물을 빼앗고, 방해하는 자는 가마솥의 끓는 물에 집어넣었기 때문에 사람들은 우라가 사는 산성을 '기노성(鬼ノ城)'이라 부르며 두려워했다.

구원을 청하는 사람들을 위해 조정에서 히코이사세리히코(彦五十狹芹彦)를 기비노쿠니에 파견했다. 히코이사세리히코는 나카야마(中山)에 진을 치고 가타오카야마(片岡山)에 바위 방패를 둘러치고 싸움을 준비했다.

싸움이 시작되었다. 히코이사세리히코가 활을 쏘자 우라도 활을 쏘았다. 양쪽의 화살은 공중에서 충돌하여 상대까지 닿지 않았다.

히코이사세리히코는 한 가지 꾀를 내어 한 번에 두 개의 화살을 쏠 수 있는 강궁(强弓)을 준비했다. 하나의 화살은 우라의 화살과 부딪혀 떨어졌지만 또 하나의 화살은 우라의 왼쪽 눈을 찔렀다. 그 눈에서 대량의 피가 쏟아져 강이 되었고, 하류의 강변이 붉게 물들었다.

히코이사세리히코는 달아나는 우라를 추격하여 마침내 붙잡았다. 우라는 히코이사세리히코에게 항복하고 마을 사람들이 자신을 불렀던 '기비노카자(吉備冠者)'라는 이름을 헌상했다. 그때부터 히코이사세리히코는 기비쓰히코(吉備津彦)라 불리게 되었다.

기비쓰히코는 우라의 목을 베어 효시했다. 우라는 머리만 남았는데도 몇 년이나 울부짖었다. 기비쓰히코는 개에게 머리를 먹이고, 그 뼈는 기비쓰 신사의 오카마덴(御釜殿) 밑에 묻었는데, 우라는 뼈가 되어서도 13년 동안 울부짖었다고 한다.

어느 날 밤, 기비쓰히코의 꿈에 우라가 나타나 이렇게 말했다. "내 아내 아조히메(阿曾媛)에게 오카마덴의 불을 피우게 하라. 행운이 찾아온다면 솥이 풍요롭게 울릴 것이고 재앙이 일어난다면 솥이 난폭하게 울릴 것이다."

이때부터 기비쓰 신사에서 나루카마 제사(鳴釜祭事)가 시작되었다고 한다.

전설을 자세히 설명한 까닭은 여기서 역사적인 배경이 보이기 시작하기 때문이다.

기노성 기노죠산(397m) 정상에 있는 조선식 산성터(오카야마현 소자시). 우라 전설에서는 도깨비가 사는 성이라고 전해지지만 실제로는 백강구 전투에서 패배한 나카노오에노미코가 국토방위를 위해 지은 고대 산성으로 정상 부근에는 2.8㎞에 걸쳐 돌담과 토성이 남아 있다.

　가장 먼저 떠오르는 것은 우라에게는 제철을 연상시키는 기술이 많다는 사실이다.

　기노성은 니야마(新山 ; 소자시)에 있으며, 그곳에서 많은 제철로가 발견되었다는 것은 앞에서도 이야기했다. 눈이 활활 빛나고 머리가 타는 듯이 붉은 것은, 제철 작업 중에 불길을 응시하는 모습과 통한다. 또 화살에 맞은 왼눈에서 흘린 피가 강이 되었다는 묘사는, 기노성에서 흐르는 지스이가와(血吸川)의 철분을 함유한 붉은색의 비유로 추측할 수 있다.

　우라는 잔인한 괴물의 모델이 되었지만, 마을사람들에게서 '기비노카자'라 불렸다는 것에서(冠者는 젊은이라는 뜻), 두려워하면서도 한편으로 동경했다고 생각할 수 있다. 본디 우라는 왕자였는지는 모르지만 전란에서 도망쳐온 백제인으로, 그 무렵의 최첨단 제철과 조선, 제염기술을 기비노쿠니에 도입한 공로자이기도 하다.

　우라의 거성이었던 기노성은 기비 고원의 최남단, 해발 약 400m의 영봉 기노죠산(鬼城山)에 있다. 약 2.8km의 성벽으로 에워싸인 이 성은 조선식 산성이다. 선행연구에 따르면, 기노성은 백강 전투에 패한 뒤 당나라와 신라의 침공에 대비해 조성된 산성의 하나라고 하는데, 곳곳에서 볼 수 있는 고도의 기술이 우라의 거성으로 너무나 잘 어울린다.

앞에 말한 다테쓰키(楯築) 유적은 지름 약 50m로, 야요이 시대 후기에 지어진 분묘유적 가운데 일본 최대급으로 알려져 있다. 여기에도 기비쓰히코가 우라와 싸우기 전에 가타오카야마에 세운 바위 방패라는 전설이 남아 있다. 또 기비쓰히코에게는 참모역인 사사모리히코(樂樂森彦), 강력한 병사인 이누카이타케루(犬飼健), 첩자인 도메타마오미(留玉臣)라는 가신이 있었다. 그들이 모모타로의 가신인 원숭이와 개, 꿩에 부합되는 것은 그 역할에서 쉽게 상상할 수 있다.

우라 전설은 고대 기비 왕국의 자취를 도입해 '모모타로'의 원형이 되었다. 야마토 왕권에 위협이 되었던 우라는 괴물 취급을 받았지만 기비 사람들에게는 경애의 대상이었던 것으로 보이며, 기비쓰 신사에 기비쓰히코와 함께 모셔져 있다. 일본인이라면 누구나 아는 이 옛날이야기에는 야마토 왕권과 지방호족의 싸움과 기비의 발전에 기여한 우라 전설이 숨어 있다.

한반도와의 관계와 바닷길

신화에는 고대의 일본과 대륙의 유대관계를 떠올리게 하는 것들이 적지 않다. 왜(倭)라고 불렸던 고대일본의 모습은 명확하지 않지만, 중국의 정사와 금석문(금속이나 돌 등에 기록된 문자) 등을 통해 이미지를 상상할 수 있다.

다카아마노하라에서 추방당한 스사노오는 이즈모에 강림했다. 그런데 이 가미요기(神代紀)에는 흥미로운 별전(別傳)이 있다. 스사노오가 처음 강림한 곳은 고대의 조선 3국 가운데 신라라는 것이다. 서울을 가리키는 것으로 알려진 소시모리(曾尸茂利)에서 살다가 배를 타고 이즈모로 건너갔다고 한다. 《고사기》에는 조선의 신(神) 가라카미(韓神)라는 스사노오의 손자가 등장한다. 이 가라란 고대 한반도 남동부에 있었던 가야(伽耶, 加羅)라고 한다.

태곳적부터 일본과 한반도 사이에 밀접한 관계가 있었던 것은 사실이며, 한국의 묘제(墓制)에 영향을 받은 하야마지리 지석묘군(葉山尻支石墓群 ; 사가현 가

라쓰시)과, 한국계 토기가 다수 출토된 요시노가리(吉野ヶ里) 유적(동同 요시노가리초) 등, 서일본 각지의 조몬(繩文)~야요이 유적이 그 증거이다. 적어도 기원전 2~3세기, 도래인 집단의 흔적이 발견되었는데, 벼농사와 금속공예 등을 전하여 야요이 문화를 이끈 것으로 추정된다.

기원전 1세기 무렵의 정세를 전하는 중국의 사서《한서(漢書)》에는 '낙랑해중에 왜인이 있어 100여 나라로 갈라져 있다. 정기적으로 내조하여 알현했다고 한다'는 문장이 있다.

히라바루(平原) 유적에서 출토된 내행화문경
히라바루 유적(후쿠오카현 이토시마시)에서 발견한 일본에서 가장 큰 직경 46.5cm의 구리거울. 이 유적에서는 내행화문경 5개와 40개의 구리거울을 시작으로 화려한 부장품이 발견된 것으로 유명하며《위지》왜인전에 나오는 이토국(伊都國) 왕의 무덤이 아닐까 추측된다.

낙랑이란 전한(前漢)의 무제(武帝)가 기원전 108년에 위씨조선을 항복시키고 그 지배를 위해 설치한 낙랑군을 가리킨다. 그 치소(治所)를 지금의 평양에 두었다고 하는데 동방각국에 대한 창구 역할을 했다. 왜의 나라들이 중국왕조에 조공을 하고 책봉체제(중국이 주변 각국에 왕을 비롯한 작위를 내리고 번국藩國으로 삼는 것)에 들어가 그 권위에 의지했던 사실은 일본의 성립과 밀접한 관련을 갖게 된다.

전한이 멸망한 뒤, 25년에 광무제가 후한을 일으킨 혼란기에 한반도에서는 부족과 작은 나라들의 연합인 '삼한(마한, 진한, 변한)'이 대두한다. 4세기 초까지 마한은 백제, 진한은 신라, 변한은 가야가 되고, 거기에 중국 북동부에 분포한 퉁구스계 맥족(貊族)이 일으킨 고구려가 가세한다.

한편, 왜에서는 57년에 나노노쿠니(후쿠오카시 추정)의 사자가 광무제를 배알하고 유명한 '한위노국왕(漢委奴國王)'이라는 금인(金印)을 하사받았다《후한서》. 107년에 처음으로 '왜국왕'으로 표기되는 스이쇼(師升)라는 왕의 조공 기사가 있는(同) 것으로 보아, 2세기 초에 왜의 구니(國)가 난립하던 상황에 무언가의 변화가 있었다고 볼 수도 있다. 또한 나노쿠니 등, 북 규슈의 나라들에서 대륙으로 가던 '바닷길'은 '가라쓰만(唐津灣)→히가시마쓰우라 반도(東松浦半島)→이키(壹岐)→쓰시마→한반도→낙랑군'의 경로가 유력하다.

2세기 후반부터 265년 서진(西晉)이 탄생하기까지 중국에서는 《삼국지》에 그려진 대혼란기에 돌입하는데, 왜에서도 이 시기에 왜국대란이라고 불리는 열도 규모의 쟁란이 일어났다. 후한의 쇠망이 요인이 되었을 가능성이 크다. 《위지》 왜인전에서는 왜국의 이 대란은 야마타이노쿠니(邪馬台國) 히미코(卑弥呼)의 추대로 안정되었다고 한다.

야마타이노쿠니의 위치는 최근에는 기나이설(畿內說)이 북 규슈설보다 유력하지만 정설은 없다. 히미코는 그 무렵 위나라 산하에서 안정된 세력을 이루었던 대방군(서울 부근)과 통교한 뒤, 238년 무렵에 조공 사자를 보내어 위황제로부터 '친위왜왕(親魏倭王)'에 책봉되었다. 그때 하사받은 동경(銅鏡) 100개가 뒷날 일본의 고분에서 다수 출토되는 '삼각연신수경(三角緣神獸鏡)'이라는 설도 있다.

또 거의 같은 시기의 유물에 도다이지야마(東大寺山) 고분(나라현 덴리시)에서 출토된 '중평명철도(中平銘鐵刀)'가 있다. 중평은 후한의 연호(184~190)로, 입수 과정을 포함해 유래는 전혀 알 수 없지만 그즈음의 왜에는 북 규슈 말고도 유력한 정치세력이 출현했음을 시사한다. 어쨌든 왜는 중국, 조선과 깊은 관계를 맺으면서 국가 형태를 갖춰간다.

《일본서기》의 진구황후기의 '삼한정벌'은 다음과 같은 이야기이다. 주아이천황이 구마소를 치기 위해 야마토에서 쓰쿠시로 원정했을 때, 황후에게 신(《고사기》에서는 아마테라스와 스미요시 3신)이 빙의했다.

황후는 '구마소보다 신라를 치라'는 신탁을 전했다. 주아이가 이를 믿지 않아 급사하는 바람에 황후는 산달임에도 현해탄을 건너 한반도에 출병했다. 바람의 신, 바다의 신의 가호 속에 물고기들이 황후의 배의 진로를 도와주어 황후의 군사는 거대한 해일과 함께 신라의 중간쯤에 이르렀다.

신라국왕은 두려움에 떨며 싸우려 하지도 않고 일본의 군문에 투항하는 동시에 조공할 것을 맹세했다. 고구려와 백제도 얼른 일본에 대한 복속과 조공

진구황후 남장을 하고 신라로 출정한 진구황후를 그렸다. 다케시우치노스쿠네가 안고 있는 아이가 뒷날 오진천황이 된다. 진구황후는 나중에 만든 한자식 시호로 원래 이름은 오키나가타라시히메노미코토(氣長足姬尊)이다. 사사키 쇼훈 그림

을 약속했다. 대충 이런 이야기이다.

이 이야기는 온갖 설화의 집합체로, 3세기로 거슬러 올라가는 한일통교사의 다양한 전승이 뒤섞인 것이다. 다만, 이야기로 완성되는 것은 율령국가의 형성 단계로 볼 수 있다. 이 무렵에 천황은 일본과 조선에 군림하는 대국의 왕으로 인식되면서 이야기 속에 그 사상이 짙게 배어있기 때문이다. 황후의 아들로서, 나면서부터 천황(태중 천황)인 오진이 그 상징이다.

이야기의 구성상, 조선 평정은 오진을 임신한 어머니 황후에 의해 이루어져야만 했다. 임신한 여성이 삼한을 정벌한다는 부자연스러운 설정이 이루어진 배경이 이것이다. 먼저 아들 오진을 전제로 하여, 진구황후는 나중에 창작된 인물이라는 것이다.

또 삼한정벌이라고 했지만 실제로는 신라에 대한 공격밖에 볼 수 없는 것에도 이유가 있다. 《일본서기》가 편찬된 7~8세기에는 이미 조선 3국은 신라에 의

해 통일되어 일본 조정과 긴장관계에 있었다. 그 무렵 후지와
라노 나카마로(藤原仲麻呂)의 신라토벌도 계획되었으나(미수에
그침) 그것은 《일본서기》가 편찬된 뒤의 일이다.

한편, 진구황후기에는 얼마쯤 역사적 사실로 보이는 기술
도 있다. 유명한 것이 진구 52년 9월, 백제왕의 사자가 일본에
조공하고 '칠지도(七枝刀)'라는 칼을 헌상했다는 기록이다. 그
실물로 전해지는 것이 이소노카미신궁(나라현 덴리시)에 소장
된 '칠지도(七支刀)'이다. 길이 75cm, 좌우 교대로 세 개씩의 칼
날이 가지처럼 뻗어있는 철검이다. 제사 등 주술에 사용되는
칼로 추정된다.

그 명문에, 백제에서 일본에 보내는 것이며 369년에 제작되
었음을 의미하는 내용이 새겨져있다는 점에서 연구자 대부분
의 의견이 일치한다. 다만 전래의 성격을 어떻게 볼지는 여러
설이 있으며, 진구황후기에 기술된 것처럼 백제왕이 왜왕에게
헌상했다는 설, 백제왕이 왜왕에게 하사했다는 설 등이 있고,
정설은 없다. 또 보내는 쪽이 백제왕이 아니라 '백제왕세자(후
계자)'로 되어 있는 것도 간과할 수 없다.

백제의 자료에 따르면 그 무렵은 백제는 융성기로, 왜왕에
게 조공하거나 복속할 상황은 아니었다. 고구려와의 전쟁을
위한 군사적 동맹인 왜왕에 대한 동맹의 증거로 본다면, 양국
은 대등한 관계였다는 견해가 높아지고 있다.

어쨌든 칠지도(七枝刀)가 칠지도(七支刀)를 가리킨다고 해도,
진구기의 기술대로 전래 이유를 해석하면 문제가 많은 것이
확실하다.

칠지도(국보)
도신 좌우로 3개의 가
지 칼을 붙인 대도. 전
체 길이는 74.8㎝이며
도신에는 앞뒤로 60글
자의 명문을 금상감으
로 새겼다.

신라의 대응에 속을 끓이던 왜국은 금관국,
곧 임나의 재흥을 꾀한다. 비다쓰천황 시대에
왜국은 백제에 협력을 요청했지만 뜻을 이루
지 못했다. 그래서 다음의 스슌천황은 군사적

주아이천황과 진구황후가 머무른 쓰쿠시 가시히궁 주아이천황과 진구황후를 모시는 가시이궁(후쿠오카현 후쿠오카시)은 진구황후가 사당을 세우고 주아이천황의 진령을 기린 것에서 시작됐다. 이곳은 원정 중인 주아이천황과 진구황후가 행궁으로 지내던 쓰쿠시 가시히궁이 있었던 장소로 진구황후가 신의 계시를 받은 곳도 여기다.

으로 신라를 위압하기 위해 쓰쿠시에 2만여 대군을 집결시킨다. 스슌이 소가 우마코에게 암살당한 것은 이때이다. 신라 대책에 관해 스슌과 우마코의 의견이 대립했을 가능성이 높다.

이어지는 스이코천황 시대, 스이코 8년(600)에 왜국은 신라를 직접 공격했다고 하지만 이 또한 실패로 돌아갔다. 외교를 담당한 우마야도노미코는 견수사를 보냄으로써 정치적으로 상황을 타개하려고 한다. 책봉체제로부터의 독립, 즉 왜국이 조선 3국을 종속시킬 수 있는 국가임을 수나라로부터 용인받은 뒤, 수나라의 정치적 압력으로 임나의 독립을 인정하게 하려 한 것이다. 결과적으로 신라가 양보해 임나의 정기적인 조공을 인정했다. 그러나 임나가 신라의 지배 아래 있는 구도는 변함이 없었고 왜국은 끝내 임나 부흥을 단념한다.

그 뒤 642년에 백제가 신라를 공격하여 옛 가야 지역을 탈취하자, 왜국은 이번에는 백제에 임나의 조공을 요구하며 백제와 깊은 관계를 맺어간다.

중국에서는 수가 멸망하고 당이 건국되자 한반도는 나당 동맹으로 통일을 향해 움직이기 시작한다.

사이메이 6년(660), 나당연합군이 백제를 멸망시킴으로써 동아시아의 정세가 크게 바뀌게 된다. 부흥을 노리는 백제의 유신들은 왜국에 구원을 청했고 사이메이천황은 이를 승낙했다. 당을 적으로 돌리는 사이메이천황과 나카노오에노미코의 중대한 결의에는 물론 임나의 조공이라는 이권도 있었지만, 왜국이 힘으로 백제를 부흥시켜 천황에게 종속, 조공하는 국가를 한반도에 수립하려는 야망이 컸을 것으로 보인다.

사이메이는 직접 쓰쿠시로 갔으나 같은 해에 병사하고, 그 뒤에도 나카노오에노미코는 원군을 보냈지만 전황은 일진일퇴를 거듭한다. 덴지 2년(663) 8월, 왜국의 수군은 백강(금강) 하구 부근에서 당의 수군에 참패했고 백제 부흥의 꿈은 더욱 멀어지고 만다.

《일본서기》의 기술을 바탕으로 한 통설에서는, 당나라 수군의 압도적인 수의 군선에 수적으로 열세인 왜의 수군은 '기상을 살피지 않고' 돌진해 대패했다고 전해진다. 그러나 양군의 전력은 당군 170척이라고 되어있을 뿐, 일본 쪽에서 모를 수가 없는 왜군 배의 수는 기록되어 있지 않다. 이것은 편자의 의도적인 은폐일 것이다.

《구당서(舊唐書)》의 '유인궤전(傳)'에는 '왜군의 배 400척을 불태웠다'고 되어있는 것을 보면, 실은 왜군의 전력이 더 많았던 것 같다.

또 '기상'의 의미도, 날씨가 아니라 인간의 심리상태나 감정을 가리키는 경우가 있어, '기상을 살피지 않고'란 왜군 장군들의 의견과 작전의 혼란을 가리키는 말로 풀이할 수도 있다. 전력에서 우세했으면서도 패배했고, 그 부끄러운 사실을 숨기기 위해 편자가 배의 수를 기록하지 않은 것으로 볼 수 있다.

또 통설에서는 전후에 왜국은 이어지는 당나라의 침공위협에 미즈키(水城; 후쿠오카현 다자이후시) 등 전국에 방어시설을 만들고, 미증유의 국난에 대비해 중앙집권을 정비하는 데 부심했다고 한다.

그러나 현실적으로 당나라의 침공은 있을 수 없는 일이었다. 나당은 그 뒤 고구려와의 대결에 여념이 없었다. 그리고 고구려를 물리친 뒤에는 당나라와 신라가 반도의 지배를 둘러싸고 군사적 긴장에 들어가게 된다. 이러한 상황을 나카노오에노미코 등의 수뇌진이 몰랐으리라고는 도저히 생각할 수 없다.

결론부터 말하면, 나카노오에노미코는 당나라의 위협을 소리높이 외침으로써 민중 지배를 강화하려 했을 가능성이 높다. 전후에 이따금 찾아왔던 당나라 측의 사자에 대해 왜국은 때로는 오만하게 내쫓거나 군사훈련을 일부러 과시해 보였다고 한다. 승전국인 당나라를 두려워하는 기색이 전혀 없었다고 할 수 있다.

아사쿠라 타치바나의 히로니와 궁터 비석 히로니와궁(후쿠오카 아사쿠라시)은 쓰쿠시로 간 사이메이천황이 지은 궁전. 아사쿠라 신사 부근으로 추정되며 신사 바로 뒤에 비석이 있다.

오히려 당나라의 사자는 반도에서의 군사전개에 관해 왜국의 협력 또는 중립을 요구한 것으로 보인다. 덴지 7년(668), 당나라는 포로였던 왜국 병사를 반환했고, 그로써 당나라와 왜 사이에 화평협정이 성립된 것으로 보인다. 이후 양국은 긴밀한 관계를 맺게 되었고, 당나라는 고대를 통해 왜국에 좋은 모범이 되었다. 나카노오노미코에는 쓰라린 패전을 율령국가를 발전시키는 기회로 삼은 것이다.

신체사관으로 보는 일본인의 역사

역사적 사실 또는 역사 전체의 흐름을 해석할 때의 통일된 관념, 사물을 바라보는 시각을 역사관(사관)이라고 한다. 역사관은 역사를 평가하는 쪽이 자유롭게 가질 수 있기에 시대와 관점에 따라 다양하게 달라진다.

이를테면 근대 계몽기 유럽에서는 사회는 진보한다는 관점을 취하는 진보사관이 등장했고, 자본주의의 한계를 타파하려 한 카를 마르크스는 경제생산성과 계급간의 투쟁을 중시하는 유물사관을 제창했다. 제2차 세계대전이 일어나기 전 일본을 지배했던 천황중심주의의 황국사관(皇國史觀)은 패전으로 파기되고, 공산주의 사상의 지주가 된 유물사관적 진보사관이 전후 일본사회에 영향을 주어 여러 사회현상을 낳았다. 과거를 현재의 가치관으로 판단하려 하는 과오와 가치관의 편향으로 이어지는 위험성도 내포하고 있다 할 수 있다.

신체사관은 이데올로기를 두른 이들 역사관과는 선을 긋는 사상이다. 역사 해석의 기초가 되는 것은 국가나 사회제도가 아니다. 경제생산성도 아니고 역사적 영웅의 활약도 아니다. 골고고학(骨考古學) 수법을 구사하는 고인골의 과학적 해석이다. 일본인 특유의 신체현상에 착안하여, 고인골에 나타나는 지역성과 시대적 변화에서 역사를 해석하고자 하는 것이다. 그 옛날 일본열도에 살았던 인간의 신체성에서 해독하는 최대한 사실성을 갖춘 역사관이라고 할 수 있다.

신체사관은 일본인이란 누구이고 어디서 왔는가, 일본인의 출신에 얽힌 수수께끼를 밝히는 데 필요한 단서를 찾기 위한 역사관이기도 하다. 시대의 변천과 함께 일본인에게는 어떤 신체현상이 일어났는지, 생활, 문화, 사회, 경제, 정치의 움직임과 어떻게 연동해 왔는지, 일본인의 신체사를 총론적으로 개관해 보려 한다.

1. 구석기시대 일본인

일본열도에 최초로 일본인(일본인이라는 말은 엄밀하게는 '일본'이라는 율령국가가 성립된 뒤에 생긴 말이지만, 여기에서는 그 이전부터 일본열도에 뿌리내린 사람들, 즉 '일본열도인'의 총칭으로 사용한다)이 살았던 시기는 그 무렵 사람들이 남긴 석기 가운데 가장 오래된 것을 찾아보면 대강 짐작할 수 있다. 지질연대로 말하면 대략 갱신세(홍적세라고도 한다) 말기, 후기 구석기시대인 4~3만 년 전 그 이후의 석기를 가장 오래 된 것으로 보고 있는데, 일부 유적은 그 이전까지 거슬러 올라가는 것으로 추정된다. 어쨌든 구석기시대에는 이미 일본열도에 사람이 살고 있었으니 '가장 오래 된 일본인'은 구석기시대 사람이었던 것이 확실하다.

그렇다면 최초의 일본인, 구석기시대인은 어디서 어떻게 이 섬으로 찾아왔을까? 그 대답은 홋카이도에는 동북아시아 방면에서, 혼슈 지역에는 한반도를 비롯한 동아시아 방면에서, 류큐 제도에는 중국의 화남 방면에서 찾아왔다. 즉 한군데가 아니라 여러 장소에서 건너온 것으로 추정된다.

그리고 어떻게 라는 의문에 대해서는 육지를 따라 걸어왔다고 보는 것이 자연스럽다. 지구상에는 지금까지 적어도 네 번의 대빙하기가 있었다고 하며, 그때마다 빙상과 빙하가 발달하여 해수면이 낮아지는 '해퇴(海退)'라는 현상이 일어났다(일본열도에서는 최대 120미터나 내려간 것으로 추정된다). 마지막 빙하기는 약 2만 년 전이 절정기고, 그 전이 10만 년 넘는 이전이었다고 하므로 그 시기가 구석기시대와 겹친다. 그런 이유로 그즈음에 대륙과 땅이 이어져 있었던 일본열도로 걸어서 이동할 수 있었던 것이다.

후기 구석기시대의 유적은 북쪽으로는 홋카이도에서 남쪽은 류큐 제도(야에야마八重山 제도 포함)까지 매우 폭넓게 걸쳐 5천 곳이 넘는 지점에서 발견되었다. 그러나 일본인의 타임스케일을 100미터 달리기에 비유하면 구석기시대는 최초의 약 70미터에 해당하는 셈인데(일본국가 성립 이후는 불과 2.6미터에 지나지 않는다), 상대적으로 유적 수는 그다지 많지 않았다. 또 규모가 모두 작아서 구석기시대 끝 무렵 일본인 인구는 고작 수천 명 정도에 지나지 않은 것으로 추정된다. 그때의 일본열도에는 소수의 사람들이 근근이 살고 있었을 것이다.

구석기시대의 일본인은 어떤 신체특징을 가지고 있었을까. 그것을 알 수 있는 단서는 화석인골에서 구하는 수밖에 없는데, 당시의 인구는 전국에 수천 명 규모로 적었기 때문에 일본에서 구석기시대의 화석인골이 발견되는 일은 매우 드물다. 현 시점까지 고작 20건 정도밖에 발견되지 않았다고 한다.

그 20건 정도의 화석자료는 각각 발견된 유적명을 붙여서 '하마키타인(浜北人)'이니 '미나토가와인'이라고 불리며 류큐 제도에 대부분이 집중해 있고, 혼슈에서는 발견된 예가 매우 적다는 특징이 있다. 또 혼슈와 규슈에서 발견된 것은 방사성탄소연대측정법으로 측정해 더욱 새로운 시대의 뼈인 것이 판명되거

네가타(根堅) 유적　혼슈에서 유일한 구석기 하마키타인 유골이 출토된 곳.

나, 인골이 아닌 것이 밝혀지는 경우가 많다. 그래서 혼슈에서 발견된 인골로 구석기시대의 것으로 판정할 수 있는 것은 겨우 하마키타인뿐이다.

그런데 류큐 제도는 일본에서 손꼽히는 석회암 지대로 동물화석이 잔존하기 쉬운 토양이기 때문에 마치 구석기시대의 화석 인골의 보고 같은 양상을 띠고 있다. 오카나와 본섬 남단의 야에세초(八重瀨町)에 있는 석회암 채석장(통칭 '미나토가와 피셔')에서 발견된 '미나토가와인'의 인골은 일본 전국에서도 유일하게 양호한 상태의 두개골을 포함해 전신의 뼈가 남아 있어 얼굴을 복원하는 것도 가능하다.

구석기시대 화석인골의 선두주자라고 할 수 있는 미나토가와인(미나토가와인골)은 1970년 '미나토가와 피셔'의 석회암 틈새에서 발견되었다. 인골군 옆에 있던 탄화물을 탄소14연대측정법으로 측정한 결과 거의 1만 8천 년 전으로 거슬러 올라가는 구석기시대의 유물로 밝혀졌다.

미나토가와인의 화석인골은 모두 약 5인에서 9인분의 뼈를 포함하는 것으로 추정되며, 그 가운데 1호, 2호, 3호, 4호 인골의 4구를 식별할 수 있었다. 특히 성인 남성의 뼈인 1호 인골과 성인 여성의 뼈인 4호 인골의 보존상태는 놀라울 정도로 양호하여, 그때 사람들의 신체특징을 상당히 선명하게 전해준다.

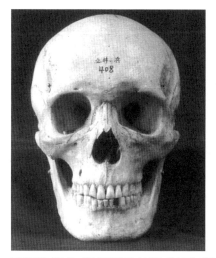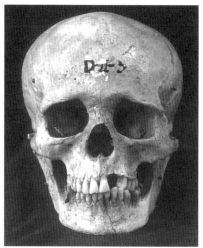

도이가하마(土井ヶ浜) **야요이인과 히로타**(広田) **야요이인 비교** 야마구치 도이가하마의 야요이인 두개골(왼쪽)은 얼굴이 길고 옆얼굴이 뚜렷하지 않다. 한편 가고시마의 히로타 야요이인 두개골(오른쪽)은 조몬인의 특징을 가지고 있다.

이렇게 드러난 미나토가와인의 인물상을 보여주는 특징은 다음과 같다.

먼저 미나토가와인의 신체특징 가운데 특기할 만한 것은 매우 '단구(短軀)'라는 점이다.

이 인골군을 최초로 정밀 조사한 도쿄대학의 연구에 따르면, 성인남성의 키는 155cm 정도, 성인여성의 키는 144cm 정도로 추정된다.

그러나 신장이 작은 데 비해 사지의 뼈가 길고 신체전체의 뼈대가 굵은 편이다. 두개골의 크기가 큰데, 그것은 두개골의 두께가 현대인의 약 두 배나 되기 때문이며 뇌의 용적 자체는 거의 비슷하다.

용모의 특징은 먼저 크게 튀어나온 광대뼈가 눈에 띄고, 아래턱도 발달하여 얼굴 전체가 넓적한 데 비해 길이는 짧은 느낌이다. 광대뼈가 밖으로 튀어나오고 관자놀이의 가로폭이 좁은 것은 측두근(저작근)이 발달했기 때문으로 추정된다. 눈언저리는 푹 꺼지고 이마가 크게 솟아 있어서 윤곽이 뚜렷한 옆얼굴을 가지고 있었을 것이다. 또 크고 넓은 안와는 눈이 컸음을 보여준다. 코뼈는 작지만 콧구멍이 커서 전체적으로는 코가 큰 편이었을 것으로 보인다.

그 밖에 특기할 만한 것은 그들의 '치아'이다. 위아래 턱은 큼직한 직악(直顎)

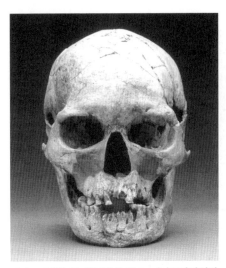

으로, 역시 큼직한 이틀에 전체적으로 큰 이가 배열되어 있지만, 이의 마모(음식의 저작에 따른 표면의 마모)가 비정상적일 정도로 심해서 대부분 치아의 뿌리 부근까지 닳아있었다. 이것에서 그들이 매우 단단한 음식을 즐겨 먹었던 것을 엿볼 수 있고, 또 마모 형태가 불규칙한 것으로 보아 저작뿐만 아니라 도구로서도 혹사했음을 알 수 있다.

미나토가와인 1호 유골의 두개골 미나토가와인의 두개골은 크고 두께가 현대인의 2배 가까이 된다. 광대뼈가 바깥쪽으로 튀어나왔고 얼굴 폭도 넓다. 안와가 넓고 커서 눈이 컸을 거로 추측된다.

그런데 미나토가와인의 인물상이 어느 정도 밝혀졌다 해도 여기에 하나의 의문이 떠오른다. 그것은 '미나토가와인은 구석기시대 일본에 널리 분포했던 일반적인 집단인가?' 하는 점이다. 즉 미나토가와인은 '일본의 구석기시대인을 대표하는 존재'인가, 아니면 '류큐 제도에만 살았던 사람들'인가 하는 것이다.

미나토가와인이 발견되었을 무렵 인골군을 최초로 정밀 조사한 도쿄대학 연구팀은 전자의 입장에서, 미나토가와 인골이 중국 화남의 유주(柳州)에서 발견된 '유강인(柳江人)' 화석과 매우 닮았다는 사실을 지적하고, 그와 아울러 조몬 인골과도 닮았다고 고찰했다.

그 점에서 미나토가와인은 그때의 중국 남부 또는 동남아시아의 폭넓은 지역에 분포했던 유강인의 흐름을 잇는 사람들이 일본열도로 이주해 온 집단이고, 나아가서는 그들이 조몬인의 조상이 된 것이 아닐까 하는 설이 제기되었다. 이 가설은 '조몬인 남방기원설'이라 불리며 일반에게 널리 알려지게 된다.

그런데 최근의 연구를 통해 조몬인 남방기원설은 그 토대부터 흔들리기 시작했다. 2010년, 일본국립과학박물관의 복원연구에서는, 미나토가와 인골 1호는 유강인의 얼굴과는 조금 느낌이 다르고 조몬인과도 상당히 얼굴이 다르다고 지적되었다. 이 연구에 따르면 미나모토가와인은 오히려 현재의 오스트레일리아 원주민이나 뉴기니 고지인과 유사한 것으로 보이고, 몇 만 년 전에 동남아시아 일대에 분포했던 집단을 원류로 하는 것이 아닌가 하고 추정된다.

즉 그들은 조몬인의 조상이 아니며 혼슈 지역에 분포했던 구석기시대인과는 다른 집단일 거라는 이야기이다.

또 일본국립과학 박물관의 연구에 따르면 조몬 인골의 미토콘드리아 DNA(mtDNA)형을 분석하고, 조몬인의 원류가 된 것은 시베리아 방면에서 홋카이도반도를 거쳐 건너온 집단이나, 한반도 방면에서 혼슈반도를 경유해 건너온 집단이었을지 모른다는 결론을 내렸다.

이러한 점에서 지금은 미나토가와인은 구석기시대의 일본열도에 널리 분포했던 보편적인 집단이 아니라,

미나토가와인 복원 모형 최근 연구로 밝혀진 미나토가와인의 새로운 특징은 '조몬인이나 현대 일본인보다 오스트레일리아 원주민이나 파푸아뉴기니 사람들에 비슷할지도 모른다'는 설을 바탕으로 2014년 오키나와박물관이 만든 복원 모형이다.

류큐 제도에 한정해 살았던 집단이라는 견해가 유력해지고 있다.

그렇다면 그즈음의 일본열도, 특히 혼슈 지역에 널리 분포했던 구석기시대 일본인은 어떤 사람들이었을까? 혼슈와 홋카이도에서 화석인골이 발견된 예가 현재까지 전무에 가까운 상황에서는 완전한 수수께끼라고 할 수밖에 없다.

구석기시대 일본인은 이 일본열도에서 어떤 생활을 영위하고 있었을까? 구석기시대 일본인의 생활상을 알아보려면 각지에 남아 있는 당시의 유적과 석

기류를 단서로 하는 수밖에 없다. 일본열도에서 현재까지 발견된 구석기시대 유적은 대부분 약 3만 5천~1만 2천 년 사이 '후기구석기시대'의 것으로 알려져 있다.

구석기시대는 빙하시대와 겹쳐서 일본열도 주변의 해수면이 현재보다 100미터 가까이 낮았기 때문에 대륙과 육지로 이어진 지점이 많았다. 그래서 큰뿔사슴과 나우만코끼리를 비롯한 대형동물들이 대륙에서 건너와 서식하고 있었다. 구석기시대 일본인은 정주하지 않고 계절마다 옮겨 다니면서 그러한 대형동물을 사냥하거나 나무열매를 채집하며 생활했던 것으로 추정된다.

또 구석기시대 유적이 모두 규모가 작은 것을 보면, 그즈음 사람들은 10수 명 정도의 작은 그룹을 형성하여 간소한 수혈(竪穴) 주거나 동굴, 바위 밑 등에 살았던 것으로 보인다. 유적에 따라서는 석기를 제작하거나 수렵한 동물을 해체하기 위한 작업장 같은 것이 발견되기도 한다.

그들이 사용했던 석기에서도 생활을 엿볼 수 있다. 그 시절의 석기는 도구로서 매우 초보적인 것으로, 돌을 깨어 그대로 다듬지 않고 만든 '타제석기'였다. 대부분 돌도끼나 칼 모양을 하고 있는데, 창과 작살 등을 만들기 위한 찌르개, 잔석기, 활과 화살에 사용되는 돌살촉(돌로 만든 화살촉)도 발견되었다.

뜻밖에도 일본에서는 제2차 세계대전이 끝나기 전까지 '가장 오래된 일본인'이 일본에 정착한 것은 조몬 시대 이후이고, 구석기시대에는 사람이 살지 않았다는 것이 정설이었다.

그러나 1946년 아마추어 고고학자인 아이자와 다다히로(相澤忠洋)가 군마현 미도리시에 있는 이와주쿠(岩宿)에서 뗀석기(타제석기)를 발견함으로써 바람의 방향이 크게 바뀌게 된다.

아이자와가 발견한 석기가 구석기시대 지층인 적토층에서 발견되었기 때문이다. 이 발견이 이와주쿠 유적의 발굴 단서가 되어, 이후 일본각지에서 구석기시대 유적이 잇따라 발견되었다.

한편 일본 역사에서는 전후 약 50년 동안 그 존재가 인정되어 교과서에도 실렸다가, 21세기에 들어서서 갑자기 자취를 감춘 '아카시 원인(明石原人)을 비롯한 원인들이 있다. 그들은 과연 무엇이었을까?

사키타리 동굴유적 오키나와 난조시 간가라 계곡 안에 있는 구석기시대 사키타리 동굴유적. 7층에 걸친 지층을 확인했으며 2014년 12월에 발견한 유골은 제7층에서 나왔다.

1931년, 아마추어 고고학자 나오라 노부오(直良信夫)가 효고현 아카시시의 니시야기(西八木) 해안에서 사람 뼛조각(허리뼈)을 발굴한 일이었다. 그는 그것을 구석기시대 사람의 뼈라고 주장하면서 도쿄대학에 감정을 의뢰했다. 그러나 학계에서는 인정받지 못하고, 1945년 5월 25일, 미군의 도쿄대공습 때 나오라의 집과 함께 불타버렸다고 한다.

그런데 학계에서 인정받지 못한 채 공습으로 재가 되고 만 인골이, 어떻게 전후가 되어 일본사의 표면에 떠오르게 되었을까?

그 계기는 1947년 11월, 도쿄대학의 하세베 고톤도(長谷部言人)가 나오라가 감정을 의뢰했을 때 만들어진 석고모형을 재발견한 것에 있다. 하세베는 그 허리뼈를 상세히 형태 분석한 결과, 시난트로푸스(북경원인)나 피테칸트로푸스(자바원인)와 거의 같은 시기에 존재한 원인의 것이라고 보는 논문을 발표했다. 이 논문 속에서 하세베가 니시야기 허리뼈를 현대인의 것이 아니라고 한 이유는 그 비정상적인 형태에 있었다. 이 허리뼈는 매우 작은 데다 두께가 두껍고 남자의 것인지 여자의 것인지 구별할 수 없는 기묘한 형태를 하고 있었다. 하세베는 아카시 원인의 뼈를 '닛포난트로푸스 아카시엔시스'라고 명명했다.

이 하세베의 논문과 '아카시 원인'의 존재는 패전에 허덕이던 전후 일본에 커다란 반향을 일으켜 눈 깜짝할 사이에 각광받게 되었다. 아카시 원인은 폭풍처럼 혼자 나아가기 시작해 역사 교과서에까지 등장하게 된다.

그러나 1982년, 아카시 원인의 뼈가 조몬 시대 이후의 새로운 뼈라는 설이 발표되었다. 도쿄대학의 엔도 반리와 국립과학박물관의 바바 히사오가 내린 석고모형의 해석에 의해, '형태학적 견지에서 보면 원인류의 인골이 아니라 거의 틀림없이 조몬인 이후의 것'임이 밝혀진 것이다.

그 뒤 '아카시 원인'의 가능성을 찾아, 1985년 국립역사민속박물관의 하루나리 히데지가 니시야기 해안에서 재발굴에 착수했다. 그러나 사람뼈가 출토된 지층이 6~13만 년 전의 것임이 판명되었으나 결정적인 증거는 발견되지 않았다.

아카시 원인이라는 존재는, 전후 일본인들에게 '우리의 역사가 얼마나 멀리 거슬러 올라갈 수 있는가'하는 자의식을 강하게 자극해 엄청난 원인 붐을 낳았다. 특히 '다카모리 원인' 사건은 언론에서 대대적으로 다룸으로써 대소동으로 발전한다. 1988년부터 1992년까지 미야자키현 구리하라시에 있는 다카모리 유적에서, 약 40만~70만 년 전 지층에서 석기가 발굴되어 북경원인과 같은 시기의 원인이 그곳에 살았을 가능성이 떠올라, 화석인골은 발견되지 않았지만 '다카모리 원인'이라고 명명되어 화제가 되었다.

그런데 2000년 11월 5일, 마이니치신문이 특종기사를 실어 세상을 떠들썩하게 하는 소동이 벌어졌다. 놀랍게도 상(上) 다카모리 유적 등에서 발굴된 석기류는 '신의 손', '발굴의 명수'라 불리며 이름을 날린 발굴자에 의한 완전한 '날조'였던 것이다. 그 뒤 상 다카모리 유적 이외에도 모두 162군데의 날조행위가 발각되었다. 이 사건으로 말미암아 일본의 전기 구석기시대 연구는 원점으로 되돌아갔고, 역사 교과서에 실렸던 전기 구석기시대의 수십만 년 분의 기술도 모조리 지워지고 말았다.

2. 조몬 시대 사람들

조몬 시대는 1만 5천 년부터 1만 3천 년 전쯤 시작되어 야요이 시대로 이행하는 2500년 정도 전까지 이어졌다. 약 1만 년에 이르는 오랜 세월에 걸친 조몬 시대는 어떤 시대였을까. 그 시대를 살았던 '조몬인'은 어떤 사람들이고 어떤 생활을 했을까? 여기서는 조몬 시대 일본열도의 생활과 문화 모습을 살펴보면서 조몬인의 등신대에 다가가 보자.

조몬 시대와 구석기시대는 모두 같은 '원시 사회'여서 그다지 큰 격차가 없을 거라고 생각하는 사람도 있을지 모른다. 그런데 실제로는 그렇지가 않다. 두 시대에는 여러 면에서 큰 차이가 있다. 특히 열도의 기후가 크게 달라져 일본열도가 탄생한 것은 특기할 만한 변화이다.

수혈식 주거(복원) 조몬 시대의 일반적인 주거는 수혈식이었다. 사진은 아오모리의 산나이마루산 유적에 복원한 조몬 시대 수혈식 주거(위)와 높은 바닥식 창고(아래).

지금으로부터 약 1만 5천 년 전, 오랫동안 이어진 빙하기가 종언을 맞이했다. 빙하기에 '해퇴(海退)'라는 현상이 일어나 해수면이 낮아진 일본열도는 대륙과 땅이 이어지거나 대륙과 가까운 상태가 되었다. 그런데 빙하기가 끝나고 지구가 따뜻해지자 이번에는 '해진' 현상이 일어나 해수면이 상승하게 되었다. 일본에서 일어난 해진을 '조몬 해진'이라고 하며, 장소에 따라서는 구석기시대보다 100m 이상 해수면이 상승했다. 그리하여 대륙붕이라 불리는 평야부가 바닷속에 잠겨 마침내 일본은 대륙에서 떨어진 '열도'가 되었다.

이 조몬 해진은 일본열도의 기후와 풍토, 경관에 매우 큰 변화를 가져왔다.

특히 일본 서쪽 바다에는 그때까지 없었던 해류가 발생하여 난류가 지나가게 됨으로써 환경이 격변했다. 그 때문에 결과적으로 난지성 조엽수림대(照葉樹林帶)가 북상하여 일본 서쪽에도 풍부한 삼림지대가 생겨난다. 그리고 일본열도가 남북으로 길게 뻗어 있고 고저의 기복이 많은 지형을 가지고 있었던 것, 온난한 기후대가 전체적으로 북쪽으로 확대된 것, 난류와 한류가 열도 주위에서 만나게 된 것 등이 함께 작용하여, 북방계와 남방계의 동식물 자원이 복잡하게 뒤섞인 '조몬열도'라고 불러야 할 매우 독특한 풍토가 생겨나게 된 것이다.

그리하여 조몬인들은 산과 육지에 이어서 바다에서도 풍요로운 자연의 혜택을 누릴 수 있게 되어, 생활이 다양해지고 지역차도 생기기 시작했다.

인간의 생활을 지탱하는 자원이 크게 바뀌면 마땅히 사람들의 생활양식에도 변혁이 일어난다. 인간은 식량을 얻기 위해 온갖 창의와 연구를 거듭하여 기술을 터득하게 되는 것이다.

이를테면 동물과 어패류를 효율적으로 획득하기 위한 수렵과 어로의 기술은 물론이고, 획득한 자원을 다양한 장소로 옮기는 네트워크와, 그 자원을 조리하고 저장하기 위한 석기와 목기를 만드는 기술, 또 채집활동을 통해 얻은 도토리와 밤 등의 견과류(조몬인의 주식으로 추정)와 근채류를 식용할 때 그것을 익히거나 떫은맛 또는 독을 빼는 기술, 초본류를 재배하기 위한 원예 지식 등, 일본인은 조몬 시대에 들어선 뒤부터 수많은 기술과 지식을 터득해 나갔다. 이러한 '조몬문화'는 그들이 새로운 생활환경에 순응하면서 습득해 나간 생활양식의 총체라고 할 수 있다.

조몬 시대의 일본인 인구는 어느 정도였을까? 일본국립민족학박물관의 연구에 따르면, 조몬인 인구는 전기에 5만 명 정도였던 것이 최대 20만 명 정도까지 늘어났다고 한다. 북쪽의 홋카이도에서 남쪽의 규슈까지 폭넓은 지역에서, 산과 숲에 사는 포유류보다 훨씬 적은 겨우 20만 명밖에 살지 않았던 셈이니, 광대한 자연 속에 어쩌다가 인간의 모습이 어른거리는 정도였을 것이다.

생활환경이 격변한 셈치고 인구증가율이 그리 높지 않았던 것은, 그만큼 조몬 시대의 생활이 안정되어 있어서 큰 변혁이 없었음을 보여준다. 왜냐하면, 그 즈음에 바다 저편의 대륙에서는 이미 벼농사와 잡곡재배 등의 농경이 시작되었고, 특히 중국대륙에서는 고대문명이 일어나 인간사회에 대규모 변혁이 활발하게 일어나던 중이었지만, 조몬열도에는 그러한 변혁의 영향이 거의 미치지 않았기 때문이다. 즉 조몬 시대의 일본은 어떤 의미에서 '쇄국' 상태에 있었다. 그 폐쇄성 때문에 대륙의 문명으로부터 독립된 일본인 특유의 기질이 싹터서 독자적인 정신세계, 인간세계가 양성되어 간 것으로 보인다.

화염형 토기

니이가키 사사야마(笹山) 유적에서 출토된 조몬 토기(4~5천 년 전으로 추정). 화염형 토기는 불꽃이 타오르는 듯한 입체적인 장식이 특징으로 기본적으로 두꺼운 바리형이다. 탄 자국이 있는 것으로 보아 요리에 사용했음을 알 수 있다. 그밖에 제사 같은 특별한 일에도 사용했으리라 추측된다.

조몬문화를 대표하는 문물이라면 뭐니 뭐니 해도 '토기'의 발명이다. 본디 조몬 시대의 '조몬'이라는 말은 그 무렵의 토기에 새겨진 승문(繩文)이라는 무늬에서 유래했을 정도이다.

조몬인에게 이 토기는 생활에 없어서는 안 되는 발명품이었다. 토기의 효용은 매우 많지만 특히 '조리'와 '저장'이라는 두 가지 효용이 조몬인의 생활을 크게 향상시켰다.

또 토기는 그러한 실제생활 속의 용도뿐만 아니라, 제사도구로서의 역할도 했던 것 같다. 장식과 색채가 다양한 화염토기(火焰土器), 사람의 얼굴을 본뜬 인면토기(人面土器), 여성 또는 정령의 모습을 본뜬 것으로

왕관형 토기

니이가키 사사야마 유적에서 출토된 조몬 토기(4~5천 년 전으로 추정). 왕관형 토기는 입구 부분과 손잡이(돌기)의 형태로 화염형 토기와 구별되는데 같은 유적에서 출토되는 경우가 많다.

보이는 토우는 아마도 신격화한 자연과의 교감에 사용된 주술적인 도구였을 것이고, 죽은 사람을 매장할 때의 뼈항아리나 독널에도 토기가 사용되고, 개인과 개인 또는 마을과 마을 사이에 교환재로도 통용되었다.

조몬 시대 사람들의 생활과 문화를 아는 데 절대적으로 피해 갈 수 없는 것이 '패총유적'이다. 패총은 해안선을 따라 쌓는 일이 많았지만, 현재의 해수면

은 '해진'에 의해 온난화가 진행된 조몬 시대보다도 낮기 때문에, 지금도 남아 있는 패총의 대부분은 해안선보다 조금 내륙으로 들어간 단구(段丘) 같은 장소에 있다. 그와 아울러 패총에는 이름 그대로 대량으로 퇴적한 패각류의 탄산칼슘이 풍부하여 골류가 잔존하는 데 매우 알맞은 토양조건이 되었다. 그 덕분에 조몬 시대의 사람뼈와 동물뼈는 놀랄 만큼 양호한 상태로 현재에 전해졌고, 그중에서도 인골의 수는 너무나 방대하여 조몬인의 신체특징에 대해 다른 어느 시대의 일본인보다 정확하게 알 수 있다. 또 패총에서는 인간과 동물의 뼈뿐만 아니라, 다양한 도구와 장신구, 토기 등이 양호한 상태로 발견되어, 조몬인의 당시 생활모습을 생생하게 알 수 있는 '타임캡슐' 같은 역할을 한다.

패총은 아오모리현의 산나이마루야마(三內丸山) 유적 등을 보면 알 수 있듯이 마을의 중심부에 놓여 있는 일이 많다. 물론 패류를 비롯하여 음식찌꺼기와 쓰레기도 버렸지만, 사람뼈가 묻혀 있는 것에서 사자의 매장장소로 사용되었음을 알 수 있고, 토우 등 주술적인 의미를 가진 토기가 일부러 파괴된 상태로 묻혀있는 경우도 있어, 조몬인에게 중요한 의미를 가진 '의례'의 장으로 사용되었을 가능성이 있다. 즉 패총은 사자를 묻고 신들과 교감하며, 사람들과 교류를 나누는 다기능 공간으로서, 조몬인의 정신세계에 매우 큰 위치를 차지했던 것으로 추정된다.

패총유적에서 출토되는 방대한 고인골에서는 조몬인이 어떤 식생활을 했는지에 대해 상당한 부분까지 알 수 있다. 조몬인의 식생활에서 특징적인 것은 단백질원에 '지역차'가 보이는 것이다. 이것은 탄소, 질소안정동위분석 또는 식성분석이라는 분석방법으로 밝혀졌다. 이 방법을 사용하면 인간이 죽기 전 10년 동안 섭취한 단백질원을 알아낼 수 있다. 해산물이 풍부한 홋카이도의 조몬인은 바다포유류와 연어를 주요 단백질원으로 하고 있었는데, 혼슈의 도호쿠, 간토, 도카이 지방의 조몬인은 육상동식물과 함께 어패류도 단백질원으로 하는 균형 잡힌 식생활을 하고 있었다. 또 바다가 없는 중부지방에 살았던 조몬인은 해산물을 단백질원으로 섭취하지 않은 사실이 확인되었다.

조몬인의 식성은 교토대학의 연구에 따른 요시고(吉胡) 패총과 이나리야마

조몬 시대의 매장 모습(복원)　가이즈카는 이 세상에서 쓰임을 다한 다양한 물건을 모아 저 세상으로 보내며 다시 돌아올 것을 바라는 신성한 장소였다.

(稻荷山) 패총에서 발견된 인골을 연구함으로써 '지역차'뿐만 아니라 커다란 '개인차'가 있었던 것도 밝혀졌다. 같은 패총에서 발견된 인골에도 해산 어패류를 많이 섭취한 자가 있는가 하면, 육상동물이나 식물을 많이 섭취한 자도 있었다. 특히 남성에서 개인차가 뚜렷하며, 이 연구결과는 '수렵' '어로' '채집' 등에 종사하는 각각의 인간 사이에 분업화가 일어난 것을 시사한다.

일본 전역의 패총에서 출토된 조몬인의 뼈에서 그들이 과연 어떤 모습을 한 사람들이었는지 살펴보자. 구석기시대인은 겨우 20건밖에 출토되지 않았고 그 가운데 온몸의 뼈가 갖춰져 있는 경우는 미나토가와인밖에 없었지만, 조몬인은 적어도 5천 인분 이상에 이르는 인골이 양호한 상태로 발견되었다(1만 인분이 넘는다는 설도 있다). 그래서 지금까지의 조사와 분석을 통해 상당한 부분까지 자세히 판명되었다. 또 조몬인은 후세 일본열도인에 비해 매우 독특한 골상과 체격을 가졌기 때문에 참으로 많은 특이점을 들 수 있다.

먼저 두개골을 살펴보자, 두개골은 뇌두개(뇌가 들어 있는 부분)과 안면두개(얼굴뼈)가 같이 낮아서 미나토가와인과 마찬가지로 얼굴이 짧고, 전체적으로 크고 골량이 풍부한 튼튼한 뇌가 되어 있다. 또 현대보다 단단한 음식을 먹었기 때문인지 저작에 사용하는 근육이 발달해 있었음을, 뇌두개의 관자근이 붙어 있는 관자선(貫子腺) 등의 특징에서 알 수 있다.

조몬인의 얼굴이 다른 시대의 인골과 확실하게 구별되는 특징은 '코뼈'와 '아래턱뼈'이다. 이 두 가지 뼈는 그야말로 이형(異形)이라고 할 수 있을 만큼 독특하여, 그것만 보면 다른 시대의 인골과 조몬 인골을 구분할 수 있을 정도이다.

코뼈는 전체적으로 매우 크고 앞으로 돌출된 동시에 강한 곡선을 그리고 있어 매우 눈에 띈다. 또 코뼈의 끝은 앞을 향해 들려 있고 콧구멍의 폭이 넓다. 뒷날의 야요이인에 비해 코가 전체적으로 커서 얼굴 가운데에서도 상당히 눈에 띄는 부위였다. 단, 왜 이렇게까지 큰 코를 가지고 있었는지는 아직도 해명되지 않았다.

다음은 아래턱뼈로, 미나토가와인의 특징과 마찬가지로 관자근이나 깨물근 같은, 이른바 저작근이 이어진 부분이 매우 발달하여 흔히 말하는 '하관'이 클 뿐만 아니라 밖으로 돌출해 있다. 또 아래턱(턱끝)이 융기했고 하악지라고 하는 턱끝의 세로 부분도 폭이 넓은 것이 특징으로, 아래턱 전체에서 중량감이 느껴진다.

매우 큰 '코뼈'와 '아래턱뼈'의 2대 특징은 대부분의 시기와 지역의 조문인골에서 공통되지만, 특히 조몬 시대 후기, 말기에 두드러지게 볼 수 있다. 조몬인의 인골을 구별할 때는 먼저 '코뼈와 아래턱뼈'를 본 뒤, '골량이 풍부하고 길이가 짧고 큰 얼굴'인지를 보면 된다. 그래도 뼈에 익숙하지 않은 사람에게는 많은 뼈 중에서 조몬인을 알아보는 것은 어려울지도 모르지만, 뼈를 익히 보아온 인류학 연구자라면 비교적 쉬운 일이다. 그 정도로 조몬인의 뼈에는 두드러진 특징이 있다.

눈매는 코뼈 상부에 있는 코뿌리가 심하게 함몰되어 미간이 돌출해 있기 때문에 옆에서 보면 상당히 요철이 있고 윤곽이 뚜렷한 얼굴이었음을 알 수 있다. 후두부는 납작하지 않고 뒤로 튀어나온 '짱구머리'가 대다수이며, 여성도 이마가 둥글고 넓은 사람은 거의 없었다.

또 이가 전체적으로 작은 데다 치조골의 치열부가 크고, 이가 나는 공간이 넓어서 조몬인에게는 치열이 좋은 개체가 많았다. 앞니는 현대인과 달리 족집게처럼 맞물려 있고, 성인의 대부분은 사랑니가 맹출(萌出)해 있었다. 그리고

요시고카이즈카 사적 공원 요시고카이즈카 묘지구획 단면 전시시설. 1951년에 조사한 구획의 퇴적 상태나 유골의 매장 상태를 재현했다.

미나토가와인과 마찬가지로 저작으로 치아가 극심하게 마모된 흔적이 보였다. 또 이가 어떤 방향으로 기울거나 말안장처럼 닳는 등, 저작 외에 뭔가 이를 도구로 쓴 이상마모(異常磨耗)도 볼 수 있다.

그렇다면 얼굴 이외에 조몬인의 체격과 골격은 어떠했을까.

먼저 체격 자체는 평균키가 성인남성 158cm 정도, 성인여성은 145cm 정도로 '단구'였다. 참고로 그 시대 남성의 키는 약 150~165cm 사이여서, 의외일지도 모르지만 에도시대인의 평균키와 거의 비슷했다.

또 조몬인은 얼굴과 마찬가지로 골격 자체가 뼈대가 굵고 튼튼했으며 특히 하반신이 튼실했다. 하반신의 주행근(走行筋) 부착부가 잘 발달한 까닭은, 수렵, 채집, 어로 등의 생활을 보냈기 때문일 것이다. 단 다리의 대퇴골이나 팔의 상완골 자체는 그리 크지 않고 오히려 작은 편이지만 근육의 부착부가 잘 발달해서 튼튼한 인상을 준다.

팔다리의 길이는 작은 키에 비해 상대적으로 긴 편이고, 키에 대한 다리 길이의 비율은 52%로 의외로 오늘날의 일본인과 거의 같다.

이렇게 조몬인은 키가 작은 데다 머리가 크고, 어깨폭은 좁지만 허리가 두둑하며 다리 근육이 매우 발달해 있었던 점에서, 굳이 표현한다면 땅딸한 체형이었다고 할 수 있다.

조몬인은 수렵과 채집뿐만 아니라 다양한 어법을 가진 '어민', 이른바 '바다 민족'이었다. 조몬인은 약 1만 년 전(조몬 시대 초기)에 이미 바다의 양식을 밥상 위에 올렸던 것으로 보인다. 요코스카(橫須賀)시에 있는 나쓰시마(夏島) 유적에서는 가다랑어와 다랑어 같은 외양어를 포획해 먹었던 증거가 발견되었고, 시대가 좀 더 지나서는 규슈 북서부의 섬들에서 삼치, 상어, 돌고래 포획이 성행했던 것 같다. 또 전국에 흩어진 조몬 시대의 패총유적에서는 놀랄 만큼 다양한 어패류의 잔존물이 검출되었다. 주위가 온통 바다로 에워싸인 일본열도에 사는 조몬인은, 바다와 강에 서식하는 생물의 생태와 습성을 잘 알고 다양한 어로수단을 터득한 뛰어난 어민이었다.

조몬인이 어민이었다는 증거는 그들이 남긴 뼈에 뚜렷하게 남아 있다. 귓구멍의 바깥둘레를 이루는 뼈에 생기는 혹 모양의 돌기물인 '외이도 골종'이 바로 그것이다. 골종(骨腫)이라는 이름이 붙어 있지만 병이 아니라 양성 골성변화의 일종이며, 후천적으로 뼈가 자라나는 것이다.

이 외이도 골종이 생기는 구조는 다음과 같다. 귀를 보호하는 장비를 아무것도 장착하지 않고 장시간 잠수하거나 파도를 뒤집어쓰다가 물에서 나오면, 외이도에 들어간 물이 기화열에 의해 냉각된다. 그러면 외이도 주위에 있는 감수성이 높은 고실판의 골막이 자극을 받아 생체방어반응을 일으켜서 골증식이 발생하고, 결과적으로 외이도 골종이 형성된다. 즉 외이도 골종은 '물속에 오래 있어 귓구멍에 물이 들어갔다'는 증거가 되는 셈이다. 참고로 이것은 오늘날에는 '서퍼의 귀'라고 불리며, 서퍼나 다이빙을 즐기는 사람들, 또는 아무런 장비도 없이 잠수하는 해녀와 해남의 귀에서 상당한 빈도로 출현한다.

조몬인에게는 이 외이도 골종이 남성은 20% 이상, 여성은 12% 정도 나타난다. 이것은 뉴질랜드의 폴리네시아인 마오리족이나, 페루 연안에서 출토되는 고인골과 거의 같은 수준이며, 세계적으로도 매우 높은 비율이다. 이 외이도 골종을 통해 조몬인들이 얼마나 어로 활동에 열심이었는지 짐작할 수 있다.

〈조몬인의 생활 모습〉 나카노 세이이치 그림. 조몬 시대 사람들은 사슴이나 물고기를 잡으러 강과 산으로 들어갔다. 이윽고 이 시대의 특징인 토기를 만들기 시작했으며 소규모 집락을 형성, 물고기나 나무 열매를 먹으며 살았으리라 추측된다.

조몬인의 이에는 단단한 음식을 먹거나 도구로 사용해서 발생하는 심한 마모와, 전분질 식품을 즐겨 먹음으로써 특이한 장소에 생기는 충치 등의 특징이 있었다. 그런데 실은 조몬인에게는 그 이상으로 관심을 끄는 이에 관한 기묘한 풍습이 있었다. '발치(拔齒)'와 '연치(研齒)'이다. 발치란 건강한 이를 일부러 몇 개 뽑는 것, 연치는 위턱의 앞니를 석기 같은 것으로 연마, 가공하여 자국을 새기는 것이다.

특히 후기와 말기의 조몬인들은 상당한 비율로 이 신체가공 풍습을 실시했다. 한 예를 들면 아이치현 다하라시의 요시고 패총에서는 출토된 133명 가운데 125명에게서 발치가 발견되었다. 따라서 만약 조몬 시대 후기~말기의 상태가 양호한 두개골을 볼 기회가 있다면, 대부분은 이가 빠져 있거나 일부 이가 연마되어 있을 것이다. 또 지역에 따라서도 차이가 있어 도호쿠 지방, 도카이 지방, 긴키 지방, 세토나이 지방 일대에서는 이 풍습이 성행했던 것 같다.

본디 발치 풍습은 세계적으로 많은 민족이 하고 있고, 특히 중국, 대만, 동

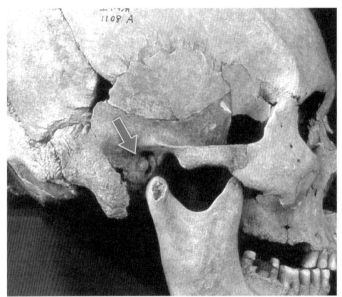

외이도 골종이 있는 유골 바닷가 유적에서 출토된 조몬 시대나 야요이 시대 유골에서 자주 나타나는 외이도 골종. 귓구멍 안쪽 뼈에 돌기가 생기는 것으로 커지면 귓구멍을 막아버리기도 한다. 화살표는 도이가하마 유적에서 출토된 야요이인의 두개골에서 볼 수 있는 외이도 골종.

남아시아, 호주, 뉴기니, 멜라네시아, 하와이 제도 등 환태평양의 광범한 지역에서 유행했다. 단, 연치의 풍습은 발치에 비해 드물어, 조몬인처럼 양쪽을 다하는 데다 상당한 비율의 사람들이 실시한 경우는 세계적으로도 매우 특이하다.

조몬인은 충치를 처리하기 위해 이를 뽑은 것은 아니다. 일부러 건강한 이를 골라, 그것도 처음에는 좌우의 송곳니를 뽑는다. 송곳니는 큰 데다 이뿌리가 깊어서 뽑을 때 큰 고통과 어려움이 따른다. 아마 발치 풍습은 그들에게 통과의례로서의 의미가 있었을 것이다. 조몬인들은 이를 뽑는 것이 더 아플수록, 또 더 어려울수록 통과의례로서 가치가 커진다고 생각했을지도 모른다.

이를 연마하는 풍습에도 조몬인에게 특별한 의미가 있었던 것은 분명하다. 위턱의 안쪽앞니 두 개에 세 갈래의 자국을 내고, 다시 가쪽앞니 두 개에 두 갈래의 자국을 내는 '차상연치(叉狀硏齒)'가 일반적인데 위턱 안쪽앞니 양쪽을 갈아서 중앙부를 뾰족하게 하는 '단첨연치(單尖硏齒)'의 예도 일부에서 있었다. 연치는 아직 신경이 남아 있는 이를 돌로 만든 줄로 갈기 때문에 엄청난 고통과 어려움이 따른다. 연치를 한 인물은 출토된 조몬 인골 전체로 보면 고작 몇 퍼센트밖에 안 되고 남녀비율은 거의 같다. 그런 점에서 '주술사'나 '지도자' 같은 특별한 위치에 있는 인물이 그 사회적 신분을 나타내기 위해 실시한 것으로 추정된다.

3. 야요이 시대의 일본열도

약 2500년 전부터 일본열도의 상황은 크게 변한다. 그 계기는 일본열도와 대륙의 교류가 거의 없었던 조몬 시대가 말기에 가까워지자, 쓰시마 해협을 통해 대륙에서 인간과 문물이 자주 오가게 된 것이다. 그리고 대륙에서의 도래인과 그들이 가지고 들어온 문화와 기술이 그때까지의 일본인의 생활양식과 사회형태를 크게 바꾸어 '야요이 시대'의 막이 오르게 되었다.

시대와 시대를 명확하게 나누는 것은 사람들과 사회에 찾아오는 '변화'인데, 야요이 시대 약 700년 동안 일본열도는 최초이자 가장 큰 변혁을 이룩하게 된다. 먼저 대륙에서 벼농사 기술이 도입되어 정착하자, 사람들은 하천유역의 낮은 평야부에 살게 되고, 조몬 시대까지의 수렵, 채집, 어로를 중심으로 한 생활의식은 무논의 논농사를 주류로 하는 농업활동으로 옮겨갔다. 또 농경에 의한 생산경제가 시작되어, 사람들은 잉여수확물을 고상창고(高床倉庫)와 저장혈(貯藏穴)에 보관하게 됨으로써 결과적으로 '빈부의 차'가 발생했다.

대륙에서는 청동기의 금속문화가 도입되어 농업생산력이 눈에 띄게 향상하자 인구밀도가 높아지고, 나아가서는 곳곳에 작은 정치조직이 형성된다. 더 많은 재산을 가진 자가 우두머리가 되어 지역을 지배하면서, 못 가진 자를 부려 재산과 농지를 늘림으로써 '신분의 분화'가 진행된다. 점차 개인 간의 빈부의 격차뿐만 아니라 집락 간에도 빈부의 차가 생겨, 결국 재산과 농지를 둘러싸고 집락 사이에 '싸움'이 일어나게 된다. 또 대륙에서 들어온 살상력 높은 금속기가 이러한 싸움의 격화에 박차를 가했다. 이윽고 이러한 싸움에서 승리한 사람들이 몇 개의 집락을 규합하여 '구니'라고 하는 소국을 형성하게 된다. 문화면에서는 조몬 토기에 비해 모양과 무늬가 단순하지만, 연질의 옹기로서 열전도율과 강도가 높은 '야요이 토기'가 보급되어 편리성이 향상되었다.

이렇게 야요이 시대의 일본열도는 극적이라고 할 수 있는 대변혁기를 맞이했는데, 그 변혁을 담당했던 야요이인은 과연 어떤 사람들이었을까. 실은 이 문제에 대해서는 야요이인 고인골의 발견 예가 적은 데다 출토지역도 편중되어 있고 보존상태도 양호하지 않은 것이 많아서 확실한 결론은 나오지 않은 상태이다. 그때까지의 조몬인이 대륙에서 새로운 문물과 생활양식을 도입하여 인구를 증가시킨 것이 야요이인일까, 아니면 대륙에서 대규모로 건너온 도래인들이 조몬인을 수적으로 압도하여 병탄한 것이 야요이인일까. 또는 그때까지의 조몬인과 도래인이 비슷한 비율로 혼합 융화하여 자손을 번영시킨 것일까.

현재는 다수의 도래인이 찾아와서 열도의 생활과 사회를 일변했다는 설이 일반적이며, 일본 교과서에도 그렇게 실려 있을 정도인데, 만일 그게 사실이라면 서구인이 광대한 아메리카 대륙과 호주에 입식했을 때와 같은 현상이, 대륙과 가까운 이 작은 섬나라에서 일어난 셈이 된다.

야요이 시대가 일본 역사상 손꼽히는 변혁의 시대였던 것은 분명하다. 그 시대의 변혁을 담당한 것은 쓰시마 해협과 대한해협을 건너온 문물과 도래인이었다. 그렇다면 도래문화와 도래인은 한꺼번에 일본열도에 건너와서 조몬 문화와 조몬인을 병탄한 것일까? 여기서 해협지대에 도래한 사람들에 대해 살펴보자.

야요이 시대의 인골은 지역적으로 흩어져 있어서, 양호한 상태로 발굴된 인골, 특히 북부 규슈지역의 각 유적과, 서부 주고쿠 지역의 일본해 연안에 위치한 도이가하마 유적 등에서 그 대부분이 출토되었고, 그 지역에서 출토된 인골의 대부분은 '도래계 야요이인'으로 분류할 수 있다. 그러한 지역이 해협을 사이에 두고 한반도의 코앞에 있었던 것이 주요 요인이지만, 그즈음에 춘추전국시대의 한복판에 있었던 중국의 정세가 크게 어지러워지자, 난민이나 다름없는 사람들이 한반도, 나아가서는 일본열도까지 보트피플처럼 흘러들어온 것으로 추정된다.

야요이 시대에는 이미 대한해협과 쓰시마해협을 건널 만한 기술이 있었을 테니 바다를 건너는 데 특별한 어려움은 없었을 것이다. 실제로 야요이 시대 중기의 토기에는 상당히 큰 배가 그려진 것이 있고, 구라시키(倉敷)시의 성터에서 출토된 항아리에는 100명 쯤 탈 수 있는 배가 그려져 있었을 정도이다.

조몬인과는 특징이 다른 도래계 야요이인의 뼈가 북부 규슈와 서부 주고쿠

야요이 시대 논에서 일하는 모습(복원)

봄(위)−조몬 시대에 시작한 벼농사는 야요이 시대에 본격화. 야요이 중기에는 도호쿠 지방 북부까지 논을 만들었다. 사람들은 수혈식 주거에 살며 20~30채로 집락을 형성, 공동으로 논을 경작했다. 가을(아래)−수확물은 나무절구로 탈곡해 토기로 쪄서 먹었다. 수확한 작물은 바닥이 높은 창고(오른쪽 건물)에 보관했다.

지방에서 발견된 것과, 해협을 건너는 배가 존재했던 것을 아울러 생각하면, 적어도 야요이 시대 중반까지는 한반도에서 북부 규슈, 서부 주고쿠 지방에 이르는 '바닷길' 같은 것이 형성되었을 가능성이 매우 높다.

　그렇다면 그즈음 일본에 건너온 도래인은 얼마나 되었을까? 정설은 '대량으로 일본에 찾아온 도래인이 새로운 문화와 생활양식을 일본에 침투시켜, 그때까지 살고 있었던 조몬인을 대체했다'고 본다. 대량이라면 어느 정도일까?

　조몬 시대부터 야요이 시대의 인구를 추계한 일본국립민족학박물관 명예교수인 고야마 슈조(小山修三)에 따르면, 조몬 중기에 26만 명 정도였던 일본열도의 인구는, 조몬 말기에는 약 16만 명이 되었고, 조몬 말기, 야요이 초기를 거쳐 야요이 중기에는 60만 명, 야요이 말기에는 220만 명이 된다. 이 인구증가율에 주목해 도래자의 수가 상당히 많았을 것이라는 생각을 바탕으로 제기된 것이 도쿄대학 교수 하니하라 가즈로(埴原和郎)의 '100만 명 도래설'이다. 대륙에서 도래한 인구는 선주했던 조몬인의 수를 훨씬 웃돌 만큼 많았고, 벼농사와 금속기 등 외래문화가 유입되어 단숨에 농경 중심의 야요이 문화로 변모했다고 한다.

또 규슈대학의 나카하시 다카히로(中橋孝博)는 생산성이 높은 벼농사 기술을 지닌 도래인이 농업에 적합한 북부 규슈와 서부 주고쿠 지방에 이주하여, 조몬인을 훨씬 웃도는 인구증가율로 늘어나 결과적으로 조몬인을 병탄했다고 주장했다.

이처럼 도래인이 조몬인을 대신하여 일본인의 조상인 야요이인이 되었다고 보는 설은 도래계와 조몬계를 이분하여 생각하는 것이다. 그러나 뒤에 이야기하듯이 야요이 인골은 도래계와 조몬계로 양분할 수 있을 만큼 단순하지 않다. 지역과 시기에 따라 매우 다양한 특징을 가지고 있다. 또 도래계 야요이인으로 보이는 인골은 북부 규슈와 서부 주고쿠 지방 등, 한정된 지역의 유적에서만 발견된다. 또 그 지역에서도 어느 시기에나 도래계만 있었던 것은 아니다.

해협지대가 '바닷길'이 되어 적지 않은 도래인이 일본에 찾아온 것은 의심할 여지가 없다. 그러나 그 수를 추정할 근거는 현단계에서는 부족하다고 하지 않을 수 없다.

야요이 시대의 일본열도에 살았던 사람들은 크게 나눠 '도래계'와 '조몬계'의 두 가지 계통이 있었다. 북부 규슈와 서부 주고쿠에는 도래계 야요이인이 많이 살았지만, 다른 지방에는 조몬계와 도래계의 혼혈로 보이는 사람들이 살거나, 조몬인 자체 같은 야요이인이 사는 등, 지역에 따라 다양한 '야요이인'이 있었다. 여기서는 특히 도래계 야요이인이라 불리는 사람들의 인물상을 알아보면서, 야요이인의 성립에 관한 최신 연구성과를 살펴보자.

북부 규슈 지역과 서부 주고쿠 지역에서 많이 출토된 도래계 야요이인(도래인 자체일 가능성도 있다)의 신체 특징은, 조몬인과는 얼굴 생김새가 매우 다르고

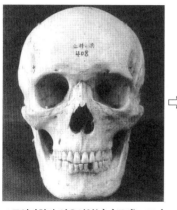

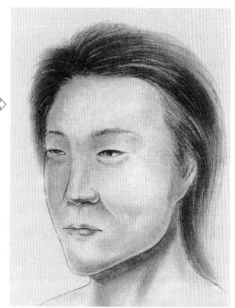

▲**도이가하마 야요이인**(야마구치) 도이가하마 유적에서 출토된 야요이 시대 두개골. 얼굴이 길고 윤곽이 희미하며 키가 큰 것이 특징.

▶**도래계 야요이인** 북부 규슈, 서부 추고쿠 지방의 해안가에서 많이 출토된 도래계 야요이인.

▶**조몬계 야요이인** 북서 규슈, 남 규슈, 남서제도에서 많이 출토된 조몬계 야요이인.

▼**오토모 야요이인**(사가) 오토모 유적에서 출토된 야요이 시대 두개골. 얼굴이 짧고 가로가 넓으며 키가 작고 윤곽이 뚜렷한 것이 특징이다.

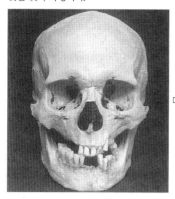

체형에도 차이가 있다.

조몬인의 얼굴에는 '코뼈'와 '아래턱뼈'가 매우 큰 두드러진 특징이 있지만, 도래계 야요이인의 얼굴에는 그런 특징은 없다. 도래계 야요이인이 코뼈는 작고 납작한 느낌이 있으며, 아래턱뼈도 조몬인처럼 억세지 않고 하관도 별로 나오지 않았다. 또 얼굴 형태도 조몬인은 세로로 짧은 편인 데 비해, 도래계 야요이인은 세로로 긴 '갸름한' 얼굴이다. 그런데도 둘 모두 얼굴의 가로폭이 비슷하기 때문에, 도래계 야요이인의 얼굴이 더욱 길어보이는 것이다.

입매에도 조몬인과는 크게 다른 특징이 있다. 조몬인의 앞니는 아래윗니 끝이 서로 딱 맞물리는 '족집개 교합'인 데 비해, 도래계 야요이인은 현대인처럼 위턱의 앞니가 아래턱의 앞니를 덮어씌우듯이 맞물리는 '가위 교합'의 비율이 높다.

눈매도 도래계 야요이인은 눈구멍이 높고 둥그스름해서 눈이 크고, 콧구멍과 코가 길며, 인중도 긴 인상을 준다. 또 조몬인은 옆에서 보면 윤곽이 뚜렷한 얼굴인 데 비해 도래계 야요이인은 미간이 낮고 눈은 움푹 들어가지 않았으며 코가 높지 않아서 전체적으로 밋밋해 보인다. 체형에서는, 도래계 야요이인은 조몬인에 비해 평균키가 성인남성의 경우 4~5cm 크고, 조몬인과는 달리 다리의 주행근이 발달하지 않았던 것 같다.

북부 규슈와 서부 주고쿠에서 출토된 도래계 야요이인은 대략 그러한 특징을 가지고 있었지만, 북서부 규슈(나가사키현 등)의 야요이인은 조몬인과 거의 구별이 가지 않거나, 남규슈(가고시마현 등)의 야요이인은 키가 매우 작고 얼굴이 조몬인과 비슷하여, 규슈 지방에도 도래계 야요이인이 전파하지 않은 지역이 있는 것으로 보인다.

최근에는 고베시의 신포(新方) 유적에서 야요이 시대 전기부터 중기에 걸친 10인분 정도의 인골이 출토되어, 야요이인의 성립에 관한 중요한 정보를 가져다주었다. 이 신포 인골은 야요이 시대가 시작되던 시기의 것으로는 긴키 지방에서 처음 출토된 사례이며, 야요이 인골이 풍부하게 출토되는 북부 규슈에서도 이 시기의 인골은 거의 발견되지 않았다. 일본 전국적으로도 매우 희귀한 발견이었다.

신포 인골은 대부분 조몬인과 거의 같은 신체 특징을 지녔다. '코뼈'와 '아래턱뼈'가 크고, 조몬인에게는 일반적인 풍습인 발치의 흔적도 보였다. 즉 북부 규슈와 함께 야요이 시대의 중심지였을 것으로 추정되는 긴키 지방에서도, 야요이 시대의 전기부터 중기까지는 도래계 야요이인이 거의 없었고, 조몬인과 닮은 야요이인이 많이 살았을 가능성이 떠올랐다.

물론 긴키 지방에서는 북부 규슈 등에 비해 야요이 인골이 출토된 예 자체가 매우 적기 때문에 많은 일을 쉽게 단정할 수는 없지만, 이 신포 유적에서의 새로운 발견에 입각한다면 '도래인 또는 도래계 야요이인이야말로 야요이 시대의 주역이고, 대륙의 문물과 기술을 일본열도에 널리 전파한 장본인'이라는 이제까지의 정설은 재검토할 필요가 있어 보인다.

야요이 시대의 유적에서 발견되는 수상인골(受傷人骨)에는 전쟁과 쟁란의 희생자로 추정되는 것뿐만 아니라, 개인 간의 '칼부림 사태'나 '살인사건'을 암시하는 수수께끼에 찬 경우도 있다. 물론 조몬 시대의 인골에도 칼부림 사태에 의해 목숨을 잃은 흔적이 있는 것이 있지만, 명백하게 무기에 의해 살해되었음을 알 수 있는 인골은 야요이 시대에 들어선 뒤 크게 늘어난다. 여기서는 그러한 야요이 시대에 일어난 칼부림 사태 중에서도 흥미로운 두 가지 사례를 소개한다.

먼저 소개하는 것은 1997년 6월, 나라현에 있는 시부(四分) 유적에서, 야요이 시대 중기 끝 무렵에 해당하는 층에서 발견된 젊은 남녀 두 사람의 유골이다. 두 사람은 널빤지만 덮은 널무덤에 함께 매장되었는데, 손을 앞으로 모으고 똑바로 누운 신전(伸展) 자세로, 머리가 서로 반대방향으로 합장되어 있었다. 두 사람의 골격 일부가 겹쳐져 있는 점에서, 이 두 사람은 동시에 사망해 매장되었음을 알 수 있었다. 그 매장 상황도 특이하지만, 두 사람의 유골에서는 심상치 않은 사건의 흔적이 많이 발견되었다.

사망 당시 두 사람의 추정 나이는 남성 25~30세, 여성은 18~25세로 '애젊은' 나이였다. 그런 젊디젊은 두 남녀의 유골에는 끔찍한 살상흔이 여럿 남아 있었다. 여성의 흉곽에는 대형 새너카이트제 돌살촉이 박혀 있어, 폐를 관통했을 가능성이 높다. 남성 쪽은 살상흔이 적어도 여섯 군데나 있는 '만신창이' 상태였다. 모두 예리한 날붙이에 의해 찔리거나 베인 흔적으로, 여성 쪽에도 같은 흔적이 몇 군데 확인되었다. 또 어느 상흔도 치유기전(뼈가 스스로 손상을 치료하고 복구하려는 작용)이 보이지 않는 점에서 사망 시에 생긴 살상흔으로 인정되었다.

이 젊은 남녀는 무엇 때문에 이러한 방식으로 동시에 처참하게 살해되어 묻혔을까. 현재로서는 상상에 의지하는 수밖에 없지만, 적어도 이러한 특이한 사건에서 야요이 시대 중기부터 후기에 걸친 불온한 세상을 읽을 수 있다.

나라현 덴리시에 있는 오사데라(長寺) 유적의 우물 유구(遺構) 바닥에서 발견된 야요이 시대 여성의 인골도 매우 흥미로운 경우이다. 이 추정 30~40세의 여성은 우물 바닥에 머리를 아래로 하여 거꾸로 처박혀, 도저히 매장되었다고 생각할 수 없는 상태로 발견되었다. 게다가 유체 상태에서, 백골 상태로 던져진 것이 아니라 연부조직이 붙어있어 살아 있는 상태로 우물에 들어갔음을

시부 유적에서 출토된 남녀 유골　야요이 시대 중기 유적, 나라 가시하라시 시부 유적에서 발견된 남녀의 합장 유골. 막 성인이 된 젊은 남녀로 움무덤에 매장했다. 두 사람의 뼈에는 찔린 상처와 베인 상처가 많았으며 여성의 흉곽에는 큰 돌화살촉이 박혀 있다.

알 수 있었다. 그것뿐이면 실수로 우물 속에 빠져 사망한 여성의 인골로 생각할 수도 있지만, 유체 상태에는 매우 이해할 수 없는 점이 있었다. 그것은 '하반신의 뼈가 전혀 없었다'는 것이다.

여성의 인골은, 두개골은 완전에 가깝지만 전체적으로는 보존상태가 그다지 좋지 않고, 뼈의 부위도 부분적으로만 남아있었는데, 모든 뼈를 모아봤더니 무슨 이유에선지 하반신의 뼈가 하나도 없었다. 상반신의 뼈는 남아 있는데 하반신의 뼈만 부패해서 분해되었다고 생각하기는 어렵고, 살아 있는 상태에서 우물에 들어간 것이 분명하기 때문에 상반신의 뼈만 선택해 던져 넣은 것

도 아니다.

그렇다면 하반신의 뼈가 전혀 발견되지 않는 이유는 하나밖에 없다. 처음부터 하반신이 없는 상태에서 우물 속에 들어간 것이다. 그러나 인골을 자세히 조사해 봐도 날붙이로 하반신을 절단한 흔적이나 동물이 물어뜯은 흔적은 발견되지 않았다. 가장 설득력이 있는 가설은 이 여성이 길가에 쓰러져 죽은 것을 동물이 하반신을 옮겼고 그 뒤 누군가가 공양을 했다는 것인데, 그렇다고 해도 왜 '우물'에 던져 넣었는가 하는 수수께끼는 남는다. 무언가 심상치 않은 사건이나 사고로 그렇게 된 것이 틀림없지만, 이제는 이 여성의 죽음에 대한 진상을 밝혀내는 것은 거의 불가능하다.

4. 고분시대의 일본열도

'고분시대'는 흙을 두둑하게 쌓아올린 커다란 분묘(고분)가 수없이 만들어진 시대를 가리킨다. 고분은 유력자의 무덤으로 보이며, 주로 약 3~7세기 무렵에 조성된 것으로 추정된다. 그 무렵 일본에서는 유력한 호족들의 연합정권인 야마토 왕권이 세력을 떨치고 있었으며, 7세기에 첫 통일국가 일본이 성립되기까지 과도기 시대로 일컬어진다. 즉 고분시대 사람들을 '국가성립 전야의 사람들'로 보는 것이다.

고분시대에는 인골이 잠들어 있는 묘지의 양상이 크게 바뀌게 된다. 규모가 크고 화려하여 사람들의 눈길을 끌게 되고, 무덤의 매장 시설과 지상 시설에도 공을 들이기 시작했다.

그 이유는 지배계급 확대와 함께 계층 분화가 진행되어, 무덤 건설에도 사회 질서가 반영되기 시작했기 때문이다. 유력자의 무덤은 권력의 상징이 되어 점점 더 장대해졌고, 그에 따라 무덤의 격차가 진행되었다.

거대한 전방후원분과 크고 작은 왕묘(王墓), 수장묘(首長墓), 호족묘, 석판을 짜 맞춰서 만드는 유력자를 위한 상자식 석관묘(石棺墓)와 서민의 것으로 추정되는 널무덤(흙구덩이를 파기만 한 무덤)까지, 다양한 무덤을 계층별로 묘역을 달리 하여 짓게 되었다.

대규모 공동묘지도 늘어났다. 특히 5세기 무렵부터 전국 각지에 출현한 횡혈묘군(橫穴墓群)은 그 크기가 어마어마하다. 횡혈묘군은 구릉지의 경사면에 높이 약 2m의 굴을 여러 개 파서 그 속에 사람을 매장하는 시설이다. 주로 유력농민들을 매장한 것으로 추정된다. 긴키 지방에서 도카이 지방에 걸쳐 볼 수 있는 횡혈묘에는 이장(移葬 ; 2차 매장)묘가 많지만, 사자를 그냥 바로 매장한 예도 드물지 않다.

보기 드문 형상을 한 무덤으로는 하니와(埴輪 ; 갖가지 인물이나 동물, 기물 등을 본떠서 만든 토기)로 만든 '하니와 관(棺)'이 있다. 이 하니와 관은 대부분 한두 개의 원통형 하니와 또는 방패형 하니와를 옆으로 눕히고, 그 속에 유체나 유골을 넣은 뒤 양끝을 하니와 조각 또는 뚜껑형 하니와로 덮은 것이다.

본디 하니와는 고분을 신성한 장소로 만들고자 세워두는 토기를 가리킨다. 일정한 기물을 본떴지만 실용성은 없는 것으로 전해지는데, 하니와 관은 사람을 매장하려는 의도로 쓰였다.

하니와 관 유적으로 유명한 것에 마이코하마(舞子浜) 유적(마이코 공원)이 있다. 1960년 마이코하마 공원의 모래언덕 속에서 하니와 관과 인골이 발견되었고, 그 뒤 아카시 해협의 대교 건설 때 실시한 조사에서 또 20기쯤의 하니와

마이코하마 유적에서 출토된 토용관　마이코하마 유적(효고 고베시)에서 출토된 고분시대의 토용관 (토용으로 만든 관). 앞쪽부터 뚜껑 모양 토용, 방패형 토용, 안쪽이 원통형 토용으로 3종류의 토용 을 사용했다. 오른쪽 사진은 토용관 내부 모습이다.

관이 출토되었다. 하니와 관에 사용된 것은 원통 하니와, 나팔꽃 하니와, 방패 형 하니와 등으로, 모두 효고현에서 가장 큰 전방후원분인 고시키즈카(五色塚) 고분에서 출토된 하니와와 같은 규격으로 제작된 것이었다. 마이코하마 유적 에 묻힌 사람들은 야마토 정권과 깊은 관련이 있었던 것으로 보이는 고시키즈 카 고분 및 그 피장자(被葬者)와 관계가 깊었던 것으로 추정된다.

　고분시대가 되자, 매장되는 인물의 계층에 따라 무덤에도 차이가 생기기 시 작한 것은 이미 말했다. 여기서는 지금까지의 발굴조사로 밝혀진, 대형고분에 매장된 유력자들의 신체특징을 소개한다.

　가장 특징적인 것은 신장이다. 대형고분의 피장자에게는 키가 큰 사람이 많 은데 170cm 가까운 사람도 있었다. 이에 비해 각지의 호족묘로 보이는 남성 피 장자의 평균키는 160cm쯤으로, 유력한 농민이 잠들어 있다고 알려진 횡혈묘 의 피장자는 그보다 키가 작다.

　참고로 그 시대의 성인남성 평균키는 158cm정도로 추측되며, 하니와 관이 나 특수매장기에 묻힌 자(특정한 직능그룹에 속하는 인물이 아닌가 추측된다) 중에

말 모양 토용과 원통 토용 효고 스미요시미야마치 유적
(약 200개의 고분이 존재할 거로 추측되는 유적)에서 출토
된 토용. 동물이나 인물 모양을 본뜬 토용은 5세기 중반
이후부터 만들기 시작했다.

는 155cm가 안 되는 성인남성
도 있었다고 한다.

명백하게 키가 큰 피장자가
잠들어 있는 대형고분은 지역
적으로는 나라현을 중심으로
한 긴키 지방에서 많이 출토되
었다.

나라현과 그 주변지역이라
면 야마타이노쿠니에서 야마
토노쿠니(倭國), 야마토 왕권,
다이카(大和) 조정이 태어나는
과정에서 일본사의 중심무대
가 되는 지역이다.

그러나 고인골이 남아 있기 어려운 지방이기 때문에 이 지역의 야요이 시대~
고분시대 사람들의 실상을 확실하게 알 수는 없다. 다만 나라현과 그 주변지역
에 있는 대형고분의 피장자들이 특이하게 키가 컸던 것은 고분의 내부와 피장
자의 인골을 조사함으로써 드러났다.

키가 큰 피장자가 출토된 긴키 지방의 분묘로는 나라현 이코마(生駒)군에 있
는 고분시대 후기의 후지노키(藤ノ木) 고분을 들 수 있다. 이 고분의 석실에서
발견된 남성 피장자 두 사람의 키는 모두 165cm가 넘는 것으로 추정된다.

나라현 아스카(明日香)의 마유미(眞弓) 구릉에 있는 마르코야마 고분과, 아스
카의 국영아스카역사공원 안에 있는 다카마쓰즈카(高松塚) 고분의 남성 피장
자도 165~167cm로 추정된다. 이 마르코야마 고분의 피장자는 황족이었을 가
능성이 높다고 하는데 현재로서는 확정된 것은 아니다.

참고로 오사카부 이바라키시와 다카쓰키(高槻)시의 경계인 아부야마(阿武山)
산기슭에 있는 아부야마 고분과, 효고현 신구히가시야마(新宮東山) 고분의 남
성 매장자의 키는 167~168cm였다.

대형고분의 피장자가 특이하게 키가 크다는 사실에서 다음과 같은 내용을

추측할 수 있다. 그것은 긴키 지방을 중심으로 중앙집권적인 서일본 대왕국(西日本大王國) 같은 정치체제가 확립되어 특권 계층이 뚜렷하게 나타나고, 그들 안에서 '혼인체제'가 생겨난 것이 아닌가 하는 것이다.

키가 큰 특권계급이 긴키 지방을 중심으로 한 지역에 집중한 반면, 다른 지역에서는 대형고분에서도 그만한 키를 가진 피장자가 발견되지 않은 사실은 무엇을 의미하는 것일까. 그것은 어쩌면 이 시대의 긴키 지방에 다른 지역에는 없는 광대한 규모의 왕권이 존재했다는 증거일지도 모른다.

고분시대 사람들과 조몬인이나 야요이인의 신체적 차이는, 대형고분의 피장자처럼 고귀한 신분에 속했던 사람일수록 더욱 뚜렷하다. 이

고분시대 무력을 자랑하는 왕의 모습 야요이 시대의 전란을 지나 마을이 모여 나라가 됐고 왕이 탄생했다. 거대한 고분은 왕을 위해 만들었고 그 안에는 호화로운 부장품을 넣었다.

를테면 대형고분의 피장자에게서는 조몬인이나 야요이인의 골격에서 볼 수 있는 굵은 뼈대와 다부진 체격을 찾아볼 없다.

그렇다면 민중묘의 매장자는 어떠할까. 조몬인과 야요이인의 단순한 연장선상에 자리매김할 수 있을까. 결론부터 말하면, 일반민중의 골격은 조몬인, 야요이인과 대형고분 피장자의 중간에 해당하는 것으로 추정된다. 튼튼한 뼈대 같은 것은 육안으로도 조몬인, 야요이인과 쉽게 구별할 수 있을 정도이다.

그럼 얼굴은 어떨까? 이쪽도 대형고분 매장자(=귀인)일수록 조몬, 야요이인과의 차이가 두드러진다. 예를 들어 앞니의 교합을 보면, 조몬인에게 일반적이었던 족집게 교합은 전체의 70%정도 보이는 등 여전히 다수파인 것은 마찬가

다카마쓰 고분 석실 안 벽화(사신이나 남녀 군상 등)로 유명한 다카마쓰 고분(나라 아스카). 석실은 가마쿠라 시대 도굴되었지만 장신구나 칼, 거울, 구슬이 출토됐다.

후지노키 고분 관 내부 나라 이코마 이카루가에 위치한 후지노키 고분의 석관 내부(서쪽, 매장된 사람의 발쪽) 석관의 길이는 2.35m 최대 폭 1.26m, 최대 높이 1.54m. 성인 남성 두 사람이 매장되어 있다.

지이지만, 민중에 비해 대형고분의 매장자에서는 그 비율이 훨씬 낮아진다(뒷날의 일본인은 가위 교합이 일반적이다).

아울러, 각전절흔(角前切痕)이라고 하는, 아래턱의 하악각(下顎角) 앞에 오목하게 패인 부분이 많이 보이게 되었다. 나아가서는 아래턱 끝이 좁고 뾰족한 사람과 사랑니가 나지 않는 사람의 비율도 높아진다.

이러한 특징들은 모두 턱뼈의 크기와 강도가 줄어든 탓이다. 그것은 이를테면 생고기를 물어뜯는 습관이 줄어들었기 때문일지도 모른다. 어릴 때 단단하고 질긴 음식을 강하게 씹는 일이 없어졌기 때문에, 잘 발달한 강인한 저작근이 연화한 것이 원인으로 생각된다. 근육과 골격의 강도는 연동하므로, 저작근의 약화와 함께 하악골이 퇴화해 작아진 것이 아닐까 한다.

각전절흔이 눈에 띄게 된 것은, 저작근의 하나인 깨물근이 약해지고 하관이 작아졌기 때문일 것이다. 따라서 아래턱뼈 전체가 소형화하고 위턱과 아래턱 앞니가 균형이 잡히지 않게 되어, 앞에 말했듯이 위턱 앞니가 아래턱 앞니를 덮어씌우듯이 맞물리는 가위

약 1700년 전 여성의 유골(모형)　효고 아사고시 무카이산 2호 고분에서 출토된 여성 유골. 40~60세. 신장은 약 150㎝이며 얼굴을 붉게 칠했다. 훌륭한 묘에 매장한 점으로 미루어 마을의 유력자였다고 생각된다.

교합이 많아졌다. 또 그와 아울러 사랑니가 자랄 수 있는 공간이 사라져서, 그 이가 형성되지 않거나 있어도 맹출하지 않는 비율이 증가한 것이다.

이렇게 아래턱뼈가 좁아지고 퇴축하는 현상에 따른 안면골의 변화는 생활 양식의 변화가 주요 원인으로 보인다. 이를테면 다음과 같은 것을 쉽게 상상할 수 있다.

오키미(大王) 계급의 귀인들은 민중처럼 짐승고기를 씹어 먹을 일은 줄어들고, 쌀 등의 곡식을 푹 끓인 죽 같은 음식을 주로 먹게 되었다. 한편, 민중 사이에는 오키미급의 식습관은 그다지 전파되지 않았다.

그러한 까닭으로 오키미 계급에 가위 교합이 많아지고, 민중계급에서는 족집게 교합이 여전히 많았던 것은 아닐까. 정리하면, 계층분화로 각 계층 간의 생활수준과 식습관이 달라졌고, 그것이 신체 특징에도 반영되었다는 것이다.

고분시대 민중의 얼굴 이야기로 다시 돌아가서, 민중 수준의 얼굴, 이를테면 횡혈묘(橫穴墓)에서 나오는 인골로 복원할 수 있는 인물상은, 대형고분이나 호족고분의 피장자와 달리 참으로 서민적인 모습이다.

그 특징을 들면, ①세로로 짧고 옆으로 넓은 짧은 얼굴이 많고, ②조몬인 만큼 얼굴 윤곽이 뚜렷하지 않고 밋밋한 인상이며 ③눈 사이가 멀고 편평하고 ④코와 입매가 오종종하며 ⑤아래턱이 두드러지지 않고 하관도 나오지 않은 것 등을 들 수 있다.

이처럼 고분시대 민중의 얼굴에는 조신함이 배어있음을 알 수 있다. 대형고분의 피장자의 얼굴이 주로 긴 듯하고 콧날이 서 있는 것과는 큰 차이이다.

5. 중세인-나라, 헤이안 시대-의 인물들

8세기 초, 율령제도가 실시되어 일본은 중앙집권적인 하나의 국가로 성립되었다. 진정한 일본 역사의 시작이다. 율령국가가 된 이후의 나라, 헤이안 시대를 역사학에서는 고대라고 부르는 경우가 많지만, 이 글에서는 신체사관 관점에서 나라, 헤이안 시대 사람들을 가마쿠라, 무로마치 시대 사람들과 합쳐서 '중세인'이라고 부르겠다.

중세인, 그중에서도 나라, 헤이안 시대의 인골 자료는 그 양이 매우 적다. 무덤은 많이 발견되었으나 인골이 남아있는 경우가 드물고, 있다 해도 가루가 된 경우가 많다. 그 이유로 뼈가 보존되기 어려운 토질인 것과 아울러, 불교 전래와 함께 시작된 화장의 영향도 있을 것이다. 화장한 뼈는 다비(불에 태운다는 뜻의 불교 용어)할 때 고열을 받기 때문에 수축과 비틀림, 균열, 와해가 일어나, 얼굴과 체형을 추측할 수 있는 정보가 부족해진다. 게다가 특히 고인골 자료가 부족한 시대이다.

따라서 나라와 헤이안 시대의 인물상에 대해서는, 이 시대와 관련이 조금 있는 고분시대 후기부터 말기, 8세기 전후의 연대로 상정되는 횡혈묘도 포함하여 소개하기로 한다.

나라, 헤이안 시대인의 가장 큰 신체특징은 키가 작다는 것이다. 성인남성은 160cm가 넘는 사람이 적고 평균키는 아마 155cm 정도일 것이다. 여성의 평균키도 작아서 145cm 정도. 어느 쪽도 일본 역사에서 키가 가장 작았던 에도 시대 사람들과 거의 비슷하다.

덴오가야 횡혈식 무덤과 출토품 6세기 끝 무렵부터 8세기 초반에 걸쳐 만든 55개의 횡혈식 무덤으로 구성된 고분군(시즈오카 슈치). 23개의 횡혈식 무덤에서 적어도 60구 이상의 유골과 유품이 출토됐다.

머리 형태에도 특징이 있다. 나라, 헤이안 시대인은 머리가 앞뒤로 긴, 이른바 '짱구머리'가 많다.

머리 형태에 대해서는 두개골의 가로지름과 앞뒤지름을 재고, 전자를 후자로 나눠 100을 곱한 값인 두개장폭지수(頭蓋長幅指數 ; 두지수頭指數)로 비교한다. 이것은 위에서 본 머리 형태를 수치화한 것으로, 숫자가 클수록 정원(正圓)에 가깝고, 작을수록 좁고 긴 타원형이 된다.

이를테면 고분시대까지는 대부분 '중두형(中頭型 ; 정원과 타원의 중간)'이고 가무쿠라 시대부터 에도 시대까지는 '장두형(좁고 긴 타원형)'이 많다. 메이지 이후부터는 점차 단두형(둥그스름한 정원형)이 되어 제2차 세계대전 뒤에는 '과단두

형'이 많아진다.

이 시대 사람들의 얼굴은 일반적으로 얼굴 폭이 넓고 길이가 짧은 '덜름하고' 둥근 얼굴이 많다.

조몬인도 폭이 넓고 길이가 짧은 얼굴이었으나, 조몬인의 경우는 아래턱뼈가 옆으로 나오고 광대뼈가 높은 '네모난' 얼굴이었다. 게다가 뼈대가 굵고 큰 얼굴, 큰 코에 큰 턱의 '억센 얼굴'을 하고 있었다. 이에 비해 나라, 헤이안 시대인의 덜름하고 둥근 얼굴은 다음에 소개할 에도 시대의 얼굴에 가깝다. 이것은 구석기시대, 야요이 시대, 고분시대 뒤에 나타나 근대까지 이어지는 원조, 전통적인 '일본인' 유형의 얼굴이라고 할 수 있다. (뒤에 나오지만 전후 현대 일본인의 얼굴과 체형은 예외적이다).

그 밖의 특징으로는 '작게 오므린 입'과 '버드렁니(치조성돌악齒槽性突顎)' 등을 들 수 있는데, 이것도 근세 에도 시대인과 공통된다.

나라, 헤이안 시대인의 특징은 에도시대는 물론이고 근대인 메이지 시대가 된 뒤에도 일본인의 뼈대에 꽤 이어졌다. 나라, 헤이안 시대인을 좁은 뜻의 '일본인', 또는 원조 일본 얼굴로 일괄하여 분류하는 이유가 여기에 있다.

헤이안 시대의 그림두루마리에 그려져 있는 사람들의 얼굴에서도 에도 시대인의 원형 같은 것을 볼 수 있다. 그것은 ①얼굴 전체가 납작하고 밋밋하다, ②눈 사이가 멀다, ③코뿌리가 납작하다, ④콧대가 약하다 등의 특징이다.

5-1. 중세 가마쿠라 시대의 인물들

가마쿠라 시대의 대표적인 고인골로는 가나가와현 가마쿠라시의 자이모쿠자 유적에서 출토된 대량의 수상(受傷) 인골이 유명하다.

자이모쿠자 유적에서는 1953년 도쿄대학이 중심이 되어 3회에 걸쳐 발굴조사가 추진되었다. 모래사장에 묻혀 있었던 덕분에 보존상태가 좋아 그 뒤에도 몇 번 발굴이 이루어졌다. 자이모쿠자 유적에서 출토된 910명분의 인골을 조사한 스즈키 히사시에 따르면 이 유적에 잠들어 있었던 사람들의 신체 특징은 다음과 같다.

①두개골이 앞뒤로 긴 장두형(長頭型)이 과반수를 차지한다, ②버드렁니 경

향이 뚜렷하다. ③앞니의 교합이 대부분 가위 교합이다, ④얼굴이 넓고 코뼈가 낮고 평탄하며, 코뿌리의 융기가 낮다 등이다. 이러한 특징들은 나라, 헤이안 시대인도 마찬가지여서 중세인의 공통적인 신체특징이라고 해도 무방할 것이다.

도쿄대학의 조사를 통해 인골 대부분에서 칼로 손상된 흔적이 확인되었다. 그 뒤 자이모쿠자 유적에서 출토된 인골은 1333년 닛타 요시나오가 가마쿠라를 공격했을 때 전사한 자들의 유골임이 밝혀졌다.

고즈케노쿠니(上野國) 닛타노쇼(新田莊, 군마현 닛타초)에서 가마쿠라 막부 토벌의 기치를 내건 닛타 요시나오는 14일 뒤에 막부를 괴멸상태로 몰아넣었다. 그때 막부의 호조군(北條軍)과 몇 차례 치열한 공방전을 벌였는데 그 가운데 하나가 자이모쿠자 유적 부근에서 벌어진 전투이다.

자이모쿠자 유적 근처에는 고쿠라쿠지 유적도 있으며, 마찬가지로 닛타 요시사다의 가마쿠라 공격 때 죽은 것으로 추정되는 병사들의 유골이 출토되었다. 인골의 총수는 약 1000구로, 그밖에 소와 말, 개의 뼈도 발견되었다(동물뼈는 자이모쿠자 유적에서도 나왔다).

이 두 유적에서 출토된 인골은 나이 구성이나 신체 특징에 유사점이 많았는데, 무엇보다 무기에 의한 끔찍한 수상흔(受傷痕)이 공통적이었다. 저마다의 인골을 비교함으로써 밝혀진 그즈음의 다양한 일들에 대해 스즈키 히사시의 연구결과를 토대로 이야기해 보겠다.

먼저 자이모쿠자 유적에서는 사후 얼마 안 되어 매장된 것부터 백골이 된 뒤에 매장된 것까지 다양한 단계의 인골을 볼 수 있었다. 이에 비해 고쿠라쿠지 유적의 인골은 모두 백골이 된 뒤에 매장된 것으로, 어떤 것은 두개골이 무너진 것도 있었다.

같은 시기에 있었던 전투인데도 두 유적에서 시체를 매장할 때의 상태에 차이가 있는 것을 보면, 자이모쿠자와 고쿠라쿠지에서 전사자를 처리하고 매장하는 시기가 조금 달랐던 것으로 생각된다.

남겨진 인골의 상태로 보아 자이모쿠자의 시체가 먼저 처리됐다고 추정할 수 있다. 모든 시체를 매장하는 데 한 달 넘게 걸렸다고 보면, 그 사이에 부패가 진행되어 백골화하는 시체도 나오리라는 것은 쉽게 상상할 수 있다. 또 고쿠라쿠지의 매장은 자이모쿠자의 매장이 꽤 진행된 뒤에 시작되었을 것이다. 시기적으로 부패가 진행되기 쉬운 여름이었기 때문에 고쿠라쿠지의 인골은 모두 백골이 된 뒤에 매장된 것이다.

또 하나, 고쿠라쿠지 유적과 자이모쿠자 유적에서 저마다 나온 인골의 큰 차이는 소창의 유무이다. 소창이란, 두개골 등에서 피부를 벗겨낸 것으로 추측되는 상처를 말한다. 칼끝을 두개골 표면에 비스듬하게 세워 조금씩 벗겨나갔을 때에 생기는 상처이다.

피부를 벗겨낸 이유는, 잔학행위나 인상을 바꾸려는 목적 말고도, 미신을 믿어서 벗겨낸 피부를 병을 치료하는 약으로 사용했다고 추정된다. 악질(惡疾)을 없애기 위해 인육이 사용된 것은 《곤자쿠 이야기(今昔物語)》의 '단바노카미 다이라노 사다모리(丹波守平貞盛), 아기 간을 꺼낸 이야기' 속에 악성 '종기'에 남자 태아의 간이 효력이 있다는 미신이 있다고 기록되어 있다.

자이모쿠자의 피장자에게서만 이 소창을 볼 수 있는데, 그것은 자이모쿠자의 시체가 고구라쿠지보다 빨리 처리된 것과 관계가 있다고 한다.

고쿠라쿠지 전투는, 역사적 사실에 따르면 음력 5월 18일부터 20일까지 전개되었다. 그동안 인근의 주민들은 병자를 포함해 전투를 피해 안전한 곳에 숨어 있었을 것이고, 전사자의 시체는 전투가 끝난 시점에 이미 3~5일 동안 고온의 야외에 노출되어 있었을 것이다. 당연히 시체는 부패하기 시작했고 부패하면 약용이 될 수 없다. 따라서 약으로 쓸 인육이 필요한 환자가 있으면, 먼저 부패하기 전의 시체가 많은 자이모쿠자로 달려갔을 것이고, 실제로 시체의 50% 이상에서 피부박리가 있었던 것으로 보아 필요량을 거의 확보했다고 생각해도 무방할 것이다.

따라서 고쿠라쿠지 유적의 인골에서 소창이 전혀 보이지 않는 것은, 가마쿠라 공격이 끝났을 때는 고쿠라쿠지 주변의 시체는 이미 부패해 사용할 수 없었다는 근거가 된다. 이것은 앞에 말한 고쿠라쿠지의 전사자 처리가 자이모쿠자보다 적어도 한 달 이상 늦었다는 사실의 증거이기도 하다.

고쿠라쿠지 유적에서는 이마에 화살을 맞은 닛타군 병사의 인골이 출토되

자이모쿠자 유적에서 발견된 집적묘 1956년 제3차 조사에서 출토된 집적묘. 여기서 209개의 두개골이 출토됐다. 유골 대부분은 칼에 맞은 상처가 있으며 닛타 요시사다가 가마쿠라를 공격할 때의 사망자라는 사실이 드러났다. 왼쪽 아래에는 말뼈도 보인다.

었다. 그 인골은 장년의 남성으로 추정되며, 화살이 이마를 관통하여 머리 뒤로 화살끝이 나온 상태로 발견되었다.

이 병사가 목숨을 잃은 것은 닛타군과 호조군 양쪽의 대장이 모두 전사할 만큼 치열했던 고쿠라쿠지자카(極樂寺坂) 전투였다. 이 전투에서 이나무라가사키(稲村崎)가 내려다보이는 료젠 꼭대기에 진을 치고 있었던 호조군의 일부는, 가마쿠라에 들어가려 하는 닛타군을 위에서 화살로 공격했다. 이마에 화살이 관통한 닛타군 병사는 그때의 희생자로 생각할 수 있다.

후두골에는 전체길이 75mm, 지름 5mm의 못 모양을 한 녹슨 쇳조각이 L자로 구부러진 형태로 찔려 있었다. 3분의 1은 두개골 안에 있고, 뾰족한 끝은 앞 위쪽을 향하고 있었다. 나머지 3분의 2는 굵기 약 8mm, 후두골 표면에서 직각으로 구부러져 비스듬하게 오른쪽 위를 향하고 있었다고 한다.

이 쇳조각의 모양에서 두개골 안에 있는 부분은 화살촉의 일부로 보인다.

그리고 스즈키 히사시는 다음과 같이 추정했다.

이 병사는 다른 병사들과 함께 가마쿠라를 향해 나아가고 있었다. 그런데 갑자기 앞쪽의 높은 곳에서 강력한 힘으로 발사된 화살이 머리 쪽으로 날아왔다. 병사의 이마에 명중한 화살은 전두골을 꿰뚫었고, 그때 뒤로 넘어지면서 후두부로 튀어나온 화살촉이 지면에 닿아 직각으로 구부러졌다. 물론 즉사였다.

고쿠라쿠지의 이 화살을 맞은 인골은 그때의 전투가 얼마나 치열했는지 보여주는 귀중한 증인이라고 할 수 있다.

5-2. 중세 전국시대의 인물들

전국시대인의 인골 유적으로, 누마즈시 해안에 있는 '누마즈 센본마쓰바라 머리무덤'이 있다. 그 발굴조사는 도쿄대학의 다나베 요시카즈(田辺義一)와, 스즈키 히사시를 중심으로 실시되었다. 그 연구 결과를 바탕으로 전국시대인의 인물상을 알아보자.

센본마쓰바라 머리무덤은 센본마쓰바라 북쪽에 있는 센본 공원 안에 있다. 현지의 전승에는 센본하마(센본마쓰바라가 있는 해안)에서 다케다 신겐의 아들 가쓰요리와 호조 우지마사의 아들 우지나오 사이에 치열한 전투가 벌여졌고, 그때 전사한 장병의 머리를 모아 이 해안에 무덤을 조성했다고 한다.

그 전투에 대한 것은 《호조 오대기(北條五代記)》에 기록이 남아 있다. 호조군은 대형 군선을 이용하여, 해안에 진을 친 다케다군을 포격했고, 다케다군은 해안에 참호를 파고 소총으로 반격을 시도했다고 한다.

조사 결과, 머리무덤에 매장된 수는 적어도 105구라고 하는데, 처음에는 그 두 배, 즉 200구나 되는 시체가 묻혀 있었던 것으로 추정된다. 인골의 수가 줄어든 이유는, 매장된 이후 400년이 넘도록 물결에 시달린 것과, 메이지 시대에 현지 선주(船主)들의 개장(改葬)으로 말미암아 많이 사라졌기 때문으로 보인다.

출토된 인골의 대부분은 남녀 모두 극단적인 장두형으로, 반 이상이 현대인에 비해 후두골이 원추형으로 뒤로 튀어나와 있었다.

안면은 각지고 납작하며 큰 얼굴임이 밝혀졌다. 센본마쓰바라의 인골도 중

시즈오카 누마즈시 해안에 있는 경승지 소나무 숲이 펼쳐져 있으며 여름에는 많은 해수욕객이 방문한다. 누마즈 센본마쓰하라 머리무덤은 소나무 숲 북쪽에 있는 센본공원 한쪽에 있는데 처음부터 그곳에 있었던 것은 아니다. 메이지 시대에 유골을 다시 매장하고 비석을 세웠다고 한다.

세인다운 머리형과 얼굴형이었다고 한다.

센본마쓰바라의 인골 중에는 매독으로 뼈가 녹은 것이 한 건 있었다. 매독이 일본에 처음 들어온 것은 1512년으로 추정되므로, 머리무덤인의 연대는 무로마치 시대 중기 이전은 아닐 것이다. 따라서 아마도 16세기 이후라고 짐작할 수 있다.

두개골의 형질이나 질환력에서 봐도, 센본마쓰바라의 머리무덤은 무로마치 시대 중기부터 전국시대에 걸친 전투, 그것도 총포전에서 전사한 병사들이 잠들어 있던 곳으로 봐도 무방할 것이다.

발견된 유골의 3분의 2는 남성, 3분의 1은 여성으로 밝혀졌다. 그들은 주로 성년이고 일부는 장년이었으나 노년과 유소년은 전혀 발견되지 않았다. 따라서 그 전투에 연소자나 노인은 참가하지 않았음을 알 수 있다.

전사자의 두개골에는 총탄에 뚫린 것으로 보이는 크고 작은 구멍이 있었는데, 덴쇼 8년 다케다와 호조 씨가 센본하마(千本浜)의 육지와 바다에서 벌인 싸움에 사용된 총과 활에 의한 것으로 추정된다.

센본하마의 머리무덤에서 나온 어떤 유체에는 두피가 벗겨져 있었다. 닛타 요시사다의 가마쿠라 공격 때도 악성 질병을 치료할 목적으로 똑같은 행위를 성별과 나이에 상관없이 자행한 것으로 추정되는데, 센본마쓰바라의 머리무덤에도 이 추론을 적용할 수 있지 않을까.

외눈박이용이라는 별명을 가진 센다이의 초대 번주 다테 마사무네(伊達政宗)의 유골에서도 중세 전국인의 인물상을 상상할 수 있다. 다테 마사무네의 인골은 센다이 시내의 교가미네(經ヶ峰)에 있는 묘소 즈이호덴(瑞鳳殿)에 잠들어 있었는데, 1974년, 도호쿠(東北)대학의 이토 노부오를 단장으로 발굴조사가 실시되었다. 유골 조사는 도호쿠대학의 하야마 스기오, 도쿄대학의 스즈키 히사시가 진행했다. 이쪽도 스즈키 히사시의 연구결과를 바탕으로 소개하겠다.

조사 결과, 마사무네의 키는 159.4cm로 추정되었고, 이는 무로마치 시대 말(전국시대)부터 에도 시대 초기의 일본인으로서는 평균 또는 조금 크다고 할 수 있다. 머리형은 현대인의 눈에는 매우 이질적인 장두형인 것을 알 수 있는데, 누마즈의 센본마쓰바라 등, 중세의 전사자들이 묻힌 머리무덤의 두개골이 조금 장두형이라 마사무네가 틀림없는 중세인임을 말해준다.

이마와 이어지는 미간과 눈썹 선이 높이 올라간 것은 남성으로서는 매우 연약해 보이고, 얼굴도 갸름하고 콧날이 오뚝하여 상당한 미남으로 추정되며, 복원 용모상도 그렇게 만들어졌다.

코폭은 서민과 비슷하지만 높이가 매우 높고 코뿌리도 일반서민에 비해 높았다고 한다. 이것은 에도 시대의 도쿠가와 가의 역대 쇼군과 그 가족 등, 높은 계층에 속한 사람들에게 공통되는 특징으로 알려져 있다. 윗니는 좌우 송곳니를 제외하고 모두 빠져 있었다. 아랫니는 오른쪽 송곳니와 가쪽앞니의 얇은 이틀이 남아 있을 뿐이었다.

아래턱뼈 중앙의 융기는 잘 발달해 있고 남성에게서 흔히 볼 수 있는 각진 턱이었다.

또 각전절흔(아래턱 앞에 오목하게 패인 부분)은 그 무렵의 서민에게는 볼 수 없을 정도로 깊어서 거의 현대인과 비슷한 깊이였다. 하악지(下顎枝 ; 아래턱뼈에서 양쪽 옆에 수직으로 뻗은 부분)는 높이에 비해 폭이 넓고 거의 정삼각형인데, 이것은 측두근 등의 저작근이 잘 발달한 것을 말해준다.

종아리뼈(정강이뼈와 함께 하퇴골을 형성하는 가늘고 긴 뼈)가 아주 크며, 모든 근육이 잘 발달했고 충분히 단련된 신체였던 것으로 추정된다. 전란기의 무장으로서 반생을 싸움터에서 보낸 마사무네의 생애에 어울리는 신체 특징이라고 할 수 있다.

또 주목할 만한 것은 왼쪽 종아리뼈의 골절이다. 이 뼈 하단부터 위쪽으로 5~8cm 사이가 방추상으로 두꺼워져 있었다. X선 검사에서는 단발성 사골절(斜骨折)로 진단되었다. 어쩌면 청년기에 낙마나 그 밖의 원인으로 종아리뼈가 부러졌고, 환부의 아래위로 10도쯤 어긋난 채 치료되었을 거라

다케다 가쓰요리 동상(야마토 역앞) 가이의 전국시대 다이묘로 가이 다케다 가문의 제20대 당주. 오다 노부나가가 고슈를 정벌하면서 패배하고 장남 노부카쓰와 함께 덴모쿠산(현재 야마나시 고슈시에 있는 계곡)에서 자결했다.

호조 우지나오 초상화 사가미의 전국시대 다이묘로 후 호조 가문의 제5대 당주. 도요토미 히데요시의 오다와라 공격에서 패배하고 그 뒤 고야산에서 근신 생활을 했다.

다테 마사무네 사당과 즈이호덴 70세에 세상을 떠난 다테 마사무네의 유언에 따라 미야기 센다이시 기요가미네에 세운 사당. 1931년에 전화로 소실, 지금 건물은 1979년에 재건했다. 위는 즈이호덴 앞쪽의 열반문. 아래가 사당의 즈이호덴.

는 결론이 났다.

기록에 따르면, 마사무네는 1589년 2월 26일 스물세 살 때, 센다이 이와데야마(岩出山)성으로 이봉(移封) 될 때까지 거성이었던 야마가타현 요네자와시에서 말을 타다 떨어져서 다리뼈가 부러져, 오노가와(小野川) 온천에서 한 달쯤 탕치했다고 되어 있는데, 아마 그때 다친 것으로 추정된다.

한편 외눈박이용이라고 불린 마사무네는 한쪽 눈의 시력을 잃은 것으로 전해지는데, 유골에서는 이상이 발견되지 않았다. 좌우 안와의 어디에도 병적인 손상을 찾아볼 수 없었다.

그러나 많은 문헌에 마사무네의 한쪽 눈이 보이지 않았다고 기록되어 있는 것으로 보아 단순한 전설은 아닌 듯하다.

마사무네는 외이구(外耳口)의 모양이 거의 원형이었는데, 외이도 입구에 잘 발달된 '외이도 골종'이 보였다. 외이도 골종이 일본에서 최초로 인정된 것은 1024년의 미야기현 호소우라(細浦) 패총 인골로, 이어서 같은 현의 오보라(大洞) 패총, 이와테현 리쿠젠타카타(陸前高田)시의 몬젠(門前) 패총에서도 발견되었다. 그에 따라 오후나토(大船渡)만 주변에서 출현율이 높은 것으로 추정된다.

그런 한편, 간토 지방의 패총인골에는 외이도 골종이 거의 발견되지 않았다.

그러나 아이치현의 아쓰미(渥美) 반도 부근의 패총유적에서는 높은 확률로 발견되었다.

이처럼 외이도 골종은 아무래도 유전성이 높고 지역성과 시대성이 있는 이상형질(異常形質)로 보인다.

스즈키 히사시는 일반적으로 출현율이 낮은 이 골종이 다테 마사무네의 두개골에 나타난 것은 주목할 만한 일이며, 마사무네의 몸 안에는 간토 지방보다도 도호쿠 지방의 피가 짙게 흐르고 있어 마사무네는 심신 모두 도호쿠인이 된 무장으로 봐도 무방할 것이라고 결론지었다.

다테 마사무네(복원상) 즈이호덴 자료관. 유골에서 알아낸 정보를 바탕으로 갸름한 얼굴에 콧날이 오뚝한 귀족에게 흔히 보이는 얼굴 형질로 복원했다.

5-3. 근세 에도 시대의 인물들

근세의 에도 시대인은 발견된 고인골이 많다. 보존상태가 좋은 인골이 많아서 에도 시대인의 신체특징에 대해서는 참으로 많은 사실이 밝혀져 있다.

에도 시대는 도쿠가와 막부의 무가정치가 무르익어 전쟁이 없는 평화로운 시대였다. 일본의 인구가 늘어나 에도 시내의 인구는 100만 명을 넘어섰다. 전국 인구도 약 2천~3천 만 명 규모로 확대되고 에도, 오사카, 교토, 사카이를 중심으로 도시화가 진행되어 도시부의 인구 집중이 두드러졌다. 인구 증가는 여기서 일단 안정되어 메이지 시대까지 유지된다.

인골은 도시부에서 많이 발견되었다. 여기서는 교토시 매장문화재연구소가 대규모 발굴조사를 하고 교토대학이 중심이 되어 분석한 '후시미 인골'을 중심으로, 에도 시대 서민의 신체특징을 살펴보자. 후시미 인골이란 교토시 후시미

구에 있는 에도시대 폐사(廢寺)의 묘지에서 출토된 방대한 수의 인골 자료를 가리킨다.

에도 시대 성인의 평균키는 남성 158cm, 여성 144cm 정도로 추정된다. 이 숫자는 생전의 키와 상관이 깊은 넓적다리뼈와 정강이뼈의 길이를 재고, 일본인용 신장 추정식(身長推定式)을 적용해 구한 개개인의 추정키를 평균한 값이다. 동시에 계산한 표준편차를 고려하면, 에도 시대에 교토에서 생활한 남성의 9 할은 키 149~166cm 정도, 여성은 136~152cm 정도였다. 오늘날로 치면 중학생 만한, 매우 작은 키이다. 다른 에도 시대인골 연구에서도 같은 수치가 나왔다. 즉 에도 시대 사람들은 일본인 역사에서도 기록적으로 키가 작았던 셈이다.

그런데 이렇게 키는 작은 데 비해 두개골은 안면부나 두부는 모두 현대인보다 큰 경향이 있었다. 얼굴은 납작하면서 넓고, 머리는 앞뒤로 길고 폭이 좁다. 말하자면 큰 얼굴에 크고 긴 머리통, 덜름하고 동그란 얼굴이 많았다.

한편, 후시미 인골의 얼굴형에서는 개성을 엿볼 수 있다. 소수이기는 하지만 아래위로 긴 얼굴뼈도 출토되었는데, 다수를 차지하는 '서민 얼굴'과는 차이가 크다. 이 얼굴형의 차이에 대해서는 가쓰시카 호쿠사이(葛飾北齋) 같은 그 무렵의 화가가 그린 인물화에서도 알아볼 수 있다. 발굴된 후시미 인골 중에는 고승(高僧)이나 귀족의 피를 이은 사람, 또는 오늘날의 연예인에 해당하는 사람의 뼈가 있었을지도 모른다.

또 후시미 인골의 어느 뼈나 모두 아래위 앞니가 버드렁니이고, 뒷머리가 튀어나온 짱구머리(현대 일본인은 대부분 반대로 납작머리이다)이며, 키가 작다는 공통점이 있었다.

키가 작기 때문에 팔다리의 긴뼈가 아무래도 짧을 수밖에 없다. 특히 넓적다리뼈와 위팔뼈보다 종아리, 아래팔뼈, 그리고 발등과 손등의 발허리뼈와 손허리뼈가 더 두드러진다. 즉 팔다리 모두 끝으로 갈수록 상대적으로 짧은, 허리가 길고 다리가 짧은 체형이다.

게다가 체중의 추정치가 놀랄 만큼 높아, 현대인이 매우 관심이 높은 체질량지수(BMI)를 계산하면 모두 위험수준인 25.0이 넘는다. 즉 에도 시대는 땅딸한 사람이 많았거나, 아니면 체중이 과도하게 추정된 사람이 많았을지도 모른다.

에도 시대인은 6등신이 될까 말까한 몸매가 평균적이었던 것 같다. 어쨌든 에도 시대인은 얼굴과 체형 모두 이른 바 '일본인'의 전형 같았다.

인골 조사에서 에도 시대인이 충치와 매독에 시달렸고 척추골의 노년성 가령변화가 두드러졌음이 밝혀졌다.

먼저 인골의 치아에서 읽을 수 있었던 것은, 충치와 치주병(치조농루), 치수염(齒髓炎) 같은 치과질환을 앓은 사람이 많았다는 것. 요즘처럼 이를 닦는 습관은 없고 술이 달린 이쑤시개로 닦는 정도였기 때문에 치석이 쌓인 자도 많았다. 가장 특징적이었던 것은 충치의 확률이 무척 높다는 것. 조사 대상이 된 천 개가 넘는 이의 약 3할에서

에도 시대의 배우 그림 도슈사이 샤라쿠가 그린 가부키 배우 3대 오타니 오니지의 에도베. 긴 얼굴과 오똑한 콧날을 가진 배우 얼굴이다.

충치 흔적이 발견되었다. 현대인에 비하면 훨씬 높은 비율이다.

에도, 오사카, 사카이, 교토 같은 에도 시대의 도시에서는 설탕 소비량이 유난히 늘어나 시민들 사이에서도 기호품으로 정착했다. 또 식량사정이 좋아져서 일반적으로 이의 마모가 적었던 것과도 관련이 있을 것이다.

후시미 인골에서 감별진단된 질병 중에는 매독도 있었다.

매독은, 뼈에서는 정강이뼈에서 원발하여 사지뼈의 대부분, 그리고 두개골에까지 미친다. 사지뼈에서는 특유한 골변화(골수염)를 불러와, 특히 뼈대 부분이 팽창한 것처럼 되어버린다. 두개골에서는 파괴적 병변(매종苺腫)을 나타낸다. 이것은 제3기 매독, 병세가 악화하면 보이는 증상이다.

지금은 성병의 대명사처럼 여겨지는 매독이지만, 에도 시대에는 성적인 접촉만으로 감염하는 질병이었는지에 대해서는 의문스러운 부분도 있다. 본디 매독은 아메리카 대륙의 풍토병이었는데, 콜럼버스 시대에 서구에 전파되어 눈

깜짝할 사이에 인도와 아시아로 확대되었다는 설이 유력하다.

그 뒤 중국에서 일본으로 들어온 매독은 1511년 교토와 오사카 지방에서 크게 유행해 이듬해에는 에도에서도 맹위를 떨친 듯하다.

그 뒤 에도에서는 흔한 질병이 되어 번화가를 중심으로 창병(瘡病)이라 불리게 되었다. 실제로 옛 에도 주변에서 출토된 인골에서는 매우 많은 사례가 보고됐다. 많은 문서와 기록에서도 홍역, 인플루엔자, 결핵, 콜레라 등과 함께 매독이 유행한 것을 엿볼 수 있다.

후시미 인골에서 발견된 매독 흔적이 있는 뼈는 특히 중노년(40~60세)에 사망한 남성의 것이 많았다. 발병 자체는 젊은 시절에 시작되어 서서히 진행되다가 대부분 장년 무렵에 사망한 것으로 추정된다. 후시미 인골에서는 중증이든 경증이든 상관없이 검사가 가능했던 성인뼈 56인분 가운데 무려 19인분의 뼈에서 매독 병변이 확인되었다. 남성만 보면 36명 가운데 17명이나 되었다. 그에 비해 여성은 20명 가운데 2명뿐. 그것도 경미한 병상이었다. 이 뚜렷한 남녀 차는 무엇을 이야기하는 것일까.

그것은 감염될 기회와 조건의 과다(夥多)에 따른 것으로 생각된다. 즉 남성은 문란한 성 접촉으로 감염될 기회가 많았던 것이 아닐까 한다. 어쨌든 당시의 남녀 풍속행동의 차이를 조사하는 데는 참으로 흥미로운 결과라 하겠다.

네덜란드의 군의(軍醫)로 1857년부터 1862년까지 나가사키에 체류했던 폼페는 《일본 체류 견문기》에서 '아름다운 나라 일본. 그러나 국민 전체가 무서운 질병, 매독의 만연에 시달리고 있다'는 취지의 글을 썼다.

그러한 점에서도 그즈음의 매독은 국민병적인 양상을 띠고 있었고, 특히 도시부에서는 맹위를 떨쳤음을 알 수 있다.

에도 시대인의 특징적인 경향으로는 ①유유아(乳幼兒)의 사망률이 14%로 높음, ②80세 이상의 고령까지 장수하는 사람도 많지 않음, ③여성은 20세부터 40대에서 사망률이 높음, ④남성은 40세부터 50대에서 사망률이 높음, ⑤여성보다 남성이 오래 사는 경향이 있었음, ⑥평균수명이 40세 정도였음 등을 들수 있다.

유유아의 사망률은 사실 인간이라는 동물의 원래 모습에 가깝다고 할 수 있다. 근대까지의 일본에서는 미성년자 사망률이 전체의 반에 가까웠고, 그 가운데 반이 유유아였던 것 같다. 사실은 현대의 유유아 사망률이 극단적으로 낮은 것이다. 이것은 오로지 의학의 발달 덕분이다.

수명은 여성의 경우, 장년 무렵에 사망률이 정점에 이르렀는데, 그것은 임신과 출산에 의한 위기 때문이다. 현대 의학기술이 발달하기 전, 여성들에게는 임신과 출산에 의한 막중한 시련이

〈간세이의 세 미인〉 기타가와 우타마로 그림. 에도 시대 서민의 또 다른 유형으로 얼굴이 길고 코가 솟은 현대적인 얼굴.

뒤따랐다. 그것은 '죽음 바로 옆에서 목숨을 거는 삶의 영위'이고 '목숨이 오가는 의례'였다. 남성의 사망률은 앞에 이야기한 매독의 영향이 컸을 것이다.

'인생 40년'이라고 하지만 누구나 40세 전후에 사망한 것은 아니다. 어린 나이에 죽는 사람이 많아서 평균 나이가 내려갔을 뿐이고 나름대로 장수하는 사람도 있었다. 실제로 에도 시대의 주민의 경우, 55세가 된 사람의 평균여명은 15년. 즉 70세 정도의 수명이었다고 한다.

에도 시대 교토 주민의 일생에는 그들이 통과했거나 통과하지 못한 '인생의 전환점'이 있었다. 어쨌든 생명의 갈림길이 세 가지 정도 있었던 것 같다. 첫 번째는 유유아기, 다섯 살 정도까지는 유행성감기와 홍역에 희생되는 자가 많았다. '어린 생명의 손실'이었다. 3세, 5세, 7세를 무사히 맞이하는 것은 경사스러운 일이었다. 그래서 '시치고상(七五三)'이라 부르면서 축하했다. 그 다음은 20~40세의 여성, 출산 위기에 의한 것이고 마지막이 40~50세 무렵의 남성이다.

5-4. 도쿠가와 쇼군 집안 전형적인 귀족형

대형 분묘에 매장된 고분시대의 귀인과 마찬가지로, 에도 시대의 특권계급에 속한 도쿠가와 집안 사람들에게도 특유의 신체형질이 있었다. 1958년, 도쿠가와 종가 제17대 당주의 허락을 얻어, 도쿠가와 쇼군 가의 보리사인 조죠지(增上寺 ; 도쿄 시바)에서 쇼군묘 발굴조사가 시작되었다. 일본 문화재보호위원회를 중심으로 각 분야의 전문가가 종합적인 학술조사를 실시했다.

유골 조사를 담당한 것은 도쿄대학으로 그 연구결과를 바탕으로 역대 쇼군의 모습을 살펴보면 다음과 같다.

역대 도쿠가와 쇼군들의 얼굴과 체격을 조사해 보면 거기에 몇 가지 공통점이 있음을 알 수 있다. 그것은 쇼군과 그 일족, 그리고 다이묘 가에도 공통적인 특징으로 일종의 '귀족적 형질'이라고 할 수 있다.

먼저 두개골은 그즈음 서민이나 현대 일본인의 평균보다 크고 뇌의 용량도 크다. 그중에서도 가장 큰 제12대 쇼군 이에요시(家慶)는 뇌용량이 1820cc나 되어 서민의 최고치에 해당했다.

한편으로 키는 작아서 가장 큰 제6대 쇼군 이에노부(家宣)조차 160.6cm밖에 안 되는 것으로 추정되며, 다른 사람은 에도 시대 서민남성의 평균인 157.1cm보다 대체로 작은데, 그중에서도 가장 작은 쇼군은 제12대 쇼군 이에요시로 154.4cm로 추정되었다. 이 사실에서 이에요시는 키는 작고 머리는 큰 특이한 체형이었던 것으로 보인다. 쇼군들에게 공통적인 큰 머리는 머리의 길이와 폭이 서민보다 큰 것에 따른다. 그리고 머리 폭의 증대가 머리 길이의 증대보다 커서, 쇼군의 두개장폭지수(頭蓋長幅指數 ; 이마·뒤통수의 길이와 귀와 귀 사이의 길이 비율을 나타내는 지수)는 모두 서민의 평균보다 크며, 특히 이 경향은 이에요시에게서 가장 두드러져 전형적인 단두형(短頭型)을 보여준다.

쇼군을 귀족으로서 가장 강하게 특징짓는 것은 특이한 안면의 형질이다. 모든 쇼군의 안고(顔高)는 에도 시대의 서민과 비교해 매우 높고(얼굴이 길다), 제9대 이에시게(家重)를 제외하면 후대 쇼군으로 갈수록 높아지는 경향이 있다. 제12대, 제14대 쇼군은 그 무렵의 서민뿐만 아니라 현대 일본인에서도 예를 보기 힘든 높이이다.

도쿠가와의 보리사인 조죠지 에도 시대 도쿠가와 쇼군 집안의 보리사인 조죠지는 수도승이 3천명이 넘는 애도의 대사원이었다. 에도 시대 경내는 25만 평이었다.

이에 비해 얼굴의 폭은 후기 쇼군으로 갈수록 서민에 비해 두드러지게 좁아진다.

요컨대 모든 쇼군의 얼굴은 서민들에게는 거의 볼 수 없을 정도로 폭이 좁고 긴 얼굴이었다. 그중에서 제3대 이에미쓰(家光)의 셋째아들 쓰나시게(鋼重)가 가장 그 경향이 약하고, 가장 후대인 제12대와 제14대 쇼군이 최고였다.

안와가 큰 것도 역대 쇼군의 특징이다. 안와 입구의 면적(안와폭×안와고)이 서민보다 두드러지게 넓어서 쇼군은 일반 서민보다 눈이 컸을 것으로 추정된다. 이 눈의 특징 때문에 역대 쇼군의 얼굴은 대부분 이지적인 분위기를 자아내는, 이른바 귀족 얼굴이었다고 생각된다.

쇼군의 코는 얼굴 높이에 비례해 높고 코의 폭에 비해서도 뚜렷하게 높기 때문에 서민과 달리 심한 협비형(狹鼻型)이다. 또 좌우 안와 사이를 차지하는 비근부(鼻根部)는 후대 쇼군일수록 서민에 비해 폭이 좁고 높이 솟아 있으며 낮은 사람은 찾아볼 수가 없다. 이것은 쇼군뿐만 아니라 에도 시대 특권계급에 공통되는 특징의 하나이다.

　턱은 위턱, 아래턱 모두 서민보다 작아서, 아래 턱끝이 서민에게서는 볼 수 없을 만큼 유난히 튀어나와 있었다.

　마지막으로 모든 쇼군의 치아를 특징짓는 것으로서, 치아머리의 마모가 거의 없다는 점을 들 수 있다. 이를테면 제12대 쇼군 이에요시는 61세에 사망했는데 에나멜질의 마모는 거의 없고, 모든 치아도드리가 청년시절 상태 그대로 보존되어 있었을 뿐만 아니라 표면에는 보석처럼 아름다운 광택이 있었다.

　이것은 쇼군의 일상적인 식생활이 매우 특수한 것으로, 정선되어 거의 씹을 필요가 없을 정도로 부드러운 음식을 섭취했던 것의 결과로 추측된다.

　도쿠가와 막부의 역사 속에서 쇼군들은 후기로 갈수록 독특한 형질을 지니게 되었다. 이것은 사회의 계층화에 따른 의식주 등의 생활환경이 신체특징에 반영된 증거라고 할 수 있다.

　앞에서는 역대 도쿠가와 쇼군들에게 공통되는 신체 특징을 그 핵심만 추출해 보았다.

　여기서는 개개의 쇼군과 도쿠가와 가 사람들에게 초점을 맞춰, 저마다의 특기할 만한 성질과 신체 특징을 소개하겠다.

　먼저 제2대 쇼군 히데타다를 살펴보면, 매장된 시기가 오래되어서인지 유골의 보존상태는 매우 나빴지만, 사지의 뼈를 보면 키는 158cm 정도로 그 무렵의 남성 평균임이 밝혀졌다.

　또 넓적다리뼈와 정강이뼈, 그리고 사지뼈 근부착부의 성상에서 판단하건대 근육이 잘 발달되어 있어 전국시대의 무장으로서 단련된 육체를 지니고 있었던 것으로 보인다. 이것은 훗날의 쇼군과 비교해도 뚜렷한 차이였다.

　제3대 쇼군 이에미쓰의 셋째아들이자 6대 쇼군 이에노부의 아버지인 쓰나시게. 키는 160.1cm로 그즈음의 평균(157.1cm)보다 조금 컸지만, 흉곽에 접하는 견갑골이 구부러진 것을 보면 그때나 지금이나 예를 볼 수 없을 정도로 심한 새우등으로 추정된다.

　얼굴은 에도 주민에 비해 무척 길고(다른 쇼군보다는 짧다) 얼굴 폭이 넓은 '큰 얼굴'이었다. 코는 매우 높고 약간 메부리코였던 것 같다. 앞니가 많이 나오고 아래턱은 들어간 느낌인 특징적인 입매를 가졌다.

제6대 쇼군 이에노부의 키는 아버지와 같은 160cm 정도였다. 유전인지 아버지처럼 상당한 새우등이었던 것으로 보인다. 얼굴은 아버지보다 갸름하며 현대인에 비해서도 꽤 갸름한 얼굴이었다.

이에 대해서도 흥미로운 사실이 밝혀져 있다. 이에노부는 51세에 사망했는데 이가 닳은 정도가 매우 적고 특히 아래위 어금니의 에나멜질이 거의 닳지 않았다.

이것은 현대인에게서도 보기 힘든 일로, 아마도 쇼군은 서민과 달리 엄밀하게 정선되고 잘 조리된 부드러운 음식만 먹었기 때문일 것이다.

제9대 쇼군 이에시게(家重)의 유해는 백골이 되어 있었으나 보존 상태는 양호했다. 156.3cm로 추정되는 키는 그즈음의 평균보다 조금 작은 정도이다. 또 높고 수려한 콧마루로 보아 콧날이 우뚝 선 단정한 얼굴의 미남이었을 것으로 추정된다.

또 이를 조사한 결과, 마모가 두드러졌는데, 이는 이를 간 흔적일 것이다. 게다가 영구치가 난 뒤 51세에 사망하기까지, 아침부터 밤까지 줄곧 이를 갈지 않으면 생길 수 없을 정도의 마모였다. 이에시게는 언어발달이 미숙했다고 하는데 이를 가는 습관도 원인의 하나로 추정된다.

발굴된 제12대 쇼군 이에요시의 사지 뼈를 계산하면 키는 154.4cm로, 당시 서민의 평균(157.1cm)과 비교해도 작은 편이었다. 게다가 두개골이 갸름하고 길었기 때문에 6등신이 될까 말까 한 정도였다. 또 아래턱이 움푹 패어 있어 역대 쇼군 중에서도 매우 인상적인 용모였던 것 같다.

턱은 아래 위 모두 발육부전인지 치열이 좋지 않았다. 에나멜질의 마모가 없을 뿐만 아니라 보통은 이가 나면 곧 소실되는 순측면구(脣側面溝)와 절연결절(切緣結節)이 희미하게나마 남아 있었다. 이에요시가 사망한 나이가 61세였으니 놀라운 일이 아닐 수 없다.

사지의 뼈를 계산한 결과, 제14대 이에모치(家茂)의 키는 156.6cm로 당시의 평균보다 조금 작다. 다만 얼굴은 그즈음의 서민이나 현대인에게서도 거의 예를 볼 수 없을 정도로 커서 이에요시와 같은 긴 얼굴(말상)이었다. 또 코도 그

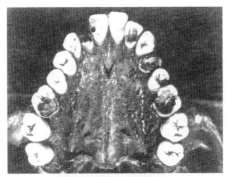

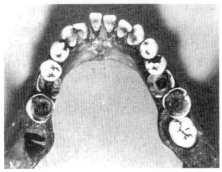

도쿠가와 이에모치의 위, 아래턱뼈 이에모치의 치아는 증상이 가벼운 것을 포함해 94%가 충치였다. 치아의 에나멜이 다른 사람들보다 얇은 특이체질인데다가 단 것을 즐겨 먹은 게 원인이라 추측된다.

때나 지금이나 보기 드물 만큼 컸던 것으로 추정된다.

이에모치에게 특기할 만한 것은 충치가 많았다는 사실이다. 남아있는 31개의 이 가운데 경도인 것까지 포함하면 무려 30개가 충치였다. 심한 것은 치아머리가 사라져 이뿌리에 닿을 만큼 큰 구멍이 나 있었다. 에나멜질이 일반인보다 얇은 데다 단 것을 좋아해 쉽게 충치가 생긴 것이 틀림없다. 21세에 사망한 이에모치는 각기병을 앓은 것으로 전해지는데, 이 충치도 죽음을 앞당긴 원인이었을 것이다.

5-5. 근현대인의 신체특징

메이지 시대부터 제2차 세계대전이 끝났을 때까지 근대일본인의 얼굴과 이목구비 등의 용모, 체형과 체격은 근세 에도 시대인의 연장으로 봐도 무방하다. 그것은 메이지 초기에 일본을 방문한 서구인이 그린 '사쓰마형(서민적인 둥근 얼굴)'과 '조슈형(귀족적인 긴 얼굴)', 또는 '무사 얼굴'과 '서민 얼굴'에서 상상할 수 있다.

그렇다면 에도시대의 근세 일본인과 메이지에 들어선 뒤의 근대 일본인 사이에는 구체적으로 어떤 차이가 있을까? 또는 근세 일본인에서 근대 일본인으로 이행할 때 어떤 신체적 변화가 일어났을까.

적어도 양쪽의 경계에서 사소한 신체 변화가 생긴 것은 확실하다. 그것은 그때까지의 신분제와 봉건제가 무너진 것에서 기인하는 변화였다.

메이지 시대가 되어 서구에서 새로운 문화가 물밀 듯이 들어오자 사회에 구조적 변화가 일어나고 사람들의 생활도 변했다. 중앙집권화와 함께 도시화가 가속화하고 사람들의 이동이 활발해졌다. 그러한 일련의 흐름 속에서 일본인의 지역성에도 교반현상이 일어났다. 그로 말미암아 중세부터 근세에 걸쳐 계속 좁아지던 통혼권이 확대되기 시작했다. 그 결과, 생물의 잡종강세(잡종 제1대가 부모의 어느 쪽보다 크고, 질병과 환경에 대한 저항성이 높으며, 번식력이 뛰어난 현상)가 일어나듯이 서서히 평균 신장이 증가하여 평균적으로 체격이 커지게 된 것일까.

'왜인'에서 '일본인'으로의 변화, 중세인과 근세인의 신체 특징 차이, 근세인에서 근대인으로의 신체 변화에 대해, 통혼권의 축소와 확대에 의한 '근교약세(近交弱勢 ; 유전자가 가까운 것끼리 근친교배함으로써 점점 체격이 작아지는 등의 현상)'와 '잡종강세'를 주제로 맨 처음 설명을 시도한 것은 교토대학의 이케다 지로(池田次郎)이다. 그는 중세인과 근세인에서 키가 줄어들고 머리가 앞뒤로 길어진 것은 통혼권이 축소되었기 때문이고, 근대인이 되어 조금이나마 그 반대의 신체변화가 일어난 것은 통혼권의 제약이 완화되었기 때문이라고 고찰했다.

현대 일본인은 일본 역사 속에서는 마치《걸리버 여행기》의 소인국 속 걸리버 같은 존재이다. 말하자면 유별나게 키가 큰 별종들인 것이다.

만약 역대 일본인 속에 섞여든다면 금방 그 정체, 즉 현대인임이 들통 날 것이다. 한 시절 전까지 일본인이 서양인을 바라보았던 것처럼 기이한 시선을 받지 않을까.

현대 일본인은 신체특징이 역대 일본인과 그렇게까지 동떨어져 있다. 그러나 아무리 그래도 현대 일본인의 큰 키는 메이지기의 일본인과 비교해도 비정상적이다. 20세기에 들어선 뒤, 남자와 여자의 평균키는 각각 12.9cm, 11.1cm 커졌다고 한다.

구체적인 숫자는, 전쟁 전 징병검사에서 실시한 신체검사와 전후에 학교현장에서 실시한 측정에서 도움을 얻을 수 있다. 그에 따르면, 전쟁 전인 1892년 징병기록에서 20세 남자가 156.1cm, 1937년은 160.3cm로, 이 키도 매우 놀랍지만, 학교통계에서 17세 남학생의 키가 160.6cm(1948년)에서 170.9cm(1997년)로 커진 것은 경이적이다.

키가 커진 내역은 하지의 신장이 8할 정도, 하퇴의 신장이 5할을 차지하는 것 같다. 반면에 머리와 몸통의 길이는 변하지 않았으니 비율이 좋아졌다고 할 수 있다.

메이지 이후의 키의 성장은 그 이전과 비교하면 경이적인데, 그 요인으로는 일반적으로 유유아 이후 성장기 동물성 단백질 섭취 증가(특히 전후에는 유제품의 섭취 증가) 등, 영양상태 개선을 들 수 있지만, 이케다의 견해처럼 통혼권 확대에 의한 잡종강세 영향도 있다고 보인다.

중세에 키가 작아진 것도 이 반대의 움직임으로 알려져 있다. 이케다는 '중세인과 근세인으로 갈수록 키가 작아지고 머리가 앞뒤로 길어진 것은 통혼권이 축소했기 때문'이라 하고, '메이지 이후 조금이나마 그 반대의 신체변화가 일어난 것은 통혼권의 제약이 완화되었기 때문'이라고 고찰했다.

조몬인에서 왜인, 왜인에서 일본인, 그리고 현대 일본인에 이르는 일본열도인의 역사를 돌아보는 동안, 일본인의 역사는 뜻밖의 깊이가 있고 등장 인물들도 다채롭다는 것을 느끼게 된다. 이를테면 독특한 얼굴의 조몬 , 해협지대를 배를 타고 왕래한 왜인, 거대분묘를 조성한 고분시대인, 율령제에 기초한 중앙집권국가를 만들고 잇따라 나라, 교토 등으로 도읍을 옮긴 나라, 헤이안 시대인, 가마쿠라, 무로마치, 전국기의 중세인, 태평한 세상을 살았던 에도 시대인……으로 각 시대의 사람들의 신체가 변화해온 모습은 무척 흥미진진하다.

또 왜인 시절에는 지역성이 풍부해지고, 중세에 원조 일본인이 등장한 뒤로는 계층과 신분제가 다양화하는 등, 사회구조의 변화가 일본인의 신체특징에 미친 영향도 간과할 수 없다.

가마쿠라 시대부터 에도 시대에 걸쳐서는 봉건제에 의한 폐쇄적인 사회정세 속에 통혼권이 좁아진 것 때문에 키가 작아지는 현상이 나타났다. 그러나 특히 쇼와 시대에 들어간 뒤로 키가 급격하게 커지고, 다리가 길고 몸통이 짧은 비율로 변화하여 체격이 날씬해지고 특히 턱뼈가 작아졌다. 머리통은 이제 납작머리뿐이다. 또 주걱턱도 눈에 띄지 않게 되었다. 전후 일본인의 모습은 대번에 시대성마저 초월해버린 느낌마저 든다.

메이지 시대 어머니와 아이들 사진   메이지 초기 스틸프리드가 촬영한 어머니와 아이들. 얼굴이 검은 건 습판사진이기 때문이다.

일본 신화의 수수께끼

일본의 신화시대 이야기를 읽다보면 여러 의문이 구름처럼 잇따라 일어난다. 이를테면 '국토창세'의 무대는 어디였을까, 야마토타케루의 영웅담은 어떻게 해서 태어났을까. 의문은 더 큰 의문을 부르게 되어 신화의 세계는 더욱더 신비로운 색채를 띠게 된다. 《고사기》에서는 가미요나나요(神代七代)의 마지막 신으로 태어난 이자나기와 이자나미가, 아마쓰카미로부터 아마노누보코를 받고 국토를 창조하라는 명을 받는다. 《고사기》 서두의 극적인 장면인데, 이 장소는 과연 어디일까?

배우신(配偶神), 즉 남매이자 부부인 이자나기와 이자나미는 '국토창세'에 앞서 다카아마노하라의 아메노우키하시에 서서 아메노누보코로 바닷물을 휘저었다. 그때 창에서 떨어진 물방울이 응고하여 섬이 되었는데, 그것이 오노고로지마(淤能碁呂嶋)라고 하는 '일본에서 가장 오래된 섬'이다. 그 이전에는 땅이 아

일본의 뿌리를 찾아서 《일본서기》 877

직 단단하게 형성되지 않았으므로 그곳을 '일본의 발상지'라고 할 수 있다.

　그렇다면 오노고로지마는 과연 어디일까 하는 호기심이 마땅히 일게 된다. 그에 대해서는 여러 가지 설이 있는데 가장 유력한 곳은 아와지시마에서 남쪽으로 4km정도 떨어진 '누시마(沼島)'이다.

　이자나기와 이자나미는 오노고로지마를 만들자 곧 그곳에 내려가서 아메노미하시라에서 국토창세를 시작한다. 누시마에는 가미타테카미이와(上位神岩)라는 거대한 기암이 있는데, 그것이 바로 아메노미하시라로 전해진다. 이 상징적인 바위로 무대장치는 갖춰진 셈이다.

　오노고로지마의 후보지는 아와지시마 주변만 해도 다섯 군데나 더 있으며, 아와지시마 북쪽의 에시마(繪島)도 그 후보지로 알려져 있다. 참고로 《고사기전(古事記傳)》으로 유명한 에도 시대의 국학자 모토오리 노리나가(本居宣長)는 이쪽을 오노고로지마로 보았다. 《헤이케 이야기(平家物語)》 '쓰키미(月見)' 권에도 등장하는 아름다운 명승지이다.

　아메노미하시라에서의 국토창세에서는 맨 먼저 아와지노호노사와케노시마(淡路之穗之狹別嶋 ; 아와지시마)를 낳고, 이어서 이요노후타나노시마(伊豫之二名嶋 ; 시코쿠), 오키노미쓰고노시마(隱伎之三子嶋 ; 오키노시마隱岐島), 쓰쿠시노시마(筑紫嶋 ; 규슈), 이키노시마(伊伎嶋 ; 이키노시마壱岐島), 쓰시마(津島 ; 對馬), 사도노시마(佐道島 ; 佐渡島), 오야마토토요아키즈시마(大倭豊秋津嶋 ; 혼슈本州)를 낳았다. 이것을 '오야시마(大八島)'라고 하며, 홋카이도와 오키나와를 제외한 일본열도가 형성된 셈이다.

　이 '국토창세신화'는 아와지의 해인족(海人族) 사이에서 구전되던 '섬 탄생신화'를 바탕으로 한다.

　야마토 조정에서는 해산물이 풍부한 아와지시마를 '미케쓰쿠니(御食國)'라 부르며 특별한 땅으로 간주했다고 전해진다. 아마도 그곳은 고대부터 생명의 원천이 느껴졌던 땅인지도 모른다. 오노고로지마를 둘러보면, 그곳을 일본 발상지라고 생각할 만한 무언가를 느낄 수 있지 않을까.

　사상사가(思想史家)였던 마루야마 마사오(丸山眞男)는 세계의 창세신화에는 '만들다', '낳다', '이루어지다'의 세 가지 표현이 사용된다고 지적한다.

가미타테가미이와
일본에서 가장 오래된 섬
인 오노코로섬으로 추측
되는 누시마의 동쪽 해
안에 있는 이 바위는 나
라가 태어날 때 아메노미
하시라였다고 추측된다.

《고사기》의 경우, 다카아마노하라에 신이 나타나는 '이루어지다'로 시작하여, 국토창세는 어디까지나 '낳다'이고 '만들다'는 없다. 《고사기》는 다카아마노하라에 아메노미나카누시 등 조카산신(造化三神)이 나타나는 장면부터 시작되는데, 이 신들은 배우신이 없는 독신(獨神)이다. 이윽고 이자나기와 이자나미처럼 남신과 여신이 짝을 이룬 배우신이 등장해 남녀의 교합을 통해 자식을 낳는다.

일본신화에 '만들다'가 없는 것에 대해, 고사기 연구에 앞장서는 미우라 스케유키(三浦佑之)는 일본에는 절대신이라는 개념이 존재하지 않는 것과 관련이 있다고 분석했다.

《고사기》 신화 중에서도 특히 긴장감이 감도는 것은 '요미노쿠니'를 그린 장면이다. 이자나기와 이자나미는 그곳에서 영원한 이별을 체험하는데, 이 세상에는 '지하의 명계'로 가는 출입구가 있다고 한다.

이자나미는 불의 신 가구쓰치를 낳다가 화상을 입어 목숨을 잃는데, 그 이자나미가 보고 싶어 이자나기가 찾아가는 곳이 '요미노쿠니'이다.

《고사기》의 세계관에서는 '천상의 세계'인 다카아마노하라, '지상의 세계'인 아시하라노나카쓰쿠니, '지하의 세계'인 요미노쿠니, 3층으로 구성되어 있다고 보는 것이 일반적이다.

단, 지하세계에는 '네노카타스쿠니'도 있으므로 조금 복잡한 문제가 된다. 호칭이 다를 뿐이라고 받아들일 수도 있고, 지하의 다른 세계는 요미노쿠니와 네노카타스쿠니로 나뉘어져 있다고 생각할 수도 있다.

요미노쿠니는 불교와 그리스도교에서 말하는 '지옥'에 가깝다. '사자의 세계', '암흑세계'로 상상할 수 있다. 그곳으로 가는 출입구로 간주되는 장소가 놀랍게도 현대의 이 세계에 존재하고 있다.

요미노쿠니에서 도망쳐 온 이자나기는 요모쓰히라사카(黃泉比良坂)에 있던 바위로 그 출입구를 틀어막았다. 요모쓰히라사카는 이 세상과 저세상을 가르는 경계로, 이 세상 쪽의 반을 이후야사카(伊賦夜坂)라고 하며, 그 장소가 시마네현 마쓰에(松江)시에 있는 이야 신사(揖夜神社) 부근으로 전해진다.

이자나미를 제신(祭神)으로 모시는 이 신사에서 2km정도 떨어진 장소에는 결계(結界)를 지키는 두 개의 돌기둥이 서 있으며, 그 속에 이자나기가 둔 것으로 생각되는 거대한 바위 세 개가 있다. 이 전승을 믿는다면 그곳이 이 세상과 저세상의 경계가 된다.

같은 시마네현의 이즈모시에는 요미노쿠니의 출입구로 보이는 또 하나의 장소가 있다. 이노메(猪目) 동굴이다.

《이즈모노쿠니 풍토기》에는 '꿈에 이 바닷가의 굴에 이르면 반드시 죽는다. 그래서 사람들은 옛날부터 지금까지 그곳을 황천의 언덕, 황천의 구멍이라 부르고 있다'고 한 기록이 있다.

그것이 이노메 동굴을 가리킨다고 하며, 그곳에서 고대의 인골과 유물도 많이 발견되었다. 동굴에 들어가면 곧 앞이 가로막히는 것은 이자나기가 막았기 때문일까?

그러나 요미노쿠니가 사자의 세계이고 지하에 있다는 통설에 의문을 던지는 연구자도 있다. 도쿄대학 고노시 다카미쓰(神野志隆光)이다. 이자나기가 요미노쿠니로 찾아가자 이자나미는 '요모쓰카미(黃泉神)와 의논하겠다'고 응한다. 즉, 요미노쿠니에는 다른 신들도 있었으니 신의 나라라고도 할 수 있다. 또 그

에지마 오노코로섬 후보지 가운데 하나인 에지마. 바위 표면에는 2000만 년 전 사암층이 드러나 있다.

뒤에 이자나미는 하루에 아시하라노나카쓰쿠니의 천 명을 반드시 죽이겠다고 말했지만, 그 천 명을 요미노쿠니로 데려간다는 말은 하지 않았다. 게다가 요모쓰히라사카가 돌로 막혀 있으니 죽은 자들이 요미노쿠니에 가는 것은 불가능한 일이다.

이자나기가 요미노쿠니에서 달아나는 대목에서도 '요모쓰히라사카의 기슭에 당도했다'고 되어 있다. 그것을 봐도 "언덕을 내려간 이쪽은 아시하라노나카쓰쿠니이고, 언덕을 올라간 저편은 요미노쿠니가 된다."고 고노시 다카미쓰는 지적했다.

이렇게 온갖 해석을 할 수 있는 것이 신화이고, 그래서 더욱 심오하고 재미있는 것이다.

요미노쿠니에서 돌아온 이자나기가 부정을 씻음으로써 태어난 태양신 아마테라스는 동생인 스사노오와 대립하다가 아마노이와야에 숨어버린다. 이 신화가 이야기하려는 것은 과연 무엇일까.

옛날이야기처럼 전해져 내려오고 있어서 일본인이라면 누구나 알고 있는 일화가 《고사기》에는 여러 편 있다. 그 가운데 하나가 아마테라스의 '동굴 전설'이다. 동생인 스사노오의 횡포가 그치지 않아서 그것을 우려한 아마테라스가 동굴에 숨는 이야기이다.

그때 아마테라스가 아마노이와야에 숨어버리자 다카아마노하라와 아시하라노나카쓰쿠니가 암흑에 갇히는데, 아마테라스가 바위굴에서 나오자 다시 광명이 돌아왔다.

이 신화가 어떤 의미를 가지고 있는지에 대해 지금까지 여러 논의가 이루어졌다. 그중에서 유력한 견해의 하나로 알려진 것이 '동지 무렵에 올리는 진혼제에 이 이야기를 적용한 것은 아닌가' 하는 것이다. 이 계절에는 사람도 자연도 생명력이 약해져 있기 때문에, 그것을 회복하기 위해 치르는 의례가 태양신 아마테라스를 유인해내기 위해 벌인 소동을 본뜬 것이라는 이야기이다.

그때 예능의 여신 아메노우즈메는 옷을 벗고 거의 알몸으로 춤을 춘다. 그 모습이 이른바 접신에 가까운 것임은 쉽게 연상할 수 있다. 미우라 스케유키(三浦佑之)는 그것이 아메노우즈메의 연기라는 점에서 일본에서의 스트립의 기원으로 보는 견해도 제시했다. '일식을 신격화한 것'이라는 설도 있는데, 이 또한 설득력이 있다.

어쨌든 이 신화가 가진 또 하나의 중요한 의미는 세계 통치자로서 아마테라스가 차지하는 위치의 확인이라고 할 수 있다.

아마테라스가 동굴에 숨었을 때, 《일본서기》에서는 아시하라노나카쓰쿠니만 깜깜해지지만, 《고사기》에서는 다카아마노하라와 아시하라노나카쓰쿠니둘 다 암흑에 싸인다. 아마테라스가 있는 곳은 다카아마노하라인데, 양자에 공통되는 것은 아시하라노나카쓰쿠니, 즉 지상세계가 어두워졌다는 점이다. 아마테라스는 그만한 영향력을 가진 태양신임을 보여주는 셈이다.

또 '동굴 전설'의 앞뒤 이야기를 잘 읽어보면 아마테라스와 스사노오에게 남녀 관계가 있다고도 생각할 수 있다. 그럼에도 동굴에서 나온 아마테라스는 스사노오의 부정을 씻은 뒤 다카아마노하라에서 추방함으로써 통치자로서의 입장을 명확히 했다.

《고사기》에는 그 뒤 아마테라스의 손자(천손)가 지상에 내려오는 '천손강림'이 나온다. '동굴 전설'이 있어야 황조신(皇祖神)도 있는 것이다.

《고사기》에서 스사노오는 아주 매력적인 신으로 그려진다. 세계의 통치자 아마테라스의 동생으로서 다카아마노하라에서 추방당하는 등, 신답지 않은 인물로 신화를 장식하는데, 그이유는 과연 무엇일까.

아마테라스도 도저히 감당할 수 없는 행패를 부린 스사노오는 다카아마노하라에서 추방된 뒤 야마타노오로치를 퇴치한다. 일본인이라면 이 이야기를 모르는 사람이 없을 만큼 스사노오는 일본인에게 가장 친숙한 신이다. 신이라고 생각하지 않는 사람도 있을 정도로 친근한 존재이다.

《고사기》에 등장하는 스사노오는 처음에는 악동, 악한에 가까웠지만 어느 샌가 '선신'으로 변모한다. 다카아마노하라에서 추방당할 때 부정을 씻었기 때문에 선신이 될 수 있었다고 생각하면 성선설에 바탕을 둔 흐름이라고 볼 수 있다.

다만 스사노오는 다카아마노하라에서 추방당한 뒤 오게쓰히메를 죽인다. 먹을 것을 청했을

싸우는 아마테라스와 스사노오 마쓰모토 후코 그림

때 오게쓰히메가 코와 입과 항문에서 음식을 꺼내는 것을 보고 더러운 것을 준다고 분노했기 때문이다. 그 다혈질과 잔학함은 이전과 변함이 없다. 그러나 오게쓰히메를 죽였을 때 그 몸에서 누에와 오곡이 나온 것도 중요한 의미를 가진다.

야마타노오로치를 퇴치한 스사노오는 구시나다히메와 결혼하는데, 이 구시나다히메는 '구시(영묘한)+이나다(논)'라는 이름 그대로 무논의 신으로 생각할

수 있다.

야마타노오로치를 하천의 범람을 상징하는 존재라고 보는 설도 있다. 그렇다면 야마타노오로치 퇴치는 치수에 성공한 이야기로도 풀이할 수 있다. 즉 스사노오는 이 두 가지 이야기를 통해 농경신과 같은 존재가 되었다고 보는 것이다.

스사노오는 야마타노오로치를 퇴치하고 손에 넣은 아메노무라쿠모검(구사나기검)을 자발적으로 아마테라스에게 헌상한다. 이때야말로 스사노오의 '재계(齋戒)'가 완성되었다고 볼 수 있으며, 실제로 스사노오가 이나다히메와 이즈모의 스가에서 살게 되었을 때부터 스사노오는 '오카미(大神)'로 표기된다.

즉 이때에 가까스로 스사노오가 죄를 용서받고 그 공적을 인정받았다고 해석해도 무방할 것이다.

어쨌든 스사노오가 《고사기》에서 완수한 역할은 크다고 볼 수 있다.

본디 스사노오는 일본 역사에서 처음으로 '죄'를 짓는 존재이다.

그런 한편, 스가에 궁전을 지었을 때는, '구름이 뭉게뭉게 피어오르는 이즈모/그 이즈모를 몇 겹이나 둘러싼 구름이/아내를 지키듯 울타리를 치고 있네!/겹겹이 아름다운 울타리를.' 이러한 일본에서 가장 오래된 노래까지 만들었다.

또 스사노오는 사자의 나라로 생각할 수 있는 네노카타스쿠니를 지배하는 신인 동시에, 그 뒤에 활약하는 오쿠니누시의 조상이기도 하다. 스사노오의 성격이 다면적인 까닭은, 복수의 신이 습합하여 그 신격이 형성되었기 때문이라고 할 수 있다.

그러나 그보다도 스사노오의 행적은 문화 발전과 인간의 생애 자체를 체현하는 듯하다. 일본 신화에서 스사노오는 가장 '인간적인' 신으로 보인다.

신화는 수천 년, 수만 년의 긴 세월을 거치면서 변용해 간다. 그러나 때로는 거의 형태를 바꾸지 않고 민간에 전승되는 경우가 있다. 민화 '이나바의 흰토끼'도 그 하나이다.

'이나바의 흰토끼'로 알려진 벌거벗은 토끼 이야기는, 그 뒤의 오쿠니누시(오나무치)에 의한 '나라 건설'의 프롤로그 같은 위치에 있다. 이 일화에서는 오나무치의 '친절'에 초점이 맞춰지는 것이 일반적이다. 그러나 미우라 스케유키는 그보다는 오나무치가 토끼의 상처를 치료하는 치유능력을 가지고 있는 것에 이 이야기의 본질이 있다고 지적한다. 형제인 야소가미들에게는 없는 이 특수한 능력이 오나무치의 '왕'으로서의 자격을 보여주고 있다는 것이다.

이 이야기는 《고사기》에는 나오지만 《일본서기》에는 등장하지 않는다. 실은 '이나바의 흰토끼'뿐만 아니라 《고사기》 속에서도 인기가 높은 '이즈모 신화'는 《일본서기》에서는 거의 다뤄지지 않는다. 그 이유는 무엇일까. 그것을 생각하는 것은 《고사기》와 《일본서기》를 비교하는 데 매우 중요한 부분이다.

《고사기》에서는 오쿠니누시가 이즈모에서 '나라 건설'을 완수하지만, 그 뒤에 아마테라스의 선언에 따라 나라를 양도하게 된다. 간단하게 말하면 고난 끝에 통치하게 된 이즈모를 아마테라스의 손자(천손)에게 그대로 넘겨주게 된 것이다. 그 전단계로 《고사기》에는 이즈모에서의 '나라 건설'의 고난과 그 나라의 규모가 이야기된다.

그에 비해 《일본서기》에서는, '사귀(邪鬼)'들이 지배하는 아시하라노나카쓰쿠니를 평정하기 위해 신들이 원정을 가게 된다. 이 신들이 천황의 조상신인 것은 말할 것도 없다.

둘 다 야마토 왕권이 이즈모노쿠니를 지배한 역사적 사실을 신화화한 것이라고 볼 수 있다. 그렇다면 이즈모 신화를 다루고, 다루지 않고는, 이즈모라는 나라가 얼마나 컸는지를 보여 줄 것인가, 아니면 그럴 필요는 없다고 생각하는가에 달려 있다.

《고사기》의 성립을 재검증하는 것도 그 논의와 무관하지 않다. 앞서 언급했듯이 《고사기》는 712년, 《일본서기》는 720년에 완성된 것으로 알려져 있다. 그러나 에도 시대 중기의 국학자 가모노 마부치(賀茂眞淵)는 《고사기》의 성립을 뒷받침하는 '서문'은 훗날에 덧붙여진 위작일 수 있다고 지적했다.

지금도 '서문'의 위작설에 동조하는 견해가 적지 않은데, 역사학자 오카다 히데히로(岡田英弘)는 《고사기》는 《일본서기》보다 뒤에 쓴 것이라고 거의 단정했다. 그렇기 때문에 《일본서기》보다 뒤에 성립된 '풍토기'를 참고로 이즈모 신화를 쓸 수 있었다는 것이다.

미우라 스케유키도 '서문'의 위작설을 주장하는 건 마찬가지이지만, 이쪽은 오히려 《고사기》가 712년보다 수십 년 먼저 성립했을 가능성도 있다고 지적한다.

또 철학자 우메하라 다케시(梅原猛)는 '원고사기(原古事記)'라는 것이 있는데, 그 내용과 표기를 조금 바꿔 '현고사기(現古事記)'가 된 것이 아닌가 하는 견해를 보인다.

《고사기》의 성립에 대해서는 이처럼 다양한 생각이 있는데, 이나바의 흰토끼도 그 진실의 열쇠를 하나 쥐고 있는 존재라고 할 수 있다.

오쿠니누시에 의해 통일되어 번영을 자랑하던 아시하라노나카쓰쿠니. 그것을 다카아마노하라에서 내려다보던 아마테라스는 어느 날 지상에 사자를 보낸다. 이 '나라 양도' 신화가 이야기하는 것은 바로 야마토 조정의 국내 통일담이다.

'나라 양도'는 처음부터 순조롭게 진행되지는 않았다. 맨 먼저 아메노우키하시에 내려선 아마테라스의 아들 아메노오시호미미는 지상이 매우 소란스럽다고 하면서 돌아왔고, 그 뒤에 파견된 아메노호히와 아메노와카히코는 지상에 내려갔지만 역할을 완수하지 못했다.

그래서 다시 파견된 것이 무신(武神) 다케미카즈치이다.

다케미카즈치가 오쿠니누시에게 나라를 양도해 달라고 요청하자 오쿠니누시의 두 아들이 교섭상대로 나섰다. 그 가운데 한 사람은 강력한 힘을 가진 다케미나카타였으나, 다케미카즈치의 괴력을 당하지 못하고 결국 스와로 달아났다.

그리하여 마침내 오쿠니누시는 '나라 양도'를 결단한다. 이에 따라 모든 신은 오쿠니누시를 위해 '하늘 높이 솟은 궁전'을 지었다.

이 과정에는 역사적 사실이 몇 가지 반영된 것으로 보인다. 앞에서도 이야기했듯이 이 신화의 배경에는 야마토 왕권이 이즈모노쿠니를 지배한 역사적 사실이 있었다고 보아야 한다.

이즈모노쿠니가 하나로 통일되지 않았던 것, 이즈모에서 스와로의 연결이 생긴 것, 이즈모대사(出雲大社)가 본디 이즈모노쿠니의 통치자의 거처로 세워진 것도 역사적 사실로 보아야 할지 모른다. 이즈모대사는 오쿠니누시를 제신으로 모시고 있었고, 최초로 만들어진 본전의 높이는 48m로 전해진다.

그 뒤 아마테라스의 손자 니니기가 지상에 내려가는 것이 '천손강림'이고, 그때 야사카니 곡옥과 야타노카가미, 구사나기검을 지상에 가지고 간다. 그것이 황위의 표식이라고 기록되어 있지는 않지만, 초대 천황 진무는 니니기의 3세손으로, 이로써 천황의 계보와 3종의 신기가 확인된 셈이다.

아마테라스를 황조신으로 보는 것은 《고사기》에서의 '나라 양도'와 '천손강림'을 지휘했기 때문이다. 앞에 나온 고노시는 《일본서기》의 신화만으로는 아마테라스를 황조신으로 인식하기 어렵다고 지적했다.

'천손강림'에서 니니기는 '쓰쿠시 히무카의 다카치호 고개'에 내려섰고, 그 뒤 이 땅에서 가무야마토이와레비코(진무천황)의 동정이 시작된다.

'나라 양도'와 '천손강림'이라는 두 가지 신화로서 《고사기》는 천상의 세계에서 지상의 세계로 넘어간다. 신들의 이야기에서 인간의 이야기로 이어지는 중간다리가 되는 셈이다.

신화에는 '우리가 왜 살고 왜 죽는가', 이 커다란 명제를 푸는 열쇠가 깃들어 있다. 물론 《고사기》의 신화도 예외가 아니다. 이자나기와 함께 '국토창세'를 추진하던 이자나미는 불의 신 가구쓰치를 낳으면서 생명을 잃었고, 이에 분노한 이자나기는 가구쓰치의 목을 베어버린다. 즉 이자나미는 죽고 가구쓰치는 살해된 것이다.

신인데도 죽었다? ……그렇게 생각하면 분명히 위화감이 있다.

그러나 그 뒤 이자나미는 요미노쿠니에 있었고, 가구쓰치의 유해에서는 신들이 잇따라 태어난다. 그밖에도 살해된 신이 있지만 그것은 예외적인 기술일 뿐, 본질적으로는 신은 '삶과 죽음의 개념을 초월한 존재'로 다뤄져 있다고 할 수 있다.

그러나 아마테라스의 손자인 니니기의 3세손이 초대 천황이 되어 이야기는 인간의 시대로 옮겨간다. 그리하여 대대로 천황의 자리에 오르는 신들에게 영원한 생명이 주어졌다면 어떻게 될까?

《고사기》에서 인간은 '아오히토쿠사(靑人草)'라는 풀로 묘사되며, 이른 단계에서 이자나미와 이자나기는 '하루에 1000명을 죽이겠다', '그렇다면 나는 하루에

1500명이 태어나게 하겠다'는 대화를 주고받는다. 즉 날마다 많은 사람이 죽지만 그 이상으로 많은 사람이 태어나는 세상의 현상이 여기서 확인되는 것이다.

그러나 천황이 되는 신까지 거기에 포함되는 것은 아니다. 그 '수명'이 한정되는 이야기는 따로 준비되어 있다.

지상에 내려온 니니기가 고노하나노사쿠야비메에게 청혼하자, 그 아버지 오야마쓰미는 언니인 이와나가히메도 함께 니니기에게 보냈다. 그러나 사쿠야비메는 아름답지만 이와나가히메는 못생겼기 때문에 니니기는 이와나가히메를 거부하고 집으로 돌려보내버린다.

그에 대해 오야마쓰미는 이렇게 말했다.

"나는 이와나가히메를 보냄으로써 아마쓰카미 아들의 목숨이 바위처럼 변함없이 영원하기를 기도하고, 사쿠야비메를 보냄으로써 벚꽃이 활짝 피어나듯이 번영하기를 기원했다. 그런데 이와나가히메를 돌려보냈으니 아마쓰카미 아들의 생명은 벚꽃처럼 지고 말리라."

저주의 말에 가까운데, 이것이 곧 '신의 죽음의 기원'이라고 할 수 있다.

그것이 천황 수명의 기원이자 인간 수명의 기원도 된다.

인간 시대의 이야기로 옮겨가기 위해 니니기가 이와나가히메를 거부한 것은 필연의 선택, 고통스러운 선택이었을지도 모른다.

다만 그 뒤 사쿠야비메가 임신하자, 니니기는 "하룻밤의 인연으로 잉태하다니 믿을 수 없다. 다른 남자(신)의 자식이 아니냐."며 의심한다. 이러한 반응은 너무나 인간적이다.

일본에서는 그림책으로도 널리 읽혀지고 우라시마타로(浦島太郎)의 원형으로도 알려진 '우미사치와 야마사치' 신화. 그림책에서는 심술궂은 우미사치에게 벌이 내리지만 마지막에는 형제가 화해하는 흐뭇한 이야기로 소개된다. 그러나 《고사기》 신화에서는 이야기의 성격이 매우 다르다.

우미사치비코(海佐知毘古 : 호데리), 야마사치비코(山佐知毘古 : 호오리) 형제는 니니기와 고노하나노사쿠야비메 사이에서 태어난 아들로, 호오리와 도요타마비메 사이에서 태어난 아들이 가무야마토이와레비코(초대 천황 진무)의 아버지가 된다. 야마사치, 곧 호오리는 초대 천황의 할아버지인 셈이다. 도요타마비메는

아마테라스와 니니기
아마테라스는 손사인 니니기에게 벼를 심어 풍요롭고 안정된 나라를 만들라는 명령을 내렸다. 곤노 가케이 그림 '유니와(斎庭)의 이삭'

형의 낚싯바늘을 잃어버린 호오리가 찾아간 바다의 신 와타쓰미의 딸이다.

한편 호데리는 하야토 아타노키미(隼人阿多君)의 조상으로 알려져 있다. 아타하야토(阿多隼人)는 사쓰마 반도에 거주했던 부족이다. 이러한 위치관계가 이야기의 주제 그 자체이다.

강림한 천손 니니기가 취한 것은 산신의 딸이고, 두 사람 사이에 태어난 호오리는 해신의 딸을 맞이해 아들을 낳는데, 그 아들이 초대 천황의 아버지가 된다. 즉 천황이 되는 자는 산신에게도 해신에게도 인정받고 그 피를 융합한 존재임이 확인된 것이다.

그것이 목적이라면 도요타마비메를 취한 것은 호데리 쪽이었더라도 상관없었을 거라는 느낌이 들지만, 이미 쓴 것처럼 호데리에게는 하야토 아타노키미의 조상이라는 역할이 주어져 있다. 호오리의 역습을 견디다 못한 호데리는 "앞으로는 밤이나 낮이나 당신을 경호하면서 모시겠습니다." 맹세하고 항복했다.

그 때문에 《고사기》에서는 호데리의 자손은 '지금도 호데리가 물에 빠졌을 때 괴로워하며 허우적대던 몸짓을 하면서 천황을 섬기고 있다'고 마무리되어 있다.

그 몸짓이란 '하야토마이(隼人舞)'라고 하는 복속의례(服屬儀禮)를 말하는데, 《고사기》에는 그것을 정기적으로 공연하는 것까지 기록되어 있다.

호데리의 처지는 몹시 혹독하다. 하야토는 야마토 왕권과 대립하다가 지배 아래 편입되었으므로 호데리의 복종은 미리 정해져 있었던 일이라고 할 수밖에 없다.

신화로서의 우미사치와 야마사치는 설화가 될 만큼 도덕적인 이야기는 아니며, 초대 천황으로 이어지는 계보의 정당성을 확인하는 것이라고 할 수 있다. 초대 천황이 되는 이와레비코와 관련된 신화는 천황 가의 정통성에 매우 중요한 역할을 한다.

니니기부터 헤아려 4대째인 이와레비코는 "어디에 가면 평화롭게 나라를 다스릴 수 있을까. 역시 동쪽으로 가는 것이 좋겠다." 하고 히무카에서 쓰쿠시로 떠났다.

히무카는 규슈 남부(지금의 미야자키현 근처), 쓰쿠시는 규슈 북부(지금의 후쿠오카현 근처)인데, 그 쓰쿠시에서 이번에는 동쪽으로 오랜 시간 나아간 끝에 야마토(지금의 나라현 근처)에 다다른다. 이것이 '진무 동정' 신화이다. 《고사기》와 《일본서기》에는 내용에 차이가 있지만, 양쪽에 공통적으로 야마토 정권을 수립하는 과정이 그려진다.

미우라 스케유키는 이것을 고난의 길을 거쳐 영광의 관을 손에 넣는 '전형적인 시조왕(始祖王)의 영광'을 이야기하는 유형이라고 지적했다. 그러나 그 이야기가 전혀 아무것도 없는 데서 출발하는가, 아니면 어떤 역사적인 흔적이 반영되어 있는가에 대해서는 확실하게 판단하기 어렵다고 말한다.

신화에는 역사적 사실이 반영되는 일도 드물지 않아서 이 '진무 동정'도 그럴 가능성을 무시할 수는 없지만 그렇다고 단정할 수도 없다는 관점이다.

이 문제에 대해서는 전부터 여러 설이 있었다. 이를테면 아마테라스는 야마타이코쿠(邪馬台國)의 히나코(卑弥呼)이고, 그 뒤에 자손이 긴키 지방에 세력을 넓혔다는 역사적 사실이 있었을 가능성도 있다. 미우라가 '야마토노쿠니의 동정'이라고 한 것도 그러한 주장을 가리킨다.

야마토노쿠니뿐만 아니라 히무카 지방에 있었던 세력이 동정(東征)하여 야마토 조정을 연 것일지도 모른다. 또는 실제로 이루어진 것은 히무카 지방의 평정이고, 히무카에서 출발한 동정은 거기에 덧붙여졌다고 생각할 수도 있다. '그 시대에 규슈 지방 세력이 동정에 성공했을 거라고 생각하기는 어렵다'고 주장하는 사람도 적지 않다.

예컨대 그러한 주장이 맞는다고 하면, 왜 《고사기》와 《일본서기》에는 이 평정이 히무카에서 출발하는 동정으로 그려져 있을까?

그 대답은 '천손강림'에서 니니기가 내려온 것이 히무카의 다카치호 고개였기 때문이라는 뜻밖에 단순한 이유가 될지도 모른다.

《고사기》에서는 유년기부터 죽음에 이르기까지의 반생이 자세히 그려져 있는 야마토타케루. 《일본서기》와 일부 '풍토기'에도 그 이름은 등장하지만 성격과 이야기에는 모순되는 점이 많다. 이 사실은 무엇을 말하는 것일까?

고대의 영웅이라고 하면 야마토타케루를 떠올리는 사람이 많을 것이다. 《고사기》에서는 '倭建命', 《일본서기》에는 '日本武尊'라고 표기되는데, 활약한 줄거리는 비슷하지만 다른 부분도 의외로 많다. 순수한 영웅상에 가까운 것이 《일본서기》의 야마토타케루이고, 인간미와 비극성이 가미된 것이 《고사기》의 야마토타케루라고 할 수도 있다. 본디 《고사기》의 야마토타케루(=오스노미코토小碓命)는 등장하자마자 곧 형인 오우스노미코토(大碓命)를 뒷간에서 기다리다가 팔다리를 꺾어 죽인 뒤 거적에 싸서 던져버리는데, 《일본서기》에는 이 이야기가 없다.

또 이즈모타케루를 토벌할 때는 먼저 친구가 되어 마음을 허락하게 한 뒤 속임수로 처단하지만, 이 일화 또한 《고사기》에만 있다.

서정(西征)을 마치고 도읍으로 돌아오자 곧 동정에 파견되는데, 그 묘사도 다르다.

《고사기》에서는 "아버지(게이코천황)는 내가 죽기를 원하시는가." 하고 탄식하면서 길을 떠나지만 《일본서기》에는 스스로 동정에 지원한 것으로 그려진다.

《일본서기》는 공적 역사서로서 불필요한 부분은 배제했다고 생각할 수 있고, 그런 만큼 단순한 영웅담으로 그려진다. 그에 비해 《고사기》에서는 잔인한 부분도 인간적으로 괴로워하는 부분도 그려져 있어서 더욱 현실감이 느껴진다.

현대인의 감각으로 본다면, 아무리 그래도 지나치게 잔인한 처사라고 생각되는 부분은 분명히 있다. 그래도 지혜로운 용자가 성장해 가는 이야기로 받아들일 수 있어 중세의 미나모토노 요시쓰네(源義經)와도 통하는 비극의 영웅이 되어 있다.

그러나 이 야마토타케루에게는 수수께끼 같은 부분도 많다.

야마토타케루의 아들은 천황이 되었으나(주아이천황) 야마토타케루 자신은 천황이 되지 않았다. 그런데도 《고사기》에서는 야마토타케루에 대한 기술은 마치 천황처럼 크게 다뤄져 있고, 《히타치노쿠니 풍토기》 등에서는 확실하게 '야마토타케루노스메라미코토(倭武天皇)'라고 표기하고 있다.

이에 대해서도 여러 설이 있지만, 역사학자 오카다 히데히로는 '덴무천황을 원형으로 하여 만들어진 인물'이 아닌가 하고 생각한다. 오카다는 진무천황도 덴무천황이며, 《일본서기》가 이야기하는 진무천황의 사적의 큰 틀은 진신의 난에서 보여준 덴무천황의 행동에서 암시를 얻어 만들어진 이야기로 보고 있다.

《일본서기》의 영향

'일본'과 '천황'이라는 명칭은 《일본서기》에서 처음으로 사용되었다. 그때까지 중국의 역대왕조가 일본을 가리켰던 호칭인 '왜(倭)'에 상대되는 것으로서 '일본'이라는 이름을 가짐으로써 독립된 국가임을 주장하는 동시에, 유일한 지배자인 '천황'에 의해 국가건설이 완성되었음을 보여주었다고 할 수 있다.

따라서 일본 조정에서는 최초의 정사(正史)로서 중시되어, 완성된 지 얼마 되지 않았을 때부터 헤이안, 가마쿠라, 무로마치, 에도의 각 시대를 통해 강의와 연구가 진행되었고, 의식과 법률제정에도 활용되어 왔다.

또 《일본서기》에 기술된 스사노오의 야마타노오로치(큰 뱀) 퇴치와 우라시마 타로의 용궁 방문은 설화와 옛날이야기에도 영향을 주어 일본문화를 이야기하는 데 중요한 원전 자료가 되어왔다.

참고로, 아내에게 《겐지 이야기(源氏物語)》를 읽게 한 제66대 이치조(一条) 천황이 '이 작자는 틀림없이 일본기(일본서기를 가리킴)를 읽었을 것이다' 하고 칭찬한 데서 무라사키 시키부가 궁중에서 '니혼기노쓰보네(日本紀の局)'라는 별명으로 불렸다는 일화도 널리 알려져 있다. 《일본서기》는 세계 최초의 장편소설인 《겐지 이야기》에도 영향을 준 셈이다.

《일본서기》는 《백제기》, 《백제본기》 등 한국의 사료(史料)와 《위서》, 《진서》 등 중국의 사서(史書)를 병용해서 일본에서는 비교적 객관적으로 저술한 역사서라고 자부한다. 그러나 이 책에 서술된 한반도와 관련된 기록에는 왜곡된 부분이 많다. 진구황후가 신라를 정복했다는 터무니없는 대목이 있는가 하면, 연대(年代)도 백제의 기년(紀年)과는 약 120년의 차이가 있다. '임나일본부설(任那日本府説)'의 근거가 되는 내용 또한 문제가 많다. 임나일본부설이란 야마토 왕권이 4세기 중반부터 6세기 중반까지 한반도 남부를 지배했다는 내용으로서 일본 학계의 해묵은 주장이다. 그런 까닭에 일각에서는 이 책을 후대에 조작된 사서(詐書)라 하여 비판하기도 하고, 터무니없는 내용을 담은 이야기책으로 간주하기도 한다. 따라서 이제까지 우리나라에서는 《일본서기》 자체에 대한 연구는 물론이고, 그 속에 인용된 한반도 관련 기사에 대한 연구도 매우 한정될 수밖에 없었다.

앞서 이야기했듯이, 《일본서기》는 일본이라는 나라 이름을 짓고 또 그 지배자의 이름을 천황이라고 정하여 스스로 일본을 중국과 대등한 제국(帝國)으로 인식한 한편, 고구려와 백제, 신라와 같은 나라를 일본에 조공하는 제후의 나라로 간주했다. 그런 까닭에 《일본서기》에서는 한반도의 삼국이 일본에 종속된 국가로 그려진 부분이 자주 등장한다. 그렇다고 해서 《일본서기》 전체 내용을 허구로만 간주할 수는 없다. 백제가 온갖 선진 문물을 일본열도에 전한 사실이나, 가야의 여러 나라가 멸망해가는 과정에서 있었던 일들에 대해서 《일본서기》는 자세히 기록하고 있기 때문이다. 때문에 《일본서기》의 부정적인 측면이나 일본 중심적인 편향을 고려하는 동시에, 그 속에 기록된 내용 가운데 우리의 고대사 연구에 필요한 자료들은 적극적으로 연구해야 할 것이다.

《일본서기》 약년표(略年表)

천황(연호)	서기	《일본서기》에서의 사건
신화시대		천지개벽과 신들의 탄생(신화시대 상권) 이자나기와 이자나미의 국토창세(신화시대 상권) 이자나기의 재계에 의해 아마테라스, 쓰쿠요미, 스사노오 탄생(신화시대 상권) 아마테라스의 바위굴 은신(신화시대 상권) 스사노오의 야마타노오로치 퇴치(신화시대 상권) 오나무치의 나라 양도(신화시대 하권) 니니기의 천손 강림(신화시대 하권) 야마사치히코와 도요타마히메 사이에서 가무야마토이와레비코 탄생(신화시대 하권)
진무		가무야마토이와레비코 동정(東征) 개시(3권) 가무야마토이와레비코, 가시하라에서 진무천황으로 즉위(3권) 진무천황 붕어(3권)
결사 8대		2대 스이제이천황~9대 가이카천황 시대(4권)
스진 1년	기원전 97년	스진천황 즉위. 2년 뒤 시키로 천도(5권)
6	92	아마테라스를 야마토의 가사누이마을에, 오모노누시를 전내(殿內)에 모심(5권)
10	88	사도장군을 호쿠리쿠, 우미쓰미치, 니시노미치, 다니와에 파견(5권)
12	86	인구조사를 하여 조역 부과(5권)
62	36	가와치의 사야마에 못을 만들고 농업을 장려(5권)
68	30	스진천황 붕어(5권)
스이닌 1년	29	스이닌천황 즉위. 이듬해 마키무쿠의 다마키궁으로 천도(6권)
5	25	황후 사호히메의 오빠가 반란을 일으킴(6권)
7	23	노미노스쿠네와 다기마노쿠에하야에게 스모를 시킴(6권)
25	5	야마토히메, 아마테라스를 이세에 모심(6권)
32	서기 3년	순사를 중지하고 하니와로 대체(6권)
35	6	각국에 800개 남짓한 못과 해자 조성(6권)
39	10	이니시키, 이소노카미 신궁에 칼 천 자루 봉납(6권)

90	70	스이닌천황 붕어(6권)
게이코 1년	71	게이코천황 즉위, 3년 뒤 마키무쿠의 히시로궁으로 천도(7권)
12	82	구마소가 반역을 일으켜 서정(西征) 시작(7권)
27	97	다시 구마소가 반란을 일으켜 야마토타케루 파견(7권)
40	110	야마토타케루에게 에미시 정벌을 명함(7권)
43	113	야마토타케루, 노보노에서 사망(7권)
60	130	게이코천황 붕어(7권)
세이무 1년	131	세이무천황 즉위(7권)
3	133	다케노우치노스쿠네를 오오미에 임명(7권)
60	190	세이무천황 붕어(7권)
주아이 1년	192	주아이천황 즉위(8권)
2	193	오키나가타라시히메를 황후로. 황후와 함께 구마소 정벌(8권)
9	200	주아이천황 급병으로 붕어. 진구황후, 구마소 평정(9권)
진구 1년	201	가고사카노미코와 오시쿠마노미코의 황후·황태자 암살 미수사건 (9권)
3	203	호무타와케노미코를 황태자로 세우고, 야마토노쿠니 이와레에 와카사쿠라궁 건설(9권)
62	262	가즈라키노소쓰비코를 보내 신라를 공격함(9권)
69	269	진구황후 붕어(9권)
오진 1년	270	오진천황 즉위(10권)
14	283	백제에서 진시황제를 자처하는 궁월군 내조(來朝)(10권)
16	285	백제에서 왕인이 건너와 황태자의 스승이 됨(10권)
20	289	야마토노아야노아타이의 조상 아지사주, 내조(10권)
41	310	오진천황 붕어(10권)
닌토쿠 1년	313	닌토쿠천황 즉위. 나니와에 다카쓰궁 조영(11권)
2	314	가즈라키노소쓰비코의 딸 이와노히메를 황후로 맞이함(11권)
4	316	백성의 과역을 3년 동안 면제해줌(11권)
87	399	스미노에노나카쓰노미코가 형제사이에 분쟁을 일으켜 처단됨(11권) 닌토쿠천황 붕어(11권)
리추 1년	400	리추천황 즉위(12권)

4	403	각국에 후미히토를 두어 일어난 일들을 기록하게 함(12권)
6	405	리추천황 붕어(12권)
한제이 1년	406	한제이천황 즉위, 가와치의 다지히에 시바카키궁을 짓고 도읍을 정함(12권)
5	410	한제이천황 붕어(12권)
인교 1년	412	인교천황 즉위(13권)
4	415	씨성을 정하기 위해 맹신탐탕(盟神探湯) 실시(13권)
24	435	황태자 기나시카루노미코와 동복동생의 근친상간 발각(13권)
42	453	인교천황 붕어(13권) 안코천황 즉위. 야마토이소노카미의 아나호궁으로 천도
안코 1년	454	신하의 참언을 믿고 백부 오쿠사카노미코 주살(13권)
3	456	오쿠사카노미코의 아들 마요와노오키미에게 암살당함(13권) 유랴쿠천황 즉위, 하쓰세의 아사쿠라에 궁을 정함(13권)
유랴쿠 2년	458	천하에 '대악 천황'으로 불림(14권)
9	465	오토모노카타리 일행을 신라에 보냈으나 오토모노카타리 전사(14권)
16	472	각지에 뽕나무를 심게 하여 하타의 백성들을 옮기고, 용(庸)과 조(調)를 부과함(14권)
23	479	천황 붕어(14권)
세이네이 1년	480	세이네이천황 즉위(15권)
2	481	하리마노쿠니에서 오케(億計)와 오케(弘計) 두 왕을 맞이함(15권)
5	484	천황 붕어. 오케, 오케 두 왕이 황위를 서로 양보하자 두 왕의 누나인 이도요노히메가 집권. 11월, 이도요노히메 붕어(15권)
겐조 1	485	오케노미코(弘計王) 즉위(15권)
3	487	천황 붕어(15권)
닌켄 1	488	오케노미코(億計王) 즉위(15권)
11	498	천황 붕어. 12월, 오하쓰세노와카사자키노미코 즉위(15권)
부레쓰 2년	500	천황, 임부의 배를 갈라 태아를 봄(16권)
8	506	천황 붕어(16권)
게이타이 1년	507	에치젠의 미쿠니에서 오오도노미코를 맞이함, 구즈하궁에서 즉위(17권)

5	511	야마시로의 쓰쓰키궁으로 천도(17권)
12	518	오토쿠니로 천도(17권)
21	527	모노노베노아라카이노오무라지를 보내 이와이를 토벌함(17권)
25	531	천황 붕어. 마가리노오에노미코 즉위(17권)
안칸 1년	534	마가리의 가나하시로 천도(18권)
2	535	천황 붕어. 다케오히로쿠니오시타테노미코 즉위(18권)
센카 1년	536	히노쿠마의 이오리노로 천도(18권)
2	537	신라가 임나에 침입하여 오토모노사테히코를 보내 임나를 지원함(18권)
4	539	천황 붕어. 아메쿠니오시하라키히로니와노미코 즉위(18권)
긴메이 1년	540	시키시마로 천도(19권)
2	541	백제에 임나 부흥을 명함(19권)
6	545	백제, 천황을 위해 높이 16척의 불상을 제작함(19권)
12	551	성명왕, 백제·신라·임나의 군사를 이끌고 고려를 쳐서 옛 영토 회복(19권)
15	554	백제, 구원을 청함. 12월 성명왕, 백제 때문에 살해됨(19권)
17	556	병사 천 명을 보내 백제를 구원함(19권)
18	557	백제 왕자 여창, 왕위에 오름(19권)
23	562	신라, 임나의 관가를 토벌. 7월, 기노오마로를 보내 신라를 침(19권)
32	571	천황 붕어(19권)
비다쓰 1년	572	누나쿠라노후토타마시키노미코 즉위(20권)
14	585	모노노베노유게노모리야, 불탑, 불상, 불전을 불태움. 8월, 천황 붕어. 9월, 다치바나노토요히노미코 즉위(20권)
요메이 1년	587	천황 붕어. 7월, 소가 우마코, 모노노베노모리야노오무라지를 멸하다. 8월, 하쓰세베노미코 즉위(21권)
스슌 1년	588	소가 우마코, 호코지(法興寺) 건립(21권)
4	591	천황, 임나 부흥의 조칙을 내림(21권)
5	592	소가 우마코, 야마토노아야노아타이코마를 시켜 천황 암살. 12월, 도요미케카시키야히메 즉위(21권)

스이코 1년	593	우마야토노토요토미미노미코를 황태자로 세움. 이해에 시텐노지(四天王寺)를 나니와에 건립(22권)
8	600	신라와 임나 교전. 이해에 사카이베노오미 1만여 병사를 이끌고 임나를 지원함(22권)
10	602	구메노미코를 신라정벌장군으로 임명. 6월 구메노미코 병에 걸려 정벌 중지(22권)
11	603	구메노미코, 쓰쿠시에서 사망. 4월, 다기마노미코를 신라정벌장군으로 임명. 7월 다기마노미코의 아내가 사망하여 정벌 중지. 12월 관위12계 제정(22권)
12	604	황태자, 헌법17조 제정(22권)
15	607	오노노이모코를 대당(수나라)에 보냄(22권)
17	609	오노노이모코 대당에서 귀국(22권)
29	621	우마야토노미코, 이카루가궁에서 사망(22권)
34	626	소가 우마코, 사망(22권)
36	628	천황 붕어(22권)
조메이 1년	629	다무라노미코 즉위(23권)
2	630	천황, 아스카노오카모토궁에 천도(23권)
9	637	에미시가 배신하여 가미쓰케노노키미카타나가 에미시를 쳤으나 패배함(23권)
11	639	구다라궁(百濟宮) 건설. 구다라오데라(百濟大寺) 조영 시작(23권)
13	641	천황 붕어(23권)
고교쿠 1년	642	황후 아메토요타카라이카시히타라시히메 즉위(24권)
2	643	소가 이루카, 고세노토코다를 보내 야마시로노오에 살해(24권)
(다이카) 고토쿠 1년	645	나카노오에노미코, 다이고쿠덴에서 이루카 살해. 에미시도 살해됨. 6월 14일, 가루노미코 즉위. 나카노오에, 황태자가 됨. 고교쿠천황 4년을 다이카 원년으로 바꿈. 9월, 후루히토노미코, 모반을 기도한 혐의로 살해됨. 12월, 나가라의 도요사키로 천도. (24, 25권)
2	646	개신(改新) 조칙 발포(25권)
5	649	소가노쿠라노야마다노마로, 모반 혐의를 받고 자살함(25권)
하쿠치 고토쿠 5년	654	천황 붕어(25권)

사이메이 1년	655	고교쿠상황, 아스카 이타부키궁에서 즉위(26권)
4	658	아베노오미, 선단 180척을 이끌고 에미시를 침. 11월, 아리마노미코 모반 혐의로 살해됨(26권)
7	661	천황, 신라정벌을 위해 출범. 7월, 천황 붕어. 황태자 나카노오에 칭제(稱制)(26권)
덴지 2년	663	백촌강에서 관군이 패함. 9월, 백제 멸망하고 유민들이 일본으로 건너옴(27권)
3	664	관위 26계 제정(27권)
4	665	백제의 남녀 400여명을 오미노쿠니 간사키노코리에 둠(27권)
6	667	오미로 천도(27권)
7	668	황태자 나카노오에노미코 즉위(27권)
8	669	후지와라노가마타리 사망(27권)
9	670	경오년적(庚午年籍)을 만듦(27권)
10	671	오토모노미코, 대정대신(太政大臣)이 되고, 10월에 오아마노미코, 요시노에 들어감. 12월 천황 붕어(27권)
덴무 1년	672	오아마노미코. 오미군과 개전. 7월, 세타 결전에서 오미군 패배. 오토모노미코 자결. 아스카의 기요미하라에 도읍을 정함(28권)
2	673	오아마노미코 즉위(29권)
9	680	황후의 병 치유를 위해 야쿠시지(藥師寺) 건립 시작(29권)
10	681	가와시마노미코 등 12명에게 조칙을 내려 제기(帝記)와 상고시대 일들을 기록하게 함(29권)
13	684	야쿠사(八色)의 성(姓)을 제정함(29권)
(슈초1) 15	686	슈초로 개원(開元). 9월 천황 붕어. 황후 칭제. 10월, 오쓰노미코 모반이 드러나 처단됨(29권)
지토 4년	690	황후 사라라노히메 즉위(30권)
8	694	후지와라궁으로 천도(30권)
11	697	천황, 황태자에게 양위함(30권)

천황가계(天皇家系)

1. '천황(天皇)' '텐노', '스메라미코토' 등의 호칭은 생략하며, 일본식 한자음으로 표기함
2. 재위년도의 '前'은 'BC'를 말하며, 기원후(AD)는 따로 표시하지 않음

代	통칭	재위년도	별칭
1	神武[진무]	前667~前585	神日本磐余彦[가무야마토이와레비코]
2	綏靖[스이제이]	前581~前549	神淳名川耳[가무누나카와미미]
3	安寧[안네이]	前549~前510	磯城津彦玉手看[시키쓰히코타마테미]
4	懿德[이토쿠]	前510~前477	大日本彦耜友[오야마토히코스키토모]
5	孝昭[고쇼]	前475~前393	觀松彦香殖稻[미마쓰히코카에시에]
6	孝安[고안]	前392~前291	日本足彦國押人[야마토타라시히코쿠니오시히토]
7	孝靈[고레이]	前290~前215	大日本根子彦太瓊[오야마토네코히코후토니]
8	孝元[고겐]	前214~前158	大日本根子彦國牽[오야마토네코히코쿠니쿠루]
9	開化[가이카]	前158~前98	稚日本根子彦大日日[와카야마토네코히코오히히]
10	崇神[스진]	前97~前30	御間城入彦五十瓊殖[미마키이리비코이니에]
11	垂仁[스이닌]	前29~70	活目入彦五十狹茅[이쿠메이리비코이사치]
12	景行[게이코]	71~130	大足彦忍代別[오타라시히코오시로와케]
13	成務[세이무]	131~190	稚足彦[와카타라시히코]
14	仲哀[주아이]	192~200	足中彦[다라시나카쓰히코]
※	神功[진구]	201~269	氣長足姫尊[오키나가타라시히메]
15	應神[오진]	270~310	譽田[호무타]
16	仁德[닌토쿠]	313~399	大鷦鷯[오사자키]
17	履中[리추]	400~405	去來穗別[이자호와케]
18	反正[한제이]	406~410	瑞齒別[미쓰하와케]
19	允恭[인교]	412~453	雄朝津間稚子宿禰[오아사즈마와쿠고노스쿠네]

20	安康[안코]	456~458	穴穗[아나호]
21	雄略[유랴쿠]	458~479	大泊瀬幼武[오하쓰세노와카타케]
22	清寧[세이네이]	480~484	白髪武廣國押稚日本根子[시라카노타케히로쿠니오시와카야마토네코]
23	顯宗[겐조]	485~487	弘計[오케]
24	仁賢[닌켄]	488~498	億計[오케]
25	武烈[부레쓰]	500~506	小泊瀬稚鷦鷯[오하쓰세노와카사자키]
26	繼體[게이타이]	507~531	男大迹[오오도]
27	安閑[안칸]	531~535	廣國押武金日[히로쿠니오시타케카나히]
28	宣化[센카]	536~539	武小廣國押盾[다케오히로쿠니오시타테]
29	欽明[긴메이]	539~571	天國排開廣庭[아메쿠니오시하라키히로니와]
30	敏達[비다쓰]	572~585	渟中倉太珠敷[누나쿠라노후토타마시키]
31	用明[요메이]	587~588	橘豐日[다치바나노토요히]
32	崇俊[스슌]	588~592	泊瀬部[하쓰세베]
33	推古[스이코]	593~628	豐御食炊屋姫[도요미케카시키야히메]
34	舒明[조메이]	629~641	息長足日廣額[오키나가타라시히히로누카리]
35	皇極[고교쿠]	642~645	天豐財重日足姫[아메토요타카라이카시히타라시히메]
36	孝德[고토쿠]	645~654	天萬豐日[아메요로즈토요히]
37	齊明[사이메이]	655~661	天豐財重日足姫[아메토요타카라이카시히타라시히메]
38	天智[덴지]	663~672	天命開別[아메미코토히라카스와케]
39	弘文[고분]	672.1.9~8.21	大友(皇子)[오토모 ; 사후에천황으로 추존(追尊)됨]
40	天武[덴무]	673~686	天渟中原瀛眞人[아마노누나하라오키노마히토]
41	持統[지토]	690~696	高天原廣野姫[다카마노하라히노로히메]

참고문헌

1. 黑板勝美,《訓讀日本書紀》(上·中·下) 岩波文庫, 1928

2. 飯田武鄕,《日本書紀通釋》內外書籍株式會社, 1930

3. 谷川士淸,《日本書紀通證》35卷 國民精神文化研究所, 1937

4. 飯田武鄕,《日本紀通釋》70卷 畝傍書房, 1940

5. 武田祐吉,《日本書紀》(1~6) 朝日新聞社, 1948

6. 卜部兼文,《釋日本紀》28卷 吉川弘文館, 1952

7. 日本古典文學大系,《古事記》岩波書店, 1958

8. 次田眞幸 譯,《古事記〈上·中·下〉全譯注》講談社, 1977

9. 西宮一民 校註,《新潮社日本古典集成 古事記》新潮社, 1978

10. 山田英雄,《日本書紀》歷史新書19 教育社, 1979

11. 續日本古典全集,《釋日本紀》(1~5) 現代思潮新社, 1979

12. 日本古典文學大系,《日本書紀》(上·下) 岩波書店, 1986

13. 成殷九 譯註,《日本書紀》고려원, 1987

14. 井上光貞,《日本書紀》(上·下) 中央公論社, 1987

15. 新日本古典文學大系,《續日本紀》(1~6) 岩波書店, 1990

16. 新編日本古典文學全集,《古事記》小學館, 2004

17. 新編日本古典文學全集,《日本書紀》(1~3) 小學館, 2004

18. 三浦佑之 譯,《口語譯古事記〈神代編〉》文春文庫, 2006

19. 三浦佑之 譯,《口語譯古事記〈人代編〉》文春文庫, 2006

20. 三浦佑之,《古事記講義》文春文庫, 2007

21. 東北亞歷史 資料叢書,《譯註 日本書紀》(1~3) 東北亞歷史財團, 2013

22. 池澤夏樹 譯,《古事記》河出書房新社, 2014

옮긴이 최박광

성균관대학교 졸업. 동 대학 대학원 석사. 日本 東京大學 大學院 比較文學 修士·博士 과정 수료. 東京大學 초빙교수(강의 담당). 日本國際日本文化研究센터 전근대 동아시아 문화 교류와 표상 프로젝트 담당 초빙연구원. 日本 神戶學院大學 초빙교수. 天理大學 초빙 外國人敎授 역임. 현재 성균관대학교 명예교수 中國 山東大學 客座敎授. 옮긴책 西田幾多郎 《善の研究》 高橋 進 《李退溪と敬の哲學》

日本書紀/古事記
일본서기/고사기

최박광 옮김

1판 1쇄 발행/2021. 1. 1
1판 2쇄 발행/2023. 8. 1
발행인 고윤주
발행처 동서문화사
창업 1956. 12. 12. 등록 16-3799
서울 중구 마른내로 144(쌍림동)
☎ 546-0331~2 Fax. 545-0331
www.dongsuhbook.com
＊
ISBN 978-89-497-1793-7 04080
ISBN 978-89-497-0382-4 (세트)